KB106190

울로프 팔메

Underbara dagar framför oss. En biografi över Olof Palme by Henrik Berggren

© Henrik Berggren 2010

Korean Translation © 2021 by ACANET

All rights reserved.

The Korean language edition is published by arrangement with
Hedlund Agency through MOMO Agency, Seoul.

이 책의 한국어판 저작권은 모모 에이전시를 통해
Hedlund Agency와 독점 계약한 아카넷에 있습니다.
저작권법에 의해 한국 내에서 보호를 받는 저작물이므로
무단전재와 무단복제를 금합니다.

울로프 팔메
Olof Palme

우리 앞에 펼쳐진 멋진 나날

헨리크 베리그렌 지음
조행복 옮김

아카넷

우리 앞에는 멋진 나날이 기다리고 있다.

— 울로프 팔메가 인용한 프랑스 속담, 1968

시대가 혼란스럽고 신뢰할 만한 자료가 부족하면
명쾌하고 일관된 설명을 추구하는 역사가에게는 문제가 생긴다.
불완전한 단편적 자료는 언제나 너무 개략적이고 의심스러우며
모순으로 가득할 때가 많다. 그러한 자료에 둘러싸인 역사가는
불가피하게 짜 맞추고 비교하고 추측해야 한다.
그리고 추측과 사실을 결코 혼동하지 말아야 하지만,
인간 본성의 강력한 열정에 대한 통찰력이
예외적으로 사료의 부족을 메울 수 있는 경우도 있다.

— 에드워드 기번

◈ 차례 ◈

일러두기

1. 이 책은 스웨덴어로 쓰인 울로프 팔메의 전기 Underbara dagar framför oss를 한국어로 옮긴 것이다.
2. 본문의 각주는 대부분 옮긴이 주이나 일부 원주의 경우 따로 표시하였다.
3. 볼드체는 강조의 뜻으로 원서의 편집을 따랐다.
4. 단행본은『 』, 문학 작품 및 기사는「 」, 신문·잡지·학술지는《 》, 연극·영화·노래 작품 및 라디오·텔레비전 프로그램은〈 〉로 묶었다.
5. 외래어는 기본적으로 국립국어원의 외래어 표기법을 따랐으나 스웨덴어 등 북유럽어 일부는 현지 발음을 우선하여 적었으며 자세한 내용은 찾아보기에 일러두었다.
6. 인명·지명·용어의 알파벳 표기는 특별한 경우를 제외하고 찾아보기에 밝혀 두었다.

머리말

1986년 3월 1일 토요일 아침 나는 타이머 라디오가 켜지는 소리에 잠에서 깼다. 전차의 덜커덕 소리가 아련하게 들리는 가운데 창문을 통해 아침의 흐릿한 빛이 퍼져 들어왔다. 나는 아내와 함께 캘리포니아에서 2년 가까이 살다가 막 스웨덴으로 돌아온 참이었다. 우리는 예테보리의 옌토리에트 광장(철도 광장)에 천장 높이가 3.5미터나 되고 손볼 데가 많은 오래된 큰 아파트에 살았다. 나는 잠에서 덜 깬 상태로 장미 문양이 들어간 천장의 벽토 장식을 바라보며 계속 라디오를 들었다. 잠시 뒤 나는 무엇인가 심각하게 잘못되었음을 깨달았다. 어떤 여기자가 유명 인사가 돌연 사망했을 때 쓰는 무덤덤하고 절제된 어조로 스웨덴 총리 울로프 팔메의 생애를 정리하여 알려주고 있었다. 이해할 수 없는 일이었다. 어제 저녁 스웨덴은 모든 점에서 여느 때와 같았다.

조간신문을 보고 나서야 무슨 일이 일어났는지 차츰 뚜렷하게 이해했다. 쿠데타도 혁명도 아니었다. 울로프 팔메가 전날 밤 11시 20분 스톡홀름 중심가에서 영화를 관람한 뒤 집으로 돌아가다가 저격당한 것이다. 암살범은 아직 체포되지 않았다. 내각이 급히 소집되었고, 부총리 잉바르 칼손은 토요일 아침 정부 수반으로 지명되었다. 텔레비전의 오락 프로그램은 전부 취소되었다. 전 세계가 조의를 표했으며, 그가 쓰러져 죽은 장소에는 사람들이 몰려와 꽃을 내려놓았다. 우리는 미국에서 전원풍의 대학도시 버클리와 사회적으로 취약한 오클랜드 사이의 경계 지대에 살았는데, 밤이면 종종 총소리가 들렸다. 그러나 지금 우리는 고국 스웨덴에, 사회적 안전망이 누구도 놓치지 않고 밤이라 해도 어떤 어두컴컴한 골목도 위험하지 않은 문명국가에 돌아와 있다.

그 후 며칠 동안 국가 애도일을 선포하지 않은 정부에 불만이 일었다. 전문가들은 스웨덴 헌법에 따르면 그것이 법률상 불가능하다고 설명했다. 그러나 팔메의 부재는 나라를 무겁게 짓눌렀다. 언론 매체에서는 전 세계의 정치인들이 사사로이 큰 애도를 표하고 있다고 전했다. 마치 스웨덴 사람들이 이제야 처음으로 울로프 팔메의 진정한 국제적 중요성을 알아본 것 같았다. 암살 후 48시간이 지난 일요일 저녁 예테보리 중심가에서 추념식이 열렸다. 4만 명이 손에 횃불을 들고 도시의 대로인 쿵스포츠 가도를 따라 예타플라첸 광장까지 행진했다. 나는 생애 처음으로 국민적 연대의 힘을, 다시 말해 다른 사람들과 운명공동체로 결합되어 있다는 느낌을 경험했다. 나는 주변 사람들을, 챙모자 쓴 노동자와 펑크족 여자들, 청년 이민자들, 옷을 잘 차려입은 중년 부부를 보았고 그들 모두에게 애정을 느꼈다. 어디서 왔는지, 어떤 신을 섬기는지, 어떤 이데올로기를 지녔는지는 중요하지 않았다. 다만 팔메를 잃었다는 사실에 한마음으로 상심했을 뿐이다.

우리는 무엇을 슬퍼했는가? 죽음을 맞이하는 경우에 늘 그렇듯이, 슬픔은 한 사람을 잃었다는 사실과 죽을 수밖에 없는 우리 자신의 운명에 대한 인식이 뒤섞인 것이다. 울로프 팔메는 언제나 나의 삶 속에 있었다. 내가 한 살 때인 1958년 팔메는 서른 살의 나이에 스웨덴 의회에 입성했다. 1969년 가을 팔메가 사회민주당 대표이자 총리로 선출되었을 때, 나는 열두 살이었고 일종의 정치의식에 눈을 떴다. 이듬해 나는 팔메가 베트남 전쟁에 취한 태도에 깊은 감명을 받았다. 나는 미국의 텔레비전 프로그램에서 스웨덴에는 미국을 비판할 권리가 있음을 훌륭한 영어로 옹호하는 팔메를 보고 큰 자부심을 느꼈다. 1970년대 후반 나는 정신이 나갔는지 잠시 좌파로 이탈했지만, 문제가 잘 해결되었을 때 울로프 팔메는 다시금 자명한 선택이 되었다. 1982년 팔메가 다시 집권할 때, 그리고 1985년 선거에서도 나는 그에게 투표했다. 그때 우리는 샌프란시스코 총영사관에 투표용지를 제출했고, 귀국 길에 오를 예정이었기에 마치 울로프 팔메뿐만 아니라 스웨덴까지 선택했다는 느낌이 들었다. 이제 우리는 예타플라첸 광장에 서서 팔메를 애도한다.

암살 이후 슬픔은 급속하게 당혹감과 분노로 바뀌었다. 스웨덴 경찰은 상상할 수 없을 만큼 무능력했다. 수사단장은 범죄현장의 흔적과 증거를 모조리 확보해야 했지만, 그러기는커녕 외국인이나 외국 출신의 스웨덴 시민을 겨냥한 가공의 음모론에나 촉각을 곤

두세웠다. 1988년 여름 사회민주당 정부가 불법적인 수단을 이용하는 민간인 탐정에 의존했다는 사실이 언론 매체에 폭로되었을 때, 스웨덴은 공무원으로 움직이는 국가가 아니라 마치 바나나 공화국으로 변한 것 같은 생각이 들었다. 결국 경찰은 암살자로 추정되는 약물 중독 범죄자 크리스테르 페테숀에 주목했다. 그는 지방법원에서 유죄 판결을 받았으나 고등법원에서 석방되었고 2004년에 사망했다. 이 미결 살인 사건에 대한 관심 때문에(온갖 이상한 음모론이 제기되었고 민간인 탐정들이 저마다 해결하겠다고 나섰다), 울로프 팔메의 삶은 그 죽음에 가려졌다.

1986년 3월 그날 저녁 예타플라첸 광장에서 누가 내게 당신이 20여 년 뒤에 울로프 팔메의 전기를 쓰게 되리라고 말했다면, 나는 그 말을 믿지 않았을 것이다. 당시 나는 나 자신을 19세기를 전공하는 풋내기 역사학자라고 생각했다. 그러나 사람 일이 늘 생각대로만 되지는 않는다. 나는 큰 조간신문《다겐스 뉘헤테르》에 입사하여 처음에는 편집국 문화부에서, 그다음에는 논설국에서 일했다. 2006년 2월 말 어느 일요일 나는 당직 근무를 하면서 무엇에 관해 사설을 써야 할지 아무런 생각이 없었는데, 그때 누가 내게 울로프 팔메가 살해된 지 20년이 되었다고 알려주었다. 그다지 큰 열의는 없었다. 새로운 얘깃거리를 찾기가 어려웠다. 그렇지만 나는 기사모음집을 가져다 읽기 시작했다.

부서질 것만 같은 빛바랜 신문을 뒤적거리며 기사들을 읽으니 문득 울로프 팔메가 다른 시대에 속한 사람이었음을 깨달았다. 그가 죽고 나서 20년이 흐르는 동안 세상은 돌이킬 수 없을 만큼 변했다. 팔메의 삶이 펼쳐진 시기는 이제 '단기 20세기'라고 부른다. 팔메는 제1차 세계대전이 끝나고 8년이 지난 뒤인 1927년에 태어났고 베를린 장벽이 무너지기 3년 전에 죽었다. 그의 아동기는 스웨덴 '국민의 집'*이 위태롭게 첫걸음을 내딛던 때였다. 스탈린그라드 전투가 사납게 휘몰아칠 때, 팔메는 10대의 소년이었다. 팔메는 정확히 제2차 세계대전이 끝날 때 성인이 되었고 1950년대 초에는 학생지도자로서 폐허가 된 유럽 곳곳을 돌아보았다. 팔메는 사회민주당 청년 정치인으로서 1960년대의 복지 이데올로기를 정립했다. 1970년대에는 개혁을 진두지휘하여 스웨덴을 서구 세계에서 가장 평등한 나라로 만들었다. 1980년대 초 미국과 소련이 다시금 냉전에 들어갔을 때, 팔메는 군축과 집단안보를 열렬히 지지했다. 내 생각에 팔메는 20세기의 가장 결정적인 대립인 냉전과 식민지 해방, 복지국가, 베트남 전쟁, 교육 확대, 학생운동, 핵무기, 1970년대 위기에 스웨덴의 다른 누구보다도 더 깊이 관여했다. 그날 저녁 《다겐스 뉘헤테르》 신문사에서 만족스럽지 못한 짧은 사설을 쓴 뒤 집으로 돌아갔을 때, 나는 재원과 창조적 능력, 지식을 있는 대로 동원하여 울로프 팔메와 그의 시대에 관한 역사를 쓰리라고 다짐했다. 그는 충분히 그럴 만한 가치가 있는 사람이다.

헨리크 베리그렌

2010년 3월 튀레쇠

---

* 1930년대부터 1950년까지 스웨덴 복지국가가 확립된 시기.

1. 칼마르-스톡홀름

Olof Palme

나는 부르주아 출신이다.

— 올로프 팔메

나는 벌써 햇포도로 만든 주스를 마신 것처럼 힘이 불끈 솟는 것을 느낀다.
이제 나는 온 세계를 돌아다니며 세상의 슬픔과 기쁨을 끌어안고
작은 배가 흰 파도에 부서져도 두려움 없이 폭풍에 맞서 싸울 용기를 지녔다.

— 요한 볼프강 폰 괴테

유럽의 여러 수도에는, 심지어 매우 민주적이고 평등한 나라에
서도, 부유하고 배타적일 뿐만 아니라 최상층계급에는 나라의 상
징으로 여겨지는 동네가 종종 발견된다. 파리의 경우 그곳은 포부
르생제르맹이며, 런던에는 메이페어가 있고, 베를린에는 달렘이 있
다. 건축 양식은 서로 다르겠지만, 사회적 문법은 동일하다. 잠시
방문한 사람들에게는 환영받지 못한다는 느낌을 주는 그 폐쇄성은
현지 주민에게는 마음을 진정시키는 효과가 있다. 거리 생활은 억
제되고 자제된다. 한편으로는 부자들이 큰 아파트나 저택에 살고
집 밖에서 다른 사람들과 어울릴 필요가 없기 때문이고, 다른 한편
으로는 부동산 가격이 매우 높아서 카페나 술집, 작은 상점은 수익

성이 없기 때문이다. 이러한 구역은 늙은 부자 고모와 닮았다. 다소 빛이 바랬을지도 모르지만 늘 조금도 흔들림이 없고 멋지다.

스웨덴 수도 스톡홀름에서는 다른 어느 곳보다도 19세기 말에 조성된 중심부 북동쪽 외스테르말름 지구에 풍요와 정치권력, 문화적 자본이 집중되어 있다. 입이 건 사람들은 오스만 남작의 자와 알프레드 노벨의 니트로글리세린이 가장 중요한 도구였다고 말한다. 중세 파리의 대부분을 파괴한 이 프랑스인 도시설계가로부터는 정방형 도로망의 대로를 빌려왔고, 이 스웨덴 사람이 발명한 다이너마이트의 도움으로 산과 언덕, 기타 울퉁불퉁한 지형을 날려버렸다. 그 도시지구는 수직적으로나 수평적으로나 곧다.

오늘날 직선은 평준화 기술의 한 사례로 보인다. 그러나 20세기에 들어설 무렵 외스테르말름은 밝고 공기가 맑은 새로운 종류의 주거 환경을 만들기 위한 장대한 사업으로 여겨졌다. 외스테르말름에 몇 년 거주했던 국민시인 아우구스트 스트린드베리는 이렇게 노래했다. "가로수 길의 초록빛 통로와 철교의 검은색 인도교, 모든 것이 화려하고 멋지고 새롭다." 아우구스트 스트린드베리가 새로운 도시지구에 매혹당한 유일한 예술가는 아니었다. 초기의 외스테르말름은 고상하게 부르주아적이라기보다는 현대적이고 진취적으로 보였다. 그러나 음침함과 거리 생활의 결핍에 대한 불만이 점차 증가했다. 작가 구스타브 아돌프 뢰스홀름은 그곳에는 아이들이 없다고 불평했다. 가장 활기찬 요소는 부자연스럽게 작은 토시를 끼고 불그스레하게 볼이 상기된 양가집 어린 딸이었다. 뢰스홀름은 그 소녀가 "조용하고 어두운 아파트"에서 피아노 교습을 받기 위해 스톡홀름 경기장에서 스케이트를 타고 집으로 돌아오는 길이라고 묘사했다.

울로프 팔메는 두 세계대전 사이의 시기에 엥엘브렉츠가탄과 외스테르말름스가탄이 만나는 모퉁이, "부유한 외스테르말름"의 한가운데, 그 조용한 아파트의 한 곳에서 성장했다. 팔메 가족은 제1차 세계대전 이래로, 처음에는 부동산 소유주로, 다음에는 세입자로 그곳에 살았다. 지금은 루마니아 대사관이 입주해 있는 건물은 18세기 초에 지어진, 균형이 잘 잡힌 회색빛 도시 주택으로, 팔메 가족은 4층에 있는 아파트 두 채를 다세대 거주 공간으로 고쳤다. 그중 하나인 방 아홉 개짜리 아파트에서 울로프 팔메는 부모님과 형, 누나와 함께 살았다. 계단 홀을 따라 팔메의 조부모가 방 일곱 개를 썼다. 다른 층에는 훗날 스웨덴 총리가 되는 자의 가족이 거주했다. 닐스 빌트 대령이 부인과 네 아들과 함께 살았는데, 그중 한 아들이 보수통합당 대표이자 1990년대에 총리였고 지금은 외교부 장관인 칼 빌트의 아버지가 된다. 1층 아파트에는 나이 많은 여자 두 명이 살았는데, 한 사람은 해군 장교의 미망인이었고 다른 사람은 함부르크에서 온 화가였다. 1층에는 경비실도 있었는데, 그 두 여인이 파리의 방식으로 현관 안쪽의 덧문에 자리를 잡고 출입을 통제했다.

미래의 사회민주당* 대표가 외스테르말름에서 보낸 성장기에 관

---

* 정식 명칭은 스웨덴 사회민주주의 노동자당Sveriges socialdemokratiska arbetareparti (SAP)이나 '사회민주당'으로 약한다.

해서는 두 가지 요인이 강조되곤 한다. 가족의 특권적인 경제적 지위와 그 보수적 세계관이다. 울로프 팔메가 일찍부터 부유하게 살았다는 것은 부정할 수 없다. 팔메의 확대가족은 호화롭게 살았다. 하인을 여럿 거느렸고, 여자 가정교사를 두었으며, 쇠름란드에는 바다가 보이는 방 18개짜리 대저택이 있었고, 운전사를 두고 승용차를 썼으며, 정기적으로 외국 여행을 다녔고, 아이들은 사립학교에서 공부했다. 가장 가까운 이웃을 기준으로 보더라도 외스테르말름스가탄 36번지의 사교 생활은 대단했다. 정찬이나 야회가 있는 날이면 아파트는 왕족과 귀족, 기업주, 장군, 교수, 지주, 대사로 가득 찼으며 드물게 문화계 인사도 보였다. 1927년 3월 저녁 음악회의 손님 명부에는 특히 왕세자 구스타브 아돌프와 왕자 칼, 이바르 크뤼게르, 세 명의 각료가 포함되었다. 정찬에 쓸 포도주는 프랑스에서 직접 수입했으며, 위스키는 스코틀랜드의 지정 공급자가 보내왔고, 식단은 미리 프랑스어로 써놓았다. 울로프 팔메의 조부는 1934년에 사망할 때 결코 엄청난 재산을 남기지 않았지만(오늘날의 가치로 약 800만 크로나), 식구가 대여섯 명인 노동자 가정이 방 하나에 부엌 하나로 살던 계급사회에서 그 가족은 단순히 부자여서 행복한 것 이상이었다.

가족 구성원 대다수가 정치적으로 우파에 속한 것도 사실이었다. 사회민주주의가 한층 더 강력해지고 미국에 더 가까워지고 군비를 축소하며 작은 스웨덴을 지향한 전간기에, 팔메 가족의 전반적인 태도는 사회주의에 반대하고 독일에 우호적이며 국방과 핀란드에 대한 적극 개입을 옹호하는 것이었다. 가족 중 공적인 일에 직접적으로 활발히 참여한 이는 분명히 거의 없었지만, 참여할 때는 (계급투쟁의 성격이 짙었던 1928년 코사크 선거*처럼) 우익보수당을 지지했고 특히 사회민주당에 반대했다. 핀란드와의 관계는 늘 현재의 문제였으며, 스웨덴 지향적 핀란드와 발트 지역에 적극적으로 개입하는 스웨덴의 강력하고 견고한 동맹이라는 꿈은 비록 비현실적이었으나 떠나지 않는 환상이었다. 패배한 독일에 대한 연대의식과 베르사유 조약의 가혹한 조건에 대한 분노는 스웨덴 – 독일 공동 협회들의 모임으로 분출되었다. 우익보수당의 주요 정치인인 엔슈트 트뤼게르와 예스타 바게, 핀란드 대통령의 동생 만네르헤임 남작, 훗날 나치 독일 시절 스웨덴을 압박하는 주역으로 유명해지는 독일 외교관 비트 공작이 정기적으로 팔메의 집에서 목격되었다.

외스테르말름의 유복한 환경이 스웨덴 노동운동**의 가장 위대한 정치인 한 사람을 배태했다는 사실은 당연히 통쾌하기 그지없다. 울로프 팔메의 찬미자에게 이렇게 가족의 배경에서 이탈한 것은 그가 자유롭고 독립적인 지식인이요 자수성가한 사람이라는 사실을 증명한다. 반면 팔메를 비방하는 자는 그를 뿌리를 저버린 기회주의자로 보았다. 두 시각에 똑같이 일말의 진실이 있지만, 둘 다 대체로 팔메의 정치적 행위는 물론 그 가치관도 그의 배경에서 단

---

* 1928년 가을 선거의 별칭. 그해 봄 의회에서 사회민주당의 엔슈트 비그포슈가 급진적인 상속세 법안을 제출했는데, 부르주아 정당들은 이를 볼셰비키 공산주의라고 공격하며 가을 선거에서 쟁점으로 삼았다.
** 스웨덴 노동운동은 경제와 정치 두 부문으로 나뉘며 노동조합총연맹LO과 사회민주당이 각각을 대표한다.

절되었다는 잘못된 전제 위에 서 있다. 그 가족은 실제로 앞에서 보여준 1920년대의 스냅사진 같은 설명이 암시하는 것보다 훨씬 더 복잡하고 다양한 모습을 지녔다.

재산과 정치적 견해가 사회적 유산의 중요한 부분임은 부정할 수 없다. 그러나 정당에 대한 충성심은 바뀔 수 있고 재산은 잃어버릴 수 있어도, 뿌리 깊은 가족의 이상은 유지된다. 팔메 가족을 더 긴 역사적 시각에서 바라보면(얼어붙은 1920년대의 모습이 아니라 변화하는 가족), 팔메는 그 가족의 특징인 여러 가지 기본적인 가치와 속성을 저버린 변절자라기보다는 그 대표자라고 할 수 있다. 이를테면 이런 것들이다. 학문과 근대성에 대한 강한 믿음, 여러 언어를 구사하는 국제주의, 귀족주의적인 노블리스 오블리주와 권력을 향한 파우스트적 의지의 혼합, 문학과 연극, 수사학에 대한 관심, 결정적인 목표를 달성하려 할 때에는 온힘을 다해야 할 필요가 있다는 확고한 신념. 또한 이에 못지않게 중요한 것은 이러한 가족적 배경을 지닌 울로프 팔메가 민족주의적인 소국과 제국주의적인 강국 사이의 갈등을 이해하는 데 어려움이 없었다는 사실이다.

칼마르 출신의 상공인 집안

이 가족의 조상은 1609년 홀란트에서 스웨덴의 위스타로 이주한 선장이자 상인 팔메 뤼데르였다. 그는 남부 스웨덴의 상인과 목사, 관료의 훌륭하지만 특별히 놀랍지는 않은 시골 사람의 인성을 갖추었다. 울로프 팔메의 조부가 되는 스벤 팔메와 그의 배다른 형제 헨리크가 19세기 중반 해운 도시 칼마르에 있는 부모의 집을 떠나 스톡홀름으로 이주했을 때 가족의 온전한 잠재력이 처음으로 터지기 시작했다.

그것은 시간과 결합된 이동이었다. 활력 없는 농업사회 스웨덴이 경제학자들이 '도약'이라고 부르는 단계, 역동적인 도시산업사회의 첫 단계에 뛰어드는 중이었다. 가장 중요한 진전은 대도시 밖에서 이루어졌다. 농장이 점점 더 합리적으로 관리된 덕에 늘어나는 인구에 식량을 제공할 수 있었다. 노를란드의 증기제재소는 외국에 목재를 공급했으며 소유주에게는 수출소득을 가져다주었다. 철도의 건설과 새로운 기술 덕분에 폐쇄적인 스웨덴 공장지대는 유럽의 주요 공업지역으로 탈바꿈했다. 반면 극도로 비위생적인 환경에 갇힌 인구 10만여 명의 스톡홀름은 유럽 대륙의 여러 수도에 비해 발전이 뒤처졌다. 시 정부를 설득하여 상수도와 하수도를 설치하게끔 하려 했던 어느 불만 많은 스톡홀름 시민은 이렇게 생각했다. "스웨덴의 자랑스러운 수도는 오랫동안 문명 세계 전체에서 예외로 지목되었다." 발트 해에 면한 그 냉습하고 어둑어둑한 도시에서는 태어나는 사람보다 죽는 사람이 더 많았고, 유럽의 수도 중에서는 빈Wien만이 사생아 숫자에서 스톡홀름을 앞섰다.

그러나 길드 제도의 폐지부터 주식회사와 보험, 은행에 관한 새로운 법의 제정까지 스웨덴에 새로운 시장경제를 만들어놓은 정치적 결정이 바로 이곳에서 내려졌다. 신용시장의 발달은 여전히 미약했다. 자본 공급자는, 특히 철도 건설에서, 우선 국가였다. 그러나 진취적인 기업가들은 액수가 많지 않더라도 돈을 저축한 사람들에게서 자본을 끌어올 수 있음을 서서히 깨달았다. 그들로 하여금 은행에 돈을 맡기거나 주식을 매입하거나 보험에 가입하는 것이 안전하다는 점을 납득시키기만 하면 되었다. 칼마르에서 온 팔메 형제가 수도에서 자신들의 흔적을 남긴 것이 바로 그 분야였다. 그들이 집을 떠난 것은 스웨덴 사람이 옛 신분사회를 뒤로하고 불확실하지만 전도유망한 근대적 산업사회를 향해 나아간 국민 대 이동의 일부였다. 그러나 스벤과 헨리크는 똑같이 고향을 떠난 수만 명의 절망적인 소작농과 오두막살이농, 농업노동자와는 달리 교육을 받았고 연줄이 있었으며 조용한 지방 도시에서 존중받는 시민으로 성장하여 자신감도 좋았다.

팔메 형제가 떠나온 칼마르는 쇠락하고 있었다. 중세에 그 도시는 스웨덴의 주요 도시였다. 특히 당시 오늘날의 스웨덴 남부 지역을 보유한 덴마크와 맞닿은 국경 기지로서 중요했다. 그러나 스웨덴이 블레킹에와 스코네, 할란드를 획득한 1658년 로스킬레 조약 이후 칼마르는 내리막길을 걸었다. 바사 왕조의 왕들이 이따금 거주한 곳으로 13세기에 지어진 그 도시의 장대한 왕궁은 파괴되었고 19세기에는 창고와 감옥으로 쓰였다. 왕실의 위엄은 부르주아의 상냥함으로 대체되었다. 도시 주민들은 주로 상업과 해운에 의지하여 살았고 별다른 소동을 피우지 않았다. 교활한 궁정 신하들과 무모한 장교들은 과거의 일이 되었으며, 도시의 사교장에는 이제 상인들이 모여들어 긴 담뱃대로 담배를 피우고 토디(따뜻한 물과 설탕, 향료를 섞은 브랜디나 위스키)를 마셨다. 이는 친목과 학습, 근면에

이로운 환경이었다. 칼마르에는 학교가 많았고 결사 활동이 번창했다.

헨리크와 스벤의 아버지 아돌프 팔메는 당시 주(렌^{län})에서는 주지사 다음으로 높은 관료인 주 사무국장이었다. 그는 칼마르의 존경받는 시민으로서 아이가 많았고 사업보다는 시에 재주가 있었다. 아들 헨리크가 대학교에 갈 나이가 되었을 때, 팔메 집안은 크림 전쟁의 여파로 큰 경제적 어려움에 처했다. 1859년 2월 칼마르 주민들은 새로이 창간된 신문 《바로메텐》에서 법률가 팔메의 재산, 즉 방 12개짜리 집과 저목장貯木場 세 곳, 선박 다섯 척이 경매에 넘어간다는 내용을 읽을 수 있었다.

아돌프 팔메는 재기하고 싶었지만, 파산 때문에 아들 헨리크가 생활 전선으로 내몰렸다. 열일곱 살 헨리크는 아버지처럼 지적 성향을 지녔다. 그는 조용했고 담배를 폈으며 종종 플라톤과 셰익스피어를 인용하곤 했다. 그러나 아돌프는 아들이 기술자가 되기를 바랐다. 아마도 자신처럼 경제적으로 불안정한 삶을 살지 않기를 원했기 때문이었을 것이다. 헨리크는 운하 건설 현장에 실습생으로 들어갔지만 기술에는 적성도 없고 열정도 부족했음을 보여주었을 뿐이다. 그는 여러 가지 일에 손을 댔다가 웁살라의 대학교에 입학했고, 그곳에서 공무원 자격시험을 매우 빠르게 통과했다. 1860년 헨리크는 스톡홀름으로 가서 왕실회계청과 관세청의 임시직으로 채용되었다. 일은 힘들지 않았지만("매일 오전 한두 시간") 그 대신 보수는 적었다.

헨리크는 일시적으로 연극에 관해서, 특히 왕립극장의 프로그램 안내문과 보수적 일간지 《스벤스카 다그블라데트》의 기사를 쓰면서 수입을 보충했다. 그는 침대 하나뿐인 단칸방과 지하 식당에서 숙식하며 살았지만, 언론인으로서 당시 그 직종의 필수품이었던 펀치(레몬즙과 설탕을 섞은 독주)와 담배 없이는 버틸 수 없었다. 1863년 헨리크는 신분제의회 도시민 신분회의 서기가 되었다. 회의가 열릴 때 하루 10릭스달레르를 벌 수 있는 직책이었다. 헨리크는 그 덕분에 경제적으로 형편이 나아져 프랑스의 도시 오를레앙으로 유학을 갈 수 있었다. 그곳에서 헨리크는 저녁 시간의 대부분을 극장에서 보냈다. 그는 1864년 초여름 스톡홀름의 고향으로 돌아오기 전에 셰익스피어 탄생 300주년을 축하하려고 스트래퍼드 어폰에이번을 방문하기도 했다.

한 발은 언론계에 다른 한 발은 의회에 두었던 칼마르 출신의 이 청년은 새로운 스웨덴의 성장을 따라가기에 완벽한 위치에 있었다. 스톡홀름에서 보낸 첫해는 중세의 신분제의회를 상하 양원의 근대적 의회로 대체하기 위한 투쟁이 최고조에 달한 때였다. 귀족회의에서는 오랫동안 열띤 토론이 전개되었고, 신문에서는 복잡한 개혁안이 면밀히 검토되었다. 전국에서 대표단이 몰려와 주저하는 보수적인 국왕 칼 15세를 설득했다.

신분제의회의 폐지는 1840년대부터 진행된 부르주아의 개혁 작업에서 정점으로 여겨졌다. 베르사유에서 테니스코트의 서약이 이루어진 지 75년이 지난 그때, 마침내 제3신분은 굼뜬 후진국 스웨덴에서도 권력을 잡을 준비가 된 것처럼 보였다. 도시민 신분과 농민 신분은 새로운 체제를 전적으로 지지했고, 성직자 신분은 귀족을 따르겠다고 선언했다. 따라서 실제로 모든 것은 스웨덴 귀족이 그 마지막 중요한 특권, 즉 스웨덴 국민의 대표 기구에서 담당했던 지도적 지위를 포기하는가 여부에 좌우되었다. 1865년 7월 직전 귀족회의에서 새로운 법안이 361 대 294로 통과되었을 때 귀족회의 의장 라게르비엘케는 이렇게 설명했다. "진정한 귀족은 언제나 조국에 대한 의무를 생각한다."

그러나 의회 개혁은 20년에 걸친 자유주의자들의 마지막 세몰이로 드러났다. 그것은 부르주아가 정치를 지배하는 새로운 시대의 출발 신호가 아니었다. 진정한 승자는 도시의 중간계급이 아니라 농촌 주민 중 상대적으로 더 부유한 자들이었다. 훗날 아우구스트 스트린드베리는 이렇게 회고했다. 1865년은 "희망이 죽은 해"였다. "극심한 반발은 … 새롭게 성장한 계급의 사기를 꺾었다." 19세기 중반 스웨덴 부르주아는 유럽적 기준으로 보면 가난한 사촌, 농민의 영양 가득한 고깃국 위에 떠 있는 묽은 기름 덩어리였다. 그렇지만 도시 중간계급의 직접적인 정치적 기대가 좌절되었다고 해도, 의회 개혁은 시장경제를 가로막는 오래된 장애물을 제거하여 진취적인 기업가에 운신의 폭을 넓혀주었다.

헨리크 팔메는 바로 그 기업심 강한 개척자 범주에 속했다. 헨리크는 1869년 오스트리아와 프로이센에서 영감을 얻어 부동산 소유자를 위한 담보대출을 전문으로 하는 새로운 종류의 은행인 스톡홀름 저당주식회사SIGAB를 설립했다. 당시에는 '저당은행'이라고 불렀다. 연극에 관심이 많던 헨리크는 자신에게 사업에 뛰어들도록 결정적인 자극을 준 이가 괴테였다고 주장했다. 헨리크는 그 독일

시인에게, "진정으로 갈구하는 것은 의지만 충분히 강하다면 언제나 얻을 수 있다는 발언에" 마음을 빼앗겼다. 아마도 헨리크는 『파우스트』의 유명한 마지막 대사를 암시했던 것 같다. 거기서 악마와 협정을 맺은 의사를 구한 천사가 이렇게 선언한다. "굴하지 않고 노력하는 자라면 우리는 구할 수 있다." 또는 그의 종손이 1960년대에 표현했듯이, "정치는 무엇을 성취하려는 의지"이기 때문이다.

스톡홀름 저당주식회사의 출발은 더뎠지만, 헨리크는 곧 스톡홀름 금융계의 주요 인사로 자리를 잡았다. 19세기 후반은 스웨덴 은행 제도에 역동적인 시기였다. 경제는 크게 팽창했고, 신용과 투자의 새로운 기회를 바라는 요구가 거셌다. 헨리크 팔메가 금융계에 발을 들이기 대략 10년 전인 1856년, 이전까지 해군 장교였던 안드레 오스카르 발렌베리가 스톡홀름 사영은행SEB을 설립했다. 이 은행은 곧 세계에서 오랫동안 가장 성공적으로 유지된 가문의 뼈대가 된다. 헨리크 팔메는 일찍이 1870년에 일시적 위기에 처한 스톡홀름 사영은행을 도와주기를 거부함으로써 발렌베리 가문과 갈등을 빚었다. 이로부터 팔메 가문과 발렌베리 가문 사이의 오랜 긴장 관계가 시작된다. 두 가문은 처음에는 사업 세계에서 경쟁자였고 이후로는 한쪽은 사회민주주의 노동운동의, 다른 쪽은 스웨덴 대자본의 대표자였다.

헨리크 팔메의 성공은 다른 유리한 사업 기회를 열어주었다. 헨리크는 바사가탄에 인쇄소 센트랄트뤼케리에트를 차렸고, 여러 이사회에 앉았으며, 노동자 주택과 스톡홀름의 엘리트를 위해 초목이 울창한 교외 주택의 형태로 거대한 새 주택단지를 계획했다. 헨리크 팔메가 사회적 이상과 사업을 뚜렷하게 구분하지 않은 것은 그다운 면모였다(나중에 스벤도 마찬가지였다). 헨리크의 경우 이는 아마도 그가 사랑했던 것, 즉 1890년대에 조성된 스톡홀름의 단독주택 지구 유슈홀름과 관련하여 가장 분명할 것이다. 1883년 헨리크는 베탄과 스발네스의 대규모 토지를 매입했다. 전부 거대한 영지 유슈홀름에 인접한 땅이었다. 팔메 가족은 엄청나게 번창했고, 은행장 헨리크 팔메는 곧 풍광이 아름다운 그 지역의 잠재력을 알아보았다. 헨리크와 부인 안나는 런던과 베를린, 북아메리카의 대도시 교외에 개발된 멋진 부르주아 교외 주거지에서 영감을 얻었다. 서구 세계에 등장하던 국제적인 부르주아 문화를 향한 그러한 관심은 팔메 형제의 특징이기도 했다.

헨리크는 분명히 스톡홀름 외곽에 전원도시를 세운다는 계획을 품었고, 1889년 회사를 세워 인접한 유슈홀름을 매입했다. 이 사업에는 화가와 지식인, 부유한 의사, 기술자, 사업가가 몰려들었다. 그러나 헨리크와 다른 투자자들의 사이가 틀어졌다. 투자자들은 새로운 전원 공동체라는 헨리크의 꿈을 공유하지 않았던 것이다. 특히 이 구상은 야심적인 협동조합 활동과 수공예와 체육 같은 과목을 특별히 강조하는 '개혁학교'를 포함했다. 그렇지만 유슈홀름은 같은 시기 발렌베리 가문이 스톡홀름에 세운 다른 상층 부르주아 주거 지구인 살트셰바덴에 비해 약간 더 자유롭고 지적인 특징을 띠게 된다.

스웨덴 생명보험업의 개척자

스벤 팔메는 1873년 스톡홀름에 도착했을 때 쿵스트레고덴 공원에 있는 헨리크의 방 다섯 개짜리 아파트에서 간이침대에 누워 잘 수 있었다. 점점 더 큰 영향력을 갖게 되는 은행가가 13살 어린 배다른 형제에게 주는 여러 도움 중 첫 번째였다. 둘은 성장기에 서로 특별히 가깝지는 않았다. 스벤에게 파이프 담배를 피우는 헨리크는 차라리 '삼촌'같이 느껴졌다. 그는 형이 '애늙은이'처럼 아버지와 문학과 철학에 관하여 긴 대화를 나누었다고 회상했다. 스벤의 끝 모를 찬사는 다른 배다른 형제 악셀에게도 향했다. 악셀은 용감하고 민첩하고 행동이 우아했으며, 스벤에 따르면 "소년을 환상에 빠뜨리는 '어떤 것'"을 갖고 있었다. 악셀이 얻은 영웅의 평판은 또한 성인 스벤의 삶에서 두드러진 두 가지 현상, 즉 군인 생활과 스칸디나비아주의*와 연관이 있었다. 악셀은 근위보병연대 중위였으며 1864년 덴마크-프로이센 전쟁에 의용병으로 참전했다. 칼마르의 집에 있을 때 열 살짜리 스벤은 스칸디나비아주의에 대한 열광과 뒤이어 스웨덴이 덴마크를 구원하지 못했을 때의 실망감에 사로잡혔다. 그 이듬해 팔메 가족이 부상을 당한 채 독일의 포로가 된 악셀을 집으로 데려오려고 코펜하겐에 갔을 때 스벤도 동행했다.

스벤도 고등학교를 졸업한 뒤 군인의 길을 걸으려 했다. 스벤은 열아홉 살에 스톡홀름으로 가서 스베아 포병연대에 지원병으로 입

---

* 스칸디나비아 국가들 간의 문화적, 역사적 유대에서 비롯한 초민족적 운동.

대하여 릴얀스쿠겐에서 복무했다. 1880년대에 들어서 스벤은 중위로 진급했고 형이 설립한 보험회사 빅투리아에서 고된 부업을 얻었다. 이는 일종의 네포티즘nepotism이었지만, 이러한 친족 등용 방침은 재주 많은 팔메 집안에서는 빈번히 일어난 것으로서 좋은 일로 보였다. 스벤은 유명한 수학 교수 미타그레플레르의(헨리크 팔메가 그의 보험회사 빅투리아에 고용했다) 지도를 받고 포병학교에서 수학의 기초 지식을 잘 쌓은 덕분에 유능한 보험회사 직원으로 빠르게 성장했다. 진지하게 가족을 꾸릴 생각을 하기 시작한 젊은 중위에게 그것은 수지 맞는 부업이었다.

장교라는 직업은 1800년대 스웨덴에서 여전히 사회적 지위가 높았다. 스벤 팔메가 입대할 때 장교단의 거의 절반이 귀족 출신이었다. 신사도는 그 직업의 정체성에서 큰 부분을 차지했다. 장교는 사회생활에서 '귀족과 대등한 존재'라는 말이 있었다. 젊은 중위는 연병장뿐만 아니라 무도회장의 댄스 스텝과 살롱의 대화 기술에도 통달해야 한다는 기대를 받았다. 평민 출신의 장교들도 강력한 귀족 문화에 물들었다. 스벤 팔메는 적어도 하인들로부터는 진정한 귀족의 핏줄을 타고난 아내보다 더 귀족적인 태도를 지녔다는 인상을 받았다. 그러나 급여는 상대적으로 적었고, 많은 사람에게 장교의 길은 작가 앙네스 폰 크뤼센셰나가 『가난한 귀족Fattigadel』에서 묘사한 '빛나는 불행'을 의미했다. 그 소설에서 화려한 저녁 무도회의 뒤에는 여러 달 동안 소금에 절인 송어와 악취 나는 버터, 약속어음으로 살아가는 지루한 나날이 숨어 있다. 스벤 팔메는 성실하고 절약하는 사관후보생이었지만, 그럼에도 2년 뒤 그는 큰 빚을 떠안았다.

열악한 급여 수준은 포대 같은 기술 병과에서 특히 실망스러웠다. 좋은 기술과 수학 지식은 팽창하고 있는 민간 노동시장이 탐내는 것이었기 때문이다. 게다가 출신, 특히 왕실에 닿는 연줄이 공헌과 능력보다 더 중요한 자산이라는 사실에 강한 불만이 제기되었다. 1888년 비교적 새로 시작된 생명보험회사 툴레의 사장직을 제안 받았을 때 스벤은 조금도 주저하지 않았다. 지적이고 놀라울 정도로 사업 감각이 뛰어난 형 헨리크는 용감한 육군 중위에게 따라야 할 모범으로 강력한 인상을 주었다. 또한 시기가 사업을 시작하기에 좋은 때였다. 다가오는 10년 즉 1890년대는 스웨덴이 더없는 호황에 접어들어 나라의 성공적인 수출산업 대부분이 기초를 다지는 시기였다.

그러나 보험 분야는 또한 의혹의 대상이었다. 인간의 고통과 안전 희구에 기대어 돈을 벌었기 때문이다. 새로운 시대의 냉정한 자본가들에게 보험은 이문이 많이 남는 상징적인 사업이었다. 아우구스트 스트린드베리가 1879년에 발표하여 작가로서 명성을 얻는 『붉은 방*Röda rummet*』이 그 시대의 흥기하는 부르주아 계급의 위장된 탐욕을 조롱하면서 바로 그 사업 분야를 소재로 선택한 것은 결코 우연이 아니었다. 스트린드베리는 훈장으로 도배를 한 보험회사 사장들의 과장된 어법과 투자 자본에 20퍼센트의 배당을 요구한 돈에 굶주린 주주들을 대비시키며 둘 다 비꼬았다. 스트린드베리의 가상의 해상보험회사 트리톤의 이사들은 보험 제도는 사실상 사업이 아니라 순수한 이타주의의 산물이라고 단언했다. "애국적이고 인간에게 복을 주는 모든 기업 중에서 보험 제도처럼 고결하고 박애주의적인 목적을 지닌 것은 굳이 말하자면 거의 없다." 스트린드베리의 소설 주인공 아르비드 팔크는 그 모든 인도주의에 완전히 압도되었다. "불운이 닥쳐 곤궁에 처한 비슷한 처지의 사람들에게 위험을 무릅쓰고 돈을 내놓으려면 큰 사랑이 필요하다. 여기에 사랑이 있다. 단번에 이렇게 많은 사랑이 모인 것을 팔크는 본 적이 없다!"

과장된 어법은 실체가 드러났겠지만, 스트린드베리가 『붉은 방』에서 보험회사에 가한 비판은 모든 사회적 계약을 인간 본성의 타락으로 보는 극단적이고 과격한 개인주의에서 비롯했다. 팔크는 작가의 비타협적 문명 비판을 이렇게 표현했다. "사회는 거짓투성이다." 그러나 스트린드베리는 숨길 것이 없지 않았다. 스트린드베리는 사회생활을 시작할 때 보험회사 누드셰난의 간행물 《스벤스크 푀셰크링스티드닝(스웨덴 보험신문)》에서 기자로 고용되어 일했다. 그는 언제나 그랬듯이 일을 대충하지 않았다. 그는 누드셰난의 경쟁사를 맹렬하게 공격했는데, 그 회사는 우연히도 신생 생명보험 회사 툴레였다. 스트린드베리가 보험업에 관해 철저히 무지했기에, 공격은 누드셰난에 심히 난처한 일이 되었다. 스트린드베리는 곧 툴레의 수학 전문가에 반박 당했고 그 직후 신문은 폐간되었다. 보험업계에서 잠시 일한 경험은 훗날 위대한 문학 작품을 탄생시켰지만, 그 때문에 스트린드베리가 유능한 보험 제도 분석가가 된 것은 아니었다.

19세기에 큰 보험회사들이(스칸디아, 툴레, 빅투리아, 누드셰난) 성장한 것은 현대 시장경제에 필요한 제도의 발전으로 좀 더 건전하게 여겨졌다. 그 경영자들이 종종 강조했듯이 발상은 아주 오래전에 나왔다. 인간은 예상치 못한 불행과 재난에 맞서 여러 가지 방식으로 서로 지원과 보호를 약속했다는 것이다. 그러나 힘없는 머슴들을 돌본 옛날의 집주인들이나 불타버린 곡간을 다시 세운 착한 이웃들의 연대와 새로운 보험 제도 사이에는 결정적인 차이가 있었다. 보험의 도움 덕분에 개인은 상급자나 지역 공동체에 대한 직접적인 종속에서 벗어나 시장에서 더 독립적이고 자유로운 행위자로 바뀌었다.

그러나 생명보험은 사람들이 전통적으로 알 수 없는 신의 뜻으로 받아들인 영역에 시장경제의 원리를 도입했다. 생명의 가치를 계산하는 것은 신성모독이 아닌가? 보수적인 계층에서는 팽창하는 보험 분야를 도덕을 해치는 위험한 것으로 보았다. 19세기 중반 귀족회의에서 어느 의원은 건전하지 못한 생명보험을 격하게 비난했다. 피보험자는 모아놓은 자본을 가족과 사회의 최선을 위해 쓰는 대신 일종의 불쾌한 도박에 몰두하고 있다는 것이었다. "그는 노동의 자극을 받는 대신 죽는 순간의 이득을 기대한다."

그러한 도덕적 반대가 있었는데도 스벤 팔메는 거의 10년간 툴레를 스칸디나비아 생명보험 시장에서 우월한 위치에 올려놓았다. 툴레는 스웨덴에서는 새로웠던 독창적인 관념을 바탕으로 성장했다. 생명보험에 보험료 환급을 도입한 것이다. 프랑스에서 들여온 이 발상은 스벤 팔메가 활동을 시작했을 때 회사의 기본적인 영업 방침의 하나였다. 그러나 스벤 팔메는 환급이라는 발상을 자기 것으로 만들었다. 그는 생명보험회사가 인간의 삶과 죽음을 두고 돈을 벌거나 잃는 것은 잘못이라고 생각했다. "툴레의 순이익은 회사의 진정한 주인 즉 피보험자에게 돌아가야 한다." 이 도덕적인 태도는 동시에 사업상의 좋은 발상이기도 했고, 동시대의 다른 사람들보다 조금 더 폭넓게 생각할 수 있는 팔메 형제의 능력을 보여주는 또 다른 사례였다. 그러나 성공 뒤에는 헨리크가 사업 세계에 첫발을 내딛을 때의 특징이었던 의지력과 자신감이 있었다. 스벤 팔메가 의지력으로 환경을 극복할 수 있다고 믿기는 했지만, 회고록에서 그는 자신 안에 '평범한 수준 이상의 사람'이 될 수 있는 힘과 능력이 있음을 얼마나 일찍 감지했는지 적고 있다. 스벤 팔메는 신입 보험계리사로서 빅투리아에 입사할 때 이미 나중에 사장이 되어 회사의 칠각형 사장실에 앉겠다고 결심했다. 그는 몇 년 안에 이 목적을 달성한다.

카리스마 넘치는 젊은 부부

스벤 팔메는 보험업에 발을 들임과 거의 동시에 스웨덴계 핀란드인* 한나 폰 본과 결혼했다. 스벤은 스물아홉 살이었고 한나는 스물두 살이었다. 이때도 형이 길을 터주었다. 1882년 스벤은 헨리크 부부의 집에서 처음으로 장래의 부인을 만났다. 형수가 한나의 사

---

* 핀란드 태생으로 스웨덴어를 쓰는 사람들.

촌이었다. 실질적인 연애는 이듬해 한나가 파리에서 스웨덴을 거쳐 집으로 돌아갈 때 시작되었다. 한나와 스벤은 헨리크가 여름에 머물기 위해 빌린 외스테르예틀란드의 아름다운 대저택 비에르카세뷔에서 다시 만났다(가족에 전해 내려오는 이야기에 따르면 의도적으로 꾸민 일이었다).

칼마르 출신의 상공인 집안 아들은 '파리지엔'의 멋진 용모에 완전히 압도되었다. 사랑의 기운은 저택 광장의 너도밤나무 아래에서 싹텄다. 스벤의 사회적 야망을 만족시켰을 배경이었다. 스벤은 한나의 지적 능력, 학식, 특히 정치 문제에 대한 관심에 감명을 받았다. 그는 이렇게 주장했다. "나는 순수문학은 어느 정도 알고 있지만, 시대의 문제에 관해서는 아주 무지하다. 나는 스펜서를 읽은 여인 앞에서 절절맸다.…" 스벤은 아마도 가난한 젊은 중위가 돈을 보고 결혼했을 것이라는 흉악한 소문이 틀렸음을 입증하기 위해 사후에 한나에 대한 존경과 그녀의 매력을 다소 과장했을지도 모른다. 그러나 한나 폰 본이 비록 키가 매우 작기는 했어도 외모로나 지적으로나 출중했다는 데에는 의심의 여지가 없다. 그녀에게 감탄한 어떤 이는 이렇게 시를 지어 바쳤다. "그대의 영혼은 힘이 넘치고 강력하고 위대하네/ 그대의 몸은 삼가 말하건대 자그마하네."

한나는 열 명의 형제자매 중 아홉째로 핀란드의 포르보 외곽의 영지 감멜바카에서 자랐다. 스웨덴계 핀란드인의 영지 문화는 스웨덴의 경우와 많이 비슷했다. 엄격한 가부장적 문화로 지역의 관습이 강력했고 신분 표지가 명확했다. 그러나 러시아 전제정의 영향과 공통 언어의 부재가 겹쳐 영주 가족과 하인들 사이의 간극은 스웨덴의 경우보다 더 컸다. 기본적인 분위기는 가문에 대한 강한 자부심과 보수성이다. 봉건제에서 크게 벗어나지 않았다고 할 수 있다. 그 가족의 전기에 표현된 바에 따르면, 폰 본 가족의 좌우명은 "변화는 좋고 지키는 것은 더 좋다mutare bene, conservare melius"였다. 그들은 유서 깊은 가문의 지주였다. 소작농의 해방과 핀란드어를 공용어로 쓰는 것에 단호히 반대했다. 그렇지만 하인들에 대한 가부장적 의무와 관련해서는 노블리스 오블리주라는 구식의 관념을 지니고 있었다. 영지의 환경에서 교육과 계몽은 확실히 장려되었지만, 톨스토이의 자유주의적 지주들처럼 그 이상이 자신들의 하인에 실질적으로 적용되어야 하는지에 대해서는 확신하지 못한 것 같다. 폰 본 가족에서는 프랑스혁명 이후 생겨난 새로운 민족적 정체성과 이데올로기를 관통한 다문화적 귀족 문화가 두드러졌다. 부분적으로는 자유주의적이고 근대적인 문화라고 할 수 있지만, 귀족의 유대와 가족의 유대가 늘 지역의 민중 문화를 물리쳤다. 집에서는 늘 스웨덴어를 썼고 독일어에 능통했으며 프랑스어 실력을 과시했고 소작농과는 핀란드어로 가까스로 소통했으며 러시아 제국에서 사업을 하거나 출세하려는 자는 러시아어를 썼다.

한나는 사람을 흥분시키는 젊은 부인으로 언어에 뛰어났고 프랑스와 러시아에 살았기에 견문이 넓었다. 그녀는 단지 문제작만 읽지는 않았다. 포르보의 집에 있을 때 한나는 한두 해 여교사로 일했고, 스톡홀름에서는 소비자 협동조합을 세웠고 훗날 사회민주주의 좌익당을 창당하는 칼 린드하겐과 함께 가정부를 위한 연금기금의 설립을 추진했다. 당대의 어느 관찰자는 그녀가 외향적이고 남성들로부터 크게 존경받았지만 동시에 거만하고 말이 신랄하며 큰 문제에서나 작은 문제에서나 자신의 의견을 단호히 고집했다고 썼다. 바이뇌 린나의 소작농 3부작 『북극성 아래에서*Täällä pohjantähden alla*』의 첫 권 『사리예르비 고원의 높은 곳에서*Högt bland Saarijärvis moar*』에 나오는 아름답지만 지배적인 목사 부인처럼 한나는 근대적인 여성이었고, 여자는 정치 문제나 경제 문제에 관여하면 안 된다고 생각하는 "구식 지주 집안 소녀들을 기꺼이 경멸했다."

린나의 소설에 나오는 인물처럼(특별히 좋게 묘사되지는 않았다) 한나도 열렬한 스웨덴계 핀란드인 민족주의자였다. 잘난 체하는 귀부인 한나에 관한 가족의 일화는 차고 넘친다. 사회민주당 지도자 얄마르 브란팅을 모욕한 것부터 자신의 집에 유대인을 들이지 않은 것까지 그녀는 자신의 편견을 사회생활에서 여봐란듯이 표현했다. 역사가들이 폰 본 가족이 봉건적 성격을 지녔다고 생각하는 것도 무리는 아니다. 그렇지만 청년 중위 스벤 팔메에게는 별다른 문제가 아니었다. 한나의 어머니는 그의 구애를 적극적으로 격려했다. 자식에게 적당한 배우자를 찾아주는 것은 귀족에게는 점점 더 심각해지는 인구학적 문제였으며, 훌륭한 부르주아 출신의 진취적인 청년 장교는 어느 모로 보나 좋은 배필이었다. 그러나 한나가 사회적 지위 하락을 의식한 것은 분명하다. 그녀는 평생 자신의 이름을 "한나 팔메, 이전의 폰 본"이라고 써야 했다.

스벤 팔메와 한나 팔메는 스톡홀름에서 카리스마 넘치는 젊은 부부가 되었다. "우아하고 도시적이며 언제나 정중한 중위 – 사장"과 핀란드에서 온 아름답고 힘이 넘치는 귀족적인 부인에게는 세련되면서도 적당히 급진적인 분위기가 있었다. 한나는 여성 참정권은 물론 여성의 병역의무를 위한 일에도 관여했지만, 다른 무엇보다도 가정과 가사가 어떻게 합리적이고 위생적으로 관리될 수 있는지에 관하여 여러 제안을 내놓았다. 그녀는 식기세척기 솔라토르Solator를 소개했으며("시대에 걸맞지 않은 길고 지루한 접시 닦는 일에서 우리를 해방한다") 여성을 위해 앞치마를 대체할 실용적인 '개량 옷reformdräkt'을 지지했다.

젊은 중위는 좌파에 공감했다. 관세 투쟁의 시대에 좌파란 자유무역과 보통선거권, 의회주의, 그리고 진보에 대한 전반적인 믿음을 의미했다. 이에 맞선 우파는 관세와 국수주의, 국왕권, 종교적 복종을 옹호하는 자들로 이루어졌다. 스벤 팔메는 19세기의 훌륭한 자유주의자로서 계몽과 과학을 신뢰했으며 프랑스혁명과 빅토르 뤼드베리, 존 스튜어트 밀을 이상으로 삼았다. 스벤은 말과 글에서 종종 이들을 인용했다. 스벤은 스톡홀름 노동자교육협회 지도부에 있었고 참정권 운동에 관여하여 그 토대를 놓았고 문학 토론회에 참여했으며 종교의 자유를 열렬히 지지했다. 결혼모독죄로 고발된 아우구스트 스트린드베리가 무죄 선고를 받았을 때 뤼드베리 호텔에서 열린 성대한 파티에서 많은 사람이 그를 축하했는데, 스벤도 그중 한 명이었다.

20세기에 들어서기 전 몇십 년간 스벤 팔메의 정치적 특징은 자유주의자의 '훌륭한 표준'인 유명 인사 스벤 아돌프 헤딘과 크게 다르지 않았다. 스벤 헤딘이 의회에서 보여준 비타협적 태도는 찬사와 분노를 동시에 자극했다. 헤딘과 스벤 팔메 두 사람 모두 안정된 부르주아 가문 출신으로 시골에서 수도로 올라온 자유주의자였다. 둘 다 단호한 맨체스터 자유주의로부터 거리를 두었으며 국가가 취약 계층을 돕기 위해 개입하는 것에 찬성했다. 두 사람 모두 원칙적인 자유무역주의자였으며 강력한 국방을 지지했고 민주주의적인 19세기 민족주의에 깊은 인상을 받았다. 이 점에서 민족주의적 시각으로부터 나온 국민의 민주주의 통치가 정당화되었다. 국민은 모든 시민에 속하며, 시민은 전체로서 자신의 나라를 통치할 권리가 있다는 것이다. 이러한 사고방식은 통일된 이탈리아를 위한 마치니의 투쟁부터 프랑스 농민을 국민의 소금으로 찬미한 역사가이자 자유주의적 정치인 쥘 미슐레에 이르기까지 19세기에 유럽 도처의 민족주의 운동에서 발견된다.

스웨덴에서 민주주의적 민족주의는 스웨덴의 지각 있는 자영농이라면 귀족으로부터 권력을 빼앗아야 한다는 에리크 구스타브 예이에르의 훈계에서 출발했다. 19세기 말에도 스웨덴 국가에 충성을 맹세하는 것과 보편적인 인권이라는 관념을 받아들이는 것 사이에는 명백한 모순이 없었다. 예를 들면 헤딘은 '개인'과 '국민'은 쌍둥이 개념이라고 생각했다. 둘 다 자유와 민주주의로 이어졌다. 전직 장교 스벤 팔메처럼 민중 지도자 헤딘도 국방 옹호자인 동시에 자유주의자가 되는 것에 아무런 모순을 느끼지 못했다. 국민의 민주주의적 권리는 조국을 지킬 의무에 상응했다.

악의적인 자들은 스벤이 실제로 정치에 관심이 없었으며 '핀란드인의 인내' 즉 한나에 의해 조종되었다고 주장했다. 노르웨이 극작가 헨리크 입센은 언젠가 한나에게 그녀가 자신의 역할 모델인

『건축업자 솔네스*Bygmester Solness*』에 나오는 힐데 방엘을 떠올리게 한다고 말했다고 한다. 방엘은 자신을 사모하는 남자가 큰 업적을 이루도록 몰아댄 여자였다. 이러한 진술에는 아마도 일말의 진실이 있을 것이다. 스벤 팔메가 결혼과 거의 동시에 정치적, 사회적 의식을 갖추었다는 데에는 의심의 여지가 없다. 스벤은 1870년대에 스톡홀름에 왔을 때 정치에 거의 무관심했다. 훗날 그는 자아비판을 하듯 이렇게 썼다. "나는 대세를 따라갔다." 스벤 팔메가 군대에서 하급자와 민간인을 겨냥한 따돌림에, "장교는 다른 이들보다 더 높은 지위의 시민 집단을 이룬다"는 생각 자체에 마음이 움직인 것은 사실이다.

그러나 스벤 팔메의 시각을 지배한 것은 보험업계에서 출세하겠다는 희망과 정기적인 왕립극장 방문, 브룽케베리스토리 광장에 있는 장교 카페 쿵칼스에서의 즐거운 교제였다. 한나가 그의 잠재된 정치적 성향을 일깨운 것은 분명하지만, 그 반대의 인과관계도 똑같이 가능하다. 스벤 팔메가 한나와 사랑에 빠졌을 때 지적 자극을 추구했다는 것이다. 어쨌거나 두 사람은 1880년대 시대정신의 전형적인, 그러나 다소 피상적인 산물이었다. 그들은 적당히 '급진적'이었고 '근대적'이었으며 스트린드베리의 소설을 읽었고 과학과 사회적 책임을 옹호했지만, 기본적으로 새롭게 성장하는 사회운동을 전혀 이해하지 못했다. 이 운동들은 새로운 시대의 부르주아 계급이 옛 귀족보다도 더 평등과 민주주의를 위협한다고 보았다.

사생활에서 스벤과 한나는 보헤미안과는 거리가 멀었고 전혀 관습을 벗어나지 않았다. 부부는 처음에는 유슈홀름에서 헨리크의 가족과 가까운 곳에 있는 커다란 목조 주택에 살았다. 주택의 이름은 바위를 뜻하는 핀란드 말을 따서 '빌라 칼리오'라고 불렀다. 네 명의 아이가 태어났다. 울로프(1884), 훗날 총리가 되는 팔메의 아버지 군나르(1886), 막내아들 닐스(1895), 마지막으로 딸 비르기타(1897). 툴레의 성공이 발판이 되어 1899년 쇠름란드의 뉘셰핑 외곽에 영지 옹아를 장만했다. 방앗간과 착유장, 자체의 상점을 갖추었고 하인과 소작인이 70여 명 있었다. 스벤은 많은 시간을 쿵스트레고츠 가탄의 사무실에서 보내거나 여행하며 보낸 반면, 한나는 아이들을 돌보고 해를 거듭할수록 더 커진 살림을 지휘했다. 한나는 스벤이 사회에서 성공을 구가하는 동안 집안일과 가정을 전적으로 책임져야 하는 상황에 이따금 짜증이 났다. 1907년 핀란드에서 한나는 화가 나서 이렇게 썼다. 그녀는 아픈 아이를 돌보고 있는데 남편은 영국 여행 중이었다. "나는 당신 집에 사는 가정부요." 스벤은 고국을 포기하고 스웨덴으로 가자고 한나를 꾀며 했던 약속을 어겼지만 미안한 마음이라고는 조금도 없었다. 한나의 생각에 따르면 "그것은 스벤 팔메에게 어울리지 않았기 때문이다."

한나는 그녀의 친구 엘렌 케이의 말을 빌리자면 '잘못 쓰인 여성의 힘'의 거의 전형적인 사례였다. 한나는 재능 많고 의지력 강한 여성이었고, 자녀 양육과 가정 문화에 기여한 그 공로는 당대의 남성적 가치 기준에 따라 제대로 평가받지 못했다. 그러나 부부 사이에는 성격 차이도 있었다. 스벤은 활동적이었지만 특별히 자신을 성찰하는 사람은 아니었으며, 한나는 상대적으로 더 지적이었으나 가정의 담 안에 갇혀 좌절했다. 한나가 젊었을 때 유명 인사들이 그녀의 매력에 빠져 찬사를 보냈는데, 그중에는 불행히도 그녀에게 반한 시인 오스카르 레베틴도 있었다. 한나는 그에게 보낸 편지에서 이렇게 썼다. "모든 것을 줄 수는 없어요." 살롱의 유희는 결혼생활의 우울함을 달래는 보상이었다. 한나는 노년기에 자기 또래의 남자들이 젊은 여자에 구애하느라 자신을 등한시한다는 사실을 알고 크게 화가 났다. 그녀를 구한 것은 아마도 영지 옹아였을 것이다. 그곳에서 한나는 지휘권을 행사했으며(어느 신문과의 회견에서 한나는 이렇게 말했다. "나는 마음대로 할 수 있는 감독관이다.") 성공적인 현대적 대농장의 지도자로 자아실현을 했다. 20대에 그녀는 쇠름란드 농촌진흥협회의 두 번째 여성 회원이 되었다.

그러나 한나가 이따금 불만스러웠다고 해도, 그녀와 스벤은 빌라 칼리오에서 확실히 지적이고 세계주의적인 가정환경을 만들어냈다. 세기 전환기 그들이 문화적으로 급진적이었던 시기에 스트린드베리와 셀마 라겔뢰브, 엘렌 케이, 베네르 폰 헤이덴스탐 같은 자들이 손님으로 그 집을 방문했다. 일부 저명인사를 포함하여 외국인 손님들도, 핀란드뿐만 아니라 다른 나라에서도 몰려들었다. 외국어에 능통한 것은 팔메 집안에서 높은 평가를 받았다. 이는 당시로는 매우 드물었던 칼마르 인근의 기숙학교까지 거슬러 올라간다. 그곳에서 헨리크는 몇 년 동안 공부했으며 현대 언어를 익히기 위해 다른 여러 과목을 취소했다. 중요했던 것은 유럽의 3대 '문화 언어'인 독일어와 프랑스어, 영어였는데, 그 당시에 스벤 팔메의 마음은 프랑스어에 약간 더 움직였다. 그의 표현대로 말하자면, 프랑스는 "대혁명 이후로 늘 진보와 해방의 사상을 전파하는 주된 전달자였다." 스벤 팔메는 프랑스어로 발행되는 국제적인 정기간행물《뢰로페엔(유럽인)》에 기고했으며, 자녀들에게 프랑스인 여자 가정교사를 붙여주었다. 로즈라는 그 가정교사는 매우 효과적이어서 그 집을 찾은 어느 손님은 아이들이 프랑스어로 다투는 소리를 듣고는 크게 놀랐다.

그러나 독일어도 중요했다.(그 시기에 스벤의 시각이 이렇기는 했다. "독일은, 특히 프로이센은 중부 유럽에서 보수주의의 주된 대표자다.") 특히 스웨덴 보험업계가 남쪽으로부터 많은 자극을 받았기 때문이다. 아이들의 고모 잉에예드는 영어를 대표했다. 그녀는 케임브리지 대학교에서 공부한 초창기 여성 중 한 명이었고 더블린의 트리니티 칼리지에서 석사학위까지 받았다. 영국에는 다른 여자 형제인 안나도 있었다. 안나는 인도 출신의 의사와 결혼했는데, 그 아들 라자니 팔메 덧은 나중에 영국공산당의 간사장이 된다. 안나 덧은 잊힌 것도 당연한 『최고의 이상*Det bögsta idealet*』(1902)이라는 제목의 소설에서 인도에 대한 열정을 표현했다. 여기에 스벤의 성장과 그의 국제 보험업 관여의 특징인 스칸디나비아주의를 덧붙일 수 있다. 사장 팔메는 전 유럽의 대표자들이 매년 모인 대회에 열심히 참여했다. 팔메 가족은 국제적 관계에서 대체로 매우 보편주의적이었다.

툴레의 지속적인 성공과 한층 더 높은 공적 지위, 늘어나는 아이들과 더불어, 세련된 중위는 상당히 가부장적인 태도를 풍기는 사람으로 바뀌었다. 친구들과 지인들은 스벤 팔메가 훈장이 없으면 105킬로그램이고 완전히 정장을 갖추면 110킬로그램 나가는 육중

한 남자라고 우스갯소리를 했다. 스벤은 r발음을 할 때 목젓을 떠는 칼마르 사람들의 습관을 유지했으며 보통 레딩고트^{redingot}(프록코트. 영어 riding coat를 차용한 프랑스어)를 입었고 실크해트를 썼다(말하자면 세기 전환기에 나이 많은 신사들 사이에서는 허리까지 내려오는 전형적인 외투에 조끼와 나비넥타이를 곁들이는 것이 인기 있었다). 그는 여러 이사회와 의회, 지방의회에 들어갔으며,《아프톤블라데트》의 논설을 썼으며 공개 강연을 했고, 장관과 왕실 사람들, 문화계의 저명인사들을 접견했으며, 한때 각료 후보로 고려되기도 했다. 특히 스벤은 스톡홀름 지역정치에서 지배적인 인물이었다. 토마스 만의 고전적인 부르주아 소설의 등장인물 토마스 부덴브로크처럼 스벤 팔메도 '100년에 걸친 부르주아의 명성'을 짊어지는 데 그치지 않았다. 그는 비록 그 독일 상인처럼 쉽고 매력적으로 하지는 못했겠지만, 강력하게 그 지위를 대표하고 이용할 능력을 지녔다. 울로프 팔메의 조부는 의지력이 강한 사람으로, 그 성공과 권력, 단호한 견해 때문에 많은 사람의 적이 되었다. 기념문집에서는 가장 가까운 사람들도 피하지 못한 공격성을 이야기한다. "그는 친구들과도 심히 날카로운 공격을 주고받았다.…"

손자에게 그랬듯이 스벤에게도 누군지 모를 사람들로부터 증오에 찬 비방의 편지가 쇄도했다. 어떤 이는 익명으로 "스웨덴 보험업 현황"이라는 제목의 짧은 글에서 스벤 팔메가 형이 꾸민 계획에 따라 보험업에 발을 들인 무능한 군인이라고 주장했다. 스벤은 확실히 머리는 좋았지만 "오만하고 허영심이 강했다." 그는 조용히 품위 있게 보험회사 툴레를 운영하는 대신 광적인 급진주의에 빠졌으며 '소문난 능변'으로 이름을 떨치려 했다. 그러나 "여러 차례 데모스테네스의 위대한 길을 경험했다고 해도" 스벤은 결코 훌륭한 연사가 되지 못했으리라는 말이었다. 팔메에 따르면 그것은 공감 미수의 문제였다. 그 기자는 그와 접촉했고 금전을 대가로 출판을 멈추겠다고 제안했다. 그러나 비록 상황은 달랐어도 비난의 요점은 오늘날의 혹독한 팔메 증오에 이상하게 되풀이된다. 오만함을 통해 스웨덴의 얀테의 법칙*을 깨뜨렸고 자신의 표현 능력을 과대평가했으며 지나친 '광적 급진주의'의 기질을 지녔다는 것이다.

미묘한 차이를 간파한 평자들은 공적 연사로서 스벤 팔메가 가진 문제는 삐걱대는 음성과 즉흥적으로 대처하는 능력의 부재라고 말하기는 했지만(말이 우아하지 못했고 r 발음을 할 때 목젖을 떨며 계속 '애… 에…'거렸다), 이러한 공격이 전혀 근거 없는 것은 아니었다. 그러나 비난은 대체로 정당하지 않았다. 팔메가 툴레에서 성공을 거둔 것은 의심의 여지가 없는 사실이었고, 여러 가지 다양한 업무를 처리한 그의 능력은 지금에 보아도 인상적이다. 필체는 또렷했고 논증은 비록 거창한 면이 있었지만 엄격하고 효과적이었다. 그에게는 독선적이고 거들먹거리는 성격이 있었다. 자신의 뛰어남에 대한 내적 확신은 여러 차례 위급한 상황에서 그를 구했지만 폐쇄적이고 독단적인 지성의 표지이기도 했다. 이러한 전제에서 보면

---

* Janteloven. 노르웨이 작가 악셀 산데무세Axel Sandemose가 소설 『도망자는 자신의 발자국을 넘어간다En flyktning krysser sitt spor』(1933)에서 제시한 열 가지 규칙으로 북유럽의 평등주의적 성격을 가리키는 데 쓰는 표현. 개성의 표출을 부정적으로 보는 사회적 태도를 가리킨다.

이 성공한 보험회사 사장이 정치권에 발을 들이려 했으리라는 것은 어느 정도 자명했다.

2. 스웨덴 대가족

Olof Palme

건강한 '외교'는 신중할 것이나 스웨덴의 외교는 그렇지 못하다.
문화 국민의 양심에 거의 일치하지 않는다.

— 스벤 팔메

우리의 시계는 열두 시를 가리킨다. 우리는 그것을 따른다.
그러나 러시아의 시계는 한 시를 가리킨다.

— 유한 루드비그 루네베리

울로프 팔메는 종종 가족의 정치적 견해에 관한 문제로 공격을 받았는데 1970년대 어느 인터뷰에서 자신의 조부를 '옛날 장교'라고 했다. 손자의 설명에 따르면, 스벤 팔메는 사회생활을 시작할 때에는 사회주의자에 가까웠지만 이후로는 국방을 옹호하는 태도 때문에 오른쪽으로 쏠렸다. 틀린 말은 아니지만 지나치게 단순한 판단이다. 스벤 팔메는 단순히 성깔 있는 늙은 군인만은 아니었다.

스벤 팔메가 걸어온 성장 경로는 '국민의 집' 시대가 오기 전 좌파와 우파가 아직 뚜렷하게 형태를 갖추지 못했을 때에는 드물지 않았다. 가장 유명한 사례는 작가이자 시인인 베네르 폰 헤이덴스탐이다. 그는 세기 전환기에 보통선거권을 위한 투쟁에서 의문의 여지가 없는 정신적 지도자였지만 이후 민족주의적 우파에 사로잡힌 볼모가 되었다. 그는 노동계급 내에서 적어도 친구이자 경쟁자였던 아우구스트 스트린드베리만큼 인기가 있었다. 등급제 선거권*을 비판한 시 「시민의 노래Medborgarsång」에서 헤이덴스탐은 스웨덴 사람들의 민주주의에 대한 열망을 표현했다. "자유롭게 투표하라/ 이전처럼 방패와 활 속에서/ 그러나 상인들 사이에서 가늠 당하지는 않겠다/ 저울 위의 돈 자루처럼."

스벤 팔메의 정치적 이력은 1890년대 참정권 운동에서 시작했다. 그때는 자유주의자들과 사회민주주의자들이 힘을 합쳤다. 1895년 스벤은 국회의원으로 선출되었고 하원에서 자유주의자들의 국민당에 합류했다.** 당시 정당은 선거 조직이 아니라 의회 내의 느슨한 파당이었다. 스벤 팔메는 도시 급진파라고 불리곤 했던 집단에 속했다. 이들은 더 작은 규모의 보수적인 농민들과 비국교회파와 함께 보수적 지주인 에리크 구스타브 부스트룀의 정부에 반대했다. 스벤은 한 차례 임기 후 의회를 떠났지만 스톡홀름의 자유주의 운동에서 중요한 인물로 남았다. 그는 1905년 헬게안츠홀멘에 새로 세워진 의사당에 복귀했다. 이후 대파업과 세계대전, 헌법 개정으로 불안했던 시절 동안 스벤은 영향력 있는 우파 자유주의자였고

---

* 1918년 폐지될 때까지 스웨덴 지방선거에 적용된 투표 제도. 개인뿐만 아니라 법인도 투표권을 지녔고 최대 1000표까지 행사할 수 있었으나 1907년 선거법 개혁 이후 최대 40표로 제한되었다.
** 이 국민당Folkpartiet은 1895년부터 1900년까지 존속한 정당이다.

사회민주당과의 협력에 반대했으며 외교정책에서 독일에 한층 더 우호적이고 국수주의적인 노선을 지지했다.

참정권 운동은 자유주의자들과 사회주의자들 사이의 긴장 가득한 협력이 특징이었다. 그들로 하여금 힘을 합쳐야 했던 이유는 스웨덴 사회의 제도적 보수주의에 맞서 투쟁해야 했기 때문이다. 게다가 사회민주당 지도자 얄마르 브란팅과 국민당 지도자 칼 스타브는 청년기에 서로 친구였다. 자유주의자들이 선거권연맹*을 지배했지만, 장기적으로 보면 그 협력에서 승자는 사회민주당이었다. 스웨덴의 선거권이 세기 전환기에 정치적으로 더 선진적인 나라들에 비해 크게 제한되었다는 사실은 스웨덴 자유주의에 불리하게 작용했다. 1890년에 스웨덴에서는 남성의 10퍼센트만이 선거권을 보유했는데, 프랑스는 42퍼센트, 독일은 37퍼센트, 영국은 29퍼센트였다. 민주화가 더 진척된 나라들의 자유주의자들은 노동운동에 자극을 받기 전에 이미 의회주의와 대대적인 선거운동에 익숙했다. 스웨덴 자유주의는 프랑스와 영국의 자유주의보다 먼저 노동운동과 우파의 강철 방패 사이에 끼여 난처해졌다. 일단의 자유주의자들은 사회민주주의자들과 협력하기를 원했고, 다른 파벌은 사회주의 세력의 성장이 점점 더 걱정스러워 우파로 기울었다. 스벤 팔메의 설명에 따르면, "자유당이 신중한 온건자유주의부터 무모한 급진주의까지 모든 변화를 다 품었다는 사실"이 약점이었다.

---

* 전국선거권연맹Sveriges allmänna rösträttsförbund. 1890년 참정권 운동의 일환으로 설립된 단체.

스벤 팔메는 전자에 속했다. 그가 처음으로 의회에 입성했을 때 이 점은 그다지 분명하지는 않았다. 당시에는 사회민주주의자들과 자유주의자들이 여전히 협력하고 있었고 노동운동은 상대적으로 미약했기 때문이다. 그때 스벤에게 가장 중요했던 문제는, 특히 보험 분야에서, 사회적 법률의 개선이었다. 이 분야에서도 그는 스벤 아돌프 헤딘의 족적을 따라갔다. 헤딘의 가장 성공적인 작품은 노동자 상해보험의 도입이었다. 그는 1884년 의회에 제출한 유명한 법안에서 이를 선보였다. "만일 누가 얼음 위에서 자빠진다거나 지붕에서 떨어진 기와에 맞아 죽는다거나 화상을 입어 죽을 지경에 이른다면, 우리는 조사를 시작한다. 그러나 노동자가 온갖 위험이 도사린 공장에서나 또는 다른 일을 할 때 짓이겨지거나 으깨지거나 질식하면, 그것이 누구의 잘못인지 조사할 필요는 전혀 없나? 사망 사고를 보고하고 희생자를 교회 묘지로 보내는 것으로 충분한가?"

스벤 팔메는 기꺼이 헤딘을 모범으로 거론했지만, 그의 사회적 열정은 전혀 그만큼 뜨겁게 타오르지 않았다. 스벤은 헤딘의 기본적인 가치관을 많이 공유했지만 결코 자신을 하층민의 대변자로 여기지 않았다. 세기 전환기에 팔메 가족은 온건한 대도시 자유주의를 대표했다. 이는 이데올로기적으로 앵글로색슨의 사고방식에 뿌리를 두고 있었지만 성장 중인 스웨덴 민중운동*과의 긴밀한 교류는 부족했다. 팔메 가족은 당대의 사회적이고 정신적인 대중운동

---

* 19세기에 조직을 갖추어 활동한 스웨덴 사회운동. 중요한 것으로는 신앙부흥운동과 금주운동, 노동운동이 있다.

에 시달리지 않았고, 세속적이고 견고한 부르주아적 환경에서 자유
교회운동이나 금주운동에도 전혀 흔들리지 않았다.

스벤 팔메는 존 스튜어트 밀을 근거로 옛 맨체스터 자유주의와
의 논쟁에서 국가는 시민을 보호하기 위해 개입할 권한이 있다고
주장했다. 입법자들은 국가에 "타인에 해를 끼치는 일을 예방할"
권한이 있다는 밀의 원리에 따라 보험회사와의 관계에서 약자인
개별 피보험자를 지켜주어야 했다. 자유주의자로서(그리고 큰 보험
회사 사장으로서) 스벤 팔메는 당연히 기존의 민영 보험 사업의 국
유화에 반대했다. 반면 그는 국영 의무 사회보험의 도입을 옹호했
다. 그는 이렇게 표현했다. 그 분야에서 "국가의 운영은 이로울 뿐
만 아니라 필요하기도 하다." 다시 말해 스벤은 사회보험은 강제
보험이어야 한다는 주장을 펼친 것이다. 보험업자로서 그는 '삶의
불쾌한 것들' 즉 질병과 상해, 실업에 처했을 때 보호가 가장 절실
히 필요한 집단은 정신적으로나 물질적으로 자신을 보호하기에 가
장 열악한 상황에 놓여 있음을 알고 있었다. 따라서 국가가 비용을
부담해야 했다. 스벤 팔메의 말을 빌리자면, 국가는 "보험사 고객의
후견인이 되어야" 했다. 그러나 보험은 또한 모든 시민에게 동일하
게 의무적으로 적용되어야 했다. 스벤은 사회보험이 오로지 임금노
동자만 받아들인다는 이유로 독일 모델을 거부했으며, 대신 모든
스웨덴 시민을 포괄하는 보편적인 보험 모델을 권고했다. 이 노선
은 스벤 팔메가 입안에 일조한 1912년 연금 개혁안으로 승리한다.

기본적인 관념은 국가와 개별 시민이 서로 중개자 없이 직접적
으로 관계한다는 것이었다. 복지가 시민사회의 매개자나 독립적인

행위자 즉 고용주, 각종 단체, 가족에 의해서 분배되는 일은 없어야 했다. 스벤 팔메의 표현을 빌리자면, "부자유와 사회적 지위의 강등으로 비참함을 안겨주는 구빈원의 구호품" 대신, 보험과 연금으로써 굴욕적인 의존을 예방하고 개별 시민을 자유롭고 독립적인 존재로 만들어야 했다. 여기서 스벤은 청년 급진주의자 스트린드베리와 힘을 합쳤다. 스트린드베리는 『붉은 방』에서 보험업뿐만 아니라 비타 베리엔 공원의 가난한 노동자들 사이에서 자선 활동을 펼치는 상층계급 부인들의 오만하고 독선적인 태도도 풍자했다. 그렇지만 팔메의 동기는 감정적이라기보다는 합리적이었다. 과거의 가부장적 유대는 해체되었다. 고용주와 임금노동자는 더는 친밀한 사적 관계에 있지 않았다. 이제 노동자는 자유로운 시장에 나왔으며, 그곳에서 국가는 기본적인 사회적 권리를 보장해야 했다. 스웨덴 역사는 물론 팔메 가문에도 이러한 사고방식의 강력한 연속성이 발견된다.

그러나 스벤 팔메의 사회정책이 사회민주주의의 '강한 사회'*를 예고하고 있기는 하지만, 그의 정치 활동은 점점 더 보수적으로 바뀐다. 1909년 대파업** 때 그는 이를 노동조합의 폭력 수단으로 해석했고 크게 분노했다. 그의 정치적 공감은 급진적 의원 헤딘이 아

---

* 제2차 세계대전 종전 이후 1968년까지 스웨덴 복지국가가 팽창하는 국면을 말한다. 보편적 아동수당과 국민추가연금, 연대임금정책 등이 중요한 내용이다.
** 1909년 8월 4일부터 한 달간 파업과 직장폐쇄가 지속된 노사분규. 노동운동의 패배로 끝났다.

닌 다른 헤딘, 즉 스벤 아돌프 헤딘의 사촌인 우파 민족주의자 스벤 안데슈 헤딘으로 이동했다. 제1차 세계대전 직전 몇 해 동안 이 유명한 탐험가는 스웨덴 곳곳을 돌아다녔고, 만화 잡지《나겐(꼬치)》의 표현을 빌리자면 "학생들의 펀치(술)와 교수들의 호의로 지지를 받으며" 러시아의 군사적 위협을 경고했다. 자유주의적인 스벤 팔메는 그와 똑같이 러시아에 적대적인 노선을 추구했고 장갑함 건조와 1914년 농민행진의 선동에 표현된 무장 요구를 지지했다.*

그로써 스벤은 자유주의자 정치인 칼 스타브를 반역자라고 비난한 민족주의적 우파에 동조했다. 국왕 구스타브 5세와 강력한 국방에 대한 지지를 표현하고자 스톡홀름에 온 몇몇 성실한 자영농이 외스테르말름에 있는 팔메 가족의 집에서 숙식을 제공받았다. 국왕이 스톡홀름에 모여든 국방 옹호자들에게 한 연설, 이른바 '왕궁마당연설'은 스벤 헤딘이 쓴 것으로 헌법 위기를 초래했고, 이는 결국 (스벤 팔메가 겉으로는 지지한) 스타브의 사퇴로 끝났다. 우파 자유주의자들과 좌파 자유주의자들 간의 갈등은 전례 없이 첨예했다. 스타브는 스웨덴 정치사에서 최악의 중상모략에 휩쓸렸다. 특히 그의 초상화가 그려진 재떨이가 판매된 것이 최악이었다. 스타브를 반대

---

* 1911년 선거 후 수립된 칼 스타브의 자유주의 정권이 이전 정부에서 계획한 군함 건조 계획을 보류하자 열광적인 국방 옹호자들이 국왕 구스타브 5세의 촉구에 응하여 자발적으로 모금했고 이에 결국 1915년에 '스베리예 함'이 진수되었다. 또한 1914년 2월 6일 3만 명이 넘는 농민이 강력한 국방정책을 옹호하며 국왕을 지지하는 행진을 했고, 국왕 구스타브 5세는 이른바 왕궁마당연설로 정부와 의회를 부정했다.

한 자들은 담배를 피우고 그 재떨이에 담뱃재를 털었다. 그러나 그의 적들도 인신공격을 받았다. 스벤 팔메를 욕한 어떤 이는 이렇게 비난했다. "당신은" 돈을 받고 "우파의 머슴"이 된 "사기꾼이오." 1917년 스벤 팔메는 뜻을 같이한 몇몇 사람과 함께 온건한 자유주의적 분파 정당을 세우려다 실패한 뒤 의회정치를 떠났다.

스벤 팔메가 스웨덴 국경 밖에서 일어난 일에 상관없이 노동운동에 대한 반감 때문에 우파로 기울었다는 데에는 의심의 여지가 없다. 그러나 제1차 세계대전의 발발은 또한 그의 세계관의 기초가 된 구식 자유주의의 큰 부분이 산산이 부서지는 결과를 가져왔다. 스벤 팔메는 라슈 유한 이에르타가 창간한 스톡홀름의 권위 있는 신문 이름을 따서 '아프톤블라데트 자유주의'라고 부르게 되는 노선을 채택했는데, 이 신문은 제1차 세계대전 중에 점점 더 보수적이고 친독일적이며 사회민주주의에 적대적으로 바뀌었다. 스벤 팔메가 앞서 지녔던 프랑스에 우호적인 태도는 뒤로 밀려났고 독일에 대한 호감이 한층 강해졌다. 1913년 그는 스웨덴 – 독일 협회의 결성을 주도한 사람 중 하나였다. 그는 죽을 때까지 그 협회에서 적극적으로 활동했다. 특히 힌덴부르크의 방문과 전쟁을 겪은 독일인들의 지원에서 역할을 했다. 20세기 첫 10년 동안 독일 지향성은 스웨덴 부르주아 사회의 규범이었다. 독일어와 독일 문화는 제2차 세계대전 후 미국과 영국의 언어와 문화만큼이나 자명한 준거점이었다. 1871년 독일이 프랑스와의 전쟁에서 승리하면서 일찍이 상당히 프랑스 지향적이었던 스웨덴은 남쪽으로 나침반의 바늘을 돌렸다. 1905년에 완공된 헬게안츠홀멘의 새로운 의사당은 빌헬름 양식을 따랐고, 스톡홀름의 왕립오페라극장에서는 바그너의 작품이 상연되었으며, 정치권에서는 비스마르크와 독일 강단사회주의자들이 찬사를 받았다.

기자 이바르 하리는 제1차 세계대전이 발발했을 때 고등학생이었는데 독일의 압도적인 영향력을 이렇게 회상했다. "베를린 – 스톡홀름 길을 따라 전해진 사상은 눈사태처럼 불어났다. 스웨덴의 대학교는 독일 학문을 판매하는 잘 관리된 대리점이었다. 오랜 동면에서 깨어난 스웨덴 군대는 안팎의 좌우명에서 프로이센 군대를 이상으로 삼았다. 스웨덴의 일간지는 독일 기사를 번역했는데 때때로 엉터리였다. 사업과 산업에서는 독일의 방식과 독일의 조직, 독일의 효율성이 목표였다." 스웨덴에서 독일의 지위는 1914년 여름 전쟁 발발 몇 달 전 말뫼에서 열린 대규모 발트 해 연안 국가 공예품 전시회에서 역사적 정점을 찍었다. 참여국은 스웨덴과 덴마크, 독일, 러시아였다. 그러나 러시아인들은 서류상으로만 참여했기 때문에 독일이 유일한 강국으로서 전시회를 지배했다. 팔메 가족의 몇몇 사람도 그곳에 있었다. 비르기타와 울로프는 전시회를 방문했으며 그곳에서 다른 무엇보다도 헤이덴스탐을 만난 것이 중요했다.

그러나 독일을 찬양한 것이 보수적인 기질의 자명한 표지는 아니었다. 사회민주주의자에게도 독일은 과학적 사회주의의 본고장이었다. 스웨덴 노동운동은 독일 노동운동에 대한 찬탄을 숨기지 않았다. 정당 학교, 문화 행사, 능숙한 조직 활동 모두 촌 동네인 스웨덴에서는 찾아볼 수 없었다. 자유주의적 시각에서도 독일은 근대적 헌법과 효율적인 행정부, 발전된 사회정책을 갖춘 진보적 선진국이었다. 사회정책은 특히 스벤 팔메에게 깊은 인상을 주었다. 그는 1917년 아들 군나르를 독일로 보내 전쟁이 한창일 때 어떻게 생명보험 분야가 난관을 헤쳐 나갔는지 연구하게 했다.

1914~1918년의 '유럽 내전'에서 어느 한편을 지지하는 것은 파시즘과 민주주의 사이에서 태도를 정하는 제2차 세계대전의 도덕적 명령과 같은 성격의 선택이 아니었다. 빌헬름 시대 독일은 전제군주국이었지만 부르주아적인 법치국가였다. 흔히 가족의 유대, 언어 능력, 여타 기회들이 선택을 결정했다. 많은 사람에게 유럽의 주요 '문화 국가들'이 서로 싸우는 것은 달갑지 않았다. 그러한 시각에서 보면 중립은 여론을 제대로 반영한 것이다. 스웨덴 사람들은 일반적으로 종전 직후 출간된 비르예르 셰베리의 인기 있는 시집 『프리다의 노래』에 나오는 프리다처럼 느꼈다. "나는 죽을 때까지 중립을 지키겠어."

그래도 독일과 서방 국가들 사이의 선택에서 이데올로기적 편향성이 보였다. 제1차 세계대전은 교전 당사국들의 속성에 드러난 정치적 미덕과 결함 사이의 힘겨루기로 발전했다. 영국과 프랑스는 민주주의와 자유로운 사회생활, 자본주의적 물질주의의 혼합을 대표했고, 독일은 교양 문화와 효율적인 조직, 권위주의적 규율의 혼합을 대표했다. 그러나 서방 국가들은 또한 러시아와도 동맹을 맺었다. 이는 지정학적이고 역사적인 이유로 스웨덴에서 일정한 역할을 했다. 이 중에서 어떤 대안을 선택했는가는 스웨덴 사람들이, 당연히 팔메 가족에서도, 장래의 스웨덴을 어떻게 바라보았는가를 말해준다.

핀란드를 향한 열정

그렇지만 팔메 가족의 운명에 영향을 미친 진정으로 결정적인 문제는 세계대전도 노동운동의 전진도 아니었다. 팔메 가족의 크나큰 열정은, 망상이라고는 말할 수 없어도, 핀란드를 향했다. 팔메 가족은 핀란드에서 20세기 스웨덴이 잃어버린 것을 본다. 한편으로는 장남의 상실이라는 사적인 측면에서, 다른 한편으로는 스웨덴의 공식 정책이 엄격한 중립이어야 한다는 공적 영역에서 그러했다. 핀란드 문제가 우리의 문제가 아니라는 사실은 현대 스웨덴 외교정책을 규정하는 가장 두드러진 특징이 된다.

스벤 팔메의 경우 행동주의*는 부분적으로 스웨덴계 핀란드인인 한나와 결혼했기 때문에 생긴 것이다. 한나가 성장한 환경인 세계주의적이고 가부장주의적인 장원은 그녀가 스벤과 결혼하고 몇 년 지나지 않아 크게 흔들렸다. 1809년 이래로 핀란드 대공국은 러시아 제국 안에서 자율적인 지위를 누렸다. 러시아 제국은 핀란드인에게 그들이 강국 스웨덴의 지배를 받을 때보다 더 큰 자유와 독립성을 다양한 방식으로 부여했다. 그러나 1880년대에 이르러 차르알렉산드르 3세가 괴롭히기 시작했다. 러시아어를 공식 언어로 써야 했고, 러시아 법의 적용을 받았으며, 관세 제도와 우편 제도, 화

---

* 스웨덴의 행동주의Aktivism는 제1차 세계대전에서 독일 편으로 참전하는 것과 제2차 세계대전에서 핀란드를 지지하는 것인데, 전자의 경우 목적이 핀란드의 자유를 보장함으로써 러시아의 위협을 제거하는 것이었기에 핀란드를 위한 것이기도 하다.

폐 제도가 조정되었다. 특히 차르 정권이 테러리스트들을 추적하면서 정치적 통제가 강해졌다. 이제 폰 본 가문의 귀족적 자부심에 민족적 자의식이 덧붙여졌다. 그들은 전제적인 러시아에 맞서 나라의 자유를 수호한 위대한 핀란드인이었다. 한나의 오빠인 빅토르 폰 본은 러시아 동화정책에 적극적으로 맞서 싸운 자로서 러시아 정권에 의해 추방당했다. 그는 가족을 이끌고 헨리크 팔메의 유슈홀름으로 피신했고, 그곳에서 다른 핀란드인 망명객들과 함께 난민 수용소를 세워 스웨덴에서 핀란드 문제를 위해 일했다.

사람들은 그들의 말에 귀를 닫지 않았다. 스웨덴 노인들의 자아상에서 핀란드는 단순히 발트 해 연안의 한 지방이 아니라 스베아 왕국과 예타 왕국과 나란히 국가의 핵심을 이루는 일부였다.* 1808년 러시아인들이 퀴미요키(큄메네) 강을 건널 때 왕국의 동쪽 절반인 그 땅을 지키지 못한 것은 스웨덴 역사에 큰 상처를 남긴 전환점이었다. 스웨덴은 패배와 더불어 실존적 위기에 처했다. 영토의 3분의 1을 잃고 헌정 위기와 쿠데타를 겪고 새로운 왕조가 들어선 것이다.** 1809년 폰 되벨른 장군이 의회에서 설명한 바에 따르면, 스

---

* 스웨덴은 지리적으로 북부의 노를란드와 중부의 스베알란드, 남부의 예탈란드로 크게 나뉜다. 스베아 리케Svea rike는 감라 웁살라를 중심으로 한 가상의 고대 왕국이고, 예타 리케Göta rike는 예탈란드를 말한다.

** 1809년 프레드릭스함(하미나) 조약으로 핀란드 전쟁이 끝나면서 스웨덴은 라플란드와 베스테르보텐의 일부, 올란드, 그리고 그 동쪽의 모든 영토를 러시아에 양도했고, 무혈 쿠데타로 국왕 구스타브 4세 아돌프가 폐위되었으며, 국왕을 폐위한 신분제의회는 의회의 권한을 강화한 새로운 헌법을 도입했고, 국왕 칼 13세에 후사가 없었기에 1810년 나폴레옹의 장군이었던 장바티스트 베르나도

웨덴이라는 배는 닻도 돛도 나침반도 없이 세계의 바다에서 흔들리고 있었다. 그러나 근대 스웨덴은, 즉 핀란드 역사가 마티 클링에의 표현을 빌리자면 '베나도트 왕조의 작은 스웨덴'은 바로 그 위기에서 벗어나 우뚝 서야 했다.

새로운 스웨덴에 강국의 자부심이 전무하지는 않았다. 핀란드를 상실한 대신 노르웨이와의 연합이 위로가 되었기 때문이다. 스웨덴의 엘리트들은 놀랍도록 무감하게도 발트 해 제국의 지위를 포기한 채 신중하지만 단호하게 근대화에 노력을 집중했다. 오스카르 1세가 크림 전쟁을 틈타 발트 해 건너편에서 잃은 요충지들을 되찾으려 했지만, 핀란드는 러시아 세력권의 일부로 여겨졌다. 서쪽의 덴마크와 노르웨이에 대한 관심이 더 컸다. 두 나라는 형제 나라로, 이상주의자들이 기대하는 바로는, 민주적이고 자유로운 대 스칸디나비아로 결합해야 했다. 반면 비록 늘 현실에 뿌리를 내린 것은 아니었지만 핀란드와의 문화적 동질감을 여전히 많은 사람이 강력하게 느끼고 있었다. 이는 특히 19세기 중반에 발표된 유한 루드비그 루네베리의 시집『스톨 소위 이야기*Fänrik Ståls sägner*』가 스웨덴 중간계급으로부터 엄청난 인기를 얻었다는 사실에서 잘 알 수 있다. 스벤 팔메 가족의 고향인 옹아의 집에 걸린 초상화 중에 친척이 아닌 사람을 그린 것은 루네베리의 초상화가 유일하다.

『스톨 소위 이야기』는 핀란드를 빼앗긴 1808~1809년의 스웨

트(베나도트)가 왕세자가 되어 통치를 시작했고 1818년 국왕 사망 후 칼 14세 유한으로 즉위하여 새로운 왕조를 열었다.

덴 – 러시아 전쟁(핀란드 전쟁)을 다룬다. 기조는 혹독한 복수가 아니라 온화한 영웅주의였다. 루네베리는 스웨덴의 오래된 원한보다는 핀란드의 새로운 민족주의를 더 많이 얘기했다. 시는 돌이킬 수 없을 것으로 생각된 지나간 시절에 관한 이야기였지만 동시에 문화를 전달하는 공식 언어로 스웨덴어를 쓰는 세계에서 둘뿐인 나라 사이의 강력한 유대를 강조했다. 스벤 팔메에게 자신의 약혼녀가 비르타 다리 전투*에 관한 루네베리의 유명한 시에서 파르달라 마을에서 한가롭게 아침을 먹고 있던 산델스 장군을 향해 달려가 즉각 러시아인들을 향해 출동해야 한다고 주장한 청년 중위의 친손녀라는 사실은 특별한 자극제였다. "젊은 군인의 영혼 속에서 원한이 불타오른다/ 그 불길에 그의 눈이 빛난다." 그러나 루네베리의 자극적인 시는 흥미로운 가족사에서 그치지 않는다. 그것은 또한 팔메 가족이 핀란드와 러시아 사이의 가혹한 싸움에 휘말릴 것임을 비극적으로 예언했다. 루네베리의 시를 핀란드의 수복이라는 보복주의적 기대 없이 읽을 수 있을지라도, 그 시의 인기는 핀란드 문제가 비록 연기만 풀풀 나는 상태였어도 적당한 땔감만 있으면 금세 활활 타오를 수 있음을 보여주는 징조였다.

그러한 땔감은 팔메 가족의 집에 많았다. 핀란드 민족주의자들을 추방하는 차르의 정책 때문에 팔메 가족의 집으로, 먼저 유슈홀름의 목조 저택으로, 이어서 외스테르말름의 여러 아파트로 빈번

---

* 1808년 10월 27일 유한 아우구스트 산델스 장군이 지휘하는 스웨덴군이 러시아군에 승리한 콜리온비르타 강 전투를 말한다.

히 사람들이 오갔다. 20세기에 들어선 직후 스톡홀름에서 핀란드인 망명객들의 존재는 확연히 드러나는 특징이었다. 시그프리드 시베르츠는 1916년에 발표한 소설 『불의 반사광*Eldens återsken*』에서 그들을 이렇게 묘사했다. "얽히고설킨 사건들과 술, 독한 담배, 프랑스 소설, 칼레발라*의 냄새를 풍기는 국제적인 인간들이면서도 진정한 핀란드인." 스벤과 처남 빅토르 사이에는 연대 운동을 누가 지도할 것인지를 두고 경쟁이 있었다. 게다가 한나는 1907년 어머니가 사망한 뒤 오빠와 상속 분쟁을 겪었다. 그러나 이 때문에 핀란드를 위하는 마음이 영향을 받지는 않았다. 보험회사 툴레의 현지 사무실은 자료를 배포하고 지지자를 모으는 등 전적으로 핀란드 행동주의를 위한 활동 공간의 역할을 했다. 때때로 핀란드 외교부의 주소가 스톡홀름 쿵스트레고츠가탄 14번지 즉 툴레 생명보험의 사무실이라는 말이 있었다. 행동주의는 1917~1918년의 극적인 시기에 절정에 이르렀다. 그때 스벤 팔메는 핀란드 내전에서 만네르헤임의 백군에 동조하는 스웨덴 사람들의 의용병 여단을 조직하는 일을 지도했다.

핀란드에서 의용병으로 싸우겠다는 의사를 제일 먼저 표명한 사람 중에는 스벤과 한나의 장남 울로프가 있었다. 울로프는 그때 서른세 살로 부모보다 더 치우친 우파의 견해를 지닌 격한 성격의 다소 유별난 사람이었다. 1884년에 한나의 고향인 핀란드의 포르보

---

* 엘리아스 뢴로트Elias Lönnrot가 핀란드와 카렐리아의 구전 민속과 신화를 바탕으로 편찬한 서사시.

에서 태어난 울로프는 1908년 웁살라에서 저명한 보수적 역사가 하랄드 예네로부터 석사와 박사의 중간인 리센시아트 학위를 받았다. 울로프는 역사학자로서는 확실히 성공하지 못했다. 그러나 그는 정치적 참여의 성향이 강했고 특히 핀란드 문제에 관여한 것 말고도 보수적인 학생 단체 헤임달 협회에서 출구를 찾았다. 또 한 명의 울로프 팔메가 초기에 쓴 작품의 하나가 사회주의에 반대하는 선동적 희곡이라는 사실은 역사의 아이러니이다. 1908년에 발표된 희곡 「쇄신^{Förnyelse}」의 머리말에는 이렇게 쓰여 있다. "우리 시대의 파괴적인 악마 사회주의를 향한 절규."

희곡의 첫머리에서는 계급투쟁에서 분출하는 무정부 상태와 오래된 질서 사이에서 중도를 찾을 수 있다고 믿는 젊은 영지 관리인 사회주의자에 대해 약간 호감을 표시한다. 전하는 바에 따르면 울로프는 또한 짧은 기간 동안 사회주의에 열광했던 것 같다. 그러나 이 희곡의 개혁주의자는 무자비한 인물로, 잘 봐주면 순진한 사람이며 최악의 경우에는 자신이 풀어놓은 혁명의 힘을 제어할 수 있다고 믿는 기회주의자로 드러난다. 결론은 사회의 총체적 붕괴를 피하려면 강고하고 단호한 수단이 필요하다는 것이었다. 전부 아니면 전무라는 그 철학을 울로프 팔메는 핀란드 문제에서 채택했다. 그는 스웨덴과 핀란드의 재통합을 옹호했다. 울로프는 확실히 핀란드어를 말하는 핀란드인 다수가 다시 스웨덴의 신민이 되는 것에 전혀 매력을 느끼지 못한다는 사실을 알고 있었다. "핀란드 민족의 모든 사람 속에는, 수백 년간의 교화가 무색하게, 지금까지 그랬던 것처럼 아직도 돌봄과 징계가 필요한 미개인이 숨어 있다." 그러나 바로 그렇기 때문에 그때가 스웨덴계 핀란드인 소수민족이 장래에 확고한 엘리트 지위를 얻도록 개입하기에 적기였다. "핀란드가 원하는 것은 오로지 러시아라는 독수리의 발톱에서 벗어나는 것이다. 스웨덴이 개입한다면 스웨덴도 보상을 얻을 수 있다."

먼저 태어난 울로프 팔메는 가족 안에서 사회민주주의자인 조카 울로프 팔메보다 훨씬 더한 반역자였다. 의지력이 강한 성공한 부모와의 관계는 스벤과 한나의 자녀 누구에게도 쉽지 않았다. 울로프는 부모와, 특히 아버지와 충돌하게 되었다. 아마도 장남이었기 때문일 것이다. 가족 공동체는 관계가 긴밀하여 자녀들이 집을 떠나 있을 때에도 서로 자주 연락했고, 울로프는 책임감 있는 아들이 되려는 노력과 반항 사이를 오갔다.

1903년 열아홉 살이었을 때 울로프는 웁살라에서 절망에 빠져 편지를 썼다. 편지에서 그는 자신이 선택한 역사학자의 길을 증오한다고 설명했다. 이는 대체로 청년기의 자연스러운 고뇌였다. "그는 자신을 설명할 수 없었다." 그는 불행했고 삶의 길을 잘못 선택했다. 그는 음악에 몰두해야 한다. 그는 농민이 될 수 있지만 '강사 기계'나 '밉상 조교'는 절대로 될 수 없다. 그러나 짧았던 생애의 남은 시기에 되찾아올 주제도 발견된다. 근대 사회에 대한 반감과 지나간 과거에 대한 향수 어린 동경이다. "나는 사람의 이름과 서책, 타인의 생각을 머릿속에 마구 집어넣고 지나간 시절에 관해 배우도록 나 자신을 훈련시킬 수 없다. 과거로 말하자면 나는 몽상가들의 흐릿한 안개 속에 살기를 좋아한다." 이러한 동경과 문명 비판은 아버지 스벤의 마음에 들지 않았다. 그는 이러한 것을 공연한 소동이자 자기중심적인 태도로 보고 짜증을 냈다. 스벤은 아들에게 이렇게 썼다. 몽상에 잠기는 것과 "손에 잡히는 활기찬 진정한 삶"은 별개이다. 아버지와 아들 사이의 감정은 격했는데, 일정한 간격을 두고 누그러졌다. 울로프가 다른 동생들처럼 아버지의 경제적 지원에 의존한 것이 큰 이유였을 것이다.

울로프는 다소 비슷한 유형인 아버지와 백부 헨리크와 달리 탐구하고 심사숙고하는 인간이 되었다. 한나는 울로프의 고통에 겨운 편지를 받고 스벤에게 이렇게 썼다. "가엾은 내 아들, 어찌 괴롭지 않을 수 있겠소." 근대화와 변화를 위협이 아니라 가능성으로 본 합리적이고 실용적인 가족에서 울로프 팔메는 지나간 위대한 시절에 대한 서글픈 동경과 영웅주의와 희생정신을 요구한 그 시대의 전형적인 행동 방식 사이에서 갈피를 잡지 못하고 동요했다. 울로프의 청년기 반항에는 사회주의에 빠진 불장난도 포함되었지만, 그것이 전부는 아니었다. 그는 또한 집안에서는 높이 평가받지 못한 다른 가르침 즉 기독교에도 손을 댔다. 울로프의 희곡에 등장하는 청년 준위는 이렇게 말한다. "나의 부모는 1880년대 사람이요 (신을) 경멸하는 자들이며, 나는 신에 대한 조롱이 거듭 울려 퍼지는 분위기에서 살았다." 울로프는 단단한 것은 모조리 증발하는 것 같은 세계에서* 확고한 기반을 찾으려 애썼다. 그는 가족사를 깊이 파고들었고, 시그투나로 옮겨간 뒤 파괴적인 근대성으로부터 그 중세 도시를 구하는 임무를 떠맡았다. 시그투나는 "이 광란과 기계, 돈을

---

* 마르크스의 공산당 선언에 나오는 표현으로 근대를 뜻한다.

1895~1927

숭배하는 시대에서 자유와 평온의 장소"가 되어야 했다.

울로프의 또 다른 관심사는 말에게 수학 문제를 푸는 법을 가르칠 수 있다고 주장한 독일의 이상한 의사 카를 크랄이었다. 울로프는 제1차 세계대전 발발 직전 그를 찾아갔고, 이 방문의 결과로 『엘버펠트에서 크랄과 그의 말들과 함께 한 닷새*Fem dagar i Elberfeld bos Krall och bans bästar*』라는 열정적이지만 기괴한 책자가 나왔다. 스벤은 아들에 관해 남긴 기록에서 시대와 불화를 겪는 청년의 모습을 그렸다. "외투의 주머니에 책을 여러 권 쑤셔 넣은 채 한 손에는 원고로 가득한 큰 가방을 들고 다른 손에는 긴 두루마리 지도를 들었지만, 눈빛은 다소 멍했고 걸음은 빨랐다." 친구들은 그가 지나친 면이 있고 성급하고 충동적이라고 했다. '소년다운 성격*gosselynne*'은 부고 기사에 자주 등장하는 말이다. 동급생 조반니 린드베리는 울로프가 파괴적인 무정부주의자들의 무리에 위협받는 스웨덴을 묘사한 신작 희곡을 읽어주었을 때 자신이 어떤 반응을 보였는지 기억했다. 그것은 지나치게 폭력적이었고, 스웨덴의 현실에 맞지 않았다.

울로프의 핀란드 행동주의도, 부모의 행동주의보다 더 극단적이었는데, 일종의 아버지에 대한 반항이었다. 교황보다 더한 가톨릭이 된다는 것은 교황의 시각에서는 반드시 칭찬이라고만 할 수는 없다. 스벤과 한나가 핀란드에 깊은 관심을 보였음을 생각하면 이 부부가 의용병으로 나서겠다는 아들의 결심에 원칙적으로 반대하기는 어려웠다. 그러나 울로프는 결혼해서 네 아이를 둔 남자였고, 그가 스웨덴여단*에 들어갔다는 소식은 스벤과 한나에게 충격으로 다가왔다. 이 일은 1918년 2월 시그투나의 기차역에 이르기까지 감정 격한 소동으로 이어졌고, 울로프는 일종의 전도된 오이디푸스 드라마로써 부모의 통제에서 벗어날 기회를 잡았다. 이튿날 아버지에게 쓴 편지에서 이렇게 말했다. "두 분은 핀란드를 대변할 준비가 되어 있지 않다면, 핀란드에 관한 툴레의 회의에서 아버지가 뜻한 지도와 명령은 과연 무엇이었나요? 예순세 살의 남자는 전쟁에 나가지 않지만, 아들을 보냅니다. 이것이 그가 할 수 있는 유일한 일입니다.…" 이제 스벤과 한나는 마침내 이러한 그의 말이 무슨 뜻이었는지 분명히 이해했을 것이다. "두 분은 내가 마치 농담이나 일삼는 인간인 듯이 나를 자주, 너무나 자주 우스운 사람으로 생각했지만, 나는 진지했습니다. 그러한 습관을 그만둘 때가 왔습니다."

1918년 2월 28일 울로프는 임신한 부인과 네 아이를 두고 "자유와 법, 정의를 위한, 핀란드의 구원과 스웨덴의 명예를 위한 싸움"에서 의용병으로 싸우고자 핀란드로 떠났다. 하파란다를 지나는 긴 기차 여행 후 스웨덴여단은 오울루에 도착했고, 그곳에서 약 한 달동안 군사훈련을 했다. 3월 말 부대는 백군이 포위한 탐페레로 진입했다. 울로프 팔메는 일기에 이렇게 썼다. "남쪽을 향한 여정은 마치 개선 행진 같았다. 멈춰 설 때마다 음식이 풍부하게 제공되었고… 사랑의 선물(담배, 캐러멜, 꽃)…" 만네르헤임 장군의 격려사가 있은 후 스웨덴에서 온 자들은 탐페레 동쪽의 경마장을 둘러싼 치열한 전투에 투입되었다. 두 시간 만에 대대장을 포함하여 대략 병력의 15퍼센트가 쓰러졌다. 울로프는 아버지에게 보낸 편지에 이렇

---

* 핀란드 내전에 백군 편으로 참전한 스웨덴 의용병 부대.

게 썼다. "많은 손실이 있었지만 우리는 돌격하여 도시를 해방하려는 염원으로 가득합니다."

4월 3일 아침 여단의 남은 병력 160명은 백군 거점들을 보강하고자 탐페레 병원을 향해 전진했다. 그러나 스웨덴 의용병들이 병원의 박공벽을 지날 때 적군의 기관총 세 정이 죽일 듯이 불을 뿜었다. 아군의 총격을 받았다는 얘기도 있다. 어느 생존자는 그 상황을 이렇게 설명했다. "… 앞에서 기관총이 불을 뿜었고 양 측면에서 백군의 오인 사격도 있었다." 여하간 스웨덴 의용병 열다섯 명이 죽고(울로프 팔메도 사망했다) 스물네 명이 부상을 당했다. 사망자 중에는 겨우 열여섯 살밖에 안 된 청년도 있었다. 울로프 팔메가 무엇을 위해 죽었는지는 두 달 전 시그투나에서 부모와 벌인 언쟁으로 알 수 있다. "지금, 어쩌면 언제나, 처자식을 버리게끔 나를 몰아댄 힘은 강력합니다. 나의 정신에서 조금도 흐릿해지지 않은 풍광도 그러한 힘 가운데 하나입니다. 경작지 위 높은 곳에 단풍나무와 전나무로 둘러싸인 오래된 영지, 존경스러운 영지의 그 세계에 내가 속하지 않는다고는 결코 생각할 수 없습니다. 그 세계는 스웨덴의 세계요, 스웨덴 사람으로서 나는 지금 그 성스러운 기억을 위해 목숨을 바칠 준비가 되어 있습니다."

팔메 가족의 다른 형제자매도 핀란드의 일에 연루되었다. 비르기타는 열다섯 살로 막내였는데 의용병을 모집하는 일을 했다. 셋째 닐스는 웁살라에서의 학업을 포기하고 아버지처럼 포병 장교가 되었는데 역시 핀란드로 떠났다. 그러나 닐스는 직업군인의 장교로서 백군 정규군에 들어갔다. 둘째 아들 군나르는 법학 교육을 받으며 툴레 생명보험회사에서 일했다. 군나르는 건강이 좋지 않았고 (천식과 유사한 상태였던 것으로 생각된다), 학생이었기에 가족 안에서는 일종의 의무였던 예비군 장교 교육을 중단할 수밖에 없었다. 몇 년 뒤 군나르는 늦은 나이에 사관후보생으로 칼베리로 갔지만, 그의 건강 상태에 관해서는 여전히 의문부호가 남아 있었다. 게다가 한나와 스벤은 자신들이 핀란드 행동주의를 앞장서서 대변했어도 아들 셋 중 둘을 핀란드로 보냈으니 그것으로 충분하다고 생각한 듯하다. 군나르는 국내에 남아 스웨덴 단체인 '핀란드의 친구들'에서 아버지를 도와 활동해도 되었다.

1918년 스웨덴 의용대에 기여한 바는 팔메 가족이 사반세기에 걸쳐 핀란드 문제에 보여준 노력에서 정점이었다. 한편으로 그것은 커다란 성공이었다. 핀란드가 독립을 쟁취했기 때문이다. 그러나 동시에 1880년대 이후로 지속된 정치적 맥락은 변했다. 숙적 러시아에 맞선 용감한 투쟁 대신에 잔인한 내전으로 진흙탕 싸움이 벌어진 것이다. 스벤 팔메는 분명코 변함 없이 핀란드와 연대했지만, 제1차 세계대전이 끝나면서 그 연대는 그를 정치권의 우파로 밀어냈다. 핀란드를 지원해야 한다는 자유주의적 논거는 강력했다. 차르가 통치하는 전제국가 러시아는 '인민의 감옥'이었고, 자유와 자결권을 원하는 억압 받는 국민을 지원하는 것은 자유의 친구들이라면 누구나 다해야 할 의무였다. 에밀 졸라, 아나톨 프랑스, 헨리크 입센, 플로렌스 나이팅게일, 허버트 스펜서 등 유럽 전역의 많은 문화계 인사들이 핀란드 지지라는 대의에 뜻을 모았다. 1900년 스벤 팔메는 베트남에 관여한 친손자를 떠올리게 하는 변론으로써 차르를 겨냥하여 핀란드의 독립을 지지하는 국제적인 연설문을 작성했다. "그렇게 보편적이고 인간적인 양심이 일어나기 시작했다. 가장 강력한 나라도 이를 짓밟으면 응징을 당할 것이다. 존중해야만 할 것이다.… 그 정당한 발언권에는… 의심의 여지가 있을 수 없다. 왜냐하면 그것은 힘과 정의를 일치시키려는 것이기 때문이다."

그러나 보수적인 시각에서는 1809년을 잊을 수 없었다. 한때 스웨덴의 일부였던 곳을 구적 러시아로부터 보호하는 것은 스웨덴의 의무였다. 그리고 이것이 해방된 신생국 핀란드와 스웨덴 사이의 긴밀한 유대로 이어진다면, 이 또한 가야 할 길이었다. 스벤의 동료 자유주의자 스벤 아돌프 헤딘은 일찍이 핀란드와의 연대에 숨겨진 그 모호성을 지적했다. 울로프의 대학교 지도교수인 보수주의적 역사학자 하랄드 예네는 스웨덴이 핀란드 문제에 관여하는 데 신중해야 한다고 생각했다. 1890년대에 스벤 팔메는 핀란드와 스웨덴의 재통합을 위해 노력하지 않았다고, 자신이 한 일은 단지 핀란드 인민과의 연대를 위한 운동이었다고 단언했다.

그러나 핀란드 문제의 역학은(특히 헤딘이 내다보았다) 자유주의자 스벤 팔메를 스웨덴과 스웨덴 사람들이 지배하는 핀란드 사이의 진정한 재통합까지는 아니더라도 매우 긴밀한 동맹을 기대한 국수주의적 민족주의로 기울게 할 정도였다. 울로프는 바로 핀란드와 스웨덴이 다시 하나의 나라가 되는 것을 보기 위해 싸우다 죽었다. 그의 생각에 따르면 독립국 핀란드는 러시아 세력보다 나을 것이 없었다. "내가 보기에 미래는 암울하다. 라도가 호와 북극해에 면한 대*핀란드, 스웨덴다움이 절망적인 싸움을 한 곳, 100년이 지나면 우리보다 주민 숫자가 네 배 많고 스웨덴에 심히 적대적이며 확실히 제국주의적일 순수한 핀란드인의 강국은 우리에게 러시아 만큼이나 큰 위험이다."

과장과 국수주의적 특징을 제거한다면, 울로프가 미래를 아버지 보다는 더 밝게 보았을 것이다. 핀란드와 스웨덴의 자발적인 동맹에 대한 스벤 팔메의 막연한 꿈은 현실에 부딪쳐 깨졌다. 1917년 12월 6일 핀란드 의회의 다수파인 부르주아는 핀란드의 독립을 선언했고, 새해 직전에 레닌과 트로츠키, 여타 상트페테르부르크의 새로운 권력자들의 승인을 받았다. 그러나 새로이 선포된 신생 공화국의 불확실한 헌법적 상황에 전쟁과 고물가에 따른 사회적 긴장이 더해졌다. 의회 내 사회민주주의자들과 부르주아 간의 상호 불신과 대립은 특히 스웨덴과 비교하면 뚜렷했다. 타협은 불가능했다. 게다가 핀란드에 남아 있으나 이제는 볼셰비키의 지휘를 받는 러시아군 병사들은 큰 근심거리였다. 1918년 1월 말 사회민주주의자들은 폭력으로 권력을 장악한다는 숙명적인 결정을 내렸다. 그 결정으로 혹독한 내전이 벌어졌고, 겨울을 지나 4월 말 비푸리(비보르크)가 만네르헤임 장군이 지휘하는 백군의 수중에 떨어질 때까지 지속되었다.

스웨덴 의용대가 이 내전에 개입하면서 팔메 가족에 의혹의 시선을 드리우게 될 일련의 곤란한 문제가 생겨났다. 스웨덴 부르주아 사회에서 백군 정부를 지지하는 힘이 강했음은 분명하다. 그러나 이에 반하여 노동계급은 자연스럽게 적군 편에 섰다. 사회민주당 지도부는 핀란드의 동지들이 무모하다고 생각했지만 그렇다고 만네르헤임과 '백군 학살단'을 지지할 수는 없었다. 게다가 서유럽 지향적인 자유주의자들은 스웨덴 의용대의 개입으로 스웨덴이 독일과 연합하여 서유럽 국가들은 물론 러시아에도 대적하게 되지는 않을지 염려했다. 의용대의 다수는 또한 배경이 의심스러웠다. 스웨덴의 좌파는 당연히 이 점을 널리 알렸으며, 이상주의적 성격이 더 강한 핀란드 투사들 사이에서도 이로 인해 근심이 생겼다. 스벤 팔메의 막내아들 닐스는 아버지에게 보낸 편지에 "기결수, 해고자, 실패자, 알코올 중독자로 이곳에 온 섬뜩한 스웨덴 사람 무리"에 겁이 난다고 썼다.

스웨덴 총리 닐스 에덴은 핀란드 내전이 스웨덴으로 전이될까 염려했다. 정부는 신중하게 중도를 찾으려 했다. 무기와 병력으로써 백군을 지원하는 것은 거부했지만, 여러 방법으로 의용대의 개입을 도왔고 독일에서 훈련 받은 핀란드인 저격병들의 국내 이동에 편의를 봐주었다. 발트 해의 올란드 제도 주민들이 스웨덴에 병합되기를 원하면서 상황이 복잡해졌다. 1918년 2월 스웨덴의 해군 병력이 올란드 제도로 파견되었을 때, 핀란드에서는 스웨덴이 상황을 이용하려 한다는 의심이 일었다. 이 모든 일은 스웨덴에 쓰라린 뒷맛을 남겼다. 노동조합과 여타 노동자 단체들은 귀국하는 의용병들을 노동자 살해자들이라며 블랙리스트에 올리고 이를 공개했다. 백군을 소극적으로 지지한 자유주의자들과 온건한 사회민주주의자들은 포위된 탐페레에서 백군이 광란하여 즉결 처형이 이루어지고 포로수용소에서 질병과 굶주림으로 많은 사람이 죽었다는 신문 기사가 나온 뒤 크게 침울했다. 그리고 올란드 문제로 스웨덴과 신생 독립 공화국 핀란드 사이의 관계에 먹구름이 끼었다.

반면 장교와 보수적인 공무원, 친독일 부르주아 사회는 대부분 핀란드 행동주의에 열광했다. 사망자들은 장례식에서 스웨덴 국기로 뒤덮인 관에 묻혀 예우를 받았고, 스웨덴을 경유해 사망자를 집으로 데려가는 기차가 머무는 곳마다 사람들이 모여 애도했다. 생존자들은 스톡홀름 경기장의 대중 집회에서 영웅으로 추앙되었다. 국왕은 총리가 말리지만 않았다면 기꺼이 참석했을 것이다. 스벤 팔메는 의용병들을 태우고 돌아온 함정이 스톡홀름에서 어떤 대접을 받았는지를 이렇게 표현했다. "멜라르드로트닝엔*은 머리에 꽃을 꽂은 젊은 신부처럼 서 있고 이미 가장 먼 곳의 암초에서 사모하는 마음으로 당신들을 향해 두 팔을 뻗었다. 그대들의 시선이 머무는 곳마다 감사의 마음으로 경의를 표하는 시민의 물결이 그대들을 만난다." 울로프 팔메의 장례식은 웁살라에서 학생회 남학생들이 국기를 들고 늘어선 가운데 대주교 나탄 쇠데르블룸이 집전했다.

그렇지만 감정의 분출은 핀란드 활동가들에 대한 순수한 지지에서 비롯되었다기보다 주변 세계에서 4년간의 전쟁이 끝난 뒤 스웨덴인의 첫 전쟁 희생자들이 발생하여 갑자기 터진 애국심을 반영했다. 대대적인 참여가 있었음에도 그 우익 민족주의의 힘은 스웨덴 사회에서 퇴보 중이었다. 그러나 그 힘은 제1차 세계대전이 발발할 때 스웨덴 정치에서 비교적 중요했고, 두 대전 사이에 스웨덴 부르주아 사회의 큰 부분에서 더 오래 살아남았다.

---

* Mälardrottningen. '멜라렌 호Mälaren의 여왕'이라는 뜻으로 스톡홀름의 애칭.

강력한 사회 건설자에서 방관자로

세계대전의 대량 사망과 가혹한 일상의 시련으로 유럽의 구 엘리트들이 젊은이들을 전쟁으로 밀어 넣을 때 지녔던 이상주의적 민족주의는 대체로 사라졌다. 사회혁명은 전쟁이 휩쓸고 간 여러 나라에서 의제에 올랐다. 상대적으로 안정적인 나라에서는 전쟁이 끝나면서 좌파와 노동운동이 강해졌다. 60대에 들어선 스벤 팔메에게 제1차 세계대전이 끝날 때의 정치적 지형은 험악했다. 한편으로 그가 추구한 것은(그가 본래 지녔던 1890년대의 가치관에서 볼 때) 적어도 이론상으로는 대부분 실현되었다. 핀란드는 독립국이 되었고, 그가 열렬히 지지한 국민연금과 다른 사회입법이 자리를 잡았으며, 보통선거제와 의회주의가 마침내 스웨덴에서 승리했다.

다른 한편으로 스벤 팔메가 품었던 뜻은 사실상 아무것도 실현되지 않았다. 핀란드가 러시아로부터 해방되었지만, 이는 그가 꿈꾸었던 스웨덴과 핀란드의 긴밀한 동맹으로 귀결되지 않았다. 그의 장남은 최소한 절반쯤은 아버지에 대한 필사적인 반항이었던 무모한 참전으로 목숨을 잃었다. 민주주의와 헌법 개정은 그가 대변한 온건한 자유주의에 이롭지 않았고 노동운동의 권력 장악에 길을 열어주었다. 그리고 제1차 세계대전이 결국 독일의 패배와 가혹한 베르사유 조약으로 끝났다는 사실이 기쁜 마음에 상처를 냈다. 참정권 운동의 이 늙은 투사는 1933년 누이동생 안나에게 보낸 편지에 이렇게 썼다. "나는 왜 나치 운동이 출현했는지 정말로 잘 이해가 된다. 나는 그 싸움이 불가피하게 초래한 많은 것을 용서한다."

스벤 팔메는 제1차 세계대전이 끝날 무렵부터 1934년에 여든 살의 나이로 사망할 때까지 주로 툴레에 전념했고 외스테르말름스가탄 36번지의 집에서 비교적 조용히, 특히 손자들과 가깝게 지냈다. 가장 아낀 손자는 울로프였다. 울로프 팔메는 다섯 살에 이미 할아버지가 면도하는 동안 《스벤스카 다그블라데트》의 사설을 큰소리로 읽어주었다.

팔메 가족이 1870년에서 1920년까지 스톡홀름에서 또 국민의 삶에서 수행한 역동적인 역할과 두 대전 사이의 잠잠한 태도는 크게 대비된다. 팔메 가문에서 강력한 사회 건설자인 스벤과 헨리크 다음에 온 세대가 실패한 세대라고 말한다면, 이는 확실히 정당한 평가는 아닐 것이다. 스벤의 생존한 세 자녀는 상당히 잘 해냈다. 군나르는 노련한 보험인이었고, 닐스는 대단한 성공을 거둔 것은 아니지만 목재상으로 입지를 다졌으며, 비르기타는 지주 칼 쿠르만과 결혼하여 우플란드의 영지 안투나의 안주인이 되었다. 헨리크의 자식 중에서 한 아들은 아버지의 족적을 따라 성공적인 건축업자가 되었고, 다른 아들은 유명한 화가가 되었다. 그렇지만 사실은 어디 가지 않는다. 팔메 가문은 사회 발전을 추동했지만 이제 그 구성원 대다수는 수동적인 방관자가 되었다.

3. 운 좋은 아이

좋은 아버지는 없다. 그것이 법칙이다.

— 장폴 사르트르

유달리 온건한 태도를 지닌 귀족이 시대에 뒤처지지 않는 데 성공했다고 해도,
그는 자신의 어머니와 삼촌들, 고모와 이모들을 통해 오늘날에는
거의 알려지지 않은 존재와 접촉하려면 어린 시절을 기억해야 한다.

— 마르셀 프루스트

울로프 팔메는 1927년 1월 30일 일요일, 온도계가 영상 5도를 가리켜 평소와 달리 따뜻한 겨울날에 태어났다. 그의 생애가 시작할 때 팔메 가족 안에서는 물론 세상에서도 대체로 거짓된 평온이 두드러졌다. 전후 초기의 경제 위기와 사회 불안, 대량 실업은 극복되었다. 헨리 포드의 컨베이어 벨트에서 자동차가 쏟아져 나와 미국의 중간계급뿐만 아니라 스웨덴의 팔메 가족과 형편 좋은 다른 유럽인들도 자동차를 보유했다. 독일의 아돌프 히틀러는 아직은 실패한 우익 정치인이었다. 빈혈증에 걸린 어린 민주주의는 최악의 소아병을 극복한 것 같았다.

주가는 치솟았고, 돈이 있거나 빌릴 수 있는데도 투자하지 않은 사람들은 어쩔 수 없는 패배자로, 떠먹여줘도 못 받아먹는 무능한 자로 여겨졌다. 기술은 공장과 실험실은 물론 대중문화에서도 새로운 승리를 구가했다. 그때까지 배우는 말을 하지 않았지만 갑자기 스크린에서 노래를 부르고 말을 했다. 스페인 독감이 사라지고 대신 재즈가 유행했다. 단발머리에 짧은 치마를 입은 여성들이 찰스턴 댄스와 블랙보텀 댄스를 추면서 서구 문명에 도전했다. 스웨덴에서는 거대 수출 기업, 특히 정력적인 기술자 이바르 크뤼게르의 주도로 두 번째 강국 시대를 열자는 말이 나돌았다. 보험업의 경기도 좋았다. 툴레는 북유럽의 선도적인 생명보험 판매자라는 지위를 지켰다.

새로 태어난 사내아이가 스벤 울로프 유아킴이라는 이름을 받은 것은 제1차 세계대전의 쓰라린 손실 이후 팔메 가족의 삶은 계속되었다는 표시였다. 가족의 영지 옹아에서 세례를 줄 때 뉘셰핑에서 온 목사 융네르는 아이가 그에게 이름을 준 부모의 두 형제의 특징인 "강직한 독립성과 이상적인 기질, 죽음까지도 감수하는 희생정신과 충절"을 어느 정도 갖추기를 희망했다. 백부 울로프는 탐페레에서 쓰러졌고, 외숙 요아힘 폰 크니림은 라트비아의 독일 국방대에 소집되었다가 1919년에 폐렴으로 사망했다. 그러나 조부의 영혼이 손자에게서 다시 태어난다는 힌두교의 관념에 따라 이 신생아는 가족 중에서 그에게 이름을 준 세 번째 사람을 가장 많이 닮게 된다.

울로프 팔메는 자신의 어린 시절이 "일곱 살까지는 매우 평범했다"고 썼다. 그의 육친 가족은 아버지 군나르, 어머니 엘리자베트

(가족 안에서는 보통 뮈지^{Müsi}라고 불렸다), 형 클라스와 누나 카린(카타리나)으로 이루어졌다. 이들은 분리된 별개의 아파트에 따로 살았지만, 아들 세대는 현관에서 계단으로 이어지는 바로 위층의 친가 부모의 세대와 합쳐졌고, 아이들과 개들, 하인들은 두 아파트 사이를 자유롭게 오갔다. 세대 간에는 유대가 형성되어 있었다. 군나르는 툴레에서 아버지 밑의 부사장이었고, 두 사람은 쿵스트레고츠가탄의 회사 사무실에서 매일 함께 일했다. 제1차 세계대전 중에 라트비아에서 난민으로 홀로 스웨덴에 들어온 울로프의 어머니에게 시부모는, 좋든 나쁘든, 친부모를 대신했다. 사교 생활로 말하자면 군나르와 뮈지는 이웃집의 정찬에 늘, 종종 집주인 자격으로, 참여하는 사람이었다. 때로는 손자들이 손님을 맞이하는 일을 맡았다. 아이들 편에서 보면 일가친척의 초상화와 가족의 상징물로 가득한 아파트에서 조부모와 가까이 산 것은 자신들이 긴 연속성의 일부였음을 늘 생각나게 했다.

울로프의 어린 시절 세계는 사회적으로 차폐되었다. 그는 "끝없는 감시" 속에 살았다. 열아홉 살 장교 후보생으로서 받은 심리검사에서 말한 표현이다. 상대적으로 더 평범한 환경에서 자란 아이와 비교하면, 그의 삶은 통제와 단속의 삶이었다. 울로프 팔메는 육아도우미에 이끌려 훔레고덴 공원과 릴얀스쿠겐 공원으로 끌려 다녔고, 스스로 주변 환경을 살필 기회가 없었다. 1930년 부모가 미국을 여행할 때 팔메는 육아도우미를 통해 이렇게 알렸다. "오늘 훔레고덴 공원에서 어떤 남자 아이에게 못되게 굴다가 한 대 맞았어요." 게다가 팔메는 허약한 아이여서 오랫동안 병상에 누워 있어야 했다. 그의 '허약함'이 정확이 무엇이었는지는 분명하지 않다. 다만 그가 형 클라스처럼 여름에 라트비아를 방문했을 때 결핵 감염의 징후인 홍반을 보였고 알레르기성 습진으로 고생했을 뿐이다. 두려움의 대상이었던 결핵은 물론 오늘날에는 다소 평범한 감염증까지 질병에 대한 공포는 항생제가 아직 등장하지 않은 시절에는 여러 면에서 당연했다.

그러나 딸 카린에 따르면 뮈지는 아이가 아플 때 지나치게 걱정하는 경향이 있었다. 가족의 주치의 엔베리 박사는 팔메 가족을 자주 찾았으며, 체온계가 37.5도를 넘어가면 즉시 아이들을 침대로 보냈다. 결핵을 가볍게 치부할 수 없다고 해도(1년 동안 지속되었다), 실제로 울로프는 가족에 전해 내려오는 얘기처럼 제대로 아픈 환자는 아니었다. 어머니의 지나친 걱정과 근심의 희생양이었을 뿐이다. 언젠가 뮈지는 울로프가 맹장에 걸렸다고 확신했는데, 클라스는 이렇게 어머니를 비난했다. 어머니는 "응석을 받아주어 아이를 망쳤다." 처음부터 차폐된 아동기의 환경은 한층 더 폐쇄적으로 바뀌었다. 울로프 팔메가 어렸을 때 허약했다는 관념은 성인이 된 모습에서도 확고한 부분으로 남았다.

그러나 그의 울타리 안에서 가정은 풍요로운 작은 우주였다. 그 확대가족은 당시 하세 세타*가 쓴 외스테르말름 기사의 모델로 볼 수 있었다. 그 가정은 겉보기에 가족 구성원의 역할이 미리 정해진

---

* Hasse Z. 작가이자 칼럼니스트인 하세 세테슈트룀Hasse Zetterström(1877~1946)의 필명.

자명한 부르주아 세계였다. 그로그*를 마시는 아버지, 걱정 많은 어머니, 스포츠에 미친 중고등학교 남자아이들, 평범한 동생들, 멍청한 하녀들. 나름대로 아이들에게 친화적인 환경이었다. 외스테르말름스가탄의 많은 하인은 인상적이나 당시의 기준으로는 합리적인 큰살림의 동력이었다. 부엌 입구까지 물품을 날랐고, 빨랫감을 보냈으며, 하루 종일 요리를 했고, 집에서 옷을 꿰매고 기웠다. 가정부나 육아도우미를 두는 것은 두 대전 사이의 시기에 그다지 눈에 띄는 일은 아니었다. 형편이 비교적 좋은 노동자 가정에서도 있을 법한 일이었다. 그러나 울로프를 둘러싼 인적 밀도는 유달리 높았다. 부모, 조부모, 누나 카린, 육아도우미, 그 밖에 아파트 두 채의 하인들. 조부모는 울로프와 함께 밥을 먹었으며 양화점에 갈 때 그와 동행했고 스칸센**과 국립자연사박물관, 그리고 '회사' 즉 함가탄에 있는 NK백화점***에 그를 데리고 갔다. 울로프는 태어난 첫해에 많은 어른, 특히 그의 방에서 함께 잔 유모 마디Maddi(마르가레타 안데숀)와 긴밀한 관계를 맺었다. 그녀가 1931년에 결혼하면서 일을 그만두었을 때 울로프는 처음으로 상실의 감정을 느꼈다.

매해 여름이면 울로프와 그의 형과 누나는 라트비아에 있는 외조부모의 농장 스캉알과 쇠름란드에 있는 친조부모의 영지 옹아에서 전통적인 사회적 위계질서를 경험했다. 위계질서는 두 곳에서

---

* grogg. 위스키에 소다수를 섞은 음료.
** Skansen. 스톡홀름 유르고덴에 있는 야외 박물관이자 동물원.
*** 주식회사 누디스카 콤파니에트AB Nordiska Kompaniet.

똑같이 두드러졌다. 그곳에는 토르파레와 아렌다토르 같은 소작농과 농장 관리인, 우유 짜는 하녀, 작업반장, 감독이 있었는데, 전부 분명코 사라지고 있었지만 두 대전 사이에는 여전히 강력했던 가부장주의적 가치체계 안에 순서대로 정렬했다. 울로프와 클라스, 카린은 여름 방문객처럼 가난한 이웃과 아랫사람들의 자식들과 함께 놀았고 때때로 간단한 농사일을 돕기도 했다. 그러나 옹아와 스캉알 사이의 차이는 컸다. 스캉알은 발트 독일인의 대농장이었으나 농업 개혁을 거치며 채소밭과 약간의 가축, 일꾼 몇 명의 몰락한 농장으로 축소된 '잔여 영지^Restgut'였다. 스캉알은 환상을 불러일으키는 오래된 세계였다. 그곳에는 전기나 수돗물, 자동차가 없었다. 등잔불에 책을 읽었고, 커다란 통에 물을 길어 마차에 싣고 왔으며, 음식은 수르데그 빵*과 블리니,** 메밀 죽 같은 생소한 요리였다. 하인들은 문맹이었고 주인 부부에게 인사할 때는 손에 입을 맞추었다. 할머니 한나가 이끈 옹아는 근대적인 농업회사로 운영되었고, 동시에 그곳의 사회생활은 하녀가 흰 식탁보에 멋진 도자기로 시중을 들어 귀족적인 분위기가 더 강했다. 그러나 쇠름란드의 영지에서는 또한 천 년 넘게 이어진 농촌 생활의 리듬과 가축 돌보기와 수확, 사냥 같은 질긴 사회적 구조가 두드러졌다.

울로프의 어린 시절 환경에서 매우 중요한 특징 중 하나는 그 가족이 언어 능력을 중요시했다는 사실이다. 자신을 멋지게 표현하고

---

* surdeg. 효모로 발효시킨 밀반죽.
** blini. 러시아식 팬케이크.

프랑스어로 적절히 해학을 보여주거나 라틴어를 완벽하게 인용하는 능력을 자랑할 수 있는 것은 당대 부르주아의 교육 문화에서 공통된 밑바탕이었다. 그러나 팔메 가족에서 언어에 대한 관심은 성공적인 사업가 가문이 되기 위한 것치고는 지나치게 컸다. 그 기원은 부분적으로는 시를 썼던 칼마르의 법률가 아돌프 팔메까지 거슬러 올라간다. 그는 발표되지는 않았지만 방대한 서사시 「빵부스러기Brödesmulor」의 저자였다. 세기 전환기에 스벤과 한나가 문화적으로 급진적이었을 때 토대가 놓인 두 사람의 미적 감수성에도 뿌리가 있다. 그러나 언어 능력의 중시는 다른 무엇보다도 스벤 팔메가 논증하고 설득하는 능력 덕분에 사업가로나 정치적 여론 선도자로서 성공했다는 깨달음을 반영했다.

울로프의 아버지 군나르는 보험법에 관한 글이나 사사로운 편지 말고는 좀처럼 자신을 글로 표현하지 않았다. 군나르가 그 영역에서 뛰어난 세련미를 보여주었다고 해도, 말에서 거침없었던 그의 아버지와 그는 크게 대비되었다. 그리고 군나르의 자녀 중에서 언어에 가장 확실한 재능을 보인 깃은 막내아들 울로프였다. 형제자매 중에서 그가 가장 어렸다는 사실은(울로프가 태어났을 때 클라스는 열 살이었고 카린은 일곱 살이었다) 분명한 의미가 있었다. 울로프는 많은 어른의 무리 속에 있는 작은 소년이었고, 어른들은 그가 보여준 온갖 총명함과 재능의 징후에 용기를 북돋아 주고 격려를 보냈다. 울로프는 신동 취급을 받았다. 성인이 되었을 때 그는 이렇게 기억했다. "손님들이 오면 나는 『프리티오프 사가Fritiofs saga』를 중얼거려야 했고 가능한 모든 상황에 내몰렸다." 그러나 재치와 매력은 규율을 흔들고 처벌을 피할 때에는 무기가 되기도 했다. 특히 유모 마디는 울로프가 핑계를 대면 무장이 해제되어 웃음을 참지 못했다.

울로프가 읽기를 배울 때 독일어를 말하는 어머니로부터 얼마나 도움을 받았는지는 분명하지 않다. 그는 아파서 우울할 때 장난감 상자에 들어 있던 글자 카드로 단어를 조합했다고 회상했다. 어떤 경우였든 울로프는 네 살에 이미 글을 깨우쳤으며 일찍부터 언어유희를 즐겼고 그 분야에 창의적이었다. 특히 어휘력과 예기치 못한 상황에서 적절한 표현을 찾아내는 능력이 뛰어났다. 유일하게 울로프를 방해한 것으로 보인 사람은 외할머니 한나였다. 그녀는 너무 어린 나이에 글을 읽으면 해롭다고 생각했기에 울로프를 막아야 한다고 주장했다. 그러나 울로프는 열의와 집중력이 강한 아이로 놀이뿐만 아니라 책에도 깊이 빠졌다. 그가 진부하게 표현했듯이 독서는 그의 '노동'이었다. 아마도 지크문트 프로이트처럼 놀이의 반대는 진지함이 아니라 현실이라고 깨달은 것 같다.

병상에 누워 있던 긴 시간 동안 울로프는 큰 인기를 끈 독일 작가 카를 마이의 아메리카 원주민 책부터 스웨덴 소년의 영국 기숙학교 경험에 관한 루이 드 예르의 『싱글턴*Singleton*』까지 당대의 고전적인 아동문학을 섭렵했다. 문학에 대한 관심은 훗날의 그의 정치적 능변이 싹튼 비옥한 토양이 되었을 것이다. 예를 들면 1975년 체코슬로바키아의 공산당 지도자들을 '독재의 앞잡이'라고 비난한 것은 널리 알려진 사실인데, 이는 음모를 꾸미는 리슐리외의 수하를 '추기경의 앞잡이'라고 묘사한 알렉상드르 뒤마의 『삼총사』에서 빌려온 것이다. 울로프가 아홉 살 때 조부모에게 쓴 편지는 기본적인 구문을 확실하게 이해하고 있음을 보여준다. 울로프는 당연히 조숙했지만(학교에 다니기 훨씬 전에 아동용 『일리아스』를 읽었다), 그러한 환경에서 어떻게 다른 아이로 성장할 수 있었겠나? 언어의 재능은 아버지의 언어인 스웨덴어에만 국한되지 않았다. 울로프는 일찍부터 어머니로부터 독일어를 배웠고, 여름에 라트비아를 방문했을 때 이를 연습했다. 이후 여자 가정교사가 고용되었는데, 이는 훗날 울로프가 프랑스어를 능숙하게 하는 토대가 되었다. 조부의 세계주의적 이상은 손자에게 전달되었고, 울로프는 일찍이 융통성 있는 태도를 지니고 상황에 적합한 말을 선택하는 법을 배웠다.

독일계 발트인 어머니

이러한 다문화적 환경에는 대가가 있었다. 이는 주로 울로프의 어머니 뮈지가 치렀다. 그녀는 시어머니와 마찬가지로 귀족이었고 발트 해를 건너와 팔메 가족의 남자와 결혼했다. 그러나 핀란드 스웨덴 사람인 한나는 스웨덴 사회의 엘리트층에 많은 연줄이 있었고 두 조국을 자유롭게 오갔다. 반면 엘리자베트 폰 크니림은 발트 독일인 출신으로 1915년 극적인 상황에서 망명객으로 스웨덴에 왔다. 그것은 라트비아인과 러시아인, 독일인, 유대인이 세계주의적으로 뒤섞인 오래된 도시 리가의 다양성과는 매우 다른 낯선 나라로의 여행이었다.

17세기에는 스웨덴과의 연결이 강력했다고 해도,* 발트 지역의 귀족은 강국 시절 스웨덴의 자명한 일부가 결코 아니었다. 발트 귀족의 다수는 확실히 스웨덴 국가를 섬겼고, 또한 스웨덴 귀족의 여러 가족이 나중에 라트비아가 되는 리보니아와 쿠르제메(쿠얼란트)로 이주했다. 그러나 발트 귀족은 스웨덴 귀족회의에 전혀 대표를 보내지 못했다. 라트비아 역사의 스웨덴 시기에는 또한 독일 엘리트의 지배를 겨냥한 개혁이 두드러졌다. 농노제가 폐지되고 교육 제도가 확립되었다. 라트비아의 농민들이 스웨덴 시절을 이상적으로 생각한 반면, 발트 독일인 귀족들은 칼 11세(재위 1660~1697) 시대의 기억을 증오했다. 언어상으로 스웨덴과 연결되었을 뿐만 아니라 오랫동안 스웨덴 국가에 통합되었던 스웨덴계 핀란드인 귀족들과 달리, 독일인 귀족은 발트 지역 농노들에 대해 봉건적 권리를 행사한 자율적인 엘리트층으로 지내왔다. 또한 이 상층계급은 근본적인 문화적 정체성을 상실하지 않은 채 점령국인 폴란드와 스웨덴, 러시아를 차례로 섬겼다. 그 전략은 다문화적 제국 시대에는 효과적이었지만, 19세기에 유럽을 휩쓴 민주주의적 평등의 이상과 민족을 토대로 한 국민국가라는 관념과는 충돌했다.

1880년 리가에서 태어난 엘리자베트는 전혀 평온하게 성장하지 못했다. 그녀의 아버지 볼데마르 폰 크니림은 라트비아의 유명한 학자였다. 그는 하이델베르크에서 화학자로 교육받았고 농학 교수

---

* 오늘날 에스토니아의 남부와 라트비아의 북부는 1629년부터 1721년까지 스웨덴의 영토인 스웨덴령 리보니아Svensk Livland였다.

가 되었다. 혁명의 해였던 1905년 볼데마르는 리가 공과대학의 총장으로 임명되었다. 그는 특히 리가 외곽의 교육과 연구를 위한 학교 농장 페테르호프를 관리하며 가족과 동료들, 학생들과 함께 그곳에 거주했다. 농사와 장원 문화, 학문적 연구가 결합된 그 목가적 삶은 1905년 러시아혁명 중에 위태로워졌다. 학교는 먼저 혁명가들이 점령했으나 이어 흰 말을 탄 차르 군대의 기병들이 빼앗았다. 이는 당시 열다섯 살이었던 뮈지에게 강한 인상을 남겼다.

평온함은 지속되지 않았다. 제1차 세계대전의 발발로(러시아와 독일이 전쟁에 돌입했다) 러시아 정부는 불충으로 의심되는 모든 활동을 탄압했다. 대학과 대학교의 교재와 강의는 전부 러시아어로 쓰이고 진행되어야 했다. 크니림 가족은 처음에는 잘 대처했다. 볼데마르는 존경받는 연구자이자 교사로서 궁정에서 차르를 알현했으며 면제를 받아 독일어로 가르칠 수 있었다. 그러나 크니림 가족은 곧 제5열 분자로 의심받았다. 엘리자베트의 어머니는 몰래 독일군에 생필품을 전달했다는 죄목으로 고발당했다. 그녀는 시베리아까지는 아니었지만 러시아의 내륙 오지로 추방당했다.

전쟁이 터졌을 때, 엘리자베트는 프라이부르크에서 의학을 공부하고 있었다. 그녀는 발트 지역에서 처음으로 고등학교를 졸업한 여학생 중 한 명으로 리가의 고등학교에서 역사와 종교, 독일어에서 최고 성적을 받은 학생이었다. 그런데 이제 학업이 중단되었다. 그녀가 러시아 시민으로 적국의 땅에 있었기 때문이다. 엘리자베트는 독일에서 고초를 겪은 뒤 집에 잘 돌아왔으나 한층 더 곤란한 상황에 빠졌다. 추방된 어머니를 따라 모스크바로 간 엘리자베트는 병원에 머문 독일군 전쟁포로를 적십자 대원 자격으로 거듭 방문했다. 그녀는 친척에게 그들이 받은 열악한 처우를 묘사한 편지를 보냈는데, 이것이 널리 퍼졌다. 엘리자베트는 경찰로부터 출석 요구를 받았다. 그녀는 사사로운 편지를 썼을 뿐이며 자신의 허락 없이 사본이 배포되었다고 주장했다. 리가의 스웨덴 영사가 뭔가를 구했다. 그는 1915년 건강상의 이유를 들어 그녀가 스웨덴으로 출국할 수 있게 했다. 군나르 팔메의 친한 친구였던 이 스웨덴 외교관은 또한 마중을 준비했다. 보험회사 툴레에 전보를 보내 군나르에게 "엘리자베트를 잘 보살펴라"고 의미심장하게 요청했다.

당시 군나르는 묵묵히 열심히 일하는 서른 살의 젊은이였다. 그는 아직 가업을 떠맡지 않았지만 법학도로서 지방법원 서기 일을 끝마쳤으며 동시에 (다소 나이를 넘겨) 칼베리 사관학교에서 예비군 기병장교 교육을 받고 있었다. 또한 군나르는 몇 년 전부터 툴레에서 스벤 팔메의 후계자로 여겨졌다. 그는 아직 미혼이었고 부모 집에서 함께 살았다. 관습적인 척도에 따르면 그는 어느 모로 보나 결혼해서 가정을 꾸릴 때가 되었다. 학생 시절에 군나르는 웁살라의 고풍스러운 카페 우반달스에서 일하는 여자 종업원과 연애를 한 적이 있다. 일시적인 관계가 아니었다. 그 젊은 법학도는 웁살라에서 어느 정도 떨어진 소도시 티에르프의 평범한 집안 출신인 안나 옌손과 사랑에 빠졌다. 그 연애 사건이 1911년 12월 아들의 출생으로 귀결되기는 했지만, 결혼 얘기는 없었다.

한나 팔메는 그 일을 신중하게 처리했고 아이 엄마에게 양육비가 지급되도록 조치했다. 세례명으로 스투레 군나숀이었던 그 아이는 가족 안에서는 없는 사람이었다. 그는 전혀 거론되지 않았고 가족과 아무런 관련이 없는 것으로 생각되었다. 울로프 팔메는 성인이 될 때까지 오랫동안 자신에게 배다른 형이 있다는 사실을 전혀 몰랐다. 그렇다고 '사생아'라는 낙인에 따르는 오명이 줄어드는 것은 아니었지만, 이러한 위선은 당시 부르주아 가정에서 드물지 않게 볼 수 있었다. 그렇지만 군나르도 자존감의 상실이라는 대가를 지불해야 했다. 성인이 된 후 애정 생활에서 그가 처음으로 비틀대며 내딛은 발걸음은 파국으로 끝났고, 이 때문에 그는 부모에게 도움을 요청할 수밖에 없었다. 특히 그렇지 않아도 이미 지배적인 힘을 지녔던 어머니는 군나르를 한층 더 강력하게 통제했다.

이 일은 군나르와 뮈지의 연애에 흔적을 남겼다. 알 듯 모를 듯한 미소를 띤 매력적인 라트비아 망명자는 4월에 당시 엥엘브렉츠 가탄에 있던 팔메 가족 아파트의 하녀 방에 묵었다. 엘리자베트의 위치는 말하자면 군나르의 여동생 비르기타의 독일어 학습을 도와주는 일종의 여자 가정교사와 같았다. 군나르도 학교에서 배운 독일어를 그녀에게 써보았다. 6월 초 군나르는 엘리자베트를 칼베리의 사관학교 무도회에 초대했다. 동시에 막 싹을 틔운 연애를 어머니에게 숨기려고 최선을 다했다. 군나르는 한나가 마치 어머니라도 되는 듯이 뮈지를 돌봐주어야 할 대상으로 보았음에도 장래의 며느리 감으로 판단하지는 않았다고 짐작했다. 이는 옳았다.

1915년 여름, 팔메 집안의 확대가족은 스톡홀름과 옹아를 오가며 지냈는데, 우스꽝스러운 일이 펼쳐졌다. 한나의 감시를 피하기 위해 문 밑에 쪽지를 끼워 넣고 정자에서 만남을 가졌으며 복잡한 계략을 꾸몄다. 한번은 만남 전에 군나르가 뮈지에게 철저하게 지시했다. "어머니가 따라오지 못하게 있는 힘을 다해야 해요.… 전차 종점에서 4시에 만납시다.…" 한나가 장래의 며느리에게서 정확히 무엇이 마음에 안 들었는지는 분명하지 않지만, 8월 초 그녀는 군나르에게 보낸 긴 편지에서 뮈지가 짐작컨대 스웨덴에서 결코 잘 지낼 수 없는 매정하고 불운한 여자라는 점을 주장하려 했다. 꽤나 어설픈 시도였다.

이듬해 여름 혼례는 장대하게 치러졌다. 뉘셰핑의 알헬고나쉬르칸 교회(모든 성인의 교회)에서 혼인 서약식을 치른 뒤 기선을 타고 거대한 정찬이 배설된 옹아로 향했다. 장교들의 참여가 눈에 띄었다. 스웨덴 국왕의 조카인 젊은 사관생도 폴케 베나도트 백작이 신랑의 들러리였다. 한나는 라트비아에 있는 뮈지의 어머니에게 보낸 편지에 이렇게 썼다. 다소 시어머니다웠다. "당신의 딸은 의연했지만 얼굴이 창백했고 초조했어요. 가련하고 사랑스러운 아이예요." 결혼이 기정사실이 되자, 비록 마음으로부터 우러난 것은 전혀 아니었지만 한나는 뮈지를 완전히 받아들였던 것 같다.

군나르와 뮈지는 조용하고 심히 가정적인 부부였다. 둘 다 성장기에 크게 아팠던 탓에 그들은 삶의 진지함으로 결합되었다고 할수 있다. 군나르는 1920년대에 수술 중에 죽을지도 모른다고 두려웠을 때 부인에게 작별 편지를 휘갈겨 쓰면서 그답게 간단한 말로 끝을 맺었다. "모든 것이 다 고맙소!" 그러나 군나르와 뮈지에 관한 묘사가 낭만적이기는 해도, 두 사람의 삶이 날마다 행복한 것은 아니었다. 주된 이유는 군나르가 결혼 18년 만인 1934년에 이른 나이에 죽었기 때문이다. 그러나 그 자체로 무거운 짐이었던 그 상실이 엘리자베트의 스웨덴에서의 오랜 삶에 슬픔의 덫을 드리운 데에는 다른 이유도 있다(엘리자베트는 1918년 망명객으로 이주해 살았던 외스테르말름스가탄의 그 집에서 54년을 거한 뒤 1972년에 사망했다).

그중 하나는 그녀가 의사가 되려는 계획을 이행하지 못한 것과 관련이 있다. 엘리자베트는 확실히 자신의 목표를 곧바로 포기하지 않았다. 그녀는 스웨덴으로 망명한 뒤 1916년 봄 프라이부르크에서 의학 공부를 재개하려 했지만, 전쟁이 한창인 가운데 러시아 시민권을 지닌 탓에 입국과 출국에 문제가 발생했다. 엘리자베트는 일시적으로 스톡홀름의 카롤린스카 의과대학으로 자리를 옮겼지만, 1917년 울로프의 형 클라스를 임신하면서 학업을 중단했다. 시어머니처럼 엘리자베트도 포부가 크고 지적이며 많이 배운 여성이었으나 어쩔 수 없이 아내와 어머니라는 역할에 순응해야만 하는 실망스러운 상황에 처했다. 스웨덴으로 망명한 뒤 얼마 지나지 않아 그녀는 한나에게 이렇게 말했다. "저는 절대로 결혼하지 않을 거예요." 이는 시어머니가 초기에 그녀에 부정적인 태도를 보인 이유를 어느 정도 설명해줄 것이다. 한나는 옹아의 유능한 지주로서 자신의 능력을 펼칠 수 있었고 결국에는 그 일로 인정도 받았던 반면, 뮈지의 몫은 자선 활동과 사회적 성격의 여성 단체에 있었다.

비록 이러한 활동이 잃어버린 직업상의 이력을 완전히 보상할 수는 없었지만, 그 규모로 보아 고되고도 인상적이었다. 엘리자베트는 적십자사에서 일했고, 솔나에서 오늘날의 아동건강센터인 모유수유 지원 기구 미엘크드로펜에서 자원봉사자로 활동했으며, 전쟁 중에 외스테르말름에서 요양보호사를 교육하고 민방위대를 조직했다. 1937년 그녀는 여성 단체인 프레드리카 브레메르 연맹*의 스톡홀름 지부 집행부에 선출되었다. 이 단체에는 사회민주주의자뿐만 아니라 자유주의자도 참여했다. 종전 후에 엘리자베트는 적십자사의 독일 지원활동에 참여했으며, 그 시절에 그녀가 아이들에게 보낸 편지는 문제를 해결하고 솔선수범하는 데 즐거움을 느끼는 활동적인 여성을 증언한다. "한 주 뒤면 우리는 5000명의 아이들을 받을 준비가 될 것이다. 오늘 우리는 그 숫자를 280명 더 늘렸다. 그 새로운 자리를 나는 지난주에 결정했다. 다음 주 오늘이면 7500명에서 8000명의 아이들을 돌볼 것이다. 시간만 있다면. 나는 통제 체계를 수립했지만 모든 사무용품이 다 부족하다. 그래서 나는 점령군과 관청, 퀘이커교도 등에 구걸해야 했다."

가사 노동에 대한 무관심, 자식들에 대한 과도한 의학적 염려, 솔나의 미엘크드로펜에 관여하여 의학 지식을 이용한 것은 전부 그녀가 의사의 길을 떠났음을 받아들이기 어려웠다는 증거이다. 울로프의 육아도우미에 따르면, 젊은 팔메 부인은 집을 자주 비웠다. 마디가 엘리자베트의 행동을 전형적인 상층계급 부인의 행동으로 본 것은 놀랍지 않다. "당시에 상류층 부인들은 당연히 점심을 먹었고 온갖 종류의 할 일이 있었다." 울로프는 어머니가 활동을 나갈 때 따라다녔다. 예를 들면 모유수유 지원 활동을 하는 젊은 엄마들 사이에 함께 있었던 것이다. 1946년에 받은 군대의 심리검사에서 울

---

* Fredrika Bremer-förbundet(FBF). 1884년 설립된 스웨덴의 여성 단체.

로프는 어렸을 때 다른 누구보다도 아버지를 이상적으로 보았지만 더 성장한 뒤에는 어머니에 감탄하게 되었다고 설명했다. 어머니와 할머니 둘 다 귀족이었다는 사실은 당대 부르주아 가족의 이상이 규정한 것보다 더 강력한 자존감을 지녔으나 동시에 가정주부의 역할에서 심한 좌절을 경험한 여성들이 울로프의 성장을 지배했음을 의미한다. 유럽 귀족의 몰락은 평등의 승리였지만 양성평등의 승리는 아니었다.

엘리자베트 폰 크니림의 스웨덴 생활에 영향을 미친 것은 직업상 목표의 좌절만은 아니었다. 그녀는 또한 수백 년 전통의 문화를 지녔으나 국제정치의 태풍 속에서 변화를 겪고 있던 나라에서 건너온 망명객이었다. 발트 독일인의 운명에 대한 후세의 공감은 제한적이었다. 이들은 전제적인 통치 계급의 유물이었을 뿐만 아니라 제2차 세계대전 중에는 나치 독일에 동조했다. 일부는 확실히 내키지 않았지만 다수는 분명히 열정적으로 찬동했다. 1920년대 초 뮌헨에서 나치 정당이 등장할 때 인종주의 이론가 알프레트 로젠베르크를 필두로 발트 독일인의 기여가 뚜렷하게 보였다. 폰 크니림 집안은 나치가 아니었지만, 모든 발트 독일인처럼 그들도 역사적으로 대*독일적 사고방식을 뚜렷하게 보였다. 그 관념적인 세계는 얼마나 인문주의적이고 자유주의적이었든 간에 식민주의적 경향을 띠었다.

뮈지의 부모는 제1차 세계대전이 끝날 때 독일로 피신했다. 정치 상황이 안정된 1920년에 첫 번째로 리가로 돌아갔다. 신생 독립국 라트비아에서 발트 독일인의 특권은 특히 일련의 농업 개혁을 통해 계속 공격을 받았다. 폰 크니림 집안에 그것은 다른 무엇보다도 가족 영지 스캉알의 대폭적인 축소를 의미했다. 스캉알은 게다가 러시아 군인들과 볼셰비키에게 약탈당했다. 1939년 몰로토프-리벤트로프 조약으로(히틀러와 스탈린이 폴란드와 발트 지역에 관해 합의를 보았다) 발트 독일인의 90퍼센트가 나치 독일이 점령한 폴란드로 이주했다(종전 후 이들은 독일로 들어갔다). 뮈지는 어머니에게 그러지 말고 스톡홀름으로 오라고 설득했다. 그녀 가족의 다른 일부는 1920년대에 이미 독일로 이주했다. 특히 그녀의 오빠 오토카르는 드레스덴 은행에서 경력을 쌓아 제2차 세계대전 중에 스톡홀름 지점장이 된다.

망명자 중에서는 뮈지보다 나쁜 운명에 처한 사람이 많다. 그녀는 스톡홀름의 매우 유력한 집안에서 돌봄을 받았고 독일인에 큰 관심과 호의적인 감정을 지닌 문화권에 들어갔다. 그러나 뮈지는 결코 진정으로 통합되지는 않았다. 그녀는 다문화적인 아동기의 해체와 상대적으로 더 동질적인 스웨덴 문화의 내부지향성 사이에서 어정쩡한 상태에 빠졌다. 막 도착한 망명객에게 스웨덴은 프라이부르크의 학생 시절과 스캉알의 고향집에서 경험한 독일 문화의 끈끈한 공동체에 비해 적막하고 쓸쓸했다. 몇 년 뒤 카린이 태어났을 때, 군나르는 친구에게 보낸 편지에서 딸이 낯선 환경에서 외로운 뮈지에게 위로가 될 수 있다고 썼다. 그는 아내와 새로운 조국 사이의 유대가 너무 미약하다고 걱정했다. 1924년 봄 수술 받기 직전에 군나르는 아내에게 자신이 죽으면 아이들을 위해 스웨덴에 머물러 달라고 간청했다. 엘리자베트는 팔메 가족과 자신의 이상주의적 활동을 제외하면 스웨덴에 친구가 없었고, 발트 해 주변에 퍼져 사는 친척들과 폭넓게 서신을 교환했다. 그녀의 고립은 아마도 더 깊고 내밀한 삶의 소외를 반영했을 것이다. 카린 팔메에 따르면 스웨덴에서 유일하게 뮈지와 가까웠던 친구는 군나르의 누이동생 비르기타 쿠르만이었다.

뮈지가 스웨덴에 적응하는 문제는 또한 부분적으로는 독일계 발트인이 좋은 평가를 받지 못했다는 사실과 관련이 있었다. 13세기 독일기사단(튜턴기사단)에 뿌리가 있는 발트 독일인 귀족은 중세 시대의 무자비한 독일인 지방관에 맞선 스웨덴 농민의 투쟁을 묘사한 국민학교 교과서를 떠올리게 했다. 1928년 군나르 팔메는 일간지 《뉘아 다글리트 알레한다》에 기고하여 발트 지역의 미래에 관한 스웨덴의 논쟁에서 어떠한 견해들이 대립하고 있는지 조명했다. 그의 기고문은 라트비아에서 진행 중인 토지 개혁과 관련하여 독일계 발트인 귀족이 라트비아 농민을 다시 노예 상태로 복귀시키려 한다고 주장한 앞선 기고문에 대한 응답이었다. 뮈지에 고무된 것이 분명한 군나르의 논거는 당시 널리 퍼진 독일계 발트인에 대한 시각이 어떠했는지, 그리고 그들에 공감하는 자들이 스스로를 방어하기 위해 어떤 수단을 쓸 수 있는지를 보여준다. 군나르는 독일기사단의 방식은 분명코 무자비했다고 인정했지만 핀란드에 기독교를 전파할 때 비르예르 얄*이 썼던 방식보다 더 나쁘지는 않았다고

---

* Birger Jarl(1210~1266). 스웨덴 공작. 핀란드에서 스웨덴의 지배를 확립한 제2차 스웨덴 십자군을 지휘했다.

주장했다. 게다가 기사단은 라트비아 농민을 러시아인 무리의 팽창으로부터 구했다. 모종의 토지 개혁이 필요하다고 해도, 스웨덴은 문화적 수준이 높은 소수를 그 나라에서 내쫓으려는 다수파를 일방적으로 지지하지는 말아야 했다. 유대인이 독일인의 지도적인 지위를 넘겨받을 위험이 있었고, 이는 결코 "그 땅의 주민에게 더 좋은" 일이 아니었다.

반유대주의적 급선회는 분명했다. 발트 지역에서 유대인을 궁지에 몰아넣으려면 독일인이 필요했다. 비록 군나르가 젊었을 때 자유주의적 학생 단체 베르단디에 가입하기는 했지만, 울로프 팔메의 부모는 독일에 우호적이고 보수적이었다. 둘 다 공개적인 활동에서 특별히 적극적이지는 않았어도 우익보수당 당원이었다. 울로프 팔메의 누이 카린에 따르면, 부모는 1932년 함께 독일을 여행하며 민족사회주의자들의 악의에 찬 선전을 목격한 뒤로 확고하게 나치에 반대했다. 그러나 군나르와 뮈지는, 여러 분야에 폭넓게 의견을 지녔던 스벤 팔메와 한나 팔메와는 달리, 특별히 이데올로기적인 성향을 보이지 않았다. 두 사람은 팔메 가족의 원대한 뜻을 품은 자들에게서 멀어져 일상적으로 이해할 수 있는 일에 주의를 집중했다. 군나르가 사망한 뒤 몇 년 지나 뮈지는 히틀러가 통치하는 독일을 방문하고 집에 긴 편지를 보냈는데, 당시의 정치적 상황에 관해서는 단 한 줄도 쓰지 않았다. 망명자로서 독일 문화에 확실한 애정을 갖고 있는 사람에게 그러한 태도는 소극적인 거리 두기로 해석할 수 있을 것이다.

1928년 군나르가 쓴 글은 그가 발표한 유일한 정치적 텍스트이다. 나머지는 전부 보험법에 관한 글이었다. 울로프 팔메의 부모가 친독일 성향을 지녔고 반유대주의에 참여했음을 부인할 수 없다. 그것은 제2차 세계대전 이전 스웨덴 사회의 여러 계층에서 일반적인 현상이었다. 군나르는 1920년대 초 아내에게 만찬 초대에 관해 말하면서 이렇게 썼다. "유대인이 많기는 했지만 당신이 아주 즐거웠으리라고 믿소." 그리고 이어서 그답지 않게 악의적으로 어느 유대인 여자가 이례적으로 공감 능력이 떨어진다고 묘사했다. 그렇지만 그 시기에는 《예테보리스 한델스오크셰파츠 티드닝》의 편집장 토리뉘 세게슈테트와 풍자극의 거물 칼 예르하르드처럼 훗날 나치에 대한 반대로 이름을 떨치는 자들에게서도 비슷한 말을 들을 수 있다. 팔메 부부의 세계관에서 결정적이었던 것은 다른 무엇보다도 발트 독일인이라는 출신에 대한 뮈지의 충절이었다. 그녀는 1914년 러시아에서 독일군 전쟁포로를 위해 관여한 것부터 제2차 세계대전 중에 스톡홀름의 '독일여성연맹'에 참여한 것까지 생애 내내 이 나침반의 바늘을 따라간다(이따금 크게 잘못된 방향을 가리킨다). 독일여성연맹에서 엘리자베트와 독일인 혈통의 다른 부인들은 소련 전선에 있는 독일군 병사들에게 뜨개질로 양말을 만들어 보냈다. 지원 활동은 종전 후에도 이어졌는데, 엘리자베트는 폴케 베나도트의 '흰 버스'가 베르겐벨젠에서 예테보리로 강제수용소 수용자들을 태워 올 때 통역으로 참여했다.*

---

* 스웨덴 귀족이자 외교관인 폴케 베나도트Folke Bernadotte(1895~1948)는 1945년 봄 버스와 트럭에 음식과 연료를 싣고 독일 강제수용소에서 약 2만 명에 달하

엘리자베트의 오빠 오토는 이데올로기적 성향이 더 강했다. 종전 후 연합국은 그를 나치로 고발했지만, 그가 전쟁 발발 전에 "정치 문제에서 명백히 나치에 반대하는 발언을 했다"고 주장한 야코브 발렌베리와 마르쿠스 발렌베리*의 강력한 증언에 따라 석방되었다. 이는 아마도 부분적으로는 진실이겠지만, 오토카르 폰 크니림이 전쟁 중에 독일과 좋은 사업 관계를 갖게 해준 데 대한 발렌베리 형제의 "사후 감사" 표시였을 것이다. 1950년대에 옹아를 방문한 올로프 팔메의 한 친구는 '외삼촌 오토'가 자신을 옆에 앉히고 히틀러가 고속도로 건설처럼 좋은 일도 하지 않았냐고 예를 들어 말했던 것을 기억했다.

그러나 이러한 일화를 벗어나면 팔메 가족과 발트 지역과의 관계에는 정치적 측면이 보인다. 20세기 전반 스웨덴에서는 두 차례 사람들이 발트 해 건너편 소수민족에 강한 정서적 유대를 느낀 결과로 정치권의 우파로 걱정스러울 정도로 많이 이동했다. 스웨덴계 핀란드인의 다수가, 발트 독일인에서는 한층 더 많은 사람이 지배 엘리트층에 속했는데, 이들은 민주주의가 발전하면서 궁지에 몰렸고 소수민족으로서 공격을 받았다. 핀란드에서는 스웨덴어를 쓰는

는 덴마크인과 노르웨이인, 프랑스인, 폴란드인, 유대인을 구출했다. 적십자사 상징을 제외하고는 버스를 전부 흰색으로 칠해서 '흰 버스vita bussarna' 작전으로 알려졌다.

* Jacob Wallenberg(1892~1980)와 Marcus Wallenberg Jr.(1899~1982)는 스웨덴의 기업가 마르쿠스 라우렌티우스 발렌베리Marcus Laurentius Wallenberg(1864~1943)의 아들이다.

사람들이 발트 지역의 독일인처럼 잔인하게 식민 권력을 행사하지 않았기에 조화로운 해법이 도출되었다. 라트비아에서는 두 대전 사이에 내내 긴장이 높은 상태로 유지되었다. 그러나 두 경우에 똑같이 팔메 가족의 민족적 충성은 심히 공격적이고 반동적인 형태의 민족주의로, 처음에는 스웨덴여단의 위대한 스웨덴에 대한 자부심으로, 다음으로는 발트 지역에서 독일 제국이 품었던 지정학적 목표에 대한 공감으로 이어졌다. 두 경우에 사회심리학적 유형은 매우 유사했다. 먼저 스벤이 스웨덴계 핀란드인 한나 폰 본과 결혼했고, 이어 군나르가 발트 독일인 엘리자베트 폰 크니림과 결혼한 것이다.

그렇지만 여자들에게 책임을 떠넘긴다면 이는 옳지 않을 것이다. 오히려 팔메 가족의 '동방 진출'은 자유주의적인 부르주아 민족주의의 시대가 지나갔음을 통찰하지 못한 무능력의 결과였다. 엘리트주의에 빠진 팔메 가족은 민족주의적이든 사회주의적이든 민중운동을 추동한 힘을 이해하기 어려웠다. 그렇지만 또한 단일국가 스웨덴에는 소련과 나치 독일의 세력권 사이에 끼어 있는 작은 다문화 국가들에서 상이한 충성심이 어떻게 서로 교차하는지에 대한 이해도 없었다.

아버지의 돌연한 죽음

1934년 가을, 울로프가 일곱 살이 되었을 때 아버지 군나르가 사망했다. 아이들 편에서 보면 그 일은 마른하늘의 날벼락까지는 아널지언정 그에 버금가는 충격으로 다가왔다. 군나르는 젊었을 때부터 천식을 앓았고 1920년대 후반에는 심장과 폐를 여러 차례 검사받았다. 그는 최선을 다해 병을 감추었다. 군나르가 죽기 몇 해 전, 뮈지의 어머니는 그의 누이 비르기타에게 보낸 편지에서 그가 중병에 걸린 것이 아닌지 의심스럽다고 썼다. 이 편지가 가족이 옹아에서 여름을 보내던 9월의 어느 날 오후 그의 대동맥이 파열된 일과 직접적인 관련이 있는지는 분명하지 않다. 장남 클라스에 따르면, 아버지의 갑작스러운 죽음은 격한 정신의 흥분이 초래한 결과였다. 겨우 몇 주 전에 스벤 팔메가 여든 살의 나이에 암으로 사망했고, 군나르가 유언에 관해 들었을 때 옹아는 동생 닐스에게 상속된다는 것이 밝혀졌다. 아마도 그가 노를란드의 목재상으로서 그다지 성공하지 못한 데 대한 위로였을 것이다. 클라스는 군나르의 실망이 그의 죽음에 일조한 원인이라고 보았다. 그러나 가슴이 찢어질 듯 실망스럽다고 해서 대동맥이 파열하겠는가. 그럼에도 군나르와 스벤이 가까운 시차를 두고 죽었다는 사실은 두 사람의 삶이 서로 얼마나 긴밀히 얽혔는지를 고려하면 주목할 만하다.

스벤의 세 아들 중에서 군나르가 가장 크게 성공한 동시에 아버지로부터 가장 많은 구속을 받았다. 형 울로프는 일찍이 학자의 길을 선택함으로써 툴레의 후계자 역할을 포기했다. 막내아들 닐스는 고등학교를 졸업한 뒤 학업의 지속을 거부하며 뱃사람이 되겠다고 위협했다. 스벤은 단호히 개입했다. 울로프와 군나르의 동의를 구해 닐스를 일시적으로 군대에 보냄으로써 '몰락'에서 구하고자 한 것이다. 울로프의 무거운 짐은 군나르에게 떨어졌다. 1911년 스벤은 스물다섯 살의 아들에게 이렇게 설명했다. 너에게는 이루어야 할 큰 목표가 있다. "내가 충분히 오래 살 수 있다면 그것은 당연히 너의 것이 될 수 있을 것이다." 그 목표는 툴레였다. 군나르는 허약한 몸을 돌보고 학업에 충실하며 과도한 사교 생활에 빠지지 말라는, 그렇게 툴레를 맡을 준비를 하라는 권고를 받았다. 스벤은 둘째 아들을 크게 신뢰했기에 가족사와 사업 문제에서 공히 점점 더 자주 그의 조언을 구했다. 스벤은 군나르가 친절과 온화함을 단호함과 확신에 결합할 수 있는 능력을 지녔다고 보았다. 한편으로는 다혈질인 울로프와 다른 한편으로는 우유부단한 닐스와 대조된다는 점을 넌지시 표현한 것이다. 군나르는 웁살라에서 법학 공부를 마치고 지방법원 서기로 몇 년 일한 뒤 1917년에 툴레에 입사하여 사장 자리까지 오르는 긴 여정을 시작했다. 1920년대 중반 군나르는 부사장이 되었고 1932년 아버지가 이사장직으로 물러난 뒤로 사장직을 넘겨받았다.

군나르는 유능한 보험인이었다. 그 분야의 역사를 보면 그는 전간기에 툴레가 보험 시장에서 선도적인 지위를 유지하는 데 중요한 역할을 수행했다. 그의 기여는 '전도된 네포티즘'으로 설명되었다. 다시 말해 혜택을 받은 친척이 틀림없이 가족기업 밖에서 더 크게 출세할 수 있는 능력을 지닌 것이다. 이는 군나르에게는 그다지 고마워할 만한 상황이 아니었다. 여러 해 동안 주변에서는 그의 성과를 스벤 팔메의 업적으로 평가했기 때문이다. 가족에 전하는 일화에 따르면, 군나르는 이사회에서 의제를 어떻게 결정해야 하는지 늙은 아버지에게 사사로이 지시를 내리곤 했다. 그렇지만 다른 이사들은 아들 앞에서 아버지의 놀라운 활력과 회사 장악력을 칭찬했다. 전체적으로 볼 때, 신중한 군나르는 영향력과 권위에서 아버지를 상대하기 어려웠다. 스벤은 정신력이 아들보다 월등했고 가슴을 앞으로 내민 전형적인 군인의 자세를 지녔으며 일반적으로 세기 전환기의 실력자로 이해되었다.

아버지가 옹아를 닐스에게 상속하기로 결정했다는 사실은 거의 성경의 한 대목을 연상시키는 상황을 유발했다. 가장 스벤은 돌아온 탕아를 위해 살찐 송아지를 잡았고, 군나르는 거부된 형처럼 아버지에게 이렇게 말했다. "아버지, 저는 이렇게 여러 해 동안 아버지를 위해 종이나 다름없이 일을 하며 아버지의 명령을 어긴 일이 한 번도 없었습니다. 그런데도 저에게는 친구들과 즐기라고 염소새끼 한 마리 주지 않으셨습니다."* 그렇지만 원한은 군나르의 인성에서 두드러진 특징이 아니었던 것으로 보인다. 군나르는 평범했고 때로 현학적인 성향을 보이기는 했지만 정겨운 사람으로 집에서 매우 온화했다. 그의 나서지 않는 태도와 조용함은 아마도 외향적이고 지배적인 부모에 합리적으로 대응하는 방법이었을 것이다. 군나르는 아내에게 보낸 편지에서 가족의 가치관에 소극적으로 저항하며 이렇게 썼다. "삶은 단지 열렬히 능력을 갈망하고 대단한 것을 추구하는 것만은 아니오." 인간은 또한 "사랑과 휴식, 애정과 평화로움"도 필요했다.

군나르가 유일하게 공적으로 크게 기여한 바는 1927년 새로운

---

* 『공동번역 성서』「루가」15장 19절.

생명보험법에 관한 입법조사단*에 선임 간사로 참여한 것이다. 그렇지만 그에게는 또한 정치적 입장과 무관하게 팔메 가족에 종종 찾아온 문화적 아방가르디즘의 기미도 발견된다. 그는 1930년대 초 옹아에 가족을 위해 별도로 여름별장을 지었을 때 기능주의적 건축가에 일을 의뢰했다. 그는 스웨덴에서 개인 주택으로는 최초로 바우하우스 양식의 건물을 세웠다. 세 아들 중에서 순종과 고된 노동윤리로써 종국에 독립성을 가장 많이 쟁취한 이는 군나르였다. 그의 형과 동생은 자신만의 삶의 길을 찾으려 했지만 특별히 성공적이지는 않았다.

울로프는 탐페레에서 쓰러지기 전에 학자의 길을 걸었지만 전혀 훌륭하지 않았고, 닐스는 살면서 오래도록 다양한 직업에서 실패한 뒤 아버지에게 거듭 도움을 청하는 편지를 써야 했다. 반면 군나르는 끈기 있게 일하여 툴레를 이끌게 되었고 아버지의 그늘 밑에서 근면하게 일했다는 사실로 동료들로부터 존중을 받았다. 1920년대에 군나르는 부하이자 아들에서 신뢰 받는 전문가이자 가족기업의 대등한 협력자로 성장했다. 스벤은 군나르가 향후 툴레와 가족 둘 다 잘 이끌어갈 것이라고 전적으로 신뢰했다. 스벤이 성서의 비슷한 상황에 나오는 아버지처럼 돌아온 탕아를 보호하기로 결정한 것은 필시 이 때문이었을 것이다. 스벤의 유언을 둘러싼 가족 내 불

---

* 의회의 입법 과정에서 정당 대표들과 해당 분야 전문가들, 관계당사자들이 논의를 거쳐 법안을 제안하는 제도. 조사단utredning이나 위원회kommitté 등의 이름을 갖는다.

화는 아버지와 세 아들 간의 관계가 매우 긴장되고 복잡했음을 보여주는 명백한 증거이다. 일과 재산, 감정이 각별히 밀접하게 얽힌 성공한 부르주아 가족에서는 특히 더 심했다.

그 시절에 아버지가 사망하거나 가정을 초라하게 버려둔 가족에 가장 흔한 문제는 경제적인 것이었다. 아내와 아이들은 부양자를 잃었고 계급의 사다리를 내려가야 하는 처지에 몰렸다. 이러한 문제는 인간이 죽어야 할 운명임을 깨달아 돈을 번 보험업 집안인 팔메 가족에게서는 발견되지 않았다. 뮈지가 외스테르말름스가탄 팔메 저택 안의 작은 아파트로 이사했고 장기적으로 팔메 가족의 사정이 나빠진 것은 사실이지만, 곧바로 삶이 불편해지지는 않았다.

그럼에도 군나르의 사망으로 울로프의 전체적인 아동기 환경은 갑작스럽게 변했다. 이는 아버지를 잃은 일곱 살짜리 소년의 자연스러운 슬픔과 혼란을 넘어서는 문제였다. 극적으로 몇 주가 흐르는 동안 가부장 중심적이었던 팔메 가족은 여성 가장 중심의 가족으로 바뀌었다. 아버지와 할아버지의 사망 이후 클라스는 1935년 봄 학기에 시그투나의 기숙학교로 갔고, 울로프는 유일한 남자 가족으로서 외스테르말름스가탄에 홀로 남았다. 확실히 형제는 서로 각별히 친밀하지는 않았다. 나이 차이가 열 살이나 났고, 클라스는 형편없는 성적을 올리기 위해 벌써 스위스의 기숙학교에 한 번 다녀온 적이 있었다. 그러나 클라스가 떠나면서 울로프는 이제 완전히 여자들에게 둘러싸였다. 할머니 한나, 어머니 뮈지, 아이들이 별로 좋아하지 않은 프랑스인 여자 가정교사, 열네 살의 누나 카린, 그리고 하녀 몇 명.

군나르가 세상을 떠나면서 외스테르말름스가탄의 생기가 많이 사라졌다. 카린은 이렇게 기억했다. "너무 적막했다." 뮈지는 삶의 가장 중요한 지원자를 잃었지만, 또한 스벤의 죽음은 그녀가 호의적인 시아버지를 잃었음을 의미했다. 뮈지는 이제 완전히 자기 것으로 만들 수 없었던 가족과 문화에서 혼자가 되었다. 당시 열네 살이었던 카린은 가족을 결집시키는 일에서 큰 책임을 떠맡아야 했다. 그 시절에 울로프가 의지한 사람도 누이였다. 그렇지만 울로프가 신동으로 치켜세워졌던 아동기의 북적대는 환경과 아버지의 죽음부터 1937년 열 살의 나이에 시그투나로 보내질 때까지 그를 에워싼 위축된 가족생활 사이에는 큰 차이가 있었다. 군나르의 사망과 더불어 팔메 가족의 삶의 의욕도 많이 사라졌고, 뮈지의 좀 더 방어적인 삶의 태도가 살림을 지배했다. 뮈지가 망명자라는 사실과 폰 크니림 가족이 새로운 라트비아에서 가난했지만 이를 드러내지 않았다는 사실이 흔적을 남겼다. 엘리자베트는 절약했고 늘 가계부를 적었으며 즐기고 허세를 부리는 것보다 열심히 일하는 것이 더 중요하다고 강조했다. 언젠가 군나르는 엘리자베트의 편지가 상당히 평범하다고 불평했는데(그는 '산뜻한 편지'를 받고 싶었다), 그녀는 "그런 재주는 전혀 없다"고 답했다. 울로프는 형보다 더 검소하게 성장했다. 형 클라스는 아버지가 죽었을 때 거의 성인이었고 가문이 팽창하여 전성기를 구가할 때 성장했다.

역사를 들여다보면 성공한 학자와 예술가, 정치 지도자가 성장기에 부모를 잃는 경우는 드물지 않다. 아버지나 어머니, 또는 부모 둘 다 없는 것이 보통 사람들보다 '천재'와 성공적인 이력을 쌓은 사람들에게서 더 일반적인지는 알 수 없다. 2000여 년의 역사에서 적절한 대조군을 찾기란 거의 불가능하다. 그러나 부모를 잃는 것은 확실하게 불리한 조건으로 생각되지는 않는다. 로마 황제부터 20세기의 선한 정치 지도자와 악마 같은 정치 지도자까지 부모 중 한 명을 잃었다고 해서 공적인 목표의 눈부신 성취가 방해를 받은 사람은 없었다.

심리분석의 가설은 암시하는 바가 있다. 아이가 부모 중 한 사람을 잃으면 실존적 트라우마가 생기는데, 이는 (성공리에 극복되면) 강력한 권력 의지를 만들어낸다는 것이다. 상실은 세상이 절대로 이전으로 돌아갈 수 없으며 변화는 돌이킬 수 없는 상태로서 극복해야만 하는 것이라는 고통스러운 깨달음을 준다. 부모가 대표한 기존의 권위는 약해지며, 윤리와 양심에서 외부 세계의 기준이 내면화되지만 보통 가정에서 자란 아이들의 경우와 동일한 정도로 내면화되지는 않는다. 강력한 초자아의 결핍은 불안정한 윤리로, 최악의 경우 범죄로 이어질 수 있지만 자율적인 양심의 성장을 낳을 수도 있다. 그런 경우 그 양심은 자유로운 상태에서 생겨났기 때문에 한층 더 강력하다. 죽은 부모는 일종의 이상화한 권위로서 살아 있는 부모와 달리 말하거나 간섭하거나 비난할 수 없다. 아이들은 갈등을 겪지 않고 스스로 결정을 내리고 선택할 수 있다.

일찍이 아버지를 여읜 실존주의 철학자 장폴 사르트르는 초자아가 없다는 사실을 스스로 축하했다. 그는 자서전에서 이렇게 주장한다. "나의 아버지가 살아 있었다면, 그는 나를 무겁게 짓눌러 뭉갰을 것이다." 사르트르는 그것이 아버지 개인의 잘못이 아니라

'아버지라는 존재의 부패한 손'이라고 덧붙이며 자신은 "결코 나의 아버지가 될 시간이 없었으며 오늘이라면 나의 아들이 될 수 있을 만큼 젊어서 죽은 자"를 버리고 떠났다고 확인한다. 늦게 실존주의에 강한 인상을 받은 울로프 팔메는 자신으로서는 어디서 왔는지보다 어디로 가는지가 더 중요하다고 설명했다.

심리분석이 제시하는 원인 설명에 회의적인 시각을 가질 수 있다. 그러나 이를 보편적인 진실이 아니라 세기 전환기 유럽에서 일종의 부르주아 가족 문화를 보여주는 것으로 볼 수도 있다. 지크문트 프로이트는 어쨌거나 스벤 팔메와 동시대 사람이다. 울로프 팔메는 아버지와 아들 간의 갈등이 중요한 역할을 한 환경에 태어났다. 가족 안의 앞선 두 세대 사이에 펼쳐진 아들들, 형제들, 아버지들의 길게 이어진 남자들의 드라마는 아버지의 비극적인 죽음으로 막을 내렸다. 툴레는 1940년대 중반 스벤의 막내아들 닐스가 격론 끝에 이사회에서 축출되면서 그들의 손에서 떠나갔다. 장기적으로 보면 울로프 팔메는 자신이 가족기업에 들어가야 하느냐는 물음에 답해야 하는 부담에서 벗어났고, 단기적으로는 주로 정력적인 조부가 만들어낸 강력한 가부장주의적 가족 문화와 싸워야 할 일을 면했다.

말수가 적어 조용한 군나르의 성격을 감안하면, 그와 두 아들 간에 오이디푸스 콤플렉스와 관련된 심한 갈등은 일어나지 않았을 가능성이 있다. 군나르는 죽음이 임박했다는 생각이 들었을 때 뮈지에게 보낸 편지에 이렇게 썼다. "그리고 아이들에게 판단하지 말고 이해하도록 가르쳐야 한다는 것을 잊지 마오." 그러나 그가 일찍 죽은 탓에 아버지와 갈등을 겪을 가능성은 전부 사라졌고, 울로프는 젊은이로서 아버지의 찬성이나 반대를 걱정하지 않고 자신의 길을 선택할 수 있었다. 그가 결국에는 잃어버린 것보다 훨씬 더 강력한 가족기업을 찾아냈다고 주장할 수도 있지만.

당연한 얘기지만 그렇다고 군나르의 돌연한 죽음에 따르는 비극적인 면이 사라지는 것은 아니다. 게다가 군나르의 죽음은 울로프의 성장기 중 민감한 단계에서 발생했다. 아버지가 죽기 전 봄에 울로프는 학교에 입학했다. 그는 소학교와 인문중고등학교가 통합된 사립학교인 베스코브 학교*의 예비반 2학년으로 곧바로 들어갔다. 엥엘브렉츠가탄의 집에서 훔레고덴 공원의 서쪽 편까지는 걸어서 5분 거리였다. 아르누보 양식이 살짝 가미된 붉은 벽돌 건물은, 당시 외스테르말름에 살았던 작가 알리스 릿켄스의 표현을 빌리자면, '속물 학교snobb'였다. 그렇지만 릿켄스는 주저 없이 아들을 그 학교에 보냈다. 교사들이 매우 훌륭하다고 보았기 때문이다. 그러나 다른 사립학교와 비교할 때 베스코브 학교는 국립학교에서 실패한 부잣집 아이들이 쏟아져 들어온 곳이었다. 학생 중에는 사장이나 공장주의 자녀가 유달리 많았다. 외스테르말름 인문중고등학교**에 들어가지 못한 어느 학생은 베스코브 학교의 분위기가 느슨했다고 기억했다. "춤과 인쇄된 초대장이 있는 야회복 만찬이 열렸다." 베

---

* 초등 과정인 예비반과 중학교와 고등학교 과정이 통합된 학교.
** läroverk는 중학교 과정과 고등학교 과정이 통합된 학교로 대학 입학을 준비하는 과정이다.

스코프 학교의 명성은 주로 왕족이 다닌 학교라는 그 지위에 있다. 세기 전환기에 구스타브 아돌프 왕자와 칼 왕자가 그 학교에 다녔다. 그 학교는 또한 두 사람의 사회민주당 출신 총리를 배출했다는 점에서도 독특했다. 얄마르 브란팅과 울로프 팔메이다.

그렇지만 1930년대 중반 사립 소학교는 사라지고 있었다. 이전의 국민학교는 상층계급 자녀들을 위한 학교가 아니었다.* 그 아이들은 집에서 교육받거나 사립학교를 다닌 다음 곧장 중고등학교에 입학했다. 학업 준비 상태와 상관없이 자녀를 국립 인문중고등학교에 보내는 것은 당시의 부르주아에게는 명예의 문제였다. 그들은 종종 가정교사에 의존하여 다루기 어려운 자녀를 압박했다. 제도는 재능 있는 아이들의 공정한 경쟁과는 거리가 멀었다. 형편 좋은 부모는 원칙적으로 자녀에게 인문중고등학교 기여 입학권을 구입해 줄 수 있었다. 그러나 울로프 팔메가 태어난 1927년에 대대적인 학교 개혁으로 스웨덴 교육 제도는 모든 아동에 공통된 학교로 이동했다. 사립 소학교 학생들이 인문중고등학교에 입학하기는 더 어려워졌고, 이 때문에 형편 좋은 부모들은 점차 더 많이 자녀를 국민학교에 보냈다. 베스코브 학교의 하급반은 1930년대 말에 중단되었고, 학교는 남학생 인문중고등학교가 되었다가 울로프 팔메가 교육

---

* 국민학교folkskola는 1842년에 입법으로 설립된 의무 교육기관으로 1949년 9년제 통합학교enhetsskola와 1962년 9년제 초등학교grundskola가 등장하면서 1970년대에 사라졌다. 소학교småskola는 국민학교 1~2학년 과정을 가르쳤고 1930년대에는 3학년 과정이 추가되기도 했으나 통합학교 하급반으로, 이어 초등학교로 편입되었다.

부 장관을 맡았던 1960년대에 결국 남녀공학으로 바뀌었다.

울로프 팔메는 전혀 눈물을 흘리지 않았다. 소학교 자체는 특별히 두려움을 불러일으키는 곳은 아니었다. 학급은 규모가 작았고, 처음 몇 년간 울로프의 급우는 예닐곱 명뿐이었다. 교육은 여자 교사가 맡았고, 기본적인 방침은 인문중고등학교에 진급할 때까지 아이들이 예비 과정을 이행한다는 것이었다. 아이들은 어머니나 육아 도우미가 통학시켰고 점심을 먹으러 집에 갔다. 학생들은 팔메 가족의 이웃이었고, 그들의 부모는 거의 전부 고등교육을 받은 부자였다. 그렇지만 규모가 작다는 것도 사회적 동질성도 따돌림이나 나쁜 분위기를 막아주지는 못했다. 시골의 전원 학교에 다닌 많은 아이들이 그 증거가 된다. 게다가 소학교는 커다란 베스코브 학교에 부설된 학교였는데, 베스코브 학교를 가득 채운 기운 넘치는 10대 소년들은 곧잘 길을 넘어와 홈레고덴 공원을 덮쳤다.

사립 소학교는 커다란 국민학교보다 더 따뜻하고 친절한 곳이었을 것이나, 학생의 시각으로 보면 외스테르말름의 아늑한 집안 환경과 스파르타식 교육의 학교 세계 사이에는 큰 차이가 있었다. 분필 가루 날리는 건조한 공기, 축축한 모직물 냄새, 낙서로 가득한 책상, 금색 '참 잘했어요' 도장. 이러한 것들이 긍정적인 기억을 남겼으리라고는 생각되지 않는다. 홈레고덴 공원의 반대편에 있는 다른 사립학교인 칼손 학교에 다닌(마르크 발렌베리와 페테르 발렌베리가 다녔다) 그 시절 외스테르말름의 어느 학생은 마음에 들거나 즐거운 것은 전혀 없었다고 주장했다. 잉마르 베리만은 자서전 『환등기*Laterna Magica*』에서 이렇게 쓴다. "나는 들끓는 고뇌를 안고 교실에 들어갔다." 베리만은 울로프보다 몇 살 더 많았고 돌을 던지면 닿을 거리의 빌라가탄에 살았다.

추정컨대 그 시절 그에 상응하는 다른 학교보다 나쁘지도 좋지도 않았을 그러한 환경에 울로프는 아버지를 보내고 슬픔에 젖어 돌아갔다. 그는 학급에서 가장 어렸고, 급우들은 한두 살 더 많았다. 이는 교육적 관점에서도 확실히 합당했다. 울로프가 다섯 살 이래로 글을 읽을 줄 알았을 뿐만 아니라 지식에서도 신입생에 제시된 과제를 크게 뛰어넘었기 때문이다. 이미 마음속으로『일리아스』의 아킬레우스와 아이아스, 다른 영웅들과 대화하는 소년에게『로빈슨 크루소』와『닐스 홀게쇤』*은 시시했다. 그렇지만 울로프가 사회적으로 적응하기는 힘들었다. 그가 따돌림을 당했는지는 말하기 어렵다. 오늘날에도 아동기의 감추어진 세계에 불쾌한 일이 일어날 때 그것이 정확히 어느 정도인지 헤아리기는 불가능하다. 그러나 급우든 성인이든 주변 사람들은 그의 첫 학교생활이 전혀 행복하지 않았다고 또렷하게 기억한다. 열아홉 살의 울로프를 면담한 군대 심리검사관은 그가 아동기에 "자의식이 강하고 건방졌다"고, '신동의 태도'로써 급우들의 약을 올렸다고 결론 내렸다. 급우였던 이들도 비슷한 평가를 내렸다.

막 아버지를 여읜 어리고 똑똑한 소년이 주변의 급우들과 다투

---

* 1909년 여성으로는 처음으로 노벨문학상을 수상한 셀마 라겔뢰브(1858~1949)의 소설『닐스 홀게쇤의 멋진 스웨덴 여행*Nils Holgerssons underbara resa genom Sverige*』.

지 않았다면 그것이 더 놀라웠을 것이다. 울로프는 나중에 학교에 관심이 없었다고 했다. "그러려니 하고 학교에 갔다." 그러나 이렇게 냉담한 태도는 전혀 믿을 바가 못 된다. 괴롭힘을 당하거나 따돌림을 당하는 것은 대부분의 아이들에게는 고통스러운 일이다. 그는 자신이 지식에서 나이 많은 급우들과 대등하고 때로는 그들을 능가한다는 사실을 알았지만, 스포츠 능력에서도 뒤지고 싶지 않았다. 급우들은 지적 능력보다 운동 능력을 더 존중했기 때문이다. 울로프는 체구가 작은 탓에 베스코브 학교에서 다른 소년들의 상대가 되지 못했지만, 최선을 다했고 심지어 싸우는 법을 배우려고 나르바베겐의 권투 클럽에 들어가기도 했다. 뒤지는 두려웠다.

성인이 되었을 때 울로프 팔메는 아버지의 죽음과 신입생 시절에 관해서는 좀처럼 말하지 않았다. 그의 아동기 경험은 그 시절의 허약한 신체에 관한 일종의 공식처럼 정리되어 종종 되풀이되었다. 대개는 정신의 고통보다 신체의 문제를 말하기가 더 쉽다. 울로프 팔메처럼 좋은 가문의 환경에서 태어나 급진적 사회 개혁가가 된 미국 대통령 프랭클린 루스벨트에게 소아마비의 극복은 그가 단순히 버르장머리 없는 부잣집 아들만은 아니라는 증거였다. 팔메는 자신의 신입생 시절에 관해 이렇게 썼다. "완전히 고립적인 작고 세세한 것들만 확실하게 기억난다. 눈부신 빨강 천 쪼가리, 포석 깔린 길에 떨어지는 단조로운 물방울 소리, 검은색과 흰색이 교차하는 격자무늬 화장실 바닥의 햇빛."

4. 길 없는 남자

Olof Palme

우리 꿀돼지와 계속 연락해다오.

— 엘리자베트 팔메

진리는 늙으며 그 인내심은 꺾이지만 풍광은 그 폐허를 닮는다.

— 에리크 린드그렌

시그투나의 수목이 울창한 전원 풍경은 스톡홀름 북쪽에서 멜라렌 호수의 여러 협만 중 하나로 이어진다. 도시는 18세기와 19세기의 좁은 거리와 낮은 목조 주택이 남아 있어서 그림처럼 아름답다. 시그투나 주민들은 그 긴 역사에서 대체로 국가 권력의 소재지인 남쪽의 스톡홀름과 북쪽으로 수십 킬로미터 떨어진 교육과 주교의 도시 웁살라 사이의 사각지대에 살았다. 그러나 900년대 말, 스톡홀름이 일시적인 교역소에 지나지 않고 사람들은 여전히 감라 웁살라에서 오딘과 토르*에게 제물을 바칠 때, 그 중세 도시는 기독교

---

* 스웨덴어로는 각각 우덴Oden과 투르Tor이다.

의 북진에서 보루 역할을 했다. 그곳에 스웨덴의 초기 주교구 중 하나가 설치되었고, 울로프 셰트코눙*이 십자가가 새겨진 스웨덴 최초의 주화를 주조했다. 그 영웅적인 기독교인 시대에 대한 기억 때문에 시그투나는 1900년대에 영적 생활을 추구하는 많은 스웨덴 사람에게 상징적인 의미의 장소가 되었다. 그중 한 사람이 먼저 태어난 울로프 팔메였다. 그는 제1차 세계대전 직전에 휘몰아치는 근대성을 피하고자 그 평화로운 옛 도시에 살았다.

나중에 태어난 울로프 팔메는 마음의 평안을 찾고자 시그투나에 오지는 않았다. 그러나 그는 앞서 삼촌이 그랬듯이 나름대로 시대와 화합하지 못했다. 1937년 가을, 뮈지가 열 살 된 아들을 기숙학교인 시그투나 재단 인문중고등학교SLH에 보냈을 때, 울로프는 과거에서 온 난파선의 잔해 같았다. 아버지는 죽었고, 가족기업의 통제권은 사라졌으며, 발트 지역의 뿌리는 아무런 보탬이 되지 않았다. 팔메 가족이 형편이 좋고 상당한 문화적 자산을 보유한 것은 분명했다. 그렇지만 외스테르말름과 스캉알, 옹아 사이에서 할머니 한나와 어머니 뮈지와 함께 한 울로프의 삶은 사회민주당이 총리 페르 알빈 한손의 지휘로 세우고 있던 새로운 '국민의 집'과 어울리지 않았다.

1936년 가을 선거에서 스웨덴 국민은 앞선 국회의원 임기에 시작된 복지정책을 강력하게 지지했다. 그로써 40년이 넘는 긴 세월

---

* 스웨덴 왕. 재위 995~1022. 스웨덴 국왕으로는 처음으로 세례를 받고 기독교인이 되었다고 알려져 있다.

동안 지속되는 권력의 토대가 공고해졌다. 이는 울로프 팔메가 이 끄는 사회민주당이 부르주아 정당*들의 연립정부에 권력을 빼앗기 는 1976년에 처음으로 중단된다. 1936년 봄 선거에서 가장 큰 패배 자는 뮈지가 외스테르말름 여성 지부에서 활동하던 우익보수당이 었다. 사회민주당을 가장 강력히 비판한 야당이 우익보수당이었는 데, 그로 인해 스웨덴 유권자들로부터 응징을 당한 것이다. 얄궂게 도 울로프 팔메의 어머니는 새로운 정부가 사회정책을 공세적으로 수행한 여러 영역, 특히 산모 지원과 가족정책에 관여하고 있었다.

울로프를 시그투나의 기숙학교에 보내기로 한 것은 자명한 결정 이 아니었다. 학령기의 자식을 집에서 떠나보내는 것은 자의식 강 한 팔메 가족의 전통이 아니었다. 스웨덴 상층계급에서 기숙학교 문화는 전혀 두드러지지 않았다. 함께 생활하며 공부하는 것은 오 히려 서민층에서 볼 수 있는 현상이었다. 농촌의 나이 많은 젊은이 들은 흔히 한 해 정도 국민학교에 다니면서 지식을 늘리고 공동체 정신을 함양했다. 그러나 이를테면 영국과 달리 남자 엘리트를 점 점 더 많이 양성하는 데 기숙학교가 필요하다는 견해가 널리 퍼지 지는 않았다. 스웨덴 부르주아 계급의 재생산에서 기본적인 지주는 국립 인문중고등학교였다. 19세기에 스웨덴의 큰 도시에는 거의 예 외 없이 중앙에 신고전주의 양식의 인상적인 인문중고등학교 건

---

* de borgeliga. 스웨덴 정치사에서 진영은 1918년 보통선거제가 도입될 때까지 는 좌파와 우파, 그 이후로는 사회주의 정당과 부르주아 정당으로 나뉜다. 보수 정당과 자유주의 정당, 농민당이 부르주아 정당에 속한다. 당명은 변한다.

물이 세워졌다. 학교에는 국가로부터 인정받고 선택되었다는 느낌이 물씬 풍겼는데, 이것이 스웨덴 지배계급 안에서 접착제 역할을 했다.

스톡홀름 출신 학생의 이력에 기숙학교는 국립학교인 노라 라틴 학교나 노라 레알 학교, 또는 사립중고등학교인 베스코브 학교나 칼손 학교에 비해 큰 이점이 없었다. 그렇지만 아이를 기숙학교에 보내는 경우에는 특별한 이유가 있다. 외국에서 일을 한다든가 인구가 적은 지역이어서 학교가 부족하기 때문일 수도 있고, 가족 문제나 기숙학교의 교육적 가치에 대한 확신 때문일 수도 있다. 1935년 봄 열일곱 살 된 울로프의 형을 시그투나로 보낸 것은 어쩔 수 없이 취한 비상조치였다. 아버지가 죽은 데다 클라스가 베스코브 학교에서 학업에 문제가 있었기 때문이다. 몇 년 뒤 울로프가 같은 길을 따라야 했던 것은 더 확실한 이유가 있는 결정이었다. 뮈지는 여자들이 지배한 가정이 양육 환경으로 적절하지 않다고, 울로프에게는 모범이 될 남자가 필요하다고 판단했다. 뮈지는 또한 자신이 편모로서 울로프를 충분히 감당할 수 없다고 느끼고 이전에 가족 안에서 볼 수 있었던 폭넓은 인간관계를 시그투나 기숙학교의 사회적 유대가 대신할 수 있기를 바랐을 것이다. 집을 떠나는 것이 울로프에게는 마음의 상처가 되었겠지만, 이는 이해할 만한 선택이었다. 그리고 기숙학교의 환경은, 비록 그 따뜻한 공기가 언제나 머물기에 좋지는 않았지만, 그 새싹에게 효과적인 온실이었음이 드러난다.

기숙학교에 입학한 팔메

울로프는 1937년 여름을 스캉알에서 지냈다. 뮈지에 따르면 그는 "기분이 매우 좋았고" 평온했으며 도시에 있을 때와는 완전히 달랐다. 이것이 울로프가 시그투나에서 시작할 학교생활을 기대했음을 뜻하는지 아니면 위협적인 가을을 앞두고 가족과 함께 있는 여름을 즐겼음을 뜻하는지는 말하기 어렵다. 그렇지만 뮈지가 보기에 울로프는 이례적으로 사랑스러웠다. 지난해의 뚱한 모습은 사라졌다. 그는 가을 학기가 시작되면 해야 할 일에 전혀 준비되지 않은 것도 아니었다. 울로프는 오늘날의 『해리 포터』와 같은 당대의 책을 읽었다. 영국 기숙학교에 들어간 스웨덴 소년의 모험에 관한 인기도서 『싱글턴』 시리즈이다. 첫 권은 울로프 팔메가 태어난 1927년에 나왔는데, "나이에 비해 작지만 날씬하고 사지가 잘 빠진" 열두 살의 군나르 비겔리우스를 부모가 영국 사립학교에서 교육시키려고 떠나보내는 내용을 담고 있다.

친척들과 친구들은 영국 기숙학교가 약한 아이를 못살게 굴기로 유명하다고 단단히 일렀다. 그러나 군나르는 뛰어난 스포츠맨이었고 점차 급우들로부터 존중을 받았으며 책의 말미에 가면 반장이 된다. 그 자격으로 그는 일련의 어려운 시험에 봉착했는데, 이는 기숙학교가 어린 소년의 지도자 본능을 계발하는 데 유리한 환경임을 돋보이게 한다. 영국 제국은 이튼스쿨의 운동장에서 쟁취했던 것이다. 1930년대와 1940년대에 『싱글턴』 시리즈의 인기는 앞서 독일 지향적이었던 스웨덴 부르주아 사회가 서서히 앵글로색슨 문화를 향해 방향을 틀었다는 신호였다. 기숙학교에는 (학교 문화가 아무리 권위적이고 비민주적이었어도) 영국적인 특성이 발견되었는데, 시그투나 재단 인문중고등학교에서도 그러한 색깔이 드러났다.

그러나 시그투나 재단 인문중고등학교는 실제로는 전통 깊은 영국의 사립학교가 아니었다. 1937년 8월 마지막 날 울로프 팔메가 기숙사 엥스바켄에 침대와 책상, 옷장이 갖추어진 2인실을 배정받았을 때, 그 학교는 막 도착한 신입생처럼 겨우 열 살밖에 되지 않았다. 이 기숙학교는 국민교육이라는 목표를 지닌 청년교회운동*의 싱크탱크로서 제1차 세계대전 중에 설립된 시그투나 재단 소속이었다. 밑바탕에 깔린 이상은 보수적이고 민족주의적이었다. 재단 설립자 만프레드 비에르크비스트는 1909년 대파업을 전후한 시기에 청년교회운동의 지도자였다. 그 운동은 스웨덴 국민에게 애국적인 기독교와 이상주의적인 인문주의를 접목하여 전하려 했다. 그렇게 하면 국민이 무신론과 사회주의, 물질주의에 대해 면역력을 갖게 되리라고 보았던 것이다. 비에르크비스트는 1914년 큰 논란거리였던 장갑함 건조를 위해 모금을 했고 농민행진을 뒷받침한 이데올로그 중 한 명이었다. 그는 농민행진을 스웨덴 역사에 현시된 하느님의 뜻으로 여겼다.

스웨덴 국교회의 무감한 독선에 대한 반란에서도 청년교회운동의 참여자들을 볼 수 있다. 비에르크비스트는 강단에서 명령하기

---

* Ungkyrkorörelsen. 웁살라 기독교 학생회Uppsala Kristliga Studentförbund에서 시작된 전국적인 신앙부흥운동.

보다는 시민들의 마음을 얻기를 원했다. 그는 일찍이 스웨덴이 '국민의 집'이 되어야 한다고 말했으며 민중운동의 성공에 영감을 받았다. 시그투나 재단 인문중고등학교는 1927년에 정식으로 개교했는데 스웨덴 국민을 진정한 기독교 안에서 통합하는 하나의 고리가 될 것으로 생각되었다. 비에르크비스트는 덜 부유한 가정 출신의 재능 있고 개성 강한 젊은이들을 위해 수업료 면제 정원을 넉넉하게 정함으로써 사회적으로 폭넓게 학생을 선발하려 노력했다. 그는 자신의 학교가 당시 스웨덴에 있던 소수의 배타적 기숙학교, 특히 발렌베리 가문의 재정 지원을 받은 몇 킬로미터 떨어진 곳의 시그투나 학교*와 다르게 보이기를 원했다. 팔메 가문과 발렌베리 가문은 한 번 더 다른 길을 걸었고, 여느 때처럼 팔메 가문은 문화를, 발렌베리 가문은 돈을 좇았다.

시그투나 재단 인문중고등학교는 300명가량의 학생 중 10~15퍼센트가 가난한 집안의 재능 있는 장학생이었지만, 그렇다고 상층계급의 흔적이 지워지지는 않았다. 울로프가 입학했을 때 연간 학비는 약 2000크로나로 1935년 산업노동자의 연봉을 훌쩍 뛰어넘었다. 첫 10년간 학생 명부에는 아미노프, 헤르멜린, 페이론, 라멜, 스텐보크, 바크트메이스테르, 바트랑 같은 귀족 이름이 많이 보인다. 그 학교의 학생이었던 어떤 이에 따르면, 귀족 이름이 아닌 것도 보헤만, 뤼베크, 몬델리우스, 팔메, 람스테트, 쇤메이에르처럼 다수가

---

* Sigtunaskolan. 1924년 신학자 하리 쿨베리Harry Cullberg가 설립한 사립 인문중고등학교로 중학교 과정 4년과 고등학교 과정 4년을 결합했다.

'상층 중간계급'임을 알 수 있는 이름이었다. 사회민주당의 유명한 교육정책위원장이었던 오스카르 '턱수염' 울손은 1930년 봄 하원에서 국가가 지원하는 문제를 논의할 때 그 학교를 '전형적인 상층 계급 학교'로 보았다. 국민당의 셰슈틴 헤셀그렌 같은 다른 이는 비교적 우호적인 태도를 보였다. 헤셀그렌은 시그투나 재단 인문중고등학교가 '부자들의 학교'가 아니며 인구 희박 지역의 아이들이나 이혼 가정의 아이들을 위해 기숙학교가 필요하다는 견해를 밝혔다. 훗날 사회민주당 정부의 재무부 장관이 되는 엔슈트 비그포슈는 학교의 교육 철학이 좋다고 생각했지만 가난한 집 아이들을 그렇게 낯선 환경에 집어넣는 것이 진정 이로울지는 확신하지 못했다.

시그투나 인문학교의 이상

이상과 현실 사이의 괴리가 크게 보이기는 했어도, 열 살짜리 신입생의 시각에서 고상한 인문주의와 국민교육이라는 이상주의는 의미가 없지 않았다. 시그투나 재단 인문중고등학교는 동료 간 훈육이 공식적으로 인정되는 영국의 전통을 단호히 멀리했다. 교사가 개별적으로 학생들에게 몸을 굽혀 회초리를 맞으라고 지시할 수는 있었지만, 반장도 없었고 의식으로 준비된 체벌도 없었다. 집에서 쫓겨난 아이들과 청년들을 조밀한 공간에 잔뜩 집어넣으면 다툼과 위계적인 실력 행사가 나타나기 마련이다. 1930년대 초에 약자 괴롭히기는 심각했다. 하급생들은 "다트와 늑대 사냥용 총탄, 무라 나이프*"에 당할 수 있어서 전혀 안전하지 않았다. 그러나 이 조직적인 '아동 괴롭힘'은(어느 희생자가 그렇게 이름 붙였다) 울로프가 시그투나에 갔을 때 상당히 줄어들었다. 학생들은 신입생에게 다양한 괴롭힘과 조롱으로 '세례를 주는' 전통을 유지하려 했지만, 이마저도 학교 당국의 적극적인 방해에 부딪혔다.

몇몇 학생 기숙사에는 영국에서 영향을 받은 것으로 하급생이 상급생의 시중을 드는 관습인 '종자(從者) 제도'가 존재했다. 울로프 팔메가 상급반에 올라갔을 때 그의 '노예'였던 이는 팔메가 그 상황에 심히 당황했다고 기억했다. 음악가 포벨 라멜은 외스테르말름 출신의 소년으로 울로프보다 3년 먼저 시그투나로 왔는데 회고록에서 학교의 양면적인 이미지를 제시한다. 학교생활을 심히 다양하게 보낸 포벨은 전체적으로 좋은 분위기에 매료되었다. 선생님은 친절하고 사려 깊었으며, 학우들은 대체로 "타지에서 좋은 형제들"이었다. 그러나 포벨은 자신의 방에서는 힘세고 약아 빠진 룸메이트의 계획적인 괴롭힘에 크게 당했다. "… 우리 방에서 그는 복수했다.… 그는 내가 만격할 수 없으며 고자질하지 않을 것임을 알고 있었다."

울로프 팔메에게 시그투나는 베스코브 학교보다 나쁘기도 했고 좋기도 했다. 시그투나의 기숙학교는 홈레고덴 공원의 속물적인 인문중고등학교와는 완전히 다른 종류의 기관이었다. 1927년에 세워진 학교의 주요 건물은(군나르 아스플룬드의 스톡홀름 시립도서관과 랑

---

* 달라나Dalarna 지방의 무라Mora에서 생산된 칼집 있는 나이프.

나르 외스트베리의 스톡홀름 시청과 같은 시기에 건립되었다) 시그투나 외곽 "소나무로 둘러싸인 언덕 위에" 노란색 정면과 대리석 기둥을 갖춘 절제된 신고전주의 양식으로 세워졌다. 격조 높은 이상주의가 구역 전체에서 퍼져 나왔다. 바람에 시달린 차가운 북유럽의 헬라스였다. 학교 건물과 개교 때 지은 기숙사 네 곳의 내부는 돈을 많이 들였지만 스파르타식의 검소함과 엄격함이 엿보였다. 가구에는 순수한 우아함과 재료의 절묘한 사용으로 유명한 스웨덴의 디자이너 칼 말름스텐의 서명이 새겨 있었다. 사치스러운 것은 전혀 없었다. 육체와 사회적 지위가 아니라 영혼과 지성이 중심이어야 했다. 이는 엄숙한 창립자의 정신에 전적으로 부합했다. 만프레드 비에르크비스트는 때때로 자신이 지각없는 스웨덴 국민으로 하여금 마음을 돌리도록 하기 위해 로마의 방식대로 자살해야 하는 것은 아닌지 깊이 고민했다.

울로프 팔메의 기숙사 엥스바켄은(입구에 기둥이 여럿 늘어서 있다) 멜라렌 호수를 내려다보는 소나무 언덕 아래에 자리를 잡았다. 조망이 근사했다. 다양한 나이의 소년들이 서른 명 남짓 그곳에서 사감의 감독을 받으며 생활했다. 사감은 떨어져 있는 부모를 대신하여 돌보고 위로하는 것은 물론 훈육하고 벌을 주었다. 학생들은 개인의 재정 형편과 무관하게 중앙에서 평등하게 관리했다. 학교가 용돈을 분배했다. 아침의 공동식사부터 저녁의 구두 닦기와 반드시 해야 하는 숙제에 이르기까지 반복되는 일과는 엄격한 계획에 따라 이루어졌다. 저녁밥은 오후 3시에 제공되었고 사치스럽지 않았다. 전시에 배급이 이루어질 때는 특히 더 소박했다. 한 달에 한 번

휴일에 학생들은 가족을 만날 수 있었다. 울로프가 입학한 그해에 가슴 부위의 주머니에 시그투나의 상징(활과 수금)이 부착된 교복 재킷이 도입되었다. 환경은 심히 보수적이었지만 나름대로 '국민의 집'다운 평등함도 보였다. 시그투나 인문중고등학교의 이상은, 실제 는 그렇지 않았더라도, 페르 알빈 한손이 1928년 의회에서 한 유명한 '국민의 집' 연설에서 표현한 좋은 사회라는 미래상과 일치했다.

좋은 집에는 특혜를 받는 사람도 구박 받는 사람도 귀염둥이도 의 붓자식도 없다. 그곳에서는 누구도 다른 사람을 무시하거나 다른 사람에게 해를 입혀 이득을 취하려 하지 않으며, 강자가 약자를 억압하거나 약탈하지 않는다. 좋은 집에는 평등과 배려, 협력, 도 움이 있다.

1938년의 살트셰바덴 협약을 이끌어낸 고용주들과 노동조합 대 표자들의 만남이 10년 전에 만프레드 비에르크비스트의 주도로 시 그투나 재단에서 시작되었다는 사실은 결코 우연이 아니다.

아웃사이더의 사회화

하급생의 어머니들은 입학 때 자녀를 사감에게 맡긴 뒤 게스트 하우스에 묵으며 기숙사 곳곳을 관찰했다. 신입생으로서 울로프는 포벨 라멜이 3년 전에 같은 상황에서 느낀 것과 동일한 감정에 괴로웠을 것이다. "낯선 세계에 마주한 영혼의 고독, […] 강압적인 적응의 고통, […] 강렬한 향수." 그래도 처음 몇 년은 비교적 편안했다. 그는 중학교 2학년에 들어갔다. 당시의 용어로 말하자면 '5학년 중 2학년två-fem'이었다.* 엔스바켄에서 아버지가 없는 이 신입생은 다행히도 순수하게 남자다운 환경에서 군인 같은 체육선생인 남자 사감과 함께 장난을 쳤다. 상급생들이 그의 엉성한 옷차림과 얼룩진 재킷을 놀려댄 것은 분명하다. 엔스바켄의 어느 상급생은 학교 신문에 이러한 기사를 실었다. "지금도 그의 교복 재킷에서 지난주의 식단을 전부 알 수 있다." 그렇지만 시그투나는 울로프에게 베스코브 학교와 외스테르말름스가탄의 울적한 생활을 떠날 수 있었다는 점에서 해방감을 주었던 것 같다.

문제는 1939~1940년 즈음에 시작되었다. 울로프가 중학교의 상급반, 다시 말해 오늘날 초등학교의 상급반(7~9학년)에 다닐 때였다. 열다섯 명의 급우에 비해 자신이 얼마나 많이 어린지를 확인하는 것은 다소 경악스러운 일이었다. 1927년생인 울로프와 나이가 같은 사람은 없었다(비록 그해에 일찍 태어나긴 했지만). 1923년생이 한 명, 1924년생이 두 명, 1925년생이 아홉 명, 1926년생이 두 명이었다. 누나 카린은 이렇게 표현했다. "울로프는 당연히 언제나 막내였어." 나이가 제각각인 학생들을 뒤섞어 놓은 것은 확실히 교육적으로 가치가 있었겠지만, 울로프 팔메는 열두 살에서 열세 살 된 아

---

* 당시 인문중고등학교의 하급반은 중학교 과정realskola 5학년이었는데 소학교 2학년이나 국민학교 1학년을 마치면 1학년으로 들어갈 수 있었다.

이들 중에서 혼자만 열 살이었다. 급우들이 사춘기에 접어드는 상급생이었을 때 그가 10대에 들어서면서 상황은 더욱 나빠졌다. 울로프가 다른 하급생보다 더 심하게 따돌림과 괴롭힘을 당했는지는 분명하지 않다. 그를 괴롭힌 어떤 이는 훗날 따돌리는 자 특유의 논리로써 이렇게 설명했다. "그는 참아주기 어려웠고 잘난 체했으며 언제나 반대하고 늘 자신만 옳았다." 그러나 이러한 종류의 증언은 나중에 꾸며진 면이 있다. 급진적인 사회민주당 정치인에 대한 훗날의 불만이 과거로 투영된 것이다. 어쨌거나 그 시절이 울로프 팔메에게 고통스러웠던 것은 분명하다. 그는 휴가와 방학을 마치고 외스테르말름스가탄을 떠나 다시 학교로 돌아갈 때면 언제나 배가 아팠다. 팔메는 직접 그 시기가 인생에서 고립되었던 때라고 썼다.

그러나 울로프가 아웃사이더라는 낙인을 결코 완전히 떨쳐버리지 못했다고 해도(그는 언제나 어느 정도 보헤미안으로, 괴상한 '신동'으로 여겨졌다), 고등학교 과정의 마지막 시절은 평온했다. 기본적으로 이는 그가 급우들을 따라잡았기 때문이다. 정확히 언제 그러한 전환이 일어났는지는 단언하기 어렵지만, 시그투나에서 울로프 팔메가 걸은 길은 세계를 휩쓴 큰 전쟁에서 연합국의 운명과 거의 평행을 이루었다. 그의 가장 암울한 시기는 1939년에서 1942년 사이 나치 독일의 눈부신 승리와 일치했다. 그러나 1943년 학교 신문《숨 쿠이쿠에(우리와 우리들의 것)》에 실린 팔메의 기숙사에서 벌어진 일들의 기록은 볼로[Bolo](그의 애칭)가 긍정적으로 '변신'했다고 확인했다. 이는 각별히 악의적인 평이라고 생각할 수 있다. 글쓴이가 뒤이어 울로프에게 일어난 모든 변화는 당연히 '좋은 쪽으로'의 변화일 수밖에 없으리라고 지적하고 있기 때문이다. 그렇지만 학교 신문에 실린 기숙사에 관한 기사의 논조는 항상 따뜻하지만은 않았고 종종 잔인했다. 그 전해에 엥스바켄의 생활을 날카롭게 평한 자들에 맞서 펜을 든 사람이 바로 볼로였다. 기숙사의 상급반 소년들 사이의 말다툼에 그렇게 끼어들었다는 것은 울로프가 공동체 안에서 제자리를 찾았다는 증거였다. 그의 기억에 따르면 이렇다. "나는 처음에는 잘 지냈고, 중간에는 불편했으며, 마지막에는 아주 잘 지냈다."

울로프 팔메는 사실상 시그투나의 고된 환경에 대비가 잘 되어 있었다. 그는 소심하지도 내성적이지도 않았으며 필요할 때면 상당한 매력을 발산할 수 있었다. 외스테르말름스가탄의 집에서 형과 누나, 조부모, 하인들, 친척들과 함께 북적대며 성장한 어린 시절에 그는 다양한 사회적 관계에 성공적으로 대처하는 법을 배웠다. 열아홉 살 때 받은 심리 유형 검사에서 울로프는 사회적 능력과 관련된 문항에서는 거의 전부 긍정적으로 답했다. 그는 친구를 사귀고 모르는 사람에게 말을 걸기가 쉽다고 생각했다. 울로프가 집에서 존중받았다는 사실은 확실히 그가 처음에 같은 나이의(더 정확히 말하자면 나이 많은) 급우들과의 만남에서 지나치게 조숙하게 성인처럼 행동하는 결과를 초래했다.

그러나 울로프 팔메는 사교적으로 무능하지 않았고 젠체하는 태도를 차츰 누그러뜨렸다. 훗날 정치인 팔메는 논쟁할 때의 비타협적 태도로 유명해지지만 호기심 많고 모르는 사람을 허물없이 대하는 것도 그의 특징이 된다. 또한 붐비는 기숙사 환경은 그의 태도와 특성의 일부가 굳어져 평생토록 이어지는 결과를 가져왔다. 허술한 옷차림과 실용적인 것에 대한 무관심, 일상생활의 필요에 대한 약간의 냉담한 태도는 그에게 확실히 자연스러웠지만, 그러한 특성은 또한 그가 특히 공동체 안에서 자리를 차지했을 때 취한 방식의 일부였다. 시그투나에서 보낸 8년이라는 긴 성장기 동안 울로프 팔메는 위험하거나 위협적인 것으로 인식되지 않고 통상적인 예법 안에 들어올 수 있는 한 집단은 모든 개별적인 반감을 다 용인한다는 점을 배웠다.

3학년과 4학년의 마지막 2년 동안 울로프는 자신의 판단에 따르면 학교의 '지도자들'에 속했다. 이는 어쩌면 과장일 수도 있지만, 그는 좋은 친구들을 두었고 여자에 관심을 갖기 시작했으며 동아리 활동에도 참여했다. 엥스바켄에서 그는 베틸 회크뷔와 함께 방을 썼는데, 그는 옹아에서 멀지 않은 곳에 부모의 집이 있었고 울로프처럼 문학에 큰 관심이 있었다(그는 나중에 소설 두 편을 쓰고 출판업자가 된다). 울로프의 가장 친한 친구는 두 살 많은 한스 바트랑으로 다른 기숙사에 살았다. 그도 아버지가 죽고 없었다. 두 사람은 재즈 음악을 들었고 정치를 논했는데, 특히 미국에 관심이 많았다. 바트랑이 어린 울로프에게서 가장 높이 산 것은 그의 자조적인 면이었다. 이는 교복을 입어야 하는 엄격한 환경에서 환영받은 자질이었다. 학교의 대다수 남학생처럼 울로프도 1940년대 초에 생긴 여학생을 위한 두 개의 기숙사 건물로 갈 핑계를 찾았다. 그는 자신보다 아래인 3학년이고 따라서 나이가 같은 엘리스 팔켄베리라는 여학생에게 구애했다. 마지막 해에는 출입이 금지된 공간인 여학생

기숙사의 한 방에서 커튼 뒤에 숨어 있다가 붙잡혀 규율점수가 깎였다.

시그투나에는 즐길 것이 많지 않았다. 초콜릿 마카롱을 25외레에 파는 카페가 있었고, 초록색으로 칠한 건물에 불편한 나무의자를 비치하고 오래된 작품을 틀어주는 영화관이 있었다. 고학년 학생들에게 40킬로미터 떨어진 스톡홀름은 신기루와 같았다. 유럽의 수도 중에서 생필품이 부족하지 않고 밤에 계속해서 네온사인 광고가 켜져 있는 몇 안 되는 곳의 하나였다. 재즈 음악에 관심이 있는 시그투나의 젊은이들은 '살 드 파리Salle de Paris'와 '베셀리테라센Berzeliiterassen', '갈레리 모덴Galleri Modern' 같은 곳을 돌아다니며 삼 삼손이나 시모어 외스테르발의 관현악 음악을 들었다. 울로프는 확실히 재즈에 흥미를 느꼈지만 야음을 틈탄 과감한 수도 원정에는 참여하지 않았다. 그러한 탈주는 새벽 다섯 시에 배우 투르 모덴이 팬을 맞이하는 '호텔 애틀랜틱Hotel Atlantic'에서 그로그(위스키 음료)를 마시는 것으로 끝나곤 했다.

그러나 울로프는 학우들과 함께 방학을 보냈고, 연극 공연을 했으며, 여러 가지 짓궂은 장난을 쳤고, 어쨌거나 대다수 학생을 심하게 압박한 붐비는 환경에서 전반적으로 점잖게 지낸 것 같다. 그는 성인이 되어 다시 괴롭힘을 당하고 불편한 상황에 처하게 된다. 최악의 경우는 친구들, 특히 노동운동 안의 친구들과 자신의 성장에 관해 논쟁했을 때였다. 이는 부분적으로는 상층계급 젊은이들도 계급투쟁에서 상처를 입었음을 보여주는 것이다. 아동기의 기억을 선택적으로 이용하여 성인이 되었을 때의 주변 세계 이미지를 조작하는 일이 종종 있지만, 그렇다고 이것이 거짓이라는 의미는 아니다. 울로프 팔메가 훗날 부르주아 정치인들에게 공격적인 태도를 보인 것은 대체로 대중을 염두에 둔 연기였지만, 최고로 노련한 배우의 경우에도 무대에서 표현한 감정은 내적 원천에서 나오기 마련이다.

정확히 『싱글턴』 시리즈의 주인공 군나르와 똑같이 울로프도 스포츠에서 승리를 얻으려고 무척 애를 썼다. 팔메는 일찍부터 스포츠에 흥미를 느꼈다. 일찍이 아홉 살 때 그는 1936년 베를린 올림픽에 매혹되었다. 여름에 옹아를 찾았을 때는 사촌들과 육촌들과 무슨 시합을 할지 생각하고 준비했다. 한나의 오빠 빅토르의 손녀로 훗날 작가가 되는 헤이디 폰 본은 시합에 참여하라는 그의 요구를 노골적인 위협으로 느꼈다. "나는 야외 간이 변소에 들어가 문을 닫아걸고 울었다. 울로프가 밖에 서서 내가 포기할 때까지 문을 두드렸다." 시그투나에서도 관심은 줄지 않았다. 신체 활동에 관심이 없던 포벨 라멜이 경험했듯이, 시그투나에서 스포츠는 거의 '종교'나 마찬가지였다. 두 살 많은 급우들과 겨뤘음을 생각하면, 팔메는 기대 이상으로 성공한 셈이다. 그는 훌륭한 크로스컨트리 선수였고, 탁구도 꽤 잘 쳤으며, 반디(아이스하키의 일종)에서 유능한 문지기가 되었다. 1943년 웁살라의 학생경기장에서 결승전이 끝난 뒤 학교 신문은 호의적인 평가를 내렸다. "문지기 팔메가 거의 일류 선수 수준이었다." 학우였던 헴밍 스텐은 1960년대에 이렇게 회상했다. "반디 스틱과 스케이트가 어지럽게 날리는 가운데 머리를 들이밀고 몸을 내던지는 팔메를 볼 수 있었다." 의지, 민첩함, 자신감이 몸무게와 키, 기술의 부족을 메웠다. 경쟁심 강한 인간이었던 그는 삶의 어떤 영역과 관련되었든 신경질적일 정도로 패배를 참지 못했다. 스포츠에 대한 그의 불타는 사랑은 고립되어 힘들었던 시기에도 꺼지지 않았고, 그가 (남자들의) 공동체에 들어갔을 때 쉽게 존중받을 수 있게 했다. 모든 종교에서 그렇듯이, 가장 중요한 경계는 사제와 일반 신도 사이가 아니라 신자와 비신자 사이에 있었다.

배경과 미리 갖춘 조건이 있었기에 울로프는 여러 학우의 출신 세계에서 중요한 것에 대체로 정통했다. 그는 승마와 사냥을 할 수 있었고, 예절 바른 스포츠맨이었으며, 여러 언어를 말할 줄 알았고, 크게 애쓰지 않고도 숙제를 잘 해냈다. 그에게 문제가 된 것은 오히려 나이에 비해 뛰어난 능력이었다. 신체의 미성숙과 주의력 부족, 무관심은 규정된 학년 목표를 달성하기 위해 분투하는 주변의 많은 아이들을 화나게 했다. 팔메는 학우들이 보기에 반역자가 아니라 매우 짜증스러운 존재였다. 타고난 재능의 가치를 이해하려 하지 않고 이해할 수도 없는 이상한 놈이었던 것이다. 그는 규칙과 규정에 대해 빈정거리듯 전복적인 태도를 지녔다. 그는 주변 사람들을 대놓고 무시하지는 않았지만 우월함을 지나치게 존중하거나 두려워하지 않는다는 점을 다양한 방법을 통해(옷차림이나 늦게 오기, 조롱하는 듯한 미소) 알렸다. 학교 시절부터 군대 생활까지 울로프 팔메는 거의 모든 과목에서 최고 점수를 받았지만, 습관과 규율, 바람직한 태도의 측면에서는 대체로 낮은 수준에 머물렀다. 그는 강한 자신감을 타고났고, 이는 아동기에 주변 사람들의 애정 어린 인정을 받아 강화되었다.

그의 정신적인 조상이 역할을 했을 것이다. 귀족의 자의식이 부르주아의 자의식과 다른 것은 우선 사람이 무엇을 하는지가 아니라 어떤 사람인지에 의해 개인의 가치가 결정된다는 데 있다. 그러나 자신감은 양날의 검이다. 자신을 믿는 사람은 자기중심적인 성격이 덜한 경우가 많으며, 자신을 내세울 필요를 덜 느끼며, 다른 사람을 더 쉽게 참아주고 존중할 수 있다. 그러나 주변 사람들로부터 자의식을 인정받지 못하면, 이는 압박을 받았을 때의 울로프 팔메처럼 거만함과 오만함으로 변할 수 있다. 이는 결코 그만의 문제는 아니었다. 시그투나의 남학생들은 예외 없이, 학교 신문에서 어느 여학생 평자가 지적했듯이, 오만함과 소심함이 뒤섞인 복잡한 성향에 지배되었다. 울로프는 자신을, 자신의 영혼과 위신을 심히 아꼈기에 "겁을 먹어 머리를 숨기고 가장 쓸데없는 쪽을 내미는 타조와 닮았다."

그러나 길 잃은 아이의 사회화는 학교의 주요한 임무였다. 교사들은 자신들이 지식의 전달자에서 그치지 않는다는 점을 알고 있었다. 그들은 또한 집에서 내보내졌다는 사실에 괴로워한 아이들에 대해 사회적 책임을 지녔다. 잉마르 베리만이 각본을 쓴 영화 〈헤츠Hets(괴롭힘)〉*에 나오는 가학적이고 잘난 체하는 주임교사 '칼리굴라' 같은 자는 없다. 학교의 분위기는 겉으로 드러난 엘리트주의

---

* 알프 셰베리Alf Sjöberg 감독의 1944년 작 영화. 학생들을 괴롭혀 '칼리굴라'라는 별명을 얻은 라틴어 교사가 나온다.

와는 반대로 놀랍게도 평등주의적이었다. 교사와 학생 간의 관계는 인격적이었으며, 교육은 대체로 학생의 필요에 따라 조절될 수 있었다. 지식 교육보다는 인격 형성이 중심이었다. 울로프 팔메와 같은 시기에 학교에 다닌 어느 학생에 따르면, "성적을 두고 지나친 경쟁"이 있었던 것은 사실이지만, 기숙학교에는 특별한 정신이 있었다. "시험이 다른 학교의 경우보다 더 쉽지는 않았지만, 교사들은 저마다 자기 학생들을 매우 잘 알아서 허용된 한계 내에서 최선을 다해 돕는다는 큰 뜻을 품었다."

팔메는 숙제에서 많은 도움이 필요하지 않았다. 그렇지만 팔메의 마지막 학년에 엥스바켄의 여자 사감이었던 하리에트 퀼렌셰나는 그에게 어머니와도 같았다. 그녀는 다른 교사 욘 페슌과 교류했는데, 그도 울로프와 관계를 키워나갔다. 흔히 욤파Jompa라고 불렀던 그는 스메디에바켄 외곽의 가난한 농가 출신으로 시그투나의 장학생이었고 나중에 교사로 고용되었다. 그는 사회민주당 당원이었으며 민중운동에 깊이 관여했다. 그는 그 어린 고등학생을 사회민주당 당원으로 만들지 않았지만, 시그투나 재단 인문중고등학교의 소나무 숲에서 민중운동의 이상주의가 어느 정도 싹틀 수 있었음을 보여주는 전형적인 사례였다. 역설적이게도 그 사립 기숙학교에서 울로프 팔메는 평등한 집단주의와 사회적 이상주의를 잘 훈련했다. 국립학교인 스톡홀름 인문중고등학교에 다녔어도 그 정도는 아니었을 것이다.

재즈 음악과 처칠의 영국

시그투나 재단 인문중고등학교의 교육 내용은 국립 인문중고등
학교의 교육 내용과 다르지 않았다. 울로프는 고전어 인문계열을
선택했는데, 이는 비록 그가 죽은 언어보다 살아 있는 언어를 더 좋
아하기는 했지만 무게 중심이 언어에 놓였다는 의미였다. 좋아한
교과는 오늘날의 사회 과목까지 포함한 역사였다. 학생들은 그 시
대의 기준에 따라 일반 교양 과목을 적절히 배웠으며, 모국어와 외
국어에서 공히 글쓰기를 연습했다. 고등학교 과정 때 울로프는 소
포클레스와 셰익스피어, 괴테의 작품을 읽었다. 문학 작품 목록에
오른 현대 작가로는 얄마르 쇠데르베리와 시그프리드 시베츠, 구스
타브 헬스트룀이 있었다. 마지막 학년에 울로프는 얄궂게도「오이
디푸스 왕」연극에 참여하여 눈 먼 예언자 역할을 맡았다. 학교는
현실적인 문제에서도 학생들이 자발적으로 들을 수 있는 강의를
제공했다. 1944년 봄 노동조합원 랑나르 카스파숀이 스웨덴 노동
운동에 관하여 강의했다. 4학년 학생은 대부분 졸업시험에 앞서 준
비할 것이 많았기에 중간에 빠져나갔고, 강의를 다 듣거나 거의 대
부분을 들은 사람은 많지 않았다. 팔메는 그중 한 명이었다.

교사들은 인문주의와 정신 교육에 관해 말을 많이 했지만 당대
의 문제들에서 명확한 태도를 취하는 것은 삼갔다. 학교의 가치관
은 전간기 보수적 부르주아의 품위에 어울리는 초자아를 크게 반
영했다. 히틀러와 무솔리니는 지지를 받지 못했으며, 민주주의를
멈추고 시계를 거꾸로 돌리려는 열망은 드러나지 않았다. 1936년

학교 신문은 독일의 반유대주의와 유대인 박해를 거세게 비판했다. 그렇지만 이것이 나치즘과 파시즘에 맞선 싸움을 자극하지는 않았다. 비스마르크와 히틀러를 비교한 어느 기사에는 이런 말이 나온다. "히틀러를 평가하는 일은 더 냉정하고 객관적인 미래의 역사가들만 할 수 있다." 교육의 표어는 정치적 참여와 이데올로기적 투쟁이 아니라 인류애와 이성, 인격 함양이었다. 이에 실제로 1930년대에 그 학교의 일부 학생은 나치를 크게 찬미해도 아무런 제지를 받지 않았다. 울로프 팔메와 같은 시기에 학교를 다닌 어떤 학생은 제2차 세계대전 초기에 많은 기숙사 방에 "멋있는 군복을 입고 유선형의 철모를 쓴 강철 같이 푸른 눈빛의" 독일군 병사 그림이 걸려 있었다고 썼다.

1930년대에 히틀러와 무솔리니, 프랑코를 비판하는 것은 확실히 일반적인 기준에서 벗어났다. 에스파냐 내전에서(울로프 팔메의 학교생활 첫해 내내 사납게 몰아쳤다) 공화파를 강력히 지지한 어느 학생은 '꼬마 마르크스Kalle Marx'라는 애칭을 얻었다. 그러나 그렇게 험담한 자도 험담의 대상자도 "그 사상이나 그가 대변했던 것을 알지" 못했기 때문에 "명칭은 확실히 무의미했고 특별히 수명이 길지도 않았다." 그렇지만 기숙학교에 그렇게 튀는 학생이 있었다는 사실은 학교 지도부가 호전적인 나치즘을 수용하지 않았음을 돋보이게 한다. 1940년 노르웨이와 덴마크가 공격을 받은 후 독일에 대한 공감은 급격히 줄어들었으며, 이른바 '스웨덴 노선' 즉 스웨덴의 민주주의와 중립을 위한 국민적 단합도 우세한 경향이 되었다. 1941년 2월 울로프의 스웨덴어 교사는 강의에서 자유와 정의,

인류애가 스웨덴 문화에서 가장 강력한 자산이자 보물이라고 설명했다. 게다가 학교 도서관에는 존경 받는 지리 교사 시구드 프리덴이 있었다. 그는 학생들에게 빌헬름 무베리의 뜨거운 저항 소설 『오늘밤에 말에 올라타라*Rid i natt*』*와 윈스턴 처칠의 연설을 읽으라고 권했다.

10대에 들어선 울로프 팔메는 이러한 상황에서 어디쯤 서 있었나? 그는 학교의 공식적인 입장에 부합하게 철저한 방관자였다. 팔메 가족은 과거에 정치적으로 적극적이었지만 전쟁 중에는 조용했다. 클라스 팔메는 몇몇 사촌처럼 가족의 전통에 충실하게 핀란드 겨울 전쟁에 의용병으로 참여했다. 그러나 1938년은 1918년과는 달랐다. 비록 핀란드는 더 많은 지원을 기대하기는 했지만, 어쨌거나 의용병들은 스웨덴 주민의 지지를 늘렸다. 한나 팔메는 옹아를 관리하느라 바빴고, 그녀의 며느리는 외스테르말름에서 공습에 대한 대비를 조직하며 발트 지역의 친척들을 걱정했다. 카린은 상담사 교육을 받고 있었다. 사람들은 선전 당국의 권고, 즉 '스웨덴 호랑이'**를 따랐다. 그러나 태도를 명확히 밝히는 솔직한 정치의 세계

---

* 1941년에 발표된 이 소설은 17세기 중반 스웨덴의 베렌드Värend 지방으로 들어와 자유로운 농민에게 세금과 부역을 강요한 독일인 영주들에 농민들이 저항하는 줄거리를 갖고 있다. 나치의 덴마크와 노르웨이 침공을 소설 형식으로 비판한 것으로 1년 만에 5만 7000부가 팔렸다.

** svensk tiger. 제2차 세계대전 중에 외교부 산하 기관으로 합동참모본부와 협조하여 활동한 정보처Statens Informationsstyrelse의 홍보 활동에 쓰인 상징물이다. 몸은 노란색이고 줄무늬는 파란색이다. 활동 목표는 스웨덴에 해가 될 수 있는 말을 하지 말라고 권고하는 것이었다. 표현은 일종의 중의법이다. tiger는 호랑이

를 벗어나면, 울로프 팔메가 지적으로 발전하는 과정 중에 있었음을 보여주는 강력한 징후가 있다.

이는 한편으로는 울로프가 가족 안의 독일적 유산에서 멀어져 미국과 영국의 문화에 다가가는 형태로 표현되었다. 물론 울로프와 친구 한스 바트랑이 잭 티가든과 루이 암스트롱, 그 외 미국 재즈 가수들의 음악을 들은 것은 특별히 이상한 일은 아니다. 재즈는 1940년대에 시그투나의 학생 기숙사도 지배했다. 울로프가 다니던 시절 내내 학생과 교사 사이에는 현대 음악을 듣고 그것에 맞춰 춤을 추는 문제로 싸움이 빈발했다. 학교의 고상한 이상은 젊은 이들이 성적으로 자극적인 불건전한 대중음악이 아니라 저녁 시간의 카드 놀이와 민속춤으로 즐거운 시간을 보내야 한다고 규정했다. 재즈에 대한 관심은 그 자체로 정치적 급진주의의 징후가 아니었지만, 미국 대중문화는 많은 사람이 독일과 연관 지은 보수적 교육이념과 대립되었다. 울로프 팔메는 미국에서 건너온 새로운 오락 문화에 깃든 민주주의적 힘을 10대에 처음으로 맛보았다.

울로프가 졸업시험은 물론 특별 과제에서도 완전히 영국에 초점을 맞춘 것은 이데올로기적으로 더 큰 의미가 있다. 40쪽에 달하는 첫 번째 특별 과제는 윈스턴 처칠을 다루었는데 안타깝게도 남아 있지 않다. 그의 논문 과제 주제는(학교에서 긴 목록으로 여러 주제를 제시했지만 선택은 그의 몫이었다) '새로운 시대 영국 역사의 위급한 상황'이었는데 여러 점에서 흥미롭다. 우선 그 글은 영국의 문화와

라는 뜻의 명사이지만 '침묵하다'라는 뜻의 동사 tiga의 현재형이기도 하다.

민주주의적 전통에 대해 분명한 태도를 취한다. 개인의 자유와 법의 존중이 결합된 영국 역사를 프랑스의 전제적이고 혁명적인 전통에 비해 높이 평가했다. 그러나 논문은 비록 고등학생 수준에서 쓰인 것이지만 장래에 나타날 수사법을 보여준다. 열일곱 살의 울로프 팔메는 펠리페 2세와 1588년 에스파냐 무적함대로 글을 시작한다. "온 세계가 잉글랜드가 패배했다고 믿었다. 유일하게 희망을 버리지 않은 사람들은 잉글랜드인뿐이었다." 이어 그는 1940년 영국이 됭케르크에서 구조 활동을 완수하려는 계획을 세웠다고 생각될 때까지 영국 역사 속의 위기를 연이어 살폈다. 이해하기 쉬운 주제였지만(1944년 가을에 그 주제는 다소 명확했다) 글의 구성이 좋았다. 팔메는 그리 노골적인 방식을 취하지 않고도 글을 읽는 이로 하여금 영국의 전 역사를 당시의 독일에 맞선 싸움을 준비하는 과정으로 이해하게 만들었다. 그는 A학점을 받았다.

물론 1944년 봄에 재즈 음악을 듣고 처칠과 영국을 지지하는 것은 특별히 유별나거나 대담한 태도는 아니었다. 울로프보다 여섯 살 많은 작가 라슈 윌렌스텐은 한 세대 전체가 어떻게 방향을 바꾸었는지 이렇게 설명했다.

우리는 독일어와 독일 문화에서, 독일적인 성격과 연결할 수 있는 것, 다시 말해 우쭐대고 감상적이며 다혈질적인 것, 무엇에도 책임을 느끼지 않는 어법, 추상적이며 포괄적인 것, 인간적인 것에서 돌아섰다. 많은 사람에게 이것은 서쪽으로의 방향 전환, 다시 말해 영국적인 것, 우리가 영국적인 성격과 전통과 연관이 있다고 믿는 비판적 태도와 심사숙고, 경험주의로의 방향 전환이다.

　울로프 팔메는 독일 문화에 민감한 환경에서 성장했다. 뮈지는 적어도 전쟁이 발발할 때까지는 자녀들과 모어로 대화했다. 열일곱 살짜리 고등학생이 당시 상황에서 혼란스러웠다고, 그래서 국제정 치에 관심을 두지 않았다고 생각할 수 있겠다. 시그투나의 분위기 는 일상 정치를 뛰어넘는 고상한 교육 이상주의를 떠받쳤다. 울로 프가 쉽게 해낼 수 있는 다른 과목들도 있었다. 예를 들면 '호메로 스의 영웅들'은 그가 다섯 살 이래로 통달한 주제였다. 그러나 두드 러진 면은 외교와 정치에 대한 관심이다. 울로프는 영국에 찬사를 보냈을 뿐만 아니라 그 점에서 망설임이 없었고, 일찍이 정서적으 로나 지적으로나 공히 유효한 논거를 찾아내는 능력을 보여주었다. 과연 스벤 팔메의 손자다웠다. 스벤 팔메는 젊었을 때 혁명 프랑스 를 이상적으로 생각했다가 나중에 태도를 바꾸어 빌헬름 시대의 독일을 지지했다. 가족의 기본적인 유산은 특정한 나라에 공감하는 것이 아니라 국제정치 무대에 적극적으로 관여하고 그곳에서 모델 을 찾는 전통에 있었다.

　앵글로색슨 사회를 향한 방향 조정은 반란이 아니라 자리 옮김 이었다. 기숙학교 시절 울로프 팔메에게서는 급진주의의 징후도 심 지어 정치적 관심의 징후도 볼 수 없었다. 만일 그가 고등학생으로 서 어떤 정치적 신념을 지녔다면, 그것은 가족 안에서 그리고 학교 환경에서 지배적이었던 가치관과 부합했다. 그러나 이는 다른 대안 을 생각할 수 없었기 때문에 계속 갖고 갈 수밖에 없는 주어진 유산이라는 성격이 강했다. 울로프의 진짜 문제는 제2차 세계대전이 끝날 무렵 성인의 세계로 나갈 때 그를 둘러싼 공허함을 채워줄 기본적인 삶의 태도와 가치관을 찾는 일이었다.

신세대 문학을 애호한 동아리 간사

스웨덴 도서 시장은 제2차 세계대전 중에 기록적인 성장을 보였다. 국민은 전례 없이 많은 책을 읽었고, 평론가들은 책을 내기가 너무 쉽다고 불평했다.《스벤스카 다그블라데트》의 표현을 보자. "서점 계산대로 가는 길이 너무나 쉬워졌다." 그렇지만 1942년에 간행된 시인 에리크 린데그렌의 시집『길 없는 남자*Mannen utan väg*』보다 대중적으로 더 크게 성공한 책은 없다. 그 책에 주목한 소수의 평론가들은 형식과 내용이 어렵다고 불평했다. 그러나 그 시인은 점차 새로운 세대의 경험과 예술적인 이상을 표현한 선구자로 추앙된다. 린데그렌은 T. S. 엘리엇과 로런스 더럴처럼 스웨덴 문학이 새로운 방향으로, 다시 말해 모더니즘 형식, 풍자적이거나 비관적인 기조, 보편타당한 문제의식으로 나아가는 길을 닦았다. 계급 문제는 사라졌다. 스웨덴 문학은 이제 세련되지 못한 프롤레타리아트 예술과 섬세한 부르주아적 감수성의 대결을 다루지 않았다. 커다란 진실은 탈의실로 이동했다. 종교도 심리분석도 마르크스주의도 민족주의도 적절한 답을 주지 못했다. 남은 것은 벌거벗은 실존적 인간, 스스로 풀어놓았으나 수단이 없어서 통제하지 못하는 폭력적인 역사의 힘에 대면해야만 하는 인간이다.

린데그렌과 칼 벤베리, 베네르 아스펜스트룀, 랑나르 투시 같은 '푀티탈리스트'*는 프랑스의 장폴 사르트르와 알베르 카뮈처럼 붙잡기 어려운 선택지만 남아 있는 것 같은 존재의 밑바닥을 찾아 나섰다. 신념에 찬 공산주의자들과 보수적인 전통주의자들은 그들의 작품을 희망과 화해가 없는, 이해할 수 없고 허무주의적인 글이라고 생각했다. 그러나 많은 사람이, 특히 폭풍 같았던 1930년대에 성장한 그들 세대의 많은 사람이 마음을 휘젓는 추상적 개념들과 초현실주의적 은유에서 자신을 느끼고 의미를 찾았다. 평론가들의 눈에는 체념과 처절할 정도로 음울한 생각만 있는 곳에서, 젊은 독자들은 정화된 비관주의를 보았다. 그 비관주의는 이제는 효력을 상실한 문제 제기를 치워버렸고 더 건설적인 삶의 태도를 향한 길을 닦았다.

울로프 팔메도 그러한 독자 중 한 사람이었다. 울로프의 생애 내내 그 세대의 주요 시인과 작가는 문학의 전범이 되었다. 그는 평범한 실용주의를 뛰어넘고 싶을 때면 이들의 작품에 의지하여 기본적인 가치관과 적절한 인용문을 찾았다. 에리크 린데그렌의 난해한 서정시가 매우 참신한 정치적 수사법의 계발에 특별히 큰 도움이 되지 않은 것은 분명하지만, 팔메는 일상의 관용적 표현을 더 많이

---

* fyrtiotalist. 1940년대에 데뷔한 스웨덴 작가들을 일컫는 말. 작가들 사이에 완벽한 통일성이 있는 것은 아니었지만, 당대에 이미 이들이 문학에서 현대적 경향으로의 세대교체를 대표한다고 여겨졌다.

쓴 두 명의 다른 푀티탈리스트, 즉 칼 벤베리와 랑나르 투시를 부지런히 이용했다. 울로프는 1944년에 발표된 칼 벤베리의 출세작『짚불Halmfackla』을 종종 참고했다. 정부에서 함께 일한 타게 G. 페테숀이 1972년 어머니의 장례를 마친 울로프를 만났을 때, 그는 장례식에서 읽었던 벤베리의 시「작별Avshed」의 몇 구절을 조용히 인용했다.

스몰란드에서 소작농의 아들로 태어난 벤베리는 서른네 살에 『짚불』을 발표하고 전후 시대 문학에 큰 영향을 끼쳤지만, 스웨덴의 주요 정치인 중 울로프 팔메만큼 그의 시를 그토록 마음에(또는 머릿속에) 깊이 담아둔 사람은 없었다. 『짚불』의 체념과 숙명론은 표면적으로는 울로프 팔메가 승승장구하던 1950년대와 1960년대 절정기 사회민주주의의 장밋빛 미래상과 기술에 대한 확신에 노골적으로 반대하는 것처럼 보일 수 있다. 벤베리는 가장 유명한 시의 하나인「전화가 있다면Om det fanns telefon」에서 서구 문명 전체를 묻어버리면서 끝을 맺는다.

> 그러나 우리는 송장을 두고 서로 싸울 것이다.
> 서구 문화의
> 잘려나간 사지를
> 묻을 권리를 두고

그러나 최후의 심판과 유사한 그 내용은 풍자적이고 장난스럽기까지 한 벤베리의 어조와 문체상의 기법과 긴장을 일으킨다. 시에서 반복되는 '꼬리에 꼬리를 물기katten-på-råttan'라는 주제는 아이들이 부르는 동요를 생각나게 한다. 그는 처음에 전화가 있다면 병원에 전화를 걸어 누구도 줄 수 없는 조언을 들을 수 있을 것이라고 말하고는 이어 블랙유머로써 이렇게 이어간다.

> 우리에게 들것이 있었다면
> 의료가 어느 정도 소용이 있었다면
> 우리는 환자의 건강한 곳을 지켰을 것이다.
> 그에게 건강한 곳이 있었다면
> 우리는 그의 밑에 풀과 베갯잇을 깔아주었을 것이다.
> 그의 자리를 높여주었을 것이다.

스웨덴이 제2차 세계대전을 얼마나 잘 헤쳐 나갔는지 생각하면 (어떤 이들은 추잡하게 잘 해냈다고 말한다), 파멸의 분위기는 당연하게도 그런 척하는 시늉으로 생각된다. 어쩌면 애교에 가까울 것이다. 게다가 1930년대에 벤베리는 이데올로기의 회전목마를 타고 있었다. 때로는 공산주의에 빠졌고, 때로는 나치즘을 새로운 형태의 공동체 정신의 전달자로 보았으며, 결국에는 영국 민주주의를 칭찬하며 회전목마에서 내려와 숨을 돌렸다. 그러나 무분별한 정치는 좋은 시가 될 수 있다. 독자들이 폭탄에 박살 나지 않은 나라에 살았다는 사실 때문에 비관주의는 실제로 타격을 입은 자들을 도와야 한다는 윤리적 명령으로 해석될 수 있었다. 체념과 적개심이 서로 싸우는 벤베리의 평범한 어조에 시는 행동에 나서라는 권고가 된다. 현실에 전화가 있다. 현실에 의사가 있다. 당신은 왜 아무 것도 하지 않는가? 이는 노도와 같은 사회주의의 분화구에서 아주 멀리 떨어진, 실존주의적 색채가 깃든 새로운 종류의 정치적 수사 법으로, 장래의 정치인 울로프 팔메에게 완벽하게 어울렸다. 시간 이 지나면서 실존주의적 특성은 마모되어 줄어들지만, 벤베리가 갈 고 닦은 풍자와 일상 언어에 대한 미묘한 감각은 팔메가 스웨덴 전 후 시대에 최고의 정치적 달변가가 되는 데 일조했다.

울로프 팔메가 쾨티탈리스트의 독창적인 작품을 언제 처음으로 읽었는지는 말하기 어렵다. 순전히 추정이지만 그는 3학년 때 린데 그렌의 시를 읽고 막 졸업했을 때 『짚불』을 구입했을 것이다. 전혀 불가능한 일이 아니다. 문학과 시는 졸업을 앞두고 울로프가 가장 확실하게 관심을 드러낸 분야였다. 그의 취향은 고급스러웠다. 그 는 하리 마틴손과 악셀 리프네르의 작품을 읽었고 제임스 조이스 의 『율리시스^{Ulysses}』를 통독했다. 1943년 가을 울로프는 시그투나 재 단 인문중고등학교 문화 동아리인 '아르쿠스 에트 피디부스$^{Arcus\ et}$ ^{fidibus}'(활과 수금)의 간사가 되었다. 장래의 사회민주당 대표가 학생 시절에 지녔던 유일한 대표자 지위였다. 집행부에는 훗날 석간신 문 《엑스프레센》에서 텔레비전 담당 기자가 되는 헴밍 스텐과 울로 프가 여학생 기숙사 사감의 허락도 없이 그 방에 들어간 적이 있던 크리스티나 릴리에셰나가 있었다.

동아리에 보관된 기록과 책은 안타깝게도 분실되었지만, 학교 신문으로 판단하건대 그 동아리는 대단히 야심적이었다. 울로프 팔 메가 지도부에 있을 때 특히 더 그랬다. 강연과 기사로 주목을 받은 스웨덴 작가들의 선집은 울로프 팔메 이전에도 생각만큼 심하게 보수적이지는 않았다. 헤이덴스탐과 베텔 그리펜베리와 나란히 아투르 룬드크비스트와 페르 라게르크비스트가 있었다. 울로프 팔메가 자신의 이름으로 처음 발표한 기사는 바로 아르쿠스 에트 피디부스의 간사 자격으로 쓴 글이었다. 그 자체는 놀라운 일이 아니지만(전형적인 학교 신문 기사였다), 내용은 앞서 얘기한 영국 문화로의 전환과 급진적인 시에 대한 그의 관심을 확인해준다. 문화 동아리의 요청에 따라 작가이자 미술사가인 에리크 블룸베리가 학교를 방문했다. 블룸베리가 시그투나 재단과 부분적으로 겹치는 신앙관과 인생관에 관심이 있었던 것은 사실이지만, 그는 또한 정치적으로 급진적이었고 다섯 명의 파업 노동자가 군인에 의해 사망한 1931년 오달렌의 총격 사건*에 관한 유명한 시 「비문Gravskrift」을 같은 해에 발표했다. "여기 스웨덴 노동자가 잠들어 있다/ 평화로운 시절에 쓰러져…" 울로프의 기사에 담긴 사안은 문화 동아리를 선전한 것을 제외하면 영시 한 편의 번역 대회를 여는 것이었다.

이렇게 고등학생으로서 서정시에 관심을 가졌다는 사실이 기록으로 남아 있지만, 그래도 울로프가 벤베리와 다른 쾨티탈리스트의 작품을 1930년대 후반에 읽었을 가능성이 가장 크다. 그가 우메오

---

* 1931년 5월 14일 옹에르만란드의 오달렌에서 벌어진 사건. 대공황의 여파로 임금이 하락하고 노동 조건이 악화하는 가운데 파업과 동조파업이 이어졌고, 제재소 사장인 예라드 베스테이Gérard Versteegh가 파업파괴자를 데려오자 분노한 파업 노동자들이 항의 집회를 열었고 충돌이 벌어졌다. 상황을 통제하지 못한 경찰의 요청에 온 군인들의 발포로 다섯 명의 노동자가 사망했다.

에서 병역의무를 이행할 때나 스톡홀름 대학*의 학생일 때였다. 그가 1948년 가을 라슈 알린의 『공산당 선언을 든 토브*Tább med manifest*』를 읽었다는 기사가 있다. 1960년 어느 기사에서 울로프는 우리들 중 "베개 밑에 『짚불』을 묻어두고 읽으며 사춘기를 보냈고, [스티그 다게르만의] 『뱀*Ormen*』을 막사의 사물함에 숨겨놓았으며, 법률 강의 시간에 토브에 몰두한" 자들이 있었다고 말했다. 그렇지만 정확한 시점이 언제인지는 그다지 중요하지 않다. 청년 울로프 팔메가 인생 여정을 시작할 시기에 모더니즘의 풍자적 주지주의와 실존주의적 출발의 분위기를 각별히 잘 받아들였다는 것이 요점이다. 역사가 피어스 브렌던은 1930년에서 1945년까지의 시기에 유럽사의 '어두운 골짜기'라는 이름을 붙였다. 그때 유럽 대륙은 암흑 속으로 쓰러져 세계대전과 대량학살을 겪었다. 다시 밝은 곳으로 나오기까지 반드시 거쳐야만 하는 일이었다.

울로프 팔메는 그렇게 어두운 골짜기에서 성장했다. 히틀러가 권력을 장악했을 때 여섯 살이었고, 그 나치의 독재자가 베를린의 벙커에서 자살했을 때 갓 열여덟 살이 되었다. 푀티탈리스트들을 만들어낸 결정적인 정치적 사건들(나치즘의 권력 장악, 에스파냐 내전, 몰로토프-리벤트로프 조약)이 발생했을 때 팔메는 분명히 어린아이였다. 아버지가 죽고 자신은 시그투나로 추방당하면서 구세계가 무덤 속으로 들어가고 있으나 이를 대신할 더 좋고 아름다운 세계는

---

* Stockholms högskola(StHS). 1960년에 스톡홀름 대학교Stockholms universitet로 바뀐다.

아직 들어서지 않았음을 직관적으로 강하게 느꼈다. 벤베리와 투시가 제시한 삶의 태도는 심리적인 측면에서 울로프 팔메를 키운 가족 문화의 특징이었던 상실과 허무함, 당황스러움을 인정한다. 전 세계적인 대화재를 잘 헤쳐 나간 나라에서 성장한, 정신적으로 건강한 청년이 비관주의와 체념에 사로잡혔다는 말이 아니다. 오히려 그는 현대적인 대화법과 변증법적 운동의 매력에 이끌렸다. 울로프 팔메는 혼자가 아니었다. 언어와 이성, 개인의 의지력에 힘입어 거창한 움직임 없이도 신중한 기술로써 세상을 새롭게 세울 수 있다고 생각했다. 활동적인 스벤 팔메의 손자였던 청년, 그렇지만 상실의 감정과 사회적 대립에 단련된 청년에게 그것은 복음처럼 다가왔다. 울로프 팔메는 지나간 과거에서 벗어나려 했으며 또한 자신이 전화기가 많은 새로운 세계에 어울린다는 점을 증명하려 했다.

보수지 기자로 시작한 사회생활

1944년 5월 16일 울로프와 서른 명의 학우들이 시그투나 재단 인문중고등학교의 황토 빛깔 본관 건물로 에워싸인 높은 운동장으로 쏟아져 나왔다. 이들은 교사들과 정부의 시험관들 앞에서 사흘 동안의 힘든 구술시험과 필기시험을 막 끝낸 참이었다. 불운하게 낙제한 학생들은 지면 높이의 창문을 통해 뒷문으로 나가 언덕 아래 자신의 기숙사 방으로 조용히 돌아가야 했다. 시험에 통과한 학생들은 흰색 모자를 쓰고 운동장으로 뛰어나가 관악대가 요란스럽게 음악을 연주하는 가운데 축하하러 온 친척과 친구들의 가족을 만났다. 학생들은 창문 밖으로 낡은 학생모와 너덜너덜해진 문법책과 여타 교과서를 내던졌다. 갓 졸업한 학생들은 환호와 축하 속에 시그투나의 좁은 중앙로를 따라 행진했다. 존중받았지만 사랑받지는 못했던 교장 아르비드 브루노가 학생들에게 연설했고 스웨덴이 '매우 운명적인 상황'에 놓여 있다고 경고했다. 그가 우선적으로 염두에 두었던 것은 '외교정책의 상황'이 아니었다. 그는 "모든 연령대와 계급 안에서 분출하여 나라를 휩쓰는 경솔함의 파고"를 걱정했다. 그의 설명에 따르면, 이러한 경솔함에 맞서 싸우는 것은 다른 누구보다도 교육 받은 청년, 흰색 모자를 쓸 권리가 있는 자들의 책임이었다.

학생들은 이전에도 그런 말을 들은 적이 있다. 경솔한 행동을 걱정하는 것은 따분한 시그투나 학교장의 전매특허로 거듭 되풀이되었다. 그러나 그 시절에는 어조는 달랐을지 몰라도 세계 도처의 정치인과 고위 공무원, 지식인이 그와 마찬가지로 우려를 표명했다. 미국과 영국은 오버로드 작전*을 준비 중이었다. 이 대규모의 서유럽 침공 작전은 모두가 기다렸지만 언제 어디서 수행될지 정확히 아는 사람은 관련자들뿐이었다. 조만간 나치 독일에 승리를 거둘 것이고 어떻게 새로이 평화로운 세상을 만들 것인지가 가까운 일정으로 잡혀 있다는 것은 분명했다.

---

* Operation Overlord. 노르망디 상륙작전의 암호명.

제1차 세계대전이 끝났을 때처럼 세계 경제가 침체하여 대량실업과 정치적 불안정이 초래되리라는 것이 일반적인 인식이었다. "평시의 낙관론을 경계하라"가 그 시절을 표어였다. 울로프 팔메가 고등학교를 졸업한 그때, 스웨덴 노동운동은 제17차 당 대회에 앞서 전후강령*을 작성하느라 여념이 없었다. 당 대회는 1944년 5월 말 스톡홀름 민중회관**에서 열렸다. 대회는 이렇게 선언했다. "평화가 되돌아온 뒤 우리 국민이 살아갈 세상은 아주 새로운 세상이어야 한다." 전후강령의 출발점은 전간기의 자유주의적 시장경제가 전쟁으로 귀결된 반복되는 위기와 대량 실업의 원인이라는 진단이었다. 새로운 평화로운 세상은 국가의 경제 조정 확대와 국민의 안전을 보장하는 적극적인 복지국가, 극단주의와 전체주의적 교의에 미혹되지 않을 민주주의적 인간을 양성하는 교육 제도를 요구했다. 가장 광범위한 계획경제 관념은 부르주아 정당들의 거센 저항에 부딪쳐 사라졌지만, 1944년 사회민주당 강령은 울로프 팔메가 성공적인 이력을 쌓게 되는 사회정책 분야를 명확하게 규정했다.

그러나 1944년 여름에 팔메가 훗날 그렇게 되리라는 암시는 전혀 없었다. 뮈지는 팔메의 후견인이자 사업가요 보수파 정치인이었던 하랄드 누덴손과 함께 졸업생 팔메에게 《스벤스카 다그블라데

---

* 1944년에 완성된 노동운동의 전후강령Arbetarrörelsens efterkrigsprogram. 크게 세 부문으로 나뉜다. 완전고용, 공정한 분배와 생활수준의 향상, 효율성 증진과 경제 민주화.
** Folkets hus. 노동운동과 관련된 집회나 회의의 장소로 쓰인 건물로 전국 곳곳에 있다.

트》의 스포츠 담당 편집부에 여름철 임시직을 마련해 주었다. 얼굴의 윤곽이 뚜렷하고 생각이 확고한 인상적인 신사였던 쉰 살 먹은 법적 후견인을 팔메는 그다지 좋아하지 않았다. 누덴손은 전후의 스톡홀름에서는 다소 시대에 뒤진 인물이었다. 세기 전환기의 다재다능한 귀족으로 릴리에홀멘 양초 제조사 사장이면서 상원의원이었고 아인슈타인의 상대성이론에 관하여 과학 논문을 썼으며 왕립 극장 이사회 의장이었다. 그가 군나르의 혼외자인 스투레를 책임졌다는 것이 문제의 일부였다. 스투레는 그 시기에 여전히 군나르의 자녀들에게는 알려지지 않은 존재였다. 아마도 누덴손은 의식적이든 아니든 스투레가 팔메 가족에게 받은 부당한 대우의 책임을 울로프에게 돌렸던 것 같다.

여하튼 울로프는 어렸을 때 할아버지를 위해《스벤스카 다그블라데트》의 사설을 읽어주었기에 보수적인 신문에서 직업 생활을 시작하는 문제에서 조금도 망설임이 없었다. 그 신문은 세기 전환기에 창간되었고 스벤 팔메도 관여한 자유주의적 색채의 '대스웨덴' 운동에 뿌리가 있었다. 1940년대 중반 신문을 지배한 것은 독일 지향적인 오래된 문화적 보수주의와 좀 더 현대적인 노선의 우파 사이의 대립이었다. 편집장 이바르 안데숀은 강력한 국방을 옹호하는 민족주의적 국회의원으로서 탄탄한 경력을 지녔지만 동시에 성공한 기자로서 민주주의적 감수성도 갖추었다. 그도 역시 팔메 가족과 아는 사이였고 젊은 견습생을 주의 깊게 지켜보았다. 그는 울로프가 재능이 있지만 냉담하다고 이해했다.

편집부는 스톡홀름 중앙역 근처의 오래된 클라라 지구의 카뒤안

스마르가탄에 자리를 잡았다. 울로프는 유명한 스포츠 담당 기자인 비르예르 부레스의 방에 들락거렸다. 이 청년 학생은 오늘날의 전문적인 언론기업과는 거리가 먼 신문의 세계에 발을 들였다. 일간지는 당파색이 분명했고, 작가 이바르 루유한손이 수도의 삶을 고찰한 글에서 밝혔듯이 재킷과 외투의 주머니에 꽂힌 계급의 표지였다. 별도의 기자 교육은 없었다. 기자단은 독학한 삼류 기자들과 전형적인 교육 과정을 거친 대학 졸업자들이 섞여 있었다. 클라라 지구는 스톡홀름의 플리트 스트리트*로 큰 신문사는 거의 전부 그곳에 있었고, 더불어 수많은 작은 잡지사와 출판사, 광고회사, 인쇄소가 모여 있었다. 1950년 클라라 지구에서는 매일 총 100만 부의 신문이 인쇄되었다. 이는 당시 스웨덴 일간지 발행 부수 전체의 3분에 1에 해당한다. 그 좁은 거리는 전보 배달원의 질주하는 오토바이와 석간신문을 나르거나 신문사 지하실의 인쇄소에 부려질 종이 뭉치를 실은 화물 트럭으로 붐볐다. W6와 텐스토페트Tennstopet, 코스모폴리트Cosmopolit 같은 식당에는 기자뿐만 아니라 작가와 화가, 그리고 더 평범한 자들로는 계획은 거창하지만 쫄쫄 굶어 위장은 텅 빈 갈 곳 없는 자들까지 몰려들었다. 클라라 지구의 자유분방한 전통은 그 기원이 19세기 말까지 거슬러 올라가며 닐스 펠린과 단 안데숀 같은 시인들로부터 찬사를 받았다. 그러나 낭만은 궁핍과 악습으로 점철된 일상을 숨겼다. 클라라 지구를 떠돌던 어떤 이는 훗날 이렇게 말했다. "만취했거나 반쯤 취해서는 활보하며 하루

---

* Fleet Street. 런던의 중심가.

종일 술과 페네드린*을 찾아 헤맸다."

감라 클라라는 1940년대 중반 팔메가 그곳에 갔을 때 활력을 잃어가고 있었다. 이후 10년간 신문사들은 도시 외곽의 업무 지구로 이전하며, 오래된 건물들은 헐려 주차 빌딩과 국제적인 큰 호텔, 그리고 정치인들과 관료들이 스톡홀름 시민과 접촉하지 않고 이동할 수 있는 긴 지하 통로에 자리를 내주었다. 좀처럼 식당에 가지 않았던 울로프는 새로운 동료들의 술에 전 회식에 참석하지 않았다. 반면 그는 신문의 특성에 어울리는 문체를 빠르게 찾아냈다. 울로프는 스포츠부에서 영역을 확대하여 SOU(스벤 울로프 유아킴Sven Olof Joachim)라는 필명으로 음악과 연극, 지역 뉴스까지 담당했다. 그는 신문의 문예란에 '오늘의 시'를 쓰기도 했다(가진 돈이 전부 세금으로 빠져나가 가정을 꾸릴 여력이 없는 어느 젊은 연인에 관한 시였다).

울로프는 일찍이 평론가로서 날카로움을 보여주었다. 최초의 북유럽 여성 아코디언 연주 선수권 대회에 관한 평론을 이렇게 끝마쳤다. "오늘 저녁도 여전히 형편없다." 그는 시나테아텐Chinateatern(중국 극장) 무용단원들이 "너무 뚱뚱하다"고 비난했다. 그는 가수 하리 브란델리우스에 관해 '단호한' 태도를 보였다. 작가 빌헬름 무베리의 민중극**은 "전혀 독창적이지 않았다."(울로프는 나중에 다른 맥락에서 무베리의 인생과 부딪친다.) 울로프의 엘리트주의적 교육과 지적 성향을 감안할 때 자칭 민중이라는 자들에 대한 그의 반감은 거

---

* fenedrin. 암페타민 계열의 각성제.

** folklustspel. 19세기 말과 20세기 초에 성행한 연극의 한 분야.

의 자동적이었다. 학생 시절에 현대 재즈 음악을 위해 싸운 것도 시그투나 재단 인문중고등학교의 계도 목적의 '춤과 놀이의 밤'을 혐오한 것도 여기에 이유가 있었을 것이다. 그러나 신문의 젊은 재원이라면 누구나 그랬듯이 울로프도 편집부장들의 주목을 끌려면 변화를 분석하고 청년답게 도발적인 자세를 보여줄 필요가 있음을 알았다. 그렇지만 무베리의 희곡에 대한 비평 기사는 그 점에서 그다지 좋지는 못했다. 연출가들과 극장주들로부터 항의가 들어온 뒤, 편집장 이바르 안데숀은 신문의 정규 연극평론가를 공연에 보내기로 결정했다. 이튿날 울로프가 신문을 펼쳤을 때 읽은 것은 앞서 자신이 쓴 것과 정반대 내용의 평론이었다. "이전에 그와 같은 일을 본 적이 없다. 같은 연극에 대해 두 개의 상반되는 평가를 실은 신문이라니." 그러나 그는 1950년까지 《스벤스카 다그블라데트》의 자유기고가로 남았다.

군나르 팔메는 죽기 몇 년 전에 장남 클라스에게 아들의 미래에 관한 바람을 적은 종이쪽지를 남겼다. 우선 고등학교 졸업, 그다음으로 세브데의 기병부대 사관학교, 마지막으로 법학 공부였다. 클라스가 성실하게 가르침을 따라 울로프에게 아버지가 남긴 전언을 얘기해주자, 울로프는 매우 기뻤다. 심리학적으로 보면 그 전언은 이중의 효과를 지녔다. 한편으로는 아버지가 여태까지 아들들을 보호했다는 느낌을 주었다. 또한 울로프는 아직 어떤 선택을 해야 하는지 결정할 준비가 되어 있지 않았는데, 아버지의 전언은 그러한 부담에서 벗어나게 해주었다. 울로프는 아버지의 바람을 충실하게 따랐다. 1944년 8월, 그는 신문사에서 여름 임시직을 마친 뒤 스톡홀름 대학에 법학과 학생으로 등록했다. 그가 왜 스톡홀름 대학을 선택했는지는 분명하지 않았다. 클라스가 웁살라에서 공부했기 때문에 특히 더 그렇다. 가장 그럴듯한 설명은 아직 어렸기 때문에 공부를 하다가 중도에 병역의무를 이행할 수밖에 없었으므로(열여덟 살을 꽉 채우기 전에는 입대할 수 없었다) 집을 떠나지 않는 것이 낫다고 생각했다는 것이다.

어쩌면 법학을 어디서 공부하는가는 크게 중요하지 않다는 본능적인 깨달음이 있었다고 해석할 수도 있겠다. 아직 최종적으로 삶의 길을 선택하지 않았기 때문이다. 울로프는 뮈지와 함께 살았던 외스테르말름스가탄에서 걸어서 15분 거리의 우덴플란 광장에 있는 스톡홀름 대학 구내에서 학업을 시작했고 동시에 야간 과정으로 러시아어도 공부했다. 시그투나의 학교 신문《숨 쿠이쿠에》는 1944년 가을 알림 난에서 울로프의 빠른 출세를 예언하듯 이렇게 썼다.

학생 시절에 이미 신동이었던 팔메가 법학과 러시아어를 공부하면서 동시에 운 좋게도《스벤스카 다그블라데트》의 권투 경기 기자이자 지르박 전문가가 되고, 게다가 스웨덴 군대의 까다로운 신병 퀴즈 문제에서 만점을 받음으로써 완벽하게 성공하고 있다. 그 끝은 어디일까?

기병부대 사관생도

제2차 세계대전이 종결된 지 한 달이 채 지나지 않은 1945년 6월 초, 열아홉 살이 된 울로프 팔메는 주정부 소재지인 노를란드의 우메오에 주둔한 유서 깊은 기병부대 노를란드 용기병연대(K4)에 입대했다. 연대기는 부대가 적과 교전하여 대승을 거둔 칼 10세 구스타브의 폴란드 전쟁 중의 한 전투를 어렴풋이 상기시키듯 '노보드보르 1655'*라는 글귀를 과시했다. 1945년에 용기병이 된다는 것은 훗날의 그토록 진보적인 정치인에게는 이상한 선택처럼 보일 수 있다. 그러나 군나르의 바람이 한 가지 이유였고, 또 기병부대는 1940년대 말에 병과로서 결코 인기가 없지 않았다. 육군 참모총장은 여전히 말 탄 기병대가 "노를란드의 산림과 황무지를 방어하는 데 매우 중요하다"고 생각했다. 이는 제2차 세계대전 중에 동부전선의 경험에서 터득한 견해였다.

그러나 기병부대는 또한 스웨덴 귀족의 마지막 보루였다. 1950년에도 장교의 70퍼센트가 귀족 출신이었다. 우메오 용기병연대가 서민적인 노를란드에 주둔함으로써 귀족적 성격이 약간 줄어든 것은 사실이다. 그렇지만 20세기에 들어선 후에도 연대의 사교 생활에서는 "모파상과 러시아 서사시에 북유럽의 촌스러운 시골이 상당히 첨가된 이상한 혼합"이 두드러졌다. 이것이 울로프에게 문제가 되었다는 말은 아니다. 그는 예법을 잘 지켰으며 많은 장교가 지닌 귀

---

* Novodwor 1655. 노비드부르Nowy Dwór 전투를 말한다.

© Joakim Palme

울로프 팔메의 기자 신분증

....

1948년 울로프 팔메의 기자 신분증. 회색 금발의 앞머리, 강렬한 푸른 눈, 윤곽이 뚜
렷한 코, 여자처럼 관능적인 입술을 가진 전도유망한 청년. 아직까지는 정해진 길을
따라가고 있다. 기병부대의 예비군 장교였고 법학도였으며 석간신문《스벤스카 다
그블라데트》의 청년 자유기고가였다.

© Joakim Palme

케니언 칼리지의 대학 생활

....

훗날 팔메는 1947~1948년 케니언 칼리지에서 보낸 시절을 생애에서 매우 좋았던 시기의 하나라고 설명했다. 그는 미국의 전후 낙관론과 자유주의적 기류에 강한 인상을 받았다. 동료들에 따르면, 그는 "평범한 친구"였으며 학교의 새로 생긴 축구팀에서 재빠른 왼쪽 공격수를 맡았다. 번호는 32번이었다.

© TT News Agency / Kyodo News Images

엘란데르의 비서

....

팔메가 타게 엘란데르의 비서로서 떠난 초기 여행 중 하나는 1954년 윈스턴 처칠과
노동당 대표 클레먼트 애틀리와의 회담을 위한 영국 여행이었다. 어학 실력이 뛰어
난 이 청년은 처음에는 대체로 통역으로 일했지만, 곧 사회민주당 출신 총리가 신뢰
하는 조언자가 되었다.

© Joakim Palme

막 결혼한 팔메 부부

....

1956년 여름 밀라노의 기차역. 울로프는 리스베트 벡프리스와 약혼하고 4년을 보낸 뒤 25살 된 그녀와 결혼했다. 리스베트는 스톡홀름 대학에서 심리학을 공부했고 스톡홀름 외곽에 있는 스코 아동청소년 보호소에서 일했다. 신혼여행 중에도 팔메는 그해 가을 의회 선거를 준비했다.

© TT News Agency / Kyodo News Images

신임 정무장관의 각료선서

....

1963년 11월 18일 울로프 팔메가 구스타브 6세 아돌프 앞에서 각료선서를 하고 있다. 한 주 뒤 그는 타게 엘란데르와 함께 존 F. 케네디의 장례식에 참석하고자 워싱턴을 방문한다. 비판적인 신문은 의아했다. "팔메 씨가 왜?"

닮은꼴 급진주의적 귀족

．．．

급진주의자 귀족. 케네디 형제처럼 울로프 팔메도 엘리트층의 유력한 집안 출신이었고 자신이 속한 사회를 현대화하고 민주화하려 했다. 팔메는 로버트 케네디와 가장 비슷했지만 존 F. 케네디처럼 어린 가족과 함께 있는 모습이 사진에 찍히는 것을 허용했다. 이 사진은 1962년 백악관에서 그 미국 대통령이 딸 캐롤라인과 아들 존 주니어와 함께 있는 모습이다.

© TT News Agency / Kyodo News Images

이 사진은 1969년 막 스웨덴 총리에 임명된 울로프가 벨링뷔의 타운하우스 앞에서 유아킴과 리스베트, 마티아스, 모텐과 함께 있는 모습이다. 그렇지만 리스베트 팔메는 재클린 케네디와는 다르게 눈에 잘 띄지 않는다. 그녀는 이렇게 설명했다. "울로프는 언론과의 협력을 중요하게 생각하며, 나는 언론과 거리 두기를 중요하게 생각한다."

© TT News Agency / Kyodo News Images

진보적 승계

....

덴마크의 《폴리티켄》은 '북유럽의 나폴레옹'이 나왔다고 선언했고, 독일의 《데어 슈피겔》은 스웨덴 사람들이 그를 총리로 선택하지 않으면 정신 나간 것이라고 논평했다. 1969년 9월 사회민주당 당 대회에서 팔메는 엘란데르를 뒤이어 당 대표가 되었다. 분위기는 뜨거웠으며 마흔두 살의 당 대표에 대한 기대는 하늘을 찌를 듯했다. 그는 몇 주 뒤 유럽 최연소 총리가 된다.

© TT News Agency / Kyodo News Images

놀기 좋아하는 단짝

....

울로프 팔메는 1956년 부로스의 사회민주당 청년연맹을 방문했을 때 잉바르 칼손
을 처음으로 만났다. 두 사람은 사회적 배경이 달랐는데도 정치를 지적이고 전술적
인 시각에서 바라볼 줄 아는 능력을 공유했다. 칼손은 팔메가 어려운 상황에 처했을
때, 특히 1980년 핵발전소에 관한 투표 직전 당내 논의에서 '특급 해결사'가 되어주
었다.

© TT News Agency / Kyodo News Images

세 야당의 대표들

....

보수통합당 대표 에스타 부만(오른쪽)이 1973년 선거 전 정당 대표 간의 텔레비전 토론에서 장난을 치고 있다. 그와 팔메는 갈등이 심했지만 서로 존중했다. 팔메는 중앙당 대표 투르비엔 펠딘(왼쪽)을 이해하기 어려웠지만 국민당의 군나르 헬렌(가운데)과는 잘 맞았다.

© TT News Agency / Kyodo News Images

© AFTONBLADET / TT News Agency

광폭 외교

....

1970년대는 스웨덴이 국제무대에서 활동하기에 유리한 시절이었다. 1975년 여름 팔메는 서방 국가 정부 수반으로는 처음으로 쿠바를 방문했다. 팔메는 제2차 세계 대전 중에 스칸디나비아에서 망명 생활을 한 오스트리아의 브루노 크라이스키(가운데)와 서독의 빌리 브란트(오른쪽)와 함께 국제정치의 유력한 삼인방이 되었다.

© TT News Agency / Kyodo News Images

© TT News Agency / Kyodo News Images

린드그렌과 베리만

아스트리드 린드그렌은 사회민주주의자들에 공감했으나 1976년 스웨덴의 과세 제도를 호되게 비판했다. 위의 사진은 『레욘예타 형제』를 영화로 촬영할 때 찍은 것이다. 같은 시기에 잉마르 베리만은 과세 당국에 모욕을 당하고 나라를 떠났다. 몇 해전에 그는 리브 울만과 엘란드 유셉손이 출연한 텔레비전 연속극 〈결혼의 풍경〉으로 성공을 거두었다.

© TT News Agency / Kyodo News Images

군축과 안보

∙∙∙

1980년 국제연합은 팔메를 이란-이라크 전쟁을 중재할 자로 지명했다. 많은 사람이
성공 가망성 없다고 판단한 임무였다. 1979년 봄 해리스버그에서 원자로 사고가 발
생하자 팔메는 스웨덴 핵발전소의 미래에 관하여 국민투표를 실시하자는 요구에 동
의했다. 스웨덴 영해에서 처음이자 마지막으로 활동이 입증된 소련 잠수함은 1981년
가을 블레킹에 해변에서 좌초했다.

© AFTONBLADET / Kyodo News Images

다시 총리로

....

1982년 사회민주당의 선거 승리 후 언론이 행복한 팔메를 축하하고 있다. 그 선거의 승리는 1930년대 페르 알빈 한손의 성공적인 위기정책을 암시함으로써 얻은 것이다. 그러나 독일 작가 한스 마그누스 엔첸스베르거는 팔메가 국부의 역할을 이어받기에는 "지나치게 지적이고 쉽게 변하고 대도시적"이라는 견해를 보였다.

의문의 죽음

··

울로프 팔메가 스톡홀름의 스베아베겐에서 살해된 지 몇 주 지났을 때 수많은 사람
이 사망 장소에 몰려와 헌화하며 슬픔을 표현하고 있다. 그러나 살인자를 잡지 못하
는 경찰의 무능력에 좌절감은 점차 커졌다. 진상 조사에 실패하면서 국민은 상처를
떠안았고, 이는 오랫동안 팔메의 정치적 업적을 가리게 된다.

족 문화에 정통했다. 노를란드에서 겨울에는 혹독한 조건에서 훈련했지만, 학생 출신의 신병들은 생활을 견딜 만하게 해줄 자원을 갖고 있었다. 그들은 한 신병의 표현을 빌리자면 "뽐내고 다소 멋지게 보이려고" 맞춤 군복을 입었다. 울로프와 어느 동료는 우메오에 방을 구해 휴일에 외박을 할 수 있었다. 고등학교를 졸업한 학생들은 거의 전부 부사관 교육 과정, 이른바 학생중대에 들어갔는데, 울로프도 마찬가지였다. 팔메가 같은 시기에 병역의무를 수행한 화가 클라스 백스트룀은 "발의 땀 냄새, 추잡한 성적 표현, 욕"의 거칠고 난폭한 세계를 예상했지만 가정교육을 잘 받은 동료들에 놀랐다. 열다섯 달의 복무기간은 의무복무 지휘관들이 신병들을 자대 hemregemente 로 데려가면서 끝났다. 팔메의 경우에는 외스테르말름스가탄의 집에서 걸어서 5분 거리에 있던 스톡홀름의 K1*이었다. 그는 그 부대에서 1946년 11월에 일반 병역의무를 마쳤다.

울로프가 군 생활을 열심히 한 것은 전혀 놀랍지 않다. 팔메 가족은 스웨덴 육군과 밀접한 연관이 있었고, 울로프는 그 전통을 자랑스럽게 여겼다. 또한 열두 살 때부터 세계대전이 일상의 현실로서 그의 성장기를 지배했다. 식량배급과 등화관제, 결정적인 전투에 관한 지지직거리는 라디오 뉴스, 전선과 군대의 이동이 정확하게 표시되어 있는 지도를 곁들인 우중충한 신문 기사. 같은 세대의 다른 많은 사람처럼 울로프도 병역의무를 험악한 세상에서 뜻깊은 일이요 당연한 의무로 생각했다. 그는 또한 기숙학교에서 8년을 보

---

* 근위기병연대Livregementet till häst. 1928년부터 1949년까지 존속했다.

낸 뒤라 남자들이 함께하는 군대의 단체 생활에 준비가 잘 되어 있었다. 시그투나에서 마지막 몇 년을 성공적으로 보냈기에 그는 자신감이 높아져 있었고 수세에 몰렸을 때마다 보여준 매력과 지도력을 갈고 닦았다. 울로프는 실제적인 야전 훈련을 잘 해내고 군사 전력과 전술 수업에서 인상적인 모습을 보인 뛰어난 군인이었다. 옷차림에는 기숙학교에 다닐 때나 마찬가지로 무관심했다. 군대 심리검사관의 평가는 이러했다. "사실상 장교에는 그다지 잘 어울리지 않으며 군대의 격식을 심히 불편해하지만, 군대에서도 그에게는 따라야 할 가족의 전통이 있다." 울로프의 동료들은 그의 군복과 기타 장비를 점검해줘야 했다. 영리하지만 주의력이 떨어지는 이 군인에게 누구나 매력을 느끼지는 못했다.

울로프의 지휘관이었던 몇몇 사람은 나중에 그를 우월해지고 싶은 욕망에 사로잡힌 협잡꾼으로 묘사했다. 다시금 전거 비판의 문제가 나타난다. 이 장교들은 사회민주당 출신 총리를 말한 것인가 아니면 기병부대의 청년을 말한 것인가? 몇몇 동료는 그들이 울로프의 토론 욕심에 마음이 상했다고 기억한다. K4 연대장 라게르크란츠 대령은(훗날《다겐스 뉘헤테르》의 문화부장이 되는 울로프 라게르크란츠의 삼촌이다) 일찍이 그 학생 출신의 젊은 신병에 주목했다. 그가 자주 문제를 제기하고 의무복무 병사들의 요구를 전달했기 때문이다. 그러나 유복한 배경을 지녔고 지적 문제에 관심이 있는 학생 출신 군인이 울로프 팔메만은 아니었다. 울로프에게는 그를 의지할 만한 좋은 동료로 기억하는 친한 친구들이 있었다. 훗날 그가 스웨덴 유권자를 얼마나 분열시키는지를 감안하면 그에 대한 평가가 제각각인 것은 놀랍지 않다. 울로프가 병역의무를 수행하던 시기에서 훗날의 그의 성격을, 우정과 충성뿐만 아니라 반대와 분노까지 끌어내는 능력을 대략적으로 엿볼 수 있다.

울로프가 우메오에서 병역의무를 이행하는 동안 외스테르말름 스가탄의 가정은 해체되었다. 클라스는 뉘셰핑에서 지방법원 서기로 일하고 있었고, 카린은 여러 병원에서 상담사로 실습하고 있었고, 뮈지는 독일에서 적십자사를 위해 일하고 있었다. 그녀는 성인으로서 인생의 첫발을 내딛은 막내아들을 멀리서 걱정하고 있었다. 1946년 도르트문트에서 쓴 편지에서 그녀는 카린과 클라스에게 이처럼 격앙된 감정으로 호소했다. "우리 꿀돼지와 계속 연락해다오." 아무런 근거가 없는 걱정은 아니었다. 울로프는 그 나이의 대다수 청년처럼 어느 정도 갈피를 잡지 못했다. 1947년 봄 그는 군나르의 바람대로 셰브데의 사관학교에 입학원서를 제출했다.

그곳에서 울로프는 나중에 스톡홀름 대학교의 저명한 교수가 되는 젊은 심리학자 아네 트랑켈이 주도하는 시험을 거쳤다. 폭넓게 여러 질문이 있었는데, 특히 그는 장래의 직업 선택에 관하여 일련의 질문에 답해야 했다. 평가를 토대로 판단하자면, 그는 이를 특별히 진지하게 생각하지 않았다. 말을 있는 그대로 받아들이는 사람들이 그렇듯이 그는 진부한 범주들과 평범한 질문에 짜증이 난 것으로 보인다. 그럼에도 울로프는 이해받기를 원했고, 답변이 그의 가치관과 희망을 상당히 반영하고 있다고 믿을 이유는 충분하다. 변호사부터 기술사까지 124개 직업의 긴 목록에 그가 단호히 빼고 싶은 것은 하나도 없었다. 울로프에게는 변호사와 정치인, 외교관

의 세 직업이 특별히 매력적이었다. 그 밖에 생각해볼 만한 것으로
는 다음을 꼽았다. 편집장(그는 팅스텐*처럼 되기를 원했다), 기업가,
법률가, 종군기자, 교사, 오페라 가수, 인사 담당자, 금리생활자(그
는 여백에 이렇게 썼다. "마다할 이유가 없지!"), 국회의원, 소설가, 스포
츠 기자, 연극배우, 통역, 학자. 그는 무엇인지 분명하지는 않았지만
위대한 사람이 되고 싶었다.

울로프는 병역의무를 수행하던 시절에 구겨진 군복을 입고 익명
성 속으로 사라진다. 그가 그 시절에 스웨덴 육군에 깊은 관심을 보
였다거나 강한 신념을 지녔음을 암시하는 것은 없다. 그는 어떤 단
체에도 관여하지 않았고,《스벤스카 다그블라데트》나 다른 신문에
성향이 확연히 드러나는 기사를 쓰지도 않았으며, 자의로 정치적
견해나 이데올로기적 태도를 밝힌 경우도 전혀 없다. 그는 정치에
관심이 있었고(정치인은 그가 우선적으로 선택한 직업 중 하나였다) 토
론을 좋아했지만, 그렇다고 깊은 신념을 지녔다는 뜻은 아니다. 게
다가 셰브데에 오면 울로프는 승마 시합과 화려한 군복, 사관생도
무도회가 의미하는 모든 것으로 보건대 이제 민주적인 병역의무를
수행하는 시민이 아니라 자발적인 사관후보생이었다.

"말똥과 꾸중"의 세계에 살았던 의무복무자들에게 사관생도는
"미워하고 경멸하고 증오해야" 할 "상관이자 거들먹거리는 군인"
이었다. 예비군 장교 교육이 이전만큼 뚜렷한 계급의 표지는 분명
아니었지만, 집안이 그다지 부유하지 않은 사람들은 학업과 장래의

---

* 정치학자이자《다겐스 뉘헤테르》의 편집장이었던 헤르베트 팅스텐을 말한다.

연금이라는 유리한 조건에 마음이 끌렸다. 전쟁 때문에 국방은 국민의 더 넓은 층에 닻을 내렸다. 스웨덴은 이제 요새 같은 구빈원이 아니라 지켜야 할 '국민의 집'이었다. 그러나 서민층에는 여전히 스웨덴 장교단에 대한 의심이 남아 있었다. 이바르 루유한손은 스톡홀름 군도 어느 섬에서의 준비태세 시기(제2차 세계대전 기간)를 묘사하면서 소집된 군인들이 나치 동조자이니 전쟁이 발발하면 총으로 쏘아 죽여야 한다고 의심한 지휘관의 명부를 어떻게 만들었는지 얘기했다. 전쟁 중에 스웨덴 군대에서 우익 성향과 나치에 대한 공감이 얼마나 강했는지는 아직도 밝혀지지 않은 문제이다. 증거로 제시된 일화는 많지만 중요한 경험은 없다.

이 시기에 울로프가 '과격한 보수주의자mörkblå'였다는 주장이 있지만, 이는 때에 맞지 않는 틀린 꼬리표이다. 이러한 평가는 그가 집에서부터 지녔던 보수적 세계관을 계속해서 붙들고 있었다는 의미에서만 옳다. 울로프가 보여준 이미지로 판단하건대, 그가 주변 사람들의 지배적인 가치관을 공유했다고 생각할 만한 이유는 충분하다. 장교 시험에서 그가 사회 개혁에 관해 보여준 견해는 전체적으로 부르주아적인 것으로 고전적 자유주의와 보수주의 사이를 오갔지만 사회적 자유주의의 성격도 엿보였다. 보수적인 울로프 팔메는 범죄자의 처우 개선과("변하지 않으면 추가 개선은 있을 수 없다") 기독교 교육의 폐지, 세금 인상에 반대했으며, 선거연령을 스물여덟 살로 높이는 것을 고려할 수 있었다. 고전적 자유주의자 팔메는 영화 검열과 이민 규정 강화(그 자신이 이민자의 아들이었다), 무역 장벽에 반대했지만 학교 내 성교육에 관해서는 태도가 불분명했다.

사회적 자유주의의 성격이 두드러진 팔메는 무상 영재교육과 자녀 양육 가정에 대한 지원, 농촌 학교 개선을 원했다. 그러나 팔메는 또한 집권 사회민주당 정부에 철저히 반대한다는 점도 분명히 했다. 울로프 팔메는 굳이 어느 쪽이었냐고 하면 막 20대에 들어선 청년으로서 근대 지향성이 강한 보수주의자였다.

반면 그가 속한 환경에는 완전히 극단적이지는 않았다고 해도 과격한 보수주의의 특성이 보였다. 셰브데에는 렌나트 하그만이 있었는데, 팔메는《스벤스카 다그블라데트》의 견습 사원일 때 그를 알게 되었다. 두 사람 사이에는 신문 이외에도 공통점이 많았다. 두 집안이 다 유명했으며, 둘 다 아버지를 여의었고 법학을 공부했다. 그렇지만 결정적인 차이점도 있었다. 훗날 중앙당* 당원이 되는 하그만은 확신을 지닌 나치였다. 하그만은 30대였던 1934년 스벤 울로프 린드홀름의 나치당 지부인 '누디스크 웅돔'(북유럽 청년)에 가입했으며 1930년대 내내 그곳에서 활동했다. 그는 보안경찰의 조사를 받았으며 일련의 긴 항의 끝에 부로스의 I 15연대에 "민주주의자로 신뢰할 수 있는" 소위로 인정받는 데 성공하기까지 오랫동안 예비군 장교가 되지 못했다. 하그만과 울로프 팔메의 가족 배경에는 확연한 차이가 있었다. 하그만의 가족은 적극적인 나치였던 반면 군나르와 뮈지의 가족은 독일에 공감하는 부르주아였다. 울로프 팔메와 하그만의 친밀도는 하그만이 나중에 과장했을 것이나,

---

* Centerpartiet. 1913년 창당된 농민연합Bondeförbundet이 1958년 당명을 중앙당으로 바꾸었다.

두 사람이 서로 교제했고 이후 편지를 주고받았다는 데에는 논란의 여지가 없다. 그러나 훗날 울로프 팔메에게 문제가 되는 것은 하그만의 나치 이력이 아니라 그가 어느 바닷가재 회식에서 엔셰핑 출신의 사회민주당 당원인 예비군 장교와 사귀었다는 것이다. 비르예르 엘메르라는 이름의 그는 스웨덴 정치에서 중요한 역할을 수행하게 된다.

스무 살 청년의 선택

잠깐 1947년 여름 스무 살의 청년 사관생도 울로프 팔메의 모습을 확인해보자. 외모를 보면 호리호리한 청년으로 키는 1947년 스웨덴 남성의 거의 정확한 평균인 174센티미터였다. 잿빛 금발의 앞머리는 간수하기 어려운 더벅머리였고, 용모의 윤곽선이 뚜렷했으며, 눈은 강렬한 푸른색이었고, 콧날이 오뚝했으며, 입술은 여성스러울 정도로 관능적이었다. 턱은 지나치게 약하고 이는 비뚤비뚤하고 코는 다소 심하게 굽어서 미남이라고 보기는 어려웠다. 그렇지만 몇몇 여성은 그가 매력적이라고 생각했다. 그의 얼굴은 생기가 넘쳤으며 개성을 드러냈다. 팔메는 때때로 입가를 가볍게 씰룩거려 얄궂은 태도를 취했는데, 이는 보는 사람에 따라 조롱이나 매력으로 해석될 수 있었다. 또 다른 때에는 두 눈에 진정한 호기심을 품고 진지한 표정을 하기도 했다. 어떤 시각에서 보면 그는 정말 못생겼다. 모든 것이 너무 날카롭고 과했다. 그러나 다른 시각에서 보면 그의 용모는 감추어진 것 없이 다 드러나 있다. 누구나 기꺼이 사귀어 좀 더 알기를 원할 만한 흥미롭고 매력적인 청년이었다.

당시 팔메의 모습에서 스웨덴 부르주아 사회의 일부에 공포를 안겨줄 장래의 노동운동 지도자를 암시하는 것은 전혀 볼 수 없었다. 스무 살까지 그의 삶은 가족의 바람에 심하다 싶을 정도로 맞추어져 선택이 제한되었고, 그의 견해는 정치적 차원에서 다소 오른쪽으로 치우쳤지만 꽤나 관습적이었다. 팔메는 정신이 산만했지만 정중하고 사려 깊었으며 자신의 환경이나 가족으로부터 거리를 둘 필요성을 강하게 느꼈다는 징후는 보이지 않았다. 그의 큰 관심사는 문학이었다. 군대 심리검사관 트랑켈에 따르면 팔메는 문학에 "이례적으로 뛰어난 식견"을 지녔다. 가족의 전통은 결코 하찮지 않은 족쇄였다. 그것은 팔메가 너무 어릴 때 폭풍우 몰아치는 바다로 나가지 못하게 막은 닻이었다. 또한 관찰력이 예리한 사람이라면 그의 성격에 내재한 미묘한 특징을 알아챌 수 있을 것이다. 반항적인 태평함은 그가 독립적으로 생각하고 기존의 권위와 유서 깊은 전통을 받아들이지 않을 권리를 갖고 있음을 보여준다. 팔메 가족을 어느 정도 아는 자라면 그 푸른 눈 속에 스벤 팔메와 헨리크 팔메의 강렬한 성격과 의지력이 얼마나 많이 숨어 있는지 곰곰이 생각해볼 것이다.

팔메의 배경, 교육, 그리고 특히 재능은 전후 스웨덴 사회에서 그가 무엇을 하든 대체로 성공할 가능성이 크다는 점을 가리켰다. 팔메는 기숙학교 생활 7년과 장교 교육 2년을 성공리에 마쳤다. 이는 그 자체로 성인 생활을 맞이하기에 부족함이 없는 강인함의 표지였다. 팔메는 훗날 경제와 국가 운영, 학계, 언론, 정치, 국방에서 활약할 스웨덴 사회의 엘리트에 속했다. 사회적 논쟁에 관한 팔메의 관심을 생각하면 그가 정치를 선택했다고 놀랄 사람은 없었을 것이다. 그의 지적 성향과 문학에 대한 관심을 생각하면 그가 학자나 기자로 출세했어도 마찬가지로 놀랄 사람은 많지 않았을 것이다.

우선 팔메가 사회민주주의에 반대하여 부르주아 편에 선 것은 당연해 보인다. 그다음으로는 사회 문제에 초연한 태도, 그리고 사회적 권력을 둘러싼 격한 투쟁에서 벗어난 막연한 자유주의적 문화급진주의*를 예상할 수 있었을 것이다. 막상 일어난 일은 누구도 예견치 못한 것이었다. 울로프 팔메는 두 선택지를 부분적으로 결합하여 사회민주주의 정치인이 되었다. 울로프 팔메가 자신의 배경을 확실하게 깨뜨렸음은 그가 지적인 의미에서 사회민주주의자가 되었다는 사실이 아니라 그 신념을 적극적인 행동과 현실정치로 전환하기로 결심했다는 사실에서 확인된다. 조부가 스벤 팔메였음을 생각하면 놀라운 일도 아니었다. 스무 살의 울로프 팔메는 돌연 완전히 새로운, 예상치 못한 방향으로 발걸음을 내딛었다. 그는 미국으로 간다.

---

* Kulturradikalism. 미술과 음악, 문학 등 여러 문화 분야에서 전통적인 규범에 도전한 새로운 사조. 1890년대 덴마크의 문학평론가 게오 브란데스Georg Brandes에 기원이 있다.

5. 벌거벗은 자들과
공산주의자들

Olof Palme

… 아침까지 밤새 재잘거리며 네브래스카와 와이오밍,
유타의 사막을 지난 다음 오후에는 네바다 사막을 지나고 가까운 시간 내에
로스앤젤레스로 간다는 생각은 나의 계획을 거의 바꿔놓았다.

— 잭 케루악

… 향후 가까운 시일 안에 갈피를 못 잡고 있는 서유럽의 전통적인 문화 주도층을
자체의 활력으로써 지배하고 그들에게 규범을 제시할 자들은 바로
미국의 이 전쟁 세대, 수백 만 명의 농민과 학생, 노동자이다.

— 울로프 팔메

울로프 팔메와 미국의 첫 번째 만남은 프로테스탄티즘의 정신에
서 이루어졌다. 팔메가 스무 살의 교환학생으로 오하이오 주의 케
니언 칼리지에 갔을 때, 어느 동료 학생은 그 스웨덴 청년이 그곳에
가게 된 이유는 조부가 고국에서 저명한 주교였기 때문이라고 믿
었다. 그 친구는 울로프가 성직자다운 면은 조금도 없었던 보험회
사 사장 스벤 팔메에 관해 한 말을 오해했을 것이다.

케니언 칼리지는 영국 성공회의 미국 판인 미국 성공회로부터
깊은 영향을 받았다. 학교는 1820년대에 오하이오 주의 황무지에
교육 받은 목사가 필요하다고 생각한 매우 진취적인 주교 필랜더
체이스가 세웠다. 동부 해안의 교회 지도부에서는 반대가 거셌다.

서쪽의 벽촌 주민들 사이에 새로운 신학교가 들어서면 분열이 초래될까 두려웠기 때문이다. 그러나 체이스는 사업 계획에 대한 지지를 영국에서 얻어냈다. 특히 갑부인 케니언 경*으로부터 많은 자금을 기증받았다. 이에 대한 보답으로 새로운 학교에 그의 이름을 붙여 주었다. 이후 교회는 통제력을 상실했다. 신학교는 그와 비슷한 많은 기관처럼 청년, 특히 앵글로색슨계 프로테스탄트 출신의 청년에게 라틴어와 그리스어, 영어, 수학, 역사의 교양 과목을 가르치는 대학으로 발전했다. 그렇지만 성공회 체제는 오래 살아남았다. 계속해서 목사를 양성했고, 팔메가 다니던 때에 학생들은 교정 한가운데 자리 잡은 커다란 석조 교회인 성령교회에서 일요일마다 열리는 예배에 의무적으로 참석해야 했다.

미국에서의 학업을 지원한 단체인 미국 – 스칸디나비아재단이 울로프 팔메에게 장학금을 주어 케니언 칼리지로 보냈다. 1910년에 뉴욕에 설립된 미국 – 스칸디나비아재단은 스톡홀름의 스웨덴 – 미국재단과 협력하여 스웨덴 학생들이 미국에서 공부하고 실습할 수 있도록 주선했다. 처음에는 대체로 자연과학과 공학, 비지니스 관련 교육만 다루었다. 인문학과 사회과학 분야에서는 미국이 유럽인들에게 줄 것이 많지 않다고 판단했기 때문이다. 그러나 1940년대 말 여러 가지 이유로 미국에 가려는 스웨덴 사람이 크게 늘어났고, 미국 – 스칸디나비아재단은 점점 더 많은 대학과 대학교와 협력을 구축했다. 케니언 칼리지는 그중 하나였다.

---

* 제2대 케니언 남작 조지 케니언George Kenyon(1776~1855).

케니언 칼리지는 미국의 기준으로 볼 때 인상적인 전통을 지녔고 오늘날 상류 대학으로 입지를 다졌지만 꽤나 파란만장한 역사를 지녔다. 팔메는 옛 모교에 대한 충성심에서 케니언 칼리지를 당시 "미국 최고의 대학 중 하나"라고 말했는데, 충분히 이해할 만하다. 그렇지만 실상은 그렇지 않았다. 19세기에 케니언 칼리지는 저명인사를 연이어 배출했는데, 특히 미국의 제9대 대통령 러더퍼드 B. 헤이즈와 링컨 밑에서 육군부 장관을 지낸 에드윈 M. 스탠턴을 꼽을 수 있다. 그러나 20세기 전반에 케니언 칼리지는 쇠퇴기에 접어들었다. 이는 한편으로는 20세기 초 전국 신문에서 매우 부정적인 평판을 받은 섬뜩한 사건 때문이다. 어느 학생이 분명하지 않은 정황에서 기차에 치였다. 술 모임 뒤에 어쩌다가 철길 위에서 잠들었거나 아니면 학생 동아리가 신입 회원에게 강요한 비뚤어진 통과의례 때문이었을 것이다. 어느 경우든, 이로 인해 주목을 받은 결과로 몇 년간 학생 숫자가 급격히 감소했다.

1939년 《케니언 리뷰》의 창간이 전환점이었다. 《케니언 리뷰》는 미국의 주요 문예지가 된다. 학교에서 영어를 가르친 남부의 시인 존 크로 랜섬이 편집을 맡았다. 랜섬은 역사적 배경과 심리학적 설명 모델보다 작품의 면밀한 독서를 강조한 신비평New Criticism이라는 문학계의 유력한 경향을 추동한 주된 인물이었다. 그러나 《케니언 리뷰》가 학교의 명망을 높였어도 전쟁 초기에는 학생 충원 문제가 더욱 어려워졌다. 학생 숫자는 다시 줄어들었고, 1945년 가을 캠퍼스에는 겨우 51명밖에 없었다. 전쟁이 끝났을 때, 군인이었던 자들이 많이 유입되면서 문제가 해결된다. 이들은 1944년 미국 의회에서 채택된 이른바 군인권리법(군인재적응법)에 따라 입학했다. 이 법은 미국에서 실행된 복지정책 중에서 가장 야심적이고 성공적인 것에 꼽힌다.

귀향한 군인들은 이 법으로 실업자 지원금과 주택을 구매하고 사업을 시작할 수 있는 보조금을 보장받았고 특히 대학 교육비를 받았다. 종래의 케니언 대학생들보다 대체로 출신이 더 평범했던 자들이 새로 들어오면서 이전의 목사 양성 신학교는 다시 활력을 찾았다. 많은 학생이 오하이오 주 현지의 사내들이었다. 그들은 대개 나이가 약간 많았으며, 일부는 기혼자로 아내와 자녀를 동반했다. 대학의 수용 능력은 애초에 대략 250명 정도였는데 이제 그 숫자를 넘어 확대되었다. 군인 출신의 학생들은(팔메가 다니던 시절에 이들 때문에 학생 숫자는 600명을 넘었다) 임시로 군용 막사에 묵었다.

케니언 칼리지의 풍경

1947년 9월 학교가 자리 잡은 녹스 카운티의 마을 갬비어의 작은 기차역에 첫발을 내딛었을 때 팔메가 대면한 케니언 칼리지는 모순으로 가득했다. 걸어서 왔든지 자동차를 타고 왔든지(당시 갬비어에서 자동차는 결코 흔한 교통수단이 아니었다) 팔메는 먼저 길게 뻗은 캠퍼스를 보았다. 관리가 잘 된 잔디밭과 커다란 참나무와 단풍나무, 낙엽송이 있었고, 미국에서는 대학고딕collegiate gothic이라고 부르는 멋진 양식의 인상적인 석조 건물은 옥스퍼드 대학교나 케임

브리지 대학교, 여타 유럽의 중세 교육기관을 연상시켰다. 오하이오 주는 광대한 옥수수 밭과 사각형의 흰 농가들이 있는 미국의 전형적인 주였지만, 케니언 칼리지는 그러한 오하이오 주의 중심부에 마치 하늘에서 뚝 떨어진 것 같은 경관을 보여주었다. 케니언 칼리지에서 교육받은 어느 작가는 주변과 어울리지 않는 곳이라고, "오하이오 주 한가운데의 작은 언덕에 자리 잡은, 애팔래치아 산기슭 호젓한 마을을 둘러싼 영국 대학교"라고 썼다.

팔메가 거대한 석조 교회가 들어선 캠퍼스 중앙을 통과하고 은행과 상점, 카페가 있는 마을의 중심가를 지나자 당분간 그의 집이 될 초라하고 볼품없는 2층짜리 목조 건물 T-바라크가 나왔다. 그것은 군인 출신 학생들을 수용하기 위해 세운 막사의 하나였다. 그 학교에 다녔던 어느 학생은 훗날 이렇게 썼다. 다른 많은 남학생 전용 기숙사처럼 그곳에서는 "세탁하지 않은 옷과 쏟아진 맥주, 자위"의 악취가 풍겼다. 그곳에서 팔메는 짧게 깎은 머리, 흰색 가죽구두, 군복 바지, 풀오버 등 그 시절의 전형적인 대학생 차림을 한 청년들을 만났다. 여행 중에 더 일찍 깨닫지 못했다면, 바로 그때 팔메는 스웨덴에서 가져온 스웨덴 골프 바지가 절망적인 구식 복장이라는 사실을 깨달았을 것이다. 그의 옷차림에 새로운 친구들은 웃음을 터뜨렸다. 그 시기에 미국을 찾은 다른 많은 사람처럼 팔메도 미국인이 유달리 영양 상태가 좋고 건강한 데 충격을 받은 것 같다. 여전히 식료품이 부족하고 배급이 이루어지던 전후 세계에서 미국인은 일일 평균 3000칼로리를 섭취했다.

팔메가 분명히 장교 교육을 받기는 했지만, 많은 청년이 중립국 스웨덴 출신인 울로프 팔메와 달리 여러 해 동안 전쟁을 경험하고 돌아왔다. 케니언 칼리지 시절 그의 가까운 친구가 되는 청년 헨리 ('행크') J. 에이브러햄과 윌리엄 ('빌') 벌저는 둘 다 군인 출신이었다. 유대계 독일인 가정에서 태어난 에이브러햄은 1937년 10대의 소년일 때 나치를 피해 미국으로 건너왔으며 미군 보병으로 참전했다. 그의 가족은 홀로코스트로 파국을 맞았다. 벌저는 제너럴 모터스의 본사가 있는 미시건 주 플린트 시에서 목재상을 하는 집안 출신이었다. 그도 역시 보병부대에 입대했지만 사우스캐롤라이나 주에서 행정병으로 복무했다.

그 시절에 학교는 여전히 남자들 세상이었지만, 몇몇 퇴역 군인은 가족과 함께 지냈다. 울로프가 지내던 막사를 지나면 남학생 동아리 건물이 보였다. 우중충하게 들어앉은 그 건물에서 여러 학생 동아리가 모여 다른 무엇보다도 술을 퍼마셔대는 은밀한 의식을 치렀다. 울로프 팔메는 동아리에 가입하지 않았지만, 몇 년 뒤에 케니언 칼리지로 오는 일본인 교환학생과 똑같은 방식으로 T-바라크에서 환영을 받았을 것이다. 맥주 한 통을 갖다 놓고 서로 건배하며 "전쟁 이전 시절, 전시, 전후 시절"에 관하여 격렬한 토론을 벌였을 것이다. 그 일본인 학생처럼 울로프 팔메도 미국인의 허물없는 태도에, 특히 캠퍼스 도처에서 전혀 모르는 사람이 반갑게 '하이!'를 외치는 데 놀랐을 것이다. 팔메는 스웨덴으로 귀국했을 때 이렇게 썼다. 미국 청년들은 "실용적이며 외향적이고 자신의 미래에 대한 믿음과 '세상이 우리를 기다리고 있다'는 확신을 갖고 살아간다."

그러나 엄격한 대학 구조와 T-바라크의 자연스러운 학생 생활

사이의 대조만 보이는 것은 아니었다. 미국에서 1940년대 말은 고상한 이상주의와 천박한 물질주의가 공존한 때였고, 특히 케니언 칼리지에서 그러한 현상이 심했다. 전쟁 때문에 미국 국민은 전에 없이 인종과 계급의 경계를 넘어 단합했다. 군대에서 흑인에 대한 차별이 사라지기 시작했다. 1945년 앨라배마 주 출신의 어느 흑인 하사는 이렇게 설명했다. "전쟁에 들어갈 때 나는 검둥이였지만 집에 돌아올 때는 인간이었다." 울로프 팔메가 고등학교에서 졸업한 이듬해에 백인 천지인 케니언 칼리지에 처음으로 흑인 학생 두 명이 입학했다. 전쟁 중에 여성은 국내 산업 현장에서 일했고 사회에 생산적으로 참여할 기회를 가졌으며 이에 따라 자신감이 더 커졌다. 1946년에 초연된 어빙 벌린의 뮤지컬 〈애니, 총을 들어라^{Annie Get} ^{Your Gun}〉에서 여자 주인공은 이렇게 노래를 불렀다. "너는 무엇이든 할 수 있어, 나는 더 잘할 수 있어."

미국이 나치즘과 파시즘에 맞선 전쟁에서 승리할 수 있었던 것은 민주적이고 개방적이며 평등한 사회였기 때문이라는 강한 믿음이 퍼져 있었다. 제2차 세계대전 이전에 지배적이었던 고립주의와 국제사회의 문제에 개입하지 않겠다는 의지는 완전히 뒤로 밀려났다. 미국이 이제 세계를 지도하는 민주주의 국가이며 세계적으로 적극적인 역할을 하게 되리라는 점은 자명했다. 전시에 큰 사랑을 받은 대통령 프랭클린 루스벨트가 남긴 유산은 최고조에 달했다. 그의 자유주의적 뉴딜 정책은 여전히 정치적 논쟁의 기본적인 틀이었다. 미국 노동조합운동은 전쟁 중에 기록적으로 성장했다. 1945년 농업 부문 이외의 노동자 중 조합원은 전체의 35퍼센트였다. 이는 스웨덴에 비하면 낮은 비율이었지만 노동자가 조직을 갖추는 것이 거의 애국적인 행위로 여겨지던 시기에 미국 역사에서는 고점이었다.

베를린에는 노동조합의 꼬리표가 있을 것이다.
제복을 입은 노동조합의 사내들이 행진할 때
대열을 이루어 행진하는
자동차노조연맹의 전차가 있어서 ─
히틀러를 뭉개고 노동조합을 굴릴 것이다.

좌파 성향의 밴드 올머낵 싱어스는 1942년 미국 자동차노동조합 연맹을 찬양하며 이렇게 노래했다. 많은 사람은 제2차 세계대전의 승리를 미국이 국내 차원에서 불공정을 바로잡고 새롭게 더 나은 공동체를 건설해야 한다는 명령으로 받아들였다. 울로프 팔메가 스웨덴으로 돌아온 뒤 이해했듯이, 미국의 전후 세대는 "삶을 긍정하는 물질주의와 순수한 이상이 뒤섞인, 넘치는 활력 속에" 빠졌다.

그러나 이제 미국인이 본연의 일로, 다시 말해 개인의 자아실현과 사업의 성공으로 돌아갈 기회를 가져야 한다는 강력한 열망도 보였다. 많은 사람이 전쟁에 지쳤다. 이들은 자신들이 미국 사회에 대한 집단적 의무를 이행했으며 이제는 자신과 가족을 돌보아야 한다고 생각했다. 또한 1932년에서 1945년까지 루스벨트의 대통령 재임 기간 중에 민주당의 국가개입주의와 복지정책을 거세게 비판하는 경향이 있었다. 1930년대의 위기와 전시 경제의 국가 관리 필요성 때문에 이러한 저항은 대체로 무뎌졌다. 야당은 미국 유권자를 설득할 대안이 없었다. 그러나 전쟁이 끝난 후 공화당과 전통적인 보수 세력은 서서히 기회를 포착했다. 민주당의 해리 트루먼은 나중에 위대한 미국 대통령으로 치켜세워지지만, 당대의 많은 사람은 그를 매우 허약한 인물로 보았다.

미주리 주 출신의 이 의류상은 1945년 봄 루스벨트가 사망하여 갑자기 대통령직을 떠맡았다. 루스벨트가 네 번째로 대통령에 당선된 지 겨우 몇 달 만이었다. 대기업과 상인, 보수파는 뉴딜 정책을 폐기하려 했다. 최소한 억제하기라도 해야 했다. 그들은 노동조합이 너무 강력해졌으며 국가기구는 사회주의적 방침을 한층 더 강력히 추진하려는 동부 해안 대학교 출신의 자유주의적 지식인들로 가득하다고 보았다. 1948년 예기치 않게 트루먼이 승리하면서(상대 후보인 공화당의 토머스 듀이는 낙승을 예상했다) 시계를 거꾸로 되돌리려는 시도는 포기되었다. 아이젠하워와 닉슨 같은 공화당 인사들도 루스벨트의 새로운 정책을 향후 몇십 년간 미국 복지국가 모델에 적용될 토대로 받아들였다. 그러나 루스벨트의 뉴딜을 지지한 자들에 대한 공격은 다른 형태로 성공했다. 시나브로 확산된 반공주의였다. 반공주의는 울로프 팔메가 케니언 칼리지에 갔을 때는 아직 크게 퍼지지 않았지만 1950년대 매카시즘에서 만개했다. 1940년대 말은 미국 역사에서 이행기였다. 좌파 세력은 여전히 비교적 강력했지만 전통적인 보수적 '아메리카니즘'이 새로운 적응 국면에 들어갔다.

케니언 칼리지도 이렇게 상반되는 경향이 지배했다. 교수단은 교양 대학의 교수들에게 기대할 수 있듯이 상당히 자유주의적이었다. 많은 교수가 오하이오 주의 열성적인 민주당원이었고 지역에서 신임 받는 위치에 있었다. 그러나 학교는 당연히 정치적 지향성이 없었고 다른 모든 것에 앞서 그 전통의 특징인 고전적인 교육 이상주의를 설파했다. 학생들에게서도 강한 정치적 행동주의는 보이지 않았다. 단체 생활은 주로 남학생 동아리 중심의 사교 활동과 그 와중에 발생한 문제가 지배했다. 무사태평하게 주고받는 과한 농담, 주류 허가제, 여대생들을 남자 대학으로 유인한 무도회 주최 등이다.

비록 케니언 칼리지는 학구적인 성격이 강한 학교였지만, 스포츠도 큰 몫을 차지했다. 당연히 미식축구가 가장 인기 있는 종목이었으나 1947년에는 축구팀도 출범했다. 감독은 미국으로 이주한 발트 지역 독일인 물리학자였는데 울로프의 외조부인 화학 교수 볼데마르 폰 크니림을 알았을 가능성이 있다. 친구 에이브러햄도 그 팀에 있었는데, 그는 울로프 팔메를 재빠른 레프트윙어로 기억했다. 오락과 스포츠의 강세는 미국 사회가 평시 상황으로 돌아가고 있음을 보여주는 단면이었다. 바로 그러한 성격의 활동이 전쟁이 끝났음을, 이제 학생들이(특히 참전했던 학생들은) 더 순수하고 평화로운 세계로 복귀할 수 있음을 보여주었다. 1960년대의 급진적인 학생운동과 비교하면, 1950년대 말의 대학 생활은 비정치적이고 냉담했다. 울로프 팔메의 표현에 따르면 '온실 분위기'였다.

그렇지만 전원적인 겉모습 밑에서 변화도 일어나고 있었다. 케니언 칼리지만 그런 것이 아니었다. 전쟁을 겪으면서 변하지 않은 대학이나 대학교는 없었다. 많은 학생이 아시아와 유럽에서 군인으로 싸운 자들이었다. 울로프 팔메 같은 교환학생도 캠퍼스 환경에서 점차 일반적인 현상이 되었다. 미국의 고립주의는 깨졌다. 국제적 교류는 개인적인 차원에서든 타국과의 학생 교류를 위한 특별한 위원회를 통해서든 점차 대학의 특징이 되었다. 정책에 관한 토론이 이루어졌고, 학생 신문《케니언 칼리지언》은 사설에서 이전의 동맹국 소련에 핵폭탄을 쓴다는 생각을 철저히 거부했다. "우리는 어쩌면 우리가 세상의 큰 부분을 잿더미로 만들고 그 주민들을 야만과 절망으로 내몰았음을 알게 될 수도 있다.… 학생들이여, 이 문제를 진지하게 생각해보라. 그대들은 '모스크바로 진격하라!'는 말을 들으면 참여할 것인가." 다양한 연사들이(작가, 정치인, 문화계 인사) 일정한 간격을 두고 케니언 칼리지를 찾았다. 그중에는 미국노동조합총연맹 의장과 공산주의자이기도 한 흑인 작가 랭스턴 휴스도 있었다(그의 방문에 분노한 이들이 학생 신문에 글을 투고했다).

팔메가 케니언 칼리지에 다니던 시절에는 비록 단명했지만 사회주의 학생 동아리도 있었다. 특별히 탁월한 마르크스주의 동아리는 결코 아니었다. 다섯 명의 회원 중 두 사람은 나중에 목사가 된다. 관심은 정치적이라기보다는 주로 이상주의적이고 종교적이었다. 케니언 칼리지는 1940년대 말에 결코 급진주의로 들끓는 도가니가 아니었지만, 그 안의 정치적 논쟁은 마음이 열려 있는 사람을 자극하기에 충분했다. 케니언 칼리지 학생 중에서 국제적으로 가장 유명해진 두 사람인 울로프 팔메와 폴 뉴먼이 1960년대 베트남 전쟁 반대 운동에 적극적으로 참여했을 뿐만 아니라 1947~1948년 T-바라크에서 이웃으로서 서로 알았던 것은 우연이 아니다.

인생에서 가장 좋았던 시절

미국 생활은 청년 울로프 팔메에게 결정적인 경험이었다. 장기적으로 보면 미국 생활이 그를 정치인으로 만들었기 때문이다. 그렇지만 팔메가 스톡홀름으로 돌아오자마자 정당에 가입하고 거리에 나가 선동했다는 의미에서 사회민주주의자나 사회주의자가 된 것은 아니다. 행크 에이브러햄도 빌 벌저도 스웨덴 친구가 자신들처럼 학계에서 이력을 쌓으리라고 믿었지 정치에 투신하리라고는 생각하지 않았다. 벌저는 역사학 교수가 되고 에이브러햄은 헌법학 교수가 된다. 그러나 미국에서 울로프는 가족과 시그투나 학교, 사관학교에서 형성된, 정치와 노동운동과 사회주의에 대한 피상적이고 편향된 견해를 대부분 내버렸다. 편견이 특정 정당의 선명한 정치적 견해나 단순한 이름표로 대체되지는 않았다. 그렇지만 팔메는 세계와 그 안에서 자신이 수행할 역할을 이전과는 다른 새로운 방식으로 바라볼 방법을 찾아냈다. 그것은 그 시절 팔메의 기본적인 삶의 태도를 규정한 미국 좌파 자유주의였다.

울로프 팔메는 열린 마음으로 탐구하는 정신을 지니고 미국으로 건너갔다. 그는 영향과 자극을 받고 새로운 착상을 얻기를 원했다. 팔메는 전후에 서쪽으로 건너간 유일한 사람이 결코 아니었다. 스웨덴은 1940년대에 비록 미국 정부까지 늘 좋아하지는 않았지만 미국 문화와 오래 이어질 강력한 애정 관계를 형성하는 중이었다. 1947년 가을《다겐스 뉘헤테르》의 편집장 헤르베트 팅스텐조차도 미국 민주주의를 공부하러 미국으로 갔다. 이 여행의 결과물인 연재 기사는 나중에 『미국의 문제*Problem i USA*』로 간행되었다. 책의 제목은 그랬어도 내용은 전후 유럽이 따라야 할 모범으로서 미국을 변호하는 것이었다. 이후 몇십 년 동안 학생과 작가, 기자, 상인, 정치인, 학자가 앞을 다투어 대서양을 건넜다. 모두 미국의 역동성과 성공할 수 있다는 낙관론, 좋은 삶은 평등과 민주주의와 일치한다는 느낌을 경험하기를 원했다. 그들은 천박한 물질주의에 비판적이었지만, 그것은 대개 다른 점에서는 뜨거웠던 경험에 붙어온 사소한 잘못의 문제였다. 울로프 팔메의 경우에 미국에서 공부하기로 한 결정은 다른 대다수 사람들보다 더 근본적이었다.

1947년 9월 6일 예테보리에서 미국 배에 올랐을 때, 그것은 성인이 된 청년 팔메가 처음으로 결정한 진정으로 독립적인 행동이었다. 미국 여행길에 오르기까지 팔메는 1920년대 말 군나르 팔메의 바람을 의무적으로 이행했다. 고등학교를 졸업하고 기병장교 교육을 받았으며 법학 공부를 시작했다. 이제 그는 처음으로 자신만의 의미 있는 발걸음을 내딛었고, 앞서 주어진 것과는 완전히 다른 방향으로 움직였다. 미국에 대한 관심은 팔메 가족의 전통에서 완전히 벗어나 있었다. 팔메는 아동기에 배운 독일어 대신에 학교에서 배운 언어인 영어를 선택했다. 그 가족에 미국 대학에 가고 미국식 삶을 경험하는 전통은 없었다. 군나르와 엘리자베트는 1930년에 분명히 미국을 여행하기는 했지만, 모든 점에서 독일 문화에 편향된 가족의 삶에서 그것은 우발적인 요소였다. 울로프도 자신이 선택을 했음을 잘 알고 있었다.

팔메는 고국으로 돌아와 《스벤스카 다그블라데트》에 미국에서의 경험에 관하여 글을 기고하며 독일과 미국을 명시적으로 비교했다. 전후에 독일 청년은 "물질적으로나 도덕적으로나 놀랄 정도로 해체된 파멸한 문명으로" 돌아간 반면, 미국 청년은 활력 넘치는 '활짝 핀' 나라로 돌아갔다. 팔메의 새로운 '서진Drang nach Westen'은 확실히 스웨덴 전체, 특히 그 엘리트층을 대표했지만, 특히 두드러진 것은 그 청년에게 나타난 힘과 자의식이었다. 팔메는 아무런 조건 없이, 걱정스럽게 뒤를 돌아보지도 않고 미국의 시대에 전심으로 뛰어들었다. 팔메는 스톡홀름의 새로운 생활을 위해 미련 없이 유년기의 칼마르를 떠난 형제 스벤 팔메와 헨리크 팔메의 후손으로 그들과 매우 비슷했다.

그를 태우고 대서양을 건넌 배는 미국의 세계 패권이라는 새로운 시대를 대표했다. '머린 점퍼Marine Jumper'라는 의미심장한 이름을 가진 그 배는 원래 미군 병사들을 유럽과 태평양으로 수송하기 위해 건조한 것으로 1만 2000톤급의 견고한 선박이었다. 전후 몇 년간 그 배의 갑판에서는 각양각색의 매우 다양한 승객들을 볼 수 있었다. 미국 점령군 당국에 의해 일본에서 강제로 송환된 독일 시민들, 미군 병사들과 결혼한 전시의 영국인 신부들, 새로운 삶을 찾아 유럽을 떠난 홀로코스트 생존자들, 오스트레일리아로 간 이민자들. 1947년과 1948년에 그 배는 미국과 유럽 간의 문화 교류 증대에 일익을 담당하여 학생과 학자, 기자, 문화계 종사자를 태우고 대서양을 오갔다. 대포의 포가 때문에 갑판 위에서 산책을 하기는 불편했지만, 한때 2000명의 군인이 꽉 들어찼던 곳에서 약 600명의 승객이 테니스 대회와 춤이 곁들여진, 확실히 편안한 생활을 했다. 유럽으로 가던 어느 미국인 청년은 부모에게 보내는 편지에서 선상생활이 매우 활기찼다고 썼다.

> … 우리는 대부분 밤 2~3시 전에는 잠에 들지 않았어요. 흔들거리는 해먹에서 11쯤 일어나 쉴 새 없이 얘기를 나누며 하루를 시작하지요. 사람들이 무엇을 원하는지에 관하여, 음악, 예술, 섹스, 사랑, 종교 등 어떤 주제에 관해서든 어떤 언어로든 좋은 대화가 있고, 식사는 훌륭해요. 그러면서 하루의 의미와 기쁨이 커지죠. 자정 넘어 차를 서너 잔 마시고 담배를 피울 때가 절정이죠.…

울로프 팔메가 예테보리에서 '머린 점퍼'에 올랐을 때, 배는 노르웨이의 하기 수련회에 가는 많은 미국 학생을 막 내려주고 뉴욕으로 돌아가던 중이었다.

울로프 팔메는 뉴욕을 구경했고 어쩌면 여하간의 방법으로 관광을 했을지도 모른다. 그런 뒤에 팔메는 10월 1일 가을학기 시작에 맞춰 케니언에 도착했다. 겉으로 보기에 케니언 칼리지는 울로프 팔메에게 매우 익숙한 환경이었다. 열 살 때부터 팔메는 처음에는 시그투나에서, 이어 병역의무를 수행하며 단체 생활을 했다. 다른 사람과 방을 같이 쓰고 커다란 식당에서 함께 밥을 먹고 일단의 어린 남자들과 함께 사회에서 단절되어 생활하는 것은 그에게는 거의 당연한 생활 방식이었다. 고교회파高敎會派의 배경과 종교적 이상은 그에게 낯설지 않았다. 미국 대학과 만프레드 비에르크비스트가 세운 기숙학교 사이에는 비슷한 점이 많았다. 그렇지만 울로프가 앞서 경험한 모든 것에 비하면 근본적인 차이가 있었다. 팔메는 살면서 처음으로 완전히 누구도 모르는 익명의 존재가 되었다. 그는 외국인이었다. 자신의 가치를 스스로 정할 수 있는 자유로운 존재, 계급도 확정된 것도 없는 존재였다. 게다가 팔메는 사회경제적으로 매우 다른 사회에 들어갔지만, 그가 물려받은 신분 관념은 그곳에서 큰 역할을 하지 않았다. 케니언 칼리지 교환학생 신청서에 팔메는 취미로 승마와 사냥, 요트를 적어냈다. 팔메는 케니언 칼리지 시절에 다소 귀족적인 이러한 즐거움을 전혀 누리지 않는다. 누구도 그에게 편견을 갖지는 않았다. 그는 사람 자체로 평가받았다. 그의 성격이 변했다는 말은 아니다. 미국의 동료 학생들이 울로프 팔메에 관해 묘사한 것을 보면 여러 점에서 고등학교 친구들과 군대 동료들의 설명이 떠오른다.

이전처럼 케니언에서도 팔메의 재치와 달변은 강한 인상을 주었다. 1948년 케니언 칼리지의 연감에 나온 평가는 이렇다. "그는 영리한 학생이다." 언어가 그에게 아무런 장애도 아니었음은 분명하다. 친구들은 그가 총명하고 자신감에 차 있다고 보았다. 그러나 케니언에서는 그의 지성에 대한 부정적인 반응도 사라진다. 미국 문화에서 재능이 있다는 것, 자신감이 있고 토론에서 주장이 강하다는 것은 결코 단점으로 여겨지지 않았다. 특히 울로프 팔메가 성장한 스웨덴 상층계급 환경의 특징이었던 '얀테의 법칙'은 없어서 더욱 돋보였다. 팔메의 미국 친구들은 그가 겸손하고 사려 깊으며 친구가 많고 분명코 자족적인 사람이나 잘난 체하지 않았다고 보았다. 팔메는 사귀기 편한 '좋은 친구regular guy'였다. 그들은 다소 파괴적인 팔메의 유머 감각을 높이 평가했다. 예를 들면, 그는 급사는 넥타이를 매야 한다는 학교 식당의 요구를 조롱하며 넥타이는 분명히 맸지만 와이셔츠는 입지 않은 채 일하러 왔다.

팔메가 식당 종업원으로 일한 것은 친구들 앞에서 실제보다 더 가난하게 보이려는 시도는 아니었다. 외환 규제 때문에 팔메는 스웨덴에서 돈을 많이 갖고 나올 수 없었고 장학금을 받아야 했다. 팔메는 또한 독일어 개인 교습을 하며 생계를 유지했다. 올로프 팔메는 미국에서 근근이 생활했다. 친구 빌 벌저의 어머니는 걱정이 된 나머지 그 가난한 스웨덴 학생에게 주려고 집에서부터 담요를 가져왔다. 그렇지만 학생들의 아르바이트는 케니언에서는 꽤나 일반적이었다. 예를 들면 T-바라크의 학생들은 장래의 할리우드 인기 배우 폴 뉴먼에게 세탁물 수거를 맡겼다.

그럼에도 팔메는 일시적인 단기 체류 방문자로서 학교 공동체의 많은 부분에 참여하지 않았다. 팔메는 학교 사회생활의 중심인 학생 동아리에 들지 않았고, 소녀들과 만날 기회도 없었다. 지역사회에 잘 아는 사람이 있어야 가능한 흔치 않은 기회였다. 정기적으로 열린 학교 무도회에서 팔메는 친구들의 '데이트 상대들'과 춤추는 데 만족해야 했다. 그러나 올로프와 그의 친구들은 인근 소도시 마운트버넌의 세련된 식당 '디 앨코브The Alcove'에서 T본 스테이크를 먹었다. 플린트에 있는 벌저 가족의 집은 미국 생활 시절 그에게 또 다른 집이었다. 팔메는 1947년 부활절과 크리스마스를 그곳에서 지냈고 1948년 여름 길게 미국 곳곳을 여행하던 중에 두 차례 그곳에 머물렀다. 벌저 가족은 나중에 답례로 스웨덴 나무 조각상인 달라나 말^{Dalahäst} 모양의 촛대 두 개를 받았다.

훗날 팔메는 케니언에서 보낸 시기가 인생에서 가장 좋았던 시절 중 하나였다고 쓴다. 가장 중요한 이유는 아마도 케니언 칼리지가 수도원 문화를 지녔음에도 실존적 자유의 경험을 제공했기 때문일 것이다. 울로프 팔메는 미국 전후 시대를 매우 의욕적으로 받아들였다. 팔메는 휴일이면 지역의 버스를 타고 오하이오 주를 돌아다녔다. 특히 현지 공장들을 견학했다. 6월에 시험을 치른 뒤에는 전후 미국 전역을 석 달 동안 길게 여행했다. 히치하이킹을 하거나 그레이하운드 버스를 타고 당시 48개였던 주 중에서 34개 주를 돌아다녔다.

정확히 어떤 경로를 취했는지는 분명하지 않다. 다만 팔메가 1948년 6월 초 필라델피아의 공화당 전당대회를 참관했다는 사실을 우리는 알고 있다. 그러므로 팔메는 우선 오하이오 주에서 동쪽의 필라델피아로 갔던 것이 분명하다. 필라델피아에서는 남쪽으로 향한 것 같고, 여행 중에 언젠가 미시시피 주를 지났다. 팔메는 그곳의 작은 도시 로럴에서 버스 맨 뒷좌석에 흑인 승객들과 함께 앉아 있느라 초조했다. 팔메는 멕시코시티에 사는 육촌지간의 라몬 팔메 집에서 오래 머물렀다. 아마 7월 초였을 것이다. 왜냐하면 누나 카린이 그가 멕시코를 떠난 직후에 쓴 엽서를 7월 중순에 받았기 때문이다. 팔메는 라몬 가족의 철물점에서 점원으로 일하면서

에스파냐어를 조금 배웠지만, 동료들은 팔메의 에스파냐어가 유창하지 못했는데도 의사소통을 잘했다는 이유로 그를 '언어 감각이 있는 소년'이라고 불렀다. 팔메는 멕시코시티를 떠난 뒤 미국으로 돌아와 계속 서쪽으로 이동하여 캘리포니아 주로 갔다. 그곳에서 아버지의 사촌인 렌나트 팔메를 방문했다. 이후 어떻게 했는지는 모르겠으나 샌프란시스코와 솔트레이크시티, 디트로이트, 시카고, 버펄로를 거쳐 동부 해안을 향해 갈지자 행보를 했던 것으로 보인다. 팔메는 스웨덴에 돌아가기 전 마지막으로 미시간의 벌저 가족을 다시 방문했던 것 같다.

팔메는 여전히 돈이 부족했고 숙박비를 아끼기 위해 종종 야간에 버스를 이용했다. 팔메를 아꼈던 빌 벌저의 어머니는 그가 미국에서 어찌 잘 지낼지 심히 걱정했다. 그러나 그 시절은 미국 도로가 해롭지 않았을 때였다. 자가용의 숫자가 엄청나게 늘었다. 1945년 판매된 신차는 대략 7만 대였는데, 이듬해 그 숫자는 200만 대를 넘었다. 그러나 기간시설은 아직 전혀 자동차에 적합하게 바뀌지 않았다. 여전히 많은 미국인이 대중교통 수단인 버스와 기차에 의존했다. 나라에는 팔메와 똑같은 방법으로 이동해야 하는 사람들로 가득했다. 1940년대는 또한 미국에서 전쟁 이전 시기와 향후의 1960년대에 비해 범죄가 기록적으로 적은 시기였다. 일자리와 더 나은 삶의 조건을 찾아 떠돌아다니던 대공황 시기의 기억은 아직도 생생했고, 히치하이크 여행자를 태워주고 한 끼 식사나 심지어 임시 일자리까지 제공하는 것은 대체로 당연한 일이었다. 팔메는 나중에 《스벤스카 다그블라데트》에 기고한 글에서 히치하이크 여행자에게는 몇 가지 지켜야 할 규칙이 있다고 적었다. 담배가 있을 것, 그리고 무엇보다도 붙임성이 좋을 것. 그렇게 하기가 언제나 간단하지는 않았다. "스톡홀름에서 온 법과 대학생과 펄래스키 출신의 흑인 화물차 운전사 사이에는 공통점이 그리 많지 않았다."

　울로프가 미국의 도로를 돌아다니고 기독교청년회YMCA 숙소에 거하며 초라한 잡화점에서 치즈가 늘어진 햄버거를 먹고 지내던 그때, 프랑스계 캐나다인 청년으로 컬트 작가 잭 케루악(장루이 케루악)도 미국을 떠돌아다니고 있었다. 1947년에서 1949년까지 북미 대륙을 오간 그의 여행은 비트 문학의 고전 『길 위에서*On the Road*』로 귀결되었다. 책은 막 태동한 소비주의와 물질주의를 넘어 무언가 거창하고 확정되지 않은 것을 추구하며 뜻깊은 삶에 굶주린 자들로 가득한, 힘차게 요동치는 미국을 뜨겁게 묘사한다. 책에서 케루악의 분신인 샐 패러다이스는 부분적으로는 틀림없이 울로프 팔메와 같은 길을 갔을 것이다. 문체가 같다고 할 수는 없지만, 케루악의 실존주의적 파토스와 대범한 낙관론, 여정은 1940년대 미국 도로를 따라 경험한 것에 대한 울로프 팔메의 설명에 많이 나타난다. 울로프는 미국 여행의 기억을 드러내는 데 인색했지만, 그 시기에 쓴 어느 편지에서는 뉴욕에서 영어를 공부하려고 가던 중에 복통을 일으킨 콜롬비아 소녀를 어떻게 도왔는지 얘기한다.

　그녀는 돈이 한 푼도 없었고 말을 할 수 없었다. 그래서 우리가 샌안토니오에 도착했을 때, 나는 그녀를 욕조에 들여놓은 뒤 그녀가 갖고 있던 몇 푼 안 되는 페소를 환전했으며 그녀의 차표를 사고

짐을 부친 다음 욕실에서 그녀를 데려와 버스에 태웠다. 그녀에게 10달러를 빌려주고 운전사에게 그녀가 어디서 버스를 갈아타야 하는지 얘기했다. 그 아가씨가 나중에 뉴욕에 모습을 드러내지 못한다고 해도, 내 잘못은 아니다.

그렇지만 울로프의 여행은 케루악의 여행보다 더 실존적인 모험이었다. 『길 위에서』는 실제로 우정과 연대를, 특히 주인공이 신비로운 방랑자 닐 캐서디에 매혹된 것에 대해 많이 얘기한다. 반면 울로프 팔메는 사실상 '길 위에서' 혼자였다. 새로운 세상에서 자유롭게 돌아다닌 스무 살의 스웨덴 청년이었다. 1948년 여름 여행은 울로프 팔메가 평범하지 않은 사람임을 보여주는 첫 번째 징표였다. 한참 뒤에 그는 이렇게 쓴다. "방랑은 내가 세상사를 경험하는 결정적인 방법이었다."

빗나간 선거평

케니언 칼리지는 그의 방향 조정에 지적 환경으로서도 똑같이 중요했다. 팔메는 모든 과목에서 최고 성적을, 미국 제도에 따르면 'A'를 받았다. 팔메는 또한 정치학과 경제학 두 분야를 복수로 전공했다. 이는 결코 흔한 일이 아니었다. 팔메는 4년이 걸리는 미국 대학 학사 학위를 기록적인 속도로 1년 안에 받았다고 종종 주장되지만 그런 것은 아니다. 그 시기에 스웨덴 학생의 고등학교 졸업 학력은 미국 대학의 2년을 마친 것에 해당하는 것으로 계산되었다. 고등학교 교육을 정상적으로 마친 스웨덴 학생은 3학년 즉 미국의 용어로는 주니어로 시작했다는 뜻이다. 울로프 팔메는 또한 세심하게 시그투나에서 받은 고등학교 성적표를 영어로 번역했지만, 케니언 칼리지는 그 스웨덴 기숙학교에 그다지 중요한 의미를 부여하지 않은 것 같다. 대신 장교 교육과 스톡홀름 대학에서 두 학기 동안 법학을 공부한 것이 감안되어 팔메는 대학 3학년을 마친 것으로 인정받았고 바로 4학년으로, 마지막 졸업 연도로 들어갔다.

팔메의 시간표를 보면 학기 당 다섯 과목을 들었고, 수업시간은 전부 주당 네 시간씩이었다. 주요 과목은 미국사, 경제학, 정치학, 영어였다. 미국 – 스칸디나비아재단의 장학금을 신청했으니 미국사를 공부하는 것은 너무도 당연했다. 반면 미국 문학사를 공부하려는 계획은 무산되었다. 케니언 칼리지가 뛰어난 영어 실력이 필요한 그 수업을 듣지 말라고 권고하고 대신 더 기초적인 언어 훈련을 시켰을 가능성이 있다. 미국사와 미국 정치체제의 공부가 더 의미가 있었다. 세미나에서 팔메는 헌법의 중요성, 제퍼슨의 공화파와 해밀턴의 연방주의자들 간의 다툼, 잭슨 민주주의, 미국 정당 제도의 성장 같은 미국 정치의 고전적인 문제들에 몰두했다. 팔메가 공부하던 시기는 선거의 해였던 1948년이었는데, 그 선거는 민주당과 뉴딜 정책의 미래에 결정적인 선거로 여겨졌다. 울로프는 봄에 미국 정치에 적극적인 관심을 보였고 학업을 마친 후 필라델피아의 공화당 전당대회를 보러 갔다. 가을에 스웨덴으로 귀국한 팔메는 고급반 과정을 이수했고 여름에 미국의 도로를 따라 오래 여행했으니 자신이 미국 정치를 평가할 자격이 있다고 스물한 살 청년답게 허세를 부렸다. 여전히 저널리즘의 안목을 지닌 팔메는 11월 미국 대통령 선거의 결과를 예측하고 논평했다.

울로프는 곧 전문 평론가로 자처하는 것이 얼마나 위험한지 알게 된다. 외국은 물론 미국에서도 전문가인 양 처신했던 자들은 거의 전부 그랬듯이, 팔메도 공화당의 듀이가 당연히 민주당의 트루먼에 승리하리라고 보았다. 그는 필라델피아에서 듀이의 냉철함에 깊은 인상을 받았고, 11월 초 선거 직전에 사회민주당 계열의 신문 《아프톤티드닝엔》에 이렇게 풍자적인 논조로 썼다. "이 사람의 모든 행동은 더할 나위 없이 훌륭하게 조정되었다. 그는 딱 할 말만 했으며, 전술적으로 필요한 만큼만 악수를 했다. 그의 모든 행동은 당의 영리한 전술가들과 홍보 책임자들로 이루어진 참모진이 완벽하게 준비하고 지휘했다." 반면 트루먼은 "존경할 만하고 공감 능력이 있으며 인간적"이었지만 정치인의 능력이 부족했다. 이 점에서 팔메는 당시 미국에 널리 퍼진 일반적인 견해를 되풀이했다. 팔메는 또한 공화당의 승리가 가져올 결과도 예언했다. 듀이가 당에서 상대적으로 더 자유주의적인 파벌에 속했지만, 외교정책은 아직도 남아 있는 고립주의 세력에 대한 양보로서 마셜플랜의 축소를 초래할 것이었다. 국내정책에서는 뉴딜이 억제될 것이었다. "대기업의 쥐들이 식탁 위에서 춤을 출 것이다." 노동운동을 겨냥한 새로운 통제 조치들이 도입될 것이고, 사회복지는 축소될 것이며, 고소득 집단은 큰 폭의 세금 인하를 맛볼 것이었다.

울로프 팔메는 같은 주제로 선거 다음 날 게재될 기사를 더 준비했다. 기사는 이렇게 시작한다. "11월 2일 5000만 명의 유권자가 미국 정치사에 16년간 이어진 한 시대를 끝장냈다.… 민주당은… 새롭게 태어난 공화당 선거기구에 패배했다." 기사는 당연히 실리지 않았다. 트루먼은 맹렬한 선거운동을 펼쳐 전국 곳곳을 순회하며 미국 국민에게 공화당이 승리하면 무슨 일이 일어날지 경고함으로써 여론조사기관이 예상하지 못한 기적적인 득표를 이루어냈다. 그는 계급투쟁의 수사법을 마다하지 않았다. 공화당은 "월스트리트의 반동세력"이요 "욕심을 채우고자 나라의 천연자원에서 가장 좋은 것만 걷어가는 흡혈귀"였다. 두 주 후 팔메가 외교정책 연구소[U]에서 한 보고에서 미국 선거에 관해 말을 꺼냈을 때, 그는 염치없게도 뜻밖이라는 듯이 해리 트루먼이 "경제연구소와 정치 전문가들, 승리를 확신한 공화당원들의 예상을 깨고"이겼다고 설명했고 자신의 틀린 진단에 대해서는 일언반구 없었다. 그러나 청년의 과한 확신을 조롱할 수는 있겠지만, 울로프 팔메의 기사는 그가 어쨌거나 미국 정치를 잘 이해하고 있었음을 보여준다. 게다가 그 기사는 이 시기의 울로프 팔메에 관해서도 말해주는 바가 있다.

울로프 팔메가 확실히 정치라는 동물을 해부하는 냉정한 정치학자의 역할로 등장했다. 그러나 두 가지는 분명하다. 첫째, 울로프는 트루먼에게 정치인의 능력이 부족하다고 보기는 했어도 민주당을 지지했다. 울로프는 중요성이 떨어지는 다른 대통령 후보들을 다룰 때 사회주의자 노먼 토머스는 물론 더 급진적인 민주주의자인 헨리 윌리스를 간단하게 무시했다. 그는 공화당이 승리할 경우 일어날 수 있는 뉴딜의 역전에 확실히 반대했다. 이 점에서 그는 자유주의적인 미국 대학 환경의 전형적인 결과물로 보인다. 둘째, 울로프는 외교정책을 매우 중시했다. 그는 미국이 1930년대의 고립주의로 회귀하는 것을 보고 싶지 않았고, 미국이 마셜 원조를 계속하고 특히 소련에 맞서 강경한 태도를 취해야 한다고 생각했다. 이 또한 당시 미국의 자유주의적 가치관에서 벗어나지 않는다. 우파의 비난이 무색하게 미국 좌파는 대체로 공산주의에 조금도 공감하지 않았다. 미국 내부의 스탈린주의자들은 진보적 복지정책의 추진 가능성을 해치는 러시아의 앞잡이로 여겨졌다.

학문적 분석가의 배후에서 마침내 장래의 정치인 울로프 팔메가 희미하게 모습을 드러낸다. 그는 미국 정치가 뚜렷한 이념 대신 인물의 대립을 좋아한다고 신랄하게 비판했지만 정치인이 어떻게 등장하여 자신의 인성을 이용해 목적을 달성하는가의 문제에 매력을 느꼈다. 그는 수정한 선거 분석에서 특히 트루먼의 정력적인 막판 질주가 성공에 큰 몫을 했다고 쓴다.

> 그는 6주간 특별 열차를 타고 나라 곳곳을 돌아다녔고 총 400만 명 앞에서 연설했다. 듀이의 조심스럽고 알맹이 없는 선거운동과는 정반대로 해리 트루먼은 대중 앞에서 직접 연설했으며 공화당 전당대회를 뜨겁게 규탄했다. 모든 것으로 판단하건대 대중과 직접 대면한 것, 사회적 호소력, 단순하고 서민적인 성격 덕분에 그는 평소에는 무관심한 집단에 머물렀을 사람들 사이에서 많은 지지자를 얻었다.

언제나 의지와 실천을 높이 산 가족에서 태어난 스웨덴 청년은 트루먼의 영웅적인 노력에 매료되었다. 1948년 미국 선거는 울로프 팔메에게 언어가 정치의 도구가 될 수 있음을 가르쳤다. 그로 하여금 거친 토론 방식을 갖게 만든 결정적인 자극은 바로 여기서 비롯했다. 스웨덴 정치에 비하면 미국의 선거운동은 논쟁적이고 공격적이었으며 과장된 표현이 난무했다. 울로프 팔메는 훗날 케니언 칼리지를 방문하여 설득력 있는 말이 정치적 수단으로 쓰일 수 있다는 견해를 피력하여 강한 인상을 주었던 어느 상원 의원에 관해 얘기했다. 그 사람은 아마도 일찍이 그 대학의 학생이었던 오하이오 주의 정치인 스티븐 M. 영이었을 것이다. 그는 타협할 줄 모르는 불같은 자유주의자로 말로써 상대를 제압할 때면 조금도 사정을 봐주지 않았다. 영은 1960년대에 닉슨 정권을 가장 거세게 비판한 사람에 속했고 1970년 스웨덴 총리의 케니언 칼리지 재방문에 이의가 제기되었을 때 앞장서서 팔메를 옹호한 주요 정치인 중 한 사람이었다. 만일 그가 팔메를 대학의 선택에서나 정치적 유형에서나 자신의 후배로 보았다면, 이는 어느 정도 맞는 얘기이다.

스승 타이터스의 가르침

팔메의 다른 중요한 주제는 경제였다. 계속 발전하는 데 의미 있는 선택이었다. 팔메는 자유사상가이자 미국의 기준에서는 어지간히 급진적인 사람을 스승으로 두었다. 사각턱에 커다란 안경을 쓴

폴 M. 타이터스는 이전에 고등교육을 경험한 적이 없는 미드웨스트의 한 집안에서 태어났다. 아버지와 삼촌 둘 다 기차 기관사였고, 타이터스가 가족 중에서 처음으로 대학에 간 사람이었다. 그는 오하이오 주에서 교양 대학으로 케니언 칼리지보다 더 잘 알려진 오벌린 칼리지에서 공부했고, 명문 프린스턴 대학교에 진학하여 경제학 박사학위를 받았다.

1933년 경기 침체가 극심했을 때, 타이터스는 케니언 칼리지에 고용되었다. 평범한 성장 과정과 1930년대 위기의 경험에서 형성된 그의 견해는 평생 동안 변하지 않았다. 그의 사고방식에는 20세기 초 미국 대평원 지대의 특징이었고 금화 대신 저렴한 화폐를 권고하고 대기업과 은행에 대한 의심을 키운 급진적 포퓰리즘의 궤적이 보였다. 타이터스는 민주당 당원이었고 지역 교육위원회 위원이었다. 나중에, 1960년대 초에, 그는 요르단 정부의 경제 고문으로 일했고 여러 공공재정 심의위원회에 참여했다. 그는 서른아홉 살에 케니언 칼리지에서 인기 있고 존경받는 선생으로 일했다.

타이터스의 교육에서 주안점은 학생에게 이데올로기적으로 사전에 결정되지 않은, 총체적이고 비판적인 경제학 학습을 제공하는 데 있었다. 경제 이론의 기초 과정은 플라톤의 공산주의와 아리스토텔레스의 사적소유 옹호를 대립시키는 것으로 시작했다. 그는 이렇게 지적했다. "아리스토텔레스의 권위가 자동적으로 주어졌다고 생각해서는 안 된다." 수업의 후반부에는 애덤 스미스와 카를 마르크스도, 마찬가지로 어떤 전제도 없이 자유롭게 검토했다. 이는 대학교의 경제학 강의에서 기대할 만한 내용이었지만, 1950년대 초

매카시즘이 극성을 부릴 때 마르크스와 스미스를 동등하게 비교한 것이 문제가 되었다. 1952년 가을 케니언 칼리지의 경제학 교수들은 지나치게 급진적이라는 고발에 공개리에 자신들을 변호해야 한다고 생각했다. 타이터스는 학생들에게 러시아인들이 특정 문제를 어떻게 바라보는지 깊이 생각해보라고 권유하거나 마르크스가 의미 있는 사상을 지녔다고 지적한 것만으로 자신을 공산주의 동조자로 볼 수는 없다고 설명했다. 그는 전혀 심각할 정도의 곤란한 처지에 빠지지 않았다. 케니언 칼리지의 자유주의적 전통은 강력했다. 그렇지만 좌파 성향의 많은 학자들처럼 그도 미국사의 그 불행한 시절에 거센 압박을 받았다.

그러나 이보다 과대망상이 더 심한 반공주의는 나중에 그가 울로프 팔메의 스승일 때 찾아온다. 훗날의 사회민주당 정권 총리는 타이터스의 가르침으로부터 두 가지를 배웠다. 첫째는 경제 문제에 관한 비판적 사고방식이었다. 울로프 팔메가 미국에서 생활하기 전에 국민경제에 대해 틀에 박힌 부르주아적 견해 이외의 다른 생각을 갖고 있었다는 징후는 전혀 없다. 작은 정부와 더 큰 기업 활동의 자유가 그의 시각이었다. 타이터스 때문에 젊은 스웨덴 학생이 사회주의자가 되었을 가능성은 전혀 없다. 나중에 팔메는 자신이 케니언 칼리지에서 사회주의 동아리의 회원이었음을 넌지시 밝혔지만 증거는 없다. 팔메가 케니언 칼리지에 다닐 때 그러한 동아리가 만들어진 것은 사실이지만, 학교 신문에 따르면 다섯 명의 회원 중에 울로프 팔메의 이름은 없었다. 그렇지만 타이터스가 미미한 존재였던 미국사회당SPA의 대표자를 초청한 세미나에 팔메가 참석했을 개연성은 있다. 학교 신문의 보도에 따르면 세미나는 무자비한 사건이었다. 마르크스주의 이론과 노동조합에 관한 지식에서 공히 훈련이 잘 된 타이터스의 학생들은 그 젊은 사회주의자와의 시간을 빨리 끝내버렸다. 그는 '클로즈드 숍closed shop'(노동조합 가입자만 고용될 수 있는 작업장) 개념도 몰랐다.

타이터스의 세미나에서 팔메도 사회주의자와 자유로운 시장의 옹호자들 간의 지적 논쟁에 관심을 가졌고, 오스트리아의 경제학자 프리드리히 하이에크의 사회주의 비판서인 『예종에 이르는 길』에 관하여 긴 논문을 썼다. 논문은 애석하게도 케니언 칼리지에 남아 있지 않지만 팔메가 일찍이 1948년에 사회민주주의자였다는 증거로서 거의 신화적인 위치를 차지한다. 타이터스가 지지한 소크라테스의 교수법에서 다른 것은 전혀 생각할 수 없었으므로, 그 논문은 분명코 비판적이었을 것이다. 팔메가 하이에크 책의 여백에 적어 놓은 글도 그 방향을 가리킨다. 그는 책의 제목에 연필로 논평을 덧붙였다. "『예종에 이르는 길』… 그리고 두 가지 극단적 입장 사이에서 선택?"

팔메가 밑줄 친 곳을 보면 그가 사회민주주의의 복지정책을 나치즘과 공산주의와 동등하게 여긴 하이에크의 억지스러운 표현을 직접 겨냥했음을 알 수 있다. 반면 그는 하이에크의 다른 중심 논지, 다시 말해 현대 민주주의를 진정으로 위협하는 것은 생활수준의 하락과 경제 침체라는 주장은 긍정적으로 본 듯하다(감탄부호 세 개와 주의 표시obs!! 하나). 이는 그 자체로 독창적인 견해는 아니었다. 오히려 1950년대와 1960년대에 널리 퍼진 규범에 가까웠다. 그렇지만 울로프 팔메는 일찍부터 그러한 사고방식을 채택했으며 이례적으로 풍부한 지성으로 이를 키워나갔다. 이에 대해서는 앞으로 보게 될 것이다. 케니언 칼리지에서 그는 경제 이론의 중요성에 대한 관심과 더 넓고 개방적인 시각을 갖게 되었다. 이는 타이터스의 교육 방식이 지닌 장점으로 보아야 한다.

울로프 팔메가 경제학 세미나에서 얻은 더 중요한 것은 미국에서 때때로 노사관계라고 부르는 노동시장정책에 대한 관심이었다. 노사관계는 연구자 타이터스의 전문 분야였고, 케니언 칼리지에서의 다른 활동에도 반영되었다. 노동조합 지도자가 종종 학교를 방문했고, 노동조합과 고용주 간의 대화를 개선하기 위해 폴 타이터스를 의장으로 하는 회의가 1949~1950년에만 여러 차례 학교에서 열렸다. 행크 에이브러햄에 따르면 팔메는 많은 휴일을 케니언 인근의 볼 베어링 공장에서 보냈는데, 그는 이를 친구의 이상한 여가 활동 탓으로 돌렸다. 그렇지만 이는 타이터스의 경제학 수업 과제와 관련이 있을 가능성이 더 높다. 울로프 팔메는 또한 졸업논문을 미국 자동차노동조합연맹에 관해 썼다. 그는 여름에 북미 대륙을 여행하는 동안 디트로이트에 있는 제너럴모터스 본사의 일터에서 자동차노동조합연맹의 전설적인 의장 월터 루서를 면담했다. 루서는 암살 시도에 어깨에 총탄을 맞은 직후였지만, 팔메에 따르면 그는 전혀 동요하지 않았다. "그는 팔에 커다랗게 붕대를 감은 채 앉아서 작은 고무공을 누르고 있었다. 그러나 그는 폭력과 박해를 거부했다. 삶은 이어져야 했다. 그의 관심은 미래에 있었다."

비전을 가진 이 노동운동 지도자는 디트로이트의 자동차 산업에서 공구 제작자로 출발했고 젊었을 때 잠시 소련에서 일을 했다. 1930년대 파업이 거세게 일어나던 때에 루서는 노조에 반대한 포드사가 고용한 깡패들에 고초를 겪었다. 그는 담배나 씹고 있는 당시 일반적이었던 유형의 노동조합 우두머리가 아니라 원대한 목표를 지닌 검소하고 지적인 지도자였다. 전쟁 중에 루서는 청년기에 지녔던 사회주의를 버리고 사회민주주의적인 성격이 더 짙은 전략을 취했다. 미국 노동조합은 현대의 진보적 복지국가를 건설하는 문제에서 주도적으로 나서야 했다. 루서의 당면한 목표는 보편적 사회보험을 향한 루스벨트의 뉴딜을 확대하는 것이었다. 그러나 그는 시대와 불화했다. 1940년대의 마지막 해는 미국 노동시장 역사에서 분쟁이 가장 많이 발생한 해였다. 비록 자동차 산업을 비롯한 몇몇 개별 부문에서 협약을 토대로 질병보험과 기타 보조금을 얻어내는 데 어느 정도 성공하기는 했지만, 분쟁의 결과로 노동운동은 정치력을 잃었다.

의지가 강하고 지적인 루서는 팔메가 딱 좋아하는 유형의 사람이었다. 이 스웨덴 청년은 보험회사 사장의 아들이자 손자였기에 보편적 사회보험에 관한 루서의 시각을 이해하는 데 전혀 어려움이 없었다. 그러나 어쩌면 그에게 더 큰 영향을 주었을 다른 차원의 문제가 있었다. 그 자동차노조 지도자에게 스웨덴은 노동조합운동이 잘 조직되어 있고, 특히 자신도 미국에서 얻기 위해 애썼던 노동조합과 정치권의 협력이 이루어진 선진국이었다.

팔메는 미국에 오기 전에 스웨덴 노동운동에 별다른 관심이 없었지만, 폴 타이터스의 수업을 듣고 미국 노동운동을 알게 되면서 스웨덴이 경탄과 존경을 받고 있음을 크게 인식하게 되었다. 그가 스웨덴에서 받은 군사 훈련과 제2차 세계대전에서 빠진 스웨덴 군대의 소위 계급을 달았다는 사실은 태평양과 노르망디에서 싸운 참전 용사와 사귈 때 그다지 도움이 되지 않았다. 스웨덴의 중립은 나라에는 얼마나 이로웠든 간에 그 시기에 세계를 여행한 스웨덴 사람에게는 대체로 부담이었다. 울로프 팔메는 아마도 그 사실에 더욱 민감했을 것이다. 애국적 성향이 두드러지고 군인의 전통이 강한 집안 출신의 청년이었기 때문이다. 스웨덴이 복지국가 모델로 유명하고 찬사를 받고 있음을 알게 된 것은 긍정적인 발견이었다. 이는 드문 반응이 아니었다. 부르주아적 기질의 많은 스웨덴 사람은 다른 문화와 만날 때 비로소 스웨덴에 사회민주주의자가 많다는 사실을 깨닫는다. 미국에서 팔메는 자신이 그때까지 협소한 상층계급 양육 방식 속에서 이해한 것보다 더 넓은 의미의 스웨덴 사람임을 인식했다.

그렇다고 사회 문제와 미국 노동운동에 대한 그의 새로운 관심이 국가적인 자기 과시의 욕망이 낳은 결과물이라는 뜻은 아니다. 사실 그것은 자신의 배경과 진지하게 대결하는 문제였다. 역설적이게도 팔메는 미국을 방문했을 때보다 사회민주주의가 강력한 지배력을 행사한 스웨덴에서 더 평등과 근대성의 요구에서 거리를 두고 살았다. 미국에서 그는 모든 사람이 능력과 야심에서는 아닐지라도 가치에서는 동등하다고 여겨지는 민주주의의 일상적인 문화에, 가족과 전통적인 상층계급 제도들이 제공한 보호대 없이, 더 직접적으로 부딪쳤다. 케니언 칼리지에서 팔메는 전쟁에 나갔다가 돌아와 교육받을 기회를 얻은 젊은 노동자와 농민을 만났고, 여행 중에는 더 나은 삶을 꾸리려는 희망을 품은 온갖 종류의 미국인과 마주쳤다. 아메리칸드림을 신화라고 말할 수 있지만, 요점은 그 꿈이 누구나 참여할 수 있는 민주주의적인 꿈이라는 사실이었다. 이는 또한 상층 부르주아의 환경에서 태어난 스웨덴 청년에게도 중요했다.

1870년대에 청년 장교 스벤 팔메가 자유와 평등, 형제애라는 프랑스혁명의 약속에 매료된 것처럼, 이번에는 그의 손자가 생명과 자유, 행복추구권이라는 미국혁명의 구호에 마음을 빼앗겼다. 그 효과는 이중적이었다. 개인적 차원에서 청년 울로프는 자신의 가능성이 어떻게 확대되는지를 경험했다. 그는 이제 더는 가족의 전통에 매이지 않았고 자신의 배경을 벗어나 미래를 생각할 수 있었다. 어쩌면 미국에 머물 수도 있었다. 그 시절에 적어도 그럴 생각으로 들떠 있기는 했다. 형 클라스에 따르면 울로프는 미국의 큰 대학교에서 학업을 계속할 뜻이 있었지만, 뮈지의 호소에 스웨덴으로 돌아가기로 결정할 수밖에 없었다.

그러나 이 일에는 더 정치적인 면도 보인다. 팔메는 유럽 계급사회의 질긴 구조에서 해방됨으로써 많은 미국인이 주어진 자유와 가능성을 이용하지 못한다는 점을 꿰뚫어볼 수 있었다. 자신의 실존적 자유를 통찰함으로써 그는 새로운 방식으로 사회를 인식했다. 계급사회를 인식하려고 구태여 미국까지 갈 필요는 없다. 그러나 사람은 익숙한 환경에서 벗어났을 때 새로운 시각을 민감하게 받아들이는 경우가 종종 있다. 팔메는 훗날 1948년 여름에 여행하면서 특히 미국 남부에서 목격한 흑인들의 빈곤과 사회적 고통을 이따금 거론했다. 다른 무엇보다도 그는 미국 백인의 흑인을 향한 무시와 온정주의에 반대했다. 이는 새롭게 눈뜬 미국의 평등과 자유에 대한 감동을 해쳤다. 미국은 그에게 스웨덴 모델에 긍지를 느끼게 했지만, 또한 그의 편협한 지역주의를 깨뜨렸고 인류의 보편적인 조건을 간파할 수 있게 했다.

배경 때문에, 그리고 1953년에 당시 총리였던 사회민주당의 타게 엘란데르의 비서로 간택을 받음으로써 위로부터 정치에 입문했다는 사실 때문에, 울로프 팔메는 늘 기회주의적으로 노동운동에 합류했다는 의심을 받았다. 어떤 시각에서 보면 이러한 문제 제기는 심히 안타까울 정도로 옹졸한 태도이며, 모든 태도 표명을 물질적 이해관계의 발로로 여기는 정치 문화의 특징이다. 그러나 울로프 팔메의 세계관과 기본적인 가치관이 청년기에 어떻게 형성되었느냐는 질문은 당연히 중요하다. 이념 정치를 믿는다면 특히 더 그렇다. 그래서 그는 그러한 의심을 일축할 뿐만 아니라 특별히 철저하지는 않았어도 여러 가지로 자신이 사회민주주의에 이르게 된 길을 설명했다. 팔메는 때때로 아동기나 청년기의 매우 사소한 경험을 정치의식의 발전에서 상징적인 표지로 키우고 싶은 유혹을 느꼈다.

팔메를 변호하자면 이렇게 말할 수 있다. 자세히 설명하려면 인터뷰를 하는 사람에게 인내심이 필요한데 그는 팔메를 몰아붙이듯 질문을 퍼부으면서 인내심을 보여줄 준비가 전혀 되어 있지 않았다. 게다가 팔메는 정치인이었고 단연코 명료하고 단순한 이미지를 찾으려 했다. 팔메는 때때로 아동기에 불의를 겪은 얘기를 꺼냈고, 또 다른 때에는 사회민주당 정권의 재무부 장관 엔슈트 비그포슈에게서 큰 감명을 받은 어느 토론을 거론하거나 케니언 칼리지의 사회주의자 집회 같은 사건을 과장했다.

그러나 더 신중하게 생각할 여유가 있을 때, 다시 말해 명쾌한 답변을 해야 한다는 압박감을 느끼지 않았을 때, 팔메는 자신의 정치적 태도가 1940년대 말과 1950년대 초에 서서히 형성되었다고 설명했다. 그의 설명에 따르면 사도 바울의 다마스쿠스의 개심 같은 사건은 없었다. 그는 갑작스러운 구원의 경험 따위는 신뢰하지 않았다. 팔메는 미국에 있던 시기를, 그가 썼던 논문, 참여했던 토론, 대륙을 여행하며 경험한 불편한 상황을 크게 강조했다. 약 반년 뒤에 스웨덴으로 돌아왔을 때 그는《아프톤티드닝엔》에 공산당 선언을 다룬 영국 노동당 이론가 해럴드 래스키의 새 책에 관하여 기사를 썼다. 기사에서 팔메는 마르크스주의의 기본적인 사상을 높이 평가했다. 이는 몇 년 전이라면 생각할 수 없는 일로서 케니언 칼리지의 교육이 큰 영향을 끼쳤음을 보여준다. 그러나 팔메는 국내정치에 관하여 곧바로 결론을 내리지는 않았으며, 우선 레닌주의와 소련 공산주의가 마르크스와 엥겔스의 사상을 왜곡했다는 래스키의 비판을 유지했다. 이는 스웨덴 사회민주주의를 강력히 지지하는 태도는 아니었지만 1948년에 울로프 팔메가 정치적 스펙트럼에서 어디에 있는지는 명확하게 가리킨다. 그는 소련 공산주의에 매우 비판적인 지식인으로서 자유주의와 사회민주주의 사이에 있었다.

"미래는 미국에 있다"

1948년 5월, 울로프 팔메가 케니언 칼리지에서 학사 학위를 받은 때와 거의 동시에, 브루클린 출신의 스물다섯 살 된 유대인이 제2차 세계대전 중에 태평양의 어느 섬에서 싸운 일단의 미군 병사들에 관한 첫 소설을 발표하여 문단에 파문을 일으켰다. 『벌거벗은 자와 죽은 자*The Naked and the Dead*』는 미국에서 곧장 베스트셀러가 되었으며, 작가 노먼 메일러는 헤밍웨이와 도스 패서스, 스타인벡의 계승자가 될 만하다고 칭찬받았다.

문화와 계급의 배경에서 거리가 있기는 하지만 울로프 팔메와 노먼 메일러 사이에는 비슷한 점이 많다. 둘 다 식구가 많은 대가족 출신이고, 일찍이 신동이라는 말을 들었으며, 자신감 넘치는 달변가였고, 용감히 관습에 맞선 도전자였으며, 자신의 배경에 대한 진부한 선입관을 벗어던지는 데 삶을 바치기로 했다. 메일러의 경우에 이는 브루클린 출신의 "좋은 교육을 받은 유대인 소년"이라는 이미지와 싸우는 문제였고, 울로프의 경우에는 상층계급의 거만한 한량이라는 관념으로부터 자신을 지키는 일이었다. 그러나 유사성은 이보다 더 깊다. 두 사람의 생애가 서로 다른 길을 가기는 했지만, 1940년대 말에 세상을 바라보는 방식이 일치했다. 이는 한편으로는 영향의 문제였다. 울로프 팔메는 1948년 여름이나 가을에 『벌거벗은 자와 죽은 자』를 읽고 큰 감명을 받았다. 그러나 그가 메일러의 소설에 보인 감수성은 두 사람 사이에 확실하게 끌리는 마음이 있었음을 가리킨다.

1949년 2월 21일《스벤스카 다그블라데트》는 젊은 프리랜서 울로프 팔메의 특집 기사를 실었다. 출발점은 『벌거벗은 자와 죽은 자』였고, 아마 그때 처음으로 스웨덴 신문에서 메일러 소설의 내용이 다루어졌을 것이다. 팔메는 소설이 인간성을 앗아가는 전쟁의 특성을 형상화했음에 주목했다. 개별 병사는 살인의 잔인함과 명령의 논리에 저항할 수 없다. 훌륭한 전우애나 따뜻한 연대의식은 전혀 없었고 살아남기 위한 처절하고 비열한 싸움만 있을 뿐이었다. 또한 고귀한 목표를 위해 전쟁을 수행한다는 지휘관의 관념도 공허한 망상으로 드러난다. 그들은 종이호랑이에 맞서 싸웠다. 두려움의 대상이었던 일본군은 실제로는 쇠약해진 병사들과 환자로 이루어진 작은 무리에 불과했다. 그들은 전혀 위협이 되지 못했다. 승리는 미군 사령관의 기발한 전략이 가져온 결과가 아니었다. 술 취한 무능한 장교가 실수로 병사들을 적군의 전열로 이끌면서 초래된 우연한 결과였다.

울로프 팔메에 따르면 미국의 힘은 전쟁의 끔찍한 경험을 털어내고 길모퉁이의 잡화점과 재즈 오케스트라, 예전의 일자리로 돌아가는 능력에 있었다. 메일러의 소설이 얼마큼 진실이든 간에, 전후 세대가 그 환멸을 털어냈다는 것이 팔메의 생각이었다. 그는 그 나라 곳곳을 여행하며 온갖 계층의 사람들과 이야기를 나누었고 미국 국민이 놀라운 회복력을 지녔음을 증언할 수 있었다. 특집 기사는 스웨덴 사회에 또렷이 보이는 깃발이었고 그 위에는 이렇게 쓰여 있었다. "나는 미래를 보았다. 그 미래는 미국에 있다." 미국의 전쟁 세대는 확실히 순진하고 "유럽의 예리한 지성, 문제를 분석하고 올바른 맥락 속에서 보려는 열의와 그렇게 할 수 있는 능력이 많이" 부족하다.

그렇지만 미국 청년들은 또한 삶의 태도가 긍정적이고 활력이 넘쳤다. 그들은 지난 과거에 연연하지 않고 빨리 잊고 앞으로 나아갔다. 팔메는 특히 이 문제의 물질적 측면에 유념했다. 미국은 생산 설비가 온전한 상태를 유지했고, 기업인들은 "이문이 많이 남는 전시 계약으로 배가 터질 지경"이었으며, 여성에게 "전쟁의 현실은 무릎 덮개 차원을 넘지" 않았다. 이는 악의 없는 농담이었지만, 팔메는 미국의 세속성과 물질주의에 대한 당대의 일반적인 평가를 가져다 뒤집으려 했다. 여기에 팔메가 특히 시그투나 학교에서 그의 머릿속에 집어넣은 보수적인 이상에서 단호히 멀어지고 있음을 볼 수 있다. 사회를 앞으로 나아가게 하는 것은 고고한 비관론이나 음울한 문명 비판이 아니라 잘살겠다는 갈망과 의지, 인간이 사회에 영향을 미칠 수 있다는 생각이었다. 바로 이러한 태도가 그를 오랫동안 이끌게 된다. 그리고 1960년대 말 신좌파가 출현하여 사회민주주의의 '콘크리트 사회'와 자본주의적 소외에 맞섰을 때 그를 취약하게 만든 것도 이러한 태도였다.

팔메는 미국이 전쟁의 상처를 극복하는 비할 데 없는 능력을 보여주었음을 주장하고자 다른 무엇보다 『벌거벗은 자와 죽은 자』를 이용했다. 그러나 노먼 메일러의 첫 소설은 『서부전선 이상 없다』의 최신판이 아니었다. 상스러운 사실주의와 폭력, 외설스러운 표현에도 불구하고(출판사는 대대적인 광고에서 이를 부지런히 써먹었다) 젊은 작가의 야심은 오히려 미국 판 『전쟁과 평화』를 쓰는 것이었다.

만인 대 만인의 투쟁이 지배하는 적자생존의 세계에서 개인이 어떻게 기본적인 윤리적 규범을 유지할 수 있느냐는 문제를 해결할 실존주의적 관념소설을 쓰려 했던 것이다. 울로프 팔메는 이 측면을 딱 집어 내버린다. 그는 전선의 사병들과 작전 전체를 지휘하는 파시스트 같은 커밍스 장군을 거론하지만 그 두 역장力場 사이에 서 있는 결정적인 인물인 커밍스의 부관 헌 중위는 완전히 무시한다.

스물여덟 살의 헌 중위는 미국 미드웨스트의 유복한 집안 출신으로 우수한 대학에 다녔고 미국의 기준으로 보면 성격상 '귀족적'이라고 할 수 있다. 그는 잘난 체하는 지식인이자 뛰어난 스포츠맨이며 어리석음과 저속함을 경멸하고, 다른 장교들이 유대인과 흑인, 노동조합 지도자에 관하여 바보같이 편협함을 드러내면 충돌한다. 그는 급진주의자처럼 보이고 싶지만, 동시에 선의에서 나온 것일지언정 좌파의 이상과 순진함을 이해하기 어렵다. 어느 평론가는 이 점을 이렇게 표현했다. 헌은 "자유주의자가 아니라 자유주의자이고 싶은 사람일 뿐이다." 장군은 그를 자신의 날개 아래 품었다. 한편으로는 그가 유치한 인도주의적 신념을 지키려는 중위의 우유부단한 노력의 배후에서 니체의 모습을 감지했기 때문이고, 다른 한편으로는 허영심에 젖은 그가 자신이 얼마나 비상한 지도자인지 알아볼 수 있는 지적으로 대등한 자가 필요했기 때문이다. 장군은 헌에게 이렇게 말한다. 너는 정확히 나처럼 실제로는 '반동'이다.

너는 물려받은 유산을 버렸고, 그 이후 배운 것을 전부 내버렸으며, 그래도 마음이 아프지 않았다. 내가 너에게 받은 첫인상이 그렇다. 세상에 나와 실패하지 않았고 아프다는 소리를 하지 않은 청년. 그것이 일종의 능력임을 너는 알겠지?

헌의 편에서 보면 커밍스 때문에 우쭐하기도 했고 그에게 끌리기도 했다. 그는 장군이 자기도취적이고 무자비하며 권력에 미친 '괴물'임을 알아챘다. 그러나 동시에 대중보다 우월한 능력과 지성을 지녔음도 보았다. 헌은 상관의 지도력과 편안함을 경멸하는 태도, 뛰어난 전략을 신뢰했다. 그는 비록 사악할지라도 통제력을 갖추고 세상의 비밀스러운 작동 원리를 꿰뚫어볼 수 있는 사람이 있다고 믿고 싶다. 그렇지만 결국 그러한 파시스트적인 마키아벨리즘은 그가 받아들이기에 벅찼다. 헌은 장군의 텐트 바닥에 담배꽁초를 내던져 유치하게 반항한다. 커밍스는 그렇게 선을 넘는 행위에 지휘권을 이용하여 응징한다. 헌은 전속을 요구하며 전선에 투입되어 그곳에서 총탄에 맞는다.

『벌거벗은 자와 죽은 자』의 어두운 결말에 많은 사람이 불편했다. 급진적인 평론가들은 결말이 명료하지 못하고 불만스럽다고 본다. 저마다 나름대로 실패한다. 헌은 총탄에 맞았고, 커밍스의 뛰어난 전략은 늙은이의 당황스러운 환상이었음이 드러나며, 생명력이 가장 강한 사병들도 파국을 맞는다. 모든 것은 우연이며, 세상에 질서란 없다. 그러나 노먼 메일러의 핵심이 바로 그것이다. 모든 것은 임의적이며, 신도 정의도 없다. 그렇지만 그럼에도 우리는 인간으로서의 가치와 인류애를 위해 싸워야만 한다. 커밍스를 향한 헌의 반항이 실패한 것이 그 윤리적 가치를 평가하는 척도는 아니다.

그 청년 중위가 커밍스의 파시즘적인 인간관을 거부함으로써 자신의 영혼을 구하는 것이 오히려 더 중요하다. 커밍스에게 그를 처벌하고 그를 죽게 만들 힘이 있었다고 해도, 그 장군은 다른 누구나 마찬가지로 상황을 결정할 진정으로 뜻하지 않은 사건들을 조종할 수 없다.

다른 많은 독자처럼 울로프 팔메가 헌을 작가의 자유주의적인 분신으로 보았음은 당연하다. 그러나 울로프 팔메의 경우에 아마도 그 이상이었을 것이다. 케니언 칼리지에 다닌 스웨덴 청년과 헌 중위 사이에는 놀라운 유사성이 보인다. 지적 재능과 자신감, 뛰어난 운동 능력, 훌륭한 배경, 주어진 진실과 권위에 문제를 제기하고 이를 쉽게 뒤엎는 태도, 가족의 전통에서 벗어난 해방감. 이 모든 것이 두 사람을 하나로 연결한다. 의식적이든 무의식적이든 울로프 팔메는 자신도 헌과 마찬가지로 도덕적 궁지에 처했음을 느꼈을 것이다. 두 사람 다 배경 덕에 사회의 엘리트층에 속했고, 그 밖에도 성공리에 출세하여 사회의 최상층에 도달할 조건을 갖추었다. 팔메는 참전하지 않았으며 우월한 인간의 환상을 지닌 상관이 되고픈 생각이 없었지만, 그가 다녔던 학교뿐만 아니라 그의 조건도 강한 엘리트주의적 사회관의 견고한 토대가 되었다. 팔메가 메일러의 소설에 관한 기사에서 헌을 언급하지는 않았지만(어쩌면 언급하지 않았다는 사실 자체가 충분한 증거일 것이다), 그의 결론은 그 미국인 중위와 완전히 일치한다.

그는 민주주의와 보통사람들을, 세련된 유럽인과 다른 단순한 미국인들을 선택한다. 그들이 교육을 잘 받았거나 현명하기 때문이 아니라 그가 그들의 생명력과 스스로 미래를 개척할 그들의 권리를 믿었기 때문이다. 헌이 파시스트 장군에 맞섰다면, 울로프 팔메는 나치 이데올로기 탓에 도덕적 붕괴를 겪은 독일에서 멀어진다. 그러나 이는 실존적인 선택으로서 역사를 움직이는 신성한 정의나 법에 대한 형이상학적 확신 위에 선 것이 아니었다. 헌과 팔메는 자유를 선택하며, 자유에는 재량과 우연이, 절대적 보장의 결여가 따른다. 이 점에서 소설과 현실은 소름끼치도록 일치한다. 헌은 커밍스와 부딪치며 옹호했던 '보통의' 미국인 병사들 중 한 사람이 파놓은 함정에 빠져 죽는다. 이 원초적이고 폭력적인 인간이 그 귀족적인 중위를 증오한 이유는 무엇인가. 그가 다른 병사들에게 타인을 죽이는 것과 자신이 죽임을 당하는 것 사이에서 선택하는 것 말고 다른 도덕적 가치가 있다고 잠시 희망을 준 것 같았기 때문이다.

6. 순수한 학생

Olof Palme

정치적 행위와 동기는 친구와 적 사이의 특별한 차이로 귀착될 수 있다.
— 카를 슈미트

방금 나는 무엇인가 해야 한다는 느낌을 받았다.
— 울로프 팔메

1948년 9월 말 울로프 팔메는 쌀쌀하게 비가 내리는 날 스톡홀름으로 돌아왔다. 홈레고덴 공원의 나무는 여전히 잎이 무성했지만, 첫서리에 꼭대기는 붉고 노랗게 물들었다. 그는 9월 21일 화요일에 스웨덴에 도착했다. 살해당한 폴케 베나도트의 관이 하늘을 날아 유럽을 관통하여 스웨덴 땅에 내린 그날이다. 군나르와 뮈지의 결혼식에서 들러리를 섰던 베나도트는 중동에서 국제연합의 임무를 수행하던 중에 유대인 테러 집단에 살해되었다. 그의 중재 임무는 실패했고, 그는 국제연합에 보낸 보고서에서 평화 정착의 조건을 제시했다. 유대인 국가의 존립 권리는 일반적으로 수용되어야 하며, 난민은 귀환할 권리가 있고, 예루살렘 문제를 해결해야 하며,

"아랍인과 유대인의 원만한 결합이 […] 확실하게 이루어져야 한다."

엄밀하게 스웨덴의 시각으로 보면 베나도트는 제2차 세계대전에서 다소 열의 없던 그 나라의 기여를 잊게 한 적절한 영웅이었다. 장기적으로는 그가 다그 함마르셸드의 국제연합 사무총장 선출을, 그리고 그 연장선상에서 울로프 팔메의 국제적인 공헌도 예기했다. 외스테르말름스가탄에 있던 주요 신문인《스벤스카 다그블라데트》는 브롬마 공항에서 백작의 관을 영접하는 장면과 우덴플란 광장의 구스타브 바사 교회에서 성대한 장례식을 준비하는 과정을 상세히 전했다. 신문의 1면 조금 더 아래쪽에는 이후 3년 동안 울로프 팔메의 삶에, 비록 그가 당장에는 단순한 흥미 이상은 보이지 않았지만, 깊은 영향을 줄 다른 소식이 있었다. 이틀 전에 스웨덴학생회 연맹이 파리에서 열린 회의에서 국제학생연맹에서 탈퇴했다. 파리의 국제대학촌Cité U에서 그 신문의 특파원은 스웨덴 대표 빌렘 페플라르와 예란 발다우와 인터뷰를 했다. 팔메는 이 두 청년과 족히 여섯 달 동안 긴밀히 협력하게 된다.

그러나 팔메는 정신적으로는 아직 스웨덴에 발을 내딛지 못했다. 교환학생에게 가장 큰 문화 충격은 외국 문화와의 만남이 아니라 귀국에서 일어나는 경우가 많았다. 많은 경험과 새로운 시각을 갖고 돌아온 학생들은 고국이 떠날 때와 거의 비슷하다는 사실을 깨닫고는 따분함에 괴로웠다. 스톡홀름은 확실히 작은 도시가 아니었다. 도심은 오늘날보다 인구 밀도가 높았고, 1인당 영화관 수는 세계 최고였다. 전쟁 중에 중립을 지킨 덕에 스톡홀름의 세계주의적 성격은 더욱 짙어졌다. 전쟁과 죽음의 세계에서 스웨덴 수도는 피난민과 외교관, 첩보원으로 가득한 음식점과 카페, 나이트클럽으로 놀랍도록 활기를 띠었다. 그러나 이제 전쟁은 끝났고 스톡홀름은 다시 한적한 시골 동네의 잠에 빠지는 중이었다. 난민의 일부는 그대로 머물렀지만, 팔메가 미국 여행에서 경험한 민족적 혼합과 비교하면 도시의 동질성은 확연했다.

사회민주당이 집권한 지 20년이 지나고 민중운동이 시작된 지 50년이 흘렀지만, 계급 간의 장벽은 여전히 높았다. 1950년대 초 유명한 미국 기자 윌리엄 L. 샤이러가 스톡홀름을 방문했을 때 확인한 바이다. 사교 생활에서 형식을 중요시하는 스웨덴 사람들의 성향은 조금도 줄지 않고, 특히 친밀하지 않은 사이에서는 삼인칭을 사용해야 한다는, 유달리 직함을 좋아하는 스웨덴 사람들의 특이한 말 걸기에서 지속되었다. 알바 뮈르달과 군나르 뮈르달이 전쟁 중에 미국을 방문하여 큰 인상을 받고 돌아온 뒤 말했듯이, 팔메는 시민들이 "인간의 접촉에서 덜 개방적이고 덜 관대하며 마음을 잘 터놓지 않고 사사롭게는 질투심이 많은" 나라로 돌아왔다.

미국식의 자유를 맛본 뒤 울로프 팔메는 소년 시절을 보낸 외스테르말름스가탄의 방으로 돌아와 뮈지와 함께 지냈다. 카린도 부모 집에서 살았기에 울로프는 이 시기에 누나와 많은 시간을 보낸다. 형 클라스도 서른 살이 훌쩍 넘었고 완전한 변호사였는데도 마찬가지로 집을 떠나지 않았다. 해양법을 전문으로 하는 법률회사에서 실무 경험을 쌓기 위해 가을에 런던에 간 적이 있을 뿐이다. 클라스는 크리스마스를 즐기기에 딱 알맞게 스웨덴으로 돌아왔다. 그러나 이것이 환영할 만한 가족의 재회였다고 해도, 울로프에게는 발전이 중단되었다는 느낌이 있었다. 그는 지쳐 의욕을 상실했으며, 케니언 칼리지에서의 힘겨운 학업과 여행으로 힘이 빠졌다.

울로프는 스톡홀름 대학의 법학도로 다시 돌아왔다. 케니언 칼리지의 활발한 정치학 세미나를 뒤로하고 이제 스웨덴 재정법을 열심히 공부했고 상속세와 면세 판례에 전념했다. 그는 다시금 집과 시립도서관 뒤 노르툴스가탄 2번지의 정치법학부를 오갔다. 형법과 민법, 행정법 등 법학 석사학위를 받으려면 통달해야 하는 모든 분야의 교수들이 그곳을 들락거렸다. 여전히 스웨덴 고등교육을 지배한 고전적 이상에 따라, 학생들은 매우 자유롭게 공부했다. 학생은 "학생편람에서 제시된 것 이외에 달리 따를 지침 없이 홀로 독서"만 하면 되었다.

게다가 스톡홀름 대학은 웁살라와 룬드에 비해 교수 당 학생 숫자가 매우 많고 재정적으로 어려운 처지에 있었다. 그래서 교수와의 만남이 제한되었다. 학생은 필요하다고 생각하는 만큼 강의를 들었고 독서 자료를 읽었으며 이후 시험을 치렀다. 어느 미국인 교환학생은 깜짝 놀라며 이렇게 말했다. "시험의 성패는 교수의 가르치는 능력과 아무런 상관도 없는 것 같다." 법학 공부에서도 케니언 칼리지와는 분위기가 달랐다. 케니언 칼리지의 학생들은 자유와 평등, 민주주의 같은 크고 영원한 문제들을 소크라테스적인 방식으로 깊이 팠다. 스웨덴의 법철학은 자연법과 형이상학적 문제들과 관련이 있다면 무엇에서든 확실하게 거리를 두는 것이 특징이었다. 법은 정의의 문제가 아니었다. 사회적 효용의 관점에서 무엇이 최선인지가 중요했다.

사회적으로도 그 환경은 그가 성장기의 대부분을 보낸 무거운 전통의 기관들과는 완전히 달랐다. 스톡홀름 대학을 무대로 한 마리아 랑의 1950년대 인기 추리소설에 나오는 주인공은 실망하여 이렇게 말한다. "이곳 학생들 사이에서는 유대감이라고는 찾아볼 수 없다. 향우회도 저택무도회slottsbal도 낭만적 분위기도 없었다." 수도의 이 대학도시는 1884년 설립 때부터 의도적으로 룬드와 웁살라의 오래된 대학교와 반대되는 정체성을 갖추었다. 이 새로운 대학은 권력의 중심지에 자리 잡는 것을 장점으로 삼았다. 룬드 대학교와 웁살라 대학교는 역사적 유산에 짓눌린 케케묵은 곳으로 여겨졌다. 이바르 하리에 따르면, 스톡홀름 대학 학생들은 "환상이 없고 날카로우며 감상적이지 않다." 중세의 수도원 생활이 아니라 사회에 통합되는 것이 이상이었다. 절반 이상의 학생이 학업과 일을 병행했으며, 많은 학생의 사교 생활이 학교 밖에 있었다.

학생회가 일거리를 주는 사업에 한 발을 들여놓고 있다는 점은 결코 하찮은 이점이 아니었다. 사람을 만날 기회는 적었으며, 눈에 띄는 만남의 장소도 거의 없었고, 학생들은 대도시 생활에 파묻혔다. 우덴플란 광장 주변은 카페와 서점, 술집이 있어서 확실히 학생 구역이었지만, 홀렌다르가탄의 학생회관을 제외하면 모임에 적당한 곳이 없었다. 스톡홀름에 와 있던 울로프의 미국인 친구 존 바는 "러시아의 '자유' 연애"로 가득 찬 커다란 학생 아파트를 기대했지만 홀로 지내는, "원룸 아파트에 틀어박힌 채 지극히, 너무 심하게 개인주의적으로 지낸 스톡홀름 학생들"을 보았을 뿐이다.

주택 부족이 문제의 한 가지 원인이었다. 스톡홀름은 제2차 세계대전 이후 몇십 년간 급격한 성장으로 심한 고충을 겪었다. 베이비붐이 엄청났고, 지역 주민은 젊었다. 스톡홀름 인구의 약 40퍼센트가 서른 살 아래였다. 스톡홀름 시민들은 집에 욕실과 전기 조명, 환기 장치를 갖고 싶었다. 학생 아파트는 부족했다. 절반이 넘는 학생이 세입자로 도시 곳곳에 퍼져 살았고, 하숙집 아주머니의 엄격한 규칙에 따라 금연해야 했고 방문객을 맞이할 권리는 심히 제한되었다. 《스톡홀름스 티드닝엔》의 표현에 따르면, 그 결과는 생물학적이지 못한 학생 생활이었다. 영화관과 술집이 문을 닫는 저녁이 되면, 현관문 앞의 사랑 즉 "계단 전등의 차가운 빛과 지나가는 사람들의 찌푸린 눈살에 중단되는, 집에 들어가지 못해 노출된 대도시의 사랑"만 남는다. 스톡홀름 대학 학생의 3분의 1가량은 팔메처럼 계속해서 부모의 집에 살았다. 유럽 전통의 자유로운 교육과 스웨덴의 일반적인 불친절함, 북적거리는 대도시 환경의 결합은 스톡홀름 대학을 전통적인 대학교 환경이 아닌 강의 수용소로 만들었다. 팔메는 역시 스톡홀름 대학에서 공부한 시그투나 인문중고등학교 동창 한스 바트랑에게 이렇게 절망감을 토로했다. "우리는 여기 와서 읽고 또 읽는다. 우리는 대체 무엇이 될까."

스웨덴학생회연맹의 막내

스톡홀름 대학의 비인간적인 분위기는 팔메에게 이롭지 않았다.

사람은 누구나 관계가 필요하지만, 역설적이게도 팔메의 재능이 만 개하는 데에는 아동기의 가족생활부터 사회민주주의 노동운동까 지 견고한 구조를 갖춘 끈끈한 공동체가 매우 중요했다. 울로프 팔 메를 우울함에서 구원한 것은 그가 1949년 2월《스벤스카 다그블 라데트》에 미국 생활의 경험에 관해 쓴 기사였다. 그는 이것이 스 웨덴학생회연맹에 제출된 신청서임을 알지 못했다. 스웨덴학생회 연맹 집행부는 최근 회의에서(울로프의 기사가 실리기 겨우 며칠 전 이었다) 까다로운 인력 충원 문제로 씨름했다. 국제분과위원회에서 간사가 부족했던 것이다.

스웨덴학생회연맹은 그 시기 스웨덴의 10여 개 대학교와 대학 학생회의 전국적인 연합 조직이었다. 연맹은 제1차 세계대전 종전 후 특히 교환학생 활동과 여행, 가난한 나라 학생들의 지원을 통해 스웨덴 학생들의 외국과의 교류를 강화한다는 뚜렷한 목적으로 설 립되었다. 스웨덴학생회연맹은 처음 몇십 년 동안은 정치적 영향력 은 물론 학생들 사이의 관심도 상당히 적었다. 제2차 세계대전 후 상황이 바뀌었다. 파시즘이 가져온 교훈의 하나는 강력한 민주주의 적 학생운동의 정립이 중요하다는 것이었다. 그러나 역사적으로 곤 란한 장애물이 있었다. 1930년대 말 특히 웁살라 대학교 학생들 가 운데에서 스웨덴이 나치 독일을 피해 들어오는 유대인 난민을 막 아야 한다고 꽤나 큰 목소리로 주장하는 반동적 견해가 있었다. 수 치심에(죄의식까지는 아니더라도) 스웨덴학생회연맹은 더는 자신들 의 지엽적인 문제를 다룰 수 없었고 전쟁의 여파로 최고조에 달한 청년 국제주의의 물결에 어쩔 수 없이 올라타야 했다. 스웨덴 학생운동의 여러 지도자들은 진정한 열의를 보여주었지만, 시대가 요구하는 복잡한 국제적 교류를 기꺼이 최소화하기를 원하는 자들도 적지 않았다.

이들의 불만에는 어느 정도 합당한 이유가 있었다. 1947년부터 1951년까지는 냉전의 가장 불안정한 시기였고, 국제 학생운동까지 그 갈등의 여파가 미쳤다. 지도부는 어떤 태도를 취해야 할지에 관하여 의견 일치를 보지 못했을 뿐만 아니라 기진맥진한 상태에 있었다. 스웨덴학생회연맹의 의장 부 셰레는 팔메의 기사를 읽자마자 이 문제의 해법을 발견했음을 알아보았다. 그는 《다겐스 뉘헤테르》 기자이면서 1940년대에 스웨덴학생회연맹에서 활동한 아내 마리안에게 이렇게 설명했다. "이 친구에게 연락해야 해." 두 사람은 전후 난민 문제와 지원, 교류 프로그램에 동참한 국제주의적 지향성을 지닌 스톡홀름 학생들의 모임에 속했다. 셰레는 동료인 베틸 외스테르그렌과 빌렘 페플라르와 접촉했다. 외스테르그렌은 스웨덴학생회연맹의 대의원이었고 빌렘 페플라르는 혹독한 시험에 처한 국제분과위원회 위원장이었다. 이들은 그 젊은 법학도를 면담하기로 동의했다. 페플레르가 외스테르말름스가탄으로 울로프를 찾아갔고 뮈지로부터 차를 대접받았다. 만남의 결과는 상호간에 만족스러웠다. 몇 주 뒤에 페플레르는 다른 나라의 상대자들에게 편지를 보내 팔메를 새로운 간사로 소개했고, 5월 집행부 회의에서 정식으로 임명이 이루어졌다.

이제 갓 스물두 살을 채운 팔메는 이번에도 조직의 막내였다. 그의 조언자 세 명은 전부 20대 중반으로 정확히 학위를 마칠 시점에 있었다. 그들은 서로 매우 달랐다. 호리호리하고 얼굴의 윤곽이 뚜렷한 스톡홀름 사람 셰레는 정중함과 인도주의적 이상으로 널리 존경을 받았다. 그는 나중에 국제개발협력청*에서 일하게 되며 파리의 스웨덴 학생기숙사 사감이 된다. 법학도인 페플레르는 어머니는 스웨덴 사람이고 아버지는 독일 사람으로 함부르크의 유명한 변호사였다. 그는 1930년대에 히틀러유겐트에 등록되는 것을 피하기 위해 독일을 떠났다. 페플레르는 국제적 문제에 깊은 관심을 보였고, 스웨덴학생회연맹 시절 이후에는 제네바에서 교육 관련 일에 종사한다. 베틸 외스테르그렌은 스코네의 국민학교 교사 집안 출신이었는데도 겉으로 보기에는 울로프 팔메에 가장 비슷했을 것이다. 문학을 좋아하는 의지력 강한 예비군 장교로서 나중에 전문직중앙연맹** 의장과 《스벤스카 다그블라데트》의 논설위원이 된다. 그는 스무 살 때 이미 중년다운 묵직함을 지녔고, 팔메와 더불어 스웨덴 학생회연맹에서 1950년대 초에 나타난 가장 유능한 정치적 조직자였다. 그러나 외스테르그렌은 성마른 사람으로서 동료들과 종종 갈등을 겪었다. 그는 점차 팔메에 강하게 반대했다.

그렇지만 1949년 봄 세 사람은 국제분과위원회 위원장을 도울 수 있는, 그리고 나중에는 그 자리를 떠맡을 능력과 관심, 국제적

---

* Styrelsen för internationell utveckling(SIDA). 1965년부터 1995년까지 개발도상국 지원 임무를 맡은 정부 기관.

** Sveriges akademikers centralorganisation(SACO). 1943년에 대학을 졸업한 전문직 종사자들의 노동조합 연합체로 설립되었다.

지향성을 지닌 사람을 찾고 있었다. 찾아낸 사람은 기대 이상이었다. 울로프 팔메는 스웨덴학생회연맹을 국제무대의 주된 활동 기관으로 만들 뿐만 아니라 자신이 조직 전체의 의장이 된다. 이는, 특히 자기 자신에게 더욱, 놀라운 일이었다. 스웨덴학생회연맹 지도자는 일반적으로 각종 향우회 활동과 학생회에 관여하여 일이 고되었다. 그들은 적극적으로 당파 정치를 하는 경우는 드물었지만, 여러 가지 방법으로 동료들의 신임을 얻어야 했다. 울로프 팔메가 새로운 분과위원장으로 들어온 직후 스톡홀름 대학 학생회 신문 《가우데아무스》의 어느 기사는 그런 일이 어떻게 진행되는지 풍자했다. 홀렌다르가탄의 학생회관 카페에 들어가면 "사람들의 비위를 맞추듯 미소를 띠고 최대한 많은 사람과 인사한다." 등록금을 폐지하겠다고 소리 높여 얘기하고 "어느 여학생을 위해 문을 열어주며" 동시에 다른 여학생의 "옷맵시와 머리 모양"을 칭찬한다.

　팔메가 이전에 지녔던 명예직은 시그투나 학교의 문화 동아리 간사가 유일했다. 그는 자신이 속한 당파를 무비판적으로 지지하는 사람이 아니었고, 어떤 단체나 동호회에 자발적으로 가입한 적이 없었으며, 오히려 자신의 독립성과 자유를 적극적으로 방어했다. 그는 폐쇄된 환경에서도 개성을 주장하는 법을 배웠고 인간이 집단 속에서 어떻게 움직이는지 잘 알았다. 게다가 미국에서 지내면서 사교성을 갈고닦았으며, 주변 사람들이 자신의 삶에 지나치게 가깝게 들어오는 것을 방지하면서도 개방적인 태도를 취하는 법을 연마했다. 팔메는 따분하고 형식적인 사람들 앞에서는 여전히 싫은 내색을 감추지 못했다. 그러나 팔메가 새로 사귄 친구들은 대체로 그를 야심적이나 성격 좋고 순수한 청년으로 보았다. 이것이 (새로이 눈뜬 미국의 루스벨트 자유주의와 뛰어난 언어 능력과 결합하여) 그를 스웨덴학생회연맹이 맞닥뜨린 국제적인 문제를 다루기에 안성맞춤인 사람으로 만들었다.

전 지구적 학생 연대라는 이상

1940년대 말 국제 학생운동은 동서 진영 간의 심화되는 갈등 속에서 중요한 도구였다. 고등교육 덕분에 더 나은 새로운 세상을 건설할 준비가 된 새로운 교양 시민 세대가 형성되었다. 특히 학생들은 자신들이 세상이 다시 야만으로 추락하는 것을 막아줄 평화와 이성의 새로운 시대를 대표한다고 보았다. 이들은 전쟁으로 피폐해진 유럽 대륙 곳곳에서 자발적인 노력으로 기여함으로써, 특히 유고슬라비아로 들어가 보스니아의 산악지대를 관통하는 철도를 건설함으로써 자신들의 국제주의를 천명했다. 스웨덴의 젊은 작가 스티그 클라손이 흥분하여 썼듯이, 인간의 가치를 되찾아야 하지만 "그것은 삽과 쇠꼬챙이로 획득해야 할 것이다." 그러나 4300명의 외국인 자원봉사자들 사이에 뜨거운 교제의 시간도 있었다. 젊은 영국인 여성은 런던의《더 타임스》에 기고한 글에 이렇게 썼다. "스칸디나비아에서 온 친구들은 열심히 일했는데도 마치 바닷가에 놀러온 것처럼 보였다. 몸은 햇볕에 그을려 황금빛으로 변했고 사랑스러운 금발의 여성들은 이국적인 해변 복장 차림이었다." 청년들은 밤새 마시고 춤추고 미래에 관해 토론했다.

처음에는 국제 학생운동이 단합한 평화 세력, 일종의 청년 판 국제연맹이 될 수 있을 것처럼 보였다. 1945년 11월 52개 나라의 대의원 600명이 나치의 점령에서 해방된 지 겨우 몇 달밖에 지나지 않은 프라하에 모였다. 장소가 상징적이었다. 1938년 체코슬로바키아의 분할은 많은 사람들에게 제2차 세계대전의 진정한 출발점이었다. 아니면 적어도 그랬어야만 했다. 학생대회는 프라하에서 10년 만에 처음으로 열린 큰 국제적 회의였다. 이는 중부 유럽 블타바 강가의 그 천년 고도가 다시금 전쟁의 먼지를 털어내기 시작했다는 신호였다. 서방 연합국 병사들뿐만 아니라 러시아 병사들도 체코슬로바키아를 떠나고 있었다. 거리와 광장은 학생들에게 예를 표하여 화려하게 장식되었다. 바츨라프 광장에 20만 명이 모여 열광적으로 환영했다. 대회의 주축 세력은 영국과 체코슬로바키아의 학생 단체들이었다.

대회는 이듬해 체코슬로바키아 수도에서 새로운 회의가 열리도록 길을 닦았다. 1946년 8월 새로운 국제 학생 단체인 국제학생연맹이 설립되었다. 연맹은 평화를 위해 노력하고 민주주의를 지지하며 파시즘과 식민주의에 맞서 싸우기로 했다. 전쟁과 박해, 억압에 시달린 사람들에게 진정으로 의미가 있는 진심을 담은 말들이 마구 쏟아졌다. 프랑스 청년 지도자 기 드 부아송은 전쟁에서 죽은 사람들은 젊은이들이라고, 이제 "그들은 내일의 세계에서 제 자리를 요구한다"고 말했다. 동시에 이 표현은 근본적인 문제를 숨기고 있었다. 국제학생연맹을 정치에서 어떻게 분리할 것인지에 관하여 회원들 간에 합의가 없었다는 사실이다. 서방 국가들의 대의원들은 조직이 엄격히 비정치적이어야 한다고 주장했고, '순수한 학생'이 지도 원리가 되어야 한다고 권고했다. 학생 생활에 관련된 문제, 즉 교육과 교류, 여행, 장학금, 여가 문제에만 관여해야 했다.

소련과 다른 공산국가의 대의원들은 학생의 삶을 주변 사회에서 분리하기는 가능하지 않다는 견해를 표명했다(이는 그들이 공산주의 진영에 동조해야 한다는 것을 암묵적으로 의미했다). 두 가지 입장은 극단으로 치달으면 똑같이 불합리하다. 한편으로 '순수한 학생'이 지나치게 제한적으로 정의되면 국제학생연맹은 무기력한 자선 단체가 될 수밖에 없었다. 남아프리카공화국의 흑인 학생들에게 아파르트헤이트는 고도의 교육 문제였으며, 마찬가지로 식민통치를 받는 나라의 학생들에게는 국가의 독립이 결정적으로 중요했다. 다른 한편으로 너무 폭넓게 정의되면, 별개의 학생 조직이 갖는 의미가 없어졌다. 양측에 공히 타협의 의지가 요구되었다.

국제학생연맹은 처음부터 동서 간에 균형이 있었다면 아마도 잘 작동했을 것이다. 그러나 동구권은 1946년에 프라하를 이미 실질적으로 통제했다. 공산주의 운동은 오랫동안 다양한 조직의 막후에서 일한 경험이 있었다. 이른바 통일전선 정책이다. 볼셰비키 공산주의의 기본적인 사고는 헌신적인 당원들이 조종할 수 있는 폭넓은 기반의 조직으로 대중을 끌어모으는 것이었다. 국제학생연맹의 여러 주요 직책은 공산당원으로 드러난 대의원들이나 이른바 잠수함 즉 더 효율적으로 활동하기 위해 이데올로기 성향을 숨긴 당원들이 능숙한 조직력으로 일사불란하게 장악했다. 그들은 흔히 무기를 들고 나치즘에 맞서 싸운 용감하고 활동적인 자들이었고, 학생 운동 안에서 큰 신임을 받았다. 그들은 또한 절대적인 신념에 기인한 복종심으로 충만했다. 영국의 어느 학생지도자는 이렇게 기억했다. "공산주의자들은 모든 답을 다 알고 있는 듯했다. 나의 보수적 사회주의를 결코 사회주의라고 부를 수 없음을 한층 더 확신하게 되었다."

공산주의자들의 으뜸 패는 당시의 표현으로 이른바 '식민지 문제'였다. 제2차 세계대전은 약간이나마 남아 있던 유럽 식민국의 합법성을, 특히 동남아시아에서 모조리 확실하게 파괴했다. 일본은 원주민을 잔인하게 대했지만 동시에 서구의 우세가 종이호랑이였음을 증명했다. 프랑스인과 영국인, 네덜란드인이 일본 제국 군대에 밀려 철수하고자 부두에 모여 있는 동안, 그들의 이전 신민들은 적의 손에 내맡겨졌다. 종전 후 동남아시아 전역에서 해방을 요구하는 목소리가 울려 퍼졌고, 이전의 식민지 지배자들은 권위를 되찾기 어렵다는 사실을 알게 되었다. 독립운동은 예외 없이 공산주의적이라기보다 민족주의적이고 사회주의적인 성격을 띠었지만, 소련은 반식민지 강국으로서 위신이 높았다. 인도 총리 네루는 이렇게 간결하게 요약했다. "공산주의가 나쁘다면, 식민주의는 한없이 더 나쁘다." 따라서 제3세계의 많은 학생지도자들은 자연스럽게 국제학생연맹 지도부를 믿을 수 있는 동맹자로 보았다. 이는 대립각을 세우려는 서방 학생회들에는 문제가 되었다. 영국의 어느 학생지도자는 이렇게 회상했다. "식민주의는 우리의 아킬레스건이었다. 우리의 주장은 감동을 주기는커녕 설득력도 없었다."

서방 국가의 학생지도자들은 공산주의자들의 야심을 모르지 않았으며, 일부는 그들에 공감했고, 다른 이들은 국제학생연맹이 동서 간의 이해와 협력의 도구가 되기를 희망했다. 이들은 학생이자 청년으로서 새로운 전쟁을 예방할 특별한 책임을 지녔다는 숭고한 감정으로 움직였다. 국제학생연맹 창설 대회에 참석한 어느 미국인 학생 대의원은 이렇게 호소했다. "우리는 실패해서는 안 된다." 학생운동의 동서 양 진영에서 활동한 많은 대표자들을 1960년대 바리케이드에서 다시 볼 수 있다는 것은 역사의 얄궂은 운명이다. 정치적으로 선정된 국제학생연맹의 체코슬로바키아 대의원 이르지 펠리칸은(특히 울로프 팔메를 괴롭히려 했던 자다) 1968년 프라하의 봄 때 알렉산데르 둡체크의 측근이었다. 매서운 미국 반공산주의자 앨 로웬스타인은 훗날 민권운동가이자 지칠 줄 모르는 베트남 전쟁 비판자로 등장한다. 국제학생연맹의 발전 과정에는 잠시 동안이었지만 냉전과는 다른 길의 가능성이 엿보였다. 그러나 초기의 반파시즘 공동 대응과 평화운동 이후 국제학생연맹은 비굴하게 소련의 외교정책을 찬양했고 반대하는 자들을 모조리 전쟁광이자 파시스트로 매도했다.

그럼에도 대부분의 서방 학생 단체가 끈질기게 남아 있었다. 만일 그들이 국제학생연맹과의 관계를 끊었다면 제3세계 학생운동, 특히 동남아시아 학생운동과의 연결고리를 잃었을 것이다. 게다가 실제적인 학생 문제에서의 일상적인 협력도 나빠졌을 것이다. 그러나 그들은 다른 무엇보다도 국제학생연맹에 등을 돌리고 떠나면 국제 학생운동을 분열시킨 원흉이 될 것임을 알아보았다. 두 차례 세계대전 이후 전 지구적 학생 연대라는 이상은 강력했다. 웨일스의 공학도로 거의 비정치적이었던 영국 학생지도자 스탠리 젱킨스는 이렇게 설명했다. "소련 지도자들이 일부의 주장처럼 매우 사악하다는 사실을 처음에는 믿기 어려웠다."

프라하의 쿠데타

정치적 방향에 관하여 염려가 있기는 했지만, 스웨덴학생회연맹이 새로이 설립된 국제 학생 단체에 가입하는 것은 자명했다. 훗날 스웨덴 고용주연합* 의장이 되는 당시의 국제분과위원회 간사 쿠트 스테판 기세케가 그 일을 수행했다. 그와 부 셰레가 1946년 프라하에 갔을 때 책임지고 새로운 국제 학생 단체에 가맹했다. 이 결정은 사후에 스웨덴의 여러 학생회로부터 비준을 받아야 했다. 스웨덴 학생들은 국제 학생 단체에 부정적인 인식을 갖고 있었다. 제1차 세계대전 종전 후 설립된 국제 학생 단체가 곧 대의원들이 자국 외교부 장관에 좌우되는 상위 정치의 장으로 변질되었음을 알고 있었기 때문이다. 특히 스웨덴 학생들은 실질적인 협력에 전념했고 모든 정치화 경향에 반대했다. 이성적으로 생각하면 학생 단체다운 태도를 취하는 것이 현명했지만, 애석하게도 회원들과 직접적으로

---

* Svenska Arbetsgivareföreningen(SAF). 노동조합총연맹에 대응하기 위해 1902년에 설립된 고용주들의 중앙 조직.

관계가 없는 모든 문제를 '정치적'인 것으로 여기는 현실도피적인 경향도 있었다.

실용주의는 1948년 2월 프라하의 쿠데타로 무너졌다. 민주적이었으나 소련에 우호적이었던 체코슬로바키아에서 공산주의자들이 권력을 장악했다는 사실은 서방에서 큰 반응을 일으켰다. 오스트리아에서 자란 성공한 기업가 하리 샤인은 사회주의에 공감하는 자로 나중에 팔메의 친구가 되는데, 쿠데타를 현장에서 직접 목격하며 나치의 권력 장악과 유사한 점이 있음을 포착했다. 그는 공산당 정치에서 타협적인 면을 찾으려 애썼지만 시끄러운 확성기와 군대의 행진, 증오로 가득한 성난 분위기, "눈에 보이지는 않지만 상존하는 권력자의 폭력"에 압도되었을 뿐이다. 소련이 직접적으로 개입하지 않았다고 해도, 이는 스탈린의 공격적인 외교정책을 보여주는 결정적인 증거로 해석되었다.

공산당의 권력 장악은 그 자체로 국제학생연맹과 아무런 관계가 없었다. 그러나 프라하의 연맹 집행부는 공산당 정권의 프라하 학생회 해산과 바츨라프 광장에서 시위를 벌인 학생들과 교사들에 대한 진압 행위에 반대하지 않았다. 집행부의 일원이었던 영국인 의대생 톰 매든은 이렇게 설명했다. "비민주적 행동에 돌입한 학생들을 단지 잘못 인도되었다는 이유만으로 보호하는 것은 우리의 일이 아니다." 그러나 민주적인 국가들의 학생들은 강력하게 항의했고 국제학생연맹에서 즉각 탈퇴하라는 요구가 빗발쳤다. 스웨덴에서도 크게 분노가 일어 3월 중순 웁살라의 스웨덴학생회연맹 대의원 회의에서 이 문제가 논의되었다. 스웨덴 학생들이 조직에서 탈퇴하겠다고 위협하자 프라하의 지도부는 당혹했다. 그래서 지도부는 스웨덴 학생들을 달래기 위해 프라하에서 봄볕이 내리쬐는 웁살라로 매든을 파견했다. 폴란드의 그디니아에서 배를 놓쳐 늦게 도착한 이 영국인 공산주의자는 조용하고 다소 땅딸막한 청년으로 태도가 세련되었다. 그는 줄담배를 피워가며 스웨덴이 국제학생연맹에서 탈퇴하는 것이 얼마나 비극적인지를 서글픈 목소리로 얘기했다. 그러나 대의원 회의가 열린 노를란드 향우회 회관에서 그는 조롱 섞인 강력한 비난과 데드라인 요구에 직면했다. 특히 100여 명의 스웨덴 작가들이 공산당의 체코슬로바키아 권력 장악에 반대하여 공동으로 호소문을 발표한 것이 감정의 분출에 영향을 끼쳤다.*

말 수가 적은 스웨덴학생회연맹 의장 부 셰레는 매든이 웁살라에서 받은 대우에 수치심을 느꼈다. 그는 스톡홀름 대학 학생회 신문《가우데아무스》의 논쟁적인 기고문에 이렇게 썼다. "대의원들은 구체적인 문제를 다루는 대신 공산주의 일반에 대한 공격적 감정의 분출"에 몰두했다. 갈등은 스웨덴학생회연맹 지도부에 골치 아픈 일이었다. 프라하에서 집행부가 보인 행태에 분노가 인 것은 분명하지만, 또한 국제학생연맹을 대신할 만한 다른 국제 학생 단체가 없는 것도 사실이었다. 팔메를 선발한 빌렘 페플라르는 어느 미

---

* Stockholm Appeal. 1949년 군축과 평화 공존을 목표로 설립된 국제 평화 단체 세계평화회의의World Peace Councilrk가 1950년 3월 스톡홀름에서 연 회의에서 채택한 선언. 특히 핵무기의 완전한 금지를 요구했다.

국인 동료 앞에서 오직 스웨덴 학생들만 탈퇴에 관심을 보이고 있고 국제학생연맹에 관하여 건설적인 정책을 논의할 뜻이 없다고 유감을 표명했다. 난국을 해결한 것은 흔히 그렇듯이 규약의 정식 절차였다. 회원 단체의 탈퇴 예고 기간은 1년이었다. 스웨덴학생회연맹은 탈퇴를 예고했지만, 국제학생연맹이 프라하에서 무슨 일이 일어났는지 적절히 조사하여 만족스럽게 설명할 수 있다면 결정을 재고할 수 있다고 단서를 붙였다.

그렇지만 스웨덴 학생들의 격한 감정을 표현하기 위해 국제학생연맹과의 모든 실질적인 협력을 당장 중단한다는 결정이 내려졌다. 이는 심정적으로 이해할 수 있는 조치였다. 그러나 여기에는 큰 대가가 따랐다. 스웨덴 학생들은 국제학생연맹 내부의 다른 비판적 세력들과 협력할 기회를 스스로 내던진 것이다. 서방의 다른 학생 연맹들은 국제학생연맹과의 모든 형태의 협력을 중단할 정도로 멀리 가지는 않았으며, 또한 스웨덴학생회연맹의 결정이 불성실하다고 보았다. 게다가 스웨덴학생회연맹은 앞서 극단적으로 학생 단체의 태도를 취하여 신뢰가 깎였다. 국제학생연맹 의장 요세프 그로흐만은 1948년 4월 스웨덴 학생들에게 보내는 편지에서 조롱하듯이 이렇게 썼다. "이전에 에스파냐와 그리스, 억압 받는 식민지 국가들의 학생들에 대한 지원 활동에 참여하기를 거부한 스웨덴학생회연맹이 이제는 체코슬로바키아의 내정에 정치적으로 관여하다니 놀랍다." 페플레르가 대립을 조정하고자 열심히 노력했는데도, 스웨덴학생회연맹과 서방 국가의 일부 학생 단체는 공동의 대안도 없이 국제학생연맹에서 탈퇴했다. 서방에서 가장 중요한 학생운동이었던 영국학생연맹은 남았다. 스웨덴학생회연맹은 오프사이드에 걸렸다.

위장 결혼

울로프 팔메는 바로 이 상황에서 등장했다. 그는 1949년 3월 15일 스웨덴학생회연맹이 프라하 쿠데타의 여파를 명료하게 밝히려고 최선을 다하는 중에 간사 일을 시작했다. 집행부의 우파는, 특히 룬드와 예테보리에서 지지를 받아, 대체로 국제 활동의 중단을 원했다. 스톡홀름과 웁살라를 중심으로 하는 중부지방 집단은 스웨덴학생회연맹이 좀 더 적극적인 정책을 수행하기를 원했다. 다만 이를 위해 국제학생연맹에 더 깊이 빠지는 일은 없기를 바랐다. 팔메의 조언자인 셰레와 페플레르도 이 파벌에 속했다. 페플레르의 전략은 분명했다. 그는 '서방 진영'이 아니라 식민지 학생들까지도 포괄하는 세계적인 조직을 원했다. 그러나 이는 또한 "엄청나게 많은 노력"이 필요함을 뜻했다. 그가 울로프 팔메를 선발한 이유가 바로 여기에 있었다.

새로운 국제분과위원회 간사는 페플레르와 만나고 불과 몇 주 지난 뒤 부활절에 즈음하여 친구 한스 바트랑과 존 바와 함께 체코슬로바키아로 갔다. 팔메에게는 즐거움과 업무가 결합된 여행이었다. 그는 스웨덴학생회연맹과 국제학생연맹 사이의 내부 대립을 해결해야 했다. 첫 번째로 멈춘 곳은 바르샤바였다. 그곳에서 팔메는 폴란드 학생운동가들을 만난 뒤에 모든 것이 "소름끼치도록 엉망진창"이라고 결론 내렸다. 그러나 진짜 목적지는 프라하였다. 바트랑과 바가 관광에 여념이 없는 동안 팔메는 한 주 동안 체코슬로바키아 학생들과 면담하는 데 힘을 쏟았다. 바트랑과 바는 서민생활을 직접 보고자 평범한 곳으로 호텔을 바꾸기까지 했는데, 울로프는 조용히 안정을 취하며 임무를 수행하려고 비교적 호화로운 곳에 머물렀다. 공산주의가 밀어닥쳤어도 합스부르크 왕국의 화려함은 샹들리에와 거대한 바로크 양식의 식당, 중세적인 시중으로 프라하의 여러 호텔에 남아 있었다.

부활절의 프라하 방문은 팔메가 훗날 '독재의 앞잡이'가 인도한다고 저주를 퍼붓는 체제를 처음으로 직접 경험한 때였다. 그가 우선 학생들과 만났음을 생각하면 놀랍지도 않지만, 가장 인상 깊었던 것은 교육 제도 안에 퍼진 스탈린주의 획일화였다. 그가 만난 어느 학생은 차라리 공장에서 일하는 편이 더 낫다고 설명했다. 하루 노동시간이 끝나면 적어도 원하는 것을 공부할 수 있었기 때문이다. 대학교에서는 "매일 열네 시간 동안 마르크스를 읽어야 한다." 몇 달 뒤에 팔메는 《스벤스카 다그블라데트》의 특집 기사에서 프라하에서의 경험을 요약했을 때 다른 무엇보다도 체코슬로바키아의 심리적 분위기에 초점을 맞추었다. 사람들의 눈에서 무관심과 피로를, "사람의 생각과 감정의 방향에서 개인적인 두려움이 얼마나 중요한 요인인지" 본 것이 최악이었다.

팔메의 배경을 감안하면 그는 공산주의에 대한 관계를 놀라울 정도로 명민하게 발전시켰다. 케니언 칼리지 시절에 팔메의 정치적 세계관은 사회자유주의와 사회민주주의의 중간쯤에 가까워졌다. 공산주의는 저항해야 할 대상이었다. 방법은 그 절반의 세계 안에서 사회정의와 식민지 해방, 정치 개혁, 복지 실현을 위해 노력하여 그 선동의 근거를 빼앗는 것이었다. 팔메의 시각은 미국 노동운동 내부의 공산주의에 맞서 그 영향력을 줄이는 동시에 좌파 전체에 혐의를 씌우려는 편집증적인 공산주의 혐오증과도 싸운 뉴딜 자유주의자들의 시각과 다르지 않았다. 이 점에서는 그가 아직 그다지 가깝게 다가가지 않은 스웨덴 사회민주주의도 마찬가지였다.

팔메는 1948년 봄 아직 케니언 칼리지 학생이었을 때 프라하 쿠데타를 소재로 학교의 학생 신문《디 애드버케이트》에 글을 기고했다. 편집부가 붙였을 가능성이 높은 제목은 이와 같았다. "체코슬로바키아는 가버렸다. 스웨덴은?" 경고성 제목이 붙기는 했지만, 팔메는 공산주의 이데올로기의 큰 목표와 소련의 안보정책적 이해관계를 구분해야 한다고 주장했다. 전자는 대량 실업과 경제 위기가 찾아왔을 때 커질 수 있는 위협이며 정치적 수단으로써 맞서 싸워야 했다. 다만 공산당을 금지할 필요는 없었다. 게다가, 팔메에 따르면, 스웨덴에서 공산주의자들은 퇴보 중이었고 국내정치에서 사소한 문제였을 뿐이다.

스웨덴을 향한 소련의 군사정책적 의도로 말하자면, 그것은 현재 상황에서 그 나라의 활동으로부터 평가해야 했다. 팔메는 이렇게 주장했다. 스웨덴이 소련으로부터 압박을 받지 않는다는 총리 타게 엘란데르의 말이 옳다면, 전통적인 중립에서 이탈할 이유는 없었다. 끝에서 그는 스웨덴이 강국들의 동맹에 참여할 수 없다는 내용의 1946년 사회민주당 정부 성명서를 인용한다. 팔메는 이렇게 분명하게 밝혔다. 스웨덴은 마셜플랜이 "굶주림과 가난, 절망, 혼란"만 겨냥하고 "모든 정치적 조치를 피하는"한 기꺼이 참여할 것이다. 이 점에서 그는 마셜 원조를 일종의 국제적 복지정책으로 여긴 스웨덴 사회민주당과 의견을 같이했다.

1949년 봄 팔메가 스웨덴학생회연맹의 임무를 떠맡아 학생운동 내부의 국제적 갈등을 다루었을 때 취한 태도가 바로 이와 같았다. 그는 기본적인 가치관에서 미국에 우호적이었으며 미국 외교관들과 학생활동가들과 쉽게 사귀었다. 이해할 수 있는 태도였다. 전체적인 이데올로기적 관점에서 보아도 그렇거니와 미국이 전쟁에 지치고 경제적으로 피폐해진 유럽을 재건하기 위해 오늘날의 화폐 가치로 2000억 달러에 가까운 돈을 퍼부었기 때문이기도 했다. 그러나 팔메는 유럽의 학생들이 미국 외교정책의 수단이 되어서는 안 된다는 점에서도 똑같이 단호했다. 팔메는 평생 동안 스웨덴의(그리고 다른 작은 나라들의) 이익에 민감했다. 앞으로 보겠지만, 이상과 현실정치 사이에서 균형을 맞추는 일은 결코 쉽지 않았다. 그는 《디 애드버케이트》에 기고한 글에 이렇게 썼다. "엄정한 중립과 단합된 세계에 대한 믿음이 우리 시대에 작동하는지 살피는 일이 남아 있다." 그러나 울로프 팔메는 낭만적인 행동의 인간과 얼음처럼 차갑게 계산하는 전술가가 뒤섞인 매우 복잡한 사람이었다. 이는 스웨덴계 핀란드인이었던 할머니 한나의 기질과 스벤 팔메의 방법론적 냉철함이 만난 결과였다. 이러한 특성들이 같은 방향으로 나아갔을 때, 그는 도덕적 열정과 실용주의적 결과물을 결합한 뛰어난 정치인이 되었다. 그러한 특성들이 갈등을 일으켰을 때, 그는 모순되고 일관성이 없었다. 미사여구는 공허했으며, 정치적 계산은 조작의 냄새를, 최악의 경우에는 냉소주의의 냄새를 풍길 수 있었다.

1949년 부활절에 프라하에서 만난 젊은 체코슬로바키아 여성 엘레나 레네로바에 관해 말하자면, 울로프는 감정과 이성 사이의 올바른 균형이 무엇인지 확실하게 보여주었다. 팔메는 체코슬로바키아 학생운동을 연구하던 중에 스웨덴의 어느 의과대학생을 통해 그녀를 만났다. 엘레나 레네로바는 팔메를 그 도시의 볼 만한 장소들로 안내하면서 카렐 대학교 학생들의 상황에 관하여 설명했다. 그녀는 사정에 밝았다. 그녀의 오빠는 쿠데타 이전에 민주적인 학생운동의 지도자였으며 당시 파리에서 망명 생활을 하고 있었다. 울로프는 체코슬로바키아 학생들의 처지에 크게 마음이 움직였고 "필요하다면 돕기로" 했다. 엘레나는 스웨덴 청년의 '이해력과 공감 능력'에 감명을 받았다. 팔메는 그녀가 어머니와 함께 사는 아파트에서 여러 차례 그녀를 만났다. 발트슈테이나 궁 인근 아직도 수녀들과 수도사들이 살고 있는 수도원의 바로 맞은편에 있는 멋진 구옥이었다. 팔메는 여행할 때 편지를 받아 망명 중에 있는 친구들에게 전달했지만, 이 시기에 엘레나를 체코슬로바키아에서 빼내는 얘기는 없었다. 그렇지만 팔메가 방문하고 시간이 조금 지난 뒤 보안경찰이 엘레나를 주시하기 시작했다. 그녀의 오빠가 프랑스에서 반공산주의 활동을 했기 때문이다. 엘레나는 걱정하는 어머니의 설득에 인정 많은 스웨덴 청년에게 편지를 보내 위장 결혼에 응해줄 수 있는지 물었다.

12월 21일 울로프와 엘레나는 서신을 통해 프라하 시장으로부터 결혼을 인정받았다(신랑은 런던에서 완전히 다른 방식으로 체코슬로바키아 정권에 맞서 싸우고 있었다). 결혼은 긴박한 순간에 이루어졌다. 그 후 열흘 뒤에 외국인과 결혼한 체코슬로바키아인의 출국이 금지된 것이다. 1950년 2월 엘레나는 파리로 가서 오빠와 재회하고 의학 공부를 계속할 수 있게 되었다. 그곳에서 그녀는 외국인 의학도의 학업 조건이 스웨덴에서 더 좋다는 말을 들었다. 엘레나는 울로프에게 편지를 보냈고, 울로프는 그녀를 도울 수 있는 스웨덴 의과대학생과의 만남을 주선했다. 그녀는 8월에 움살라로 가서 의사 교육을 받았다. 몇 년 뒤(1956년) 울로프 팔메는 다시 개입하여 체코슬로바키아 당국에 엘레나의 어머니가 딸을 만날 수 있도록 국외여행을 허가해 달라고 설득했다. 엘레나는 스웨덴에 계속 남았고, 울로프 팔메와 그의 가족을 큰 지원자일 뿐만 아니라 "나의 가족 전부의 최고의 친구들"로 생각했다.

엘레나 레네로바를 도운 것은 울로프 팔메에게는 결코 특별한 일이 아니었다. 앞서 그 전해에 미국과 멕시코 사이의 국경에서 몸이 편찮은 어린 소녀를 돌보았다. 케니언 칼리지 시절 팔메의 친구들은 비록 그렇게 대단한 일은 아니었지만 곤경에 처한 숙녀들을 향한 그의 기사도적 행위에 관해 이야기한다. 이러한 낭만적 충동의 뿌리는 종종 거론되는 가족사까지 멀리 거슬러 올라간다. 그의 아버지 군나르는 제1차 세계대전 중에 궁지에 몰린 라트비아 난민 엘리자베트 폰 크니림을 보살피지 않았던가. 뮈지와 엘레나 사이에는 뚜렷하게 비슷한 점이 있다. 둘 다 동유럽 출신의 젊은 여성 의학도로 독재 정권의 괴롭힘을 받다가 정력적인 스웨덴 청년에 의해 구원받았다.

국제주의자 친우들

1949년 성탄절 직전 팔메는 진정한 궁지에 내몰렸다. 영국학생연맹이 국제학생연맹 안에서 어떻게 하면 반대를 가장 잘 조직해낼 수 있는지 논의하자고 서방 학생 단체들을 초대했다. 12월 16일 금요일 팔메는 런던의 크로이던 공항에 내렸다. 팔메는 스웨덴학생회연맹 국제분과위원회 임시 위원장이자 그와 마찬가지로 법학도였던 예란 발다우와 동행했다. 낮의 많은 시간 동안 겨울의 태양이 밝게 빛나기는 했지만, 두 청년이 마주한 대도시는 우중충하고 음울했다. 런던의 30퍼센트는 전쟁 중에 폭격을 당했고, 8만 채의 건물이 완파되고 70만 채가 심하게 부서졌다. 영국 정부는 전후 시기에 혹독한 긴축정책을 추진하여 가혹한 배급을 실시했고 국민에게 향락과 소비를 자제하라고 요구했다.

1949년 7월 암울한 세계를 그린 조지 오웰의 『1984』가 출간되었다. 런던 사람들은 오웰이 그린 미래의 전체주의적 런던의 양배추 수프 냄새가 나는 계단과 건물 정면의 닳아빠진 벽돌에서 쉽게 자신들의 모습을 발견했다. 이러한 묘사는 당연히 오웰의 소설이 그 시대에 관한 비평임을 강조했다. 그의 정신은 또한 영국 학생대회

위에도 어른거렸다. 회의장을 채운 학생들은 주로 공산주의에 어떤 태도를 취할 것이냐는 문제와 씨름한 좌파 청년 이상주의자들이었다. 대다수는 오웰의 비관적인 시각을 공유하지 않았지만, 상호이해의 가능성과 관련해서 울로프 팔메는 결핵에 걸린 그 영국 사회주의자처럼 체념했다.

팔메와 발다우는 런던의 전형적인 대학촌이자 보헤미안들이 모여든 블룸즈버리의 로열 호텔에 묵었다. 월요일 런던 대학교의 매우 웅장한 아르데코 양식 건물 세닛하우스에서 협상이 시작되었다. 소문에 따르면 히틀러가 영국을 점령하면 나치 정부를 들일 자리로 정해놓았다는 곳이다. 스웨덴의 다른 대표인 부 세레와 한스 호칸손이 협상에 참여했다. 스웨덴 대표단의 전략을 세운 이는 웁살라의 물리학자 호칸손이었다. 그러나 런던에서 무대를 차지한 이는 울로프 팔메였다. 그는 뛰어난 영어 실력과 표현력으로 영국 대표단의 견해를, 특히 이미 지친 여러 대표들을 녹초로 만든 무제한 토론에서 앞장서서 비판했다.

상황은 복잡했다. 런던에 모인 학생 대표자들 사이에서 공산주의자들이 국제학생연맹을 접수하고 전력으로 활동하고 있다는 데에는 의심의 여지가 없었다. 그러나 그다음부터 의견이 갈렸다. 일부는 국제학생연맹 밖에서 모종의 협력을 논의할 준비가 되었지만, 잉글랜드와 스코틀랜드, 남아프리카의 대표들은 현존하는 국제 학생 단체 안에서 더 싸우기를 원했다. 새로운 서방 학생 단체가 생긴다면 고립되고 특히 식민지 학생운동과의 교류를 놓치리라는 것이 영국 대표들의 견해였다. 그들은 회의에 이렇게 호소했다. "국제학생연맹은 전 세계 모든 국가의 학생들을 연결하는 마지막 고리이다.” 그리고 분열은 세계의 분쟁 위험을 증대시키는 데 기여할 뿐이라고 경고했다. 영국 대표들은 스웨덴 대표들만큼이나 전술적 입장이 확고했다. 그들은 스웨덴학생회연맹과 서방의 다른 비판적 단체들을 설득하여 국제학생연맹에 다시 들어가 개혁을 추진하고자 했다.

반면 팔메는 기존의 국제 학생 단체를 떠나 새로운 조직을 건설해야 한다는 스웨덴학생회연맹의 노선을 밀어붙였다. 역설적이게도 스웨덴학생회연맹과 영국학생연맹은 국제학생연맹과의 관계라는 결정적인 점을 제외하면 사실상 서로 그렇게 멀리 떨어져 있지 않았다. 스웨덴 대표들도 영국 대표들처럼 다른 무엇보다도 제3세계 학생들을 끌어오려 했다. 팔메와 셰레, 발다우, 호칸손은 또한 ‘순수한 학생’이라는 원칙의 해석에서 회의 주최자들과 견해가 상당히 비슷했다. 팔메의 설명에 따르면, ‘정당정치’를 피해야 하지만 학생 단체라면 당연히 피부색으로 차별받거나 자유롭게 말할 권리를 빼앗긴 학생들과 연대해야 했다. 런던에서 스웨덴과 함께 반대한 다른 서방 국가들은 의제가 협소했고 식민지 문제에 특별히 관여하지 않았다. 얼마 동안 ‘대서양 진영’(스웨덴, 노르웨이, 캐나다, 미국, 영국)과 ‘중부 유럽’(스위스, 독일, 오스트리아, 벨기에, 이탈리아) 사이의 갈등은 한층 더 뚜렷해진다. 그러나 런던에서는 영국학생연맹과 스웨덴학생회연맹이 주된 대립자였다. 스웨덴 단체가 서방 세계의 가장 강인한 반공산주의 단체로 이해된 것은 아마도 그때가 처음이자 마지막이었을 것이다.

1949년 크리스마스이브 전날 워번플레이스 가(街)에 있는 호텔을 떠날 때 울로프는 기혼자였다. 이틀 전 그는 프라하에 있는 엘레나 레네로바와 멀리 떨어져 있는 상태로 결혼했다. 엘레나는 체코슬로 바키아를 벗어나는 중이었지만, 그는 영국인들에게서 벗어나는 데 실패했다. 그렇지만 그의 확고한 노선과 명징한 논거, 뜨거운 관심 은 깊은 흔적을 남겼다. 울로프 팔메는 이제 국제 학생운동에서 중 요한 인물이었으며 향후 몇 년간 그에게 큰 도움이 될 네트워크 안 으로 들어갔다. 특히 영국학생연맹이 중요했는데, 그 지도자 스탠 리 젱킨스는 믿기 어려울 정도로 어려 보이는 동그란 얼굴에 타협 을 모르는 독립성을 숨기고 있는 사람이었다.

팔메보다 일곱 살 많았던 젱킨스는 웨일스의 블랙마운틴스 산맥 인근 작은 도시 브레컨에서 경제적으로 쪼들리는 중간계급 가족 의 아홉째이자 막내로 태어났다. 아버지는 일을 마치고 집에 돌아 올 때면 거의 늘 도시의 술집이란 술집은 모조리 들른 건축업자로 스탠리가 열네 살 때 죽었다. 아들이 기억할 수 있는 것은 자랄 때 아버지가 언젠가 자신과 얘기하다가 이렇게 물어본 것뿐이다. "그 래, 네가 몇째지?" 스탠리는 학교 교육을 제대로 받지 못했다. 그러 나 팔메와 젱킨스 사이에는 계급에 차이가 있었는데도 비슷한 점 이 있었다. 두 사람 다 성장기에 아팠다. 젱킨스는 여덟 살 때 결핵 을 앓았다. 팔메처럼 젱킨스도 회복기에 꾸준히 책을 읽었다. 건강 이 불안정했는데도 젱킨스는 스웨덴 동료와 똑같이 열렬한 스포츠 맨이었다. 웨일스 청년 탁구팀에 들고자 시합에 나가기도 했다.

제2차 세계대전이 발발하지 않았다면, 젱킨스는 브레컨에서 시청 서기나 은행의 하급직으로 살았을 것이다. 그러나 그는 군대에 소집되어 장교 교육을 받았고 인도와 버마, 말레이시아에서 성공적으로 복무한 뒤 소령 계급으로 제대했다. 참전의 대가로 그는 학생 장학금을 받을 권리를 얻었으며, 1946년 가을 카디프 공과대학에서 공부를 시작했다. 젱킨스는 정치에는 무관심했고 이데올로기적으로나 종교적으로나 강한 신념은 없었다. 그러나 그는 뛰어난 연사이자 훌륭한 조직자였으며, 팔메와 더불어 서방 조직들의 국제학생연맹 탈퇴의 배후 세력이 된다. 이듬해 두 사람은 동유럽을 지나는 먼지투성이의 기차 통로에서 긴 대화를 나누며 국제학생연맹에 맞서 두 나라 학생들의 전술을 조정한다.

젱킨스의 옆에는 보니 러스트와 랄프 블루메나우가 있었다. 러스트는 런던 출신의 나이가 조금 더 많은 학생으로 10년 동안 가스 수리공으로 일했고 노동당 좌파에서 활동했다. 이상주의적 철학자였던 블루메나우는 페플레르처럼 일찌감치 히틀러의 독일에서 피신했다. 팔메는 대서양 반대편의 미국학생연맹 지도부와 좋은 관계를 맺고 있었다. 연맹은 미국 정치권의 자유주의 세력이 만든 것으로 미국 사회의 주요 소수파, 즉 가톨릭과 유대인, 흑인을 이끄는 자들이 지배했다. 게다가 순수한 학생 단체 말고도 기독교 학생운동에서 출발한 제네바의 국제학생서비스를 비롯하여 학생들을 위한 국제적인 지원 단체가 아주 많았다. 팔메는 그 사무국과 매우 친밀한 관계를 유지했는데, 그곳에서 일한 테드 해리스는 펜실베이니아 출신의 흑인 학생으로 제2차 세계대전 중에 미국 학생운동의 지도자였다. 이 집단 안에는 공산주의자들의 국제학생연맹 지배에 어떻게 대응해야 하는지를 두고 다양한 견해가 있었지만(일부는 미국 중앙정보국^{CIA}의 첩자였다고 한다), 거의 전부가 정치적으로 중앙에서 왼편에 서 있었다. 이들은 팔메의 취향에 맞는 국제주의자들이었다. 특히 그의 생각에 편협하게 보였던 스웨덴학생회연맹 집행부 내의 반대파에 비하면 그런 성격이 더욱 두드러졌다.

절반의 공산주의

1950년 2월 팔메는 스웨덴학생회연맹 국제분과위원회의 간사에서 위원장으로 지위가 올라갔다. 이제 그는 또한 스웨덴학생회연맹의 입장을 발표하는 대변인으로서 국내 무대에 등장할 때가 되었다. 시인 칼 벤베리가 정기간행물《클라르테》에서 팔메의 조언자 부 셰레를 공격했을 때 자연스럽게 기회가 찾아왔다. 셰레는《다겐스 뉘헤테르》와의 짧은 인터뷰에서 스웨덴학생회연맹의 국제학생연맹 비판에 관하여 설명했다. 이에 벤베리가 "인민 증오의 노선을 취했다"고 셰레를 비난했다. 벤베리는 "제3의 시각"을 옹호한 좌파 지식인 집단에 속했으며 소련과의 갈등에서 미국 편으로 결집하려는 스웨덴 내부의 모든 경향을 강력히 비판했다. 벤베리는 기고문에서 스웨덴 학생들이 미국 대통령 트루먼과 헤르베트 팅스텐, 철학자 잉에마르 하데니우스, 남아프리카의 아파르트헤이트 정권의 지도에 따라 반공산주의 십자군에 끌려들어갔다고 비난했다.

벤베리의 공격 때문에 스웨덴학생회연맹은 공산당의 체코슬로바키아 권력 장악 이후 시작된 냉전 논쟁에 휘말렸다. 한편에는 서방 쪽을 강력하게 적극적으로 지원하라고 권고한 자들이 있었고, 다른 한편에는 이유는 서로 달랐지만 중립을 지킬 권리를 주장한 작가들과 지식인들의 이질적 모임이 있었다. 이는 결코 스웨덴만의 논쟁이 아니었다. 1940년대 말 유럽의 일부 문화계 종사자들은 소련에 특별히 크게 공감하지 않으면서도 이른바 미국의 패권에 불쾌함을 느꼈다. 미국의 시각에서 보면 자국에 대한 이러한 반감은 유럽인들의 감사할 줄 모르는 거만한 태도가 극에 달한 것이었다. 미국의 어느 공직자는 이렇게 설명했다. "우리는 프랑스나 스웨덴의 부유하고 교양 있는, 공산주의자가 아닌 자들이… 제3의 길을 추구하는 데 놀랐다." 소련에 분명하게 반대하고 서방 세계를 지지한 스웨덴의 여론 주도층은 단순히 놀라는 데 그치지 않았다. 이들은 소위 '절반 공산주의자들'을 저주하고 거세게 공격했다. 《베쿠슈 날렌》의 편집장으로 풍자에 뛰어났던 스티그 알그렌은 완전한 공산주의자가 지구상의 악의 화신을 대표한다면 절반 공산주의자가 완전한 공산주의자보다는 더 나은 것이 아니냐고 조심스럽게 의문을 표했다.

유력한 부르주아 일간지의 논조는(심지어 사회민주주의 일간지조차도) 악에 받쳐 제3의 시각을 비난했으며, 역사가 알프 유한손의 표현을 빌리자면 논쟁은 "의견이 다른 사람들을 겨냥한 치안 활동"과 매우 비슷했다. 그러나 제3의 시각을 옹호한 자들도 신뢰성 문제로 고생했다. 이들이 어느 한편을 선택하지 않을 권리가 있다고 주장하기는 했지만, 그들의 비판은 대체로 상당히 일방적으로 미국을 겨냥했다. 그들의 입장은 반작용의 성격이 강했다. 국제적 현실을 독립적으로 분석한 결과라기보다 토론의 분위기가 점차 한쪽으로 쏠리는 데 대한 감정적인 대응이었던 것이다.

벤베리와 스웨덴학생회연맹의 처지는 이중으로 얄궂은 면이 있었다. 한편으로는 셰레가 지극히 균형 잡힌 사람으로 흔히 떠올릴 수 있는 냉전주의자와는 아주 거리가 멀었기 때문이고, 다른 한편으로는 팔메가 자신이 매우 존경하는 스웨덴 시인과 논쟁하고 있었기 때문이다. 그렇지만 팔메는 논쟁에 참여하고 나아가 친구인 셰레가 부당하게 제국주의자의 졸이라는 꼬리표를 얻었다며 그를 변호할 기회까지 얻었다. 벤베리는 자신의 시를 꿰뚫고 있으면서도 가차 없이 정치적 논증의 힘을 보여준 무명의 청년 학생으로부터 반박을 당해 틀림없이 당혹스러웠을 것이다. 팔메가 논거의 일부를 스티그 알그렌으로부터 빌려온 것은 사실이다. 알그렌이 벤베리의 입장을 막 비판적으로 세밀하게 분석한 뒤였기 때문이다.

알그렌처럼 팔메도 "흔들림 없는 강직함과 순수한 의도"가 돋보이는 벤베리의 기본적인 자세를 존중한다는 점을 강조했다. 그러나 팔메는 시적인 이상을 정치적 현실에 적용하려는 벤베리의 시도를 무자비하게 비판했다. 팔메는 수치스러운 현실을 부정하고 서정시 속으로 공상적으로 도피하라고 권하는 것은 있을 수 있다고 보았다. 문제는 벤베리가 그 현실로 되돌아올 때 "서쪽을 주 전선으로 삼아 한 방향으로만 바리케이드"를 세움으로써 자신의 원칙을 저버린 것이었다. 팔메는 동서 사이의 제3의 시각이 원칙적으로 가능하다는 점을 부정하지 않았다. 벤베리가 편협한 감정에 사로잡혀

그러한 태도를 취하지 못했다는 것이 팔메의 요점이었다. 벤베리가
스웨덴의 사람들과 현상들을, 특히 정체성이 확실한 반공산주의자
헤르베트 팅스텐과《다겐스 뉘헤테르》의 그 협력자인 철학 교수 잉
에마르 하데니우스를 인정할 수 없어서 그에 대한 적의와 반감에
완전히 지배되었다는 것이다.

　팔메는 스웨덴학생회연맹의 국제학생연맹 탈퇴는 "민주주의적
청결 요구"나 이데올로기적 태도 표명, 팅스텐에 속박되는 것과는
무관하다고 주장했다. 스웨덴학생회연맹이 학생들의 국제적 협력
과 관련하여 제기한 최소한의 요구 즉 학생의 사회적 조건과 교육
기회의 개선, 그들의 기본적인 권리인 학문의 자유 보호를 국제학
생연맹이 더는 이행하지 못했기 때문이라는 것이었다. 타협은 분명
코 가능하지 않았다. 진정으로 자유로운 국제 학생 단체라면 동유
럽 학생들의 비인간적인 조건이든 남아프리카와 미국 남부의 대학
교에서 벌어지는 인종 박해든 콜카타 대학교의 이유 없는 폐쇄든
모든 압제에 맞설 수 있어야 했다. 팔메는 벤베리에 맞서 그것은 책
임감의 문제라고 신랄하게 지적했고, 이와 같이 간디를 인용했다.
"… 만일 우리가 지금 살고 있는 세상에 대한 우리의 온전한 책임
을 인정하지 않는다면, 우리는 그 세상에 살 권리가 없다." 팔메는
벤베리의 무기가 그 자신을 향하게 했으며 실존주의는 체념의 철
학이 아니라 사르트르가 나중에 표현하듯이 '휴머니즘'임을 증명했
다. 팔메는 문학과 정치 사이의 갈등을 뚜렷하게 인식했다. 그리고
자신은 행동을, 특히 시의 주관적 자유에 영향을 미칠 수 있는 힘과
가능성을 선택했음을 강조했다.

서방 분파의 선두에서

학생운동 내부에서 민주주의자들과 공산주의자들 사이의 그다음 대결은 1950년 8월 프라하에서 열린 국제학생연맹 대회에서 벌어졌다. 초여름에 한국 전쟁이 발발했고, 세계 도처에서 평화활동가들이 스톡홀름 호소문의 서명운동을 전개했다. 핵무기 보유에서 앞서 나간 미국을 향한 호소였다. 대회가 열리기 한 주 전에 이미 체코슬로바키아의 수도는 깃발과 구호를 적은 휘장과 스탈린과 체코슬로바키아 공산당 지도자 고트발트의 초상화로 뒤덮였다. 대회는 1891년 프라하 국제박람회장으로 건설된 광장에서 열렸다. 에펠탑을 본뜬 탑이 있었고 협상이 진행된 거대한 전시회장이 있었다. 대회와 함께 1100명이 넘는 대의원들을 위해 많은 스포츠 행사와 문화 행사가 마련되었다. 참여자들은 체코슬로바키아 노동계급에게서 선물을 받았다. 북한 사람들은 구급차를, 중국인들은 자전거를, 알바니아인들은 라디오를, 스웨덴의 클라르테 연맹 대표단*은 레닌의 석고 흉상을 받았다.

국제학생연맹의 체코슬로바키아인 의장 요세프 그로흐만은 이미 개회사에서 공산당은 반대를 용납할 뜻이 전혀 없음을 밝혔다. 그는 마셜플랜과 유고슬라비아 '파시스트들'(티토는 스탈린에 반기를

---

* 정기간행물 《클라르테》를 발간한 스웨덴 사회주의 단체 '스웨덴 클라르테 연맹 Svenska Clartéförbundet'을 말한다. 간략하게 '클라르테'라고 부른다. 프랑스의 공산당원 작가 앙리 바르뷔스Henri Barbusse가 1919년에 창간한 정기간행물 《클라르테Clarté》에서 이름을 가져왔다.

들었다), 영국 학생지도자 젠킨스를 공격했다. 젠킨스는 그래도 계속해서 국제학생연맹 지도부에 남았다. 그로흐만이 온종일 이어진 연설에서 그다음으로 새로 발발한 한국 전쟁을 거론하자, 대회장에서 거친 함성이 터졌다. "한국에서 나가라", "제국주의를 타도하자"라고 외치는 열광적인 공산주의자들이 집회장 곳곳에서 북한 대표단에 지지를 보냈다. 서방 대의원들, 특히 '영 - 미 제국주의자들'은 신체에 위협을 느낄 정도였다.

그러나 이제 영국인들이 국제학생연맹 안에서 싸움을 계속한다는 자신들의 전략이 옳았음을 증명할 기회가 왔다. 영국학생연맹은 스탠리 젠킨스를 필두로 열여덟 명의 강력한 대표단을 파견했다. 젠킨스는 아마도 자신이 테니슨의 시에 나오는 경기병여단의 지휘관 같다고 느꼈을 것이다. 그는 "굶주린 죽음의 위협에 맞서, 파멸의 구렁텅이 속으로" 동료들을 이끌었다. 그러나 이 웨일스인은 굳이 따지자면 용감한 남자였다. 반은 감탄이요 반은 짜증이었던 팔메의 표현을 빌리자면 '마조히스트'에 가까웠다. 젠킨스는 대회 이튿날에 공산주의자가 아닌 연사로는 처음으로 마침내 발언권을 얻어 정면으로 들이받았다. 그는 평화의 얘기는 모조리 위선이라고 주장했다. 국제학생연맹은 전혀 전쟁에 반대하지 않았다고, 반대로 공산주의적 목표를 지닌 모든 전쟁 행위를 지지했다고 그는 지적했다. "북한이 어제 남한을 공격했듯이 만일 내일 동독이 서독을 공격하면, 국제학생연맹이 그 전쟁을 지지할 것이라고… 우리는 확신할 수 있다." 그의 발언은 조롱과 야유로 거듭 중단되었으며, 그가 말을 마쳤을 때 빗발처럼 비난이 쏟아졌다.

다른 서방 대의원들이, 특히 덴마크의 스티 아네슨이 젱킨스를 지지했다. 그러나 아네슨은 상당히 가볍게 개입했는데도(덴마크 학생들은 스톡홀름 호소문을 지지할 수 없다고 밝혔다) 파시스트라고 고발당했고, 어느 이탈리아 학생은 병을 들고 그를 위협했다. 공산주의자들이 국제학생연맹을 강력히 장악하고 있는 상황에서 젱킨스의 영웅적인 노력은 무용지물에 가까웠지만 그럼에도 중요한 영향을 끼쳤다. 영국 대표단이 국제학생연맹을 떠날 수밖에 없다고 확신하게 된 것이다.

스웨덴학생회연맹의 참관인 울로프 팔메에게는 바람직한 전개였다. 그렇게 되기를 기대했기 때문이었다. 팔메는 5월에 스톡홀름에 있을 때 스웨덴학생회연맹이 프라하 대회에 참석해야 한다고 주장하며 이렇게 예언했다. 원칙적인 재창조가 "막후에서 일어날 것이다." 사람은 진정한 자기 모습을 찾았음을 깨닫고 자신의 개입이 결정적인 의미를 지닌다는 것을 알았을 때 강한 힘을 느끼기 마련이다. 이 스웨덴 청년은 바로 그런 힘으로 충만했다. 참관인으로서 팔메는 대회에 참가할 수 없었지만, 그래도 스웨덴학생회연맹의 성명서를 들고 발언자 명부에 들어가고자 끈질기게 노력했다.

결코 터무니없는 요구가 아니었다. 그렇지만 대회가 끝날 무렵 서방 대표단의 최종 공동 성명서 작성 작업에 끼어든 것은 위임받은 임무에서 크게 벗어나는 일이었다. 팔메 자신도 스웨덴학생회연맹 집행부에 보낸 보고서에서 그 점을 인정했다. 집행부는 아마도 팔메의 활동적인 성향을 알았기 때문이겠지만 그에게 국제학생연맹의 규약이나 활동에 영향을 미칠 수 있는 문제에 관여하지 말라고 세심하게 지시를 내렸다. 그런데 팔메는 첫 번째 초안을 날카롭게 비판했을 뿐만 아니라 오스트레일리아의 어느 대의원과 함께 성명서 수정 임무를 맡았다. 팔메는 대회가 끝난 후 9월에 영지 옹아의 저택에서 보고서를 정리할 때 자신이 선을 넘은 이유를 상세히 설명했다. 마음이 불편했다는 뜻이다. 1) 국제학생연맹은 어쨌거나 비민주적이었다. 2) 관여는 중요한 결정이 전부 끝난 뒤에 있었다. 3) 어쨌거나 그것은 그동안 고마웠고 이제 안녕이라는 뜻이었다. 4) 반대파의 단합을 보여줄 필요가 있었다. 5) 그는 공동 성명서를 수정하여 내용을 충실하게 해야 했으므로 성명서에 서명한 것도 잘한 일이었다. 마지막 이유가 아마도 가장 중요했을 것이다. 팔메의 강한 행동 욕구가 형식에 대한 존중을 물리쳤다.

팔메가 서방 학생들 사이에서 그토록 신속하게 지도자의 위치를 차지했다는 사실은 그의 정치적 지도력을 보여주는 증거였다. 팔메는 젱킨스와 함께 국제학생연맹 분화의 추동력이었다. 프라하 대회에서 팔메는 서방 학생들과의 연락망을 확대했고, 경찰의 무분별한 감시와 학생 방 수색으로 연락망은 더욱 끈끈해졌다. 한가로울 때 팔메는 미국과 영국의 학생들과 탁구를 쳤다. 학생정치의 복잡한 음모와 진부한 전술에 관여한 그의 방식에는 여전히 조숙한 면이 있었다. 팔메는 아직도 외스테르말름의 집에 어머니와 함께 살았지만, 그 자신의 표현을 빌리자면 "국제적 협력을 세우는 행상인"처럼 유럽을 돌아다녔다. 그러나 팔메는 또한 놀라운 정치적 재능을 타고났음을 입증했다. 프라하에서 그가 강하게 나선 덕분에 스웨덴은 국제학생연맹 해법의 대안을 찾는 일을 주도하게 되었다. 서방 분파는 프라하를 떠나기 전에 12월에 스톡홀름에서 북유럽학생연맹 주관으로 공동 협의회를 마련하기로 합의했다.

미대사관 직원과의 면담

팔메가 프라하에서 귀국하자마자 클라르테 연맹과 스웨덴학생회연맹 사이에 국제학생연맹 대회에서 일어난 일에 관하여 열띤 논쟁이 벌어졌다. 팔메는 공산당의 광기와 대중 조작을 처음으로 직접 목격하고 정말로 큰 충격을 받았다. 그는 젱킨스가 어떤 대접을 받을지 확실히 예측했지만, 북한군 대령이 바주카포를 든 채 연단에서 손을 흔드는 광경을 보리라고는 전혀 생각하지 못했다.《가우데아무스》에서 그는 대회의 분위기가 얼마나 위협적이었는지 강조하기 위해 자신의 표현 능력을 한껏 이용했다. 그의 문체는 100퍼센트 효과를 내기에는 아직도 젊은이답게 과도했으며 자의식 강한 현학적 기교로 가득했지만, 말에 담긴 열정과 논거의 힘은 꺾이지 않았다. 스톡홀름 주재 미국 대사관은 그 기사를 영어로 번역했고 나중에 선전 라디오인 '미국의 소리VOA'로 보냈다.

《스벤스카 다그블라데트》에 실린 인터뷰는 그만큼 성공적이지 못했다. 인터뷰에서 팔메는 "… 유색인이 포함된 700명의 학생들"이 반대파 대의원들을 에워쌌을 때를 생생하게 묘사했다. "무아지경에 빠진 그들의 증오가 얼마나 강했으면 그들 중 여럿이 입에 거품을 물었다." 프라하에 파견된 클라르테 연맹 대표단의 지도자 한

스 예란 프랑크는 팔메가 인종주의적 증오에 빠졌다고 망설임 없이 고발했다. 이는 부당했다. 팔메는 스웨덴학생회연맹에서 남아프리카 문제를 세게 다루었다. 그러나 인종주의자라는 비난에 그는 한층 더 과감히 나가려는 의지가 생겼을 것이다. 스웨덴학생회연맹의 다음 집행부 회의에서 팔메는 아파르트헤이트 정권에 의해 비트바테르스란트 의과대학의 장학금을 빼앗긴 흑인 학생들을 경제적으로 지원하자고 주장했다. 팔메의 생생한 표현의 글귀와 문학적 형상화가 지닌 매력이 반대자들이 이용할 수 있는 여지를 준 것이 그때가 마지막은 아니었다.

그렇지만 팔메는 감정적으로만 대응하지는 않았다. 냉철한 이성은 스웨덴학생회연맹이 한계를 명확히 해야 할 결정적인 전환점에 이르렀음을 깨닫게 했다. 이제 그는 국제학생연맹만이 아니라 타협 정책의 지속을 원하는 모든 이들에 맞서 치열하게 논쟁함으로써 돌이킬 수 없는 길에 들어섰다. 스웨덴학생회연맹은 결국 주도권을 잡았고, 스웨덴 학생들이 무엇이 관건인지 이해하는 것이 중요했다. 더 큰 문제는 팔메와 스웨덴학생회연맹이 1950년 가을 스톡홀름의 미국 대사관과 긴밀히 협력한 것이었다.

스웨덴 학생지도자들이 미국 당국과 접촉했다는 사실은 당연히 이상하지 않았다. 전후 유럽 고등교육에서 미국 자금으로 얼마나 많은 국제 협력이 이루어졌는지 생각하면 더욱 그렇다. 울로프 팔메와 베틸 외스테르그렌, 기타 스웨덴학생회연맹의 다수가 미국 대사관의 문화 담당관 로버트 돈하우저와 관계를 이어갔는데, 그럴 만한 이유는 충분했다. 게다가 팔메는 국제학생연맹 대회에서 알게 된 미국 학생 활동가를 구슬려 새로운 학생 단체 설립과 관련하여 미국 단체와 당국으로부터 지원을 받을 수 있는지 꼼꼼히 살피게 했다. 그는 또한 마셜 원조에서 상당히 중요한 인사였던 폴 호프먼과도 접촉했다. 호프먼은 연구재단인 포드재단과 좋은 관계를 유지했으며 팔메처럼 케니언 칼리지에 다녔다. 두 사람이 스톡홀름 시청의 접견실에서 만나는 장면이 사진에 찍혀 미국 잡지 《라이프》에 실렸다. 1950년 가을 울로프 팔메는 학생들의 국제적 협력을 원활히 하는 문제에서 돌파구를 열고자 모든 가능성을 따져볼 준비가 되어 있었다. 정치는 무엇을 성취하려는 의지였다.

그러나 공짜는 없다. 프라하 대회 이후 팔메는 미국 대사관의 다른 직원 로버트 우드워드를 면담했다. 그가 워싱턴에 전한 보고에 따르면, 팔메는 비공산주의 국제 학생 단체를 설립하는 것만이 목적이라고는 말하지 않았다. 그것은 당연했기 때문이다. 우드워드는 또한 팔메에게 프라하에 간 클라르테 연맹 회원들의 이름을 알려달라고 요청했다. 팔메가 미국 측의 경제적 지원을 구하는 문제에서 주저함이 없었다고 해도, 이는 젊은 학생지도자에게는 불편한 상황이었다. 미국에서 시간을 보낸 덕에 그는 공산주의자 사냥꾼들의 방법을 잘 알고 있었다. 그때는 분명히 상원 의원 매카시가 날뛰기 전이었지만, 1948년 봄에 이미 팔메는 케니언 칼리지에서 할리우드의 인기 배우들이 가혹한 조사를 받아 결국 공산주의자 성향을 인정했다는 보도를 접할 수 있었다. 팔메는 우드워드와의 관계가 틀어지는 것을 원하지 않았지만 밀고자가 될 생각도 없었다. 팔메는 프랑크와, 우드워드가 알고 있을 가능성이 매우 높은 다른 두 명의 중요한 클라르테 연맹 회원의 이름을 말하여 문제를 해결했다. 팔메는 다른 사람들은 의미 없는 하찮은 존재들이어서 이름을 기억할 수 없다고 말했다. 순전한 거짓말이었다. 실제로 팔메는 스웨덴학생회연맹 집행부에 클라르테 연맹 대표단의 이름이 전부 적혀 있는 상세한 명부를 전했다. 그렇지만 그 미국 외교관은 이를 알 수 없었다. 1948년 가을 팔메는 미국 당국과 협력하는 것과 냉전의 장기 말로 쓰이는 것을 확실하게 구분할 수 있다고 믿었다. 그는 시간이 한참 흐르고 1960년대 중반에 이르러 처음으로 승리한 것은 미국 중앙정보국이었음을 깨닫게 된다.

협력사무국과 CIA

미국 중앙정보국이 관여했다는 사실은 스웨덴학생회연맹의 다른 지도자들도 알지 못했다. 그들이 루시아 축일* 직후 스톡홀름 대학 학생회관에서 열기로 한 협의회의 준비에 열정적으로 착수했을 때였다. 이전에 마구간이었던 드로트닝가탄의 외풍 심한 스웨덴학생회연맹 본부에서는(보통 '헛간Rucklet'이라고 불렀다) 열띤 활동이 전개되고 있었다. 연맹의 학생들은 종종 팔메 가족의 아파트를 찾기도 했다. 긴장을 풀고 편히 교제할 공간이 있었기 때문이다. 울로프

---

* 4세기 초 디오클레티아누스 황제의 박해 때 순교한 기독교 성인 루키아Sancta Lucia의 축일인 12월 13일.

는 또한 때때로 친구들을 옹아에 데리고 가서 잘 웃는 발랄한 친척들을 소개했다. 그러나 주된 것은 일이었다. 울로프 팔메는 서방 학생 대표자들과 빈번히 서신을 교환하는 동시에, 비자와 여행 계획, 경비 지원책 마련, 호텔 예약, 성대한 폐회 축연 등 실질적인 협의회 준비에도 몰두했다. 동료들이 팔메가 커피를 끓이는 일도 없고 실무에 참여하지 않는다고 불평했다면, 이들은 적어도 이것이 그가 일하기를 싫어했기 때문은 아니라는 사실을 알았다. 이제 열심히 일한 지난 시절이 마침내 결실을 맺고 국제학생연맹 밖에서 전 세계 학생들을 위한 새로운 형태의 협력 단체가 설립될 것 같았다.

그렇지만 영국인들이 여전히 불안 요소였다. 젱킨스와 러스트, 그 외 팔메의 다른 친구들은 영국학생연맹을 국제학생연맹에서 빼내는 데 성공할 것인가? 11월 중순 리버풀에서 열린 회의에서 이 문제를 다루기로 했다. 팔메는 당연히 손을 놓고 있을 수 없었다. 여행의 시작은 불길했다. 그는 영국에 들어가지 못할 뻔했지만 결국 폭풍에 휩싸인 리버풀에 도착했다. 반면 국제학생연맹이 영국 학생들을 설득하기 위해 파견한 네 명의 주요 인사는 영국 외교부에 의해 입국이 거부되었다. 그중에는 만만치 않은 체코슬로바키아인 그로호만과 훗날 이탈리아 공산당 지도자가 되는 엔리코 베를링구에르의 동생 조반니 베를링구에르가 있었다. 영국 당국자들의 결정은 젱킨스에게 해로웠다. 학생들이 회의를 통제하려는 외교부의 조치를 싫어할 이유는 충분했기 때문이다.

젱킨스는 리버풀 대학교 학생회관에서 강력한 연설로 회의를 시작했다. 그는 국제학생연맹과 확실하게 관계를 끊자고 권고했고,

더불어 울로프 팔메가 런던 회의에서 제시한 분석이 옳다고 확인했다. 팔메가 젱킨스의 발언을 '최고'라고 말한 것은 전혀 놀랍지 않다. 그러나 투표 결과를 보니 과반수가 집행부에 반기를 들었다. 잉글랜드와 웨일스의 학생들이 공산주의에 강력히 동조했기 때문은 아니다. 회의는 프라하에서 젱킨스가 보인 행동을 승인했다. 그렇지만 많은 학생은 단일한 세계적 학생운동이라는 이념을 포기하고 냉전의 싸늘한 광풍 속에 뛰어들기가 어려웠다. 몇 해 동안 국제학생연맹 지도부와 타협하려 했지만 아무런 성과도 거두지 못한 경험 많은 지도자들과 국제적인 평화 세력으로서의 학생이라는 꿈에서 새롭게 행동주의를 발견한 상대적으로 어린 대의원들 사이에 간극이 너무 크게 벌어졌다.

팔메가 보고서에 썼듯이, 여기에 "매우 젊고, 매우 순진하며, 세상 물정에 매우 어두운 학생 대중"이 있었다. 그러나 젱킨스는 한 번 더 그 비타협적 청렴함을 증명했다. 투표 후 그와 지도부의 대다수는 즉각 사퇴했다. 그는 이렇게 선언했다. "여러분은 이제 나로서는 발을 들일 수 없는 길에 들어섰다." 영국학생연맹은 곧 해체될 처지에 놓인 듯했다. 두 시간 동안의 총체적인 혼란 끝에 타협안이 도출되었다. 젱킨스와 지도부가 임시 집행부로 남되 영국의 모든 학생회에서 국제학생연맹에 대한 전국적인 찬반 투표를 실시하기로 했다.

팔메는 기쁘지 않았다. 그는 스톡홀름에서 영국과 스웨덴의 학생들이 공동으로 주도권을 쥐기를 희망했다. 그러나 팔메는 또한 만일 젱킨스가 동료들로부터 확실하게 권한을 위임받지 못한다면 명예 때문에라도 새로운 단체를 위해 적극적으로 나서지 못하리라는 것을 알았다. 사태의 추이를 세밀히 살피던 스톡홀름의 미국 대사관처럼 팔메도 지극히 비관적이었다. 스웨덴 학생들의 전략은 지나치게 야심 찬 정치적 논쟁은 최대한 모조리 피하고 실질적인 협력, 특히 제3세계 학생들에 대한 지원에 집중하는 것이었다.

1950년 루시아 축일에 즈음하여 유럽과 북아메리카의 21개 나라에서 온 68명의 대표들이 자욱한 안개 속에 진눈깨비가 내리는 스톡홀름에 속속 모여들었다. 이들은 스톡홀름 제일의 상가인 드로트닝가탄의 레기나 호텔과 구세군 호텔에 묵었다. 거리는 크리스마스를 맞아 쇼핑을 즐기는 도심지 사무직 종사자들로 가득했다. 스웨덴 일간지들은 두 호텔이 줄담배를 피워가며 열띤 토론을 벌이는 외국인들로 가득 찼다고 전했다. 《다겐스 뉘헤테르》는 사설에서 협의회를 "민주주의의 가치를 중심으로 서방 학생들의 연대감이 뜨겁게 표현된 것"이라고 썼는데, 정확히 팔메와 스웨덴학생회연맹이 추구한 틀은 아니었다.

협상 자체는 12월 17일 일요일에 베틸 외스테르그렌의 지침 설정과 더불어 시작되었다. 그는 의장으로서 스웨덴학생회연맹의 공식 대표였지만, 스웨덴 대표단에는 울로프 팔메와 알 트라네우스가 전문가로 참여했다. 팔메는 또한 토론에서는 비교적 조용했지만 스웨덴 측 입장의 추동력이었다. 국제학생연맹은 외부 세력에 불쾌감을 조장했다. 스웨덴 클라르테 연맹은 이 모임에 항의했고, 국제학생연맹 집행위원회의 조반니 베를링구에르는 일을 바로잡기 위해 독자적인 결정으로 스톡홀름에 왔다. 그는 기자회견에서 다소 수수

께끼 같은 말을 했다. "상황을 개선하기에 결코 늦지 않았다." 그렇지만 학생회관 안에서는 우선 영국 학생들이 문제였다. 그들은 위임받은 임무 때문에 국제학생연맹과의 협력 증대를 요구하는 한편 다른 나라 학생연맹들에 다시 가입하도록 영향력을 행사하려 했다. 그러나 이제 기본적인 문제에서 울로프 팔메와 의견이 일치한 젱킨스는 유연하게 임무를 처리했다. 국제학생연맹과의 협력 문제는 연기되었으며, 공동 재가입 제안은 표결에서 부결되었다. 영국 학생들은 더 항의하지 않고 패배를 수용했다. 젱킨스와 팔메가 아마도 공동으로 이 문제를 처리했을 개연성이 크다. 팔메는 나중에 안도의 한숨을 쉬었다. 그는 이렇게 확인했다. "정치라는 괴물은 이제 평화롭게 퇴장했다."

그러나 너무 성급했다. 불과 몇 시간 뒤에 그 짐승은 다른 진영에서 돌아왔다. 미국의 청년 대표 앨 로웬스타인이 공산주의와 소련의 외교정책 전반, 특히 국제학생연맹을 긴 시간 동안 격하게 공격한 것이다. 그가 팽팽하게 긴장된 국제적 상황에서 영향을 받았다는 데에는 의심의 여지가 없었다. 11월 중국군이 한국에 진입했다. 협의회 전날 미국 대통령 트루먼은 미국의 비상사태를 선포했다. 로웬스타인의 냉전적 발언은 스웨덴 학생들이 피하고자 했던 바로 그것이었다. 형태를 갖추고 있던 학생 협력의 새로운 해법이 반공산주의 십자군으로 이해되는 일은 없어야 했다. 로웬스타인은 이미 다른 대표들로부터 비판을 받았고, 이 미국인의 발언을 어떻게 공식 의사록에서 삭제할 것인지를 두고 혼란스러운 논의가 이어졌다. 발언 삭제는 특히 스웨덴 학생들이 강력히 주장한 것으로 바보 같은 생각이었지만, 국제학생연맹 선전부가 로웬스타인의 경솔한 분노 폭발을 핑계로 무슨 일이든 저지를 수 있다는 크나큰 두려움에 근거했다. 여하튼 이는 협의회의 진정한 전환점이었다.

대다수는 그 미국 청년에 반대하는 입장을 취했다. 그는 심지어 자국 사람들의 지지도 받지 못했다. 그리하여 국제학생연맹 재가입은 배제되었고 미국인의 냉전 선전도 거부되었다. 대표들은 이제 실제적인 논의에 착수하기에 충분할 만큼 자신들의 '제3의 시각'에 자신감을 느꼈다. 이들은 쉽게 조종당하지 않았다. 국제학생연맹에서 스탈린주의를 겪어 보았기 때문에 대표들 사이에 파벌 조성과 정치 공작에 대한 두려움이 생겼다. 투명성과 공정성의 요구가 강력했다. 그러나 스웨덴 대표들은 노련하게 일을 처리했으며, 젱킨스의 강력한 권위에 힘입어 조직상의 해법이 도출되었다. 새로운 경쟁적 국제 학생 단체의 수립을 명백하게 의미하지는 않는 해법이었다.

팔메는 협의회가 끝날 때쯤 발언을 했는데, 이는 그 회의의 가장 열정적인 발언 중 하나였다. 그는 대표들에게 식민지 학생들이 받는 억압을 진지하게 고려하라고 촉구했다. 그의 설명에 따르면, 요점은 그들의 불만 때문에 그 전날 로웬스타인이 공격한 소련 제국주의가 유지된다는 것이 아니라 그들이 말하는 "공포와 고통, 굶주림, 죽음"에 관한 기본적인 사실이 옳으며 우리의 행동을 요구한다는 것이었다. 결과적으로 학생협의회를 다시 열어(국제학생협의회) 공동 사업에 관해 결정을 내리기로 했다. 여행, 교류, 사회 문제, 여가 등에 관한 사업의 이행은 각국 학생연맹에 위임되었다. 이는 확실히 복잡하고 다소 애매한 해법이었지만, 지난 몇 년간 국제학생연맹과 관련하여 끝없이 헛짓을 해댄 것에 비하면 커다란 진전처럼 보였다. 크리스마스이브 사흘 전 술과 노래가 곁들여진 폐회 연회에서 서방 학생지도자들은 결과에 만족할 이유가 충분했다.

이들은 당연히 결과물이 미봉책임을 알고 있었다. 국제적 협력이 잘 작동하려면 일종의 지도부가 있어야 했다. 1952년에 그와 같은 것을 만들기로 했다. '협력사무국coordinating secretariat'(그 시절의 전형적인 두문자어로 COSEC)이 국제학생협의회의 막간에 활동을 연결하기로 했다. 그 본부는 네덜란드의 레이던으로 정해졌고, 첫 번째 사무국장은, 미국 국무부가 울로프 팔메를 최선의 후보로 생각했지만 그가 거절한 뒤, 스웨덴의 얄 트라네우스가 맡았다. 동서 진영 간의 이데올로기적 대립에서 공개적인 입장 표명을 피하기 위해 사무국은 느슨한 형태를 취하기로 타협했다. 그것이 적절한 해법이었다. 사무국은 비교적 성공적이었고, 1950년대 중반에 약 50개국의 학생연맹을 포괄했다. 대략 절반은 식민지의 학생연맹이었다. 사업은 교류와 장학금, 여러 형태의 사회적 지원을 포함했다.

그러나 사무국은 또한 미국 국무부가 급진적 학생운동을 파악하고 온건하고 서방 친화적이라고 판단되는 세력을 지원할 때 쓸 수 있는 도구가 되었다. 사무국의 활동은 거의 처음부터 미국 중앙정보국의 자금 지원을 받았으며 미국 정보기관을 위해 일한 미국 학생들이 조종했다. 미국 중앙정보국과의 연결은 1966년 미국의 급진적 정기간행물《램파츠》의 유명한 폭로 기사에서 드러났고, 이후 서방 학생 협력 전체에 어두운 그늘이 드리웠다.

이 주제에 관해 쓰인 여러 책 중 하나의 제목을 빌려오자. 팔메는 "누가 자금을 댔는지" 알았나? 어쩌면 그는 미국 중앙정보국이 얼마나 적극적으로 개입했는지 몰랐을 것이다. 팔메와 서유럽의 다른 학생지도자들을 속이려고 의사록까지 조작했다. 그러나 팔메는 사무국이 미국의 경제적 지원에 의존하고 있다는 사실을 알았다. 그가 보기에 이는, 적어도 외부에서 학생운동을 조종하려는 시도가 없는 한, 특별히 논란이 될 만한 일은 아니었다. 훗날 돌이켜 보면 이는 순진한 생각이라고 할 수 있지만, 스무 살을 갓 넘긴 사람에게 남을 너무 쉽게 믿는다는 것이 그리 큰 비난은 아니다. 게다가 팔메는 수많은 사람 중 하나였을 뿐이다. 버트런드 러셀과 레몽 아롱, 앙드레 말로, 이냐치오 실로네, 아서 케스틀러 등 저명한 유럽 지식인 다수가 미국 첩보기관으로부터 돈을 받았다. 스웨덴에서는 특히 안데슈 엔마르크와 예란 팔름, 빌고트 셰만, 투마스 트란스트뢰메르 같은 젊은 작가들이 1957년 스톡홀름의 말멘 호텔에서 미국 중앙정보국의 후원으로 열린 회의에 참여했다. 미국 중앙정보국은, 매카시의 공산주의자 사냥과는 달리, 소련의 이데올로기에 맞서 효과적으로 싸울 수 있으려면 다른 무엇보다도 공산주의자가 아닌 서방 지식인들을 지원할 필요가 있음을 간파했다. 아서 케스틀러가 나쁜 무리와 어울릴까 두려운 마음은 정치적 윤리의식의 증거가 아니라 자신감 부족을 드러낸다고 한 말이 옳다면, 울로프 팔메가 그 점에서 좋은 능력을 타고났다고 우리는 말할 수 있다.

실존주의, 의지력, 국제성

스웨덴학생회연맹의 국제분과위원회를 책임졌던 이 초기 훈련 기간 동안 팔메는 그의 공적 삶의 나머지 기간을 규정하게 될 기본적인 정치적 특징을, 좋은 것이든 나쁜 것이든, 보여주었다.

첫째, 가장 중요한 것으로 정치를 대하는 팔메의 태도는 이데올로기가 아니라 실존주의적 기반에 입각했다. 그가 믿은 주된 가치와 이념이 없었다는 뜻이 아니다. 특별히 독창적이거나 그만의 특유한 것이 아니었다는 말이다(한참 뒤에 취하는 관점을 제외하면). 팔메는 확신에 찬 민주주의자였으며(적어도 미국에서는 그러한 상태에 있었다), 평등과 개인의 자유를 믿었고, 서구의 교육적 이상이 견고히 닻을 내리고 있었으며, 경제 성장과 공정한 분배 정책이 추구할 만한 목표라고 보았고, 전체주의 체제는 물론 자유방임 자유주의에도 반대했다. 그러나 팔메는 자신을 서구 세계 사회자유주의의 본류에 올려놓은 이러한 목표나 가치 중 어느 것도 다른 모든 것을 압도하는 이데올로기적 원칙으로 드높일 준비가 되어 있지 않았다. 그는 전체적인 태도에서 현실은 여러 가지 바람직한 목표 사이의 타협과 조정으로 이루어진다고 본 전형적인 실용주의자였다. 그런 의미에서 팔메는 1950년대의 냉전주의자도 1970년대의 제국주의에 비타협적으로 반대한 사회주의자도 아니었다. 오히려 그는 융통성 있게 협상을 통해 문제를 해결하고 동맹을 맺으며 필요할 때 양보하는 고전적인 사회민주주의적 능력을 지녔다. 그는 새로운 국제 학생 단체 설립을 위해 일하던 중에 이러한 특성을 거듭 보여주었다.

반면(이 점에서 더욱 특이했다) 팔메는 사람에게는 주어진 순간에 정의와 진실이라고 이해한 것을 위해 행동할 강한 의무가 있다는 매우 굳은 확신을 지니고 있었다. 그래서 그가 보기에 국제학생연맹은 제대로 작동하는 국제 학생 단체가 결코 될 수 없었고, 미국은 민주주의를 위해 베트남을 폭격할 수 없었다. 이는 전후 시기의 프랑스 철학을 공부하여 얻은 성과가 아니었다. 그것은 오히려 한 인간의 자세였으며 어쩌면 실존주의에서 비롯한 심리적 특징일 수도 있었다. 훗날 하리 샤인이 묘사했듯이, 팔메는 "도덕률에 사로잡힌 전술가"였다. 그가 공산주의에 전체적으로 반대했다고 해서 냉전에 미국 편으로 뛰어들 준비가 되어 있던 것은 아니다. 그렇지만 팔메는 스웨덴학생회연맹의 국제적 문제를 해결하는 임무에 대면했을 때 공동으로 결정한 노선을 강력하고 일관되게 추진할 의무가 있다고 느꼈다. 이 점에서 그는 예술가의 기질을 가진 사람이었다. 팔메는 이젤에 놓인 한 작품에 집중하여 온 힘을 쏟았다.

둘째, 집중하는 능력은 직관적인 것이었을 뿐만 아니라 자의식적인 태도이기도 했다. 팔메는 이를 집안에서, 의지력에 대한 가족의 강력한 믿음에서 가져왔으며, 스스로 "정치는 무엇을 성취하려는 의지이다"라는 표어를 좌우명으로 세웠다. 여기에는 어느 정도 냉정한 판단이, 다시 말해 성공은 강력한 의지력을 통해서만 얻을 수 있다는 통찰이 숨어 있었다. 그러므로 어떤 상황에서는 주적에, 앞을 막아설 뿐만 아니라 자신의 의지력을 행사할 영역이 될 수 있는 개인이나 집단, 현상에 집중할 필요가 있었다. 이를테면 공산당 권력자들, 스웨덴의 부르주아 정치인들, 닉슨 행정부 같은 것이었다. 독일의 보수적 법철학자 카를 슈미트처럼 팔메도 친구와 적의 관계를 정치의 중심으로 보았다. 그가 갈등을 타협이 불가능하다거나 증오로 가득한 상태로 이해했다는 뜻은 아니다. 오히려 그 반대였다. 팔메는 적어도 반대자들이 어떻게 생각했는지를 이해하는 한 종종 그들을 무관심하게 바라보았고 아무렇지도 않게 무시했다. 이는 다소 직업적인 행동 방식으로 사생활에서 그의 특징이었던 친절이나 겸손과 대비되었다. 국제학생연맹의 스탈린주의 찬양에 대한 그의 반대에 비합리적이거나 광적인 면모는 전혀 없었다. 그는 그들을 악한 인간으로 보지 않았다. 진정한 국제 학생 단체를 설립하려면 제거하거나 해롭지 않게 만들어야 할 장애물로 보았다. 그렇게 냉정한 형태의 반대가 주는 이점은 국제학생연맹과의 싸움에서 뚜렷하게 드러났다.

존경할 만했지만 다소 돈키호테 같은 영국인 젱킨스와 달리, 팔메는 양보할 생각이라고는 조금도 없는 자들과 타협하려고 쓸데없이 고생하며 시간을 허비하지 않았다. 서방의 주요 학생정치인 두 사람 젱킨스와 팔메 중에서 더 성공적인 이력을 쌓는 이는 팔메였고, 그 영국인은 정치 활동의 감각이 부족한 탓에 끝이 좋지 않았다. 젱킨스는 이렇게 말했다. "나는 사람이 정치에서 성공하려면 원칙적인 문제에서 '유연해야' 한다는 점을 깨닫기 시작했다. 이는 내가 받은 빅토리아 시대의 교육과 충돌했다." 그는 얄궂게도 외교관이 되었었다. 로버트 프로스트의 표현을 빌리자면, 언제나 "여인의 생일을 기억해야 하지만 절대로 그 나이를 기억해서는 안 되는" 직업이었다.

셋째, 위에서 전개한 추론의 예외가 되겠지만, 팔메가 당대의 대다수 평균적인 좌파 자유주의자나 사회민주주의자보다 더 깊은 통찰력과 더 강력한 개인적 확신을 보여준 경우가 있었다. 열정적인 국제적 참여였다. 제2차 세계대전 이후 세상에 나가고 싶은 열망은 당대의 청년 학생들 사이에서 확실히 자명한 것이었다. 급진적인 청년 작가 얀 뮈르달은 1950년대 초 심술궂게도 이렇게 썼다. "그렇게 많은 학자가 동시에 국외로 여행을 떠나 그토록 많은 싸구려 호텔에 묵으며 그토록 많은 '흥미롭고' 사회에서 버림받은 무뢰한들을 만난 적은 없었다." 그러나 울로프 팔메의 경우에 그 충동은 더욱 강했고 여러 층위가 있었다. 맨 밑에는 가족의 세계주의적 전통과 언어 능력이 있다. 팔메는 어렸을 때부터 협소한 국가적 영역을 뛰어넘어 생각하도록 교육받았다. 그러나 그는 또한 민족주의의 의미에 대한 깊은 통찰력을 지녔다. 이는 주로 러시아에 맞선 핀란드의 투쟁에 팔메 가족이 보여준 강한 연대의식에서 나온 것이다. 팔메는 세계를 작은 나라의 시각에서 바라보았기에 이전의 핀란드처럼 강력한 제국과 맞붙어 싸운 식민지에 공감했을 뿐만 아니라 스웨덴의 중립정책도 수용할 수 있었다. 마지막으로 미국에서 지낸 시절이 있었기에 그의 이상주의는 세계적인 주요 강국 내부에서는 세상이 어떻게 보일지에 관한 현실정치적 깨달음으로 약간 완화되었다.

7. 오래된 왕국

Olof Palme

사람은 야망에 이끌려 앞으로 나아가지만,
언제나 자신의 전제조건을 명백히 이해하고 출발하는 것은 아니다.
그저 '일어설 필요가 있다'는 강한 느낌을 받았을 뿐이다.
— 노동운동 문화 보고서, 1952년

민족주의, 그것은 다른 무엇보다도 존엄으로의 복귀이다.
— 울로프 팔메

1950년대 초 파리는 유럽의 수도였다. 생제르맹 대로와 생베누아 가의 모퉁이에 있는 카페 드 플로르에서 장폴 사르트르는 전후 시대의 지적 논쟁을 주도했다. 파리 교외의 수목이 울창한 로캉쿠르에서는 북대서양조약기구 사령부가 "자유의 대가는 경계이다 Vigilia Pretium Libertatis"라는 구호 아래 소련에 맞선 싸움을 지휘했다. '에어컨의 악몽'으로 돌아가고 싶지 않은 미군 병사, 공산주의 체제에서 탈출한 동유럽인, 제국의 심장부를 찾아온 식민지인, 북유럽 반도의 적막한 고향에서 누릴 수 있는 것보다 더 흥미진진한 삶을 원한 스칸디나비아 청년 등, 술집과 카페는 세계 곳곳에서 온 사람들로 북적였다. 파리 생활의 끝없는 즐거움, 그 전설적인 '삶의 희열'

은 전쟁의 그늘에서 성장한 새로운 세대를 마치 자석처럼 끌어들였다. 작가 비르기타 스텐베리는 스웨덴의 신비로운 시인 폴 안데숀과 함께 파리에서 자유분방하게 지낸 경험을 이렇게 묘사했다. "샹젤리제 대로를 따라 물결처럼 끝없이 이어진 사람들을 보는 것, 그것은 세계를 보는 것이었다."

1951년 늦가을 울로프 팔메도 파리에 머물고 있었다. 그러나 그의 마음을 끈 것은 자유분방한 삶이 아니었다. 스물네 살의 울로프 팔메는 이미 많은 곳을 여행했기에 넓은 대로와 진기한 술에 흥분하지 않았다. 게다가 팔메가 비록 때때로 관습에서 심하게 벗어나기는 했지만, 목적 지향적인 그에게 나쁜 행실은 어울리지 않았다. 팔메는 프랑스어 실력을 키우기 위해 그곳에 갔다. 그는 스웨덴 외교부로부터 여러 달 동안 장학금을 받았다. 아동기에 여자 가정교사가 너무 미웠는데도, 아니면 너무 미웠기 때문에, 팔메의 프랑스어 실력은 영어와 독일어만큼 좋지는 않았다. 여하튼 파리 체류 기간은 휴가 같았다. 이제 그는 법학 공부뿐만 아니라 지난 3년간의 열띤 학생운동 활동에서도 (거의) 완전히 벗어났다. 팔메는 휴식을 가졌고, 이는 장래에 대해 깊이 생각할 여유를 주었다. 그러나 팔메는 무슨 일을 하든지 사건의 중심에 들어가는 기묘한 능력을 지녔다.

팔메는 뤽상부르 공원 근처의 아파트에 산 적이 있다. 그의 사촌인 역사가 스벤 울리크 팔메와 친분이 있던 프랑스 해군 제독의 집이었다. 드골의 자유프랑스군 소속이었던 그 제독은 로캉쿠르의 북대서양조약기구 사령부에서 근무했다. 대서양 세계 양편의 협력은 위험할 정도로 흔들렸고, 불화를 겪고 있는 프랑스와 미국의 고위 군 인사들이 그의 아파트에서 만났다. 언젠가 그들이 편치 않은 마음으로 점심식사를 함께 했는데, 그 후 팔메는 지인에게 보낸 편지에서 이를 비꼬았다. "대서양 군대를 이끌기가 간단하지 않다는 것이 이해된다." 프랑스에는 그의 친구 부 셰레도 있었다. 그는 신설된 스트라스부르의 유럽회의*에서 일하는 공무원이었다. 팔메는 셰레와 그의 아내 마리안과 함께 그 도시의 밤의 세계를 경험했다.

또한 팔메는 우연히 파리 문학계의 한가운데에 들어갔다. 그랑시에르 가에 있는 제독의 집 바로 옆에 명망 있는 잡지 《파리 리뷰》의 편집부가 있었다. 그 잡지는 젊은 미국인 작가 윌리엄 스타이런과 조지 플림프턴이 운영했다. 그들은 공원 입구의 카페 드 투르농에서 모임을 갖곤 했는데, 그곳은 사람들의 눈에 띄지 않아 마약을 거래할 수 있는 곳이기도 했다. 팔메는 또한 정치에서 멀어지지도 않았다. 그는 공산국가 체코슬로바키아에서 지속된 상황을 떠올리면 불쾌함을 감추지 못했다. 팔메가 스웨덴학생회연맹 대표 자격으로 참석한 유네스코 회의에서 프라하에서 루돌프 슬란스키가 체포되고 이어 광범위한 숙청 과정이 시작되었다는 사실이 알려졌다. 역시 그 회의에 참석한 국제학생연맹 의장인 체코슬로바키아인에게 팔메가 그 소식을 전했을 때, 그의 낯빛은 완전히 파랗게 질렸다.

그렇지만 팔메는 개인적으로도 생각해야 할 일이 많았다. 확실

---

* Council of Europe. 1949년 유럽의 인권과 민주주의, 법치를 증진하기 위해 설립된 국제기구.

히 그는 스웨덴학생회연맹 일을 끝마치지 못했다. 다가올 봄에 그는 스웨덴학생회연맹 의장직을 맡아야 했다. 온 시간을 다 쏟아야 하는 만만찮은 임무였다. 그런데 팔메는 1951년에 이력서를 정리했다. 팔메는 대사관에서 자유롭게 돌아다니고 러시아인과 미국인 기관원들과 어울렸지만, 아직 법학사 학위를 끝내지 못했고 어머니 집에 얹혀사는 청년 학생이었다. 팔메는 스톡홀름 대학에 5년째 다니고 있었는데, 교육을 마치는 데 4년 반이 소요되는 것을 감안하면 이는 그 자체로 놀랄 일은 아니다. 팔메는 국제적인 활동을 하는 중에도 시간을 내어 시험을 치렀고, 심지어 때로 학업을 돌보기 위해 여행을 포기하기도 했다. 학사학위를 받지 않는 것은 훗날 학생 정치인의 고학년 시절에 흔한 일이 되지만 1950년대 초에는, 특히 성취 지향적인 팔메에게는 더욱 선택할 수 있는 길이 아니었다.

게다가 아들들의 교육에 대한 아버지 군나르의 바람도 배경에 있었다. 1951년 10월 울로프 팔메는 과정의 마지막 남은 강의를 다 들었고, 졸업에 필요한 비용 15크로나를 납부했다. 파리에 있던 12월 15일 팔메는 스톡홀름 대학의 법학사가 되었다. 성적은 아주 좋았고, 행정법뿐만 아니라 민법에서도 '우수' 성적으로 통과했다. 그의 학우들은 다수가, 예를 들면 훗날 금융계 거물이 되는 페테르 발렌베리는 모든 과목에서 평범한 '통과' 성적을 받는 데 만족해야 했다. 팔메는 프랑스에서 직함에 목매는 스웨덴으로 돌아와 '법원 서기'가 되었다. 이는 법원에서 실습하지 못한 젊은 법학도를 널리 지칭하는 의례적 호칭이었다.

팔메는 그 전해에 다른 의무도 완수했다. 그는 예비군 장교로서 1년에 몇 달간 근무해야 했다. 팔메만 해야 하는 일은 아니었다. 1950년대에는 많은 학생과 공무원이 스웨덴 군대의 임시 지휘관이었다. 이들은 병역의무를 이행하는 동안 예비군 장교가 되려는 유혹에 빠졌다. 특히 연금에서 조건이 좋았고, 많은 사람이 전시의 영향을 받아 준비태세를 갖추어야 한다고 느꼈다. 이들이 학업을 시작했거나 민간인으로서 경력을 쌓기 시작했을 때에는 그 임무를 수행하기가 종종 성가셨다. 그렇지만 국방은 최우선의 긴요한 일이었고, 군 당국뿐만 아니라 고용주와 행정부도 유연한 해법을 모색했다. 1950년대 초 서구에서 민간사회에 이만큼 철저하게 군사적 요소가 침투한 나라는 없을 것이다.

당시 스웨덴은 역사가 토마스 로트가 적절하게 표현했듯이 군산복합체를 갖추었던 것이 아니라 군산복합체 그 자체였다. 스웨덴은 유럽에서 세 번째로 강력한 공군, 100만 명의 병력을 동원할 수 있는 징집병 군대, 성인 주민의 상당수가 가입한 많은 국방의용대, 발전된 방위산업을 갖추었기에 세계적으로도 무장이 잘 된 군사 강국이었다. 적어도 이론상으로는 그러했다. 오랫동안 평화를 유지한 스웨덴 역사를 생각하면, 어떻게 강력한 투쟁심이 생겼는지 판단하기가 쉽지 않다. 그렇지만 강력한 국방을 유지해야 한다는 정치적 합의는 거의 만장일치였다. 스웨덴 사람들은 자신들이 제2차 세계대전을 잘 헤쳐 나간 것은 행운과 융통성의 결합 덕분이었음을 알고 있었다.

제2차 세계대전의 경험으로 대략 국민의 4분의 1이 중립을 포기하고 서방 동맹에 참여해야 한다는 견해를 받아들였지만, 결론은 그것이 아니었다. 대다수 시민은 어떻게 적용해야 할지는 불분명했지만 여전히 중립정책을 지지했다. 스웨덴이 중립정책을 취한 덕분에 전쟁을 잘 헤쳐 나갔음을 감안하면 이는 그다지 놀랍지 않다. 나중에 드러났듯이 냉전 중에 서방 국가들과 은밀히 방위 협력을 유지했음에도, 중립은 망상이 아니었다. 스웨덴은 우방으로부터 약간의 도움을 기대할 수 있었겠지만, 실제로 중립을 지키기 위해 자력으로 강력한 군사력을 확보하려는 노력을 게을리하지 않았다. 어느 한 진영에 양보할 수는 있었지만, 이는 정치적 선택의 문제였다. 광범위한 무장은 많은 스웨덴 사람에게 군사적 사고와 전략적으로 위협적인 상황에 대한 인식이 역사상 그 어느 때보다도 훨씬 더 강력하게 자리 잡고 있었음을 보여준다.

1951년 초가을 팔메는 외스테르말름스가탄의 '회색 집Grå huset'에 터를 잡은 합동참모본부의 정보국에서 재소집 복무를 이행했다.* 팔메의 집에서 도보로 10분 거리였다. 그곳에서 팔메는 한 달 반 동안 여러 가지 관심사를 결합하여 정치학에서 서독 공산주의에 관하여 3학점 과목의 1학점 논문을 썼다.** 나중에 이 논문은 기밀로 분류되었다. 팔메의 전시 소집 부대도 정보국이었다. 정보국

---

* 의무복무자는 기본 군사교육을 끝낸 후 교육받은 부대로 두 차례 소집되어 재소집 복무Repetitionsövning를 해야 했다. 이를 마친 뒤에는 향토지구Försvarsområden로 이관되어 다시 한두 차례 의무적으로 복무해야 했다. 재소집은 점차 줄어들다가 2010년에 폐지되었고 2014년에 재도입되었다.
** 1969년까지 지속된 학점제betygssystem에 따르면 한 학기에 1학점betyg씩 두 개 과목 이상에서 6학점을 따면 학사 학위를 받았다.

에서 팔메는 셰브데에서 알게 된 렌나트 하그만과 비르예르 엘메르와 다시 만난다. 그 시기에 팔메는 총리인 사회민주당의 타게 엘란데르도 처음으로 만났다. 일로 만난 것이 아니라 웁살라에서 스톡홀름으로 가는 길에 기차에서 우연히 만났다. 스톡홀름에 도착한 뒤 총리는 젊은 학생정치인에게 정부청사 건물인 루센바드의 식당에서 퓌티판나*를 대접했다. 스톡홀름 중앙역에서 가까운 그 식당은 기자와 정치인이 애호하는 곳으로 푹 꺼진 가죽 소파가 있었고 벽지는 금색 문양의 인조가죽이었으며 탁자 위에 원뿔형 램프가 있었다.

엘란데르와의 그 첫 만남으로 팔메가 정부청사에 특별한 느낌을 받았을 가능성은 없다. 그러나 조만간 팔메는 노동운동에 뛰어들게 된다. 1951년 가을 팔메는 스톡홀름 대학의 사회민주당 학생연맹에 가입했다. 그는 적극적으로 활동하지는 않았지만 이로써 전체 학생 중에서 7퍼센트밖에 되지 않는, 사회민주당에 찬성하는 작은 무리에 들었다. 이는 결코 기회주의적인 결정이 아니었다. 오히려 5년 전 케니언 칼리지 시절에 시작된 정치적 방향 조정의 자연스러운 귀결이었다. 당원증은 학생 동아리 활동에서 결코 득이 되지 않았다. 게다가 1950년대 초에는 사회민주당이 초기의 활력을 잃어 정권 교체는 시간 문제라는 시각이 널리 퍼져 있었다. 노동자 정당은 1933년부터 집권했지만 지난 1948년의 하원 선거에서는 자유주의 정당인 국민당이 인기 있는 지도자 베틸 울린의 지휘로 크게 약

---

* pyttipanna. 고기에 양파와 감자를 곁들인 찜 요리이다.

진했으며 사회민주당의 헤게모니에 심각한 도전이 될 것 같았다.

1951년 늦가을 그랑시에르 가에 거주한 스웨덴 청년은 전도유망했다. 막 사회민주당원이 되었고 정보국에 근무하는 예비군 소위였으며 법학 공부를 마쳤고 성공적인 학생정치인으로 여러 언어를 구사하는 열정 넘치는 청년이었다. 그런데 그는 어디로 가고 있었나? 파리에서 보낸 시절의 행적으로 판단하건대, 그는 다른 무엇보다도 국제적 성격의 스웨덴 중앙행정부, 즉 외교부나 국방부에서 일하려 했다. 팔메는 결국 스웨덴 국방부에 일자리를 얻겠다는 일념으로 실습 기회를 얻고자 파리 주재 스웨덴 대사관의 무관을 부단히 괴롭혔다.

그럼에도 한 가지 문제는 남아 있었다. 팔메는 외교관의 길을 취할 가능성을 배제하지 않았는데, 스웨덴 규정에 따르면 국방부와 외교부에서 동시에 직책을 얻기는 불가능했다. 팔메는 육군의 인사부에 서한을 보내 예외적인 처리를 원했지만, 스웨덴 관료기구는 냉혹했다. 언제나 그랬듯이 팔메는 일단 목표를 정하면 온 힘을 다 쏟아부었다. 결국 실패했고 짜증스러웠다. 팔메는 합동참모본부의 하그만에게 도움을 청하고자 보낸 편지에 이렇게 썼다. "나는 미칠듯이 화가 치밀었다. 고작 연필을 깎고 계단을 청소할지언정 그 대사관에 들어가려고 얼마나 애를 썼는가." 그 시기에 군인이나 외교관으로 국가에 봉사하는 일에 대한 그의 강력한 관심은 도덕적인 국제주의자요 군축정치인이라는 훗날의 모습과 모순되어 보인다. 그러나 이는 실제로 울로프 팔메라는 특이한 동전의 양면이었다.

낯선 출발점

1952년 3월 1일 팔메는 스웨덴학생회연맹 의장에 취임했다. 그는 주저 없이 그 임무를 맡았다. 팔메는 야심 찬 청년이었고, 그 임무는 그가 스웨덴학생회연맹을 위해 쏟은 그 모든 노력을 확인해주는 증거였다. 그러나 팔메는 거부하기 어렵기도 했다. 학생운동에서는 간부 경험이 있는 자들이 가능하다면 다소 불가피하게 직책을 돌아가며 맡았다. 3년 전 팔메를 선발한 부 셰레와 베틸 외스테르그렌 둘 다 팔메와 어느 정도 비슷한 이력을 쌓은 뒤에 의장이되었다. 이제 팔메의 차례였다. 국제적으로 거둔 성공, 증명된 업무수행 능력, 다른 사람에게 감화를 주는 열정으로 보아 그는 당연히의장이 될 만했다. 또한 그것은 팔메에게 어울리는 지도자 자리였다. 팔메는 조직 충성도가 강했고, 잘 굴러가는 단체 활동에서 개성을 주장할 수 있을 때 일을 가장 잘했다.

스웨덴학생회연맹은 학생 단체의 시각을 지녔기에 기본적으로장래에 정치인이 될 사람에게는 자연스러운 배양장이 아니었다. 1950년대에 학생정치는 정당정치에 대해 중립적이어야 했고, 정치동아리*는 1960년대 말에 가서야 등장한다. 스웨덴학생회연맹 간부들의 이후 진로는 대체로 행정기관과 법원과 대학교, 그리고 사무직중앙연맹과 스웨덴 전문직중앙연맹 같은 이익단체였다. 그들

---

* kårparti. 의원내각제 형태로 운영되는 총학생회에서 선거를 통해 의석을 얻어 활동하려는 학생들의 동아리.

이 그런 쪽에 공감한 것은 당연했다. 스웨덴학생회연맹에 이끌린 청년들은 사회민주주의와 자유주의 사이의 경계지대에 있는 자들이었다. 예를 들면 훗날 팔메 정부에서 외교부 장관이 되는 렌나트 부드스트룀이나 핀란드 출신의 유력한 정치학자로 새로운 조국에서 "근대와 현대를 구현했다"는 이유로 사회민주주의에 마음을 빼앗긴 울로프 루인 같은 사람들이다.

이들은 비록 국민당원이나 사회민주당원으로(예외적으로 우익보수당원으로) 나뉘어 언쟁을 벌였지만 진보에 대한 믿음과 이성, 스웨덴 사회의 민주화 확대를 토대로 하는 낙관적인 세계관을 공유했다. 이들은 '국민의 집'에 봉사할 장래의 공무원으로 총학생회 활동을 통해 스웨덴 국가기구를 잘 이해하게 된다. 전간기의 보수적인 학생들과 반항적인 1960년대 세대와 달리, 이들은 사회민주주의를 근대화 세력으로 보고 지지했다. 이들은 근대성의 포도밭에서 끈기 있게 일하는 노동자로 자처했다. 이성과 사회 개혁 활동으로써 전쟁 이전 보수적인 옛 사회의 잔재를 치우고 있다고 생각한 것이다. 울로프 팔메는 관료와 노동조합 지도자, 교수 등의 이 미래 계급에서 가장 밝게 빛나는 사람의 하나였다. 스웨덴학생회연맹 의장이 스톡홀름 대학 시절에 사회민주당 학생연맹에 가입했다는 사실을 아는 사람은 거의 없었다. 1950년대 초에 청년 학생지도자가 어렴풋하게나마 사회민주주의적 이미지를 띤 외교관이나 국제연합 직원, 공공기관 부서의 책임자로 성공하리라고 상상하는 것은 어렵지 않았다. 팔메가 교육정책을 주된 발판으로 삼아 혜성처럼 나타나 정치적으로 출세하리라고 생각한 사람은 거의 없었다.

스웨덴학생회연맹 의장직은 팔메가 그 나라 안에서 처음으로 오른 진정한 선출직 자리였다. 스웨덴학생회연맹은 비록 스웨덴 국민 속에 깊이 뿌리 내린 민중운동은 아니었지만, 팔메는 연맹 속에서 완전히 새로운 방식으로 스웨덴 사회와 만났다. 팔메는 의장에 취임할 때 여전히 스웨덴 '국민의 집'의 서민적 성격은 전혀 없는 시민이었다. 그는 스웨덴의 일상생활을, 특히 경제와 민중운동과 관련하여 깊이 경험한 적이 없었다. 이는 단순한 계급 문제를 넘어선다. 어쨌거나 스웨덴 부르주아 엘리트층의 대다수는 지역적 기반 덕분에, 아니면 경제 활동으로 폭넓게 사회의 여러 계층과 교류한 덕분에 스웨덴의 옥토에 다양한 깊이로 뿌리를 내렸다. 스웨덴학생회연맹 집행부에서 울로프 팔메의 주변에도 국민학교 교사, 목사, 사무원, 기술자, 도매상의 자녀들로 이루어진 견고한 중간계급이 있었다. 그가 유일하게 구체적으로 경험한 스웨덴의 노동 생활은 옹아에서 한 것이다. 그 쇠름란드 영지의 환경은 확실히 스웨덴 농업사의 봉건적인 측면을 반영했지만 결코 스웨덴 농촌 문화 전체를 대표하지는 않았다. 스웨덴학생회연맹이 부르주아 엘리트의 조직이었다고 해도, 팔메가 의장으로 선출된 것은 다소 우연으로 보인다. 팔메는 과연 국제적인 무대에서 했던 것처럼 전후 스웨덴 사회의 환경에서도 잘 해낼 수 있을 것인가?

그러나 울로프 팔메는 현대 스웨덴의 형성에 일익을 담당한 집안 출신이었다. 팔메는 외국 여행에서 돌아와 스톡홀름에 있을 때 날마다 19세기 말 가족의 열정적인 활동을 잊지 말라는 다짐을 받았다. 쿵스트레고츠가탄의 툴레 사무실, 노르말름스토리 광장의 군

장주식회사,* 프레츠가탄의 저당은행, 유슈홀름, 빌라스타덴,** 뉘브루플란의 왕립극장, 외스테르말름의 식품 시장, 헬게안츠홀멘의 의사당. 전부 팔메 가족이 흔적을 남긴 곳이다. 팔메는 또한 새로운 수도가 어떻게 커져갔는지 볼 수 있었다. 스톡홀름 중심부로부터 탈크루겐, 스투레뷔, 벨링뷔 같은 먼 교외로 지하철이 뻗어 나갔다. 1953년 9월 회토리에트 광장에 다섯 채의 고층아파트를 짓기 위해 스톡홀름 도심에 굴착기들이 등장했다. 이는 스톡홀름의 도시 경관을 근본적으로 바꿔놓게 된다. 스벤 팔메와 다른 사회 개혁가들이 1900년대 초에 열심히 지원한 복지 구축이 전국적인 차원에서 지속되었다. 1946년 의무 사회보험이 원칙적으로 결정되었다. 이듬해에는 모든 아동이 연간 260크로나의 보편적인 수당을 받을 권리를 얻었으며, 1950년에는 9년제 초등학교가 기존의 학교 형태를 대체한다는 데 모든 정당이 합의했다. 울로프 팔메는 그러한 근대화 과정을 지지했을 뿐만 아니라 1950년대 초 대다수가 생각한 것보다 훨씬 더 강력히 추진한다.

---

* Militär Ekiperings Aktiebolaget(MEA). 1883년 스벤 팔메가 설립한 회사. 군복을 비롯한 장비를 판매했다.
** 헨리크 팔메의 주도로 스톡홀름 건설협회가 이곳에 많은 땅을 구입했다.

절반의 평화 전후 스웨덴

돌이켜 보면 팔메의 미래에 대한 믿음은 자명했다. 1950년대의 첫해는 자본주의 역사에서 이례적으로 길었던 성장기의 출발점이었다. 1970년대까지 이어진다. 영국인과 미국인은 황금기를 이야기한 반면 스웨덴 사람들은 그 기록적인 성장기를 프랑스어 표현을 따라 '영광의 30년'이라고 불렀다. 그러나 당시 미국인과 유럽인은 아직 자신들이 복지와 안정, 성장의 유례없는 역사적 국면을 지나고 있음을 알지 못했다. 그들에게는 여전히 전쟁이 남긴 대재앙을 극복하는 것이 가장 큰 문제였다. 1950년대 초에도 유럽에서는 많은 물품이 배급되었다. 스웨덴에서는 1951년에 커피가 제일 먼저 배급에서 풀렸고, 영국에서는 몇몇 생필품이 1954년까지도 배급제로 공급되었다. 울로프 팔메가 1949년부터 1953년까지 학생지도자로서 돌아다닌 유럽에서 시민들은 파괴된 기간시설과 고통스러운 전쟁의 기억, 가족과 친구가 죽은 뒤에 찾아온 비통함 등 여전히 전쟁의 그늘 속에 살았다. 어느 미국인 기자는 모든 것이 너무 부족했다고 썼다. 빵을 구울 밀가루, 일간지를 인쇄할 종이, 파종할 씨앗, 거주할 집, 신발을 만들 가죽, 스웨터를 만들 양모사, 요리에 필요한 가스, 기저귀를 만들 면사, 잼을 만들 설탕, 튀김에 쓸 기름, 아기에 먹일 우유, 씻을 때 쓸 비누가 부족했다.

전쟁에 타격을 받은 유럽에 비하면 1940년대와 1950년대 이행기의 스웨덴의 풍경은 목가적이었다. 스웨덴에서는 건물들이 그대로 남아 있었고 기차가 운행되었으며 소집에서 해제된 병사들이

밤마다 공포로 가득한 악몽에 시달리지도 않았다. 1950년 함부르크 신문 《존탁스블라트》는 푸짐한 스칸디나비아식 뷔페와 스톡홀름의 아름다움, 질서 있는 생활, 안정된 사회를 뜨겁게 칭찬하는 기사를 이러한 제목으로 실었다. "파괴되지 않은 나라로의 여행." 크게 성공한 작가 리처드 르웰린은 쓰라린 마음을 조금도 숨기지 않고 영국 사회에 이렇게 열정적으로 얘기했다. "가게들은 환상적이다. 영국 주부들이 6년 동안 꿈만 꾸었던 모든 것이 넘쳐난다." 아마도 전쟁의 경험이 너무도 끔찍하여 스웨덴의 안녕은 화를 돋우기보다는 미래에 대한 희망을 고취했을 것이다. 《데일리 메일》은 "더 낫지만 전쟁 이전의 영국 같다"고 썼고, 《존탁스블라트》의 기자는 "제1차 세계대전 이전의 어린 시절"로 돌아간 것처럼 느꼈다. 그렇지만 스웨덴의 가까운 이웃, 특히 노르웨이는 스웨덴이 전쟁을 모면한 값을 일부 대신 치러야 했기에 그만큼 넋이 나가 쳐다보지는 않았다. 전후에 노르웨이를 여행한 스웨덴 사람은 자신의 차에 스바스티카가 새겨진 것을 보거나 전쟁에서 이득을 취했다는 거센 비난을 받을 수 있었다.

그렇지만 스웨덴 사람이라고 전쟁의 영향이 전혀 없지는 않았다. 또한 큰 재난을 견디고 살아남은 자는 삶의 불안정성을 인식했다. 난민, 검은색의 1면 전쟁 기사 제목, 배급, 경계경보, 등화관제, 소문, 독일군의 통과, 노르웨이와 덴마크의 점령, 핀란드 겨울 전쟁 등 중립국 스웨덴의 국민도 전쟁의 위협을 느꼈다. 1943년에 태어나 평화로운 옌셰핑에서 성장한 역사가 호칸 아르비드손은 이렇게 회상한다. "나의 어린 시절은 같은 나이의 다른 사람들처럼 고난과 고통, 공포, 희망의 전쟁 경험 이야기로 가득했다." 전쟁을 잘 헤쳐 나갔다는 만족감은 나치에 양보했다는 수치심과 뒤섞였다. 종전 직후 사회민주당 정권의 총리와 외교부 장관을 역임했던 리카드 산들레르가 이끄는 위원회에서 조사가 이루어졌다. 그 결과물인 백서는 원칙적으로 앞서 수행된 정책을 옹호하기는 했지만, 양보가 지나쳤다는, 특히 그 양보로 북유럽의 이웃나라들이 타격을 입었을 때, 자기비판도 있었다. 1940년대 말에는 스칸디나비아 국가들이 공동의 방위동맹을 체결함으로써 제2차 세계대전으로 깨진 단합을 다시 세울 수 있으리라는 희망도 보였다.

그러나 나치 동조자들과 나치에 양보한 공직자나 정치인과의 정식 화해는 없었다. 1946년 충성심이 부족했던 공직자들을 조사하기 위해 설립한 평가위원회는 나치 주요 인사를 전혀 조사하지 않았고 곧 활동을 중단했다. 히틀러에 열광한 몇몇 저명한 문화계 인사는, 특히 스웨덴학술원 회원이자 문학사가였던 프레드리크 뵈크는 공개 토론에서 비난을 받았다. 덜 알려진 자들은 어려움 없이 과거의 흔적을 지우고 마치 아무 일도 없었다는 듯이 일을 계속할 수 있었다. 국민의 단합이라는 전시의 요구는 더 오래 살아남았다. 많은 사람이 1939년에서 1945년까지 스웨덴을 통치한 거국내각의 지속을 원했다. 북유럽 방위동맹은 실현되지 않았다. 덴마크와 노르웨이는 납득할 만한 이유로 북대서양조약에 가입했지만, 스웨덴은 중립정책이라는 좁은 길을 더 가보기로 결정했다.

1940년대의 진지한 정신적 분위기는 1950년대에 들어선 후로도 약간 남아 있었다. 꽤나 비관적이었던 1940년대 문학을 대체할 새로운 문학 사조는 아직 뚜렷하지 않았다. 라디오에서는 날마다 국가가 흘러나왔고, 사회주의자 작가 한스 그란리드에 따르면 "집에는 여전히 커피 분쇄기와 신을 두려워하는 마음, 성실함이 있었다." 오늘날 우리가 '1950년대'라는 개념과 연관 짓는 진보에 대한 낙관론, 즐거움과 놀이를 찾는 태도는 대부분 실제로 그 10년의 후반부에 시작되었다. 파시즘과 나치즘에 승리를 거두자마자 세계는 공산주의와 자본주의 사이의 대결, 오늘날 더 자주 쓰이는 표현 방식에 따르면 독재와 민주주의 사이의 대결에 따라 재편되었다.

1920년대에는 막 끝난 세계대전이 너무나도 끔찍했기에 결코 되풀이될 수 없으리라는 환상이 거의 내내 지속되었지만, 이제 세 번째 세계대전이 매우 가망성 높은 현실이 되었다. 1949년 9월, 나가사키와 히로시마에 핵폭탄이 떨어진 지 4년이 지났을 때, 소련은 첫 번째 핵폭탄 실험을 했으며, 공포의 균형은 새로운 정치적 기정사실이 되었다. 핵전쟁의 위험성이 어느 정도였는지는 확실히 판단하기 어려웠지만, 한국 전쟁 중 1951년에 중국으로 진입하려 했다는 이유로 호전적인 장군 더글러스 맥아더를 해임하기로 한 트루먼 대통령의 결정은 세계 평화의 토대가 얼마나 허약했는지를 보여주었다. 스웨덴으로 말하자면 가장 극적인 사건은 1952년 6월에 발생했다. 소련 전투기가 발트 해 상공에서 먼저 스웨덴 정찰기를 격추했고, 사흘 뒤 실종된 비행기를 수색하던 스웨덴 군용기를 추가로 격추했다.

카탈리나 사건은(두 번째 비행기의 모델명 PBY Catalina에서 이름을 따왔다) 정부를 곤혹스럽게 했다. 스웨덴은 소련 정부에 분노에 찬 외교서한을 여러 차례 보냈으나 아무런 성과가 없었다. 국민당과 우익보수당은 스웨덴이 국제연합 총회에서 그 문제를 제기하기를 원했다. 사회민주당은 반대했다. 스웨덴이 소련 영공을 침범했다는 러시아인들의 주장이 나중에 거짓으로 드러나기는 했지만, 첫 번째 비행기가 소련을 정찰했음은 부인할 수 없었다. 게다가 스웨덴은 비밀리에 서방 국가들과 정보를 교환했으므로, 국제적 갈등의 고조는 스웨덴의 중립이 의문시되는 결과를 초래할 수 있었다. 야당인 부르주아 정당들의 경우, 스웨덴의 중립이 서방 쪽으로 기울었다는 사실이 알려지는 것을 그다지 걱정하지 않았다. 그러나 결국 이들도 사회민주당의 태도에 굴복했다. 그렇지만 스웨덴이 소련과 실전에 돌입했다는 사실은 외국에서 스웨덴의 군사적 준비태세가 강하다는 인상을 심어주었다. 영국과 미국의 신문들은 흥분하여 북쪽의 작고 강인한 중립국이 담대하게 스탈린을 위협했다고 썼다.

1947년생인 작가 예란 헤그는 이렇게 쓴다. "기억하기로는 내가 어릴 때 1950년대까지 사람들은 그 이후의 사람들이 환경 재앙과 정치적 테러, 국제적 위기를 두려워했던 것보다 더 크게 안팎의 위협을 두려워했다. 목가적인 '국민의 집'이라는 향수 어린 이미지는 당시의 기본적인 역설을 감추고 있다. 낙관론과 총체적인 파멸의 위협이 나란히 공존했던 것이다. 그 이전에는 인간이 지구 위의 모든 생명을 말살할 전쟁을 일으킬 힘을 가진 적이 없지만, 또한 서구 사회의 그토록 많은 사람이 좋은 삶을 얻고 어느 정도 자아를 실현할 가능성이 있다고 확신한 적도 없었다. 죽음은 집단적이었지만 삶은 개별적이었다. 스웨덴은 공동의 걱정과 개인의 가능성 두 측면에서 공히 많이 앞서 나갔다.

한편으로 스웨덴이 전후의 새로운 사회로 가는 길을 안내했다는 인식이 있었음은 분명하다. 1930년대에 시작하여 국제적으로 찬사를 받은 복지 기획은 1939년에서 1945년 사이의 힘든 막간을 지난 후 더욱 확장되었다. 때때로 스웨덴의 성공은 산업 생산 설비가 전쟁을 겪으며 아무런 손상을 입지 않았다는 사실에 기인한다는 주장이 제기되었지만, 그것이 전부는 아니었다. 스웨덴은 제1차 세계대전 중에 혁신적인 산업과 수력발전, 중립정책을 결합한 덕에 1920년대에 이미 세계적으로 선도적인 위치에 올라섰다. 그렇게 유리한 상황에서 출발했기에 스웨덴 경제는 1930년의 위기를 비교적 잘 벗어났으며 세계 최고의 성장 속도를 보여줄 수 있었다. 1900년대에 들어서 축적된 스웨덴의 복지는 전후에 산업의 경기현황 보고서뿐만 아니라 일상생활에서도 뚜렷하게 나타났다. 냉장고, 자동차, 식기세척기, 기타 목돈이 필요한 재화는 여전히 주민 대다수에게 확실히 닿지 못할 곳에 있었지만, 적어도 희망을 가질 수는 있었다. 사상사가 론니 암비엔손의 아버지가 1950년대 말에 구입한 흰색 타이어의 검은색 자동차 볼보 PV444는 "그전에도(차를 사기 전) 오랫동안 상상과 지나가는 자동차의 잔상 형태로 있었다." 많은 가정이 여전히 윈저 의자와 비더마이어 양식의 안락의자를 쓰고 있었지만, 스트링 선반과 박쥐의자*는 현대 스웨덴 디자인의 상징이 되었다.

---

* fladdermusfåtöljer. 철제 골조에 천을 씌운 의자. 영어로는 butterfly chair이다.

정치의 안정도 인상적이었다. 사회민주당은 1948년과 1952년의 의회 선거에서 승리한 뒤 연속 집권의 세 번째 10년에 들어섰다. 영국 노동당 대표 클레먼트 애틀리는 스칸디나비아를 '사회주의적 이상향'이요 영국 전후 계획의 모범으로 보았다. 알자스의 사회민주주의자 에밀 에베르하르는 1947년 뮐루즈에서 유권자들에게 이렇게 말했다. 내게 투표하라. 그러면 "세상의 다른 나라들에 모범이 되는" 스웨덴의 중도中道를 지지하는 것이다. 미국의 유력 일간지 《뉴욕 타임스》는 스웨덴에 대한 애정이 깊어 전쟁 중에 그 나라가 처한 지정학적 상황을 이해했을 뿐만 아니라 스칸디나비아 사회민주주의를 칭찬했다. "유럽에서 공산주의를 막아내는 것으로 이러한 형태의 사회주의보다 더 강력한 것은 없다." 마퀴스 차일즈의 『스웨덴 — 중도Sweden — The Middle Way』 같은 책을 통해 1930년대에 이미 확실하게 안착한 선구적인 나라라는 역할은 이제 서구 세계 도처의 사회자유주의자들과 사회민주주의자들에 의해 유지되었다.

다른 한편으로 스웨덴의 1950년대 첫해는 정치적 무관심과 미래에 대한 걱정이 돋보이는 해였다. 정치 토론에서 사람들은 성장이 축복이 아니라 문제라는 인상을 받을 수 있었다. 인플레이션을 끌어올리고 무역 적자를 초래할 수 있었기 때문이다. 게다가 복지 개혁의 여러 중요한 결정이 정치적 합의로 내려졌기에, 정치적 갈등은 점차 경제의 전문적인 사항들이나 추문과 사사로운 알력과 관련하여 발생했다. 작가 스티그 다게르만은 사회민주당이 열정을 잃었다고 말했다. "그들은 저녁에 영화관에 가는 대신 모임에 갔다.

그들은 이웃들과는 다른 신문을 구독했다. 국기게양일*에 국기를 사지도 않았다. 반면 그들은 노동절에 붉은색 노동절 꽃**을 샀다. 그들은 믿는다는 것은 바로 그런 것이라고 말했다."

문화 현장은 비정치적이어야 한다는 것이 원칙이었다. 훗날 1960년대의 가장 과격한 사회평론가의 한 사람이 되는 청년 예란 팔름은 이렇게 말했다. "작가가 명령을 따르거나 시위행렬에 참여하는 것은 적절하지 않다. 그들은 스스로 문제를 선택하고 자신만의 길을 갈 자유를 눈을 부릅뜨고 지킨다." 위협적인 사건이 미래의 꿈보다 더 중요했다. 프라하 쿠데타 이후로 공산주의에 대한 두려움은, 비록 유일한 것도 아니었고 미국의 매카시즘 같은 망상과는 달랐지만, 집단적 소속감을 공고히 다지는 중요한 접착제가 되었다. 그러나 언론에서는 나라의 안전과 시민의 생명과 재산을 위협하는 공산주의자 첩자들과 동성애자 무리를 일정한 간격을 두고 폭로했다. 작가 예란 에릭손은 1960년대 초에 1950년대를 회고하면서 이데올로기적 준비태세는 1955~1956년까지 지속되었다고 말했다. 그때에 가서야 전후 시대는 끝났고 "평화가 찾아왔다."

외국인 평자들은 정신적인 분위기로부터는 상품으로 가득한 상점의 진열대에서 받은 것만큼 인상적인 느낌을 받지 못했다. 1940년대 말 영국 작가 에벌린 워는 스웨덴 사람들이 "따분하고 냉소적인 국민"이라고 설명했다. 분명히 영국에 우호적이었던 스웨덴 신

---

* flaggans dag. 6월 6일 국경일의 옛 이름.
** majblomma. 사회민주당이 매년 노동절을 기념하여 판매하는 장미 모양 배지.

문들은 이에 감정이 상해 사설에서 영국을 혐오하는 논조로 항변했다. 워가 건성으로 논평하기는 했지만, 이는 스웨덴 복지국가에 대한 당대의 부정적 인상을 대표했다. 다른 점에서는 스웨덴 사람들의 '부르주아적 삶'을 찬미했던 《존탁스블라트》까지도 구태의연한 사회적 평화가 진정 "그저 좋은 일이기만" 한지 '불경스럽게' 묻지 않을 수 없었다. 미국 잡지 《타임》은 1951년 장문의 기사에서 더욱 쌀쌀맞게 나왔다. 감라스탄의 음식점 '빛나는 평화'를 찾은 기자는 그곳을 스웨덴 사람들이 '자비로운 독재 — 사회주의'를 위해 치른 대가의 상징으로 보았다. 다른 세상과는 교류가 없이 어둑한 지하 식당 안에 떼로 몰려들어 따분하게 전통적인 가정식을 먹고 앉아 있었다는 것이다. 스톡홀름은 '비극'이 없는 도시였고, 스웨덴에서 삶은 미국인으로서는 이해하기 어려운 방식으로 규제를 받았다. "이곳 사람들이 자유롭지 않다는 말은 아니지만, 그들의 자유는 지나치게 예의를 차리는, 숨겨진 자유이다."

문화의 오두막 '국민의 집'

1950년대 초 국내의 일부 지식인들도 사회민주주의의 '국민의 집'을 비슷하게 비판했다. 매우 유력한 인사 중에는 1800년대 스웨덴 사람들의 미국 이주를 다룬 소설 『이민자들*Utvandrarna*』로 큰 성공을 거둔 작가 빌헬름 무베리가 있었다. '건강한 농장 소년'이었던 무베리는 1898년 스몰란드의 농가에서 태어나 독학으로 힘들게 작가이자 기자가 되었다. 팔메처럼 그도 어린 나이 때부터 닥치는 대로 책을 읽었다. 열 살 때 무베리는 성경을 처음부터 끝까지 독파했다. 그러나 외스테르말름스가탄에 비해 주어진 것은 부족했고, 주변 사람들은 힘이 센 애가 너무 많은 시간을 손에 책을 든 채 누워지내는 것을 못마땅하게 바라보았다. 그는 스몰란드의 몇몇 지역신문에서 적은 급여를 받는 견습생으로 힘들게 일하며 '오늘의 시'와만담 기사부터 범죄 기사와 사설까지 여러 가지 저널리즘 형식으로 표현력을 키웠다. 결정적인 성공은 울로프 팔메가 태어난 해인 1927년 소설 『라스크 씨 가족^{Raskens}』과 더불어 찾아왔다.

무베리는 소설가였지만 동시에 논쟁을 좋아하는 부지런한 기자였다. 전쟁 중에 그는 나치 독일에 양보 정책을 취했다며 스웨덴 정부를 거세게 비판한 지식인 집단의 일원이었다. 무베리의 사회관은 권력층에 대한 불신과 고전적 자유주의가 뒤섞인 것이었다. 그는 기생적인 귀족과 주교, 국가 관료에 심하게 괴롭힘을 당한, 자기 땅을 갖고 자급자족하는 자영농에 박수를 보냈다. 『이민자들』에서 그러한 이상은 칼오스카르 닐손이라는 뚱한 등장인물에 표현되었다. 스몰란드의 옥토를 일구며 스웨덴 신분사회에 맞서 싸우던 닐손은 결국 가족을 이끌고 자유를 찾아 북아메리카로 떠난다. 논객으로서 무베리는 스웨덴의 합의 정신과 권력층에 양보하는 분위기에 짜증이 났으며, 시민에게 부패한 관료와 지조 없는 정치인들을 늘 경계하라고 촉구했다. 1950년대에 무베리는 미국에서 몇 년을 보냈는데, 그때 독립적인 시민과 거침없는 언론이 어떻게 불만스러운 상황을 조사하고 권력자를 비판하는지 좋은 본보기를 얻었다.

무베리는 결코 복지정책 자체에 반대하는 사람은 아니었다. 젊었을 때 그는 사회민주당 청년운동에서 활동했다. 그러나 그가 보기에는 노동운동이 권력을 잡았다고 해서 권력층의 도구라는 국가의 성격이 줄어들지는 않았다. 무베리는 이렇게 썼다. 사회민주당은 "국가자본주의 사회의 견고한 토대를 놓았다. 그 사회에서는 권위주의 국가로 나아가는 뒷문이 아주 부드럽게 열리고 있으며 개인은 집단에 의해 말살되고 국익을 위한 대상으로 전락한다." 그는 '국민의 집'의 합의 정신을 공격할 때 1950년대 초 발생한 일련의 사법 스캔들에서 주된 재료를 찾았다. 이른바 사법부패*의 전체적인 과정을 개관하기는 쉽지 않지만, 주된 구성 요소는 구스타브 5세의 동성애, 공갈, 경찰의 위법행위, 검사와 관계당국의 정치적 조종이었다. 이 사건들은 사회민주당 정권에 상당한 골칫거리였다. 정부는 저명한 지식인들과 신뢰할 수 있는 시민들로 조사위원회를 꾸릴 수밖에 없었다. 총리 타게 엘란데르는 이를 흔한 괴롭힘으로 생각하고 불쾌하게 받아들였지만 무베리를 존중했다. 엘란데르는 무베리를 법에 대한 진정한 열정으로 움직인 "스몰란드의 정직한 여우"로 보았다.

의문의 여지없이 확실했던 것은 제2차 세계대전 중에 스웨덴 경찰이 심히 방자하게 처신했고 고위 공무원과 정치인, 왕실과 비헌법적으로 협의하는 데 익숙해졌다는 사실이다. 공갈 혐의자를 정신

---

* Rättsröta. 사회 고위층의 부패와 권력 남용을 비판하는 개념. 1950년대에 만들어져 신문의 토론 지면에서 급속하게 퍼졌다.

병원에 감금한 것이 최악이었다. 이는 확실히 소련을 연상시키는 일이었다. 그러나 이를 둘러싼 논쟁은 대체로 병적이었다. 특히 미국의 공산주의 공포증과 어느 정도 비슷했던 동성애 혐오증이 그러했다. 무베리로 말하자면, 동성애에 대한 그의 견해가 구약성서에 나올 법한 것이기는 했지만, 다른 무엇보다도 '국민의 집' 시대 시민들에게 도덕적 용기를 심어주고 싶었다. 다시 말해 자신의 권리를 주장하고 새로운 사회민주당 권력층 앞에서 공손하게 머리를 조아리지 말고 집단의 안녕을 개인의 자유보다 우선시하는 합의 정신을 과감히 깨뜨릴 권리를 가르치고 싶었다. "우리에겐 여론이 부족하다.… 법이 개별 인간에게 자행한 폭력에 가슴속 깊은 곳으로부터 분노한 인간들에게서 나온 여론이 부족하다." 무베리는 특히 울로프 팔메가 공부한 그 법학과에서 지배적이었던 법실증주의를 부정적으로 보았다. 디스토피아를 풍자한 소설 『오래된 왕국*Det gamla riket*』(1953)에서 그는 이딀리엔의 수도 플라모니아의 대학교 교수에게 인간은 어떤 권리도 자연적으로 타고나지 않았다고 설명하게 한다.* "민주적인 법치국가에서 시민에게 최선인 것이 곧 전체에 최선이다."

무베리는 사법부패에 맞선 싸움에서, 적어도 처음에는, 1950년대 스웨덴에서 가장 중요한 여론 선도자였던 《다겐스 뉘헤테르》의

---

* 소설은 장학금을 받아 유럽의 가상 국가 이딀리엔Idyllien으로 가서 그곳의 법률 제도를 공부하는 스몰란드의 지방법원 서기 우르반 세크레테시우스Urban Secretessius의 이야기이다.

편집장 헤르베트 틸스텐으로부터 크나큰 지지를 받았다. 전후 시대에 틸스텐은 공산주의에 강력히 반대했다는 이유에서 보수적인 우파 인사로 보였다. 이는 다소 부당했다. 사실 그는 사회민주주의와 사회자유주의 사이의 경계지대에서 활동한 전형적인 문화급진주의자였다. 틸스텐은 재치와 뜨거운 열정으로 공산주의뿐만 아니라 군주제와 종교, 보수주의, 인종주의 등 계몽철학의 엄격한 기준을 통과하지 못한 온갖 모호한 이데올로기에도 맞서 싸웠다.

1896년생인 틸스텐은 정치학자로서 화려한 이력을 쌓았고 1935년 스톡홀름 대학 교수가 되었다. 원래 자유주의적이었던 그는 1920년대에 사회민주당에 가입했다가 전쟁 중에 국민당으로 돌아갔다.《다겐스 뉘헤테르》의 편집장이 된 것은 그 신문의 흔들리는 노선뿐만 아니라 전쟁 시기 스웨덴 공적 영역 전체에서 발견되는 종합적인 순응 경향과의 타협을 의미했다. 틸스텐은 일찍이 파시즘과 나치즘에 대해 경고했으며, 민주주의와 자유주의적 원칙을 두려움 없이 옹호했다. 그는 일단의 영리한 조력자들을 주변에 끌어모아《다겐스 뉘헤테르》를 스웨덴 언론계의 가장 중요한 신문으로 만드는 데 기여하게 했다. 그러나 틸스텐은 철 지난 싸움을 하려고 언론인이 되지는 않았다. 그는 사설을 교두보 삼아 날마다 새로운 논쟁에 뛰어들었다. 스웨덴의 북대서양조약기구 가입에 찬성했고, 스웨덴 교회에 반대했으며, 공화국의 도입과 서훈 제도의 폐지에 찬성했다.

틸스텐의 반대자들은 그를 "욕조 속의 아기, 사방으로 물을 튀겨 주변을 적시는 아기"로 취급했다. 그러나 누구도 그의 학식과 뛰어난 문체, 상대방 논지의 허점을 찾아내는 능력을 부정할 수 없었다. 베레모와 나비넥타이, 삐걱거리는 음성으로 그는 스웨덴 사회에서 상징적인 인물이 되었다. 그로부터 영향을 받지 않은 사람은 거의 없을 것이다. 그렇지만 그의 지배적인 위치는 개인적 특성에만 기인하지 않았다. 역설적이게도 팅스텐은 1950년대 스웨덴의 흐름을 따르면서 동시에 거스르기도 했다. 전체적으로 자유주의적인 그의 가치관은 시대정신에 온전히 부합했다. 스웨덴은 점점 더 세속적이고 현대적으로 바뀌었다. 공산주의는 중요하지 않은 현상이었고, 그의 출발점인 계몽의 이상은 지식인이라면 거의 문제 삼지 않는 것이었다. 그렇지만 동시에 팅스텐은 스웨덴의 타협의 정신의 한계를 넘어서는 구체적인 요구를 제기했다. 공산주의에 반대한다면, 스웨덴은 서방 동맹에 참여해야 했다. 신을 믿지 않는다면, 종교에 맞서 싸워야 했다. 군주주의자가 아니라면 공화국을 위해 노력을 기울여야 했다.

이러한 비타협적 태도 때문에 팅스텐은 이전에 몸담았던 정당인 사회민주당과 맞섰다. 팅스텐은 종종 스웨덴 노동운동이 실제로 사회주의적 목표를 폐기 처분했다고 기꺼이 인정했다. 그러나 그것으로 충분하지 않았다. 팅스텐은 1940년대에 사회민주당 정부의 재무부 장관 엔슈트 비그포슈와의 토론에서 누가 로마로 가는 기차를 탔다면 그가 쇠데텔리에에서 내리는 것에는 관심 없다고 설명했다. 중요한 것은 목적지, 강령, 이념이었다. 팅스텐은 스웨덴 국민 대다수와 마찬가지로 사회민주당의 복지사회 건설을 지지했지만, 이데올로기적으로 지나치게 사회주의적이고 비자유주의적인 사고

방식을 몰아내기 위해 사회민주당을 사정없이 비판했다. 그는 사실상 정치적 사실의 문제에는 상당히 무관심하여 신문사의 일부 동료들을 짜증스럽게 했다. 팅스텐의 시각에서 보면, 이념 투쟁이 가장 중요했다. 거짓되고 위험한 사상이 합법성을 갖는 한, 그것은 실제에 적용되지는 않는다고 해도 언제나 돌아올 수 있었다.

1950년대에 좌파로부터는 팅스텐과 무베리의 사회민주당을 향한 공격과 비슷한 것이 나오지 않았다. 스웨덴 공산당은 1944년 10퍼센트 조금 넘는 득표율로 역사상 최고점에 도달했지만, 프라하 쿠데타 이후 지지율은 절반으로 줄었다. 1950년대에 공산주의자들의 조직은 큰 영향력 없는 주변적 집단에 머물렀다. 그런데 1953년 급진적인 청년 작가가 등단했다. 그는 1950년대에는 잘 알려지지 않은 채 지나갔지만 그랬기 때문에 1960년대에 여론 선도자로서 더욱 큰 역할을 수행한다. 그의 이름은 얀 뮈르달로 울로프 팔메와 같이 1927년생이었고 역시 팔메처럼 스톡홀름에서 부르주아적 안락함 속에, 기능주의적 측면에서는 더 큰 안락함 속에 성장했다. 그의 부모 군나르 뮈르달과 알바 뮈르달은 팔메의 부모와 달리 새로운 사회민주당 엘리트에 속했다. 뮈르달은 아동기를 자비로운 양육의 이상과 무정한 부모 이기주의 사이의 아찔한 협곡에서 보냈다. 이는 아마도 스웨덴 문학사에서 가장 철두철미한 논의를 거친 주제일 것이다. 그러나 얀 뮈르달은 또한 아동기에 가족이 이주한 교외의 부르주아적 주거 단지 브롬마에서 부모에 대한 지독한 적대감을 키웠다. 이로부터 그는 다름 아닌 예절 바른 스웨덴 부르주아의 표면 밑에 파시즘과 파시스트의 사고방식이 숨어 있다는 결론을 내렸다.

그 세대의 젊은 작가는 대부분 '국민의 집'에 대한 순응 문제와 씨름했다. 유럽 여행은 필수적인 통과의례였다. 스톡홀름의 청년 작가 페르 로드스트룀은 1952년 스스로를 풍자하듯 '바다에' 나갔다고, "세계 최대의 아스팔트 바다"를 보았고 "흑인들과 얘기했고 술에 잔뜩 취했다"고 썼다. 그러나 새로이 등단한 청년 작가들은 결코 과격한 체제 비판자가 아니었다. 차라리 그들은 새로 건설된 주택 지구에서부터 형태를 갖춘 현대적 삶에 놀란 풍자적 관찰자이자 실존주의적 질문자라고 해야 할 것이다. 그곳 거주민들은 에스파냐의 비노 틴토(적포도주)와 프랑스의 폼프리트(감자튀김)를 위해 체코의 플젠 맥주와 스웨덴의 팔루 소시지를 거부했다. 뮈르달은 1960년대에 폭풍처럼 강력해질 '국민의 집'의 합의 정신에 대한 비판을 예시했다. 그 폭풍에 울로프 팔메는 순풍에 돛을 단 듯 강한 힘을 얻게 되지만 동시에 날아가지 않도록 잔뜩 힘을 주어야 했다. 뮈르달은 국제적 청년운동이 주도한 유고슬라비아 철도 건설 사업에 열정적으로 참여했으며, 미국 핵무기에 반대한 스톡홀름 호소문을 지지했다. 그는 '국민의 집'의 성실함이라는 이상에 적응하려 했지만 소용없었다. 그는 이렇게 주장했다. "다른 사람들처럼 살라. 할부로 가구를 사고, 소박한 식당에 가고, 현실이 존재했음을 잊어라."

'국민의 집'에 대한 뮈르달의 비판은 자유주의적 자본주의 질서의 특징인 타협 정치에 대한 반감과 마르크스주의적 운명론이 뒤섞인 것이었다. 스웨덴학생회연맹에서 활동했고 이후 팽창하는 복지국가에서 출세한 팔메 세대의 청년 학생들을 그는 기회주의자요 위선자이며 스스로를 기만하는 자라고 맹비난했다. 얀 뮈르달은 1950년대의 분위기를 "케케묵은 침대보와 꽉 막힌 창문 냄새가 나는 문화의 오두막"이라고 묘사했다. 뮈르달이 사회민주주의적 표현법의 모호한 호의 뒤로 숨은 독선과 기득권을 포착하는 데 그토록 능숙했던 것은 아마도 그가 사회민주주의자 가정에서 성장했기 때문일 것이다. 뮈르달은 시집을 내려다가 실패한 뒤 자신이 노동운동과 나라를 위해 할 수 있는 최선은 "입을 다물고 최대한 멀리 사라지는 것"이라는 결론을 내렸다. 그는 침묵에는 그다지 성공하지 못했지만 장기간의 세계 여행길에 올랐다. 얀 뮈르달은 대결과 확실성, 적나라한 권력 관계를 원했다. 그는 이를 나중에 제3세계에서 발견하리라고 생각하게 된다. 서구의 순응적 사회는 유혈 낭자한 잔인한 사회, 명예가 없는 사회였다. 그는 아프가니스탄에서 지낸 뒤 이렇게 쓴다. "야만성은… 희망으로 가득하고 미래를 예시한다."

'국민의 집'에 대한 비판은 좀 더 부드럽게 오기도 했다. 1940년대 말 향후 스웨덴 문화정책이 어떻게 수립될지 알아보려는 논쟁이 있었다. 완전히 새로운 논의는 아니었다. 20세기에 들어선 후로 스웨덴 사회에는 아메리카니즘과 도덕적 천박화, 피상적인 교육에 대한 두려움이 있었다. 그러나 제2차 세계대전 후에는 서풍이 마치 태풍처럼 강력하게 불었다. 1948년 9월, 울로프 팔메가 미국에서 돌아온 것과 거의 동시에, 전후 시대에 스웨덴 대중문화에서 가장 크게 성공한 연재만화 잡지《칼레 앙카 오 콤파니》의 첫 호가 발행되었다.* 그렇지만 가벼운 오락거리를 만들어내는 것이 결코 미국의 능력만은 아니었다. 1949년부터 1950년대에 들어선 후로도 스몰란드의 소작농 오사니세와 그의 동료 클라바르판에 관한 스웨덴 영화로 국내 영화관들이 만원을 이루었다. 오사니세는 무베리의 『이민자들』에 나오는 영웅적인 자영농을 희극적으로 묘사한 인물이다. 소설 속의 그 자영농은 농촌 주민의 즐거움과 도시 중간계급의 반감을 일깨웠다.

일부 민중운동 이상주의자들에게 이는 마치 노동계급이 계급투쟁에서는 승리했지만 문화투쟁에서는 패배한 것처럼 보였다. 물질적 복지는 확대되었고 사회민주당은 정부청사에 꽤나 안정되게 자리를 잡았지만, 정신을 지배하는 권력은 할리우드와 주간지 편집부에 있었다. 노동자들의 물질적 욕구는 충족된 반면, 원래의 마르크스주의적 분석이 노동자의 문화에 대한 열망을 키우지는 못했던 것 같다. 대신 경제적 복지는 물질적 복지와 상업적 오락 문화에 대한 욕구를 더욱 늘렸다.

이러한 딜레마를 논의하려 한 자들 중에는 스톡홀름의 노동운동 기록보관소도서관** 관장인 타게 린드붐도 있었다. 린드붐은 출판업

---

* Kalle Anka & C:o. 칼레 앙카Kalle Anka는 도널드 덕Donald Duck의 번역어이다. '도널드 덕과 친구들'이라는 뜻이다. 잡지는 초기에는 오로지 월트 디즈니의 만화만 실었다.

** Arbetarrörelsens arkiv och bibliotek. 1902년 설립된 기록보관소이자 도서관. 정기간행물 《아르베타르히스토리아Arbetarhistoria(노동사)》를 발행하며 세미나를 열고 도서를 출판한다.

자의 아들로 태어났고 1938년 스웨덴 노동조합운동사에 관한 논문으로 역사학 박사학위를 받았다. 그는 스웨덴 노동운동 안에서 발견한 정신적인 힘에, 즉 뜨거운 연대의식, 숭고한 이상, 열심히 일하는 태도, 끝없는 자아성찰에 큰 감명을 받았다. 그러나 린드붐은 또한 전후에 성장 일로에 있던, 물질적으로 풍요로운 사회에서 이상주의가 어떻게 될지 걱정했다. 나중에 그는 상당히 반근대주의적으로 방향을 틀게 된다. 린드붐은 사회주의에 비판적이게 되었으며 20세기 스웨덴 신보수주의 세력의 원로로서 생을 마감했다. 그렇지만 1950년 전후로는 여전히 희망에 차 있었다. 린드붐은 할리우드 영화와 번지르르한 주간지를 피를 토하며 저주해봤자 무의미한 일이라고 생각했고, 대신 스웨덴 민중운동 문화를 쇄신하자고 권고했다.

린드붐의 제안 중 일부는 사회민주당 문화정책에 수용되었다. 예를 들면 노동계급이 극장을 좀 더 쉽게 이용할 수 있게 하려 한 '스코데바난'* 같은 것이다. 그러나 스웨덴 노동운동이 물질적인 목표를 달성했으므로 이제는 문화적인 목표에 힘을 집중해야 한다는 그의 기본적인 생각은 기껏해야 냉담한 무관심에 직면했을 뿐이다. 총리 타게 엘란데르는 문화적 재무장에 관한 린드붐의 꿈 뒤에 가려진 실망을 거의 이해하지 못했으며, "시민의 정서 생활을 중앙에

---

* Skådebanan. 연극, 음악, 춤, 미술, 영화, 문학 등에 관한 관심을 진작하고 최대한 많은 사람이 문화를 향유할 수 있게 하고자 활동한 문화 단체. 스코데바나 skådebana는 '무대'라는 뜻이다.

서 지도하기"를 정중히 사양했다. 사회민주당은 성장을 인도하고 이를 공정하다고 볼 수 있는 방식으로 분배하는 그 능력으로써 계속해서 스웨덴 정치를 강력히 지배해야 했다. 이러한 권력 행사에서 정신적인 것과 교육의 이상이 수행한 역할은 매우 적다.

울로프 팔메는 미래를 다른 사람들보다 더 잘 알지는 못했다. 그러나 배경과 기질, 국제적인 경험 덕분에 그는 전후 시대 사회 발전의 동력을 본능적으로 이해했다. 한편으로 그것은 팔메가 특정 형태의 경험과 지식이 부족했기 때문에 가능했다. 그는 무베리의 뿌리인 스웨덴 자영농에 아무런 감정도 없었다. 그 완고한 독립심과 상층계급에 냉랭한 태도는 팔메 가족의 전통에서는 완전히 생소했다. 팔메는 《스벤스카 다그블라데트》의 청년 견습생이었을 때 이미 신문에서 무베리의 서민적인 희극 한 편을 난도질했다. 이는 팔메의 세계관과 무베리의 세계관이 서로 멀어질 것임을 예감하게 한 사건이었다. 1960년 팔메는 젊은 국회의원으로서 사회민주주의적 집단주의에 대한 무베리의 공격에 하품이 나오는 것을 참을 수 없다고 말했다. "장래의 문제는 집단으로부터의 자유가 아니라 집단 안에서의 자유, 집단을 통한 자유를 만들어내는 것이다." 1970년대에 스웨덴 자영농 전통에 대한 그의 이해 부족은 중앙당 대표인 옹에르만란드 출신의 농민 투르비엔 펠딘을 얕보는 심각한 결과를 초래한다. 무베리가 제기한 스웨덴 법치국가에 대한 질문은 특히 합동참모본부 비밀 정보국 사건과 관련하여 사회민주당의 권력 행사에 대한 비판 확대로 다시 찾아온다.

반면 팔메는 헤르베트 팅스텐의 문화급진주의와 자유주의적인 근대성에 대한 믿음을 대체로 공유했다. 그렇지만 팔메는《다겐스 뉘헤테르》편집장과는 달리 논리 정연한 사설로 반대자들을 논박하는 것보다는 정치를 통해 현실을 바꾸는 데 더 많은 관심이 있었다. 그는 확실히 이념적인 정치인이 되지만, 그 속성에는 강조할 만한 다른 요소도 있다. 그의 시각에서 볼 때 사회민주주의의 이론적 전통은 곤란한 문제가 아니라 솜씨 좋은 자들의 도구 상자였다. 팔메는 비록 정치적으로는 견해가 달랐지만 '국민의 집'에 대한 뮈르달의 마르크스주의적 비판을 순수하게 이론적으로는 이해하기 어렵지 않았다. 그러나 그는 뮈르달과는 반대로 부르주아 가정에서 성장했을 뿐만 아니라 자신의 배경에 마음 편하게 일체감을 느꼈다.

울로프 팔메와 린드봄의 가장 큰 공통점은 부르주아 출신이면서도 사회민주주의로 다가갔다는 것이다. 그러나 스웨덴 노동운동을 향한 린드봄의 열정은 보수주의 쪽으로 기울었다. 그는 초기 사회민주주의 청년운동의 숭고한 교육이상주의에 매료되었고, 전후 시대를 지배하게 될 물질주의와 아메리카니즘, 개인주의로부터 거리를 두었다. 청년 울로프 팔메의 노동운동에 대한 관심은 다른 방식으로 커졌다. 그는 사회민주주의 초창기와 그 청년들의 꿈을 전혀 경험하지 못했다. 팔메는 1950년대에 린드봄을 소원하게 만든 바로 그 특성, 즉 더 멀리 나아가려는 의지, 발달한 복지사회에서 개인이 누릴 기회에 대한 믿음, 근대성과 과학적 진보의 추구에 매력을 느꼈다.

비록 기원은 달랐다고 해도 팔메의 세계관도 보통의 스웨덴 노동자와 회사원 대다수가 받아들일 수 있는 것과 상당히 일치했다.

'국민의 집' 시대 시민의 압도적 다수는 부자유한 신분으로든 종속적인 위치에서든 교묘한 전제정치를 겪은 적이 없었다. 그들에게 커져가는 스웨덴 국가 권력에 관하여 걱정이 있었다면, 오히려 국가 권력이 불안한 주변 세계로부터 시민을 보호하기에 불충분하지는 않을지가 더 걱정이었다. 당시 아직 발달이 미진한 상태에 있던 스웨덴 사회학은 1940년대 말 스웨덴의 두 산업사회 카트리네홀름과 후스크바나를 연구하기 위한 광범위한 사업에 착수했다. 연구서 『산업사회의 인간*Människan i industrisambället*』은 계급사회가 완전히 없어지지 않았다고 해도 노동자와 회사원의 압도적 다수가 스웨덴을 "능력이 있으면 성공할 수 있는" 나라로 이해했음을 증명했다.

조사에 따르면 1950년대 스웨덴은 가족의 가치가 널리 강력하게 지지를 받는 안정된 나라였다. 남녀를 불문하고 압도적 다수가 여성의 자리는 "자녀가 어리거나 학교에 가는 한 오로지 가정이어야 한다"고, 아동 양육에서는 때때로 체벌이 허용된다고 생각했다. 그러나 스웨덴 사람들은 결코 가족근본주의자가 아니었다. 이혼에 대한 태도는 관대했고 산아제한에 찬성했다. 사회학자들은 예외 없이 전부 후스크바나와 카트리네홀름의 주민들이 삶에 만족하여 심각한 소외나 무력감을 느끼지 않았다고 확인했다. 그러한 시각에는 이해하기 힘든 결과가 들어 있다. 질문을 받은 자들의 대다수가 인간은 과거에 더 행복했다고 생각한 것이다. 불안했던 옛날을 긍정적으로 보는 시선은 어쩌면 스웨덴 사회가 근본적인 단절이나 충격적인 격동 없이 변화했다는 의미일 수도 있다. 스웨덴 국민은 먼저 살았던 과거의 선배들과 일체감을 가질 수 있었고, 앞선 세대와 철저하게 거리를 둘 필요는 없었다.

팔메는 미국에서 지낼 때 한 사회 안에서 경제 성장과 물질적 진보가 사회적 관계에 어떤 의미를 지녔는지 깨달았다. 자유와 진보는 옛 것을 깨부수고 내버릴 기회, 자신의 조건을 개선할 기회를 가질 때에만 생겨났다. 팔메는 1949년 겨울 《스벤스카 다그블라데트》에 실은 기사에 이렇게 썼다. 미국 사회는 "마음만 먹으면 세상은 우리 것"이라는 태도에서 발전했다. 후스크바나와 카트리네홀름의 주민들이 미국식으로 세상이 자신들의 발아래 있다고는 감히 말할 수 없었을지 모른다. 그렇지만 1950년대 스웨덴이 가져다준 더욱 평등한 새로운 기회에 대한 그들의 열정의 배후에는 그것과 비슷한 낙관론이 있었다. 그리고 그 낙관적인 견해는 더욱 강해졌다.

그들은 린드봄과 무베리, 뮈르달이 경고한 문화적 천박함과 사법부패, '국민의 집'에 감추어진 파시즘을 그다지 걱정하지 않았다. 울로프 팔메처럼 그들도 자신들의 뿌리를 긴장하지 않고 편하게 생각했다(그렇다고 그 관계가 피상적이라고는 말할 수 없다). 역사적 손실보다는 다가올 기회에 집중하는 것이 더 중요했다. 앞으로 나아가는 것, 삶의 여정을 실존주의적 행동방식으로 만드는 것이 해법이었다. 만일 국가가 그 여행을 더 안락하고 안전하게 할 수 있다면, 국가 권력의 확대는 아무런 문제도 되지 않았다.

급진적 여성 리스베트

1930년대 이래로 스웨덴학생회연맹은 스웨덴 관광협회와 함께 라플란드 겨울 여행을 마련했다. 스웨덴의 산악지대에서 방학을 보내는 것은 남부 출신 학생들에게는 여전히 꽤나 흥분되는 경험이었다. 여정은 길었고, 숙소는 소박했으며, 의사 한 명이 계속 따라다녔다. 알프스의 발달한 관광산업에 비하면 스웨덴 산악지대에서 보내는 방학은 별것 없었다. 신체를 단련하는 야외 생활, 외풍이 심한 오두막 바닥, 벽난로에 마르는 축축한 모직물 냄새가 전부였다. 라프족(사미인) 땅의 고된 삶에 관한 노래를 합창하고 모닥불 주변에 모여 강의를 듣는 것도 여행의 일부였다. 팔메는 새로 선출된 의장으로서 겨울 여행의 책임자인 할바르 셀린으로부터 참여를 권유받았다. 1952년 부활절에 스톡홀름의 대학생들은 국영철도의 임시 열차를 타고 빌헬미나로 갔다. 팔메 무리는 우편 버스를 타고 삭스네스 마을로 간 뒤 스키를 타고 호수를 건너 30킬로미터를 더 가서 남쪽 비탈의 산촌인 클림프피엘에 도착했다. 그곳에서 마슈피엘레트로 하루 소풍이 계획되었지만, 학생들은 "제동회전 방식으로 넓은 궤도를 그리며" 활강 경기를 했다. 스키 리프트가 없었기 때문에, 스키 타는 학생들은 비탈 위로 걸어 올라가야 했다.

어느 오두막에 여학생 한 무리가 있었는데, 그중에 귀여운 갈색 머리에 얼굴이 둥글고 눈이 아름다운 스물한 살의 리스베트 벡프리스도 있었다. 그녀는 스톡홀름 대학교에서 심리학을 공부했고, 아동청소년 보호소에서 일했으며, 귀족적인 배경을 지녔음에도 사회민주당을 지지했다. 리스베트는 스톡홀름에서 울로프와 생활 권역이 겹쳤으며, 두 사람은 이전에 만난 적이 있다. 그러나 두 사람의 관계가 가까워지는 데에는 산속에서의 만남이 계기가 되었다. 팔메가 그녀에게 커피를 쏟았는데도, 어쩌면 그 덕에 가까워졌다. 울로프 팔메는 수줍은 사람이었고 춤을 잘 못 추었지만, 목표 지향적이었고 삶을 즐길 줄 알았다. 그 시절에 팔메는 비록 진지한 관계를 맺는 데까지 이르지는 못했지만 몇몇 처자의 마음을 사려 했다. 그는 관습적인 에티켓은 건성으로 지나치기는 했지만, 미국과 체코슬로바키아에서 보여준 충동적인 도움의 손길에서 알 수 있듯이, 여성에 대해 의협심 강한 기사도적 태도를 지니고 있었다.

리스베트로 말하자면 직업상의 목표가 강한 진지한 젊은 여성이었고, 장래의 남편감으로는 아이 양육과 가사 노동을 분담할 사람을 원했다. 그 점에서 미래는 그녀를 배반하지만, 1952년 클림프피엘의 산장에서 두 청년 학생이 서로 이끌리게 된 데에 사회적 연민과 강한 야망이 중요한 역할을 했음은 의심의 여지가 없다. 리스베트는 울로프가 주변의 다른 남자들과 다르다는 점을 바로 간파했다. 그녀는 귀족적으로 화려하게 자라지 않았다. 보통의 부르주아적인 성장기를 거쳤다. 리스베트는 스톡홀름 중심부의 뉘아 엘레멘타르 학교에 다녔다. 아버지 크리스티안 벡프리스는 성공한 전기 기술자였다. 그는 아우구스트 스트린드베리가 생애의 마지막 시절을 보낸 드로트닝가탄의 집에서 하숙했다. 청년 벡프리스는 이따금 우편물 구멍을 통해 들여다보는 그 작가의 거친 시선을 느낄 수 있었다. 분명코 괴로운 경험이었다. 결혼 전 성이 볼링이었던 어머니는 공장장 집안에서 태어났다. 가족 배경에 귀족적 성격과 부르주아적 성격이 뒤섞인 것은 울로프와 리스베트의 공동 관심사가 되었다. 이는 시골이나 공장지대에서 성장한 사람들이 서로 더 잘 이해할 수 있다는 것만큼이나 결코 이상한 얘기가 아니다. 그렇지만 이는 울로프가 가족의 전통으로부터 확실하게 이탈했으면서도 그 이면에 어떤 연속성이 숨겨져 있음을 말해주고 있다. 울로프 팔메는 아버지와 할아버지처럼 귀족적 배경을 지닌 아름다운 처자에 이끌렸다. 비록 그녀가 정치적으로 좌파에 속했다는 중요한 차이가 있기는 했지만.

두 사람의 결혼은 자명한 사실이었다. 1950년대는 결혼이 서구 문화의 제도로서 정점을 찍은 시기이다. 그 이전이나 이후로나 스웨덴 국민 중에서 결혼한 사람의 비율이 그토록 높았던 적은 없다. 복지 확대와 사회정책으로 가족을 꾸리는 것은 모든 남녀의 당연한 권리가 되었다. 이혼은 여전히 드물었고, 여성은 대부분 노동시장에 진입하지 않았다. 그때는 또한 주부 가정의 역사적 전성기였다. 게다가 남자는 일찍, 유럽 농촌사회에서 일반적이었던 20대 말이 아니라 20대 초에 결혼했다. 청년의 민주적인 결혼과 더불어 스웨덴 사람들이 이제 케케묵은 빅토리아 시대의 옛 성도덕을 내던졌다는 인식이 확산되었다.

그러나 전쟁 이전에 비해 비교적 자유롭게 사랑과 성에 관해 드러내놓고 얘기할 수 있었지만, 이는 결혼이 성생활의 절대적인 조건은 아닐지라도 그 자연스러운 목표라는 전제 하에 이루어진 해방이었다. 스웨덴의 전통적인 부르주아 소도시를 무대로 감정과 욕정의 절박함과 관련된 그 시대의 혼란을 묘사한 울레 헤드베리의 작품은 연이어 베스트셀러가 되었다. 사람들은 프로이트를 들먹거리며 토론했고 냉소적이고 세상 물정에 밝은 체했지만, 속을 들여다보면 청교도주의와 남녀 역할에 대한 전통적 인식, 임신에 대한 심한 걱정이 도사리고 있었다. 세기 전환기에 태어난 헤드베리는 1950년대 청년 학생들의 삶에 관해서는 참된 증인이 아니다. 그렇지만 그의 소설은 그 시대에 와서 전통적인 결혼관이 해방과 근대성의 관념과 혼란스럽게 뒤섞였음을 포착했다. 많은 사람에게 해법은 젊어서 일찍 결혼하는 것이었다. 신문은 식탁에 앉아 한 손으로 요람을 흔들며 다른 손으로 교재를 뒤적이는 행복한 스무 살 여대생에 관한 기사로 넘쳐났다. 부부가 다 공부하는 학생인데도 여자만 아이를 돌보았다는 사실은 다소 당연하게 받아들여졌다. 그것은 1950년대 남녀 간 질서의 일부였다. 그 질서는 특히 안에는 코르셋으로 철갑을 두르고 겉에는 주름치마를 입어야 하는 당대의 이상적인 옷차림에 규범적으로 구현되었다.

여성의 고등교육은 이제 자연스러웠지만, 동시에 여성이 가정과 자녀를 책임지는 것도 당연했다. 여성이 공식적으로 남성의 전통적인 영역에 진입할 수 있게 되면서 여성 문제는 해결된 것처럼 보였다. 여자가 스웨덴 국교회 목사가 될 권리가 있느냐는 것이 1950년대의 열띤 젠더 논쟁이었다는 사실은 당대의 분위기가 어떠했는지 말해준다. 실제로 남성은 여성이 자신들의 영역에 광범위하게 진입하리라고 예상하지 못했다. 여성의 고등교육 '잠재력'에 관한 논의에서 초점이 된 것은 주로 남성 청년 노동자였다. 주요 학자들에 따르면, 사내아이들의 관심은 "실용적이고 기술적이며 야외 활동에 관련된" 성격이 강했으며, 여자아이들의 관심은 "가정적이고 심미적이고 언어적이고 사교적이고 사무실과 관련된" 성격이 강했다.

1950년대에 칼스타의 학구적인 집안에서 성장한 어느 여성은 이렇게 회상한다. "나는 남자 형제들과 같은 학교에 다니며 공부했고 직업을 구하리라는 기대를 받았다." 그러나 차이가 있었다. 남자들에게 전달된 메시지는 무조건 출세하여 이를 바탕으로 가정을 꾸리라는 것이었고, 반면 그녀는 "좋은 남자를 만나되 안전을 위해 직업을 갖는 것"이 필요했다. 대학교에서는 '약혼에 관한 강좌'를 개설해야 한다는 말이 돌았다. 1954년 웁살라 대학교 학생회 신문 《에르고》에 실린 만평에서 어느 여학생은 여자 친구에게 이렇게 말한다. "나는 법학 공부를 시작했지만 그는 약혼했어. 그래서 지금은 영어를 전공해." 페미니스트는 불공정이 실제로 존재한 이전 시대에 속했다. 그러나 1950년대 스웨덴에서 남녀 간의 불평등을 이야기하는 것은 과민하고 심리적으로 문제가 있음을 암시했다. 칼럼니스트 레드 톱*은 《다겐스 뉘헤테르》에서 이렇게 요약했다. "여자는 동등한 대접을 받아야 하지만 목이 파인 데콜테 옷을 입어야 한다."

이러한 1950년대의 보수적 시각을 배경으로 보면, 리스베트 벡 프리스는 유달리 급진적이고 뚜렷한 의식을 지닌 여성이었다. 이는 한편으로는 그녀가 울로프를 만나기 몇 년 전에 아버지를 여의

---

* Red Top. 기자이자 작가인 렌나트 뉘블롬Lennart Nyblom(1915~1994)의 필명.

었다는 사실에 기인했다. 크리스티안 벡프리스는 딸과 사이가 가까웠고, 그녀는 지식을 쌓고 어려운 문제가 있으면 끝까지 파라는 아버지의 권고에 깊은 인상을 받았다. 리스베트는 처음에는 간호사가 되려 했으나, 아버지가 죽은 뒤 철학과 심리학에 관심을 가졌다. 심리학에 대한 관심은 그녀를 당대의 가장 급진적인 환경에 속했던 스톡홀름 서쪽 멜라렌 제도의 스코에데뷔에 있는 아동청소년 보호소로 이끌었다. 리스베트는 1952년 그곳에서 실습했다.

1947년에 멜라렌 호 옆 1700년대에 세워진 오래된 노란색 장원 건물을 중심으로 들어선 스코 아동청소년 보호소는 아동 양육에 관한 당대의 진보적 사상이 집결된 곳이었다. 영국의 서머힐 학교가 채택한 자유로운 양육 실험에서 영감을 받아 '검은 교육법'*과 강압, 체벌, 죄의식 심어주기를 멀리했다. 카리스마 넘치는 아동정신과 의사 '스코-구스타브' 윤손에 따르면, 목표는 개별 문제 아동이 아니라 가족 전체를 다루는 것, 가정과 비슷한 안전한 환경을 만드는 것이었다. 윤손은 '사회적 유산'이라는 개념으로 이름을 알렸다. 이는 세대를 거치며 전해진 뿌리 깊은 문제 때문에 범죄와 사회 부적응이 생긴다고 주장하는 이론이다. 전통적인 양육 방식과 권위에 대한 도전에 보수적인 사회는 당황했다. 1948년 1월 스톡홀름에 국민학교 교사가 다수 포함된 700명이 항의집회를 열어 "양육의 완전한 자유는 나쁘다"고 선언했다. 그러나 스코에데뷔는 순풍

---

* schwarze Pädagogik. 현대의 교육법에서 억압적이고 해롭다고 여겨지는 전통적인 아동 양육 방식.

에 돛을 단 것 같았다. 자유주의적 신문과 사회민주주의적 신문은 길게 열광적인 기사를 쏟아냈다. 사회학자 유아킴 이스라엘과 아동 심리학으로 유명한 그의 아내 미리암, 노르웨이 심리분석가 니크 볼, 급진적인 공중보건의 군나르 잉에 등 사회사업에 종사하는 당대 좌파 지식인의 핵심 인물들이 보호소 주변으로 모여들었다. 얀 뮈르달과 아투르 룬드크비스트, 페터 바이스, 군나르 에켈뢰브 같은 작가와 시인도 그 자유분방한 환경을 연구차 방문했다. 리스베트에게 스코와 아동에 대한 그 반권위주의적 시각은 지각변동 같은 경험으로 평생토록 그녀에게 영향을 미친다. 리스베트는 스톡홀름 시 사회복지과의 아동심리학자로서 1960년대에 점차 확대되는 시의 어린이집 활동이 스코에데뷔의 긍정적인 인간관에 따라 이루어지도록 열심히 싸웠다.

"청년 누구나 똑같은 고등교육의 기회를"

울로프와 리스베트를 만나게 한 학생들의 산골 여행은 고등교육 과정에 들어간 스웨덴 청년의 40퍼센트 정도에는 여전히 방학을 보내는 유일한 방법이었다. 그러나 카트리네홀름과 후스크바나의 노동자와 사무직원처럼 스웨덴학생회연맹의 새로운 의장도 스웨덴이 "능력 있는 자가 성공하는" 사회가 되어야 한다고 생각했다. 미국 생활을 하기 전에 이미 팔메는 군대 심리검사에서 교육 기회 확대에 강력히 찬성했다. 그러나 '능력 있는 자들'은 누구이며 그들은 정확히 어떻게 전진할 것인가?

제2차 세계대전 이전에는 고등교육이 계급의 특권이라는 점이 인정되었다. 노동계급 안에서, 특히 자신의 학습 능력이 뛰어나다고 생각한 자들 사이에서 이에 대한 불만이 상당했다. 사회민주주의 이데올로그 리카드 린드스트룀이 1935년에 발표한 반⁺자전적인 소설 『협곡*Klyftan*』에서 재능은 있지만 가난한 주인공은 이렇게 말한다. "질서라는 것이 있었다면, 그는 인문중고등학교에 갔을 것이고, 그 상인의 아들은 실용적인 직업에 보내졌을 것이다." 그러나 그러한 불공정을 사회민주당은 강력하게 공격하지 않았다. 한편으로는 그것이 우선순위의 문제였기 때문이다. 먼저 누구나 갈 수 있는 초등학교를 도입해야 했다. 그러나 이렇게 말하는 다른 성격의 반대도 있었다. "노동계급은 자신의 재능을 지켜야 한다."

이 구호 뒤에는 지금은 사라졌지만 자유주의적 평등의 이상보다는 계급 간의 평화로운 공존을 토대로 한 미래상이 자리 잡고 있다. 노동운동은 조직을 갖추었고, 정치권력을 장악했으며, 고등학교 졸업장이나 학사학위 없이도 사회를 개조하느라 여념이 없었다. 장래에는 누구나 스스로 알아서 자유로운 교육 활동을 통해 능력을 계발하고 지식에 대한 갈증을 해소할 수 있다고 믿는 것이 전혀 터무니없지 않았다. 재능 있는 노동자가 고등교육을 받는다면, 그들은 이제 부르주아적 가치관을 습득하고 더불어 사회민주당을 지지하지 않을 수 있었다. 그러므로 자체적으로 교육 활동을 마련하고 상층계급 자식들을 룬드와 웁살라로 보내 놀게 하는 것이 더 나았다.

다른 많은 관념처럼 노동운동 내부의 병행 교육 제도라는 발상

도 제2차 세계대전으로 무산되었다. 한 가지 이유는 경제적인 것
이었다. 1930년대의 대학졸업자 실업은 이제 사라졌고 고등교육을
받은 노동력의 수요가 커졌다. 사회민주당 정권의 교육부 장관 랑
나르 에덴만이 만들어낸 표현인 '인재 예비군'은 이제 더는 노동운
동의 독점적인 자산일 수 없었고 전 국민에게 도움이 되어야 했다.
그러나 변화는 또한 이데올로기적이기도 했다. 전후의 새로운 사회
는 모든 시민을 특히 민주주의 국가에 대한 그 충성에서 최대한 평
등하게 대하는 보편적이고 자유주의적인 원리에 따라 건설해야 했
다. 1948년 12월 10일 채택된 국제연합 인권선언은 이렇게 설명했
다. "직업교육과 기술 교육은 누구나 받을 수 있어야 하며, 고등교
육은 능력을 토대로 모두에게 동일하게 열려 있어야 한다." 1948년
선거운동에서 사회민주당의 강력한 포스터 중 하나는 갓 졸업한
대학생들을 쳐다보는 슬픈 표정의 청년 노동자를 이러한 메시지와
함께 묘사했다. "재능이 있지만 가난한 자. 그에게 똑같은 기회를
줘라." 1950년대 초 고등교육 기회 확대에 관한 입법조사단은 독재
와 민주주의 사이의 결정적인 차이점 중 하나는 자신의 관심과 조
건에 따라 삶의 길을 선택할 자유라고 밝혔다.

고등교육을 개인의 권리로 보는 새로운 시각은 폭넓게 지지를
받았다. 특히 대학생들의 지지가 컸다. 이들은 이전에는 주로 자신
들이 장래에 공무원과 전문직업인의 폐쇄적인 집단이 되리라고 보
았다. 그러나 1945년 이후에는 반파시즘과 민주주의의 정신에서
태도를 바꾸어 개방적이고 확장적인 엘리트로 자처했다. 그 영향
력은 한층 더 많은 청년이 공부를 더할 기회를 가져야만 늘어날 수

있었다. 고등교육이 계속해서 계급의 특권으로 남는 것은 점점 더 불합리해 보였다. 1945년 대학생의 절반이 사회계층I에서, 약 40퍼센트가 사회계층II에서 나왔고, 인구의 57퍼센트를 차지한 사회계층III*에서는 고작 7.4퍼센트밖에 나오지 않았다. 『1948년 학생복지 조사단 보고서』는 이렇게 그 시대의 특징을 드러냈다. "재능 있는 사람의 숫자가 여러 가지 이유로 사회계층III에서 사회계층II보다, 사회계층I보다는 특히 더 비율상 적다고 생각되어도, 이러한 상황이 그러한 불균형을 정당화할 수는 없다." 1948년 총리 타게 엘란데르는 "노동자의 아들을 더 많이 대학에 보내자"고 말했지만, 노동자의 딸이 어떤 길을 가야 하느냐는 질문은 답변을 받지 못했다.

스웨덴학생회연맹의 전술은 사회민주당 정부와 협력하여 스웨덴 대학을 개혁하는 것이었다. 스웨덴학생회연맹은 더 나은 교육, 더 폭넓은 사회적 충원, 더 많은 학생 주택, 학생의 경제적, 사회적 조건 개선을 요구했다. 사회적 배경과 상관없이 목적의식적으로 공부하고 현대적인 안락함을 갖춘, 환기가 잘 되고 밝은 주택에서 생활하는 현대의 대학생 모습과 지난 시절의 만년 대학생, 대여 장학금 상환 연체, 불친절한 하숙집 주인을 대비시켰다.

국제적인 문제의 경우와 정확히 똑같이, 기본적인 노선은 1952년

---

* 사회계층social grupp은 스웨덴의 사회과학과 사회 현상에 관한 국가공식조사단에서 쓰는 개념으로 국민을 사회경제적 위상에 따라 세 집단으로 구분한 것인데 사회계층III은 민간 부문과 공공 부문에 고용된 노동자를 말한다.

3월 울로프 팔메가 의장에 선출되었을 때 이미 정해졌다. 1950년 초 팔메는 다른 많은 사람처럼 학자금 대여가 아니라 학업 수당을 옹호했다. 다시 말해 대학생으로 공부하는 동안 생활비를 충당할 수 있도록 일종의 국가장학금을 지급하자는 것이었다. 대학생의 절반 가량이 은행이나 개인에게 돈을 빌려 생활했다. 채무는 이미 오래된 문제로 시인이 노래할 정도였다. 훗날 스웨덴 학술원 회원이 되는 유한네스 에드펠트는 1943년 이렇게 불평했다.

사람들은 우리를 양심도 없는 도둑놈이라고 부르네.
운명의 신은 우리에겐 그다지 친절하지 않지.
잎은 노랗게 시들었는데
그대의 학자금 빚을 어떻게 갚을 것인가?

팔메의 출발점은 1953년 사회민주당 사상지 《티덴(시대)》에서 설명한 대로 '기울어진 충원'을 막는 것이었다. 학업의 전통이 없는 집에서 자란 대학생들은 장래의 전망이 확실하지도 않은데 큰 금액을 끌어와 교육비를 대는 것이 마음에 내키지 않았다. 이러한 생각은 정치권의 좌파에 속했다. 공산당과 사회민주당은 학업 수당을 추천했고, 국민당은 보편적인 장학금 제도를 원했으며, 반면 우익 보수당과 농민연합은 국가가 좋은 조건으로 대여할 것을 주장했다. 스웨덴학생회연맹 안에서 팔메는 또한 다른 문제에서도 급진적 태도를 취했다. 그가 의장으로 있던 시기에 새로운 학생 단체의 스웨덴학생회연맹 가입 문제가 의제에 올랐다. 특히 기존의 대학과 대학교와 관련하여 지위가 분명하지 않은 스톡홀름 대학교의 사회연구소*와 기타 새로운 고등교육기관들이 문제가 되었다. 반대하는 자들은 그 학생들이 스웨덴학생회연맹에 들어오기에 충분할 정도로 학구적이지 않다고 주장했다. 그러나 팔메는 강하게 나갔고 뜻을 관철시켰다.

스톡홀름의 교육부 회의에 참석하거나 조직 문제로 토론하는 것은 국제회의에 돌아다니는 것만큼 흥분되는 일은 아니었을 것이다. 그러나 팔메는 여느 때처럼 자신 앞에 닥친 과제에 온힘을 다 쏟았다. 그는 경제에 관하여 마치 1960년대 국가의 성장을 내다보듯이 팽창적인 시각을 지녔다. 스웨덴학생회연맹 예산은 그가 의장으로 있을 때 6만 4000크로나에서 11만 9000크로나로 배가되었다. 연맹 집행부의 많은 사람이 적자 확대에 염려했다. 그러나 팔메에 따르면 활동을 줄일 것이 아니라 수입을 늘려야 했다. 점점 더 많은 사람이 스웨덴학생회연맹이 회비를 인상하지 않으면 효과적인 로비 단체의 기능을 수행할 수 없으리라고 인식했다. 웁살라 대학교 학생회 신문《에르고》는 이렇게 질문을 던졌다. 학생들에게 중요한 활동이 "학기당 회비 1크로나 75외레라는 허약한 경제적 기반에 기대는 것"이 "합리적"인가?

1952년 4월 스웨덴학생회연맹은 홀렌다르가탄의 좁은 '헛간'에서 북부 스톡홀름 세슈베슈베겐에 새로 세운 학생기숙사의 현대적

---

* socialinstitutet. 사회사업가 양성을 위한 교육기관. 1964년에 사회대학Socialhögskola 으로 명칭이 바뀐다.

인 새 공간으로 이사했다. 하루 온종일 걸리는 일이었는데도 의장은 아무런 보상도 받지 않았다. 공식적인 판공비 1000크로나를 받았을 뿐이다. 반면에 그는 이제 다른 사람과 같이 쓰지 않아도 되는, 책상 딸린 독방을 받았다.

필요한 것이었다. 세슈베슈베겐으로 옮긴 뒤 팔메는 교환학생 프로그램과 여행, 강의교재 문제 등 스웨덴학생회연맹의 꽤나 광범위한 학생 지원 활동을 이끌었다. 의장은 사업상의 만남에, 특히 훔레고덴 공원 인근의 호텔 앙글레에서 서적상과 점심을 함께 하느라 중요한 시간을 써야 했다. 일처리가 언제나 잘 되지는 않았다. 스웨덴학생회연맹은 룬드의 한 버스 회사와 협력하여 복잡한 사업을 벌였는데, 이로 인해 팔메는 1952년 1월 처음으로 언론으로부터 집중 포화를 받았다. 《다겐스 뉘헤테르》의 기자와 대면한 그는 회사에 대한 스웨덴학생회연맹의 이해관계가(얄궂게도 어느 신학생이 운영했다) 무시해도 좋을 정도라고 일축했다. 학생버스라는 부실한 사업의 실체가 드러나자 그 논평은 많은 사람에게 오해를 불러일으키는 것 같았다. 스웨덴학생회연맹은 1만 5000크로나를 잃었다. 당시로서는 상당한 액수였다. 그러나 기자는 뒤이어 쓴 기사에서 팔메를 옹호했고, 스웨덴학생회연맹 의장이 신용대부의 규모를 전혀 부인하지 않았고 연맹은 단지 채권자였을 뿐 소유자가 아니었다는 뜻으로 말했다고 확인했다. 팔메는 한 번 더 확연하게 우호적이었던 언론의 분위기 덕분에 위기를 넘겼다.

화려한 퇴장

팔메가 스웨덴학생회연맹과 함께 한 시기는 1953년 5월에 화려하게 막을 내렸다. 웁살라에서 체코슬로바키아의 공산당 쿠데타를 논의한 격렬한 협상 이후 5년이 지나 스웨덴학생회연맹 총회가 다시 열릴 때가 되었다. 회의는 그늘에서도 온도계가 30도까지 올라갈 정도로 더운 룬드에서 열렸다. 대학교 강당에서 교육부 장관과 대학교육국장의 연설로 회의가 시작되었다. 총리도 오는 중이었으나 학생들의 방해로 참석하지 못했다. 현장에는 250명의 학생 대의원이 있었고, 최소한 그만큼의 참관인이 초청을 받아 들어왔다. 그들 중에는 다른 나라 학생 단체의 대표자도 있었지만, 학생들 주변은 주로 대학 총장과 교수, 정치인, 노동조합 전임자, 민중운동 대표자, 행정부 공무원, 경제계 인사 등 스웨덴 주류 사회에 속한 자들이 채웠다.

팔메는 개회사에서 일종의 원칙적인 틀을 제시했다. 다른 사람이라면 할 수 없었을 연설이었다. 그는 웁살라 대학교 학생회가 나치 정권을 피해 독일에서 도주한 유대인 의사들을 스웨덴에 들이지 말라고 요구하는 결의안을 채택한 1939년의 유명한 '볼휘세트 회의'를 출발점으로 삼았다.* 분명하게 강조된 요점은 학생들의 국제적 연대가 중요하다는 것이었다. 이는 지난 시절 스웨덴학생회연맹이 국제적 영역에서 기여한 바를 생각하면 수세적이었다고 생각

---

* Bollhusmötet. 볼휘세트라고 부른 실내 테니스장에서 열렸다.

될 수 있었다. 그러나 대다수 학생은 국제학생연맹이나 제3세계 지원 문제에 특별히 관심을 보이지 않았다. 팔메는 전간기 스웨덴 학생들의 반동적인 경향을 상기시킴으로써 스웨덴학생회연맹 내부의 우파를 비난했다. 그들은 국제적인 조치와 이미 많이 진척된 고등교육 민주화 둘 다 반대했다. 1930년대와의 대비는 청중에게 수치스러운 과거를 떠올리게 했고, 근대성과 발전, 자유의 전달자라는 스웨덴학생회연맹의 새로운 역할을 돋보이게 했다.

1953년 룬드에서 팔메가 한 연설의 힘은 그가 청중의 의식 깊은 곳을 간접적으로 건드렸다는 데 있었다. 학생의 국제적 연대라는 문제는 많은 스웨덴 사람이 전쟁 중 나라의 제한적인 난민정책과 이데올로기적 순응 때문에 느낀 죄의식까지 건드렸다. 스웨덴 난민정책을 조사하려는 전후 초기의 야심적인 시도는 수포로 돌아갔고, 동시에 난민에 적대적인 정책을 추진한 학생들은 더욱 크게 출세했다. 팔메가 염두에 둔 것은 고통스러운 자기반성과 끝없는 책임 논쟁을 대신할 방안으로, 인도주의적 원조와 민주화 운동에 대한 지지, 적극적인 난민 지원을 통해 스웨덴의 도덕적 명예를 회복하는 것이었다. 그의 연설에 숨은 의미는 스웨덴이 행동으로 속죄해야 한다는 것이었다. 1953년 룬드에서 팔메는 스웨덴이 1960년대와 1970년대에 떠맡게 될 '세계의 양심'이라는 역할을 위한 지침을 세웠다. 이는 대다수의 스웨덴 국민과 마찬가지로 팔메의 기질에도 어울리는 태도였다. 스웨덴 국민도 대체로 뒤돌아보기보다는 앞을 내다보기를 원했고 1950년대의 근대성에 대한 열의를 열정적으로 지지했다.

밤까지 길게 이어진 장시간의 토론과 총회 끝에 학업 수당을 옹호한 파벌이 승리했다. 대여 제도의 확대를 원한 룬드 학생들을 누르고 웁살라와 스톡홀름에서 지지를 얻은 것이 주효했다. 《스톡홀름스 티드닝엔》은 이것이 스웨덴 사회생활의 혁명을 의미한다고 썼다. "학업에 적합한 청년은 누구든지 경제적인 장애나 지리적인 장애 없이 똑같이 고등교육의 기회를 가질 수 있다." 나중에는 대여 제도가 학업 수당 모델에 승리를 거두기는 하지만, 학생회연맹 총회는 울로프 팔메의 승리였다. 팔메 자신도 개회사가 자신의 최고의 연설 중 하나였다고 평가했다. 팔메가 사퇴했을 때, 그는 다른 무엇보다도 "4년 동안의 활동으로 스웨덴학생회연맹을 국제적 활동에서 지도적인 위치에 올려놓았다"는 이유로, 그렇지만 또한 내부의 대립을 중재하여 단합을 이루었다는 이유로 칭찬을 받았다.

아시아 순방에서 눈뜬 민족주의

6월 2일, 룬드의 학생회연맹 총회가 끝나고 몇 주 지났을 때, 울로프 팔메는 활동적으로 돌아다니는 학생정치인으로서 세상에 나가고자 마지막으로 스톡홀름 중앙역을 떠났다. 서구 대학생들의 국제기구인 협력사무국의 위임으로 팔메는 석 달 동안 아시아를 순회하며 현지 학생 단체들과의 연락망을 구축하기로 했다. 첫 번째 기착지는 네덜란드의 레이던에 있는 조직의 사무실이었다. 그곳에서 팔메는 지침과 접촉 정보를 전달받았다. 며칠 뒤 그는 파리의 오를리 공항에서 비행기를 타고 인도의 뭄바이로 날아갔다. 키프로스와 바레인을 거쳐 가느라 이틀이 걸렸다. 팔메는 스웨덴 국기게양일인 6월 6일, 우기에 들어선 지 몇 주 지났을 때 런던을 모델로 중심부를 꾸민 인구 수백만 명의 도시에 도착했다.

팔메는 땀에 흠뻑 젖을 정도로 고된 여행 끝에 남쪽으로 1000킬로미터 넘게 떨어진 마이소르로 갔다. 그곳에서 캐나다가 주도하는 대학생 구호단체 세계대학교봉사회가 준비한 개발원조에 관한 세미나에 참석하기로 했다. 회의 자체는 그에게 지극히 난감한 것이었다. 그가 보기에 인도의 대학생봉사회는 부패하고 비효율적인 조직이었다. 훗날 그들이 미국 중앙정보국으로부터 간접적으로 자금을 지원받았다는 사실이 밝혀진다. 팔메는 고국에 보낸 편지에서 곤란한 처지에 놓였다고 불편을 호소했다. 그는 "마하라자 칼리지에서 모퉁이마다 시동을 두고 악마의 호화로운 생활"을 했으며, 반동적인 인도 교수들과 "오렌지색 직물 덮개를 두른 승려들, 산아제한에 반대하는 가톨릭교도"의 얘기를 들어야 했다. 팔메는 우연한 기회에 회의에서 빠져나와 어느 미국인 인류학자와 함께 숲 언저리에 머물렀다. 그러나 팔메는 1947년까지 같은 이름을 가진 왕국의 수도였던 마이소르의 끈적끈적한 더위를 꼬박 한 달 동안 견뎌냈다. 반면 서구의 다른 대표들은 무너졌다. 팔메는 최종 보고서에서 향후 협력사무국은 아시아의 기후를 극복할 수 있는 좋은 신체조건을 갖춘 자들을 선발하도록 주의를 기울여야 한다고 썼다.

7월 초, 팔메는 마침내 다시 "길을 떠날" 수 있었다. 이후 두 달

동안 그는 일상적인 강행군으로 남아시아 곳곳을 오갔다. 인도 아대륙을 여기저기 누벼 콜카타와 방갈로르, 마드라스, 바라나시, 뉴델리를 방문했다. 이틀에 걸쳐 미얀마와 스리랑카, 태국, 싱가포르를 짧게 지나갔고, 인도네시아에서는 두 주를 보냈다. 팔메는 학생 기숙사에 머물렀지만 대학교 환영회와 대사관 만찬에 초대받았다. 마이소르에서 말라리아를 겪었고, 미얀마에 도착했을 때 말라리아가 재발하여 잠깐 발이 묶였다. 그의 여행기에는 이렇게 간단히 적혀 있다. "7월 22일, 아프다." 그러나 이튿날 벌써 양곤 대학교에 가서 미얀마 학생지도자 10여 명을 만났다. 그는 여행 중에 남아시아의 대학생과 교사, 정치인과 수많은 만남을 가졌으며, 1950년대 초 그 지역에 널리 퍼진 식민지 해방 이후의 상황을 확실하게 이해했다.

울로프 팔메가 아시아 여행에 관하여 협력사무국에 제출한 보고서는 거의 100쪽에 달하는데, 현지의 비공산주의적 학생 단체들과 협력 관계를 구축할 전망을 그다지 낙관적으로 보지 않았다. 대학생과 지식인 중에 공산주의에 동조하는 자들이 많았다. 식민지 시대의 유산은 서구에 대한 불신을 남겼다. 이해할 만했다. 따라서 콧대 높게 서구의 가치를 과장하는 표현으로써 반공산주의 십자군에 착수하는 것은 역효과를 낼 뿐이었다. 아직도 식민지 상태를 벗어나지 못한 곳은 물론 새롭게 독립한 나라에서도 사람들은 서구의 간섭으로 해석될 여지가 있다면 무엇이든 매우 민감하게 반응했다. 울로프 팔메는 특히 영국이 지배하는 나라나 지배한 적이 있는 나라의 교육 제도에 놀랐다. 교사들은 마치 학생들이 영국 학교에 다니는 것처럼 생각하며 가르쳤고, 당혹한 학생들에게 노동당의 역사와 국유화된 산업의 미래, 블룸즈버리 그룹이 영국 문학에 끼친 영향에 관하여 강의했다. 결과는 완벽한 옥스퍼드 영어로 열변을 토하며 영국을 공격하는 기괴한 애증이었다. 팔메의 보고서는 협력사무국을 이끈 미국 학생지도자들과 합의로 작성되었다(그들은 팔메가 모르게 중앙정보국의 돈으로 그의 여행 자금을 댔다). 요약하면 이렇다. 아직 남아 있는 루스벨트 시대의 자유주의적 반식민주의가 '백인의 짐'이라는 오래된 냉소적 관념에 맞서고 있었다. 그러나 그의 미국 대학생다운 어법("나는 그들[말레이시아 학생들]이 적어도 페팅 petting에 관심이 있다고 생각한다") 뒤에는 세계에 대한 스웨덴의 소국다운 시각이 발견된다. 강국의 오만함에 치인 약소국들과의 일종의 직접적인 연대였다.

팔메가 희망을 건 나라는 인도네시아였다. 그는 그 나라에서 역동적이고 건설적인 학생운동을 발견했다. 흔히 무엇에도 책임감을 느끼지 못하는 영성靈性과 카페의 오랜 대화에 몰두한 인도의 소외된 학생들과 달리, 인도네시아 청년들은 국가 건설 사업에 적극적으로 참여했다. 과거에 네덜란드의 식민지였던 그 나라는 전후 프랑스와 영국의 속령과는 다르게 발전했다. 네덜란드는 꽤나 순진하게도 일본의 점령이 끝난 후에 모든 것이 이전으로 돌아갈 수 있다고 믿었다. 그러나 1945년 8월 일본이 항복하고 겨우 이틀 만에 민족주의 지도자 수카르노는 인도네시아의 독립을 선포했다. 외교적 교섭뿐만 아니라 무장 투쟁까지 거친 뒤에 네덜란드는 1949년 남아시아 식민지를 확실하게 잃었음을 인정했다. 많은 네덜란드인이 그곳에 남은 것은 사실이지만, 영국인들에 비할 때 그들은 정신적으로 이전의 종속민을 이해하지 못했다. 팔메는 인도와 미얀마를 이미 경험한 뒤라서 인도네시아인의 자신감에 매료되었다. 학생들이 해방전쟁에서 자체적으로 군대를 만들었다는 사실은 그들의 강력한 위상을 잘 설명해준다. 팔메는 이렇게 말했다.

그 시절의 기억은 학생들과 민중 사이에 똑같이 남아 있다. 학생들은 전체적인 경계 활동과 당당한 태도에 기여했고, 민중은 학생들을 대단히 자랑스러워하고 크게 의지했던 것 같다. 이에 학생들 편에서는 책임감이 솟아났다.

인도네시아 학생들과 인도 학생들에 대한 팔메의 태도에 나타난 차이는 그의 국제적 연대에 숨은 기본적인 특징을 드러낸다. 그는 정력적인 독립운동에 매력을 느꼈지만, 식민주의의 억압에 희생된 자라는 위치에 도취된 듯 사로잡힌 이른바 카페 지식인은 이해하기 어려웠다. 팔메는 말년에 이렇게 설명했다. "민족주의는 이러저러한 국가에 대한 단순한 열정을 뛰어넘는다. 왜냐하면 민족주의는 피부색이나 인종, 신분을 가리지 않는, 모든 인간 사이의 평등이라는 오래된 개념에 뿌리를 두고 있기 때문이다." 팔메에 따르면 민족주의는 존엄의 문제였다. 그는 바로 인도네시아 학생들에게서 그 존엄을 느꼈다. 팔메는 식민주의적 태도와 간섭을 증오했기에 일견 모순된 입장에 빠져들었다.

팔메는 예를 들면 영국에 우호적인 인도 학생들처럼 억압을 받앉으나 자신의 종족적 지위를 긍정한 사람들을 이해할 수 없었다. 팔메는 협력사무국이 동남아시아의 공산주의 학생운동에 맞서 어떻게 싸워야 할지 제시한 자신의 방안을 '제국주의적'이라고 설명하면서 딜레마를 인식했다. 다시 말해 팔메의 결론은 아시아 학생 단체들에 국제적 문제를 끌어오려 애쓰지 말고 더 나은 조건과 권리를 확보하려는 그들의 노력을 단순하게 '기술적으로 지원'하자는 것이었다. 그에게는 그것이 중요했다. 이는 서구 국가들의 자기 비하로 이해할 수 있다고 해도 프랑스 사회주의 지도자 장 조레스가 20세기 초에 말했던 것과 같은 성격의 상식이기도 했다. 조레스의 말은 이렇다. 적은 국제주의는 사람을 조국에서 멀어지게 하며, 많은 국제주의는 사람을 다시 조국으로 돌아오게 한다. 게다가 팔메 가족의 전통과 잘 어울리는 태도도 있었다. 실제적인 실천력, 강력한 국방, 제국주의 강국들과 싸우고 있는 소국들에 대한 지지였다.

학생정치인에서 합동참모본부로

1953년 7월 24일, 팔메가 말라리아에서 회복하여 양곤의 대학교에 돌아왔을 때, 그가 합동참모본부의 부서기관에 임명되었다는 공식 통보를 받았다. 팔메는 파리 방문 이후로 장래의 직업을 선택하는 문제로 나름대로 고심했다. 학생회연맹 총회 이전 몇 달 동안 군대 정보기관에 들어가려는 시도가 진행되었다. 같은 일을 원한 그의 지인 하그만은 항의했지만, 결국 폭넓은 외국 경험이 장점이 되어 팔메가 긍정적인 평가를 받았다. 팔메의 군사 직종 선택은, 비록 합동참모본부의 국제적 성격을 띤 자리이긴 했지만, 종종 이상한 일로, 그리고 '세계의 양심'이요 군축정치인이라는 훗날에 걸은 길과는 일치하지 않는 것으로 여겨졌다.

그렇지만 이는 사실상 앞으로 그의 정치적 행위 전체에서 두드러질 세계관과 모순되지 않았다. 팔메의 국제주의는 처음부터 끝까지 고도의 현실정치적 성격을 띠었다. 그가 도덕률과 수사법에서 나오는 힘을 고려하지 않았다는 뜻이 아니다. 팔메는 냉전 시대의 국제적 학생정치인으로서는 물론 전시에 성장한 스웨덴 청년으로서도 국제무대의 조건을 정할 수 있는 강국의 힘을 제대로 인식했다. 그 점이 팔메의 특징이었다. 1948년 미국에서 프라하 쿠데타에 관해 쓴 글에서 이미 팔메는 사회민주당의 중립정책을 지지했다. 팔메는 미국 독자에게 이렇게 설명했다. 우리는 국제적인 진영정치에 끌려들어가는 데 반대한다. 그러므로 우리는 강력한 국방을 유지해야 한다.

그러나 팔메가 국방과 중립에 관하여 시대의 흐름을 철저히 따라갔다면, 그는 다른 점에서는 완전히 독특했다. 당시 세계적 차원에서 민족 문제의 중요성을 그처럼 잘 이해한 스웨덴 사람은 없었다. 그러한 이해는 아마도 의식적이라기보다 직관적이었겠지만, 울로프 팔메에게는 스웨덴의 중립과 그가 학생정치인으로 지낸 시절에 알게 된 독립운동들 사이에 연관이 있었다. 팔메는 어떤 의미에서 민족주의자였다. 민주주의와 평등, 사회적 정의는 독립적인 민족국가의 영역 안에서만 쟁취할 수 있었다. 이는 스웨덴뿐만 아니라 인도네시아에도 유효했다. 여기에서 그 안에 잠복해 있던 조부의 국수주의적 대★스웨덴주의의 기운이 발견된다. 스웨덴이 군사적으로 강력하여 중립을 지킬 수 있다면, 그의 나라는 또한 제3세계 약소국들이 초강대국에 압박당하는 냉전 시대 세계에서 더 큰 역할을 할 수 있으리라는 것이다. 그렇지만 국제적 연대도 발견된다.

팔메는 스웨덴을 토대로 삼아 가난한 신생국가들에 효과적으로 기여할 수 있었다. 그가 1953년에 이 관계를 완전히 분명하게 보았는지는 당연히 확실하지 않다. 그렇지만 자카르타와 콜카타에서 외스테르말름스가탄의 합동참모본부로의 급격한 방향 전환을 달리 이해할 방법은 없다. 팔메의 전기를 쓴 일부 작가들이 주장했듯이 그가 다중 인격자라면 모를까. 팔메 안에는 평생토록 한편으로는 민족적인 것의 중요성이, 다른 한편으로는 국제정치에 영향을 끼치겠다는 열망이 자리 잡고 있었다.

팔메가 실제로 스웨덴 국가에 봉사하는 대신 국제적인 이력을 지속할 기회가 있었다는 사실은 이러한 해석을 더욱 뒷받침한다. 딘 애치슨 장관의 미국 국무부가 보기에 울로프 팔메는 협력사무국의 의장으로 이상적이었다. 1952년 여러 차례 열띤 설득 시도가 있었지만, 팔메는 스웨덴 외교부나 국방부에 들어가겠다는 뜻이 매우 단호했다. 동기는 매우 복합적이었을 것이다. 직업의 고려가 한 가지 분명한 이유였다. 팔메는 국제적 경험을 충분할 만큼 했으며, 아마도 미국인들이 자신에게 내민 잔에 무엇인가 꺼림칙한 것이 있으리라고 의심한 것 같다. 다른 이유는 순전히 개인적인 것이었

다. 스톡홀름에 있는 약혼녀 곁에 머물고 싶었다. 그러나 분명한 점
은 팔메가 세상으로 나가는 데 반드시 스웨덴에서 멀리 벗어날 필
요는 없다고 이해했다는 것이다.

8. 마법사의 문하생

Olof Palme

오늘날 스웨덴 청년이나 이민하여 들어온 자들이 내가 어렸을 때
사회민주당 지지자들과 부르주아 정당 지지자들 사이에 드러난
극도의 소원함을 이해하기는 아마도 불가능할 것이다.
— 예란 헤그

어느 텅 빈 사무실에 들어가니 지친 듯이 책상 위로
몸을 숙이고 있는 사람이 있었다. 나는 총리가 어디 있냐고 물었다.
키가 크고 동작이 둔한 그 사람이 어줍게 일어나더니
손을 내밀며 말했다. "내가 총리입니다."
— 윌프리드 플라이셔

쇠름란드의 영지 하르프순드는 사업가 칼 아우구스트 비칸데르
가 스웨덴 정부에 준 예기치 않은 선물이었다. '코르크 비칸데르'는
19세기에 스톡홀름의 쇠데르말름 지구에 작은 코르크 병마개 제
조 공장을 세계 전역으로 뻗어나간 대기업으로 발전시킨 시골 가
게 주인의 손자였다. 비칸데르는 1952년 12월 리스본에서 사망했
고, 그의 유언이 공개되었을 때 "하르프순드 본채와 북쪽, 동쪽, 서
쪽의 별관, 호숫가의 정자 두 개, 창고, 부속 공원"은 스웨덴 총리의
몫이라는 내용이 밝혀졌다. 하르프순드 영지에는 1600헥타르의 숲
과 농지, 그리고 비칸데르가 생전에 수집한 수많은 미술품과 도자
기, 기타 물품들이 포함되었다.

모델이 있었다. 제1차 세계대전이 끝난 뒤 영국 정부에 기증된 버킹엄셔의 체커스 저택이다. 이 기증은 논란을 불러일으켰고 사회 민주당에는 골칫거리를 안겨주었다. 석간신문들은 긍정적이었다. 《엑스프레센》은 그 선물이 "매력적인 계획"이라고 보았다. 문화급 진주의적 조간신문《다겐스 뉘헤테르》는 정부가 사양해야 한다고 보았다. "상류사회의 고상함을 닦는 일은 왕족과 외교관, 잘난 척하 는 몇몇 부자에게 맡겨 두어라." 재무부 장관 페르 에드빈 셸드는 국고의 증대를 높이 평가했지만, 하르프순드가 총리의 배타적인 재 산이 아니라 정부 전체의 재산이 되도록 조건을 조정하려 했다. 반 면 당시 사회부 장관이었던 군나르 스트렝은 "재벌의 하사품"을 받 고 싶지 않았다.

총리는 갈피를 잡지 못했다. 꽤나 금욕적인 태도를 지닌 타게 엘 란데르는 타인의 시중을 받고 값비싼 차를 대접받는 것을 탐탁지 않게 생각했고, '가난한 총리'가 하르프순드에 머물면 감당해야 할 비용을 걱정했다. 동시에 그는 접대 환경의 개선이라는 이점도 간 파했다. 1876년에 처음으로 설치된 스웨덴 총리직은 자체의 집무 실이 없었다. 총리는 헌법상의 관례에 따르면 행정부 지도자라기보 다 조정자로 여겨졌다. 스톡홀름 주재 미국 대사관 공보관 월프리 드 플라이셔는 1953년 엘란데르를 인터뷰했을 때 스웨덴 정부 수 반의 초라한 처지에 깜짝 놀랐다. 그는 감라스탄의 뮌트토리에트 광장에 있는 정부청사를 찾아 헤매다가 마침내 적막한 사무실에 기진맥진한 채 홀로 앉아 있는 남자를 우연히 만났다. 엘란데르 자 신도 1946년 가을 위상이 높아져 전임자의 사무실로 자리를 옮겼을 때 거의 숨이 막힐 지경이었다. 그는 교육부 장관으로서 완비된 비서진의 도움을 받았는데, 새로운 직책의 사무실에는 페르 알빈 한손이 직접 편지를 쓸 때 사용한 고물 타자기밖에 없었다.

심한 압박을 받은 총리는 하르프순드가 자신의 지위를 강화할 수 있으리라고 기대했다. 게다가 부인 아이나도 긍정적이었다. 그녀는 부부가 두 아들과 함께 거주한 교외 알비크의 방 세 개짜리 초라한 임대 아파트에서 손님을 맞기는 어렵다고 생각했다. 확실히 납득할 만했다. 5월 의회는 만장일치로 코르크 비칸데르의 선물을 받아들이기로 결정했다. 8월 엘란데르 가족은 하르프순드에 입주했다. 타게의 영국인 친구이자 동지인 허버트 모리슨이 그 쇠름란드 대저택 입성식에 손님으로 참석했다. 몇 주 지난 뒤, 울로프 팔메가 하르프순드의 방명록에 서명했을 때, 곤란해하는 사회민주당 정부 총리에게 보낸 스웨덴 상층계급의 그다음 선물이 대저택을 완전하게 보완했다.

엘란데르는 여러 해 동안 유능한 비서를 찾았다. 여러 곳에서 팔메의 이름을 거론했지만, 그가 유일하게 천거된 사람은 결코 아니었다. 두 사람은 2년 전 스톡홀름과 웁살라를 오가는 기차 안에서 만난 적이 있었고, 젊은 학생정치인은 그때 좋은 인상을 주었다. 1953년 여름 엘란데르는 팔메와 면담하기로 결정했다. 그러나 팔메는 아시아를 여행하고 있었고, 엘란데르가 팔메와 연락하여 하르프순드로 초청하기까지는 가을을 기다려야 했다. 안달한 엘란데르는 합동참모본부에 전화를 걸어 제1 부서기관이 언제 모습을 드러낼지 물어보았다. 9월 20일, 팔메가 합동참모본부에 정식으로 출근한 지 고작 하루가 지났을 때, 그는 엘란데르의 열아홉 살 된 아들 스벤과 런던에 파견된 빌고트 함말링이라는 외교관과 함께 기차를 타고 쇠데르만란드의 플렌으로 갔다. 그곳에서 총리와의 만남이 이루어졌다. 총리는 서해안의 바르베리에서 연설을 하고 장모를 만난 뒤 돌아온 참이었다. 인디언서머의 열기가 뜨거운 날, 작은 강꼬치고기를 한 마리 잡은 성공적인 낚시 여행 뒤에 음식과 음료가 배설되었는데, 엘란데르는 후회하듯 일기에서 이렇게 밝혔다. "나보다 그 친구가 더 잘 먹었다."

엘란데르는 팔메와의 두 번째 만남 이후 의심이 더 커졌다. 그는 일기에 이렇게 썼다. "매우 똑똑한 것은 분명하지만, 과연 정치인에게 필요한 도덕적 저항력을 갖췄을까?" 정치인이란 말하자면 "세상에서 가장 도덕적인 직업"이었다. 엘란데르는 학자다운 회의론을 지니기는 했어도 어렸을 때 기독교 신앙부흥운동에 감명을 받은 사람이어서 상층 부르주아 출신의 그 젊은이를 다소 꼼꼼히 점검했다. 엘란데르와 가까웠던 어느 기자는 이렇게 확인했다. "그의 무례함은 실로 종교를 절대로 받아들일 수 없었고, 누군가는 아직도 총리의 도덕성에 경의를 표하던 때에 그는 포르노그래피와 청년의 타락을 너그럽게 받아들였다. 다른 배경을 지닌 사회민주당 지도자로서는 이해하기 어려웠다." 총리는 팔메의 생활 방식이 나쁘다고는 생각하지 않았지만, 그가 도덕을 경건한 가정에 주입된 주어진 규칙이 아니라 결과의 관점에서 보았다고 짐작한 것 같다.

그러나 또한 엘란데르가 팔메를 그 자리에서 정치인이 될 자질이 있는 사람으로 확인했기에 엄격한 심사는 불가피했다. 자신의 비서가 사회민주주의자여야 한다는 것이 조건이기는 했지만, 비서가 된다고 곧 정치인의 길에 들어선다는 뜻은 아니었다. 엘란데르의 이전 비서는 관료의 길로 돌아갔다. 첫해에 팔메와 함께 총리 곁에서 일한 다른 청년 사회민주주의자는 나중에 정치학 교수가 된다. 엘란데르는 처음부터 팔메에게 큰 기대를 걸었다. 그러나 우선 철저한 검증을 거쳤고 이후 엘란데르와 팔메는 누가 시작이고 누가 끝인지 알기 어려울 정도로 융합된 하나의 팀이 되었다. 이는 보기 드문 협력 관계였다. 역사적으로 가장 가까운 사례를 찾자면 같은 시기 대서양 건너편 초강대국의 존 F. 케네디와 그의 동생 로버트의 정치적 협력을 들 수 있을 것이다. 신중한 엘란데르와 카리스마 넘치는 케네디 사이에 닮은 점이라고는 조금도 없지만.

정치의 마르셀 푸르스트

1953년 9월 엘란데르는 총리로 7년째를 맞이했다. 사회민주당 집행부가 베름란드 출신의 무명 인사를 국부 페르 알빈 한손의 후임자로 선출한 것은 꽤나 예상 밖이었다. 페르 알빈 한손은 제2차 세계대전이 진행되는 동안 스웨덴을 인명 손실 없이 이끌었지만 1946년 10월 전차 정류장에서 심장마비가 왔다. 서민적이면서도 위풍당당했던 한손에 비하면 엘란데르는 약한 패로 보였다. 주목할 만한 능력이나 경험이 없는, 불쾌한 목소리를 가진 고학력자였다. 엘란데르는 당 집행부에 선출된 뒤 일기에 이렇게 적었다. "나는 두렵다. 언제나 두려웠다. 내가 지금 받아들여진 이유는 진실로 진취적 정신과 권력 의지가 아니라 집단에 대한 두려움에 있다."

1948년 하원 선거를 앞두고 부르주아 정당들은 새로운 기회를 포착했다. 선거운동은 또한 무자비했다. 양측에서 공히 과열된 계급투쟁의 어법을 썼을 뿐만 아니라 가혹한 인신공격을 가했다.《다겐스 뉘헤테르》의 편집장 헤르베트 팅스텐은 신문에서 사회주의적 실정을 거세게 비난했다. "시민은 관료들의 명부에 오른 숫자가 되었다. 이 사회에서는 점차 시민의 자유가 사라진다. 비판은 반대가 되고 국민을 불안하게 만들어 통치자들의 일을 어렵게 만들기 때문이다." 사회민주당 정부는 호된 공격을 받았다. 특히 엘란데르가 경험이 부족하고 전반적으로 무기력하다는 이유로 난도질을 당했다. 새롭게 출범한 스웨덴 갤럽연구소는 사회자유주의적 성향의 국민당이 압승을 거두리라고 예측했다. 그러나 막상 뚜껑이 열리자 승자는 여전히 엘란데르였다.

엘란데르는 민주주의 국가에서 가장 오래 정부 수반을 맡은 사람 중 하나였다. 1946년부터 1969년까지 도합 23년이다. 그 시기의 스웨덴이 전쟁을 모면한 나라, 편안하게 통치된, 안정적이고 합의 지향적인 나라이자 유럽에서 스위스 다음으로 1인당 소득이 높은 나라였음은 분명하다. 코르크 비칸데르의 영지는 합의 정신의 상징이 되었고, 하르프순드에서 정부는 '도데Dodde'(사교계에서 금융 재벌 마르쿠스 발렌베리를 허물없이 부르는 애칭)와 스웨덴의 다른 대기업가들과 자주 만났다. 훗날 엘란데르는 이렇게 말한다. "전후 첫 번째 정치적 싸움에서 이데올로기적 대립을 발견하기는 대체로 어럽다."

그러나 전쟁과 갈등의 시기보다 유리한 상황에서 권력을 유지하기가 더 어려울 수 있었다. 성장과 안정은 기대를 낳았고, 시민들은 참을성이 없어졌으며, 실험과 쇄신의 유혹은 커졌다. 1950년대 초좌파 정권은 서구 세계 도처에서 무너졌다. 독일에서는 아데나워의 기독교민주연합이 권력을 잡았으며, 미국에서는 아이젠하워가 대통령이 되었고, 윈스턴 처칠이 다시 다우닝 가로 복귀했다. 오직 스칸디나비아에서만 사회민주당이 집권 여당의 지위를 유지했다. 영국 역사가 에릭 홉스봄의 말을 빌리자면, "1950년대의 호경기는 거의 어디에서나 온건한 보수 정권이 관리했다." 많은 사람은 또한 스웨덴 사회민주당의 요술 지팡이도 종국에는 부러질 수밖에 없으리라고 믿었다.

그러나 엘란데르는 거의 기적적으로 선거에서 연거푸 승리를 거두었다. 그는 새로운 사회계층, 즉 세기 전환기 민중운동의 보호 속에 일어선 하층 중간계급의 정치권 진입을 대표하는 인물이었다. 조부는 대장장이였고, 아버지는 청년기에 신앙부흥운동에 빠졌으며 국민학교 교사가 되었다. 엘란데르는 베름란드의 교구 마을 란세테르에서 교회 서기의 사택에 살았다. 붉은 색으로 칠한 방 두 개짜리 집으로 전형적인 스웨덴 목조주택이었다. 사방에 자작나무가 늘어서 있었고, 그 뒤로 1600년대에 지어진 교회와 둘레에 벽이 쳐진 묘지를 볼 수 있었다. 가정의 분위기는 한때 정치적으로 급진적인 자유주의의 분위기를 띠었고 경건주의의 조용하지만 힘에 겨운 도덕주의가 돋보였다. 타게는 큰 기대를 받았다. 특히 형이 열여덟 살의 나이로 죽은 뒤로는 기대가 더욱 컸다. 어머니는 장래에 총리가 될 아이를 괴롭히느라 여념이 없는 몇몇 소년을 이렇게 타일렀다고 한다. "타게를 조심스럽게 대해줘. 그 애한테 돈이 많이 들었다."

엄격함과 관용의 혼합은 스웨덴 민중운동 문화에서 매우 일반적이었는데 공부의 열성과 정치적 야망, 사회적 책임감을 키우기 위한 것이었다. 이러한 능력 어느 것도 청년 엘란데르를 비켜가지 않았다. 그는 칼스타의 인문중고등학교를 졸업하고 룬드 대학교에서 학업을 이어감으로써 아버지가 오르기 시작한 계급의 사다리를 완성했다. 1932년 엘란데르는 의회에 입성했다. 대공황이 한창이었고, 이듬해 사회민주당과 농민연합이 역사적인 타협을 이루어 스웨덴을 위기에서 구출한다.* 전쟁 직전에 그는 사회부 차관에 임명되어 1941년 인구조사단의 책임을 맡았다. 조사단 보고서는 뮈르달 부부가 1934년에 발표한 『인구 문제의 위기_Kris i befolkningsfrågan_』를 근거로 삼았고 전후 사회정책 대부분에 토대가 되었다. "크고 여위었으며 어깨가 둥근, 공부만 해서 얼굴이 창백한 젊은 의원"은 사회민주주의의 가장 중요한 그 영역에서 풍부한 상상력은 물론 엄청난 업무 수행 능력까지 증명했다.

엘란데르는 1944년 정무장관으로 정부에 들어갔고, 1945년 교육부 장관이 되었으며 이듬해 당 대표이자 총리로 선출되었다. 빠른

---

* 1933년 5월 사회민주당과 농민연합은 실업자 지원과 농민 지원을 맞교환하여 경제정책에 관한 합의를 보았다. 타협을 뜻하는 이른바 '암소 거래Kohandel'로 44년간의 사회민주당 장기집권이 시작된다.

출세는 한편으로는 그의 뛰어난 업무 수행 능력과 창의성으로 설명할 수 있다. 당 집행부가 그토록 신속하게 그를 지지하기로 합의할 수 있었던 것은 그의 거들먹거리지 않는 성격을 높이 샀기 때문이다. 엘란데르는 사교적으로 다소 서툴렀지만 효과적인 업무 환경을 구축했다. 대중은 직접 보기 어려웠던 그러한 능력은 그가 정부에 있을 당시에 쓴 광범위하고 상세한 일기를 통해 특별한 조명을 받았다. 일기는 그가 사망한 뒤에 출간되었다.

엘란데르의 일기를 보면 그는 겉으로는 평범했지만 정치의 마르셀 프루스트 같다. 과민하고 우울증의 기미가 있으며 늘 자아를 성찰했다. 그러나 고뇌와 돌발적인 분노의 표출과 나란히 직관적인 지성도 보였다. 그 덕분에 엘란데르는 자신과 주변 사람들의 약점을 체계적으로 개선하여 상황을 제대로 판단하고 옳은 결정을 내릴 수 있었다. 그는 스스로 이렇게 표현했다. "사람들의 속마음이 진정 무엇인지 알아내기는 언제나 어렵다." 기본적인 태도는 비관적이었다. 그와 함께 일한 동료 중 한 사람은 이렇게 회상한다. "그의 훌륭한 집무실에 앉아 푸른색의 부드러운 양탄자 위를 돌아다니는 그를 보면 그의 마음이 어떤 상태인지 알 수 있다. 그는 추가 경정예산안이 쉽사리 통과되지 않을 징후를 보인 이래로 완전히 망했다고 천천히, 비틀거리며, 웅크린 자세로 설명했다." 훗날 울로프 팔메가 기록한 바에 따르면, 엘란데르는 언제나 "가능한 최악의 결과"를 고려했다.

그러나 우울함은 행복감의 도취로 바뀔 수도 있었다. 엘란데르는 비관적인 생각에 빠졌다가도 벌떡 일어나, 허리춤을 겨드랑이에 한층 더 가깝게 끌어올리며 이렇게 설명했다. "이제 악마를 보게 될 것이다." 엘란데르는 조력자들의 결점을 냉정하게 읽어냈다. 그는 "우유부단함, 두려움, 명예욕"이 경계해야 할 중대한 장애물이라고 보았다. 특히나 자신이 그러한 약점 때문에 힘들었다고 생각했던 만큼 그러한 생각은 더욱 견고했다. 엘란데르는 정적에게서는 협력 가능성을, 그리고 토론에 활기를 불어넣을 대립을 찾았다. 그는 농민연합의 재치 넘치는 대표 군나르 헤들룬드와 쉽게 사귀었다. 노를란드 소농의 아들로 독학으로 고등학교 과정을 공부한 뒤 스톡홀름 대학에서 법학 박사학위를 받은 헤들룬드는 이데올로그로서는 약했지만 뛰어난 전술가여서 1951년 사회민주당과 협정을 체결하여 농민연합을 여당의 지위에 올려놓았다. 엘란데르는 또한 유달리 서민적이었던 우익보수당 대표 얄 얄마숀을 주시했다. 성격 좋고 작은 키에 귀가 튀어나온 얄마숀은 웁살라의 학생 사회에서 마술사로 대중적인 활동을 시작했다. 그는 '얄렌Jarlen'이라고 불렸는데 노동조합총연맹에는 솔직한 협상자라는 좋은 인상을 주었지만, 엘란데르는 그가 다소 고지식하다고 생각했다.

반면 엘란데르는 국민당 대표 베틸 울린은 이해하기 어려웠다. 울린은 1944년부터 국민당 대표 자리에 앉아 1967년까지 야당을 이끈다. 엘란데르는 기분이 좋을 때면 아침 회의에서 정적을 다채롭게 풍자하기를 즐겼다. 이 점에서 특히 좋아한 인물이 울린이다. 총리는 그 친밀한 작은 사회 안에서 즐겁게 외칠 수 있었다. "그는 미쳤다. 완전히 미쳤다." 그 안에서는 말이 새나갈 위험성이 없었기 때문이다. 일기의 표현은 더욱 신랄하다. 국민당 대표의 오만과 독선, 거만함에 마구 독설을 퍼붓는다. 거의 조증에 가깝다. 1953년 엘란데르는 국민당의 어느 젊은 의원에게 이렇게 설명했다. "나의 첫 번째 총리 시절에 울린이 내게 어떻게 했는지 나는 잊을 수 없다. 팅스텐과 다른 바보들이 나를 하찮은 인간으로 취급한 것은 받아들일 수 있지만, 영리한 사람인 울린이 그렇게 헐뜯고 멸시하는 태도를 보인 것은 용서할 수 없다." 울린 편에서 말하자면 그도 마찬가지로 엘란데르를 이해하기 어려웠다. 울린은 엘란데르의 논쟁 방식이 종종 선동적이고 지적으로 표리부동하다고 생각했다. 이 국민당 대표는 엘란데르보다 더 따분하고 유머가 없는 사람으로 생각되었다. 울린의 딸인 정치인 안 비블레까지도 인정했다. "아버지는 결코 친절한 연설자가 아니었다." 그러나 울린은 페어플레이에 대한 감각이 있어서 전체적으로 존경을 받았다.

사실상 엘란데르와 울린은 밖에서 보면 혼동할 정도로 비슷했다. 둘 다 룬드 출신의 학자였고, 자유주의자로서 정치에 입문했으며, 의심의 여지없는 반공산주의자이자 케인스주의의 경기안정 정책과 장기적인 사회 개혁의 옹호자였다. 다른 나라였다면 여러 곳에서 두 사람은 같은 정당에 속했을 것이고 최소한 긴밀히 협력했을 것이다. 덴마크 사회민주당 대표 옌스 오토 크라우는 울린에게 보낸 편지에 이렇게 썼다. "당신이 반대편이라는 것이 내게는 역설이요." 이는 한편으로는 유달리 궁합이 나빴던 탓이다. 엘렌데르와 울린은 너무나 비슷해서 서로의 약점과 장점을 확실하게 알았지만 동시에 너무도 달라서 서로에게 짜증이 났다. 울린은 학자로서는 국제적으로 성공했지만 정치인으로서는 그렇지 못했다. 반면 엘란데르는 젊었을 때 교수가 되겠다는 야심을 포기했고 예사롭지 않은 노련한 전술가이자 논쟁가로 발전했다.

그렇지만 엘란데르와 울린 사이의 갈등을 부추긴 것은 심리 상태가 아니라 국민당과 사회민주당 사이의 권력 다툼이었다. 1930년대 초부터 노동자 정당은 정치적으로 중앙을 향해 이동했고 사회화라는 큰 목표를 버렸으며 '국민정당'에 더 가까워졌다. 동시에 대공황 시기에 케인스와 어느 정도 비슷하게 국가의 경제 개입 필요성에 관한 거시경제 이론을 발전시킨 베틸 울린은(어떤 이들은 울린이 그 영국 경제학자보다 먼저였다고 주장한다) 국민당을 왼쪽으로 끌고 갔다. 사회민주당처럼 울린도 적극적 고용정책과 광범위한 사회 개혁을 옹호했다. 따라서 엘란데르와 울린 두 사람 다 정책의 차이를 부각시킬 필요가 있었다. 엘란데르에게 스웨덴의 합의 정치가 정당 간 경계를 흐리게 하리라는 생각은 '무서운' 것이었다. 그렇지만 그는 일기에서 사회민주당이 "사회화 목표를 새롭게 추진하지" 않은 것이 옳았다고 인정했다. 사회화는 그렇게 많이 실행되지 않았고, 엘란데르의 울린에 대한 공격은 그러한 시각에서 해석할 수 있다. 엘란데르는 자신의 주적이 누구인지 확인했고 정치의 블랙홀에 빠지지 않기 위해 본능적으로 싸움을 유지하려 했다.

1954년 여름 화보잡지 《세》는(미국 잡지 《라이프》와 《룩》을 모델로 삼았다) "우리들의 타게"에 관하여 긴 화보기사를 실었다. 제목은 풍자와 진지함이 절반씩 섞인 것이다. 엘란데르가 총리가 되었을 때, 이 잡지는 이러한 제목으로 기사를 실었다. "도대체 타게가 누구인가?" 사회민주당이 총리를 스웨덴 국민과 함께 하는 '타게'로 만드는 데 성공했는지 질문한 사람들의 의견은 갈렸다. 그러나 '색깔 없는' 엘란데르가 그 임무를 감당할 정도로 성장했고 확고한 권위를 장악했다는 데에는 의심의 여지가 없었다. "많은 사람이 그가 친절하고 번뜩이는 풍자의 재능과 뛰어난 유머로 가득하다고 말한다." 아마도 유머와 솔직함은 그의 학구적인 이미지와 논쟁에서 "독화살을 쏘기" 좋아하는 태도를 보상하기에는 충분하지 않았겠지만, 엘란데르는 질기게 오래 간 총리였다. 기자들은 엘란데르가 하르프순드에서 거룻배를 타고 강꼬치고기를 낚는 일이나 그의 아침 식단에 관해 쓰는 것이 더 감사하게 느껴졌다. 1960년대 초 그가 기세가 하늘을 찌를 듯 큰 인기를 끈 텔레비전 프로그램 〈휠란드의 시간〉*에서 베름란드 사투리로 재미있는 이야기를 들려주어 스웨덴 사람들의 마음을 얻었을 때, 변신은 완료되었다. 그때 그는 국민의 편안한 아버지가 되었다. 지적이고 독하게 응수하는 울로프 팔메에 비하면 특히 더욱 마음이 놓이는 국부였다.

엘란데르의 젊은 조력자

첫해에 엘란데르를 돕는 일은 시간제였다. 동남아시아 여행에서

---

* Hylands hörna. 국영방송국인 스웨덴라디오와 스웨덴텔레비전의 기자이자 프로그램 진행자 렌나트 휠란드Lennart Hyland가 1962년부터 1983년까지 진행한 대담 프로그램.

말라리아에 걸린 뒤끝이라 얼굴이 창백했던 팔메는 스쿠터를 타고 외스테르말름의 합동참모본부와 헬게안츠홀멘의 의사당 바로 옆에 있는 정부청사로 일터를 돌아다녔다. 구겨진 트렌치코트를 입고 신발은 끈을 대충 묶은 채 신고 다닌 이 젊은 공무원은 여전히 외스테르말름스가탄에서 뮈지와 카린과 함께 살았다. 클라스는 정확히 서른세 살에 부모의 집에서 나왔다. 남동생이 동남아시아를 여행하던 여름에 클라스는 결혼했고 살던 집에서 돌을 던지면 닿을 거리에 있는 발할라베겐에 거처를 마련했다. 울로프는 한가할 때면 리스베트를 만났고(특별히 잦지는 않았다) 이따금 스웨덴학생회연맹에서 활동하던 때 사귄 옛 친구들과 교류했다. 그가 엘란데르를 위해 처음으로 맡은 큰 임무는 특별히 흥분되는 일은 전혀 아니었다. 1953년 가을 하르프순드에서 열린 농업정책에 관한 회의에서 회의록을 작성하는 일이었다. 그렇지만 노동자와 농민의 동맹 위에 수립된 정부에 '돼지고기 가격 보전금'*과 곡물 보조금은 결코 하찮은 문제가 아니었다.

그렇지만 팔메에게 결정적이었던 것은 스물여섯 살의 나이에 정치 경력이 전혀 없는 상태에서 스웨덴 국가 권력의 절대적인 중심에 들어갔다는 사실이다. 엘란데르는, 1949년 겨울 부 셰레와 스웨덴학생회연맹 지도부가 알아본 것과 똑같이, 그 청년이 얼마나 귀

---

* grispremier. 연립정부 초기에 사회민주당은 농민연합에 이미 소비된 돼지고기에 5200만 크로나의 보전금을 소급하여 지급하겠다고 약속했다. 야당은 이를 강력히 비판했고, 1952년 하원 선거에서 이것이 쟁점이 되어 그 선거를 때로 돼지고기 가격 보전금 선거grispremievalet라고 부른다.

한 인재인지 깨달았다. 팔메는 조금의 주저함도 없었다. 그는 스웨덴학생회연맹 활동으로 현실 정치를 맛보았기 때문에 새로운 상황과 바뀐 임무에 적응할 수 있는 유능한 팀 플레이어임을 증명했다. 중앙행정부에서 차곡차곡 단계를 밟아 오르는 것과 총리의 조력자가 되는 것 사이에서 하나를 선택하기는 쉬웠다. 팔메는 정확히 쇠데르말름 청년의 어투로 스스로 표현했듯이 "도구를 만들 수 있는 일"을 좋아했다.

팔메는 새로운 일에 완전히 빠져들었다. 스웨덴학생회연맹 시절에도 그는 종종 업무에 몰두했지만, 1953년 여름부터 몰입은 최고조에 달해 결코 브레이크를 걸 수 없을 것 같았다. 여가 시간의 취미 활동과 사교 생활은 두 번째였다. 그는 리스베트에게 이렇게 설명했다. "나는 짐이 가벼운 여행을 하고 싶다." 그 짐에는 아내와 아이도 포함되었다. 가족은 팔메에게 더없이 중요해진다. 그러나 정부청사에 들어간 첫해에 열정적으로 일하느라 결혼은 연기되었다. 울로프와 리스베트의 약혼 기간은 길었다. 리스베트가 생각한 것보다 훨씬 더 길었다. 클라스 팔메는 장래의 아내를 만난 뒤 1년이 채 지나기 전에 결혼했지만, 울로프와 리스베트가 목사 앞에 서기까지는 4년이 걸렸다. 리스베트의 결혼 조건 중 하나는 울로프가 매년 휴가를 간다고 약속하는 것이었다.

1954년 여름부터 팔메는 전일제 근무로 전환하여 엘란데르를 도왔다. 엘란데르가 팔메를 가까이 두어야 했던 한 가지 이유는 유럽 사회민주당 지도자들과 일련의 집중적인 협의를 갖기로 했기 때문이었다. 가장 중요한 의제는 독일 문제, 다시 말해서 유럽의 사회민주주의자들이 서독의 군대 보유와 북대서양조약기구 가입을 지지해야 하는가의 문제였다. 그러나 미국과의 관계도 논의되었다. 5월 초 북베트남에 있는 프랑스의 요새 디엔비엔푸가 두 달간 포위공격을 받은 끝에 민족주의 세력인 북베트남 군대에 항복했고, 유럽의 사회민주주의자들은 미국이 프랑스의 식민주의적 관심을 넘겨받을까 걱정했다. 첫 번째 회의는 스코네의 뢰스트옹아에 있는 여관에서 열렸다. 엘란데르가 그곳으로 독일 사회민주당 대표 에리히 올렌하워와 덴마크 동지 한스 헤토프트, 영국 노동당 대표 클레먼트 애틀리를 초청했다.

엘란데르와 팔메는 불안했다. 올렌하워가 "미국의 정치적 어리석음"이 너무 두려워 세 번째 세계대전이 임박했다며 거의 발작을 일으킬 것 같았기 때문이다. 반면 애틀리는 "명석하고 예리한 통찰력"을 보여주었다. 7월 초 엘란데르와 팔메는 비행기를 타고 베를린으로 날아가 독일사회민주당 대회에 참석했다. 엘란데르는 축사를 했고 연방 총리 아데나워를 만났으며 동지들과 협의를 계속했다. 9월 말 두 사람은 날씨가 맑은 런던을 찾았다. 그곳에서 협의를 가졌고 그 밖에 체커스 저택으로 윈스턴 처칠을 방문했고 영국 보건 제도인 국민건강보험을 구축한 웨일스인 노동당 정치인 어나이린 베번을 만났다. 엘란데르는 또한 비서를 런던탑에 데리고 갔다. "그곳에서 그는 왕자들이 베개에 짓눌려 죽었다는 탑에 특별히 관심을 보였다."

팔메가 이전에 런던탑에 가본 적이 없기는 했지만, 스웨덴학생회연맹의 전임 국제분과위원장은 유럽의 여러 수도에 대해 자신보다 나이가 두 배나 많은 여행 친구보다 훨씬 더 빠삭했다. 엘란데르는 국제적인 문제에 관심이 있었지만, 그의 곁에서 일한 어느 외교관에 따르면, 국제정치를 "거의 오로지 스웨덴의 이익이라는 관점에서만" 보았다. 엘란데르는 필요하다고 생각할 때에는 개입했으나 그렇지 않은 경우에는 외교부에 큰 자율권을 주었다. 게다가 엘란데르는 기본적인 외국어 교육을 받아 외국어를 읽을 수 있고 어느 정도는 쓸 수도 있었으나 사실상 말은 하지 못한 스웨덴 인문중고등학교 학생 세대에 속했기에 행동에 제약이 있었다. 그는 독일어와 영어로 직접 대화할 수 없는 무능력함에 괴로웠다. 1953년 봄 정부의 동료들은 총리가 미국 국빈 방문 중에 입을 꾹 다물고 있을까 걱정하면서도 미국인들이 총리의 이상한 영어를 전혀 이해할 수 없을 것이라며 마음을 가라앉혔다.

엘란데르는 팔메에게서 국제 문제에 정통할 뿐만 아니라 나아가 토론에서 언어상의 모든 미묘한 의미를 이해하고 정확한 통역과 표현으로 도움을 줄 수 있는 동료를 얻었다. 그 회합을 갖던 시기에 엘란데르가 일기에 쓴 것을 보면, 팔메가 단순한 통역이나 비서가 아니었음이 드러난다. 그 이상이었다. 최상급 형용사가 차고 넘쳤다. 그 청년 비서는 '뛰어난', '이례적으로 영리한' 사람이었다. 그는 또한 타국의 지도자들을 관찰했는데, 특히 올렌하워에 심히 비판적이었다. 팔메는 심지어 자기 상관의 활동도 평가했다. 엘란데르는 일기에서 이렇게 탄식했다. "팔메가 결정을 내리지 못하면 당연히 나도 움직일 수 없었다." 팔메는 곧 엘란데르가 정치적으로 복잡한 문제를 논의할 수 있는 조언자로 신임을 얻었다. 팔메의 정부청사 진출은 꽤나 사람들의 주목을 받지 못한 채 이루어졌다. 그렇지만 주변 사람들은 점차 그 젊은 조력자가 총리에게서 멀리 떨어져 있는 경우가 거의 없음을 깨달았다. 만일 팔메가 가까이에 없으면, 엘란데르가 곧 그를 찾아다녔다. 팔메는 1950년대에 스웨덴을 통치한 어둑어둑한 공간에 엘란데르의 집무실 바로 옆에 사무 공간을 받았다. 정부청사는 명목상으로는 '광장Torg'에 있었지만, 그곳은 실제로는 빌헬름 시대 양식의 웅장한 의사당과 1700년대에 지어진 스톡홀름 왕궁 사이의 죽은 공간이었다. 왕궁에는 새로 즉위했으나 나이가 많은 국왕 구스타브 6세 아돌프가 거하고 있었다. 한때 왕국 조폐국으로 쓰인 갈색 벽돌의 정부청사는 전혀 요란스럽지 않았다. 한편으로는 자동차들이 건물 정면에 가까이 붙어 스쳐 지나갔고, 다른 한편은 어둑한 운하에 면해 있다. 여기에 헌정의 상징이 있었다. 의회와 왕권은 스웨덴 역사에 깊이 뿌리 내린 제도였고, 반면 의회의 통치 권한은 역사가 겨우 몇십 년밖에 되지 않았다.

그러나 겉으로 드러난 소박함은 기능상의 편리함으로 보상받았다. 각료들은 걸어서 1~2분 만에 의사당이나 왕궁으로 갈 수 있었다. 정부는 일주일에 한 번 왕궁에 모여 국왕의 회의실에서 공식적인 회합을 가졌다. 정부 기구는 규모가 크지 않아서 여러 각료와 그 부처들은 뮌트토리에트 광장 옆 그 공간에 충분히 수용되었다. 각료들은 매일 1시에 따로 떨어진 식당에 모여 같이 점심을 먹었다. 종종 스웨덴 전통 가정식이 제공되었다. 이러한 친교가 반드시 다정한 분위기를 뜻하는 것은 아니지만, 스웨덴 정치를 경험한 적이 없는 청년에게도 이는 이해하기 쉬운 세계였다.

팔메는 아직 합동참모본부에 고용된 상태에 있을 때인 초기에 대체로 저녁 시간과 밤에 켄트 담배를 피우며 일했다. 그는 때때로 작은 소파에서 어느 친절한 수위가 구해준 담요를 덮고 잠을 잤다. 제멋대로인 앞머리를 가진 이 가냘픈 청년은 불쾌감을 줄 수 있었지만, 동시에 주변 사람들에게 아버지의 감정이나 모성애를 불러일으키는 매력을 지녔다. 팔메의 어머니는 그가 너무 열심히 일한다고 걱정했고, 엘란데르의 다른 비서에게 전화를 걸어 아들이 어떻게 지내는지 묻고는 했다. 팔메는 연설을 썼고, 메모를 작성했으며, 선거 성명서를 준비했고, 엘란데르의 토론을 평가했으며, 제안을 내놓았고, 늘 깊은 생각에 잠긴 총리에게 전체적으로 상담역의 기능을 수행했다.

팔메는 1954년 9월에 이미 라디오 생방송에서 엘란데르와 나란히 앉아 그에게 쪽지를 전달했다. 아침형 인간이었던 엘란데르는 일찍 사무실에 나올 때가 많았는데, 때때로 팔메가 아침 시간에 마침내 집에 가기 전에 완성해 남겨둔 원고를 볼 수 있었다. 총리로부터는 이러한 반론을 매우 자주 들을 수 있었다. "나는 이에 대해 팔메와 대화하겠다.…" 팔메로 말하자면 그는 엘란데르의 화법을 모방하기 시작했다. 프랑스에서 귀국한 부 셰레는 감라스탄의 정부청사 바로 옆에 있는 고풍스러운 식당 '카텔린'에서 팔메와 점심을 함께했을 때 친구가 배워 습득한 거친 토론 방식에 화가 났다. 스웨덴 학생회연맹 시절의 동료들은 울로프가 의지력이 강하고 타협을 모르는 사람이 될 수 있다고는 생각했지만 그에게서 조롱하듯 공격적인 어조는 느낀 적이 없었다. 그들은 팔메가 그러한 어조를 엘란데르에게 배웠다고 생각했다.

　가족 중에서도 울로프의 직업 선택에 실망한 사람이 있었다. 이제 아흔 살을 넘긴 한나 팔메는 울로프를 매우 좋아했다. 그녀는 울로프가 열여덟 명의 손주 중에서 "가장 똑똑하다"고 생각했다. 그러나 이제 울로프는 한나에게 근심이 되었다. "그가 그 큰 재능을 조국을 망치느라 여념이 없는 자들을 위해 쓰다니 슬프다." 그러나 가족 대부분은 비록 사회민주당 정부에 찬성하지 않았지만 그의 성공을 자랑스러워했다. 클라스는 울로프가 정부에 들어갔을 때 편지에 이렇게 썼다. 나는 내 동생을 많이 좋아하지만, "우리가 결국 33년간의 사회민주당 지배를 끝장내기를" 희망한다. 반면 뮈지와 카린은 지지하는 쪽이었다. 울로프가 마음속 깊은 곳에서 자신이 사회민주당으로 가서 어머니가 "약간 불쾌했다"고 의심하기는 했다. 팔메 가족과 교류한 보수적인 기자 구스타브 폰 플라텐에 따르면, 사람들은 울로프가 좌파에 참여한 것에 대하여 "마치 그가 록 밴드에서 전기기타를 연주하기라도 한 것처럼, 가볍게 용서한다는 듯한 어조로" 얘기했다. 울로프는 개인적으로 가족과 친척과 관계를 끊을 필요를 전혀 느끼지 못했으며 오히려 인터뷰에서 그 질문이 나왔을 때 연속성을 더 강조했다.

　정치부 기자들까지도 젊은 지방법원 서기의 신속한 정부청사 진입에 주목했다. 1956년 봄 첫 번째 악의적인 기사는 얄궂게도 할아버지가 논설위원으로 일했던 《아프톤블라데트》에 실렸다. 그 신문은 대* 금융가 이바르 크뤼게르의 동생 토슈텐 크뤼게르의 소유였는데, 국민당에 우호적이었으나 같은 해 말 노동운동에 매각된다.《아프톤블라데트》에 따르면, 팔메는 논객으로서 약간의 "선동가다운 매력"을 갖추었다. "그의 말은 마치 청산가리가 뿌려진 솜사탕 같다. 입에는 다름 아닌 그 독이 남아 있다." 평가는 더 나빠진다. 한 해 뒤 우익보수당의 이데올로기적 기관지《스벤스크 티드스크리프트》에서 기자 군나르 웅에르는 팔메에 대해 이렇게 썼다. "창백한 얼굴에 회색금발머리, 날카로운 연회색 눈을 가진 작은 남자.⋯ 정부청사의 다소간 천박한 기회주의적 정치 관료 무리 중에서 그는 아마도 사회적으로 가장 심하게 타락한 자일 것이다." 웅에르가 독설가로 유명하기는 했지만, 이는 아직 상당히 젊은 사람에 대한 공격으로는 이례적으로 악의에 찬 비난이었다. 웅에르를 화나게 한 것은 '계급의 배반'이었다. 그는 노동자 출신의 사회민주당 인사들에 대해서는 우호적인 기사를 쓸 수 있었기 때문이다. 팔메는 그 공격에 상당히 기분이 나빴고, 친구 잉바르 칼손이 마음에 둘 일이 아니라고 하자 그에게 분노를 토해냈다.

팔메가 그 시기에 주목을 받기 시작한 것은 주로 1956년 4월 엘란데르의 모스크바 국빈 방문에서 수행한 역할 때문이었다. 총리는 지독한 감기로 고생했고, 소련 의사가 두 명이나 누워 있으라고 권고했다. 비록 의제는 문화에 관한 것이기는 했지만, 흐루쇼프와의 협상에서 스물아홉 살의 비서가 엘란데르를 대신하자 많은 사람이 깜짝 놀랐다. '엘란데르의 그림자', '지도자 울로프', '막후 실세' 따위의 별칭이 튀어나오기 시작했다. 스웨덴 정치의 동물상에 새로운 종류의 야수가 출현한 것 같았다. 일견 하급 공무원처럼 보였지만 실상은 정부 수반의 강력한 고문이었다. 야당인 부르주아 정당들은 불길한 느낌이 들었고, 외국의 의전 담당자는 스웨덴 총리가 방문할 때 팔메의 자리를 마련해야 하는지 고민에 빠졌다.

팔메가 엘란데르 곁에서 급속히 출세한 것이 합동참모본부의 외국과에서 근무한 첫 경력과 연관이 있다는 의혹이 돌았다. 어쨌거나 팔메는 정부와 스웨덴 방첩기관 사이의 연락책 역할을 하지 않았나? 합동참모본부에서 팔메의 공식적인 임무는 그다지 주목할 만한 것은 아니었다. 그것은 대체로《뉴욕 타임스》와《르몽드》, 특수 분야 잡지, 외교부 보고서처럼 공개된 자료를 통해 국제 안보정책을 살피는 일이었다. 그러나 팔메가 1947년 셰브데에서 렌나트 하그만과 함께 비르예르 엘메르를 만난 일이 음모론을 부추겼다.

영리한 엘메르는 다재다능했다. 그는 1919년 옌셰핑의 기독교도 노동자 가정에서 태어났고 사회민주주의자를 자처했다. 리스베트 팔메처럼 그도 심리학을 공부했으며 학자가 되려고 했다. 그러나 엘메르는 1950년대 초 소아마비 때문에 일시적 장애를 겪은 뒤로 좀 더 실용적인 일을 갖고자 했다. 1951년 가을, 팔메가 합동참모본부에서 예비군 장교로 근무하고 있던 그때, 엘메르는 '외국과 심리반' 반장으로 고용되었다. 팔메는 엘메르와 지속적으로 접촉했고 국제 학생정치에 관한 정보를 전달했다. 1950년대 말 엘메르는 방위산업에서 공산주의자들의 안보 위협을 감시하는 일로 업무가 바뀌었다. 사회민주당 안에 이미 스웨덴 일터의 공산주의자들을 감시하는 일을 하는 네트워크가 구축되어 있었기에, 그로부터 인원을 충원하는 것은 자연스러워 보였다. 그룹B/IB라는 새로운 부서가 점차 확대되어 1965년 군대 비밀 정보국 T콘토레트(T-Kontoret)

에 통합되었다. T콘토레트의 보수적인 전임 수장 테데 팔름은 해임되고 엘메르가 대신 그 자리에 올랐다. 팔메의 도움이 있었다.*

1973년 정치적 경쟁자인 공산주의자들을 밀어내야 하는 사회민주당의 이해관계와 외부의 안보 위협 요인으로부터 나라를 보호해야 하는 국가의 욕구가 뒤섞였음이 폭로되었을 때,** 노동운동 전체가, 특히 팔메가 매우 난처해졌다. 팔메가 실제로 얼마나 깊이 연관되었는지는 분명하지 않다고 해도, 어쨌거나 1950년대 중반 그는 열정적인 아마추어 첩보원이었다. 추정은 많았지만 증거는 부족했다. 혐의자들은 첩보원이 흔적을 지우는 것은 당연하다고 주장한다. 분명한 것은 팔메가 첩보 활동에 큰 관심이 있었고 엘메르와 접촉했다는 사실이다. 엘메르는 심지어 팔메 가족의 집에도 들락거렸다. 팔메는 또한 '잔류 요원들', 즉 소련이 점령할 경우 행동에 나설 스웨덴 국내의 반체제운동에 대해서도 꽤나 많은 정보를 갖고 있었다. 반면 종종 언급되듯이 팔메의 비밀요원 접촉이 엘란데르 옆에서 빠르게 출세하는 데 역할을 했는지는 지극히 의심스럽다. 1950년대에 스웨덴 행정부 전체에 강력한 국방정책 의식이 침투했

---

* 부서의 이름에 수장의 머리글자를 붙였다. B는 비르예르Birger, T는 테데Thede의 머리글자이다. 통합은 두 수장 간의 권력투쟁의 결과로 해석되며, 통합 이후의 명칭은 정보국IB이었다.

** 1957년 그룹B가 설치될 때 Fs/In Grupp B(합동참모본부 국내분과 그룹B)라는 명칭이 있었지만 공식적인 설명은 없었으며, 1973년 3월 표현의 자유를 옹호한 신문《폴케트 이 빌드/쿨투르프론트Folket i Bild/Kulturfront(국민의 초상/문화전선)》의 기자 얀 기유와 페테르 브라트가 그 존재를 폭로했다.

고, 엘란데르는 정보기관과 접촉하는 데 젊은 특별 비서를 통해 우회할 필요가 전혀 없었다. 팔메의 장점은 온전히 그 자신의 힘으로 얻은 것이다. 그는 총리에게는 그야말로 안성맞춤이었다.

팔메는 무례하고 자아비판적인 젊은이였으면서도, 가족에 대한 관계와 학생 단체 활동에서 보았듯이, 보기 드물게 충성심이 강했다. 그는 엘란데르가 어쩔 수 없이 감수해야 했던 사회민주당의 까다로운 정당 문화를 전혀 경험하지 못했지만, 총리의 시각에서 보면 이는 오히려 이점이었다. 엘란데르는 노동운동이 그 지도자에게 무엇을 기대하고 무엇을 기대하지 않는지 부단히 일깨워주는 당원 동지들에 둘러싸여 있었다. 엘란데르처럼 팔메도 분석적인 성향을 지녔고, 엄청난 업무 수행 능력을 갖추었으며, 정치라는 놀이의 매력에 빠졌다. 두 사람 다 토론과 논쟁, 전술적 책략을 좋아했다. 국민당의 군나르 헬렌은 텔레비전 토론에서 완벽한 계략을 썼을 때 차후에 엘란데르와 그의 조수 팔메로부터 호된 비난을 받을 것을 예상했다. 그러나 두 사람은 지극히 우호적이었고 그의 영리함을 칭찬했다. 그때부터 헬렌은 알았다. "내 주변에 내가 결코 상대할 수 없는 '정치적인 인간들'이 있다."

아마도 엘란데르의 성공은 바로 절대로 긴장을 늦추지 않았다는 사실에 힘입었을 것이다. 그렇지만 그 끊임없는 숙고의 대가는 외롭고 지적으로 고립되어 있다는 느낌이었다. 사회민주주의의 미래에 대한 걱정이 엘란데르를 조금씩 갉아먹었는데, 그는 노동계급 출신인 정부 내 동지들에게 그 불안한 마음을 터놓기가 어려웠다. 평범한 노동자 가정에서 출세하여 내각에 들어온 사람은 당연히 자신감을 가질 만했다. 노동계급 출신의 각료들은 그러한 자신감으로 충만했다. 자신들의 전문 분야에 깊이 빠져 있던 그들은 총리의 복잡하고 때로 억압적인 세계관에 들어가고 싶은 생각이 거의 없었다. 엘란데르 편에서도 각료들과 거리를 유지했다. 사회민주당 사무총장 스벤 아스플링은 엘란데르가 당연히 노동자의 아들이 아니며 따라서 불리한 처지에 있음을 안다고 생각했다. 엘란데르에게 필요한 것은 믿을 만한 사람, 존중할 만한 지성을 지녔고 당당히 아니라고 말할 수 있으면서도 총리에 전적으로 충성할 사람이었다.

엘란데르와 울로프 팔메의 관계는 아버지와 아들의 관계 같다고 설명되었다. 이는 절반의 진실이다. 엘란데르의 감정이 아버지의 감정과 비슷했다는 데에는 의심의 여지가 없다. 엘란데르에게는 스벤과 부라는 두 아들이 있었다. 팔메가 등장했을 때 각각 열아홉 살, 열여섯 살이었다. 일기로 판단하건대, 타게는 비록 같이 보내는 시간은 적었지만 다정한 아버지였다. 그는 오이디푸스 콤플렉스를 잘 이해했고 과도한 기대로 아이들을 속박하지 않으려고 노력했다. 두 아들 다 정치의 길에서 거리를 둘 만큼 현명했다. 부는 산업부의 국장이 되었고, 스벤은 린셰핑 대학교에서 최적화이론을 가르치는 교수가 되고 이어 총장이 되었다.

울로프 팔메는 엘란데르의 아버지 감정에는 매우 간명한 대상이었다. 엘란데르는 팔메를 가까이 두고자 했고, 그가 공격을 받으면 기분이 나빴고 그의 정치적 출세에 도움을 주고자 최선을 다했다. 팔메는 대체로 그의 가족으로 여겨졌다. 엘란데르는 1954년 미국 방문 중에 로스앤젤레스를 찾았을 때 이렇게 썼다. "아이나와 아이들을 여기 데려오지 못해 유감스럽다. 이 점에서는 팔메도 마찬가지이다. 여기서 함께 그런 일을 볼 수는 절대로 없을 것이다." 만일 팔메가 엘란데르를 죽은 아버지 군나르의 대체자로 보았다면, 모든 일이 자연스럽게 미묘한 심리극으로 발전했을 것이다. 그러나 팔메는 자족적인 사람이었고, 연장자의 위안이나 권위가 필요하지 않았다. 두 사람 곁에서 가깝게 일한 스벤 아스플링의 생각은 이러했다. "그는 그러한 상황에 빠지기에는 너무나도 독립적이었다." 팔메는 확실히 엘란데르를 존경했고 그로부터 많이 배웠지만, 이후 지속된 정치 이력에서 아버지 역할을 한 인물로부터 벗어나서 생긴 문제는 전혀 없었다.

엘란데르는 젊은 조력자에 매혹되었음을 종종 표현했는데, 이 또한 그 관계의 상을 왜곡했다. 팔메의 열정, 지적 융통성, 충성심이 엘란데르가 총리로서 버텨낼 힘을 갖는 데 결정적으로 중요했다는 점에는 의심의 여지가 없다. 그러나 팔메는 스웨덴 사회민주주의의 쇄신 계획을 완비한 채 정부청사에 들어가지 않았다. 팔메는 총리의 주된 권한 범위, 즉 나라와 강력한 사회민주당을 움직이는 일에 관해서는 완전한 풋내기로 출발했다. 팔메의 구체적인 정치 경험은 국제 문제와 스웨덴 교육정책 두 분야에 국한되었다. 팔메가 국회의원으로서 자신만의 정치 이력을 시작한 1953년부터 1958년까지가 수습 기간이었다. 팔메는 대결과 협력 사이를 오가는 사회민주당의 이중적 기술을 연마했다. 언젠가 팔메는 엘란데르에게 울린을 거칠게 대하라고 권고하고는 곧이어 경제계와 더 긴밀히 협력할 것을 열렬히 주장했다. 그러나 정치의 온갖 기술을 다

이용하려는 욕망 뒤에는 사회적 안전과 계급정치에 고착된 1950년대에서 벗어나 변화와 현대성, 모든 시민의 평등한 삶의 기회를 지향하는 방향성이 숨어 있었다.

팔메는 여느 때처럼 우연히 적절한 시기에 적절한 장소에 있게 되었다. 국제 학생운동의 발전에서 유달리 극적이었던 시기에 스웨덴학생회연맹에 들어간 것과 똑같이, 팔메는 결정적인 순간에 스웨덴 국내정치에 발을 들였다. 전후 시기의 가장 큰 갈등이 다가오고 있었다. 모든 임금생활자에 의무적인 보편적 퇴직연금 즉 국민추가연금ATP의 도입에 관한 싸움이었다. 기술적으로 복잡한 이 문제가 스웨덴 정치에서 그렇게 중요해지는 것은 이상하게 보일 수 있다. 연금 관리가 시민 간의 주된 대립의 쟁점인 나라라니 스웨덴은 운도 좋다.

그러나 퇴직연금 개혁은 또한 그 시절 서구 복지국가에서 가장 야심 찬 복지 개혁의 하나였다. 스웨덴 사회민주당 정부는 덴마크와 영국의 동지들과 달리 육체노동자와 사무직 노동자를 포괄하는 연금 법안을 제출했다. 이 급진적인 법안은 두 차례의 정부 구성 위기와 과열된 국민투표, 추가 재선거 공고, 그리고 결국 엘란데르와 사회민주당의 1958년 대승으로 이어졌다. 현대 스웨덴 정치사에서 이제 막 정부의 중추에 들어간 젊은 훈련생에게 그토록 배울 것이 많은 시기는 생각하기 어렵다.

연금 문제의 서막

그럼에도 유달리 더웠던 1955년 여름 대다수의 스웨덴 사람은 퇴직연금이 정치의 합의 정신을 깨뜨릴 수도 있는 문제임을 알 수 있었다면 놀랐을 것이다. 그해의 논쟁거리는 빌헬름 무베리의 왕실 공격, 스웨덴 사람들이 왼쪽으로 갈 것인지 오른쪽으로 갈 것인지 아니면 중앙에 머물 것인지의 문제(풍자 잡지 《그뢴셰핑스 베쿠블라드》가 그렇게 제안했다), 주류 구매 한도 폐지라는 국민에게 매우 절실한 문제였다.

1917년 이래로 스웨덴 사람들의 독주 구매는 국가가 규제했다. 직장을 가진 성실한 성인은 이른바 '주류 배급 수첩motbok'을 받았다. 은행 통장과 비슷하게 생긴 소책자로 주문 내역을 적을 공란과 도장을 찍을 자리가 있었다. 그곳에 월간 독주 구입 내역을 기입했다. 기본 구입량은 분기당 16리터였지만, 쉰 살 잔치와 다른 특별한 상황에서는 스톡홀름의 관리위원회가 공표한 규정에 따라 추가로 할당을 받을 수 있었다. 반면 이 시기에 스웨덴에서는 그다지 인기가 많지 않은 술이었던 포도주는 역시 구매량을 기록해야 했지만 대량으로 구입할 수 있었다.

1950년대 초에 스스로 다른 나라들에 현대의 계몽된 모범이 된다고 여긴 나라의 시민들이 주류 소비의 권리와 관련하여 자발적으로 국가의 감독을 받았다는 사실은 당혹스러운 일이다. 스웨덴 사람들은 영국인처럼 위스키 한 잔을 살 권리나 독일인처럼 도수 높은 맥주 한 조끼를 즐길 권리를 가질 수 없나? 도수 높은 맥주는 이상하게도 국영 주류판매소에서 판매되지 않았고 의사의 처방전을 받아 약국에서 사야 했다. 브라트 제도(주류 배급 수첩을 창안한 의사 이바르 브라트의 이름을 땄다)는 많은 스웨덴 사람을 알코올 중독에서 구해냈다. 주류 배급 수첩 폐지는 큰 고뇌 끝에, 그렇지만 상하 양원에서 공히 압도적인 다수의 찬성으로 결정되었다. 기본적인 논지는 주류 배급 수첩이 시민에게서 매우 귀중한 소유물을, 즉 개인의 책임을 빼앗는다는 것이었다. 역설적이게도 그러한 주장을 내세운 것은 스웨덴 금주운동이었다. 브라트 제도가 자유의사에 따른 절제라는 그 기본적인 활동 이념을 파괴했기 때문이었다.

연금 문제는 비록 처음에는 분명하지 않았지만 1930년대 '국민의 집'으로부터의 이탈을 알리는 신호였다. '잔존한' 불공정에 대한 노동계급의 불만이 커지고 있었다. 많은 육체노동자가 소소한 연금에 의지해 인생의 황혼기를 버텨야 했던 반면, 대다수의 사무직 노동자는 일종의 추가연금을 확보했다. 국가와 지방자치단체의 공무원은 오래전부터 법령에 따라 추가연금의 권리를 지녔으며, 민간기업에 고용된 사무직 노동자는 대개 집단적으로 고용주가 비용을 지불하는 연금보험에 가입되어 있었다. 모종의 조치를 취해야 한다는 의견이 거의 만장일치였으며, 스웨덴의 훌륭한 전통에 따라 타협안을 찾아야 한다는 것을 누구도 의심하지 않았다.

세 가지 방안이 있었다. 하나는 기초연금을 충분한 규모로 인상하는 것이었는데, 육체노동자에게 비교적 괜찮은 노년을 보장하겠지만 사무직 노동자와의 격차는 줄이지 못할 것이었다. 두 번째 방안은 다양한 방식으로 고용주와 노동조합에 자발적으로 육체노동자와 사무직 노동자 모두에 적용되는 추가연금에 관하여 협약을 체결하도록 권고하는 것이었다. 마지막으로 국가와 지방자치단체 공무원의 법률상의 추가연금 권리를 모든 임금생활자를 포괄하도록 확대할 수 있었다. 의무적인 보편적 추가연금이었다. 어느 정당도 단일한 해법에 얽매이지 않았다. 개혁에는 비용이 많이 필요했고, 성급하게 결정하기에는 정치적 셈법이 지나치게 복잡했다.

1955년 6월 21일 노동조합과 정당에서 활동하는 스물 남짓의 사회민주당 중량급 인사가 하르프순드에 모여 일련의 당면 문제를 논의했는데, 특히 퇴직연금이 중요한 주제였다. 총리 편으로 동행한 울로프 팔메는 기록을 하고 총리에 조언했다. 토론은 혼란스러웠다. 교착상태를 푼 이는 약간 놀랍게도 상업부 장관이었다. 이름은 욘 에릭손인데 베스테르예틀란드의 고향 마을 이름을 따서 보통은 신나라고 불렀다. 실용주의적 성향의 섬유산업 노동자였던 에릭손은 육체노동자와 사무직 노동자를 동등하게 대우할 필요가 있다고 보았다. 그는 국민추가연금이 정치적 부담이 될 수는 있지만 정당한 요구를 위한 싸움은 이데올로기적 의무라고 설명했다. 이 상업부 장관은 다른 경우에는 그렇게 전투적이지 않았던 사람이다. 엘란데르와 팔메는 회의 말미에 하르프순드의 공원에서 산책하면서 신나의 노선이 옳다는 데 완전히 의견이 일치함을 확인했다. 사회민주당은 퇴직연금 문제의 급진적 해결에 진력해야 했다. 동시에 엘란데르는 정부가 강력히 주도하면 부르주아 정당들을 끌고 갈 수 있다고 믿었다. 그는 이렇게 말했다. "저들은 어쨌거나 육체노동자를 사무직 노동자와 동등하게 대우해야 한다는 요구에 반대하기 어려울 것이다." 당시에 엘란데르가 국민추가연금을 결정적인 문제로 보지 않았음은 분명하다. 일기에는 회의에 관해서 건성으로 쓰고 지나갔지만, 1970년대에 쓴 회고록에서는 회의에 관하여 상세하게 기술했다.

팔메가 급진적 노선을 채택하기로 한 엘란데르의 결정에 직접적으로 관여했다는 사실은 그가 얼마나 빨리 총리의 신임을 얻었는지를 보여준다. 그러나 공원 산책은 국민추가연금 문제에 대한 팔메의 관여에 관하여 오해를 불러일으키기도 한다. 퇴직연금은 아직 팔팔한 나이에 있던 팔메의 시각에서는 지난 시절의 잔여 문제로 반드시 다루어야 했지만 이데올로기적으로 특별히 흥미롭지는 않았다. 팔메를 사회민주당으로 이끈 것은 사회정책이 아니라 평등과 근대성에 대한 그의 믿음이었다. 훗날 그가 표현했듯이, 목적은 "인간의 자유로운 발전을 저해하는 장애물을 제거하고 인간에게 개성을 발휘할 기회를 주는 것이다."

1940년대 말 미국 사회의 역동성을, 즉 낙관론과 진취적 기상, 기술의 성과에 대한 믿음을 경험한 것이 밑바탕이 되었다. 그러나 스웨덴에서는 1930년대 이래로 '안전'이 주된 정치적 개념이었다. '국민의 집'이라는 이상, 애초에 우익보수당이 선보였으나 사회민주당이 넘겨받은 이상의 밑바탕은 정적인 사회관이었다.* 울로프

---

* '국민의 집folkhem'이라는 용어를 처음 쓴 사람은 주로 자유주의 정당에서 활동한 정치인 알프레드 페테숀Alfred Petersson이며, 우익보수당의 루돌프 셀렌Rudolf Kjellén이 연합 해체 이후 국민 통합을 호소하며 이 용어를 썼다.

팔메의 음악 취향이 1940년대의 재즈로 형성된 것은 사실이지만, 그가 미국 록음악의 선구자 빌 헤일리가 반항적인 영화〈폭력 교실Blackboard Jungle〉에서 스웨덴 청년들에게〈록 어라운드 더 클록Rock Around the Clock〉을 권한 바로 그 1955년 여름에 비틀거리며 스웨덴 정치에 첫걸음을 내딛은 것은 우연이 아니었다.

페르 알빈의 '좋은 집'에는 명확하게 정의된 계급들 간에 "평등과 배려, 협력, 도움"이 있었지만, 반항적인 개인이 가족 공동체에서 어떻게 벗어날 수 있는지에 관해서는 아무런 조언도 없었다. 세기 전환기의 보수당원이 1950년대 중반에 잠에서 깼다면 나라가 20년이나 사회주의자 노동자들의 통치를 받았다는 사실을 믿지 못했을 것이다. 사회적 안정과 확고한 규범, 굳건한 가족의 가치, 자유로운 기업 활동, 명료한 계급 간 경계, 육체노동자와 정신노동자 간의 협력, 명확하게 규정된 젠더 역할 등 보수적 성향의 사람들이 높이 평가한 덕목이 전부 다 온존했기 때문이다. 팔메는 바로 그러한 보수주의를 깨뜨리고 싶었다. 팔메도 당연히 실업과 질병, 노년에 대비한 안전이 노동계급에 중요하다는 사실을 인식했다. 그렇지만 그가 보기에 그 싸움에서는 이미 승리했다. 미래의 문제는 인간의 삶의 기회를 확대하는 것이었다. 오래된 사회적 위계질서를 파괴하고 교육 제도를 민주화하며 국가의 지원으로 시민에게 자신의 삶에 대한 권한을 더 많이 부여해야 했다.

팔메와 그의 친구 아사르 린드베크는 1954년 1월에 이미 사회민주주의 학생 신문《리베르타스》에 향후의 일정에 관한 기사를 발표했다. 팔메가 하르프순드에 처음으로 간 뒤 불과 몇 달 지났을 때였다. 훗날 국제적으로 유명한 경제학자가 되고 이름의 철자를 바꾸는 린드베크는(Lindbäck에서 Lindbeck로) 1953년 웁살라 대학교를 졸업하자마자 재무부에 취직했다. 어쩌면 그는 팔메보다 더 뛰어난 신동이었을지도 모른다. 그리고 자의식도 더 강하고 더 까다로운 사람이었다. 린드베크는 음악에 재능이 있었고 예술가가 되려했지만, 복지국가 경제학에 전념하기로 선택했다. 이는 부분적으로는 성장 과정 때문이었다. 린드베크의 아버지는 1930년대 대공황 시기에 우메오의 사회복지 상담원이었고 빈곤 문제의 심각성에 대한 인식을 아들에게 전해주었다. 두 사람이 《리베르타스》에 기사를 썼을 때, 린드베크는 재무부에서 일하고 있었다. 그는 몇 년간 팔메와 짝이 되어 지냈으며, 둘 다 1950년대 말 새로 건설된 주택지구 벨링뷔로 이사했다.

두 청년이 얼마나 재능이 많았든 간에, 그들의 첫 번째 기사는 꽤나 우쭐대는 치기 어린 것이었다. 그렇지만 기사는 실망한 급진주의를 드러내 보였다. 이는 팔메가 사회민주당의 합의 정치에 불편함을 느꼈다는 신호였다. 팔메와 린드베크는 "총체적인 개념 부재 상황을… 정치 이데올로기로 삼은 당내 보수적 분파"를 급습했다. 두 사람은 다른 무엇보다도 발전이 자동적으로 사회민주주의적인 사회 질서의 실현으로 이어지리라는 생각에서 비롯한 수동적인 '숙명론'을 겨냥했다. 팔메에게 모든 형태의 결정론은 분명코 저주였다. 두 사람은 추상적인 추론을 넘어서 사회정책의 개혁이 사회를 사회주의적 방향으로 변화시키리라는 관념을 공격했다. 그 점에서 이들의 글은 적어도 수사법에서는 사회민주주의가 단순히 연

금과 아동수당, 의료보험에서 그치지 않는다고 주장한 당내 좌파의
전통 안에 있었다. 그러나 린드베크와 팔메는 맹폭을 가할 때 표적
을 놓쳤다. 그들은 "정당 간의 원칙적인 노선 차이가 실제의 정책
에 드러나야 한다"고 요구했으나 무엇을 그 차이로 보아야 하는지
는 얘기하려 해보지도 않고 무기력하게 마무리했다.

결론은 여러 문제를 야기했다. 초고에는 최소한 조금이라도 더
파괴적인 다른 결론이 있었다. 이를테면 "경제의 권력 관계를 건드
릴" 수 있어야 한다는 것이었다. 이 문장이 지워졌다는 사실은 사
회민주당의 쇄신을 가로막는 기본적인 문제가 있음을 가리켰다. 당
내에서 사회주의가 인간의 인간 착취를 근절하는 투쟁의 숭고한
원천임을 알려주는 맹세였음은 분명했다. 그것은 노동운동 역사의
일부였고 그 자체로 결코 하찮지 않았다. 창조에 관한 이야기가 없
다면 성경이 무슨 소용인가? 그렇지만 그것은 또한 혼란스럽고 불
분명한 개념이었다. 스웨덴 사회민주주의는 생산수단의 사회적 소
유라는 관념을 거부했고 시장경제의 기본 원리를 받아들였다.

이러한 전향은 값비싼 대가를 치르고 얻은 경험에 기인했다. 사
회민주당은 사회주의적 방향으로 움직임을 보였을 때마다 유권자
로부터 벌을 받았다. 1930년대의 큰 성공은 1928년 선거 패배 이후
본래의 사회화 방침을 폐기하고 대신 '국민의 집' 정책에 착수하면
서 시작되었다. 1948년 선거운동에서는 전시의 국가 관리 행태를
더욱 확대하려는 시도를 말 그대로 끝내버렸다. 부르주아 정당들이
거칠게 과장하기는 했지만, 1928년과 1948년은 사회민주당이 그
문제에 얼마나 민감했는지를 보여주었다. 스웨덴 사회민주당은(스

칸디나비아 사회민주당은) 종종 경제의 국유화 시도를 거부하고 복지 건설을 우선시했다고 칭찬을 받았다. 이는 프랑스와 영국 사회주의 자들의 실패한 경제 국유화와 비교할 때 특히 더욱 돋보였다. 그렇지만 결정적이었던 것은 목표의 부재가 아니라 실용적인 적응 능력의 부족이었다.

이듬해 팔메와 린드베크가 사회민주당 사상지 《티덴》에 철저히 검토하여 더 길게 쓴 기고문의 형태로 '범죄 현장'에 돌아갔을 때, 딜레마는 한층 더 분명해졌다. 그 글에서 두 사람은 확실히 사고를 더 구체화하려는 칭찬받을 만한 시도를 한 것은 확실하다. 그들은 사회정책 비판의 뉘앙스에 변화를 주었다. 사회정책은 여전히 중요한 역할을 해야 했지만, '철저한 사회 개조'에는 "경제와 노동 생활, 교육 제도에서 제도적 조건"의 변화가 필요했다. 그러나 이들이 제시한 정책은 분명히 보편적인 사회정책을 겨냥했다. 국가가 교육과 학문 연구에 대대적으로 투자해야 한다는 제안이 미래 지향적이었고 특히 1960년대에 울로프 팔메의 상징이 되는 미래상을 예시한 것은 분명하다.

그렇지만 그들은 세금 인하도 제안했고, "장애인, 경증 장애인, 만성질환자, 미혼모, 미망인, 공부하는 청년, 예술가, 무주택자, 기타 사회 내 다른 소수자들"의 취약 계층에 대한 지원도 제안했다. 이 또한 어느 점에서는 미래 지향적이었다. 1960년대 스웨덴 사회정책은 '국민의 집'의 안전 투자에서 혜택을 받지 못한 집단들을 따듯하게 비춰준다. 그러나 선택적인 사회적 조치의 옹호는 보편적인 복지정책, 다시 말해 사회민주당을 성공으로 이끌었고 몇 년 안에 국민추가연금 투쟁에서 당에 큰 승리를 안겨줄 보편적인 복지정책과 충돌했다. 이 점에서 팔메와 린드베크는 엘란데르보다 울린에 더 가까웠다. 국민당이 국민추가연금에 반대하여 제시한 논거 중 하나는 퇴직연금보다 더 시급한 평등의 개혁이 있다는 것이었다.

팔메는 국민추가연금 문제의 파괴력을 잘못 판단했다. 1950년대에는 거의 누구나 그랬다고 그를 변호할 수 있을 것이다. 《다겐스 뉘헤테르》가 1955년 하르프순드 회의에 관해 기사를 썼을 때, 그 문제는 마지막 줄에 가서야 비로소 나왔다. "점심식사 후에 긴 시간을 잡아먹은 문제들을, 그중에서도 세금과 퇴직연금을 논의했다." 사회민주당 지도부는 원래 퇴직연금을 협상과 타협을 통해 해결할 별개의 사회정책 문제로 보았다. 국민투표 중에 사회민주당 투쟁의 선봉에 서는 전투적인 의원 난시 에릭손은 이렇게 생각했다. "엘란데르와 정부 내 다른 많은 사람은 1957년 투표 전에 사태를 관망했다." 그러나 싸움이 시작되자, 국민추가연금은 팔메와 린드베크가 신문에 실은 논쟁적 기고문에서 요청한 쇄신의 길을 열어줄 바로 그 문제였음이 증명되었다. 사후에 엘란데르는 스스로를 비판하듯 이렇게 말했다. "사회정책과 사회의 제도적 변화를 구분할 수 없다."

공정이냐, 자유이냐

하르프순드에서 엘란데르는 적어도 하나의 부르주아 정당쯤은 국민추가연금 문제에서 양보하리라고 계산했다. 농민연합은 연립 정부의 우호적인 파트너였고 노동운동의 사회정책에 동조한 오랜 전통을 지녔다. 문제는 농민과 중소기업가가 고용과 연계된 퇴직연 금으로 얻을 것이 많지 않았다는 데 있었다. 이들에게는 국민연금 의 전체적인 인상이 더 이로웠다. 협력 상대로 가능한 다른 정당은 사무직 노동자의 지지를 받은 국민당이었다. 그러나 위험 요인이 있었다. 자유주의 정당으로서는 입법보다 자발적인 협약을 선호할 수 있었다. 그래서 사회민주당은 1955년 6월 하르프순드에서 원칙 적으로 결정을 내리기는 했지만 처음에는 조심스럽게 움직였다.

대신 주도권을 쥔 것은 베틸 울린이 이끄는 국민당이었다. 국민 당은 연금 문제가 당을 여당의 위치에 올려놓는 지렛대가 될 수 있 다고 믿었기에 더욱 적극적이었다. 그 결정이 나중에 재앙으로 판 명되기는 하지만, 결코 불합리한 판단은 아니었다. 1950년대에 사 회민주당의 지배를 무너뜨리는 데 이보다 더 좋은 기회를 찾기는 어려웠다. 울린은 오늘날이라면 사회민주주의자에 가깝게 보이기 는 하지만, 그는 사회 개혁을 원하되 그 대가로 국가기구의 끊임없 는 확대를 받아들이고 싶지는 않은 많은 유권자를 대표했다. 울린 은 기회를 잡았다. 마거릿 대처가 지적했듯이, 권력은 기회를 갖지 못한 자를 지치게 한다. 울린은 너무 오랫동안 지쳐 있었다.

1956년 하원 선거 전에 울린은 사회민주당의 퇴직연금 법안에 분명하게 반대를 표명했다. 그 문제는 선거운동을 지배하지는 않았 지만, 결과는 그것이 가야 할 길이었음을 확증하는 것 같았다. 사회 민주당은 득표율이 4퍼센트 줄었고, 국민당은 종전의 성과를 유지했으며, 우익보수당이 약진했다. 1936년 이후 처음으로 부르주아 정당들이 하원에서 과반수를 차지했다. 스웨덴 의회가 간접선거로 구성되는 상원과 직접선거로 구성되는 하원이 동등한 권한을 갖는 양원제인 것은 사실이지만, 민주주의의 관철 이후로 하원이 정부 구성의 출발점이었다. 농민연합과 사회민주당의 연립정부에 금이 간다면, 노동자 정당의 20년에 걸친 스웨덴 정치 지배는 종언을 고해야 했다. 그러한 상황에서 사회민주당은 국민추가연금에서 자신들을 파멸시킬 도구를 만든 것 같았다.

사회학의 전문가들은 부르주아 정당들의 미래가 밝다고 보았다. 국민 중에서 사무직 노동자의 비율은 급격히 증가했고, 육체노동자의 비율은 하락하고 있었다. 1960년에 육체노동자가 근소하게나마 여전히 과반수를 차지한 것으로 드러나기는 했지만, 사무직 노동자의 몫은 1930년 이래로 13퍼센트에서 27퍼센트로 두 배가 늘었다. 어떤 공업국가에서도 국민 중에 사무직 노동자가 차지하는 몫이 그렇게 많지 않았다. 미국과 더불어 스웨덴에서 그 비율이 가장 높았다. 그래서 엘란데르의 표현을 빌리자면 '주간지 마르크스주의자들' 가운데 낙관론이 일었다. 새로 설립된 여론조사기관 시포*의 사장인 사회과학자 한스 세테르베리가 특히 그런 생각을 갖고 있었다.

세테르베리는 통계 분석을 바탕으로 한층 더 많은 사람이 자동

---

* Sifo. 1954년에 설립된 스웨덴여론조사기관Svenska institutet för opinionsundersökningar 의 머리글자 약자.

차와 보트를 구입하고 밥을 먹을 때 맥주 대신 포도주를 마시는 등 부르주아적으로 생활함에 따라 사회민주당이 권력을 잃는 것이 예정된 수순이라는 테제를 제시했다. 세테르베리는 팔메와 동갑이었고 역시 미국에서 영감을 받았다. 그는 컬럼비아 대학교에서 일했고 미국의 최근 사회학에 통달했다. 1957년 겨울 세테르베리는 교양 부르주아 계층을 위한 화려한 문체의 주간지 《베쿠슈날렌》에 일련의 광범위한 주제로 글을 기고하면서 등장했다. 《베쿠슈날렌》은 왕실에 관한 기사와 좌우를 가리지 않는 도발적인 정치 분석을 결합한 주간지로 훗날 작가 타게 다니엘손이 묘사한 바에 따르면, 표지에 아스트리드 왕비*의 갈색 초상화를 싣고 오스카 와일드 식의 재치가 넘치는 주간지였다. 세테르베리의 기고문은 청소년 범죄부터 섹슈얼리티까지 온갖 주제를 다루었지만, 엘란데르를 화나게 만든 것은 사회적 이동이 노동자 정부를 망쳐놓았다는 독단적인 생각이었다. 그 10년 동안 사회민주당은 좌파의 마르크스주의적 결정론과 싸웠는데, 이제 우파의 마르크스주의적 결정론을 공격하는 것 같았다. 역사의 아이러니가 아닐 수 없다.

세테르베리의 추정 자체는 불합리하지 않았다. 통계적 조사로 뒷받침된 그의 출발점은 국민이 투표소로 갈 때 정당의 강령과 구체적인 사항들이 큰 역할을 하지 않았다는 것이다. 결정적인 것은 사람들의 물질적 생활수준과 가족과 가까운 지인들의 가치관이었

---

* 구스타브 5세의 남동생인 베스테르예틀란드 공작 칼의 딸로 벨기에 왕 레오폴드 3세의 왕비였다.

다. 합의와 '이데올로기의 사망'에 관한 얘기가 그렇게 많았어도 스웨덴은 자의식이 매우 강하고 특히 조직도가 높은 계급사회였다. 노동조합의 중앙 조직인 노동조합총연맹의 조합원 노동자는 130만 명이었고, 사무직중앙연맹의 조합원은 30만 명이 넘었으며, 100만 명에 가까운 소비자가 협동조합운동에 참여했고, 배움에 갈증을 느끼는 자들이 매년 40만 명이나 학습 동아리에 참여했으며, 비슷한 숫자의 신자들이 자유교회운동에 소속되었고, 30만 명의 스웨덴 사람이 여러 금주협회에 모여 함께 술을 끊겠다고 맹세했다. 사회민주당은 정당으로서는 물론 수많은 노동계급 출신 남녀의 삶의 전 영역에서 기대를 불러일으킨 사회운동으로서도 지배력을 행사했다. 어린이들은 스카우트 운동인 '웅아 외나르Unga Örnar'(아기 독수리)에서 돌봄을 받았고, 청년들은 청년운동인 스웨덴 사회민주당 청년연맹에서 정치를 논하고 야영하며 놀았고, 연극에 관심이 있는 자들은 민중회관에서 연극을 공연했으며, 학습에 관심이 있는 자들은 노동자교육협회의 학습 동아리에 참여했고, 가정주부들은 소비자협동조합 상점에서 공동구매를 했으며, 여행 욕구가 강한 사람들은 노동운동 여행사 레소Reso에 합류했고, 나라에 충성한 퇴역 군인은 장례협동조합 포누스Fonus가 매장했다.

그러나 비록 사회민주당이 가장 성공적이기는 했지만 정치 투쟁에서 계급의식을 이용한 것이 사회민주당만은 아니었다. 스웨덴의 정당들은 국제적인 시각에서 보면 계급정당의 성격이 지나치게 두드러졌다. 농민연합은 자명한 농민들이 모인 정당이지만 다른 농촌 주민도 참여했다. 우익보수당은 경제계와 고위 공무원의 정당이

었고, 국민당은 노동자와 교사, 지식인, 하급 공무원이 뒤섞여 계급
적 성격이 가장 모호했다. 1950년대에 새로 건설된 스톡홀름의 주
택지구 탈크루겐에서 성장한 작가 예란 헤그는 가족 모임에서(친척
모임에서도) 정치를 주제로 대화하는 것이 완전한 금기였던 어린 시
절을 기억했다. 무관심 때문이 아니었다. 대립이 너무 뿌리 깊어서
토론이 불가능했기 때문이다. 마치 북아일랜드의 프로테스탄트와
가톨릭의 관계를 연상시키듯이, 소비자 협동조합 상점에서 거래하
는 것과 개인이 운영하는 상점에서 거래하는 것의 차이가 문화적
경계를 표시했다.

정치적 경계선은 스웨덴의 경직된 화법으로도 유지되었다. 1950
년대에 대부분의 정당과 조직에서는 존칭 없이 말을 놓는 것(서
로 뒤^{Du}(너)라고 부르는 것)이 규범이었지만, 처음 보는 사람과 말할
때에는 여전히 상대방을 단수형으로 부르는 것이 금지되었다. '니
^{Ni}'(당신)라고 하든지(주로 계급의 사다리에서 아래쪽에 있는 자들을 부
를 때 썼다) 이상한 간접화법이 따르는 직책 이름을 썼다. "사장님은
제가 사장님의 서류가방을 가져오기를 원하시나요?" 이러한 계급
의식은 실제로 합의 정신의 전제조건이었다. 1930년대 '국민의 집'
은 자유주의적인 이상적 시민상이 아니라 상대를 존중하는 강력한
집단들 간의 타협 위에 구축되었다. 절차는 엄격했지만 동시에 명
확했다. 어느 기업가는 이를 외국 기자에게 이렇게 표현했다. "스웨
덴의 고용주들이 강력한 노동조합을 지지한다는 사실을 이해해야
한다.… 그들은 우리가 안정적으로 상대할 수 있게 해준다."

이렇게 뚜렷한 계급 정체성을 생각하면, 세테르베리의 진단은

납득이 간다. 중간계급이 성장하여 노동계급이 줄어드는 가운데 투표가 계속해서 사회계층을 따라 이루어진다면, 정권 교체는 필연적이었다. 그러나 '주간지 마르크스주의'는 본질을 놓치고 있었다. 사회민주당의 권력 지위는 물질적 이해관계를 바탕으로 노동계급을 동원하는 능력에만 의존하지 않았다. 사회민주당은 노동계급의 지지를 확보하면서 동시에 중간계급에 침투하는(아니면 적어도 그들 중 일부의 저항을 무력화하는) 이중적 능력을 지녔다. 소비자 협동조합 상점과 학습 동아리가 있었음에도 사회민주당으로서는 계급 정치에서 벗어난 전국적인 공동체에 호소할 필요가 있었다.

전간기에 사람들은 뚜렷한 자의식을 갖고 애국적 운동에 참여했다. 노동절 시위행진에 스웨덴 국기가 휘날렸으며, 반군사주의는 국방에 우호적인 태도로 대체되었고, 특히 사회민주주의적 이상은 스웨덴 역사와 결합되었다. 1941년 『국가와 가족*Nation and Family*』에서 국제사회의 대중에게 자신의 가족정책 이념을 제시한 알바 뮈르달은 사회 개혁 활동을 용감히 옹호하기에 특별히 적합한 사람이었다. "유럽의 다른 국가들과는 달리 스웨덴은 노르웨이와 아이슬란드와 함께 농민이 언제나 자유로웠고 봉건제가 전혀 위협이 되지 않았던 나라이다." 사회민주당이 애국적으로 결집한 정당으로 신뢰를 얻었다는 사실은 부르주아 유권자 층의 반사회주의적 반대를 약하게 만들었다.

제2차 세계대전 이후에 이 서민적 민족주의의 역할은 끝났다. 나치즘과 파시즘이 사라진 뒤 열렬히 깃발을 흔들며 자국민의 강인한 민족적 성격을 이야기하는 사람들을 더는 볼 수 없었다. 그러나 공동체 의식과 방향성, 통합 관념의 필요성은 사라지지 않았다. 1950년대 초에 이미 타게 엘란데르는 '국민의 집' 수사법으로 충분하지 않다는 사실을 간파했다. 사회민주당은 사회학적으로 당의 핵심이 되는 계층 밖에서, 특히 중간계급에서 유권자의 지지를 얻게 해줄 새로운 현대적 통합 시각이 필요했다. 엘란데르는 일단의 사회민주당 당직자들을 만난 뒤에 일기에 이렇게 적었다. 필요한 것은 "특정 집단의 이익에 호소하는 것이 아니라" 더 "일반적인 급진적 견해"였다. 국민추가연금은 그러한 기대에 부응하는 해답이자 향후 사회민주당 정책의 모델이 될 것이었다.

그렇지만 그 점이 처음부터 분명하지는 않았다. 울린을 비롯하여 많은 사람은 오히려 국민추가연금이 사회 집단들 간의 변화한 세력균형에 대한 세테르베리의 분석을 확증해줄 것이라고 믿었다. 1955년 하르프순드에서 엘란데르는 부르주아 정당들이 육체노동자가 사무직 노동자와 동등한 권리를 가져야 한다는 요구의 공정함에 반대할 수 없으리라고 확신했다. 그 판단은 옳았지만, 국민당은 다른 문제, 즉 국가의 개입에 맞서 싸우기로 했다. 울린의 대안법안은 국가는 다만 노동조합과 고용주에게 자유의사에 따라 퇴직연금 협약을 체결하라고 권고하는 데에서 그쳐야 한다고 제안했다. 토론이 공정의 문제만 다룬다면 사회민주당이 우세했겠지만, 그렇지 않고 자유 대 강제의 문제가 된다면 부르주아 정당들이 승리할 가망성이 커 보였다. 사무직 노동자와 중소기업가, 농민이 동맹을 맺으면 정부가 개입하는 퇴직연금 제도에 맞설 수 있을 것으로 생각되었다.

엘란데르의 묘안

엘란데르는 국민추가연금을 추진하고자 전술적 능력과 본능적인 감각을 모조리 이용해야 했다. 1956년 선거 후 사회민주당은 어떤 길을 가야 할지 확신이 없었다. 국민추가연금 문제가 농민연합과의 협력을 깨뜨릴 것 같았기 때문이다. 1957년 겨울 부르주아 정당들은 퇴직연금을 국민투표에 부치라고 요구했다. 영원할 것만 같은 사회민주당의 권력 장악에 실망한 야당들은 1950년대 초부터 스웨덴 헌법에 규정된 국민투표를 확대해야 한다고 열을 올렸다. 스위스가 모범이었다. 중립국 스위스는 여러 점에서 스웨덴과 비슷했지만 높은 산은 많았어도 사회민주주의자는 적었다. 그러나 엘란데르는 주저했다. 기술적으로 복잡했을 뿐만 아니라 사회민주당 노선이 패할 위험성이 컸기 때문이다.

1957년 3월 어느 주말에 엘란데르는 하르프순드로 가서 팔메가 정리한 몇 가지 대안을 검토했다. 총리는 정부청사에서 오는 동안 상심하여 비틀거렸으나 월요일 아침에 돌아갈 때에는 과연 그답게 바뀌어 있었다. 엘란데르는 팔메의 문서에는 없던 완전히 새로운 전술을 내놓으며 거의 기뻐 날뛸 정도였다. 그는 국민투표를 수용했다. 그렇지만 준비되고 있던 새로운 규정이 아니라 옛 규정에 따라 시행해야 했다. 투표지의 질문을 어떻게 정할지는 정부가 독단적으로 결정할 수 있다는 뜻이었다. 울린은 격노했다. 엘란데르는 "무자비하고 무분별하고 제멋대로인" 인간이었다.

유권자는 단순하게 국민추가연금에 '찬성'인지 '반대'인지 투표하는 대신 세 가지 제안을 받았다. 1) 법으로 임금생활자의 퇴직연금 권리를 규정(사회민주당과 공산당의 방안), 2) 국가가 가치를 보장하는 완전히 임의적인 보험(농민당의 방안), 3) 노동시장 당사자 간의 자유의사에 따른 협약(국민당과 우익보수당의 방안). 이로써 강제인가 자유인가의 단순한 문제는 더는 없었다. 농민연합에서 당명을 현대적으로 바꾼 중앙당은 완전한 자유의사를 지지한 유일한 정당이었다. 우익보수당과 국민당은 단체협약에 관한 자신들의 타협안에 구속되었다. 그래서 중앙당은 협력 관계에 있는 다른 부르주아 정당들을 시민에게 비자발적 연금을 강요하려 한다며 거세게 공격했다. 동시에 사민당은 전술적으로 조정을 가하여 소득이 가장 높았던 15년의 기간만 연금의 토대로 삼자고 법안을 수정했다. 직장생활 중에 임금이 크게 오른 사무직 노동자에게 던져준 고기 토막이었다.

국민투표는 1957년 10월 13일에 시행되었다. 소련이 스푸트니크 인공위성을 발사하여 우주까지 경쟁을 끌고 갔음이 드러나 서구에 두려움을 안겨준 지 한 주에 며칠이 더 지났을 때였다. 선거운동은 뜨거웠고 신문 광고 지면에도 영향을 주었다. 어느 광고에서 포목상들은 고객에게 "오래된 외투를 연금을 주고 퇴직시키라"고 권유했다. 세 개 방안이 서로 마주보는 플래카드 전쟁이 휘몰아쳤다. 이는 반년 조금 더 지나, 1958년 하원 선거와 관련하여, 사회민주당의 역사상 가장 상징적인 플래카드의 탄생으로 이어진다. 늙어 백발이었으나 준수하게 생긴 노동자 밑에 이런 표어가 적혀 있었다. "메달도 좋다. 그러나 실질적인 연금이 먼저다." 이 표어는 노동운동의 주된 논지를 효과적으로 요약했다. 국민추가연금은 공정과 안전의 문제였던 것이다. 노동자 지구인 쇠데르말름의 실내경기장 에릭스 달스할렌에서 열린 집회에서 국민당의 방안을 지지한 어느 행정관청의 장은 너무나 심한 야유가 쏟아지자 어쩔 수 없이 연단에서 내려왔다. 노동자들은 어쩔 줄 몰라 하는 그 관료에게 이렇게 외쳤다. "당신 자신도 퇴직연금을 갖고 있으면서 왜 우리의 퇴직연금을 질시하는가?"

그렇지만 사회민주당도 수세적인 입장에 처할 수밖에 없었다. 여기서도 신사복 매장이 중요한 은유가 되었다. 부르주아 정당들의 선전은 이렇게 얘기했다. "당신들은 우리에게 연금이라는 옷을 떠넘긴다. 맞든 안 맞든." 사회민주당의 필승 카드는 이미 의무적인 퇴직연금에 포함된 국가 공무원과 지방자치단체 공무원이었다. 사회민주당의 토슈텐 닐손은 이를 빈정대듯이 표현했다. "공공 부문에 고용된 자들은 오래전부터 비교적 괜찮은 연금을 받아야 하는 억압을 버텨왔다." 연금은 사회민주당의 독재를 폭로하기 위해 선택한 문제로는 적절치 않았다. 연금은 향후 공공 부문을 더욱 확대하여 시민에게 더 많은 선택의 자유를 주는 정책의 토대가 될 것이었다.

어느 방안도 과반수를 획득하지 못했다. 사회민주당의 대안인 첫째 방안은 46퍼센트로 가장 많은 표를 얻었는데, 많은 사람이 큰 성공이라고 생각했다. 그러나 두 번째 방안과 세 번째 방안을 지지한 사람들은 결과가 '의무적 가입 방안'에 반대하는 사람이 과반수라는 의미라고 주장했다. 중앙당의 완전한 임의적 방안은 15퍼센트를 받았고, 35퍼센트는 단체협약 모델을 지지했다. 그러나 부르주아 정당들이 공동전선을 펼치지 못함으로써 자기 발등을 찍었다는 사실은 분명했다. 헤르베트 팅스텐은 국민추가연금 싸움 내내 다소 용기를 잃은 채 국민당을 지지했다. 그러나 국민투표 시행 이후 그는 사회민주당의 시각으로 넘어갔다. 그 결과로《다겐스 뉘헤테르》의 사주인 보니에르 가문은 그를 편집장에서 해임했다.

1958년 봄 사회민주당 법안이 부르주아 정당들의 과반수에 의해 부결된 이후 정부는 사퇴했다. 6월 초의 새로운 선거는 사회민주당의 승리이자 국민당의 결정적 패배로 끝났다. 국민당은 58석에서 20석을 잃었다. 사회민주당은 공산당과 함께 하원에서 부르주아 정당들보다 한 석이 더 많았다. 그러나 의장은 투표권이 없었기 때문에, 국민추가연금의 반대파와 찬성파가 동수를 이루었다. 양측 공히 115석이어서 추첨으로 결정해야 할 상황이었다.

상황은 극적으로 해소되었다. 예테보리의 조선소 노동자였던 국민당 의원 투레 쾨닉손이 개인적으로는 국민당의 법안을 지지하지만 연금 문제는 반드시 해결되어야 한다고 생각하기에 기권할 준비가 되어 있다고 의중을 밝혔다. 그가 당 동지들의 압박을 버텨낼 수 있느냐가 문제였다. 5월 13일 의회에서 토론이 진행되었고, 결과는 여전히 불확실했다. 약 세 시간 뒤에 울린이 쾨닉손을 비난하는 국민당의 성명서를 낭독했다. 하원은 침묵에 휩싸였다. 이것이 사회민주당 법안의 통과를 뜻한다는 사실을 누구나 알았다. 이튿날인 5월 14일 20시 22분 3년 가까이 이어진 싸움이 결판났다.

1967년에 울린의 뒤를 이어 국민당 대표가 되는 스벤 베덴의 평이 아마도 가장 적절했을 것이다. "모든 나라는 그에 어울리는 만큼의 사회주의를 갖고 있다." 투표 후에 국민당 안에서 쾨닉손의 행로는 끝났다. 엘란데르는 국민추가연금 싸움을 잘 이끌었다고 칭송을 받았다. 《스벤스카 다그블라데트》의 만평 작가 테크나르안데슈*의 그림은 전속력으로 달리는 개선 차량의 뒷좌석에서 총리 곁에 앉은 팔메가 이렇게 속삭이는 모습을 보여준다. "총리님, 당신이 불사신이라는 사실을 기억하세요!" 훗날 일기에서 드러나는 엘란데르의 염세주의적 기질을 염두에 둔다면, 이는 어쩌면 작가가 깨달은 것보다 더 깊은 통찰력을 보여줄 것이다. 엘란데르는 베틸 울린에게 자신이 어쩌면 다소 지나치게 냉소적인, 정치적 게임을 해석하는 능력이 월등히 뛰어났음을 보여주었다.

이와 관련하여 울로프 팔메는 동등한 협력자라기보다는 정신을 바짝 차린 학생으로 나타난다. 팔메는 대안적인 전략을 제안하고 야당과의 협상에서 연락책으로 행동할 수 있었다. 그가 1957년 3월 당 집행부에 전달한 문서, 엘란데르가 상심한 채 하르프순드로 가져간 문서에서 팔메는 국민추가연금 문제에서 가능한 일련의 타협안을 제안했다. 그러나 이는 부르주아 정당들과 거래하기 위한 팔메의 특별한 개입이 아니라 엘란데르의 소크라테스적인 활동 방식을 반영했다. 총리는 가능하면 최대한 모든 가능성을 다 열어놓으려 했다. 엘란데르는 팔메가 심사숙고한 것에서 온전히 자신만의 전략을 분리해내는 데 성공했다. 전형적으로 그다운 모습으로, 이

---

* 안데슈 유한 안데슈외의 필명. '그림 그리는 사람 안데슈'라는 뜻이다.

것이 사회민주당의 최종적인 승리에 결정적이었음이 드러났다. 총리의 조수에게 그것은 수평적 사고 능력을 학습하는 수업이었다. 팔메는 1960년대 초 거의 국민추가연금만큼이나 복잡한 문제였던 학업지원 개혁을 책임졌을 때 빠르게 그 능력을 쓰게 된다.

그러나 퇴직연금 문제를 진짜로 해결한 것은 교묘한 전술이 아니라 스웨덴 국민의 대다수가 결국에는 모든 임금생활자를 포괄하는 국영 연금에 매력을 느끼리라는 사회민주당의 직관적인 통찰력이었다. 이러한 태도에는 국가를 공정의 보증인으로 여기는 강한 전통적 믿음, 이전의 사회정책 개혁이 연속되어야 한다는 믿음이 발견된다. 그러나 미래 지향적 요인도 있었다. 변화 가능한 현대적인 시장경제를 긍정하는 태도가 뚜렷했다. 국민추가연금은 이전 방식의 평등이 아니었다. 일부 사회민주주의자들은 과거의 방식이 정치적으로 성공했음에도 불편하다고 생각했다. 이제 '일자리 방침'* 이 명확하게 채택되었다. 사회민주당은 국영 연금의 보장으로 임금생활자들이 노동시장에서 더욱 유동적이게 된다고, 기꺼이 직업과 주거지, 일자리 분야를 바꿀 것이라고 주장했다. 합리적인 구조조정과 노동력의 재배치가 촉진될 것이었다. 이로써 복지 기획은 전통적인 사회정책적 재분배를 넘어섰다. 영국 노동당의 자부심인 국민건강보험과 달리, 스웨덴의 국민추가연금은 노동시장의 공정성 문제를 끄집어냈다. 모든 것은 스웨덴 사람들이 경쟁적인 시장경제

---

* arbetslinje. 실업자를 금전적으로 지원하는 것보다 일자리를 주어 지원하는 것이 더 바람직하다는 정책 노선.

사회에서 개인적인 삶의 기회를 늘려준다면 한층 더 팽창적인 국가를 기꺼이 받아들일 용의가 있음을 가리켰다. 결국에는 국민당 대표가 승리한다. 국민추가연금은 1990년대에 이르면 너무나 많은 비용이 들어가서 폐기된다. 그렇지만 울린의 동료였던 존 메이너드 케인스가 종종 지적했듯이 결국에는 우리 모두 죽는다.

팔메가 국민추가연금 싸움에서 대체로 엘란데르 편의 그다지 중요하지 않은 조역이었다고 해도, 이는 그가 의회정치인으로 등장했음을 알렸다. 타게 엘란데르는 팔메가 계속 공무원으로 지내기에는 재능이 너무 아깝다고 생각했다. 1957년 초여름 총리는 옌셰핑 현지의 당 동지에게 편지를 보내어 팔메를 공석인 지역구에 보내자고 제안했다. 하원과 달리 상원 의원은 자신이 대표하는 선거구에 거주할 의무가 없었다. 그래서 각 정당 지도부는 스톡홀름에 거주하는 핵심 인사나 전도유망한 능력자를 다른 지역의 의석에 앉힐 수 있었다. 그것이 늘 인기가 많지는 않았지만, 당 지도부와 좋은 관계를 유지한다면 이점이 있었다. 팔메가 스웨덴 의회에 입성하는 방식은 또한 이전에 경력의 사다리를 오른 과정과 일치했다. 팔메는 먼저 스웨덴학생회연맹에 곧바로 선발되어 들어갔고, 이후 엘란데르의 비서로 뽑혔으며, 이제는 스웨덴 상원 의원이 되었다. 다른 후보자와 공개적으로 경쟁하지 않고 기존 구성원들이나 결정권자들의 신임을 얻은 것이다.

1958년 4월 24일 팔메는 의회에서 첫 번째 연설을 했다. 주제는 연금이었지만, 팔메의 국민추가연금 문제 해석은 또한 그의 향후 정치 인생의 대부분을 설명해주는 선언문이었다. 그는 "사람이 발전소와 학교, 큰 공항과 도로, 자동차, 텔레비전과 냉동고에 관하여 낙관적인 생각을 갖고 있다가 갑자기 안전과 공정의 큰 문제들에 관하여 태도를 바꾸고 미래를 어둡게 그릴 수 있다"는 것은 이해하기 어렵다고 말했다. 팔메는 에너지 공급부터 교육정책까지 여러 분야를 골고루 다루었고, 의회의 결정이 얼마나 미래의 성장에 대한 믿음 위에 서 있는지를 증명했다. 미래에 어디에 기대를 걸 것인지는 당연히 주관적인 가치판단의 문제였다. 그러나 팔메 개인의 인식은 명확했다. 그는 이렇게 설명했다. "인간의 이익과 그 미래의 방향에서" 계급의 평등화는 이미 이루어졌다. 이제 정치의 과제는 "사회보험 영역에서 계급 평등화의 결과를 감수하는 것"이다. 의회의 최연소 구성원으로서 팔메는 자신이 청년의 "연대의식과 정의감"을 대표한다고 지적하며 연설을 마쳤다.

9. 근대성의 백열

Olof Palme

데마고고스라는 낱말에 불쾌한 맛이 섞였다고 해서 그 이름을
처음으로 받은 자가 클레온이 아니라 페리클레스였음을 잊을 수는 없다.

— 막스 베버

그러나 이 시기의 가장 큰 인상은 기술 혁명이
추동했으리라고 생각되는 경제 발전의 크기이다.

—에릭 홉스봄

팔메가 첫 의회 연설에서 지적했듯이, 연금 제도와 다른 사회 개혁에 관한 부르주아 정당들의 비관론은 1950년대 말 서구 세계 전체의 특징이었던 보편적 미래에 대한 믿음에 어울리지 않았다. 인류는 세상이 지속적으로 더 좋게 바뀌었다는 확신을 갖기 시작했다. 영국 보수당 정권 총리 해럴드 맥밀런이 1959년 선거에서 이러한 표어를 사용하여 큰 성공을 거두었다. "이보다 더 좋은 적은 없었다." 제2차 세계대전 후 국민순생산의 안정적 증가와 교역 확대는 이제 일시적인 행운이 아니라 표준으로 보였다.

그러나 미래에 대한 믿음에 마찬가지로 중요했던 것은 과학의 진보였다. 1950년대는 새로운 발견이 이루어졌을 뿐만 아니라

1930년대나 전쟁 중에 이루어진 혁신이 산업에 적용되었다는 점에서도 진정한 기술 폭발의 시기였다. 텔레비전과 카세트테이프, 레이더, 제트엔진, 트랜지스터, 컴퓨터, 레이저 등이다. 과학의 힘을 보여주는 주된 상징은, 좋든 나쁘든, 원자를 쪼개 에너지를 뽑아내는 능력이었다. 그러나 핵폭탄은 두려운 위협이었을지언정 새롭게 침투 중인 기술에 비하면 일상생활에서 멀리 떨어져 있었다.

생명을 위협하는 질병은 물론 일반적인 감염도 점차 항생제 등의 약으로 치료할 수 있었다. 1950년대 마지막 유행에서 5000명의 스웨덴 사람을 괴롭힌 바이러스 질환인 척추성 소아마비의 보편적 예방접종이 1957년에 시작되었다. 비행기와 비행장은 점점 더 스웨덴 국민의 일상적인 경험의 일부가 되었다. 1955년 최초의 단체여행객들이 카나리아 제도에 착륙했고, 1960년대 초 해마다 6만 5000명의 스웨덴 사람이 단체여행에 나섰다. 거리를 질주하는 자동차 숫자는 꾸준히 증가하여 1957년에 100만 대를 돌파했는데, 이로써 스웨덴은 유럽에서 1인당 자동차가 가장 많은 나라가 되었다. 미국을 제외하면 세계 어느 나라도 스웨덴보다 1인당 전화기가 많지 않았으며, 스웨덴 전철 철도망은 절대적인 수치로 세계에서 가장 길었다. 1956년 가을 스웨덴텔레비전*이 정규 방송을 송출했으며, 한 해 뒤 나라에 보급된 텔레비전 수상기는 3만 대였다. 오늘날의 시각으로 보면 복지는 당연히 미진했다. 스웨덴 사람의 3분의

---

* 스웨덴 텔레비전 주식회사Sveriges Television Aktiebolag(SVT). 스웨덴 공영 텔레비전 방송.

1이 여전히 "부엌 딸린 단칸방이나 그와 비슷한 곳"에 거주했다. 가구의 26퍼센트는 중앙난방이 되지 않았고, 36퍼센트는 냉장고가 없었고, 10퍼센트는 상수도가 없었다. 그러나 추는 넘어갔다. 근대성과 높은 생활수준은 이제 예외가 아니라 규칙이었다.

스웨덴 사람들은 슈퍼마켓을 이용하고 냉동고를 갖추고 온도조절장치로 난방하고 자동차를 모는 시민이 되었다. 옥스퍼드 대학교를 막 졸업한 영국의 젊은 역사가 페리 앤더슨은 1961년 스웨덴을 방문했을 때 첨단기술이 스며든 일상생활에 깊은 감명을 받았다. 전화기는 "베이지 색이었고 고개 숙인 튤립 꽃처럼 생겼으며 깃털처럼 가벼운 플라스틱으로 만들어졌다." 일간지는 30면이나 되었고, 오로지 신문 배포만을 위해 쓰인 민간 비행장이 있었다. 교외에는 "치킨에서 오이까지 기하학적 모양의 음식을 갖춘" 자판기가 빛났고, 철도 역사의 카페에는 탁자마다 동전라디오수신기가 있었다. 앤더슨은 새로 창간된 정기간행물《뉴 레프트 리뷰》에 스웨덴에 관하여 두 편의 긴 글을 기고했다.

앤더슨은 전체적으로 긍정적이었지만, 스웨덴 사회민주주의에 강한 기술주의적 특징이 보인다고 경고했다. 특히 그는 "젊은 상원의원 울라프[원문 그대로] 팔메"와 면담했는데, 팔메는 사회복지가 "빈곤을 막아줄 뿐만 아니라 좋은 생활수준을 보장할 것"이라고 설명했다.* 앤더슨은 팔메를 예사롭지 않은 정치인으로, 사정에 밝고

---

* 상원 의원förstakammarledamot은 스웨덴 언론에서 때때로 senator라고 불렸는데, 팔메가 앤더슨과의 대화에서 그 명칭을 썼을 것이다. ─지은이

거짓으로 비위를 맞추지 않으며 매우 지적인 사람으로 보았다. 그러나 그가 보기에 팔메는 이데올로기에서 약간 어리석은 면이 있었다. 이 영국 신좌파 인사의 눈에 사회주의는 합리적인 계획과 생산 증대에서 그치지 않았다. 휴머니즘적 성격이 더 강한 청년 마르크스의 글에서 영감을 받은 사람은 현대 산업사회가 초래한 소외와 무력함에 특히나 비판적이었다. 그렇지만 이것 때문에 앤더슨이 팔메가 맨 생사生絲로 만든 현대적인 직사각형 모델의 넥타이에 감탄하지 못하는 일은 없었다. 그는 영국으로 돌아갈 때 비슷한 넥타이를 여럿 사 가지고 갔다.

일부 스웨덴 사람은 앤더슨의 걱정을 공유했다. 특히 작가들과 화가들이 흰색 가운의 권력 앞에서 불편을 느꼈다. 시인 베네르 아스펜스트룀은 1956년 봄《스톡홀름스 티드닝엔》의 "새로운 기술"이라는 제목이 달린 일련의 논쟁에서 기계의 시대는 이상한 전도 현상을 낳는다고 말했다. 토론을 촉발한 것은 자동화로 인간이 실업자가 되리라는, 점차 커져가는 두려움이었다. 아스펜스트룀은 특히 기술 발전의 문화적 효과를 우려했고, 노동운동의 성장 이데올로기를 비판했다. 사회주의는 결핍의 시대에 합리적이었지만, 이제 물질주의가 질주했다. 그는 지속적으로 높아지는 생활수준 말고도 다른 가치가 있다고 말했다. "호밀 쿠키의 평등이 아이스크림 케이크의 평등으로 대체되고 아이스크림 케이크의 평등이 나이팅게일 새 혀 절임의 평등으로 대체되는 것이 전부인가?" 그렇지만 아스펜스트룀의 문명 비판은 소수의견이었다.《스톡홀름스 티드닝엔》의 논쟁에 참여한 대다수는 기술에 대해 낙관적인 견해를 지녔으며,

특히 울로프의 사촌이었던 역사학 교수 스벤 울리크 팔메는 모든 가족이 곧 방 다섯 개짜리 집에서 살 것이고 모든 청년의 최소 50퍼센트가 기술자로 양성되어야 한다고 말했다. 그의 유일한 걱정은 변화가 충분히 빠르게 이루어지지 않는 것이었다. 1950년대 말은 제2차 세계대전의 참극과 1970년대의 문명 비판으로부터 공히 떨어져 있어서 편안했기에 아마도 20세기에서 기술에 가장 우호적인 시기였을 것이다.

팔메는 비록 다소 허풍이 있는 역사학 교수 친척보다는 두뇌가 상당히 명석했지만 역시 낙관적인 기술관을 지녔다. 팔메는 일생 동안 말과 글에서 "아찔한 기술 발전의 속도"를 거듭 이야기한다. 과거 그 어느 때에도 인간이 주변 환경을 그토록 강력히 통제한 적은 없었다고 그는 말했다. "이 세기에 노동의 재료가 되는 물질에 대한 관계에서 인간의 위치가 그토록 강력한 적은 없었다." 엘란데르와 팔메 둘 다 연구와 발전에 관한 한 산업을 지원하는 것이 정부의 임무라고 보았다. 총리는 "발렌베리와 윤손, 그들의 앞잡이들"이 계속해서 권력을 쥐고 있음에 불평하면서도 생산성 향상과 스웨덴 기업가들의 혁신 능력에 깊은 인상을 받을 수 있었다. 한때 물리학 교수가 되려 했던 엘란데르에게 신기술을 갖춘 공장을 방문하는 것만큼 기쁜 일은 없었다. 예를 들면 룬드에 있는 라우싱 형제의 종이팩 사업체 테트라팩을 들 수 있다. 1951년에 출범한 테트라팩은 다섯 개 대륙에서 제품을 생산하는 세계적인 대기업으로 성장했다. 엘란데르의 젊은 비서도 똑같이 열정적이었고, 산업계와의 협력을 어떻게 개선할 수 있는지에 관하여 열심히 아이디어를 내고 조언함으로써 총리를 도왔다. 1955년 스톡홀름의 영화관에서 500명의 정치인과 기업가, 연구자들이 모여 장래에 어떠한 기술이 가능한지에 관하여 토론한 이른바 리골레토 회의*에도 팔메가 기여했다.

그러나 팔메에게 기술은 사회 문제의 해법이 아니라 그가 환기시키고자 했던 실존주의적 책임의 전제조건이었다. 근대성은 불가피했다. 사회가 근대성을 어떻게 다루어야 하는가가 문제였다. 팔메가 이따금 마르크스에 경외심을 보이기는 했지만, 그의 사회관은 계급투쟁이 아니라 기술 변화와 과학적 발견이 역사의 동력이라는 데에서 출발했다. 인간의 행위를 조종하는 법칙이란 없었다. 급속한 발전에 마주하여 개인이 내려야 할 도덕적 선택이 있을 뿐이었다. 팔메의 시각에서는 기술주의적 실존주의가 돋보였다. 기술자 플라네츠**와 알베르 카뮈의 기이한 혼합이었다. 그는 한편으로는 합리성과 계획, 중앙관리를 열렬히 지지했고, 다른 한편으로는 개인주의적인 근대성을 찬미했다. 1958년 팔메는 의회에서 과학과 경제의 진보 뒤에 숨을 생각이 없다고 분명하게 밝혔다. 문제는 주관적 선택이었다. "지금의 사회와 미래 사회에서 가장 중요하고 가치 있는 것이 무엇이냐는 물음의 답은 결국 가치판단의 영역에 속한다." 팔메의 정치적 독창성은 실존적 관점에서 소비사회와 신기

---

* 영화관 이름이 리골레토Rigoletto였다.

** 소설가 비르예르 셰베리Birger Sjöberg가 1924년에 발표한 소설 『깨진 사중주단 Kvartetten som sprängdes』에 나오는 등장인물 테오도르 플라네츠Teodor Planertz.

술을 긍정했다는 데 있다. 훗날 노먼 메일러가 존 F. 케네디를 가리켜 말하듯이 팔메도 '슈퍼마켓의 슈퍼맨'이었다.

과학과 기술에 대한 팔메의 믿음을 순진하다고 말할 사람도 있을 것이다. 10년 뒤 인기 있는 텔레비전 희극 프로그램 〈모세바케 군주국Mosebacke Monarki〉에서 울로프 팔메를 연상시키는 청년 정치인이 열광하는 대중 앞에서 이렇게 외친다. "우리는 에어 매트를 타고 미래로 날아간다!" 그러나 팔메로서는 자신의 싸움을 선택해야 했다. 그의 생각에 문명 비판은 수동적이고 비생산적인 행동 방식이었다. "어디에서도 찾을 수 없는 목가적 세상을 재창조하려고 전체적으로 기술을 저주하는 사람들을 나는 조금도 이해할 수 없다." 과학의 힘은 그의 세계관에서는 확실한 준거의 하나였다. 시민에게 1789년 프랑스혁명의 기본적인 이상인 자유와 평등, 형제애를 실현할 책임이 있다는 자신의 신념을 내세울 수 있게 해준 원리였던 것이다. 이는 종종 도덕적 태도와 행동을 요구하게 만든 밑바탕이 되었다. 마르크스주의의 계급투쟁 이론이나 고전적 자유주의의 원자화한 개인에 대한 열의보다 더 심오하지는 않았다. 그렇지만 또한 겉치레도 아니었다. 1960년대 영국 노동당 대표 해럴드 윌슨의 표현을 빌리자면, '기술의 백열white heat of technology'에 대한 팔메의 믿음은 다른 이데올로기와 마찬가지로 복잡한 현실 앞에서 충분하지 못한 것으로 드러난다. 그러나 그 믿음은 정치인이 진로를 유지하고 논거를 세우고 메시지를 구체화하는 데 필요한 명백한 출발점이 되었다.

시범 단지의 신접살림

페리 앤더슨이 팔메를 만났을 때, 팔메는 상원 의원이었을 뿐만 아니라 2년 전부터 법적으로 가정을 가진 남자였다. 1956년 여름 울로프는 리스베트 벡프리스와 결혼했다. 결혼식은 40년 전 제1차 세계대전이 한창일 때 뉘셰핑의 알헬고나쉬르칸 교회에서 치러진 군나르 팔메와 엘리자베트 폰 크니림의 혼인식과 거의 같은 날에 있었다.

옹아에서 화려하게 펼쳐진 부모의 잔치에 비하면 울로프의 혼례는 간소했다. 팔메 부부는 먼저 코펜하겐으로 가서 그곳의 스웨덴 교회에서 결혼식을 올렸다. 가족만 참석했다. 그러고는 다른 신혼부부와 함께 작은 폴크스바겐을 타고 이탈리아로 신혼여행을 떠났다. 이들이 차를 타고 떠나기 전에 뮈지는 신혼부부에게 인생은 단지 "불타는 행동의 욕구"만이 아니라 "사랑과 휴식, 고통과 평온"으로도 이루어진다는 군나르의 말을 상기시켰다. 뮈지는 자신이 활동적인 아들을 어디서 가졌는지 알고 있었다. 팔메는 이탈리아 여행 중에 여느 때처럼 일을 완전히 놓을 수 없었고, 다가오는 가을 선거 운동을 준비했다. 그러나 그는 정치인으로서 근대성과 변화를 열렬히 지지하기는 했어도 가족에 전해 내려오는 감정을 물려받았다.

이탈리아에서 돌아온 울로프와 리스베트(이제 학업을 마친 심리학자였다)는 바사스타덴 지구의 뢰스트란스가탄 35번지의 방 두 개짜리 아파트로 이사했다. 바사스타덴은 완전히 객관적이라고는 할 수 없는 작가 스반테 푀스테르에 따르면 "훔친 물건과 오래된 옷"의

냄새가 나는, 사회적으로 다소 모호한 동네였다. 뢰스트란스가탄은
파리 분위기가 약간 나는 소시민적이고 매력적인 거리로 한쪽 끝
에는 스웨덴 자유교회운동의 거점 교회인 필라델피아쉬르칸이 있
었다. 외스테르말름스가탄과 비교하자면 중간계급적인 환경이었
다. 울로프와 리스베트의 이웃은 상인, 사무직 노동자, 학생이었다.
대문 몇 개 지나면 레닌이 1917년 혁명을 일으키러 러시아로 가는
길에 스톡홀름을 지날 때 밤을 보낸 집이 있었다. 자주 그랬듯이 레
닌은 갑자기 스웨덴의 볼셰비키 동조자들을 모욕했다. 그들은 순진
한 바보들의 모임이요 스웨덴 사회민주주의자들은 분명히 수정주
의자이지만 훨씬 더 현명한 정치인들이라고 지적했던 것이다.

팔메의 당 동지 얄마르 메르를 빼면, 1950년대 중반 이웃에 혁
명가는 없었다. 메르는 사회민주당 좌파에 속했고, 한때 열렬한 볼
셰비키였으나 노년에는 스톡홀름의 성공적인 지역정치인이 된 전
설적인 세트 '세타' 회글룬드의 문하생이었다. 《스벤스카 다그블라
데트》에 따르면, 메르는 "쿠르트 아이스너의 무모한 바이에른 평의
회 공화국에서 한자리 차지했을" 법한 유형의 혁명가였다. 그랬어
도 보수적 신문들이 이렇게 생각하는 것을 막지 못했다. 그는 "너
무 유쾌하여" 사람들은 그에게 화를 낼 수 없었다. 스톡홀름 시 재
무위원*이었던 메르는 스톡홀름 도심의 대대적인 재개발을 추동한
인물 중 한 사람이었다. 나중에는 마치 메르가 홀로 구도심 파괴를

---

* finansborgarråd. 다수 정당에서 선출하는 스톡홀름 시의 행정관 중 가장 중요
한 직책으로 실질적인 시장으로 볼 수 있다.

담당했던 것처럼 말이 퍼졌다. 어떤 이들은 그에게 책임이 있다고 생각했다. 그러나 시민들의 압박은 거셌다. 스톡홀름 시민들은 현대적인 상점과 더 나은 교통수단, 특히 더 크고 더 안락한 아파트를 원했다.

팔메 부부도 예외가 아니었다. 식구가 단지 두 사람이었을 때는 뢰스트란스가탄의 오래된 아파트만으로 충분했다. 그 집은 도시 중심에 상당히 가까워서 특히 의사당과 정부청사를 자주 오간 울로프에게 좋았다. 팔메와 리스베트 둘 다 스톡홀름에서 태어나 친구와 가족이 가까이에 살고 있었다. 울로프가 종종 엘란데르와 함께 전국의 사회민주당 지부^{arbetarkommun}와 여성연맹, 청년 클럽으로 돌아다니기는 했다. 국민추가연금 국민투표 이후 재선거를 실시하기 직전인 1958년 5월 팔메의 장남 유아킴이 태어났을 때, 큰 집을 구할 필요가 생겼다. 1959년 겨울, 아이가 있는 이 젊은 부부의 가족은 스톡홀름 서쪽 교외의 투네달스가탄에 작은 잔디밭이 딸린 타운하우스를 마련하여 이사했다. 도심에서 자동차나 전차로 30분 거리였다.

소형 타운하우스는 스웨덴 사람들이 여전히 다소 회의적으로 바라본 비교적 새로운 주거 형태였다. 전통적인 도시 단독주택처럼 화려한 부르주아 주택 같지도 않았고 스톡홀름 외곽에 늘어선 작은 집처럼 거주자가 직접 지은 프롤레타리아트 주택도 아니었다. 타운하우스는 평등하고 현대적이었다. "중앙난방과 가스, 상수도, 하수도, 전기 조명, 욕실을 갖춘 완전히 현대적인 주택으로 소유주만 거주하는 진정한 집"이었다. 그러한 설비를 "주인은 큰돈을 들이지 않고도 얻을 수 있었다." 울로프와 리스베트가 이사한 동네는 현대적 건축의 훌륭한 모범으로 여겨졌다. 주변 지형과 조화로운 밝고 실용적이며 안락한 집을 제공하기 위해 많이 고심한 흔적이 보였다. 그 배후의 생각은 사회정책적 주택 공급에 대한 당대의 열의를 잘 보여주는 것으로서 스톡홀름의 보헤미안 동네였던 이전의 낙후된 도시지구 클라라의 예술가들을 새로운 교외지구로 유인하자는 것이었다. 예술가들이 그렇게 많지는 않았지만, 다수의 건축가가 그 지구로 이사했다.

투네달스가탄은 새로이 시범적으로 건설된 집단주거지역 벨링뷔의 일부였다. 벨링뷔는 1954년 11월에 입주 기념식을 가졌다. 불꽃놀이가 열렸으며 7만 5000명이 방문했고 새로 문을 연 상점들은 아이들에게 선물을 나누어주었다. 이후 몇 년간 세계 전역에서 정치인과 도시설계사, 도시계획가가 이 새로운 도시지구를 순례하여 스웨덴의 대담한 현대성에 감명을 받았다. 예외적으로 소름이 끼친 자들도 있었다. 어느 미국 학생은 놀라서 이렇게 소리쳤다. "마치 당신들이 우리보다 생활수준이 더 높은 것 같다." 벨링뷔는 도심으로 통근하는 자들을 위한 교외주택지가 아니라 공동생활 공간을 중심으로 일과 주거를 결합한 'ABC도시'*였다.

배후에 놓인 발상은 중세적인 성격이 상당히 강했다. 이 도시지구는 인간의 모든 욕구를 충족시키는 고립된 장소처럼 생각되었다.

---

* ABC-stad. A는 일arbete, B는 주거bostad, C는 중심centrum이다. 중심은 자족적 도시 기능을 의미한다.

다가구주택과 타운하우스로 둘러싸인 중심부에는 백화점과 식료품점, 미용실, 영화관, 도서관, 병원, 학교가 있었다. 필요할 경우를 대비하여 정신적인 욕구를 채우기 위한 교회도 차후에 건설되었다. 어두운 색깔의 단단한 벽돌로 지은 사각형의 기능주의적 건물이었다. 다가구주택 거주민의 미학적 욕구는 엄격하게 규제되었다. 발코니에 차양을 치고 싶으면 칠 수 있지만 무늬가 들어간 것은 불가능했다. 그렇지만 중앙 관리에는 높은 수준의 편의 시설이 뒤따랐다. 초기에 주거관리회사*가 설립되어 빨랫감을 수거하여 깨끗하게 세탁한 뒤 다림질을 해서 돌려주었다. 예술적인 작품이 많이 설치되었지만, 전부 현대적이고 추상적이었다. 청소년 센터까지도 큐비즘의 그림들로 꾸며졌다. 일찍 입주한 어느 개척자는 이렇게 회상했다. "사람들은 마치 진보적인 사회 건설자가 된 것 같은 기분이 들었다."

그러나 긴밀한 공동체의 꿈은 현실과 충돌했다. 아버지들은 아침마다 벨링뷔를 떠났다. 어떤 이들은 "가죽 재킷을 입고 서류가방에 점심 도시락을 챙긴 채" 아침 일찍 지하철을 타고 스퐁아와 블라케베리의 기계공작소를 향했다. 다른 사람들은 올로프 팔메처럼 조간신문을 읽고 스뫼르고스에 잼을 곁들여 먹고는 플라넬 옷을 입고 넥타이를 매고 자동차를 운전하여 스톡홀름 중심가의 사무실로 출근했다. 아이들과 주부, 가까운 곳에서 시간제로 일하는 여성

---

* bostadsföretag. 일종의 협동조합이지만 세금을 냈기 때문에 회사라는 명칭을 얻었다.

은 집에 남았다. 1950년대 말 아이를 낳지 않은 여성은 대부분 일을 했지만, 자녀 한 명을 둔 여성 중 소득 활동에 종사한 이는 가까스로 절반이 넘었고, 둘째 아이가 있는 경우에 그 비율은 28퍼센트로 하락했다. 리스베트는 첫 아이가 아직 학교에 입학하지 않았을 때 집에서 자전거를 타고 갈 만한 거리에 있던 벨링뷔 중심의 아동 정신상담소에 취직했다. 팔메 가족은 남자가 온종일 직장에서 일하고 아내는 가사와 직업 사이에서 균형을 맞춰야 했다는 점에서 그 시기의 상당히 전형적인 고등교육 가정이었다.

ABC도시의 건설 목적이 대도시가 유발하는 소외에 대응하는 것이었음에도, 새로운 집단주거지는 여전히 적막하고 냉랭했다. 공용 공간을 이용하는 사람은 많지 않았다. 사람들은 자신의 세탁기를 썼고, 저녁이 되면 가족들은 새로 구입한 텔레비전이 있는 현대적인 주택에 틀어박혔다. 미술사가 투마스 밀로트는 이렇게 기억했다. "우리 부모님은 톰미와 욘니, 레페, 로게, 비테, 투베, 이렌, 페르의 부모님을 몰랐다." 1960년대 청년 반란의 근원이 형태를 갖추기 시작했다. 벨링뷔의 아이들은 저녁마다 현대적 건축물의 적막한 골목길에 모여 "이웃과 어울리지 않고 텔레비전 앞에 죽치고 앉아 있는 부모처럼은 절대로 되지 말자"고 서로 약속했다.

비판적인 목소리도 서서히 들려왔다. 작가 페르 안데슈 포겔스트룀은 《엑스프레센》에서 벨링뷔는 '깨끗한 빈민가'라고 주장했다. 이는 과장된 표현이었지만, ABC도시에 공동체 의식이 보이지 않았다는 사실은 강한 사회가 시민 간에 새로운 연대감과 소속감을 불러일으키리라는 팔메와 사회민주당의 다른 근대주의자들의 믿음에 토대가 허약했음을 증명했다. 복지국가 건설이 스웨덴에서 사람 간의 교류를 늘리는 것이 아니라 오히려 줄이는 것 같았다. 작가 페르 로드스트뢰은 이후 벨링뷔를 따라 스톡홀름 교외에 건설된 새로운 ABC도시의 적막함을 이렇게 묘사하며 점잖게 풍자했다.

1958년 10월 22일 새로운 도시지구 쇠데르모센이 문을 열었다. 쇠데르모센은 여러 가지 이유에서 석기시대 이래로 사람이 살지 않았던 곳, 이른바 남쪽 늪*이 있던 자리에 세워졌다. 이제 그곳에는 10층짜리 고층 건물 열 동과 12층짜리 한 동, 광장, 공용 회관, 필요에 따라 교회와 영화관으로 용도를 바꿔 쓸 수 있는 공간, 미용실, '개인' 슈퍼마켓 하나와 소비자 협동조합 슈퍼마켓 하나가 들어서 있다. 그 밖에 1940년대 초에 예술전문대학에 다닌 중년 여성이 연 에스파냐 가게가 있었다.

그러나 계획한 유토피아가 현실에 부딪쳐 무산되었음에도, 어쩌면 무산된 덕분에, 그 도시지구는 많은 사람의 사랑을 받았다. 번쩍거리는 새 욕실과 일렉트로룩스 냉장고가 갖춰진 부엌이 딸린 밝은 아파트는 거주민이 그때까지는 꿈꾸기만 했던 수준 높은 일상생활을 의미했다. 능력만 있다면 누구나 스몰란드의 엘름홀트에 있는 이케아라는 이상한 이름을 가진 백화점에서 통신주문으로 값싸고 기능 좋은 가구를 주문할 수 있었다. 벨링뷔의 중심가는 상업적

---

* 쇠데르모센이 남쪽söder 늪mossen이라는 뜻이다.

인 성공을 거두어 스톡홀름 지구 전역에서 손님이 모여들었다.

배후의 몇 가지 발상은 모더니즘의 인간에 적대적인 측면에 속했지만(벨링뷔는 공중에서 어림할 수 있도록 설계되었다), 계획에는 휴머니즘의 특성이 강하게 들어갔다. 집의 외관은 수수했다. 1960년대 100만 호 공급 정책*으로 건설될 거대한 콘크리트 건물들에 비하면 특히 더했다. 물과 자연이 많았다. 산책로와 자전거도로가 주택 지구를 종횡으로 관통했다. 국회의원 팔메가 작은 숲에서 당시 유행한 꽉 끼는 파란색 무명 통옷을 입고 흰색의 챙 없는 모자를 쓴 채 "땅 위를 달리는" 것을 볼 수 있었다. 도회지 성격을 의도적으로 줄인 것은 여전히 도시를 수상한 발명품으로 취급한 농촌 주민에게는 마음에 들었다.

벨링뷔로 이사하기로 한 젊은 팔메 가족의 결정이 얼마나 이데올로기적으로 의식적인 행위였는지는 판단하기 어렵다. 주거 위기의 시대에 고등교육을 받은 젊은 부부 가족이 식구가 늘어감에 따라 매력적인 주택지로 이사하는 것은 그 자체로 전혀 이상하지 않았다. 그러나 울로프의 형제자매와 사촌들은 어쨌거나 몇몇을 예외로 하면 외스테르말름과 리딩외 섬, 그리고 관리하기가 점점 더 힘들어지는 스톡홀름 인근의 대저택에 계속 남아 있었다. 벨링뷔는 계급의 사다리에서 위로 올라가려는 자들이 자연스럽게 모인 곳이었지만, 상층 부르주아의 배경을 지닌 자들에게는 그다지 자명한 선택은 아니었다. 그렇지만 젊은 사회민주주의자 팔메와 리스베트

---

* Miljonprogrammet. 1964년 사회민주당 대회에서 채택된 주택 건설 정책.

에게 벨링뷔는 근대성과 무계급성을 대표했다. 또한 그곳은 가족 배경에 관한 고정관념을 떨쳐낼 수 있는 중립적인 환경이기도 했다. 게다가 팔메 가족은 비록 정치적으로 보수적이었지만, 그 안에는 1890년대에 유슈홀름을 건설한 헨리크부터 1930년대 초에 옹아에 현대적인 여름 별장을 지은 군나르까지 모더니즘의 경향이 있었다. 1890년대에 팔메의 부모가 문학 살롱을 열었던 빌라 칼리오에서 벨링뷔의 타운하우스로의 이사는 계급의 사다리를 역행한 것이 분명하지만, 유슈홀름이 한때 진보적 참정권 운동가였던 스벤 팔메에게 어울렸듯이 개방적이고 계몽된 문명의 도시 벨링뷔는 젊은 사회민주주의자 팔메에게 어울리는 환경이었다.

강력한 국방과 핵무기 보유 사이에서

1958년 영국 작가 네빌 슈트의 소설 『해변에서*On the Beach*』가 스웨덴어 번역본으로 출간되었고, 이듬해 그레고리 펙과 프레드 어스테어를 주인공으로 영화가 제작되어 영화관에서 상영되었다. 소설은 미래를 묵시론적으로 묘사한다. 1963년 제3차 세계대전이 발발하여 북반구의 모든 생명을 파괴한다. 두 주인공은 오스트레일리아에 있는데, 곧 방사능 낙진으로 고생하게 된다. 미국으로부터 전신으로 모르스 부호 메시지가 도착한 후 아메리카 대륙에 생존자가 있는지 알아보기 위한 원정대가 파견된다. 그러나 미국 서해안 시애틀에서 신호를 보낸 곳을 발견했을 때, 창문을 통해 들어온 공기가 차양을 밀고 차양이 코카콜라 병을 움직여 전신기의 송신기를 눌렀음이 드러난다. 영화는 주인공들이 방사능으로 인한 고통스러운 죽음을 피하고자 자살하는 것으로 끝난다.

히로시마와 나가사키에 핵폭탄이 떨어진 이래로 세계는 그 위력을 알았기에 공포 속에 살았다. 그러나 핵무기에 반대하는 저항운동은 1950년대 말에 가서야 처음으로 진정 폭넓게 전개되었다. 로버트 오펜하이머와 알베르트 아인슈타인처럼 핵 기술을 발전시킨 주요 학자들이 핵무기에 반대하면서 이러한 견해가 조금씩 커져갔다. 핵무기는 증가했고, 다른 무엇보다도 점점 더 많은 나라가 핵무기를 보유하고자 했다. 1950년대에 핵무기 보유국은 미국과 소련, 영국뿐이었지만, 프랑스를 포함하여 일련의 국가들이 핵무기 프로그램을 운영하고 있었다. 미국의 비관적인 예능인 톰 레러는 핵무기 확산을 풍자하는 노래 〈다음은 누구인가?Who's next?〉에서 어떻게 나라들이 연이어 핵무기를 만들고 결국 미국의 앨라배마 주까지 그렇게 하는지 이야기했다. 슈트의 소설에 밑바탕이 된 것도 바로 그러한 핵무기 확산 시나리오였다. 소설에서 제3차 세계대전은 이집트가 핵무기로 런던을 폭격한 후에 터진다. 이는 러시아의 군사 활동으로 오인되었고, 영미측은 즉각 보복한다.

1958년 겨울 영국에서는 '핵무기폐기운동'이 설립되었다. 이 단체는 활동이 절정에 달했을 때 15만 명을 동원하여 올더마스턴의 핵무기 연구소로 행진했다. 몇 달 뒤 '스웨덴 핵폭탄 반대 행동단'이 등장했다. 앞장선 사람은 작가 페르 안데슈 포겔스트룀과 바르브루 알빙, 사라 리드만이었다. 이는 1961년까지 휘몰아칠 열띤 논쟁의 시발점이었다. 비록 공식적인 결정은 1968년에 가야 나오지만 사회민주당은 1961년에 스웨덴 핵무기 보유에 반대를 표명했다. 스티그 알그렌은《베쿠슈날렌》에서 이렇게 풍자했다. "세상에서 폭탄보다 더 중요한 것은 없다." "어떤 인간의 두뇌도 폭탄의 모든 측면에 다 정통할 수 없다"지만 신문사의 스크랩 자료 보관 봉투는 "폭탄에 관한 자료로" 터질 지경이다.

스웨덴이 핵무기 프로그램을 갖추어야 한다는 생각은 오늘날 너무도 기괴하여 핵폭탄이 국방정책에 필요하다고 본 1950년대의 여론을 제대로 평가하기란 거의 불가능하다. 그렇지만 스웨덴 핵무기 논쟁의 뿌리는 스웨덴이 제2차 세계대전 중에 처한 굴욕적인 상황에 있다. 뮌헨에서 강국들의 보장이 중요하다는 사실이 증명된 1938년부터 스웨덴 정치인들은 독립적으로 강력한 국방력을 갖추어야 한다는 데 강한 의견일치를 보았다. 그러나 중립을 지키려면 강력한 육군과 견실한 공군뿐만 아니라 최신의 발전된 무기 체계도 필요했다. 이러한 시각에서 스웨덴의 비동맹이 신뢰성을 유지할 수 있으려면 핵무기가 필요한 것 같았다.

스웨덴의 핵무기 보유를 옹호한 자들은 스위스도 핵무기 프로그램의 시작을 숙고하고 있다고 지적했다. 냉전 시대에 중립과 핵무기는 한 몸인 것 같았다. 그 배후의 논리는 핵무기는 제한된 방식으로만 이용할 수 있다는 생각에 입각해 있다. 이는 특히 하버드 대학교의 젊은 독일계 미국인 교수 헨리 키신저가 제시한 명제이다. 키신저는 전술핵무기라는 테제를 곧바로 포기하지만, 이는 스웨덴의 핵무기 보유를 주장한 자들이 어떻게 '방어적' 핵무기에 찬성했는지 이해하는 데 결정적으로 중요하다. 1954년 총사령관이 스웨덴의 국방에 핵무장이 필요하다는 제안을 내놓으면서 정부 안에서 논의가 시작되었다. 외교부 장관 외스텐 운덴은 그 모든 발상이 미친 짓이라고 생각했다. 스웨덴의 핵무기는 전쟁 위험성을 줄이기는커녕 오히려 늘리게 될 것이었다.

짙은 눈썹에 숱이 많은 일흔 살의 국제법 전문가 운덴은 정부 안에서 존경받는 좌장이었다. 그는 서른 살이라는 기록적으로 젊은 나이에 교수가 되었으며, 1917년 자유당과 사회민주당의 첫 연립 정부에 입각했고, 일찍이 1924년부터 1926년까지 외교부 장관을 지냈다. 운덴은 국제법 학자로서 일련의 분쟁을 해결했다. 그중에서도 그리스와 불가리아의 국경 분쟁이 눈에 띄는데, 불가리아는 감사의 표시로 어느 산봉우리에 그의 이름을 붙였다. 제2차 세계대전 이후 운덴은 양보 정책으로 평판이 실추된 크리스티안 귄테르를 대신하여 외교부 장관에 임명되었다. 엄격하고 유머가 없으나 원칙적인 사람이었던 운덴은 지조 없는 정치인 귄테르에 뒤이어 그 직책의 품위를 회복하기에 안성맞춤인 자로 보였다. 그러나 운덴의 경우에는 소련에 대한 양보로 비난을 받는다.

1946년 운덴은 이른바 '발트 병사 인도Baltutlämningen' 사건의 책임을 져야 했다. 스웨덴이 독일에 봉사한 167명의 발트 지역 병사를 소련에 넘겨 불확실한 운명에 처하게 한 일이다. 운덴은 정부의 결정에 관여하지 않았지만, 충성스럽게 이를 옹호했다. 비판이 확산되었다. 운덴이 소련에 지나치게 양보했고 서방 강국들에는 지나치게 냉정했다는 것이다. 1952년 예리한 시각을 지닌 보수적 기자 군나르 웅에르가 쓴 바에 따르면, 운덴의 대응은 이러한 결과를 초래했다. "우리는 모든 우방국의 합당한 불신을 받았다. 이는… 스웨덴의 중립정책이라는 이상에 근접했다고 말해야 한다." 라울 발렌베리와 관련하여 스웨덴이 보인 수동적 태도도 대체로 운덴의 작품으로 여겨졌다.* 그렇지만 1950년대 말 엄격한 중립주의자 운덴은 국제연합에 점점 더 깊이 관여했고 강국들에 맞서 소국의 권리를 지지했다.

핵무기 문제에서 운덴은 많은 동지들의 반대편에 섰다. 그는 일부 동지가 전혀 "그런 미친 짓의 반대자"로 생각되지 않는다는 사실을 알고는 소스라치게 놀랐다. 그가 가리킨 사람은 특히 엘란데르였다. 그리고 비록 운덴이 전혀 고려하지는 않았지만 그의 젊은 비서 울로프 팔메도 그 안에 있었다. 그 시기에 팔메가 정확히 무슨 생각을 했는지는 확실히 드러나지 않았다. 그렇지만 훗날 그가 스웨덴의 핵무기 보유에 반대하라는 요구를 거부하니 그와 엘란데르의 출발점이 거의 동일했다고 보는 것이 합당하다. 두 사람의 핵무기 보유에 대한 긍정적인 태도는 한편으로 과학과 연구를 열렬히 지지하는 전체적인 시각에서 비롯했다. 핵무기 논쟁이 진행되는 중에 스웨덴은 원자력의 평화로운 이용을 추진했다. 1954년 여름 스웨덴 최초의 원자로가 스톡홀름의 왕립공과대학 지하 4층에서 가

---

* 1944년 라울 발렌베리는 부다페스트의 스웨덴 대사관에 파견되어 헝가리 유대인 수만 명의 목숨을 구했는데, 1945년 1월 소련군의 부다페스트 점령 후 간첩 혐의로 체포되어 행방이 묘연했고, 소련 당국의 공식 통보에 따르면 1947년 7월 모스크바의 루뱐카 감옥에서 사망했다.

동되었다. 팔메 가족의 집이 있는 외스테르말름스가탄에서 멀지 않은 곳이었다. 원자력은 불가피한 것으로 생각되었다. 전력 소비가 급증했고, 수력발전으로는 공급이 충분하지 않았다. 그러나 결정적이었던 것은 스웨덴이 핵무기가 없으면 국방정책에서 위험한 상황에 처할 수 있다는 우려였다. 당시 사회민주당에서 핵무기를 고수하는 자들의 일반적인 견해가 바로 그러했으며, 팔메가 그러한 견해를 공유하지 않았다고 믿을 이유는 없다. 팔메는 1950년대 대다수 사회민주당원처럼 중립을 지키기 위해 강력한 국방을 단호히 고수했다.

그러나 1950년대 노동운동 안에서 대립이 극심했을 때 울로프 팔메가 핵폭탄 보유에 찬성하여 제시한 논거는 상당히 독창적이었다. 그것은 스웨덴 국방정책이 아니라 세계가 처한 상황에서 출발했다. 스위스와 스웨덴 같은 소국이 핵무기를 보유하면 이는 일종의 위협이 되어 강국들의 군축 협상을 자극하는 요인이 될 수 있으리라는 것이 팔메의 생각이었다. 이러한 국제주의적 태도는 핵무기 옹호자들 사이에서 그다지 일반적이지 않았다. 그들은 다른 무엇보다도 국가적 시각에서 문제를 바라보았기 때문이다. 그렇지만 이러한 시각은 느지막이 1965년에 가서야 논쟁에 등장한다. 그때 급진적인 시인 라슈 포셸이 《다겐스 뉘헤테르》에 기고한 글에서 이렇게 의구심을 표명했다. 왜 스웨덴은 "핵무기를 제조할 수 있는 우리의 잠재력을 감안할 때, 협박 수단을 이용하지 않고, 미국과 러시아가 폐기해야만 우리도 포기하겠다고 요구하지 않는가?" 이 전술이 얼마나 현실적이었는지 의심할 수는 있지만, 소련도 미국도 스웨덴이 핵폭탄을 보유한다는 생각에 불쾌했다. 이는 또한 전형적으로 팔메의 방식이라고 할 수 있는 스웨덴의 행동주의적 태도에 호소했다. 스웨덴은 귀감이 되는 것이 아니라 과학과 경제에서 세계 최고 수준의 선진국이라는 그 지위를 이용함으로써 군축을 압박해야 했다. 중립은 분쟁을 두려워하는 태도가 아니라 힘과 평화 의지의 표현이었다.

핵무기 문제로 사회민주당은 분열했다. 1956년 봄 여성연맹은 만장일치로 스웨덴의 핵무기 국방에 반대했다. 사회민주당 청년운동인 청년연맹에서도 활발한 토론이 전개되었다. 1958년 8월 스톡홀름 음악당에서 청년연맹 대회가 열렸을 때, 청년연맹이 여성연맹의 모범을 따라야 한다는 의견이 강력했다. 1955년부터 사회민주당 청년연맹의 학생지도자였던 울로프 팔메도 대회에 참석했다. 그는 1955년 청년연맹의 회의소인 봄메슈비크로 가는 버스에서 연맹 의장 베틸 뢰브베리와 사귄 이후로 우연히 청년운동에 빠져들었다. 정확히 말하자면 팔메가 사회민주주의 청년운동을 향해 나아간 것은 불가피했다. 청년연맹에서 그는 나이 든 당원 동지들보다 호기심도 공부에 대한 관심도 토론의 의욕도 더 많은 노동계급 출신의 청춘 남녀와 교류했다. 팔메는 존경받는 학생지도자요 연사로서, 사상사적 깊이가 있었고 열정적으로 이론과 실천을 통일하려 했다. 청년연맹의 외레브루 지구 지도부는 부르주아 신문이 팔메를 출세에 눈이 멀었다고 공격하자 이렇게 설명했다. 팔메는 "우리 운동의 많은 놈들 중 하나이지만 아마도 우리 대다수보다 더 뛰어난 식견을 지녔을 것이다."

사회민주당 청년연맹은 1917년 이전의 청년연맹이 당과 결별하여 공산당이 되었을 때 설립되었다.* 1920년대에 청년연맹은 스웨덴 사회민주주의에서 가장 이름난 두 명의 지식인 닐스 칼레뷔와 리카드 린드스트룀을 배출했다. 젊을 때 결핵으로 사망한 칼레뷔는 볼셰비키 공산주의에 단호히 반대한 헌신적인 사회민주주의자였다. 1926년 사망 직전에 출간된『현실에 직면한 사회주의*Socialismen inför verkligheten*』는 마르크스주의의 결정론과 충돌하고 실용적 개혁주의를 옹호한 책으로 그의 유작이 되었다. 달라나 출신의 제재소 노동자였던 린드스트룀은 친구처럼 이론적으로 깊이가 있지는 않았지만 더 노련한 논객이었다. 그는 민족이 노동운동에 중요하다는 오스트리아 마르크스주의자 오토 바워의 이론에 큰 영향을 받았으며, 사회민주주의가 민족운동임을 매우 일관되게 주장했다.

린드스트룀은 1930년대에 당 대표 페르 알빈 한손이 개진한 '국민의 집' 이데올로기를 여러 가지 방식으로 미리 보여주었다. 그는 특히 사회민주당 청년연맹 내부의 국방에 적대적인 반군사주의에 맞서 격렬히 싸웠다. 그의 생각에 노동계급이 선거권이 없을 때에는 조국의 방어에 반대하는 것이 합리적이었지만, 민주주의가 승리한 뒤에는 노동운동이 외부의 적에 맞서 스웨덴을 지킬 준비를 해야 하는 것이 당연했다. 1920년대에 린드스트룀은 역풍을 맞아 비

---

* 1917년 2월 사회민주당 제10차 당 대회에서 얄마르 브란팅이 이끄는 타협적 개혁 노선에 반대한 청년연맹의 주요 인사들이 탈당하여 5월에 사회민주주의 좌익당Sverges socialdemokratiska vänsterparti(SSV)을 창당했고, 당은 1921년 스웨덴 공산당Sverges kommunistiska parti(SKP)으로 이름이 바뀐다.

틀거렸지만, 1933년 히틀러의 권력 장악 이후 국제적 긴장이 심해지면서 사회민주당 청년연맹은 군비 증강과 강력한 국방의 옹호자가 되었다. 1950년대에 특히 급진적 평화주의의 영향을 받아 국방에 대한 열의가 식은 것은 사실이지만, 핵무기 논쟁이 불타올랐을 때 국방 옹호는 청년연맹 안에서 여전히 강력한 전통으로 남아 있었다.

스웨덴 국기를 배경으로 붉은 깃발과 청년연맹 기장이 펼쳐진 연단 앞에서 청년운동은, 그리고 팔메는 선례를 따랐다. 청년연맹 지도부는 핵폭탄 보유의 결정적인 무산을 막으려고 최선을 다했다. 원칙적인 국방 노선으로 두 가지가 제시되었다. 하나는 핵폭탄에 대한 반대를 새로운 평화주의로 치켜세우고 국방에 우호적인 사회민주주의 청년운동의 전통을 되새기는 것이었다. 베틸 뢰브베리는 1939년까지 거슬러 올라갔다. 그때 사회민주당 청년연맹은 '나라의 방어'가 청년의 일이라고 설명했다. "이상한 일은 일어나지 않았다. … 이전에 국방을 둘러싼 혹독한 투쟁에 흔들렸던 청년 조직이 이제는 국가의 방어에 분명하게 적극적인 태도를 취했다."

청년연맹 집행부의 다른 사람은 처칠의 말을 인용했고 상황을 제2차 세계대전과 비교했으며 소국은 자유를 지킬 준비를 해야 한다는 일반적인 주장을 내놓았다. 그러나 핵무기에 반대한 자들 중 많은 사람이 평화주의자가 아니었다. 그들은 종전 방식의 국방에 찬성했다. 다만 국제적으로 핵무기 반대 투쟁이 일고 있으니 스웨덴도 핵무기를 포기해야 한다고 생각했다. 스톡홀름의 어느 대의원은 핵무기 포기 결정을 미룰 수 없다고 말했다. "핵무기로 무장한 세계의 출현을 막고 대신 더 평화로운 길로 나아가기 위해 할 수 있는 일을 해야" 했다. 이 세계의 작은 나라들이 핵무기를 얻는다면, 군축은 더 어려워질 것이었다.

청년연맹 집행부의 다른 국방 노선은 이러한 주장을 아예 가라앉히려는 것이었다. 울로프 팔메가 토론 말미에 끼어들어 그 노선을 채택한 것은 전혀 놀랍지 않았다. 팔메는 청년연맹 안에서 인기가 많았고, 연맹 집행부는 그에게 대단원을 남겨주었다. 돌이켜 보면, 마치 팔메 홀로 대회장을 가득 채운 전투적인 핵무기 반대자들을 현란한 말솜씨로 휘잡은 것처럼 그의 개입은 일종의 신화가 되었다. 그의 연설은 강력했지만, 그 토대는 대체로 청년연맹 집행부가 거듭 제기한 주장에 있었다. 핵무기에 반대하는 자들이 내세운 주장은 작은 나라들의 주된 수단은 도덕적 모범이라는 것이었다. 그러나 팔메는 전쟁과 군비 경쟁에서는 '나쁜 마음'이 지배한다고 일깨웠다. 무엇이 도덕적으로 옳은지는 자명하지 않다. 예를 들면 바다로 밀려난 이스라엘 같은 작은 나라에는 "우선 살아남는 것이 최고의 도덕적 규범"이었다. 역시 작은 나라인 스웨덴은 핵무기를 확보하겠다는 위협으로써 강국들을 협상장으로 끌어낼 수 있다. 팔메는 대의원들에게 스스로 힘없는 스웨덴 청년이 아니라 책임과 권력 수단을 다 가진 국제적인 정치인으로 생각하라고 권고하며 연설을 마쳤다.

누구는 어쩌면 마침내 이렇게 말할지도 모른다. 우리는 그저 청년 클럽 회원일 뿐이다. 우리는 정치인이 아니다.… 우리는 그러한 관심을 가질 수 없고 그러한 책임을 떠맡을 수 없다. 그렇지만 틀렸다. 우리는 브레크네후뷔에서 왔든 뤽셀레에서 왔든 연맹 집행부 소속이든 분명코 정치인이다! 우리는 사람들에게 우리의 이념을 받아들이도록 영향력을 행사하고자 운동으로 결집했기 때문에 정치인이다. 그로써 우리는 우리의 이념을 바탕으로 사회를 바꿀 것이고 우리의 이념을 바탕으로 세상을 바꿀 것이다.

이는 자신들에게 해석의 우선권이 있다는 핵무기 반대자들의 주장을 무시한 웅변의 걸작이었다. 팔메는 새로운 차원의 도덕을 소개했다. 대의원들의 주된 임무는 스웨덴의 양심을 고이 간직하는 것이 아니라 핵무기의 국제적 확산을 막기 위해 최선을 다하는 것이었다. 그는 독일 사회학자 막스 베버에게서 이러한 논리의 일부를 얻었다. 베버는 고전적인 글 「직업으로서의 정치Politik als Beruf」에서 올바른 정치인은 절대로 '원칙적인 도덕주의자'가 될 수 없다고 주장했다. 다시 말해서 결과를 염두에 두지 않고는 도덕적으로 올바르게 행동할 수 없다는 것이다. 베버는 목적이 수단을 정당화한다고 말하지는 않았다. 그 또한 똑같이 어리석은 태도였다. 대신 그의 요점은 정치인이라면 어쩔 수 없이 도덕적 무인지대에 살아야 한다는 것이었다. 그는 이렇게 설명한다. "원칙으로서의 도덕과 결과로서의 도덕은 절대적인 대립자가 아니라 상보적인 것으로 함께 있어야 진정한 인간, 정치인이 될 소명을 가진 인간을 만들어낸다." 팔메가 사회민주당 청년연맹 대의원들에게 한 말이 바로 그것이다. 기계적으로 생각하지 말라, 정치인이 되라, 책임을 져라, 문제의 두 가지 견해 중에서 선택해야 한다는 점을 인식하라.

그러나 솔직하게 말하면 그날의 승리자는 아마도 막스 베버가 아니었을 것이다. 팔메가 최후의 일격을 가해 고통을 줄여주기 전에, 그날 많은 시간 동안 연맹 집행부는 대의원들에게 그 주장을 쏟아냈다. 특히 베틸 뢰브베리가 핵폭탄 보유 반대가 사회민주당 청년연맹의 전통에 어긋난다는 점을 부각시키기 위해 최선을 다했다. 제2차 세계대전 중에 스웨덴이 무력했던 것은 도덕에도 수단이 필요함을 통찰해야 한다는, 팔메가 대의원들에게 전한 국제주의적 호소를 울려 퍼지게 한 공명관이었다. 모든 것은, 군사 용어로 말하자면, 일종의 협공작전과 비슷했다. 찬성 177표 대 반대 123표로 대회는 스웨덴의 핵폭탄 보유에 입장을 표명하지 않기로 결정했다.

이로써 노동운동은 시간을 벌었다. 사회민주당 청년연맹 대회에서 투표가 시행되고 그다음 날에 엘란데르는 일기에 이렇게 썼다. "팔메가 어제 놀라운 일을 했음이 틀림없다.… 연설을 통해 대회가 핵무장 반대에 얽매이지 않게 했다." 그럼에도 팔메의 행동을 엘란데르의 전술적인 주문으로 설명한다면 이는 틀린 얘기이다. 총리의 젊은 비서에게 그 문제는 개인적으로도 부담스러웠다. 뢰스트란스가탄의 집에 있는 그의 부인은 핵무기에 반대했다. 언젠가 그녀는 여섯 달 된 아들 유아킴을 팔메에게 내밀며 섬광화상* 발생의 정상 분포곡선이 정확히 무슨 의미인지 설명했다. 그럼에도 팔메는 마음속 깊은 곳의 확신으로써 핵전쟁의 두려움을 견뎠다. 중립정책이란

---

* 핵무기가 폭발할 때 방출되는 고열의 방사선으로 인한 화상.

수동적으로 한발 비켜 서 있음을 의미하지 않고 국제무대에서 적극적인 역할을 수행함으로써 표현된다는 믿음이었다. 나중에 팔메는 리스베트의 영향을 받아 스웨덴 핵무기에 대한 태도를 바꾸게 된다. 그러나 1958년 사회민주당 청년연맹 대회에서 팔메가 1960년대 중반 베트남 전쟁과 관련하여 보여주는 외교정책상의 행동주의를 예감할 수 있었다.

1958년 팔메의 태도는 그가 외교정책과 국방정책의 다른 문제에서는 조용했기에, 군인의 용어로 말하자면 '은폐'했기에, 확실히 돋보였다. 왜 그랬는지는 알 수 없다. 한편으로는 우선순위의 문제였을 수도 있다. 팔메의 업무 수행 능력이 대단하기는 했어도, 한두 해 안에 스웨덴 국내정치를 배우는 동시에 사회민주당 문화를 습득하기란 참으로 힘든 과제였다. 팔메는 외국어 능력이 뛰어나고 국제적인 경험을 쌓았기 때문에 적당한 기회가 오면 언제라도 외교정책에 복귀할 수 있었다.

그러나 팔메가 스스로 아직 외교정책 논쟁에 진출할 준비가 되지 않았다고 생각했는지 아니면 그 반대였는지의 문제도 있었다. 팔메는 제3세계의 반식민지 운동에 공감하면서 스웨덴의 강력한 국방을 열렬히 지지해야 하는 다소 이례적인 상황에 놓여 있었다. 그는 1953년 아시아 여행에서 돌아온 뒤 자신이 유럽에서 받아들인 사회민주주의의 반공산주의가 식민지 시대의 과거를 떨쳐버리고 있는 나라들에서는 적합하지 않다는 결론에 도달했다. 팔메는 협력사무국에 보낸 보고서에서 동남아시아의 학생 단체들을 공산주의에 맞선 싸움에 끌어들이지 말고 그들 스스로 자신들의 필요에서 출발하여 발전할 수 있도록 격려하라고 권고했다. 그러나 국내에서 무엇을 할 수 있느냐는 질문은 여전히 답을 받지 못했다. 팔메는 원조 문제에 관여했고 1960년대 초에 오늘날의 국제개발협력청의 전신인 국제원조위원회에 소속되어 있었다. 그러나 그는 자선보다는 적극적인 정치적 개입에 더 흥미가 있었다. 인도주의적 측면에서 개발원조의 정당성을 증명하는 것도 좋지만, 대외원조는 세계 평화를 달성하려는 스웨덴의 노력의 일환이어야 한다는 것이 팔메의 뜻이었다.

사회민주당 내부의 싸움은 청년연맹 대회 이후로도 계속되었다. 11월 설치된 내부 대책반에 울로프 팔메도 합의를 도출하기 위해 참여했다. 그 결과물인 문서는 한 해 뒤인 1959년 가을에 완성되었는데, 실제로 노동운동 내부 분열을 봉합했다. 이는 반대 입장을 가진 쪽의 승리로 해석되었다. 대책반이 "스웨덴 핵무기에 반대하는 논거가 압도적"이라고 확인했기 때문이다. 그렇지만 팔메가 외스텐 운덴과의 협상에서 핵무기와 관련된 "국방 연구 확대"를 허용하는 문구를 얻어냄으로써 스웨덴 핵폭탄의 문은 완전히 닫히지 않았다. 그러나 이는 그다지 큰 역할을 하지 못했다. 이 문제는 사라졌고, 사회민주당은 반대 입장으로 의견일치를 보게 된다. 1961년 봄 핵무기 옹호의 주동자 중 한 사람으로 국방부 장관과 재무부 장관을 역임했던 이가 태도를 바꾸었음이 밝혀졌다. 전환은 더 일찍, 더 신중하게 이루어지기는 했지만, 타게 엘란데르까지도 이제는 스웨덴의 핵무기 보유에 확고히 반대했다. 1961년 엘란데르는 외교부 장관 운덴에게 팔메도 시각이 변했다고 전했다.

주목받는 뛰어난 언변

1959년 여름 권투 세계 챔피언이 된 잉에마르 유한손이나 이듬해 페데리코 펠리니 감독의 〈달콤한 인생La Dolce Vita〉에서 로마의 트레비 샘에서 목욕한 아니타 에크베리에 비하면, 팔메는 여전히 보통의 스웨덴 사람에게 잘 알려져 있지 않았다. 그러나 정치에 관심이 있는 사람이라면 대부분 그가 누군지 알았다. 팔메는 1956년 모스크바에서 총리가 아팠을 때 도깨비처럼 뛰어나왔고, 이듬해 국민추가연금에 관한 국민투표가 실시될 때 뒤쪽에서 엘란데르에게 쪽지를 건네는 모습이 보였다(텔레비전으로 처음 중계된 투표였다).

팔메의 의회 입성은 또 하나의 신호탄이었다. 팔메는 당 안에서 장래가 촉망되는 젊은이였다.《스톡홀름스 티드닝엔》은 이렇게 썼다. "한 청년에 관한 얘기가 들린다. 서른한 살의 최연소 의원은 자기 세대를 위해 또렷한 음성과 참신한 말로써 한껏 노래했다." 사회민주주의적인 이 신문은 기뻐서 어쩔 줄 몰랐다. 정치인의 말이라면 일반적으로 심사숙고의 결과이거나 당 강령에서 나오기 마련인데, 팔메의 말은 마치 "존재의 심연"에서 나오는 것 같았다. 부르주아 진영은 팔메가 연설에 재능이 있다고 인정하기는 했어도 그만큼 크게 감격하지는 않았다. 어느 국민당 의원은 팔메의 화법을 칭찬했고, 다른 의원은 "주석 깡통이 계단 아래로 떨어질 때" 나는 소리가 늘 났다고 말했다. 이는 비판자들이 심히 무례하게도 팔메의 연설에서 빌려온 문구이다. 2년 전에 이미《아프톤블라데트》는 청산에 적신 '솜사탕'을 얘기했다. 남은 생애 동안 팔메는 사회민주당에서 엄청난 박수를 받을 뿐만 아니라 선동과 조작의 달인이라는 혹독한 비난을 받는다. 훗날 그의 정적이 되는 예스타 부만은 이렇게 썼다. "다른 무엇보다도 현실과 진실을 무시하고 동정이든 반감이든 감정과 잠재의식의 느낌에 호소하는 그 능력에 넋이 나갈 정도로 두렵다."

언어 감각은 팔메의 인성을 이루는 필수 요소였다. 10대에는 정치에 눈을 뜨기에 앞서 문학에 대한 관심이 컸다. 팔메는 말년에 영화감독 빌고트 셰만에게 순수문학은 자신이 정치로 나아가는 길이었다고 말했다. 케니언 칼리지에서 팔메는 '화법'을 열심히 공부했고, 1948년 여름에는 트루먼이 가망 없는 것처럼 보이는 상황을 일련의 충격적인 연설로써 바꿔놓는 것을 목격했다. 그는 말에 사회를 변화시킬 힘이 있다는 미국인의 믿음을 영혼에 새긴 채 스웨덴으로 돌아왔다. 엘란데르와 함께 한 첫해에 팔메는 종종 이렇게 말하곤 했다. "인간은 빵만으로 살 수 없다. 주로 구호로 산다." 스코틀랜드의 소설가 로버트 루이스 스티븐슨에게서 빌려온 금언이다. 팔메는 언제나 사상의 근저에 깔린 냉소적 태도에서 서둘러 거리를 두었다. 분명한 사실이다. 사회민주당은 '당연히' 이념에 의해 움직였지 구호로 움직이지 않았다. 그러나 친구 타게 G. 페테숀이 말했듯이, 팔메는 자신의 말에 희열을 느꼈다. "나는 그가 자리에 앉아 거친 표현과 강한 의미를 찾으며 웃음을 터뜨리거나 미소 짓는 것을 여러 차례 보았다."

팔메는 문학적 성향을 지녔기에 스웨덴 정치 안의 물질적인 이익 정치에 대한 과신, 수사법과 이념적 표현의 중요성에 대한 몰이해에 실망했다. 나중에 그는 '석회석 화법과 시멘트 화법'이 1950년대를 지배했다고 불평했다. 간섭하는 듯하면서도 우아한 화법과(연설할 때의 세심한 표현 선택이 화법을 돋보이게 한다) 복잡한 사상을 간명하게 표현하는 능력은 몇십 년간 스웨덴 정치의 수준을 높이게 된다. 모든 정치인이 그랬듯이 팔메도 당연히 지루한 연설을 한 적이 많으며, 토론에서 그의 격렬함과 공격성은 역효과를 내기도 했다. 그러나 철저히 검토한 강력한 연설은 단연 뛰어났다. 수사학 교수 쿠트 유한네손에 따르면 팔메처럼 연설한 스웨덴 정치인은 전무후무했다. 이 말은 팔메의 독창성에 관해 많은 얘기를 해주지만 동시에 스웨덴 정치인에 대해서도 암시하는 바가 있다.

팔메는 고전 문구와 사상사적 시각의 표현부터 일상적이고 예술성 없는 단순한 표현까지 수준을 가리지 않고 자유롭게 사용했다. 그의 문장은 숨겨진 인용구가 과도하게 많았다. 팔메는 좋은 문구라면 출처에 상관없이 빌려왔다. 앞에서 언급한, 첫 의회 연설의 주석 깡통이 계단 아래로 떨어지는 소리는 훗날 베스테로스의 주교가 되는 시그투나의 교사 스벤 실렌에게서 가져온 것이다. 많은 표현이 독서의 결과물이었다. 한 군데에서 막스 베버의 사회학 문구를 인용하고는 곧이어 헨리 밀러의 빈정대는 문장을 쓴다. 그렇지만 지식인들에게 감명을 주는 것이 목적은 아니었다. 문학의 차용은 그의 변론에서 눈에 띄지 않고 지나가며 논지를 방해하지 않는 공명판이 된다. 팔메는 젊은 사람치고는 비유적 표현을 과도하게 쓰는 경향이 있었지만, 은유가 서로 충돌하지 않으면 더욱 밝게 빛난다는 사실을 점차 깨닫는다.

팔메는 언어에 대해 시인의 감정을 느꼈다. 어쩌면 애정이었을지도 모른다. 그리고 낱말의 선택과 운율에 세심했다. 팔메의 연설에서 관료적 말투나 자주 쓰이는 진부한 표현은 좀처럼 찾기 어렵지만, 억지스러운 문학적 어조나 과장된 표현도 없다. 그렇지만 팔메의 화법은 수사법에서 말하는 파토스 즉 감정이 없었다면 단조로웠을 것이다. 감정적인 확신이 없다면 민주주의는 "지루하고 재미없을 것"이라고 팔메는 말했다. 그는 이전 세대 정치인들이라면 완전히 생소했을 도덕적이고 실존적인 문제들을 제기함으로써 독자와 청자를 사로잡았다. 팔메는 변화하는 세계라는 이미지를 불러왔고 미래에 대해 분명한 태도를 취하라고 대중을 압박했다. 현재의 미국 대통령 버락 오바마*처럼, 그리고 카리스마를 지닌 다른 많은 연사처럼, 팔메의 지배적인 주제도 '변화'였다.

그러나 스웨덴의 프로테스탄트적인 사상 세계에서는 「마태오 복음」 5장 37절이 수사법의 기초였다. "너희는 말할 때에 '예' 할 것은 '예' 하고 '아니요' 할 것은 '아니요'라고만 하여라. 그 이상의 것은 악에서 나오는 것이다."** 표어는 선전적이고 선동적이었으며, 지나치게 멋진 말은 조작과 유혹의 냄새가 났다. 이는 사람들에게 하고 싶지 않은 일을 하게 만든다. 예스타 부만이 팔메 앞에서 불편했던 이유는 그가 '감정'과 '기분'을 이용했기 때문이다. 그 우익보수당 대표가 이 현상이 스웨덴 정치에 속하지 않는다고 본 것은 분

---

* 이 책은 스웨덴에서 2010년에 출간되었다.
** 『공동번역 성서』 「마태오 복음」 5장 37절.

명하다. 어느 정도는 옳을 것이다. 19세기 이래로 의사당의 회의 화법은 "비유적 표현의 부재"가 특징인 따분한 형식적 협상의 언어가 지배했다. 좋은 '국민의 집'에 구박 받는 사람도 의붓자식도 없다는 페르 알빈의 유명한 비유처럼 중요한 이미지가 때때로 계몽의 효과를 내기도 했지만, 말투는 소박했고 설명은 관료적이었다. 그러나 수사법 학자들은 종종 그러한 비유를 표준화한 진부한 표현으로 변형된 은유라는 의미에서 '죽은 비유'라고 불렀다.

울로프 팔메의 첫 의회 연설이 있고 그다음 해에, 필명 욜로로 더 유명한 기자 얀 울로프 울손은 의회 토론의 하찮은 수준을 매우 신랄하게 논평했다. 의회 토론이 끝난 뒤 울손은《다겐스 뉘헤테르》에 "스웨덴 의회는 해학적인 성격의 비유를 사랑한다"고 썼다. "먼저 중앙당 대표 군나르 헤들룬드가 나와서 바다에서 헤엄쳤는데, 그 바다는 이후 국민이 선출한 어떤 재담가도 건너지 않았다.… 어떤 정당들 사이에는 도랑이 놓여 있고, 다른 정당들 사이에는 바다가 놓여 있다. 헤들룬드 선생은 국민당과 중앙당 사이의 바다에서 잠깐 헤엄쳤지만, 그는 더러운 물에 들어갔다가 빠져나왔다고 매우 분명하게 말했다. 모든 의원이 웃겨서 어쩔 줄 몰랐다."

그러나 의회의 형식은 우아한 화법에 보상하지 않았다. 1865년 이래로 화법이 아니라 효율적인 활동이 길잡이별이었다. 뛰어난 언변보다 제 역할을 다하는 타협이 더 중요했다. 갈등은 공식적인 말싸움이 아니라 정치인들과 불려온 전문가들이 합의를 이룰 때까지 복잡한 문제들을 면밀히 검토하는 광범위한 입법조사단 제도를 통해 해결했다. 의사당에서 국민이 선출한 의원들은 프랑스혁명의 고

전적인 좌우 배열 방식이 아니라 지리적 방식으로 자리를 잡았다. 타게 엘란데르는 공산당 대표 힐딩 하그베리와 긴 의자에 같이 앉 았는데, 그렇다고 두 사람의 생각이 가까워지지는 않았지만 이데 올로기 대결의 극적인 경험은 줄어들었다. 스웨덴 의회가 다른 여 러 나라의 의회와 달리 '반대투표 원리'를 이용했다는 사실도 타협 정신을 강화했다. 무슨 말인가 하면, 양 극단 정당의 소수파 법안을 먼저 투표로 제거하면, 이 두 정당은 이후 중간의 큰 정당들이 내놓 은 상대적으로 온건한 두 법안 중 하나를 선택할 수밖에 없고, 이 두 법안이 최종 투표에서 서로 맞선다는 것이다. 스웨덴 의회에서 말투는 정중했다. 이데올로기 투쟁의 장이라기보다는 신사 클럽에 가까웠다. 당파성이란 "민간 사회로 쉽게 복귀하기 위해 회합에 입 고 나온 군복"이었다.

스웨덴 정치는 오랫동안 그러한 저교회파低教會派적 태도로써 잘 해나갔다. 강력한 이익단체들, 뚜렷한 계급 정체성, 사회적 안정, 책 임감 있는 관료, 이데올로기적으로 확실한 정당들이 실용적이고 예 측 가능한 결정의 밑바탕이 되었다. 그러나 1950년대 중반 옛 사회 질서는 기술과 경제의 발전을 따라가지 못했다. 시민의 관심을 더 는 전통적인 계급 모델에 따라 정연하게 정리할 수 없었다. 이전의 충성심은 사라졌지만, 빠르게 내달리는 근대성에 대해 어떻게 관계 를 설정해야 할지를 설명해줄 새로운 개념이 없었다. 울로프 팔메 는 시민은 빵만이 아니라 말도 필요했다는 확신을 갖고 그 언어적 인 빈 공간에 나타났다. 사회는 투명하지 않았다. 정치인으로서 사 회를 바꾸려면 말은 필수적인 준비물이었다.

이데올로기의 사망?

정치에 이념 논쟁과 강렬한 감정이 없다는 것은 또한 건강함의
지표로 볼 수도 있었다. 헤르베트 팅스텐이 그런 의미로 말했다. 그
는 1950년대와 1960년대 전반에 민주주의의 성공이 '이데올로기의
사망'을 초래했다는 논제를 강력히 제시했다. 서구 민주주의 국가
에서 사회주의 정당과 자유주의 정당 간에 더는 결정적 차이가 없
다는 말이었다. 갈등은 분명히 존재했지만 행정적인 성격의 갈등이
었고, 갈등이 큰 쟁점으로 비화했다면 이는 자신의 활동에 의미를
부여해야 할 정치인의 필요성 탓이었다. 사회민주당은 이데올로기
의 사망이라는 팅스텐의 설명을 반박하기가 매우 어려웠다. 한편으
로 그들은 팅스텐이 제대로 이해했음을 감지했다. 사회민주당은 그
때까지 오면서 이데올로기적 짐을 대부분 내버림으로써 강력한 지
위에 올랐다. 반면 엘란데르가 일기에 쓴 바에 따르면 정치에 더는
이념 갈등이 없다는 것은 '무서운 생각'이었다.

울로프 팔메는 사회민주주의의 미래라는 자격으로서 이데올로
기의 사망이라는 논제를 다루었다. 그는 1961년 크게 주목받은 라
디오 토론에서 팅스텐을 만났지만, 1955년에 이미 사회민주당 청
년연맹의 학습 자료에서 그 논제의 기본적인 틀을 잡았다. 팔메는
실제로 사회주의와 자유주의 사이의 전형적인 갈등은 역할을 다했
다는 견해를 받아들였다. 팔메가 확실하게 밝힌 바에 따르면, 화합
이 이루어진 이유는 사회주의가 출발점을 포기했기 때문이 아니라
사회주의가 승리했기 때문이었다. 그렇지만 팔메와 팅스텐은 절반

이 찬 것이든 절반이 빈 것이든 탁자 위에 잔이 하나 있다는 데에
의견을 같이했다. 60대의 신문 편집장과 30대의 정치인 사이의 결
정적인 차이는 미래에 관한 것이었다. 1930년대의 경험에 큰 영향
을 받은 팅스텐에게 화합은 적어도 스웨덴과 다른 서구 민주주의
국가들에서는 어두운 시대의 다행스러운 종언이었다. 혈기 왕성하
여 참을성이 없는 팔메에게 옛 이데올로기들의 해체는 새로운 갈
등과 대립을 초래할 짜릿한 새 시대의 출발을 알렸다. 팔메의 생각
에 정당 간의 화합은 정적인 사회를 전제로 했다.

그러나 사회는 빠르고 역동적으로 발전하고 있다. 기술과 경제의
발전과 인간의 필요와 욕구 때문에 정치 기구들은 늘 새로운 상황
에 처하며 새로운 요령과 성공 방식을 찾아야 한다.

팅스텐과 팔메 둘 다 틀렸다. 고전적인 이데올로기들이 돌아오
는 것이다. 1960년대와 1970년대에 먼저 마르크스주의가 돌아왔
고, 이어 1980년대와 1990년대에 자유주의가 돌아왔다. 그러나 좀
더 자세히 들여다보면 팔메가 옳았다. 풍요의 증대로 새로운 갈등
요인이 생겼다. 노동시장의 유연성이 필요하다는 데 모든 정당이
분명하게 동의했지만, 실제로 자유주의 정당은 직업을 쉽게 바꿀
수 있게 하는 개혁에 반대했다. 이데올로기적으로 국가 권력이 제
한되어야 한다고 확신했기 때문이었다. 돌이켜 보면 팅스텐은 팔
메를 절반쯤 인정했다. 토론의 솜씨 측면에서 팅스텐은 상대편을
1930년대와 1940년대 사회민주당의 주요 이데올로그였던 엔슈트

비그포슈와 비교했고, 팔메가 "정당의 전술적인 책략까지도 어느 정도 화려하게" 만들 수 있는 열정과 열의를 지녔다고 인정했다.

스웨덴의 국내정책을 따분하게 느낀 심히 고고한 팅스텐과 달리, 팔메는 이념뿐만 아니라 이를 실현하는 데 필요한 "정당의 전술적인 책략"에도 관심이 있었다. 정치는 대학의 세미나나 신문의 격조 높은 논술이 아니라 변화를 가져오는 방법이었다. 스벤 아스플링은 팔메가 "모두에게 촉구하는 방식으로 과거의 관점과 미래의 관점을" 결합했다고 말했다. "사람들은 그를 이해했고 이렇게 말했다. 알다시피 그는 옳다. 그는 틀림없이 옳다." 팔메는 결코 체계적인 이론가가 아니었다. 그는 수많은 글과 연설을 남겼지만, 자신의 사상을 일관되게 집약한 저작은 없다. 팔메의 힘은 특정한 상황에서 생각과 행동을 결합하는 능력에 있었다. 어쨌거나 이것이 정치인의 최우선 과제라고 말해야 한다. 이로부터 이데올로기적 성격보다는 실존주의적 성격이 더 강한 일련의 새로운 개념이 생겨났다. 총리와 그의 젊은 연설 담당 비서는 특히 매우 중요한 의미를 갖게 되는 두 개의 핵심 개념을 제시했다. '늘어난 기대의 불만'과 '강한 사회'이다.

'강한 사회'의 미래

장래의 가장 큰 문제로서 충족되지 못한 기대라는 관념은 1956년 1월 상원의 법안심의 토론 연설*에서 처음으로 제시되었다. 국민추가연금 문제가 막 불타오르기 시작했을 때였다. 엘란데르는 나중에 이를 "자신의 연설 중 가장 중요한 것"이라고 썼다. 일기를 보면 그는 매우 만족했지만, 여느 때처럼 자신의 가장 주된 비판자이기도 했다. "팔메가 24시간 일찍 초고를 완성하지 못해서 유감이다. 결론이 다소 장황했고 압축적이지 못했다." 연설에서 총리는 풍요의 증대로 미래에 대한 시민들의 기대가 꾸준히 커졌다고 설명했다. 정치의 임무는 더는 실업과 질병, 빈곤으로부터 사람들을 보호하는 것만은 아니었다. 더 넉넉한 주택, 자동차, 현대적인 부엌, 더 나은 교육, 요컨대 삶의 기회의 확대와 더 많은 개인적 자유에 대한 기대도 한층 더 크게 충족시켜야 했다.

노동운동이 물질적 생활수준의 증진을 주장한 것은 전혀 새로운 일이 아니었다. 그러나 엘란데르와 팔메는 변덕스럽고 미래 지향적인 개인을 정치의 대상으로 보고 출발했다. 역사 속에서 늘 빈민을 괴롭힌 골칫거리를 막는 것 대신 이제는 성장과 기술 발전이 제공

---

* 정부가 법안을 최종적으로 작성하기 전에 입법조사단으로부터 받은 제안을 유관 부처와 관련 이익단체에 보내 의견을 듣는 과정을 심의요청remiss라고 한다. 이른바 유관기관remissinstanser은 답변remissansvar을 보내는 것으로 그칠 수도 있고 재심의återremiss를 요구할 수도 있다. 유관기관이 대체로 부정적인 견해를 보이면 정부는 그 문제에 관한 법안 제출을 중단할 수도 있고 입법조사단의 안과는 다른 안으로 해결을 모색할 수도 있다. 의회에 정부나 의원의 법률안이 제출되면 해당 상임위원회로 회부되는데, 이 또한 심의요청이라고 한다. 이때 토론 remissdebatt이 있을 수 있다. 위의 연설은 총리가 이 토론에서 법안의 취지를 설명하는 연설remisstal을 말한다. 정부와 의회 상임위원회가 법률자문위원회에 법안을 보내 검토하게 하는 것도 심의요청이다.

한 기회를 이용하는 것이 중요했다. 이는 또한 대중의 큰 반향을 일으킨 생각이었다. 모든 사회학 연구가 1950년대 초 이른바 카트리네홀름 조사의 결과가 옳다고 확인했다. 스웨덴 국민의 압도적 다수가 자신들과 자녀들의 사회적 출세의 기회를 매우 좋게 보았다는 것이다.

의식했든 그렇지 않았든 팔메와 엘란데르는 미국 심리학자 에이브러햄 매슬로의 의견에 동조했다. 10여 년 전 매슬로는 인간의 욕구 피라미드라는 이론을 제시했다. 이에 따르면 우리는 먼저 식량과 온기, 피신처의 확보를 추구하며 이어 애정, 인정, 자아실현의 좀 더 확장된 욕구를 향해 나아간다. 러시아 유대인 출신으로 제1차 세계대전 시기에 브루클린에서 성장한 매슬로는 사회적 연대를 호소하는 좌파에 매력을 느꼈지만 그 권위주의적 특징 때문에 그로부터 멀어졌다. 특히 좌파 지도부에 정이 떨어졌다. 그래서 매슬로는 이타적 성격을 만들어내는 심리적 조건에 관하여 숙고하기 시작했다. 심리학이 대체로 반사회적 행태의 설명에 몰두한 학문이었음을 생각하면, 이는 독창적인 방향이었다. 매슬로는 사회 계획의 목적은 심리학적 지식을 토대로 최대한 많은 사람이 자아를 실현할 수 있는 사회를 만드는 것이어야 한다고 강조했다.

그의 이론은 1950년대에 큰 영향력을 행사했다. 다른 무엇보다도 심리분석과 행동주의 간의 해로운 싸움에서 제3의 길을 제시한다고 생각되었기 때문이다. '늘어난 기대의 불만'이라는 관념은 엘란데르와 팔메의 분석에서 동일한 가교의 역할을 수행했다. 집단적 안전과 개인적 기회 사이에는 어떠한 내재적 대립도 없었다. 단지 사회 발전의 상이한 차원이었을 뿐이다. 1930년대 사회가 인간의 기본적인 욕구에 관한 표준적인 이해를 바탕으로 계획되었다면, 1950년대의 사회공학자들은 더욱 개인적인 자아실현의 밑바탕이 될 전제조건을 만들어내야 했다. 계획을 통해 얻는 자유가 아무런 문제가 없는 개념이 아니라고 해도, '늘어난 기대의 불만'이라는 관념은 엘란데르와 팔메가 정치적 논쟁에 가장 독창적으로 기여한 것이었다.

기대를 충족시키려면 '강한 사회'가 개입해야만 했다. 한편으로는 사회보험을 역동적이고 변화무쌍한 노동시장에 맞게 조정해야 했다. 낙관론의 역설적 효과가 나타났다. 미래를 위해 계획할 가능성, 즉 자신의 집과 자동차, 자녀 교육을 확보할 가능성이 생김과 동시에 시민은 아플 때와 실직했을 때 사회에 더 많이 의존했다. 엘란데르의 표현을 빌리자면, "사회정책의 수단으로써 생활수준을 적절히 보장해줄" 필요가 있었다. 다시 말해서 위기가 닥쳤을 때 집과 가정에서 나올 필요가 없도록 수당 수준을 수령자의 소득과 연계해야 한다는 것이었다. 1955년에 이미 의료보험은 모든 시민의 동등한 기본적 사회보장이라는 1940년대의 관념을 버렸다. 공평은 이제 동일한 결과가 아니라 동일한 기회를 의미했다. 팔메와 엘란데르가 1956년에 구체화한 이 인식은 국민추가연금의 성공으로 돋보였다.

다른 한편으로 '강한 사회'는 모든 시민이 향상된 수준의 복지를 누릴 수 있도록 문화와 교통통신, 교육, 보건, 여가와 관련하여 공적 서비스를 제공해야 했다. 1956년의 연설에서 엘란데르는 시민들이 사회에 새로운 요구를 제기한다고 말했다. "사회의 관여는 흔히 시민의 욕구를 충족시키기 위해 새로운 제도를 만들어야 함을 뜻했다. 의료 제도와 예방적 보건 제도, 학교 제도 등의 영역이 이에 해당한다." '강한 사회'는 사회주의적 원칙일 뿐만 아니라 복지의 발전으로 불가피해진 합리적인 요구이기도 했다.

이는 시대에 뿌리 내린 사고방식이었다. 엘란데르의 연설이 있고 몇 달 지난 후 영국 노동당 정치인 앤서니 크로슬랜드는 야심찬 이론 저작 『사회주의의 미래^{The Future of Socialism}』에서 비슷한 생각을 개진했다. 공수부대 출신으로 1949년 옥스퍼드 대학교 교수일 때 노동당 의원 후보로 선발된 크로슬랜드는 자본주의의 문제는 경제적 실패가 아니라 성공에 있다고 주장했다. 크로슬랜드는 비록 국유화와 집단적 소유의 문을 열어두기는 했지만 복지 개혁에 많은 재원을 투입하는 것이 가장 중요하다고 말했다. 그러나 1955년의 팔메와 린드베크와 정확히 똑같이 크로슬랜드도 보편적인 복지 정책보다 취약 계층을 위한 선별적 조치를 옹호했다. 크로슬랜드의 책은 팔메에게 자신이 옳은 길을 가고 있음을 확증하는 증거였다.

2년 뒤인 1958년 캐나다 출신 미국인 경제학자 존 케네스 갤브레이스가 베스트셀러 『풍요의 사회^{The Affluent Society}』로 큰 영향을 끼쳤을 때, 그러한 생각은 더욱 굳어졌다. 갤브레이스는 유럽 사회주의 전통의 밖에 있던 사람이다. 그는 제2차 세계대전 중에 루스벨트를 위해 일했고 케인스주의 경제 이론에 강한 영향을 받았다. 갤브레이스는 지나치게 편협한 경제학적 사고에 반대했다. 그의 인기는 대체로 역사적, 사회학적 변화 앞에서 경제학 이론이 시대에 뒤지는 이유를 쉽게 이해할 수 있게 설명한 데 힘입었다. 그는 복지가 엄청나게 확대되면서 활동의 장이 근본적으로 변했음을 말하고자 했다. 기업은 더는 인간의 기본적인 욕구만 충족시켜서는 버틸 수 없었다. 다양한 방법으로, 특히 광고를 통해서 수요를 창출해야만 했다. 이 새로운 상황에서 국가는 시민의 개인적 소비를 억제하고 늘어나는 잉여가 삶의 질을 높이는 사회적으로 유익한 일(교육, 의료, 교통통신)에 쓰이도록 개입해야 했다. 갤브레이스는『풍요의 사회』에 이렇게 썼다. "부유한 나라가 가난했던 이전 시절의 기준에 맞추어 일을 처리하면… 수많은 성공의 기회를 잃을 것이며, 어려움에 처할 때 자신들의 상황을 오해함으로써 필연코 잘못된 해법을 선택하게 될 것이다." 국가는 구매력 증대가 경제의 과열을 초래하게 내버려두지 말고 시민에게 저축을 강요하여 공공 서비스 확충이라는 형태로 되돌려주어야 했다.

팔메와 엘란데르는 '강한 사회'의 논거를 제시할 때 갤브레이스의 이론에 조금도 의존하지 않았다. 그렇지만 경제학자라는 갤브레이스의 권위는 고마운 버팀목이 되었다. 특히 그가 복지를 계속 발전시키려면 공공 부문의 확충이 필수적이라고 강조했기 때문이다. 한층 더 팽창적인 국가에 대한 반대는 1950년대 말 사방에서 포위당했다. 이데올로기적으로는 사회민주당의 의무적 해법이 부르주아 정당들이 옹호한 자유의사에 따른 해법에 승리했다. 동시에 성장 증대로 인하여 저축과 긴축적 국가재정이 필요하다는 전통적인 주장은 흔들렸다. 그렇지만 '강한 사회' 이데올로기는 단지 국가 권력 확대를 의심의 눈초리로 바라본 부르주아 정당들에 대한 승리

만은 아니었다. 그것은 또한 스웨덴 민중운동의 특징이었던 전통적
인 자조의 철학에 결정적으로 치명타를 날렸다.

1940년대에는 스웨덴 복지 발달의 다른 모델이 있었다. 그 주
된 대표자는 당시 사회부 장관 구스타브 묄레르였다. 그의 구상에
서 국가는 보편적이고 기본적인 안전을 대표하지만 의료보험과 실
업수당, 기타 여러 형태의 사회복지는 노동조합과 민중운동 단체들
이 연대하여 관리한다. 묄레르는 만일 국가가 이러한 업무를 떠맡
는다면 민중의 견실한 참여는 사라지고 관료들이 복지를 주도하게
되리라고 보았다. 사회민주당이 국민추가연금 투쟁에서 승리한 뒤,
안데슈 이삭손의 말을 빌리자면, "복지정책 방향에 관한 원칙적인
논의는 사실상 전부" 종결되었다. "국가가 소득을 보장했고, 상호
성은 포기되었으며, 이익사회가 공동체를 뛰어넘었다." 개별 시민
은 이제 시민사회의 다양한 단체에 대한 책임과 의무에서 벗어나
어떠한 중개자도 없이 국가와 직접적으로 관계했다.

동료 의원들 속으로

팔메는 대다수의 다른 사람들보다 말을 잘했음에도 1950년대 말
부터 스톡홀름 노동계급의 속어를 쓰기 시작했다. 그는 기분이 '더
럽다kymig'고 느꼈고, '자질구레한 일들prylar'을 해야 했고, "느긋하게
수다를 떨었다og det lugnt med snacket." 팔메의 주변 사람들은 그가 짐짓
무례한 척한다며 화를 냈다. 사회민주당 국회의원들은 팔메가 불경

스럽게도 사회민주당을(파티에트^{partiet}) '파타예트^{partajet}(성대한 잔치)' 라고 부르는 데 짜증이 났다. 부르주아 진영에서는 외스테르말름 출신의 이 젊은이가 비숙련노동자를 만난 적도 없을 텐데 그들처럼 말하려고 한다고 비난했다.

그러나 쇠데르말름 속어*를 애호한 팔메의 태도는 1950년대 말 서구 세계 전역을 휩쓴 문화혁명의 일부였다. 복장 유행의 추세, 음악, 말투. 전부 계급의 위계질서에 침투했다. 청바지를 입은 노동자 청년은 유행을 선도했으며, 옥스퍼드 대학교에서 공부한 영국 청년들은 런던 이스트엔드의 노동자처럼 말하기 시작했고, 미국 흑인 빈민가의 음악이 백인 중간계급 청년들의 마음을 빼앗았다. 스웨덴 왕위를 이을 국왕의 손자 칼 구스타브는 금융 재벌 발렌베리 가문의 젊은 상속자들처럼 조만간 또렷한 스톡홀름 방언으로 대중을 깜짝 놀라게 한다. 팔메의 자유로운 표현법은 그가 프롤레타리아트가 되고자 했다는 것이 아니라 그가 새로운 시대에 속했음을 보여주는 신호였다.

쾌활한 쇠데르말름 청년다운 모습은 그 시절 팔메의 자신감이 얼마나 컸는지를 보여준다. 팔메와 인터뷰한《인두스트리아》의 어느 기자는 그가 "태평하고 걱정이 없어 행복해" 보였다고 말했다. 팔메는 부르주아 신문들의 헐뜯는 논평을 젊은 사람다운 의연함으로 떨쳐냈다. 그러나 근대성과 쇄신을 대표한다는 그의 주장이 노동운동 안에서 인정받을지는 자명하지 않았다. 1950년대에는 지켜

---

* söderslang. 스톡홀름 방언^{Stockholmska}이라고도 한다.

야 할 위치가 있고 상흔을 지닌 꽤나 보수적인 선배들이 많았다. 총리의 충실한 수하라는 지위는 결코 위험하지 않은 자리가 아니었다. 스웨덴 노동운동은 이따금 비잔티움 제국 같은 모습을 보였는데, 그러한 세계에 전혀 익숙하지 않은 사람에게는 특히 위험한 자리였다. 팔메는 처음에는 가장 기본적인 문제에 관해 의문을 품었다. 예를 들면 나라에서 사회민주주의 지역신문이 발행되는 곳이 어딘지 따위였다.

자신감 넘치는 청년, 정부의 핵심에 들어온 이전의 학생정치인은 약간의 분노를 유발했다. 당내에서 몇 안 되는 강력한 여성 동지 난시 에릭손은 팔메가 전혀 편하지 않았다. 팔메는 '상층계급' 냄새가 '너무 많이' 났다. 난시 에릭손은 노동운동이 "행정부 곳곳의 요직을, 많은 경우에 완전히 정무적인 직책을" 먹어 치운 그와 같은 부류의 사람들을 많이 받아들였다고 실망을 드러냈다. 완전히 틀린 얘기는 아니다. 스웨덴 정계와 관계의 최상층은 1961년에도 대기업가와 학자의 자식들이 지배했다. 노동자 가정 출신은 10퍼센트도 되지 않았다. 에릭손이 팔메를 탐탁지 않게 여긴 데에는 필시 젠더 문제도 있었을 것이다. 에릭손은 팔메가 1958년에 상원 의원으로 의회에 입성할 때 지역구였던 옌셰핑 출신이었다. 엘란데르와 아스플링은 지구당 지도부에 자신들이 데리고 있던 청년을 후보로 세우라고 요청하면서 사회민주당 여성지부 의장이었던 강력한 여성 후보를 아주 간단히 탈락시켰다. 스몰란드의 사회민주당 여성 당원들의 크나큰 불만은 충분히 이해할 만했고, 이는 난시 에릭손의 귀에도 분명히 들어갔을 것이다. 난시 에릭손을 행동에 나서게 했던 것은 아마도 팔메가 외스테르말름 출신이었다는 사실보다 경험이 더 많은 여성 내부인사를 앞질러간 청년이라는 사실이었을 것이다. 그럼에도 팔메는 그녀를 조용히 무시할 수 있었다.《아프톤블라데트》는 이렇게 보았다. 에릭손과 논쟁하는 것은 "폭풍 속에서 신문을 읽는 것"과 같았다. 노동운동은 (다른 모든 정당과 마찬가지로) 1950년대에 대체로 신사 클럽이었다. 지도부에서 여성이 차지하는 몫은 지극히 작았다.

정부에 여성 각료는 아직도 여성의 특별한 활동 영역으로 인식되던 소비자 문제와 원조 문제를 책임진 울라 린드스트룀 한 명뿐이었다. 그녀는 괴팍한 우익보수당 정치인 닐스 불린의 딸이었고 군나르 뮈르달의 문하생이었다. 뮈르달은 1940년대에 스웨덴 가구산업을 조사하고자 린드스트룀을 상업부로 데려왔다. 그녀는 부르주아 출신이라는 사실과 성격 탓에(급진적이었고 유능했으며 의지력이 강했다) 사회민주당 안에서 울로프 팔메의 이력을 미리 보여주었다. 린드스트룀은 특히 스웨덴의 원조를 확대하고자 열심히 싸웠다. 그러나 여성은 여전히 여성지에서도 신문의 사설에서도 정치인으로서 진지하게 받아들여지지 않았다. "스웨덴 최초의 주부 정치인"은 그 외모와 복장으로 평가받았다. 외모는 '발퀴리아',* '금발의 아마존', '정부의 꽃'이었고, 차림은 "대야에 담가야 빨 수 있는 주름 없는 옷감 아크릴 섬유로 만든 잿빛 옷, 늘 같은 구두… 평범한

---

* Valkyria. 전장에서 죽은 자를 신들의 세계로 인도하는 북유럽 신화의 여성적 존재.

옷차림에 잠을 푹 잤음을 보여주는 매끄럽게 빗은 머리"였다.

그러나 엘란데르의 내각에서 군나르 스트렝과 토슈텐 닐손, 스벤 안데숀 같은 부담스러운 각료들의 협력은 남자로서도 결코 쉽지 않았다. 1953년 팔메가 그들을 처음으로 만났을 때, 스트렝은 사회부 장관, 닐손은 국방부 장관, 안데숀은 교통통신부 장관이었다. 이들은 기질적으로 서로 완전히 달랐지만 모두 스웨덴 노동운동의 전형적인 인물이었다. 야심에 차고 잘 준비되어 있었고 결과 지향적이었으며 극단적인 이데올로기에 단호히 반대했다.

아동기의 환경은 물질적으로 초라했지만, 부모들은 대체로 현대적 감각을 지녀서 독서와 공부를 장려했다. 군나르 스트렝은 1906년생으로 아버지가 스톡홀름 외곽의 하수처리장에서 일했는데 농촌 머슴 숙소의 다락방에 작은 도서관을 차려놓고 잭 런던과 막심 고리키, 레프 톨스토이, 업턴 싱클레어의 책을, 그리고 당연하게도 "아우구스트 스트린드베리의 모든 작품"을 읽으며 성장했다. 말뫼 출신의 토슈텐 닐손은 1905년생으로 중학교까지 다녔지만, 아버지가 간 길을 따라 벽돌공이 되었다. 예테보리의 노동자 지구 마이우나에서 1910년에 태어난 스벤 안데숀은 서적상의 점원으로 일하며 독서에 맛을 들인 뒤 아버지처럼 목수가 되었다. 경제적으로 여유가 있었다면 이들은 고등학교에 진학하여 공부를 더 했을 것이다. 그러나 이들의 포부는 노동운동의 교육 활동으로 연결되었다. 토슈텐 닐손은 1930년대 말 독일 튀링겐의 민중대학Volkhochschule에서 마르크스주의와 독일어를 배웠고, 스벤 안데숀은 제네바 누디스카 민중대학에서 1년 공부했고, 군나르 스트렝은 국민학교에서 습득한 지식을 국내에서, 스톡홀름 남동쪽 베스테르하닝에 민중대학에서 보완했다.

닐손과 안데숀은 1930년대에 강고한 이데올로기 학습장이었던 사회민주당 청년연맹에서 활동했다. '동안 벽돌공' 토슈텐 닐손은 나치가 침투한 스코네의 시골에서 그들에 굴하지 않고 맞서 싸워 현지에서 유명세를 얻었다. 출처는 의심스럽지만 노동운동 내부에서는 그가 토론에서 나치 지도자였던 수의사 비르예르 푸루고드의 코를 납작하게 했다는 전설적인 얘기가 돌았다. "누군가 이렇게 말했다. 라파엘로의 두 손을 잘라라. 그는 여전히 똑같은 화가일 것이다. 푸루고드의 목을 잘라라. 그는 여전히 똑같이 생각하는 사람일 것이다." 교육운동 단체인 노동자교육협회에서 활동한 스벤 안데숀은 대공황 시기에 예테보리에서 핵심적인 공산주의자의 천적으로서 이름을 떨쳤다. 현지의 볼셰비키들은 "밤중의 치통보다 그의 이름을 더 끔찍하게 두려워했다"고 한다. 스트렝은 스웨덴 농업노동조합연맹을 거쳐 정부에 입각했다. 농업노동조합연맹에서 그는 성공적인 파업을 이끌었고 1920년대에 공산주의에 맞서 싸워 그 세력을 꺾었다. 1920년대 초 아직 10대였던 군나르 스트렝은 이렇게 말했다. "나는 레닌과 브란팅의 글을 읽었고, 심사숙고 끝에 공산주의는 스웨덴 노동자에게… 적합하지 않다는 결론에 이르렀다."

팔메가 정부청사에 들어갔을 때, 이들은 자신감 넘치고 위엄 있는 중년의 신사들로 민첩한 총리에 비하면 다소 발이 무거웠지만, 자신들을 키워준 운동에 대한 책임감이 매우 강했다. 토슈텐 닐손이 아마도 가장 융통성이 많은 사람이었을 것이다. 그는 엘란데르가 던져준 과제를 대부분 떠맡았다. 1955년부터 재무부 장관으로 오래도록 성공리에 재직한 스트렝은 누가 자신의 영역을 침해하는 것을 싫어한 외톨이에 가까웠다. 스벤 안데숀은 셋 중에서 지적으로 가장 유연했지만, 총리가 보기에는 부작용이 있었다. 관점이 너무 자주 바뀌는 경향이 있었던 것이다.

이 노동자의 아들들은 엘란데르와 달리, 제멋대로인 상층계급 출신 팔메와는 한층 더 다르게, 외관에 신경을 많이 썼다. 토슈텐 닐손과 스벤 안데숀은 입각하면서 맞춤옷을 입기 시작했다. 안데숀은 옷을 잘못 입는 총리가 걱정스러웠다. 특히 늘 밑으로 내려간 바지가 마음에 안 들었다. 그는 기성복을 입지 말라고 총리를 설득했다. 땅딸막한 체구의 스트렝은 복장에는 그다지 관심이 없었지만 대신 독특한 화법을 발전시켰다. 그 화법은 확실히 힘이 넘쳤지만 관료주의적 말투와 이상하게 차용한 외국어로 가득했다.

스트렝은 정부 정책을 비판하는 청년을 '영혼의 선원'이라는 멋진 표현으로 묘사할 정도로 말하는 것에 진정으로 기쁨을 느낀 사람이었다. 그러나 그 결과물은 순전한 횡설수설일 수도 있었다. 이를테면 어법에 맞지 않게 영어나 프랑스어를 가져다 썼다. 사람이 언제나 지식을 '기억하고 있는present' 것은 아니다. 중앙은행은 '언제나toujours' 있지는 않다. 광장에 '면한fejsade' 건물. 그러나 그는 독특한 어휘 덕분에 1960년대와 1970년대 초 재무부 장관으로 재직하고 있을 때 대중의 사랑을 많이 받았다. 팔메처럼 스트렝도 언어상의 계급 구분선을 넘나드는 것에 진정으로 기쁨을 느꼈다. 이 강력한 두 사람은 나중에 여러 차례 충돌한다. 팔메는 스트렝이 모난 사람이요 미묘한 차이에 무감하다고 생각했고, 반면 스트렝은 재정 영역을 침범하려는 젊은이의 시도를 조급하고 무책임한 행동이라고 보았다. 대립이 있었음에도 스트렝은 1969년 총리 후보 자리를 엘란데르의 옛 조수에게 넘겼다.

강력한 집단에서 홀로서기

노동운동 안에서 팔메의 가장 든든한 지원자는 당 사무총장 아스플링이었다. 그는 어쩌면 엘란데르만큼이나 팔메를 좋아했을 것이다. 그렇지만 총리는 아스플링에 회의적이었다. 말이 많고 우유부단하다고 보았기 때문이다. 그러나 아스플링은 타협적인 이미지를 갖기는 했어도 애송이가 아니었다. 알코올 중독자 아버지 밑에서 자란 그는 열일곱 살 때 어머니를 보호하기 위해 가장이 되어야 했다. 그는 노동운동 신문에서 기자로 출세했고 1948년 당 사무총장이 되었다. 강인함뿐만 아니라 외교적 재능도 필요한 직책이었다.

아스플링은 1953년 봄에 정부청사에서 걸어서 가도 될 만큼 가까운 스베아베겐의 사회민주당 당사에서 이미 팔메를 만났다. 그때 스웨덴학생회연맹 의장은 사회민주당 국제 분과 간사 카이 비에르크로부터 예정된 아시아 여행에서 만나 봐야 할 사람의 명부를 받기 위해 스베아베겐에 있었다. 당 사무총장으로서 총리와 긴밀한 관계를 유지하는 것은 아스플링의 임무였고, 총리의 비서 선발은 결코 하찮은 일이 아니었다. 팔메에 깊은 인상을 받은 아스플링은 그에게 노동운동을 소개하는 안내자가 되었다. 1960년대 초 아스필링은 팔메를 자신의 후임자로 생각하기도 했다. "촌락과 시골을 느끼는 법을 배우는 것은 외스테르말름 출신의 상층계급 사내인 그에게 좋은 학교가 될 것이다." 이는 하나의 의견에 지나지 않았지만, 팔메는 아스플링의 도움으로 노동운동에 관한 학습 공백을 빠르게 메웠다. 그는 특히 사람을 잘 알아보는 것이 얼마나 중요한지 간파했다. 1986년 팔메가 사망한 뒤, 수많은 사회민주당 지방정부 인사와 노동조합 직원이 당 대표가 자신들과 자신들의 촌락을 알고 있었다고 증언했다.

팔메가 이러한 선배들로부터 존경받고 신뢰를 얻을 수 있었다는 사실은 한편으로는 사람의 마음을 사로잡는 그의 힘으로 설명된다. 그렇지만 스웨덴 사회민주주의는 많이 배우지 못했다는 열등감으로 고생하지도 않았다. 자신감이 좋았다. 스웨덴 노동계급은 오로지 자체의 힘만으로 수많은 유능한 남녀를 끌어모았다. 6년간 국민학교를 다닌 것이 전부인 이들이 군(콤뮨)의 아동복지과부터 중앙정부의 재무부까지 사회 내 모든 차원에서 강력하고도 책임 있게 나라를 운영했다. 1920년대에 의회 직원들은 의원들의 능력에 점수 매기기를 즐겼는데, 노동운동에 공감하지 않은 자들이었는데도 사회민주당 의원들이 부르주아 정당 의원들보다 뛰어나다는 점에 의견이 일치했다. 보통선거제와 의회주의가 대중독재와 실정을 초래하리라는 보수층의 우려는 틀렸다.

그렇지만 이 자신감의 한가운데에 사회민주주의의 자기 이미지에 깃든 약점이 보인다. 부르주아가 언론을 지배했다는 사실이다. 선거를 거듭하며 유권자들은 나라를 이끌 노동자 정당의 능력에 신뢰를 보였지만 이상하게도 사회민주주의 일간지를 거부했다. 스웨덴 사람들은 노르웨이와 핀란드의 이웃들과 함께 세계에서 신문을 가장 많이 읽는 국민이다. 유럽 대륙의 나라들은 물론 미국과 영국에 비해서도 그렇다. 나라의 대부분의 도시에서는 적어도 사회민주주의 신문과 부르주아 신문 각각 하나씩 두 개 이상의 신문이 발행된다. 스톡홀름 시민은 1950년대 초에 12개의 일간지 사이에서 선택할 수 있었다. 그중 단 하나 망해가는 《모론티드닝엔》만 사회민주주의 신문이었다. 1956년 노동운동이 《스톡홀름스 티드닝엔》과 《아프톤블라데트》를 한꺼번에 매입하면서 일시적으로 상황이 개선되었다. 그러나 결국 살아남은 것은 《아프톤블라데트》 하나뿐이다. 이른바 A신문(노동운동 진영 신문Arbetarpressen)은 재정이 늘 불안했다. 발행부수는 적었고, 광고주들은 이데올로기적인 이유에서 부르주아 신문들을 좋아했다(음모라는 얘기도 돌았다). 반면 신문에서 국민당의 지위는 견고했다. 수도에서 석간신문 《엑스프레센》과 《다겐스 뉘헤테르》 두 종의 대형 신문을 소유한 보니에르 가문이 특히 도움이 되었다. 다른 어느 신문보다도 《다겐스 뉘헤테르》가 공적인 논의에서 지배적인 위치를 점했다. 런던의 《더 타임스》나 미국의 《뉴욕 타임스》와 비슷하다고 보면 된다. 그러나 사회민주당에 가장 큰 문제는 양적인 우세였다. 1960년 국민당은 유권자의 17퍼센트와 신문 구독자의 45퍼센트를 차지했다. 반면 유권자의 50퍼센트는 사회민주당에 투표했고 약 20퍼센트의 시민이 사회민주당 신문을 읽었다.

사회학적 연구를 보면 부르주아 신문을 읽는 사회민주주의자들이 이데올로기적으로 손상을 입지 않은 것은 분명하다. 사회민주주의 신문의 어느 편집장은 이렇게 으스대며 얘기했다. 부르주아 신문들은 노동운동의 동력이 "조롱해도 마음이 개운치 않은 완벽함의 열정"임을 인정한다. 그러나 정부청사에서는 그렇게 자신만만한 태도가 쉽게 유지되지 않았다. 엘란데르는 부르주아 신문의 지배력에 좌절했다. 그는 일기에 화를 토해낸 경우가 많은데 이 또한 그중 하나이다. "히틀러, 매카시,《다겐스 뉘헤테르》와 똑같은 수법." 사회민주주의 신문에 대한 엘란데르의 평가는 높지 않았다. "당의 신문이 없다니 애석하다." 노동운동은 "보니에르 신문의 나무에 얹혀사는 겨우살이" 같은 "단세포 배아"만 갖고 있었다.

이는 한편으로는 의심을 받는 데 대한 권력의 끝없는 불만과 관계가 있다. 그렇지만 통치권을 확고히 장악하고도 이를 문화적 차원의 지배로 전환시키지 못한 무능력 탓에 위계적인 계급사회에서 아직도 약자라는 사회민주당의 인식은 더욱 커졌다. 지식인에 대한 태도는 양면적이었다. 때때로 문화노동자와의 교류 부족을 애석해하는 목소리가 터져 나왔고 관계 개선의 시도가 있었다. 토슈텐 닐손은 "상상력이 풍부한 지식인들과 이상을 펼치는 교류"를 열렬히 지지했는데, 완강하게 경제적 시각을 고수한 노동조합 쪽의 사회민주주의자들은 이러한 생각을 높이 평가하지 않았다. 타게 엘란데르는 사회민주주의에 가깝거나 공감의 태도를 보인 작가들을 하르프순드에 초대하여 모임을 가졌다. 그러나 이후 그는 작가들이 정치를 이해하지 못하는 것 같다고 투덜거렸다. 팔메의 친구 하리 샤인은 그러한 모임의 하나가 끝난 뒤 작가들은 아마도 정치인이 문학을 이해하지 못한다는 불만을 안고 하르프순드에 왔을 것이라고 지적했다.

'지식인inteligensare'과 '떠버리 탐미주의자estetflabbar'를 의심하는 오랜 전통이 있었다. 이는 노동운동 초창기에 지식인을 얕보아 부를 때 쓴 낱말이다. 지식인은 급진적인 사상을 표현할 수 있을 때에도 당에 충성할 수 있으리라는 믿음을 얻지 못했다. 스웨덴 노동운동은 이념에서는 다원적이었고 조직에서는 분파적이었다. 무엇을 하고 무슨 생각을 하든지 사회민주주의자는 운동 밖이 아니라 운동 안에서 행동하고 생각해야 했다. 이데올로기는 문제가 아니었다. 우파 사회민주주의자나 좌파 사회민주주의자, 금주주의자나 술고래, 기독교도나 무신론자, 국방 옹호자나 평화주의자 무엇이든 될 수 있었지만, 당이 내린 결정에 언제나 복종해야 했다. 마치 기숙학교처럼 규율이 엄격했다. 당원은 어느 수준에 있든 간에 부르면 나왔고 신임을 잃으면 사퇴했으며 내부에서 얼마나 나쁜 대접을 받았든 공개적으로 사회민주주의를 공격하지 않았다. 작가이자 기자였던 올레 스벤닝은 1950년대와 1960년대에 말뫼에서 중요한 사회민주당 지역정치인이었던 아버지 에리크 스벤닝에 대해 이렇게 썼다. "에리크의 윤리는, 어쩌면 요구라고 해야 하겠지만, 엄격했다. 조직에 들어가고 훈련하고 책임지고 정치 운동의 일부가 되어야 한다."

거의 대부분의 문제에 관하여 자신만의 의견과 생각을 지닌 젊은이에게 당 규율은 전혀 자연스럽지 않았다. 팔메는 1960년대 초 중대한 실수를 저질렀다. 《아프톤블라데트》의 기자와 대화하던 중에 원조 문제에서 자신의 상급자였던 울라 린드스트룀에 대하여 과연 그답게도 비판적인 발언을 했던 것이다. 그는 순진하게도 사적인 대화라고 믿었지만, 아부라고는 거의 찾아볼 수 없는 그의 평가가 신문에 공개되었을 때 누구나 발언자의 신원을 알 수 있었다. "꽤나 빠르게 내각으로 걸어 들어가는" 국회의원. 그렇지만 이 사건은 실로 예외였다. 팔메는 일찍이 속내를 들키지 않도록 조심해야 한다는 점을 깨달았다. 1956년 팔메는 엘란데르의 모스크바 국빈방문 중에 《엑스프레센》 통신원으로 파견되어 있던 어렸을 적의 친구 한스 바트랑을 만났을 때 만남을 삼가야 한다는 점을 설명했다. 총리의 비서는 기자와 지나치게 친밀해서는 안 되었다. 많은 사람이 팔메의 가까운 협력자들의 거칠고 부정확한 말투를 증언했다. 그러나 팔메는 사사로이 처신하는 일이 드물었고 허점을 드러내지 않았다. 공인으로서의 삶에서 실질적으로 벗어나 찾은 휴식은 가족이 유일했다. 그는, 특히 리스베트는 이 친밀한 영역을 보호하는 방법을 알았다. 가족 밖에서 그는 하루 24시간 사회민주당 당원이었다.

귀족적인 배경을 지녔고 자신감이 강했던 팔메는 사회민주주의의 집단주의에 전혀 위협을 느끼지 않았다. 사회적 정체성의 토대가 하층 노동자계급으로부터의 확실한 거리 두기였던 중간계급 출신과는 다른 모습이었다. 팔메는 평생 동안 강력한 집단에 매여 있었지만 언제나 자신의 개성과 사상을 주장하는 데 성공했다. 이데올로기적으로 그는 변화와 해체를 주창했지만, 가족과 당에 관해서는 의무와 책임이라는 직관적인 감정을 지녔다. 전통적인 형식과 급진적인 내용의 효율적인 조합이었다.

절반의 승리

1960년 가을 선거를 앞두고 사회민주당은 팔메와 엘란데르가 그 전해에 발전시킨 새로운 이데올로기 노선을 공고히 했다. 6월 1일 사회민주당은 제21차 전당대회에서 마르크스주의적 계급 정치를 버리고 '강한 사회' 안에서 개인의 선택의 자유를 확대하기 위해 새로운 강령을 채택했다. 당내 좌파는 새로운 이념이 지나치게 자유주의적이며 우경화했다고 보았다. 강령 작성에 관여하지 않은 팔메도 새로운 강령이 너무 무기력하다고 생각했다. 그러나 새로운 강령의 힘은 낙관론과 변화를 부각시켰다는 점에 있었다. 대체로 페리 앤더슨이 모색한 휴머니즘과 비슷한 냄새가 났다. 엘란데르는 새로운 강령에서 "행복이 문을 열고 있다"고 주장하여 대의원들을 자극했다. 스웨덴 사회민주주의는 안전과 평등의 전통에 따라 행복이 소시민에게 완벽한 이상향처럼 찾아오게 만들겠다고 약속했다. 선거운동에서 사회민주당의 핵심 구호는 보수적 자세와 미래에 대한 낙관론의 결합이었다. "안전에 반대하는 투표를 하지 말라. 좋은 시절을 더 좋게 만들라."

외부인들은 무슨 뜻인지 판단하기 어려웠다. 소련의 정기간행물

《미로바야 에코노미스카(세계 경제)》는 실망스럽다는 듯이 이렇게 확인했다. "사회민주당 강령은 세계자본주의를 파괴하는 데까지 나아가지 못했다." 그렇지만 '상대적 복지'를 생각하면 "스웨덴이 일종의 예외적인 위치에 있다는 환상"이 특히 젊은 층에 널리 퍼진 것을 이해할 수 있었다. 미국 신문들은 이렇게 성원했다. 스웨덴 사회민주주의에서 사회주의는 "이제 옛것 취급을 받았다." 그렇지만 '새로운 것'을 설명하는 분명한 문제가 남았다. 그러나 스웨덴 유권자들은 새로운 강령을 지지했다. 선거운동이 국민추가연금을 둘러싼 지난해의 격한 공방에 비하면 다소 활기가 없기는 했지만, 사회민주당은 48퍼센트를 득표하여 편안하게 승리했다.

반면 선거운동은 울로프 팔메 개인에게는 그다지 성공적이지 않았다. 당은 그를 노동계급의 새로운 기대주로 내세웠다. 결과는 참혹했다. 팔메는 텔레비전 토론에서 베틸 울린과 맞붙었는데 판이 완전히 기울었다. 팔메는 지나치게 열을 올렸고 공격적이었으며 자만했다. 윤곽이 뚜렷한 얼굴을 화장으로 충분히 지우지 못해 이러한 이미지는 더욱 심했다. 나이 많은 훌륭한 교수 울린에 비해 팔메는 거만한 상층계급 자식과 프랑스혁명 시절에 생겨난 악마가 뒤섞인 모습이었다. 부르주아 신문들은 향후 몇 해 동안 팔메가 구역질 날 정도로 불쾌한 인간이라고 얘기한다. 그러나 일부 사회민주당원도 팔메에 불만을 토로했다. 당의 어느 중진은 익명으로 선거에서 패배하면 이는 그의 책임이라고 말했다. "그는 심지어 울린까지도 유권자의 공감을 얻게 만들었다." 그러나 애초에 팔메를 내보낸 것이 실수였다. 그는 5년 동안 거의 매일 엘란데르로부터 울린이 인간으로서나 정치인으로서나 결함이 있다는 말을 들었다. 젊은 팔메에게 전파된 엘란데르의 개인적인 무시와 조롱은 스웨덴 국민의 마음에 들지 않았다. 팔메는 오랫동안 울린과의 토론을 자신의 가장 큰 정치적 실패로 여겼다. 그러나 토론은 선거 결과에 그다지 중요하지 않았다.

10. 케네디 닮은꼴

Olof Palme

새로운 현실은 안팎으로 더욱 새로워진다. 세계 지도는 다채로워졌고, 우리는 미지의 세계라는 이미지를 얻었다.… 미래는 존재하며, 과거는 의미가 있다.

— 구닐라 암비엔손

로버트 F. 케네디는 두 개의 병행 궤도를 따라갔다. 도덕적 충동과 실용주의.

— 에번 토머스

1963년 11월 22일 존 F. 케네디의 죽음에 전 세계가 미국을 위로했다. 사회주의자 작가 한스 그란리드는 감라스탄에서 파티를 마치고 솔렌투나의 집으로 돌아가던 길에 스톡홀름 석간신문들의 벽보판 제목을 보고 이렇게 말했다. "누구나 깊은 슬픔에 젖었다. 최고로 비정한 파시스트와 인종주의자만 빼고." 인문중고등학교 교사였던 그란리드는 "자유와 정의를 위한 케네디의 정책에 관하여 매우 훌륭한 논설문을 쓴" 학생을 떠올렸다. 케네디가 사망하고 며칠 지난 뒤 스톡홀름의 학생 1000여 명이 유르고덴에 있는 미국 대사관의 현대적 건물로 횃불을 들고 행진하여 미국이 계속해서 "인종 간 평화와 평등을 위해" 노력하고 "전 세계에 미래에 대한 낙관적인 태도와 자신감을 심어주기"를 바라는 기대를 담은 위로의 서한을 전달했다. 그다음으로 스웨덴 청년들이 미국 대사관으로 몰려갈 때에는 메시지가 그다지 호의적이지 않다.

사망 후 한 주 가까이 지나 알링턴의 미국 국립묘지에서 장례식이 거행되었고, 세계 각국의 대통령과 총리, 왕족이 찾아와 슬픔에 젖은 케네디 가족의 뒤를 따라 장례 행렬을 이루었다. 프랑스 대통령 샤를 드골, 서독 연방 총리 루트비히 에르하르트, 영국의 필립 공, 에티오피아 황제 하일레 셀라시에가 참석했다. 버지니아 주의 완만한 구릉에 내리쬐는 11월의 햇빛 속에는 스칸디나비아 세 나라 총리 타게 엘란데르와 노르웨이의 아이나르 게르하르첸, 덴마크의 옌스 오토 크라우도 있었다. 행렬 중에는 최근에 각료가 된 서른여섯 살의 울로프 팔메도 보였다. 부르주아 신문들은 대체로 그 순간의 엄숙함에 사로잡혀 총리가 여정에 대동한 동료에 관하여 별다른 견해를 내놓지 못했다. 1962년에 개항한 스톡홀름 북쪽의 새로운 국제공항 알란다 공항에서의 출국은 혼잡했다.

댈러스의 총격 직후 엘란데르는 살해 위협을 받았고, 최소한 다섯 명의 경호원이 그를 수행했다. 이에 겸손이 몸에 밴 총리는 자신을 위해 너무 많은 수고를 한다고 유감을 표명했다. 울로프 팔메에 관해서는 자주 그랬듯이 몇몇 곳에서 짜증을 터뜨렸다. 자유주의적인 지역신문 《카트리네홀름스 쿠리렌》은 이렇게 물었다. "왜 팔메 씨인가?" 신문은 국제적으로 의미 있는 모임에서 갓 지명된 각료가 스웨덴을 대표하는 것이 불합리하다고 보았다. 악마의 웃음을 지닌 청년 클럽 활동가는 "말하자면 그곳에 정확히 어울리지 않았다. 그는 그러한 성격의 국가를 대표하는 임무를 맡을 자격이 있는지 아직 적절하게 검증받지 않았다."

　팔메는 불과 한 주 전에 임시 각의에서 정무장관으로 임명되었다. 11월 18일 그는 연미복을 차려 입고 가족과 함께 벨링뷔의 타운하우스를 출발하여 스톡홀름 왕궁으로 가서 여든한 살의 국왕 구스타브 6세 아돌프 앞에서 왕실을 지키고 헌법의 명령을 따르겠다고 맹세했다. 원칙적인 공화주의자로서 비록 불만이었지만, 1958년에 폐지된 각료선서보다는 나았다. 각료선서는 장관들에게 "목숨과 피를 바쳐 국왕의 지배를 수호하겠다"고 약속할 것을 요구했다. 팔메의 가족은(리스베트, 할머니 뮈지, 다섯 살 된 유아킴, 새로 가족에 들어온 두 살배기 모텐) 왕궁의 연회장에 붙은 방에서 각료회의실을 들여다볼 수 있었다. 임명 이후 라디오와 텔레비전의 인터뷰를 마친 다음에야 팔메는 가족과 함께 벨링뷔로 돌아갈 수 있었다. 아마 침대 옆의 곁탁자에 올려두었던, 아이젠하워 정부에 관한 책 『권력의 시련*The Ordeals of Power*』를 계속 읽었을 것이다. 젊은 각료가 부인과(《다겐스 뉘헤테르》에 따르면 서른두 살의 리스베트는 '스무 살 여대생'처럼 보였다) 두 꼬마 소년과 함께 있는 사진은 못 견디게 매혹적이었다. 팔메는 두 아들과 함께 "좋아요, 아빠!"라는 제목으로 《엑스프레센》의 1면을 장식했다. 팔메가 몇 달 전 신문에서 그다지 아첨하지 않는 논조로 평한 울라 린드스트룀은 사랑스러운 장면 앞에서 모든 원망을 뒤로했다. "창백한 얼굴에 머리는 물로 빗은 듯이 가지런한 젊은이가 각료회의실에서 선서를 하는 동안 볼이 통통한 부인과 두 꼬마 아이는(월귤나무 열매 같았다) 문 뒤에서 지켜보았다."

팔메는 자신만의 준거점이 있었다. 그는 확실히 할아버지 스벤 팔메를 생각했다. 스벤 팔메는 20세기 초에 거의 각료가 될 뻔했을 때 각료회의실에 들어간 적이 있다. 이제 팔메 가문은 공적 무대에 강력하게 복귀했다. 울로프의 사촌 스벤 울리크 팔메는 매우 유명한 역사가였고, 그의 육촌 울프 팔메는 저명한 배우이자 연출가였다. 경제적으로 화려한 시절은 지나갔다고 해도, 스벤과 헨리크의 손자들은 예술과 학문, 정치에서 성공했다. 그러나 신임 각료가 표현했듯이 "정치에 투신한다면 각료의 직책에 감동해서는 안 된다." 상당히 솔직한 발언이었다. 그의 야심은 각료 직책을 뛰어넘었다.

팔메가 엘란데르 곁에서 일을 시작한 지 정확히 10년이 지났다. 팔메는 크게 출세했고 결혼하여 자녀를 가졌고 그 시절 스웨덴 행정부와 여당에 관해 알아야 할 필요가 있는 것을 대부분 배웠다. 모난 부분은 다듬어져 부드러워졌고, 핵폭탄 같은 일부 문제에서 그도 다른 사람들처럼 견해를 바꾸었다. 그러나 팔메는 결정적으로 변하지는 않았다. 오히려 연속성이 두드러졌다. 낙관적 태도와 에너지는 그대로였다. 스웨덴 사회를 현대화하고 국가를 수단으로 삼아 시민의 자아실현 기회에서 평등을 실현한다는 기본적인 목표도 마찬가지였다. 반면 사회는 더욱 변했다. 안정과 번영의 10년 뒤에 스웨덴 사람들은 새로운 사고와 도전을 받아들였다. 이전 10년간은 일종의 시험 단계라는 느낌이 강했다면, 1960년대는 다르리라는 확신이 있었다. 이제 성년에 도달한 전후 세대는 1950년대의 안전을 뒤로하고 활짝 열린 미래를 앞에 두고 있었다. 총리 엘란데르는 1962년 소책자 『선택의 자유가 있는 사회*Valfrihetens samhälle*』에서 이렇게 표현했다. "고도로 합리화한 생산 설비, 공공 부문 기본 구조의 확충, 사회 전 부분에 퍼진 강력한 발전의 의지는 미래를 맞이하며 딛고 설 견고한 토대를 제공한다." 성장하는 세대는 다소 감상적으로 이렇게 보았다. "새로운 현실은 안팎으로 더욱 새로워진다. 세계 지도는 다채로워졌고, 우리는 미지의 세계라는 이미지를 얻었다.… 미래는 존재하며, 과거는 의미가 있다."

함마르셸드의 부고

1960년 가을 젊은 상원 의원 존 F. 케네디가 미국 대통령에 당선된 것은 미국이 1950년대의 보수주의와 결별하고 이제 세계를 미래로 이끌고자 한다는 신호로 해석되었다. 11월 9일 밤 민주당 내 좌파는 뉴욕의 월도프 아스토리아 호텔의 무도회장에서 케네디의 승리를 지켜보았다. 열광적인 스웨덴 사회민주당원 몇 명도 그곳에 있었다. 외스텐 운덴과 울라 린드스트룀, 노동조합총연맹과 사무직 중앙연맹의 지도자들이었다. 린드스트룀의 결론은 이러했다. "청년은 준비하려 하며, 그들의 상상력은 노동과 고생 같은 재료로 만들어진 케네디의 쓴 수프에서 더 많은 양분을 얻었다." 케네디는 큰 기대를 받았다. 그는 개발도상국의 빈곤과 핵무기 보유국 간의 군비경쟁, 미국 남부 흑인의 시민권 결여 같은 문제를 다루려 했다. 어느 저명한 역사가의 표현대로 케네디가 "20세기에서 가장 과대평가된 정치인"일 수는 있지만, 그는 1960년대 초 미래에 대한 낙관론의 상징이었다.

세계의 지도국으로서 미국을 대신할 나라를 떠올리기는 어려웠다. 소련은 1956년 헝가리를 침공했을 때 서방 지식인들 사이에 아직 남아 있던 동조자를 대부분 잃었다. 영국과 프랑스는 식민주의의 과거에 붙잡혀 무기력했다. 1954년부터 알제리에서 발생한 폭동은 프랑스 제4공화국의 몰락을 초래했다. 1962년 알제리는 마침내 독립했지만, 프랑스인들이 민족해방운동에 맞서며 쓴 방법은 증오를 불러일으켰다. 스웨덴은 처음에는 방관적인 태도를 취했지만, 한층 더 분명하게 반식민지 노선으로 움직였다. 스웨덴은 1959년 서방 국가로는 유일하게 알제리 인민의 자결권을 인정하는 국제연합 결의안에 찬성했다. 아프리카인 정신의학자 프란츠 파농은 『이 세상의 저주받은 자들』에서 이렇게 썼다. 스웨덴어로는 1962년에 번역되었다. "민족의 해방이든 민족의 부활이든 민족의 국민 지위 회복이든(어떤 명칭을 쓰든, 어떻게 진행하든), 식민지 해방은 어쨌거나 폭력적인 현상이다."

스웨덴에서 식민지 해방의 폭력성은 특별한 의미가 있었다. 1961년 9월 아프리카에서 비행기 추락 사고로 사망한 다그 함마르셸드의 의문스러운 죽음 때문이었다. 함마르셸드는 1953년 팔메가 엘란데르의 비서가 되기 몇 달 전에 국제연합 사무총장에 선출되었다. 원래 경제학자였던 그는 공직에서 화려한 이력을 쌓았고 1940년대 말 당원이 아니었는데도 사회민주당 정부의 각료가 되었다. 그러나 신앙심 깊은 기독교도로 종교적 신비주의에 이끌린 탓에 기능주의적 유용성의 잣대가 지배한 정치 환경에서 유별난 사람이었다. 함마르셸드는 진중하고 도덕적인 인간으로 침대 옆 곁탁자에 토마스 아퀴나스와 마이스터 에크하르트*의 책을 두고 살았고, 스웨덴의 산악지대를 거침없이 돌아다녔으며, 유대인 신비주의자 마르틴 부버의 책을 번역하면서 세상의 위기가 야기한 긴장에서 벗어났다. 그의 밑에서 일한 국제연합 직원은 이렇게 말했다. "눈은 무정하리만큼 파랗다. 적들은 그를 강철같이 냉혹하다고 했고, 우리는 나중에 그가 소름끼치도록 무서울 수 있음을 알게 되었다." 그의 세계관에서 정치는 예법과 합법성보다 하위에 있었다.

이 뻣뻣한 스웨덴 관료는 취임 당시에는 큰 기대를 받지 못했다. 그러나 1950년대 후반 수에즈 운하 위기 같은 일련의 국제적 갈등에서 국제연합이 보여준 활동으로 그의 지위는 강해졌다. 소련과 싸우기까지 했는데, 그 때문에 국제연합이 거의 쪼개질 뻔했다. 콩고는 이전의 식민국 벨기에로부터 막 독립했는데, 벨기에는 카탕가 주에서 분리주의를 조장했다. 함마르셸드는 강력하게 행동하여 국제연합 병력을 파견했다. 특히 레오폴드빌(킨샤사)에는 스웨덴 소총부대가 배치되었다. 그러나 이들의 임무는 폭력으로 폭동을 진압하는 것이 아니라 협상을 통한 해결의 여건을 마련하는 것이었다. 소련은 함마르셸드가 콩고의 총리 파트리스 루뭄바를 지원할 의사가 없다고 보았고, 이를 그가 서방 국가들에 속박되어 있다는 표시로 해석하고 그의 사퇴를 요구했다. 함마르셸드는 물러나지 않았지

---

* Eckhart von Hochheim, 1260년경~1328년경. 튀링겐 출신의 도미니쿠스 교단 소속 신학자이자 신비주의자. 흔히 Meister Eckhart라고 부른다.

만, 콩고의 상황은 전면적인 내전으로 비화했다. 국제연합의 중재 노력은 계속되었고, 함마르셸드는 콩고로 여러 차례 오가야 했다. 1961년 9월 17일 함마르셸드는 북北로디지아(잠비아)의 도시 은돌라에서 카탕가의 지도자와 회담을 하기 위해 스웨덴 승무원과 군인이 탑승한 더글러스 DC-6 기종 비행기를 타고 가던 중에 비행기가 추락하여 사망했다.

스웨덴에서 함마르셸드의 부고에 대한 반응은 갈렸다. 그는 웁살라 대大교회에 묻힐 때 세계 평화를 위해 쓰러진 영웅으로 추앙되었다. 외교부 장관 외스텐 운덴은 정부의 동료들에게 사망 소식을 전할 때 목소리가 쉬어 있었다. 그러나 1961년 9월에 뉴욕에 있던 올라 린드스트룀은 정에 약한 미국인들의 여론이 금욕적인 사람이었던 함마르셸드를 성인으로 추앙하는 것에 "다소 소름끼쳤다"고 썼다. 세속적이고 물질주의적인 기질의 스웨덴 사람은 소화하기 어려운 분위기였다. 함마르셸드는 존경할 만한 인물이었지만, 그의 금욕주의적 이상과 철저한 기독교 신앙까지 거론할 일은 아니었다. 1963년 예리한 시각을 지닌《스벤스카 다그블라데트》의 문화부장 울로프 라게르크란츠는 이렇게 썼다. "나는 다그 함마르셸드가 예수가 등장하는 꿈을 꾸어 현실에서 더 멀어지기 전에 죽은 것이 다행이라고 생각한다."

그러나 함마르셸드의 극적인 사망과 스웨덴인 국제연합 병사들의 기여로 인해 스웨덴 사람들은 식민주의의 쓰라린 열매를 더 크게 인식하게 되었다. 이보다 더 중요했던 것은 함마르셸드가 스웨덴의 중립정책에 대한 더욱 적극적인 시각이 나타날 길을 닦았다는 사실이다. 이는 울로프 팔메에 유리하게 작용한다. 강국들의 진영 정치 밖에 있다는 것은 이제 국제정치 영역으로부터의 도피가 아니라 도덕적인 책임을 진다는 표시였다. 1961년 외교부 장관 운덴은 개발도상국이 "도덕적으로나 정치적으로 비난받을 위험 없이 독립적인 중립정책을 선택할 권리"를 갖는다고 선언했다. 신문의 표현을 빌리자면, "콩고의 우리 소년들"은 1964년까지 그곳에 있었다. 카탕가의 어느 종족 이름인 '발루바스balubas'라는 낱말은, 비록 강한 문화적 통찰력이 들어 있지는 않지만, 스웨덴어에 편입되었다. 그렇지만 세계의 사건들에 휘말렸다는 느낌은 조금 더 강해졌다. 스반테 푀스테르는 1964년에 발표한 소설 『계급 전사Klasskämpen』에서 새로운 시대가 쇠데르말름의 노동자 지구에 침투한 과정을 이렇게 묘사했다. "스웨덴 청년, 야간 기술학교에 다닐 계획이 있는 삼단뛰기 선수였을 그는 지리학자도 민족지학자도 아프리카 역사를 연구한 박사도 아니다.⋯ 그렇지만 그는 반디(아이스하키)나 베통(콘크리트)만큼이나 자연스럽게 '발루바스'를 말한다. 그는 적십자Röda korset 대신 RK라고 말한다. NK(백화점 누디스카 콤파니에트)를 말하는 것처럼 자연스럽게⋯."

새로운 시대정신

1960년경에는 서구 세계 전역의 문화생활에도 새로운 흐름이 생겨났다. 프랑스로부터 스웨덴에서는 1959년에 개봉한 프랑수아 트뤼포의 〈대소동Les Quatre Cents Coups〉이 문을 연 누벨바그 영화와 알랭 로브그리예가 대표 주자인 실험적 소설이 들어왔다. 영국에서는 극작가 존 오즈번과 아널드 웨스커를 필두로 새로운 세대의 '성난 청년들'이 등장하여 영국 계급사회와 전후 시대의 까다로운 도덕주의를 비난했다. 아방가르드의 가장 강력한 자극은 대중예술가와 실험주의 음악가, 비트 문학Beat 작가, 연극 실험가가 모더니즘의 엄격한 엘리트주의적 이상에 도전한 뉴욕에서 들어왔다. 일부는 상업적 대중문화에서 수프 캔과 깃발, 연재만화, 인기 영화배우 등 주제와 양식을 빌려와 도발했다. 다른 이들은 악기를 때려 부수거나 완전한 침묵을 보여줌으로써 전통적인 관념의 음악에 이의를 제기했다. 해프닝happening이라는 새로운 개념이 등장하여 예술가와 대중 사이의 경계를 무너뜨린 일종의 종합예술작품Gesamtkunstwerk을 설명했다.

1950년대에 스웨덴 문화는 국제적으로는 거의 성공하지 못했다. 페리 앤더슨은 스웨덴을 분석한 《뉴 레프트 리뷰》 기고문에서 지적 교류의 균형이 마이너스였다고 지적했다. "부족한 사회철학, 희곡의 부재, 단조로운 문학, 그림의 부재, 음악의 부재. 오로지 베리만의 의심스러운 작품뿐이다." 반면 고품격 신문, 많은 극장, 포괄적인 성인교육 등으로 국민의 교양 수준은 인상적이었다. 그 영국 마르크스주의자에 따르면 스웨덴은 창의적이지는 않지만 포용력이 큰 사회였다. 스웨덴 지식인과 작가, 예술가가 새로운 자극을, 특히 미국에서 들어오는 자극을 받아들이는 능력이 비교적 컸던 것은 이로써 설명할 수 있다. 1960년대 스웨덴 문화생활에서 새로운 사조의 중심이 된 스톡홀름 현대미술관이 1958년에 개관했다. 국제

사회에서 가장 유명한 예술가는 시인 외이빈드 팔스트룀이었다. 그는 1961년에 이미 뉴욕으로 건너가 맨해튼 남부에 있는 화가 로버트 라우션버그의 작업실에서 살았다.

몇몇 젊은 작가는 알랭 로브그리예의 정신에 따라 형식 실험에 몰두한 반면, 라슈 엘링 같은 다른 이들은 '국민의 집' 지하실에서 번창한 새로운 하위문화에 빠졌다. 그의 소설 중에서 가장 많이 언급된 1962년 작 『491』은 1950년대 초 스톡홀름 클라라 지구에 있는 오래된 아파트에서 군 사회복지과의 돌봄을 받는 버림받은 아이들에 관한 이야기이다. 폭력과 술, 섹스가 어른 세계의 질서를 무너뜨리며, 책은 그 무리가 어느 여자를 개와 교접하도록 몰아대는 잔인한 장면에서 절정에 달한다. 부 비데르베리 같은 젊은 영화감독도 나타났다. 비데르베리의 첫 작품은 1963년의 〈코르펜 지구 Kvarteret Korpen〉이다. 작가의 꿈을 지닌 노동계급 청년의 이야기를 담은 이 영화는 영국 키친싱크 리얼리즘과 프랑스 누벨바그 영화의 영향을 다 받았다. 분위기는 반항적이고 도전적이면서도 실험적이었다. 1960년대 말의 혁명적 엄숙함과는 거리가 멀었다.

젊은 작가와 예술가는 대부분 자신들이 사회민주주의 복지사회와 조화를 이룬다고 느꼈으며, 예술의 탈신비화를 통해 보편적인 민주화에 기여하기를 원했다. 1960년대 초 어느 젊은 예술전문대학 학생이 썼듯이, 철학은 결코 "기대를 충족"시키거나 "우리를 둘러싼 전통과 불문법의 뒤를 이을" 수 없었다. 모두가 똑같이 열광하지는 않았다. 신문의 문화 지면은 새로운 소설이 기록적으로 팔려나가는 상황을 이해할 수 없다고 썼다. 석간신문 《엑스프레센》은 이러한 해프닝을 아무도 막을 수 없냐고 체념한 듯 의구심을 보였다. 미국의 베트남 전쟁을 일찍부터 비판한 유명한 노동문학 작가 아투르 룬드크비스트는 새로운 실험의 욕구를 "유아성의 장난기와 자유분방함의 연장"이라고 규정했다.

젊은 예술가들이 교양 없는 속물적 인간들의 화를 돋우는 것은 당연히 시대를 가리지 않는 현상이다. 그러나 1960년대에 특이했던 것은 이전의 가치관과 기존 권위에 이의를 제기한 새로운 사상이 엘리트층에서 멀리 벗어났다는 점이다. 고등교육을 받지 않은 대다수의 사람은 다양한 직업을 가질 수 있었다. 달리는 심부름 소년과 자전거 타는 심부름 소년, 자동차 운전사, 기능공, 가게 점원, 미용사, 가정부는 끝도 없이 필요한 것 같았다. 미혼 청년 남녀는 그 어느 때보다도 의복과 장식품, 오락, 교통수단에 쓸 돈이 많았다. 전통적으로 유럽 대륙의 젊은이들보다 스칸디나비아의 젊은이들이 더 독립적이었다. 스칸디나비아의 청년 남녀는 아주 오래전부터 성생활과 배우자의 선택에서 비교적 강한 결정권을 행사했다. 옛 농민문화 속의 자기 통제 규범은 이제 미국에서 영감을 받은 10대 청소년 문화와 결합했다. 누구나 이 혼합을 좋아하지는 않았다. 촌락의 옛 청년 스포츠 팀은 시끄러운 청년 패거리로 바뀌었다. 이들은 가판대 주변을 서성거렸고, 원동기 장치를 부착한 자전거나 오토바이를 타고 내달렸으며, 시끄러운 록 음악을 들었다. 1960년대 초 스웨덴 중부지방의 공업도시 베스테로스의 철교 밑에 모이곤 했던 커다란 패거리에 들어간 열세 살 소녀는 이렇게 말했다. "우리가 가면 사람들이 거리의 다른 쪽으로 피했다. 우리는 그들을 놀

462 ························   1960~1964

리고 조롱했으며 다소 큰소리로 고함을 질렀다. 그러나 우리는 절대로 사람들을 괴롭히지 않았다.…"

청년들은 성인 세계에 등을 돌렸을 뿐만 아니라 전통적인 청년 단체에 대한 관심도 잃었다. 스웨덴 사회민주당 청년연맹은 1930년대와 1940년대에 회원이 10만 명을 넘어서 유럽에서 가장 큰 사회주의 청년운동이었다. 농촌과 소규모 사회에서, 특히 전통적으로 남성의 노동 영역이었던 건축과 제조업, 기계공작소에서 여전히 가입률이 높았다. 사회민주당 청년연맹은 물질주의("오락, 의복, 자동차, 외식")와 "학업, 독서, 여행"의 증대된 정신적 요구에 밀려났다. 전쟁 말기에 태어나 이제 10대에 접어든 수많은 청년은 사회민주당 청년연맹의 표현대로 "달랐다." 사회민주당 청년연맹은 조직의 하락세가 청년들이 사회민주주의에 더욱 부정적인 태도를 갖게 되었기 때문은 아니라는 것을 위안으로 삼을 수 있었다. 정치적 인식을 지닌 청년들은 대체로 노동자 정당에 공감했다. 그러나 청년 클럽에서 풍자극을 올리거나 시를 낭송하는 것은 이제 매력이 없었다. 학습 간사 팔메의 주도로 생긴 사회민주당 청년연맹의 통신교육과정 '현재의 저녁Kvällar i nuet'의 제목은 분명하게 말한다. "제임스 딘 숭배", "권투는 스포츠인가?", "성매매".

음악은 새로운 시대정신의 중심이었다. 1960년대 초 〈멜로디라디온Melodiradion〉이라는 "경음악 음반"을 틀어주는 라디오 채널이 열렸다. 공해의 해적라디오 방송국과의 경쟁에서 밀리지 않기 위해서는 불가피했다. 외레순드에서는 라디오 쉬드(남부 라디오)가 '치타Cheetah'라는 작은 배에서 음악을 내보냈고, 발트 해에서는 라디오 누드(북부 라디오)가 역시 작은 배 '봉주르^{Bon jour}'에서 유행가와 상품 광고, 광고 음악을 마구 내보냈다. 수준을 보증하는 고전음악 방송과 〈민주주의는 무엇인가?〉나 〈지중해에서 스웨덴으로 봄이 오는 길〉 따위의 교양 프로그램은 이제 더는 라디오 청취자를 만족시키기에 충분하지 않았다. 팝 음악 안에서는 엘비스 프레슬리와 토미 스틸 같은 솔로 가수들이 사라지고 대신 젊은 남성 그룹들이 등장했다. 이들은 아직은 머리도 꽤나 짧고 옷도 단정하게 입었지만, 주변의 성인 세계에 맞선 집단적인 연대와 폐쇄성의 신호탄이 되었다. 전복적인 태도가 잠재되어 있었다. 스톡홀름 현대미술관과 〈멜로디라디온〉 사이의 거리는 멀었지만, 둘 다 1960년대 초의 특징이었던 해체 분위기의 일부였다. 문화 엘리트는 아방가르드에, 청년은 대중문화의 민주적인 매력에 무너졌다. 그러나 1950년대의 안정된 계급사회에 도전했다는 점에서는 둘이 같았다. 실험주의 음악, 시, 미술 집단 플럭서스*의 일원이었던 벵트 아브 클린트베리의 표현을 빌리자면 "모든 것을 제자리에"라는 구호로써.

문화의 민주화라는 과제

스톡홀름 대학교는 모든 신입생을 수용하기 위해 1963년 가을 도심 북쪽 프레스카티에 유리와 콘크리트의 이상적인 모듈 건축물

---

* Fluxus. 1962년 유럽의 아방가르드 예술가들이 모여 결성한 국제적 예술 운동.

로 캠퍼스를 지을 계획을 세웠다. 그러나 1970년대까지 대학 생활은 대부분 우덴플란 광장을 둘러싼 도심에서 이루어진다. 학생이 많이 늘어나면서 동시에 학생 문화도 질적으로 변했다. 1950년대 학생 생활에서는 내향성이 두드러졌지만, 이제 학생들은 주변 세계에 대한 관심에 새롭게 눈을 떴다. 지배적인 문제는 남아프리카였다. 학생회들은 아파르트헤이트 체제에 반대했고 회원 학생들에게 카파펠신 모자, 코 마멀레이드, 로데베르흐 포도주, 기타 남아프리카 공화국 상품을 구입하지 말라고 권고했다. 점점 더 많은 사람이 대학 교육을 마친 뒤 국제연합에서 일하기를 원했고, 학생회 신문들은 아프리카와 라틴아메리카, 아시아에 관한 기사로 지면을 도배했다.

스톡홀름 대학교 학생회는 라슈 힐레슈베리 같은 청년 대중예술가의 작품 전시회와 새로운 문학에 관한 토론을 마련했다. 여학생들은(일부 남학생도) 자유로운 낙태를 요구했고, 1964년 겨울 스톡홀름 대학교 학생회 신문《가우데아무스》는 표지에 "새로운 남자"라는 제목으로 갓난아기를 안고 있는 남자의 사진을 실었다. 학생들은 연례 축제에서, 비록 일부는 잡지의 '표지 모델'처럼 망사 스타킹을 신은 여학생이 등장하는(가벼운 옷차림으로 무대에 나와 풍자극의 다음 촌극을 소개했다) 과격함에 문제를 제기하기는 했지만, 프리섹스의 투사라는 자신들의 위치를 확인했다. 1963년 축제는 '섹스와 광대극'의 절정이었다. 아니타 에크베리로 분장한 가벼운 옷차림의 여학생이 커다란 미국 카브리올레 자동차의 트렁크에 누워 매력을 발산했다. 이어 다소 절제된 학생 행진이 이어졌는데, 석간

신문들은 모든 기사 제목에 색정적인 의미가 담긴 것으로 보이는 "여대생"이라는 낱말을 집어넣어 불편한 속내를 드러냈다.

　노동자 가정이나 하급 사무직 가정 출신의 학생들에게 새로운 학생 문화는 당혹스럽게 보일 수 있었다. 그들은 대개 계급의 사다리를 성공리에 올라갈 수 있도록 성실하고 근면해야 한다는 부모의 무거운 기대를 가녀린 어깨 위에 떠안고 살았다. 노동계급 출신으로 훗날 좌파 정치인이 되는 안니카 온베리는 정신의 분열을 겪었다고 말했다. 대학에 진학하여 고등교육을 받는 것은 노동계급의 승리인 동시에 "부르주아의 이상에 적응하는 것"이었다. 그러나 이러한 이탈로 이전의 계급 특성을 버리고 새로운 공동의 학생 정체성으로 상층계급과 중간계급의 학생들과 하나가 되는 것이 가능해졌다. 국민학교 7년을 마쳤을 뿐인 아버지를 둔 호칸 아르비드손은 1960년대 중반 룬드 대학교에 입학했을 때 모자를 쓰고 짧은 재킷에 방수 외투를 입고 기차에서 내렸다. 그러나 그는 곧 "뭐라도 되어 보이는" 자들은 전부 청바지와 코르덴 옷을 입고 있음을 깨달았다. 그들은 머리가 길었고 외모에 신경 쓰지 않는 것을 매우 중요하게 여겼다. 하층 중간계급 출신으로 예테보리 대학교에 입학한 로니 암비엔손은 순응적인 비순응주의에 회의적이었다. 그렇지만 그는 또한 지식인 청년들의 새로운 필수품을 포용했다. "더플코트, 모호한 철학, 케루악의 『길 위에서』."

　1950년대의 원칙적인 비정치적 태도 이후에 '관심'과 '입장 표명'에 다시 지지를 보낸 것이 학생만은 아니었다. 1958년에 출범한 스웨덴 핵폭탄 반대 행동단은 스웨덴 작가와 기자의 강화된 행동주의를 보여주는 첫 번째 신호였다. 문학의 논쟁에, 특히 인종주의적 억압과 식민주의에 대한 비판의 형태로 더 큰 세계가 밀고 들어왔다. 1950년대 베스테르보텐을 묘사한 소설로 스웨덴 대중의 찬사를 받은 사라 리드만은 1961년에 발표한 『나와 아들*Jag och min son*』에서 남아프리카 식민지 지배자들의 심리를 비판했다. 2년 전부터 요하네스버그에 살고 있던 리드만은 또한 스웨덴 신문의 벽보판에도 등장했다. 흑인 저항운동가 남성과 가깝게 지냈다는 이유로 남아프리카의 인종주의 법률에 따라 고발당했기 때문이다. 정치를 인종 간 경계를 뛰어넘는 연애 사건의 암시와 자극적으로 엮은 것이다.

지식인에게 불합리하고 불공정한 세계 질서를 바꾸려 노력할 도덕적 책임이 있다는 생각이 힘을 얻기 시작했다. 그러나 정치로의 전환은 절대적인 참여 요구 앞에서 다시 멈춰 섰다. 1961년 늦여름 예란 팔름은 《엑스프레센》에서 이렇게 조용히 반문했다. "나 하나만 불타오르면 될 일을 온 나라가 불타오를 필요는 없지 않은가?" 그는 사회민주당의 복지 기획을 지지했고 평준화와 순응주의에 불평할 생각은 없었다. '격렬한 반대'와 '개인의 자유 확대'를 요구할 수는 있겠지만, 이는 지적 만족에 결정적이지 않았다. 스웨덴에서는 물질적 안전을 뛰어넘어 문화를 민주화하는 것이 도전 과제였다.

1960년대 초 《다겐스 뉘헤테르》의 지면에서 진행된 큰 문화적 논쟁은 작가들의 행동과 정치적 태도 표명을 우선적으로 요구하지 않았다. 오히려 그 반대였다. 비엔 호칸손이 주도적으로 나서 다소 난해한 철학적 차원에서 도덕적 '불복종'을 요구했다(이 논쟁은 일반적으로 간단히 '불복종 논쟁'이라고 부른다). '불복종'이라는 개념은 칼 벤베리가 1945년에 발표한 시에서 비롯했다. 그가 해석한 '불복종'은 사회가 인간을 배반했다는 비난과 관련이 있다. 삶은 믿음을 배반했고, 따라서 인간도 틀림없이 성실하지 못할 것이다. 그러나 평론가이자 시인이었던 호칸손에게 '불복종'은 실존적 반항이 아니라 변화를 삶의 조건으로 받아들일 필요성을 대표했다. 그는 "권위주의적이고 정적이며 원칙적인" 인간관이 아니라 "상대주의적이고 동적이며 실용적인" 인간관을 옹호했다. 호칸손의 목적은 권위에 대한 믿음과 광적인 절대주의를 청산하는 것이었다. 그렇지만 그 스스로 인정했듯이 문제가 하나 있었다. 적응성과 기능성은 그 자체로 훌륭한 것은 아니다. 프랑코의 독재와 남아프리카의 아파르트헤이트 정권은 자신들이 '불복종'을 실천한다고 주장할 수 있었을 것이다. 결론은 이렇다. 불복종의 도덕은 '사치스러운 도덕'이다. 이는 전쟁이나 외국에서는 쓸 수 없었다. 그러나 평화로운 민주주의 사회에서('국민의 집' 스웨덴을 암시한다) 불복종은 "인간 간의 더 자유롭고 더 성실한 관계를 가능하게 하고" "의식적이고 겸손하고 객관적이고 토론의 준비가 된 인간 유형"을 만들어낼 수 있을 것이었다.

호칸손의 도덕적 상대주의가 미래를 향했는지 과거를 향했는지는 분명하지 않았다. 한편으로 대다수 지식인은 종교적 도덕관념은 물론 시공간을 초월하는 영원한 예술이라는 개념도 비판할 수 있었다. 다른 한편에는 절대적 가치와 도덕적 규칙이 주는 우월함을 포기하기가 다소 불편한 자들이 있었다. 객관성과 통찰력은 예술가의 특성이라기보다는 관료의 덕목이었다. 작가들의 사회정책 논쟁 참여가 특별한 정당성을 가졌다면, 이는 그들이 결정적인 도덕적, 실존적 문제들을 제기할 능력을 지닌 덕분이었다. 새로운 지식인들은 또한 적포도주를 마시며 화단을 짓밟는 대신에 차를 마시고 기저귀를 갈았다고 공격을 받았다. 그러나 전형적인 예술가 신화에서 벗어나는 것도 새로운 방향 조정의 일부였다. 젊은 아방가르드 예술가는 나중에 이렇게 회고했다. "우리는 평범하기를 원했고, '복지국가'의 '납세자'로 처신하기를 원했으며, 참여와 내부자 시각을 바탕으로 사회를 묘사하고 비판하고자 했다." 그 시대의 예술가와 작가는 사회민주주의에 반항하지 않았다. 오히려 예술과 문화 속에서 그 이상을 실현하고 싶었다. 물론 그때까지 노동운동이 보여준 것보다 더 다채롭고 환상적으로. 반란은 차라리 스웨덴 사회에 여전히 잔존한 모더니즘의 엘리트주의와 권위에 대한 믿음을 겨냥했다고 할 것이다. 그 목적은 문화의 기본적인 안전을 보장하는 것이라기보다 매슬로의 정신에서 인간의 커진 기대를 충족시키는 것이었다.

예술가와 정치가의 시각차

그 시대의 여러 가지 새로운 생각은 스웨덴 문화생활에서 중요했던 BLM, 즉 《보니에슈 리테레라 마가신(보니에르 문예지)》에 제시되었다.《보니에슈 리테레라 마가신》은 스웨덴 최고의 출판사와 《다겐스 뉘헤테르》,《베쿠슈날렌》을 비롯한 몇몇 신문과 잡지를 소유한 유력한 가족기업 보니에르 그룹이 1932년에 창간했다. 1960년 3월호는 간소한 모더니즘적 지면 배치, 보리스 파스테르나크와 잉마르 베리만 같은 유명 작가와 문화계 인사에 관한 훌륭한 기사, 영어와 프랑스어, 독일어, 이탈리아어로 쓰인 최신 외국 소설에 관한 폭넓은 개관 등 대체로 앞뒤 호와 비슷했다. 그렇지만 꽤나 이례적인 특징도 보였다. 문학과 정치의 관계에 관한 스웨덴 국회의원들의 설문조사였다. 시발점은 국민추가연금 개혁이 시인들의 지지를 받지 못했다는 것이다. 그 시절의 정치가, 작가들이 이해하기에는 지나치게 복잡하고 전문적이었나?

그다지 놀랍지 않게도 울로프 팔메를 포함하여 답변을 한 정치인은 대부분 작가들이 사회 문제에 더 많은 관심을 보여야 한다고 생각했다. 공산당의 힐딩 하그베리는 '노동운동의 투쟁'에 관한 문학이 더 많이 나오기를 기대했으며, 중앙당 대표 혜들룬드는 정치적 이념 소설이 더 많은 것이 바람직하다고 생각했고, 우익보수당 대표 얄 얄마숀은 다소 놀랍게도 평화주의자요 공산당 동조자인 로맹 롤랑에게 경의를 표했다. 팔메의 답변은 돋보였다. 답변이 아주 길었고 동료들보다 현대 문학은 물론 고전 문학에 대해서도 더 정통했거니와 스웨덴 사회가 얼마나 근본적인 변화를 겪고 있는지 꿰뚫어 보지 못한다고 작가들을 비판했기 때문이다.

팔메는 빌헬름 무베리와 논쟁을 벌였다. 무베리는 군주제와 국교회, 상원과 관련하여 사회민주당이 이상을 저버렸다고 한층 더 지독하게 맹공을 퍼붓고 있었다. 팔메가 보기에 무베리는 허깨비를 공격했다. "시들어버린 심각한 원칙 문제와 지나간 과거를 공격하는 논평을 애석하게 생각할 이유는 전혀 없다." 진짜 문제는 작가들이 1950년대부터 생겨나 1960년대와 1970년대를 똑바로 가리킨 '특별한 문명'에 대해 쓰기를 회피했다는 사실이었다. "지난 시절과 성장기 환경의 사람들처럼 노를란드의 인구 희박 지역과 공장지대, 농촌 사람들도 생생하게 묘사되었다." 그러나 1950년대의 문학은 록스베드와 코테달라의 방 세 개짜리 아파트에서 멈춰 섰고,* 슈퍼마켓과 지하철, 교외노선 버스를 외면했으며, 현대적인 사무실 건물과 서비스 산업 앞에서 주저했다. 팔메는 "현대의 집단적 인간"과 그 인간성을 사회심리학과 시장 분석을 벗어나 형상화하라고 요구했다. 이 젊은 사회민주당 정치인의 생각은 이러했다. 작가는 예를 들면 "'국민의 집'이 체계적이라는 환상을 깨뜨려 그것을 매우 합리적으로 이해하도록 하는 것이 중요한 사명"임을 깨달을 수 있었다. 작가들은 곧 '국민의 집'과 '강한 사회' 둘 다 깨뜨리게 되나, 1960년대 초에 팔메는 대다수 예술가와 작가보다 더 과격했다.

팔메는 1950년대 내내 시대를 앞서갔지만, 이제 스웨덴이 서서히 그를 따라잡았다. 팔메는 기록적으로 빠른 출세 덕분에 정치적으로 권력의 지위에 올랐고, 동시에 그의 젊은 국민은 걱정에 휩싸여 안전을 희구하던 1950년대를 뒤로하고 한층 더 낙관적이고 행동주의적이고 국제주의적으로 바뀌었고 미국의 영향을 많이 받았다. 팔메는 1960년 늦여름 《티덴》에 발표한 널리 알려진 글에서 자

---

* 1950년대에 건설된 주택지구로 록스베드Rågsved는 스톡홀름에, 코테달라Kortedala 는 예테보리 교외에 있다.

신 있게 앞을 내다보면서 새로운 10년은 서구 세계에서 급진주의의 쇄신을 목도하게 될 것이라고 설명했다. 1950년대는 보수주의의 시대였다. 냉전은 미래에 대한 두려움과 불안을 초래했다. 베르겐벨젠과 아우슈비츠는 "모든 급진주의의 기조인 이성 위에 선, 진보에 대한 낙관적인 믿음을" 흔들었다.

공산주의와 매카시즘이 함께 "이성에 대한 반란"을 이끌었다. 많은 나라에서 우파가 권좌에 복귀했으나, 좌파가 지위를 유지한 노르웨이와 스웨덴에서도 급진주의는 약해졌다. 1930년대 목표인 완전고용과 기본적인 안전은 달성되었고, 새로운 미래상은 아직 정립되지 않았다. 그렇지만 보수적인 이론과는 정반대로, 생활수준의 향상이 계속해서 낙관론과 미래에 대한 믿음을 낳아 좌파를 유리하게 했음이 드러났다. 세계는 1930년대에 새로운 경제정책이 등장할 때와 동일한 성격의 과정을 겪고 있었다. 이는 특히 당시 진행 중이던 미국 대통령 선거운동에서 확연했다. 미국에서는 국내의 풍요와 절박한 빈곤 사이의 대조가 도저히 부정할 수 없을 정도로 너무나 뚜렷했다. 민주당 대통령 후보 케네디는 널리 알려진 개혁 정책으로써 서구 민주주의 국가의 '새로운 활력'을 대표한다고 팔메는 설명했다.

사민주의 지도자들과 케네디

1960년대에 떠오른 좌파 정치인은 대부분 성인이 되어 제2차 세계대전에 참전했거나 전쟁의 영향을 받았다. 존 F. 케네디는 태평양에서 어뢰정 정장으로 복무한 전쟁영웅이다. 1964년 영국 총리가 된 해럴드 윌슨은 1939년 전쟁이 발발하자 육군에 자원했으나 영국에 지극히 중요한 석탄 공급 관리에 더 적합하다는 판정을 받았다. 당시 독일 총리 빌리 브란트는 1933년 나치가 권력을 잡았을 때 도피할 수밖에 없었는데, 먼저 노르웨이에서 망명 생활을 하다가 이어 스웨덴으로 넘어왔다. 그의 오스트리아인 동료 브루노 크라이스키는 1935년 돌푸스의 파시스트 정권에 의해 반역죄로 기소되었으나 이듬해 석방되어 브란트처럼 스칸디나비아로 망명했다. 덴마크 사회민주주의자 엔스 오토 크라우는 1940년 독일이 그 나라를 점령했을 때 코펜하겐 대학교의 신참 교수였고, 전쟁 중에는 덴마크 중앙은행 외환국에서 일했다. 노르웨이 총리 아이나르 게르하르첸은 나치의 작센하우젠 강제수용소로 끌려갔지만 살아남았다. 1966년 핀란드 사회민주당이 정권을 잡았을 때 재무부 장관이 된 마우노 코이비스토는 핀란드 겨울 전쟁(제1차 소련 - 핀란드 전쟁) 때 열다섯 살의 나이로 국내 전선에서 의용소방대원으로 일했고, 계속 전쟁(제2차 소련 - 핀란드 전쟁)에서는 보병으로 참전하여 소련에 맞서 싸웠다.

울로프 팔메는 1960년대에 이러한 사회민주주의 지도자들 여러 명과, 특히 브란트와 크라이스키와 친밀한 관계를 이어나갔다. 그러나 팔메는 동시에 그 모임에서 별난 존재였다. 그는 전쟁에 참여한 외국의 동지들과는 다른 경험을 했고 다른 성정을 지녔다. 팔메는 분쟁과 점령을 모면한 중립국 스웨덴 사람이었다. 그의 사회적 배경도 국제 노동운동을 지배한 육체노동자와 사무직 노동자의 자식들과 달랐다. 팔메는 미국에서 공부하던 시절에 그 나라에 강한 인상을 받았다. 게다가 그는 주변 국가의 대다수 사회민주주의 지도자들보다 거의 열 살이나 어렸다. 그들은 압제와 점령, 지독한 전쟁 중에 성인 세계에 결정적인 첫발을 내딛었다. 반면에 팔메는 1940년대 중반 전쟁이 끝나고 평화가 오던 때에 걱정과 어둠을 뒤로하고 더 나은 세상에 대한 기대를 품은 채 성인이 되었다.

팔메는 1960년대에 서구 세계의 다른 곳에 등장한 완전히 다른 성격의 정치인들을 닮았다. 이를테면 미국의 로버트 F. 케네디와 프랑스의 장자크 세르방슈레베르, 캐나다의 피에르 트뤼도 같은 이들이다. 이들은 젊고 진보적이었으며 팔메처럼 각각 1939~1945년 자국의 전쟁 노력에서 다소 한발 비켜나 있었다. 로버트 케네디는 1925년생이었고(팔메보다 두 살 많다) 참전하기로 결정했지만 이미 전쟁에서 아들 하나를 잃은 아버지의 강력한 뜻에 막혀 철회했다.[*] 기자이자 정치인이었던 세르방슈레베르는 1943년 열아홉 살 나이로 드골의 자유프랑스군에 입대했다. 그는 미국에서 비행사 교육을 받았으나 참전할 기회는 얻지 못했다. 트뤼도는 1919년생으로 다른 사람들보다 나이가 많았지만, 프랑스어권인 퀘벡 주 출신이어서 전쟁에 나가지 못했다. 분리주의적인 프랑스어권 캐나다인들은 전쟁을 자신들과는 무관한 강국 간의 충돌로 여겼기 때문이다.

---

[*] 장남 조지프 케네디 주니어Joseph P. Kennedy Jr.가 1944년 제2차 세계대전 중에 초계폭격기 조종사로 복무하다 전사했다.

그러나 이들은 다른 점에서도 비슷했다. 모두 사회 최상층의 유력한 가문 출신이었고 엘리트 학교에서 교육받았다. 케네디 가족은 보스턴의 자의식 강한 아일랜드 노동자 문화에 뿌리를 두었지만, 민족적 유대를 이용하여 일종의 현대판 미국 귀족으로 변신했다. 세르방슈레베르는 파리의 영향력 있는 지식인 집안에서 태어났고 프랑스 최고의 공과대학에 입학했을 때 미국으로 날아갔다.* 피에르 트뤼도의 아버지는 퀘벡 주의 부유한 상인으로 아들을 몬트리올의 일류 제수이트회 학교에 보냈다. 이들은 전부 귀족 급진주의자가 되었다. 특권 계급의 배경을 지닌 청년들로 자신이 속한 사회를 현대화하고 민주화하고자 했다. 이들은 젊고 유능하며 카리스마 넘치는, 특히 변화와 쇄신을 천명한 특별한 정치인이었다. 이들에게서 고상한 이상주의와 전문기술 관료의 오만함이(종종 모순적으로) 결합했고, 이는 유권자의 강한 공감과 적대감을 동시에 유발했다.

다른 누구보다도 울로프 팔메와 로버트 케네디의 유사성이 돋보였다. 케네디 가문에 비해 팔메 가족의 식구들 간 관계가 단순했던 것은 분명하다. 케네디 집안의 형제들은 아들들의 미래에 엄청난 야심을 품은 아버지 조 케네디와 충돌했다. 특히 로버트가 심했다. 이 점에서 울로프는 더 편했다. 그러나 팔메와 케네디 둘 다 형제자매 중에서 어린 쪽이어서 자기 권리를 강하게 주장할 필요가

---

* 1943년 에콜 폴리테크니크École polytechnique에 입학했지만 전투기 조종사가 되기 위해 미국 앨라배마로 갔다.

있었고 경쟁심 강한 사람이 되어 미식축구든 테니스든 패배를 용납하기 어려웠다. 케네디의 학교생활은 팔메에 비해 더 고달팠다. 그는 친구를 사귀기가 힘들었으며 기숙학교를 전전했다. 두 사람의 정치 이력은 반공산주의가 활개를 칠 때 팔메의 경우 국제 학생운동에서, 케네디의 경우 위스콘신 주 상원 의원 조지프 매카시의 비서로 시작되었다. 케네디는 1960년대에 급진적으로 변한 뒤 이 관계를 변호하기가 힘들었다. 팔메처럼 케네디도 명확하게 정의된 적敵이 절실히 필요했다는 것이 아마도 한 가지 설명은 될 것이다. 나중에 케네디는 미국 마피아, 특히 노동조합의 거물 지미 호파와 미친 듯이 싸웠다. 다툼은 이데올로기와는 무관한 것으로 인간은 특정 순간의 행위로서 판단해야 한다는 실존적인 영웅의 이상을 반영했다. 케네디의 서류가방에는 손때 묻은 알베르 카뮈의 『이방인』이 들어 있었고, 팔메는 스웨덴 푀티탈리스트 시인들의 작품을 암송할 수 있었다. 그러나 두 사람에게는 대결의 욕구 말고도 강한 충성심과 효율적인 협력 능력도 보였다. 로버트는 팔메가 엘란데르를 위해 했던 것과 거의 동일한 역할을 형 존 F. 케네디를 위해 했다. 권력의 부담을 일부 나누어 진 완벽한 충성스러운 조언자였던 것이다. 권력 핵심부에서 일한 것 또한 두 사람에게 독립적인 정치인으로 나아가는 발판이 되었다.

반대에 부딪힌 총리실 확대 개편

그렇지만 1960년대 초에 팔메에 비견되는 외국 정치인이 있다면, 그는 아직 무대에 등장하지 않은 로버트 케네디가 아니라 그의 형이다. 팔메는 존 F. 케네디처럼 젊고 현대적이며 자신감으로 가득했다. 인터뷰와 기사에서 흔히 볼 수 있는 진부한 평가였다. 팔메는 스웨덴에서 과도하게 인기가 많았던 미국 대통령과 비교할 수 있는 유일한 사람은 아니었다. 젊음과 쇄신의 갈망은 강력했다. 사회민주당은 1960년에 기분 좋게 승리를 거두었지만, 1901년생인 엘란데르는 활력 넘치는 케네디에 비하면 기력이 떨어지는 노인이었다.

엘란데르 정부는 충성스러운 고참들로 구성되었다. 가장 나이가 많은 외교부 장관 외스텐 운덴은 1886년생이었고, 국방부 장관 스벤 안데숀과 재무부 장관 군나르 스트렝처럼 중책을 맡은 각료들은 쉰 살에서 예순 살 사이였다. 국민당의 베틸 울린, 우익보수당의 군나르 헥셰르, 중앙당의 군나르 헤들룬드, 공산당의 힐딩 하그베리 등 스웨덴의 정치 무대를 지배한 정당 대표들은 아직도 50대이거나 60대 초였다. 이들은 1962년에 얄마숀을 대체한 헥셰르를 제외하면 1940년대나 1950년대 초 이래로 각광을 받았다. 전도유망한 젊은 남자 정치인이라면 누구나 스웨덴의 케네디가 될 사람으로 지목되었다. 교육 프로그램을 진행하여 성공한 라디오 기자로 호인이나 회계사처럼 깐깐한 국민당의 군나르 헬렌까지도 포함되었다.

화려한 어법을 지녔고 벨링뷔에 막 가정을 꾸렸으며 귀족적 배경을 지닌 팔메가 헬렌보다 더 적합했음은 부정할 수 없다. 그러나 팔메가 권력의 지위에 오르는 과정은 카리스마에 힘입었다기보다는 관료적인 길이었다. 팔메의 국제적인 활동이 알려지지 않은 것은 아니었지만, 그가 몇 년 안에 찬탄의 대상인 강대국 미국에 도전하여 스웨덴 외교정책을 바꿔놓으리라고는 누구도 예상할 수 없었다. 팔메는 1963년 입각했을 때 여전히 엘란데르의 비서로 가장 잘 알려져 있었다. 심복이라는 이미지는 1961년 겨울 열띤 논쟁으로 강해졌다. 정부는 팔메가 총리의 조력자 자격으로 국장*의 직책을 가져야 한다고 제안했다(엘란데르는 재무부가 주도했다고 말했다). 심히 서투른 해법이었다. 팔메가 엘란데르의 차관**이 되는 것이 합당했을 것이다. 그러나 총리직이 그렇게 강화되는 데 대한 정부 내의 반대가 너무 심했고 수그러들지 않았다. 그래서 대신 1961년 1월에 제출된 예산안에서 설명 없이 은근슬쩍 국장 임명을 처리했다. 팔메는 자신이 국장에 임명되리라는 사실을 알았을 때 개인적으로 동요했다. 분쟁이 일 것이라고 짐작했기 때문이다.

팔메의 짐작은 옳았다. 기자들은 곧 법무부의 급여체계에 변화가 있음을 알아챘다. 부르주아 신문의 논설위원들은 격분했고 우선 경제적 측면에 집중했다. 팔메는 국회의원 급여 이외에 국장으로서 임금을 받았다. 연간 총 7만 크로나(오늘날의 화폐가치로 환산하면 대

---

* byråchef. 중앙행정관청의 고위직.

** 총리실의 차관급 보좌관. 직함은 차관statssekreterare이다.

략 70만 크로나)는 법무부 장관의 급여보다 더 많았다. 논조는 확연히 공격적이었다. 엘란데르가 마치 과거의 왕들처럼 총애하는 수하에게, "우리 모두의 사랑스러운 울레,* 팔메 씨"에게 봉을 하사했다는 것이다. 그는 "금테를 두른 듯 초고속으로 출세"했고 "급여체계의 지름길"을 탔다. 엘란데르의 심복은 회색이 아니라 짙은 녹색이었다.** '경제적 목적의 투기' 삼아 사회민주당으로 넘어간 '출세에 눈 먼 자'요 '정치적 관료'였다. 사람들은 "가을 텔레비전 선거 토론에서 팔메 씨가 보여준 역겨운 모습"도 기억했다. 1961년 선거전은 오랫동안 이어질 울로프 팔메를 향한 적대적 태도의 시발점이었다. 그러한 적대감은 때때로 겉으로 끓어올랐지만 일부 부르주아 유권자 층에서는 언제나 저류로 숨어 있었다. 팔메에 대한 비판이 이따금 거의 병적으로 표현되기는 했지만, 그렇다고 모든 공격이 다 불합리했다는 뜻은 아니다. 1961년 국장 임명 문제를 둘러싼 소동은 합리적인 논쟁이 어떻게 격한 인신공격으로 바뀌는지를 보여주는 좋은 사례였다.

어조가 다소 점잖았지만 의회에서도 반대는 있었다. 국민당 의

---

* allas vår lilla Olle. 알리스 텡네르Alice Tegnér가 작곡한 스웨덴 동요 〈엄마의 사랑스러운 울레Mors lilla Olle〉에 빗댄 표현으로 보인다.

** 심복으로 옮긴 스웨덴어는 grå eminens로 프랑스어 éminence grise를 번역한 것이다. 리슐리외 추기경의 조언자였던 카푸친 수도회 수사 프랑수아 르클레르 뒤 트랑블레François Leclerc du Tremblay의 별명인데 카푸친 수도회의 복장이 회색이었다. 막후의 정체가 모호한 실력자라는 뜻에서 '회색'을 붙인 듯하며 여기서 녹색은 성공을 의미한다.

원 두 사람이 총리실 확대 문제는 진행 중인 헌법상임위원회에서 다루어야 한다며 법안을 발의했다. 엘란데르는 압박을 받았고 팔메가 자신에게 얼마나 큰 도움이 되었는지 강조했지만 회의론자들을 납득시키지 못했다. 국민당 계열의 신문《엑스프레센》과《예테보리 한델스오크셰파츠 티드닝》은 팔메에 대한 맹렬한 공격이 잔인하고 비열하다며 거리를 두었다. 사회민주당 계열의《스톡홀름스 티드닝엔》에서는 이전에《다겐스 뉘헤테르》에 글을 기고했던 쿠트 사무엘손이 팔메를 변호했고 그에 대한 공격을 '저열한 캠페인'이라고 비난했다. 의회 내의 반대는 약해 보였다. 상원은 새로운 국장직의 신설을 만장일치로 승인했고, 하원에서는 200명 중 25명만 반대표를 던졌다.

중앙정부의 공무원이 4000명이고 그중 약 130명이 각 부에 속해 있는 오늘날, 공무원 한 명의 국장 진급이 그렇게 많은 반대를 불러일으킬 수 있다는 사실은 우스꽝스러워 보일 수 있다. 그러나 1960년대 초에 의회가 이러한 성격의 공무원 충원을 논의하는 것은 아직도 완전히 불합리하지만은 않았다.《베스테르노를란스 알레한다》에 따르면, 팔메의 임명에 대한 원칙적인 우려는 "정부가, 다시 말해 사회민주당이 국가 행정의 전체라고 할 수 있는 막강한 심의 기관을 좌우할 것"이라는 데 있었다. 그러나 문제는 부르주아 정당들이 정확히 무엇에 반대했느냐는 것이다. 통치권 강화 자체였는가 아니면 사회민주당 정권의 통치권 강화였는가? 부르주아 정당 쪽에서도 어떠한 형태로든 국가기구의 효율성을 높여야 한다고 생각한 사람은 많았다.《엑스프레센》은 총리실을 "넓고 깊게" 발전시킬 필요가 있다고 지적하며 노르웨이를 모델로 제시했다. 팔메의 임명이 결국 의회에서 큰 반대 없이 통과되었다는 사실은 통치권의 현대화가 불가피하다고 본 사람이 많았음을 증명한다.

팔메는 좋든 싫든 스웨덴의 미래를 만들어나갈 새로운 유형의 전문기술 관료로 여겨졌다. 유능했고 효율적이었으며 거만하다 할 정도로 자신감에 차 있었고 전통적인 계급 이익과 집단 이익에 얽매이지 않았다. 팔메는 정확히 1960년 첫날이 지난 직후 그 10년대의 떠오르는 별 명부에서 이렇게 묘사되었다. "정치의 샛별, 부르주아로 태어났고, 지금은 엘란데르의 대변인이자 그림자요 위안이고 어쩌면 왕세자." 팔메는 현대성과 변화를 약속했지만, 불안과 불안정을 보여줄 가능성도 있었다. 부르주아 신문들이 팔메가 금전적인 이익으로 움직였다는 식으로 말함으로써 스스로를 달랜 이유가 아마도 여기에 있을 것이다. 상층계급 출신의 이 젊은이가 정녕 말한 대로 행할 것이라고 생각하니 너무나도 걱정이 앞섰다.

그러나 팔메의 사회적 배경도 짜증스러웠다. 때때로 그가 계급의 배반자라는 말이 있었지만, 이것이 첫 번째 이유는 아니었다. 팔메의 뿌리였던 스웨덴 부르주아 최상층은 야당에 투표한 대략 40~45퍼센트의 스웨덴 시민 중에서도 극히 작은 부분이었다. 역사적으로 보건대, 스웨덴 중간계급은 민주주의가 관철될 때까지 나라를 운영한 옛 관료 엘리트와 1930년대 이래로 스웨덴을 지배한 사회민주주의 노동운동 사이에 끼었다. 대부분의 스웨덴 부르주아에 팔메는 단순히 잃어버린 아들이 아니라 그 집단에 부정적인 두 가지 현상 즉 노동운동의 집단적인 힘과 상층계급의 거만함을 결합한 존재였다. 농민, 중소기업가, 국민학교 교사, 하급 공무원, 기타 농민연합과 국민당에 투표한 자들은 팔메의 출신 사회에 특별한 동질성을 느끼지 못했다. 어느 자유주의적 신문의 논설위원은 이렇게 물었다. 우리가 팔메에 관하여 정말로 아는 것이 무엇인가? "외스테르말름의 상층계급 자식이 뛰어난 논객이 되었다는 사실 말고는 없다." 위로부터의 근대성은 아래로부터의 반작용을 초래하는 경향이 있다.

그럼에도 관찰자의 눈에 모든 것이 다 들어오지는 않았다. 팔메의 논쟁적 성격도 한몫했다. 팔메 이전의 스웨덴 정치가 주일학교 같지 않았던 것은 분명하다. 울린과 엘란데르는 종종 신랄한 말을 주고받았다. 신문의 사설과 문화면은 거친 공격을 자제하지 않았다. 1950년대 초의 뜨거운 법률부패 논쟁에서는 각별히 심했다. 또한 오늘날에는 잊혔지만 팔메를 향한 공격도 만만치 않았다. 의회 토론에서 우익보수당이 보여준 기본적인 공격은 그를 젊다고 자극하고 미숙한 고등학생이라고 부르는 것이었다.

팔메에게서 짜증스러웠던 면은 그가 싸웠다는 사실이 아니라 너무도 명백히 싸움을 즐겼다는 사실이다. 스웨덴 사람의 감수성에 팔메의 토론 방식에는 거의 색정적이라고 할 정도로 불안을 유발하는 면이 있었다. 그는 관능적인 만족감으로 자신의 말을 얼버무렸으며 조롱을 즐기듯이 입술에 늘 옅은 미소를 띠었다. 팔메는 일반적인 정치 활동에서 전술적으로 크게 성공했을지언정 토론자로서는 깜짝 놀랄 정도로 순진했다. 경쟁 본능을 자제하지 못했으며, 때때로 대중에게 어떤 인상을 줄지 생각하지 않고 논쟁의 즐거움에 탐닉했다. 팔메는 정치의 지적 수준을 높였지만, 비타협적인 토론 방식에는 대가가 따랐다. 그때까지 사회민주당 대표들은 신뢰할 수 있는 국부로 추앙되었지만, 그는 결코 그 자격을 갖지 못한다.

팔메를 향한 러브콜

팔메의 국장 임명에 대한 날카로운 대응에 비하면, 1963년 11월 그가 각료가 된다는 통지에 대한 반응은 애정 가득한 잔치 같았다. 팔메를 "견실한 교육과 적극적인 조직자, 행정가, 논객의 흔치 않은 성공적 결합"이라고 한 사회민주당 계열의 《다그블라데트 순스발》의 기사는 전혀 놀랍지 않았다. 그러나 대부분의 부르주아 신문도 팔메가 다소 젊은 선동가라고 해도 틀림없이 한 사람의 국민이 되리라고 긍정적으로 판단했다. 이는 한편으로는 1961년 국장 직책을 둘러싼 논쟁 이후 꺼림칙한 마음이 남아 있었기 때문이었다. 그렇지만 팔메가 어떤 특별한 능력을 지니고 있는지도 분명해졌다. 1961년부터 1963년까지 그가 노력하여 거둔 성과를 보면 이러한 인상은 당연했다. 기자들은 매우 놀랐다. 팔메는 총리가 부르면 언제라도 달려갔다. 편지에 답장을 쓰고 기자들과 만나고 보고서와 법률안을 검토하고 연설을 준비했다. 그러면서도 동시에 의회에 참석했고 법률상임위원회와 재정상임위원회, 특별위원회에서 활동했다. 팔메는 노동운동 안에서도 다양한 임무를 맡았다. 1961년까지 사회민주당 청년연맹에서 활동했고, 노동자교육협회 이사로도 활동했다.

그렇지만 가장 중요했던 것은 많은 입법조사단 결과보고서와 기타 보고서를 온전히 책임진 것이다. 원조 활동에 관한 세 개의 중간 보고서, 성인교육에 관한 보고서, 고등학교조사단 결과 보고서, 그리고 고등교육 재정 지원에 관한 대규모 학생복지조사단 결과 보고서 등이 있었다. 1963년 각료가 되었을 때 팔메는 총 4000쪽에 달하는 열두 건의 보고서에 서명했다. 사회민주당 당 대회에서 국내총생산의 1퍼센트를 대외 원조에 쓴다는 목표를 결의한 1960년부터는 스웨덴 원조정책 확대의 주동자 중 한 사람이었다. 팔메는 오늘날의 국제개발협력청의 전신으로 새로이 출범한 국제원조위원회에도 참여했다. 국제원조위원회는 출범하자마자 공적 감독이 부족하다는 이유로 거센 비판을 받았다. 알제리 원조 사업에서 제기된 불만이 법에 어긋나게 기밀로 취급되었으며, 일 처리가 의심스러웠다. 팔메는 위원으로 있었는데도 비교적 비판에서 자유로웠다. 그렇지만 그는 어느 신문 지면의 논쟁에서 군나르 뮈르달의 공격에 맞서 국제원조위원회를 변호했다. 1962년 여름 팔메는 특별 대사로서 알제리로 파견되었다. 과거 프랑스의 식민지였던 알제리의 독립을 스웨덴을 대표하여 축하하러 간 것이다.

팔메는 정치인들이 고정 패널로 나와 현안을 논의하는 텔레비전의 인기 프로그램 〈뉘아 캄마렌Nya Kammaren(새로운 의회)〉에 출연하여 공적인 이미지를 부드럽게 했다. 다섯 명의 패널 중 네 명은 현직 정당 대표였다. 팔메 이외에 중앙당의 투르비엔 펠딘, 국민당의 군나르 헬렌, 공산당의 헤르만손이 참여했다. 팔메는 울린과의 토론에서 저지른 실수를 피하는 데 집중했다. 그 토론 때문에 다소 온순해지고 신중해진 것이다. 텔레비전 토론자들은 시간을 많이 쓸 수 없었지만 부담감이 컸고, 그래서 팔메는 종종 벨링뷔의 집으로 돌아오기 전에 오랜 시간 늦게까지 준비했다.

그런데 스웨덴 문화에서는 타고난 총명함보다 열심히 일하는 것이 언제나 더 높은 평가를 받았다. 울로프 팔메는 열심히 일하는 모습을 보였다면 총명함에 대해서는 용서받을 수 있었을 것이다. 1960년대 초에는 그 어느 때보다도 근면과 전문 지식의 가치가 컸다. 사람들에게 자녀가 어떤 직업을 선택하기를 원하느냐는 질문을 하면 교수와 교사, 기술자가 윗자리를 차지했다. 열정적인 신문 기사들은 미국의 케네디 행정부가 어떻게 성공적인 연구자들과 최고 경영자들로 채워졌는지 이야기했다. 1960년 《베쿠슈날렌》은 스웨덴의 '새끼 사자들'에 관한 기사에서 정부청사로 울로프 팔메의 사회민주당 동료인 젊은 차관 크리스테르 비크만을 찾아간 사람들의 이야기를 서정적으로 묘사했다.

1961년에서 1963년 사이에 엘란데르가 애지중지한 사람을 필요로 하는 내부 수요가 많았다. 상업부 장관 군나르 랑에는 팔메를 차관으로 원했다. 사회민주당 사무총장 스벤 아스플링은 팔메를 자신의 후임자로 들이고 싶었다. 외교부 장관 운덴은 그를 외교부 차관으로 데려가려 했다. 사회민주당 청년연맹은 팔메가 청년부 장관이 되리라고 생각했다. 당 신문에서는 팔메에게 "자신만의 정치적 날개로 날도록" 허용하지 않는다는, 다시 말해 그가 입각하지 않았다는 불만이 표출되었다. 그러나 엘란데르는 팔메를 잡고 놓지 않앉다.

그러는 편이 현명했다. 팔메가 학생복지조사단 일을 마치던 1963년 여름 스웨덴 역사에서 가장 큰 간첩 사건이 터졌다. 6월 20일 아침 두 명의 보안경찰이 헬게안츠홀멘과 드로트닝가탄 사이의 릭스브룬 다리를 건너 외교부로 일하러 가는 쉰여덟 살의 공군 대령 스티그 벤네슈트룀을 체포했다. 벤네슈트룀은 1940년대 말부터 러시아 정보기관 육군정보국GRU을 위해 일했다. 그는 스웨덴 국방에 심각한 위해를 가했을 뿐만 아니라 미국과 스웨덴 간의 비밀 군사 협력에 속하는 자료를 러시아에 넘겨주었다. 벤네슈트룀이 조국을 배반한 동기는 여전히 모호하다. 이데올로기적인 공감이나 부정한 거래, 복잡한 연애 관계, 스웨덴 사회에서 소외되었다는 느낌과도 무관했다. 벤네슈트룀은 형식적이고 정확한 사람으로 공군 장교였음에도 비행을 좋아하지 않았고 외교적 접대 업무를 더 편하게 생각했다. 그는 국제정치의 중심에 있다는 허영심으로 움직였을 가능성이 크다. 그는 1950년대 말부터 의심을 받았지만 어지간히 방해받지 않고 기밀 정보에 접근할 수 있었다.

정부에는 간첩 활동 자체뿐만 아니라 일부 각료가 오래전부터 벤네슈트룀이 의심을 받고 있다는 사실을 알았다는 것도 곤란한 문제였다. 국방부 장관은 1959년에, 당시 외교부 장관이었던 외스텐 운덴은 1961년에, 내무부 장관과 법무부 장관, 신임 외교부 장관 토슈텐 닐손은 그 이듬해에 보고를 받았다. 어처구니없게도 각료 중에 아무것도 알지 못한 사람은 총리뿐이었다. 총리는 두 번이나 벤네슈트룀이 혐의를 받고 있다는 보고를 받을 수 있었지만, 한 번

은 아팠고 또 한 번은 일정이 너무 바빠서 보고가 미루어졌다. 야당
은 정부가 무감하고 무능하다고 규탄했다. 정부는 분열했다. 장관
들은 자족적이었고 엘란데르는 통제력을 행사하지 못했다. 이탈리
아의 리바델솔Riva del Sol에서 휴가를 보내던 중에 벤네슈트룀이 체포
되었다는 통지를 받은 총리는 일찍 보고받지 못했다는 사실에 매
우 화가 났다. "… 그러한 사건의 처리에 나의 의견이 필요하다고
생각한 동료가 한 명도 없었다는 느낌을 지울 수 없다." 언제나 그
랬듯이 구원자는 팔메였다.

그런데 팔메는 고틀란드에 있었다. 몇 해 전부터 그는 리스베트
와 자녀들과 함께 발트 해의 불모지 섬 포뢰에서 여름을 보냈다. 기
암괴석과 많은 고대 유적이 있는 포뢰 섬은 좁은 해협을 사이에 두
고 본섬에서 떨어져 있었다. 잉마르 베리만이 1960년 영화 〈마치
거울로 보듯이Såsom i en spegel〉를 찍은 곳이다. 베리만은 섬의 풍광에
매료되어 1960년대 중반 땅을 구입하여 여름 별장을 지었다. 포뢰
섬은 팔메와 베리만이 자석이 되어 스톡홀름의 문화계와 정치권의
엘리트들이 모이는 곳이 되었다. 그러나 1963년 그곳은 전기도 텔
레비전도 전화도 없었기에 원시적으로 지내야 했다. 팔메 가족은
해수욕을 하고 그물을 치고 기암괴석 사이를 돌아다녔다. 비공식적
인 사생활이었다. 울로프는 해진 짧은 반바지와 색이 바랜 티셔츠
를 입고 해안 사구를 거닐었다. 그러나 간첩 사건이 일어나면서 울
로프는 매일 이웃집으로 가서 전화를 빌려 최근 상황에 관하여 엘
란데르와 협의해야 했다. 가장 큰 문제는 벤네슈트룀이 외스텐 운
덴과 긴밀히 협력했다는 사실이었다. 이는 야당에 스웨덴 외교정책

이 소련의 이해관계에 영향을 받았다고 의심할 빌미를 주었다. 팔메의 대응 전략은 부르주아 정당 대표들이 벤네슈트룀을 의심하고도 아무런 대응을 하지 않았다고 주장함으로써 그들에게도 같이 책임을 지우는 것이었다. 이는 전혀 설득력이 없었지만, 어느 정도 혼란을 불러일으켜 엘란데르에 가해진 압박을 줄였다. 나중에 팔메는 1963년 여름을 '암울한 여름'이라고 불렀다.

이는 상을 줄 만한 일이었을 것이다. 벤네슈트룀 사건은 팔메가 입각하는 발판이 되었다. 엘란데르가 오랫동안 자신의 비서를 정부에 들이려 계획했다는 사실에는 의심의 여지가 없다. 언제, 어떻게 입각시킬 것이냐가 문제였다. 벤네슈트룀과 관련하여 정부 내의 정보 전달이 엉망이 된 것이 총리에게는 현실적인 문제를 즉각 조치하고 1963년 가을 자연스럽게 팔메를 승진시킬 기회가 되었다. 팔메는 정무장관으로서 정부의 행정 조정을 책임지게 되었다. 그러나 그의 권한은 불분명했다. 그는 독자적으로 행동했는가 아니면 총리의 수하였는가? 실제로 그의 새로운 직책은 업무의 실질적인 변화를 의미하지 않았다. 팔메는 계속해서 엘란데르 옆에서 그가 중요하다고 생각하는 문제를 다루었다.

학생복지조사단의 입법 활동

그렇지만 팔메를 지나치게 빨리 입각시키지 않으려는 엘란데르의 뜻에는 이기주의를 넘어서는 것이 있었다. 자신의 수하가 학생

복지조사단을 성공적으로 마무리하는 것도 필요했다. 핀란드를 제외하면 스웨덴만큼 입법조사단이 정치적 의사 결정 과정에서 중요한 역할을 하는 나라는 없었다. 1800년대까지 거슬러 올라가는 이 전통은 스웨덴의 합의 정신에 기여한 요인이다. 입법조사단을 지휘한 자는 야당과 유관 단체들, 초빙된 전문가들을 다루면서 동시에 정부와 사회민주당 안에서도 지지를 얻어야 했다.

학생복지조사단은 능력의 증명이라는 관점에서 팔메의 정치 이력에 중요했지만 그것이 전부는 아니었다. 고등교육 기회의 확대와 대학교와 대학의 민주화는 팔메가 원한 스웨덴 사회의 평등한 현대화에 전략적으로 결정적인 문제였다. 페리 앤더슨은 1961년 《뉴 레프트 리뷰》의 기고문에서 스웨덴 사회정책을 구구절절 칭찬했지만, 사회적으로 기울어진 대학생 충원 현황에 대해서는 지극히 비판적이었다. 스웨덴 대학교와 대학의 신입생 중 노동계급 출신이 겨우 14퍼센트뿐이었다는 사실은 '수치스러운 일'이었다. "서구 자본주의 국가들의 판에 박힌 계급 유형은 스웨덴에서 더 오래 지속된다.… 30년간의 사회주의적 통치를 겪으면서도 변화가 없었다." 영국인이 교육 분야의 계급 불평등을 비판한다는 사실은 주제넘은 짓처럼 보일 수 있지만, 앤더슨은 핵심을 짚었다. 매우 급진적인 그의 시각에서 볼 때 노동운동은 기존 사회의 울타리 안에서 모두에게 동등한 기회를 부여하는 데 진력해야 할 뿐만 아니라 권력의 문제에도 맞서야 했다. 스웨덴 사회민주당처럼 사회주의를 포기하고 사회적 평등에 몰두했다고 해도, 종전처럼 중간계급과 상층계급이 고등교육을 지배하는 것을 막는 급진적인 교육정책의 의무는 여전히 남아 있었다. 팔메도 이 점을 잘 인식했다. 강력한 국가와 개인의 자아실현이 공존하는 무계급사회라는 그의 미래상에는 전제조건이 있었다. 사회민주당은 고등교육의 문을 활짝 열어놓고 사회적 이동을 늘려야 했다.

의회 활동 초기에 팔메가 관여한 문제는 거의 전부 교육과 관련이 있었다. 팔메는 이 일에서 결코 혼자가 아니었다. 1940년대 말 이래로 자유주의자들과 사회민주주의자들은 스웨덴 학교 제도의 개혁을 철저하고 강력하게 추진했다. 실험적으로 도입된 9학년제 통합학교는 1962년 법으로 정한 초등학교로 바뀌었다. 이제 나라 곳곳에서 매일 아침 많은 학동들이 밝은 식당과 잘 꾸며진 교실, 거대한 운동장이 있는 붉은색이나 노란색 벽돌의 커다란 현대식 건물로 공부하러 갔다. 국민학교와 고등국민학교, 농촌 자치 군 중학교 등이 역사 속으로 사라졌다. 교육부 장관 에덴만에 따르면, 새로운 학교의 임무는 "아이들을 최대한 행복한 인간으로" 만들고 민주적인 소시민을 양성하는 것이었고, 기억을 통한 지식의 습득은 세 번째 목적이었을 뿐이다. 그렇지만 새로운 초등학교는 실제로는 그렇게 급진적이지 않았다. 1960년대 초에 1학년은 여전히 아침 찬송가를 불렀고, 체육 시간에는 벌주기를 즐기는 예비군 장교의 가르침을 받았으며, 할란드의 강 이름을 외웠다.

대다수의 사회민주당원에게 대학교는 어떻게 처리해야 할지 난감한 낯설고도 무서운 세계였다. 타게 엘란데르처럼 대학교 교육을 받은 자들은 종종 대학의 교육 문화에 오래도록 충성했다. 부드러운 태도를 지녔다는 뜻이다. 울로프 팔메는 대학교 안에서 그 제도가 어떤지 알았지만 그 전통과 이상에 크게 공감하지는 않았다. 그는 연구와 학문 발전을 진정으로 지지했으나 스웨덴 대학이 미래 세대의 양성에서 큰 능력을 보여준다고 믿지 않았다. 이는 전혀 이상하지 않았다. 팔메가 고등교육에서 정말로 긍정적인 경험을 한 것은 미국의 케니언 칼리지에 다녔을 때가 유일했다. 스톡홀름 대학의 법학 공부는 특별한 자극을 주지 않았다. 게다가 팔메는 학업을 대충 처리하면서 새로운 국제 학생 단체를 설립하고자 유럽 곳곳을 돌아다녔다. 1953년 룬드에서 열린 스웨덴학생회연맹 총회에서 이미 팔메는 대학교의 보수주의를 도발적으로 공격했다. "세대를 거치며 신앙의 수준으로 발전한 전통과 수백 년의 고색창연함으로 고도의 형이상학적 위엄을 뿜내는 중세 거미줄의 뒤범벅." 학자금 대여와 대학의 조직에 관한 의회 토론에서 팔메는 대학교의 독립성이란 현대 사회에서는 시대에 뒤진 관념이 되었다고 거듭 이야기했다. "우리는 이제 중세 유형의 과두 집단이 대학교를 경영한… 이전 시대의 목가적 세계에 살고 있지 않다."

학생복지조사단은 1959년 가을 교육부 장관 랑나르 에덴만이 출범시켰다. 의회에서 국민추가연금 투표가 극적으로 막을 내린 뒤 몇 달 지났을 때였다. 학생복지조사단은 뚜렷한 상징성을 띠었다. 사회민주당은 연금을 통한 안전을 성공적으로 처리했고, 이제 교육과 청년에 공격적으로 투자할 차례였다. 조사단은 처음에는 비록 기술적으로 복잡해 보이기는 했어도 수월하게 일을 처리할 것 같았다. 1950년대 말에는 상환 의무가 없는 학업 수당 즉 국가장학금이 생각할 수 있는 최선의 모델이라는 데 상당한 합의가 있었다. 부르주아는, 특히 스웨덴 전문직중앙연맹은 이를 거의 공정의 문제로 여겼다. 복지 개혁으로 수십 년간 상층계급과 중간계급에서 사회 피라미드의 하층으로 돈을 내려 보냈으니 이제 국가가 중간계급을 위해서도 무엇인가 해야 할 때가 되었다는 것이다. 노동운동은 저항하지 않았다. 세금으로 재정을 지원하는 고등교육이 "부자들을 위한 복지"라는 인식이 있었던 것은 사실이다. 노동자의 자식들이 대학교에 입학하는 일은 결코 많지 않을 것이기 때문이었다. 그렇지만 사회민주당 교육정책 담당자들은, 특히 울로프 팔메는 학업에 관심 있는 노동자 청년들이 채무에 대한 두려움을 극복할 최선의 방법은 국가장학금이라고 보았다. 노동조합총연맹은 다른 무엇보다도 대학졸업자들이 더는 대여 학자금을 고임금의 핑계로 이용할 수 없으리라는 것에 국가장학금의 장점이 있다고 생각했다.

가장 성공적인 고등교육 개혁을 이끌다

스웨덴 청년들이 이미 직접 결정을 내렸다는 사실은 누구도 예상하지 못했다. 1950년대 후반 대학생 숫자가 크게 늘어나면서 계산이 바뀌었다. 시민들은 돈을 빌려서라도 배우고자 했다. 학업 수당 즉 국가장학금 제도의 비용이 막대하게 늘어날 위험이 있었다. 확실한 해법은 가난한 대학생에게만 학업 수당을 주고 부잣집 청년에게는 스스로 해결하도록 하는 것이었다. 그러나 스웨덴 사회정책은 여러 영역에서 자산 조사 절차를 폐지했다. 온정주의적인 데다 굴욕감을 준다고 판단되었기 때문이다. 지원금은 보편적인 권리로 제공되는 것이 좋았다. 달리 무슨 방법이 있겠는가? 이는 한편으로는 젊으나 이미 성인이 된 사람이 부모에 의존하는 상황에 빠지지 않게 하는 문제요, 다른 한편으로는 대학생이 되고 싶은 여성이 부모의 소득을 이유로 장학금을 받지 못하는 일이 없도록 하는 문제였다. 조사단 활동이 진행되면서 다른 문제도 발견되었다. 입법조사단은 노동계급 가정의 청년들에게 고등학교에서 대학교로 진학하는 것뿐만 아니라 저학년에서 대학교 입학을 준비하는 마지막 학년으로 올라가는 것도 문제라는 사실을 입증했다. 사회적 이동이 증대하려면 대학교와 대학의 학생뿐만 아니라 고등학생에게도 경제적 지원이 필요했다. 이로써 학업 수당의 재정 확보는 더욱 어려워졌고, 팔메는 학자금 대여 모델로의 복귀를 심각하게 고려했다.

일련의 다른 조사단도 설치되어 팔메가 처리해야 할 보고서의 양이 늘었다. 팔메는 엘란데르에게 여러 차례 힘들다고 호소했지만, 조사 활동을 이끈 위원회를 잘 통제했다. 팔메는 자신과 비슷한 생각을 하는 사람들을 모았다. 일곱 명의 위원 중 여섯 명이 이전에 스웨덴학생회연맹에서 일한 사람이었다. 두 명은 팔메처럼 의장을 지냈다. 티격태격하면서도 잘 지낸 오래된 협력자 베틸 외스테르그렌은 이제 스웨덴 전문직중앙연맹을 대표했고, 막 그 자리에서 물러난 렌나트 부드스트룀은 이제 스웨덴학생회연맹을 대표하여 조사단에 참여했다. 다른 세 사람도 스웨덴학생회연맹에서 각각 다른 직책으로 활동했다. 한스 호칸손과 이제는 국민당을 대표한 호칸 베리, 사무직중앙연맹의 페르에리크 룅크비스트다. 조사단의 수석

간사 울로프 루인도 스웨덴학생회연맹에서 일했다. 학생 일색인 위원회에서 노동자 출신은 스웨덴 목재노동조합연맹 의장 윙베 페숀뿐이었다. 이익 단체의 대표가 입법조사단에 참여하고 그로써 정부 청사에 들어가는 일은 흔치 않았다. 그러나 팔메는 자신이 무슨 일을 하는지 알고 있었다. 팔메는 사회민주당 내에서 강력한 지위를 갖고 있었고 지도부와 긴밀한 관계를 유지했으며 학생 단체의 문제를 잘 알았기에 예상되는 반대를 조사단 활동에 포함시키는 것이 더 이로우리라고 판단했다. 그렇지만 나중에 한 가지 문제가 발생한다. 전문직중앙연맹과 베틸 외스테르그렌이었다.

팔메와 외스테르그렌 사이의 개인적인 알력은 처음에는 큰 역할을 하지 않았다. 두 사람이 같은 노선을, 다시 말해 어떤 형태로든 학업 수당을 도입해야 한다는 노선을 지지했기 때문이다. 그러나 팔메가 학업 수당에 반대하는 쪽으로 방향을 틀자 외스테르그렌이 스웨덴학생회연맹의 옛 동료에 품은 깊은 적대감은 더욱 단단해졌다. 이는 평생 동안 이어진다. 팔메가 마침내 응한 해법은 나중에 경제학 교수가 되는 잉에마르 스톨이 제시한 것으로 일종의 변형된 국민추가연금 제도였다. 대학생은 학업 수당 대신 장기간에 걸쳐 분할하여 상환하는 특수한 성격의 융자금을 받을 수 있었다(상환 의무가 없는 소액의 보조금이 포함된다). 이 방안에 대학생과 대학 졸업생 둘 다 불만을 터뜨렸다. 약속된 학업 수당은 마법처럼 대여 장학금으로 바뀌었다. 평생토록 갚아야 할 채무의 부담을 떠안게 된 것이다. 교사 후보생들의 신문《스콜라스티쿠스》는 '고리대금업', '엄청난 배신', '대단한 사기'라고 보았다. 학업 수당을 고수한 사회민주당 학생운동이 특별히 격분했다. 룬드의 사회민주주의 학생 신문《라디칼 오피니운》은 표지에 팔메가 손에 장난감 권총을 들고 있는 이상한 모습의 사진을 싣고 이렇게 제목을 붙였다. "팔메의 제안은 확실히 보수적이다." 엘란데르는 무슨 일이 일어나고 있는지 이해하기 어려웠지만 팔메를 신뢰했다.

팔메는 또한 매우 능숙하게 새로운 방안에 대해 조사단의 찬성을 이끌어냈다. 스웨덴학생회연맹과 사무직중앙연맹의 대표들은 자기 조직의 견해를 무시하고 팔메를 지지했다. 외스테르그렌은 노선 변경을 거부했고 점점 더 포위되었다. 회의 끝에 그는 너무 화가 나서 자리에서 일어나 회의장을 박차고 나갔지만 실수로 발코니로 나갔다. 극적인 퇴장에서 어쩔 수 없이 돌아온 그는 다른 조사위원들이 우습다는 듯 쳐다보는 가운데 방을 지나 올바른 출구로 나갔다. 외스테르그렌은 나중에 팔메의 성공이 협상 능력 덕분이 아니라는 뜻으로 말했다. 팔메는 '교활한 전술가'여서 위원들을 "폭넓게 공적 검토[가 이루어지기 전에] 문제를 끝낼 수 있도록 준비가 덜 된 편파적인 견해에 얽어맬" 수 있었다. 이는 부당한 설명이다. 팔메가 조사단 활동을 처리한 방식은 정말로 모범적이었다. 그는 문제를 제시할 때 위세를 떨지 않았고 새롭게 이루어진 조사를 바탕으로 진로를 변경했으며 가능한 한 새로운 방안을 고수했고 그다음으로 남은 반대파를, 즉 외스테르그렌을 효과적으로 고립시켰다. 팔메는 특히 국가의 곳간을 틀어쥐고 있는 재무부 장관 군나르 스트렝의 지지를 확보하는 데 성공했다. 팔메가 정부와 사회민주당의 신임을 등에 업고 강력한 위치에서 행동한 것은 맞지만, 결과물은 그 스스로 얻어낸 성과였다.

그것은 또한 스웨덴 교육정책에서 가장 성공적인 개혁의 하나로 판명된다. 융자가 나중에 학생들에게 불리하게 바뀌는 것은 사실이지만, 고등교육이 모든 연령 집단에서 거의 절반을 포함할 정도로 급격하게 확대되던 때에 대학생이라면 누구나 소득이나 배경에 상관없이 동일한 학자금을 융자받을 수 있다는 원칙은 확고하게 유지되었다. 팔메는 그저 외스테르그렌보다 더 멀리 내다볼 수 있었을 뿐이다. 외스테르그렌은 스웨덴 전문직중앙연맹의 대표로서 자신이 직접적으로 대변한 이해관계에 매여 있었다. 사회적 갈등도 엿보였다. 외스테르그렌은 하층 중간계급 출신으로 지위와 소득, 사회적 지위를 보호해야 할 스웨덴 대학졸업자들의 욕구에 공감했다. 상층계급 출신의 사회민주주의자였던 팔메는 노동계급과 앞으로 고등교육이 떠맡아야 할 국가의 책무 둘 다 포괄하는 더 넓은 시각을 가졌다.

그러나 외스트레그렌의 팔메를 향한 반감이 계급적인 불안에서 비롯했다고 해도, 그는 팔메의 약점도 보았다. 지식과 교육에 대한 전문기술 관료의 시각이었다. 외스테르그렌은 나중에 이렇게 썼다. "그에게 교육이 너무나 쉽게 얻은 것이라는 사실은 부담이었다." 외스테르그렌은 팔메가 옛 교육 제도를 통해 높은 사회적 지위에 올랐으나 이제는 불안한 마음으로 자신의 특권을 지키는 잘난 체하는 교사들을 다소 경멸했다는 사실을 간파했다. 사실상 팔메가 옳았다. 스웨덴 대학교는 먼지투성이로 개혁이 필요했다. 팔메는 종전 엘리트 대학교는 간소한 행정으로 충분했지만 앞으로 학생 숫자가 크게 늘어나면 다른 종류의 운영이 필요하다는 점을 깨달았다. 그러나 팔메는 현대화의 열정에 가려 대학의 거미줄도 민주화한 대학에 쓸모가 있다는 사실을 이해하지 못한다(개의치 않았다). 대학교는 국가와 시장경제 밖의 다른 시민사회를 대표했다. 말하자면 재계와 사회민주당이 열정적으로 참여한 높은 생산성의 추구에서 동떨어진 다른 영역이었다. 대학교와 대학 졸업자들에게 그의사에 반하는 개혁을 강요하는 것은 그 독립성을 훼손했고 장기적으로는 학문의 자유를 해쳤다. 역설적이게도 이는 먼 훗날 상업주의와 시장중심적 사고에 반대할 대학의 힘을 축소시킨다. 그러나 1960년대에 팔메가 알아보았듯이, 고등교육의 높은 자율성은 평등의 추구와 경제 발전 둘 다 가로막는 장애물이었다.

변화를 호소한 미래의 대표 주자

새로운 대여 장학금 제도는 1964년 봄 의회에서 큰 저항 없이 신속하게 통과되었다. 팔메에게는 큰 성공이었다. 6월 초, 팔메가 각료가 되고 반년이 지났을 때, 사회민주당은 스톡홀름 민중회관에서 당 대회를 열었다. 스톡홀름 민중회관는 1917년 얄마르 브란팅과 페르 알빈 한손이 조급한 마음의 스톡홀름 노동자들에게 혁명보다 개혁이 더 낫다고 설득한 세기 전환기의 옛 건물을 대체한 거대한 기능주의적 궁전이었다. 연단 뒤에 펼쳐진 커다란 휘장에는 이렇게 쓰여 있었다. "새로운 대담한 목표를 향해 ─ 사회민주당 75년."

엘란데르는 개회사에서 마치 주식회사 스웨덴의 가장 성공적인 최고경영자가 연간 회계보고를 하는 것처럼 말했다. 모든 수치가 위를 가리켰다. 1960년 이래로 생산은 20퍼센트 증가했고, 의료제도에 대한 투자는 54퍼센트가 늘었으며, 고등학생은 6만 6000명에서 10만 명으로 늘었고, 100만 명이 새로운 주거지로 이사했으며, 국민연금은 900크로나 이상으로 인상되었다. 팔메는 이 연설을 전형적인 '석회석 연설이요 시멘트 연설'이라고 부르곤 했다. 팔메 자신은 대회에서 중요한 역할을 하지 않았다. 팔메가 대회에서 채택된 실천 강령의 공동 작성자인 것은 사실이지만, 그는 학생복지 문제에 관한 보고자 자격으로만 연단에 섰다. 그렇지만 팔메는 눈에 띄지 않는 곳에서 반년 전의 각료 승진만큼이나 중요한 큰 걸음을 내딛었다. 그는 당의 막강한 집행위원회에 부위원으로 선출되었고, 이로써 공식적으로 사회민주당의 핵심에 들어갔다.

9월 선거에서 사회민주당은 47퍼센트를 득표하여 한 번 더 집권했지만, 실망도 있었다. 1962년 지방선거에서 사회민주당은 과반수를 득표했다. 1964년 선거운동은 청중이 운동원에 싫증을 느끼면서 관심을 많이 받지 못했다. 울린과 엘란데르가 스톡홀름의 바사파르켄 공원에서 전형적인 선거 대결로 한 번 이상 만났다. 그러나 대중은 이들을 실망시켰다. 1940년대 말 처음 그와 같은 토론이 벌어졌을 때 4만 5000명이 모였던 반면, 이번에는 겨우 3000명뿐이었다. 엘란데르는 1962년 울린과의 토론 후 일기에 이렇게 적었다. 아마도 대중은 "무턱대고 서로를 공격하지만 늙고 기력이 쇠하여 상대를 나쁜 놈으로 만들려는 악의와 욕망을 표현하는 것 외에 다른 일은 할 여력이 없는 두 명의 늙은 노인네"를 보는 데 더는 관심이 없었을 것이다. 선거전에서 밀짚모자가 약간 이상하되 돋보이는 역할을 수행했다. 국민당의 젊은 울라 울스텐은 1962년 뉴욕 주지사 선거를 현장에서 목격하고 현직 주지사인 공화당의 넬슨 로케펠러가 주를 순회하는 모습에 깊은 인상을 받았다. 딕시Dixie 관현악단이 뒤따르며 유권자를 집회에 끌어모았던 것이다. 울스텐은 관현악단을 대동하고 적극적으로 유권자를 찾아간다는 발상을 수입했다. 그런데 미국에서는 연주자들이 쓰고 있던 밀짚모자가 스웨덴에서는 이상하게도 국민당의 젊은 당원들 머리 위에 올라가 있었다. 독특한 이미지의 젊은 후보를 소개하는 것은 모든 정당에 공통된 새로운 현상이었기에, 국민당의 모자는 선거운동 전체를 상징하게 되었다. 이 선거는 나중에 '밀짚모자 선거'로 불린다.

모자는 도움이 되지 않았다. 부르주아 진영은 당황했다. 우익보수당의 새로운 대표 헥셰르는 국민추가연금을 없애버리자는 신중치 못한 제안을 했는데, 중앙당과 국민당이 거부했다. 스코네에서는 좌절한 부르주아 진영 정치인들이 시민연합이라는 이름으로 지역 내 선거 동맹을 시도했지만, 야당의 주요 지도자들은 냉담했다. 가치보수주의*를 내세운 새로운 정당인 기독교민주연합이 성령강림운동과 긴밀히 협력하여 의회 진출을 모색했다. 1963년 정부는

---

* värdekonservatism. 좋은 사회에 필요한 가치를 지키고 강화해야 한다는 견해로 대체로 서구 사회의 전통적인 기독교 윤리를 중시하는 태도. 1990년대에 웁살라 대학교 총장을 지내는 법학자 스티그 스트룀홀름Stig Strömholm이 《투쟁하는 보수주의Kämpande konservatism》(1971)에서 제시한 개념이다.

학교에서 기독교 과목의 수업시간을 줄이고 이름도 종교로 바꾸자고 제안했다. 항의 명부에 200만 명이 서명했고, 이에 일부 기독교인 정치인은 스웨덴에 종교 정당이 등장할 때가 무르익었다고 판단했다. 그렇지만 1964년 8월《엑스프레센》이 새로운 정당의 국회의원 후보 한 명이 과거에 나치였다고 폭로했다. 기독교민주연합은 투표자의 약 2.6퍼센트인 8만 표를 득표했다. 의회에 자리를 얻기에는 충분하지 않았다.

선거 결과에 만족한 정당은 공산당이 유일했다. 1962년 선거에서 크게 실패한 공산당은 이번에는 5퍼센트가 넘는 득표율을 올렸다. 주된 요인은 카리스마 넘치는 새로운 당 대표 칼헨리크 헤르만손이었다. 그는 전임자에 비해 모스크바로부터 더 독립적인 인물로 생각되었다. 1956년 소련의 헝가리 침공은 유럽의 공산당을 강타했다. 스웨덴 공산당은 덴마크의 사태와 비슷한 일이 일어날까 걱정했다. 덴마크 공산당 대표를 지낸 악셀 라슨이 1960년 사회주의인민당을 세워 공산당을 파괴했기 때문이다. 헤르만손은 헝가리 위기 때 분명히 비판적이었지만 당에 남았다. 이제 그는 보상을 받았다.

물러나는 공산당 대표 힐딩 하그베리는 노를란드 광산 출신의 광부로 가장 큰 장점은 시대에 어울리지 않게 소련 공산당에 충성한 것이다.《스벤스카 다그블라데트》의 표현에 따르면 헤르만손은 주머니에는 학위증이, 은행에는 돈이 있는 사람이었다. 그는 중간계급 출신으로 대학교에서 공부했고 친절하고 순수하여 텔레비전에서 좋게 보였다. 헤르만손이 사회민주당에 도전할 수 있는 보편적인 좌파 정당을 만든다는 기대를 충족시키기는, 모스크바에 대한 이데올로기적 충성에 의존하거나 진취적인 힘이 부족하면, 확실히 불가능했다. 그러나 공산당은 그가 지휘하는 동안 스탈린주의의 먼지를 충분히 많이 털어냈기에 다가올 좌파의 약진에서 완전히 빈손은 아닐 수 있었다. 울라 린드스트룀은 헤르만손이 무척이나 매력적이어서 노르보텐의 군사도시 부덴의 장교 부인들까지 그에게 투표했다고 일기에 썼다. 사회민주당 후보들은 외모에서 그만큼 매력적이지 않았다. 《스톡홀름스 티드닝엔》은 헤르만손이 전임자와 똑같이 소련의 심부름꾼이라고 폭로하려면 면밀한 감시가 필요할 것이라고 썼다.

사회민주당에서는 울로프 팔메가 미래를 대표하는 첫 번째 주자였다. 텔레비전에서 '민주주의와 미래'라는 주제로 선거 토론을 준비했을 때, 그의 출연은 당연했다. 팔메는 1964년 5월 스톡홀름 시청에서 열린 사회민주당 청년연맹의 대규모 축제에서 강력한 이데올로기적 연설을 함으로써 노동운동 안에서 자신의 위치를 공고히 했다. 그는 연설의 처음과 끝을 그의 말 중에서 가장 많이 인용되는 문구 중 하나로 장식했다. "정치. 그것은 무엇을 성취하려는 의지이다." 중간에서는 그때까지 자신의 정치 이력의 주된 특징이었던 사상, 즉 놀라운 기술 발전과 인간의 실존적 책임을 간결하고도 멋지게 얘기했다. 그 연설은 수사법의 고전적인 규칙을 따른 모범적인 연설이었다. 연설의 서두는 이데올로기의 사망이라는 관념과 관련하여 판을 정리했다. "19세기의 거대한 사상의 구조물은… 냉혹한 현실에 의해 수정되었다." 분명한 사실이다. 공산주의 국가들의 학동들은 마르크스의 글귀를 줄줄 외고 미국 산업 단체들은 사유재산 자본주의의 복음을 설파할 수 있다. 팔메는 젊은 사회민주주의자들에게 비엔 호칸손이 그 전해에 《다겐스 뉘헤테르》에서 열렬히 지지한 불복종을 권고했다. "우리의 운명은 끊임없이 문제를 제기하고 거듭 객관적으로 검증하는 것, 권위를 의심하고 권위를 불신하는 것이다." 팔메는 종종 그랬던 바와 정확히 똑같이 돌처럼 굳어진 이데올로기에 가치와 감정으로 맞섰다. 정치는 고매한 목표와 이상향이 없이는 살아남을 수 없다. 이 점에서 팔메는 베를린의 대학생들 앞에서 몽상가와 이상주의자가 될 필요가 있다고 설명한 케네디를 버팀목으로 삼았다. 이어 1960년대 남아프리카에 이르기까지 압제의 역사를 개관했다. 팔메는 브레히트부터 핀란드의 바이뇌 린나가 핀란드 내전에 관하여 새롭게 발표한 소작농 3부작까지 일련의 문학 작품을 인용했다.

그다음은 증거 제시, 즉 고전적인 수사학의 기초에 따른 논증이 이어졌다. 여기서 팔메는 자신의 두 가지 중심 테제를 제시했다. 첫째는 과학 발전의 놀라운 속도였다.

경제 발전의 속도는 너무도 빨라서 우리는 20년 만에 현재의 재원을 두 배로 늘릴 수 있다. 이 발전으로 우리는 생활 조건을 개선하고 사회의 결함을 제거할 기회를 얻는다. 이로써 결국 계급사회도 제거할 수 있음을 잊지 말자. 그러나 그 목표가 자동적으로 달성되지는 않는다. 이를 위해서는 생각과 의지의 끝없는 노력이 필요하다.

그다음, "두 번째로"

    … 사회주의는 자유의 운동이다. 우리의 목표는, 가능하다면, 외적
    상황의 억압으로부터의 자유, 개별 인간이 개성을 발전시킬 자유,
    개인이 자신의 바람에 따라 삶을 꾸릴 선택의 자유이다.

  이는 팔메가 케니언 칼리지에 다닐 때 이미 받아들인 주된 사상
이었다. 앞에서 확인했듯이 특별히 복잡한 생각이 아니었다. 엄밀
히 말하면 팔메는 여전히 프랑스혁명의 기본적인 원리 즉 계몽철
학과 사회적 평등을 고수했다. 더욱 주목할 만한 것은 팔메가 이러
한 이상을 품을 때 보여준 힘이었다. 기질적으로 보면 그는 자코뱅
이었다. 평등과 자유를 달성하기 위해서는 국가 개입이 필요하다고
생각할 준비가 되어 있는 급진적 부르주아였다. 그러나 그는 사회
를 계급투쟁의 관점에서 보지 않았다. 기술에 대한 낙관론과 미래
에 대한 확신에 찬 선언은 오만한 태도로 보이지만, 밑바탕이 되는
것은 미래에 대한 믿음, 변화의 호소였다. 근대성에 평등을 더하면
그것이 자유였다.

11. 송미에서 봅시다

Olof Palme

나는 울로프 팔메로부터 고독과 멋, 자제력을 조금 배웠다.

— 하리 샤인

나중에 학생 한 명이 내게 과격화 과정을 무슨 뜻으로 말했냐고 물었다.
나는 이렇게 대답했다. "그것은 당신이 대체적으로 중도적인 입장에 있을 때
당신의 왼편에 있는 자들이 당신보다 더 올바른 위치에 있다는 느낌을
우리가 자연스럽게 받으면 일어나는 일이다."

— 스티븐 스펜더

스웨덴 사람은 물질주의적이고 따분한 국민이다. 미국인 기자 데이비드 제닝스는 1968년에 미국에서 출간된 『스웨덴과 진보의 대가*Sweden and the Price of Progress*』라는 책에서 이렇게 주장했다. 전혀 독창적인 견해도 아니다. 그런데 그는 한 가지 단서를 붙였다. "스웨덴은 빠르게 변하고 있다. 너무 빨라서 내가 이 책을 빨리 완성하지 않으면 불평할 것이 남아 있지 않을까 걱정스러울 정도이다." 특히 그는 1966~1967년에 태어난 젊은 세대가 특별하다고 보았다. 그들의 눈에는 인간의 가치가 더는 자동차와 텔레비전, 여름 별장으로 결정되지 않았다. 스톡홀름이 스윙 춤을 추고 있다고 말할 수 있을 정도로 스웨덴 사람답지 않은 활기가 나타났다. 제닝스는 확실히

베트남 전쟁 반대 시위대의 미국을 향한 증오를 편파적이라고 보았지만, 동시에 내성적인 스웨덴 청년들이 그 정도로 많은 열정을 보여줄 수 있다는 사실에 큰 인상을 받았다.

1960년대 중반 스웨덴에서는 정신 구조의 변화가 한창이었다. 근대성과 평등에 대한 이데올로기적 신뢰가 굳건하고 분명했어도 일상생활에서는 여전히 매우 정적이고 순응적이었던 사회에 유례없이 강력한 자유화의 바람이 불었다. 오래된 금기와 윤리, 사회적 관습이 무서운 기세로 폐기되었다. 1965년 가을 알코올 도수 3.6퍼센트의 중간 도수 맥주가 잡화점에서 자유롭게 팔렸다. 마약 남용도 민주화되어 의료 종사자와 집시로부터 청년 대중으로 폭넓게 확산되었다. 가장 흔한 마약은 대마초와 펜메트라진이나 다이어트 약품 프렐루딘과 리탈리나 형태의 암페타민이었다. 이러한 약품은 남유럽에서는 이미 자유롭게 구매할 수 있었다. 1960년에 미국에서 선보였고 스웨덴에서는 아직도 "피임약"이라고 부르는 P정은 1964년에 허용되었다. 이 약품은 어느 신문의 표현대로 임신의 걱정 속에 사는 여성의 "성적 동거에 대한 불안"을 제거했다. 낙태는 아직 허용되지 않았지만, 스웨덴 여성은 의학적으로 합당한 이유가 없어도 합법적으로 임신 중절이 가능한 폴란드로 건너감으로써 법률 규제를 무시했다.

1965년 봄 『사랑 I *Kärlek I*』을 필두로 스웨덴 기성 작가들이 일련의 노골적인 성적 이야기를 발표했다. 많은 글이 문학적 수준을 갖추었지만, 루소가 언젠가 포르노그래피를 정의했듯이 기본적으로 사람들이 쉽게 읽을 수 있는 종류의 책이었다. 초기에 나온 책들은 약

30만 부가 팔려 엄청난 성공을 거두었다. 이른바 성 해방론자들, 특히 욕망의 해방을 열렬히 지지한 국민당 청년들이 끈기 있게 포르노그래피를 옹호했다. 룬드의 국민당 학생 동아리는 특히 반라의 여학생에 붉은 색을 칠해 스웨덴 국기로 둘러싸는 성적 해프닝을 연출했으며, 스톡홀름에서는 국민당원들이 스웨덴에서는 처음으로 포르노 영화를 공개리에 상영했다. 그렇지만 안전을 위해서 수위를 낮추어 1930년대 영화를 틀었다.

이 온갖 해방의 요구(근친상간과 아동성애도 포함했다)는 대응을 유발했다. 연애 소설이 물의를 일으키면서 10만 명의 여성이 성서를 존중하고 결혼을 존귀하게 여기며 "윤리 문제에 기독교적 입법"을 도입하라고 요구하는 청원에 서명했다. 1966년 8월 수천 명의 스몰란드 기독교인이 스톡홀름 올림픽 경기장에 모여 "활기찬 시골과 기독교적 생활 규범, 군주제 유지"를 위해 투쟁할 전국 조직을 건설했다. 같은 해 크리스마스 스웨덴 국영 텔레비전 방송국이 역사상 최악의 대중적 항의에 직면했다. 분노한 시청자들이 국민의 애청 프로그램인 〈휠란드의 시간〉에서 배우 페르 오스카숀이 옷을 다 벗고(다시 말해 속옷까지 벗고) 성교육 책을 큰소리로 읽은 데 항의한 것이다. 그러나 새로운 도발이 계속될 때마다 저항은 약해졌다.

스웨덴은 또한 더욱 격식을 따지지 않고 비공식적이고 다양성 넘치는 민주적 사회로 변했다. 1965년 9월 《다겐스 뉘헤테르》를 비롯한 스톡홀름의 여러 신문이 모든 성인 여성에게 결혼 여부를 떠나 경칭인 '프루^{Fru}'를 붙였다. 손님이나 상급자를 '니^{Ni}'(뒤^{Du}의 경칭)로 부르거나 간접적인 호칭으로 부르는 관습은 점차 시대에 뒤진 것으로 여겨졌다. 1967년 상징적인 의미가 있는 획기적인 사건이 일어났다. 팽창정책의 주된 기관인 사회복지청의 새로 임명된 우두머리가 직원들에게 자신을 '뒤Du'라고 부르라고 선언한 것이다. 크리스마스와 예수 수난일, 부활절에 영화 상영을 금지한 것도 사라졌다. 빵집과 핫도그 상인에게 약속의 땅이었던 나라에 조심스럽게 새로운 음식 문화가 전파되었다. 먼저 중국 음식이, 그다음에 피자가 들어왔다. 패션이 더 자유롭게, 의미 깊게 변했다. 메리 퀀트가 1964년 가을 런던에서 만든 미니스커트가 들어와 주목을 끌었고 결국 승리했다. 고전적인 신사 모자는 전통적으로 점잖고 예의 바른 상층계급 남자고등학교 학생들이 성인이 되었다는 표지였지만 이제는 사라졌다.

1965년에는 또한 스웨덴이 유입 사회가 되고 있다는 진지한 인식이 처음으로 나타났다. 노동조합운동이 외국인 노동자의 유입을 규제하라고 요구한 것이다. 당시 스웨덴에 들어온 이민자는 약 40만 명에 달했다. 일부는 전쟁 후에 들어왔거나 1956년 헝가리에서 들어온 난민이었다. 노동력 유입은 꾸준히 증가했다. 주로 핀란드에서 들어왔으나 이탈리아와 그리스, 터키, 유고슬라비아에서도 들어왔다. 1960년대 말 '이민자'라는 개념이 확립되기까지 이주자들은 여전히 외국인으로 불렸다. 제닝스는 자신의 책에서 인종주의에 대한 비판으로 말하자면 미국과 비교해도 결코 뒤지지 않는 스웨덴 사람들이 새로운 이웃과 동료에 대해 극도로 심한 편견을 지닐 수 있다는 사실을 다소 신랄하게 지적했다. 그러나 1965년 크리스마스 라디오에서 '우리와 외국인들'이라는 주제로 이야기한 울로프 팔메는 나쁜 뜻이 있는 것은 아니라고 보았다. "오히려 그것은 낯선 것 앞에서의 소심함, 감정과 태도에 대한 무지, 특히 편리함에 대한 문제이다." 1964년 스톡홀름으로 온 그리스인 이민자 작가 테오도르 칼리파티데스는 처음에는 식당 종업원으로 일했는데 약간 덜 우호적인 설명을 내놓았다. 그의 생각에 따르면, 스웨덴 사람들은 도덕적으로 우월하다고 느끼고 싶은 욕구가 강했다. 스웨덴 사람들은 간호사가 되기를 원하는데 그러려면 환자가 필요했다. 다시 말해서 사정을 잘 모르는 외국인들은 스웨덴에 들어와 압제에서 구원받고 일자리를 얻은 것에 감사해야 했다.

국가와 개인의 동맹

1960년대의 민주화에는 중앙행정의 확대라는 다른 현상이 동반되었다. 1966년 가을 울로프 팔메는 말뫼에서 500명의 남부 스웨덴 기업가들을 앞에 두고 이렇게 설명했다. "합리화란 효율성과 인간성을 결합하는 것이다." 그리고 여기에는 경제계와 사회 간의 긴밀한 협력이 필요했다. 2년 뒤 얀 뮈르달과 루네 하스네르는 사회비판 영화 〈사기꾼 사건Fallet Myglaren〉에서 이렇게 비꼬듯이 과장되게 표현했다. "정당들과 단체들, 경제계가 협동과 협력, 합의 속에서 상호간에 솔직하게 대면하여 만들어낸 새로운 스웨덴에서는… 작은 개인들이 중심이 된다." 완전히 새로운 임무를 띤 것이든 작은 기관들이 통합되어 만들어진 것이든 새로운 관청이 연이어 등장했다. 국가계획청, 자연보호청, 교통안전청, 사회복지청 등이다. 울로프 팔메 같은 젊은 사람들이 나타나 새로운 기관들을 세웠고, 이에 새로운 책임자와 간사, 사무원이 필요했다.

정치학이나 경제학, 법학을 공부한 야심 찬 청년, 네모 안경을 쓰고 포플린 외투를 입은 청년이 새로운 공무원 세대를 이루었다. 많은 사람이 노동계급이나 하층 중간계급 출신이었고 1950년대 말과 1960년대 초에 성장한 현대화의 열정에 사로잡힌 자들이었다. 피라미드의 상층부가 커지고 더불어 토대도 급격하게 확대되었다. 1960년대에 보건의료 노동자는 10만 명에서 20만 명으로 두 배가 늘었으며, 교사의 숫자는 8만 명에서 12만 명으로 50퍼센트 증가했다. 과학과 기술에 대한 신뢰는 흐트러지지 않았다. 1966년 8월 팔메는 300명의 여성 동아리 회원들 앞에서 이렇게 말했다. "여러분은 기술자가 되어야 합니다." 그보다 두 달 앞서 "북유럽 최초의 전력 생산 핵발전소"를 위한 첫 번째 규정이 오스카슈함에서 채택되었다. 이를테면 재무부 장관 군나르 스트렝이 뇌벨뢰브에 세계 최대의 감자 보드카 증류소를 열었다거나 칼스함에 유럽에서 가장 현대적인 마가린 공장이 설립되었다는 것처럼 거의 매주 산업적 성취에 관한 새 소식이 들려왔다.

효율성 제고가 키워드였다. 1809년의 옛 헌법은 역할을 다한 것으로 여겨졌다. 새로운 헌법개정위원회가 설치되었고, 향후 군주제가 수행할 역할을 재검토하는 것도 그 임무에 속했다. 규모 확대가 우선시되었다. 국가는 국내시장의 중소기업보다 수출 기업을, 소농보다 대농을, 시골보다 도시를 먼저 지원했다. 인구가 희박한 지역의 실업자를 유인하고자 보조금을 지원하여 도시화를 추진했다. 이는 특히 노를란드에서 두드러진 현상이다. 1950년대에 스톡홀름에서 시작된 노후 건물 해체의 물결은 더욱 촉진되었다. 스톡홀름은 곳곳에 구덩이가 파이고 크레인이 '스카이라인'을 이루는 거대한 건축 공사장이 되었다. 작은 공간에 대략 60개의 호텔과 레스토랑, 70개의 인쇄소, 200개의 작은 공장과 제작소를 품은 낡은 클라라 지구는 사무실과 은행, 주차 빌딩, 넓은 거리의 완전히 새로운 도시 경관에 자리를 내주고 있었다. 페르 안데슈 포겔스트룀의 견해에 따르면, 스톡홀름은 "타일로 뒤덮인 하나의 거대한 소변기"가 되는 중이었다. 인기 있는 대중가요 〈행복한 거리Lyckliga gatan〉에는 이런 가사가 들어 있다. 모든 것이 "짓밟히고 파괴되고 파멸하고 더럽혀졌다." 그러나 '발굴자들'은(책임자인 스톡홀름의 정치인 알마르 메르와 유아킴 가르페를 가리키는 명칭이다) 타협을 몰랐다. 1966년 가을 메르는 스톡홀름이 너무 작다며 런던과 모스크바를 모델로 제시했다. 도시화는 국가적 차원의 합리화였다. 변화는 군 단위의 읍까지 확장되어 오래된 도심지가 콘크리트 벽돌의 인도를 갖춘 현대적인 쇼핑센터와 백화점으로 바뀌었다.

중앙화, 정부의 계획, 공업적 대량생산은 당연히 스웨덴만의 독특한 현상이 아니었다. 1964년 독일계 미국인 철학자 허버트 마르쿠제는 신좌파의 경전이나 마찬가지였던 『일차원적 인간One-Dimensional Man』에서 이렇게 썼다. "우리는 현대 산업문명이 쓸 수 있는 기술과 과학, 기계의 힘을 동원하고 조직하고 이용할 수 있을 때에만 발전한, 발전하고 있는 산업사회를 계속 지배할 수 있다." 그러나 스웨덴은 그 분야에서 최고였다. 특히 울로프 팔메와 타게 엘란데르가 1950년대 말에 이미 앞으로의 발전을 완벽하게 분석했기 때문이다. 그들이 1956년에 알아보았듯이, 미래의 큰 도전 과제는 "늘어난 기대의 불만"에 대면해야 하는 것이었다. 모든 시민에게 물질적 성장을 동등하게 누릴 기회를 제공하기 위해 '강한 사회'가 개입해야 했다. 엘란데르도 팔메도 인간이 더 많은 냉장고와 자동차를 가져야만 더 행복해진다고 믿을 만큼 순진하지는 않았다. 중요한 것은 개인의 자아실현을 위해 국가가 자원을 제공해야 한다는 생각이었다. 사람들은 기본적인 신뢰를 갖게 되면 매슬로의 욕구 피라미드에 따라 자신을 계발하고 문화를 향유하는 적극적인 시민이 될 것이었다.

이러한 기대는 실망으로 이어질 수도 있었지만, 국가가 시민을 더욱 독립적이고 자유롭게 만들 수 있다는 생각 자체는 스웨덴 사회에서 강력한 지지를 받았다. 그 역사적 뿌리는 19세기 자유주의적 민족주의까지 거슬러 올라간다. 스웨덴의 자유주의적 민족주의는 귀족을 억압한 강력한 중앙 권력과 자유로운 농민의 동맹을 통해 나라의 민주주의가 발전했다고 주장했다. 사회민주당은 1930년대에 그러한 사고방식을 취했으나, 이를 새로운 지배자인 자본가들에 맞선 국민과 사회민주당 정권 간의 연합으로 다시 정의했다. 팔메와 엘란데르의 '강한 사회'는 한 걸음 더 나아가 국가와 사사로운 개인 간의 동맹을 약속했다. 그것은 집산주의적 이상과 산업의 국유화라는 형태의 전통적인 사회주의가 아니었다. 그것은 일종의 국가개인주의였다.* 법인세가 낮은 수준으로 유지되는 가운데 높은 소득과 소비가 공공 부문의 팽창에 필요한 자금을 공급했다. 국가가 교육과 사회보험, 연금, 의료, 학자금 융자 등을 제공함으로써, 개인은 각자 처한 환경에 비해 상당한 자율성을 누릴 수 있었다. 전통적으로는 가족, 부모, 자선, 고용주, 민중운동, 교회, 기타 시민사회의 다른 부분들에 불균등하게 의존했지만, 이제는 사무적이고 보편적이며 규정에 따라 움직이는 국가에 의존하게 되었다.

많은 나라에서 이와 같은 국가에 대한 의존은 순진한 생각으로 보인다. 그러나 스웨덴은 19세기 초 이래로 전쟁이나 점령, 큰 변화를 가져온 혁명을 겪지 않았다. 스웨덴 국민은 선거를 거듭함에 따라 복지를 구축한 정부에 표를 주었고 팽창적 국가에 대한 열의가 부족해 보이는 정당들을 궁지에 몰아넣었다. 특히 엘란데르와 팔메는 국민추가연금 투표 이래로 선거에서 '강한 사회'에 대한 지지를 이끌어냈다. 지속적인 성장과 더불어(1964년 국민총생산 증가율이 7퍼센트에 이르러 최고 기록을 세웠다) 그들의 전략은 패배할 수 없을 것만 같았다. 불만이 있다면, 그것은 다른 방향에서 나왔다고 할 수 있다. 야당의 판단에 따르면 그렇다. 현대화는 충분히 빠르게 진행되지 않았다. 더 큰 주택이 더 많이 필요했고, 더 좋은 교통과 교육기회의 증대, 텔레비전 채널의 증설이 필요했다. 1960년 팔메는 개인의 자유는 집단과 대립하지 않고 오히려 집단을 통해 성취된다고 말했고, 많은 스웨덴 사람이 이에 동의하는 것 같았다.

---

* statsindividualism. 개인의 자유와 자기 부양이 강한 국가에 의존하는 관계를 뜻한다.

더 따뜻한 공동체, 더 많은 자유

1960년대의 세대 반란이 번영의 시기에 커진 기대가 초래한 전체적인 효과로서 거의 전 세계적인 현상이었다고 해도, 그 지역적인 형태는 각국이 처한 환경이 결정했다. 체코슬로바키아의 학생들은 공산주의에 맞서 봉기했으며, 에스파냐 학생들은 프랑코에 저항했고, 미국에서는 베트남 전쟁과 인종 문제가 중심을 차지했으며, 독일의 청년 세대는 나치즘에 대한 부모 세대의 책임 문제를 제기했고, 프랑스에서는 청년의 반란이 격화되는 계급투쟁과 중첩되었다. 영국과 스칸디나비아에서도 청년과 기성 사회 간에 갈등이 있었지만 폭력적 성격은 덜했다. 그것은 날카로운 정치적 갈등이었다기보다 문화적인 갈등이었다. 그러나 이 나라들에서 기성 사회의 대응이 유연했다고 해도, 어쩌면 유연했기 때문에, 사회 분위기는 상당히 과격해졌다. 스웨덴의 경우도 마찬가지였다. 스웨덴에서는 특히 청년과 지식인의 불만이 사회민주주의가 자랑스러워하는 사회 구조를 건드렸다. 이들은 팔메와 엘란데르의 '강한 사회'가 제공할 수 있는 것보다 더 따뜻한 공동체를, 더불어 더 많은 개인의 자유를 요구했다.

1965년 겨울 스톡홀름 시민들은 도시 도처의 광장에, 스톡홀름 중앙역과 쿵스트레고덴 공원에 있는 테틀리 찻집 주변, 회토리에트 광장 옆 스톡홀름 음악당 계단에 10대 청년들이 무더기로 모여 있는 것을 보았다. 특이한 복장과 휴대용 축음기, '더 후The Who'와 '프리티 싱스Pretty Things', '다운라이너스 섹트Downliners Sect' 같은 영국 인기 그룹의 시끄러운 음악은 모드^{mods}(moderns의 축약형이다)의 분위기를 자아냈다. 모드 개념은 발상지인 영국에서는 청년의 매우 독특한 스타일을 지칭했다. 스웨덴에서 그 개념은 비스듬히 가린 앞머리와 코르덴 재킷, 화이트 진, 사막 부츠의 최신 유행을 따르는 청년부터 군복 재킷과 운동화 차림의 단정치 못한 10대까지 잡다한 무리를 가리키는 말이었다.

이들은 주로 스톡홀름 남부와 서부의 교외에서, 특히 팔메 가족이 거주하고 있는 벨링뷔의 고층 아파트 지역에서 몰려왔다. 투마스 밀로트의 소설 『벨링뷔 블루스*Vällingbyblues*』에 나오는 어느 청년은 이렇게 말한다. "가장 좋은 것은 우리가 남을 헐뜯고 물건 살 줄만 아는 사람들이 사는 그 진정한 놀이터 벨링뷔에서 버티지 않고 내려온다는 것이다." 이들은 욕을 많이 먹었고 머리를 깎고 일자리를 구하라는 훈계를 들었다. 1965년 8월 회토리에트 광장에서 이른바 모드 폭동이 정확히 어떻게 시작되었는지는 알기 어렵다(청년들은 어느 노인이 개를 몰아 자신들을 쫓아내려 했다고 주장했다). 그렇지만 어쨌든 기마경찰과 개를 끌고 온 경찰 300명이 이틀 동안 스톡홀름 도심지의 대부분을 봉쇄했다. 모드의 문화는 비록 기성세대를, 특히 전통적인 노동 윤리를 단호히 거부했지만 그 자체로 정치적이지는 않았다. 폭동에 참여한 어느 10대는 1967년에 상영되어 주목을 받은 다큐멘터리 영화 〈그들은 우리를 모드라고 부른다^{Dom kallar oss mods}〉의 촬영 중에 이렇게 속내를 드러냈다. "우리는 최초의 개인주의자들이다.… 그들이 우리를 증오하기 때문에 일어난 일이다. 우리는 마지막 사회주의자들이다."

당혹스러운 세대 현상은 모드 말고도 또 있었다. 이른바 통킹 만의 발포 사건으로 미국 의회는 1964년 8월 케네디의 후임자인 린든 존슨에게 공식적인 전쟁 선포 없이 북베트남을 공격할 권한을 위임했다. 미국에서는 12월에 처음으로 전쟁에 반대하는 시위가 벌어졌다. 1965년 2월 초 스톡홀름 대학의 학생들이 회토리에트 광장에 모여 베트남 전쟁에 반대하는 시위를 벌였다. 대다수는 "오랫동안 핵무기와 인종 탄압, 징병에 반대하는 시위에 참여한 경험 많은 시위자들"이었지만, 봄에는 정치 활동의 경험이 없는 상대적으로 나이 적은 학생들이 점점 더 많이 참여했다.

같은 시기에 청년 시인 예란 손네비가 《보니에슈 리테레라 마가신》에 「베트남 전쟁에 관하여Om kriget i Vietnam」라는 제목의 시를 발표했다. 손네비는 제2차 세계대전을 연상시키는 심한 무력감을 포착해냈다. 시는 베트남뿐만 아니라 스웨덴에 관한 것이기도 했다(이 점이 그 시가 가진 힘이었다). 스웨덴 사람들은 텔레비전 뉴스를 통해 잔혹한 전쟁을 목격했다. "… 누구도 우리를 네이팜탄으로 불태우지 않는다/ 봉건적 자유를 위해." 초여름에 스웨덴에서 처음으로 베트남 문제로 경찰과 대치하는 일이 벌어졌다. 클라르테 연맹 회원인 두 명의 의학도가 "인민에 대한 미국의 테러"에 반대하는 전단지를 배포했다. 두 청년은 경찰과 논쟁 끝에 상당히 거칠게 수감되었다. 경찰에 따르면 그 두 청년은 모드처럼 지나가던 사람들을 방해했다. 그들은 "폭력적 저항"의 혐의로 고발당했는데, 그중 한 사람인 스물네 살 여성은 경찰을 물었던 것 같다. 이 여성이 여러 명의 건장한 경찰관에게 위협이 된다는 얘기는 그다지 설득력이 없었다. 엄니로 주변의 왜소한 경찰을 내팽개치는 거대한 시위자를 표현한《아프톤블라데트》의 만평에는 다음과 같은 글이 실렸다. "사나운 베트콩 - 고릴라, 의대생 오사 할스트룀."

회토리에트 광장에 모인 시위자의 다수는 클라르테 연맹과 관계가 있었다. 클라르테 연맹은 1920년대 이래로 공산주의자들과 사회주의자들 간의 싸움에서 분명한 태도를 드러내지 않은 채 마르크스주의적인 과격한 노선을 추구했다. 역사적으로 1960년대 중반에는 그러한 입장이 받아들여질 가능성이 있는 것 같았다. 모호하지만 유망하게 '신좌파'라고 불린 자들이 학생과 지식인 사이에서 기반을 확보했다. 그 개념 자체는 1960년 미국인 사회학자 C. 라이트 밀스가 미국 공산당에 보낸 비판적 서한에 뿌리가 있다. 그러나 지적 자극은 주로《뉴 레프트 리뷰》에서 나왔다. 좀 더 가까운 곳을 보자면, 같은 시기에 세워져 소련을 신뢰하는 공산주의와 따분한 개혁주의 사이에 매력적인 공간을 제공한 노르웨이와 덴마크의 사회주의적 대중정당을 거론할 수 있다. 경직된 교조주의에 대한 불만이 커지면서 경제적 요인보다 문화적 요인을 강조하고 노동계급 대신 학생과 지식인에게 정치 투쟁의 주된 위치를 부여한 복잡한 새로운 이론이 출현했다. 1966년 사회민주당 좌파의 주도로 등장한 스웨덴 이론지《엔 뉘 벤스테르(신좌파)》는 이와 같이 호의적으로, 그러나 특별히 명료하지는 않게 이야기한다. "신좌파는 사회주의적인 인도주의 사회, 인간이 노동과 사회생활, 문화, 사생활에서 개성을 발전시킬 수 있는 사회, 소외와 권위주의적 조직이 없는 사회를 향한 노력이다."

신좌파는 마르크스를 더 정교하게 해석했는데, 실용주의적인 스웨덴에서 그러한 해석은 제한적으로만 수용되었다. 과격화를 추동한 것은 오히려 풍요에 따라온 부채 의식이었다. 1960년대 중반 서구 세계 전체가 양심의 가책을 점차 강하게 느꼈다. 한편으로는 점점 더 많은 사람이 달콤한 인생까지는 아니더라도 적어도 기분 좋게 물질적 편안함을 누렸고, 다른 한편으로는 텔레비전의 강력한 영향으로 제3세계의 고난과 굶주림이 안방까지 치고 들어왔다. 이러한 부채 의식은, 주변 세계보다 스웨덴에서 더 강했는지는 판단하기 어렵지만, 1960년대 후반 문학과 예술, 지식인의 논쟁에 큰 영향을 미쳤다. 세계적인 시각에서 볼 때, 그 시대의 특징은 연대 의식을 지니고 열심히 일하던 노동 대중이 독선적이고 소비적인 상층계급으로 변하는 것에 대한 심한 역겨움과 고발이었다. 이는 좌파 운동인 동시에 여러 점에서 신앙부흥운동이기도 했다. 부채 의식 문제에 대한 스웨덴 루터교회의 관심은 그들이 다른 대다수 국가의 국민들보다 부유할 뿐만 아니라 제2차 세계대전을 피했다는 사실로도 더욱 깊어졌다. 농민의 엄격한 윤리에 뿌리를 두고 있는 국민에게 행운과 부유함은 불편할 정도로 과분하게 보였다.

물고를 튼 것은 국제적으로 주목을 받은 얀 뮈르달의『이 시대 어느 유럽 지식인의 고백Samtida bekännelser av en europeisk intellektuell』이었다. 그 고백이란 친구의 자살에 관해서든 서구의 제3세계 개입에 관해서든 수동적인 관찰자 역할에 대충 만족하는 것이었다. 뮈르달은 자신에게 이처럼 가혹한 판결을 내렸다. "나의 죄는 책임을 지지 않은 인식이다." 비록 뮈르달만큼 단호하지는 않았을지라도, 1960년대 후반 많은 스웨덴 작가들이 책임 문제에 몰두했다. 1965년 1월 작가이자 학술원 회원인 라슈 욀렌스텐은 복지사회에 맞게 고친 새로운 십계명을 정했다. 새로운 십계명은 부정하게 복지를 얻었다는 스웨덴 사람들의 감성에 직접 호소했다. "많은 사람이 응당 받을 만한 것보다 더 좋은 것을 가졌다. 당신이 그중에 속한다면, 가진 것을 나누어라. 그렇게 하지 않으면 당신은 도둑질하는 것이다." 사상사가 옌스 융그렌은 1960년대에 정치의 감정화가 일어나 좌파 지식인들이 점차 "전도자 같은 구원자"처럼 나타나는 결과를 가져왔다고 말한다.

이듬해 예란 팔름은 『부당한 견해*En orättvis betraktelse*』에서 스웨덴이 서구의 강도짓에 책임이 없다는 관념을 공격했는데 책머리에서 산상수훈의 한 구절을 인용했다. "온유한 사람은 행복하다. 그들은 땅을 차지할 것이다." 그는 텔레비전에서 무엇에도 책임을 느끼지 못하는 태도를 공격했다. "[게릴라 전사가] 텔레비전 수상기에서 뛰쳐나와 우리 식탁으로 와서 접시와 컵을 내던지며 자신의 고통이 어떻게 느껴지는지 보여주겠다고 총검으로 위협할 때에야 우리는 어쩔 수 없이 그 고통이 이 세상에 존재한다는 사실을 깨닫게 된다." 스벤 델블랑은 1967년에 발표한 『밤 여행*Nattresa*』에서 인간은 희생자가 되든지 처형자가 되든지 선택해야 한다고 설명했다. 책에서 자본주의는 사드 후작의 규방 철학의 한 갈래로 제시된다. 다른 목소리를 낸 사람은 잉마르 베리만이다. 그는 어떠한 정치적 부채 의식도 떠안지 않으려 했으며 대신 1968년에 발표한 영화 〈수치*Skammen*〉에서 폭력적 세계에 직면하여 느끼는 공포를 표현했다. 영화에는 영웅도 없고 옳고 그른 것도 없다. 단지 전쟁과 이를 극복하고 살아남으려 애쓰는 주눅 든 인간들만 있을 뿐이다. 베리만이 정치적 의식이 부족하다고 비난받은 것은 놀랍지 않다. 이는 그 영화 감독과 스웨덴의 1960년대 세대 간에 여러 차례 벌어진 충돌 중 첫 번째였다.

시민을 빛나고 아름다운 새로운 세계로 이끌 새 시대의 유능한 행정가들도 비판을 받았다. 중앙정부는 영웅에서 악당으로, 적어도 방조자로 바뀌었다. 관료기구의 계획적인 스웨덴 사회 현대화와 뛰어난 기술로써 베트남 농민들을 민주주의적 반공산주의자로 바꿔놓으려는 미국 전쟁 기구의 노력 사이에는 질적 차이가 없었다. 다만 정도의 차이가 있을 뿐이었다. 베트남 전쟁에 반대한 청년 활동가들은 관료들을 평가하는 기준이 되었고, 관료들은 대체로 그 기준을 충족하지 못했다. 얀 뮈르달은 1967년에 발표한 책 『도덕*Moraliteter*』에서 문화부에서 근무하는 사회민주당원 청년 공무원이 반전 시위 참여를 거부할 수밖에 없는 상황을 묘사했다. "장관이 조금 걱정했다. 그는 당신이 훔레고덴 공원에서 경찰과 충돌한 자들 가운데 있었다는 얘기를 들었다고 말했다. 나는 오해라고 그를 안심시켰다." 스웨덴을 개혁하고 현대화하는 것은 이제 명예로운 사명이 아니라 도덕적 책임의 회피였다.

유능한 의사이자 1960년대에 큰 인기를 끈 작가 P. C. 예실드는 관료적 반인도주의의 주된 비판자가 되었다. 1968년에 발표한 소설 『돼지 사냥*Grisjakten*』에서 그는 엄청난 에너지로 돼지의 효율적인 도태에 몰두한 열정적인 공무원을 묘사했다. 그는 직원을 고용하고 도축 장비를 시험하고 고틀란드에서 실험을 시작하고 국외 인사들과 접촉했다. 그러나 고틀란드 사람들은 말을 듣지 않는다. 신경가스로 돼지를 죽이는 이동 도축은 더 나쁜 생각으로 이어졌다. "오늘 북쪽 지구의 최종 보고서. '화학적으로 100퍼센트 문제없다.'" 국장은 조직에 어울리는 완벽한 인간으로 합당한 질문은 다 하지만 단 하나를 빼먹는다. "그 많은 돼지를 왜 도살해야 하나?" 예실드는 『돼지 사냥』에 뒤이어 관료 사회를 한층 더 신랄하게 풍자한 소설 『송미에서 봅시다*Vi ses i Song My*』에서 다른 종류의 관료를 묘사했다. 롤프 뉘베리는 연봉 7만 크로나에 합동참모본부에 고용되어 일하는 정치적으로 의식 있는 심리학자로 자신이 10개월 징역 대신 병역의무를 선택한 과격한 평화주의자보다 도덕적으로 더 나쁜 사람인지 곰곰이 생각한다. 그는 스웨덴 군대에 풀뿌리 민주주의를 도입하려는 부대에서 일한다. 그러나 모든 것은 허버트 마르쿠제가 '억압적 관용'이라고 명명한 것, 즉 체제 자체의 정당성을 확보하기 위해 몇 가지 형태의 저항을 허용하는 것의 훈련일 뿐이었다.

'가장 옷을 못 입는 사람'

울로프 팔메는 베리만처럼 앞선 세대에 속한 사람이었고 실제로 새로운 경향에서 한참 떨어져 있었다. 그는 단호한 반공산주의자였고 마르크스주의에 조금도 끌리지 않았다. 팔메는 아마도 정부에서는 유일하게 마르쿠제의 글을 읽은 사람이었겠지만 그를 "혼란스러운 독일 철학자의 전형"으로 보았다. 팔메는 자신감이 강한 사람이어서 행동의 지침으로 삼을 어떤 신념 체계도 필요하지 않았다. 모드와 젊은 지식인들에게 똑같이 스웨덴의 우울함의 정수였던 벨링뷔 주택지구의 삶은 팔메에게는 현대성과 탈계급성을 보여주는 매력적인 이상이었다. 팔메의 실존적 측면이 신좌파의 문명 비판을 이해하기 어렵게 만드는 장애물은 아니었지만, 그의 공리주의와 중앙화에 대한 믿음은 현대의 전문기술 관료 사회와 소외에 대한 신좌파의 비판에서 주된 표적이었다.

팔메는 또한 청년 문화에서 한껏 분출한 상업적 표현이 어색했다. 엘리트주의적 성격을 띤 그의 모더니즘과 귀족적 의무감에 어긋났기 때문이다. 책임 의식의 반추도 팔메에게는 전혀 중요하지 않았다. 그가 연대와 도덕적 책임을 믿지 않았기 때문이 아니라 내면의 정화보다 행동을 우선시했기 때문이다. 그럼에도 팔메는 이상주의적 감수성과 제3세계에 대한 관심, 사회를 바꾸려는 강력한 의지를 지녔기에 문학평론가이자 음악가인 레이프 뉠렌의 표현을 빌리자면 "1960년대의 사회민주주의자"였다.

1960년대 중반 팔메는 청년 사이에 퍼진 새로운 경향에 말을 걸고 그것을 옹호하고 그것에 관하여 이야기했다는 점에서 가장 중요한 스웨덴 정치인이었다. 새로운 경향은 피상적인 차원에서는 스타일의 문제였다. 정치는, 팔메가 수행했을 때는, 예측할 수 없는 개인적인 활동으로 보였다. 개성과 독립성이 옹호된 시절에 팔메가 구겨진 옷과 절망적일 정도로 허술하게 맨 넥타이로 스웨덴에서 "옷을 가장 잘 못 입는 열 사람" 중 하나로 뽑혔다는 사실은 결코 부정적인 평가가 아니었다. 날카로운 문체를 보여준 기자 마리안 회크처럼 옷을 잘 입는 사람은 짙은 색 옷에 갈색 구두를 신는 팔메가 아주 못마땅했겠지만, 유행에 어긋나는 옷차림도 하나의 스타일이었다. 게다가 팔메는 1965년 11월 그해에 결성된 1만 개 팝 그룹 중 하나인 부로스의 밴드 '팔메스'의 명예 단원에 선정되었다는 이유로 자신이 정부 최초의 대중음악 장관이라고 자랑했다. 1967년 1월 팔메가 마흔 살을 꽉 채웠을 때, 갈색 구두가 마음에 들지 않았어도 팔메를 열렬히 숭배한 회크는 그가 "전혀 그럴 이유가 없을 때에도 걱정 없고 행복하고 태평해" 보이는 특별한 능력을 갖고 있다고 썼다.

벨링뷔의 팔메 가족은 또한 부부가 각자 직업을 갖고 있고 공동으로 자녀 양육을 책임지는 새로운 평등의 진열장이었다. 1960년대 중반 기사들은 연이어 리스베트가 아동심리학자라는 자신의 직업을 갖고 있고 울로프는 가사를 돕는 현대적인 남성이라고 강조했다. 《베쿠슈날렌》과 《다겐스 뉘헤테르》, 《아프톤블라데트》는 화보를 곁들인 기사에서 팔메와 두 아들 모텐과 유아킴의 다정한 관계를 부각시켰다. 평등한 결혼의 이미지는 어떤 점에서는 망상이었다. 팔메는 늦은 시간까지 열심히 일했고, 집에 없을 때가 다른 대다수의 아버지보다 훨씬 더 많았다. 팔메는 게다가 가사의 재능은 조금도 없었다. 그러나 밝은 이미지에는 숨은 진실도 있었다. 팔메가 스스로 말했듯이 가족은 그의 '취미'였다. 생각은 많이 하지만 행동은 시간 날 때만 한다는 의미에서 그랬다. 팔메 가족의 모든 남자처럼 울로프도 아이들을 사랑했고 두 아들에게 큰소리로 책을 읽어주고 함께 축구하기를 좋아했다. 팔메는 자신에 관해 떠도는 모든 소문 중에서 자녀를 돌보지 않는 나쁜 아버지라는 비난에 가장 마음이 아팠다. 그렇지만 일상생활의 조화를 꾀한 벨링뷔의 자녀 있는 가정이라는 이미지는 귀족적인 팔메를 더 서민적으로 보이게 하는 좋은 방법이었다. 노동계급 출신의 사회민주당 당원들과 달리 팔메는 자신의 뿌리를 대놓고 자랑할 수 없었다. 대신 그는 열심히 일하는 모습과 사랑 가득한 가정생활을 결합한 현대적인 중간계급 영웅을 자처했다. 아니면 언론이 그렇게 그리도록 내버려두었다.

팔메가 우는 자녀들을 위로했다는 사실 때문에 그의 남성적 이미지가 줄지는 않았다. 그는 젊고 급진적이었으며 능변이었고 무례했으며, 체게바라든 제임스 본드든 누구나 자기 영웅의 스타일과 태도를 찬미하는 시대에 자신감으로 가득했다. 많은 기자가 스웨덴 정치인의 전통적인 유형에서 벗어난 팔메의 강한 성격에 매료되었다.《스벤스카 다그블라데트》는 이렇게 썼다. "언론은 그를 푸들 강아지처럼 좋아한다." 이는 아마도 그렇게 이상하지는 않았을 것이다. 팔메는 기자를 인간으로 대했기 때문이다. 그는 자신 앞에 줄 서서 기다리는 기자들과 친절하게 골고루 담소를 나누었고 텔레비전에서 젊은 친구들과 허물없이 얘기했다. 어느 정치부 기자는 이렇게 확인했다. "국민은 그 앞에서 예의를 차려야 하고 위협을 받아야 하며 줄 서서 기다려야 하는 공직자를 많이 만나 봐야 우리가 팔메를 어떻게 평가하는지 이해할 수 있을 것이다."

날마다 더 과격해지는 지식인들은 팔메의 추론 방식과 표현 방식을 보고 그가 자신들과 같은 부류라고 느꼈다.《다겐스 뉘헤테르》문화부장 울로프 라게르크란츠는 이렇게 말했다. "그는 쾌활하고 으스대며 예민하고 우아하고 언제나 행동할 준비가 되어 있다."(이는 아마도 자기 자신에 대한 평가일 것이다. 그의 배경에는 팔메처럼 기병장교와 핀란드 행동주의가 들어 있다.) 팔메는 1960년대에 평등의 정신에서 점차 '문화노동자'라고 불린 사람들로부터 많은 편지와 초대를 받았다. 출판인 페르 I. 예딘에 따르면, 그는 "언제나 흥미로운 작가들을 좋아했다." 팔메는 1968년 노동절 행진에서 영화배우 멜리나 메르쿠리 옆에 있었다. 누구나 시대의 여러 문제에 관하여 그의 의견을 듣고 싶었다. 스테판 얄(〈그들은 우리를 모드라고 부른다〉)과 빌고트 셰만(〈나는 궁금하다―노랑〉) 같은 스웨덴의 떠오르는 젊은 영화감독이 팔메를 인터뷰했다. 팔메는 또한 외국에서도 점차 주목을 받았다. 1967년《뉴욕 타임스》는 팔메를 스웨덴의 로버트 케네디라고 불렀다. 울로프 라게르크란츠처럼《아프톤블라데트》의 문화부장 칼 벤베리도 특히 1968년 봄에 간행된 정치 연설 모음집으로 때로 '팔메의 작은 노란 책'*이라고 부르는『정치는 무엇을 성취하려는 의지이다』에 대한 서평에서 그 젊은 사회민주주의자를 몽상적인 말로써 칭찬했다. 1950년대 초 제3의 시각에 관한 토론에서 의견이 달랐던 것은 잊은 듯했다.

울로프 팔메는 1890년대의 스벤 팔메처럼 1960년대 스톡홀름에서 파격적으로 멋진 영향력을 행사했다. 그러나 그는 조부와 달리

---

* Palmes lilla gula. 마오쩌둥 어록에 빗댄 표현이다.

살롱을 열지도 않았고 사교 생활의 폭이 넓지도 않았다. 팔메와 동갑인 기자 울프 투렌은 자신의 마흔 살 생일 파티에 팔메를 초대하려 했지만 허사에 그쳤다. 투렌의 독창적인 텔레비전 프로그램 〈2주마다Hvar fjortonde dag〉에서 돋보였던 것 중 하나는 연단 위에서 팔메의 격한 발동작을 보여준 장면이다. 그는 발끝으로 섰고 발을 이리저리 흔들었으며 내내 좌우로 몸의 중심을 바꾸었다. 팔메는 투렌이 제멋대로 축하한 것을 존중했지만 거리를 두었다. 팔메는 벨링뷔의 타운하우스에서 가까운 가족끼리 마흔 살 생일을 축하했다.

문화계가 팔메에 열광한 부차적인 이유는 그가 1965년에 오늘날에는 잊힌 한누 살라마의 핀란드 소설 『하지의 춤Juhannustanssit』을 분명하게 옹호한 데 있었다. 그 소설은 핀란드 시골을 무대로 몇몇 청년의 술잔치를, 덤불 속에서 서둘러 끝낸 섹스와 술에 취해 벌인 난투극을 뛰어난 문체로 사실주의적으로 묘사했다. 살라마는 핀란드에서 신성모독으로 기소되었다. 술에 취한 청년 중 한 명이 예수의 섹스 경험을 설명했을 뿐만 아니라 그것에 암 당나귀까지 포함시켰기 때문이다. 5월 초 의회에서 국민당의 기독교인 의원들이 스웨덴에서도 살라마의 소설을 금지하라고 요구했다. 문화계의 급진적 인사들 중에서 특히 울로프 라게르크란츠가 국민당을 공격했다. 《아프톤블라데트》는 살라마의 책에서 외설스러운 대목을 공개하며 도발했다. 팔메는 당시 진행되던 해방의 과정이 "1960년대의 매우 중요한 문제 중 하나"라고 판단했고 기꺼이 논쟁에 참여했다. 1965년 5월 말 《다겐스 뉘헤테르》에서 팔메는 사회민주주의자에게는 표현의 자유를 방어하는 것이 결정적으로 중요하다며 그 이유를 이렇게 설명했다.

사람들의 요구와 기대 때문에 우리 사회는 점점 더 집단주의적으로 바뀔 것이다. 바로 그렇기 때문에 개인의 자유의 한계를, 공동체 영역 안에서 자신의 멋을 찾고 나아갈 길을 정할 권리를 확장시킬 가능성을 논의하는 것이 중요하다.

문화가 사회의 다른 영역에 비해 자유로운 공간이라는 생각은 팔메에게서 거듭 나타난다. 아마도 자신이 작가와 지식인과 관계가 깊다고 느꼈기 때문일 것이다. 팔메는 1947년 예비군 장교 교육을 신청할 때 받은 심리검사에서 이미 표현의 자유를 제한하기 위한 목적의 모든 제안에 분명하게 반대했다. 1960년대 후반(도발적인 예술가들과 작가들이 자유의 한계를 날카롭게 시험하던 때였다) 각료로서 그는 검열과 기소, 국가 개입의 요구에 맞서 예술의 자유를 일관되게 옹호했다.

사상의 자유에 대한 팔메의 태도는 주로 정치인으로서의 자기 인식이 넘쳐흐른 결과였다. 그는 저널리즘이나 연구, 문학이 아니라 정치를 직업으로 선택했다. 그로써 팔메는 지적 자유를 포기했으나 사회의 진정한 변화를 일으킬 기회를 획득했다. 1960년《보니에슈 리테레라 마가신》의 설문에 대한 답변에서 팔메는 이렇게 썼다.

개인의 모든 항의는 시인에 잘 어울리는 인간적인 태도이다. 이는 정치인에게는 가능하지 않다. 정치인은 기술의 도움으로 발전하는 현재의 사회에 관여하기 때문이다.

팔메는 또한 시의 자유를 옹호함으로써 결정권자요 권력자로서 현실에 실용적으로 적응하는 자신의 태도를 정당화했다. 그는 경계를 넘나드는 사람, 다시 말해 현실의 냉혹한 법칙에 따라 행동하는 능력을 잃지 않고도 문학과 철학에서 영감을 얻어오는 독특한 정치인이었다. 팔메는 폴란드 철학자 레셰크 코와코프스키의 말을 빌려 이렇게 얘기하곤 했다. 유토피아의 기능은 "망상과도 같은 유토피아의 달성이 아니라 유토피아를 향해 나아가려 노력하게 만드는 데 있다." 그렇지만 이렇게 숭고한 태도는 미래의 행복한 세상을 더욱 깊이 확신한 청년들로부터, 같은 말이겠지만 1960년대 스웨덴 상황이 심히 만족스럽지 못한 청년들로부터 거센 공격을 받았다.

예블레 연설의 여파

1965년 6월 1일, 팔메가 『하지의 춤』을 둘러싼 논쟁에 끼어들고 불과 며칠 지났을 때, 《다겐스 뉘헤테르》는 시인 라슈 포셸이 베트남 전쟁에 관해 쓴 글을 실었다. 포셸은 팔메와 나이가 같았고 마찬가지로 미국에서 공부했기에 허니honey라고 부르는 친절한 미국인 여종업원들이 싱거운 커피를 따라주는 모습을 서정적으로 묘사할 수 있었다. 그러나 이제 그는 왜 미국을 '제국주의' 국가라고 하면 안 되는지 이해할 수 없었다. 단지 소련 총리 알렉세이 코시긴이 미국을 '제국주의' 국가라고 불렀기 때문에 그렇게 말하면 안 된다는 것인가? 더 정확히 말하자면 그는 이유를 알고 있었다. "공산주의자라는 말을 들을까 두렵기 때문이다." 스웨덴 언론과 정부는 미국 측의 정치적 폭력에 대해 유달리 '유화'했다. 포셀의 글을 시발점으로 6월에 논란이 커졌다. 스웨덴의 두려움과 유약함이라는 주제가 반복적으로 등장했다. 포셀의 첫 기고 이후 한 주가 지났을 때 작가 폴케 이삭손은 이렇게 말했다. "우리는 도덕적으로 모범이 되어야 한다는 관념에 젖어 당당하게 행동하겠다는 의무감에 구속될까 두려워한다." "주변 세계가 급격하게 변하는" 때에 중립을 지키는 것만으로는 더는 충분하지 않았다.《스톡홀름스 티드닝엔》은 "스웨덴은 실망스럽다"라는 제목의 사설에서 이삭손을 위해 지원사격을 했으며, 스웨덴이 언제 베트남 전쟁에 대한 공개적인 태도 표명으로 기여할 것인지 물었다.

팔메는 사회민주주의자 기자인 디테르 스트란드와 군나르 프레드릭손으로부터 그러한 방향의 제안을 이미 받았다. 팔메의 청년 시절 친구 한스 바트랑도《엑스프레센》에 베트남 전쟁을 조심스럽게 비판하는 글을 기고했다. 한여름 이후 신문의 토론 지면이 시끄러웠지만, 팔메는 여느 때처럼 여름 동안 포뢰 섬에 오두막을 빌려 가족과 함께 지내려면 언제 떠나는 것이 좋을지 생각해야 했다. 7월에 팔메는 여름휴가를 떠난 토슈텐 닐슨을 위해 임시로 외교부 장관 역할을 대행해야 했고, 그 달 말에는 사회민주당 기독교도의 대회에 초청받아 연설했다. 도덕적 나침반은 확실히 그를 가리켰다. 바닷가 모래사장에서 아이들과 놀아주면서 그는 베트남 전쟁에 관한 연설의 초안을 잡아나갔다. 토슈텐 닐손이 몇 달 전에 노동절 연설에서 베트남에 관해 얘기했지만, 전체적으로 협상을 촉구한 데 그쳤고 논쟁을 촉발하지 못했다. 기본적으로 팔메도 더 나아갈 수 없었지만, 그는 설득력 있게 얘기하면 한층 더 강력한 도덕적 분노를 이끌어낼 수 있음을 알고 있었다. 그러한 상황에서, 다시 말해 그가 공산주의적인 국제학생연맹과의 싸움을 주도했던 1950년대 초에 우유부단했던 스웨덴학생회연맹의 상황과 다르지 않은 국면에서, 나서지 않는 것은 팔메의 성격에 맞지 않았다.

형제단이라는 이름으로 불린 사회민주당 기독교도들은 팔메를 꼭 집어 '이데올로기적' 연설을 해달라고 청했는데 주제를 특정하지는 않았다. 도덕적 문제에서 가치보수주의를 견지한 이들은 포르노그래피와 비윤리적인 현상을 공격했지만, 국제적인 문제에서, 특히 원조와 군축과 관련하여 종종 당 자체보다 더 급진적인 태도를 보였다. 대회는 스톡홀름 북쪽으로 170킬로미터 떨어진 공업도시이자 항구도시로 19세기 이래 스웨덴 노동운동의 보루였던 예블레에서 열렸다. 이 도시 출신으로 가장 유명한 사람은 조 힐로 더 잘 알려진 요엘 헤글룬드*였고, 주민들은 좋은 성적을 낸 아이스하키

---

* Joel Emmanuel Hägglund, 1879~1915. 미국으로 이민하여 조 힐Joe Hill이라는 이름으로 세계산업노동자연맹IWW에서 활동한 노동운동가이자 시인, 가수. 유명한 저항 가요를 많이 남겼다.

팀만큼이나 사회민주당도 열렬히 지지했다.

7월 30일 오전 형제단은, 아침 기도를 마친 뒤, 대회 첫 국면에서 베트남 전쟁에 관한 성명서를 채택했다. 같은 날 저녁 정무장관 팔메가 불로니스쿠겐*에서 공식 연설을 하기로 되어 있었다. 그곳은 파리를 연상시키는 이름으로 노동자 도시에 어울리지 않는 경박함과 허영을 보여주는 장소였다. 그러나 비가 올 것 같아서 대회 주관자들은 민중회관으로 장소를 옮겨야 했다. 팔메는 날씨가 좋지 않다는 말로 조심스럽게 연설을 시작했다. 1965년 여름에 짙은 흔적을 남긴 것은 비가 아니라 "세계 도처에서 한층 더 심해지는 긴장"이었다. 다소 모호하기는 했지만 팔메가 이 말로써 청중에게 일깨운 것은 이틀 전 베트남에 병력을 보강하겠다고 한 미국 대통령 린든 존슨의 선언이었다.

팔메는 예리하면서도 추상적인 차원에서 당시 제3세계에서 벌어진 분쟁을 프랑스혁명의 자유와 평등, 형제애를 위한 투쟁의 연속으로 묘사했다. "민주적 사회주의의 기본적인 도덕적 가치들을 생각하면 우리는 언제라도 압제자에 맞서 억압당하는 자들 편에, 착취자와 지배자에 맞서 소외받고 가난한 자들 편에 서야 할 의무가 있다." 팔메는 구체적인 제안을 내놓지 않고 다만 협상의 필요성을 지적했다. 팔메의 연설 중에 베트남에 관한 언급은 확실히 단 한 차례뿐이었다. "나는 베트남 촌락에 사는 농민들이, 지금 대체로

---

* Boulognerskogen. 불로뉴 숲이라는 뜻으로 보통 불로녠Bolgognen이라고 부르는 공원.

베트남에 관해 얘기하고 있으니 하는 말이지만, 미래에 대해 어떤 유토피아나 꿈을 지니고 있는지 모르겠다." 그러나 이 한마디는 너무도 결정적인 발언이어서 나머지 연설의 날카로움에 주목하지 않을 수 없었다. 연설을 마친 후 팔메는 현지 사회민주주의 계열 신문 편집장들이 마련한 저녁식사에 지역정치인들과 형제단의 주요 인사들과 함께 했다. 분위기는 들떠 있었고, 누구나 "우리의 정치 논쟁의 진로를 바꿀 새로운 인물과 함께 하고 있다"는 사실을 깨달았다.

연설은 원칙적으로 외교부 장관의 승인을 받았다. 예블레 연설 전날 토슈텐 닐손은 스톡홀름 군도에서 여름휴가를 보내던 중에 잠시 돌아와 감라스탄의 식당 카텔린에서 팔메와 엘란데르와 함께 점심을 먹으며 연설을 검토했다. 총리와 외교부 장관이 연설에서 베트남이 명시적으로 언급되리라고 알고 있었는지는 분명하지 않다. 결정적인 문구는 초고에 손으로 적어 놓았다. 닐손은 알아서 해보라고 격려했다. 그는 1962년 외교부 장관에 임명된 이래로 부처 내에 작은 문화혁명을 일으켰다. 외스텐 운덴은 오랫동안 재직하며 얻은 경험으로 고삐를 바짝 죄었고 중요한 문제를 다른 이에게 맡길 생각이 없었다. 반면 닐손은 여러 부처를 번갈아 맡은 사회민주당 정부 장관의 전형적인 유형이었고, 따라서 휘하 공직자에 권한을 위임하고 의지하는 데 익숙했다.

예블레 연설에 대한 반응은 뜨거웠다. 부르주아 측에서는 팔메가 외교 문제를 국내정치의 쟁점으로 만들어 극좌파의 표를 끌어오려 한다고 비난했다. 《스벤스카 다그블라데트》는 이렇게 평가했다. 그의 연설은 "플래카드를 흔들고 전단을 배포하는 순진한 문화

급진주의자들의 텍스트로 잘 어울렸을 것이다." 여러 부르주아 신문은 다소 희망적으로 이것이 휴가 때문에 생긴 일로 엘란데르가 자신의 후계자를 책망하여 대처할 것이라는 견해를 보였다. 베틸 울린은 팔메를 외교상임위원회에서 배제하라고 요구했다. 늦가을 팔메는《아프톤블라데트》에 실은 기고문에서 자신의 연설에 대한 반응을 이렇게 묘사했다. 그는 베이징의 심부름을 하고 공산주의자들과 불장난을 한다는 비난으로 가득한 "수많은 신문 기사의 포화에 우울했다." 8월 중순 워싱턴 주재 스웨덴 대사관 공사가 미국 국무부 차관에 불려가 스웨덴이 중립을 포기한 것 같아 유감스럽다는 불평을 들었다. 며칠 뒤, 휴가를 마치고 복귀한 토슈텐 닐손을 불만으로 가득한 미국 대사가 방문했다. 8월 20일 미국은 팔메의 연설에 공식적인 논평을 내놓았다. "바라건대… 스웨덴 정부는 국제연합의 베트남 관여가 군사적 압제를 뜻한다고, 베트콩이 사회적 정의를 대변한다고 생각하지 말라." 린든 존슨에게 팔메의 연설은 유럽 강국들로부터 들어야 했던 말에 비하면 크게 짜증스러운 일이 아니었다. 드골은 미국이 세계 평화를 가장 심각하게 위협하는 나라라고 지목했으며, 서독 연방 총리를 역임한 아데나워는 베트남이 대재앙이라고 생각했고, 해럴드 윌슨은 비공식적으로나마 북베트남 폭격을 비난했다.

그러나 스톡홀름 주재 미국 대사관이 볼 때 스웨덴 외교정책은 걱정스럽게 변했다. 스톡홀름의 미국 대사 그레이엄 파슨스는 미국 동부 엘리트 출신의 전형적인 직업 외교관이었다. 1961년 그가 대사로 지명되었을 때 스웨덴의 분위기는 그다지 뜨겁지 않았다. 직전 임지였던 라오스에서 한 일이 의심스러웠기 때문이다. 미국에 우호적인 정권이 권력을 잡을 때 발생한 유혈극에 그가 책임이 있다고 생각한 사람이 많았다. 반면 파슨스는 중립을 선언한 모든 정부를 의심했다. 그는 1967년, 특히 울로프 팔메 때문에, 실패했다는 울적한 기분을 갖고 스웨덴을 떠난다.

스웨덴의 젊은 각료는 예블레 연설로써 전통적인 좌파의 경계를 한참 뛰어넘어 사람들의 심금을 울렸다. 많은 사람이 스웨덴의 도덕적 명예가 회복되었다고 느꼈다. 8월 8일 스벤 린드크비스는 《다겐스 뉘헤테르》에서 이렇게 평했다. "논쟁에서 볼 수 없던 스웨덴 정부의 시각이 여기에 명료하게, 일관되게, 스웨덴 외교정책에서 보기 드문 담대함으로 표현된다." 1965년 9월의 어느 여론조사를 보면 스웨덴 국민의 42퍼센트가 전쟁에 반대했고 찬성한 자는 12퍼센트뿐이었다. 국제적으로 유례없는 수치였다.

예블레 연설은 일종의 패러다임 전환이었다. 팔메가 이전에 누구도 들어보지 못한 방식으로 얘기하여 세상을 놀라게 했다는 뜻이 아니다. 그랬다면 아무도 그의 말을 이해하지 못했을 것이다. 팔메는 베트남 전쟁에 대한 다른 해석을 논리적으로 정리했고, 이것이 서서히 힘을 얻었다. 외교부에서는 베이징 주재 스웨덴 대사 렌나트 페트리가 1963년 여름부터 북베트남이 중국의 꼭두각시가 아니라 유고슬라비아 유형의 민족공산주의 성격이 두드러진다고 주장했다. "민족주의를 고취함으로써, 평양 정부와 하노이 정부로 하여금 중국으로부터 더욱 독립적인 정책을 수행하여 자기 민족의 요구를 충족할 수 있게 함으로써… 평화로운 발전에 기여할 수 있다."전통적인 유형의 유능한 외교관으로 알려진 페트리는(높은 모자를 쓴 채 타려고 대사관 차량을 큰 것으로 원했다는 말이 있다.) 스웨덴이 북베트남과 비공식적인 통로를 열어 적극적인 역할을 해야 한다고 권고했다. 태국 주재 스웨덴 대사관의 샹크리스토프 외베리가 베트남을 살피고 있었는데, 아르브푸슈텐스 팔라츠*에는 미국의 어려움이 가중되고 있다는, 점점 더 암울해지는 보고가 들어왔다. 외베리는 1964년 4월에 보낸 보고서에 이렇게 썼다. "만약 미국이 북베트남에 대한 전면전에 돌입하기로 결정하지 않는다면, 언젠가 이 전쟁에서 승리할 수 있다는 희망은 전부 사라진 것으로 보아야 한다."

팔메는 페트리의 보고서에 관여했고(비록 그가 스웨덴의 외교적 조치에 반대하기는 했지만) 예블레 연설을 준비할 때 외교부에서 외베리와 면담했다. 팔메는 또한 베트남을 공산주의에 맞선 투쟁의 장이 아니라 민족적 갈등이 벌어지는 곳으로 이해해야 한다는 논리를 매우 민감하게 받아들였다. 외베리에 따르면, 팔메는 예블레 연설이 자신이 1950년대 초에 프랑스령 인도차이나에 관해 한 연설을 거의 글자 그대로 옮겼다고 주장했다. 그가 말한 것은 "아프리카와 아시아의 민족자결운동"에 관한 1953년 송아세뷔 연설이었다. 그러나 예블레 연설에서 그가 보여준 추론은 1953년 여름 동남아시아에 관한 협력사무국 보고서에서 제시한 사고방식과도 매우 유사했다. 보고서에서 팔메는 아시아의 대학생 단체들을 냉전에 동

---

* Arvfurstens palats. '왕세자 궁전'이라는 뜻. 1906년부터 외교부 청사로 쓰였다.

원하는 것은 무의미한 짓이라는 결론을 내렸다. 이들이 현지의 사정에 맞게, 특히 식민지의 유산을 청산하고 자신들의 요구와 목표를 스스로 정해야 한다는 것이었다.

민족주의의 의미에 대한 이러한 통찰력이 예블레 연설에서 중요한 자리를 차지했다. 연설 서두에서 팔메는 민족주의와 사회적 정의의 요구가 어떻게 연결되는지 설명하고자 매우 세심한 노력을 기울였다. 그의 설명에 따르면, 서구 세계에서 민족주의적 감정은 퇴조했다. 또는 국민이라는 자연스러운 소속감으로 바뀌었거나 최악의 경우 편협하게 고립되어 다른 민족의 처지를 이해하지 못했다. 그러나 아시아와 아프리카의 민족주의는 여전히 전례 없이 강력한 폭발력을 지녔다.

지난 몇십 년간 그것은 폭풍처럼 밀려왔다. 때로는 이전의 권력자들에 맞선 싸움과 갈등에서, 때로는 인간의 고통에 절망적인 제물이 되어, 때로는 우리에게 익숙하지 않은 방식으로. 그러나 종국에는 언제나 승리했다. 추진력과 의지가 매우 강했기 때문이다.

제3세계에서는 사회 정의와 압제와 착취에 맞선 저항의 요구가 자연스럽게 민족주의라는 형태를 띠었다. 팔메는 이렇게 설명했다. 우리는 민족주의와 함께, "어쩌면 그것을 위해서" 살아가는 법을 배워야만 한다. 제3세계에서 조만간 권력을 장악하는 일부 해방운동을 "위해 사는 것"은 나중에 새로운 도덕적 나락을 열어놓게 되지만, 1965년에는 미국의 베트남 개입에 반대하는 논거로 훌륭했다.

팔메가 제시한 이론적 시각은 반공산주의가 최우선이라는 주장에 도전했고, 공산주의자가 아닌 자들도 어쨌거나 미국이 민주주의를 위해 싸웠다는 군말에 빠지지 않고 베트남 전쟁을 비판할 수 있게 했다. 특별히 선구적인 시각은 아니었다. 베트남 인민의 자결권은 많은 논객이 거론했다. 특히 사라 리드만은 미국이 무슨 권리로 베트남을 폭격하느냐고 열변을 토했다. "그들은 완전히 불법적으로 그 나라를 침공했다." 그러나 팔메는 제3세계 분쟁에 관하여 보편적인 이론을 세움으로써 한층 더 강력한 힘을 발휘했다. 게다가 팔메는, 이 또한 의미가 없지 않은 바, 스웨덴 정부의 일원이었다. 베트남 전쟁이 이를테면 알제리 전쟁과 같은 성격의 반식민지 투쟁이라면, 스웨덴이 알제리의 독립을 지지했던 것과(그리고 그 동맹의 자유를 주장한 것과) 똑같은 방식으로 베트남 인민의 민족자결권 요구를 지지하는 것이 당연했다.

팔메는 그 시대의 가장 극적인 군사적 충돌을, 스웨덴이 강국의 진영에 들어가지 않으려는 제3세계 국가들을 지지하면서 얻어낸 신조와 결합했다(적어도 그러한 조건을 만들어내기는 했다). 제2차 세계대전 이래로 불쾌한 뒷맛을 남긴 '중립'이라는 용어는 적어도 스웨덴의 시각에서는 어의가 변했다. 이제는 연대, 독립, 용기 같은 긍정적인 개념과 결합될 수 있었다. 그러나 모든 패러다임 전환이 그렇듯이 새로운 오점이 생겼다. 제3세계 민족해방운동을 지지해 달라는 팔메와 다른 많은 사람의 호소는 민주주의에 대한 시각에서 점차 상대화한다. 장기적으로 보면, 이는 스웨덴이 시민에게 민주주의나 사회적 발전을 제공하지 못한 제3세계 정권들을 점점 더 많이 지지했다는 뜻이 된다.

교통통신부 장관의 동아리

　놀랍게도 도로와 교량, 우편, 철도, 공항, 텔레비전 네트워크, 기타 기간시설을 관리하는 것이 팔메의 다음 임무였다. 베트남 전쟁과 관련된 여름철의 소란스러운 논쟁 이후, 팔메는 1965년 11월 눈 내리는 날에 교통통신부 장관에 임명되었다. 많은 사람이 팔메가 교육부 장관이 되어 엘란데르의 길을 밟아 총리직에 오르리라고 생각했다. 비행기와 자동차에 현대적인 화려함이 있기는 했지만, 그 일은 이데올로기보다는 기술과 관련이 더 많았다. 많은 문제가 사소하고 지엽적이었다. 팔메가 장관일 때 그 부처에서 일한 작가 한스 셰스트룀은 소설 『전문가의 애정 생활*En sakkunnigs kärleksliv*』에서 "크리스티안산 - 울세뢰드 노선의 승객 운송 폐지(라블룬다로의 군대 이동은 예외)" 같은 문제들에 온힘을 쏟는 잘난 체하는 공무원 세계를 묘사했다. 그러나 팔메는 여느 때처럼 새로운 임무에 열정적으로 임했다. 그는 새로운 볼보 모델을 시운전했고, 교량과 도로 등을 무서운 속도로 신설하여 개통했다. 언젠가는 하루에 세 건의 도로 사업에서 준공식을 치렀다. 팔메는 직원들로부터 훌륭한 수장이라는 높은 평가를 받았다.

　몇 가지 큰 문제가 있었다. 팔메는 방송 매체를 담당했고 재직 중에 라디오와 텔레비전에서 상품 광고 도입에 반대했다. 그는 훗날 이렇게 주장했다. 스웨덴 라디오와 텔레비전의 상업화라는 발상에 맞서 싸운 때가 "나의 생애에서 사회의 이익을 위해 가장 잘 쓴 한 해"였다. 그의 책상에는 당의 정책으로서는 논란의 여지가 없지만 물류의 관점에서는 복잡한 문제가 놓여 있었다. 1967년에 시행될 우측통행으로의 전환이었다. 팔메는 실무적인 책임은 없었지만 장관으로서 재난이 발생하면 비난을 받을 수밖에 없었다. 스웨덴을 주변 세계에 맞추려는 교통 체계의 재편은 국민의 관심과 동떨어져 추진되었다. 우측통행의 실행은 새로운 중앙행정부에 위험스러운 졸업시험과 같았다.

뜻밖에도 사회민주당은 원래 우측통행 도입에 회의적이었다. 우측통행은 교통과 통신의 흐름을 원활하게 한다는 이유로 우익보수당과 경제계가 가장 강력히 추진한 사업이었다. 이 문제가 얼마나 중요했는지는 말하기 어렵다. 특히 스웨덴에서 생산된 자동차가 전부 영국산 자동차와 달리 왼쪽에 운전석이 있었기 때문이다. 스웨덴 국민은 국민투표에 부쳐진 이 문제를 확실히 중대하게 생각하지 않았다. 1955년 83퍼센트가 좌측통행의 유지에 찬성했다. 팔메는 다른 많은 사회민주당원처럼 투표에서 어느 방안도 선택하지 않았다. 그 문제를 국민투표에 부치는 것에 반대했기 때문이다. 그러나 우측통행 지지자들은 포기하지 않았다. 1963년 그 문제는 의회로 넘어갔고, 의회는 국민투표 결과를 무시한 채 자유투표로 우측통행을 결정했다.

이 변화는 대대적인 작업이었다. 도로 표지판과 차선 표시, 일시정지 표시를 바꾸어야 했고, 안전지대와 진출입로를 다시 만들어야 했으며, 많은 도시에서 전차 운행을 폐지해야 했고, 2000대의 버스를 고쳐야 했다. 특히 로크 보리스*가 유쾌한 인기곡 〈스벤손, 오른쪽이 기준이야Håll dig till Höger, Svensson〉로 스웨덴 국민을 괴롭히는 동안 대대적인 홍보 활동으로 정보를 전달하며 국민을 교육했다. 우측통행의 날에 1만 명의 경찰과 군인이 약 10만 명의 자원봉사자와 함께 스웨덴 국민을 감시했다. 총 비용은 대략 6억 크로나(오늘날의 가치로 50억 크로나가 넘는다)였는데, 특별 자동차세로 충당했다. 일은 순조롭게 진행되었고, 9월 3일 일요일 오전 다섯 시 10분 전 스웨덴의 자동차 운행은 전면 중단되었고 우측 차선으로의 변경을 위한 카운트다운에 들어갔다. 도로 위의 대량 사망 따위는 없었다. 오히려 사고 숫자가 줄어들었다. 그러나 변경에 반대하는 자들은 마지막까지 사망 사고가 많이 발생하리라고 예언했다. 유명한 사회민주당원 난시 에릭손이 돋보였다. 그녀는 이전부터 상층계급 출신의 팔메를 싫어했으며 일이 잘못되면 결코 자비를 베풀지 않을 사람이었다.

팔메는 고유의 임무를 갖는 장관으로서 자신만의 협력자 동아리를 갖추기 시작했다. 교통통신부에서 그는 스물일곱 살의 공무원 안데슈 페름을 찾아냈다. 외모로 보면 그는 새로운 수장보다 훨씬 더 귀족적이었다. 얼굴의 윤곽이 뚜렷하고 숱이 많은 물결 모양의 머리를 지닌 날씬한 남자로 프랑스 담배를 피웠고 기성복을 입어

---

* Rock-Boris. 1957년부터 활동한 스웨덴 록 가수 칼 보리스 렌나트 린드크비스 Karl Boris Lennart Lindqvist의 예명.

도 옷맵시가 나는 사람이었다. 그러나 겉모습에 속지 말라. 페름은 상하수도가 없는 방 한 칸짜리 집에서 다섯 명의 형제자매와 함께 살았다. 장학금을 받고 일을 하며 공부한 끝에 그는 스웨덴 산업 엘리트를 양성한 사립학교 스톡홀름 경제대학에 들어갔다. 이처럼 다소 모순적인 배경에 뛰어난 언어 실력과 훌륭한 문체, 침착한 태도가 결합하여 그는 팔메로부터 강력한 신임을 얻었다. 페름은 나중에 사회민주당 출판사 티덴의 사장이 되며 스웨덴의 국제연합 대사가 되어 뉴욕으로 간다.

그렇지만 1960년대 중반에 페름은 팔메와 함께 스웨덴 곳곳을 돌아다녔다. 기차나 현지 사회민주당 대의원이 운전하는 자동차를 타고 여러 회의를 찾아갔다.《아프톤블라데트》기자 디테르 스트란드가 종종 여정에 동행했고 팔메와 페름의 전술 토론에 감명을 받았다. 페름은 '팔메의 아이들' 중 으뜸이었다. 팔메가 총리를 도운 것과 동일한 방식으로 일상의 업무에서 직접적인 조력자가 된 공무원이었다. 그러나 이들 중 누구도 팔메가 엘란데르를 위해 한 것과 똑같은 역할을 하지는 못했다. 팔메는 일군의 고립된 조언자들에 의존할 생각은 없었다. 오히려 그는 1950년대 이래로 스스로 구축한 폭넓은 네트워크에 의존했다.

외부 동아리는 스웨덴학생회연맹 시절이나 1960년대 초 학생복지조사단에서 활동할 때 사귄 젊은 학자들로 구성되었다. 학생복지조사단에서는 정치학자 울로프 루인이 간사를 맡았고 나중에 사무직중앙연맹 의장과 외교부 장관이 되는 렌나트 부드스트룀이 학생대표로 참여했다. 교제가 깊지는 않았지만, 예전의 학생정치인들은 팔메가 궁지에 몰렸을 때 이용할 수 있는 지식 창고가 되었다. 그다음 동아리는 여러 점에서 매우 중요했는데 사회민주당이었다. 팔메를 비판한 부르주아들은 그가 상층계급 배경을 지닌 탓에 사회민주당의 기반인 주류 세력으로부터 소외되었다고 생각했다. 그러나 많은 직원과 지역에서 활동하는 노동자들은 노동자 정당에 매우 열정적으로 충성하는 상층계급 출신의 매력에 흠뻑 젖었다. 팔메는 관심과 호기심이 넘쳤으며 이름과 얼굴을 잘 기억했다. 팔메의 많은 동료는 그가 아이들의 이름과 가족의 중요한 행사를 놀랍도록 잘 기억했다고 증언한다. 어느 가까운 동료는 이렇게 말했다. "그는 어떤 방에 페르 알빈과 브란팅의 초상화가 걸려 있는지 알 수 있을 정도로 지역 민중회관을 잘 기억했다." 팔메는 종종 사회민주당 지역정치인들을 이용하여 새로운 발상을 점검하거나 중요한 정치적 연설의 강도를 조율했다. 신문과 텔레비전은 팔메의 이력에 중요했지만, 그는 1966년과 1968년의 선거운동 중에 스웨덴 전역을 돌아다니면서 당 직원들은 물론 사회민주당 유권자의 마음을 얻지 못했다면 당 대표가 되지 못했을 것이다. 언젠가 늦은 밤 읽을 것도 없이 어느 기차역에 앉아 있을 때, 그는 휴대용 일지를 꺼내 얼마나 많은 군郡을 방문했는지 헤아리며 시간을 때웠다. 스웨덴 전체 278개 군 중 249개를 방문했다.

팔메의 진정한 정치적 기반이었던 다른 집단은 사회민주당 청년연맹이었다. 청년연맹은 여러 해 동안 팔메를 충성스럽게 지지했고, 팔메는 연맹으로부터 직물산업 도시 부로스의 노동자 가정 출신인 잉바르 칼손을 비롯하여 중요한 동료를 여럿 얻었다. 두 사람은 1956년 봄 팔메가 당의 학습 옴부즈만으로 부로스의 사회민주당 청년연맹 클럽을 방문했을 때 처음 만났다. 서른 살이 다 된 팔메와 스물두 살의 말라깽이 사이에 즉시 끌리는 마음이 생겼다. 칼손은 그때 룬드 대학교의 석사 과정 졸업을 준비하고 있었다. 그는 일생 동안 팔메의 자취를 그림자처럼 따라다닌다. 엘란데르의 조수였고 미국으로 공부하러 갔으며 교육부 장관이 되고 마침내 총리가 된다. 두 사람의 배경은 서로 달랐지만 칼손은 다른 사람들보다 더 팔메와 가까웠다. 아마도 정치를 지적이고 전술적인 두 가지 관점에서 동시에 바라보는 비슷한 능력을 지녔기 때문일 것이다.

한 무리가 더 있다. 팔메가 정부청사에서 찾아낸 젊고 유능한 공무원들이다. 그중 한 명인 발프리드 폴손은 1950년대 중반 재무부에 들어왔다. 그는 노를란드의 뤽셀레 출신으로 아버지가 그곳 철도 건설 현장의 감독이었다. 커피를 엄청나게 마셔댄 폴손은 능력에 한계가 없어 보이는 일 중독자였다. 훗날 그는 새로 출범한 자연보호청의 수장으로서 논란을 초래해 전국적으로 유명해진다. 울로프와 리스베트는 투네달스가탄의 타운하우스에 있는 폴손의 집에서 자주 시간을 보냈다. 이 모임에는 앞서 언급한 경제학자 아사르 린드베크도 포함된다. 그는 스톡홀름 대학교의 경제학 교수가 되었다. 그렇지만 린드베크와 팔메의 가치관은 한층 멀어졌고, 1970년대 중반 두 사람은 경제정책에 관하여, 특히 임금노동자기금을 도입하자는 사회민주당의 제안에 관하여 의견이 갈렸다. 폴손의 중재 노력은 소용없었고, 1975년 린드베크와 팔메의 관계는 끝났다.

팔메 가족처럼 린드베크 가족도 벨링뷔에 살았다. 젊고 야심 찬

사회민주당원의 집결지인 이곳에서 팔메는 다른 원석도 발견했다. 1959년 지역의 '오월의 모닥불' 행사*에서 팔메는 법무부의 공무원 칼 리드붐을 만났다. 거친 목소리에 헐렁한 청바지를 입고 다니고 프랑스어 실력이 뛰어난 쓸모 많은 이 법률가는 법률 문제에서, 특히 1970년대에 크게 논란이 된 테러리스트법과 관련하여 그의 주된 조언자가 된다. 리드붐은 바사스타덴 지구의 바나디스베겐에 있는 큰 아파트에서 자랐는데, 그 성장 과정은 상층계급다운 잔인함을 보여주었다. 많은 사람이 이로부터 팔메의 아동기를 떠올렸는데, 이는 잘못된 판단이다. 아버지 군나르 리드붐은 유능했으나 심리적으로 결함이 있는 행정법원 판사로 매질로 자녀를 학대했고 부인을 폭행했으며 주변 세계를 대체로 경멸했다. 이렇게 어두운 아동기를 겪었음에도 그 아들은 예절 바르고 타인에 공감할 수 있는 사람으로 성장했다. 리드붐은 비록 겉으로는 아버지의 거만한 태도를 닮았지만, 팔메는 그의 촌스러움을 조금도 개의치 않았다. 두 사람은 좋은 친구가 되었고, 벨링뷔에서 나갈 때 카풀을 했으며, 정부청사 내의 비밀을 주고받았고, 자녀들에 관해 이야기했다. 1950년대의 문화급진주의에 영향을 받았고 영화감독 빌고트 셰만과 고등학교 동창이었던 리드붐은 1961년에 사회민주당에 입당했다. 그러나 그는 과장된 열정으로 가득한 민중운동의 도덕주의에서

---

* 북유럽에서 매년 4월 30일이나 5월 1일에 거행되는 축제. 기독교가 전래되기 이전 독일 지역의 축제에 기원이 있으나 나중에 프랑크 왕국에 파견된 앵글로색슨 선교사 성 발푸르기스Walpurgis의 이름이 붙었다. 스웨덴에서는 '발보리 미사의 밤Valborgsmässoafton'이나 '오월의 모닥불majbrasa'이라고 부른다.

자유로웠으며, 그래서 많은 사람이 그를 출세제일주의에 빠진 전문 기술 관료로 이해했다.

이는 팔메가 1950년대 초에 라디오 토론에 참여했을 때 알게 된 하리 샤인에게도 해당되는 얘기이다. 샤인은 열네 살 때인 1938년 오스트리아에서 나치를 피해 무턱대고 도망쳤다. 그는 늘 자신이 유일하게 갖고 나온 것은 영양 가죽으로 만든 승마 부츠뿐이라고 말했다. 샤인은 화학 기술자가 된 뒤 성공적인 기업 '메르칸틸라 기술'을 세웠다. 그는 회사의 특허 덕분에 경제적으로 독립했다. 샤인은 여유 시간을 이용하여 사회민주주의적 시각에서 영화를 중심으로 문화를 비평하는 논객으로 활약했다. 1960년대 중반 그는 스웨덴 영화협회 회장이 되었고 이후 기업가라는 배경에 힘입어 국영 투자은행을 이끌었다. 그는 중부 유럽 출신이라는 배경과 비정한 냉소를 자제하지 못하는 성격 때문에 때때로 사회민주당의 민중운동 도덕률과 충돌했다.

샤인은 1956년 베리만의 여배우 잉리드 툴린과 결혼했다. 그는 스톡홀름 교외의 부자 동네 단데뤼드 군에 에드스비켄 만을 향해 '낯부끄럽게도' 전망 좋은 창과 수영장 딸린 집을 구매했다. 정치적으로 그다지 옳은 선택이라고는 볼 수 없었다. 인터뷰에서 그는 자신이 사회주의자가 아니라고 했다. 샤인은 단지 실용적인 사람이었을 뿐 어떤 종류의 이데올로기도 품지 않았다. 그러나 그는 특유의 전복적인 태도로 노동운동에 충성했고, 특히 친구였던 잉바르 칼손과 크리스테르 비크만, 울로프 팔메를 응원했다. 샤인은 때때로 신랄함과 풍자를 뒤섞어 자신을 광대로 묘사했다. 팔메는 그를 높이 평가했는데, 아마도 두 사람이 스웨덴 사회에 대해 외부인의 시각을 공유했기 때문일 것이다. 두 사람의 교제에서 가장 잦은 형태는 1960년대 초부터 테니스를 친 것이다. 샤인은 팔메가 나쁜 패자이지만 좋은 승자라고 생각했다. 팔메는 졌을 때는 스스로에게 화를 냈고 분노에 휩싸여 게임을 했지만, 이겼을 때에는 "행복하고 신사다웠으며" 승리는 자신의 플레이가 뛰어났기 때문이 아니라 샤인의 컨디션이 좋지 않았기 때문이라고 설명했다.

그러나 이 좁은 동아리 안에서도 팔메는 속내를 다 드러내지 않았다. 궁정 신하들은 군주에 더 가까이 서 있으려고 서로 경쟁했지만, 진실을 말하자면 누구도 가까이 다가가지 못했다. 고독은 권력의 영원한 동반자라는 진부한 관념을 피하기는 어렵다. 팔메가 때때로 역사적인 스포츠 경기 결과에 관하여 거의 백과사전 같은 지식을 드러내거나("1936년 베를린 올림픽에서 스웨덴 계주 팀 선수는 누구였나?") 스웨덴의 오래된 인기곡을 불러 사람들을 놀랜 것은 사실이다. 그렇지만 그는 좀처럼 사사로운 친분 관계를 갖지 않았으며 자신이나 가족에 관해 중요한 얘기는 하지 않았다. 샤인은 이렇게 확인해준다. "그는 겉으로는 사귀기 쉬운 사람처럼 보이지만 근저의 정서적 차원에서 보면 소심하고 내성적이다." 칼 리드붐부터 잉바르 칼손까지 거의 모든 친구가 이 발언에 동의했다. 팔메는 재능 많고 열심히 일하는, 매우 강인한 사람들에 둘러싸여 있었다. 그들이 여러 가지 방식으로 팔메가 권력의 지위에 오르도록 도왔다. 그렇지만 룬드에서 대학교에 다닐 때 사귄 옛 친구들과 끈끈하게 관계를 유지한 엘란데르와 달리, 팔메는 정치적으로 만난 친구가 전부였다. 팔메의 삶에서 유일하게 진정으로 사적인 영역은 가족이었다. 정치에서 벗어나 쉴 수 있는 유일한 장소였다. 이 숨 쉴 공간은 대체로 리스베트 덕분에 가능했다. 그녀는 귀찮게 따라다니는 친구들은 물론 요구가 많은 동료들로부터도 남편을 보호했다. 리스베트는 휴가를, 특히 쉽게 들어갈 수 없는 포뢰 섬의 여름휴가를 철저히 지켜 울로프가 아들들과 시간을 보낼 수 있도록 했다.

리스베트는 남편에게 해로운 놀이 친구를 알아보는 감각이 뛰어났다. 샤인은 그녀가 비록 자애로운 마음으로 너그럽게 봐주기는 했지만 자신을 도덕적으로 불량한 사람으로 생각한다는 사실을 알고 있었다. 그렇지만 리스베트는 팔메 주변에 사교의 공간이 생기는 것을 막을 수 없었고 막으려 하지도 않았다. 1960년대 중반 여러 해 동안 겨울이면 팔메 가족은 습관적으로 노르웨이의 도브레에 있는 오래된 산악 호텔에서 부활절 주간을 보냈다. 그들은 노동운동 안에서 팔메의 가장 중요한 스승인 스벤 아스플링 부부와 함께 여행했다. 도브레에서 그들은 노르웨이 사회민주주의자들과 사귀었다. 그들은 제2차 세계대전 중에 스웨덴이 보인 행태에 대하여 하고 싶은 말을 늘 참지는 않았다. 팔메는 또한 리스베트를 스승 삼아 스키도 배웠다. 그는 비록 실력이 뛰어나지는 않았지만 후진으로 내려갈 수도 있었다. 휴가 중에 스키 타는 곳은 나중에 이드레로 바뀌었다. 훗날 팔메 정부에서 재무부 장관이 되는 셸울로프 펠트 부부를 비롯하여 사회민주당의 다른 젊은 정치인과 공무원도 그곳을 찾았다.

부르주아를 자극하는 투우사

팔메가 고유의 업무가 있는 부처를 얻었다는 것은 적어도 공식적으로는 더는 엘란데르의 그림자가 아님을 뜻했다. 팔메는 이제 사회민주당의 권력 핵심 일곱 명에 더하여 여덟 번째 비공식적 일원으로 여겨졌다. 일곱 명은 다음과 같다. 타게 엘란데르, 재무부 장관 군나르 스트렝, 외교부 장관 토슈텐 닐손, 국방부 장관 스벤 안데숀, 1962년부터 사회부 장관이었던 스벤 아스플링, 그의 후임자로 당 사무총장이 된 스텐 안데숀, 노동조합총연맹 의장 아네 예이에르. 엘란데르는 다가오는 해에도 팔메의 지원이 필요했다. 1966년이 스웨덴 사회민주주의에 '끔찍한 해'였다고 말하면 과장이겠지만, 당의 전통적인 자신감을 흔들 일련의 불쾌하고 경악스러운 일이 일어났다.

이미 1965년에 노르웨이에서 근심스러운 신호가 감지되었다. 노동운동이 거의 30년 만에 권력을 잃은 것이다. 1966년 3월 덴마크 사회민주당까지도 지방선거에서 크게 후퇴했다. 핀란드에서만 사회민주당이 봄 의회 선거에서 크게 승리하여 농민당과 연립정부를 수립함으로써 한 줄기 가냘픈 희망의 빛이 보였다. 그러나 핀란드의 정치적 환경은 북유럽의 다른 나라들과 달랐다. 노르웨이와 덴마크에서 공히 신생 정당인 사회주의인민당이 약진했다. 이는 스칸디나비아 정치에 사회민주당 왼편에서 비공산주의 정당이 활동할 여지가 있음을 알리는 신호였다. 이러한 시각에서 보면 스웨덴 공산당의 새로운 지도자 헤르만손은 걱정거리였다. 그는 소련과의 관계를 끊고 노르웨이와 덴마크의 보편적인 좌파 정당에 상응하는 스웨덴 판 정당을 만들 것인가?

그렇지만 큰 위협은 언제나 그랬듯이 부르주아 정당들이었다. 돌이켜 보면 1932년부터 1976년까지 사회민주당이 선거에서 연이어 승리하는 것은 당연해 보일 수 있다. 그러나 실제로 그 성공은 오랫동안 허약한 승리에 의존했다. 1932년부터 1976년까지 긴 집권 기간 동안 사회민주당이 과반수를 득표한 경우는 예외적이었다. 득표율은 대체로 46퍼센트에서 48퍼센트 사이를 오갔다. 사회민주당이 그럼에도 연이어 선거에서 승리한 것은 한편으로는 부르주아 진영의 분열 덕분이었고 다른 한편으로는 유권자의 여론 변화를 읽어내는 능력 덕분이었다. 그러한 본능적인 감각의 주된 대표자는 아마 타게 엘란데르일 것이다. 그는 사회민주당의 오만한 인사들과 달리 당의 약점을 깊이 인식했다.

그러나 1966년 가을 엘란데르는 그 마법 같은 힘을 잃어버렸다. 9월 18일 스웨덴 사람들은 군 의회와 주 의회를 누가 운영할 것인지 결정하기 위해 투표했다. 이 선거는 의회의 상원 구성에 영향을 미쳤으므로 전국 선거의 성격도 띠었다.* 부르주아 정당들의 공조는 지난 오랜 시절에 비해 좋았다. 특히 1965년 우익보수당 대표 군나르 헥셰르가 사퇴하고 머리 모양이 케네디와 비슷한 마흔 살의 법률가 윙베 홀름베리가 뒤를 이으면서 팀워크가 좋아졌다. 반

---

* 1866년 의회 개혁 이후 상원은 주 의회와 대도시 시 의회, 군 의회 의원이 선거 인단이 되는 간접선거로 구성했다.

면 엘란데르는 이례적으로 기여가 적었다. 엘란데르의 가장 큰 실책은 선거 전 텔레비전에서 추궁을 당할 때 발생했다. 그는 이런 질문을 받았다. "총리님, 한 쌍의 젊은이가 결혼하려 하나 살 곳이 없어서 당신에게 조언을 구합니다. 어떻게 대답하겠습니까?" 총리는 머뭇거리듯이 공공 임대주택 순번을 기다려야 한다고 답했다. 질문자는 엘란데르가 달리 내놓을 방안이 없어서 태도를 고수할 것임을 알아챘다. "그것이 당신의 조언인가요, 총리님?" 완전한 침묵이 답변을 대신했다.

선거 결과는 대재앙이었다. 부르주아 정당들은 49.4퍼센트, 사회민주당은 1928년 이래로 최악의 결과인 42.3퍼센트를 얻었고, 공산당은 6.4퍼센트로 전진했다. 통상적인 하원 선거였다면, 곧장 정권교체가 이루어졌을 것이다. 그러나 지방선거는 상원 의원의 3분의 1에만 영향을 미쳤기 때문에, 선거 직후의 의회 상황을 판단하기는 매우 어려웠다. 선거 결과는 정부 정책의 거부로 해석될 수 있었고, 이는 재선거를 치러야 함을 뜻했다. 엘란데르도 처음에는 그 길을 선택할 것 같았다. 선거일 밤 텔레비전에 나온 엘란데르는(팔메가 뒤쪽에 배경처럼 있었다) '산사태'가 일어났다고 인정했고 하원 재선거의 가능성을 열어놓았다. 그러나 며칠 뒤 팔메와 이 문제를 논의했을 때 생각이 다소 바뀌었다. 한편으로는 선거에서 패했는데도 상원의 의원 교체로 사회민주당이 오히려 강해졌고 다른 한편으로 재선거에 대한 국민의 관심은 그다지 크지 않았다. 권좌를 지키고 있다가 1968년 선거에서 힘을 회복하는 편이 더 나았다. 부르주아 정당들은 엘란데르가 사퇴하지 않는 데 대한 분노를 자제했다. 대신 그들은 희망을 안고 1968년을 기다렸다.

부르주아 진영의 이러한 소극적 태도는 1958년 국민추가연금 문제의 실패 이후 자신감을 상실한 결과였다. 우익보수당과 중앙당, 국민당에서 싸울 때를 적절히 찾지 못하는 무능력과 시간이 흐르면 스웨덴 국민은 결국 사회민주당에 표를 주지 않을 것이라는 이상한 운명론의 치명적인 결합이 두드러졌다. 팔메는 1967년 여름 《아프톤블라데트》에 기고한 세 편의 매우 솔직한 글에서 야당을 괴롭히고 싶은 유혹을 떨치지 못했다. 팔메는 사회민주당이 선거에서 실패한 후 기가 꺾였고 자가진단을 수행했다고 인정했다. 그러나 이후 그는 야당이 자만에 빠져 소극적인 태도를 보인다고 심하게 도발했다. 1968년 선거를 앞두고 헛발질을 할까 두려워 어떤 문제에서도 감히 싸움을 걸지 못한다는 말이었다. "내 생각에 만일 정부가 달을 쏘아 떨어뜨리자고 제안하면 중도 정당들은 잠시 고민했다가 적어도 1년 동안은 시험 삼아 동조할 것이다." 팔메는 부르주아라는 황소를 자극하는 투우사의 역할을 했다.

대가가 따랐다. 팔메는 사회민주당에서 가장 성가신 존재로 언론이 좋아하는 사냥감이었다. 1967년 여름과 가을에 팔메가 오만하게 처신했다거나 다양한 형태로 권력 남용의 범죄를 저질렀다고 주장하는 일련의 기사가 발표되었다. 팔메가 교통통신부 장관이었기 때문에 범죄의 주장은 대체로 교통과 관련이 있었다. 일부는 이해할 수 없을 정도로 사소했다. 이를테면 팔메가 침대열차 차장에게 자신을 위해 객차를 추가로 연결하라고 지시했다거나 주차 위반으로 벌금을 낼 **뻔했다**는 것 따위였다. 가장 중한 비난은 팔메가

1967년 8월 고틀란드에서 페리 시간에 맞춰 도착하기 위해 부대를 지휘했다는 것이었다.

전후 사정은 이러했다. 팔메는 비스뷔의 호텔에서 엘란데르 부부와 함께 정찬을 나누고 포뢰 섬으로 돌아가는 길에 일련의 군대 차량에 길을 내주기 위해 잠시 멈추었다. 포뢰 섬으로 가는 마지막 페리가 곧 떠날 시간이 되었고, 팔메는 차단 업무에 배치된 의무복무 병사들과 언쟁을 벌였다. 마지막 군대 차량이 통과한 것을 보자 팔메는 허락을 받지 않고 제멋대로 차를 몰아 지나갔다. 이틀 뒤 팔메가 군대의 통행 차단을 무시했다는 얘기가 전국적인 뉴스가 되었다. 병사들에 따르면 팔메는 오만하게 처신하며 이렇게 말했다. "나는 교통통신부 장관이다. 지나가겠다." 팔메는 이를 부인했다. 그가 길을 막고 있는 군인들에게 부적절한 말은 한 것은 사실이다. 그렇지만 그는 단지 "보통의 시민으로서 관료적인 권력 행사에 분노했다."

팔메는 거만하게 "내가 지휘하겠다"고 막말을 하지 않았을 것이다. 군대의 사고방식에 관해 신중하게 단어를 선택하여 말했을 가능성이 더 크다. 그러나 새로운 시대의 오만한 사회민주당 신사라는 팔메의 이미지에는 당연히 막말이 더 어울렸다. 팔메는 심한 모욕을 느꼈고 해명하기 위해 많은 노력을 기울였다. 팔메는 병사들과 《아프톤블라데트》의 기자 한 명을 포뢰 섬의 오두막으로 초대했다. 모래사장에 널린 장난감 자동차로 그들은 선착장으로 가는 길에 벌어진 일에 관해 상호이해를 도출하려 했다. 팔메는 자신에게 아무런 잘못이 없다고 강력히 주장했다. 이틀날 교통통신부 장관이 아이들의 장난감 자동차를 늘어놓는 모습이 여러 신문의 1면을 장식했다.

이는 귀엽기도 했으나 또한 무비판적이었다. 한편으로 팔메가 보통의 시민처럼 군인을 모욕할 수 있다는 생각은 순진했고, 다른 한편으로 팔메는 유명 인사였기에 억지로 웃음을 지으며 참을 수 있었다. 팔메에 관하여 자주 긍정적인 기사를 쓴《다겐스 뉘헤테르》의 정치부 기자 스벤 스벤손은 팔메가 편집장 울로프 라게르크란츠에게 분노의 편지를 보낸 뒤 그에게 사신을 보내 우호적으로 충고했다. 스벤손은《다겐스 뉘헤테르》가 "불타오르는 팔메 반대 운동에 지나치게 판에 박힌 방식으로 동조한다"고 인정했다. "그러나 이른바 지도부는 당신이 이례적으로 특별히 처신을 잘못했다고 느끼지 않는다." 이 기자는 교통통신부 장관에게 "우리의 공통된 관심에서"《다겐스 뉘헤테르》를 비판할 때 더욱 원칙적인 노선을 지키라고 요청했다. 그러나 팔메는 여러 해 동안 악의에 찬 공격을 많이 받고도 반박의 기회를 갖지 못했던 터라 자신의 행동에 대한 구체적인 언급에 명백히 틀린 점이 있다고 생각되는 경우에는 스스로 변호할 필요성을 강하게 느꼈을 것이다. 비현실적이었지만 이해할 수 없는 것은 아니었다.

엘리트의 반란

그러나 팔메를 공격하는 것은 부르주아 정당들이 권력을 잡는 길이 아니었다. 그들의 기본적인 문제는 스웨덴의 사회민주당 반대 세력이 분열했다는 데 있었다. 엘리트 자본가들은 사회민주주의 시대에 비할 데 없이 강력한 지위에 올랐다. 스웨덴 기업의 4퍼센트가 전체 근로자의 40퍼센트를 고용했다. 발렌베리 가문을 필두로 한 소위 '열다섯 개 가문'은 사회민주당의 중앙화 정책으로부터 이득을 보았다. 스웨덴 경제 주도층의 90~95퍼센트가 스웨덴도 부르주아 정부를 가져야 한다고 생각했는데도(이들은 국민당과 우익보수당에 상당한 액수의 기부금을 제공했다), 열의는 뜨뜻미지근했다. 말하자면 때때로 떠돈 소문처럼 발렌베리와 다른 대기업가들은 사회민주당 정부를 더 좋아했다는 뜻이다. 사회민주당은 근본에서는 모종의 사회주의자들이었고, 더할 나위 없는 사회주의자 스트렝은 언제라도 사회주의적 성향이 더 강한 사람으로 대체될 수 있었다. 그러나 정권 교체는 당분간 일정에서 사라졌다.

중간계급 안에서도 노동운동에 대한 견해는 양면적이었다. 엘란데르 시대에 사회민주당은 중앙당과 농업 경영자의 요구를 민감하게 수용했고, 그래서 중앙당 대표 헤들룬드는 우익보수당과 국민당과 함께 사회민주당에 맞서는 데 주저했다. 반면 강력한 노동조합과 대기업에 이로운 정책에 맞서 버티기가 어려웠던 중소기업가들은 만족하지 못했다. 어느 실망한 기업가는 이렇게 말했다. 재벌은 하르프순드로 갈 수 있지만, "자유로운 기업가의 대부분을 대표하는 중소기업가들은 한 번도 초대받지 못했다." 임금에 의존하여 생활하고 사회적 위상에 더 민감한 중간계급의 전문직 종사자들도 '강한 사회'에 분열적인 관계를 맺고 있었다. 지난 10년 동안 대학 졸업자들의 임금과 사회적 영향력은 증대했다. 공공 부문, 특히 교육 제도의 팽창으로 대학졸업자 노동력의 수요가 많아졌고 이에 따라 임금도 상승했다.

그러나 기대가 늘어남에 따라 값을 치러야 한다는 사실도 점점 더 자주 느꼈다. 늘어난 세금 부담과 누진세는 우선 고소득층에 타격을 입혔다. 게다가 교육의 급격한 확대는 사회에서 대학졸업자의 가치가 떨어지는 결과를 초래했다. 집단적인 힘은 커졌지만 개인적인 자부심은 줄어들었다. 노동자의 편안한 삶에 초점을 맞춘 1950년대의 '국민의 집'은 이전의 교양 부르주아에 도전하지 않았다. 그러나 모든 사람에게 동등한 기회를 보장하겠다는 사회민주당의 방침은 예측 불가능한 방식으로 계속해서 새로운 일을 만들었다. 1966년 선거운동 말미에 스웨덴 전문직중앙연맹은 고등학교와 대학교에 근무하는 약 1000명의 교원이 경고 파업을 벌일 것이라고 예고했다. 갈등은 10월에 더욱 심해져 학생자치회가 출석을 점검하고 자습을 조직하는 지경에 이르렀고, 이는 언론의 큰 주목을 받았다. 스톡홀름의 노라 라틴 학교에 근무하는 어느 교사는《베쿠슈날렌》과의 인터뷰에서 고등학교 학급들은 파업을 극복할 것이라고 말했다. "그곳에는 알다시피 엘리트 자원이 있다." 총리의 부인 아이나 엘란데르도 비록 '의사에 반하여' 한 것이지만 파업에 참여했다는 사실이 흥미로웠다.

교원 파업은 사회민주당에 확실한 성공의 증거인 동시에 어려운 과제였다. 그것은 한편으로는 대학졸업자들이 사회민주주의 세계관을 받아들였으며 이익을 지키려면 집단적으로 조직을 갖추어

파업도 불사해야 하는 평범한 임금노동자로 바뀌었다는 신호였다. 부교수들과 강사들이 교단에서 내려와 파업파괴 행위와 기타 노동 조합의 연대 문제에 목소리를 높이는 것은 노동운동으로서는 크게 만족스러운 일이었다. 다른 한편으로 파업은 이제 팔메의 스웨덴학 생회연맹 시절 동료 베틸 외스테르그렌이 이끄는 전문직중앙연맹 이 육체노동자와 사무직 노동자의 노동조합보다 사회적 책임을 덜 느낀다는 사실을 보여주었다. 1966년 단체협상은 모든 점에서 힘 들었지만, 파업에 나선 것은 대학졸업자들뿐이었다. 학교에서 벌어 진 파업은 사회민주당의 평등정책에 대한 불만이 고조되고 있음을 드러낸 첫 번째 신호였다. 엘리트의 반란이라고 할 만했다. 향후 몇 년간 앞날의 전망이 좋은 대학생들부터 비교적 급여가 좋은 광부 까지 여러 집단이 연이어 이른바 중앙화한 평등정책과 관료주의적 인 인간관에 맞서 반기를 들었다. 당시 이에 유념한 사람은 거의 없 었지만, 클라르테 연맹 같은 좌파 단체가 교원 파업을 지지했다는 사실은 부자연스러운 동맹의 시대가 다가오고 있다는 신호였다.

스웨덴의 변호인

1965년 11월부터 스톡홀름 경찰서의 경찰 열 명이 유르고덴의 미국 대사관을 교대로 지켰다. 효과는 없었다. 1967년 1월 말 어느 토요일 아침(팔메가 마흔 살을 채우기 전날이었다) 스물여섯 살의 대 학생이 파티를 마치고 귀가하던 중에 미국 대사관의 유리창을 여러 장 깨뜨렸다. 뒤이은 재판에서 그는 징역 8개월을 선고받았는데 미국을 향한 증오가 동기라고 밝혔다. 그해에 대학생과 청년이 더욱 과격해져 특히 베트남 전쟁을 둘러싸고 거리의 폭력적 대결이 잦아지고 한층 더 혁명적인 발언이 쏟아졌음을 생각하면, 그러한 현상의 시작으로 더없이 잘 어울리는 사건이었다.

1965년 팔메가 베트남 문제로 사회민주당에 안겨준 유리한 위치는 사라졌다. 1966년 현지에서 남베트남 민족해방전선 지원단 연합을 조직하기 시작한 젊은 활동가들이 주도권과 관심을 빼앗아 갔다. 1967년 1월 초 이들이 스톡홀름에 모였을 때, 1965년 회토리에트 광장에서 처음으로 시위한 자들 중 한 명이었던 셸드 페테르 마티스는 이렇게 설명했다. "베트남 인민과 진정한 연대를 맺기 위한 운동은 필연적으로 혁명적일 수밖에 없다." 남베트남 민족해방전선 지원단 연합은 미국이 무조건 베트남에서 철수해야 하고 스웨덴은 남베트남 민족해방전선과 북베트남을 외교적으로 승인해야 한다고 요구했다.

중추 세력은 대학교 도시들의 클라르테 연맹 회원들이었지만, 이 문제는 완전히 새로운 방식으로 나라 곳곳의 청년들을 사로잡았다. 스톡홀름 남쪽 교외지구 우체국 직원의 열다섯 살 된 딸이 텔레비전에서 본 것에 심히 분노하여 1965년 8월 그 전쟁에 관하여 이렇게 시를 썼다. "그는 베트콩의 일원이며 숲에서 싸웠다/ 그러나 도시의 술집에는 미국인들이 앉아 있다/ 그리고 달러 몇 푼으로 여자를 산다.…" 몇 달 뒤 그녀는 미국 대사관 앞에서 시위를 벌였고 이듬해 파슈타에 새로 세워진 남베트남 민족해방전선 지원단에 가입했다.

학교와 작은 마을에 그룹과 학습 동아리가 등장했다. 처음에는 신중했지만 점차 전투적으로 바뀌었고 자신감도 늘었다. 노를란드의 작은 사회에서 남베트남 민족해방전선 지원단 연합으로 날아온 어느 편지에는 이렇게 쓰여 있었다. "카린(나의 누이)과 나는 4월에 베트남에 관하여 작은 책자를 만들어 등사했다. 나는 마틴의 도움을 받아 이것을 학교에 배포했다." 남베트남 민족해방전선 지원단 연합 활동가들은 처음부터 사회민주당 정부를 불신했다. 스톡홀름의 남베트남 민족해방전선 운동은 팔메의 예블레 연설을 기본적으로 미국에 우호적인 태도와 스웨덴 독점자본의 앞잡이라는 그 역할을 숨기려는 정부의 술책으로 보았다. 사회민주당에 대한 비판은 폭풍처럼 번졌다. 1967년 봄 매달 첫 토요일에 바사가탄의 미국 무역센터 밖에서는 이렇게 쓰인 전단이 배포되었다. "스웨덴 정부는 이익에 눈이 먼 나머지 스웨덴 - 미국 무역을 살리기 위해 스스로 침묵하고 자국민에게 침묵을 강요한다."

사회민주당 정부가 어느 정도로 주도권을 잃었는지는 1967년 4월에서 5월로 넘어가던 때 스톡홀름 민중회관에서 열린 베트남 전쟁에 관한 러셀 법정에서 분명하게 드러났다. 1960년대 초 영국인 철학자이자 평화주의자인 버트런드 러셀의 주도로 설치된 이 법정은 베트남에서 미군이 저지른 전쟁범죄를 파헤친 그의 조사 결과를 제시하기로 했다. 법정은 처음에는 파리에서 열기로 계획했지만, 드골이 이를 방해했다. 마지막 순간에 법정은 스톡홀름으로 장소를 옮겼다. 소식이 전해졌을 때 아데나워의 장례식에 참석하느라 독일에 있던 엘란데르는 즉시 미국 외교사절의 방문을 받았다. 그는 스웨덴이 법정의 설치를 막아주기를 원했다. 엘란데르는 그것이 표현의 자유라는 원칙과 스웨덴 법률에 부합하지 않는다고 설명했다. 그러나 그는 또한 다름 아닌 미국 텔레비전에서 법정을 인정하지 않는다고 공개적으로 발언했고, 스웨덴의 일부 진영은 이를 그의 사과로 해석했다.

이에 사회민주당에 대한 항의가 촉발되어 오래 지속되었다. 법정의 구성원들, 즉 장폴 사르트르와 시몬 드 보부아르, 미국의 흑인 활동가 스토클리 카마이클, 평화주의자 데이브 델린저 등이 언론이 진을 치고 있는 스톡홀름에 도착했다. 미국 기자들이 스웨덴 사람들의 새롭게 찾은 강력한 도덕적 의지를 비꼬았다는 보도가 스웨덴 신문에 나가자, 법정을 비판한 스웨덴 사람들은 힘을 얻었고 법정을 지지한 자들은 분노했다. 파시스트에 가까운 단체인 민주동맹이 민중회관 밖에서 시위를 벌였고 어느 활동가를 몽둥이로 공격하기도 했다. 미국 대사관은 지혜롭지 못하게 그랜드 호텔에서 회의를 열어 맞불을 놓았다. 흥미롭게도 합동참모본부에서 일하는 스웨덴 장교 한 사람도 이에 관여했다. 법정에는 파쇄성 폭탄과 네이팜탄, 백린탄에 부상을 입은 베트남인들이 참석했다.

엘란데르는 당연히 스웨덴에는 표현의 자유가 있다고 확인하고는 손을 뗐어야 했다. 그렇지만 그는 아흔다섯 살의 러셀 경에게 편지와 전보를 보내 법정이 스웨덴에 오지 않기를 바란다고 호소했고, 이에 법정은 일종의 합법성을 얻었다. 팔메가 어떻게 행동했는지는 알기 어렵지만, 그는 아마도 매우 침착했을 것이다. 반면 팔메는 충성스럽게도 엘란데르를 곤경에서 구해낼 수 있었다. 법정이 한창 진행 중일 때(미국이 먼저 재판을 받았다)인 노동절에 팔메는 연설로써, 이어 《아프톤블라데트》에 글을 기고하여 엘란데르의 행위를 변호했다. 그러나 그는 또한 법정의 현명한 측면(사르트르를 포함한 것)을 칭찬했고, 스웨덴이 표현의 자유를 옹호한다는 점을 강조했다.

5월 말 팔메는 초대받은 저명한 기자들이 정치인을 몰아붙이는 미국의 인터뷰 프로그램 〈미트 더 프레스Meet the Press〉에 나가서 같은 일을 반복했다. 팔메는 미국의 텔레비전 방송국 촬영장과 연결되어 있는 제네바의 회의에 미국 상원 의원 윌리엄 풀브라이트와 함께 참여하여 국제 정세를 논의했다. 참여자는 여섯 명이었다. 스웨덴 신문들은 교통통신부 장관이 체스터필드 담배와 유나이티드 에어라인스, 그리고 험프리 보가트와 오드리 헵번이 나오는 영화의 광고 사이사이에 훌륭한 영어로 스웨덴의 입장을 변호했다고 전했다. 한 달 전 엘란데르의 어설픈 변명과 크게 대비되었다. 스웨덴 정부가 어중간한 자리에 있어서는 안 되는 상황임은 분명했다. 베트남 문제에서 주도적으로 나설 필요가 있었다.

영화 출연을 둘러싼 논란

시위와 정치적 논쟁만이 1967년의 특징은 아니었다. 봄에 스톡홀름에서 '삶을 위하여'라는 뜻의 프랑스어를 따라 프로비pro vie라고 부른 청년 단체가 등장했다. 이들은 의도적으로 천진난만하게 거리 공연과 즉흥극을 펼쳤다. 봄이 지나고 '사랑의 여름'*이라고 부르는 이례적으로 뜨거운 여름이 찾아왔다. 과거를 밝게 기억하는 자들이 이 현상을 과장하기는 했지만, 그해의 청년 문화에 승리의 느낌이 스며든 것은 분명하다. 이들은 기존 사회 밖에서 대안적인 삶의 방식을 찾은 장발의 반체제 인사들의 인터내셔널에 속했다. 스웨덴의 모드는 히피로 바뀌기 시작했는데, 히피는 생활 방식의 큰 변화를 의미하지는 않았지만 철학적 수준의 향상과 화려한 색깔의 복장을 뜻한다면 그럴 만했다.

그러나 스톡홀름은 대안 문화에 유리한 도시는 전혀 아니었다. 코펜하겐과 비교하면 도심에 슬럼화한 저렴한 아파트가 없었다. 사회민주당은 강력한 대안적 청년 문화의 조건들을 없애고 있었다. 그러나 사람들은 최선을 다했고 아직 해체되지 않은 아파트에 임시로 몰려들었다. 훗날 베스트셀러 작가이자 민족주의적이고 낭만적인 록 가수가 되는 울프 룬델과 그의 동료들은 대마초를 피우고 케루악의 책을 읽었으며 노래 〈섹스티슈, 섹스티슈〉에 영원히 살아 있는 따뜻한 여름의 스톡홀름에서 크림Cream의 노래를 들었다. "우리는 담배에 불을 붙였다/ 그리고 볼레로를 들으며 나른해졌다/ 그리고 그녀는 우리에게 자신의 책을 읽어주었다/『다르마 행려』/ 그리고 나는 그녀의 가슴에 대고 속삭인다/ 너는 성스럽고 아름답다/

---

* The Summer of Love. 1967년 중반 미국을 중심으로 문화적, 정치적 변화를 주도한 사회 현상.

그리고 우리는 부엌에서 사랑을 나누었다.…"*

보편적인 청년 반란에는 서로 매우 다른 현상들이 밀어닥쳤다. 성 해방과 베트남 행동주의, 마약과 마르크스주의, 비폭력 철학과 혁명의 낭만, 아방가르드 예술과 상업적 대중음악, 사회주의와 과격한 개인주의. 그 시대의 순진무구한 다원주의는 각각 1966년과 1967년에 상영된 빌고트 셰만의 영화 〈나는 궁금하다 — 노랑〉과 〈나는 궁금하다 — 파랑〉에서 이별을 고했다. 이는 스웨덴 역사상 가장 이례적이고 독창적인 축에 드는 영화로, 베리만의 심리적 실내극과 다가올 사회적 리얼리즘의 다큐멘터리 방식 사이의 틈새에서 만들어졌다.

스톡홀름의 쇠데르말름에서 노동자 가정의 아이로 성장한 셰만은 1965년에 그 영화를 계획했다. 라슈 엘링의 소설 『491』을 영화로 만든 그의 전작에서 주인공이었던 젊고 아름다우며 재능이 뛰어난 배우 레나 뉘만이 감독의 분신이 되어 순진하고 흥미로운 인물로 등장하여 스웨덴의 현실에 질문을 던진다. 출발점은 작가이자 의사인 라슈 윌렌스텐이 1965년 1월 《엑스프레센》에 발표한 계율이었다. 이 점을 제외하면 영화는 감독과 제작팀, 배우들의 협력에서 즉흥적으로 탄생했다고 할 수 있다. 영화 예술과 섹슈얼리티, 정치에 관한 셰만 자신의 생각이 지배적이었지만, 열린 작업 방식 덕에 〈나는 궁금하다〉 연작은 예측하기 어려운 성격을 띠었고, 그래

---

* 룬델의 노래 〈섹스티슈, 섹스티슈〉 노랫말의 일부이다. 섹스티슈sextisju는 67년을 뜻한다.

서 관객은 의자에 편안히 기대 앉아 볼 수 없었다. 다큐멘터리와 허구가 뒤섞였고, 때로 감독과 제작팀이 영화에 등장했으며, 등장인물의 이름은 배우의 이름과 동일했다.

영화를 움직이는 인물은 스톡홀름의 초라한 아파트에서 아버지와 함께 사는 '레나'(레나 뉘만)이다. 그녀의 아버지는 과거에 에스파냐 내전에 참여했다가 3주 만에 돌아왔다. 레나는 자신의 방에 사회를 연구하는 '연구소'를 차렸다. 방은 스웨덴 사회와 시민들에 관한 다양한 정보를 담은 자료 상자로 가득했다. 처음에 레나는 호기심이라는 개념을 체화한 비유적인 인물에 가깝다. 그녀는 말괄량이 피피*와 매우 비슷하다(한번은 댕기머리가 달린 가발을 썼다). 레나는 스톡홀름 곳곳을 돌아다니며 사람들에게 계급사회가 왜 필요한지, 일부 사람들은 왜 다른 사람들보다 훨씬 더 많은 돈을 버는지, 사람들이 왜 프랑코가 독재하는 에스파냐로 휴가를 가는지 묻는다. 그러나 그녀는 또한 자유연애를 신뢰한다. 그녀는 자동차를 판매하는 진부하지만 잘 생긴 청년 '뵈리에'(뵈리에 알스테트)를 만나 흥미로운 장소에서, 특히 왕궁 밖에서 섹스를 나눈다. 그렇지만 뵈리에에게 다른 여자가(또한 남자도) 있다는 사실을 알았을 때 레나의 신념은 금이 갔다. 마틴 루서 킹을 비롯한 비폭력 옹호자를 찬미했던 그녀가 산탄총으로 연인을 쏘려 하고 그를 거세하는 꿈을 꾼다. 정치적인 영화가 루이스 부뉴엘의 상징과 오이디푸스 콤플렉스를 가리키는 것들로 가득한 초현실주의적이고 프로이트적인 드라마로

---

* Pipi Långstrump. 아스트리드 린드그렌의 소설 주인공.

변했다. 영화의 모든 형이상학적 차원이 어떻게 서로 연관되는지는 영화학 연구 기관들이 밝혀내야 할 문제일 것이나, 셰만은 관객의 지성뿐만 아니라 마음까지도 요동치게 한다.

울로프 팔메가 영화에 나온다는 사실에 소동이 일었다. 그 때문에 팔메는 도덕적으로 보수적인 진영으로부터 포르노그래피 같은 작품에 협조했다는 비난을 받았다. 정기간행물 《쉬르카 오크 폴크 (교회와 국민)》는 독자에게 "팔메로부터 저들을 지켜달라고 신께 기도하라"고 권고했다. 이 일은 팔메에게 해를 입히지는 않았지만, 나중에 사회민주주의자 중에서 가장 급진적이고 아방가르드적이라는 그의 이미지를 굳히는 데 일조했다. 그러나 돌이켜 보면 이 일시적인 논쟁은 팔메가 〈나는 궁금하다 — 노랑〉에서 수행한 중심적인 역할을 덮어 가렸다. 타운하우스의 정원에서 아이들과 리스베트가 주변에 함께 있는 가운데 진행된 그의 인터뷰는 확실히 몇 분에 그쳤다. 그렇지만 셰만은 1965년 영화를 기획할 때 제3의 시각을 갖고 있었다. "젊은 사회민주주의자의 색깔, 늙은 사회민주주의자 세대와 어느 정도 대립되는 젊은 사회민주주의자들의 가치관과의 연결"을 염두에 두었다. 영화에서 팔메의 특별한 지위는 여러 가지 방식으로 기록된다. 팔메는 레나가 아니라 셰만이 직접 인터뷰하며 (레나는 그를 따분한 사람이라고 생각한다), 말투에는 존중과 동지애가 담겼다. 반항적인 10대 소녀로 나오는 레나의 태도와 대비되는 성인 간의 대화였다. 팔메는 셰만의 견해와 일치하는 메시지를 제시할 기회를 가졌다. 그렇다. 우리는 계급사회에 살고 있고, 사회민주당은 끝에 도달하지 못했지만, 우리는 진정한 노력으로써 평등을 달성할 수 있다. 영화에서 팔메 말고도 그와 똑같이 이상적으로 표현된 사람이 있다. 마틴 루서 킹이다. 그러나 킹은 다른 누구보다도 레나의 우상이다. 레나는 그의 이상을 실천하는 데 성공하지 못한다. 반면 팔메는 분명히 셰만의 모범이다.

〈나는 궁금하다—노랑〉은 성행위 장면 때문에 국제적으로 민감한 반응을 초래했다. 노르웨이와 핀란드에서는 영화 상영이 완전히 금지되었고, 미국에서는 유명한 소송 사건으로 이어졌다.* 보수적인 개인들이 격한 반응을 보이기는 했어도, 스웨덴의 논쟁에서 포르노그래피 문제는 그다지 중요하지 않았다. 사회 분위기가 한층 더 급진적으로 바뀌는 가운데 셰만은 오히려 정치적으로 지나치게 순진하다는 비난을 받았다. 그는 내면의 억압과 싸운 자기중심적 청교도였으며 긴급한 정치적 의제보다는 사사로운 자기 과시에 몰두했다는 것이다. '성교 공산주의knullkommunism' 시대는 지나갔다. 영화는 정치적인 의식이 깃든 영화가 아니었고, 레나는 지나치게 순진했다. 그녀는 당대의 사회 참여적 청년을 대표하지 않았다. 그렇지만 이는 셰만의 자기풍자적 태도를 고려하지 않은 진부한 평가였다. 평론가들은 대체로 호의적이었다. 감독은 좋은 시도였다는 칭찬을 받았다. 《클라르테》처럼 중요성은 떨어지나 급진적인 좌파 간행물의 논조는 신랄했다. "동지들, 이 나라의 어디에서 모습을 드

---

* 미국에서는 1969년 3월에 개봉되었는데, 매사추세츠 주에서 포르노그래피라는 이유로 상영이 금지되고 보스턴 경찰이 필름을 압수했다. 연방대법원까지 가는 재판 끝에 외설이 아니라는 판정을 받았다.

러내든 빌고트의 사회민주주의적인 쓰레기의 정체를 폭로하는 것이 중요하다.··· 미국 제국주의와 그 떨거지 울로프와 빌고트를 타도하자!"

병상에 누운 교육부 수장

1967년 9월 4일, 우측통행으로 교통 체계가 바뀐 다음 날, 엘란데르는 팔메가 랑나르 에덴만의 후임으로 교육부 장관이 될 것이라고 알렸다(교육부 장관^{utbildningsminister}의 명칭은 1968년 1월 1일까지 교회부 장관^{ecklesiastikminister}이었다). 다소 놀랄 일이었다. 팔메가 사회민주당의 교육정책에서 중요한 인물이기는 했지만, 많은 사람이 그가 갓 교통통신부 장관에 임명되었기에 당분간은 관심에서 벗어나리라고 생각했다. 총리는 기자들의 관심을 끄는 데 성공하여 만족스럽다는 듯 미소를 띠었다.

교육정책은 사회민주주당의 평등정책에서 중심축의 하나였으며, 계급과 교육, 인간의 가치, 사상의 자유를 철도와 자동차 도로와는 완전히 다른 방식으로 다루었다. 관리의 대상인 집단은 교육을 많이 받고 의사가 분명한 교사와 대학생, 연구자였다. 이들은 얼마 전부터 사회민주당의 교육정책에 항의했다. 사회민주당 교육정책의 목적이 비판적 사고와 휴머니즘 교육을 보호하는 대신 대학교와 대학을 노동력의 공급처로 바꾸는 것이라고 보았기 때문이다. 1950년대 초 교육부는 소수의 직원으로 잘 해냈는데, 1967년에 공무원 숫자는 70명대로 늘었다. 교육부는 이전에 보험회사가 있던 감라스탄의 뮌트토리에트 광장 건너편 새로운 장소로 이사하는 중이었다. 팔메는 왕궁과 의사당, 이전 정부청사를 조망할 수 있는 쓸쓸하지만 넉넉한 사무실에 커다란 책상과 전화선 세 개를 받았다. 그해에 이전 정부청사의 좁은 공간에서 부처가 연이어 이사했다.

팔메는 이제 정부 안에서 자신이 가장 탐냈던 자리를 차지했다. 그 지위는 중대한 직무였다. 대학생 숫자가 급증했음을 생각하면 더욱 그러했다. 그러나 교육 제도의 나머지 부분도 완전히 바뀌었다. 팔메가 엘란데르의 가까운 조언자 역할을 계속해야 했기에 즉각 다루어야 할 일이 많았다. 해법은 팔메에게 정무차관을 한 명 붙여주는 것이었다. 스벤 무베리라는 카리스마라고는 볼 수 없는 관료였다. 무베리는 '에스파냐 내전 이후' 사회민주당에 가입했으며 1958년부터 교육부에서 일하고 있었다. 그는 자신을 소개할 때 "안녕하세요, 스벤이라고 합니다"라고 말했는데, 그래서 나중에 하급자들이 그를 '안녕 스벤'이라고 부른다. 무베리는 고등교육을 직접 책임졌지만, 누가 결정권자였는지는 의심의 여지가 없다. 울로프 팔메가 교육부 장관에 임명됨으로써 사회민주당이 좌파로부터 한층 더 격한 비판을 받은 두 영역에서 중요한 정치인이 되었다. 베트남 전쟁과 교육정책이다.

1968년은 선거가 치러지는 해였고, 사회민주당은 승리를 확신하며 1966년 투표함의 재방송을 기대한 부르주아 정당들과 노동운동이 그 이상을 저버렸다고 비난하는 청년 좌파 운동 사이에 낀 것 같았다. 사회민주당은 조심스럽게 균형을 잡아야 했다. 한편으로는 과격해진 급진적 유권자들에게 당이 청년의 새로운 목소리를 주의 깊게 듣고 있다고 설득해야 했으며, 다른 한편으로 중도층 유권자를 놀래 쫓아 버리는 일이 없도록 해야 했다. 팔메가 베트남 전쟁과 교육정책에 관하여 사회민주당 정책의 신뢰성을 납득시키는 데 성공한다면, 그의 정치적 입지는 당 안팎에서 대단히 강해질 것이었고, 반면 실패한다면 사회민주당이 36년 만에 처음으로 선거에서 패배한 데 책임을 질 희생양이 될 가능성이 매우 컸다.

1967년 가을 상황은 당연히 그렇게 분명하지 않았다. 그러나 11월 말 교육부의 힘겨운 예산 작업 중에 팔메가 갑자기 아팠는데, 이는 불행 중 다행이었다. 모진 감기는 고열과 인후염, 신장 문제를 초래했다. 팔메는 1953년 엘란데르 옆에서 일한 이래로 단 하루도 아픈 날이 없었다. 의사들은 예전에 알았던 말라리아의 재발을 의심했다. 팔메는 전염병 전문 병원인 루슬락스툴 병원에 입원하여 항생제를 처방받고 상태가 호전되었다. 2주간의 긴 병원 생활로 팔메는 일상의 습격에서 벗어날 수 있었다. 친구 하리 샤인은 병상에서 읽을 책을 고를 때 조언을 해주었고, 팔메는 회복 중에 그해 스웨덴에서 크게 논란이 된 책들을 잘 훑어볼 수 있었다.

팔메가 읽은 책의 작가들은 얀 뮈르달을 제외하면 마르크스주의적인 혁명가라기보다는 좌파 사회민주주의자였다. 그러나 이들은 예외 없이 상황이 극단으로 치닫는 세계를 그렸다. 스벤 델블랑은 『밤 여행』에서 저교회파 사회에서나 볼 수 있는 열정으로 스웨덴 의회가 앙리 드 툴루즈로트레크가 그린 유곽과 비슷하다고 설명했다. "정문에 걸린 표현급진주의*의 붉은 등불, 의사당 좌석의 벌거

벗은 매춘부들, 연분홍색 분과 자줏빛 분, 거대한 고기 더미, 생기 없
는 도마뱀 눈…" 비엔 호칸손은 『백악관의 사랑*Kärlek i Vita buset*』에서
자신은 중립적이라고, "다시 말해서 중앙정보국^{CIA}에서 평화 유지
활동을 재촉할 때마다, 나의 두려움은 다른 사람을 돌본다"고 선언
했다. 이 구절은 팔메에게 불쾌한 기억을 되살리게 했을 것이다. 같
은 해 초에 미국 정보기관이 1950년대에 학생운동을 지원했다는
사실이 미국 잡지《램파츠》에서 폭로된 것이다. 스벤 린드크비스트
는『우 타오츠吳道玄의 신화*Myten om Wu Tao-tzu*』에서 폭력의 문제와 씨름
했다. "폭력 없이 사회적 해방이 가능한가? 그렇지 않다. 폭력으로
사회적 해방이 가능한가? 그렇지 않다." 이 환자는 완고한 사람인
스티그 클라손이 소설『죽음의 이름은 콘라드이다*Döden beter Konrad*』에
서 1968년 선거가 끝날 때까지 사회민주당에 대한 비판을 보류할
생각이라고 말했다는 사실에서 약간의 위안을 받았을 것이다. 이는
"비전술적인 시위를 통해 부르주아의 선거 승리를 준비하는 것"을
포기하는 일이었다. 그 밖에 팔메는 스토클리 카마이클의 병문안을
받았다. 그는 자신이 쓴 책『블랙 파워*Black Power*』를 알리기 위해 스
웨덴에 왔다. 팔메가 정치인처럼 행동한 작가들을 회의적으로 바라
본 것은 사실이지만, 그는 또한 이들을 시대정신의 해석자로 크게
존중했다. 이들도 이견 없이 1968년이 극적인 해가 되리라고 예측
한 것 같다.

---

* frasradikalism. 과장된 정치적 표현을 일삼는 정치 활동가를 경멸적으로 표현
급진주의자frasradikal라고 한다. 주로 사회주의적인 성향의 사람들에게 쓴다.

12월 20일, 팔메가 병원에서 퇴원하기 이틀 전, 경찰과 베트남 시위대 간에 그때까지 있었던 것 중 가장 격렬한 충돌이 벌어졌다. 노라반토리에트 공원 바로 옆 민중회관에서 집회를 잘 마친 뒤 참석자들은 미국 대사관까지 행진하여 항의를 전달하기로 했다. 그러나 이들은 집회 허가를 받지 못했다. 그럼에도 이들이 행동에 나서자 경찰이 강력하게 개입했다. 결과적으로 12월의 암흑 속에 쿵스가탄과 스트란드베겐을 따라 수천 명의 시위대와 300명의 경찰이 지루하게 대치했다. 이들이 대사관에 도착하기 전에 얀 뮈르달을 포함하여 베트남 활동가 마흔 명이 체포되었다. 시위대는 경찰이 경찰봉과 검으로 거칠게 폭행했다고 비난했다. 전혀 믿을 수 없는 얘기 같지는 않다. 스웨덴 경찰에는 군중 통제 방법을 잘 모르는 전직 군인이 많이 있었다. 몇 년 근무하면 기술이 좋아졌겠지만, 1967년 크리스마스에는 베트남 전쟁을 둘러싼 갈등이 새롭게 격한 국면에 들어간다는 느낌이 들었다. 시인 페테르 베리만은《보니에슈 리테레라 마가신》에 새로운 분위기를 이렇게 요약했다.

스웨덴 앞에 내가 스웨덴이라고 믿었던 것이 있다.
다소 굼뜬 호의, 시도
좋은 사회에 관한 에세이.
무엇이 그곳에서 말과 채찍과 몽둥이를 가져서 그때
믿음도 주지 못하고
확실하게 편안한 느낌도 주지 못했나.

12. 스웨덴의 총리

Olof Palme

급진적, 급진적, 급진적이다.… 아주 급진적이지는 않다.

— 월트 휘트먼

팔메는 겁에 질렸다.

— 타게 엘란데르

"우리는 사회계층III의 우리 친구들을 계속 유지할 수 있는가?"
1968년 4월 스웨덴 영화관에 올라온 영화 〈상자Lådan〉의 한 장면에
는 이런 말이 나온다. 주인공은 1960년대 스웨덴에서 가장 인기 있
는 연예인 하세 알프레드손과 타게 다니엘손이었다. 이들은 1950년
대에 대학생 광대극으로 시작하여 가볍고 우스꽝스러운 라디오 프
로그램 〈모세바케 군주국〉으로 유명해졌다. 처음에는 재치 넘치는
외스테르예틀란드 사람 다니엘손도 쾌활한 스코네 사람 알프레드
손도 특별히 정치적이지 않았다. 그러나 1960년대 이들의 플로어
쇼에는 한층 더 날카로운 좌파 비판이 스며들었다. 〈상자〉에서 다
니엘손은 1968년 의회 선거에서 부르주아 정당들의 승리가 예상

되자 변절을 시도하는 사회민주당원으로 나온다. 그는 의심 많은 당원 동료에게 이렇게 말한다. 나는 언제나 종교적이었다. 나는 몇 년 전에 세례를 받았다. 모아둔 포르노 잡지도 모조리 없애야 했다. "여기, 내 것을 가져가. 나는 집부터 치웠어." 마지막에 그는 침실에 걸어두었던 울로프 팔메의 초상화를 내놓으려 한다. 이제 그곳에는 고등학교 졸업 모자를 쓴 젊은 왕위 계승자 칼 구스타브의 사진이 걸려 있다.

1968년 9월 15일 의회 선거로 오랫동안 이어진 사회민주당의 권력 장악이 끝나리라는 생각은 불합리하지 않았다. 좌파의 융성에도, 어쩌면 좌파의 융성 때문에 서구 세계 도처에서 많은 시민이 투표장에 나왔을 때 급격한 사회 변화에 반대했다. 혁명의 해였던 1968년은 덴마크에서 부르주아 정권이 등장하면서 시작했다. 4월 서독의 바덴뷔르템베르크 주에서 나치가 10퍼센트를 득표하고 독일 사회민주당의 득표율이 크게 하락하면서 주변 세계가 충격에 빠졌다. 한 달 뒤 영국의 집권 노동당은 지방선거에서 참패했다. 프랑스에서는 5월에 파업과 폭동이 벌어지고 한 달 반이 지난 6월에 드골주의자들이 공산당과 좌파의 폭넓은 연합을 누르고 크게 승리했다. 10월에는 핀란드 지방선거에서 전통주의적인 농민당이 승리한 반면, 공산당은 표를 많이 잃었고 사회민주당은 약간 후퇴했다. 마지막으로 11월 초 미국에서 공화당의 리처드 닉슨이 대통령에 당선되었다.

이처럼 우파의 물결이 거센 가운데 스웨덴 사회민주당은 1940년 이래로 최고의 선거를 치렀다. 50.1퍼센트로 과반수를 득표했다.

1966년 선거에 비해 8퍼센트가 늘었다. 국민당과 공산당이 가장 큰 패자였고, 우익보수당은 약간 후퇴했고, 부르주아 정당으로는 전통적으로 사회민주당과 가까웠던 중앙당이 유일하게 득표를 늘렸다. 기뻐서 어쩔 줄 몰랐던 타게 엘란데르를 포함하여 모두가 깜짝 놀랐다. 엘란데르는 이제 승자로서 정치 활동을 마감할 수 있게 되었다. 사회민주당이 마지막 여론조사에서 지지율이 크게 줄지 않은 것은 사실이다. 그러나 선거 며칠 전 한스 세테르베리가 이끄는 여론조사기관 시포는 그것으로 충분하지 않다고, 스웨덴은 정권 교체 직전에 있다고 예측했다. 부르주아 신문들의 사설은 기분 좋게 장관직을 배분했다.

일요일 저녁 투표장이 닫히고 몇 시간 지나지 않아서 이미 사회민주당이 압승을 거두었음이 분명해졌다. 국민당의 새로운 지도자 스벤 베덴은 선거일 저녁 기자들을 피해 숨었다. 공산당의 헤르만 손은 유권자들이 이제 스웨덴이 소련군에 점령당할 차례라고 믿었다고 심히 애석하게 생각했다. 반면 노동자교육협회 회관에 모여 선거 결과를 지켜보던 사회민주당 사람들은 술에 취해 승리를 만끽했다. 카네이션과 붉은 장미, 국화로 가득한 거대한 모더니즘 양식의 공간에 당 지도부와 청년연맹 회원들, 타게 다니엘손과 여가수 모니카 세텔룬드, 모니카 닐센 같은 유명한 연예인들이 빽빽이 모여 있었다.

엘란데르가 중앙에 섰고 사진기자들과 열렬한 지지자들, 총리에 관한 다큐멘터리를 찍는 영상팀이 주변을 에워쌌다. 팔메는 담배를 입에 물고 싱글거리며 주변을 어슬렁거렸고, 반면 재무부 장관 군나르 스트렝은 전체적으로 언짢은 표정이어서 사람들이 이상하게 생각했다. 손님들은 맥주를 마시고 퓌티판나를 먹었으며, 잘 보이게 놓은 텔레비전 앞을 지나가며 다른 정당의 선거 상황실에 관해 조롱하듯 한마디씩 평을 했다. 사회민주당은 부르주아 정당에 승리했을 뿐만 아니라 공산당을 거의 섬멸했다. 공산당 선거 상황실도 노동자교육협회 회관에 있어서, 사회민주당 청년연맹의 몇몇 회원은 몇 계단 내려가 여덟 개의 의석 중 다섯 개를 잃은 공산당을 "축하"하는 유쾌한 생각을 했다. 난투극이 벌어져 청년 한 명이 다쳤다.

승리는 무엇보다도 팔메의 공이었다. 그는 1966년 당이 좌절을 겪은 뒤 엄청난 노력을 기울였다. 팔메는 사회민주당 선거운동원들에게 지침을 제시했으며 부르주아 정당의 약점을 알려주었다. 1966년 선거가 끝나고 몇 달 지난 뒤 울라 린드스트룀은 이렇게 말했다. "팔메를 정치적 조정자, 일종의 부총리로 만들려는 의도가 한층 더 분명해진다." 팔메는 쟁점에 관하여 신문에 기고했고 전국을 돌며 연설했으며 언론에 늘 등장했다. 우익보수당은 언론이 팔메를 과도하게 보여준다고 불평했고, 이에 《아프톤블라데트》는 1968년 3월 그가 텔레비전에 얼마나 자주 등장하는지 조사했다. 팔메는 한 달 동안 뉴스에 다섯 번, 스포츠 토론에 한 번, 교회 토론에 한 번, 교통 프로그램에 한 번, 잉마르 베리만과 연극에 관해 토론한 교양 프로그램에 한 번 나온 것으로 밝혀졌다. 스웨덴의 텔레비전 채널이 아직 하나뿐이었음을 생각하면(두 번째 채널인 TV2는 1969년 12월에 출범한다) 인상적인 결과였다. 그러나 노동조합총연맹 소유의 신문이 독자에게 텔레비전 화면에 팔메가 너무 자주 등장하는지 물었을 때, 돌아온 답변은 단연코 '아니다'였다. 어느 열렬한 지지자는 이렇게 설명했다. "정말로 천연색텔레비전에서 팔메를 보고 싶다. 그 붉은 넥타이를 맨 모습을."

선거 전날《다겐스 뉘헤테르》의 정치평론가 스벤 스벤손이 정리했듯이, 팔메는 "가장 충성스러운 당직자들이 위업을 달성할 수 있도록 독려하는 멋진 일을 해냈다." 1966년의 패배 분위기를 떨쳐낸 공은 팔메에게 돌아가야 한다. 팔메는 이제 사회민주당 대표직의 최우선 후보였고, 따라서 총리가 되는 길에 올랐다. 시포의 한스 세테르베리는 다소 의도적으로 자신의 예측이 틀린 이유가 팔메에게 있다고 보았다. 예상과 달리 공산주의자들의 표가 상당수 팔메에게 갔다는 것이다. 이는 절반만 진실이다. 팔메는 확실히 급진적인 유권자의 표를 끌어왔다. 그러나 지난해에 팔메는 5월에 학생들의 시위가 벌어졌을 때나 소련의 체코슬로바키아 점령을 비난한 훌륭한 연설에서나 공산주의에 확실하게 선을 그었다. 스웨덴 사회민주당원들이 뼈저리게 느낀 점이 있다면, 그것은 좌파와 우파에 공히 담대하게 맞선 지도자를 중심으로 단결해야 한다는 것이었다. 스벤손의 분석은 이러했다. "당에서 그가 차지하는 위치가 이때만큼 강력했던 적은 없다."

청년들의 환심을 사라

아홉 달 전인 1968년 2월 초, 사회민주당 집행위원회가 정부청사의 총리 회의실에 모였을 때, 분위기는 완전히 달랐다. 알마르 메르는 베트남이 진짜 폭탄이라고 설명했다. 당은 청년, 특히 대학생을 잃어버리고 있었다. 그들은 부르주아적인 뿌리를 끊고 사회민주당을 지나쳐 급진 좌파의 품에 안기고 있었다. 마흔다섯 살의 사무총장 스텐 안데숀은 장난기 많은 매력적인 인물로 스톡홀름 노동자 지구 쇠데르팔름에서 성장한 영리한 전술가였는데 당이 나이 많은 사람들을 지나치게 고려한다고 보았다. 이는 청년 세대를 통째로 놓칠 위험을 무릅쓰는 일이었다. 울라 린드스트룀은 많은 여성이 비록 시위 대열에 참여하지는 않았지만 전쟁에 반대한다고 지적했다. 반대 의견을 낸 사람은 다소 놀랍게도 팔메의 친구이자 스승인 스벤 아스플링이었다. 그는 얼마 되지 않는 시끄러운 청년들을 지나치게 중요하게 생각한다고 보았다. 그러나 토슈텐 닐손이 사회민주당은 "'청년의 반란'을 가두어 우리의 운동으로 이끌어서 이 선거운동의 출구를 찾아야 한다"고 설명했을 때 대다수가 동의했다.

문제는 베트남 전쟁이 스웨덴 사회민주당에 자연스러운 논쟁점이 아니라는 데 있었다. 1917년 이래로 스웨덴 사회민주당은 국내 정책에서 성공리에 개혁을 이행함으로써 공산주의와 다른 좌익반대파를 약하게 만들었다. 그러나 엘란데르는 이렇게 강조했다. "우리는 이 나라에서 사회민주주의에 최고로 막강한 승리를 가져다주었어도 베트남 문제를 해결할 수 없다." 마오쩌둥주의에 빠진 대학생 공산주의자들도 전통적인 공산당도(1967년 봄 좌익공산당으로 당명이 바뀌었다) 사회민주당이 스웨덴 노동계급으로부터 얻은 강한 신뢰를 위협하지 못했다. 그러나 급진 좌파는 베트남 문제와 관련하여 청년 유권자들 사이에서 도덕적 우위를 누렸다. 청년 유권자는 선거 연령이 스물한 살에서 스무 살로 낮아지면서 1968년에 기록적으로 많아졌다.

그때까지 사회민주당은 베트남 전쟁에 이중적인 전략으로써 대처했다. 한편으로 수위를 적당히 조절하여 미국을 비판하면서 다른 한편으로는 평화를 중재하기 위해 적극적으로 외교를 펼쳤다. 균형을 잡기가 그렇게 쉽지는 않았다. 미국 정부는 스웨덴 사회민주당이 진정한 평화의 의지가 아니라 국내정치적 고려에서 움직인다고 의심했다. 평화 중재자로 나선 것이 스웨덴만은 아니었다. 그해에 워싱턴에서는 평화를 목표로 한 제안이 대략 1000개는 되었다. 그러나 미국은 전쟁에서 빠져나오지 못했으며 마지못해 문을 닫으려 했다. 그렇지만 하노이에서 스톡홀름을 거쳐 신호가 오는 경우에 그 문까지 닫으려 하지는 않았다.

러셀 법정이 스웨덴의 평화 노력을 위태롭게 했다는 엘란데르의 발언은 적어도 주관적으로는 거짓이 아니었다. 팔메의 예블레 연설 이후 구스타브 아돌프 광장에 있는 외교부의 고풍스러운 청사에서 강도 높은 외교 활동이 진행되었다. 토슈텐 닐손은 미국을 여러 차례 방문하여 국무부 장관 딘 러스크와 회담했다. 동시에 그는 북베트남과 협상을 시도했다. 닐손의 노력은 비록 야심 찬 것이었으나 순진하다 싶을 정도로 희망사항이 두드러졌다. 1967년 가을 미국에 갔을 때 그는 북베트남에 스웨덴이 중재자로서 미국의 신임을 받고 있다는 확신을 주어야 한다는 이유를 들어 존슨 대통령과의 만남을 실현시키려 했다. 이는 미국의 시각에서는 상당히 주제넘은 짓이었다. 스웨덴 정부가 미국 비판으로 좌파를 만족시키면서 동시에 토슈텐 닐손이 백악관에 있는 사진을 신문에 실어 우파를 진정시키려 한다는 것이 빤히 보였다.

그러나 사회민주당의 30년 집권이 가만히 앉아 빈둥거린 결과는 아니었다. 외교 활동이 어떻게 되든 간에 남베트남 민족해방전선 운동의 커지는 영향력을 억누를 필요가 있었다. 이와 관련하여 처음으로 진행된 것은 1968년 초 베트남을 위한 스웨덴 위원회SKfV의 설립이었다. 이 위원회는 서른 개의 노동조합과 교회, 여성 단체, 청년운동, 기타 시민단체를 포괄하는 커다란 우산조직이었다. 집행부는 학자와 작가, 그 밖에 널리 존경받는 인물로 구성되었다. 작가 폴케 이삭손과《다겐스 뉘헤테르》의 기자 바르브루 알빙이 포함되었다. 얄궂게도 베트남을 위한 스웨덴 위원회는 남베트남 민족해방전선 활동가들이 1965년에 제시한 최초의 강령을 대변했다. 미국은 베트남을 떠나고 1954년 제네바 협정이 준수되어야 했다.

그러나 그 이후로 메콩 강에는 많은 물이 흘렀다. 남베트남 민족해방전선 운동은 태도를 바꾸어 이제 정부에 북베트남과 남베트남 임시 혁명정부를 승인하라고 요구했다. 새로운 조직의 건설은 모금 상자와 등사기로 부단히 노력한 남베트남 민족해방전선 운동이 결실을 맺었다는 증표였다. 그렇지만 청년 활동가들의 시각에서 볼 때 이는 위로부터 베트남 운동을 통제하려는 사회민주당의 노골적인 시도이기도 했다. 혹자는 이렇게 적나라하게 표현했다. "자유주의적인 종전의 평화운동 집단은 사회민주당의 베트남 활동을

1968년 의회 선거에 이용하려는 여당에 매수되었다."

일흔 살의 군나르 뮈르달이 위원장이 되었어도 나을 것이 없었다. 이론상으로는 훌륭한 조치였다. 국제연맹에서 일한 세계적인 학자이자 사회민주당 정권의 장관을 지낸 인물이 아니던가. 그러나 뮈르달은 결코 노련한 정치인이 아니었다. 그의 기질은 지적 전문가에 더 어울렸다. 박식하고 예리했으나 오만하고 자기중심적이었다. 게다가 그는 아들 얀 뮈르달 때문에 오이디푸스 드라마를 찍었다. 얀이 남베트남 민족해방전선 운동의 지배적인 지적 동력이었기 때문이다. 군나르 뮈르달은 새로 맡은 역할에서 간접적으로나마 베트남 활동가들을 "혼란에 빠진 인간들"이요 미국을 증오하는 자들이라고 날카롭게 공격했다. 청년의 신뢰를 얻기 위해 출범한 조직의 첫걸음으로 결코 성공적이지 않았다. 기질적으로는 아버지를 빼닮은 얀 뮈르달은 신속하게 받아쳐 아버지를 전쟁 중에 나치에 협력한 벨기에 사회주의자 앙리 드망에 비교했다. 다른 좌파 지식인들도 군나르 뮈르달을 공격했다. 이에 자극을 받은 그는 여러 차례 감정을 분출했다. 사실 군나르 뮈르달의 말에는 예를 들면 베트남 전쟁이 자본주의 체제의 논리적 귀결이라는 테제에 이의를 제기한 것처럼 일리가 있었다. 그러나 사회민주당의 시각에서 보면 그의 오만한 교수 같은 대처 방식은 특히 젊은 여성을 겨냥했을 때 재앙이었다. 남베트남 민족해방전선 운동과의 공세적인 입씨름은 아무런 결과도 가져오지 못했다. 정부는 토슈텐 닐손이 말한 대로 "청년의 반란을 우리의 운동으로 이끌" 수 있으려면 국제적인 문제에서 주도력과 권위를 보여주어야 했다.

북베트남 대사와 함께한 횃불 행진

팔메는 베트남을 위한 스웨덴 위원회에 직접 관여하지 않았다. 그렇지만 그는 이 문제에서 사회민주당의 주된 자산이었다. 어느 기자의 표현을 빌리자면 "베트남에 관해서는 외교부 상왕"이었다. 그렇게 팔메는 2월 21일 저녁 새로운 조직의 첫 번째 대규모 공개적인 의사 표명 행사, 즉 베트남 전쟁에 반대하는 횃불 행진에서 당연하게도 주 연사가 되었다. 달걀 투척이나 국기 불태우기보다 더 민주적으로 존중할 수 있는 방식으로 미국을 비판할 수 있음을 보여주려는 것이 숨은 의도였다. 그렇지만 역설적이게도 그렇게 위엄 있는 횃불 행진이 다른 어떤 시위보다도 더 미국을 짜증나게 했다.

일곱 시 겨울의 훔레고덴 공원에 약 5000명이 모였다. 1700년대에 개장한 그 목가적인 도시 공원에서 팔메는 세 살 때 어린 소녀들의 손에 이끌려 놀았다. 짧은 행진은 노르말름스토리 광장과 함가탄을 지나 세르겔 광장까지 이어졌다. 1967년 가을에 완공되어 새로운 대중 집회 장소로 여겨진 세르겔 광장은 런던의 하이드 파크 코너와 비슷한 곳이 되었다. 모더니즘이 압도한 환경이었다. 북쪽으로는 회토리에트 광장을 향해 다섯 동의 고층 아파트 건물이 있었고, 남쪽에는 유리와 콘크리트로 지어질 스톡홀름의 새로운 문화회관이 들어설 자리가 있었다. 종교 단체와 노동조합, 평화 단체는 물론 우익보수당의 청년연맹을 제외한 모든 정치적 청년연맹이 참여했다. 맨 앞줄에는 서른 명의 사회민주당 의원이 섰으며, 남베트남 민족해방전선 활동가들이 대열의 끝에서 걸었다.

남베트남 민족해방전선 활동가들은 처음에는 시위 참가를 거부하려 했다. 그러나 그날 일찍 북베트남의 모스크바 대사 응우옌토쩐의 참여가 확실해지자 거부하기가 어려워졌다. 이들은 승인받지 않은 플래카드를 들고 사회민주당 정부에 반대하는 구호를 외쳤다. 이러한 외침은 다소 부당했다. "팔메, 당신은 12월 20일에 무엇을 했는가?" 이들이 말한 것은 크리스마스 전의 격렬한 시위였다. 팔메가 루슬락스툴 병원에 입원해 있을 때였다. 전체적으로 보면 팔메의 급진주의는 좌파에 짜증스러운 문제였다. 세르겔 광장에서 배포된 좌익청년연맹의 전단에는 이렇게 쓰여 있었다. "팔메는 변절했다." 그러나 현명하게도 시위 지도부를 공격하지는 않았다. 이튿날 신문들이 사회민주당원들과 과격한 집단들의 베트남 시위대가 소란스럽게 다투는 사진을 실었다면, 시위는 실패로 끝났을 것이다.

응우옌토쩐이 정확이 무엇 때문에 스톡홀름에 왔는지는 분명하지 않다. 베이징 주재 스웨덴 대사 렌나트 페트리가 그에게 스톡홀름 방문을 지속적으로 권한 것은 사실이다. 그러나 응우옌토쩐은 모스크바에서 야단법석인 스톡홀름에 왔을 때 평화의 타진이든 다른 외교적 노력이든 어떤 형태로도 보여줄 것이 없었다. 그렇다고 언론의 적극적인 추론이 막히지는 않았다. 응우옌토쩐은 왕궁 맞은편의 그랜드 호텔에 머물렀는데, 미국 사업가 존 로케펠러도 그곳에 묵고 있어서 비밀 협상이 진행 중이라는 인상을 주었다. 그러므로 시위 주최자들에게 응우옌토쩐의 참여는 '놀라운 사건'이었다. 그는 시위 대열의 맨 앞에서 군나르 뮈르달과 바르브루 알빙, 그리고 스웨덴 교육부 장관 울로프 팔메와 나란히 걸었다. 며칠 안에 모피 모자를 쓴 팔메와 응우옌토쩐이 어둑어둑한 2월의 스웨덴에서 각자 손에 햇불을 들고 있는 사진이 세계 곳곳에, 특히 미국에 뿌려졌다. 팔메는 키가 174센티미터였지만 작은 베트남 사람 옆에서 유달리 커 보였다.

스웨덴에서 세르겔 광장의 시위는 처음에는 강력하되 특별하지는 않다고 생각되었다. 같은 날 저녁 스웨덴텔레비전은 영국 연속극 〈포사이트 사가The Forsyte Saga〉의 마지막 회를 송출했다. 1967년 8월부터 시작하여 매주 수요일 국민의 3분의 1에 해당하는 250만 명이라는 기록적인 숫자의 시청자를 사로잡은 드라마였다. 신문은 저마다 20세기 초 존 골즈워디의 연작 소설에 나오는 솜스와 플뢰르, 기타 등장인물의 역할을 맡은 배우들에 관한 기사로 지면을 도배했다. 두 주가 지난 3월 9일 금요일 처음으로 시위의 효과가 온전히 드러났다. 라디오의 저녁 뉴스에서 미국이 외교 경험 없는 텍사스 출신의 사업가인 스톡홀름 주재 대사 윌리엄 히스를 귀국시켰다는 소식이 전해졌다.

스웨덴 정부는 미국이 히스를 불러들였다는 사실을 알고 있었다. 그는 떠나기 전에 감라스탄의 정부청사로 총리 엘란데르를 방문하여 팔메가 "미국의 적국이요 스웨덴이 승인하지도 않은 나라의 공식 대표자와 나란히 걸었다"고 불만을 토로했다. 히스는 심지어 대사관의 길이 6미터짜리 캐딜락을 몰고 외교부 청사로 가서 토슈텐 닐손에게 팔메 같은 사람이 정부에 남아 있으면 미국과 스웨덴의 유대에 해로울 것이라고 지적했다. "친구를 비난하면서 우정을 지킬 수는 없다." 그러나 스웨덴 정부는 미국이 사전 경고 없이 사실을 누설한 데 전혀 놀라지 않았다.

교육부 장관 팔메는 학교를 방문하고 있었고, 외교부는 토슈텐 닐손을 보호했으며, 금요일 저녁 총리 집에서는 아이나 엘란데르가 타게가 어디 있느냐는 기자들의 전화에 모른다고 답변하고 있었다. 악의가 없던 시절이라 전화번호부에 총리 집 전화번호도 나와 있었다. 토요일 노르셰핑에 있던 팔메는(몇몇 학교는 여전히 주6일제였다) 당황하여 오후에 스톡홀름 중앙역으로 돌아오자마자 텔레비전 방송국으로 직행했다. 그렇지만 그는 사과를 거부하고 당당하게 말했다. "나는 단 1초도 후회하지 않는다." 3월 내내 언론과 의회에서 대립이 점점 더 격해졌다. 《스벤스카 다그블라데트》는 엘란데르 정부가 "몰이해와 사려 부족, 국내정책으로 표를 얻으려는 욕망 때문에" 스웨덴의 중립을 해쳤다고 말했다. 여러 부르주아 진영 신문의 사설에서 되풀이된 견해였다. 보통은 팔메에 상당히 우호적이었던 《다겐스 뉘헤테르》는 돌연 태도를 바꾸어 팔메가 총리가 된다면 스웨덴이 핀란드처럼 소련의 영향권에 들어갈 것이라고 예측했다.

돌이켜 보면 팔메가 사건의 중심에 들어간 것은 우연이었다. 팔메는 응우옌토쩐이 참여한다는 사실을 알지 못했지만 시위 행렬에서 그를 만났을 때 등을 돌릴 수 없었다. 이는 그의 행동에 담긴 내적 논리를 간결하게 설명한 것이지만, 완전히 옳지는 않았다. 팔메와 사회민주당 정부는 실제로 그날 응우옌토쩐이 참여한다는 통지를 받았다. 그래서 러셀 법정 때와 똑같이 근심스럽게 어정쩡한 처지에 놓였다. 이후 비판은 대체로 정부가 더 영리하게 처신해야 했음을 가리켰다. 예를 들면 어떤 이들은 팔메가 베트남 대사로부터 조금 떨어져 걸을 수도 있었다고 지적했다.

그러나 러셀 법정에서 상황을 엉망으로 만든 것이 바로 엘란데르 편에서 보여준 그와 같은 묘책이었다. 대안은 완전히 물러나거나 전속력으로 질주하는 것 둘 중 하나였다. 그 밖의 다른 방안은 무엇이든 정부에 아무런 이득을 주지도 못한 채 양측 다 만족스럽지 못하게 할 것이었다. 팔메와 엘란데르, 화요일에 정부청사에 모인 조언자들에게 결코 쉬운 결정이 아니었다. 전쟁 당사국의 외교관과 함께 시위에 참여하는 것은 울로프 팔메로서도 이례적으로 도발적인 행동이었다. 그러나 누가 다소 어리석게도 병가를 내라고 제안하자 팔메는 지체 없이 거부했다. "나는 아프지 않다." 팔메는 모피 모자를 쓰고 가방에 연설문을 챙겨 넣은 채 살을 엘 듯이 싸늘한 2월의 깜깜한 밤에 감라스탄의 정부청사 밖으로 나가 자신의 정치 인생을 걸고 당을 구하려 했다.

팔메가 단지 당에 대한 충성심과 국내정치적 고려만으로 움직였다는 뜻은 아니다. 오히려 1950년대 초 국제 학생운동의 스탈린주의 지도부와의 모든 타협을 거부하게 만든 것과 동일한 정치적 본능에 따른 행동이었다. 베트남 전쟁에서 협상의 토대가 있었다고 해도, 어쨌거나 스웨덴은 그것을 찾아내는 데 실패했다. 1월 말 구정 공세가 시작되었고 남베트남 민족해방전선 군대가 사이공에 진입했으며, 동시에 미국에서 전쟁에 대한 반대가 거세졌다. 몇 주 뒤 남베트남 경찰국장이 사이공의 거리에서 포로가 된 남베트남 민족해방전선 장교를 무정하게 처형하는 사진이 서구 세계 전역에서 증오를 불러일으켰다. 전쟁을 끝내려면, 미국에 맞선 저항에 최대한의 힘을 모으는 것이 가장 효과적이었다.

팔메의 횃불 행진 이후 미국에 나타난 강력한 반응에 베트남 문제에서 사회민주당의 입장은 확고해졌다. 남베트남 민족해방전선 운동의 핵심 활동가들은 분명코 여전히 정부를 주적으로 보았다. 그렇지만 2월 21일 이후 "미국 제국주의의 떨거지"가 되려 한다는 팔메에 대한 비난은 종파적 집단 밖에서는 이상하게 들렸다. 남베트남 민족해방전선 운동이 이상화한 북베트남은 스웨덴 정부의 태도에 경의를 표했다. 그러나 국내정치 영역에서 치러야 할 정치적 대가도 있었다. 3월 말《엑스프레센》의 요청으로 시행된 여론조사 결과, 스웨덴 사람의 49퍼센트가 팔메가 북베트남 대사와 함께 행진한 것은 잘못이라고 보았다. 사회민주당은 조사를 신뢰할 수 없다고 무시했지만, 이는 스웨덴 국민의 베트남 전쟁에 대한 태도의 중요한 일면을 포착했다. 남베트남 민족해방전선과 베트남 인민에 대한 동정에 공산주의에 대한 지지의 확대가 동반되지는 않았던 것이다.

저항에 부딪힌 대학개혁

반면 좌파 활동가들에게 베트남은 더 큰 이데올로기적 시각에 통합되었다. 그들의 눈에 베트남 전쟁은 현대 산업자본주의가 인민의 저항에 직면했을 때 얼마나 무자비하고 잔인할 수 있는지를 보여주는 사례였다. 평화로운 스웨덴에도 비슷한 경향이 있었다. 사회민주당과 자본의 협력은 시민이 자신의 진정한 인간성에 대면하지 못하고 소비에 취해 영혼 없는 부속품으로 전락하는 익명의 대량생산 사회를 만들어냈다. 특히 울로프 팔메의 교육부에서 진행된 철저한 교육정책 개혁은 수익만 좇는 자본주의적 사고방식과 관료주의적인 중앙화의 전형적인 표현으로 여겨졌다. 대학생지도자 안데슈 칼베리에 따르면, 자본과 노동 사이의 부정한 협력은 스웨덴의 대학졸업자들을 프롤레타리아트로 만들려 했다. "고등교육을 받은 노동력을 크게 늘리라는 요구는 [대학졸업자의] 직무가 전통적으로 노동계급이 맡은 직무와 점점 더 비슷해지는 상황을 낳는다."

칼베리는 요점을 짚었다. 산업자본주의가 출현한 이래 노동자는 여러 유형의 비인간적인 노동과정 합리화를 받아들여야 했던 반면, 스웨덴 대학교는 1800년대 이래로 별다른 개혁을 거치지 않았다. 기본적인 원칙은 고등학교를 졸업한 사람은 누구나 대학교에 입학할 자격이 있다는 것이었다. 그렇게 대학교에 입학하면 학생은 자유롭게 과목을 선택하고 자신만의 속도로 공부했다. 수업도 있었지만, 원칙적으로 대학교 체제는 주어진 독서 목록을 바탕으로 혼자 공부하는 방식이었다. 장비와 직접적인 지도가 크게 요구되는, 따라서 진입 장벽이 있는 의학과 공학만 예외였다.

1950년대 중반에도 사회민주당은 옛 구조를 유지할 수 있다고 믿었다. 1955년 대학교조사단은 대체로 이전의 교육 이상에서 출발했다. 자격을 갖춘 사람은 누구나 자유롭게 공부할 수 있어야 한다는 것이었다. 의회는 이른바 연동제를 결정했다. 대학생 숫자가 늘어남에 따라 국가가 대학교와 대학에 필요한 재원을 지원하여 교수를 충원해야 했다. 1960년대 중반 연동제가 걷잡을 수 없는 비용 증대를 초래하리라는 우려가 일었다.

인문학과 사회과학 전공자를 모조리 흡수할 시장이 있다면, 이는 그다지 큰 문제는 아니었다. 그러나 스웨덴은 라틴어 전공 학위가 은행이나 석유화학 산업에서 높은 지위에 오르는 데 장점으로 여겨진 영국과 달랐다. 대학졸업자 프롤레타리아트가 생긴다는 두려움은 스웨덴에 오래전부터 있었다. 1930년대에 이미 국가는 고등교육을 받았으되 직업이 없는 사람들이 무슨 짓을 벌일지 걱정했다. 확실한 해법은 의학과 공학의 경우와 비슷하게 입학을 제한하는 것이었다. 그러나 이는 개인의 선택의 자유에 대한 지나친 간섭으로 보였다. 게다가 다른 곤란한 문제가 초래될 수 있었다. 새로운 울타리 안에 자리가 없는 수많은 고등학생은 어디로 가야 하나?

1965년 의회는 그 대신 이른바 자유교양학부의 정규이수과정을 도입하기로 원칙적으로 결정을 내렸다. 인문학과 사회과학을 계속 개방하되 선택의 자유를 제한하기로 한 것이다. 대학생은 더욱 분명한 조건과 구조를 갖춘 여러 전공 이수과정 중에서 선택해야 했다. 특히 정해진 시간에 시험을 치르는 학생의 숫자가 늘어났다. 이 방안을 더욱 가다듬기 위해 1966년 겨울 '정규이수과정을 위한 대학교육국 연구팀'이라는 읽기도 어려운 이름의 특별 연구팀이 수립되었다. 이 방안에 따르면 문학사를 취득하는 데 3년이 걸리고 학생은 34개 전공 중에서 선택할 수 있고 시험은 연속적으로 치러지며 학습 속도를 따라가지 못한 학생은 학업을 마칠 수 없었다.

정규이수과정 연구팀의 제안은 분명히 좌파와 우파 사이에서 선택하는 정치적 문제가 아니었다. 다양한 정치적 성향의 대학생들이 제안에 대한 불만으로 뭉쳤다. 이들은 교수와 총장, 기타 인문학 연구의 소수 혁명적인 대표자들로부터 지원사격을 받았다. 웁살라 대학교의 총장 토리뉘 세게슈테트는 마르쿠제에 빠진 좌파 학생들에게 관심이 없었지만 정규이수과정 연구팀의 개혁안을 똑같이 나쁘게 생각했다. "이는 아마도 대학교뿐만 아니라 스웨덴 사회에도 해로운, 우리 학계 최악의 불행으로 기록될 것이다." 결과적으로 질이 저하되고 대학교가 고등학교처럼 되어 "사회가 요구하는 능력을 갖춘 노동력에 어떤 식으로도 부응하지 못하는 속성 문학사가 떼거지로" 출현할 것이었다. 작가 라슈 구스타브손은 명백히 사회민주당을 겨냥하여 정규이수과정 연구팀이 반동적으로 대학의 자유를 공격하고 있다고 말했다. 갤브레이스가 말하는 산업국가에 대학교를 적응시키려는 의도라는 것이었다.

그러나 이처럼 전반적으로 인문학적인 반대는 좌파 학생들의 비판에 비하면 존재감이 없었다. 좌파 학생들이 보기에 정규이수과정 연구팀의 제안은 열악했을 뿐만 아니라 나아가 모든 것을 비인간적으로 시장에서 매매할 수 있는 상품으로 격하시키는 억압적인 자본주의 체제의 완벽한 상징이었다. 급진적 학생들은 자신들이 현대화를 추진하는 국가 권력에 맞서 전통적 특권을 위해 싸우고 있음을 의식하고 있었다. 그러나 그것이 바로 요점이었다. 마르쿠제가 지적했듯이, 자유롭지 못한 자들은 위협을 경험하지 못한다. 저항할 수 있는 것은 아직 자유로운 자들이다. 유토피아 같은 미래에는 애정 어린 연대와 개인의 자유가 신기루처럼 아른거리고, 현재의 사회민주주의 복지국가에는 관료주의적 냉정함과 합리적인 고독만 있다. 혼합경제 복지사회를 무엇으로 대체할지 분명하지 않다고 해도(프롤레타리아트 독재든 생디칼리슴이든 중세의 농민사회든), 급진적인 학생들은 기존 질서가 부당하고 인간에 적대적이라는 데 의견이 일치했다.

1960년대의 상황은, 특히 스톡홀름 대학교에서 벌어진 일은 제한적으로나마 좌파의 새로운 분석이 옳았음을 보여주었다. 대학생 숫자의 증가는 심한 압박이 되었다. 1967~1968년에 스톡홀름에서는 공간뿐만 아니라 강사 문제에서도 사정이 절박했다. 여러 주제에서 입문 과목을 가르치기 위해 2학년 학생을 고용했다. 여러 학과가 도시 곳곳에서 이상한 공간을 임대해야 했다. 정치학자들은 이스라엘 선교회* 교회에서 가르쳤고, 수학자들은 하가가탄의 노동자 숙소 발레Vale를 빌려 써야 했다. 그렇다고 정규 강의실이 사랑받았다는 뜻은 아니다. 어느 젊은 여성에 따르면, 열악한 예술품과 괴테의 흉상이 있는 침침하고 춥고 소리가 울리는 강의실은 "감각을 더없이 무디게" 만드는 원인이었다. 학생들은, 노동계급 출신의 학생들까지도, 늘 즐거우리라고 생각하지는 않았지만 자유로운 생활을 기대하고 대학교에 왔다. 이제 그들은 북적거리는 대학교의 익

---

* Svenska Israelsmissionen. 1875년 유대인을 기독교도로 개종시키고자 설립된 이스라엘 선교협회Föreningen för Israelsmission의 후신. 제2차 세계대전 중에 오스트리아에서 유대인과 유대인 혈통의 기독교인을 구하기도 했다.

명성에 마주했다. 자신들보다 아는 것이 적은 선생, 과밀한 공간, 숙소 부족, 그들이 보기에 교육을 천편일률적으로 만드는 새로운 개혁안. 어느 학생은 분노하여 《가우데아무스》에 이렇게 썼다. "주로 상층계급이 대학교에 들어온 옛날에는 완전히 자유로웠으나, 이제 서민 대중이 쏟아져 들어오니 교육을 규제해야 한다."

정규이수과정 연구팀 제안에 맞선 싸움은 대학의 자율성(울로프 팔메의 표현에 따르면 '거미줄')을 옹호하는 자들이 민주적으로 선출된 노동자 정권의 개혁과 충돌한 것이었다. 30년 동안 오른쪽에서 사회민주당을 공격하려 한 스웨덴 부르주아의 자식들이 왼쪽에서 폭풍처럼 몰려온 것은 역사의 기묘한 역설이었다. 그렇다고 학생 혁명의 사회주의적 요소가 겉치레에 불과했다는 말은 아니다. 급진적 학생들이 옹호한 것은 보수적인 교수들의 자유가 아니라 대학교는 기존 사회 체제 밖에 있는 비판적 사고의 장소라는 관념이었다. 이들은 대학교 안에서 정치 활동을 할 권리, 학생 대표자가 이사회에 참여하여 교과 과정과 독서 목록 선정에 영향력을 행사할 권리를 요구했다. 당시 많은 대학 교수는 부르주아 사상을 주입하려 한다는 끝없는 문제 제기와 맹렬한 비난으로 힘든 시기를 보내고 있었다. 목표는(혁명의 환희가 널리 퍼졌기에 비현실적으로 보이지 않았다) 학생이 교수와 관료기구로부터 권한을 넘겨받는 것이었다. 그러나 이중 전선의 싸움은 승리하기 어려웠다. 학생 좌파는 고등교육의 민주화와 관련하여 상당한 성공을 거두지만 국가 관리의 강화라는 대가를 치러야 했다.

스톡홀름 대학교 학생회의 분열

봄에 스톡홀름 대학교의 분위기는 한층 더 뜨거워졌다. 학교는 여전히 우덴플란 광장 주변 지구에 흩어져 있었다. 중앙에는 학생회가 자리를 잡았다. 1950년 7월 울로프 팔메가 새로운 국제 학생 단체를 세운 홀렌다르가탄의 공간에 그대로 있었다. 회원이 2만 5000명에 연간 회비가 600만 크로나에 달하고 자체의 신문을 보유하고 많은 정규 직원까지 고용한 스톡홀름 대학교 학생회는 이제 나라에서 가장 큰 학생회였다. 팔메 시절의 경우와 달리 정치 동아리가 등장했다. 특히 좌파 단체가 두드러졌다. 사회민주주의자들과 공산주의자들, 독립적인 사회주의자들이 1967년에 좌파연합을 결성했다. 좌파연합은 국민당 지도부에 비해 훨씬 더 급진적이었던 국민당 학생연맹과 함께 학생회를 주도하는 다수파에 반대했다. 다수파 지도부는 계속해서 정치적 중립과 '순수한 학생'이라는 원칙을 지키려 했지만, 동아리가 국제적인 문제에 태도를 표명해야 한다는 좌파의 끈질긴 요구에 비정치적인 동아리들은 한층 더 공공연히 부르주아적 성격을 드러냈다.

주변 세계에서 반란과 항의, 시위의 소식이 마구 쏟아져 들어왔다. 3월 4일 마틴 루서 킹이 살해된 후 미국 대도시의 도심 흑인 지구가 폭발했다. 4월 11일 극우파에 속한 어떤 사람이 독일 학생지도자 루디 두치케를 총으로 쏘아 부상을 입혔다. 그는 아들 호세아 체의 약을 사려던 참이었다. 카리스마 넘치는 두치케는 2월에 스톡홀름 쇠데르말름의 시민회관에서 열린 집회에 참석하여 정규이수과정 문제를 꺼냈다. 그는 이를 비슷하게 반동적인 독일의 개혁안과 비교했다. 그의 주장에 따르면 독일의 개혁안도 대학교를 공장으로 만들고 대학생을 자기 분야만 아는 편협한 전문인으로 만드는 것이 목표였다. 또한 바르샤바와 부다페스트, 프라하에서 학생들이 공공연히 공산당 정권에 저항하고 있다는 소식이 점점 더 많이 들려왔다. 4월 말 뉴욕의 컬럼비아 대학교 학생들이 인접한 할렘에서 진행 중인 건설 계획에 항의하여 대학 본부를 점령하고 있었는데, 경찰이 급습했다. 며칠 뒤인 5월 3일, 프랑스 경찰이 소르본 대학교를 공격하여 파리 라탱 지구의 첫 번째 폭력적인 거리 투쟁을 촉발했다. 이와 동시에 스웨덴 청년들이 스코네의 휴가지 보스타에서 스웨덴과 로디지아 간의 데이비스컵 테니스 경기를 중단시키려다가 경찰과 현지의 맞불 시위대와 충돌했다. 경찰은 경찰봉과 물대포로 시위를 진압했고, 일부 청년은 돌과 쇠파이프로 대응했다.

이 모든 일이 벌어지는 와중에 정규이수과정 연구팀의 제안이 논의되었다. 공식적인 발표는 4월 3일 대학교육국 사무실에서 스톡홀름 학생회 대표자들과 이 문제의 책임 부서 각료인 팔메와 무베리가 참석한 가운데 진행되었다. 학생회는 개혁안이 중요하다고 보았으나, 그 국면에서 그것이 혁명적 잠재력을 지녔다고 생각하는 사람은 없었다. 3월 초 대학교육국은 1969년 가을 학기까지 도입을 유예한다고 알렸다. 이는 최종적으로 입장을 정하기까지 시간이 더 필요하다는 학생회의 최우선 요구를 충족시켰다. 학생회는 이제 강사와 학생이 한숨 돌릴 수 있다고 생각했다. 야심 찬 프로그램이 준비되었다. 4월 말 정규이수과정 특별 간사를 고용했고, 설명회를 열었으며, 긴급 전화서비스를 시작했고, 홀렌다르가탄의 식당에서 토론회를 갖기로 계획했다.

5월 초 본격적으로 토론이 시작되었다. 5월 5일 좌파는 학생회에 대학교육국의 제안을 거부하라고 요구했다. 학생회 대의원 회의가 아홉 시간에 걸쳐 집중적으로 이어졌다. 회의에서 향후의 대립 노선이 분명해졌다. 비정치적인 학생회 집행부는 정규이수과정 연구팀의 제안에 비판적이었지만 국가가 제시한 틀을 수용했다. 좌파는 이데올로기적인 이유에서 제안의 정당성을 부정했다. 합리화의 목표는 더 인간적이고 더 민주적인 사회를 만드는 것이 아니라 적절한 노동력을 바라는 독점자본의 요구를 충족시키는 것이었다. 요컨대 기존 질서를 혁명적으로 비판함으로써 정규이수과정 연구팀의 제안에 맞서 싸워야 했다.

학생회관 점거 시위대와 마주하다

5월 24일 금요일, 드골이 국민투표를 공표하고 파리가 다시금 격렬한 폭동에 휩싸인 바로 그날, 좌파 학생 클럽이 홀렌다르가탄에서 대대적인 집회를 열어 정규이수과정 연구팀의 제안을 논의했다. 몇 시간 뒤 참석자들은 학생회관 점령을 결의했다. 모종의 불법적인 행동이 필요하다는 생각이 퍼졌다. 때맞춰 나온 《가우데아무스》 최신호의 제목은 이러했다. "학생 반란의 순조로운 진행… 불안한 팔메." 신문은 학생들에게 "정규이수과정 연구팀의 제안이 거부될 때까지 대학교를 점거하라"고 촉구했다. 공산주의 사상에 불타는 마오쩌둥주의자가 아니라 국민당 학생연맹의 부회장이 한 말이었다.

그곳에 있던 학생회 집행부는 신체에 위협을 받지 않는 한 경찰을 부르지 않겠다고 선언했다. 이미 처음부터 스톡홀름 대학교 학생들이 자신들의 학생회관을 점거하는 것이 어처구니없다고 생각한 사람이 많았다. 어떤 익살스러운 친구는 1848년 스톡홀름 소요에 관해 이렇게 말했다. "프랑스의 드라마가 스웨덴에서 재현될 때는 언제나 번역의 과정에서 힘을 잃는다." 이 평가는 1968년 학생회관 점거에도 적용된다. 그러나 동기는 분명했다. 거의 1년 동안 학생회의 정치적 중립을 두고 질긴 싸움이 진행되었다.

불만에 찬 어느 학생은 스톡홀름 대학교의 학생 생활에는 지난 시절 서재의 냄새가 난다고 말했다. "사람들이 도수 높은 맥주를 조끼째 들이켜고 학생 노래를 부르며 즐겁다고 생각하는 곳은… 학생회관 말고는 없다." 좌파는 학생의 25퍼센트만 선거에 참여하기 때문에 학생회 집행부가 비민주적이라고 보았다. 또한 '학생회 관료주의자들'이 4월 26일 스푀크파르켄 공원의 시위를 다양한 방법으로, 특히 경찰에 전화를 걸어 학생회관 안에서 집회를 선전하는 학생들을 쫓아냄으로써 막으려 했다는 주장이 제기되었다. 점거 전략은 그다지 좋은 판단은 아니었을지 몰라도 나름의 논리가 있었다. 학생회를 정규이수과정에 맞선 원외 투쟁의 중심으로 바꾸자는 것이었다.

아름다운 봄날 저녁 학생과 기자, 호기심 많은 일반인이 몰려들면서 학생회관 안에는 점점 더 사람이 많아졌다. 자정 즈음에 홀렌다르가탄에는 약 600명이 모여 있었다. 점거농성에 들어간 학생들은 장기전에 대비했고 700크로나를 모아 음식을 사왔다. 이 단계에서 행동은 여전히 정규이수과정 연구팀의 제안을 겨냥했다. 참여한 학생 중에는 자유주의자와 사회민주주의자, 심지어 보수주의자도 있었다. 급진적 지식인들이 점거 학생들을 지원하고자 집결했다. 《다겐스 뉘헤테르》의 문화부장 울로프 라게르크란츠가 눈에 띄었다. 얄궂게도 1947년 팔메가 예비군 장교 교육에 지원했을 때 군대의 심리분석관으로 그를 면담한 교육학 교수 아네 트랑켈이 학생회관으로 와서 정규이수과정 연구팀의 제안에 반대하는 발언을 했다. 트랑켈은 코르덴 재킷을 입고 다닌 카리스마 넘치는 교수로서 학생 카페에 자주 어슬렁거렸고 자신이 일한 교육학과에서 강의의 민주화를 시도했다. 그렇지만 그가 교육학과를 마르크스레닌주의 학과로 만들려 한다고 비판하는 자들이 있었다.

선을 넘었다는, 금기를 범했다는 격앙된 분위기가 일었다. 그러나 목표는 아직 뚜렷이 혁명적이지 않았다. 학생회관의 지붕에 붉은 깃발을 내걸자는 제안은 거부되었다. 학생회관을 점거한 학생들은 우선 울로프 팔메와 스벤 무베리가 학생회관으로 와서 정규이수과정 연구팀의 제안을 함께 논의해야 한다고 요구했다. 이는 아마도 농성의 첫 번째 동인이었을 것이다. 몇몇 사회민주당 학생들이 제시한 이 요구는 저녁에 교육부에 전달되었다. 팔메는 5월에서 6월로 넘어갈 때 스웨덴학생회연맹 대의원 회의에서 정규이수과정 연구팀 제안에 관해 설명할 생각으로 연설을 준비하느라 늦게까지 일하고 있었다.

팔메 같은 일 중독자에게도 이례적으로 힘든 시기였다. 한 주 전 리스베트는 셋째 아들 마티아스를 출산했다. 그녀는 아직 카롤린스카 병원에 누워 있었고, 벨링뷔의 집에서 육아 도우미가 모텐과 유아킴을 돌보았다. 팔메가 한밤중에 학생회관을 찾아서 성난 좌파 대학생들로부터 책망을 들어야 할 일은 없었다. 그러나 그는 도전을 참지 못했다. 전투 본능을 지닌 팔메는 자신의 주된 영역인 교육정책에서 상대편의 일방적인 승리를 용납할 수 없었다. 게다가 그는 1963년 대여장학금조사단과 관련하여 신랄한 공격을 받은 이후로 학생 측의 반대에 익숙해졌다.

팔메가 홀렌다르가탄으로 내려간 데에는 더 중요한 이유도 있었다. 사회민주당 정부는 급진 좌파 청년들과 어떤 형태로든 대화를 해야 할 필요가 있다고 점점 더 확신하게 되었다. 1967년 스톡홀름 거리의 소요를 감시하는 데 300만 크로나, 손해 보상에 50만 크로나, 경찰의 시간 외 업무 수당으로 10만 크로나의 비용이 들었다. 특히 5월 초의 보스타 소요는 스웨덴의 갈등 수준이 유럽 대륙 본토의 수준에 가까워지고 있다는 심각한 경고로 해석되었다. 모든 것이 엉망이 되었다. 시위대의 단호함은 새로운 차원에 이르렀다. 로디지아와의 데이비스컵 경기 전에 이들은 이렇게 선언했다. "우리는 고성능 폭탄을 제외한 모든 수단을 쓸 것이다." 경찰은 지나치게 판단력이 부족한 것 같았다. 특히 스코네 주 경찰국장은 사설 탐정의 말에 넘어가 시위대가 헬리콥터를 타고 와서 경기장에 폭탄을 떨어뜨릴 것이라고 확신했다. 게다가 현지 주민들이 활동가들을 위협하고 방해했다.

상황은, 특히 보스타의 어느 대장장이가 언론에 거의 인종주의자와 같은 자경단 지도자로 등장했을 때 소름 끼치도록 미국 남부 주들을 연상시켰다. 정부는 대립을 누그러뜨리기 위해 5월 중순 극우파의 민주동맹부터 스웨덴 마을문화 청년단까지 60여 개의 청년 단체와 함께 대규모 '시위 협의회'를 마련했다. 협의회에서는 구체적인 결과가 나오지 않았다. 특히 좌파 단체인 클라르테 연맹과 남베트남 민족해방전선 지원단 연합이 그 구성을 비판했다. 그러나 이들도 참여했고, 엘란데르는 나중에 특유의 쾌활한 태도로 정부가 "전혀 혁명적이지 않은 것"이지만 약간의 아이디어를 얻었다고 설명했다.

팔메는 크게 걱정했다. 1968년 겨울, 오랫동안 낙관적이었던 그의 연설과 글에 새롭게 음울한 논조가 보였다. 병원을 찾은 일이 주목할 만했다. 팔메는 스벤 린드크비스트 같은 스웨덴 좌파 지식인과 '흑인 지도자' 스토클리 카마이클 같은 마틴 루서 킹의 전투적인 후계자로부터 깊은 인상을 받았다. 이제 팔메는 이렇게 설명한다. 지구의 시간은 끝나고 있다고. "대화와 협의, 평화공존이라는 활동 방식이 구부러지고 이어 깨질" 위험이 있었다. 이는 제3세계에서는 가난과 굴욕에서 비롯한 증오와 폭력의 문제였고, 부유한 공업국에서는 넓게 벌어진 사회적 간극이 사회의 연대를 박살낼 수 있었다. 세계 도처에서 파시즘의 물결이 새로 일어날 위험성까지 있다고 그는 경고했다. 이렇게 걱정스러운 시각에서 볼 때, 봄날 스톡홀름의 밤에 나가 뮌트토리에트 광장에서 걸어서 닿을 거리에 있는 불만 가득한 대학생들을 만나는 것은 희생이라고 할 수도 없었다.

그러나 팔메는 정규이수과정 연구팀의 제안에 관하여 학생들에게 줄 것이 없었다. 스웨덴 대학의 현대화는 그에게 매우 중요한 문제였다. 대학의 현대화가 '좋은 사회'에 필수적으로 요구되는 평등과 경제 성장을 다 가져다줄 것이기 때문이었다. 앞서 봄에 팔메는 개혁이 금융자본의 주문이라는 생각을 '망상'이라고 했다. "시장의 요구를 고려하여 교육 제도를 준비하려 하지 않는 것은 순수한 자유방임 자본주의이다." 팔메로서는 타게 엘란데르가 몇 달 뒤에 룬드의 성난 학생들 앞에서 하는 것처럼 상냥하게 말할 수도 없었다. "사람들은 내게 여기 룬드에서 혁명이 일어나고 있다고 했다.…" 엘란데르의 이 말은 학생들의 야유를 진정시켰다. 이는 한편으로는 성격의 문제였다. 또한 학생회관의 분위기는 경솔한 행동으로 번지기 쉬운 일촉즉발의 상태에 있었다. 학생회관에 도착했을 때 팔메는 그의 타고난 투쟁 본능을 직접적으로 자극하는 짙은 의심과 신랄한 비판에 직면했다.

학생회관을 점거하여 농성을 벌인 학생들의 비공식적 대표자 안데슈 칼베리가 공격을 지휘했다. 스웨터를 즐겨 입고 나막신을 신고 다닌, 긴 머리에 약간 살찐 강한 인상의 칼베리는 좌익청년연맹 의장이었다. 그는 여러 점에서 새로운 세대의 급진파를 대표했다. 스물네 살의 칼베리는 전쟁 직후 건설된 스톡홀름 남부의 새로운 주택지구 구브엥엔에서 성장했다. 부모는 부르주아 정당에 투표했다. 아버지는 병원 원무과에 근무하는 사무직 노동자였고, 어머니는 주부였다. 칼베리가 인문중고등학교에서 공부를 이어가는 것은

당연했으나, 새로운 지하철 노선 주변의 남부 주택지구 환경에서
노동자 가정 아이들과의 만남은 불가피했다. 정의감이 불타오른 칼
베리는 1964년 헤르만손의 현대적이고 독립적인 이미지에 감명을
받아 공산당에 입당했다. 이듬해 그는 스톡홀름 대학교에서 정치학
공부를 시작했다. 칼베리는 학생지도자로서 다니엘 콘벤디트와 루
디 두치케와 같은 부류에 속하지는 않았지만, 카리스마를 지닌 지
도자 유형으로 대담하고 달변이었으며 혼란스럽고 유동적인 상황
을 헤쳐 나가는 능력이 있었다.

젊어서 청년을 대변하여 출세한 팔메에게 학생회관을 점거한 대
학생들과의 대결은 놀라운 경험이었다. 그들은 1960년대 초 팔메
가 사회민주당 청년연맹에서 학생지도자로서 가르쳤던 열정적인
청년 노동자들과는 전혀 다른 부류였다. 팔메는 세월이 한참 흐른
뒤에 정중한 사회민주당원이 된 칼베리에게 당시 자신이 기성세대
의 대표자로 보이는 것이 내키지 않았다고 고백했다. 전체적으로
청년의 급진주의를 이해하는 편이었던 팔메는 자신과 청년 대학생
들 간의 간극이 얼마나 깊은지 깨닫지 못했다. 귀족적인 자신감과
사회민주주의 노동운동에 대한 흔들림 없는 충성심의 결합은 중간
계급 출신 청년 대학생들의 특징인 방황과 불화와 날카롭게 대비
되었다. 팔메에게 정치의 목적은 삶의 의미를 찾는 것이 아니라 최
대한 많은 사람이 자유롭게 자아를 실현할 수 있게 하는 것이었다.
그러나 학생들이 볼 때 사회민주당의 기획은 삶의 깊은 의미가 부
족했다.

68운동은 부모에 반기를 든 보수적 상층 부르주아 가정 대학생

들이 이끌었다는 주장이 이따금 제기되었으나 그렇지 않다. 많은 활동가가 실제로 사회 참여와 사회적 연대를 장려한 자유주의적 가치관을 지닌 중간계급 출신이었다. 이들은 부모 세대가 그 이상의 귀결을 감수할 의지도 능력도 없다는 사실이 불만이었다. 그들이 보기에 민주주의적 규칙과 의회주의적 방식, 합법성의 언급은 새로운 사회의 건설이라는 도덕적 책임을 회피하는 핑계였다. 열정과 관심을 지닌 이 급진적 학생들은 시대정신을 규정하게 되나 2만 5000명에 달하는 스톡홀름 대학교 학생의 과반수에는 한참 못 미쳤다. 1968년에 시행된 조사에 따르면 정치적으로 적극적인 학생은 겨우 9퍼센트에 불과했고 그나마 대부분이 부르주아 정당을 지지했다. 좌파는 일반적으로 강세를 유지했다고 여겨진 학과에서도 지배적이지 않았다. 1968년에 교육학과 학생 중에서 사회주의 정당에 투표한 비율은 36퍼센트였다.

그러나 5월 24일 학생회관의 저녁은 좌파가 지배했다. 팔메는 처음에는 정규이수과정에 관한 제안을 옹호하는 데 집중했다. 그러나 칼베리는 신속히 체제 비판으로 초점을 바꾸었다. 그는 팔메가 발렌베리 가문과 금융자본이 지배한 자본주의 사회에 학생들이 적응하기를 바란다고 말했다. "사람들은 의아해한다. 도대체 누가 이 빌어먹을 놈의 사회에 적응하고 싶단 말인가?" 팔메가 답변에서 더할 나위 없이 합리적으로 자신의 개혁주의적인 사회관과 "평화로운 사회 개조 방법에 대한" 믿음을 옹호했을 때, 분노한 청중의 외침이 그의 말을 끊었다. "그만 둬! 짧게 끝내!" 그러자 팔메는 문득 깨달음이 와서 농성 중인 학생들에게 규칙을 인지시켰다.

언젠가 내가 프라하의 학생대회에서 발언을 시작하려 했을 때, 그들은 내게 고함을 지르며 '스탈린'을 외쳤다.… 여러분은 권력을 비롯하여 무슨 문제에 관해서는 얼마든지 얘기할 수 있지만, 민주주의의 통치 방식을 지키는 문제에 관해서는 내가 스웨덴 국민의 압도적 다수를 대표한다.…

팔메가 일찍이 자신의 정치 이력을 시작한 그 학생회관에서 부활한 공산주의에 대면했을 때 1950년대의 기억에 감격하여 압도된 것은 놀랍지 않다. 그러나 청년 학생들에게 그것은 헛된 주장이었다. 냉전 시대의 구호는 효력을 상실했다. 학생회관을 점거한 학생들은 스탈린과 해묵은 소련 공산주의에 동조하지 않았다. 팔메가 발언한 뒤 평온함은 사라졌다. 어느 학생은 훗날 이렇게 묘사했다. "사회자 없는, 곧이어 발언자 명부도 없는 일종의 완전한 민주주의 집회로 바뀌었다."

팔메는 감정적으로 대응하기는 했지만 핵심을 짚었다. 더 나은 새로운 사회를 바라는 학생들의 꿈은 전체주의적 사고방식을 배태할 것 같았다. 이후 며칠 동안 학생회관 점거의 진행 과정은 향후 10년간 스웨덴 좌파의 발전, 개방적이며 자유를 사랑하는 태도에서 고립된 종파주의로의 발전을 집약적으로 보여주었다. 팔메가 찾아온 뒤로 점거는 급속하게 과격해졌다. 토요일 학생회관에는 붉은 깃발이 내걸렸고, "반란을 일으키는 것이 옳다"고 선언한 전단 3만 부가 인쇄되었다. 학생회관의 건물 정면에도 같은 구호가 적혔다. 저녁에 약 600명의 학생들이 밖으로 나와 스톡홀름 중심가를 혼란스럽게 돌아다녔다. 첫 번째 목적은 쇠데르말름으로 행진하여 노동 계급에 반란 참여를 권하는 것이었다. 시위대는 쿵스트레고덴 공원까지 갔으나, 감라스탄으로 이어지는 스트룀브룬 다리는 사실상 차단되었다. 현장에 있던 시인 예란 손네비는 이렇게 묘사했다. "사방에 경찰과 무전기를 장착한 경찰차가 널렸고 통행 차단 방책이 쳐졌으며 봄의 공기 속에 말똥 냄새가 코를 찔렀다." 시위대는 마지못해 구스타브 아돌프 광장의 왕립오페라극장으로 밀고 들어가려했고 그 와중에 유리창이 깨졌다. 혁명가들은《아프톤블라데트》사옥을 지나 잠시 스톡홀름 중앙역을 점거할 생각을 했다가 노라반토리에트 공원에서 잠시 휴식한 뒤 기가 한풀 꺾여 10시 직후에 학생회관으로 돌아왔다. 이후 점거농성의 동력은 사라졌다. 일요일에 민주동맹이 스푀크파르켄 공원에서 맞불 시위를 벌였고, 점거농성을 계속하고 있는 학생들을 보호하기 위해 경찰이 출동해야 했다. 월요일 저녁 학생들은 점거를 포기했고, 쉰 명 남짓의 남은 시위대는 인터내셔널 가를 부르며 질서 있게 밖으로 행진했다.

학생회관 점거는 스웨덴 사회에서 거의 만장일치로 비난을 받았다. 우파에서 좌파까지 모든 신문의 사설은 분별없는 행동이라며 비난했다. 독자투고란에는 응석받이로 자란 상층계급 출신 대학생들에게 분노한 사람들의 편지가 쏟아졌다. 휴일에 요트를 타러 나간 헤르만손은 뭍에 오르자마자 칼베리를 좌익공산당에서 출당시킬 것이냐는 질문을 받았다. 반면 팔메에게 이 일은 또 한 번의 성공이었다. 충분히 그런 평가를 받을 만했다. 팔메는 한편으로 거리낌 없이 학생들을 만나러 갔으며 다른 한편으로 그들을 꾸짖을 도덕적 용기를 지녔다. 정치인이란 모름지기 "잘못 생각하는 대중에게 옳은 얘기를 해야" 한다고 주장한 로버트 케네디처럼, 팔메는 비위를 맞추기를 거부했다. 이제 팔메는 부르주아에 맞서 싸울 수 있을 뿐만 아니라 좌파에 대해서도 분명하게 선을 그을 수 있음을 선배 사회민주당원들에게 증명해 보였다. 그러나 이는 심사숙고 끝에 나온 행동은 결코 아니었다. 팔메는 대학생들과의 대결에 마음이 떨렸으며 학생회관에서 대면한 민주주의에 대한 존중 부족에 이후로도 종종 맞닥뜨렸다. 점진적인 사회 개혁에 대한 그의 낙관적인 믿음과 전문기술 관료적인 사회 발전에 불만을 품고 문명을 비판한 좌파 대학생들 사이에는 깊은 간극이 있었다. 이러한 비판은 그의 정치적 생애 동안 되풀이되지만, 주로 정치권의 반대 진영에서 왔다.

비난의 목소리 중에는 칼베리가 스웨덴 부르주아가 나갈 길을 보여주었음을 깨달은 사람이 있었다. 《베쿠슈날렌》의 편집장 구스타브 폰 플라텐은 좌파 혁명을 갈구하는 사람이 전혀 아니었다. 그러나 그는 명망 있는 부르주아 언론의 터줏대감으로서 의도치 않게 학생회관을 점거한 학생들을 지지했다. 폰 플라텐은 점거농성이 일방적으로 박해를 받는 것은 불쾌하다는 뜻을 내비쳤다. 청년의 소외에는 매우 확실한 근거가 있었다. 복지사회는 지나치게 실용주의적이고 합리적이었다. "정치 기구는 원활하게 작동하는 거인으로 성장하여 체제 밖에 있는 자들의 영향을 받지 않는다." 나중에 《스벤스카 다그블라데트》의 편집장이 되고 사회민주주의 체제를 날마다 들이받는 폰 플라텐에게 학생회관 점거 사건에는 응원해야 할 '소중한 요소'가 있었다. 마오 주석 어록에 나와 있듯이, "하나의 경향은 다른 경향을 숨길 수 있다."

체코슬로바키아 위기

보스타의 소요와 학생회관 점거 이후 여름에 스웨덴 국내정치는 대체로 평온했다. 6월 중순 사회민주당 당 대회가 열렸다. 가을 선거를 앞두고 그해의 구호는 '경험과 쇄신'이었다. 상이한 능력을 대표한 사람으로 한편에는 백전노장인 엘란데르와 스트렝, 다른 한편에는 미래 세대인 울로프 팔메와 크리스테르 비크만이 있었다. 대회는 후자의 두 사람이 가장 큰 주목을 받게 하려 했다. 1967년 정무장관으로 입각한 경제학자 비크만은 약국 제도의 국유화 법안 제안으로 업무를 시작했다. 며칠 뒤 이번에는 팔메가 초등학교의 새로운 개혁안을 들고 나왔다. 팔메의 법안도 비크만의 법안도 철저히 혁명적인 것은 아니었지만 공격적인 개혁 의지의 신호탄이었다.

스웨덴 밖에서는 극적인 정치가 이어졌다. 6월 5일 아침 일찍 로스앤젤레스의 앰배서더 호텔에서 로버트 케네디가 요르단 사람 시르한 시르한이 쏜 총탄에 맞았다. 케네디는 막 캘리포니아 주 예비선거에서 승리하여 민주당 대통령 후보 지명전에서 휴버트 험프리의 주된 경쟁자가 되었다. 베트남 전쟁과 금융자본을 강력히 비판한 케네디의 정치적 신조는 미국 역사에서도 급진적인 축에 들었다. 그는 많은 사람을 열광하게 만들었지만, 팔메처럼 그 견해와 성격 때문에 강한 적의를 불러일으켰다. 로버트 케네디는 합의의 정치인이라기보다는 충돌의 정치인이었다. 팔메는 코펜하겐에서 사망 소식을 들었으며, 덴마크 신문에 1963년 케네디 가족과 만났던 일을 이야기했다. 그의 사망으로 유럽에서는 미국 선거전에 대한 관심이 줄었다. 이제 타게 엘란데르의 오랜 친구로 린든 존슨 밑에서 부통령을 지낸 휴버트 험프리와 리처드 닉슨 중에서 한 사람을 고르는 일만 남았다. 구미가 당기지 않는 선택이었다.

그러나 동유럽에서도, 특히 체코슬로바키아에서 변화의 희망이 싹텄다. 소련이 으르렁대기는 했어도, 4월에 무미건조한 사람인 슬로바키아 공산당 관료 알렉산데르 둡체크가 시작한 개혁정책 "인간의 얼굴을 한 사회주의"는 성공할 것만 같았다. 주변 세계는 작은 나라 체코슬로바키아와 소련 지도부 사이의 줄다리기를 떨리는 마음으로 주시했다. 이 와중에 소련 총리 알렉세이 코시긴과 그의 딸 루드밀라가 7월 14일에 스웨덴을 방문했다. 알란다 공항에서 왕궁으로 가는 길을 따라 성난 시위대가 늘어서 이들을 맞았다. 그러나 하가 왕궁의 숙소, 국왕과의 점심, 산업 시찰로 통조림 공장 핀두스 주식회사 방문, 필수 코스인 총리의 나룻배 '하르프순스에칸 Harpsundsekan' 타기 등 공식 영접에는 흠결이 없었다. 코시긴은 서독의 '보복주의와 나치즘'에 유감을 표했으며, 스톡홀름 시청에서 점심을 먹을 때 체코슬로바키아의 사회주의 질서가 유지될 것이라고 강조했다.

야당, 특히 국민당 대표 스벤 베덴이 보기에는 다소 과한 대접이었다. 베트남 전쟁 때문에 미국과의 선린 관계가 위태로워졌지만,

소련 문제에서는 여전히 제2차 세계대전의 구호 '스웨덴 호랑이'가
유효했다. 엘란데르와 팔메는 서방의 여러 나라가 체코슬로바키아
의 민감한 상황 전개와 관련하여 소련에 대해 낮은 자세를 취하고
있다고 설명했다. 완전히 틀린 말은 아니었다. 엘란데르는 여느 때
처럼 베덴에 세게 나갔고, 스웨덴의 중립을 위태롭게 했다고 그를
비난했다. 부르주아 정당들이 외교적 판단력이 부족하다고 말하는
것은 사회민주당의 검증된 비법이었다. 그러나 베덴과 국민당원들
은《엑스프레센》의 사설란에서 굴복하지 않겠다는 의지를 보여주
었다. 체코슬로바키아는 스웨덴 선거운동에서 한 가지 쟁점이 되고
있었다. 선거운동은 정당들이 선거 포스터를 붙일 수 있는 8월 17일
에 공식적으로 시작되었다. 어느 편도 특별히 일관성을 보여주지는
못했다. 공개적으로 소련에 반대하라는 국민당과 우익보수당의 요
구는 미국의 베트남 전쟁 수행에 대해 스웨덴이 표현의 수위를 낮
춰야 한다는 그들의 바람과 어울리지 않았다. 그렇지만 사회민주당
의 용의주도한 새로운 외교도 반 년 전 팔메가 응우옌토쩐과 함께
행진한 것과 모순이었다.

그다지 유익하지 않았던 이 논쟁은 8월 21일 아침 소련이 체코
슬로바키아를 침공했다는 소식으로 중단되었다. 엘란데르는 새벽
네 시 반에 토슈텐 닐손으로부터 보고를 받았다. 그날 스웨덴 사회
전역에서 항의의 목소리가 솟구쳤다. 대주교는 교회를 개방하라고
권고했으며, 스웨덴 체육협회는 동독과의 국가대항전을 취소했고,
외스테르말름의 빌라가탄에 있는 소련 대사관 주변에는 점차 많은
사람이 몰려들어 증오를 표출했다. 그중에는 1년 전 미국 대사관의

유리창을 깨뜨린 사람들도 있었다. 저녁이 되자 시위대는 전국적으로 10만 명에 달했다. 어느 미국 기자는 머릿수로 치자면 스웨덴의 반응이 세계에서 가장 강력하다고 말했다. 이는 아마도 과장이겠지만, 베트남전 반대 운동이 스웨덴 사람들의 태도에 영향을 미쳐 정치적 견해의 공개적 표출을 촉진했음은 부정할 수 없다.

8월 21일 저녁, 좌우를 가리지 않고 스웨덴의 온갖 단체가 거리와 광장으로 뛰쳐나왔다. 몇몇 지역에서는 모든 정당이 함께 행진했지만, 스톡홀름에서는 사회민주당과 야당들이 따로 항의 집회를 열었다. 스톡홀름의 소련 대사관 밖에서 처음으로 항의 시위를 벌인 단체 중에는 안데슈 칼베리가 이끄는 좌익청년연맹이 있었다. 이와 동시에 성난 예테보리 시민들이 그 조직의 예테보리 지부를 공격했다. 소련을 대표하는 다른 단체가 없었기 때문이다. 정치적으로 점수를 따려는 시도가 이루어진 저녁이었다. 어느 것은 신중했고 어느 것은 다소 덜 신중했다. 헤르만손은 신뢰감을 주기 위해 침공을 상당히 큰 목소리로 강력히 비난했다. 우익보수당 대표 윙베 홀름베리는 공산주의에 반대하는 시위를 좌파의 북베트남 지지와 비교했다. 슬로바키아 관료 알렉산데르 둡체크도 공산당원이라는 사실을 잊은 탓이었다. 소련에 전혀 공감하지 않은 남베트남 민족해방전선 운동가들이 체코슬로바키아를 지지하는 것은 당연했다. 그렇지만 북베트남 정부가 소련이 동유럽의 질서를 회복했다고 칭찬하자 이들은 상당히 난처했다.

말뫼의 민중공원에서 팔메는 2만 명의 청중을 앞에 두고 연설했다. 다른 몇몇 사람처럼 팔메도 그 저녁에 개인적인 경험에 의지했다. "내가 스탈린주의의 테러를 가까이에서 직접 처음 본 곳이 체코슬로바키아였다." 그는 1950년 국제학생대회에 관해서, 대학생들이 보안경찰을 피해 밤 시간에 어떻게 숨었는지에 대해 이야기했다. 그러나 팔메는 또한 스웨덴 사회민주주의를 부각시키고자 두 가지를 지적했다. 첫째, 엔슈트 비그포슈의 말을 인용하여 민주주의와 인권의 측면에서 사회민주주의와 공산주의 사이에 확실하게 선을 그었다. 둘째, 비록 간접적이나마 베트남과 체코슬로바키아 사이의 연관성을 강조했다. 스웨덴은 "확실하고 일관되게 중립정책을 지킨 작은 나라"였다. 그렇다고 침묵해야 한다는 뜻은 아니었다. 오히려 중립은 "소국의 자주권, 외국의 간섭 없이 정책을 수립하고 미래를 개척할 권리를 주장할" 의무를 의미했다. 그 저녁 그 현장에 팔메만 있었던 것은 아니다. 그의 견해는 스웨덴 도처의 수많은 목소리 중 하나였을 뿐이다. 그렇지만 동시에 팔메는 세계 곳곳 작은 나라들의 자결권에 원칙적으로 찬성하는 스웨덴 외교정책의 일관된 노선을 강조했는데, 이는 다른 누구도 하지 못한 일이다. 당시에는 이 점에 주목한 사람이 거의 없었지만, 그 8월 저녁 팔메의 연설은 의도적으로 형식과 내용에서 공히 2월에 세르겔 광장에서 했던 베트남 연설을 토대로 삼았다. "국제연합과 소련은 각각 베트남 인민의 민주주의적 권리와 체코슬로바키아 인민의 사회주의적 권리를 보호하겠다고 주장한다.…"

체코슬로바키아 위기는 1968년 사회민주당의 선거 승리를 설명해주는 중요한 이유로 언급되곤 한다. 그 설명이 뜻하는 바는 외교정책의 위기는 언제나 집권 여당에 이롭다는 전통적인 해석이다.

세계가 위태롭게 요동칠 때 부르주아적 변화보다 사회민주주의적인 안정을 선택한 유권자가 상당히 많았음은 분명하다. 그러나 스웨덴에서 체코슬로바키아에 대한 지지에는 1960년대에 발전한 외교정책 노선에 찬성하는 더 적극적인 태도가 엿보인다. 스웨덴이 소국의 자주권을 위해 목소리를 높여야 한다는 것이었다. 이러한 메시지를 울로프 팔메보다 더 분명하게 전달한 사람은 없다.

교육부 장관과 당 대표 사이에서

1960년대 초부터 당의 왕세자로 지목된 팔메는 1966년에 결코 당 대표가 될 수 없었을 것이다. 엘란데르가 선거 패배 후 사퇴했다면(불만을 품은 당원들은 그래야 한다고 투덜거렸다), 군나르 스트렝이 새로운 대표로 선출되었을 것이다. 권위적이고 현학적인 재무부 장관은 스웨덴 국민으로부터 정치적으로 엄청난 신임을 받고 있었다. 반면 팔메는 너무 어리다고 생각되었다. 앞서 그의 학습 옴부즈만 임명을 만장일치로 지지한 사회민주당 청년연맹까지도 그의 시대는 아직 오지 않았다고 보고 엘란데르에게 유임을 호소했다. 청년연맹 못지않게 팔메를 아낀 총리도 같은 결론에 이르렀다. 만일 그가 선거 직후 사퇴했다면, 스트렝이 잠정적인 해법이 되었을 것이다. 반면 그대로 눌러앉으면, 팔메는 총리 후보자로 성숙해질 시간을 갖게 될 것이었다.

그런데 당 내부에는 엘란데르가 후임자를 선정하도록 허용하지 말자는 반대 의견이 있었다. 팔메의 대안으로 1960년대 중반부터 두 명의 후보자가 거론되었다. 한 사람은 마흔여덟 살의 루네 유한손으로 원래 스몰란드의 융뷔 출신 제빵사였다. 그는 유능한 행정가로 노동운동에 안착했으며 1957년부터 내무부 장관을 맡았다. 짙은 눈썹에 서민 출신이어서 전형적인 페르 알빈 유형에 속했다. 두 번째는 백발의 멋진 농업부 장관 에리크 홀름크비스트였다. 그는 스코네 출신으로 한때 민중공원에서 줄타기 곡예의 줄광대로 살았다. 그렇지만 당 대표직에 대한 그의 태도는 꽤나 미적지근했다. 1967~1968년에 이르기까지 홀름크비스트도 유한손도 강력한 후보로 생각되지 않았다. 대신 팔메의 동료인 크리스테르 비크만이 당 대표 후보로 순항하고 있었다.

비크만은 여러 점에서 팔메의 대안이었다. 두 사람은 같으면서도 달랐다. 둘 다 1920년대에 태어났고 1930년대의 계획에 대한 열정과 1940년대의 실존주의적 회의론이 뒤섞인 세대에 속했다. 팔메처럼 비크만도 스톡홀름의 엘리트 출신이었다. 아버지 유한네스는《다겐스 뉘헤테르》의 외신부장이었고 나치즘에 확고히 반대한 사람으로 유명했다. 비크만은 경제학에서 리센시아트 학위를 받았으나 문예지《쾨티탈》에 시도 쓰고 에세이도 기고했다. 그는 팔메와 거의 동일한 범위에서 활동했다. 그는 하리 샤인과《아프톤블라데트》의 기자 알란 파게슈트룀과 정기적으로 포커를 쳤다. 파게슈트룀은 비크만이 이 세상에 살기에는 너무 착하다고 생각했고, 밤마다 친구를 지켜달라고 신께 기도했다. 비크만은 예술가인 부인과 함께 스톡홀름 도심 북쪽 하가파르켄 공원의 왕궁에서 가까운 곳에 있는 300제곱미터의 작업실에 살았다. 1968년 초《다겐스 뉘헤테르》가 독자를 대상으로 누가 엘란데르의 뒤를 이어야 하는지 조사했을 때, 비크만이 팔메를 이겼다. 많은 사람이 비크만이 더 강인하고 진지하다고 보았다. 어느 평자에 따르면, 팔메는 "지나치게 텔레비전의 인기인처럼" 보였다. 그렇지만 당 내부에는 역으로 비크만에 회의적인 시각이 있었다. 그는 매력적이었지만 지도자감은 아니었다.

1968년 9월 선거에서 압승한 뒤 상황은 근본적으로 변했다. 엘란데르는 이제 명예롭게 물러날 수 있었고, 동시에 팔메는 당원들의 마음을 얻었다. 지난해 그는 베트남 문제, 학생회관 점거, 체코슬로바키아 위기 등 여러 영역에서 지도력을 증명했다. 선거전에서 팔메는 당의 홍보 활동을 주도하여 기대에 부응했으며 노동운동을 결집시키는 힘을 지녔다는 평가를 받았다. 신문의 가십 란과 설문 조사에서는 점점 더 팔메가 엘란데르의 당연한 후계자로 지목되었다. 이제 뚜렷한 경쟁자는 보이지 않았다. 홀름크비스트와 유한손이 잊힌 것을 크게 애석해한 사람은 없었다.

새롭게 떠오른 별인 비크만도 사라졌다. 팔메와 함께 '경험과 쇄신' 홍보 활동에 나선 것이 부메랑이 되었다. 9월 초 각 정당의 능력 있는 젊은이 간의 대대적인 텔레비전 토론에서 비크만은 공격적인 팔메 옆에서 대체로 조용히 앉아 있기만 했다. 비크만에 대한 평가는 사회민주당 신문과 부르주아 신문에서 똑같이 매우 부정적이었다. 그는 자신의 전문 분야인 경제 문제가 노동운동에 중요했는데도 확실히 정치인으로서 깊이가 부족했다. 팔메에 반대한 자들은 이제 예순여덟 살의 스트렝에게 희망을 걸었다. 몇몇은 교육부 장관이 여전히 너무 젊다고, 따라서 몇 년 더 성장해야 한다고 보았다. 그러나 스트렝 뒤에는 팔메가 총리 후보가 되는 데 더 원칙적으로 반대한 자들이 집결해 있었다.

엘란데르는 1969년 가을로 예정된 당 대회에서 물러나겠다고 예고했다. 문제는, 특히 팔메에게도, 그때까지 꼬박 1년이 남았다는 사실이었다. 노동운동에는 역사적으로 새로운 상황이었다. 이전의 두 차례 당 대표 교체는 큰 논쟁이나 이견 없이 어리둥절할 정도로 신속하게 진행된 사건이었다. 1935년 겨울 얄마르 브란팅이 사망한 뒤, 몇 달간 대표직이 공석이었다가 페르 알빈 한손이 새로운 강자로 등장했다. 1946년 페르 알빈 한손이 전차 정류장에서 갑작스럽게 사망하면서 타게 엘란데르가 노동운동 내부의 별다른 토론 없이 당 집행부에 의해 대표에 선출되었다. 그러나 이제 처음으로 승계는 당 내에서 정해진 절차에 따라 진행되었다. 민주주의적인 시각에서 보면 진보였다. 팔메는 대표에 취임할 때 페르 알빈 한손과 엘란데르보다 당원 동지들 속에 더 끈끈하게 닻을 내리고 있었다. 엘란데르가 대표로 취임할 때 얼마나 무명의 인사였는지 생각하면 그가 과연 당내 공개 논쟁을 극복했을지는 의심스럽다.

그러나 길게 이어진 대표 선출 과정은 팔메에게 심리적으로 힘들었다. 권력욕을 부정하는 것은 여러 정치 문화에서, 스웨덴의 정치 문화에서는 특히 더 훌륭한 태도였다. 팔메의 경우 이는 더욱 필요했다. 비판자들이 그를 이미 권력에 눈이 먼 사람으로 취급했기 때문이다. 만일 그가 어떤 방법으로든 기꺼이 당 대표가 되겠다고 암시했다면 혹독한 비난을 받았을 것이다. 결코 진심으로 보이지 않았을지언정, 팔메는 똑같은 말을 주문처럼 거듭 되풀이했다. 아니라고, 엘란데르의 후임자가 될 생각이 없으며, 훌륭한 사회민주당원으로서 늘 당을 위한 불쏘시개가 되겠다고. 선거에서 승리하고 겨우 한 주가 지났을 때, 팔메는 엘란데르를 찾아 자신은 당 대표직을 넘겨받을 의향이 없다고 설명했다.

어느 면에서는 솔직한 심정이었다. 팔메는 1969년 가을에 결코 정부 수반이 될 생각이 없었다. 그는 교육부 장관으로서 자신의 뜻을 실현하느라 여념이 없었다. 팔메는 향후 대학교를 어떻게 설계할지를 두고 학생들과 교수들과 혹독하게 싸우는 중이었다. 정규이수과정 연구팀 제안이 논의되는 중에 정부는 대학교와 대학을 사회에 더욱 적합하게 만드는 문제에 관하여 U68조사단이라는 새로운 입법조사단을 출범시켰다. 그러나 훌륭한 전술가였던 팔메는 대학생들과의 대화가 필요하다는 점을 깨달았다. 이는 봄에 소요가 일어난 뒤 사회민주당의 전반적인 태도이기도 했다. 1968년 10월 팔메는 정규이수과정 연구팀 제안을 약간 수정하기로 결정했다. 푸카스PUKAS라는 새로운 작업조가 구성되었다. 팔메P의 UKAS라는 뜻이다. 말장난을 좋아하는 자들은 뮤카스MJUKAS라고도 했다.*

학생이 대학교에 영향력을 행사해야 한다는 요구와 관련하여 팔메는 좌파 학생들에 공감했다. 팔메는 스톡홀름 대학 시절 이래로

---

* '부드러운', '유연한'이라는 뜻의 형용사 mjuk를 명사형으로 만든 것이다. 완화되었다는 뜻이겠다.

스웨덴 교수단을 과도하게 존경하지는 않았다. 아래로부터는 학생에 의해, 위로부터는 국가의 조종에 의해 그 권위가 축소되었다는 사실을 그는 조금도 걱정하지 않았다. 팔메는 또한 다른 학교 문제에도 깊이 관여했다. 성인교육을 누가 책임질 것이냐는 문제는 1969년 봄 뜨거운 논쟁의 대상이었다. 팔메를 비롯하여 국가지향적인 사회민주당원들은 기초자치단체들이 성인의 보충 교육을 대부분 떠맡기를 원했지만, 자발적으로 수립된 노동운동의 교육 단체들은 이에 반대했다. 7년 과정의 국민학교를 마친 노동자들에게 학습 능력을 키워줄 과목들을 제공하는 것은 민중교육운동에 남겨진 사회적으로 적절한 과제였지만, 그 밖에 성인교육은 매듭 장식 같은 다른 취미 활동이었다. 문제는 기본적으로 정규이수과정과 동일했다. 국가가 교육 제도를 어느 정도로 지배할 것인가? 사회민주당의 민중교육 관련자들은 팔메에 격분했다. 그는 다소 놀라 이 문제에서도 전술적으로 양보할 수밖에 없었다.

한편으로는 총리직에 가지 않는 것이 좋겠다는 생각이 강했다. 교육정책이 사회적 논쟁의 중심에 들어온 상황에서 손을 떼고 싶지는 않았다. 팔메는 급진적인 대학생과 청년 사이에 퍼진 공산주의적 사상에 심히 비판적이었을지언정 자신도 1960년대에 더 급진적으로 바뀌었다. 시대정신은 그가 열렬히 지지한 교육정책의 장기적인 개혁에 유리했다. 현상 유지는 이제 더는 하나의 논거가 아니라 경멸의 용어였다. 반면 당 대표라는 지위는 끊임없이 힘든 줄타기를 해야 하는 자리였다. 엘란데르 옆에서 여러 해를 지내면서 충분히 깨달은 사실이다. 게다가 리스베트는 총리직에 수반될 대표자의 책무에 관심이 없었다. 그녀는 "펭귄들에게 가고" 싶지 않았다. 연회복을 입고 공식 만찬에 나가고 싶지 않았다는 말이다.

그렇지만 다른 한편으로 팔메에게는 당연히 사회민주당 대표이 자 스웨덴 총리가 되고 싶은 마음도 있었다. 그의 경쟁 본능, 권력 을 향한 의지, 책임감, 근대성과 진보에 대한 믿음을 생각하면 다른 것은 가능하지 않았다. 그는 15년간 정부 수반과 직접 만날 수 있 는 스웨덴 국가 권력의 가장 깊숙한 곳에서 일했다. 조언자로서 수 없이 엘란데르를 대신하고 특정 문제를 어떻게 해결할 수 있을지 고심했다. 팔메는 자기 성격의 희생자였다. 관심과 능력, 능변으로 써, 1953년 스웨덴학생회연맹에서 보여주었듯이, 없어서는 안 될 존재가 되었던 것이 한두 번이 아니다. 팔메가 아니라고 말하거나 당에 자신과 가족에게는 1975년이 더 어울릴 듯하니 그때 다시 얘 기하자고 요청할 가능성은 없었다. 그때까지 팔메는 자신에게 주어 진 모든 임무를 충성스럽게 수행했지만, 이제는 감정이 요동치는 상황에 빠졌다. 그는 교육부 장관직을 계속하는 것과 당 대표가 되 는 것 둘 다 원했다. 궁지에 몰린 경험이 있기에 팔메는 후계자 문 제가 불거질 때마다 기분이 언짢았다. 엘란데르는 "그가 겁먹었다" 고 믿었지만, '좌절했다'는 설명이 더 옳을 것이다.

진정한 반대는 없었다. 다른 후보로 생각할 수 있는 군나르 스트 렝은 당 대표가 되고 싶은 생각이 없었다. 반면 그는 상황을 이용하 여 정부 내에서 자신의 위치를 공고히 하려 했다. 1969년 1월 스트 렝이 당 대표직에 대한 야심을 철저히 부정함으로써 팔메에게 그 자리를 넘겨준 것은 사실이다. 그러나 몇 달 후 사회민주당 사상지

《티덴》이 늙고 지쳤다고 자신을 비난했을 때, 그는 크게 모욕을 느끼고 사퇴서를 제출하려 했다. 스트렝은 《티덴》의 사설이 자신을 겨냥하여 팔메 측이 꾸민 일이라고 의심했다(틀렸다). 당 사무총장 스텐 안데숀은 골난 재무부 장관을 진정시키려고 혼신의 힘을 다해 설득해야 했다. 마침내 스트렝은 굴복했지만 조건이 하나 있었다. 팔메는 물론 엘란데르도 자신을 재무부 장관으로 공개리에 지지해야 했다.

팔메로 말하자면 스트렝만큼이나 입장이 거북했다. 한번은 앞으로 언제까지나 당 대표직을 맡지 않겠다고 밝히는 보도 자료를 준비했으나 보내지는 않았다. 그는 1969년 겨울에서 봄으로 이어지는 시기 동안 오래도록 설득 당했다. 특히 스벤 아스플링이 팔메를 붙들고 왜 반드시 나서야 하는지 설명했다. 최종적으로 긍정적인 답변은 3월에 잉바르 칼숀과 스텐 안데숀과 함께 옘틀란드의 산악지대에서 스키를 타던 중에 나왔다. 팔메는 능숙하게 일을 처리했다. 못 하겠다고 말할 수 없음을 알았지만 마지못해 받아들이는 척할 수는 있었다. 이로써 그는 상당한 자유를 얻었다. 새로운 당 대표는 특정 개인이나 집단에 신세를 질 수 없었다. 마치 대표직을 수락함으로써 동료들과 당에 크게 봉사한 것처럼 보여야 했다.

만장일치로 당 대표에 선출

9월 28일 일요일 오후 스톡홀름 민중회관에서 제24차 사회민주당 당 대회가 시작했을 때 외국 손님의 명부는 인상적이었다. 서유럽의 거의 모든 나라에서, 스칸디나비아와 독일, 영국, 이탈리아, 에스파냐, 오스트리아에서 사회민주당 주요 인사가 참석했다. 귀빈석에는 모잠비크 해방전선(프렐리무)과 남아프리카공화국의 아프리카 국민회의, 남베트남 민족해방전선 등 제3세계 민족해방운동의 대표자 10여 명이 앉았다. 다음 주에 이들은 세계에서 정치적으로 가장 효율적인 나라의 하나에서 훌륭하게 연출된 당 대표 교체 행사에 입회한다. 꽃으로 장식된 연단 뒤에는 당의 새로운 구호 '평등의 확대'가 적힌 휘장이 걸려 있었다. 이미 달성한 목표와 앞으로 실천할 개혁을 동시에 생각나게 하는 것이었다. 대회는 터질 듯이 꽉 들어찬 사람들 앞에서 관현악단이 엘가의 〈위풍당당 행진곡〉을 연주하며 시작되었다.

중대한 결정을 내릴 자들은 26개 당 지부를 대표하는 309명의 남성과 41명의 여성이었다. 이들이 지도부와 90만 명의 당원(대략 인구의 12퍼센트였다)을 연결하는 당의 중추였다. 평균 나이는 마흔다섯 살이었다. 일부는 보통의 직업을 가졌지만, 다수는 조직의 대표자나 지역신문 편집장, 노동조합 간부, 지역정치인, 민중운동 종사자였다. 언론에서는 대의원 중 99명만 진짜 노동자라는 사실을 들어 사회민주당의 계급적 성격이 줄어들고 있다고 말했다. 그러나 대부분의 대의원은 노동자 가정에서 성장했다. 많은 대의원이 국민학교를 졸업한 후 10대에 노동 현장에 들어갔으며 이후 노동운동 안에서, 즉 민중대학이나 학습 동아리에서 교육을 보충했다. 이들은 이름이 대체로 쿠트, 투레, 롤프였고 90퍼센트가 남자였다. 대다수는 울로프 팔메보다 나이가 많았고, 많은 이가 40대와 50대였다. 가정과 자녀, 금전적인 여유, 실용적인 성격을 지닌 안정된 사람들이었다. 그러나 이들은 또한 노동운동에 헌신적이었다. 자신들의 위치는 물론 나라의 건전한 재정에서도 노동운동에 감사할 일이 너무 많다고 생각했기 때문이다.

많은 부르주아 평자들에게 이 힘들게 살아온 군센 노동자들이 상층계급의 울로프 팔메를 지도자로 원한 것은 이해할 수 없는 일이었다. 《스벤스카 다그블라데트》는 사회민주당 대회의 대의원들이 속고 있는 것은 아닌지 걱정했다. 사람들은 레닌의 경고를 떠올렸다. "노동자만이 진정한 사회주의자이다. 지식인과 상층계급의 뒤에는 잠재적인 배신이 숨어 있다." 당내에 팔메를 선택하는 데 강한 반대가 있었지만 스트렝이 싸우지 않았기에 겉으로 드러나지 않았다고 생각하는 사람이 곳곳에 있었다(그 생각은 지금까지도 남아 있다). 이는 팔메와 스트렝이 1960년대 말에 명백하게 사회민주당 내부에서 결정적으로 충돌한 상이한 노선을 대표했다는 점에서는 사실이었다. 팔메는 청년, 대학 졸업자, 급진주의를, 스트렝은 경험, 노동자 출신, 타협을 대표했다. 당 대표 교체에 앞서 상대적으로 보수적인 사회민주당원들 가운데에서 팔메에 대한 반대가 나타났다. 특히 《달라데모크라텐》 편집장 예스타 쇠델룬드가 돋보였다. 1968년 선거 후 그는 노동의 삶에 닻을 내리지 못한 대학교 졸업자들이 당을 접수하고 있다고 경고했다. 팔메가 가장 중요한 사례였다. 그러나 그러한 생각을 지닌 자는 지도부에서는 쇠델룬드가 유일했다. 사회민주당 계열 신문의 논설위원들은 대부분 팔메를 지지했다.

표면 아래에서 팔메 반대 운동이 얼마나 강했는지는 판단하기 어렵다. 노동조합운동이 회의적인 태도를 보였다는 주장이 있었지만, 단 하나 분명한 사실은 노동조합총연맹 지도부가 농업노동조합연맹 대표를 지낸 군나르 스트렝을 당 대표로 세우기를 원하지 않았다는 것이다. 노동조합 지도자인 아네 예이에르는 아마도 팔메에 특별히 열광하지 않았겠지만, 노동조합총연맹의 시각에서는 모든 협상 책략을 낱낱이 알고 있는 노동조합의 여우보다 노동조합 경험이 없는 젊은이가 총리가 되는 것이 더 좋았다. 게다가 팔메는 스웨덴 건설노동조합연맹의 우두머리요 당 집행위원회 위원인 크누트 유한손의 열렬한 지지를 받았다. 젊은 나이와 대학 졸업자라는 이미지에 의심의 시선이 꽂혔지만, 이는 종종 그의 인성에 대한 열광에 묻혔다. 팔메가 당 대표가 되기에 앞서 우호적인 기자들, 특히 《아프톤블라데트》의 디테르 스트란드와 《엑스프레센》의 라슈 스베드고드로부터 도움을 받았다는 데에는 의심의 여지가 없다. 이들은 팔메의 전국 순회에 동행했고 팔메의 서민다움과 보통 사람과 만나 그들의 문제를 이해하는 능력을 강조하는 기사를 열심히 썼다. 과장되고 편향되었을지언정 완전히 근거 없는 허황된 이미지는 아니었다. 팔메는 카리스마를 지닌 정치인답게 한 번의 눈길과 한 번의 악수, 몇 마디 말로써 관계를 만들어내는 능력이 있었다.

많은 외부인이 팔메에게서 발견한 충격적인 특징이(특히 그의 공격성과 당략적 행위) 노동운동 내부에서는 사랑을 받았다. 공동체 의식의 증거였기 때문이다. 스웨덴에서는 산업화가 늦은 탓에 영국과 북부 독일, 벨기에와 달리 노동계급이 긴밀한 사회문화적 공동체를 전혀 발전시키지 못했다. 대신 계급의 연대는 조직노동운동과 함께 형성되었다. 민중회관과 노동조합은 선술집과 이웃보다 더 자연스러운 구심점이 되었다. 계급 개념이 문화적이라기보다 정치적이었다는 사실은 민주화 과정을 촉진했다. 노동자는 사회의 나머지에 맞섰고, 다른 집단들과 타협하고 동맹을 맺었다.

그러나 이는 또한 정치가 노동자들의 주된 입장 표명의 장이 되었음을 의미한다. 팔메의 공격적인 태도는 바로 사회민주주의의 그 측면을 말해준다. 정치적으로 소극적인 사람들은, 심지어는 노동운동 안에서도, 종종 그의 조롱 투의 언사와 도발, 우월함에 심기가 불편했다. 그렇지만 수많은 적극적인 사회민주당원은 팔메를 사랑했다. 그가 당과 노동계급을 위해 싸웠기 때문이다. 스웨덴 노동운동은 대체로 이성적이고 실용적이며 타협적이었다. 그러나 그 모든 합리성 속에는 계급의 증오가 숨어 있었고, 이는 시시때때로 불쑥 튀어나왔다. 부르주아를 조롱하고 공격하고 헐뜯으려는 욕망, 부르주아가 문화와 교양을 갖추었다고 주장하지만 그다지 특별하지 않음을 증명하려는 욕망이 있었던 것이다.

이는 이데올로기의 문제, 급진주의나 사회화 요구의 문제가 아니었다. 우리가 너희보다 낫다는, 모든 정치의 밑바탕에서 발견되는 유치하고 비합리적인 인식이었다. 이러한 메시지를 팔메보다 더 잘 전달할 수 있는 사람은 없었다. 그는 부르주아 정당이 논쟁에 내보낸 예비군 장교와 기업가, 부교수, 변호사를 존중하는 마음은 태생적으로 없었으며 그들을 무참하게 난도질했다. 이는 한편으로는 성향의 문제였다. 팔메는 청년 시절부터 과감한 발언과 치열한 논쟁을 좋아했다. 그러나 여기에는 전술적인 측면도 있다. 팔메는 그것이 많은 사회민주당원의 심금을 울리는 방법임을 알았다. 노동운동을 위한 그의 투쟁 의지는 당 간부진이 보기에 사회민주주의라는 이상이 지닌 힘을 증명한 제물이었다. 이러한 시각에서 보면 팔메가 상층계급 출신이라는 사실은 부담이 아니라 이점이었다.

사회민주당 당 대회에 참석한 대의원들은 당연히 당 대표에게 논쟁의 전투력만 원하지는 않았다. 그렇지만 1969년에는 그것이 특별히 중요했다. 사회민주당은 1960년대 말 좌파의 거센 압박을 느꼈다. '사회민주주의의 헤게모니'가(훗날 이 시대를 회고할 때 이러한 표현이 쓰인다) 지배한다는 느낌이 없었다. 우파의 전통적인 반대와 좌파의 새로운 파동에 맞서 이중 전선의 싸움을 잘 수행하려면 엘란데르와 스트렝 등 선배 세대의 사회민주주의자와는 명백히 다른 종류의 지도자가 필요했다. 팔메는 1968년 선거전에서 좌우 양쪽에 맞서 싸울 능력이 있음을 증명했다. 군나르 스트렝은 10월 1일 오전 당 대회에서 이렇게 말했다. "여기 우리가 바라는 모든 자격을 다 갖춘 젊은이와 그러한 자격을 일부 지닌 늙은이가 있다. 모든 것은 젊은이를 선출해야 함을 가리킨다." 몇 시간 뒤 새로운 당 대표 선출을 위한 투표 시간이 다가왔다. 19세기 시인 에리크 구스타브 예이에르의 시가 크게 낭송되고 쇼팽의 〈혁명 에튀드〉가 피아노와 첼로로 연주된 후, 팔메의 오랜 친구인 건설노동조합연맹 의장 크누트 유한손이 선거관리위원회 절차에 따라 팔메를 새로운 당 대표로 소개했다. 14시 30분 팔메는 당 대회에서 만장일치로 대표에 선출되었다.

울로프 팔메가 사회민주당 대표에 선출되어 스웨덴 총리가 된다는 사실은 국제적인 뉴스가 되었다. 팔메는 외국에서는 이미 가장 유명한 스웨덴 정치인이었다. 스웨덴에 우호적인 《뉴욕 타임스》는 1968년에 벌써 엘란데르의 유망한 후임자로 팔메에 주목했다. 그 미국 신문은 이렇게 설명했다. "팔메 씨는 논쟁적인 견해로 또 날카롭게 번득이는 지성으로 자주 도발한다." 당 대표를 선출하기 여섯 달 전인 1969년 4월, 팔메는 영어권 세계 대부분에 송출되는 영국 프로그램 〈데이비드 프로스트 쇼The David Frost Show〉에서 인터뷰를 했다. 원래 성직자가 되려 했던 프로스트는 팔메와 똑같이 1960년대에 떠오른 새로운 유형의 공적 인물이었다. 그는 더할 나위 없는 영국식 교육을 받은(케임브리지 대학교에서 영문학 전공으로 학사 학위를 받았다) 영리하고 매력적인 사람으로 당대의 저명인사들을 가벼움과 진지함을 뒤섞어 인터뷰했다.

팔메는 프로스트가 첫 번째로 원한 스웨덴 사람은 아니었다. 프로스트는 타게 엘란데르나 잉마르 베리만, 발렌베리 형제 중 한 사람을 희망했다. 그러나 시간이 되고 인터뷰에 기꺼이 응할 사람은 팔메뿐이었다. 빛나는 승리였다. 인터뷰가 스웨덴 방송에 나오자, 대중은 뛰어난 영어로 프로스트의 호의적인 질문에 여유롭게 답하는 팔메를 볼 수 있었다. 팔메의 초연하면서도 인간적인 태도는 영국인 프로그램 진행자와 크게 다르지 않았다. 여러 해 동안 리스베트로부터 잔소리를 들은 뒤에 이를 교정하고 보기 흉한 얼굴의 모반을 제거한 것도 손해는 아니었다. 《스벤스카 다그블라데트》가 짜증스러운 신음 소리를 내기는 했지만, 많은 평자는 팔메가 잘 대처했다고 생각했다. 프로스트의 인터뷰로 팔메가 국제적으로 스타가 될 자질을 지녔다는 것이, 그때까지 예측 가능한 평범함과 동의어였던 스웨덴 정치가 갑자기 더 흥미로워졌음이 확인되었다. 타게 엘란데르는 팔메가 인터뷰에서 재무부 장관 스트렝을 칭찬한 것이 기뻤다. 스트렝에게 필요했던 것이 바로 팔메의 겸손이었기 때문이다. 엘란데르는 승계 문제가 해결되었다고 확신했다.

팔메가 당 대표로 선출되었다는 소식이 세계 도처에 전달되었다고 해도, 그는 북유럽의 작은 중립국에 등장한 새로운 정치인일 뿐이었다. 가장 크게 주목한 곳은 스웨덴의 전통적인 주변 국가였다. 독일 시사주간지 《데어 슈피겔》은 당 대표 선출 전에 팔메와의 긴 인터뷰를 공개하며 스웨덴 국민이 그를 총리로 선출하지 않는다면 정신이 나간 것이라는 논평으로 끝맺었다. 이후 팔메가 총리에 선출되었을 때, 문화급진주의적 덴마크 일간지 《폴리티켄》은 "팔메 — 북유럽의 나폴레옹"이라는 다소 이상한 제목으로 두 면에 걸쳐 열광적인 기사를 내보낸 반면, 《벨링스케 티데네》와 《인포마숀》은 팔메가 대립을 초래할 것이라고 경고했다. 노르웨이에서는 《아프텐포스텐》은 엘란데르가 팔메보다 낫다고 본 반면, 《몬블라데》는 스웨덴이 이제 '유럽의 환자'가 되었다고 선언했다. 북유럽 밖에서 보여준 관심은 제한적이었다. 프랑스의 《르몽드》는 팔메에 한 면 전체를 할애했지만, 영국 신문들은 사설의 짧은 논평으로 그쳤다. 미국에서는 《뉴욕 타임스》는 긍정적이었던 반면 《워싱턴 포스트》는 스웨덴이 일당국가가 되고 있다고 경고하는 다소 비판적인 기사를 실었다. 당 대표 선거 후 몇 주 지났을 때 팔메는 미국 텔레비

전 인터뷰 프로그램 〈페이스 더 네이션Face the Nation〉과 〈헌틀리 – 브
링클리 리포트The Huntley – Brinkley Report〉에 출연했다. 좀 더 기묘한 일
은 팔메가 11월에 어느 에스파냐 주간지에 의해 피델 카스트로와
사뮈엘 베케트, 에디 메르크스, 베르너 폰 브라운과 함께 '올해의
인물'에 뽑힌 것이다.

이는 뉴욕 타임스퀘어 광장 전광판에 비친 앤디 워홀의 15분*일
뿐이지만, 사회민주당의 앞선 대표 교체에 비하면 이례적으로 국
제적으로 널리 알려졌다. 세상에서 주목받기를 원하지 않고 타협과
협력을 높이 평가한 스웨덴 사람들, 이 신중한 국민은 돌연 국제적
으로도 큰 뜻을 품은 투쟁적인 지도자를 얻게 되었다. 이들은 마흔
두 살의 팔메를 선택함으로써 유럽 최연소 정부 수반을 가졌다. 해
럴드 윌슨과 빌리 브란트, 조르주 퐁피두 같은 동료는 대부분 50대
거나 60대였다. 1960년대에 스웨덴 국민은 더 담대해지고 호기심
도 더 많아지고 이전보다 예측하기 힘든 사람들이 되었다. 그렇다
고 이전의 사회적 교류와 합의가 중단되었다는 뜻은 아니다. 팔메
가 총리로서 이끌 나라는 이제 더는 그가 출세한 고요한 벽지 사회
가 아니었다. 팔메를 권좌에 올려놓은 바로 그 힘에 의해 그는 정부
수반으로서 힘든 시험을 받게 된다.

---

* 잠깐 동안 언론의 주목을 받았다가 잊히는 현상을 말한다.

13. 민주사회주의자

Olof Palme

사회주의란 계급사회에의 의존으로부터 벗어나는 해방을 의미한다.

— 울로프 팔메

모든 시민은 다른 모든 시민으로부터 완전히 독립적인 동시에
극단적으로 국가에 의존할 것이다.

— 장자크 루소

엘란데르가 오랫동안 총리 자리를 지킨 비법은 방어적 비관론과
끝없는 인내의 결합이었다. 엘란데르는 여러 차례 위기를 거의 자
기 학대에 가까울 정도로 과민한 걱정 속에서 보냈다. 이 점에서 엘
란데르와 팔메 사이에 연속성은 없다. 비슷한 점도 있지만(특히 지
적 유희와 정교한 전술의 선호) 두 총리는 기본적으로 매우 달랐다.
엘란데르는 권력을 유지하기 위해 변화를 선택한 성실한 관리자였
다. 팔메는 변화를 이끌어내고자 권력을 선택한 급진적 이상주의자
였다. 1969년 9월 팔메는 긴장된 분위기 속에서 민중회관의 연단에
올라 당 대표직을 수락했다. 사회민주당 당 대회에 참석한 대의원
들은 그가 당과 국가 둘 다 예상 밖의 새로운 길로 이끌기를 기대

했다.

그런데 그 길은 어떤 길이었나? 그 시대의 큰 이데올로기적 문제
는 사회주의와 자본주의 사이에서 하나를 선택하는 것으로 생각되
었다. 1970년 봄 웁살라의 술집 프로페텐 밖에서 정신착란을 일으
킨 어느 법과 대학생이 이렇게 외치고는 곧이어 경기관총을 난사
해 한 명이 죽고 다섯 명이 부상을 당했다. "여기 혁명이 있다! 당
신의 정치적 견해는 무엇인가? 3초의 대답할 시간을 주겠다!" 팔메
의 총리 취임 후 스벤 스벤손이《다겐스 뉘헤테르》에서 제기한 질
문은 기본적으로 이와 동일했다. "울로프 팔메에게 정치적으로 가
장 신중을 요하는 질문은 생산수단에 대한 자본가의 영향력에 관
한 것이다. 사회주의는 국가가 생산수단을 소유함을 뜻하며, 자본
주의는 그것이 사사로운 개인의 수중에 있음을 뜻한다." 그러나 사
회민주당은 개념을 정확히 해서 얻을 것이 없었다. 장기간의 권력
장악은 당이 유권자들에게 시장경제와 사적 소유권을 폐지하지 않
고도 평등과 사회정의를 달성할 수 있음을 설득했다는 증거였다.

이 점에서 팔메는 전형적인 사회민주주의자였다. 새로 취임한
당 대표로서 그는 사회민주당이 "일상생활에서 제기되는 요구를
충족시키기 위해 필요하다면 시장경제에 개입하기를 망설이지" 않
을 것이라고 엄포를 놓은 것은 사실이다(학생 반란이 일어난 이듬해
의 일이다). 그러나 팔메는 마르크스주의자가 아니었다. 마르크스주
의자에게는 누가 생산수단을 소유할 것이냐가 정치적으로 가장 중
요한 질문이었는데, 그가 지닌 '강한 사회' 이념은 인간의 개인적
선택의 자유를 확대하는 것으로 경제의 효율적인 경쟁을 전제로

했기 때문이다. 팔메는 자신의 기본적인 원칙을 설명하고자 '민주적 사회주의'라는 개념을 썼는데, 이는 국가적으로나 국제적으로나 민주적인 수단으로써 사회정의와 평등이 두드러진 사회를 이루려 한다는 뜻이었을 뿐이다. '민주적 사회주의'는 노동운동의 가장 멋진 외출복이요, 분명코 옷장에 가장 오래 걸려 있으나 치워졌다는 얘기는 결코 없는 옷이다. 이 개념은 특히 엔슈트 비그포슈와 연관이 있다. 1932년부터 1949년까지 사회민주당 정부에서 재무부 장관을 지낸 전설적인 인물인 비그포슈는 그 시절 당의 가장 위대한 이데올로그로 여겨졌다. 역설적이게도 당 내에서 비그포슈의 강력한 지위에 토대가 된 것은 그가 강인하고 실용적이며 사실에 입각한 냉철한 재무부 장관이었다는 사실이었다. 반면 그의 이데올로기적 분석은 불분명하고 핵심을 피하는 듯했으며 마치 일요일 설교처럼 일상 정치에 대해 불편하게 구체적인 태도 표명을 요구하지 않고 다른 사회질서에 대한 관념을 전하는 것 같았다.

팔메는 1969년 민중회관에서 기대에 찬 대의원들에게 사회민주당은 향후 10년간 스웨덴 사회에서 민주주의의 심화와 평등의 확대를 위해 일할 것이라고 설명했다. "지금 공동결정권의 요구가 커지고 있다. 일터에서, 학교에서, 주거 환경에서, 경제생활에서." 국제무대에서는 사회민주당이 민족 독립을 위해 싸우는 제3세계 국가들과 운동들을 비슷한 방식으로 지원할 것이라고 팔메는 말했다. 이는 그의 정치적 사고와 실천의 핵심으로 때때로 외교정책과 교육정책의(이 경우에는 가족 내 관계와 노동 생활의 전반적인 평등 노력을 포함한다면) '팔메 블란드닝palmeska blandningen'이라고 부른다.* 1976년까지 이후 7년 동안 팔메는 총리로서 독특한 방식으로 자신의 목표를 실현한다. 스웨덴은 세계에서 가장 평등한 국가의 하나가 되었다. 소득 격차는 줄어들었고, 여성이 노동시장에 나왔으며, 아동 보호 등의 사회복지가 확립되었고, 교육 수준이 높아졌으며, 일터의 민주주의가 강화되었다. 외교정책에서 스웨덴은 지난 몇백 년간에 비해 더욱 적극적으로 바뀌었다. 특히 제3세계를 위해 적극적으로 관여했으나 서유럽에 남은 독재 체제의 민주화도 지원했다.

유럽 최연소 총리의 시험대

그렇지만 1969년에서 1970년으로 넘어가는 겨울에 유럽 최연소 총리가 과연 권좌에 오른 첫해를 무사히 넘길지는 의심스러웠다. 12월 9일부터 2월 초까지 거의 두 달간 노를란드의 광산에서 노동조합의 통제를 받지 않는 파업이 불같이 번져 1960년대에 사회민주당이 힘들게 싸워 얻은 것에 도전했다. 분쟁은 북극권 북쪽으로 130킬로미터 떨어진 작은 마을 스바파바라에 있는 LK(루오사바라-키루나바라)주식회사 광산의 지게차 수리장에서 연좌농성이 벌어지며 시작되었다. 약 하루 만에 파업은 키루나와 말름베리에트의 큰 광산으로 확산되었다. 12월 11일, 총 4700명에 달하는 노동조합총연맹 소속 LK주식회사 광산 노동자 전부가 파업에 참여했다. 광산

---

* 영어식으로 표현하자면 '팔메 칵테일'이나 '팔메 블렌딩' 정도로 옮길 수 있다.

의 항구인 룰레오에서도 파업이 벌어졌다. 현지 노동조합 지도부가 융통성 있게 대처하여 성과급률를 두고 협상했다면 파업이 조기에 중단될 수 있었다는 주장이 사후에 제기되었다. 무의미한 얘기이다.

1960년대에 국영 광업회사인 LK주식회사는 지역적 임시 협약을 불가능하게 할 목적으로 엄격한 경영 지침을 도입했다. 광산 노동자들은 이전에는 비현실적인 임금률을 조정하는 문제로 감독과 기사와 협상할 수 있었다. 그런데 LK주식회사 경영진은 이러한 재량권을 제거하려 했다. 미국에서 들여온 과학적 경영방식의 도움으로 시간연구자가 모든 작업 시간을 측정했다. "모래와 침목에서, 제한 구역과 그 비슷한 상황에서 걸을 때 한 걸음에 평균 17TMU가 걸렸다[TMU는 10만 분의 1시간]." 동시에 작업반장은 예외를 허용하지 말라는 엄격한 지시를 받았다. 그 결과는 광산 노동자가 작업 시간에 물 한 잔 마셨다는 이유로 처벌을 받았다는 기이한 이야기였다.

게다가 스바파바라에서는 고용주의 배려가 완전히 엉망이었다. LK주식회사는 노를란드에서 사회적 기업으로서 빛나는 역사를 갖고 있었다. 1900년대 초에 회사의 전설적인 사장 얄마르 룬드봄은 병원과 세심하게 설계한 주택지구, 상수도, 도로, 교회, 사제관을 갖춘 시범 단지 키루나를 세웠다. 룬드봄은 영국의 공상적 이상주의자 로버트 오언에게서 영감을 얻었다. 오언의 실험 사회 뉴 라나크는 적당한 노동 조건, 밝고 위생적인 주택, 좋은 학교, 문화의 풍부한 향유를 통해 더 훌륭하고 행복한 노동자를 만드는 것이 목표였다. 키루나가 발전하는 동안, 작은 오지 마을 스바파바라 주민은 벌목과 농업으로, 타지로 오랜 시간 통근하며 근근이 살아갔다. 그런데 1950년대 말 LK주식회사가 스바파바라에 광산을 열었다. 회사는 학교와 상가, 새로운 주택, 더 나은 교통을, 요컨대 현대적인 조건과 복지를 약속했다. 여하튼 그렇게 할 것처럼 말했다.

시작은 좋았다. LK주식회사는 국제적으로 떠오르는 별이었던 영국 태생의 스웨덴 건축가 랠프 어스킨에게 의뢰했다. 그는 "라플란드의 추위 속 아늑한 사회"를 상상했다. 스톡홀름 외곽 드로트닝홀름 왕궁 공원 옆, 공간이 칸막이로 구획되지 않은 단독주택에 살았던 어스킨은 우르멘 롱에Ormen Långe라고 부른 200미터 길이의 주택을 설계했다. 1층은 이국적인 종려나무를 갖춘 실내 광장이자 모임 장소로 쓰려고 도관을 묻었다. 그러나 오르멘 롱에는 1964년 완공되었을 때 전혀 아늑하지 않았다. 꿈꾸었던 열대 분위기의 공동 휴식 공간은 사라지고 음침하고 불편한 지하실만 남았다. 새로운 상가는 지어지지 않았고, 마을 주민들은 매점과 스톨나케의 삶에 만족해야 했다.* LK주식회사와 전체적인 삶에 똑같이 불만이 팽배했다.

사라 리드만은 파업 전해에 나온 르포르타주 『광산Gruva』에서 12월 스바파바라의 고요한 붉은 달을 본 사람은 할 수만 있다면 블루스를 불렀을 것이라고 썼다. 그녀는 베트남에 관하여 강연하기 위해 광산 지역에 갔지만, 광산 노동자들과 대화한 후 감동한 나머지 광산의 가혹한 노동 조건과 LK주식회사와 시간연구자에 대한 불

---

* 1600년대에 스바파바라의 구리 광산에서 광부로 살았던 에릭 옌손 스톨나케를 말하는 것으로 보인다.

만에 관하여 글을 써야 한다고 느꼈다. 파업이 일어났을 때, 스웨덴 좌파는 이를 광산 노동자들이 사회민주당의 개혁에 반대하는 반란의 선두에 섰다는 증거라고, 프롤레타리아트가 학생회관 점거에 뒤늦게 합류했다고 해석했다. 광산 노동자들이 계급의식을 지녔음은 부정할 수 없다. 노동자 급진주의는 광산에서 먼저 생디칼리슴 형태로, 이어 공산주의 형태로 언제나 강력했다. 집에는 노를란드의 신앙부흥운동 설교사 레스타디우스의 초상화와 나란히 스탈린의 초상화가 걸려 있었다. 남부 스웨덴의 경우와 달리 새로 건설된 이곳 사회에는 부르주아 중간계층이 약했다. 노동자들과 회사 경영진은 중간의 완충 세력 없이 서로 대립했다.

그러나 사회민주당이 무엇을 두려워했든, 극단적인 좌파가 무엇을 기대했든, 파업의 배후에는 어떠한 공산주의적 의제도 숨어 있지 않았다. 실제로 광산의 분쟁은 1960년대 말과 1970년대 초 유럽 전역을 휩쓴 거대한 파업 물결의 일부였다. 호시절이 이어지면서 기대가 높아졌고 실업률은 기록적으로 낮았다. 광산 노동자의 파업에 합법이든 불법이든 많은 노사분쟁이 뒤따랐다. 특히 전문직 중앙연맹이 1971년 2월 대대적인 파업에 나섰다. 그러나 키루나의 분쟁은 전체적인 사회주의적 반란의 전조가 아니었다고 해도 선배 세대의 사회민주주의자들이 믿기에 이제는 역사 속으로 사라진 계급사회가 여전히 건재함을 폭로했다. 1969년 가을 군나르 스트렝은 베스테로스의 아로스 박람회에서 사라 리드만을 공격했다. "주저 없이 말하겠다. 사라 리드만의 『광산』은 북쪽 LK주식회사의 상황과 전혀 맞지 않다."

노동운동이 노를란드의 거대한 광업회사를 직접 책임지고 있었다는 사실이 문제의 일부였다. 원래 그 회사는 절반은 국가가, 절반은 민간 기업 그렝에스베리 회사가 소유했는데, 1956년 정부가 그렝에스베리 회사의 지분을 매입하는 옵션을 행사했다. 가장 열렬히 찬성한 사람 중 하나가 막 사회민주당에 입당한 올로프 팔메였다. 팔메는 1955년 사회민주당 청년연맹 신문인《프리헤트(자유)》에 LK주식회사의 사회화에 관하여 장문의 글을 기고했다. "LK주식회사의 경우에 중대한 천연자원을 사회 전체의 시각에서 더욱 계획적으로 이용할 수 있도록 적극적으로 움직일 필요가 있다."

확실히 계획적인 관점에서 추진된 일이다. 회사는 효율적이고 합리적으로 운영되었으며, 1960년대에 시장에서 입지가 높아졌다. 이러한 호조의 배후에는 1956년부터 LK주식회사 사장으로 재직한 아네 S. 룬드베리가 있었다. 외교부 출신에 '전권공사^{envoyé}' 지위로 경력을 마쳤기에 때때로 '보이엔^{vojen}'이라고 불렸다. 룬드베리는 노를란드의 노동자 가정에서 태어났고(아버지는 철도원이었다) 기자로 사회생활을 시작했다. 그는 프랑스어를 하지 못했고 칵테일파티에 갈색 구두를 신고 나타났음에도 외교부에서 빠르게 존중을 얻었다. 그러나 파업 중에 룬드베리는 언론에서 노동자의 대변인에서 영혼 없는 관리자로 바뀐 사회민주당의 상징이 되었다. 뒷다리로 일어서 이전의 동료를 억압하는『동물농장』의 짐승들 같았다.

그러나 파업은 노동조합총연맹과 광산노동조합연맹도 겨냥했다. 이미 체결된 협약의 존중은 1930년대 이래로 확립된 '스웨덴 모델'의 주춧돌이었다. 1970년대 초까지 스웨덴 노동시장은 세계에서 가장 평화로운 축에 들었다. 1967년 스웨덴이 노동시장 분쟁으로 잃은 노동일은 인구 10만 명당 0.05일이었다. 비교하자면 미국은 271.4일이고 프랑스는 84.3일이다. 광산 노동자들은 노동조합의 통제를 벗어난 파업에 나섬으로써 지역의 노동조합 대표자들뿐만 아니라 중앙 노동조합연맹 지도부도 거부했다. 이들의 불만은 전혀 새롭지 않았다. 그루브톨반Gruvtolvan(광갱 12호, 현지 노동조합 지부의 이름)은 남쪽 멀리 달라나에 자리 잡은 광산노동조합연맹 지도부를 늘 의심했다. 그 긴장의 한 가지 원인은 LK주식회사와 중부 스웨덴의 소규모 광산들 간의 이윤의 차이였다. 광산노동조합연맹은 소규모 광업회사의 도태를 막기 위해 전국적으로 균등한 임금수준을 유지하려 했다. LK주식회사에 고용된 노동자들이 회사가 큰 이익을 내는데도 요구를 자제해야 했다는 뜻이다. 광산 노동자들의 임의 파업은 이러한 노동조합의 연대 전략에 도전했고 스웨덴 노동시장의 전통적인 안정을 해쳤다. 팔메는 의회에서 이렇게 말했다. "협약은 협약이라는 것을 믿을 수 있어야만 사회 공동체가 성립된다."

그러나 이러한 시각 때문에 사회민주당과 노동조합총연맹 지도부는 지지를 받기가 힘들었다. 광산 노동자들의 파업에 많은 스웨덴 사람이 자연스럽게 공감했다. 역사적으로 스웨덴의 자기인식에서 노를란드에는 유달리 유토피아적인 분위기가 어른거렸다. 북부 스웨덴은 경계지역이요 내부의 아메리카였다. 사람들은 옛 스웨덴 계급사회에서 벗어나 새로운 삶을 시작하기 위해 그곳으로 이주할 수 있었다(말하자면 라플란드 사람들이 이미 그곳에 살고 있었다는 사실은 고려되지 않았다). 사라 리드만은 『광산』에서 이렇게 썼다. "여자 아이들은 머리 수건 밑에 커다란 헤어롤을 감고 있었고, 사내들은 그륀달에서 볼 수 있는 것과 동일한 메이커의 차를 몰았으며, 아이들은 『칼레 앙카』를 읽고 아이스크림을 사달라고 졸라댔다. 그렇지만 누구나 이해할 수 없는 말을 한다. 마치 이르쿠츠크에 있는 것 같다." 스웨덴의 다른 여성 작가로 노벨문학상을 수상한 셀마 라겔뢰브는 1900년대 초에 "내가 이전에 보았던 것과 완전히 다른 새로운 땅"에 왔다는 느낌을 받았다. 노를란드 사람들은 땅과 더 가깝고 더 진실하며 다른 스웨덴 사람들보다 더 정직한 것 같았다. 이러한 해석은 오늘날에도 노를란드의 어느 방언이 통신판매에서 많이 쓰인다는 사실에 반영되어 있다. 그렇지만 전체적인 좌경화의 물결이 없었다면 광산 노동자의 파업은 라플란드의 국지적 사건에 그쳤을 것이다. 그러나 이제 남부 스웨덴에서 키루나로 기자들이 몰려들었다. 특히 새로 출범한 두 번째 국영 텔레비전 채널 TV2가 광산 노동자 파업을 다루는 프로그램 제작을 계약했고 사라 리드만을 전문 평자로 고용했다. 두 텔레비전 채널이 합해서 25명의 직원을 현장에 파견했다. 이들을 스톡홀름에서 키루나로 데려가기 위해 두 대의 전세기를 빌릴 정도였다. 팔메는 사회민주당 집행부에서 이렇게 확인했다. "모든 채널에 광산 노동자가 나와 고된 노동 조건에 대해 이야기한다.…"

얼마나 실망스러웠든 간에 사회민주당 정부와 신임 총리는 이 상황에서 특별히 할 일이 없었다. 《아프톤블라데트》의 디테르 스트란드는 1970년 1월 팔메와 인터뷰를 하고는 파업이 그의 머릿속을 어지럽힌 것은 분명하다고 말했다. "그는 자신과 정부의 '어쩔 수 없는 무기력'에 쓰라린 말을 쏟아냈다." 팔메는 노동시장 문제와 노사분규를 경험한 적도 없고 특별히 잘 알지도 못했다. 파업이 터졌을 때 당황하여 한 말이 이를 분명하게 보여준다. 그래도 팔메는 키루나로 가서 "노동자들과 토론하려" 했다. 안데슈 페름과 잉바르 칼손, 그리고 또 다른 동료는 북쪽으로 가는 첫 번째 비행기에 몸을 실으려는 팔메를 막아야 했다. 성격상 언제나 가만히 있지 못한 그 폴란드 기병장교는 팔메에게 공격이 최선의 방어라고 말했다. 1968년 5월 학생회관을 점거한 학생들에게 갈 때처럼 하라는 것이었다. 아버지가 파업 지도자였던 페름과 노사분규에 관해 어느 정도 알고 있던 다른 조언자가 언론에서 팔메와 광산 노동자들을 대립 구도로 몰아갈까 걱정한 것은 이해하기 어렵지 않다.

페름과 다른 조언자들이 예상할 수 없었던 것은 키루나로 가지 않기로 한 팔메의 결정이 가져올 심리적 효과였다. 팔메는 겨루기를 마다하지 않는 사람으로 도전을 받아들이지 않고 물러서기가 힘들었다. 혼란을 겪은 뒤에 팔메는 LK주식회사 파업에 관하여 최선을 다해 정보를 수집했다. 스웨덴 역사의 이전 파업에 관해 연구했으며 노라반토리에트 공원의 노동조합총연맹 본부에서 가까운 노동운동 기록보존소도서관에 1920년대와 1930년대의 자료를 요청했다. 거의 조증에 가까운 이러한 관심은 밖으로 드러나지는 않았지만, 사회민주당 내 회의에서 팔메는 노동조합 전술에 관하여 길게 설명하여 참가자들을 경악시켰다. 돌이켜 보면 팔메는 키루나로 가야 하는지 아닌지의 문제로 힘을 뺀 것 같다. 광산 노동자 파업은 팔메의 자신감에 학생 반란이 초래한 것보다 훨씬 더 심각한 생채기를 냈다.

확실히 팔메만의 문제는 아니었다. 광산 노동자 파업으로 사회민주당 지도부는 스웨덴 노동 현장의 과격화를 지나치게 두려워하게 되었다. 파업이 종료되었을 때(57일간 지속되었고 15퍼센트 임금 인상과 고정 월급제 도입의 약속을 얻어냈다), 스웨덴 노동시장 관련 법률의 대폭적인 개정이 시작되었다. 1930년대 이래로 스웨덴 모델의 토대 중 하나는 고용주와 노동조합 간의 자유로운 협약이 노동시장을 통제한다는 것이었다. 그러나 1960년대에 국가가 더욱 적극적으로 개입하여 고용인을 보호해야 한다는 주장이 점점 더 늘어났다. 광산 노동자 파업은 노동과 자본 사이의 분쟁에 국가가 개입하는 것에 대한 반대를 대부분 날려버렸다. 1970년에서 1976년 사이에 노동시장에서 노인 권리의 향상(1971), 고용인의 이사회 참여(1972), 노동자 보호 강화(1973), 고용 안정성 강화(1974), 고용인의 공동결정권 확대(1974) 등 직장 민주화와 노동조합의 지위 강화를 목적으로 한 일련의 개혁이 관철되었다. 노동 생활에서 국가의 권한을 확대할 필요가 있다는 점을 조금도 의심하지 않았던 울로프 팔메가 이 과정에서 돋보였다. 그는 1970년대 초 노동조합이 불안해지기 훨씬 전부터, 정확히 말하자면 케니언 칼리지에서 폴 타이터스의 '노사관계' 강의를 들은 1940년대 말부터 노동 현장의 민주주의에 진정으로 관심이 있었다. 그러나 스웨덴에 비해 노동조합운동이 언제나 약했던 미국에서는 좌파 입법을 강력히 요구하는 것이 당연했다. 스웨덴에서 그 새로운 정책은 노동과 자본 간의 역사적으로 민감한 균형을 깨뜨렸다. 고용주들은 이제 사회민주당과 울로프 팔메를 깊이 의심했다.

'사사로운' 미국 방문

팔메는 키루나로 갈 수 없게 되자 미국으로 가기로 결정했다. 그는 미국의 동남아시아 전쟁 수행에 대한 비판을 거둘 생각은 전혀 없었다. 그렇지만 팔메는 닉슨이 미군 병력을 조금씩 축소했기에 지난해 베트남에 관해서 말을 아꼈고, 가을에는 스웨덴 좌파의 틀에 박힌 반미주의에 분명하게 반대했다. 11월에 팔메는 말뫼에서 수백 명의 기업인을 앞에 두고 스웨덴에는 '미국에 대한 진정한 호의'가 있다고 설명했고 미국의 미래상에 박수를 보내며 시인 칼 샌드버그를 인용했다. "좋다, 그 국민, 좋다!" 소련 언론에서는 팔메가 미국의 경제적 압력에 굴복하고 있다고 추측했다.

크리스마스 며칠 전 광산 노동자 파업이 한창일 때, 팔메는 1970년 6월에 미국을 방문하여 케니언 칼리지에서 명예 박사학위를 받을 예정이라고 알렸다. 1967년부터 사회민주당 청년연맹 의장을 맡은 부세 링홀름은 청년은 팔메의 태도를 이해하기 어렵다고 말했다. 새로운 세대는 제2차 세계대전 중에 성장한 세대와 달리 전혀 "미국을 희망적으로 경험하지" 못했다. 1970년 4월 초에 스웨덴에 부임한 신임 미국 대사를 받아들이는 과정에서 이러한 원칙적인 반미주의가 두드러졌다(1968년 봄 윌리엄 히스가 떠난 뒤로 그 자리는 공석이었다). 가난한 정원사의 아들로 삭막한 인종주의가 맹위를 떨치던 시절에 인상적으로 출세한 제롬 홀랜드는 혹독한 영접을 받았다. 베트남 활동가들은 달걀을 던졌고, 대사가 4월 29일 스톡홀름의 새로운 미국 문화원 개소식에 참석했을 때 어느 흑인 미군 탈영병이 '하우스 니거'*라고 외쳤다.

그렇지만 베트남 전쟁의 광기가 곤란한 외교적 사정을 압도했다. 홀랜드에 대한 공격이 있고 불과 며칠 지난 노동절에 미군이 캄보디아로 진입했다. 이렇게 전쟁이 강도를 높이자 미국에서 역사상 가장 강력하고 폭력적인 시위가 벌어졌다. 5월 한 달 동안 미국 전역의 450개 이상의 대학교와 대학에서 400만 명이 넘는 학생들이 시위를 벌였다. 5월 4일 오하이오 주의 켄트 주립대학교에서 주방위군 병사들의 총격에 네 명이 사망했다. 며칠 뒤 뉴욕의 로어 맨해튼에서 200명의 건설노동자가 월스트리트로 행진하는 청년들을 거칠게 공격했다. 그리니치빌리지 중심부에 있는 뉴욕 대학교의 창문에 학생들이 이러한 글귀를 적은 휘장을 늘어뜨렸다. "저들은 우리를 전부 죽일 수는 없다."

6월 3일 스웨덴 총리는 이렇게 분열한 나라에 도착했다. 스웨덴 언론은 이 여행에 크게 주목했다.《아프톤블라데트》는 팔메가 벨링뷔의 작은 타운하우스 마당에서 여덟 살 된 아들 모텐과 함께 축구를 하는 사진을 싣고 그 위에 이러한 제목을 붙였다. "일생의 가

---

* house nigger. 백인에게 굴종하는 흑인을 경멸적으로 부르는 말. 제롬 홀랜드는 아프로아메리칸이다.

장 냉혹한 호적수 미국을 상대하기 위해 훈련하는 팔메." 미국 언론에서 팔메는 사적인 방문임을 강조했다. "별다른 메시지를 내지 않을" 것이었다. 그로서는 그럴 필요도 없었다. 팔메 자체가 메시지였기 때문이다. 그는 베트남 전쟁에 반대하여 목소리를 높인 중립국의 젊은 총리였다. 봄에 미국의 보수적인 신문 사설과 평론가들은 케니언 칼리지가 팔메를 초청한 데 불만을 표시했다. "케니언 칼리지는 우리의 친구들과 동맹국을 지지하는 대신 스웨덴 총리에게 명예 박사학위를 수여하기로 결정했다. 호치민이 일찍 죽어서 유감이다. 그렇지 않았다면 그도 받았을 텐데." 미국 항만노동조합 연맹 의장 테디 글리슨은 이전에 볼보자동차와 다른 스웨덴 상품에 대해 불매운동을 전개하겠다고 위협한 자였는데 버스를 대절하여 오하이오로 가서 팔메 반대 시위를 해야 한다고 주장했다. 그렇지만 케니언 칼리지 본부는 겁먹지 않았다. 동시에 미국 좌파가 학문의 자유를 지키는 데 나섰다. 상원 의원 윌리엄 풀브라이트는 팔메가 미국의 진정한 친구이며 백악관은 그의 현명한 충고를 경청해야 한다고 분명하게 말했다. 작가이자 정치학자인 마이클 해링턴은 스웨덴 총리가 "미국인이 경탄해야 할 사람"이라고 설명했다.

이례적으로 리스베트가 동행했다. 그녀는 소박한 회색 정장에 굽 낮은 갈색 구두, 흰 양말 차림으로 워싱턴에 내렸다. 그 미국 수도에서 그녀는 사회적 문제를 안고 있는 아동들이 다니는 어린이집을 견학했다. 안데슈 페름과 팔메의 언론 비서관 베리트 롤렌, 그리고 많은 스웨덴 기자가 동행했다. 팔메는 워싱턴 외곽의 알링턴 국립묘지를 찾아 케네디 형제의 묘지에 헌화했다. 그는 또한 미국 국무부 장관 윌리엄 로저스와 만남의 자리를 갖기로 했다. 팔메는 15분 정도의 의례적인 방문이 되리라고 생각했으나, 대화는 여러 시간 이어졌고 화제는 주로 베트남이었다. 팔메는 워싱턴의 미국기자협회에 모습을 드러낸 뒤 6월 5일 금요일 저녁 오하이오 주 주도 콜럼버스로 날아가 케니언을 향했다. 팔메 부부는 케니언 칼리지 총장 집에 묵었다.

오하이오 주에서 팔메는 대학교 밖에서는 완전히 무명 인사였다. 어느 지역신문은 그의 명예 박사학위 수여 소식을 이러한 제목으로 알렸다. "스웨덴 국왕이 케니언 칼리지에서 연설한다." 그러나 성난 항만 노동자들이 오고 있다는 기사에 불안이 조성되었다. 5월에 월스트리트에서 건설 현장 안전모를 쓴 노동자들이 폭동을 일으킨 청년 학생들을 휘갈기던 모습이 어른거렸다. 케니언에 바로 붙은 마운트버넌의 보안관 랠프 E. 피어스는 이렇게 설명했다. "만일의 사태를 대비해 만반의 준비를 하고 있다." 케니언 칼리지는 봄의 학생 반란에 비교적 영향을 받지 않았지만, 이제 분란은 그 미국의 조용한 구석까지 도달했다. 피어스는 주변 카운티에서 60명의 제복을 입은 경찰과 15명의 사복 경찰을 소집했다. 국무부의 비밀요원 여섯 명이 그의 조치를 감독했다. 이로써 오하이오 주의 그 보안관은 분명코 기분이 좋을 리 없었다.

토요일 오후 나뭇잎 우거진 케니언 칼리지에서 열린 행사는 용두사미 꼴이었다. 여름방학이 시작되었고, 참석한 학생은 겨우 쉰 명뿐이었다. 항의 시위에 나서라는 권고를 따른 항만 노동자는 간신히 100여 명을 채웠는데, 이들은 구호를 외치고 야유를 퍼부어

몇 차례 팔메를 방해했지만, 버스 여행의 피로와 오래된 대학 건물의 고요함에 차츰 굴복했다. 시위자들은 잔디밭에 자리를 잡고 앉아 맥주를 마셨다. 몇몇은 따뜻한 여름 날씨에 잠이 들었다. 팔메는 학교에서 준 납작한 박사모를 쓰고 졸업 가운을 입은 채 나타났다. 스웨덴 총리는 베트남 전쟁에 관하여 말하지 않았고(그럴 의도는 전혀 없었다) 국가의 복지정책이 어떻게 개인의 권리를, 예를 들면 장애인의 권리를 강화하는지 얘기했다. 팔메는 상태가 아주 좋았다. 그는 항만 노동자들과 말싸움을 했고, 수여식이 끝난 후 관심 있는 일단의 학생들과 토론했다. 어느 기자가 무슨 얘기를 했냐고 물으니 학생들은 이렇게 답했다. "섹스와 베트남."

미국 방문의 나머지 시간에 팔메는 워싱턴과 뉴욕에서 인터뷰와 연설을 했다. 그는 준엄한 정치인처럼 회색 정장에 평범한 넥타이 차림으로 미국 텔레비전의 여러 인터뷰 프로그램에 나가 스웨덴의 입장을 유머를 곁들여 차근히 설명했다. "우리가 베트남 전쟁에 반대하는 것은 베를린장벽과 체코슬로바키아와 헝가리의 침공에 항의하는 것과 마찬가지이다.… 나는, 그리고 스웨덴 국민의 압도적 다수는 미국 국민에 진정으로 깊은 우정을 느낀다.… 미국에 돌아오니 정말 좋다. 케니언 칼리지에 다닌 기억이 매우 좋게 남아 있다.…" 팔메는 데이비드 프로스트와 한 번 더 인터뷰를 했는데, 오랜 두 친구의 다정한 재회 같았다. 기자들이 베트남 문제로 괴롭힐 때, 두 사람은 기꺼이, 팔메가 〈나는 궁금하다—노랑〉에 참여한 것에 관하여, 대중이 감사하게 생각할 질문을 다루었다. 다른 인터뷰와는 어울리지 않는 출연이었다. 워싱턴의 전국 여성 민주당원 클럽^{WNDC}에서 팔메는 '남성의 해방'에 관하여 길게 강연했다. 내용은 1960년대 초 이래 스웨덴 가족정책 논쟁을 철저하게 검토한 것이었다.

마지막 저녁에는 스웨덴의 국제연합 대사 스베르케르 오스트룀이 베푼 만찬에 참석했다. 리스베트는 미국의 유명한 흑인 국제연합 외교관 랠프 번치와 나란히 들어왔다. 번치는 군나르 뮈르달과 다그 함마르셸드와도 같이 일한 적이 있다. 번치는 중병을 앓고 있었고(그는 이듬해 사망한다), 자신의 아들을 포함하여 미국의 많은 흑인 청년이 참여한 베트남 전쟁에 단호히 반대한다고 말했다. 만찬 이후 울로프와 리스베트는 막 다음 의회 선거에 출마하겠다고 선언한 흑인 정치인 앤드루 영을 위한 파티에 참석했다. 파티는 스웨덴 일행의 숙소인 피에르 호텔^{Hotel Pierre}의 연회장에서 열렸다. 리나 혼과 해리 벨라폰테가 노래를 불렀고, 팔메 부부는 마틴 루서 킹의 미망인 코레타를 만났다. 팔메는 이렇게 말했다. "그때까지 미국에서 경험한 가장 환상적인 일이었다." 6월 12일 팔메는, 스스로 다소 빈정대듯이 표현한 바에 따르면, '사사로운 외국 소풍'을 끝낸 뒤 스톡홀름으로 돌아왔다. 팔메는 분명히 닉슨을 만나지 않았다. 그렇지만 대신 미국의 반전 여론을 기쁘게 했고, 동시에 국내 언론에서 좋은 평가를 받았다. 가을에 팔메는, 《아프톤블라데트》가 어떻게 생각했든, 한층 더 어려운 시합을 치러야 했다. 사회민주당 대표로서 처음 치르는 선거에서 승리하는 것이었다.

당 대표로 치른 첫 선거

다가올 의회 선거에서 문제는 사회민주당 대표가 검증되지 않았다는 것이 아니라 선거 제도 자체가 근본적으로 개정되었다는 것이었다. 1865년에 확립된 옛 양원제 의회는 수년간의 조사와 정당 간의 복잡한 협상 끝에 무덤에 들어갔다. 1970년 9월 20일 일요일 유권자는 스웨덴 역사상 처음으로 통합된 의회의 의원 350명을 직접선거로 선출해야 했다. 임기는 4년에서 3년으로 축소되었고, 동시에 국회와 주 의회, 군 의회 선거가 한날에 치러졌다. 이로써 권력을 쥐고 있던 오랜 기간 동안 여러 차례 뒤늦게 상원에서 과반수를 차지한 덕분에 권력을 유지했던 사회민주당에 사정은 더 어렵게 되었다(상원의 구성은 그에 앞서 실시된 주 의회와 군 의회 선거로 결정되었다).

역설적이게도 사회민주당의 걱정거리는 야당이 분열했고 혼란에 빠졌다는 사실이었다. 우익보수당은(1969년에 보수통합당으로 당명이 바뀌었다) 눈 주변이 더욱 검게 변하고 케네디와의 유사성은 점점 사라진 쇠약해진 당 대표 윙베 홀름베리와 곧 빛을 볼 날이 있으리라고 예감한 막후 실력자 예스타 부만 사이의 내부 알력으로 심하게 분열했다. 국민당 지도자 스벤 베덴은 1968년 선거 패배 후 건강상의 이유로 사퇴했으며, 1960년대 후반에 중앙정치에서 거리를 두었던 크루노베리 주 주지사 군나르 헬렌이 뒤를 이었다. 헬렌은 공감 능력이 좋은 사람으로 보였지만 당 대표로서는 흔치 않게 실패한 인물이었다. 멈추지 않는 기계 같은 군나르 헤들룬드의 중앙당만 순조롭게 전진했다(헤들룬드는 당 대표로 22년째를 맞이했다). 1968년에 중앙당은 16퍼센트를 득표하여 처음으로 제1야당의 지위에 올라섰다.

1968년 사회민주당의 선거 압승으로 부르주아 정당들은 패배의 두려움에 빠졌다. 강력한 반대는 사회민주주의적 성향을 지녔으나 투표를 게을리한 자들을 투표장으로 끌어내는 경향이 있었다. 그래서 몸조심하는 것이, 자신들의 장점보다는 상대에 대한 불만에 편승하여 집권을 꾀하는 것이 더 나았다. 신문에서는 부르주아 정당들이 "펠트 슬리퍼를 신고 살금살금 돌아다닌다"는 말이 돌았다. 이는 사회민주당 전체에, 특히 팔메에게 문제가 되었다. 팔메가 기민함과 말솜씨를 완전히 이용하려면 확실한 반대가 필요했기 때문이다. 팔메는 6월 건물관리노동조합연맹의 대회에서 "노동자들은 여행을 가는 것이 위험하다고 느끼면 투표할 것"이나 야당이 위험하지 않고 단호함이 부족하며 분열해 있는 것 같으면 많은 사람이 투표할 필요가 없다고 생각할 것이라고 지적했다.

그렇지만 정당 간에 큰 쟁점도 보이지 않았다. 팔메가 보기에 1968년 선거 후 마르크스레닌주의자들만 빼면 모두가 "말로는 사회민주주의자"였다. 사회민주당이 선거에서 밀어붙인 '100년 만의 세제 개혁'은 법률상 부부의 개별 과세와 고소득자의 높은 세율을 의미했는데 반대는 미미했다. 그리고 노동시장에서 키루나의 파업은 기존 체제에 큰 충격을 안겨주었지만 노동 현장에 더 철저한 민주주의와 공동결정권이 필요하다고 생각한 사람들을 폭넓게 결집시켰다. 정쟁의 부재는 다른 영역에서도 보였다. 남베트남 민족해방전선 운동가들이 홀랜드 대사에게 달걀을 던지기는 했지만, 팔메는 당당한 정치인으로 보였고, 확실히 미국인들에게 베트남 문제에 관하여 스웨덴의 입장을 친절하게 설명하려 노력했다.

1970년 여름 정치 참여도는 특별히 높지 않았다. 미국 국경일 7월 4일에 예고된 반미 시위는 충돌을 일으킬 것으로 생각되었다. 그러나 세르겔 광장에서 미국 대사관까지 행진한 4000~5000명의 시위대는 기쁘게 휴가를 즐기는 사람들처럼 보였다. 베트남 시위는 이제 일상이 되었다. 군브리트 순드스트룀은 1970년대 초 스톡홀름의 대학생 생활을 배경으로 한 연애 이야기인 소설 『연인*Maken*』에서 이렇게 썼다. "요즘은 늘 미국 대사관으로 달려간다. 집에 없으면 그곳에 간 것이다." 반면 혁명적 경향은 복장의 세계로 확산되었다. 파리의 고급 옷가게에서 만들어진 맥시스커트가 팔리지 않은 채 백화점에 걸려 있었다. 여성들은 미니스커트를 포기하지 않았다. 그렇지만 스웨덴 사람들은 산업노동자들이 전체적으로 휴가에 들어가는 7월의 '비참한 날씨'에 가장 크게 격분했다. 7월 중순 스톡홀름의 기온은 10도를 향해 내려가기 때문이다. 매주 판매된 음반의 순위를 알려주는 스웨덴라디오의 프로그램 〈크벨스토펜*Kvällstoppen*〉에서 영국 팝 그룹 멍고 제리*Mungo Jerry*의 여름철 인기곡 〈인 더 서머타임*In the Summertime*〉이 상위권을 고수한 이유는 이로써 설명이 될 것이다. 총리는 7월 초에 휴가를 떠났고 비 내리고 바람 부는 포뢰 섬에서 리스베트와 아이들에 합류했다. 그렇지만 이전에 선거가 치러진 해와 똑같이 팔메는 여름 동안 《아프톤블라데트》에 두 편의 장문의 글을 기고하여 선거 전에 전투력을 키웠다.

8월에 마침내 본격적인 선거운동에 불을 붙인 것은 한편으로는 과열된 경기였고 다른 한편으로는 엘란데르의 오랜 친구 군나르 헤들룬드와 팔메 사이의 개인적인 갈등이었다. 1970년 여름 스웨덴의 경제는 다소 지나치다 싶을 정도로 과열되었다. 물가는 놀라운 속도로 상승했고, 신문은 날마다 우유와 버터, 육류의 가격이 얼마나 급하게 오르는지 표로 보여주었다. 동시에 외화 유출이 심하여 금리가 인상되었다. 종합적인 효과는 화폐와 재화가 비싸진 것이다. 이는 소득이 낮은 사람들, 즉 사회민주당에 표를 준 유권자들에게 큰 타격을 주었다. 8월 말 정부는 다소 절망적으로 식료품 가격을 일시적으로 동결했다. 스웨덴에서는 제2차 세계대전 이후 처음 있는 일이었다. 중앙당은 금리를 낮추겠다고 공약했는데, 사회민주당은 이것이 국제 외환시장에서 스웨덴 크로나의 가치가 요동치는 상황에서 완전히 무책임한 처사라고 보았다.

사무총장 스텐 안데숀이 수립한 사회민주당의 계획은 스트렝이 일흔 살의 헤들룬드와 토론을 해야 한다는 것이었다. 안데숀은 팔메가 엘란데르의 오랜 친구와 대결하면 질 수 있다고, 그것이 올바른 판단으로 입증되리라고 생각했다. 그러나 음흉한 중앙당 대표는 팔메를 알았다. 팔메는 도망치느니 결과가 나쁘더라도 맞서 싸울 사람이었다. 선거일까지 10여 일이 남았을 때인 9월 10일 헤들룬드는 엘란데르에게 공개서한을 보내 팔메가 한 번의 임기 동안 먼저 야당의 위치에 있어 보면 좋은 당 대표가 될 것이라고 말했다. 완전히 허튼소리였지만, 팔메는 도발을 견디지 못했고 라디오에서 짧게나마 토론을 벌이자는 헤들룬드의 제안을 수락했다. 짧은 회신에서 팔메는 스웨덴 노동운동이 엘란데르를 '사사로이 모욕'한 헤들룬드를 '처단'할 것이라고 설명했다. 비록 팔메가 실제로 말하려 했던 것은 엘란데르가 중앙당 대표에게 보여준 특별한 존중이 이제는 끝났다는 것이었다고 해도, 이는 거의 소련의 화법에 가깝게 불쾌하리만큼 고압적으로 들렸다.

팔메의 선거운동은 좋지 못했다. 그는 긴장했고 쉽게 흥분했으며 패배를 확신했다. 그렇다고 팔메가 노력을 다하지 않았다는 말은 아니다. 오히려 그는 그 어느 때보다도 더 열심히 움직였다. 팔메는 부리나케 돌아다녔다. 20만 명 앞에서 215번이나 선거 집회를 열었다. 친구인 잉바르 칼손에 대한 인내심을 잃기도 했는데 이례적인 일이었다. 칼손은 선거 전에 극도로 비관적이었고 무슨 일을 할 수 있을지 논의하기 위해 자신의 책임으로 총리실에서 비상회의를 준비했다. 팔메는 이러한 비관론에 화가 머리끝까지 치밀었다. 자신의 생각을 반영한 것이 아니었기 때문에 더욱 분노했다. 선거일 아침 팔메와 엘란데르, 페름, 아스플링이 스톡홀름 중앙역 맞은편의 콘티넨탈 호텔에서 아침을 먹을 때(이들은 예테보리에서 야간열차를 타고 막 도착했다), 분위기는 나빴다. 팔메는 이렇게 말했다. "결과가 형편없으면, 내일부터 1973년 선거운동에 들어간다."

선거일 밤 첫 번째로 나온 결과 예측은 사회민주당의 재앙이었다. 사회민주당 선거상황실에 있던 어느 기자는 침착한 표정을 유지한 사람은 팔메뿐이었다고 확인했다. 나머지 고위층은 "혼란에 빠져 시무룩한 표정으로 서성거렸고 아직 실현하지 못한 정치적 메시지를 실망스럽게 중얼거렸다." 집계 결과는 팔메에 대한 유권자의 처벌이었지만, 팔메는 권좌를 지킬 수 있었다. 사회민주당은 46.4퍼센트를 득표했는데, 이는 1968년에 비하면 크게 후퇴한 득표율이지만 1946년 엘란데르가 첫 선거에서 얻은 것보다 0.2퍼센트 많았다. 중앙당이 가장 큰 승자였으나, 팔메는 좌익공산당이 17석을 얻은 덕에 총리 자리를 지킬 수 있었다. 어느 정치부 기자가 요약한 바에 따르면, 숙적이 세 차례 연이어 좋은 시합을 했는데도 사회민주당이 전국대회에서 우승한 것 같았다.

총리 팔메의 조력자들

1970년 선거 후 팔메는 정부에 큰 변화를 주지 않았다. 팔메 내각은 여전히 스트렝과 안데숀, 닐손 같은 고참들이 지배했다. 1969년 총리에 취임할 때 팔메는 세 명의 새로운 장관을 임명했다. 잉바르 칼손이 그를 대신하여 교육부 장관이 되었고, 벨링뷔의 이웃 칼 리드붐이 정무장관이 되었으며, 렌나트 예이에르가 헤르만 클링 후임으로 법무부 장관이 되었다. 예순 살의 예이에르는 법학자였고 1966년부터 정무장관으로 내각의 일원이 되었다. 가는 콧수염을 기른 유명한 신사로 고상한 스코네 방언을 말했고 양쪽 끝을 자른 여송연을 피운 예이에르는 두 가지 강력한 신념을 지녔다. 교정 업무의 인간적인 변화와 성 관련 법률의 자유화였다. 이 두 영역에서 그는 지극히 과격했다. 그는 거의 모든 징역형의 폐지와 거의 모든 성적 행위의 허용을 원했다.

팔메가 총리로 일한 첫해에 널리 퍼진 상투적인 농담이 있었는데, 그가 군나르 스트렝 정부에서 총리로 임명되었다는 것이었다. 이는 심히 과장된 표현이지만, 재무부 장관의 지위가, 특히 당 대표 선출 직전의 급선회 이후, 매우 강력했음을 부정할 수 없다. 사회민주당의 가장 중요한 자산은 국정 현안의 처리에 관한 유권자의 신뢰였다. 스트렝이라는 위압적인 인물과 그의 에둘러 말하는 표현법보다 더 그러한 믿음을 상징적으로 구현한 것은 없었다. 1970년 선거운동에서 사회민주당 선거 포스터는 스트렝의 모습을 담고 그 밑에 이렇게 선언했다. "실업이 아니라 긴축재정으로 인플레이션에 대처하겠다." 이 말이 전하는 메시지는 대범한 개혁이 아니라 책임 있는 국가 경영이었다.

그 첫해에 팔메는 경제의 안정을 해칠 일은 하지 않으려 했고 할 수도 없었다. 엘란데르가 주입했듯이, 총리의 임무는 "국가와 당을 결속시키는 것"이었다. 이는 다른 무엇보다도 스트렝과 사이좋게 지내야 한다는 의미였다. 누구도 팔메를 애칭인 '울레'라고 부르지 못했는데, 재무부 장관은 총리를 공개적으로 그렇게 부름으로써 그 종속 관계를 확인했다. 팔메는 스트렝의 경험을 진정으로 존중했기 때문에 개인적인 차원에서는 그가 마치 삼촌처럼 행동해도 개의치 않았다. 반면 팔메와 사회민주당의 다른 젊은 사람들은 1970년대 초 재무부 장관의 완고한 긴축정책에 실망했다. 팔메는 친구인 사회부 장관 스벤 아스플링이 정부청사에서 벨링뷔의 집으로 자신을 데려다줄 때 스트렝에 대해 은밀히 불만을 토로한 적이 있다. 한번은 스트렝과의 대립 때문에 거의 사퇴할 뻔했다. 총리와 젊은 각료들은 더 팽창적인 경제정책을 원했으나, 스트렝은 국고를 단단히 틀어쥐었고 다른 나이 많은 각료들은 이를 지지했다. 갈등이 얼마나 심했는지에 관해서는 의견이 갈리기는 했지만, 팔메가 어쩔 수 없이 굴복했다는 것만은 분명하다. 스벤 델블랑은 1970년대 첫해의 논평집 『선혜엄을 치다*Trampa vatten*』에서 이렇게 풍자했다. "믿을 만한 사람들은 이렇게 속삭인다. 울로프 씨는 고상하고 선량하다. 스트렝을 위한 것이 아니기만 하다면 그는 아주 잘 하려고 한다."

한때 엘란데르의 아이가 앉아 있던 감라스탄의 담배 연기 가득한 정부청사 사무실은 이제 새로운 세대의 젊은이들과 몇몇 여성이 차지했다. 팔메의 핵심 측근 중에는 내각에 들어온 칼 리드붐과 잉바르 칼손, 총리실에서 팔메 직속으로 협력한 안데슈 페름이 있었다. 리드붐은 법률 분야에서 팔메의 가장 중요한 조언자였다. 1970년대 초에 제정된 급진적인 가족법과 엄격한 테러리스트 법은 그의 손에서 나왔다. 칼손은 총리와 가장 가까운 각료였다. 팔메는 그의 판단을 무한정 신뢰했는데, 키 크고 마른 그 부로스 사람은 그러한 신임이 가끔 짜증스럽기도 했다. 때때로 총리와 사안을 의논하고 그의 조언을 듣고 싶었기 때문이다. 1960년대 중반 이래로 팔메와 함께 한 페름은 여전히 그의 가장 가까운 조력자였다. 페름은 비록 총리실에서 일하는 것이 팔메가 총리가 되기 전과 비교하면 판에 박힌 따분한 일이라고 생각하기는 했지만, 연설 작성자요 조언자였으며 무엇이든 잘 해내는 만능인이었다. 총리실은 1950년대 중반 팔메가 들어간 이래로 확대되었기에, 이들 곁에는 소수의 야심 찬 젊은 공무원이 있었다. 페름 옆에는 얀 칼손이 있었는데, 그는 농업부 출신 공무원으로 다소 예측 불가능한 사회민주당원이었다. 칼손은 노동운동 안에서 성장했는데 운동의 과장된 측면에 대해서는 종종 꽤나 무시하는 태도를 보였다. 팔메는 칼손의 재능과 파괴적인 유머 감각을 높이 평가했지만, 1970년 라디오 토론에서 헤들룬드를 "세게 다루라"는 그의 권고가 성공적이지 않았기에 미심쩍은 마음도 있었다. 언론 비서관 베리트 롤렌은 《베칸스 아페레르(주간 경제)》에서 데려온 자로 측근 중 유일한 여성이었다. 그러나 롤렌은 상관에게 아니라고 말할 수 있을 정도로 자기주장이 강한 사람이었다. 어느 미국 신문은 그녀를 "팔메 정부의 비공식적 천박함에 어울리는, 팔각 안경에 재킷과 슬랙스 차림의 젊은 여성"이라고 묘사했다.

팔메를 둘러싼 동아리를 주변 사람들은, 특히 당 대표로 가는 길을 봉쇄한 아첨꾼들에 짜증난 사회민주당 의원단은 오만하고 뻣뻣하다고 보았다. 팔메가 전혀 인사를 하지 않고 전체적으로 산만하다는 불평도 많았다. 그러나 각각 중요한 위치를 차지하고 있는 여러 집단이 대표의 주목을 받기 위해 경쟁하느라 갈등이 일어나는 것은 불가피했다. 권력자라면 모름지기 그렇듯이 팔메도 성가신 자들을 차단하고 불리한 상황에서 지지와 격려를 보내며 때로는(정말로 필요할 때) 당당히 아니라고 말할 수 있는 충성스러운 조력자가 필요했다. 게다가 팔메는 의지할 수 있는 영리한 조력자들 앞에서 이따금 노동운동의 지적 지평을 제약한 과장된 도덕주의에서 벗어나 잠시 쉴 수 있었다.

그러나 팔메와 의원단의 사이가 나쁜 데에는 그 자신의 행동도 한몫했다. 의무감에서 비롯된 관습적 교제가 그의 가장 약한 분야였다. 팔메는 쓸데없는 잡담에 재주가 없었고 따분한 사람들에게 관심 있는 척하기가 어려웠다. 친척들과의 식사 모임에서 여인들은 울로프가 세 자리 떨어져 앉은 흥미로운 사람과 대화하느라 옆자리의 여성을 등한시할까 걱정했는데, 사회민주당 의원들도 이와 똑같이 점심 때 의사당의 식당에서 당 대표가 자신들을 못 본 체한다고 느꼈다. 이러한 소심함이나 거만함은(대체로 동전의 양면과 같다) 그의 다른 사회적 능력과 대비되었다. 팔메는 같이 일하는 조력자들을 많이 배려했으며 그 가족들의 사정에 대해서도 밝았다. 그는 또한 낯선 사람을 전혀 두려워하지 않았다. 팔메는 종종 유권자나 기차나 거리에서 우연히 만난 사람과 깊은 대화에 빠졌는데, 그럴 때마다 참을성 없는 조력자들은 그를 만류하느라 힘을 빼야 했다. 팔메는 호기심이 많은 사람으로 체면도 개의치 않았는데, 이는 자신감이 아주 강한 사람만이 보여줄 수 있는 태도였다.

우두머리로서 팔메는 격식을 차리지 않았고, 쉽게 다가갈 수 있는 사람이었으며, 자기 방이든 남의 방이든 소파에 걸터앉아 토론하기를 좋아했다. 팔메는 조력자의 좋은 제안에 열광했으며, 불편한 상황이나 모욕에 그만큼 강력히 분노했다. 1972년 6월 초 미국의 남베트남 마을 짱방 공격에 심한 화상을 입은 아홉 살 소녀 판티 킴푹의 사진이 공개되었을 때, 팔메의 강력한 반응에 주변 사람들은 충격을 받았다. 팔메는 자신의 감정을 분명하게 드러냈다. 잉바르 칼손은 언젠가 팔메가 불편함에 좌불안석일 때 이렇게 말했다. "우리 당 대표는 마치 테니스 공 같다."

핵심 측근은 하루 종일 일했다. 커피를 마시고 담배를 피워가며 늘 새로운 착상과 날카로운 표현을 모색했고 사회민주당의 주요 인사들뿐만 아니라 야당 정치인들에 관해서도 뒷담화를 나누었다. 공식적인 회의 주재자로서 팔메는 체계도 참을성도 없었다. 그는 격식을 차리는 스웨덴의 일상적인 조직 생활에 전혀 익숙해지지 않았고 거의 언제나 자신감 넘치는 전문가들의 폐쇄적인 동아리 안에서 활동했다. 팔메는 또한 개인적인 비판을 받아들이기가 힘들었다. 누군가 자신의 말을 반박하면 눈빛이 "얼음처럼 차갑게" 바뀌기도 했다. 우연히 그런 일을 겪은 사람들에 따르면 불쾌한 경험이었다. 팔메는 독립적인 조언자를 원했으면서도 올바른 지적을 심히 불편하게 생각하여 같이 어울리기 힘든 사람이었다. 게다가 그는 사람들이 자신의 기대에 못 미친다고 생각되면 화를 내는 경향이 있었다. 1962년 팔메의 좋은 친구이자 스승이었던 스벤 아스플링의 후임으로 당 사무총장이 된 스텐 안데숀은 총리가 지나치게 지배적이고 까다롭다고 생각했다. 그는 회고록에 이렇게 썼다. 함께 일하는 자들은 "전깃줄의 참새처럼 앉아 고개만 끄덕였다." 안데숀에 따르면 자신과 팔메 사이에 갈등이 생긴 것은 서로 매우 다른 배경을 지닌 탓이었다. 팔메는 사람들을 지도하고 조종하도록 키워졌고, 반면 자신은 "쇠데르말름 출신 사내들에게서는 권위에 대한 조롱으로 표현된 프롤레타리아트의 열등감 콤플렉스"를 지녔다. 아마 그랬을 것이다. 그러나 안데숀과 팔메는 둘 다 스톡홀름의 부랑자였기에 매우 비슷한 점도 있었다. 대응이 빨랐고 매력적이었으며 기민했다. 두 사람 사이의 긴장을 줄이기보다 늘린 요인이었다.

팔메는 정부를 체계화하고자 1971년 2월 타게 G. 페테숀을 총리실의 새로운 차관으로 임명했다. 그는 총리를 에워싼 지적으로 발빠른 자들과는 정반대의 성향을 지닌 인물이었다. 그는 양심적인 민중운동 활동가처럼 당당했다. 페테숀은 스몰란드의 가난한 집에서 태어났고 민중회관 운동에서 경력을 쌓았다. 이후 몇 년간 그는 정부청사의 확대와 효율성 제고, 정치화를 이끈다. 1976년 선거 패배 후 페테숀이 그 직책에서 물러날 때, 총리실은 스물다섯 명으로 늘어났고, 그중 열네 명이 정치적으로 임명된 사람이었다. 페테숀은 담비 무리 속에 들어온 고양이로 자처했다. 세련되지 못했음에도, 어쩌면 세련되지 못했기 때문에 그는 성실함과 좋은 판단력을 가졌는지도 모른다. 페테숀은 거의 아버지처럼 팔메를 감독하는 책임을 떠맡았다. 특히 그는 팔메가 시간을 잘 지키도록, 세르겔 광장의 알코올 중독 노숙인들이나 뤽셀레의 사회민주당 대의원과 대화에 빠지지 않도록 세심하게 주의를 기울였다. 스벤 아스플링은 페테숀이 팔메 곁에서 일을 하게 되었을 때 그에게 이렇게 말했다. 이따금 울로프의 복장과 구두를 점검해서 손해될 일은 없다고. 이 충고로 팔메는 물론 정부청사 내 협력자들에게서도 최악의 모습이 말끔하게 정리되었다. 페테숀은 팽창주의적인 칼 리드붐에 잔소리를 해댔고, 대체로 조력자들 무리와 함께 점심을 먹은 팔메에게 그 대신 사회민주당 의원들과 점심을 함께하게 했다. 팔메는 페테숀의 과도한 걱정이 때로 성가시기는 했지만 충성스러운 협력자를 높이 평가했다.

팔메에게 핵심 측근의 충성이 절실히 필요했다는 사실은 그의 심리 상태를 설명해준다. 1970년부터 팔메에 대한 인신공격은 새롭게 공격적인 국면에 접어들었다. 일부 부르주아 신문 기자들은 1950년대와 1960년대에도 거칠게 나왔지만 어쨌거나 신분을 드러내고 당당히 공격했다. 그러나 팔메가 총리가 된 이후에는 그가 불안정하고 판단력이 없으며 어디가 아픈 사람이라고 암암리에 소문을 퍼뜨렸다. 교육을 잘 받고 정보에 밝은 사람들도 저녁 모임에서 팔메가 약물 중독자로 정기적으로 정신병원에서 전기충격치료를 받았다고, 소련의 첩자였으며 자녀를 버렸다고 주장했다. 더없이 정직한 국민당 대표 군나르 헬렌은 그러한 얘기가 나오면 보란 듯이 일어나 자리를 떴다. 많은 사람이 그러한 고결함을 지녔다면, 사회민주당 밖의 여러 곳에서 사납게 휘몰아친 팔메 혐오증은 아마도 완화되었을 것이다. 농민들은 수퇘지와 암퇘지에 '울로프'와 '리스베트'라는 이름을 붙였고, 대기업의 회사 로고가 인쇄된 종이로 팔메를 조병 환자에 가까운 거짓말쟁이라고 비난하는 증오에 찬 연쇄편지가 확산되었으며, "공산주의자 악마, 너의 날은 이제 얼마 남지 않았다"라고 쓰인 메시지가 총리실로 날아들었다. 가장 악의적인 생각에 불을 지핀 요인은 팔메의 어머니 뮈지가 1960년대 말에 스톡홀름 서부의 베콤베리아 정신병원에 입원한 것이었다. 뮈지는 기력이 쇠하여 사람을 만나기가 매우 어려웠지만, 팔메는 벨링뷔에서 정부청사로 출근하는 길에 아침마다 가능하면 자주 문안을 갔다. 1971년 초 저녁 늦은 시간에 팔메는 마음이 무너졌다. 그는 타게 G. 페테숀의 사무실 소파에 눕다시피 앉아 천장을 쳐다보며 어머니에 관해 얘기했다. "그렇게 비통하고 슬픈 울로프의 모습은 본 적이 없다. 대화를 이어나가기가 힘들었다." 엘리자베트 팔메는 이듬해 여든두 살의 나이로 사망했다.

악의적인 소문의 확산은 한편으로는 정치적 좌절감의 표현이었다. 엘란데르가 애지중지 아낀 팔메를 총리로 만드는 데 성공했다는 사실, 이 성공적인 승계가 이어 1970년 선거에서 유권자들로부터 환영받았다는 사실을 부르주아 쪽에서는 얼굴에 한 방 맞은 것처럼 느꼈다. 그들이 보기에 스웨덴은 이제 일당국가로 변했다. 그러나 정치적 불만만으로는 팔메에 대한 공격의 이례적인 증오를 설명하기에 충분하지 않다. 스웨덴처럼 공격적인 태도가 억제된 사회에서 개인을 표적으로 삼아 강한 반감을 표출하는 것은 사회적으로 용납되지 않는다. 그 개인이 특별히 뛰어나고 성공적이어서 사회계약을 깨뜨렸다고 판단되면, 그러한 경우는 예외이다. 그때는 집단적으로 증오를 즐기는 것이 갑자기 정당해진다. 얀테의 법칙은 깊숙이, 스웨덴 부르주아 진영에는 특히 더 깊이 뿌리 내렸다.

좌초한 북유럽경제협력기구의 꿈

1970~1971년에 국내정치가 느슨했다면, 팔메는 외교정책에서는 이전에 사회민주당 출신의 어느 총리도 하지 못한 방식으로 지도력을 보여주었다. 예스타 부만은 새로운 총리가 '국내 외교정책'을 수행하고 있다고, 다시 말해서 선거 전략적 고려에서 외교정책

을 추진하고 있다고 비난하는 작은 책자를 발표했다. 뜻하는 바는 우선 이러했다. "총리 울로프 팔메는 여행을 너무 많이 했다.…" 팔메가 지극히 활동적이었음은 부정할 수 없다. 그는 유럽 전역을 돌아다녔고, 미국과 소련을 방문했으며, 북유럽 국가들의 여러 정부 수반과 동시에 협상을 가졌다. 마치 수십 년간의 고립주의를 보상이라도 하는 것 같았다. 그 결과는 확실히 한가지로 말할 수 없지만, 국제무대에서 스웨덴은 돌연 새롭게 결의와 위세를 드러냈다.

1970년 봄, 케니언 칼리지를 방문하기 전에, 팔메는 프랑스와 영국, 서독을 다녀왔다. 런던에서는 해럴드 윌슨을 만났는데, 영국 신문은 그를 캐나다의 유명한 총리인 "트뤼도보다 더 옷차림이 멋지다"고 평했다. 파리에서 팔메는 뛰어난 프랑스어 실력으로 깊은 인상을 주었고 다소 진부하게 '스웨덴의 케네디'라는 이름을 얻었다. 그러나 가장 따뜻한 환대를 보여준 곳은 서독이었다. 그곳에서 팔메는 빌리 브란트의 중요한 협력 상대로 여겨졌다. 두 사람은 1969년 10월 거의 동시에 정부 수반이 되었고, 1970년에 권좌에 오른 오스트리아 총리 브루노 크라이스키와 함께 스칸디나비아와 독일의 배경을 함께 지닌 유럽의 새로운 사회민주주의 지도자로 인상적인 삼총사가 되었다. 브란트와 크라이스키는 전쟁 중에 스칸디나비아로 피신했기에 각각 노르웨이어와 스웨덴어를 할 줄 알았고, 팔메는 스웨덴에서 독일어를 쓰는 가정에서 성장했다. 사회민주당의 어느 주요 인사는 회고록에서 다소 질투하듯 이렇게 회상했다. 팔메는 유럽 여행에서 돌아오면서 "큰 민주주의 국가의 지도자들과 대등한 위치에서 교제할 수 있다는 생각에 확실하게 취해 있었다."

팔메는 미국 여행 직후인 1970년 6월 모스크바를 방문하여 정부 수반 코시긴을 만났다. 미국에 갔을 때보다 더 우호적인 대접을 받았다. 환영 행렬을 따라 내걸린 휘장에는 이렇게 쓰여 있었다. "스웨덴 총리 울로프 팔메를 환영한다." 그 시기에 빌리 브란트는 동독과 폴란드, 소련과의 외교 관계에서 긴장 완화를 시도하는 중이었다. 이른바 '동방정책'으로 그는 1971년 노벨평화상을 받았다. 팔메는 브란트의 가까운 친구로서 모스크바의 형세를 파악하여 그 서독 총리에게 전했다. 10월, 선거가 끝난 후, 팔메는 국제연합 창설 25주년 총회에서 연설하러 다시 미국으로 건너간다. 여기서 팔메는 대담하게 약소국과 그 국민의 옹호자로 나서 특히 남아프리카의 식민주의와 관련하여 강국들을 거세게 비판했다. 팔메는 루마니아 독재자 니콜라에 차우셰스쿠부터 인도의 인디라 간디와 잠비아 대통령 케네스 카운다까지 다양한 방식으로 미국과 소련에 등진 여러 국가수반으로부터 축하와 격려를 받았다.

그러나 이 몇 해에 팔메의 가장 큰 기여는 가장 가까운 이웃나라들과의 관계에 관련된 것이었다. 1969년 10월, 총리에 취임한 지 불과 몇 주 지났을 때 팔메는 스톡홀름의 하가 왕궁에서 북유럽 네 개 나라 총리를 접대했다. 그 모임에서 가장 나이가 어린 팔메는 노르웨이 중앙당의 페르 보르텐, 핀란드 사회민주당의 마우노 코이비스토, 덴마크의 자유주의 정당인 급진좌익당의 힐마 바운스고르에게 "북유럽의 기회를 잃는다면" 비통할 것이라고 말했다. 팔메가 염두에 두었던 기회란 그 전해에 관세동맹과 농업을 비롯한 여러 경제적 문제에서 북유럽 협력을 이끌어내고자 착수한 계획을 말했다. 팔메는 북유럽의 다른 학생연맹과 긴밀히 연락을 유지한 스웨덴학생회연맹 시절부터 이웃나라 사람들이 어떻게 생각하는지 잘 알고 있었다.

네 명의 정부 수반은 전부 스웨덴이 제안한 협력 기구 즉 북유럽 경제협력기구가 북유럽의 연대를 강화하려는 첫 번째 시도가 아니라는 사실을 알고 있었다. 그러한 생각 자체는 스웨덴과 노르웨이, 덴마크를 통합하려 한 1800년대의 범ㄲ스칸다니비아 운동까지 거슬러 올라간다. 그 시절에는 스칸디나비아 인민의 우애를 기리는 아름다운 말과 뜨거운 축배가 수없이 이어졌다. 그러나 1864년 덴마크가 독일과 전쟁을 하게 되어 스웨덴에 도움을 요청했을 때, 열의는 싸늘히 식었다. 굳세게 버틴 자는 얼마 되지 않았는데, 그중 한 사람은 울로프의 조부 스벤의 형 악셀 팔메 중위였다. 그는 의용병으로 참전하여 부상을 당했다. 북유럽에 대한 열정은 이후로도 지속되었지만, 현실 속에서보다는 대학생 향우회와 축제의 만찬에서 더 잘 드러났다. 지정학적 원심력은 강력했다. 핀란드는 러시아의 세력권에 들어갔고, 스웨덴은 동서 간에 중립을 지켰으며, 덴마크는 남쪽에 독일이라는 강력한 이웃나라가 있었고, 노르웨이는 전통적으로 서쪽의 영국과 유대를 맺었다.

그래서 1969~1970년 북유럽의 총리들은 이러한 역사를 알고 있었기에 북유럽의 협력에 관해 분명한 언질을 주지 않았다. 이들은 무엇보다도 경제적이고 실질적인 이익을 강조했다. 그러나 배후에는 현실정치적인 시각도 있었다. 이는 그 기획에 힘을 보태기도 했거니와 동시에 그 기획을 침몰시킬 위험도 있었다. 북유럽이 더 긴밀히 통합되면 소련에 대해 더 강력하게 나갈 수 있고 또한 오늘날의 유럽공동체의 전신인 유럽경제공동체에 대해서도 더 나은 협상력을 가질 수 있었다. 팔메는 덴마크와 함께 이 기획에 있는 힘을 다 쏟았지만, 노르웨이와 핀란드는 다소 주저했다. 그러나 대중은 긍정적이었다. 핀란드에서도 대다수 유권자는 북유럽 협력 증대에 큰 기대를 걸었다.

그렇지만 소련은 핀란드의 정치적 지평이 서쪽으로 더 이동하는 것은 수용할 수 없다고 생각했다. 먼저 소련 외교관이 북유럽 외교장관들과의 은밀한 대화에서 분명하게 불만을 전달했다. 1970년 2월, 핀란드 대통령 케코넨이 소련을 공식 방문했을 때, 소련 지도부는 북유럽경제협력기구에 대해 강한 우려를 표명했다. 그러나 영리한 핀란드 국가수반은 이미 그러한 상황 전개를 예상했다. 한 달 전에 그는 총리인 사회민주당의 마우노 코이비스토에게 핀란드가 아무런 불이익을 당하지 않으면서 북유럽경제협력기구에서 빠질 수 있도록 조치하라고 권고했다. 그는 총리에게 이렇게 전했다. "이 일에서 아주 중요한 것은 북유럽경제협력기구가 결국 실패할 경우에 그 책임이 핀란드에 떨어지지 않게 하는 것이다. 핀란드가 아니라 유럽경제공동체를 선택한 나라에 가야 한다." 코이비스토는 스웨덴의 동료에게 특별한 매력을 느끼지 못했다. 그는 나중에 이렇게 쓴다. "팔메는 국제정치에 대해 다소 선언적인 태도를 취하는데 나로서는 익숙하지 않다." 그러나 정직한 코이비스토는 케코넨에게는 근심스럽게도 팔메에 솔직하기로 했다.

1970년 4월, 북유럽의 협력은 실현되지 않으리라는 것이 분명해졌다. 팔메는 크게 실망했다. 팔메는 핀란드의 외교관에게 자신은 그 기획을 "양쪽 진영에 대한 북유럽의 독립 선언"으로 생각했다고 말했다. 정치적 생애 동안 팔메는 자신의 가족에게 매우 큰 문제를 일으킨 핀란드와 발트 지역에서 종종 시선을 거두었다. 그러나 1969~1970년에 그는 가족 같은 느낌으로 핀란드와 스웨덴을, 종조부 울로프 팔메가 1918년 탐페레에서 추구한 것보다 더 동등한 조건으로, 더 가깝게 만들고자 진지하게 노력했다. 팔메는 어느 인터뷰에서 북유럽경제협력기구의 실패는 자신이 겪은 "가장 큰 정치적 불운"이라고 말했다.

유럽경제공동체 가입에 돌아선 여론

북유럽경제협력기구의 실패로 스웨덴이 추진하던 유럽경제공동체와의 협상이 주목을 받았다. 1957년 유럽경제공동체로 확대된 석탄철강공동체의 유럽 협력에 대한 스웨덴 노동운동의 입장은 전통적으로 미온적이었다. 스웨덴 사회민주당이 원칙적으로 자유무역을 옹호했음은 사실이다. 스웨덴은 수출에 크게 의존하는 나라였고, 무역의 70퍼센트가 유럽과의 거래였다. 그러나 유럽경제공동체는 대서양조약과 연계된, 정치적으로 미심쩍은 기획으로 이해되었다. 그것이 스웨덴의 중립정책에 부합하지 않았기 때문이다. 게다가 스웨덴 사회민주당은 유럽경제공동체 회원국 대부분에서 권력을 장악한 집권당인 기독교민주당과 이데올로기적으로 공통점이 적었다. 유럽 대륙은 4k가, 즉 보수주의^{konservatism}와 자본주의^{kapitalism}, 식민주의^{kolonialism}, 가톨릭^{katolicism}이 지배한다는 말이 있었다. 군나르 뮈르달은 1962년에 발표한 책에서 유럽경제공동체가 스웨덴에 비해 상당히 더 원시적인 사회 조직 형태를 대표한다고 말했다. 민주주의는 프로테스탄트 세계에서, 즉 스칸디나비아와 앵글로색슨족 국가들에서 더욱 분명하고 안정적이며 효율적이라는 얘기였다. 사회민주당 여성연맹은 유럽경제공동체에 가입하지 않는 이유로 양성평등 문제가 중립만큼이나 중요하다고 보았다.

1961년 8월 타게 엘란데르는 금속노동조합연맹 대회에서 다른 무엇보다 중립을 이유로 스웨덴의 유럽경제공동체 가입에 분명하게 반대했다. 울로프 팔메가 그 연설을 대부분 작성했다. 그러나 유럽경제공동체에 대한 팔메의 회의적인 태도는 사회민주당의 다른 많은 사람들과는 달리 국제적 협력에 대한 무관심의 증거가 아니었다. 팔메에게 그것은 조정의 문제였다. 어떤 상황에서 유럽경제공동체에 가입해야 스웨덴과 자신의 정치적 이상에 정치적으로 이득이 될 수 있는가? 1960년대 말에는 유럽경제공동체가 스웨덴의 가입을 가능하게 하는 방향으로 발전하고 있는 것 같았다. 유럽경제공동체와 서방 군사동맹 간의 연계는 이제 이전만큼 강력하지 않았다. 드골이 프랑스를 북대서양조약기구의 협력에서 빼냈기 때문이었다. 오히려 팔메는 유럽이 미국과 소련이라는 초강국 사이에서 균형을 잡을 제3의 진영이 될 수 있는 가능성을 엿보았다. 동시에 유럽경제공동체 안에서 발견된 연방주의를 위한 노력, 다시 말해 초국가성의 확대를 위한 노력은 프랑스에 의해 제동이 걸렸다.

협력은 국가 간 협력을 지향했다.

유럽경제공동체 안에서 중량감 있는 인사였던 빌리 브란트와 팔메의 긴밀한 관계도 중요하지 않았다고는 할 수 없지만 어쩌면 생각보다 일시적인 것이었을지도 모른다. 팔메는 국제무대에서 자신의 위상을 높게 생각했으며 유럽의 이웃나라들에서 역할을 하고 싶었다. "우리는 이렇게 생각하는 경향이 있다. 우리는 북유럽과 제3세계에 전념하고 있지만, 유럽이 어떤지는 제대로 알지 못한다고. 우리는 유럽인이며, 앞으로도 유럽의 정치에서 일정한 역할을 수행해야 한다." 1970년 봄 여론조사를 보면, 국민의 59퍼센트가 유럽경제공동체 가입에 찬성했으며, 사회민주당을 지지한 유권자들 중에서도 절반 이상이 긍정적이었다. 팔메도 일련의 조치를 취해 가입 협상을 준비했다. 그는 1970년 5월 사회민주당 청년연맹 대회에서 유럽경제공동체에 회의적인 청년들에게 유럽의 협력은 새로운 국면에 접어들었다고 설명했다. 전통적인 진영 정치는 사라지고 있었기에, 스웨덴이 무엇인가 새로운 것을 만드는 데 참여할 기회가 생겼다. 팔메는 특히 소련에 대한 브란트의 새로운 태도를 강조했다. "독일의 동방정책 재조정은 전후 시대 유럽에서 발생한 가장 중요한 일 가운데 하나이다." 1970년 7월 팔메는 외교관 스베르케르 오스트룀을 유럽경제공동체 문제의 협상 대표로 임명했다. 선거 후에는 또한 유럽경제공동체 회의론자로 지쳐 있는 상업부 장관 군나르 랑에를 재무부의 떠오르는 신성이었던 셸울로프 펠트로 교체했다. 펠트는 유럽 협력의 확대에 긍정적이었다.

그러나 1969년 봄 드골의 사퇴는 스웨덴의 기회에 치명적인 일격을 가했다. 그 완고한 프랑스 대통령이 물러나면서 유럽경제공동체는 신속히 방향을 조정하여 다시금 방위 협력 확대와 초국가성의 확대를 향해 나아갔다. 1970년 가을 벨기에 외교부 관료 에티엔 다비뇽은 유럽경제공동체가 방위정책 문제에서 협력을 공식화해야 한다고 제안하는 보고서를 제출했다. 2월, 회원국 간의 경제 통합과 화폐 통합을 옹호한 이른바 베르너 계획이 제안되었다. 또한 1970년 봄 유럽경제공동체에 대한 스웨덴 사람들의 긍정적인 시각은 허상이었음이 입증되었다. 겉으로 드러나지는 않았지만 기독교 민주당이 지배하는 유럽에 대한, 유럽경제공동체의 배후에 도사리고 있다고 생각된 시장 이데올로기에 대한 깊은 반감이 존재했다. 1970년에서 1971년으로 넘어가던 때에 가입에 찬성한 비율은 31퍼센트로 하락했다. 팔메가 그토록 부정적인 여론에 맞서 의사를 관철시킬 가능성은 없었다. 국가의 주권이 훼손될 수 있다는 두려움이 유럽에서 영향력을 확대하려는 의지보다 훨씬 더 큰 것으로 드러났다. 특히 군나르 스트렝과 토슈텐 닐손이 강력히 연대하여 유럽경제공동체 가입에 반대했다. 재무부 장관은 스웨덴 국가가 자국 경제에 대한 통제력을 상실함을 뜻하는 모든 발상에 반대했고, 반면 외교부 장관은 동맹의 자유를 훼손할 수 있는 모든 조치에 회의적이었다.

3월 12일 팔메는 어느 연설에서 스웨덴의 유럽경제공동체 가입 가능성은 완전히 사라졌다고 확인했다. 직접적인 이유는 다비뇽 계획과 베르너 계획이었지만, 속을 들여다보면 사회민주당 지도부의 다수가 전체적으로 회의적인 태도를 보였다. 불과 한 해 전에 가입을 적극적으로 옹호한 팔메에게 이는 명백한 패배였다. 이제 유럽경제공동체는 스웨덴의 의제에서 지워져 오랫동안 보이지 않게 된다. 여러 가지를 종합해 볼 때 팔메는 포기하기 전까지 유럽경제공동체와의 협상을 길게 끌어가려 했던 것 같다. 팔메는 자유무역을 강력히 옹호한 사람이었고, 유럽경제공동체에 가입하면 경제적으로 큰 이익을 보리라고 생각했으며, 스웨덴이 노르웨이와 함께 유럽경제공동체에 영향력을 행사하여 더 큰 사회적 책임을 떠맡게 할 수 있으리라고 믿었다. 저울의 다른 접시에는 스웨덴의 주권이, 내정과 외교정책에 다 관련된 주권이 놓여 있었다. 사회민주당의 다수는 본능적으로 유럽경제공동체와의 접촉에 두려움을 느꼈다. 그러나 팔메에게 그것은 조정의 문제였다. 팔메는 국제학생운동 시절부터 국제무대에서 영향력을 가지려면 모험을 걸어야 한다는 점을 알고 있었다. 당시 상황에서 팔메가 느낀 감정은 급진 좌파 음악 그룹 군데르 헤그(나중에 '블로 토게트'로 이름을 바꾼다)가 1971년에 유럽경제공동체를 풍자하여 발표한 노래의 가사에 가장 잘 반영되었을 것이다. "아니, 저녁의 마지막 춤에서 기회를 잡아/ 너의 순진함은 곧 광채를 잃었어/ 비통한 위로/ 노년의 가을에/ 누구도 너의 말을 듣지 않네."*

---

* 1971년에 발표한 앨범 '글라스파브리켄Glassfabriken'(아이스크림 공장) A면 첫 곡 〈EEC!〉의 가사 일부이다.

'팔메의 힘든 시기'

1972년 사회민주당 당 대회에 앞서《아프톤블라데트》는 "팔메의 힘든 시기"라는 제목으로 장문의 기사를 실었다. 기사는 1969년 이후 팔메의 통치 시기 전체를 다루면서 그의 여러 가지 국내정책 문제를 상세하게 늘어놓았다. 팔메가 당 대표에 선출되었을 때 큰 기대를 받았지만 기대가 무산되었다는 식이었다. 팔메가 유럽경제공동체와 북유럽경제협력기구에서 공히 실패했다는 사실은 여론에 그다지 큰 영향을 미치지 못했다. 더 두드러진 것은 스웨덴이 1971년 가을부터 불경기에 빠져 벗어나지 못했다는 사실이었다. 오늘날의 기준으로 보면 경기 후퇴가 완만했던 것은 분명하다. 그렇지만 안정적으로 돌아가던 경제가 조금이라도 멈출 것 같으면, 어느 정도 불안이 생기기 마련이다. 10만 명이 실직했고, 재정 적자는 예상을 뛰어넘었고, 민간 소비는 몇 년 만에 처음으로 축소되었다. 1972년 봄 식료품 가격 인상에 항의하는 시위가 여러 차례 벌어졌다. 특히 스톡홀름 주택지구 셰르홀멘에서는 일단의 주부들이 우유와 쇠고기의 불매운동에 나섰다. 6000명이 세르겔 광장에서 운율을 맞춰 구호를 외치며 시위를 벌였다. "물가가 오른다(프리세나 스티게르$^{Priserna\ stiger}$) – 팔메는 침묵한다(팔메 티게르$^{Palme\ tiger}$)." 이들은 팔메를 찾아오기까지 했다. 동료들이 불만에 찬 주부들을 맞아들이지 말라고 충고했는데도, 팔메는 여느 때처럼 비판자들을 직접 대면하는 것이 자신의 의무라고 생각했다.

그러나 이는 사회민주당이 젊은 지도자에게서 보고 싶은 모습이 아니었다. 1968년 선거의 압승 이후 사회주의적 공세를 원하는 억눌린 기대가 있었다. 팔메는 "평등이 1970년대의 나아갈 길이어야 한다"고 거듭 설명했다. 그러나 그때까지 팔메가 행동에 나섰다는 징후는 보이지 않았다. 오히려 그는 두 건의 조사 보고서와 열여섯 건의 중간 보고서를 통해 복지국가의 임금격차와 불평등을 상세히 설명한 대규모 '저소득조사단'의 해산을 허용함으로써 당 안팎에서 좌파를 자극했다. 조사단은 팔메가 자주 참고했음에도 학문적이지 않고 편향되었다는 이유로 비판을 받았다. 조사단은 특히 군나르 스트렝을 비롯한 사회민주당 선배 세대를 짜증스럽게 했다. 그들은 1930년대를 출발점으로 삼았기에 사회가 다소 성공적으로 완결되었다고 보았다. 타게 G. 페테숀에 따르면 팔메는 7월 초에 내무부 장관 에리크 홀름크비스트가 조사단을 해산했다는 보고를 듣고 격노했다. 팔메는 그 계획에 관해 전혀 알지 못했던 것 같다. 그러나 페테숀에 따르면 가족과 포뢰 섬에 있던 총리는 즉각 자신에게 전화를 걸어 '건너갈' 준비를 해야 하겠다고 소리를 질렀다. 팔메가 화가 나기는 했어도 자신의 조수를 가볍게 놀렸을 가능성은 충분하다. 어떤 경우였든 고틀란드 섬의 여름 휴양지에 있던 페테숀은 자동차를 운전하여 포뢰 섬으로 갔다. 팔메가 직접 1970년 선거 포스터에서 조사단 보고서를 참조했기에 충격은 더 컸다. 팔메는 결정을 뒤집을 수 없었지만, 몇 주 뒤에 조사단 위원이었던 페르 홀름베리를 불러 알메달렌 공원에 함께 등장함으로써 최선을 다해 자신의 지지를 드러냈다.

사회민주당의 콘크리트 정책에도 비판이 가해졌다. 팔메는 성장하는 환경운동에 약간이나마 손짓을 보이려 했지만, 그의 심장은 고용과 성장에 더 요동쳤다. 1970년 가을 팔메는 격한 환경 여론을 무시하고 협동조합 석유회사인 석유소비조합^{OK}이 부후슬렌의 브루피오덴에 정유공장을 건립할 수 있도록 허가했다. 그는 처음에는 논란이 컸던 노를란드의 빈델 강 근처에 건설하는 것도 옹호했지만, 결국 사회민주당 안으로 깊이 침투한 엄청난 비판에 직면하여 물러섰다. 1971년 봄에는 스톡홀름 사람들이 들고 일어났다. 도시 주민들은 이미 해체를 많이 겪었고, 지하철 출입구를 마련하고자 쿵스트레고덴 공원의 느릅나무 여러 그루를 잘라내려는 계획에 다소 뒤늦게 항의했다.

왕궁 맞은편의 쿵스트레고덴 공원은 한때 왕실의 사사로운 공간이었지만, 1700년대 이래로 대중에 개방되었고, 도시에서 가장 인기 있는 공원으로 발전하여 카페와 음식점이 많이 들어서 있었다. 5월 12일 밤 예정된 대로 벌목이 진행되기 전에 많은 청년 활동가들이 나무 꼭대기에 그물침대를 묶어 놓고 나무집을 급조했다. 이들은 안전모를 쓴 전투적인 아나키스트들뿐만 아니라 외스테르말름의 나이 많은 부인들로부터도 지지를 받았다. 인근의 호화로운 식당 오페라셀라렌에서 희극 감독이자 작가인 카르 데 뭄마*가 손님들에게 청년들에게 힘을 보태자고 권고했고, 동시에 구스타브 아돌프 광장의 왕립오페라극장에서 합창단이 몰려나와 코넬리스 브레스비크와 핀 세테르홀름 같은 수염 덥수룩한 좌파 음유시인들에

---

* Kar de Mumma. 에리크 하랄드 세테슈트룀^{Erik Harald Zetterström}의 필명.

합세했다. 도시의 정치인들을 지지한다고 생각된 유일한 집단은 장발 인간들을 때려눕히고 직접 나무를 베어 버리겠다는 '오렌지 족' 뿐이었다. 시의 도로교통과는 이러한 대대적 저항 앞에 굴복했고, 그 문제를 스톡홀름 시 재무위원 얄마르 메르와 다수당인 사회민주당에 돌려보냈다.

사회민주당은 확실히 불만을 해소하는 데 이력이 났지만, 그렇게 하려면 일상의 문제를 제대로 볼 수 있는 분명한 시각을 갖추어야 했다. 팔메는 다음 선거를 위해서는 물론 1970년대 전체를 위해서도 사회민주당 정치에 더욱 구체적이고 명확한 방향을 제시해야 했다. 엘란데르가 1950년대 국민추가연금을 앞두고 한 일과 거의 같은 것이다. 그러나 어디로 가야 했나? 좌파에는 사회화를 부르짖는 젊은 세대가 있었고, 우파에는 경제의 효율성을 방해할 포괄적인 사회적 실험에 반대한 노년 세대가 있었다. 팔메가 딜레마를 해결하는 전형적인 방법이 있었다. 자본주의와 사회주의 중에서 하나를 고르는 힘든 선택, 그렇지만 그의 눈에는 의미 없는 선택에 직면하여 팔메는 이렇게 답했다. 여성.

독립하는 여성과 달라진 성 풍속

1960년대 말과 1970년대 초에 스웨덴의 전통적인 가정주부 사회(사실을 말하자면 그렇게 완벽하게 전통적인 적은 없었다)는 빠르게 해체되고 있었다. 1966년 모든 여성의 대략 66퍼센트가 주부였는데, 1968년에 그 몫은 거의 절반까지 줄어들었고, 1974년에는 27퍼센트로 더욱 낮아졌다. 여성은 꾸준히 빠른 속도로 돈벌이로 쏟아져 나왔다. 1968년에서 1972년 사이에 여성 노동력은 17만 명에서 18만 명까지, 처음에는 주로 돌봄 노동에서, 증가했다. 그러나 이렇게 여성이 집안에서 벗어나는 것과 상응하여 아동 돌봄이 증가하지는 않았다. 1965년에서 1970년 사이에 유치원 숫자는 1만 2000개에서 3만 개로 소소하게 증가했다. 스웨덴은 1970년대 초에 누가 자녀를 돌보아야 하는지 묻는 불만 가득한 여성들로 넘쳐났다.

오늘날의 사회에서 남자는 취학 전 아동을 돌보는 사람으로 생각되지 않는다. 오히려 사람들은 그런 역할을 선택하는 남자를 매우 현명하다고 생각하는 것 같지 않다.… 그렇지만 여성은 분명코 아이를 출산하게끔 만들어졌다.… 또한 사회는 아버지와 어머니가 각각 반나절 일할 시간을 갖도록 어린이집을 마련해야 한다. 나는 우리 나이의 여자들이 궁지에 빠졌다고 믿는다. 우리는 중간에, 이행기에 끼었다. 가정주부가 사라지는 방향으로 사회가 발전했기 때문이다.

그러나 여성의 불만은 어린이집의 부족에만 있지는 않았다. 이들은 노동 현장에 투입되었을 때 남자에 비해 더 낮은 임금과 더 열악한 조건을 받아들여야 했다. 1972년 아베스타 제철 주식회사에서 일하던 어느 여인은 노동조합 신문《메탈아르베타렌(금속노동자)》에 분노의 편지를 보냈다.

6년 전부터 아베스타 제철소는 여성 노동자를 구하는 광고를 내보냈다. 나는 지원했고 냉연강판 공장에 일자리를 얻었다. 처음에는 모든 점에서 무척 서툴렀다. 기술적으로도 부족했고 환경에도 익숙하지 않았다. 그러나 모두가 우리는 권리와 책임, 급여에서 남자 동료들과 동등하다고 말했다. 그렇지만… 권리는 꿈에 불과하다. 나는 마치 남자인 듯이 당당하게 내게 맞는 일을 달라고 요구했다. 그것이 불가능해졌을 때, 전부 똑같이 빤한 변명만 수없이 들었다.

여성이 가정에서 벗어나기 시작한 것은 1960년대였다. 그러나 균형을 깨뜨리고 장기적으로 스웨덴을 세계에서 가정주부에 가장 덜 친화적인 사회의 하나로 만든 것은 1971년 의회에서 채택된 대대적인 세제 개혁이었다. 그때까지 결혼한 부부의 소득은 합산하여 과세했다. 요컨대 만일 여자가 가정 밖에서 일하지 않을 경우 그 가족은 적은 세금을 냈다. 왜냐하면 남자가 소득신고서에서 아내의 기본공제를 이용할 수 있기 때문이었다. 반면 여자가 소득 활동을 하면, 그 가족은 한계세율이 높아진다. 아내의 소득과 남편의 소득이 더해지기 때문이다. 이제 과세가 개별화되어 남편과 부인은 서로 거의 완전히 독립적으로 각자 세금을 납부했다.

그러나 세제 개혁은 1960년대 스웨덴 가정생활 변화의 한 측면일 따름이다. 결혼의 경제적 토대는 물론 정서적 토대까지 변했다. 1950년대 말과 1960년대 초에 결혼한 스웨덴 젊은이들은 부모 세대와 마찬가지로 평생 동안 지속될 계약을 체결했다고 확신했다.

그러나 1960년대에 정서의 만족을 원하는 시민들의 요구가 늘어났다. 결혼은 이제 더는 자명한 일이 아니었다. 1966년부터 1973년 사이에 혼인신고 숫자는 6만 1000건에서 3만 8000건으로 줄어들었고, 동시에 이혼은 대략 1만 건에서 1만 6000건으로 증가했다. 많은 사람이 결혼 없이 만나 같이 살았다. '동거sambo(삼부)'라는 하나의 개념이 탄생할 정도로 너무 흔했다. 서구 세계에서 독특한 현상이었다. 신생아 출생이 전간기 수준으로 감소했는데도, 누구도 '인구 문제의 위기'를 경고하지 않았다. 전체적인 무료함과 새로움의 추구 따위의 아주 평범한 이유로 결혼을 깨는 것이 사회적으로 용납되었다.

결혼의 지위 하락은 성 혁명과 어느 정도 연관이 있었다. 1970년대 초 보수적 윤리관의 마지막 둑이 터졌다. 이제 온갖 형태의 본능이 지지를 받았다. 많은 것이 무죄였다. 이를테면 독자들이《엑스프레센》의 성 문제 조언자 잉에와 스텐에게 팬티스타킹과 망사 속치마에 흥분된다고 털어놓아도 괜찮았다. 소아성애증과 근친상간을 포함하여 성적 욕구의 표현을 막는 거의 모든 장애물을 제거하려는 더 과격한 목표도 있었는데, 이는 1972년 법무부 장관 예이에르가 설치한 새로운 성범죄조사단의 토대가 되었다. 그 시기에 소아성애 활동단은 "아동의 성적 권리"를 옹호했으며, 당대에 스웨덴에서 가장 크게 주목받은 소설인 페르 베스트베리의 3부작『수상궁전Vattenslottet』,『공중에 뜨다Luftburen』,『토양Jordmân』은 남매 간의 근친상간을 소재로 삼았다.

성 해방운동은 대부분 피상적이었다. 많은 스웨덴 사람은 자유연애와 성적 방종의 신세계에 발을 들이지 않았고, 오히려 스웨덴 농민 사회에 깊이 뿌리 내린 더욱 실용적인 예전의 가족관으로 돌아갔다. 사람들은 만나서 함께 지냈고, 헤어졌고, 아이들에 미치는 영향에 대해 고뇌했다. 그러나 기본적으로는 전형적인 핵가족이 더 평등하고 자유로운 형태로 살아남았다. 평등하고 자유로운 핵가족 생활은 힘들고 다소 어색했겠지만 성에 관한 공적 담론에 퍼진 난교의 이상과는 거리가 멀었다. 1969년 칼 리드붐의 지휘로 입법조사단이 출범함으로써 법률도 시대의 새로운 현상에 적응했다. 1973년 새로운 법이 통과되면서 이혼은 더욱 간편해졌다.

같은 해 잉마르 베리만의 〈결혼의 풍경Scener ur ett äktenskap〉이 텔레비전에 방영되었다. 나라 곳곳에서 시청자들이 갈색과 오렌지색의 소파에 앉아 아이가 있는 부부의 10년간의 결혼이 해체되는 과정을, 부부가 어느 주간지 기자 앞에서 자신들의 결혼이 아주 행복하다고 설명하는 첫 장면부터 몇 년 뒤 적막한 집에서 일시적으로 재결합하는 마지막 장면까지 고통스러울 정도로 세세히 지켜보았다. 묘사에서 시청자의 비위를 맞추려는 노력은 보이지 않았다. 부부는 (리브 울만과 엘란드 유셉손이 연기했다) 서로 모질게 대했으며, 어디에나 베리만의 음산함이 어른거린다. "… 절대적인 고독이 지배한다. 그 밖의 다른 생각은 망상이다." 그러나 모든 것을 비난하는 자가 또한 모든 것을 용서한다. 베리만이 묘사한 이기주의와 자기중심주의, 연약함은 역설적이게도 시청자에게 죄의식과 질투가 없는 자유연애의 장밋빛 환상보다 더 큰 위안을 준다. 결혼도 이혼도 인간의 실존적 약점의 해법은 아니었다. 따라서 누구나 이데올로기적 기준 없이 직접 그 문제를 해결해야 했다. 베리만의 텔레비전 연속극이나 새로운 법률 제정의 효과가 있었다면, 이듬해에 2만 8000쌍의 스웨덴 부부가 이혼을 선택했다는 사실이다. 전년도에 비해 1만 2000건이 늘어난 것으로 역사상 최고였다. 그렇지만 베리만의 텔레비전 연속극과 달리 결혼을 깬 것은 일반적으로 여성이었다. 이는 다른 무엇보다도 스스로 부양할 기회가 새롭게 생겼기 때문이다.

가족정책과 양성평등

이혼, 자녀 양육, 저임금 문제는 1970년대 초 일반적인 대화 주제였다. 그렇지만 아직까지는, 특히 노동운동 안에서는 정치적으로 중요한 문제로 인식되지는 않았다. 팔메가 평등과 여성의 불만이 사회민주당에 1960년대에 국민추가연금과 사무직 노동자들이 했던 것과 동일한 동원의 역할을 할 수 있으리라고 믿었을 가능성은 있다. 노동운동은 1969년 개별 과세를 지지하기는 했어도 성 역할 문제에 관해서는 뒤처졌다. 국민당이 가족법의 현대화와 어린이집 건설, 전통적 성 역할에 대한 반대에 몰두함으로써 여성 친화적인 모습을 매우 뚜렷하게 드러냈다. 1970년대 초에는 보수통합당도 여성 문제를 진지하게 논의하기 시작했다. 1972년 당 대회에서는 양성평등을 다룬 제안이 열 개나 나왔다.

그러나 갑자기 팔메가 주도적으로 나섰다. 1972년 9월 초 팔메는 사회민주당 여성연맹 대회에서, 얄궂게도 이전의 적이었던 대회 의장 난시 에릭손 앞에서 양성평등에 관하여 강력한 연설을 했다. 이제 그녀는 기쁨에 마음이 벅찼다. 여성연맹은 "우리 당 대표와 매우 좋은 관계를 갖고 있다. 어쩌면 친밀한 관계라고 말할 수도 있겠다." 팔메가 여성연맹에서 양성평등을 얘기했다는 사실은 전혀 놀랄 일이 아니었다. 정당 대표가 여성연맹 대회에서 여성 문제가 아니면 무엇에 관해 얘기하겠는가? 그러나 그것은 한 달 뒤에 당 대회에서 할 연설의 리허설이었을 뿐이었다. 당 대회에서 팔메는 사회민주당 대표로는 처음으로 여성 문제를 당의 노선을 밝히는 연설에서 중심으로 삼았다. 1965년 예블레에서 베트남에 관해 연설할 때와 똑같이, 팔메의 담대함은 연설의 내용보다는 많은 정치인이 감히 건드리지 못한 문제를 제기했다는 점에 있었다.

우리는 누가 가정주부가 되는 것을 막을 수 없고 그럴 의사도 없다. 우리는 누가 살림하는 남자가 되는 것을 막을 수 없고 그럴 의사도 없다. 우리는 두 사람이 가사와 자녀 양육의 일을 어떻게 나눌 것인지 공동으로 결정하는 것을 막을 수 없고 그럴 의사도 없다. 그러나 여성이 노동시장에서 계속 뒤로 밀려나고 임금과 안전, 교육에서 열악한 처지에 놓이는 것은 정의에 관한 우리의 원칙에 부합하지 않는다. 전부 여성에게 가정으로 돌아가 다른 사람의 부양을 받으라는 말이기 때문이다.

팔메가 사회민주당 집행위원회 부위원으로 선출된 1964년 당 대회에서 양성평등 문제가 처음으로 진지하게 다루어졌다. 사회민주당 여성연맹의 보고서는 여성의 "사적이고 개인적인 조건과 기회, 재원, 목표에 따라 거창하게 말하면 의미 있는 삶이라고 할 수 있는 것에서 업무와 역할을 독립적으로 선택할 자유"를 옹호했다. 여성들은 무관심에 망연자실했다. 민중회관에 모인 600여 명의 대의원 중 95퍼센트를 차지한 남자들은 경청했으나 아무런 말도 하지 않았다. 여성들만 논의에 참여했으며, 팔메를 포함하여 당 지도부에서는 누구도 의견 하나 제시하지 않았다. 그로부터 8년이 지난 시점에 총리이자 당 대표는 양성평등이 노동운동이 시급하게 다루어야 할 문제라고 설명했다. 팔메는 이 문제에서 확실히 갈등의 현장으로서의 가족에서 시선을 돌려 노동시장에서의 여성의 위상에 집중했다. 그러나 이로써 그는 젠더 문제와 계급 문제를 결합하여 노동운동을 동원하는 데 성공했다.

이는 전술이었을 뿐만 아니라 개인의 신념도 반영했다. 팔메는 1970년 미국 방문 중에 이미 미국 여성 단체 회원들 앞에서 '남성의 해방'을 위한 정책을 세워 성역할 논쟁에 해박함을 입증했다. 팔메는 1960년대 초부터 은밀하게 여성 문제에 관심을 쏟았다. 그의 생각은 대부분 기자 에바 무베리에게서 영향을 받은 것이다. 무베리는 1961년 프레드리카 브레메르 연맹의 정기간행물《헤타》에 민감한 글을 발표했다. 팔메에게는 얄궂게도 그녀는 작가 빌헬름 무베리의 딸이었고 아버지의 과격한 개인주의를 여성 문제로 끌고 갔다. "여성의 조건부 해방"이라는 제목의 기고문은 여성에게는 남성과 동등한 시민이요 어머니라는 '두 가지 역할'이 있다는 당대의 전형적인 관념에 반대했다. 무베리에 따르면 그것은 실제로 여성이 언제나 우선은 성적 존재이고 그다음에야 국제연합 인권선언에 규정된 권리를 누릴 수 있는 개인으로 여겨진다는 뜻이었다. 모성은 역사상 가장 많이 착취된 감정이다. "개인으로서의 여성의 권리를 아동의 권리와 연관 지어 논하는 것 자체가 비사회적이고 자연 법칙에 반하며 반여성적이고 비인간적인 미친 얘기이다." 해법은 자녀 양육의 무거운 책임을 어머니와 아버지, 사회가 균등하게 나누는 데 있었다.

무베리의 글은 뜨거운 논쟁을 촉발했다. 많은 사람이 무베리의 글을 가정주부 체제에 대한 공격일 뿐만 아니라 가정주부에 대한 악의적인 공격이라고 이해했다. 그 글이 충격을 준 다른 이유는 무베리의 출발점이 사회민주주의가 아니라 자유주의였다는 데 있었다. 무베리는 여성의 완전한 해방이라는 요구에는 이데올로기적으로 정당한 근거가, "사사로운 개인의 최대한 자유로운 발전에 대한 자유주의적 요구"가 있다고 말했다. 가정은 존속해야 하지만(그녀는 아이들을 고아원에서 양육하는 데 단호히 반대했다), 가정은 부부가 다 일하고 여자가 남자로부터 경제적으로 독립하고 사회의 지원을 받아 자녀를 양육하는 평등한 제도로 바뀌어야 했다. 많은 사회민주당원에게 이는 새롭고도 익숙하지 않은 정책이었다. 법과 국가 권력을 이용하여 사회를 계급적으로 평등하게 만드는 것은 자명한 일이었지만, 동일한 수단을 여성을 현재의 어머니 역할에서 해방시키는 데 이용한다는 것은 여전히 시야에 없었다. 그러나 무베리의 과격한 개인주의가 1900년대에 스웨덴 노동운동도 포용한 가정주부 규범과 충돌하기는 했어도, 노동운동과 그녀의 주장을 이어주는 다른 요인도 있었다. 팽창하는 공공 부문은 물론 산업에서도 노동력이 절실히 필요했다. 이러한 요구는 이탈리아와 그리스로부터 노동력을 수입하여 어느 정도 해소할 수 있었지만, 여성이 노동시장에 진출할 필요도 있었다. 이에 형편 좋은 일부 자유주의자들과 사회민주주의자들이 연합하여 '그룹222'를 결성했다. 이들이 1970년대 스웨덴의 장기적인 양성평등 개혁을 위해 세운 기본 원칙, 즉 개별 과세, 부모보험, 어린이집의 전면적인 확대는 울로프 팔메의 총리 시절에 이행된다.

그룹222는 1964년 2월 30대를 막 넘어선 재능 있고 카리스마 넘치는 여성 안니카 바우데가 만들었다. 그녀는 경제사회연구회에서 일했다. 경제사회연구회는 계획경제 논쟁*이 한창이었던 1948년에 설립된 비영리단체로 정당의 경계를 넘어 경제 문제를 논의하는 것을 목표로 삼았다. 바우데는 진영을 가리지 않고 관심이 있는 사람들을 포괄하는 네트워크를 구축하려 했다. 1963년 2월 바우데는 울로프와 리스베트를 정찬에 초대하여 자신의 책 『여성의 삶과 노동*Kvinnors liv och arbete*』에 관하여 토론했다. 한 해 뒤에 그녀는 느슨하게 결합된 단체를 결성했다. 이들은 알빅스베겐 222번지에 있는 브롬마의 집에 모여(단체의 이름은 여기서 생겼다) 어떻게 하면 여성 해방을 더욱 확실하게 실현할 수 있을지 논의했다. 첫 번째 모임에 참여한 어떤 이는 이렇게 기억했다. "지하철을 타고 브롬마로 갈 때… 울로프 팔메가… 우리의 작은 모임의 배후에 있다는 사실

* 1944년 사회민주당의 전후강령으로 촉발된 경제계획에 관한 논쟁.

을… 아는 사람은 거의 없었다." 그 '작은 모임'은 자유주의자와 사회민주주의자의 혼합이었다. 반면 한 사람은 거부당했다. 의대생 셸드 페테르 마티스였는데 공산주의자라는 소문이 돌았기 때문이다. 논의된 문제는 기본적으로 두 가지였다. 개별 과세, 즉 결혼한 부부라도 남편과 아내의 소득을 분리하여 과세해야 한다는 것과 어린이집 확대였다.

그룹222의 기여는 1960년대 말의 언론의 주목을 받기 쉬운 혁명적 수사법에 가려졌지만, 그 영향력은 훗날 스웨덴 복지국가의 외형에 일으키는 파문보다 훨씬 강력했다. 그룹222는 비록 규모는 작았어도 여러 점에서 영국의 페이비언 협회를 닮았다. 1900년대 초에 설립된 영국 지식인들의 엘리트 집단인 페이비언 협회의 사상은 노동당 정책에 큰 영향을 미쳤다. 1964년 알빅스베겐에서 입안된 개인주의적 가족정책으로 1970년대에 스웨덴은 전통적인 성격이 강한 유럽의 다른 나라들에서 급격하게 이탈한다. 우파의 어느 비판자는 나중에 지난 시절을 돌아보며 이렇게 분노했다. "스웨덴 정치에서 가장 성공적인 사적 투쟁의 하나가 가구 소득의 사회화를 통해 공공 부문 팽창의 길을 닦았다.… 그 네트워크는 전통적인 가족을 표적으로, 합산 과세를 주된 증오의 대상으로, 가정주부를 부두교 인형으로 삼았다.…"

1963년 2월 안니카 바우데가 울로프와 리스베트와 함께 정찬을 나눈 것이 그룹222의 탄생에 어떤 의미를 갖는지는 판단하기 어렵다. 그러나 이상형에 가까운 벨링뷔의 부부가 준비 과정에 참여했다는 사실은 적어도 그 기획에 일종의 상징적인 축복이었다. 리스베트는 스톡홀름의 유치원에서 아동심리 상담사로 일했고, 울로프는 그 세대에서 가장 촉망받는 사회민주당 정치인이지 않았는가. 울로프 팔메의 경우에 그 유형은 잘 알려져 있었다. 그의 국제적 관심은 1940년대 말에 형성되었지만 1960년대 중반에 와서야 정치적으로 발전했다. 스웨덴학생회연맹 의장으로서 팔메는 1950년대 초에 대여장학금 개혁에 몰두했고, 1960년대 초에 젊은 의원으로서 그 문제를 다시 다루었다. 팔메는 앞으로 닥칠 큰 문제를 일찍 포착하고 이를 정신의 서랍 속에 넣어 두었다가 실질적인 결정을 내릴 수 있는 지위에 올랐을 때 앞서 쌓아둔 지식과 열정을 꺼내오는 능력이 있었다. 양성평등의 문제에서도 그는 이런 방법을 썼다.

평등에 대한 남다른 감수성

양성평등 문제에 대한 팔메의 감수성은 그가 여성적인 면이 강한 환경에서, 어머니와 누이 카린, 할머니 한나에 둘러싸여 성장했다는 사실로 설명되고는 했다. 팔메의 여성 조력자와 지인 다수는 그가 자신들을 당시로는 흔치 않게 동등한 자로 대우했다고 증언했다. 그와 함께 일한 가까운 사이의 어느 여성은 이렇게 말했다. "그의 배경과 성장이 여성을 독립적이고 평등한 인간으로 보도록 했다는 것은 더할 나위 없이 분명한 사실이다." 팔메의 언론 비서관 베리트 롤렌은 그가 '다른 사내들'과 각별한 유대를 보인 것은 분명하지만 보기 드물게 여성에게 편견이 없었다고 말했다. 팔메는 또한 직업상의 목표가 뚜렷하고 남자와 여자의 동등한 가치를 분명하게 이해한 여성과 결혼했다. 매우 바람직한 태도였다. 아동심리학과 학교, 어린이집 문제, 가족정책에 관심이 깊은 리스베트 팔메는 당연히 그에게 큰 영향을 주었다. 그렇지만 실천과 관련해서는 아니었다. 롤렌에 따르면 팔메는 "집안일을 전혀 몰랐다. 그는 그런 일에는 손도 대지 않았고 집안에서 아무런 책임도 맡지 않았다."

양성평등에 대한 팔메의 관심은 생각건대 그의 원칙적인 평등에 관한 열정의 일부일 것이다. 팔메는 식민주의적 억압이든 노동 현장의 부당함이든 가정 안의 불평등이든 모든 형태의 인간 종속에 다소 추상적이고 고상하게 반대한 사람이었다. 그의 세계관은 냉정한 분석가인 카를 마르크스보다는 감정적인 장자크 루소의 생각에 가까웠다. 그 프랑스 철학자처럼 팔메도 종속과 의존을 인간의 자유와 품격에 대한 위협으로 보았다. 그가 보기에는 개인은 물론 국가도 자주적이고 독립적이어야 했다. 이는 그의 국내정책과 외교정책을 연결하는 기본적인 원리였다. 1972년 당 대회 연설에서 팔메는 이렇게 설명했다. "사회주의는 계급사회에의 의존으로부터 벗어나는 해방을 의미한다." 사회는, 사실상 국가를 의미하는 바, 개별 시민의 자유의 영역을 확대하고 그에게 선택의 자유를 주려고 노력해야 한다고 그는 말했다. "자유주의자들이 말하는 모호한 선택의 자유"가 아니라 평등에 입각한 자유였다. 그에 따르면 특혜를 입은 소수는 늘 선택의 자유를 가졌고, 사회민주당의 과제는 그 자유를 국민 대다수에게 확대하는 것이었다. 민주주의의 이상은 "독립적이고 동등한 권리를 지닌 시민"이라고 팔메는 주장했다.

역설은 나중에 뒤를 돌아볼 때에야 분명해졌다. 노동시장에서 노동조합의 통제를 받지 않는 파업과 분쟁의 형태로 계급투쟁이 증가하면서, 스웨덴을 세계적으로 유명하게 만든 합의 정신은 깨졌고, 팔메의 지휘로 새로운 스웨덴 모델이 등장했다. 페르 알빈의 가부장주의적 '국민의 집'은 외견상 독립적이고 계급에서 벗어난 평등한 시민들이 사는 나라로 바뀌었다. 1969년부터 1976년까지 첫 번째 총리 시절 동안 팔메는 일련의 결정적인 자유와 평등의 개혁을 단행했다. 합산 과세의 폐지와 포르노그래피의 합법화(1971), 여성 대표성 확대를 위한 양성평등대책반 설치(1972), 이혼법 완화와 가정 내 성인 간 부양 의무 폐지(1973), 부모보험(1974) 등이다. 가정주부는 사라졌으며, 어린이집이 확충되었고, 1975년부터 1985년까지 유치원 숫자는 7만 2000개에서 33만 개로 증가했고, 동시에 대학과 대학교에서 공부할 기회는 물론 성인교육의 기회도 크게 늘어났다. 한층 더 커진 세금 부담과 한층 더 강력해진 국가가 그 대가로 생각되었다. 스웨덴의 조세 부담은 1960년에 경제협력개발기구 평균보다 약간 높은 수준이었으나 1970년에는 10퍼센트 높았고 1980년에는 거의 15퍼센트가 높았는데 국내총생산의 50퍼센트에 해당했다.

세금에 대해서는 볼멘소리가 나왔지만, 양성평등 개혁에 큰 저항은 없었다. 사랑 넘치는 양육자요 사회적 유대의 형성자로서 가정주부의 역할을 옹호한 사람들이 일부 있었다. 테비 출신의 논리 정연한 가정주부 브리타 누드스트룀이 이끈 이른바 가족운동은 개별 과세에 반대했다. 그녀는 세제 개혁을 둘러싼 수사법에서 독립성, 개인주의, 자유 같은 개념이 두드러지게 강조되는 것을 비판했다. 가족의 해체는 "남성 중심적인 사회와 관련해서는" 분명히 시민을 자유롭게 했다. 그러나 "국가에 종속된다는 점에서 우리는 자유롭지 않다. 당신들이 의미하는 자유가 아마도 그것은 아닐 것이다." 어린이집이 아이들에게 획일적인 나쁜 환경이라는 더 넓은 시각의 비판도 있었는데, 적어도 유아에게, 그리고 지나치게 많은 아이들이 모인 경우에는 그럴 수 있다고 어느 정도 지지를 받았다.

그러나 브리타 누드스트룀처럼 양성평등을 이데올로기적 관점에서 비판한 자들은 전혀 논쟁을 유발하지 못했다. 이는 어쩌면 변화가 입법조사단의 전문가들이 여러 해 동안 준비하여 이루어낸, 다소 관료주의적인 것이었기 때문이다. 언론은 오히려 사회주의 혁명의 기대를 아직 버리지 않은 급진 좌파의 소동과 고용주와 노동조합 간의 노동시장 분쟁의 증가에 주목했다. 그러나 1970년대의 사회정책은 또한 스웨덴 사회의 기본적인 가치를 반영했다. 프로테스탄트의 비교적 평등주의적인 농민 문화와 국가에 대한 시민의 강한 신뢰가 결합한 덕에 많은 개혁은 자연스럽고 논리적인 것으로 보였다.

1988년 미국의 보수적 사회학자 데이비드 포피노는 세계에서 개인화가 가장 크게 진척된 곳이 스웨덴이라고 보았다. 가족을 결속시키는 제도적 유대는 이제 없었다. 부모는 자녀에게 권위를 행사하지 않았고, 아동과 청년은 경제적으로 부모에 의존하지 않았으며, 남편과 부인은 법적으로 자율적이었고, 노인은 국가가 돌보았다. 울로프 팔메에게 이는 전혀 문제가 아니었다. "사회적 영역을 통해 인간은 자신들이 직접 통제할 수 없는 경제적 이해관계에 대한 의존에서 벗어나게 되며, 오직 그들 자신만이 자신이 살아가는 사회, 자신의 삶의 조건을 형성하는 사회에 영향을 미친다." 200년 전 루소는 이렇게 말했다. "모든 시민은 다른 모든 시민으로부터 완전히 독립적인 동시에 극단적으로 국가에 의존할 것이다."

전쟁을 끝내는 유일한 방법

팔메는 가을에 국내정책의 양성평등 문제에서 공세를 취한 뒤 1972년 12월 말 외교정책에서 다시 어려움을 겪었다. 크리스마스 이브 전날에 팔메는 그의 일생에서 가장 논란이 된 태도를 취했다. 미국의 대대적인 북베트남 폭격과 70만 명에서 90만 명이 가스실에서 살해된 나치의 트레블린카 강제수용소를 비교한 것이다.

미국은 12월 18일에 공습을 시작했다. B52 폭격기 수백 대가 하노이와 하이퐁 등 북베트남의 여러 표적에 2만 톤이 넘는 폭탄을 투하했다. 파괴의 규모는 엄청났고, 세계 도처에서 분노가 일어 대규모 시위가 벌어지고 조기가 내걸렸다. 비판은 특히 미국과 가까운 동맹국들로부터 나왔다. 오스트레일리아의 총리는 미국을 비난했고, 캐나다 의회는 혐오감을 드러냈으며, 노르웨이 총리 라슈 코르발은 성탄절의 폭격을 인류 역사의 오명이라고 했고, 덴마크도 날카롭게 비판했다. 스웨덴도 신속하고도 분명하게 대응했다. 토슈텐 닐손의 후임으로 외교부 장관이 된 크리스테르 비크만은 12월 19일에 이미 미국의 맹목적이고 잔인한 전쟁 방식을 비판했다. 그러나 그는 그로써 할 일을 다했다는 듯 가족과 함께 성탄절 휴가를 즐기기 위해 아프리카로 떠났다.

그렇지만 "베트남 문제에서 외교부의 상왕"이었던 팔메는 발언을 해야 한다고 느꼈다. 그는 충분히 시간을 들여 여러 조언자와 외국의 동료, 특히 빌리 브란트와 브루노 크라이스키와 협의했다. 안데슈 페름이 초안 작성 임무를 맡았다. 이를 밑바탕으로 팔메는 벨링뷔의 집에서 성탄절을 준비하면서 짧지만 강도 높은 글을 썼다. 그는 몇몇 조언자 앞에서 글을 읽었는데, 타게 엘란데르는 약간의 수정을 제안하면서 동의를 표시했다. 12월 23일 오전 팔메는 벨링뷔에서 전화로 글을 낭독했고, 이는 점심 전후로 라디오를 탔다. 요점이 분명한 짧은 글이었다. 팔메는 폭격이 '일종의 고문'이라는 말로 시작하여 평화협상의 상황을 짧게 얘기했다. 그다음에 닉슨을 격노하게 만들고 국제적인 논란을 불러일으킨 발언이 나왔다. 팔메는 폭격이 이전에 게르니카와 오라두르, 바비야르, 카틴, 리디체, 샤프빌, 트레블린카에서 벌어진 학살과 비교할 만한 극악무도한 짓이라고 말했다. 천천히 힘주어 글을 읽는 그의 방식 때문에 분노와 슬픔의 감정이 더욱 짙어졌다.

트레블린카 말고도 여섯 건의 거론된 학살 중에서 세 건이 나치에 의한 것이었다. 프랑스 마을 오라두르에서는 1944년 친위대가 주민을 모조리 학살했으며, 우크라이나의 바비야르 계곡에서는 1941년 특별기동대가 3만 3000명의 유대인을 처형했고, 리디체에서는 라인하르트 하이드리히의 암살에 대한 보복으로 200명의 체코인이 총살당했다. 팔메가 미국을 나치 독일과 명시적으로 비교하지는 않았지만, 표현이 그러한 느낌을 전하는 것으로 보아 그렇게 이해했던 것 같다. 목적은 말로써 상대를 아프게 하는 것이었다. 팔메는 여러 낱말과 개념의 의미를 견주어 보며 세심하게 문장을 준비했다. 나치즘은 지금처럼 그때에도 악에 관해서는 극에 달했다. 아파르트헤이트 체제와 소련 공산주의, 프랑코 정권도 소름 끼치는 악행에 책임이 있었지만 어느 정도 이해할 수 있는 부분도 있었다. 이들의 악행도 극단에 이르렀으나 비교할 만한 것들이 있었다. 그렇지만 나치즘과 강제수용소를 끌어들이는 것은 미국의 전쟁 수행이 계몽된 세속 사회에서 비할 데 없는 절대 악에 가깝다고 주장하는 것이나 마찬가지였다.

미국의 반응은 더욱 빠르고 더 강력한 조치였지만 1965년과 1968년의 반복이었다. 닉슨은 플로리다 주 키비스케인 섬에서 휴가를 보내고 있었고 나중에야 팔메의 발언에 관해서 들은 것으로 보인다. 반면 그의 조언자인 헨리 키신저는 가족과 함께 나치를 피해 미국에 들어왔기에 매우 강경했다. 키신저는 즉각적인 외교 관계 단절을 권고했다. 미국 시간으로 오후에(스웨덴에서는 크리스마스 이브 전날 저녁 늦은 시간) 스웨덴 대사 휘베트 드 베세는 미국 외교부로 초치되어 스톡홀름 주재 미국 대사가 성탄절 연휴 이후로도 복귀하지 않을 것이며 신임 스웨덴 대사 윙베 묄레르가 미국에서 환영받지 못할 것이라는 말을 들었다. 미국인들은 또한 우호적인 관계에 있는 두 나라 사이에서 어느 한편이 팔메처럼 말한 경우는 찾아볼 수 없다고 말했다. 전통적인 외교관이었으나 두려움이 없던 드 베셰는 미국 사람들이 팔메의 발언에 흥분했다면 스웨덴 사람들은 미국의 베트남 폭격에 흥분했다고 지적했다.

여기까지는 사태 전개가 꽤나 분명했다. 그러나 이 드라마의 다음 국면에 관해서는 팔메의 처신에 대해 상이한 해석이 나왔다. 미국의 강력한, 특히 신속한 반응은 12월 23일 저녁 늦게 스웨덴 외교부와 팔메에게 전해졌는데, 이에 팔메는 벨링뷔의 타운하우스에서 한 번 더 닉슨에게 사신을 보냈다. 라디오를 통해 전파를 탄 발언과는 완전히 다른 어조였다. 이제 팔메는 자신이 미국 민주주의의 이상에 빚졌다고 밝히고 폭격이 중단되어야 한다고 호소했다. 어떤 이들은 이것이 팔메가 미국의 날카로운 반응을 예상하지 못했으며 이제 당황하여 양국 관계를 살리려 시도한 증거라고 보았다.

팔메가 빠르게 움직였다는 사실에는 당연히 의심의 여지가 없다. 가만히 있지 못하는 세 아들과 성탄절을 축하하고 싶은 아내에 둘러싸여 자리를 잡고 앉아 미국 대통령에게 편지를 썼으니 말이다. 그러나 그를 움직인 것은 두려움이 아니었다. 그것은 효과가 나타나고 있다는, 자신의 뜻이 닉슨에게 전달되고 있다는 느낌이었다(돌이켜 보면 이는 환상이었다). 팔메는 닉슨에게 영향을 미치려 했지만, 이는 미국과 스웨덴의 외교적 유대를 구하기 위한 것이 아니라 폭격을 중단시키기 위한 것이었다. 팔메가 오만했다거나 순진했다고 비난할 수 있을 것이다. 그렇지만 비겁했다고 비난할 수는 없다. 팔메는 1950년 스톡홀름 대학교 학생회관에서 열린 국제학생대회에서 이렇게 말한 바 있다. "나는 단지 우리가 무슨 일이든 해야 한다고 믿을 뿐이다."

미국을 겨냥한 팔메의 공격은 다양한 반응을 불러일으켰다. 스웨덴에서는 비록 팔메의 신랄한 단어 선택을 누구나 다 칭찬하지는 않았지만 정치권은 대체로 그를 강력히 지지했다. 일부 신문, 특히 보수적인 신문의 사설에서는 팔메가 미국의 폭격을 나치의 강제수용소와 비교한 것을 중요하게 다루었다. 갑자기 정당한 비교와 부당한 비교를 구분하기 위한 개념 교육이 이루어졌다. 《스벤스카 다그블라데트》와 《웁살라 뉘아 티드닝》은 미국의 폭격을 코번트리와 드레스덴 폭격, 어쩌면 히로시마와 나가사키 폭격과도 비교할 수 있겠지만 카틴과 리디체, 트레블린카와 비교할 수는 없다고 밝혔다. 후자는 방어 능력이 없는 인간들을 고의로 죽인 경우였기 때문이다.

그러나 부르주아 신문에서도 근저의 어조는 미국에 매우 비판적이었다. 《베쿠슈날렌》에서 구스타브 폰 플라텐은 닉슨의 가공할 폭격은 인도주의적 시각에서는 물론 군사적이고 정치적인 시각에서도 옹호할 수 없다고 썼다. 역사적 비교만 빼면 팔메의 말과 완전히 똑같은 얘기였다. 예스타 부만은 팔메가 분별없는 발언으로 스웨덴과 스웨덴 외교정책에 대한 믿음을 해쳤다고 비난했다. 그렇지만 보수통합당은 베트남 문제에서 신뢰성이 부족했다. 이들은 미국의 전쟁 수행을 깊은 생각 없이 옹호했다가 기회주의적으로 비판적인 태도를 취했지만, 그 태도가 이 문제에서 비롯하지는 않았다.

팔메의 발언은 미국에서는 당연히 분노를 불러일으켰다. 어느 상원 의원은 팔메의 반미주의에 신물이 난다고 말했다. 그러나 닉슨 행정부에 비판적인 미국 의원들은 전폭적으로 지지를 보냈다. 누구도 나치와의 비교에 환호를 보내지는 않았지만, 그래도 사람들은 백악관이 과도하게 반응했다고 생각했다. 《워싱턴 포스트》와 《뉴욕 타임스》도 스웨덴을 옹호했다. 북유럽 국가들에서도 반응은 대체로 긍정적이었다. 노르웨이의 《다그블라》는 팔메가 스칸디나비아 전체를 대변했다고 말했으며, 핀란드의 《헬싱인 사노마트》는 팔메가 "새로운 얘기를 하지" 않았다고 보았다. 그러나 노르웨이의 배우 크누트 한손이 석간신문 《베르든스 강》에서 지적했듯이, 노르웨이 사람들은 히틀러가 전쟁범죄를 저지를 때 팔메 나라 사람들이 어떻게 처신했는지를 생각하며 쓴맛을 다셨다. 《르몽드》는 팔메가 널리 퍼진 여론을 대변했다고 했으며, 브뤼셀의 《르푀플》은 감히 미국에 폭격을 끝내라고 요구하지 못하는 유럽 정부들을 비판했다. 서독 신문들은 팔메가 베트남을 강제수용소와 비교한 것에 더 비판적이었다. 이해할 만했다. 《프랑크푸르터 알게마이네 차이퉁》은 "곤란하게 만드는 장광설"이라고 했고, 《쥐트도이체 차이퉁》은 팔메가 베이징과 모스크바보다 한술 더 떴다고 보았다.

나치즘을 비난의 용어로 쓴 것은 적절했다고 볼 수 있다. 다만 강제수용소를 상대화할 위험성은 있었다. 그러나 성탄절 폭격에 관한 팔메의 발언을 보면 수많은 사람이 느끼는 분노를 함축하는 과감한 표현을 찾아낼 뿐만 아니라 어디까지 말할 수 있는지 한계까지 다가가는 그의 능력에 경탄을 금할 수 없다. 1960년대의 경우와는 달리 이제 많은 정치인이 미국의 전쟁 수행을 대놓고 비판했다. 게다가 외교부 장관 비크만은 스웨덴을 대변했다. 그렇지만 팔메는 효과를 보기를 원했다. 그의 조부 스벤 팔메는 스웨덴이 핀란드의 독립 투쟁을 지원할 뜻이 없다고 비판하며 이렇게 말했다. "유익한 '외교'는 신중할 것이나, 스웨덴의 외교는 그런 것이 아니다. 그것은 문화 국민의 양심에 전혀 일치하지 않는다."

그 발언에 어느 정도의 자부심이 보이는 것은 분명하다. 어떤 유럽 정치인도 그만큼 재빠르고 분명하게 미국이 베트남에서 떠안은 재앙의 크기를 이해하지 못했다. 그렇지만 이제 여론이 그를 따라잡았고, 팔메는 이제 선두 자리를 지키려면 어쩔 수 없이 한층 더 강한 수단을 써야 했다. 그러나 그만큼 좌절도 클 수 있었다. 외교와 협상의 시간은 지나갔다. 전쟁을 끝내는 유일한 방법은 미국이 베트남을 떠날 수 있도록 부단히 여론을 환기시키는 것이었다. 장기적으로는 이것이 올바른 분석이었다. 베트남 전쟁은 미국과 남베트남 정권의 군사적 패배가 아니면 끝날 수 없었다. 단기적으로 보면, 성탄절 연설은 1972년이 팔메의 성공으로 끝났음을 의미했다. 음울한 두 해가 지나고 팔메는 국내정책과 외교정책에서 공히 새롭게 주도권을 쥐었다.

14. 저들은 비방하고, 우리는 더 많이 건설한다

Olof Palme

그는 언제나 규칙을 따르지는 않는다. 그에게는 활력이 있다.
활력을 지닌 사람들이 있으면, 세상에 희망은 있다.

— 폴 오스터

바닥에 엎드려. 지금부터 파티를 시작한다!

— 얀 에리크 울손

1973년은 울로프 팔메에게 결정적인 해였다. 총리로서의 첫해는 많은 사람에게 실망을 주었다. 그 젊고 담대한 정치인은 사회민주당 조직을 분쇄한 것 같았다. 스벤 델블랑은 『선혜엄을 치다』에서 이렇게 썼다. "책임을 져야 할 정치인이 총체적으로 정신분열을 겪고 있으니 다소 걱정스럽다. 한편으로 우리는 강철 같은 의지의 위대한 지도자를 갖고 있고, 다른 한편으로는 정부청사의 복도를 정처 없이 헤매며 여기저기 치이고 음험한 실력자에 놀아나는 무력하고 호의적인 지배자를 갖고 있다." 그러나 1973년 가을 팔메에게서 이전에는 보이지 않던 새로운 모습이 드러났다. 정부가 스톡홀름의 노르말름스토리 광장의 잔인한 인질극에서 협상에 들어갔을 때, 얼빠진 관념적 정치인은 돌연 지극히 효율적이고 냉철한 지도자로 입증되었다. 팔메는 스웨덴 비밀 정보국의 존재를 폭로한 기자들을 거세게 공격함으로써 비슷한 방식으로 좌파 지식인들을 놀라게 했다. 두 정치 진영 간의 완벽한 균형으로 끝난 1973년 선거 이후, 강인한 대결의 정치인은 유능한 협력의 기술자로 바뀌었다. 팔메는 유망한 젊은 정치인에서 결과를 중시하는 거친 정치인으로 바뀌고 있었다. 일부 찬미자들에게는 유쾌한 경험만은 아니었다.

그러나 1973년은 다른 점에서도 미래를 낙관한 1960년대의 장밋빛 시각이 깨진 해였다. 《스벤스카 다그블라데트》는 1973년 가을 묵시론적으로 이렇게 설명했다. "제3차 세계대전이 아니라면 그 어떠한 재앙도 세계 대부분의 사람들에게 똑같은 충격을 줄 수 없다." 수많은 사람이 실직하고 교통망이 붕괴하고 국민은 싸늘한 집에서 얼어붙고 증권시장이 무너질 것이었다. 그런 일은 일어나지 않았지만, 중동의 욤키푸르 전쟁 이후 석유수출국기구가 석유 금수조치를 단행하면서 서구 세계는 아랍 국가들의 모래땅 아래 묻힌 석유를 어떻게 가져와야 할지 고민해야 했다. 동시에 제2차 세계대전이 끝난 이후로 세계경제의 특징이었던 안정이 끝나가고 있다는 다른 경고 신호도 나왔다. 1971년 여름 베트남 전쟁 비용으로 압박을 받은 미국이 달러의 금 태환을 중단하고 달러가 외환시장에서 자유롭게 변동하게 내버려두기로 결정했다. 이는 제2차 세계대전이 끝날 무렵 미국 동부 해안의 휴양지 브레턴우즈에서 탄생한 고정 환율 체제에 일격을 가했다. 1973년 불안이 절정에 달하여 광범위한 환투기와 통화의 평가절하가 이루어졌고 안정을 되찾기 위한 필사적인 국제회의가 열렸다.

그렇지만 1950년대 초 사람들이 기록적인 성장의 시대가 막 시작하고 있음을 알지 못했듯이, 1970년대 사람들도 그 시절이 끝나고 있음을 간파하지 못했다. 당대의 시각으로 보면 석유 위기와 통화 불안정은 맑은 하늘에 조금 낀 먹구름이었을 뿐이다. 경제는 계속 성장했고 취직하기도 쉬웠다. 1971~1972년의 침체는 일시적인 현상으로 생각되었고, 세계적으로 호황이 되찾아와 스웨덴에서는 1974년에 마지막 정점에 도달했다. 빈정댄 것이기는 했지만 급진적인 '자유연극단Fria Proteatern'의 노래 〈자, 덤벼Kom igen〉는 그 좋은 시절을 반영했다. "친구들, 즐기고 싶은가, 부자가 되고 싶은가/ 그렇다면 볼보자동차 공장에 취직하라.……" 1960년대 청년의 낙관론은 1970년대 초까지 약간 더 오래 살아남았다. 1972년 여름 처음으로 기차 할인 승차권이 판매되었다. 인터레일이라고 부른 새로운 형태의 승차권 덕분에 스물여섯 살 미만의 청년은 한 달 동안 유럽 철도 노선 대부분을 저렴하게 이용할 수 있었다. 1970년대 전반 약 2만 명의 스웨덴 10대 청년이 해마다 여름이면 1950년대에 대학생과 지식인 사이에 널리 퍼진 학습 여행의 형태로 기차에 올랐다.

청바지가 크게 유행했다. 토요일이면 스톡홀름 시민들은 도심의 신문판매원들과 남베트남 민족해방전선 집회 참가자들뿐만 아니라 비르예르얄스가탄의 옷가게 '귤 오크 블로Gul & Blå'(노랑과 파랑)에서 멋진 청바지를 사려고 길게 줄지어 기다리는 청년들까지도 헤집고 지나가야 했다. 1973년 초(1월 8일) 세간의 이목을 끈 미국의 포르노 영화 〈딥 스로트Deep Throat〉가 스톡홀름의 영화관 '할리우드'에서 상영되었다. 얼마 후 봄에 아바^{ABBA}가 유로비전 송 콘테스트의 스웨덴 대표를 선발하는 스웨덴텔레비전의 멜로디페스티발렌에 〈링링^{Ring Ring}〉(〈네가 전화를 걸기만 했다면^{Bara du slog en signal}〉)을 들고 등장했다. 팝 음악이 스웨덴의 전통적인 유행가를 밀어내고 있다는 증거였다. 이때 아바는 스웨덴 대표로 선발되지 못했지만, 이 듬해에는 히트곡 〈워털루^{Waterloo}〉로 선발되었고, 이로써 스웨덴이 국제적인 팝 음악의 성공적인 경쟁자로 올라서는 발전이 시작되었다. 여름에 쇠데텔리에 출신의 열일곱 살 된 장발의 무명 청년 비엔 보리가 윔블던 테니스 준결승에 오르는 큰 사건이 벌어졌다. 가을에는 스웨덴 사람의 식습관에 근본적인 변화를 주는 일이 생겼다. 10월 26일 오전 맥도널드가 스톡홀름의 쿵스가탄에 스웨덴 최초의 햄버거 매장을 연 것이다.

그러나 질주하는 대중문화는 반발도 초래했다. 많은 사람이 아바를 상업적인 쓰레기로 취급했다. 1974년에 아바가 〈워털루〉로 유로비전 송 콘테스트에서 우승한 뒤 1975년 스웨덴이 주최국이 되었을 때, 급진적인 예술가들이 대안적인 '노래축제'를 마련했고, 예테보리의 밴드 '나슈날테아텐^{Nationalteatern}'이 이런 노래를 불렀다. "우리에겐 우리만의 노래가 있지, 저것들은 아무래도 상관없어." 이듬해 스웨덴텔레비전은 유로비전 송 콘테스트에 참여하지 않기로 결정했다. 사람들이 그 프로그램 형식을 진부하게 생각한다는 것이 이유였다. 엘리트 스포츠는, 그리고 쇠데텔리에의 비엔 보리의 부모처럼 자녀의 공부보다 훈련을 더 중시한 자들은 혹독한 비판을 받았다. 앞서 포르노그래피가 성 해방의 한 가지 형태가 될 수 있다고 본 페미니즘은 〈딥 스로트〉에서는 거리를 두었다. 그룹8*의 간행물 《크빈누불레티넨(여성 소식)》의 분석은 이러했다. "포르노 산업은 그 자체로 여성에 대한 시각적 강간이다." 새로 문을 연 맥도널드는 미국 문화제국주의의 상징이었다. 데이비드 보위와 게리 글리터를 비롯한 영국의 새로운 가수들은 화려하고 퇴폐적인 옷차림으로 비판을 초래했다. 오늘날에는 잊힌 스톡홀름의 음유시인 랑나르 보리엔달은 이렇게 노래했다. "굽 높은 신발을 신는 자, 걷기가 더 힘들다." 이러한 비판의 배후에는 문화의 질, 정치의식, 도덕적 진실성, 사회적 연대 같은 가치를 강조한 좌파 문화가 있었다.

1967~1968년에 스웨덴 사회를 휩쓴 좌경화의 물결이 1970년대 중반에는 확실히 약해지기는 했지만 그 대신 더 오래 지속되었다. 종종 정체된 상태이기는 했어도 여러 곳에 그러한 경향이 폭넓게 남아 있었다. 1950년대의 자유주의적 합의는 10년간의 싸움 끝에 마르크스주의적인 표준으로 대체되었다. 《다겐스 뉘헤테르》의 편집장을 역임한 헤르베트 팅스텐이 종종 지적했듯이, 확실히 스웨덴 사람들은 한 번에 한 가지만 생각할 수 있는 것 같았다. 급진 좌파가 스웨덴에서 특별히 정치적으로 강했다는 말은 아니다. 스웨덴의 공산당은 1917년 이래로 꽤나 일정하게 유권자의 5퍼센트를 유지하여, 프랑스와 이탈리아의 강력한 대중적 공산당과 비교가 된다. 작가 리타 툰보리는 1974년에 발표한 소설 『한손과 골드만*Hansson och Goldman*』에서 이렇게 회상했다. "보통 사람은 카를 마르크스나 키르

---

* Grupp 8. 1968년 5월 스톡홀름에서 설립된 페미니스트 단체.

케고르의 글을 읽지 않으며, 스웨덴라디오를 들으며 일하지 않는
다.…"스웨덴을 특이한 나라로 만든 것은 오히려 우파 지식인들의
반대가 없었다는 사실이다. 헤르베트 팅스텐은(1973년에 사망했다)
한 가지 문제에만 골몰하는 스웨덴 사람들의 정신 상태를 얼마나
한탄했든 간에, 1950년대에 《다겐스 뉘헤테르》에서 훌륭한 문화급
진주의의 시각에서 온갖 형태의 보수주의와 전통주의를 공격함으
로써 스스로 신좌파의 지배를 준비했다. 그 결과로 근본 없는 빈약
한 마르크스주의가 대학교와 대학에서, 문화계에서, 기자들과 청년
들 사이에서 아무런 저항 없이 지배력을 행사했다.

　　그러나 1970년대는 독단론만 품지는 않았다. 전통적인 제도 말
고 다른 삶의 방식을 추구한 청년들에게는 자유가 있었다. 울프 룬
델은 1976년에 발표한 소설 『야크*Jack*』에서 계급사회와 정치적 반
란, 그리고 미국 비트족 문화의 깊은 영향을 받은 자신만의 낭만주
의적 이상 사이에서 길을 찾으려는 노동계급 청년을 묘사했다. 직
업을 갖는 것은 그에게 아무런 문제도 아니었다. 오히려 고정된 일
자리를 피하기가 쉽지 않았다. "이 세상 아버지의 가장 큰 고통은
공장의 동료 노동자들에게 자기 아들이 연간 2만 크로나 이상 번
적이 없다고 말해야 하는 것이다. 그 아들은 지금 일시적으로 해고
되어 더없이 고되고 단순한 일을 하고 있다." 룬델이 멋진 예술가
의 삶으로(연간 2만 크로나를 크게 넘어서는 소득을 올리며) 노동계급
에서 벗어났다면, 다른 사람은 사회의 밑바닥에서 삶을 모색했다.
1972년 목사의 아들로 태어난 시인 예란 팔름은 스톡홀름 남부에
있는 통신회사 LM에릭손의 공장에서 노동자로 지냈던 경험을 『LM

에서의 1년$^{Ett \, år \, på \, LM}$』으로 써냈다.

이는 부분적으로는 사회인류학의 서투른 모방이었다. 팔름은 자신이 스웨덴 노동자와 접촉이 부족했던 점을 생각하여 가볍게 움직여 보았을 뿐이다. "나는 아프리카 서해안의 기네비사우에서 6주 동안 머물며 만난 노동자가 스웨덴에서 몇 년 동안 만난 노동자보다 많았다.…" 그러나 여기서도 1970년대를 개방적이고 활력 있게 만든 호기심이, 즉 다른 사람들을 이해하고 자신의 편견에 맞서려는 의지가 보인다. 1970년대는 청년들이 자신을 찾기 위해 집단농장에 들어가고 연극단을 만들고 사회복지사가 되거나 오지로 발걸음을 내딛은 때였다. 사람들은 성공과 돈이 아닌 다른 이상을 높이 평가했으며, 때때로 이상하게 보일지라도 새로운 삶의 방식을 찾으려 했다. 이 시기의 음악운동은 순수한 선전선동 단체부터 가냘픈 포크 음악 가수들과 정기간행물《뮤시켄스 마크트(음악의 힘)》를 중심으로 활동한 실험적인 전위음악가들, 스톡홀름 외곽 박스홀름의 MNW(음악 네트워크 박스홀름)를 비롯한 일련의 작은 진보적 음반회사들까지 지극히 이질적인 요소들이 결합한 것이었다.

스웨덴 판 워터게이트 사건

정당이 문화운동의 가면을 쓰기도 했다. 1972년에 창간된 잡지 《폴케트 이 빌드/쿨투르프론트》는 의도적으로 노동운동에서 존중받는 문예지이자 보도 잡지인《폴케트 이 빌드》를 모델로 삼았다.

《폴케트 이 빌드》는 1963년 보니에르 그룹에 인수되어 외설스러운 잡지로 바뀌었다.《폴케트 이 빌드/쿨투르프론트》는 하가파르켄 공원과 북쪽으로 이어진 E4(유럽대로4) 사이의 폐교된 국민학교에 편집부가 있었는데 처음에는 비교적 보편적인 성격을 띠었다. 스웨덴 최고의 작가들이 글을 기고했으며, 대개 잡지의 탐사 보도 기자 얀 기유의 서명이 들어 있는 보도 기사는 수준이 높았다. 그러나 나중에 잡지에서 일한 사람 다수가 마오쩌둥주의의 마르크스레닌주의 공산주의연맹과 가까웠음이 밝혀졌다.* 기유도 편집부의 일원이었으나 편집부를 지배한 청교도적 분위기는 버거웠다. 기유는 책임발행인 그레타 호프스텐이 겉과 속이 다르다고 의심했다.

1973년 봄(5월 3일이 거의 확실하다)《폴케트 이 빌드/쿨투르프론트》는 크게 한 건 했다. 1950년대 초부터 팔메의 친구 비르예르 엘메르의 지휘로 합동참모본부에서 수행한 비밀 정보 활동을 폭로한 것이다. 기자 얀 기유와 페테르 브라트에 따르면, 정보국**은 두 가지 형태의 불법적인 활동에 관여했다. 하나는 스웨덴 좌파 활동가들을 감시한 것이고, 다른 하나는 서방 정보국, 특히 이스라엘의 신베트Shin Beth, 그리고 미국 중앙정보국과도 협력하여 비밀 작전을 수

---

* 스웨덴 공산당은 1967년 좌익공산당VPK으로 당명을 바꾸었고 그때 새로이 창당한 마르크스레닌주의 공산주의연맹이 1973년부터 스웨덴 공산당SKP이라는 이름을 가져갔다.
** 기사에서 쓰인 약자 IB는 '정보국Informationsbyrån'을 의미했지만 추정컨대 '획득, 비르예르Inhämtning, Birger'를 상징했을 것이다. 의회의 국방위원회에서는 '특별 활동'이라고 말했다.─지은이

행한 것이다. 정부 내 일부 인사와 합동참모본부를 제외하면 누구도 존재를 알지 못한 정보국은 부원들의 신분을 위장하여 외스테르말름 주변의 여러 곳에 널리 배치했다. 특히 스웨덴이 핀란드에서 비밀 작전을 수행했다는 정보는 그 이웃나라에서 분노를 일으켰다.

당시 미국에서 벌어지고 있던 워터게이트 사건과 뚜렷하게 비교되었다. 그러나 중요한 요소가 빠져 있었다. 1972년 6월 17일 밤 위터게이트 호텔의 민주당 본부에서 경찰에 체포된 다섯 명처럼 확실하게 손에 피를 묻힌 채 발각된 첩보원이 없었던 것이다. 정보국 사건이 스캔들이라면, 이는 일련의 작은 조각그림들로 이루어졌다. 그 작은 조각들이 모여 헌법에 위배되는 스웨덴 비밀 정보 활동의 전체적인 상을 보여주었다. 두 기자가 자신들이 파헤친 자료의 핵심이 무엇인지에 관하여 서로 의견이 일치하지 않았기에 문제는 더욱 심각해졌다. 브라트는 정보국의 해외 활동에 대한 기유의 거센 비난에, 특히 엘메르가 살인에 책임이 있다는 주장에 동의하지 않았다. 기유가 훗날 쓴 바에 따르면, 브라트는 "정보국의 국내 활동과 침투, 불법 사찰을 그 은밀한 대외정책보다 훨씬 더 중요하게 여겼다."

정보국에 관한 뉴스는 큰 충격을 가져왔다. 진상을 폭로한 두 명의 젊은이(둘 다 서른 살이 되기 직전이었다)는 능력 있는 한 쌍이었다. 스웨덴 고용주연합에 속한 어느 사장의 아들인 브라트는 호의적이고 이상주의적이나 다소 당황스러운 사람이라는 이미지를 지녔다. 그는 《폴케트 이 빌드/쿨투르프론트》편집부에 자유기고가로 들어가기 전에 출판사에서 일했고 한동안은 국영 교육방송위원회에서도 일했다. 싸움질로 학창시절을 보내다 결국 퇴학당한 기유도 좋은 집안 출신으로 영화배우처럼 잘생긴 청년이었다. 그는 브라트보다 더 거친 유형으로 학교 문학 동아리 회장보다는 기숙학교의 반항하는 학생에 가까웠다. 아니면 그러한 인상을 주기를 원했다고 할 수 있다. 기유는 젊은 법학도로서 《폴케트 이 빌드/악투엘트》에서 몇 년 일했다. 《폴케트 이 빌드/쿨투르프론트》는 이 잡지가 버린 이름을 주워 갔다.*

첫 번째 기사가 나가고 이튿날인 5월 4일에 국방부 장관 스벤 안데숀은 《폴케트 이 빌드/쿨투르프론트》의 보도를 단호히 부정했다. 세월이 한참 흐른 뒤에 국가의 정보조사위원회는 기유와 브라트의 보도가 대체로 옳다고 확인했다. 팔메는 이 단계에서는 정보국 사건에 전혀 관여하지 않았다. 첫 번째 보도에서 그를 구체적으로 겨냥한 내용은 없었다. 다만 팔메는 총리였기에 당연히 정보국 활동의 최종적인 책임을 져야 했다. 브라트와 기유는 몇 주 뒤에 이렇게 지적했다. "울로프 팔메, 이 얘기가 나왔을 때 총리의 침묵은 20일 동안 이어졌다. 이 침묵에 조금씩 관심이 간다." 한편 검사 칼 악셀 로베트는 검찰총장과 협의한 뒤 정보국 부원들이 범죄 행위에 책임이 있는지 조사하기로 결정했다. 스웨덴 사법기구는 삐걱거렸고,

---

* 보니에르 집안이 소유한 주간지 《올렌 오크 오켈룬드*Åblén & Åkerlund*》가 《폴케트 이 빌드》를 인수하여 《악투엘트 푀르 멘*Aktuellt för män*(남성의 관심사)》과 합쳐 《폴케트 이 빌드/악투엘트》를 만들었다. 이에 얀 뮈르달이 《폴케트 이 빌드》의 전통을 잇기 위해 만든 것이 《폴케트 이 빌드/쿨투르프론트》이다.

정보국 사건은 한낱 추문으로 사라지는 것 같았다. 기유는 정보국 사건에 관해 책을 쓰겠다고 누슈테트 출판사에 제안했다가 거절당했다. 그 사건은 "흔적도 없이 사라졌다."

그러나 기유는 더 깊이 파헤쳤다. 그는 정보국에서 일한 카롤 벤네디크 대령이 하노이의 스웨덴 대사관에서 미국 중앙정보국으로 자료를 보냈다는 정보를 습득했다. 기유는 정보를 확인하기 위해 '적', 다시 말해 스쿼시를 함께 치는 사이였던 피에르 쇼리와 접촉했다. 그는 사회민주당 내 좌파로 외교부에서 일했다(선거 후에는 총리실에서 일했다). 쇼리는 정보국이 하노이 대사관의 정보를 미국으로 전달했음을 확인해주었지만, 정부의 승인을 받아 이루어진 일이라고 분명하게 설명했다. 이로써 기유는 굉장한 특종을 잡았다. 그러나 9월 말 베트남에서의 첩보 활동이 폭로되었을 때, 《폴케트 이 빌드/쿨투르프론트》가 정리되지 않은 수많은 정보국 자료를 쏟아내 이를 삼켜버렸다.

한편 팔메는 완전히 새로운 방식으로 비난의 중심에 섰다. 좌파 신문들은 특히 총리와 정보국 책임자 엘메르가 화요일 열두 시에서 한 시 사이에 교육부에서 정기적으로 비밀 회합을 가졌다고 주장했다. 정보의 출처인 '하리'에 따르면, 엘메르는 팔메가 자신에게 몇 가지 '나쁜' 지시를 내렸다고 말했다. 팔메와 정보국 수장 간의 접촉은 확인되지 않았다. 2002년 정보조사위원회에 따르면, 엘메르가 정보국장으로 있을 동안 두 사람이 만났다는 기록은 겨우 두 건뿐이었다. 게다가 《폴케트 이 빌드/쿨투르프론트》는 국방부 무선국이 해독한 외국 대사들의 무선통신 암호 목록을 공개함으로써 쓸데없이 국방의 비밀을 누설했다. 하등의 사회 비판 기능도 수행하지 못한 채 스웨덴 정보 활동에 해만 끼쳤다. 특히 국방부 무선국은 브라질 대사와 피노체트 정권 간의 무선통신을 감청할 수 있었다. 팔메는 이를 기회로 무책임하게 국방의 비밀을 누설했다며 《폴케트 이 빌드/쿨투르프론트》를 날카롭게 비판했지만 공개적으로는 저자세를 유지했다. 9월에서 10월로 넘어갈 때 정보국 사건은 용두사미 꼴이 되고 있었다.

그러다가 10월 22일 오전 깜짝 놀랄 만한 국면의 전환이 있었다. 페테르 브라트가 스톡홀름 중앙역에서 보안경찰에 체포되었고, 동시에 보안경찰 두 명이 룬드에 있는 기유의 아파트로 쳐들어갔다. 그는 소파에 누워 자고 있었다. 경찰은 하가 학교의 《폴케트 이 빌드/쿨투르프론트》 사무실도 습격하여 플라스틱 바구니에 서류를 마구 퍼 담았다. 스웨덴 신문 편집부가 압수수색을 당한 것은 제2차 세계대전 이후로는 처음이었다. 검사는 놀랍게도 앞서 정보국을 조사한 칼 악셀 로베트였는데 간접적으로 정보를 누설하여 스웨덴의 국방에 해를 끼쳤다며 기유와 브라트를 11월 6일 스톡홀름 지방법원에 앉히는 데 성공했다. 브라트와 기유는 간첩 활동으로 고발되어 느닷없이 끌려갔다. 두 사람은 특별한 성격의 출판법 위반으로 기소되어 배심제로 재판받을 것을 예상했다. 작가나 책임발행인이 출판법 제7장 제3조를 위반하여 "대역죄와 첩보 행위, 중대한 간첩 활동, 비밀 임무에 허가 없이 관여한 중대한 행위, 반역, 배반 등 바람직하지 않은 일에 관여한 중범죄"의 죄를 지었을 경우 스웨덴 헌법은 배심을 규정했다.

이 국면에서 팔메는 어쩔 수 없이 나서야 했다. 5월 이래로 국방부 장관 스벤 안데숀이 홀로 포화를 맞고 있었다. 팔메는 자신이 로베트에게 기소를 권고했다는 얘기를 단호히 부정했다. 팔메는 그것이 스웨덴 헌법에서 허용되지 않는다고 《아프톤블라데트》에서 주장했다. 닉슨이 워터게이트 사건 특별검사 아치볼드 콕스를 해임한 미국과 달리, 스웨덴에서 검사와 법원은 정치 제도에서 독립적이었다. 그러나 로베트가 독자적인 판단에 따라 행동했음을 믿는다고 해도(그럴 가능성이 높아 보였다), 팔메가 그 기소를 어떻게 생각했느냐는 문제는 남는다. 팔메가 기소에 찬성하지 않았으리라고 생각할 수 있다. 기소가 그 자신은 물론 정부의 평판을 크게 해쳤기 때문이다. 10월 22일 로베트의 결정에 대해 들었을 때 팔메는 이렇게 말했다고 한다. "제기랄, 이제 힘들어질 것이다." 몇 주 지나 텔레비전 프로그램 〈크벨스외페트Kvällsöppet(저녁의 솔직한 대화)〉에서 팔메는 분명히 기소에 "논리적으로 모순이 없다"고, 검사는 자신의 의무를 다했으므로 그를 비판하지 않았다고 말했지만, 그 반대로 들렸다. 팔메는 기소의 근거가 된 법률을 검토할 의향이 있음을 내비쳤다.

그러나 팔메는 11월 초 《아프톤블라데트》와 《다겐스 뉘헤테르》와의 긴 인터뷰에서 브라트와 기유를 거세게 비판함으로써 다른 뜻이 있음을 추측하게 했다. 그는 구체적인 사실의 문제(정보국의 스웨덴 좌파 침투와 다른 정보기관과의 불법적인 협력)를 회피했다. 팔메는 규정이 어떤지 모호하게 얘기했을 뿐 곤란한 질문에 대해서는 대체로 답변을 피했다. 그는 잠입 활동에 관한 질문에서 확실히 움츠러들었다. "그런 일은 없었고 앞으로도 없을 것이다." 이는 틀린 말로 밝혀진다. 타게 엘란데르가 이듬해 인터뷰에서 팔메와 스벤 안데숀이 여러 좌파 단체들을 감시했다는 사실을 부정하고자 긴밀히 협조했음을 애석하게 생각한다고 말한 것이다. 그렇지만 얀 기유가 훗날 확인했듯이, "첩보 활동과 평가절하 등에 관해서 많은 정치인이 거짓말을 한다.…"

더욱 주목할 만한 것은 팔메가 정보국의 존재를 폭로한 두 사람을 심하게 공격했다는 사실이다. 한편으로 "이 사내들은" 아메리카 원주민에 관한 소설과 저급한 탐정소설을 너무 많이 읽었다. 다른 한편으로 이들의 방식과 주장은 구역질난다. 그 사고방식은 1930년대 모스크바에서나 볼 수 있는 것이고 아서 케스틀러의 『한낮의 어둠』을 떠올리게 했다. 팔메는 이들이 "우리의 민주주의적 개혁 사회"의 적이라고 설명했다. 이러한 견해는 그다지 논리적이지 않았다. 기유와 브라크가 공산주의 신봉자나 혼돈에 빠진 학생이었나? 그러나 팔메는 사람은 자신이 믿는 것을 옹호하기 마련이라고 보았다. 정보국 사건이 한창일 때 그는 의회에서 대중매체 사회에서는 정치인이 "기반과 자신감 둘 다" 잃을 위험이 있다고 말했다. "정치인은 말하자면 자신의 삶을 지켜야 하고 정당하고 옳다고 생각하는 것을 대변해야 한다." 12월 중순 팔메는 스웨덴을 위협하는 좌우의 반민주적 세력을 겨냥하여 설득력 있는 발언을 했다.

그들은 우리를 파시즘의 독재자와 비교하며 스웨덴이 경찰국가로 바뀌고 있다고 믿게 하려 한다. 그들은 우리나라를 혁명적 상황에 빠뜨릴 수 있는 대결과 극단적 분열을 꿈꾼다. 그들은 고의로 사실을 날조하여 이를 사회 비판이라 부르고 표현의 자유를 말하면서 기본적으로 자신 이외의 다른 모든 사람에 대해서는 이를 인정하지 않는다. 이러한 극단주의자들은 가슴속에 독재자를 담고 있다.

이 연설은 스웨덴 극좌파에 대한 전체적인 비판으로 오늘날에도 합당하다. 기유가 1960년대 말 한동안 소련 국가보안위원회에 정보를 제공했다는 사실이 드러나면서, 그의 후광도 사라졌다. 그러나 배후의 동기가 무엇이든 간에 브라트와 기유는 정보국에 관하여 본질적으로 옳은 말을 했다. 게다가 팔메의 공격에는 확실히 균형이 부족했다. 팔메는 총리였고, 그로부터 명예와 신뢰를 빼앗긴 자들은 이미 롱홀멘 교도소에 수감되어 있었다. 많은 시민이 《폴케트 이 빌드/쿨투르프론트》에 공감하지 않으면서도 정보국에 관해 의문을 품었다. 팔메가 《아프톤블라데트》와 《다겐스 뉘헤테르》와 인터뷰를 하고 며칠 지났을 때 순스발의 사회민주당 대학생이 그에게 편지를 썼다. "나는 '정보국'의 성격이 《폴케트 이 빌드/쿨투르프론트》가 폭로한 것과… 다르다고 확신한다.… 그러나 당신과 다른 책임자들의 논평에서 두드러지는 공허함과 모호함에 기가 막힌다.… 당신을 당 대표이자 정치인으로 깊이 존경하는 이가 당에 대한 충심으로."

팔메는 기유와 브라트가 민감한 부분을, 즉 이상주의적인 좌파 지식인들과 그의 관계를 건드렸다는 사실 때문에 부분적으로나마 판단이 흐려졌을지도 모른다. 1950년 칼 벤베리와 벌인 첫 번째 논쟁에서 이미 그의 실존주의적인 책임 의식과 몽상적인 사회 비판사이에 긴장이 일었다. 글을 읽고 생각에 잠기는 팔메는 급진적인 작가와 기자에 이끌렸지만, 정치인 팔메는 그들의 과도하게 긴장된 비현실적 세계관에 거부감을 느꼈다. 지식인들의 반응은 정반대였다. 이들은 팔메의 신랄한 말투와 명민한 분석을 좋아했지만 그의 권력 의지를, 세상에 진정한 변화를 가져오겠다는 그의 굳은 결의를 이해하지 못했다. 1974년 팔메가 직접 선택하여 문화위원회에 앉힌 작가 페르 울로브 엥크비스트는 언젠가 그와 포도주를 몇 잔 나누며 왜 자신을 뽑았는지 물었다. 팔메는 엥크비스트를 "빤히 쳐다보며" 대답했다. "당신이 《우드 오크 빌드(말과 그림)》에 스포츠에 관해 쓴 글을 읽어보니 직접 해보고 쓴 글이었다. 나는 당신이 다른 스웨덴 작가들처럼 편협한 사람이 아니라는 것을 알았다."

1974년 1월 5일 기유와 브라트는 스톡홀름 지방법원에서 간첩 활동으로 각각 1년의 징역형을 선고받았다. 기유는 상고했지만, 브라트는 재판에 진절머리가 났다. 상고했다면 여러 달 더 구금되었을 것이다. 곧 감옥 생활을 즐겁게 느낀 기유는 브라트에게 편지를 보내 그의 행동이 '직관적인 살롱 볼셰비키'로서도 그다지 신중하지 못했다고 말했다. 이로써 정보국의 존재를 폭로한 두 사람의 우정도 끝났다. 페테르 브라트는 심지어 정부에 반성문을 써 보냈다. 그러나 팔메는 이를 기회로 사태를 진정시킬 생각은 없었다. 그는 심술궂게도 이렇게 말했다. "법은 모두에게 똑같이 적용된다. 상층계급 자녀도 예외는 아니다." 유감스럽게도 브라트는 친구를 선택할 때나 적을 선택할 때나 그다지 운이 좋지는 않았다고 해야 하겠다.

그렇지만 팔메가 오로지 감정에 휘둘리기만 한 것은 아니다. 정보국의 활동을 보호하고 거의 모두가 요구한 의회의 국정조사를 막기 위한 조치이기도 했다. 팔메는 내부의 좌파 동조자들을 감시한 것에 대한 비난에 크게 동요하지 않았던 것 같다. 그가 이전에 그 활동과 연관이 있었다고 해도, 직접 관여했다는 증거는 없다. 반면 정보국의 국제 활동에 대한 기유의 조사는 더 곤란한 문제였다. 여러 해 동안 팔메는 아슬아슬하게 성공을 이어갔다. 한편으로는 베트남 전쟁으로 미국을 거세게 밀어붙였으며, 다른 한편으로 미국이 비밀 군사기술 협력을 중단하지 못하게 했다. 스웨덴이 소련의 공격에 맞서 나라를 지키려면 그 협력이 반드시 필요했기 때문이다. 베트남과 스웨덴의 국가적 독립성을 다 옹호한 팔메에게 이는 합리적인 타협이었다. 그렇지만 여기에는 어느 정도 비밀이 요구되었다. 1973년 가을, 정보국 사건으로 시끄러울 때, 팔메는 미국과의 외교 관계를 회복하려 애쓰고 있었다. 10월 말, 브라트와 기유가 체포되고 불과 며칠 지나지 않았을 때, 팔메는 스톡홀름에서 북유럽협의회 회의를 주재했다. 미국에 매우 비판적이었던 팔메는 놀랍게도 아이슬란드에 케플라비크에 있는 미국 공군 기지의 폐쇄를 요구하지 말라고 설득했다. 스웨덴의 이익도 지키고 동시에 행동주의적 외교정책도 밀어붙이려면, 미국과 주고받는 것이 있어야 했다. 11월 22일 정부는 정보국에 관한 합동성명서에서 이렇게 표현했다. "정보 활동에서는 약간의 정보 교환이 발생한다.… 교환은 스웨덴에 필요하다."

10월에 브라트와 기유가 체포되었을 때 즉각 스웨덴 전역에서 시위가 벌어졌다. 스톡홀름에서는 세르겔 광장에 7000명이 모여 정치범의 석방을 요구했다. 기유는 롱홀멘의 감방에서 교도소 밖에 모인 사람들이 보내는 격려의 외침을 들을 수 있었다. 스웨덴 지식인들도 분노의 반응을 보였다. 1960년대에 팔메를 찬미했던 칼벤베리는 《아프톤블라데트》에 이렇게 썼다. "지금처럼 투표용지를 손에 들고 싶은 마음이 강한 때가 있었는가." 1969년 첫날에 그는 좌파가 그 실망을 어떻게 처리할 것인지가 1970년대의 가장 중요한 문제가 되리라고 썼다. 이제 그 답변은 명확해졌다. 울로프 팔메를 공격하는 것이었다. 이는 아마도 피할 수 없었을 것이다. 팔메는 새로운 성격의 정치에 대한 기대에 불을 지폈지만 이제 보통의 정치인으로 드러났다. 《네리케스 알레한다》의 편집장 안데슈 클라손은 이렇게 썼다. "개방적이고 융통성 있고 사람을 흥분시키며 독립적인 울로프 팔메는 지금 어디 있나? 권력의 중심에 있음에도 여러 차례 권력의 적이요 비판자의 모습으로 나타나 뛰어난 설득력을 보여주어 우리를 자극한 팔메는 어디 갔나?" 그러나 《폴케트 이 빌드/쿨투르프론트》를 공격한 팔메는 공개적인 장소에서 털모자를 쓰고 북베트남 외교관과 나란히 걸어 닉슨에 도발한 팔메와 같은 사람이었다.

팔메에 대한 실망이 과장되었다고 해도, 기유와 브라트의 체포에 대한 항의는 정당했다. 스웨덴은 오랫동안 표현의 자유를 강력히 지켜왔음을 자랑하곤 했다. 그렇지만 이제 당국은 사회를 비판한 두 명의 기자를 범죄자로 기소함으로써 1766년의 출판자유법을 피해갔다. 사람들이 정보국을 어떻게 생각했든 간에, 제2차 세계대전 당시의 자유 제한과 1950년대 초의 사법부패가 연상되었다. 권터 그라스와 막스 프리슈, 세 명의 다른 독일 작가가 공개서한을 통해 제기한 비판이 어쩌면 팔메에게는 가장 가혹했을 것이다. 이들은 기유와 브라트의 체포를 카를 폰 오시에츠키의 입을 막은 나치와 솔제니친을 박해한 소련 당국, 국방부 보고서를 공개한 대니얼 엘스버그를 공격한 닉슨 정권과 비교했다. 그러나 팔메의 대답은 단호했다.

스웨덴은 정보기관이 있다. 나는 우리가 공개적으로나 비밀리에나 국민과 나라의 안전을 지키기 위한 활동을 진행하고 있음을 인정한다. 우리는 작은 나라이다. 우리는 계속 독립국으로 남을 것이고 우리만의 정책을 수행할 것이다. 우리는 강국들로부터 자유로울 것이다.

노르말름스토리 광장의 인질극

1973년 가을 팔메는 정보국 사건 말고도 생각할 일이 많았다. 선거운동은 이례적으로 복잡했다. 시작은 확실히 좋았다. 7월 26일 팔메는 비스뷔에서 휴식하며 햇볕에 그을린 모습으로 공격적인 연설을 함으로써 부정출발을 감행했다. 그는 지난 몇 주간 포뢰 섬에서 아이들과 축구를 하고 해변에서 놀고 에너지 문제를 공부하면서 보냈다. 환경은 소박했다. 온수가 나오지 않았고 옥외 화장실과 공동 취사장을 써야 했으며 거실 하나에 작은 침실 세 개가 딸린 숙소에서 지냈다. 여름 생활은 거의 습관적이었다. 팔메는 해마다 똑같은 여름옷을 입었고, 늘 술 한 병을 들고 이웃을 찾았으며, 일을 하지 않을 때면 종종 혼자 카드놀이를 했다. 팔메는 또한 아이들에게 때로 몇 시간씩이나 큰소리로 책을 읽어주기를 즐겼다. 주로 자신이 어렸을 때 좋아한 쥘 베른과 찰스 디킨스, 알렉상드르 뒤마의 고전을 읽어주었다. 현대 작품으로는 톨킨의『반지의 제왕』이 유일했다. 많은 주요 정치인과 사회민주당을 지지하는 공무원이 근처에 여름 거처를 얻기는 했지만, 교류는 제한적이었다. 인근에서 여름을 보낸 자로는 체신청장 우베 라이네르, 사무직중앙연맹 의장 렌나트 부드스트룀, 친구인 잉마르 베리만의 집에서 지낸 하리 샤인이 있었다. 몇몇 사람이 팔메 부부를 정찬이나 소풍에 불러내는 데 성공하기는 했으나 이는 예외적인 경우였다. 아이들의 친구를 제외하면 팔메 가족을 방문한 사람들은 거의 없었다.

비스뷔 연설에서 팔메는 꽤나 거칠게 나왔다. 그는 부르주아 정당들이 선거에서 승리하면 스웨덴 사회의 균형이 깨진다고 주장했다. 경제와 정치, 언론(대다수 신문이 부르주아 신문이었다)에서 권력이 한쪽에 집중될 것이라는 말이었다. 논지는 지극히 모호했지만, 목적은 분명했다. 정권 교체가 필요하다는 생각을 민주주의적 시각에서 반박하는 것이었다. 이러한 사고방식에 사회민주당 당원들은 크게 짜증이 났다. 유권자가 특정 정당에 지속적으로 신뢰를 보여주는 것이 어떻게 비민주주의적일 수 있다는 말인가? 이로써 1973년 선거운동의 의제는 명확해졌다. 정권 교체 문제였다. "안정을 해치는 투표를 하지 말라"와 "저들은 비방하고, 우리는 더 많이 건설한다"가 사회민주당의 표어였다. 야당은 애국적이지 않고 민주주의의 측면에서 다소 부족한 집단으로 그려져야 했다.

그러나 선거운동이 본격적으로 시작될 때 모든 것에 제동이 걸렸다. 우선 스웨덴 국왕 구스타브 6세 아돌프가 8월 18일 스코네의 여름 별궁 소피에로 궁에서 급성 복통으로 쓰러졌다. 여름마다 우아한 흰색 옷을 입고 소피에로 궁의 장미 화단에 자주 모습을 드러낸 깡마른 아흔 살 노인은 인근 헬싱보리의 종합병원으로 급히 이송되었다. 언론은 병상에 누운 국왕의 건강 상태에 관해 끊임없이 뉴스를 전하며 분주하게 움직였다. 마치 스웨덴 기자들이 아흔 살 노인이 죽어가고 있다는 사실을 놀랍게 생각하는 것 같은 이상한 느낌을 주었다. 그러나 국민이 열심히 뉴스를 찾았다는 것은 아흔 살 군주의 인기를 반영했다. 8월 21일 TT통신사의 전화 서비스는 신기록을 세웠다. 국왕의 건강 상태에 관한 최신 소식을 듣기 위해 2만 8000명이 넘는 사람이 전화를 돌린 것이다.

구스타브 아돌프는 마흔세 살까지 왕세자로 있다가 1950년에 구스타브 5세를 뒤이어 즉위했다. 구스타브 5세는 의회주의를 받아들이기 힘들었고 제2차 세계대전 중에 독일을 지지했지만, 구스타브 6세 아돌프는 그런 아버지와 달리 민주주의적 관점에서 볼 때 모범적인 군주였다. 그의 영국 지향성이 아마도 일정한 역할을 했을 것이다. 첫 번째 부인 마거릿 오브 코노트(마르가레타 아브 코노트)는 빅토리아 여왕의 손녀였고, 1920년 그녀가 사망한 뒤 그는 다른 영국 여성 루이즈 마운트배튼과 재혼했다. 구스타브 6세 아돌프는 교육과 문화에도 깊은 관심을 보였는데, 베나도트 왕실 사람 누구도 보여주지 못한 것이었다. 그가 가장 열렬히 사랑한 것은 고고학이었다. 그는 영어와 프랑스어, 독일어가 유창했다. 빌헬름 무베리 같은 전투적인 공화주의자까지도 유쾌한 노신사가 세상을 뜰 때까지는 군주제 폐지를 기다릴 수 있다고 생각했다.

노르말름스토리 광장에서 벌어진 은행털이는 죽어가는 국왕과 전혀 무관했지만, 언론에서는 두 사건이 서로 얽혔다. 운집한 기자들, 불확실한 상황에서의 오랜 기다림, 끝없이 이어지는 속보, 난무한 추정, 그리고 마지막으로 갑작스러운 대단원. 길게 이어진 포위는 8월 23일 목요일 오전 10시에 시작되었다. 경기관총으로 무장한 남자가 크레디트방켄 은행 본점에 들어가 천장에 대고 한 차례 사격을 가하고는 이렇게 외쳤다. "바닥에 엎드려. 이제부터 파티를 시작한다!" 그는 한 시간 동안 횡설수설한 뒤 네 명을 인질로 잡고 금고 안에 들어가 문을 잠갔다. 이혼남으로 두 아이의 아빠이자 경범죄 경력이 있던 강도 얀 에리크 울손은 은행 직원들을 풀어주는 대가로 300만 크로나의 몸값을 요구했으며 또한 유명한 범죄자 클라크 울로프손*을 석방하여 노르말름스토리 광장으로 데려오고 고속으로 달릴 수 있는 자동차를 가져오라고 요구했다.

정부는 요구에 응했지만 포로가 도주 자동차에 동행해야 한다는 추가 요구는 수용하지 않았다. 그동안 노르말름스토리 광장은 경찰과 기자로 둘러싸인 포위된 공간으로 바뀌었다. 차단선 밖에는 호

---

* 살인미수와 은행강도, 마약거래 등의 중범죄로 언론의 주목을 받았다. 울손은 칼마르 교도소에서 울로프손을 만나 가까운 사이가 되었다.

기심 많은 구경꾼이 잔뜩 몰려들었다. 스웨덴은 그 며칠 동안 비교적 조용했다. 언론은 헬싱보리의 병원 창문과 노르말름스토리 광장의 모래 자루 사이를 분주히 오가며 기사를 내보냈다. 팔메는 정부청사의 사무실 뒤에 붙은 작은 방에서 잠을 잤다. 법과 질서의 유지는 경찰의 일상적인 업무였지만, 정부는 울로프손의 석방 요구에도 휘말렸다. 정부에서는 스웨덴 헌법이 장관의 지휘를 금한다는 사실이 강조되었다. 다시 말해서 정부는 공무원의 개별 업무 처리에 개입하지 말아야 했다.* 그럼에도 경찰청장 칼 페숀은 정부청사에 머물며 정부와 노르말름스토리 광장의 경찰 지휘부 사이의 연결고리 역할을 했다. 정치적으로 긴장된 상황이었다. 약 1년 전 법무부 장관 렌나트 예이에르는 불토프타 공항에서 크로아티아 비행기 납치범들의 요구에 굴복했다.** 인질극에서 한 번 더 양보하면 국민의 사기가 크게 꺾일 수밖에 없었다. 인질극이 벌어지던 중에 선거 집회를 마치고 정부청사로 돌아온 군나르 스트렝은 지배적인 여론을

---

* 스웨덴의 장관은 정책의 기본적인 방향만 제시할 뿐 구체적인 정책의 시행은 중앙행정기관centralt ämbetsverk/central förvaltningsmyndighet에서 독립적으로 책임진다. 이른바 장관의 지휘ministerstyre는 법적으로 금지되어 있다.

** 1972년 9월 15일 크로아티아 파시스트 운동인 우스타셰와 연관된 극우파 세 명이 예테보리에서 스톡홀름으로 가는 여객기를 납치하여 말뫼의 불토프타 공항에 착륙시키고 폭탄을 터뜨리겠다고 위협하며 그 전해에 예테보리의 유고슬라비아 총영사관 점령으로 유죄판결을 받고 복역 중인 일곱 명을 석방하라고 요구했다. 여섯 명이 떠나는 데 동의하여 탑승했고 50만 크로나와 인질을 교환했다. 비행기는 에스파냐의 마드리드 바라하스 공항으로 떠났고 납치범들은 그곳에서 항복했다.

이렇게 전했다. "그 악마들을 사살하라!"

팔메도 압박을 받았지만, 상황은 그가 처리하기에 어울렸다. 경찰청장에 따르면 불토프타에서 사건이 벌어졌을 때 팔메는 상황을 완벽하게 통제했다. "그는 경청했고, 결정을 내렸으며, 결정을 내렸을 때 책임을 졌다.… 그는 사태의 전개에 떠밀리지 않았다." 팔메는 이번에도 똑같이 침착하게 처신했다. 한번은 강도가 팔메와 통화하면서 인질로 잡고 있는 여성 한 명을 총으로 쏘겠다고 위협하고는 카운트다운을 시작했다가 중단했다. 훗날 팔메는 이렇게 말했다. "그 순간 나는 조금도 망설이지 않았다. 두 명의 미친 인간에게 권총으로 무장할 수 있게 하고 자동차와 300만 크로나, 두 명의 죄 없는 사람을 그들의 처분에 내맡기는 사회, 그런 사회는 분명히 속에서부터 썩었을 것이다." 금고 안에서 유혈극이 초래되었다면, 팔메와 정부는 엄청난 비난에 직면했을 것이다. 금고 안에 인질로 잡혀 있던 여성 한 명은 팔메와 전화로 대화할 때 이렇게 말했다. "곧 선거가 있으니 당신은 이 상황의 변화를 시도해야 한다. 친애하는 울로프… 나는 그렇게 되더라도 당신에게 투표하겠지만 여기서 벗어나고 싶다.…"

인질극이 닷새째 되던 8월 28일, 팔메는 스톡홀름 경찰서장에게 경찰이 울손이나 울로프손을 사살해도 기소되지 않을 것이라고 선언했다. 이는 정부가 상황을 신속히 정리하기를 원한다는 신호였다. 같은 날 저녁 경찰은 은행 금고 안으로 최루탄을 던졌고, 9시 40분 울손의 팔에 수갑이 채워졌다. 모든 일은 조명으로 대낮처럼 환하게 밝혀진 노르말름스토리 광장에 수많은 기자가 운집한 가운데 진행되었다. 어느 신문은 '거대한 공연'이었다고 했다. 팔메는 현장에 있었고 인터뷰를 했으며 크레디트방켄 은행 이사회 회의실 책상 위에 올라가 경찰에게 연설했다. 선거운동 중이었기에 팔메가 노르말름스토리 광장에 모습을 드러낸 것은 비판을 불러왔다. 작가 페르 울로브 엥크비스트는《엑스프레센》에 총리가 선거연설을 했다고 썼으며, 구스타브 폰 플라텐은《베쿠슈날렌》에서 사태의 결말을 침실의 소극과 비교했다. "우리의 정력적인 총리가 등장하여 현장에 출동한 경찰에 직접 감사를 표했는데, 총리가 직접 전한 바에 따르면 그는 텔레비전 카메라와 마이크가 설치되어 있는 것을 보고 깜짝 놀랐다." 그러나 팔메는 또한 인질극이 피를 보며 끝났다면 희생양이 되었을 것이다. 그가 현장에 나와 다행스러운 결말을 축하한 것이 완전히 불합리하지만은 않았다. 게다가 팔메는 실제로 정치인이었다. 이 점에서 그는 잠시 곤란했다. 시포의 여론조사는 사회민주당이 약 41~42퍼센트의 지지를 받을 것이고 부르주아 정당들이 확실하게 과반수를 차지할 것임을 가리켰다. 야당의 강력한 두 정당인 우익보수당과 중앙당에서는 1970년 선거 이후로 카리스마 넘치는 새로운 당 대표가 등장했다. 부만과 투르비엔 펠딘이다.

야당의 새 대표들

예순두 살의 예스타 부만은 1970년 가을 치열한 권력투쟁 끝에 윙베 홀름베리를 제치고 보수통합당 지도자가 되었는데 처음부터 위험한 선택처럼 보였다. 보수당이 일반적으로 당 대표에게 기대한 것은 친절하고 가부장적인 태도였지만, 부만은 그런 면은 찾아볼 수 없는 호리호리하고 얼굴이 벌건 노신사였다. 《쉬드스벤스카 다그블라데트》는 보수통합당이 이제 '고립의 길'에 들어섰고 "울로프 팔메 같은 자유주의적 사회민주주의자와 군나르 헬렌 같은 사회주의적 자유주의자"가 협력하는 민주주의의 울타리를 벗어났다고 썼다.

그러나 사회보수주의자라기보다 전형적인 자유주의자였던 부만은 싸울 때와 타협할 때를 아는 강력한 당 대표였다. 그는 '새로운 개인주의'의 호소와 강한 국가와 중앙관료정치에(1960년대 학생 반란이 막연하게 그러한 색깔을 입혔다) 대한 비판으로 스웨덴 보수파에 용기를 주었고 1980년대에 등장하는 신자유주의의 토대를 놓았다. 부만은 종종 대도시에 막 도착한 고집 센 늙고 노련한 뱃사람처럼 굴었다. 그는 실제로 스톡홀름 상업회의소에서 일했고, 스톡홀름 군도 외곽 순드셰르에 있는 여름 별장에서 항해술을 익혔다. 그러나 자연에 시달린 이 섬 사내는 정치적으로 훌륭한 개성을 갖추었다. 투박했고 학구적이지 않았으며 약삭빠른 당략과는 거리가 멀었다. 이러한 성격은 사회민주당을 지지하는 많은 유권자를 압도하기에는 부족했겠지만, 중고차 거래상 같은 윙베 홀름베리의 불행한 분위기에서 벗어나는 데는 충분했다.

투르비엔 펠딘은 1971년 6월 군나르 헤들룬드가 마지못해 물러난 뒤 중앙당 대표직을 넘겨받았다. 1926년생인 펠딘은 팔메와 똑같이 1958년에 의회에 입성했다. 그는 옹에르만 강을 따라 이어진 오달렌에서 암소 예닐곱 마리와 말 두 마리를 키우는 작은 농장에서 성장했다. 크람포슈에서 조금 떨어진 곳이다. 아름다운 강 유역은 많은 시인에게 영감을 주었지만, 1930년대에 농민과 노동자 간의 계급 갈등이 심하게 몰아친 곳이기도 했다. 투르비엔의 아버지는 현지 농민운동 회원이었다. 그곳의 농민운동과 노동조합은 서로 싸웠고, 그 결과로 주위의 노동자 가정들이 펠딘 가족 농산물의 불매운동을 벌였다. 1930년대 오달렌의 갈등은 스웨덴 역사상 가장 격렬한 것에 속했는데, 공업지역에 우유를 판매하기를 거부한 전투적인 농민운동인 전국농민연맹과 봉쇄를 깨려 한 비조직 농민 사이에 거친 몸싸움이 벌어졌다.

어린 펠딘은 공부를 잘했으나 농장에서 아버지를 돕느라 중학교 진학을 포기해야 했다. 1950년대에 많은 스웨덴 사람이 그러했듯이 펠딘도 나중에 북유럽통신학교에서 중학교 졸업시험을 준비했다. 그의 정치적 관심을 깨운 것은 농촌 청년 사이에 널리 퍼진 동아리 활동이었다. 당 지도부의 눈에 들어 뽑힌 팔메와 달리 펠딘은 우연히 의회에 들어갔다. 후보 명단에서 그의 자리가 당선권에 든다고 생각한 사람은 아무도 없었다. 그러나 의회에 들어갔을 때 그는 자격이 충분했음을 증명했다. 특히 펠딘은 텔레비전에 적합했다. 앞서 언급한 1963~1964년의 〈뉘아 캄마렌〉에 팔메와 칼헨리크 헤르만손, 군나르 헬렌과 함께 출연했을 때 그 점이 분명하게 드러났다.

1950년대에 중앙당은 스웨덴의 현대화와 합리화, 도시화와 관련하여 사회민주당의 주된 협력 상대였다. 농민운동이 농업정책과 지역정책에 큰 영향력을 행사하여 많은 농민에게 좋은 소득과 환경을 확보해준 것이 장점이었다. 단점은 수많은 소농과 중소기업가, 기타 시골 사람이 더는 전통적인 방식으로 생계를 꾸릴 수 없었다는 것이다. 농촌에서 도시로 많은 사람이 빠져나갔다. 1950년에 스웨덴 사람의 대략 절반이 주민이 2000명을 넘지 않는 지역사회에 살았는데, 1970년에 그 몫은 30퍼센트에도 미치지 못했다. 그 20년 동안 인구 희박 지역에서 거의 130만 명이 사라졌다. 중앙 집중과 도시화에 대한 불만은 인구 감소 지역뿐만 아니라 새로운 중간계급 안에서도 커졌다.

새로운 흐름으로 노동자와 농민 간의 오래된 동맹에 금이 갔다. 1968년 선거에서 헤들룬드는 사회민주당에서 멀어져 야당 대표로서의 자세를 더욱 분명히 했다. 펠딘이 대표로 선출되면서 사회민주당과의 거리는 더욱 멀어졌다. 그는 스톡홀름의 중앙관료정치에 맞서 시골 주민을 위해 꿋꿋하게 일하는 투사로 생각되었다. 엘란데르의 오랜 동료 헤들룬드에 비하면 사회민주당의 품안에 안길 뜻이 적은 사람이었다. 190센티미터의 장신에 짧은 곰방대를 물고 다녔고 신중한 태도를 지녔던 펠딘은 성실한 자영농의 화신이었다. 이는 때로 "나라에서 가장 조용하고 느린 사람들을 위한 정당"이라고 묘사된 중앙당에 딱 어울리는 모습이었다. 이는 또한 점점 더 많은 유권자가 사회민주당의 중앙화와 기능사회주의*를 경계하는 상

---

* Funktionssocialism. 스웨덴 사회민주주의에 쓰이는 개념. 사회주의적 방향에서 사회를 구조적으로 바꾸려 하지만 생산수단의 소유보다는 소유권의 기능에, 민주적 국가와 임금생활자 단체, 소비자 단체가 이를 어떻게 통제할 것인가에 관심을 집중한다.

황에도 어울렸다.

사회민주당에 부만과 펠딘 둘 다 전임자보다 더 까다로운 적이 었다. 보수통합당의 새로운 대표는 팔메처럼 이데올로기적 대결을 준비했으며 쉽게 굴복하지 않았다. 국내정책 분야에서 그는 사회민주당의 장황한 사회화 수사법을 거세게 비판했다. 외교정책에서는 일처리가 늘 좋지는 않았지만, 팔메에게 훈계할 여력이 있었다는 사실은 도덕적으로 보수통합당에 힘이 되었다. 그렇지만 부만은 다룰 만했다. 팔메는 보수통합당 대표가 품은 보수적 이데올로기 속에서 성장했다. 그는 언젠가 이렇게 말했다. "[부르주아는] 내가 그들이 어떻게 생각하는지 안다는 것을 알고 있다."

펠딘은 완전히 다른 사람들, 스웨덴의 진정한 서민이지만 사회민주당을 지지하지 않는 자들을 대표했다. 기성복을 입고 디젤 벤츠를 모는 실용적인 남자들과 큰 꽃무늬 옷을 입은 손 튼 여인들, 즉 농민과 중소기업가, 시골 주민의 세계였다. 이들은 원칙적으로 소유권의 옹호자요 도덕적으로 전통주의자였고, 노동조합운동만큼이나 보수적인 기업가들도 거의 똑같이 의심의 눈초리로 바라보았다. 이들의 특징인 민중 문화는 노동운동의 문화와 크게 다르지 않았다. 서로 돌보았고, 농민운동의 수많은 단체로 조직을 갖추었으며, 학습 동아리를 꾸렸고, 지역 문화회관을 세워 관리했고, 루테르 엘펜*이 와서 아프리카 선교 활동에 관해 보고할 때면 경청했다.

---

* Lutherhjälpen. 1947년에 설립된 스웨덴 교회의 구호 단체. 2008년 스웨덴교회 선교단SKM과 통합되어 스웨덴교회 국제사업단Svenska kyrkans internationella arbete

펠딘이 노를란드 사람답게 조용히 말을 시작하면, 농촌의 서민성이, 우유 짤 때 앉는 의자와 천 깔개, 월귤나무 열매를 곁들인 보리죽의 잃어버린 세계가 깨어났다. 사회민주당에 더 나빴던 것은 그의 표현에 담긴 매력이 인구 밀도가 낮은 지역 밖으로 널리 퍼졌다는 사실이다. 중앙당은 아주 분명하게 드러나지는 않았지만 농민만을 위한 탐욕스러운 이익정당에서 나라의 급속한 근대화에 불만을 품은 이념 운동으로 바뀌고 있었다. 당의 청년운동인 중앙당청년연맹은 미래의 지방분권적 사회라는 이상주의적인 미래상을 제시하려 했는데 익살스럽게 '오사-니세 마르크스주의자들'이라고 불렸다.* 중앙당 자체는 늘 그렇지는 않았지만 중앙당의 의제는 연구자와 예술가, 가자, 지식인에게 점점 더 매력적이었다.

스티그 클라손 같은 작가는 확실히 단순한 농촌 소설에 붙들려 있기에는 재치가 넘쳤다. 그러나 그는 『누가 윙베 프레이를 사랑하나*Vem älskar Yngve Frej*』(1971)와 『야자수 잎과 장미꽃 위에*På palmblad och rosor*』(1973) 같은 인기 소설에서 근대성 속에서 인간의 주된 가치가 어떻게 상실되는지 그려냈다. 그는 구약성서의 음울한 분위기로 이렇게 썼다. "이 나라를 사랑하지 않는다면 그는 나라를 잃고 있는 것이다." 1972년에 처음 방영된 뒤 여러 차례 재방된 극작가 벵트

으로 바뀌었고, 이는 2019년에 행동스웨덴교회^{Act Svenska kyrkan}로 이름을 바꾸었다.

* 오사-니세^{Åsa-Nisse}는 작가 스티그 세데르홀름^{Stig Cederholm}이 만들어낸 문학상의 인물로 스몰란드의 소농이다.

브라트의 텔레비전 연속극 〈마을의 집으로 Hem till byn〉의 부락민들도 좋은 지역사회의 모범적인 대표자들은 아니었다. 이들은 서로 험담했고 수군거렸으며 저열한 싸움에 몰두했다. 그렇지만 브라트는 이해할 만한 세계, 사람들이 100만 호 공급 정책의 고층아파트와는 전혀 다른 방식의 집에 사는 사회를 묘사했다. 〈마을의 집으로〉에서 큰 위협은 농업을 경제 활동으로만 보는 영혼 없는 관료들에게서 온다. "… 가장 큰 문제는 이곳의 소농들이다. 이들은 거머리처럼 찰싹 달라붙는다.… 우리는 이들을 떼어내야 한다.… 사람들은 거머리를 어떻게 떼어내는가? 사람들은 거머리에 석유를 붓지 않는가?"

토론 빅매치

많은 평자가 차츰 1973년 선거운동을 둘러싼 불안감을 표출했다. 병상에 누워 있는 국왕과 노르말름스토리 광장의 인질극을 생각하면, 정치적 경쟁은 지저분하고 무가치해 보였다. 그러나 세 정당의 대표가 저마다 개성이 강하고 이데올로기적 갈등도 뚜렷했기에 선거전은 1970년에 비해 더 활기가 넘쳤다. 노르말름스토리 광장의 인질극이 끝나고 이틀이 지났을 때인 8월 30일, 팔메와 부만은 예테보리의 실내종합체육관 스칸디나비움에서 1만 명의 청중을 앞에 두고 토론했다. 휘파람 소리와 격한 박수 소리, 발언자에 대한 야유가 뒤섞여 뜨거운 분위기를 연출했다. 한 주 뒤 말뫼 시립극장에서 펠딘과 울로프 사이에 '빅매치'가 열렸다(신문에서는 이를 일관되게 권투 시합의 용어로 묘사했다).

두 정당 대표 간에 치러진 여러 차례 양자 토론 중 첫 번째인 이 토론에서 1970년대 내내 사회민주당을 좌절시킬 기본적인 유형이 확립되었다. 팔메가 더욱 효과적이고 공격적이었음에도, 청중은 지루하기 그지없는 펠딘에게 더 공감했다. 팔메는 발이 빨랐고 반면에 펠딘은 어느 보도의 표현대로 '아웃복서'였다. 많은 사회민주당원은 펠딘이 느림과 둔함으로 의도치 않게 지지를 받았다고 생각했다. 당 사무총장 스텐 안데슌은 소파에 앉아 텔레비전을 보는 평균적인 스웨덴 사람은 팔메가 난타전에서 거칠게 나올 때 펠딘을 불쌍하게 생각했다고 보았다. 이 분석은 외스테르말름의 상층계급 출신이든 쇠데르말름의 노동자 출신이든 도시의 사회민주당원을 결속시킨, 농민에 대한 멸시를 전형적으로 보여주었다. 이들은 중앙당 대표가 자신들보다 더 영리한 전술가였다는 사실을 이해하지 못했다. 펠딘은 젊은 시절 예비군 장교 교육을 받을 때 연대에서 지능지수가 가장 높았다. 게다가 그는 농민운동에서 일련의 통속극에 아마추어 배우로 출연했다. 펠딘은 자신이 속도에서는 팔메의 적수가 되지 못한다는 사실을 알았고, 따라서 의도적으로 속도를 늦추고 흙냄새 나는 소박한 발언으로 대중에게 자신이 농촌의 일상적인 삶에 뿌리를 내리고 있음을 떠올리게 했다. 펠딘은 상대가 지나치게 빠르고 성급하고 논리적으로 정연하게 보이도록 했다. 팔메는 토론에서 펠딘을 완전히 압도하지 못했다. 토론이 기본적으로 방법이 아니라 인성에 관한 문제였기 때문이었을 것이다.

펠딘과 부만은 또한 당 대표로서 새로운 인물이라는 장점을 가졌다. 기자들은 부만의 스톡홀름 군도 섬과 펠딘의 옹에르만란드 농장으로 초대를 받았다. 벨링뷔에 있는 팔메의 타운하우스와는 다른 이상을 뚜렷하게 보여주는 환경이었다. 팔메의 집은 몇 년 전부터 기자들에게 거의 완전히 닫혀 있었다. 이는 한편으로는 팔메가 총리가 되었기 때문이다. 1970년대 초 팔메는 저녁마다 전화선을 뽑아놓아야 했다. 전화번호부에는 여전히 그의 이름과 전화번호(370989)가 나와 있었고, 매일 저녁 모르는 사람의 전화를 대략 쉰 번 정도 받았다. 동시에 가족도 위협을 받아 경호원을 붙여야 했다. 그때까지 계단 밑 나막신 속에 넣어두었던 여분의 현관 열쇠는 정원의 의자 뒤쪽 더 으슥한 곳으로 옮겨놓았다.

그러나 기자들을 향한 더 엄격한 태도는 리스베트의 상황을 반영하기도 했다. 좀처럼 인터뷰를 하지 않던 리스베트가 어느 인터뷰에서 이렇게 설명했다. "울로프는 언론과의 협력을 중요하게 생각하며, 나는 언론과 거리 두기를 중요하게 생각한다." 리스베트는 각각 열다섯 살, 열두 살, 다섯 살인 활발한 사내아이 셋을 책임지고 있었다. 빨래를 해야 했고 하키 클럽에 데려다줘야 했으며 밀린 숙제와 간식을 챙겨야 했다. 집도 더 커졌다. 1969년, 마티아스가 태어난 직후, 가족은 투네달스가탄 18번지에서 같은 지구인 뢰브옹에슈가탄 31번지의 비슷하지만 공간이 상당히 더 넓은 타운하우스로 이사했다. 리스베트는 비록 시간제였지만 자녀를 돌보면서 직장 생활을 계속했다. 그녀는 스톡홀름 아동청소년 심리치료소의 유치원 담당 심리학자로 일했으며, 서부 스톡홀름에서 5000명에 달하는 취학 전 아동의 정신건강을 책임졌다. 일하는 주간에는 주택지구 텐스타-링케뷔로 통근했다. 텐스타-링케뷔는 1960년대 중반 100만 호 공급 정책으로 건설된 곳으로 주로 노를란드에서 이주한 사람들과 핀란드와 그리스, 터키, 당시의 유고슬라비아에서 들어온 이민자들이 거주했다. 리스베트는 조언자의 역할을 했지만, 다시 말해 필요한 경우에 심리학적 도움을 제공하는 일을 했지만, 그래도 업무는 고됐다. 총리 부인이었기에 더욱 힘들었다. 1970년 리스베트는 노르웨이의 어느 신문에 이렇게 얘기했다. "내가 남편을 알게 된 이후로 그는 거의 하루를 두 배로 썼다.… 그래서 나는 일하는 시간을 네 시간으로 줄여야 했다.… 완전한 전업 가정주부였다면 나는 분명코 철저히 혼자였을 것이다." 리스베트는 총리 부인이라는 지위를 이용하여 언론으로 하여금 육아 문제에 주목하게 할 생각을 전혀 하지 않은 것은 아니었다. 그렇지만 그러한 활동의 대가는 컸다. 기자들은 육아에 관하여 진지한 관심 없이 몇 가지 질문을 던진 후 곧바로 팔메 가족의 가정생활에 관한 질문으로 넘어가기 일쑤였다.

그렇지만 사회민주당의 시각에서 볼 때 팔메가 1973년에 다소 세간의 이목을 피한 것은 부정적이지만은 않았다. 팔메의 협력자들은 그가 과도하게 드러나는 것을 걱정했다. 부르주아 정당들의 새로운 서민성에 맞서기 위해 사회민주당은 군나르 스트렝을 내세웠다. 스트렝은 주로 예스타 부만과 토론했다. 그러나 팔메의 선거운동은 나쁘지 않았다. 《다겐스 뉘헤테르》에 따르면, 팔메는 뒤로 물러서 있었다고 해도 선거운동의 주인공이었다. "그는 유령과 싸우는 햄릿인가? 아니면 국민을 찾아 거리를 맨발로 거니는 검푸른 옷을 입은 남자인가?"

양 진영 동수를 이룬 선거 결과

선거날인 9월 16일 일요일은 음산하고 을씨년스러웠다. 전날 밤 20시 35분 스베리예인과 고트인, 벤트인의 왕* 구스타브 6세 아돌프가 사망했다. 수많은 사람이 스톡홀름 왕궁 밖에 모여 애도하며 새로운 국왕을 맞이했다. 스물일곱 살의 칼 16세 구스타브는 작고 한 군주의 손자였다. 사람들은 환호하며 전통적인 '국왕의 노래'를 불렀다. 셉스홀멘의 포대에서 살트셴 만 위로, 스웨덴의 여러 도시에서도 예포가 울렸다. 먼저 사망한 국왕을 위해 스물한 발의 조포가 울리고, 이어 새 국왕을 위해 일제 축포가 울렸다. 팔메는 사회민주당이 1970년에는 오르막길에서 역풍을 맞았지만 이제 "오르막 비탈길에서 순풍"을 탔다고 조심스럽게 낙관론을 피력했다.

먼저 부르주아 정당들이 176석 대 174석으로 근소한 차이의 승리를 가져갈 것으로 보였으나, 이후 177석 대 173석으로 사회민주당에 유리하게 상황이 변했다. 선거 결과가 명확하게 전해진 것은 월요일 오후였다. 사회민주당은 43.6퍼센트를 득표했다. 1932년 이

---

* Sveriges, Götes och Vendes konung. 1905년 연합 해체 후부터 1973년 구스타브 6세 시대까지 사용된 스웨덴 국왕의 공식 명칭이다.

래 최악의 성적이었다. 좌익공산당의 득표는 5.3퍼센트로 약간 늘었다. 중앙당은 25퍼센트의 지지를 얻어 최고 기록을 달성했고, 보수통합당의 득표율은 11퍼센트에서 14퍼센트로 늘었지만, 군나르 헬렌과 국민당은 16퍼센트에서 9퍼센트로 혹독한 패배를 겪었다. 결과적으로 부르주아 정당들과 사회주의 정당들의 의석은 175 대 175로 균형을 이루었다.

새로운 단원제 의회에는 쑥스럽게도 엉망인 결과였다. 누구도 의회가 교착상태에 빠지리라고 예상하지 못했다. 재선거의 가능성이 있었지만, 몇 달의 시간이 필요했다. 게다가 투르비엔 펠딘이 지적했듯이 정치인들이 저지른 잘못 때문에 시민에게 다시 투표소에 나오라고 하기는 곤란했다. 남은 대안은 두 진영 중 한 곳에서 정부를 수립하는 것, 표결에서 동수가 나오면 제비뽑기로 해결하는 것이었다. 부르주아 정당들은 '선거 바람'이 자신들 쪽으로 불었으니 도덕적으로 자신들이 권력을 위임받았다고 주장했다. 그러나 팔메 정부는 그대로 버틸 수 있었다. 스웨덴 의회에는 '부정적 의회주의'가 있었기 때문이다. 전체 의원의 과반수가 현재 정부에 반대해야 정권 교체가 이루어질 수 있었다. 팔메는 단호하게 말했다. "소란과 다툼이 있을 것이다. 저들은 우리의 사퇴를 요구하겠지만 우리는 움직이지 않을 것이다."

역사적인 시각에서 보면, 사회민주당의 선거 결과가 나쁜 것은 당연했다. 그러나 그보다 훨씬 더 나쁠 수도 있었다. 주변 국가들과 비교하면 상황은 더욱 분명해진다. 스웨덴에 인접한 이웃 나라들에서 대중의 불만을 등에 업은 포퓰리즘 정당들이 사회민주당을 지지하는 유권자 층에 깊이 침투했다. 덴마크에서는 몬스 글리스트 룹이 지도하는 진보당이, 노르웨이에서는 안네슈 랑에가 의장인 같은 이름의 정당이 그 역할을 했다. 효과는 파멸적이었다. 스웨덴 의회 선거에 며칠 앞서 실시된 노르웨이 의회 선거에서 사회민주당은 11퍼센트 가까이 득표가 줄었으며, 당 대표 트뤼그베 브라텔리는 가까스로 권좌를 지켰다. 가을이 지나고 12월 초 앙커 예엔슨이 이끄는 덴마크 사회민주당은 고작 25퍼센트를 득표하여 역사적인 패배를 기록했다. 이렇게 보면 팔메는 선거 결과에 내심 충분히 만족했을 것이다. 그렇게 짧은 기간 동안 총리를 지낸 뒤에 쫓겨났다면 견디기 어려웠을 것이다.

국민당과 손잡다

44년간 권력을 놓치지 않은 사회민주당의 마지막 집권 기간은 놀랄 정도로 성공적이었다. 일이 끝난 뒤에 돌이켜 보면, 어떤 먹구름이 몰려오고 있었는지 분간하기 쉽다. 임금노동자기금에 관한 노동조합총연맹의 논의, 핵발전소에 대한 반대의 심화, 오랜 집권으로 인한 사회민주당의 오만함. 그러나 1971~1972년의 어려운 시절에 비하면 1973년에서 1976년까지 팔메의 임기는 순조롭게 지나갔다. 그 기간의 대부분에서 경기는 좋았고, 정부는 추정과는 달리 곤란한 의회 상황을 극복했다. 1975년 스웨덴 정부는 경제 관리 방식에서 석유수출국기구의 신임을 얻었으며, 1976년 6월까지도《인터내셔널 헤럴드 트리뷴》의 스웨덴 경제에 관한 기사 제목은 이랬다. "세계 경제가 침체를 겪고 있는 와중에도 한 나라는 기적을 일으키고 있다."

고대 그리스인들이 추첨을 민주주의의 궁극적인 형태로 여겼다고 해도, 현대 스웨덴 사람들은 우연의 지배를 받는 것은 무가치하다고 생각했다. 실패한 헌법 개정에 모든 정당이 공모했기에, 정당마다 재선거를 피하기 위해 타협을 모색해야 할 이유는 충분했다. 그렇지 않으면 중요한 정치적 문제를 추첨으로 해결해야 했다. 팔메는 오랫동안 사회민주당과 국민당의 동맹을 원했다. 확실한 본보기는 타게 엘란데르였다. 엘란데르는 1950년대 초에 부르주아 정당 중에서 가장 작고 가장 우호적인 농민연합과 공동으로 정부를 수립함으로써 사회민주당의 집권을 유지했다. 20년이 지난 그때 사회민주당과 기본적인 가치를 많이 공유한 작은 중도 정당인 국민당이 그 위치에 있었다. 헤들룬드가 엘란데르와 연합하여 국민당의 울린에 맞섰듯이, 팔메에게는 군나르 헬렌이 펠딘에 맞선 투쟁에서 동일한 역할을 할 수 있을 것이었다.

개인적인 조건은 충분했다. 팔메는 거의 열 살이 많은 국민당 대표와 죽이 잘 맞았다. 쇠름란드의 교사 집안 출신인 헬렌은 오랫동안 라디오 방송국에서 일했다. 1945년 쿵스가탄에서 종전 소식도 전했다. 헬렌은 오늘날이라면 결코 생각할 수 없는 학자 유형의 정치인이었다. 그는 1920년대의 작가이자 시인인 비르예르 셰베리에 관한 논문으로 북유럽어학 박사학위를 받았다. 헬렌의 지식은 무궁무진했으며, 그의 활력은 깊이를 알 수 없었다. 그는 스톡홀름에 있든 뉴욕에 있든 튀니지에 있든 매일 조깅을 했다. 그러나 헬렌은 매력의 발산이 부족했다. 어떤 비판자는 그를 아끼는 마음에서 '논리 정연한 낱말 주사기'라고 말했다. 팔메는 기분이 나쁠 때면 '매스미디어의 바보'라고 말했다. 여러 해 동안, 특히 그 과격한 국민당원이 당의 도덕적으로 보수적인 파벌을 변호해야 한다고 느꼈던 1965년『하지의 춤』에 관한 논쟁에서 팔메는 오만하게 헬렌을 조롱했다. 그러나 기본적으로 팔메는 자유주의 좌파에 속한 국민당 대표를 존경했다. 그가 여러 점에서, 특히 교육정책과 외교정책에서 자신과 가까웠기 때문이다. 헬렌 편에서 말하자면 그는 사회민주당의 젊은 대표에 경탄했다. "그는 확실히 재능이 뛰어났고 스웨덴에서 지능지수가 가장 높은 축에 드는 사람이었을 뿐만 아니라 전술적으로도 엄청나게 영리했다." 펠딘과 팔메 간의 완전한 소원함보다 이 두 사람 간의 동질성이 더 돋보였을 것이다. 펠딘과 팔메 사이에는 하등의 교류가 없었다. 펠딘은 팔메가 무관심하고 냉정하다고 생각했다. 펠딘은 훗날 이렇게 말한다. "나는 그가 나를 자기보다 못한 사람으로 보았다고 믿지 않는다. 팔메가 중앙당 대표에 당황했다는 것이 더 오히려 사실에 가까웠을 것이다."

1973년 크리스마스 한 주 전 늦은 저녁 시간에 팔메는 헬렌을 찾아갔다. 협력 제의는 그때가 처음이 아니었다. 1966년에 이미 팔메는 당시 스몰란드의 크루노베리 주 주지사였던 헬렌에게 서한을 보내 향후 두 정당 간의 협력에 관해 논의한 적이 있었다. 그 저녁에 헬렌은 세르겔 광장에 있는 유리와 콘크리트로 된 건물 9층 사무실에서 늦게까지 일하고 있었다. 이 건물은 훗날 스톡홀름 문화회관이 된다. 헬게안츠홀멘의 의사당이 재건축에 들어간 동안 스웨덴 의회는 이곳으로 옮겼다. 팔메는 손님 의자에 앉아 연립정부를 구성한다고 '가정'하면 국민당이 관심이 있는지 물었다. 그는 의향이 어떤지 알아보는 것일 뿐이라고 설명했다. 팔메 자신은 자유주의자들과 연결되어 있다고 느꼈지만, 또한 당 내부에 그러한 협력에 대한 강한 반대가 있다는 사실도 알고 있었다. 따라서 팔메가이 문제를 더 진척시키려면 국민당에 이에 상응하는 관심이 있는지 알아야 했다. 헬렌은 사회민주당과의 연립정부 구성이 불가능함을 분명히 알고 있었다. 부르주아 정당들이 협력해야 한다는 생각이 기세를 얻었고, 국민당이 사회민주당과 협상을 시작하면 유권자들이 응징을 가할 수 있었다.

그래서 국민당은 개별 사안에 관해서는 사회민주당과 합의를 이루기도 했지만, 정부 구성의 협력에 관해서는 거부의 입장을 고수했다. 팔메와 헬렌은 의회에서 좋은 관계를 이어나갔다. 헬렌은 때때로 인기를 위해 연기를 해야 했고, 팔메는 이를 아주 너그럽게 이해했다. 사회민주당을 향한 노골적인 공격이 있은 후 팔메는 이렇게 물었다. "정말로 필요했나?" 헬렌은 이렇게 단호히 대답했다. "그렇다, 절대적으로 필요했다." 두 정당 대표 간의 협력은 1974년 하가 협약의 토대를 놓았다. 협약에서 사회민주당과 국민당은 중위소득자의 세금 인하와 연금 수령 연령 인하, 강력한 인플레이션 억제 조치에 관해 합의했다. 국민당과의 타협으로 재선거의 우려는 사라졌다. 그러나 국민당처럼 스스로 중도 정당이라고 생각한 중앙당이 사회민주당의 가까운 동맹이라는 전통적인 역할과 부르주아 정당들의 지도자라는 새로운 역할 사이에서 머뭇거린 것도 상황의 안정에 일조했다. 1975년에 이루어진 세금에 관한 타협에는(제2차 하가 협약) 펠딘도 참여했다.

국민당과 연립정부를 구성하려던 팔메의 시도가 실패한 것은 그에게 스승인 엘란데르의 본능적인 감각이 부족하다는 증거로 해석되었다. 그렇지만 그 시절 자유주의자들과 사회민주주의자들이 실질적으로 정부 구성에서 협력할 가능성은 없었다. 각 정당 내부의 반대가 너무 거셌다. 유권자의 지지가 연이어 빠지기는 했지만 1960년대의 좌경화에 사회민주당은 더욱 투쟁적으로 바뀌었다. 펠딘이 '오른쪽으로 이동'했다면, 팔메는 '왼쪽으로 이동'했다. 부르주아 쪽의 실망은 대단히 커서 세 야당이 정권 교체를 위해 서로 크게 양보할 준비를 했을 정도였다. 이러한 시각에서 보면 팔메가 의회의 진영 정치를 깨뜨리는 데 성공한 것은 국내정책에서 큰 성공이었다. 이는 엘란데르에게 배운 것이 무용지물이 아니라는 증거였다. 하가 협약과 호경기, 의회에서의 성공적인 책략은 의회와 사회민주당에서 공히 팔메의 정치적 권위가 높아지는 결과를 가져왔다. 국내정책 분야에서 팔메는 1960년대 초부터 추진한 국가 주도의 평등정책과 양성평등정책을 계속할 수 있었다.

새로운 세대의 여성 국무위원들

양성평등 문제는 전체적으로 선거운동에서 큰 역할을 하지 못했다. 팔메가 양성평등 문제로 스웨덴 정치에서 돋보인 것은 사실이지만, 이 문제는 선거 토론에서 구호나 날카로운 표현으로 바뀔 수 있는 뚜렷한 쟁점이 되지 못했다. 그러나 팔메는 1973년 선거 후 정부를 대폭적으로 개편함으로써 양성평등을 말에서 행동으로 옮겼다. 그는 다섯 명의 새로운 각료를 선발했는데, 세 명이 여성이었다. 예트루드 시구드셴과 안나그레타 레이온, 레나 옐름발렌이다. 그렇지만 이 대담한 개각은 11월 초 브라트와 기유의 기소를 둘러싼 소동 중에 발표되었기에 언론에서 잘 다뤄지지 않았다. 그러나 새로운 여성 국무위원의 임명과 더불어 팔메는 쉰 살의 유능한 여성을 결코 사소한 자리가 아닌 개발원조부 장관으로 얻었고(시구드셴) 전도유망한 젊은 여성 두 명을 정무차관으로 얻었다. 오늘날이라면 특별히 인상적인 일은 아니었을 것이다. 그러나 당시의 스웨덴에서 그것은 놀라운 진전이었다. 여성은 행정부 공무원 중에서 겨우 17퍼센트밖에 되지 않았고, 39명의 국장 중 여성은 단 한 명이었다. 지방 차원을 들여다보면 지방의회 의장 중에서 여성은 다섯 명이었고 남성은 304명이었다. 노동조합총연맹 집행부 위원 열다섯 명은 전부 남자였다. 1972년 사회민주당 대회에 참석한 대의원 350명 중 여성은 간신히 50명을 넘겼다.

노동시장부의 새로운 정무차관 안나그레타 레이온은 담배를 즐기는 서른네 살의 강인한 남부 여성이었다. 그녀는 쇠데르말름 서부의 교도소가 있는 섬 롱홀멘에서 성장했다. 그녀의 아버지는 그곳 교도소의 교도관으로 일했다. 아동기는 무척 고달팠다. 그녀의 아버지는 알코올 중독자였고 딸을 성적으로 학대하고 폭행했다. 그렇지만 레이온은 어머니의 도움으로 여자중고등학교에 입학했고 이어 1960년대 초에 웁살라 대학교에서 공부했다. 1957년 말름실 나스가탄의 댄스 클럽 '선사이드Sunside'의 금주 모임에서 그녀를 처음 만난 어느 남성 친구는 이렇게 썼다. "안나그레타라는 이름이 유독 웃겼지만 그녀는 그때까지 내가 본 여자 중에서 가장 아름다웠다." 레이온의 이력은 청년금주운동인 스웨덴 학생금주협회에서 (일종의 정치인 양성소였다) 시작되어 웁살라 대학교의 학생회와 사회민주당 학생 동아리 '라보레무스'를 거쳐 1960년대 말 노동시장청 공무원으로 귀착되었다. 1972년 팔메의 차관 타게 G. 페테숀은 그녀에게 총리실 산하에 새로 출범한 양성평등대책반을 맡겼다. 총리는 처음에는 미심쩍었다. 그는 레이온이 "완고한 생각을 지닌 가망 없는 좌파 여성"이라고 의심했다.

교육부 정무차관이 된 레나 엘름발렌은 레이온처럼 1960년대 초 웁살라 대학교 학생회에서 활동했다. 그녀의 아버지는 정신병원의 선임간호사였고 사회민주당 지역정치인이었다. 혁명의 해인 1968년 엘름발렌은 하원 의원에 당선되어 주로 교육 문제에 관여했다. 동료 의원 중에는 원래 국민당원이었던 비르기타 달도 있었다. 그녀의 아버지는 자유주의적인 어느 민중대학의 교장이었다. 그녀는 1960년대 초 라보레무스에서 활동했으며 레나 엘름발렌과 동시에 의회에 입성했다. 비르기타 달은 1982년 사회민주당이 다시 집권할 때 산업부 정무차관에 임명된다.

레이온과 엘름발렌, 달은 1930년대 말에서 1940년대 초에 태어난 새로운 세대의 사회민주당 여성 정치인을 대표했다. 한편으로 이들은 이전의 남성 노동자 정치인들과 지극히 달랐다. 현대적이었고 대학교를 졸업했으며 평등사상에 젖었고 언행에 거침이 없었으며 도전적이었다. 안나그레타 레이온은 훗날 회고록에서 신임 국무위원 시절의 상황을 이렇게 요약했다.

> 서른네 살이었던 나는 용기 있게 무릎 위까지 올라가는 치마를 입었고 머리를 길게 길렀으며 가느다란 금속 테의 안경을 썼다. 나는 홀로 일곱 살과 아홉 살 된 두 아이와 함께 살았다. 안전을 위해 나는 노동시장청 과장 업무에서 휴직 연장을 요구했다.*

배경에는 종종 노동계급이나 하층 중간계급 환경으로부터의 계층 이동이 보인다. 과감하게 돌진한 현대적인 젊은 사회민주당 여성들을 키운 것은 스웨덴 민중운동 문화와 금주협회, 민중대학, 학습 동아리였다. 여러 경우에 부모는 적극적인 사회민주당 당원이었고 계층 이동의 길에 들어선 딸을 높이 평가했다. 이러한 배경은 대개 큰 자산이었다. 역경과 위기를 거치며 단련된 삶의 경험과 강력한 연대의식, 노동운동에 대한 충성심이 있었던 것이다. 그러나 대학교 공부를 통해 이들은 노동계급에서 벗어나 사회적으로 보면 더욱 불안정한 중간계급 문화 속으로 들어갔다. 아래쪽의 사람들과 위쪽의 사람들을 다 상대해야 했다.

---

* 정무차관도 국무위원으로 정치적으로 임명되는 직책이었으므로 정권이 바뀌면 당연히 교체되는 자리였다.

남성이 지배한 세계 속에서 여성으로 지내기란 쉽지 않았다. 옐름발렌의 경우를 보자면 그녀는 처음에는 국무위원으로 나서기가 어려웠다. 레이온은 강인한 여성이었고 존중을 받았지만 자신을 혹사했다. 이민 문제를 담당하던 때인 1976년 여름 레이온은 카롤린스카 병원 분만실 침대에서 진통 중에도 현안인 추방명령서에 서명했다. 팔메가 사망한 뒤에는 살인 사건의 진상을 밝히라는 총리와 정부 내 다른 인사들의 압박에 그녀는 법무부 장관직에서 물러난다.* 반면 입각했을 때 나이가 많았던 비르기타 달은 장관으로서 더 성공적인 시기를 보냈고 국회의장으로 경력에 마침표를 찍었다.

팔메는 젊은 여성 국무위원들을 최선을 다해 지원했다. 특히 레이온이 핵심 인물이었다. 그녀는 일찍부터 여성 문제에 몰두했다. 1964년 레이온은 막 아기를 출산한 어머니이자 노동시장청의 신임 공무원이었고 남자 동거인과 함께 예르펠라에 아파트를 얻었다. 스톡홀름 주변의 다른 많은 교외지구처럼 예르펠라도 커지고 시끄러워졌다. 새로운 주거지에 스웨덴의 다른 지역과 핀란드를 비롯한 다른 나라에서 새로운 사람들이 지속적으로 밀려들어왔다. 예르펠라 군郡은 사회민주당이 운영했지만 어린이집이 없었다. 레이온에 따르면 권력을 쥔 자들은 부인이 "가정주부이거나 가정주부이기를 바라는" 옛날 사람이었다. 노동시장청에서 그녀는 노동시장의 여

---

* 안나그레타 레이온은 1973년 11월부터 1976년 10월까지 노동시장부에서 이민과 양성평등 문제를 담당한 정무차관이었고 이어 1982년 10월부터 1987년 10월까지 노동시장부 장관을 역임하고 법무부 장관이 되었다가 이듬해 7월 사퇴한다.

성 문제를 다루게 되었다. 레이온은 예르펠라의 여성 문제에도 관여했다. 사회민주당 협의회에서 그녀는 성차별 철폐를 요구하여 주변 사람들을 충격에 빠뜨렸다. 레이온은 지역정치인이 되었고, 새로운 어린이집을 세우게 했으며, 동시에 스웨덴 문화원의 위임을 받아 스웨덴의 양성평등에 관한 책을 썼다. 노동시장부 정무차관이자 정부의 양성평등대책반 반장으로서 레이온이 맡은 과제는 양성평등 문제에서 사회민주당과 노동조합총연맹을 압박하는 것이었다.

동시에 팔메는 일련의 다른 영역에서 이전 임기 때부터 수행한 개혁 작업을 계속했다. 1974년 기존의 출산수당이 남편과 아내를 다 포함하는 확대된 부모보험으로 대체되었다(남편은 종종 자기 몫의 보험금을 아내에게 양보했다). 같은 해에, 이혼할 경우 부모가 자녀 양육을 분담할 수 있는 제도가 도입되었다. 이듬해 낙태가 합법화했다. 이 법률 개정은 오랫동안 남자들에게는 의심스러운 것이었지만 지금은 대체로 지지를 받고 있다. 팔메는 종종 참을성이 없다는 비난을 들었지만, 낙태 문제는 그가 논란거리인 개혁을 관철시키기 위해 시대정신의 변화를 기다릴 수 있었음을 보여준다. 또한 1930년대의 옛 불임법의 남은 잔재가 폐기되었다.* 이는 팔메가 일찍이 1950년대 말부터 다룬 문제였다. 개혁의 종합적인 효과로 시

---

* 1934년 법과 1941년 법으로 불임 시술은 임신이 여성의 건강이나 생명에 해로운 의학적 근거, 정신병이나 정신박약, 신체장애를 유발하는 우생학적 근거, 정신병이나 정신박약 등의 이유로 자녀 양육이 불가능한 사회적 근거로만 가능했다.

민들은 자신의 재생산 능력에 더 큰 결정권을 획득했으며, 반면 국가의 개입 가능성은 축소되었다. 1975년에는 모든 기초자치단체가 여섯 살 아동에게 유치원 교육을 제공해야 하는 유치원법도 통과되었다.

1973~1976년의 임기에 고용주에 대해 노동자의 지위를 강화한, 앞서 언급한 법률들이 통과되었다. 특히 중요한 것은 고용안정법과 노동 생활의 공동결정권법이다. 고등교육의 제도 개편도 계속되었다. 잉바르 칼손이 이끄는 1968년 대학교조사단은 1977년에 광범위한 대학교육 개혁안을 제출한다. 이전의 학위 취득 형태, 특히 문학사 학위는 폐지되었고(나중에 재도입된다), 모든 교육은 포괄적인 방침에 따라 시장에 적응해야 했고, 동시에 정치인들이 대학 이사회를 더 많이 통제할 수 있게 되었다.

많은 스웨덴 사람은 이 모든 것을 자유의 승리로 보았다. 노동시장의 새로운 법률은 노동자의 입지를 강화했다. 고용 안정이 확고해졌고, 예기치 않게 일자리를 잃었을 때 폭넓은 사회적 안전망의 도움을 받을 수 있었다. 여성은 자신의 신체에 대한 결정권을 획득했고, 성가신 남자를 더 쉽게 떼어낼 수 있게 되었으며, 자녀를 어린이집에 맡기고 일을 하여 소득을 올릴 기회가 늘어났다. 새로운 대중교육 제도와 더불어 청년이 고등교육을 받을 기회가 더 커졌다. 사회적 불균형이 사라지지는 않았지만, 대학생의 규모가 커짐으로써 노동자 가정의 자녀들이 점점 더 많이 대학 교육을 받게 되었다. 성인 남성은 한편으로 가부장적 권위를 잃었다면 다른 한편으로 결혼과 부모의 책임에서 벗어나 더 많은 자유를 누렸다. 이는 경제적으로 비용이 더 많이 들거나 사회적으로 비난받는 일이 아니었다. 그렇지만 개인주의화에는 국가 권력의 확대가 동반되었다. 여러 영역에서 연이어 시민은 가족과 친척, 이웃, 고용주, 타인에 대한 의존도가 줄어들었지만, 그만큼 국가에 더 의존하게 되었다.

법률과 정치의 충돌

울로프 팔메와 사회민주당의 여러 지도자가 생각했던 것처럼, 그러한 권력 집중은 아무런 문제가 되지 않았다. 이들은 오히려 국가가 평등한 사회를 실현하기에 충분할 만큼 큰 권력을 갖지 못하는 상황을 걱정했다. 이 점에서 오래된 법률과 헌법이 이들이 추구한 평등사회에 중대한 장애가 될 수 있었다. 팔메의 주된 법률 고문이었던 칼 리드붐에 따르면, "법이 시답지 않은 대접을 받는" 일은 없어야 했다.

우리는 민주주의의 자유라는 이상이 모두에게 현실이 되고 모든 영역에서 개별 인간의 삶에 스며드는 사회를 만드는 데 법을 이용할 것이다. 수십 년 전에 모종의 객관적인 정의의 표현으로서 여러 법률이 제정되었지만 과거의 시각에서 확실하게 벗어나지 못한다면 우리는 그러한 사회에 도달할 수 없다.…

여기에는 법실증주의에 대한 사회민주주의적 시각이 구체적으로 드러나지 않는다. 자연법은 스웨덴의 법률 전통에서 널리 주목을 받은 적이 없다. 스웨덴의 법률 전통은 인간이 불가침의 타고난 권리를 지니는가의 문제보다는 법 앞의 평등과 공정에 초점을 맞추었다. 그러나 1950년대에 스톡홀름 대학에서 공부한 팔메와 리드붐은 다른 사람들보다 일찍 정치가 법률보다 우위에 있다는 생각을 받아들였다. 법률이 영원히 사회를 지배한다고 생각하지 않는다고 해도, 법이 존중해야 할 어느 정도의 영속성과 안정성을 갖고 있는 것은 분명했다. 100년 동안 지속될 법을 제정한다는 야심 찬 목표는 비현실적이지만, 리드붐이 옹호한 상시적인 법률 개정도 권력의 남용과 전횡을 초래할 수 있었다. 리드붐이 가장 혹독하게 비판한 법률의 하나는 1973년에 제정되어 수상한 외국인을 추방할 수 있게 한 테러리스트 법이었다. 그 법은 1975년 4월 바더 - 마인호프 단(적군파)이 스톡홀름의 서독 대사관을 공격하려다 실패한 이후 통과되었다. 그때 정부는 심각한 부상을 입고 살아남은 테러리스트들을 추방했다. 울로프 팔메는 스웨덴 법률 제도로 처리하는 대신 독일연방공화국 총리 헬무트 슈미트에게 전화를 걸어 서독 당국이 적군파 대원들을 데려갈 의사가 있는지 물었다. 독일 사회민주주의에서 탄생한 매우 냉혹한 지도자였던 슈미트는 이렇게 대답했다. "기꺼이." 그리하여 부상당한 테러리스트 하나 크라베는 스웨덴의 주치의가 항의했는데도 석방되었다. 한 주 뒤 심한 화상을 입은 테러리스트 지크프리트 하우스너가 추가로 독일연방공화국으로 송환되었고, 그는 나중에 그곳에서 사망했다.

법률과 정치의 충돌은 1974년 6월 6일 스웨덴의 새로운 헌법 채택으로 귀결된 작업에서 절정에 달했다. 목적은 1809년에 제정된 오래된 헌법에서 역사적 폐물을 최대한 제거하는 것이었다. 1970년 스웨덴 의회의 '상원'을 폐지함으로써 이미 중요한 첫걸음을 뗐다. 상원의 구성은 군 의회 선거와 주 의회 선거를 토대로 했으며, 의원의 임기는 8년이었다. 그러나 1973년 선거 결과가 예기치 않게 사회주의 정당과 부르주아 정당 사이에 균형을 이루면서 새로운 헌법을 추진한 자들의 지혜는 아무런 효과도 없었다.

새로운 헌법에 관한 논의에서는 지나친 자신감의 다른 징후도 보였다. 입법조사단 작업에서 가장 큰 논쟁거리였던 문제는 군주의 지위였다. 스웨덴 국민은 과거에도 그랬거니와 지금이나 기본적으로 왕실에 매우 열광한다. 1950년대부터 오늘날까지 왕실에 대한 지지율은 거의 변함이 없다. 국민의 약 70퍼센트가 왕이나 여왕이 있기를 원했고, 대통령을 지지한 사람은 15퍼센트밖에 되지 않았다. 소수의 공화주의자는 대체로 생각이 분명하고 교육을 많이 받은 사람들 중에서 발견된다. 스웨덴에서는 오랫동안 빌헬름 무베리가 군주제에 반대한 주된 인사였다. 그는 비록 1973년에 사망하기는 했지만 1950년대 중반에 『그래서 나는 공화주의자이다*Därför är jag republikan*』를 발표하여 논란을 불러일으켰다. 무베리는 온화하고 인기 많은 구스타브 6세 아돌프에 반대하는 운동은 쓸데없다고 생각했다. 그러나 그는 군주제의 약점은 언제나 왕위 계승에 있음을 알아보았다. 젊은 후계자에게는 나이가 들어 능력이 입증된 군주에게 볼 수 있는 권위와 매력이 부족하다(이는 특히 '릴프린센*lillprinsen*'이라는 애정이 담긴 호칭으로 불리기는 했지만 유쾌하되 지적 활력은 전혀 없는 국왕의 손자 칼 구스타브에 해당하는 얘기였다). 그래서 공화주의자들은 구스타브 6세 아돌프가 사망하면 베나도트 왕가가 종식되어야 한다는 선전에 집중했다.

1960년에 팔메는 《보니에슈 리테레라 마가신》에 기고한 글에서 낡아 빠진 공화주의를 얘기한다고 무베리에게 야유를 퍼부었는데, 이 공화주의는 1960년대 말에 순풍을 탔다. 전반적인 좌경화의 바람이 분 데다 젊은 왕자가 팔메가 예전에 다닌 시그투나 인문중고등학교에서 동료들과 파티를 벌였을 때 언론이 눈에 불을 켜고 감시한 결과로 많은 사람이 군주제에 더 비판적인 태도를 취했다. 왕실에 대한 국민의 지지는 여느 때와 마찬가지로 높았지만, 정치적으로 적극적인 사람들 사이에서 공화주의가 세를 키웠다. 1960년대 후반 군주제를 확실하게 지지한 자들은 보수파의 청년연맹뿐이었다. 1966년 사회민주당 의원 서른두 명이 스웨덴에 공화국을 도입하는 문제를 조사하자는 법안을 발의했다. 그렇지만 타협할 수밖에 없는 상황이었다. 양쪽 다 인정하기는 싫었지만 힘이 약했기 때문이다. 국왕에 우호적인 정당인 중앙당과 보수통합당에는 파티를 즐기는 젊은 왕위계승자가 여론을 공화주의 쪽으로 몰고 갈 골치 아픈 짓을 벌이기 전에 군주제에 관해 합의할 필요가 있었다. 사회민주당과 자유주의자들, 공산주의자들은 국체에 관하여 국민투표를 실시하게 되면 패배할 것임을 알고 있었다.

그래서 1971년 여름 이른바 '투레코브 타협'이 이루어졌다. 스코네의 멋진 해변 휴양지의 이름을 따서 그렇게 부른다. 그곳에서 주요 정당 대표자들은 스웨덴 군주제의 미래에 관해 합의했다. 해법은 권력과 권력의 상징을 철저히 구분하는 포스트모더니즘 방식이었다. 1974년 새로운 헌법이 채택되었을 때, 국왕은 정치 과정에서 완전히 물러났다. 국왕은 이제 더는 정부를 구성하거나 정부의 회의에 참여할 수 없었다. 붓 한 번 놀려 공화국으로 이행했다고 팔메는 자랑했다. 국가수반으로서의 국왕의 역할은 "깃털 장식, 훈장" 뿐이었다. 팔메는 실질적인 국가 권력과 결합되지 않은 군주제는 결국 국민적 정통성을 상실할 것이라고 믿었다. 그는 이 방정식에 다른 면이 있음을 간파하지 못했다. 의회민주주의는 가장 강력한 상징의 하나를 빼앗겼고, 다른 형태의 대표성이 그 상징을 대체하지 않았다. 장기적으로 보면 권력을 잃은 왕실은 인기가 더 높아지고 더 많은 주목을 받으나, 정치 체제는 불신과 정치인에 대한 경멸의 증가로 타격을 받았다.

군주제 문제에서 팔메의 태도는 민주주의의 기능주의에 대한 과신을 보여주는 흔한 사례이다. 이보다 더 중요했던 것은 새로운 헌법에 기본법으로 보호받는 시민의 자유와 권리를 포함시킬 것인지에 관한 논의였다. 이 문제에서 사회민주당은 전체적으로 부정적인 시각을 지녔다. 국가에 맞설 권리가 주어지면 중요한 사회 개혁이 어려워질 수 있기 때문이었다. 그렇지만 보수통합당과 국민당은 이 문제에서 다소 무기력했다. 그러자 사회민주당은 부르주아 정당들이 새로운 헌법에 소극적 자유(국가 권력의 침해로부터 시민을 보호하는 것)를 명시하는 대가로 노동권과 주거권, 사회 안전망 같은 적극적 권리를 적시하는 데 동의해야 한다고 요구했다. 결과적으로 적극적 권리도 소극적 권리도 기본법의 보호를 받지 못했다.

강력한 항의는 없었지만, 1973년에 우파와 좌파에서 공히 새로운 헌법안에 대한 비판이 제기되었다. 얀 뮈르달은 이렇게 말했다. 새로운 기본법은 "신속한 결정으로써 하룻밤 만에 스웨덴을 시민권과 개인의 자유가 제거되는 무서운 경찰국가로 바꿔놓을 수 있다." 팔메가 스웨덴학생회연맹 시절부터 알았던 대법원 판사 구스타브 페트렌은 그렇게 격하게 표현하지는 않았지만 유럽인권조약이 새로운 헌법에 그대로 들어가야 한다고 주장했다. 그렇게 해야만 스웨덴 국민이 유럽인권법원에서 스웨덴 국가의 권한 남용을 비판할 수 있을 것이었다.

배후의 숨은 동기는 당연히 정치적이었다. 좌파의 많은 사람이 오로지 전술적인 이유에서 부르주아적 자유와 권리를 지지했다. 사회주의가 실현된다면 더는 필요하지 않을 것이기 때문이었다. 부르주아 진영에서는 정치권력의 제한이 사회민주당을 방해하는 다른 방법이었다. 그러나 우파와 좌파가 똑같이 음험한 의도를 지녔다고 해도, 정치권력을 통제하는 온갖 수단에 대한 팔메와 사회민주당의 치밀한 반대는 놀랍도록 근시안적이었다. 정치 체제의 안정을 보장하는 궁극적인 요소는 국민의 신임이라는 주장은 확실히 옳다. 팔메는 1973년 6월 국민의 자유와 권리에 관한 의회 토론에서 이렇게 표현했다.

사회가 시민의 안전과 복지를 지킬 수 없으면 민주주의는 쉽게 불신과 위기에 빠진다는 것을 우리는 역사의 경험으로부터 배웠다. 민주주의 사회는 정의와 모든 인간의 동등한 가치에 관한 민주주의의 기본적인 이념과 조화를 이루는 정책을 실현할 수 있어야 한다.

그렇지만 이 원칙은 너무 멀리 갔다. 예를 들면 사회민주당은 이른바 법률자문위원회에서 새로운 법률안이 기본법에 위배되지 않는지 의무적으로 심사하는 제도의 도입에 반대했다. 법률자문위원회는 미국과 독일에서 볼 수 있는 것과 같은 종류의 헌법재판소로 생각되지 않았다. 그것은 조언을 제공하는 기관일 뿐이었다. 언제나 정부가 결정권을 지녔다. 그렇지만 사회민주당은 법률자문위원회의 심사를 임의적인 선택 사항으로 유지하기를 원했다. 다시 말해서 법률자문위원회의 심사를 거칠 것인지 여부를 정부의 결정에 맡기고자 한 것이다. 울로프 팔메의 생각에 따르면, 법률자문위원회의 심사가 의무적이라면 이는 "관료와 법정의 스웨덴"으로 회귀하는 것이기 때문이었다. "민중운동 즉 노동운동과 농민운동은 한때 바로 그것에 맞서 저항했다." 이는 절반의 진실이었다. 스웨덴 노동운동이 지배층의 폭력적인 억압 없이 출현할 수 있었던 것은 또한 스웨덴이 민주주의의 관철 이전부터 오랫동안 법치국가였다는 사실 덕분이었다.

스웨덴 외교의 새로운 자화상

하랄드 에델스탐은 과거의 '관료의 스웨덴' 출신이었다. 그러나 그는 보고서 쓰기를 지독히 싫어했고 판에 박힌 일과를 그다지 즐기지 않았다. 이 예순 살의 스웨덴 외교관은 왕세자비 루이즈의 시종장이었던 아버지처럼 멋쟁이로 레이디킬러였다. 그는 고급 트위드 옷을 입었고 골동품을 수집했다. 외교부에서 에델스탐은 같은 나이의 동료들 중에서 다소 멍청하다는 평판을 받았다. 그러나 그는 일상적인 상황에 있을 때는 어떤 사람이었든 간에(의견은 크게 갈렸다) 압박을 받으면 성장했다. 에델스탐은 약자에 대한 공감, 강인한 신체, 꺾이지 않는 자신감 등 영웅이 될 자질을 보여주었다. 외교관으로 활동할 때 그에 대해 스웨덴 외교부가 요구한(아니면 원한) 임무를 뛰어넘는 행동주의 성향이 보인다는 소문이 돌았다. 그렇지만 그는 혁명가는 전혀 아니었다. 1972년 가을 이후 에델스탐은 칠레에 파견되었고, 스웨덴 대사관을 방문하여 그의 접견을 받은 사람에 따르면 그는 나라의 사회주의적 대통령 살바도르 아옌데에 종종 비판적인 견해를 내비쳤다. 그럼에도 에델스탐은 피노체트 정권의 주된 반대자가 된다.

분쟁은 군부 쿠데타가 일어난 다음 날인 1973년 9월 12일에 시작되었다. 군대가 스웨덴 공관에서 두 건물 떨어진 쿠바 대사관을 포위했다. 숙소에서 총성을 들은 에델스탐은 군인들을 밀치고 나아가 담당 지휘관에게 쿠바 동료들을 만나겠다고 요구했다. 이튿날 이 스웨덴 대사는 군사정권과 협상을 벌여 쿠바 외교관들이 무사히 칠레에서 나갈 수 있도록 한다는 합의를 이끌어냈다. 에델스탐은 또한 스웨덴이 칠레에서 쿠바의 보호자로 지명되게 했다. 쿠바인들이 탈출한 후 그는 쿠바 대사관에 스웨덴 국기를 게양하고 그곳이 스웨덴 영토라고 선언하며 크게 당황한 칠레 군인들을 내보냈다. 한편 대체로 여자와 아이였던 많은 사람이 피난처를 찾아 스웨덴 대사관으로 몰려들었다. 에델스탐에 따르면, "가슴이 미어지는 광경이었다. 그들 중 여럿이 이웃이 총검에 찔리는 것을 목격했거나 친척이 눈앞에서 폭행당하거나 발길질 당하고 총탄에 맞아 쓰러지는 것을 보아야 했다." 라틴아메리카에는 살보콘둑토 salvoconducto의 전통이 있었다. 쿠데타나 그 비슷한 일이 벌어졌을 때 라틴아메리카 국가 대표단에 보호를 구할 권리이다. 이것이 스웨덴 대사관에는 해당되지 않았음에도, 에델스탐은 난민을 받아들였다. 이후 그는 다양한 방법으로 이들을 칠레 밖으로 탈출시켰다. 창의성과 큰 용기가 필요한 일이었다.

결연하고 담대한 에델스탐이 1973년 칠레에서 스웨덴의 대표자였다는 사실은 스웨덴의 태도에 결정적으로 중요했다. 그러나 그의 행위는 정치적 진공에서 나온 것이 아니다. 스웨덴 외교부에는 판단력이 부족하다는 이유로 그를 반대한 사람들이 있었지만, 국내에 그의 지지자도 있었다. 외교부 안에도 강력한 지원 세력이 있었다. 특히 장관 크리스테르 비크만과 당시 외교부에서 일했으나 조만간 팔메의 국제 문제 담당 고문으로 총리실에 들어가는 피에르 쇼리가 지지를 보냈다. 그 배후에는 팔메가 있었다. 팔메는 벨링뷔의 타운하우스에서 밤을 도와 대화하며 에델스탐의 행동을 승인했다. 그러나 이에 못지않게 중요한 것은 스웨덴 외교의 도덕적 환경이 1950년대의 신중한 중립에서 1970년대의 대범하고 적극적인 태도로 변했다는 사실이다. 1970년 영국 신문 《더 타임스》는 사설에서 이렇게 확인했다. "스웨덴은 오늘날 그 중립을 숨을 때 필요한 보호 장벽이 아니라 세계의 일에 더 적극적으로 관여하기 위한 발판으로 이용한다."

이 새로운 방침은 문제가 없지 않았다. 스웨덴은 작은 나라로서 도덕적인 수단 이외에 다른 압력 수단이 없었다. 몇 달 뒤 에델스탐은 외교를 망쳤고, 군사정권은 그를 기피인물로 선언했다. 후임 대사 카이 그로트는 정권의 박해를 받는 사람들을 구하는 활동을 계속하기 위해 극도로 신중하게 처신해야 했다. 그러나 칠레 문제에서 보여준 공격적인 태도는(스웨덴은 유럽 국가 중에서 그 군사 쿠데타를 가장 거세게 비난했다) 호황기에 스웨덴 국민이 겪은 정신 구조의 변화를 반영했다. 제2차 세계대전이 끝났을 때의 다소 조심스럽고 수줍어하는 자화상은 새로운 자신감에 자리를 내주었다. 스웨덴이 '세계의 양심'이라는 생각은 아니었겠지만 그래도 훨씬 더 적극적인 태도였다. 많은 사람이 보기에 스웨덴의 새로운 정책은 일관성이 없었다. 나아가 기회주의적으로 보이기도 했다. 1970년 가을 모스크바의 스웨덴 대사관이 솔제니친에게 노벨문학상을 전달하기를 거부했을 때 비판은 대단했다. 보통은 스웨덴에 우호적이었던 《뉴욕 타임스》까지 비판에 가세할 정도였다. 스웨덴은 미국에 호통을 친 생쥐였지만 소련에는 끽소리도 못했다.

그러나 새로운 태도는 비록 모순과 독선에 빠졌다고 해도 긍정적인 변화였다. 1950년대의 고립주의는 물러가고 호기심과 개방성, 주변 세계에 적극적으로 관여하려는 의지가 생겨났다. 미국에 목소리를 높인 울로프 팔메의 이미지나 군사정권에서 칠레 사람들을 구출한 하랄드 에델스탐의 이미지는 그러한 새로운 자화상에 부합했다. 그리고 제2차 세계대전 중의 양보정책에 대한 반감을 일부나마 지웠다. 더 행동주의적인 외교정책을 바라는 스웨덴 사람들의 염원은 울로프 팔메가 만들어낸 것이 아니다. 그러나 비록 일부 스웨덴 사람들은 다소 과장이라고 생각하겠지만, 그러한 염원을 실현한 이는 바로 팔메였다. 팔메가 아니었다면 제3세계 민족해방운동에 대한 지지는 결코 공식적인 정책처럼 명확하게 표현되지도 오랫동안 추진되지도 않았을 것이다. 특히 미국을 분노하게 하여 양국 관계를 더할 나위 없이 차갑게 얼어붙게 만든 1972년 크리스마스 연설이 중요했다.

이 '싸늘한 해'는 베트남 전쟁을 둘러싼 스웨덴과 미국의 외교적 대립에서 마지막 장이었다. 잔인하고 무의미한 폭격 이후 1973년 1월 말 평화협정이 체결되었고, 미국은 철군을 시작했다. 전쟁이 더 이어진 것은 사실이지만, 남베트남은 미국의 지원 없이 버티기 어려웠으며, 1975년 4월 30일 남베트남 민족해방전선과 북베트남 군대가 사이공에 진입했고, 동시에 마지막까지 남아 있던 미국 외교관들이 헬리콥터를 타고 탈출했다. 일찍부터 그 전쟁을 공개적으로 비난한 울로프 팔메가 결국 옳았다. 이는 헨리 키신저와 월터 먼데일 등 미국 정치인들도 인정하는 바이다. 그러나 1973~1974년에 닉슨은 여전히 권좌에 있었고 미국을 공개리에 비판한 것을 두고 스웨덴과 울로프 팔메를 응징하려는 의지가 매우 단호했다.

제롬 홀랜드가 1972년 초 스톡홀름을 떠난 뒤, 팔메가 연설을 했을 때 후임 미국 대사는 지명되지 않은 상태였다. 미국 국무부는 불만을 확실하게 드러내고자 크리스마스를 즐기려고 잠시 귀국한 스톡홀름 주재 대사관의 대사대리였던 참사관 존 거스리에게 1월에 스웨덴으로 돌아가지 말라고 명령해야 했다. 게다가 미국은 휘베트 드 베셰의 후임으로 워싱턴 주재 스웨덴 대사로 임명된 윙베 묄레르를 받아들이지 않았다. 스웨덴은 조심스럽게 관계 개선을 시도했다. 폭격이 중단되고 평화협정이 체결된 1973년 1월에 이미 팔메는 안데슈 페름을 통해 헨리 키신저와 대화 채널을 열고자 했다. 이는 실패했지만, 같은 해 가을 10월에 그는 앞서 언급한 북유럽협의회에서 아이슬란드의 미군 기지 존속을 위해 개입함으로써 다시 접촉을 시도했다. 그러나 팔메와 비크만은 또한 공개적인 행위를 피하려고 조심스럽게 움직였다. 스웨덴이 굴복했다고 해석될 수 있는 일은 하지 않으려 한 것이다. 교착상태는 기정사실이었다. 닉슨도 팔메도 양보할 뜻은 없었다. 키신저에 따르면 미국을 나치와 비교한 팔메의 연설은 닉슨의 마음속에 여전히 "양심을 건드리는 비수"였다.

그러나 스웨덴에 우호적인 미국 상원 의원들, 특히 '스웨덴 주'인 미네소타* 출신의 휴버트 험프리는 닉슨에게 스웨덴과의 관계를 정상화하라고 촉구했다. 결정적인 전환점은 1973년 9월 키신저가 미국 국무부 장관에 임명되면서 매우 놀랍게 찾아왔다. 키신저는 팔메의 크리스마스 연설에 분명히 화가 났지만, 국무부 안에서는 냉정한 현실주의의 옹호자였으며 전통적인 외교 관계를 깨고 싶은

---

* 스웨덴 이주민이 많은 곳이다.

마음은 적었다. 11월 말 키신저는 워싱턴을 방문한 스웨덴 외교부의 고위 인사를 따뜻하게 맞이했다. 또한 미국 국무부의 공직자들은 새로운 수장에게 스웨덴이 화해의 제스처를 보였다고 강조했다. 미국에 우호적인 인사로 알려진 경력 많은 스벤 안데숀이 10월 말에 크리스테르 비크만에 뒤이어 외교부 장관에 임명된 것도 높은 평가를 받았다. 1974년 1월 닉슨도 마음이 풀어졌으며 미국과 스웨덴이 대사를 교환해야 한다는 키신저의 제안에 동의했다.

그렇지만 마지막 순간에 새롭게 복잡한 사정이 생겼다. 칠레 쿠데타에서 스웨덴의 영웅이었던 하랄드 에델스탐 때문에 일어난 일이다. 1974년 2월 말 닉슨에 비판적인 의원들과 노동조합, 기타 단체들이 워싱턴에 마련한 대규모 토론회에서 미국의 칠레 쿠데타 개입을 조사하기로 했다. 에델스탐이 증인으로 초청되었다. 그가 미국에 지극히 비판적인 것은 충분히 이해할 만했다. 피노체트 정권의 잔인한 등장을 경험했기 때문이다. 미국 국무부는 그 스웨덴 외교관이 무슨 말을 할지 불안했다. 이에 스벤 안데숀과 울로프 팔메 둘 다 에델스탐에게 미국과의 관계 개선을 방해하지 말라고 권고했다. 그러나 무장한 칠레 군부에 맞섰던 '검은 뚜껑별꽃'*은 스웨덴 정치인과 공직자에 조금도 굴하지 않았다. 에델스탐은 언론에

---

* 에델스탐은 노르웨이의 나치 점령기에 오슬로에서 외교관으로 근무하며 수백 명의 유대계 노르웨이인들과 반나치 무장 투쟁 대원들의 생명을 구한 적이 있는데, 그로 인해 프랑스혁명 때 프랑스 귀족들을 구해내 영국으로 탈출시키는 내용의 20세기 초 영국 대중소설 속 주인공인 스칼렛 핌퍼넬의 이름에서 유래된 '검은 뚜껑별꽃'(블랙 핌퍼넬)이라는 별명이 생겼다.

"부르주아가 되어버린 늙다리들"이 외교부를 움직인다며 정부가 자신의 입에 재갈을 물리려 한다고 비난했다. 칠레 쿠데타 토론회에도 불구하고 미국은 3월 중순 닉슨 대통령이 새로운 스웨덴 주재 대사를 지명할 것이라고 알렸다. 베트남 전쟁은 여전히 진행 중이었고, 미국과 스웨덴의 관계가 완전히 회복되기까지는 몇 년 더 걸렸다. 그러나 그 심한 갈등은 근본적으로 1974년 봄을 거치며 끝났다.

팔메가 베트남 문제를 다룬 방식은 큰 성공으로 판명되었다. 그의 지휘로 스웨덴은 시종일관 강력하게 미국의 베트남 철수를 주장했지만, 이로써 미국과 스웨덴의 관계가 아주 심각하게 손상되지는 않았다. 비판은 상징적인 흔적만 남겼다. 그 순간에는 극적이었지만 장기적인 귀결은 없었다. 훗날의 연구는 전부 그 시기 내내 교역은 물론 은밀한 군사적 협력도 정상적으로 이루어졌음을 보여준다. 미국 정부도 스웨덴 정부도 양국 간의 깊은 관계를 깨뜨릴 의사는 없었다.

이러한 추론에서 보면 팔메가 일이 그렇게 흘러갈지 알지 못했다고 이의를 제기할 수 있다. 일부의 주장에 따르면, 그는 비록 결말이 성공적이었다고 해도 거친 공격적 언사로써 불필요한 위험을 감수했다. 이러한 시각에서 볼 때 베트남 전쟁에 대해 의견을 제시할 권리를 위해 스웨덴의 안보정책을 위험에 빠뜨린 것은 무책임한 행동이었다. 미국이 군사적 협력을 중단했다면, 스웨덴은 소련의 위협에 취약해졌을 것이라는 얘기다. 그러나 반대의 비판도 있다. 팔메가 실제로는 아무런 모험도 하지 않았고 다양한 방법으로 막후에서 미국과 협상을 벌였기에, 베트남 문제에 관여한 것은 비록 긍정적인 효과가 있었다고 해도 진심에서 우러난 것은 아니었다는 말이다. 팔메가 스웨덴 국민을, 나아가 그에게서 순수한 마음을 지닌 남다르고 특별한 정치인을 보았던 국제사회의 찬미자들까지 우롱했다는 것이다. 두 시각에 공히 날카로운 의미가 있다. 팔메가 자신의 이익을 위해 지나치게 교활했다는 점은 부정할 수 없다. 문제는 그가 과연 그러한 능력 없이 국제정치를 헤쳐 나갈 수 있었겠냐는 것이다. 스웨덴의 다른 어느 정치인이 닉슨과 키신저, 북베트남 정부에 동시에 잘 대처할 수 있었겠나?

폭넓은 제3세계 외교

1970년대 전반 팔메의 외교정책 업적에는 확실히 베트남 전쟁 말고도 많은 것이 있다. 초강국이 제3세계에 미치는 영향력을 중화하는 작은 중립국에는 좋은 시절이었다. 미국은 1975년 동남아시아에서 치욕스러운 철군으로 끝난 역사적 패배를 추가했다. 아프리카 남부에서는 일련의 해방운동이 식민지 정권이나 인종주의적 독재 체제에 맞서 싸웠다. 포르투갈의 식민지 지배는 무너졌으며, 이는 1974년 포르투갈의 민주주의 혁명으로 이어졌다. 에스파냐의 늙은 프랑코와 그리스 군사정권에 대한 저항이 그 시기 내내 점차 거세졌다. 1974~1975년은 '민중의 봄'이었다. 부패한 독재자들이 몰락하고 식민지가 해방된 새로운 시대였다. 동시에 군축 협상으로 냉전의 긴장도 완화되었다. 공포의 균형, 즉 '상호확증파괴'는 세 번째 세계대전의 예방을 보장할 것으로 생각되었다. 이 모든 상황이 스웨덴의 제3세계 개입 여지를 키웠다. 그리고 스웨덴의 젊은 총리는 그 시기 국제무대에서 일어난 거의 모든 일에 관여한 듯했다.

스웨덴의 남부 아프리카 국가들과의 연대운동은 1950년대부터 시작되었고 사회민주주의자들과 자유주의자들이 다 참여했다. 팔메는 일찍이 스웨덴학생회연맹 의장으로서 남아프리카공화국의 아파르트헤이트에 맞선 투쟁을 위해 모금운동을 벌였다. 그 시절에 아프리카 정치인과 학생이 연이어 스웨덴과 북유럽을 방문했다. 그들은 스웨덴 사람들이 대개 '긍정적인' 인종주의자였음을 알게 되었지만(방문객은 피부색을 이유로 특별히 좋은 대접을 받았다), 또한 스웨덴에 식민주의의 유산이 없음을 높이 평가했다. 1969년 스웨덴은 서방 국가로는 처음으로 아프리카 남부의 해방운동, 즉 남아프리카공화국의 아프리카민족회의ANC, 짐바브웨의 아프리카 민족동맹Zanu과 아프리카 인민동맹Zapu, 앙골라 인민해방운동MPLA, 모잠비크 해방전선(프렐리무Frelimo), 나미비아의 남서아프리카 인민기구Swapo를 지원하기 시작했다. 1994년까지 총 40억 크로나가 투입되는데, 이 중 17억 크로나가 해방운동에 직접 지원되었다. 팔메가 모잠비크 수도 마푸투에서 열린 만찬에서 '명예 자유 투사'로 지칭된 것도 전혀 놀랍지 않다. 스웨덴의 지원은 강국들이 제공한 지원과 달리 온정주의적 색채가 없었다. 울로프 팔메는 분명히 아프리카 정치인들에게 마르크스주의가 옳은 길이 아니라고 설득하려 했지만, 그 밖에는 해방운동이 선택한 길을 존중했다.

게다가 스웨덴은 포르투갈 식민지와 붙어 있는 이른바 '전선 국가'인 탄자니아와 잠비아에 몰두했다. 1971년 가을 팔메는 대표단을 이끌고 두 나라를 방문했다. 1950년대부터 아파르트헤이트에 맞서 싸운 작가 페르 베스트베리도 대표단에 포함되었다. 남아프리카공화국과 로디지아를 자극할 수 있는 베스트베리를 대표단에 집어넣은 것은 팔메의 생각이었다. 대대적인 환영이 있었다. 공항에서 잠비아 수도 루사카에 이르는 길가에 2만 명이 늘어섰고, 팔메는 수도의 동물원에서 그의 이름을 붙인 새끼 사자를 받았다. 탄자니아에서는 1960년대부터 스웨덴 사회민주당과 교류한 집권당 탄자니아 아프리카민족동맹TANU의 줄리우스 니에레레가 팔메를 맞이했다. 수도 다르에스살람에서 한 연설에서 팔메는 아프리카와 제3세계에 대한 태도를 드러냈다. 화를 내고 싶은 사람은 그가 스웨덴 복지국가를 아프리카 국가들의 모델로 내세웠음을 지적할 수 있을 것이다. 그러나 그가 말한 요점은 스웨덴이 서구 사회의 부유한 나라이지만 비동맹정책과 평등정책 덕분에 막 독립한 가난한 나라들의 신실한 친구가 될 수 있다는 것이었다. 비동맹 국가들이 긴밀히 협력하면 초강국 미국과 소련에 대항할 수 있다고 팔메는 지적했다. 그는 이듬해 특히 국제연합에서 강력하게 행동에 나섬으로써 약속을 철저히 지켰다. 국제연합에서 스웨덴은 특히 새로운 경제 질서의 요구와 관련하여 제3세계 국가들을 자주 지지했다.

군사 쿠데타, 에델스탐의 활동, 스웨덴에 망명한 칠레 정치 활동가들의 유입으로 라틴아메리카도 관심의 초점이 되었다. 팔메가 1973년 선거 후 피에르 쇼리를 총리실의 고문으로 임명하면서 그러한 관심은 더욱 커졌다. 얼굴의 윤곽이 뚜렷하고 길고 선명한 금발에 푸른 눈을 지닌 쇼리는 정부청사에 들어왔을 때 서른다섯 살이었다. 프랑스어권 스위스인으로 스웨덴 사람과 결혼한 그의 아버지는 제2차 세계대전 직전 말뫼에 호텔을 열었다. 쇼리는 중국인 요리사와 이집트인 벨리댄서, 동유럽 난민이 섞여 사는 그 세계주의적 환경에서 성장했다. 그는 스톡홀름에서 대학생으로 지내면서 국제 문제, 특히 라틴아메리카와 관련된 문제에 관심을 가졌다. 쇼리는 1973년 팔메 곁에서 일을 시작할 때 사회민주당 집행부와 외교부에서도 일했다. 게다가 그는 프랑스와 에스파냐, 라틴아메리카 지식인들과 유달리 좋은 관계를 유지했다. 쇼리도 팔메처럼 극단적으로 상반되는 반응을 초래하는 경향이 있었다. 친구들은 그가 매력적이고 관대하며 겸손하고 유능하다고 보았지만, 반대자들은 그가 거만하고 냉담하며 비판을 받아들일 줄 모른다고 비난했다. 그 중간쯤에 있을 것으로 생각되는 얀 기유는 쇼리가 자신이 만난 사람 중에서 "가장 분석 능력이 뛰어난 사람의 하나"라고 말했다.

정부청사에서 쇼리는 유럽 사회민주당과의 교류부터 베트남과 남아프리카까지 의제에 오른 모든 외교정책 문제에 관여했다. 특히 그는 팔메의 연설과 글이 제3세계 언론에 전달되도록 힘을 썼다. 쇼리는 또한 라틴아메리카에 관해 전문지식을 갖추었기에 팔메가 그 대륙에 관심을 갖도록 자극할 수 있었다. 1975년 여름 주목을 받은 라틴아메리카 순방은 그 결과물이다. 출발점은 멕시코시티에서 열린 국제연합의 대규모 여성회의였다. 그 세계기구는 1975년을 세계 여성의 해로 선포했다. 회의에서 팔메는 여성해방과 빈곤의 관계에 관하여 인상적인 연설을 했다. 그는 이참에 육촌 라몬 팔메를 만났다. 팔메는 1948년 여름 그의 철물점에서 일한 적이 있다. 팔메와 리스베트는 멕시코시티의 스웨덴 사회가 마련한 환영회에서 슬그머니 빠져나와 라몬 팔메 가족과 함께 즐거운 저녁 시간을 보냈다. 팔메는 멕시코에서 베네수엘라로 이동한 뒤 마지막으로 쿠바를 방문했다.

카스트로와의 만남은 팔메에게 짜릿한 경험이었다. 두 지도자는 동갑이었고(1975년에 둘 다 마흔여덟 살이었다) 상층계급 출신에서 급진적인 국가 지도자로 비슷한 인생 경로를 밟았다. 쿠바는 라틴아메리카에서 스웨덴의 도움을 받은 유일한 나라였으며, 그 독재자가 팔메와 시시덕거린 것은 분명하다. 소련에 의존한 것이 내내 좋지만은 않았던 쿠바 정권이 스웨덴과 선린 관계를 맺음으로써 사회민주당이 이끄는 유럽의 다른 나라들과도 가까워질 수 있으리라는 기대를 품을 수 있었다. 카스트로는 1969년 팔메가 당 대표에 선출되었을 때 현란한 축하 전문을 보냈으며, 스웨덴의 공식 방문이 성공하도록 애썼다. 조건은 상서로웠다. 1970년대 중반 많은 스웨덴 사람이 쿠바가 라틴아메리카의 다른 나라들을 지배한 반동적 군사정권의 유망한 대안이라고 생각했다. 대표단에는 팔메와 리스베트, 외교부 차관 스베르케르 오스트룀, 피에르 쇼리, 노동시장부 정무차관 안나그레타 레이온, 그 밖에 일련의 다른 협력자들과 작가 스벤 린드크비스트, 배우 비비 안데숀이 포함되었다.

6월 28일 토요일 숨이 턱턱 막힐 듯이 더운 날에 카스트로가 팔메의 거대한 초상화로 장식된 아바나 공항으로 영접을 나왔다. 아바나로 이어지는 길에 수천 명이 운집하여 작은 스웨덴 국기를 흔들며 거듭 외쳤다. "팔메, 팔메."

팔메는 서방 정부 수반으로는 처음으로 쿠바를 방문했고, 카스트로는 팔메에게 정성을 다했다. 토요일 저녁 아바나의 환영회로 시작된 공식 방문 기간 동안 두 사람은 끝없이 토론했다. 이 쿠바 지도자는 자신의 주장을 강조하기 위해 이따금 집게손가락으로 팔메의 배를 찌른 것 같다. 일요일 팔메와 대표단의 몇몇은 1953년 쿠바 혁명이 시작된 몬카다 요새로 차를 몰았다. 대략 10만 명이 그곳에서 기다리고 있었다. 일부는 동원된 것이 분명했지만, 많은 사람이 분명히 열광했고 호기심으로 가득했다. 《다겐스 뉘헤테르》 기자에 따르면, 카스트로는 '즐거운 산타클로스'처럼 밝게 미소 지으며 군중의 흥분을 가라앉혔다. 이어 팔메가 연설을 시작했고, 군중이 속삭였다. "저이가 에스파냐어를 한다!" 실제로 그는 에스파냐어를 할 줄 몰랐다. 팔메가 약간이나마 에스파냐어를 이해한 것은 사실이지만, 연설은 미리 연습했다. 20분가량의 연설에서 팔메는 쿠바가 이룩한 거대한 사회적 발전에 찬사를 보냈고 미국의 봉쇄를 비판했다. 그의 표현은 이례적으로 과격했다. 카스트로와 쿠바 사회주의가 여전히 발산하고 있는 카리스마에 영향을 받았을 것이다. 칭찬에는 비판도 숨어 있었다. "사회주의 사회는 위로부터의 명령으로 만들어지지 않는다. 그것은 시민의 활동에서 유기적으로 자라나야 한다."

민주주의에 대한 확실한 태도 표명은 없었다. 팔메는 이제 막 나라를 해방한 혁명 정권에 지나치게 가혹한 요구를 제기할 수 없다고 생각했다. 그는 어느 프랑스 기자와의 인터뷰에서 역사적 출발점과 운동의 방향에 주목해야 한다고 설명했다. 사회적 진보가 이루어졌는가? 발전이 민주주의를 향해 가리라는 희망이 있는가? 두 명의 정치범을 석방하도록 카스트로를 설득하는 데 성공한 팔메는 쿠바에서 그러한 발전 방향을 보았다고 생각했을 것이다. 이것은 철저하게 옳은 현실정치적 시각으로 국제 관계에 대한 지나치게 도덕주의적인 관점의 대극으로서 계속 되풀이된다. 오히려 문제는 이것이었다. 민주주의적이지 않은 정권이 올바른 방향으로 가고 있는지 어떻게 판단할 것인가? 팔메가 귀국했을 때 예스타 부만은 논쟁적인 기고문에서 이렇게 지적했다. "총리 팔메가 인터뷰에서 암시한, 혁명 이후의 점진적인 완화는 나타나지 않았다." 돌이켜 보면 민주주의적 발전에 대한 1970년대의 기대는 좌절된 것이 분명하다. 미국의 쿠바 봉쇄는 언제 보아도 수치스러운 짓이었지만, 오늘날의 쿠바가 1975년에 비해 더 민주주의적이지 않고 사회적으로 더 발전하지 못한 것이 봉쇄 때문이라는 핑계는 통하지 않는다. 그리고 쿠바는 여하튼 짐바브웨에 대한 태도에 선례가 되었다. 짐바브웨의 독재자 로버트 무가베는 스웨덴 정부로부터 대폭적인 지원을 받았고 스웨덴에서 환영받는 손님이었다. 작가 페르 베스트베리가 포함된 앰네스티 스웨덴 지부는 무가베가 이언 스미스 정권에 구금되어 있는 동안 그를 지원했으며, 1977년 그가 공식 초청에 따라 스웨덴에 왔을 때 국민당 출신의 개발원조부 장관 울라 울스텐이 접대를 맡았다. 로디지아의 인종주의 정권에 맞선 투쟁을 지원한 것이 잘못은 아니다. 그러나 민주주의적 경향의 부족을 지나치게 너그럽게 봐주는 문제에서는 반성해야 했다.

그렇지만 팔메는 서방 세계와 제3세계의 새로운 정부들 간에 다리를 놓고 싶었다. 팔메와 피에르 쇼리는 쿠바에서 돌아온 뒤 헨리 키신저와 피델 카스트로의 만남을 주선하고자 열심히 협상을 벌였다. 이 일은 원래 서독 시사주간지 《데어 슈피겔》이 주도했다. 만남은 이루어지지 않았지만, 미국과 쿠바의 관계를 정상화한다는 큰 뜻은 존중받을 만했다. 셸 외스트베리가 팔메 전기에서 썼듯이, 제3세계와 스웨덴 사이에 경제적 교류가 늘어난 것은 그의 좋은 국제적 관계가 가져온 중대한 귀결이었다. 일방적으로 원조만 제공한 것이 아니라 스웨덴 경제에도 유익한 사업이 생겼다. 팔메는 스웨덴의 무역에 보탬이 된다면 어디서든 지극히 적극적이었다. 예를 들면, 1975년 쿠바를 방문한 대표단에는 우데발라 조선주식회사의 영업이사가 포함되었다. 그는 스웨덴의 다른 선박회사와 달리 미국의 봉쇄에 개의치 않고 사업할 의사가 있었다. 1974년 《베칸스 아페레르》는 이렇게 확인했다. "팔메가 구상한 외교정책 덕분에 스웨덴 경제계는 동양과 아랍 세계, 개발도상국의 새로운 거대 시장에 진입했다." 그러나 팔메의 국제적 네트워크는 다른 점에서도 자산이었다. 베트남 전쟁이 끝났을 때, 헨리 키신저는 이 스웨덴 정치인을 제3세계와의 접촉에서 중요한 연결고리로 생각하게 되었다. 팔메는 1975년 라틴아메리카로 가던 중에 뉴욕에서 키신저를 만났고, 이듬해 미국의 그 국무부 장관은 스톡홀름을 찾았다. 이전에 서로 적대했던 자들이 공동의 국제적 관심사를 두고 마주 앉았고, 우정과 비슷한 관계가 형성되었다. 언젠가 키신저가 병원에 입원했을 때, 팔메가 전화를 걸어 안부를 물었다. 닉슨의 오랜 조언자는 깊이 감동했다. 1986년 3월 팔메의 장례식에서 키신저는 팔메가 서구의 매우 소중한 가치를 대변했다고 설명했다. "중동이든 중앙아메리카든 남아프리카든 평화가 위협받거나 정의가 부정되거나 자유가 위험에 처한 곳이라면 어디서든, 또는 핵무기와 관련하여 논쟁이 벌어진 곳이라면, 팔메는 앞장서서 논쟁에 뛰어들었다.…"

그렇지만 팔메의 국제적 지위는 국내에서는 명확하지 않았다. 투르비엔 펠딘과 핵발전소에 관해 토론하는 팔메의 모습에 익숙한 스웨덴의 일부 사람들은 그가 제3세계에서 높은 인기를 누린다는 말이 과장되었다고 의심했다. 어떤 이들은 그러한 생각 자체를 인정하지 못했다. 쿠바 방문 이후 예스타 부만은 "그가 스웨덴에 머물러 인플레이션을 잡는 데 힘을 쏟았다면" 더 좋았을 것이라고 말했다. 그러나 1975년 라틴아메리카 방문에 동행한 스웨덴 기자들은 팔메가 받은 환영에 놀라 거의 쓰러질 정도였다. 《다겐스 뉘헤테르》의 정치부장인 스벤에리크 라숀은 "우리가 방문한 나라에서 스웨덴 총리가 얼마나 유명하고 높은 평가를 받는지 보여주는 증거"에 크게 놀랐다. 라숀은 쿠바에서 귀국하고 그다음 주에 「스웨덴에 팔메는」이라는 제목의 장문의 기사에서 제3세계 국가에 호소력이 있었던 것은 바로 그의 사상이었다고 썼다. "팔메가 초강국들이 그들을 배제한 채 결정을 내릴 위험성이 있다고 말할 때 그 작은 나라들은 경청했다. 긴장 완화는 결국 불공정의 지속이라는 대가를 치르지 않고는 얻을 수 없다."

유럽에서는 유럽경제공동체와 북유럽경제협력기구에서의 실패로 팔메가 정치 발전에 관여할 가능성이 제한되었다. 그럼에도 팔메의 영향력은 강력했다. 한 가지 중요한 이유는 빌리 브란트와 브루노 크라이스키와 좋은 관계를 유지했다는 사실에 있었다. 팔메는 두 사람을 통해 간접적으로 중부 유럽 사회민주당과 접촉할 수 있었다. 브란트와 크라이스키, 팔메는 1973년에 사회주의에 관해 편지로 의견을 나누었는데, 1975년 사회민주당 출판사 티덴이 이를 출간했다. 정부 수반들이 발표를 염두에 두고 교환한 서신은 이해하기가 매우 어렵고 허세가 심하기 마련인데, 그 책도 예외는 아니다. 그러나 세련된 표현 뒤에는 지적 열정이, 미래의 초석이 될 사고를 찾으려는 노력이 숨어 있었다. 브란트가 지적했듯이, 이 점에서 팔메가 브란트와 크라이스키의 뿌리인 마르크스주의적 환경에 익숙하지 않으며 '앵글로색슨 전통'에 닻을 내리고 있다는 사실이 분명했다. 그렇지만 팔메와 브란트, 크라이스키의 축은 유럽에 남은 독재국가인 포르투갈과 그리스, 에스파냐의 민주적 사회주의자들에게 중요했다. 마리우 소아르스와 펠리페 곤살레스, 안드레아스 파판드레우 같은 훗날의 사회민주주의 지도자에게 팔메와 브란트는 다른 누구보다도 더 자국의 보수적이고 권위주의적인 전통과 온갖 방법으로 관계를 끊는 현대 사회주의를 대표했다.

포르투갈의 민주화 과정에서는 특히 팔메가 중요한 역할을 했다. 1974년 4월 25일 포르투갈의 후진적인 파시스트 정권은 자유주의적이고 급진적인 일단의 장교들에 의해 무너졌다. 국민이 리스본의 거리로 뛰쳐나와 환호했으며 군인들의 총구에 카네이션을 꽂았다. 그러나 상황은 불안정했고, 서유럽과 미국에서는 공산주의자들이나 좌파의 급진적 혁명정부가 권력을 장악할 수 있다는 두려움이 컸다. 유럽의 사회민주주의자들, 특히 서독 사민당이 마리우 소아르스가 이끄는 포르투갈 사회당을 지지했다. 쿠데타가 발생하고 몇 주 지나지 않았을 때, 스텐 안데숀이 새 정권을 만나러 리스본으로 갔다. 가을에는 팔메가 외국 총리로는 처음으로 포르투갈을 방문했다. 그가 리스본의 공항에 도착했을 때 사회민주주의 성향의 다른 정당이 스웨덴 대표단을 에워싸 큰 소동이 벌어졌다. 팔메는 빠져나갔지만, 스텐 안데숀은 자동차에 갇혔다. 광적인 군중이 자동차 지붕을 두들기고 깃발을 흔들며 자신들이 포르투갈 사회민주주의의 진정한 대표자라고 그를 설득하려 했다. 그러나 스웨덴 사회민주당은 소아르스를 확고히 지지했다. 1975년 여름 팔메는 스톡홀름에서 포르투갈을 지원하기 위해 인상적인 회의를 조직했다. 해럴드 윌슨부터 프랑수아 미테랑까지 유럽 전역에서 사회민주주의 지도자들이 모였다. 이렇게 강력한 권위를 등에 없고 팔메는 몇 주 뒤 헨리 키신저를 만났다. 포르투갈의 격변에 미국은 근심스러웠다. 공산주의자들의 권력 장악이 두려웠고 베트남 전쟁 이후 기가 꺾였기 때문이다. 키신저는 우선 인도차이나는 이제 역사 속으로 사라졌고 더는 왈가왈부할 일이 없다고 설명하고는 팔메에게 포르투갈에 관하여 질문했다. 팔메는 좌파와 우파 양쪽의 쿠데타 가능성을 다 경고했지만, 칠레와 비슷한 상황이 전개될 위험성이 가장 크다고 보았다. 그러나 그런 일은 없었다. 사회민주주의자들의 개입이 성공적인 것으로 판명되었다. 몇 년 안에 포르투갈은 서방 동맹 안의 안정적인 의회민주주의 국가가 되었다.

1974년부터 스웨덴은 중동 문제에 대한 태도를 서서히 바꾸었다. 팔메는 동 세대의 다른 많은 사회민주주의자처럼 이스라엘의 열렬한 지지자였다. 이스라엘과 아랍 국가들 간의 대립은 오랫동안 국가 간의 문제로 취급되었다. 아랍 국가들이 이스라엘을 인정하고 협상해야 한다는 것이었다. 그러나 이제 그 문제는 팔레스타인 사람들과 이스라엘이 같은 땅을 요구하는 민족 갈등으로 이해되기 시작했다. 많은 사람의 눈에 여전히 테러 집단으로 보였던 팔레스타인 해방기구가 협상 상대로 인정받아야 한다는 뜻이었다. 팔메는 계속해서 이스라엘을 지지했지만, 팔레스타인 사람들에 대한 공감이 현저히 늘었다. 팔메는 1974년 알제리를 방문했을 때 팔레스타인 해방기구 의장 야세르 아라파트를 만났다.

15. 낙원의 겨울

Olof Palme

그는 지금 아니면 안 된다고 보았다. 그래서 그는 '안 된다'를 선택했다.

— P. G. 우드하우스

지적으로 보면 1970년대는 20세기 전체에서 가장 실망스러운 10년이다.

— 토니 주트

"아버지, 들어봐요!" 1976년 9월 20일 월요일 새벽 3시 보수통합당 대표 예스타 부만은 오랫동안 들어온 딸의 목소리에 잠에서 깼다. 창문 밖에서 사람들의 말소리와 발자국 소리가 점점 크게 들려왔다. 가을밤의 싸늘한 공기 속에 발코니에 나간 부만은 외스테르말름의 고요한 빌라가탄을 따라 경찰 두 명의 인도를 받아 걸어오는 일단의 청년들을 보았다. 울로프 팔메가 어렸을 때 살았던 집에서 돌 던지면 닿을 곳이었다. 청년들은 보수통합당 청년연맹 소속이었다. 그들은 44년 만에 사회민주당을 정부청사에서 몰아낸 당대표에 축하를 보내려고 왔다. 청년들은 '부만 만세'를 외쳤고, 국가 〈유구한 역사의 그대, 자유로운 그대Du gamla, du fria〉의 모호하지만 시의적절한 구절 "과거의 그대가 지금도 있고 앞으로도 있을 것임을 나는 안다"를 합창했다.

예순다섯 살의 보수파 지도자는 다시 잠들기 어려웠다. 나중에 그는 이렇게 썼다. "성공했다는 느낌은 압도적이었고 비현실적이었다. 그토록 오래 고생과 좌절을 맛본 뒤에 마침내 목표를 달성했다. 드디어 스웨덴에 부르주아 정부가 들어설 예정이었다." "마침내, 마침내, 마침내"라는 선거 다음 날 《엑스프레센》 사설의 제목은 깊은 울림을 주었다. 압도적인 승리는 결코 아니었다. 사회민주당이 1퍼센트를 잃고 좌익공산당이 0.5퍼센트를 잃은 결과였다. 그렇지만 그것으로 충분했다. 부르주아 정당들 편에서는 13.9퍼센트에서 15.6퍼센트로 득표율을 높인 보수통합당이 승자였다. 국민당의 하락 추세도 1975년 11월 페르 알마르크가 군나르 헬렌에 뒤이어 새로이 당 대표가 된 후 반전했다. 국민당의 득표율은 9.4퍼센트에서 11.1퍼센트로 늘었다. 부르주아 정당 중에서 가장 강력했던 중앙당은 25.1퍼센트에서 24.1퍼센트로 약간 후퇴했다. 부만은 부르주아 정당들이 선거운동을 잘해서 승리했다고 판단했다. "모든 것이 성공적이었다."

반면에 사회민주당에는 모든 것이 실패였다고 말할 수 있을 것이다. 그해 초 팔메는 선거운동에서 노동시장과 기업민주주의, 가족정책을 다루기로 결정했다. 이는 노동운동에 민감한 영역이었다. 그 영역에서 미래 지향적인 개혁을 추진하고 있었기 때문이다. 그러나 실제로 주목을 받은 것은 국내의 추문과 세금 관련법, 핵발전소, 임금노동자기금이었다. 이것들은 사회민주당에, 울로프 팔메에게는 특히 더 곤란한 문제였다. 팔메는 세금 정책에 영향력을 행사하기가 쉽지 않았다. 군나르 스트렝의 담당 분야였기 때문이다. 핵발전소는 성장과 기술적 진보에 대한 팔메의 기본적인 믿음에 도전했다. 생디칼리슴에 가까운 성격을 지닌 임금노동자기금은 그의 시각에서 보면 지옥에서 온 제안이었다.

1975년 여름에는 여론조사의 수치가 괜찮았지만 가을에 문제가 시작되었다. 10월 5일 핀란드 사회민주당의 회계 담당자와 그의 부인, 그리고 여성 한 명이 총 19만 4000크로나를 스웨덴 밖으로 불법적으로 반출하려다 알란다 공항의 검색대에서 발각되었다. 그 팀의 다른 일원은 바지 주머니에 1000크로나 지폐 쉰 장을 숨긴 채 헬싱키 행 비행기에 탑승하는 데 성공했다. 그 돈은 스웨덴 사회민주당과 서독 사회민주당이 핀란드의 형제 정당으로 보내는 자금이었다. 소련의 지원을 받는 공산당과 갈등을 겪고 있는 핀란드 사회민주당을 돕기 위한 돈이었다. 당시 서독에 있던 팔메는 자금의 출처가 미국 중앙정보국이라는 것을 부정해야 했다. 그렇지만 핀란드 정당 회계 담당자가 "돈을 갖고 알란다 공항으로 서둘러 간" 이유가 무엇인지 설명하기는 어려웠다.

1976년 해가 바뀐 직후 운송노동조합연맹 위원장 하세 에릭손이 휴일에 카나리아 제도로 휴가를 갔다고 석간신문이 폭로했다. 그 전해에 프랑코가 죽기는 했지만, 에스파냐는 여전히 독재국가였다. 몇 년 전 노동조합총연맹(운송노동조합연맹도 회원이다)은 에스파냐 여행 보이콧 운동을 전개했다. 에릭손이 스웨덴 고용주연합이 소유한 건물에 살고 있으며 그의 비행기 표 값을 항공사 스칸에어가 지불했다는 사실이 분노를 더욱 키웠다. 에릭손은 어쩔 줄 몰라 하며 에스파냐의 저항운동과 접촉했다고 핑계를 댔지만, 운송 노동자의 지나치게 뚱뚱한 엉덩이가 욕조에 들어앉은 그림은 유권자의 뇌리에 왕초의 지배와 부패라는 인상을 확고히 심어주었다. 팔메는 그를 책망했다. 성난 총리는 이렇게 말했다. "보기에 좋지 않았소. 당신의 행동은 노동운동에 해를 끼쳤소."

이른바 호파 클룸펜(사람들은 미국 노동조합의 왕초 지미 호파의 이름을 따서 에릭손을 그렇게 불렀다)과 핀란드로의 자금 밀반출은 1976년 3월 10일 작가 아스트리드 린드그렌이 《엑스프레센》에서 정부에 가한 맹공에 비하면 아무것도 아니었다. 말괄량이 피피, 지붕 위의 칼손, 쇼르벤, 마디켄, 브로크마카르가탄의 로타 등 스웨덴 국민의 가슴속에는 오랫동안 린드그렌의 작중 인물인 반항적인 어린이들이 자리 잡고 있었다. 1970년대 중반 모두가 늙은 작가의 쉰 것 같은 날카로운 목소리와 사람 속을 꿰뚫어보는 듯한 눈의 가늘고 긴 얼굴을 다시 한 번 느꼈다. 거의 일흔 살에 가까운 린드그렌은 나라의 보배로 존경을 받았고, 그녀의 여러 책은 수많은 언어로 번역되어 엄청나게 팔렸다. 아스트리드 린드그렌이 1970년대 초에 발표한 최근작『레온예타 형제*Bröder Lejonbjärta*』는 스코네의 외스텔렌에서 영화로 제작 중이었다. 린드그렌이 절필하기 전에 장편소설이 한 권 더 나온다. 1981년에 발표된『산적의 딸 로니아*Ronja rövardotter*』이다.

아스트리드 린드그렌은 노동운동과 직접적인 연관이 없는데도 사회민주당에 가까웠다. 그녀는 밤나무와 느릅나무, 보리수로 둘러싸인 스몰란드의 농촌에서 붉은색으로 칠한 목사관에서 성장했으며, 소도시 빔메르뷔에서 중학교를 졸업한 뒤 사무원 교육을 받았다. 그녀의 오빠는 몇 해 전부터 중앙당 의원이었고, 여동생 중 한 명은 농민 신문의 기자였다. 린드그렌이 쓴 책의 주인공은 대개 농민이나 사무직 출신이다. 그러나 1930년대에 그녀는 사회민주당원이 되었고, 무아 마틴손과 이바르 루유한손, 얀 프리데고드 같은 노동문학 작가의 영향을 받았다. 그녀가 쓴 책에는 노동운동과 직접 연관된 인물이 등장하는 일이 거의 없는데, 1976년 겨울에 끝마친 『마디켄과 유니바켄스 핌스*Madicken och Junibackens Pims*』에는 이상하게도 그러한 사람들이 나온다. 마디켄의 아버지는 사회민주주의 신문 《아르베테츠 헤롤드》의 편집장으로 영리하고 친절하며 공정한 사람이다.

사회민주주의 복지국가와 똑같이 그녀의 작품 활동도 강력한 프로테스탄트 평등 전통 위에 서 있었다. 린드그렌의 생각에 따르면, 부모는 자녀의 안전을 확보해야 하지만 그 밖에는 한 발 물러나 있어야 한다. 자신의 성장 과정이 모델이었다. 린드그렌은 이렇게 기억한다. "우리가 그들을 필요로 하면" 부모는 언제나 가까이 있었다. "그러나 그 밖에는 자유롭게 주변을 돌아다니도록 내버려 두었다." 그녀의 책에서 부모의 권위는 대체로 보이지 않거나 완전히 사라진다. 로타와 로니아, 여타 주인공이 집에서 벗어나 모험을 떠나거나 사회 질서를 위반할 때 이들을 제지하는 사람은 거의 없다. 그러나 동시에, 어쩌면 다소 역설적으로, 이 자유는 주변 사회의 견고한 사회적 안정을 전제로 한다. 배경에는 언제나 법과 도덕 질서가, 또한 일이 통제 불능으로 커질 때면 개입할 수 있는 현명한 성인들이 있다. 안전이 자유의 전제조건이라는 메시지는 '강한 사회'는 시민에게 더 많은 독립성을 줄 수 있다는 울로프 팔메의 믿음과 매우 비슷했다. 부모가 없는 말괄량이 삐삐는 여러 점에서 스웨덴 복지국가의 이상적인 시민이었다. 과거와의 역사적 연결이 없는 자율적인 인간으로, 필요하면 꺼내 쓸 수 있는 금화 주머니가 그 자유를 보장한다.

그러나 이제 아스트리드 린드그렌은 사회민주당이 자신의 금화 가방에서 다소 지나치게 맘대로 돈을 꺼내 썼다고 생각했다. 《엑스프레센》에 실은 기고문에서 그녀는 자신이 개인사업자로서 소득이 발생할 때마다 102퍼센트라는 불합리한 세율로 납세해야 했다고 지적했다. 이 기괴한 체제는 1975년 제2차 하가 협약에서 고용주 기여금의 상한선이 폐지되면서 나타났다. 기고문의 제목은 순진무구하면서도 이데올로기적으로 노련한 것으로서 「돈의 왕국의 폼페리포사Pomperipossa i Monismanien」였다.* 동화 속의 마녀 폼페리포사는 스웨덴 최고의 동화 작가를 가리키는 별명이 분명했고, 반면 돈의 왕국은 켄네 판트가 1974년에 발표한 공상과학 영화 〈모니스마니엔 1995〉를 암시했다. 영화는 미래의 스웨덴 일당국가를 묘사했다. 아스트리드 린드그렌은 속이 뒤집어질 정도로 사회민주당에 화가 났으면서도 부르주아 정당들과 연합할 뜻은 없었다. 선거운동에서 그

---

* 1895년 악셀 발렌그렌Axel Wallengren이 발표한 동화 『긴 코를 가진 폼페리포사 이야기Sagan om Pomperipossa med den långa näsan』의 등장인물을 빌려왔다.

녀는 보수통합당에《엑스프레센》에 발표한 기고문을 발췌하여 실은 전단지 18만 장을 수거하라고 요구했다.

정부는 잘못을 인정하는 대신 맞서 싸우기로 결정했다.《엑스프레센》에 기고문이 실린 그날 스트렝은 국무회의에서 이렇게 말했다. "아스트리드처럼 돈을 많이 벌면 세금을 많이 내야 한다." 팔메는 사람이 어떻게 버는 것보다 더 많은 돈을 세금으로 낼 수 있는지 이해할 수 없었다. 그는 다른 각료들 앞에서 재무부 장관에게 이렇게 좌절감을 토로했다. "말이 안 되지 않나요?" 그러나 장관들 대다수가 스트렝 편이었고, 팔메는 포기했다. 이러한 양보는 파국적인 결말을 초래한다. 재무부 장관은 지독히 거만하게 토론했다. 그는 같은 날 의회에서 이렇게 말했다. "그 기고문은 자극적인 문학의 재능과 미로와 같은 세금 정책에 대한 깊은 무지의 흥미로운 결합이다." 그러고는 으스대듯 덧붙였다. "그러나 우리는 아스트리드 린드그렌에게 설명을 요구하지 않는다."

그렇지만 린드그렌은 주장을 고수했고, 자신이 소득으로 벌어들인 것보다 더 많은 돈을 국가에 세금으로 납부해야 했다는 불합리한 사실을 증명하는 데 성공했다. "군나르 스트렝은 옛날이야기를 하는 법은 잘 배웠겠지만 셈은 시원치 않다! 우리가 서로 직업을 바꾸면 더 좋을 것이다." 사회민주당 정부는 무능하고 독재적인 정권으로 비쳤다. 이는 여론조사의 수치에도 드러났다. 4월에 선거가 치러졌다면, 부르주아 정당들이 53퍼센트를 가져갔을 것이다. 사회민주당 득표율은 38퍼센트 밑으로 떨어졌을 것이다. 팔메는 결국 정부에 지휘권을 발동했고, 세법을 변경하기로 결정했다고 설명했다. 그는 이것이 토론할 문제가 아니라는 점을 강조했다. "당신들의 의견을 묻지 않을 것이다." 텔레비전에서 팔메는 아스트리드 린드그렌이 옳았다고 인정했다.

가장 유명한 스웨덴 예술인의 망명

정부에는 악몽이 계속되었다. 1976년 4월 22일, 폼페리포사의 기고문이 발표되고 한 달이 지났을 때, 잉마르 베리만이 국세청과의 갈등 때문에 스웨덴을 떠난다고 알렸다. 1월 말에 사복을 입은 경찰 두 명이 뉘브루플란의 왕립극장에 찾아와 신분을 밝히고 쉰여덟 살의 연출자와의 대화를 요청했다. 그는 스트린드베리의 〈죽음의 춤Dödsdansen〉 공연을 위한 연습을 하고 있었다. 간사에 따르면 경찰 한 명이 이렇게 말했다. "그가 오기를 바랍니다. 오지 않으면 좋지 않은 일이 생길 것입니다." 베리만이 나타나자 경찰은 그를 경찰서로 데려가 여러 시간 동안 조사했다. 동시에 그의 집과 사무실이 수색을 당했고, 그는 여권이 압수되어 출국 금지에 처해졌다. 베리만의 체포는, 스웨덴 과세 당국에도 아마 다소 놀라운 일이었을 텐데, 세계적인 뉴스였다. 그러나 1970년대 중반 스웨덴에서 경제 범죄의 추적은 중요한 일이었다. 특히 국외에서 폭넓게 활동하는 기업들이 집중적으로 조사를 받았다.

잉마르 베리만은 아스트리드 린드그렌이 아니었다. 그는 국민의 사랑을 받는 사람이 아니었다. 많은 스웨덴 사람이 그의 영화를 우울하고 어렵다고 생각했다. 베리만은 좌파 사이에서도 인기가 없었다. 소수의 사람만, 특히 은행장 한 명과 목사 한 명이 그를 공개리에 지지했지만, 이들은 당대의 시대정신에서 그다지 중요하지 않은 사람이라서 오히려 그에게 해가 되었다. 다행히도 아스트리드 린드그렌이 그의 편을 들었다. 베리만의 변호사가 취한 조치는 그가 당한 불합리한 세금만 겨냥했다. 그러나《아프톤블라데트》의 사설은 베리만이 "당연히 의뢰인의 납세 회피를 위해 세금 따위를 조작하려 하는" 세무사라는 기생적 집단에 문의한 것이 그의 문제라는 뜻으로 이야기했다. 군나르 스트렝은 세법은 '문화예술인'에도 적용되어야 한다고 설명했다. 베리만이 체포되고 며칠 지나서 그와 그의 변호사는 허위 신고나 부주의한 신고로 기소되었다.

이후 사태는 놀라운 전환을 보였다. 몇 주 뒤 2월에 검찰총장은 베리만을 기소한 검사가 교체된다고 발표했다. 열띤 토론이 전개되었다. 정부가 개입했는가, 아니면 최초의 기소에 근거가 너무 부족했나? 3월 말 새로운 담당 검사는 기소를 취하하기로 결정했다. 이후 첫 번째 기소가 업무 착오로 비난을 받았고, 베리만은 석방되었다. 그러나 팔메와 정부의 시각에서 이는 그다지 위로가 되지 않았다. 베리만은 경찰에 불려간 뒤로 심한 우울증을 앓아 병원에 입원했다. 그 기간 동안 스웨덴을 떠나겠다는 결심이 굳어졌다. 여러 이유가 있었지만 과세 당국의 공무원이 기소가 취하되었음에도 베리만을 놓아줄 준비가 되지 않았다고 암시한 것이 중요했다. 베리만은《엑스프레센》에 실은 기고문에 이렇게 썼다. "거의 석 달 동안 나는 절망에 빠져 마비된 채 살았다. 사람들이 여전히 나를 괴롭히려 한다는 사실을 알았을 때 갑자기 분노가 솟구쳤다가 다시 기운을 차렸다. 나는 다른 나라로 가서 외국어로 영화를 준비하고 제작하련다." 이는 국제적으로 엄청난 이목을 끌었다. 베리만과 그의 부인은 파리로 날아갔고, 취재 열기가 대단히 뜨거웠다. 스웨덴은 생존한 가장 유명한 예술가였을지도 모를 사람을 망명으로 내모는 데 성공했다.

그 과정에서 팔메는 신문 인터뷰에서 세금 문제를 언급하지 않은 채 베리만과 친분이 있음을 암시했다. 총리와 그 영화감독은 겨우 몇 달 전인 1975년 크리스마스에 단데뤼드에 있는 하리 샤인의 별장에서 만났다. 샤인은 두 사람과 친구 사이였다. 울로프와 아이들이 친척과 친구를 찾아다니며 초콜릿 상자를 나누어주는 것은 팔메 가족의 크리스마스 전통이었다. 이들이 그해에 샤인을 방문했을 때, 준비된 만남이었는지 우연인지는 알 수 없으나 그곳에 베리만이 있었다. 이 영화감독은 팔메가 1973년 선거운동 중에 말뫼에서 펠딘과 토론했을 때 아주 잘했다고 현란한 언사로 칭찬했다. 팔메가 노르말름스토리 광장의 인질극 때문에 준비가 형편없었다고 말하자, 그 영화감독은 자신의 배우도 지나치게 많이 준비하면 연기가 좋지 않다며 총리를 위로했다.

그렇지만 이 대화가 얼마나 유쾌했든 간에 팔메는 한 달 뒤에 경찰이 왕립극장 안으로 뚜벅뚜벅 걸어 들어갈 때 아무것도 할 수 없었다. 4월에 베리만이 나라를 떠난다는 소식이 전해졌을 때, 총리는 좌절감을 터뜨렸다. 팔메는 "수치스럽고 우울한 날"이었다고 설명했다. 게다가 정치적인 영향도 있었다. 그는 이렇게 말했다. "이는 선거를 앞두고 당에 마지막 일격을 가했다." 베리만 편에서 보면 총리는 가짜 친구였다. 베리만은 인터뷰에서 종종 사회민주주의자로 처신했다. 그는 "서로 완전히 반대되는 견해를 지닌 사람들이 긴 식탁에 몇 시간이고 며칠이고 나란히 앉아 매우 지루하게 아주 오래 지속될 타협을 이끌어내는 스웨덴의 살트셰바드 정신 때문에 이에[사회민주주의]" 찬성한다고 말했다. 그랬던 베리만이 이제는 팔메와 사회민주당이 인간에 대한 경멸과 냉소주의, 물질주의를 대변한다는 확신을 갖고 스웨덴을 떠났다. 베리만은 잠시 할리우드를 방문한 뒤 뮌헨에 정착하여, 그 도시의 양대 극장 중 하나인 레지덴츠 극장에서 연출가로 일했다. 그는 1980년대 초에야 다시 스웨덴에서 일을 한다.

일부 사람들이 베리만과 린드그렌의 항의에서 조세 저항의 출발을 보고자 했지만, 문제가 된 것은 높은 세금 부담이 아니었다. 스웨덴 사람들은 세금 내기를 전혀 좋아하지 않았지만, 시민들은 기본적으로 보편적인 복지를 유지하려면 높은 세금이 필요하다고 믿었다. 반면 과세 제도가 지나치게 관료주의적이고 혼란스러워졌다는 불만이 늘어났다. 시민들은 "세법이 모두에게 동등하게 적용되어야 한다"는 스트렝의 판단을 주저 없이 받아들였다. 그러나 과세 제도는 한편으로는 지나치게 높은 누진율과 다른 한편으로는 엄청나게 후한 공제 조건의 악순환에 빠졌다. 이제 규정은 너무도 복잡하여 재무부 장관조차도 제대로 이해하지 못할 정도가 되었다. 게다가 잉마르 베리만에게 사사로이 복수한 공무원들로 판단하건대, 그들은 자의적으로 행동한 것으로 보인다. 몇몇 공무원이 한 일로 정부를 직접 비난할 수는 없다. 검사는 나중에 경고까지 받았다. 그렇지만 사회민주당은 44년 동안이나 권력을 쥐고 있었으니 스웨덴 행정 부처에 퍼진 분위기에 최종적인 책임을 져야 했다. 그리고 많은 스웨덴 사람이 이 일에서 오만함과 거만함, 가부장주의를 보았다. 베리만을 추적한 공무원들과 아스트리드 린드그렌에게 모욕적인 발언을 한 군나르 스트렝이 이를 몸소 보여주었다.

"스웨덴에 혁명이 일어나다"

사회민주당은 스웨덴 노동조합운동의 돌연한 좌 선회가 겹치지 않았다면 아마도 세금 사건을 잘 처리했을 것이다. 아스트리드 린드그렌의 공격이 나오고 하루가 지난 3월 11일, 노동조합총연맹 지도부는 고용인 50인 이상의 모든 기업이 이익의 20퍼센트를 집단적 소유의 임금노동자기금으로 적립하는 것을 목표로 하는 제안을 내놓았다. 전혀 예상치 못한 것은 아니었다. 그 제안은 노동조합총연맹 경제학자 루돌프 메이드네르(마이드너)의 연구 보고서를 토대로 한 것이다. 그 핵심 개념은 1975년 여름 『임금노동자기금 *Löntagarefonder*』이라는 단조로운 제목의 논쟁적 책자에서 공개되었다. 그러나 저자는 목표를 숨기지 않았다. "우리는 자본가들이 소유의 힘으로 행사하는 권력을 그들에게서 빼앗고자 한다." 그 제안이 일부 언론에서 소동을 일으켰다. 8월 27일 《다겐스 뉘헤테르》는 벽보판에 이렇게 썼다. "스웨덴에 혁명이 일어나다." 그러나 이제 그 제안은 좀 더 관료주의적인 방식으로 다루어졌다. 노동조합총연맹 지도부의 승인은 시작이었을 뿐이다. 어떤 형태로든 임금노동자기금이 등장하려면, 이는 다가올 6월의 노동조합총연맹 대회를, 이어 사회민주당 당 대회와 마지막으로 언제가 될지 모르지만 의회를 통과해야 했다. 많은 사람이 그때가 되면 사회주의의 골자는 다 사라질 것이라고 믿었다.

임금노동자기금 제안은 어떤 사람들에게는 급진적인 시대정신을 반영했다. 그러나 이들에게는 노동조합과 관련된 직접적인 이유도 있었다. 1960년대 말 노동조합운동에는 스웨덴 모델의 요체 중 하나인 '연대임금정책'에서 심각한 문제가 발생했다. '연대임금정책'은 전국적인 임금 수준이 중앙교섭으로 결정됨을 뜻했다. 그 결과로 이윤이 적은 기업은 도태되지만, 이는 다소간 바람직한 일로 생각되었다. 이 문제는 해고된 노동자를 이익이 남는 분야와 지역으로 재배치하는 '적극적 노동시장정책'으로 해결되었다. 성공적인 수출기업들의 문제는 그 반대였다. 연대임금정책이 완충효과를 내서 높은 이익을 초래한 것이다. 그러한 작업장에서는 기록적인 호황기에 임금교섭에서 입을 다물고 있어야 한다는 것이 노동조합의 불만이었다. 1969~1970년의 광산 대파업과 그 후에 이어진, 단체협약에 위배되는 분쟁의 물결은 스웨덴 노동조합운동의 응집력이 약해진다는 근심스러운 신호였다.

1971년 노동조합총연맹 대회가 열렸을 때, 연대임금정책이 안으로부터 무너질 것이라는 우려가 컸다. 이를 막기 위해 기업의 초과이익을 어떻게 임금노동자에게 이전할 수 있는지 연구할 조사단을 꾸렸다. 이 문제를 해결하는 과제는 예순 살을 바라보는 루돌프 메이드네르에게 맡겨졌다. 그는 오랫동안 노동조합총연맹의 연구 분과 책임자였지만 이제는 노라반토리에트 광장의 스웨덴 노동조합운동 본부에서, 온갖 '거물들'이 머문다는 이유로 종종 경멸하듯 '바티칸'이라고 부른 곳에서 개인적으로 연구 활동을 하고 있었다. 울로프 팔메가 정치인으로서 독특했듯이 메이드네르는 노동조합운동가로서 독특했다. 그는 독일의 브레슬라우(오늘날 폴란드의 브로츠와프)에서 유대인 가정에 태어났으며, 1933년 나치가 정권을 잡은 뒤에 극적인 상황에서 스웨덴으로 탈출했다. 그는 1937년 스톡홀름 대학에서 박사학위를 받았고 1945년에 노동조합총연맹에 고용되었다. 메이드네르는 노동조합운동의 경제학자로서 1950년대에 예스타 렌과 함께 연대임금정책을 고안했다. 겉으로 보면 그는 과묵하고 진지하여 신중한 공무원의 이미지를 풍겼다. 그는 담배를 피우지 않았고 술도 마시지 않았으며 여유 시간에는 가능하면 버섯을 따러 다녔다. 메이드네르는 대중 앞에 나서기를 싫어했고, 자신을 다른 무엇보다도 제안을 내놓고 다른 사람의 의견을 기다리는 전문가로 여겼다.

그러나《베쿠슈날렌》이 어느 인터뷰에서 표현한 바에 따르면 메이드네르는 "나일론 셔츠 밑에 화산"을 숨기고 있었다. 청년기에 바이마르 공화국에서 경험한 나치의 도약은 평생토록 그를 따라다녔다. 스웨덴의 동료들이 당연하게 여긴 사회적 안정을 그는 지극히 허약하다고 판단했다. 그는 대량 실업과 경제의 혼란이 어떤 결과를 낳을 수 있는지를 경험으로 알았으며, 스웨덴에서 이러한 깨달음을 완전고용과 노동조합의 연대를 위한 작업으로 전환했다. 메이드네르는 많은 스웨덴 사회민주당원과 달리 경험을 통해 마르크스주의자가 된 사람으로, 궁극적으로는 사유재산을 노동운동의 관자놀이를 겨냥한 장전된 권총으로 보았다. 당장에 권총 안에 든 것이 아무리 좋게 보일지언정.

1971년에 메이드네르가 아닌 다른 사람이 임금노동자기금을 연구하는 과제를 떠맡았다면, 이빨 빠진 호랑이 같은 제안이 나왔을 것이다. 여러 유럽 국가에서, 특히 독일과 덴마크에서 1970년대 초의 노동조합운동은 기술 전환과 구조조정을 촉진할 수 있는 일종의 부문별 기금의 설립을 신중히 고려했다. 그렇지만 기금을 이용하여 사적 경제를 폐지할 생각은 누구도 하지 않았다. 메이드네르가 코펜하겐과 뮌헨, 빈을 방문하여 자신의 계획을 설명했을 때 사람들은 어안이 벙벙했다. 스웨덴의 논쟁에서도 하리 샤인 같은 토론자는 경제를 이끌 모종의 사회기금을 권고했다. 그러나 메이드네르가 임금노동자들이 사유재산권의 점진적인 폐지를 뜻하는 기금제도를 제안하리라고는 누구도 예상하지 못했다.

어떤 이들은, 예를 들면 운송노동조합연맹의 하세 에릭손 같은 사람은 동유럽의 국가사회주의를 도입하려 한다면서 메이드네르를 비난했는데, 이는 그의 의도를 오해한 것이다. 그의 사고방식은 오히려 생디칼리슴이나 길드 사회주의에 가까웠다. 메이드네르가 개별 기업에 노동자위원회를 설치할 것을 옹호한 사람은 분명히 아니었지만, 그의 구상에 따르면 국가가 아니라 노동조합운동이 경제를 결정할 권한을, 경제에 대한 책임을 가져야 했다. 이는 스웨

덴에서 착수하기에는 대담하면서도 기묘한 생각이었다. 지난 반백
년 동안 성공한 사회 개혁은 전부 노동운동이 국가 권력을 장악했
기에 가능했던 나라가 아닌가. 어쩌면 더욱 무서운 제안이었을지도
모른다. 스웨덴은 노동운동이 복지사회 건설을 넘어서 더욱 공격적
으로 사회주의적 대망을 표현했을 때마다 선거에서 패배하거나 크
게 후퇴한 나라가 아닌가.

대다수 유권자는 단지 임금노동자기금에 부정적인 태도를 보인
것만은 아니었다. 1975년 시포의 여론조사를 보면 스웨덴 국민은
대등하게 두 층으로 나뉘었다. 절반은 노동조합운동이 너무 많은
권력을 가졌다고 보았으며, 다른 절반은 노동운동의 권력이 너무
작다고 생각했다. 이렇게 열띤 감정에 비하면 시민들의 국가에 대
한 관계는 훨씬 더 편안했고 일정했다. 중앙화와 국가의 감독, 거만
한 관료에 대해서는 확실히 불만이 있었다. 그러나 근저에는 흔들
리지 않는 신뢰가 있었다. 1950년대 이후 선거에서 연이어 스웨덴
국민은 이를테면 노동조합 같은 시민사회의 다양한 이익집단에 의
지하기보다는 멀리 떨어져 있는 중립적인 국가에 권력을 주는 것
을 더 좋아했음을 보여주었다. 엘란데르와 팔메가 '강한 사회'로써
그토록 큰 성공을 거둔 이유도 바로 여기에 있다.

메이드네르 안을 지지한 노총

노동조합 안에서는 그 정도로 확고하지 않았다. 1975년 가을 노

동조합총연맹은 임금노동자기금에 관하여 내부 협의를 가졌다. 비록 전체 조합원의 1퍼센트에 불과한, 적극적으로 활동하는 조합원들만의 협의이긴 했지만, 참석자의 90퍼센트에 달하는 압도적인 다수가 메이드네르의 제안에 찬성했다. 오랫동안 생활수준이 높아지고 경제 체제로서의 자본주의에 대한 반감이 증대했지만, 노동운동의 입지를 더 높인다는 욕구는 충족되지 않았다. 어느 설문조사의 답변은 이렇게 말했다. "기업이 어떠한 형태로 운영되어야 하는지를 결정할 노동자의 권리를 인정함으로써 올바른 민주주의의 토대를 만들 수 있다." 노동조합총연맹은 조합원이 거의 170만 명인 좌절한 거인이었다. 노동조합 가입률이 그렇게 높은 나라는 스웨덴 말고 없었다. 1975년 스웨덴 노동인구 전체의 약 75퍼센트가 노동조합원이었는데, 이는 다른 스칸디나비아 국가보다 크게 높았고 프랑스와 영국, 독일 같은 나라의 노동조합 가입률에 비하면 까마득히 높은 것이었다. 노동조합총연맹으로 말하자면 고용된 직원만 수천 명이었고 부동산과 적립금이 어마어마했다.

1976년 3월 노동조합총연맹 지도부가 내부의 강력한 열기에 힘입어 메이드네르의 제안을 지지했을 때, 가을 선거를 앞두고 정치적 열기가 서서히 끓어올랐다. 국제적인 경기 침체가 점점 더 확연해졌다. 봄에 기간산업, 특히 철강 산업에서 폐업과 대규모 손실의 우울한 소식이 잇달았다. 게다가 세금 사건으로 스웨덴 부르주아 사회의 감정이 격해졌다. 악의 없는 연예인 하세 베리하겐은 석간신문에서 자신은 이제 부르주아 정당의 선거 승리를 위해 헌신하겠다고 밝히고는 폼페리포사에 관한 선동적인 노래를 불렀다. 5월 초 팔메와 부만이 첫 번째 토론에서 맞붙었을 때, 보수통합당 대표는 혼합경제를 폐지하고 순수한 사회주의를 도입하려 한다고 사회민주당을 비난했다.

결정은 6월 중순 국왕 칼 16세 구스타브와 실비아 솜멜라트(질비아 좀머라트)의 결혼을 앞두고 스톡홀름의 민중회관에서 열린 노동조합총연맹 대회에서 내려진다. 실비아는 독일계 브라질 사람으로 통역사 교육을 받았고 1972년 뮌헨 올림픽에서 스웨덴 왕세자를 만났다. 결혼식은 노동조합총연맹 대회의 폐회일인 6월 19일로 잡혀 있었다. 1200명의 경찰이 소집되었고, 화훼 업체들은 왕실이 주문한 6000송이의 팬지를 가져오느라 정신이 없었으며, 텔레비전에서는 새로운 스웨덴 왕비를 축하하여 아바가 〈댄싱 퀸〉을 불렀다. 그러나 나라의 수도에서 이렇게 왕실이 열광에 빠져 있을 때 노라 반토리에트 광장에서는 사회주의적 분위기가 여전히 강력했다. 노동조합총연맹 대회에 올라온 동의안의 대략 10퍼센트는 모종의 계획경제를 제안했다. 6월 12일 바람 불고 비가 부슬부슬 내리던 스톡홀름에서 대회가 열렸을 때, 기금에 찬성하는 열기가 뜨거웠다. 투표가 끝났을 때 대의원들은 누가 시키지 않았는데도 일어나 인터내셔널 가를 불렀다. 나중에 많은 대의원이 후회한다. 예테보리에서 온 지역정치인 예란 요한손도 노래를 부른 사람들 속에 있었는데 곧 임금노동자기금을 '불행'이라고 묘사한다. 그러나 그 당시에는 무명의 노동조합총연맹 직원 메이드네르가 영웅이었다. 집으로 돌아가 아내에게 대회에 관해 설명하는 그의 두 눈에 눈물이 흘렀다.

팔메는 메이드네르의 제안을 둘러싼 노동조합운동의 열렬한 지지에 압도되었다. 그는 이렇게 말했다. "내 상상의 한계를 뛰어넘었다." 그렇지만 앞서 그 전해 8월에 메이드네르의 조사 활동 결과가 수용된 것과 가을에 노동조합의 열띤 협의, 1976년 3월에 노동조합총연맹 지도부가 취한 놀라운 태도처럼 뚜렷한 신호들이 있었다. 나중에 1975년 어느 때나 1976년 초에 노동조합총연맹을 제어하지 않은 것이 팔메의 큰 실수라는 주장이 나왔다. 그러나 팔메는 그러한 분란을 일으킬 준비가 되어 있지 않았다. 키루나 광산 파업 이래로 노동조합운동과 관련하여 그의 자신감은 조금씩 무너졌다. 그가 개별 문제에서 큰소리를 낼 수 없었다는 뜻은 아니다. 언젠가 노동조합총연맹이 정부를 비판했을 때, 팔메는 연맹의 대변인에게 전화를 걸어 누가 스웨덴을 통치하냐고 물었다. "노동조합총연맹인가 아니면 정부인가?" 그렇지만 그는 확실히 노동조합총연맹의 내부 절차에 관여하기를 꺼렸다. 대신 팔메는 노동조합총연맹의 새로운 의장 군나르 닐손이 제안의 급진적인 성격을 완화하기를 바라며 이를 기다리기로 했다. 1971년에 아네 예이에르의 후임으로 의장이 된 닐손은 긍정적인 면이 많은 사람이었지만 내부 갈등을 다루기가 쉽지 않았다. 그는 기금 제안에 대한 지도부의 열정적인 지지에 반대할 수 없었다. 게다가 그와 팔메의 관계는 좋지 못했다. 팔메는 닐손의 회피적인 태도를 이해하기 어려웠다.

그러나 팔메의 수동성은 그가 지적인 측면에서 기금 제안을 진지하게 받아들일 수 없었다는 사실 때문이기도 했다. 팔메와 메이드네르는 완전히 다른 방식으로 생각했다. 분명히 다른 전통 속에 있기는 했으나 둘 다 각자의 방식대로 급진적이었다. 메이드네르는 학구적인 성격의 독일계 마르크스주의자였고, 팔메는 낙관적인 근대화론자였다. 사회와 경제, 정치의 관계에 대한 두 사람의 시각은 정반대였다. 팔메는 장기간에 걸친 사유재산권의 축소를 생각할 수 있었다. 적어도 그 가능성을 완전히 닫을 뜻은 없었다. 1970년대에 팔메로부터 시장경제를 강력히 비판하고 장래에 모종의 계획경제나 국가 통제 경제를 요구할 것임을 암시하는 희망찬 발언을 듣기는 어렵지 않다. 그렇지만 그의 시각에서 그러한 형태의 개입은 정의를 세우고 평등을 증진하며 개별 시민의 지위를 강화하는 보편적인 목적을 지닐 때만 정당했다.

게다가 팔메는 소유권의 몰수를 목적이 아닌 위협의 수단으로 보았다. 사회주의라는 위협적인 쇠고랑 소리로 경제를 통제해야 하지만 경제에 실제로 그 쇠고랑을 채울 수는 없었다. 메이드네르의 제안대로 특정 집단의 시민에게서 다른 집단의 시민에게로 소유권을 이전하는 것은 팔메가 보기에 불합리한 생각이었다. 이미 1975년 여름에 팔메는 메이드네르의 발상이 '극심한 기업이기주의'를 초래할 것이라고 주장했다. 그의 견해에 따르면, 노동조합운동의 임무는 '소유권'이 아니라 '노동권'을 주장하는 것이었다. 만일 기업과 그 이익을 관리하거나 통제하거나 최악의 경우 몰수한다면, 그 주체는 노동조합운동이 아니라 사회, 즉 국가여야 했다. 팔메는 메이드네르의 제안에 담긴 사고방식도 이해할 수 없었다. 언젠가 팔메는 그 제안이 "정연하여 선명했고 구성이 아름다웠다"고 말했다. 이는 비판을 숨긴 칭찬이었다. 팔메의 말을 빌리자면, 올바른 정책은 결코 정밀하거나 아름답지 않다. 거칠고 번잡하다.

선거를 앞두고 기금은 정치적으로 어정쩡한 상태에 빠졌다. 우선 사회민주당은 다음 번 당 대회인 1978년 대회에서 명확한 태도를 결정해야 했다. 군나르 닐손은 물론 팔메도 선거운동에서 그 문제가 쟁점이 되지 않도록 최선을 다했다. 좀처럼 상세히 답변하지 않는 팔메가 선거 전 압박을 받는 상황에서 이렇게 말했다. "나는 그 점에서 자유롭다.··· 그 문제는 조사단이 분석해야 한다." 그러나 야당의 압박은 점점 더 심해졌다. 사실 부르주아 정당들은 1970년대 전반에 노동운동의 기금 논의를 호의적으로 주시했다. 오늘날에는 기회주의적으로 보일 수 있지만 그 정도는 아니었다. 이익 공유라는 발상 자체는 기본적으로 존 스튜어트 밀이 옹호한 자유주의적 사고였다. 국민당도 1950년대부터 모종의 이익공유제 도입을 촉구했다. 1974년 첫 번째 하가 협약과 관련하여 군나르 헬렌은 임금노동자기금에 관한 국가의 입법조사단 설치를 요구했고, 사회민주당은 다소 의심을 품은 채 이를 수용했다. 이제 그것이 최후의 희망이 되었다. 팔메는 심한 압박을 받는 상황에서 나이 많은 스톡홀름 정치인 알마르 메르의 지휘로 조사 활동이 진행 중임을 언급했다.

노동조합총연맹 대회가 메이드네르의 급진적 모델을 지지했을 때, 부르주아 정당들의 비판은 더욱 거세졌다. 그러나 이들의 공격에는, 특히 그 이후에 나타난 것에 비할 때, 여전히 주저하는 태도가 남아 있었다. '임금노동자기금'이라는 개념에는 아직도 긍정적인 의미가 깃들어 있었다. 부르주아 정당의 대표들은 대신 전반적인 사회화 경향을 비판하기로 했다. 투르비엔 펠딘은 강하게 나와 사회주의는 스웨덴 사람의 자유와 권리의 박탈을 의미한다고 경고했지만, 임금노동자기금을 직접 거론하지는 않았다. 이러한 공격에 맞서 팔메는 자신이나 당을 특정 모델이나 해법에 얽매이게 하지 않은 채 메이드네르의 시도를 옹호하려 했다. 1976년 9월 정당 대표의 견해를 듣는 라디오 프로그램에서 팔메는 "노동 생활의 민주화와 임금노동자기금, 사회적 자원의 계획적인 관리를 통해" 경제를 민주화하는 것이 사회민주당의 큰 목표라고 말했다. 그가 임금노동자기금을 체제를 뒤엎는 개혁이 아니라 다른 수단들 중 하나로 제시한 것은 상징적이다.

'에너지 위기의 구원자'

돌이켜 보면 임금노동자기금이 선거운동에서 한 역할은 제한적이었다. 많지는 않았지만 메이드네르 제안에 대한 반대를 가장 중요한 문제로 본 유권자들이 분명히 있었다. 그렇지만 에너지 문제 전반과 특히 핵발전소 문제를 결정적이라고 본 집단이 훨씬 더 컸다. 미래의 에너지원을 둘러싼 갈등은 스웨덴 정치의 좌우 차원을 극적으로 깨뜨렸다. 특히 핵발전소 문제는 스웨덴에서 특별한 정치인의 출현을 목도했다. 흔들림 없는 농민 투르비엔 펠딘이다. 핵발전소 문제가 쟁점이 된 모든 나라에서 1970년대에 반대는 주로 의회 밖에서 제기되었다. 그러나 스웨덴에서는 야당인 부르주아 정당들이 거의 대부분 최대한 빠르게 핵발전소를 폐쇄하라고 요구했다.

스웨덴 핵발전소 건설은 팔메의 정치 이력과 나란히 진행되었다. 스웨덴 최초의 원자로는 1954년 11월에 가동되었다. 팔메가 엘란데르의 비서로서 정식으로 고용된 때와 거의 동시였다. 두 번째 원자로는 1960년 스톡홀름에서 남쪽으로 조금 떨어진 스투츠비크에 세워졌다. 팔메가 국장에 임명되기 직전이었다. 1970년대까지 스톡홀름 도시지구 파슈타에 전기를 공급한 오게스타 핵발전소는 팔메가 국무위원에 임명된 1963년에 운전을 시작했다. 이러한 실험 끝에 건설은 속도를 더했다. 1960년대 중반 세 개의 큰 핵발전소 건설이 계획되었고, 이는 팔메가 총리로 일하던 때에 연이어 가동에 들어갔다. 1972년 5월 18일 스몰란드의 오스카슈함에 스웨덴의 첫 번째 대규모 핵발전소가 자리를 잡았다. 아흔 살의 국왕 구스타브 6세 아돌프는 연설에서 핵발전소를 "걱정스러운 에너지 위기에서 벗어나게 해주는 구원자"라고 주장했다. 1975년 스코네의 바셰베크 제1호기와 할란드의 링할스 제2호기, 오스카슈함 제2호기의 가동과 더불어 본격적인 핵발전소 사회가 시작되었다. 산업과의 협력은 강도를 더욱 높였다. 국가와 민간 자본(발렌베리 가문이 거의 확고히 장악했다)이 공동으로 소유한 기업인 스웨덴 전기원자력 주식회사가 미국 웨스팅하우스 전기 주식회사와 함께 스웨덴 해안선을 따라 이어진 목가적인 환경에 특유의 회색 핵발전소 건설을 담당했다.

팔메는 1960년대의 다른 많은 정치인들처럼 핵발전소에 열광했다. 핵발전소는 그가 그린 이상적인 세계, 즉 진보와 자연을 통제할 수 있는 인간의 능력에 대한 믿음의 토대 중 하나였다. 팔메는 과학과 공업의 발전에 극복해야 할 이면이 있음을 인식했다. 1960년대 중반에 이미 그는 환경 문제에 관하여 경고했다. 이는 1967년에 발표되어 주목을 끈 사회민주당 논객 한스 팔름셰나의 책 『약탈, 기아, 중독*Plundring, svält, förgiftning*』의 영향이 컸다. 그러나 팔메는 "이전이 더 좋았다"고 믿지 않는다는 점을 분명히 했다. 결과를 생각하지 않고 쓰레기를 내버릴 수 있다는 생각을 옛 농업사회의 순환경제의 잔재로, 우리가 아직 "버리지 못한" 유산으로, 이상한 것으로 보았다. 대신 우리는 환경 파괴가 현재의 계산법이 감추고 있는 진정한 사회적 비용임을, 그의 표현을 빌리자면 국민경제의 '외부 비용'임을 깨달아야 했다. 기술의 발전은 성장의 조건을 창출했고, 이는 다시 급진적인 평등정책을 가능하게 했다. 환경 문제의 해법은 더 나은, 더 깨끗한 기술이었다.

1970년대 초에는 또한 핵발전소의 역사적 순간이 다가온 것으로 생각되었다. 석유는 물론 수력도 점차 문제가 있는 에너지원으로 이해되었다. 1973년 석유 파동은 수입 에너지에 의존하는 것이 얼마나 위험한지를 분명하게 보여주었다. 그러나 핵발전소에 대한 시각은 이미 흔들리고 있었다. 1972년 비엔 일베리의 환경센터와 '땅의 친구들', '대안 도시' 같은 일련의 환경 단체가 쓰레기 문제와 해양 사고의 위험성에 세간의 이목을 끌었다. 의회에서도 비판의 목소리가 터져 나왔다. 대정부 질문에서 어느 중앙당 의원은 쓰레기 문제를 너무 안이하게 생각한다며 사회민주당 공업부 장관 루네 유한손을 비난했다. 1973년에 본격적으로 논의가 진행되었는데, 예순 살의 플라스마 물리학자 한네스 알벤 덕분이다. 1970년에 노벨 물리학상을 수상한 이 국제적으로 유명한 백발의 연구자는 도덕적 책임감이 강한 과학자의 이미지를 지녔다. 그는 논쟁에 참여하기를 조금도 주저하지 않았다. 1960년대 중반부터 알벤은 샌디에이고의 캘리포니아 대학교에서 많은 시간을 보냈다. 캘리포니아의 대학교의 분위기에서 그는 성장 중인 환경운동을 알게 되었다. 알벤 덕분에 미국 서부 해안의 급진적 학생들의 사상이 스웨덴 정당정치에 곧바로 이전되었다. 1973년 5월 알벤은 룰레오의 체육관에서 열린 중앙당 전국대회에서 연설했다. 중앙당 당원이었던 이 노벨상 수상자는 핵발전소에 대해 학문적 권위와 열정으로써, 가늘고 맑은 목소리로 경고했다. 청중은, 특히 당 대표 투르비엔 펠딘은 깊은 감명을 받았다. 핵발전소는 스웨덴 농민운동 이데올로기의 두 가지 기본적인 토대와 관련이 있었다. 농민에게, 농촌 생활을 이상으로 여긴 사람들에게 핵폐기물 문제를 후속 세대에 떠넘기는 것은 심히 비도덕적인 행태로 비쳤다. 펠딘의 마음을 가장 심하게 뒤흔든 것이 바로 이 점이었다. 그러나 핵발전소는 또한 중앙화의 이면을 보여주는 가장 완벽한 교육적 사례였다. 핵에너지에 투자함으로써 사회는 몇몇 첨단기술 시설에 의존하게 되고, 사고가 일어나게 되면 국가적인 환경 재앙과 심각한 에너지 위기가 발생할 수밖에 없었다.

중앙당원이 전부 핵발전소 반대 투쟁을 당의 주된 문제로 삼을 준비가 되어 있었다는 뜻은 아니다. 그렇지만 당 대표가 핵발전소의 중단을 자신의 역사적 과제로 확신하고 있고 아래로부터, 특히 청년연맹으로부터 압력이 증대하고 있는 상황에서, 오래도록 당을 지킨 자들도 반대하기 어려웠다. 펠딘은 당시의 당 강령이 허용하는 것보다 더 멀리 나아가 핵발전소를 완전히 정지시켜야 한다고 생각했다. 1975년 봄 의회가 핵발전소의 미래에 관하여 결정을 내릴 때(바셰베크와 링할스, 오스카슈함의 새로 건설된 세 개 핵발전소가 가동에 들어갔을 때), 중앙당은 좌익공산당과 함께 추가 건설에 반대했다. 이제 펠딘이 앞장서서 반대했고, 그와 뜻을 같이하지 않은 당원들도 대세를 따라갈 수밖에 없었다. 펠딘은 부르주아 정당들의 연립정부에 중앙당이 참여할 수 있는 조건은 새로운 핵발전소를 건설하지 않는 것임을 천명했다. 그는 1976년 선거운동 중에 이러한 공약을 여러 차례, 점차 더 힘차게 되풀이한다.

사회민주당은 내부에 약간의 회의론이 있기는 했지만 핵발전소를 건설해야 한다는 견해를 취했다. 1974년에 열린 내부 협의회에서 4만 5000명의 참석자 중 20퍼센트 이상이 핵에너지에 분명하게 반대했고 60퍼센트 이상이 회의적이었다. 1975년 2월 1일 순스발에서 당 지도부는 1985년까지 총 열세 기의 원자로를 갖춘다는 제안에 합의했다. 이미 가동 중인 다섯 기와 곧 승인될 여섯 기, 그리고 건설 허가를 기다리고 있는 두 기였다. 팔메는 뢰브옹에슈가탄의 집에서 며칠 밤 고심하며 합당한 근거를 대기 위해 심혈을 기울였다. 논지는 분명했다. 석유 의존도를 줄이고 강을 되살리며 공업의 전기 수요를 확보한다는 것이었다. 팔메는 위험성이 있음을 인정하면서도 전문가들은 대부분 파손의 위험성을 적게 본다고 주장했다.

정직함이 불러온 패배

핵발전소는 1976년 선거운동에서 팔메에게 어려운 문제로 보이지 않았다. 의회의 확실한 과반수가 건설의 지속에 찬성했다. 보수통합당은 총 열세 기의 핵발전소를 보유한다는 사회민주당의 안을 전적으로 지지했지만, 국민당은 가동 중이거나 이미 결정이 끝난 열한 기로 충분하다고 생각했다. 5월 말 의회는 사회민주당의 에너지 계획을 가결했다. 펠딘은 핵발전소 건설에 협력하지 않겠다고 비타협적인 태도로 발언했지만, 팔메는 중앙당 대표의 뜻이 굳지 않다고 평가했다. 또한 팔메는 국민당과 보수통합당이 에너지 문제에서 절대로 태도를 바꾸지 않으리라고 믿었다.

팔메는 옳기도 했고 틀리기도 했다. 펠딘은 1976년 4월 의회에서 그 자신이 표현했듯이 핵발전소 문제에서 '타협'은 고려하지 않는다고 설명했을 때 아마도 진심이었을 것이다. 그렇지만 그러한 도덕적 확신의 토대는 정치적으로 가능한 결과에 대한 분석이 아니라 내적 감정이었다. 많은 유권자는 이를 정직함의 표지로 이해했다. 중앙당 대표를 예찬하는 작은 움직임이 일었다. 그는 국부인 페르 알빈 한손의 재림이나 이전에는 전혀 보지 못한 새로운 성격의 정치인으로 여겨졌다. 펠딘은 모호한 약속과 회피적인 설명을 들고 나오는 대신 흐르는 물처럼 분명한 태도를 보였다. "나는 핵발전소 건설에 절대로 동의하지 않을 것이다." 펠딘을 옹호하자면, 그가 시간은 자신 편이라고 계산했을 것이라고 말할 수 있다. 핵발전소에 대한 반대는 모든 정당에서 커지고 있었다. 그러나 팔메에게 그러한 정치는 이해할 수 없는 방식이었다.

팔메는 결과론자였다. 청년 때부터 그는 직업적인 정치인이라면 어떻게 목적을 달성할 것인가의 문제를 절대로 피할 수 없다는 막스 베버의 견해에 젖어 있었다. 그래서 팔메는 때때로 지나치게 전술적이었다. 토론에서 그는 태도를 명확히 하기 전에 상황에서 나타날 수 있는 여러 결말을 번개처럼 빠르게 따져보곤 했다. 언제나 목적과 수단 둘 다 설명하겠다는 야심은 산상수훈을 정치의 지침서로 여긴 펠딘의 이해보다 훌륭하지 않다고는 말할 수 없었다. 그러나 사람이 자신의 정치적 태도가 가져올 결과를 언제나 예측할 수 있다는 믿음은 오만에 가까운 건방진 태도이기도 했다.

팔메에 비하면 펠딘은 인간적이고 호감 가는 사람이었다. 펠딘은 이렇게 말했다고 한다. "여기 내가 있다. 나는 다른 사람일 수 없다." 신랄한 사회민주당 사람들은 니체의 말을 빌려 그를 '너무나 인간적'이라고 했다. 타게 엘란데르의 말이라고 알려진 악평이 자주 인용되었다. "펠딘은 유권자가 쉽게 알아볼 수 있을 만큼 아주 무식하고 서투르다." 이 중앙당 대표가 팔메와 관계할 때 전술적으로 열등했음은 부정할 수 없다. 그가 다소간 현실에 근거를 둔 모든 반대를 회피한 것 같다는 자신의 기본적인 확신을 애써 고수할 정도였다. 많은 사람이 펠딘을 정치를 직업적으로 바라보는 팔메의 신선한 대안으로 이해했다. 진화론적인 선택 과정이 마침내 울로프 팔메를 무찌를 안성맞춤의 대안으로 부르주아 정당의 대표를 찾아냈다.

핵발전소는 또한 선거운동에서 펠딘의 비장의 한 수였다. 세세한 내용은 기술적으로 복잡하여 대다수 유권자가 이해하기 어려웠지만, 원칙적인 측면은 실존적으로 분명했고 인류의 미래에 관련되었다. 사회민주당 지도부의 몇몇은 심히 걱정스러웠다. 엘란데르는 팔메에게 국민투표를 제안하여 선거운동에서 에너지 문제를 떼어내라고 권고했다. 문화계의 저명인사들이 국민이 직접 핵발전소 문제를 결정할 수 있도록 하고자 위원회를 수립했다. 그러나 팔메는 국민투표에 동의하지 않았고, 핵발전소가 사회민주당보다는 부르주아 정당들에 더 큰 문제라고(더 큰 문제여야 한다고) 판단했다. 오판이었다. 팔메는 스웨덴 부르주아 사회가 정권 교체를 얼마나 강력하게 열망했는지를 감안하지 못했다. 국민당과 보수통합당은 분명코 스웨덴 핵발전소의 전면적인 중단을 수용할 뜻이 조금도 없었다. 스웨덴 고용주연합은 말할 필요도 없다. 그러나 특히 예스타 부만이 집요하게 부르주아 정당들의 연립정부 수립을 위해 노력한 덕분에 내부적인 의견 차이를 덮을 수 있었다. 다른 경우에는 융통성이 없었던 부만이 선거의 해에는 완전히 엿가락처럼 유연했다. 1976년 5월 부만은 《스벤스카 다그블라데트》에 "융통성 있는 핵발전소 노선"이라는 제목으로 글을 기고하여 모든 문제는 바셰베크 제2호기의 가동 결정이 내려질 1978년까지 미룰 수 있다는 뜻을 내비쳤다. 이러한 유연함이 선거운동에서 큰 도움이 되었다.

9월 6일 펠딘은 이전보다 훨씬 더 강경하게 나가 자신이 부르주아 정부에 참여하기 위한 조건은 모든 핵발전소를 1985년까지 폐쇄하는 것이라고 설명했다. 그렇지만 부만은 핵에너지와 함께 가든 아니든 사회민주당 정권을 끌어내리려는 의지가 단호했다. 그는 펠딘과 국민당 대표 페르 알마르크와 만나 부르주아 연립정부의 구성이 위험에 처했다고 강조했다. 여러 가지로 조정을 거친 끝에 그는 9월 18일 금요일 최종 당 대표 토론 전에 한 번 더 두 사람과 함께 기자들 앞에 서는 데 성공했다. 알마르크가 마지막 순간에 버텼고, 우연히 사진에 찍힌 척했다.

선거운동이 끝날 무렵 라슈 윌렌스텐과 아투르 룬드크비스트를 비롯한 일단의 작가들이 핵발전소 반대 진영에 합류했다. 팔메는 오랫동안 이 두 사람에게 좋지 않은 감정을 갖게 된다. 1984년까지도 팔메는 멕시코의 어느 문화 축제에서 연설할 때 에스파냐어 통역이 룬드크비스트가 라틴아메리카 지식인들 사이에서 가장 유명한 스웨덴 문화계 인사라고 꼭 집어 말했는데도 그의 이름을 거론하지 않으려 했다. 이러한 뒤끝은 이해할 만했을 것이다. 1976년은 팔메에게 모진 한 해였다. 우선 린드그렌과 베리만이, 이어 학술원 회원인 윌렌스텐과 룬드크비스트가, 다시 말해 스웨덴 문화계 엘리트들이 전부 사회민주당에 반대한 것 같았다. 아동문학가 막스 룬드그렌이 선거를 앞두고 공개리에 노동운동에 지지를 표명했지만, 이것이 위로가 되었는지는 판단하기 어렵다.

결정적인 선거 대결은 9월 1일 예테보리의 실내종합체육관 스칸디나비움에서 벌어졌다. 분위기는 뜨거웠다. 1만여 명의 청중 가운데 절반은 "팔메, 팔메!"를 연호했고, 나머지는 "투베, 투베!"라고 소리쳤다. 이번에도 기술적으로는 팔메가 더 뛰어난 토론자였고 핵발전소가 아닌 다른 문제에서는 펠딘보다 많은 점수를 땄다. 팔메는 정부 수립 문제에 관하여 강하게 나갔다. "당신의 부르주아 형제들에게 이렇게 말하기는 쉽다. 우리의 의견을 위해 무릎을 꿇자. 그러나 그들이 무릎을 꿇지 않는다면 어떻게 할 것인가?" 그러나 중앙당 대표는 발언에 논리적인 결함이 있었는데도 텔레비전 화면 으로 진심이 전달되었다.

> 울로프 팔메, 그것이 당신의 확신이라면, 당신이 미래 세대에 핵 발전소를 물려주어 그들에게 더 나은 사회를 준다고 확신한다면, 그렇다면 지금 일어서서 그렇다고 말하라. 나는 당신의 신념과 명 예, 도덕을 문제 삼지 않겠다. 나는 다만 당신에게 그렇게 말할 수 있는 확신이 있는지 알고 싶을 뿐이다.

스칸디나비움에서의 토론이 끝난 뒤 스텐 안데숀은 팔메가 펠딘 과 다시 토론하는 것을 막기 위해 최선을 다했다. 당 대표의 승리 가능성이 조금도 보이지 않았기 때문이다.

이후 팔메는 국민당과 보수통합당, 경제계가 한 발 비켜선 가운 데 자신 혼자 핵발전소를 옹호해야 한다는 사실에 속이 쓰렸다. 게 다가 선거가 끝나고 불과 몇 주 지났을 때 도덕가인 펠딘이 바셰베 크 제2호기의 가동을 수용함으로써 스웨덴 정치사에서 가장 큰 배 신을 저지른다. 팔메는 격분하여 중앙당의 공약 파기는 정치인의 신뢰를 무너뜨리고 민주주의에 대한 시민의 신뢰를 훼손할 것이라 고 지적했다. 그의 분노는 충분히 이해할 만했다. 팔메는 정직하게 행동했으나 믿을 수 없는 사람이라고 비난을 받았고, 펠딘은 유권 자에게 거짓말을 했지만 그들의 신임을 받았다. 핵발전소보다 더 중요한 다른 일이 있었기 때문이다. 부르주아 정당들은 44년 만에 어떤 대가를 치르더라도 정권을 빼앗겠다는 결의가 단호했다. 팔메는 투르비엔 펠딘의 열정과 예스타 부만의 교활함에 휘둘렸다. 그것은 아름답지 않았지만, 어쩌면 팔메는 두 명의 부르주아 정당 대표가 자신의 정치적 기록을 덮느라 이리저리 머리를 굴려야 했다는 사실에 기뻐해야 했는지도 모른다.

44년 만의 정권 교체

가장 포기하기 힘든 공약은 무엇인가? 9월 20일 오후 팔메가 세르겔 광장의 의사당으로 가서 국회의장에게 사퇴서를 제출하고자 정부청사에서 나올 때 《다겐스 뉘헤테르》의 어느 기자가 이렇게 물었다. 물러나는 총리는 이렇게 답했다. "고용과 민주주의 문제들." 그러나 팔메는 조금 걸어가다가 헬게안츠홀멘을 지나는 거리에서 뒤돌아서 이렇게 외쳤다. "그리고 가족정책. 그것을 잊지 마시오!"

이는 선거운동에서 팔메가 중요시한 문제를 잘 요약했다. 사회민주당은 가족정책과 관련하여 큰 포부를 드러냈다. 이들은 부모보험 수급 기간을 일곱 달에서 열두 달로 연장하겠다고 약속했고, 남성이 지배적인 직업에 여성이 진출할 수 있도록 압력을 가하고자 했다. 차별 철폐가 생각해볼 만한 방법으로 권고되었고, 팔메는 양성평등 문제에서 진전을 이루기 위해 부르주아 정당들에 새로이 협상을 제안했다. 그러나 이 모든 것이 핵발전소와 임금노동자기금의 그늘에 가려졌다. 선거 후 조사에 따르면 선거운동 초기에 유권자의 가족정책에 대한 관심은 매우 컸다. 그러나 선거일이 왔을 때, 부모보험과 어린이집 등의 문제는 어느 정당에 투표할 것인지 결정할 때 잊은 지 오래였다. 팔메의 문제는 대결의 정치인이라는 소문이 무색하게 사실상 비교적 합의가 가능한 문제들에서 가장 좋은 성과를 냈다는 데 있었다. 가족정책에서 그는 큰 포부를 품었고 동시에 정치적으로 주도력을 발휘했다. 그렇지만 부르주아 정당들은 팔메의 약점인 핵발전소와 임금노동자기금에서 그에 맞서는 편이 더 유리했다. 놀랄 일도 아니다.

그럼에도 팔메는 기가 꺾이지 않았다. 선거날 밤 텔레비전 인터뷰에서 스텐 안데숀은 팔메에게 즐거운 척하라고 권고했다. 오지랖 넓은 짓이었다. 권유는 쓸데없었다. 팔메는 본능적으로 경쟁의 인간이었지만 여러 해 동안 그 패배에 대비했다. 만일 그가 1970년이나 1973년에 졌다면, 이는 커다란 재앙이었을 것이다. 이제 팔메는 상황에 익숙해졌고, 당과 정부 둘 다 확실하게 장악했다. 그는 절실히 원한 여러 개혁을 이행했다. 특히 양성평등과 교육, 노동시장의 민주주의와 관련하여 개혁을 이루어냈다. 또한 그의 시대에 스웨덴은 제3세계 식민지 해방운동의 확실한 동맹이자 유럽에 남은 독재체제의 단호한 반대자라는 위치를 공고히 했다. 아스트리드 린드그렌과 잉마르 베리만과 관련하여 곤란한 세금 사건이 있었지만, 덴마크와 노르웨이의 사회민주당에 비하면 스웨덴 사회민주당은 잘 헤쳐 나간 편이었다. 몬스 글리스트룹이나 안네슈 랑에가 대표한 것과 같은 세금 인하 목적의 단일문제 정당이 스웨덴에서는 나타나지 않았다. 게다가 린드그렌과 베리만을 오만하게 대한 것에 대한 불만으로 가장 큰 타격을 입은 사람은 퇴임하는 재무부 장관이었다. 《다겐스 뉘헤테르》의 만평가 마틴 람은 선거 다음 날 만평에서 패배의 이유를 설명했다. 울로프 팔메를 깔고 앉은 거인 군나르 스트렝의 모습이었다. 많은 사람이 1976년을 울로프 팔메에 대한 유권자의 심판으로 보고자 했지만, 사실을 말하자면 지난 몇 년간의 정치적 실수는 대부분 군나르 스트렝의 작품이었다. 문제는 젊은 총리의 급진주의가 아니라 늙은 재무부 장관의 판단력 부족이었다.

스웨덴의 정권 교체는 국제적인 뉴스였다. 스톡홀름에 파견된 200명의 외국인 기자 중 한 사람은 이렇게 지적했다. 만일 팔메가 승리했다면 우리는 간단한 알림 기사를 써야 했을 것이다. 그 대신 스웨덴 국민이 사회주의적인 후견사회에 반란을 일으켰다는 주제에 관하여 두 면을 차지하는 장문의 기사가 실렸다. 《월스트리트 저널》은 속이 시원하다는 듯이 이렇게 썼다. "스웨덴 사람들이 마침내 사회주의자들을 내쫓았다." 《르몽드》는 이렇게 설명했다. "스웨덴 사람들이 사회민주당을 거부한 이유는 그 획일적 정당이 사회라는 기계를 공략한 방식이 서서히 불합리해 보였기 때문이다." 영국의 《파이낸셜 타임스》의 판단이 더 정확했다. "스웨덴 모델은 지속된다. 다만 수리에 들어갔을 뿐이다." 실제로 1976년 선거는 1932년 이후의 많은 선거와 지극히 유사했다. 두 개의 대등한 진영이 권력을 두고 경쟁했고, 그중 한편이 아슬아슬하게 승리했다.

차이가 있다면 44년 만에 처음으로 사회민주당이 승자가 아니라는 사실이었다. 나머지는 대체로 비슷했다. 사회민주당은 여전히 가장 많은 의석을 차지한 정당이었고, 선거운동의 마지막 국면에서 역주하여 42.7퍼센트를 획득했다. 부르주아 정당들은 분열했고, 선거운동 중에 사회민주당과 거의 동일한 정책의 추진을 공약했다. 투르비엔 펠딘은 새 정부의 첫 번째 기자회견에서 이렇게 말했다. "우리가 이 탁자 앞에 앉아 있는 것이 확실한 사실인 만큼, 노인과 아픈 사람과의 연대도 똑같이 확실하게 지속될 것이다." 제3세계에 대한 지원부터 스웨덴 고용정책까지 여러 분야에서 새 정부는 이전 정부의 정책을 이행할 것이었다. 큰 폭의 세금 인하와 국가 관료기구의 축소를 희망한 유권자들은 실망하게 된다. 부르주아 정부 시절에 부가가치세와 여타 세금의 인상으로 새로운 부담이 찾아왔으며, 동시에 국가 공무원의 숫자도 5만 명이 증가했다. 1982년 부르주아 정당들이 권력을 내놓을 때, 국가에 고용된 사람은 43만 1307명으로 역사상 최고치를 기록했다.

정권 교체 자체가 기대를 극적으로 충족시키지도 못했다. 스웨덴에는 승리한 정당이 성실하게 일한 당원에게 자리를 마련해 주고자 국가 공무원을 해고할 권리를 갖는 미국의 '엽관제도'가 없었다. 그러나 사회민주당이 권력을 장악한 오랜 기간 동안 새로운 집단의 정무직 공무원이 등장했다. 특히 차관은 더는 정치적으로 중립적인 인사로 볼 수 없었다. 마흔 명에서 쉰 명 정도인 이 무리의 다수가 물러날 필요가 있음을 깨달았다. 이들은 충성스러운 사회민주당원이었고, 부르주아 정부에서 일하는 것은 생각할 수 없었다. 이는 향후 정권 교체에 중요한 선례가 되었다. 게다가 이는 존경스러운 인상을 주었다. 사회민주당이 오랫동안 권력을 장악했지만, 스웨덴 민주주의는 계속 작동했다.

반면 하층에서는 반대 세력도 보였다. 소비자청과 노동시장청 같은 새로운 관청 다수가 사회민주당의 주도로 설립되었으며 노동 운동에 공감하는 공무원들이 지배했다. 선거 패배 후 이들 중 여럿이 붉은 핀을 꽂았다. 이는 적절치 못한 항의의 표현이었겠지만 악의는 전혀 없었다. 일부는 미래의 사회민주당 사무총장 마리타 울브스쿠그처럼 부르주아의 선거 승리는 일종의 '쿠데타'라고 보았다. 이들은 다른 무엇보다도 나라의 정당한 지배자가 복귀할 때까지 버티는 것이 임무라고 생각했다. 몇몇 기관의 중간 관리자 중에는 사회민주당 밑에서 일하려면 그들에게 충성하는 것이 불가피했다고 공공연히 얘기하는 자들이 있었다. 정부청사의 전화교환원들은 순수하게도 울로프 팔메가 그리울 것이라고 말했다. 팔메는 언제나 교환원의 근무 시간을 존중했다. 어느 교환원은 이렇게 설명했다. "평등으로 말하자면 우리의 총리를 따라올 사람이 없다."

팔메도 당 지도부도 사회민주당을 세계 최고의 야당으로 만들기 위해 전력을 다했다. 스웨덴 사회민주당은 오랫동안 중단 없이 연이어 승리한 뒤 한 번 패배한 축구팀 같았다. 이제 마침내 과거의 기록을 떨쳐버리고 새로운 기록을 향해 나갈 수 있었다. 타게 G. 페테숀은 야당일 때의 사회민주당이 어떻게 보일지 연구하고자 노르웨이로 갔다. 그는 돌아온 뒤 좋은 연구 자료의 중요성을 강조했다. 그 결과물은 페테숀과 잉바르 칼손이 이끈 의사당 12층의 싱크탱크 톨반*이었다. 그곳에 정부청사의 주요 공무원 몇몇이 능력을 잃지 않기 위해 모였다. 팔메가 사회민주당이 야당으로서 생각하기를 원하지 않았음은 분명하다. 그는 이렇게 말했다. "우리는 펠딘의 국정 운영을 도울 것이다." 권력의 상실은 일시적인 쇼크로 여겨졌다. 그로부터 곧 회복될 것이었다.

추락하는 경제

역사는 1930년대 이래로 처음이었던 부르주아 정부에 호의적이지 않았다. 사회민주당의 손아귀에서 권력을 뺏어 오자마자 좋은 시절은 끝났다. 1976년 봄에 이미 경제 상황은 급격히 나빠졌다. 수출기업들의 주문 장부는 텅 비었고, 이익은 급락했으며, 성장 속도는 확실하게 제동이 걸렸다. 그러나 정부도 야당도 이것이 경기 순환 과정의 정상적인 침체라고, 곧 다시 상승할 것이라고 믿었다. 펠딘과 부만, 알마르크가 정부의 기조연설을 한 뒤 불과 몇 달 만에 스웨덴 경제가 바닥을 치리라고 예상한 사람은 아무도 없었다.

1977년 스웨덴 경제는 제2차 세계대전 이후 처음으로 위축되었다. 국민순생산은 2퍼센트 넘게 하락했다. 스웨덴 산업의 큰 부분이 힘겨운 상황에 빠졌다. 국가에 견고한 달러 창고가 되어 주었던 LK주식회사는 큰 손실을 입었다. 조선업은 끝없이 추락했다. "한국과 일본의 경쟁이 우리를 죽인다." 1977년 여름 부르주아 정부는

---

* Tolvan. 12라는 뜻이다.

나라의 선박 건조 대부분을 떠맡은 국영기업 스웨덴 조선 주식회사에 자금을 쏟아부었으나 허사였다. 국영기업인 노르보텐 제철 주식회사는 엄청난 손실을 입었고, 정부는 그 지역을 폭넓게 지원해야 했다. 한때 '국민의 집'의 시민들을 입힌 거대 의류회사 알고츠(알고트 요한손 주식회사)는 파산했다. 1950년대 이래로 널리 알려진이 회사의 표어는 이제 우울한 의미를 얻었다. "알고츠라고 말하라. 그것이면 충분하다!" 스웨덴 산업을 왕관이라고 하면 볼보는 거기박힌 보석이었는데 북아메리카 시장에서 자동차 판매에 큰 문제가생겼다. 무역 적자는 놀라운 속도로 늘어났다. 정부의 해법은 통화의 평가절하였다. 1977년 스웨덴 크로나의 가치는 3월과 10월에 한번씩 두 차례 하락했다. 크로나 가치는 총 18퍼센트가 하락했는데, 이로써 스웨덴 경제의 경쟁력은 강해졌지만 수입품 가격이 비싸졌고 스웨덴 경제의 신뢰도가 하락했다.

몇몇 나라는 다른 나라보다 더 심한 고통을 겪었지만(특히 영국과북유럽 국가들), 1970년대의 위기는 서구 세계 전체의 일반적인 현상이었다. 제2차 세계대전 이후로 유럽과 북아메리카는 월등히 뛰어난 기술력으로 경제적 우위를 누렸다. 일견 난공불락처럼 보였다. 그 시기 동안 전 세계 공산품의 4분의 3이 서구에서 생산되었다. 그러나 1970년대에 유럽의 전통적인 기간산업 즉 광업, 조선, 제철, 섬유, 화학 산업은 큰 문제에 직면했다. 기술은 대개 낙후되었고, 임금은 산업화 과정의 초기 국면에 있는 나라들에 비해 높았다. 수백만 개의 일자리가 사라졌고, 실업률이 10퍼센트에 가깝게치솟는 일이 다반사였다. 개별 국가의 정부는 정도의 차이는 있어도 대체로 무력했다. 케인스주의는 더는 작동하지 않았다. 대대적인 경기 부양책도 더는 새로운 일자리를 만들어내지 못했다. '스태그플레이션'이 찾아왔다. 인플레이션과 실업률이 동시에 높은 수준을 보인 것이다.

1970년대의 위기가 1930년대 대공황에 비해 비교적 약했던 것은 분명하다. 20세기 전체를 포괄하는 장기적인 시각에서 보면 성장률이 특별히 낮지도 않았다. 유럽 국가들의 국민순생산은 평균 1~2퍼센트로 증가했다. 그러나 1970년대의 성인 중에서 1930년대를 기억하는 사람은 거의 없었지만 누구에게서나 1960년대 황금기의 경험은 여전히 생생했다. 유권자에게 치솟는 실업률과 늘어나는 재정 적자는 새로 맞닥뜨린 두려운 세계였다. 고용주는 이익을 확보하기를 원하고, 노동조합은 임금을 지키기를 원하며, 유권자는 안정과 미래에 대한 확신을 원한다. 1970년대 후반은 서구의 많은 정부에, 어떤 정당의 정부였든, 악몽과 같았다. 제임스 캘러핸의 영국 노동당 정권(1979), 지미 카터의 미국 민주당 정권(1980), 프랑스의 온건한 보수파 지스카르 데스탱 정권(1981), 헬무트 슈미트의 서독 사회민주당 정권(1982)이 차례로 무너졌다.

야당으로 내려온 팔메는 부르주아 정당들이 경제 위기에 책임이 있다고 목소리를 높였다. 그는 펠딘과 부만, 알마르크가 1976년 집무에 들어갔을 때 "진수성찬의 식탁을 받았지만" 이후 스웨덴의 식량 창고를 비워버렸다고 주장했다. 이 고통스러운 비유는 그 시기 내내 정치적 논쟁에서 떠나지 않는다. 겉으로 보면 이는 옳았다. 1976년 10월 펠딘이 총리에 취임했을 때, 국가 재정은 괜찮았지만 이후 부르주아 정부 시절에 심한 불균형에 빠졌다. 그렇지만 사회 민주당이라도 같은 상황에 빠졌을 것이다. 기록적인 재정 적자는 부르주아 정부가 실업률을 낮추느라 지불해야 했던 대가였다. 산업에 대한 광범위한 지원과 대대적인 재교육 프로그램, 고용안정법 덕분에 고용은 비교적 높은 수준에서 유지되었다. 공식 통계의 실업률은 3~4퍼센트로 낮았다. 숨은 실업은 분명히 매우 많았겠지만, 국제적으로 보아 인상적인 수치였다.

강력한 이념이 물러난 자리에서

부르주아 정부가 들어선 후 무너진 것이 스웨덴 경제만은 아니었다. 1960년대 이래로 스웨덴을 지배한 사회적 집단주의와 급진적인 양성평등의 파토스도 느슨해졌다. 두 현상이 전혀 무관하지는 않았다. 역사적으로 보건대 좋은 시절은 좌파에 유리하고 나쁜 시절은 우파에 유리한 경향이 있었다. 그러나 이데올로기적 논쟁에는, 적어도 민주주의 국가에서는, 순환의 특징도 보인다. 특정 시각이 충분히 오랫동안 대화를 지배했을 때에는 반발이 생겼다. 시대정신이 직접적으로 우파로 넘어갔다는 뜻은 아니다. 역사에는 강력한 이념이 퇴조할 때 다른 강력한 이념이 그 자리를 차지할 준비가 되지 않은 경우가 있는데, 이는 그러한 순간의 하나였다.

많은 사람에게 그것은 1960년대에 널리 퍼진 반항 정신이 최소한 도덕의 영역에서 깨어난 것처럼 보였을 것이다. 1965년부터 중간 도수 맥주의 잡화점 판매가 허용되어 한 세대의 청년 남용자를 낳았는데, 이는 1977년 봄에 중단되었다. 흡연은 국민 보건의 문제로 취급되기 시작했고, 하루에 서른 개비를 피웠던 팔메는 아이들로부터 끝없이 잔소리를 들은 후 1978년에 담배를 끊었다. 근친상간을 범죄로 여기지 않고 성교 가능 연령을 낮추며 강간의 형량을 낮출 것을 제안한 1972년 성범죄조사단은 조용히 묻혔다. 논의의 쟁점은 다른 쪽을 향했다. 1976년 성매매와 관련 시장에 관한 논쟁이 일었다. 특히 스톡홀름은 유곽과 섹스 클럽이 아주 많아서 "세계의 섹스 수도"라는 주장이 제기되었다. 1980년에 출범한 입법조사단에 따르면, 성매매 자체는 1970년대 초 성 해방운동이 정점을 찍은 이래로 규모가 줄었다. 그러나 큰 조간신문의 제호 광고에는 여전히 여성들이 "건강관리와 신체관리"라는 제목으로 다양한 형태의 마사지를 제안한다. 아직도 많은 사람은 이를 비난에서 완전히 자유롭지는 않은 일상적인 성매매 형태로 여기는 것 같았다. 약물 남용에 관한 1960년대의 자유주의적 견해도 반대로 바뀌었다. 많은 논자들이, 특히 중독된 경험이 있는 자들이 마약 판매자뿐만 아니라 마약 중독자에 대해서도 강력한 조치를 취하라고 요구했다. 이제 유럽에서 가장 엄한 마약 정책의 토대가 놓였다.

원외 좌파도 대략 10년 동안 예견했던 자본주의의 위기가 마침내 나타났음에도 서서히 무너졌다. 1978년 작가 라슈 오케 아우구스트손은 이렇게 단언했다. "10년간의 마오쩌둥주의 운동 끝에 이제 나는 질렸다." 그는 "스웨덴 공산당의 정책을 몇몇 노동자에게 슬며시 주입하려" 했을 때 스스로 어처구니없다고 생각했다. 주저

앉아 내키지 않았던 일을 정리해보니 목록이 길었다. 스탈린을 옹호한 것, 중국을 이상적으로 생각한 것, 사회주의 체제에서 민주주의와 표현의 자유가 부족했던 것, 스웨덴의 노동자들이 현명하게도 공산주의가 아니라 사회민주주의를 선택했음을 높이 평가하고 싶지 않았던 것, 당 내부의 분열적인 상황. 이후 몇 년간 많은 사람이 그를 뒤따른다. 일부는 뿌리였던 사회민주주의로 조심스럽게 복귀하려 했고, 무엇인가를 더 간절히 추구한 다른 이들은 신비주의와 영성에 빠졌으며, 또 다른 이들은 사회민주주의를 향한 분노를 잠재울 수 없어서 서서히 우경화하여 신자유주의로 흘렀다. 작은 공산주의자 집단이 점차 사라지고 있다는 사실은 큰 의미가 없었다. 좌파 시각의 성격이 전체적으로 변했다는 사실이 더욱 결정적이었다. 1960년대에 청년 과격파로 유명세를 떨친 많은 작가가 이제 성인으로 전성기에 도달했다. 게다가 대중의 사랑을 받았다. 이들은 정치적 견해가 변하지 않았다고 해도 이제 확실하게 역사 속으로 물러나려 했다. 사회 비판은 논쟁이나 논평보다는 서사적인 이야기로 표현되었다.

1977년 사라 리드만은 『종이 들고 있습니다*Din tjännare hör*』를 발표했다. 이는 1985년에 일차로 완성되는 그녀의 강력한 철길 연작 5부작 중 제1부이다. 소설은 19세기 말 베스테르보텐 오지의 외딴 마을까지 철도를 연결하기 위한 농민 디드리크 모텐손의 투쟁을 그리고 있다. 식민지적 성격을 지닌 역사이다. 1978년 10월 스벤 델블랑의 텔레비전 연속극 〈헤데뷔 주민들*Hedebyborna*〉의 첫 회가 방송되었다. 쇠데텔리에와 매우 비슷한 쇠름란드의 작은 도시에서 펼쳐진 1930년대 계급사회의 다양한 층위를 보여준다. 같은 해 페르 울로브 엥크비스트는(리드만처럼 스웨덴 작가의 요람인 베스테르보텐 출신이다) 20세기 초 노를란드의 노동운동 발전을 다룬 역사소설 『음악가들의 탈출*Musikanternas uttåg*』을 발표했다. 그러나 이 소설은 영웅을 등장시키지 않으며 전립선에 문제가 있는 불운한 사회민주당 선동가를 다룬다. 좌파의 시각은 이 모든 작품의 배경에 등장한다. 그러나 그것은 이제 더는 긴급히 전해야 할 메시지가 아니라 더불어 묘사되는 인간의 투쟁에 공통된 배경이다.

젊은 세대의 작가들은 거대한 미래상과 훈계조의 도덕론에서 확실하게 거리를 두었다. 1978년 『유령들*Fantonmerna*』로 폭넓은 대중과 만난 클라스 외스테르그렌과 『야크*Jack*』로 눈부신 성공을 거둔 뒤 『잠*Sömnen*』(1977)과 『천국의 겨울*Vinter i paradiset*』(1979)을 발표한 울프 룬델 둘 다 일반적인 의미에서는 좌파에 공감했을 것이다. 그러나 이들의 소설은 학생 반란보다는 1960년대 초에 연결된다. 스웨덴 문화에서 오랫동안 보이지 않았던 것 즉 문체에 대한 강력한 열망이 이 소설들의 두드러진 특징이었다. 룬델도 외스테르그렌도 서사를 풀어내는 이야기꾼은 아니지만, 그 대신 태도가 더 잘 드러나며 유머가 좋다. 이들은 괴짜와 신비로운 여인, 기이한 환경으로 가득한 자신만의 매우 독특한 세계를 그려내, 스웨덴 문학에 오랫동안 보였던 것보다 더 풍부하고 흥미로운 존재를 만들어냈다.

대중문화에서 1977~1978년의 펑크 반란은 모드의 과격한 개인주의로의 회귀를 의미한다. 섹스 피스톨스의 영향을 받은 스웨덴 펑크 밴드들은 미래의 사회주의적 행복의 왕국이라는 타협적인 관념을 받아들이지 않고 사회에 대한 전면적인 반란을 공격적으로 표현했다. 펑크 밴드 그리센 스크리케르의 가수 헨리크 헴스크가 "왕궁과 스벤손의 삶, 병역의무, 거짓말하는 부르주아"를 처리하기를 원한 것은 오늘날 그다지 자극적으로 들리지 않는다. 그러나 1979년 이들이 스톡홀름 일대에서 연 연주회는 예상치 못한 열광적인 공연으로 팬들의 기억 속에 아직도 남아 있다. 상업적으로 훨씬 더 큰 성공을 거둔 다른 스웨덴 펑크 그룹인 에바 그뢴은 서독 테러 집단 적군파로부터 상징과 개념을 빌려옴으로써 실제보다 훨씬 더 위험하게 보였다.

그룹의 이름은 1977년의 사건에서 가져왔다. 그때 스톡홀름 경찰은 1975년 적군파의 서독 대사관 공격 후 그 테러리스트들을 추방했다는 이유로 안나그레타 레이온을 납치하려 계획한 자들을 체포했다. 납치 계획을 지휘한 노르베르트 크뢰허가 체포되었을 때, 경찰의 무전에 '에바 그뢴'이라는 암호가 떴다. 그러나 이 이름은 스웨덴 역사상 가장 크게 성공한 팝 그룹 아바를 암시한 것으로 해석될 수도 있었다. 1970년대 말 아바의 인기는 전 세계적이었다. 아바의 화려한 디스코 팝과 에바 그뢴의 광포한 펑크록은 크게 다르지만, 둘 다 나름의 방식으로 스웨덴에서 새로운 개인주의가 승리했다는 신호였다. 에바 그뢴의 유아킴 토스트룀은 〈짭새를 쏴라^{Skjut en snut}〉 같은 메시지로 무정부주의적 반란을 설파한 반면, 아바는(그 혼성 그룹의 부부 두 쌍은 지금은 이혼했다) 〈승자가 다 갖는다^{The Winner Takes It All}〉고 설명했다.

학문 세계에도 좌우를 가리지 않고 개인주의와 자유가, 적어도

반집단주의가 한층 더 분명한 이상으로서 침투했다. '신자유주의'
와 '포스트모더니즘' 개념을 훗날의 의미대로 이해한 사람은 확실
히 거의 없었다. 그러나 부르주아 정부의 첫해에 이미 신자유주의
적이고 포스트모더니즘적인 사고방식은 스웨덴의 지적 논의에서
상당히 뚜렷해졌다. 1976년 12월 스톡홀름 음악당에서 미국 경제
학자 밀턴 프리드먼이 노벨경제학상을 수상했다. 수상 이유에 따르
면 프리드먼은 그 경제 이론으로, "소비 분석과 화폐의 역사와 이
론에 대한 기여와 안정화 정책의 복잡성 해명"으로 상을 받았다.
그러나 프리드먼은 또한 원칙적인 '자유주의자'로서 경제적인 이
유뿐만 아니라 윤리적인 이유에서도 개인의 자유는 언제나 국가
의 안녕보다 앞서야 한다고 주장했다. 1980년대에 그의 경제 이론
은 미국의 레이건 정부와 영국의 대처 정부에서 큰 역할을 한다. 그
렇지만 이보다 더 중요했던 것은 그가 모든 형태의 국가 개입을 경
제와 시민의 자유에 공히 해롭다고 보는 엄격한 고전적 자유주의
로의 회귀를 이끌었다는 사실이다. 그 이상주의가, 공상적 이상주
의라고는 말할 수는 없다고 해도, 사회자유주의적/사회민주주의적
복지 사회에 도전할 때 거의 혁명에 가까운 잠재력을 지녔다는 것,
바로 그 점이 중요하다.

   1977년에는 또한 프랑스의 교육사회학자 피에르 부르디외의 저
작이 스웨덴어로 처음 번역되었다. 1960년대와 1970년대 스웨덴
에서 유럽 대륙의 철학은, 프랑스 철학은 특히 더 높은 평가를 받
지 못했다. 클로드 레비스트로스의 사회인류학은 잘 알았을 것이
고, 1970년대 초에 미셸 푸코의 초기 저작 몇몇은 스웨덴어로도 출

간되었다. 1960년대 초에 스웨덴에서 살았던 푸코는 부지불식간에 퍼지는 복지국가의 억압 메커니즘을 나쁘게 보았다. 그는 사회의 규범적 권력을, 사람들로 하여금 지배적인 가치관을 내면화하고 자신들의 자유를 훼손하게 하는 그 힘을 비판했다. 부르디외도 비슷한 방식으로 정신 구조의 중요성에 주목했다. 그는 포스트모던 좌파가 누가 사회의 권력을 잡을 것인지는 경제적 조건이 결정한다는 관념을 버릴 것임을 예견했다. 부르디외는 인간의 계급 위치는 이른바 '문화 자본'으로 결정된다고 주장했다. 사회를 움직이는 규약을 습득하는 것이 중요했다. 그래야만 권력과 돈을 획득할 수 있기 때문이다.

야당 정치인으로

1977년 1월 30일 울로프 팔메는 쉰 살이 되었다. 그는 평소에는 과한 잔치를 벌이지 않았지만, 쉰 살 생일은 스웨덴에서 피하기 어려운 중요한 통과의례였다. 팔메는 주변 사람들의 축하에 수동적인 대상이 된 자신을 보아야 했다. 그날은 쉰 명의 이웃과 아침을 함께 하면서 시작되었고, 이후 팔메와 리스베트는 스베아베겐의 사회민주당 당사에서 꽃병과 그릇 등의 장식품을 들고 끝없이 밀려드는 수백 명의 당원 동지에게 과자를 곁들여 커피를 대접했다. 그다음에는 민중회관에서 덴마크 사회민주당의 앙커 예엔슨, 노르웨이 사회민주당의 트뤼그베 브라텔리, 핀란드 사회민주당의 칼레비 소르사, 빌리 브란트와 브루노 크라이스키로부터 축하를 받았다. 훗날 팔메는 얄마르 메르에게 보낸 편지에 이렇게 썼다. "생일에 대해 걱정이 많았다."

팔메는 이제 성인이 되어가는 두 아들이 있는 중년 남자였다. 장남 유아킴은 열여덟 살로 노라 라틴 학교에 다녔다. 도시 한가운데 있던 오래된 인문중고등학교 노라 라틴 학교는 실험학교로 바뀌어 스톡홀름 지구 전체의 지식인 가정에서 아이들을 끌어모았다. 가을에 유아킴은 웁살라의 통역학교에서 병역의무를 이행할 예정이었다. 열다섯 살의 모텐은 벨링뷔 학교의 9학년에 다녔고 가을에 노라 라틴 학교에 입학할 예정이었다. 여덟 살의 마티아스는 넬스타 학교의 2학년에 다녔지만, 타운하우스에 놀이 친구가 많았던 형들과 달리 인근 단독주택 지구의 아이들과 어울렸다. 그곳의 부모들은 때때로 팔메라는 이름에 심히 불쾌한 태도를 보였다. 자유 시간은 주로 야외 활동과 스포츠로 채워졌다. 주말에는 종종 가족의 작은 오두막이 있는 봄메슈비크에서 보냈다. 숲에 들어가 버섯을 따기도 했고, 사회민주당 수련원에 살던 타게 엘란데르 부부와 즐거운 시간을 가졌다. 울로프는 세 아들과 뛰어놀고 하리 샤인과 테니스를 치며 건강을 유지했다. 팔메의 옷차림새는 해가 지나도 나아지지 않았다. 소비자 협동조합 슈퍼마켓 도무스에서 만든 사파리 의상을 입기도 했고, 양복에 털모자를 쓰고 노동조합총연맹 회의에 나타나기도 했다. 어쩌면 팔메는 먹는 것에 더 관심이 많았을 수도 있다. 아니면 단지 외출하거나 여행하면서 먹은 좋은 음식에 관해 이야기했을 뿐일지도 모른다.

선거 패배가 팔메를 멈추게 하지는 못했다. 리스베트와 아이들은 팔메가 총리였을 때 벨링뷔의 타운하우스에서 그를 보기가 어려웠는데, 이는 야당 시절에도 마찬가지였다. 권력의 상실은 분명히 국내정책의 부담을 줄여 주었다. 그러나 국제적인 임무는 늘어났다. 팔메는 특히 1976년 그와 빌리 브란트, 브루노 크라이스키가 지휘하면서 갑자기 활력을 얻은 작은 조직인 사회주의 인터내셔널을 움직이는 동력이었다. 이유가 없지 않았다. 팔메는 막 선거에서 패배했고, 브란트는 2년 전 서독 연방 총리 자리에서 물러난 뒤 시간이 많았다. 그러나 또한 국제적 상황의 전개가 사회주의 인터내셔널에 새롭게 활동의 여지를 주기도 했다. 서유럽에 남은 독재 체제인 그리스와 에스파냐, 포르투갈은 민주주의를 향해 나아가고 있었고, 그 나라들의 노동운동은 외부의 지원이 절실히 필요했다.

브란트가 의장을, 크라이스키와 팔메가 부의장을 맡고 런던에 강화된 사무국을 설치한 사회주의 인터내셔널은 이제 국제무대의 중요한 활동 인자가 되었다. 크라이스키와 브란트와의 협력은 팔메에게 고무적이었지만, 동시에 그의 오만한 소국 민족주의는 빌리 브란트가 추구한 서독의 국익과 조화를 이루어야 했다. 이는 스웨덴 사회민주당이 비동맹 노력을 포기하고 초강국 간의 긴장 완화라는 서독 사회민주당의 바람을 받아들이는 것으로서 작지만 결코 중요하지 않다고 할 수 없는 변화였다. 그러나 활동은 유럽에만 국한되지 않았다. 이 삼인방은 전 세계를 나누어 맡았다. 크라이스키는 중동을, 브란트와 팔메는 각각 라틴아메리카와 아프리카를 담당해야 했다. 앙골라와 나미비아, 짐바브웨, 모잠비크의 해방운동 지원은 여러 점에서 앞서 팔메가 베트남 전쟁에 관여했던 것을 대체하게 된다. 그렇지만 남아프리카가 점차 그의 최우선 관심사가 되었고, 아프리카 민족회의, 특히 올리버 탐보와의 관계는 한층 더 긴밀해졌다. 탐보는 넬슨 만델라와 더불어 아프리카 민족회의의 주요 지도자였고, 아파르트헤이트 시절에 런던에서 활동했다. 만일 그가 전화를 걸어 도움을 요청했다면, 팔메는 할 수 있는 만큼 최선을 다할 준비가 되어 있었다. 1977년 11월 팔메는 캘리포니아의 스탠퍼드 대학교에서 새로이 제정된 평화상을 받아 국제적으로 기여한 바를 다시금 인정받았다.

야당으로 밀려났기에 언론의 압박도 줄었다. 그러나 그가 울로프 팔메라는 사실에는 변함이 없었다. 그는 스웨덴에서 가장 큰 정당의 대표이자 전임 총리였기에 언론의 끝없는 관심을 받았다. 1977년 5월, 미국 배우 셜리 매클레인이 스톡홀름을 방문했을 때, 팔메는 텔레비전 프로그램 〈크벨스외페트〉에 초대되어 그녀와 스웨덴 정치에 관해 의견을 나누었다. 두 사람은 1970년대 초에 뉴욕에서 만난 적이 있어서 서로 아는 사이였다. 1955년 앨프리드 히치콕의 영화 〈해리의 소동The Trouble with Harry〉으로 유명해졌고 빌리 와일더(빌더)의 영화 〈다정한 이르마Irma La Douce〉에 출연하여 오스카상 후보에 지명된 마흔두 살의 여배우는 정치에 대단히 관심이 많았다. 매클레인은 미국에서 사회혁명이 일어나기를 기대했고 스칸디나비아 복지국가들이 세계의 모범이라고 생각했다. 1972년 그녀는 미국 민주당 대통령 후보 조지 맥거번의 선거운동에 참여했으나, 그는 낙선했다. 매클레인이 보기에 카리스마 부족이 한 가지 문제였다. 어쩌면 이 때문에 매클레인은 울로프 팔메의 매력에 깊이 빠졌을 것이다. 그녀는 훗날 두 사람 사이에 관계가 있었다고 말했지만, 또한 팔메가 카롤루스 대제의 화신이라고, 그가 사망한 뒤에 별이 된 그의 영체와 대화했다고 믿었다.

팔메가 매클레인과 교류했다는 데에는 의심의 여지가 없다. 이는 특히 그녀의 자서전에서도 드러난다. 그 책에는 제리라는 이름의 영국 정치인이 등장하는데, 그는 울로프 팔메의 몇 가지 뚜렷한 특징을, 특히 연단에 서 있을 때의 발동작을 빌려왔다. 그 책에서 가장 흥미로운 부분은 아마도 제리와 매클레인이 정치와 연극의 유사성에 관해 나눈 대화일 것이다. 이는 1975년 팔메와 베리만이 나눈 대화와도 어느 정도 비슷하다. 그렇지만 다른 정치인들도 매클레인의 가상의 연인의 모델로 지적되었다. 그중에는 영국 노동당 정치인 마이클 풋과 오스트레일리아의 전임 외교부 장관 앤드루 피콕도 있다. 팔메 자신은 관계를 부인했다. "같은 텔레비전 프로그램에 출연한 뒤 언젠가 다시 만났다는 사실이 관계를 가졌다는 뜻은 아니다.…" 매클레인과 기꺼이 역사를 만들었을 사람이 있다면 팔메의 친구 하리 샤인이다. 그는 1980년대 초에 그 미국 여배우를 애정을 담아 축하했다. 《다겐스 뉘헤테르》에서 샤인은 칸에서 매클레인과 점심을 함께했던 때를 이렇게 묘사했다. "그녀는… 매력적이고 사랑스러우며 유쾌하고 대답이 빠르다. 나도 매력적이고 사랑스러우며 유쾌하고 빨리 대답하는 사람이 되고자 애썼으며 좋은 인상을 심어주려 했지만 스스로가 마음에 들지 않았다."

1977년 11월 팔메는 다시 언론의 조명을 받았다. 1976년 봄 경찰이 외스테르말름의 여러 집에서 성매매를 알선한 여성 도리스 호프를 급습했다. 그녀를 위해 일한 매춘 여성들은 경찰 조사에서 고객이었던 고위 정치인들과 공무원들을 지목했다. 그러나 이는 언론의 큰 주목을 받지 않았다. 포르노 잡지에 가까운 주간지 《렉튀르(읽을거리)》는 이것이 프러퓨모 스캔들*이냐고 물었다. 5월에 경찰은 이렇게 답했다. "아니다. 이 일을 국무위원 선까지 추적하지는 않을 것이다." 그런데 우연찮게도, 정보국 활동을 폭로했던 페테르 브라트가 몇 년 전부터 《다겐스 뉘헤테르》에서 일했는데 전임 법무부 장관 렌나트 예이에르가 호프를 위해 일한 여성들과 성관계를 가졌다고 의심받는다는 사실을 알아냈다. 브라트의 정보원에 따르면 경찰청장 칼 페숀은 기밀로 분류된 메모로 그 정보를 울로프 팔메에게 전했다. 브라트는 대단한 특종을 잡았다고 판단했다. 11월 17일 그 이야기는 장문의 기사로 발표되었다.

이튿날 팔메는 강력하게 기사의 철회를 요구했다. 그는 페숀이 어떤 방식으로도 예이에르를 안보에 위험한 인물로 지목하지 않았다고 단호하게 기사를 부정했다. "그것은… 거짓말이다. 칼 페숀은 그러한 말을 한 적이 없으며 그러한 암시를 주지도 않았다." 페테르 브라트는 물론 신문의 간부진도 팔메가 진실을 말하고 있다고 확신하고는 이튿날 《다겐스 뉘헤테르》의 1면에서 사과했다. 기사에 오해와 사실의 오류가 있었음은 부정할 수 없다. 가장 당혹스러

---

* 1961년 해럴드 맥밀런 정부의 육군장관 존 프러퓨모John Profumo가 열아홉 살 모델 크리스틴 킬러와 혼외정사를 벌인 일.

윘던 것은《다겐스 뉘헤테르》가 여러 이야기를 뒤섞어 연도를 잘못 제시한 것이다. 그러나 나중에 밝혀진 바에 따르면, 페숀의 메모에 관한 브라트의 정보는 대체로 옳았다. 예이에르의 이름이 거론되었고, 그의 이름이 있었다는 사실은 그가 위험인물이었다는 '암시'로 보아야 했다. 그렇다면 팔메는 왜 그토록 단호하게 브라트의 고발을 부정했나? 종종 제시된 설명은 팔메가 정보국 사건 때문에 브라트에게 복수하고 싶었고 보니에르 가문 소유의 신문인《다겐스 뉘헤테르》와 그에게 치명상을 입힐 기회를 포착했다는 것이다.

팔메는 확실히 분노할 만했다. 그러나 문제는 팔메가 과연 일개 기자에게 복수하기 위해 그토록 큰 위험을 감수하려 했느냐는 것이다. 그보다는 이전의 부하를 보호할 의무가 있다고 생각했다는 것이 더 그럴듯하다. 예이에르는 팔메가 1969년 엘란데르의 후임으로 총리가 되고 처음으로 임명한 국무위원이었고, 게다가 형사정책에 관한 자유주의적 견해 때문에 호된 비판을 받았다. 오늘날이라면 팔메가 성매매와 연관되었을 가능성이 매우 높은 법무부 장관을 보호하려 했다는 사실은 이해하기 어려워 보인다. 도덕적으로 비난받을 일이다. 그러나 1977년에는 아직도 성적 자유주의가 남아 있었다.《다겐스 뉘헤테르》는 예이에르가 성매매 여성과 관계한 것이 도덕적으로 꽤나 무의미한 것처럼 썼고, 유일하게 결정적인 문제는 칼 페숀이 그를 위험인물로 지목했냐는 것이었다. 그러나 대다수 독자에게는 법무부 장관이 유곽에서 폴란드 간첩을 만날 위험이 있었다는 사실이 아니라 그가 그곳에 갔다는 사실이 뉴스였다. 팔메는 법조인 닐스 크벤셀이 동성애로 비난 받아 정무장관직을 사퇴한 1950년대의 사법 스캔들과 유사성이 있다고 생각했다. 이러한 시각에서 보면 강력한 반박만이 이야기를 끝낼 수 있었고, 나머지는 전부 일을 키울 뿐이었다. 그렇지만 시대정신은 허물을 벗고 있었다. 몇 년 뒤 국민당 의원 본니 벤스트룀은 유곽 사건의 조사를 요구했다. 안보에 실질적인 위협이 되었기 때문이 아니라 주요 정치인의 여성관에 관한 문제이기 때문이었다. 그녀는《아프톤블라데트》에 발표한 기고문에 이렇게 썼다. "정치인이 성매매 여성과 관계한 것은 사생활과는 전혀 무관하다. 그것은 정치적으로 중요한 정보이다." 이는 중요한 것을 제자리로 돌려놓는 일이었다.

전술상 임금노동자기금 지지

야당으로 내려온 첫해에 팔메가 가장 신경을 많이 쓴 문제는 임금노동자기금이었다. 팔메는 앞서 언급한, 쉰 살 생일 후 메르에게 보낸 편지에 이렇게 썼다. "이제 나는 마침내 임금노동자기금에 대해 본격적으로 심사숙고할 수 있게 되었다." 팔메의 가까운 주변 사람들의 증언은 거의 전부 일치한다. 팔메는 임금노동자기금을 믿지 않았다. 그는 신뢰하는 조언자인 타게 G. 페테숀에게 당 대표가 당에 반대하면 무슨 일이 일어날지 물었다. 1978년 봄 어느 때인가 팔메는 정부가 법으로써 기업 이사회에 노동조합 대표를 50퍼센트 포함시킨 서독 제도를 도입하면 노동조합총연맹이 임금노동자기금을 포기할 수도 있다는 비현실적인 생각을 했다.

그러나 노동조합총연맹 사람들은 완전히 냉담했다. 이상하게도 팔메는 자신의 제안이 왜 거부되었는지 이해할 수 없었다. 노동조합총연맹 본부에서 엘리베이터를 타고 내려오던 중에 팔메는 루돌프 메이드네르에게는 놀랍게도 노동조합운동의 긍정적인 관심에 기쁘다는 뜻을 표명했다. "노동조합총연맹 지도부의 찬성을 이끌어낼 수 있었다고 생각해 보라." 메이드네르에 따르면 엘리베이터에 있던 다른 사람들은 그에게 반대할 용기가 없었다. "팔메는 모든 것을 오해했다. 그는 노동조합총연맹 사람들의 표현법을 이해하지 못했다." 팔메의 발상에 대한 비판은 당 안에서나 노동조합총연맹에서나 전체적으로 통렬했다. 결국 팔메는 항복했고 대체로 전심으로 노동조합총연맹의 안을 지지했다. 팔메는 1978년 가을 사회민주당 대회에서 단호하게 설명했다. "우리는 임금노동자기금을 실현할 것이다." 그는 이제 더는 주저나 의심의 기색을 내비치지 않았다. 사실상 기금에 확신을 갖는 것처럼 보였다. "임금노동자기금 문제의 건설적인 해결은 1980년대와 1990년대 스웨덴의 상서로운 경제적, 사회적 발전에 매우 결정적이다." 반면 팔메는 기금의 정확한 형태에 관해서는 마음을 정하지 못했다. 그는 권력의 문제와 소유의 문제는 건드리지 않았고, 스웨덴 산업에 공급할 자본을 창출한다는 의미를 강조했다. 군나르 스트렝의 표현을 빌리자면, 기금이 실현되기 전에 "많은 것을 걸러내야" 했다.

정당의 대표는 때때로 여론에 순응해야 한다. 대다수 정치인은 자신의 지휘로 조직적인 퇴각이 이루어졌음을 보여주기 위해 마구

도망치는 병사들을 지나쳐 내달린 역사 속의 로마 장군을 떠올릴 수 있다. 팔메는 정치인으로 살아가는 동안 여론을 선도할 수도 여론에 순응할 수도 있음을 보여주었다. 정치 초년생일 때 팔메는 국민추가연금에 회의적이었으나 이후 그 잠재력을 깨닫게 되었다. 베트남 문제에서 그는 앞서 나갔으며 담대한 결정을 내렸다. 스웨덴의 유럽경제공동체 가입과 관련하여 팔메는 당 안팎에서 여론이 자신의 견해와 다르다는 사실을 받아들였다. 당시 그의 판단은, 짐작컨대 완전히 옳았던 바, 유럽경제공동체에 우호적으로 당의 태도를 바꿀 수 없다는 것이었다. 그러나 이제 팔메는 유권자를 같은 편으로 얻은 것 같았다. 기금 제안은 노동운동에 부메랑이 될 위험성이 있었다. 전술적인 분석(솔직한 기회주의)에 의거하여 기금 폐기라는 결론에 이르러야 하지 않는가? 노동조합총연맹의 정보 책임자가 임금노동자기금에 관한 홍보에 100만 크로나를 쓸 것이라고 자랑스럽게 말했을 때, 스텐 안데숀은 발렌베리 가문과 보니에르 가문, "그리고 다른 꼬마들"이 반대 운동에 얼마나 많은 돈을 투입할지 깊이 생각하지 못한 것이 아니냐고 쌀쌀맞게 물었다. 게다가 팔메 같은 사람이 배후의 기본적인 발상이 좋지 않다고 생각했다면, 그렇다면 기금을 중단하려 애쓰는 것이 도덕적인 의무가 아닌가?

팔메가 그 길을 신중히 고려한 것은 분명하다. 그러나 결국 그는 노동조합총연맹에 도전하지 않기로 했다. 한 가지 가능한 설명은 그때 팔메에게는 이례적으로 용기가 부족했다는 것이다. 그는 대담하게 노동조합운동에 맞서기에는 구체적인 사항을 충분히 살피지 못했다. 그러한 싸움에서는 그의 계급적 배경과 스웨덴의 일반적인 노동 생활을 전혀 경험하지 못했다는 사실이 즉각 드러났다. 아무도 이를 공개적으로 거론하지는 않았지만 누구나 다 아는 사실이었다. 그 싸움은 팔메가 뛰어들 수 없는 내부 갈등이었다. 사회민주당의 중량감 있는 정치인 누구도 앞에 나서 팔메에게 싸우라고 격려할 뜻이 없었다. 결정적인 상황이 닥쳤을 때 팔메는 혼자였다. 그의 이상한 처신은 이로써 일부나마 설명될 것이다. 임금노동자기금은 확실히 당 지도부를 동요하게 했지만, 노동조합운동과 다툰다는 것은 너무 위험한 발상이었다. 타게 G. 페테숀은 나중에 자신을 책망했다. "노동조합총연맹이 그렇게 고루하지 않았다면! 우리 당 지도부가 그렇게 겁이 많고 소심하지 않았다면!" 이는 팔메의 당 대표로서의 입장을 어느 정도 얘기해준다. 사회민주당은 큰 흐름을 읽어내고 갈 길을 제시하는 팔메의 능력에, 언젠가 스벤 아스플링이 말했듯이 "모두를 훈련시키는 방식으로 미래와 과거를" 결합하는 팔메의 마법 같은 능력에 의존했다. 팔메는 어느 정도는 자신의 지도 방식에 희생된 측면이 있다.

결국 팔메는 냉정하게 전술적으로 판단했을 것이다. 그가 노동조합총연맹을 압박했어도, 메이드네르의 책상 서랍에 들어 있는 임금노동자기금 방안을 되돌리게 하기는 어려웠을 것이다. 내부의 격한 투쟁은 오히려 기금이 사회에 해로움을 확증하고 많은 유권자를 소원하게 할 위험이 있었다. 팔메의 급진주의가 메이드네르의 급진주의와는 다른 성격을 띠었다고 해도, 유권자의 눈에는 매한가지로 보이기 십상이었다. 그러므로 담대하게 이데올로기적 투쟁에 들어가 노동운동의 투쟁 윤리를 구하는 것이, 동시에 긴 협상 과정에서 기금의 골자를 도려내는 것이 나았다. 이는 성공적인 전략으로로 판명되었다.

시장경제 수호에 나선 고용주연합

그러나 기금에는 정치적 대가도 따랐다. 스웨덴 경제계의 시각에서 보면 기금은 과감한 사회주의적 공세의 절정이었다. 세월이 한참 지난 오늘날에 생각하면 시장경제에 대한 그 공격은 소름끼칠 정도는 아닐 것이다. 그러나 1960년대 이래로 스웨덴 노동운동은 1930년대에 확립된 스웨덴 모델에서 점차 멀어졌다. 정부는 당사자 간의 자발적인 합의에 의존하는 대신에 고용 조건과 공동결정권, 기타 작업장의 권력 관계를 입법으로 결정하는 쪽으로 태도를 바꾸었다. 고용주들의 판단에 따르면, 국가는 이제 더는 중립적이지 않았고 권한을 이용하여 한쪽 당사자 즉 노동조합운동에만 이롭게 일을 처리했다. 노동운동이 한 걸음 더 나아가 스웨덴 경제를 사회화할 위험성이 있는 것 같았다.

팔메와 스웨덴 자본가들의 관계는 복잡했다. 팔메 가문과 발렌베리 가문은 19세기 중반 이래로 협력과 경쟁으로 서로 얽혔다. 국민당과 가까운 볼보자동차 대표 페르 윌렌함마르는 1960년대와 1970년대에 팔메를 대단히 칭찬했다. 두 사람은 때로 시간을 같이 보냈고 스톡홀름의 감라스탄에 있는 재즈 클럽을 함께 찾기도 했다. 그러나 투레 브루발드만큼 이 젊은 사회민주당 총리에게 반한 사람은 없었다. 문학에 관심이 많은 철학적 성향의 이 은행가는 팔메와 스웨덴 경제계를 좋은 사이로 만드는 것을 일생의 과업으로 생각했다. 팔메가 총리가 되었을 때 그는 이렇게 썼다. "팔메는 그 능력에서 찬탄을 받아야 할 사람이다. 나는 그를 몰입도가 대단히 강한 사람으로 이해했다." 브루발드는 팔메의 경제정책이 엘란데르에 비해 더 급진적일 것이라고 예상했지만 특별히 걱정하지는 않았다. "몇몇 사람들이 주장하는 것처럼" 혼돈이 초래되지는 않을 것이라고 보았다.

이 강력한 금융계 거물은 또한 팔메의 인성에 대해 염려하지 않을 정도로 자신감이 넘쳤다. 보통의 기업가와 은행가는, 특히 윌렌함마르와 브루발드만큼 크게 성공하지 못한 사람이라면, 팔메를 지극히 의심스러운 눈초리로 바라보았다. 언젠가 팔메가 고용주연합 대회에서 발언했을 때, 정장을 차려입은 청중이 그에게 야유를 보냈다. 이는 한편으로는 그들이 팔메의 생각을 이해하지 못한 결과였다. 팔메와 몇몇 기업가가 더 가깝게 만남을 가진 후, 팔메가 저속한 언어를 썼고 역겨운 이야기를 했다는 소문이 돌았다. 사실을 말하자면 팔메는 빅토리아 여왕의 결혼식 날 밤에 관한 고전적인 일화를 들어 평준화와 양성평등에 대한 기업가들의 해석을 무력화하려 했다. 여왕은 아침에 앨버트 공에게 물었다. "일반 국민도 이렇게 합니까?" 앨버트 공이 그렇다고 답하자 여왕은 이렇게 외쳤다. "일반 국민에게도 너무나 좋은 일이죠!"

그러나 임금노동자기금이 아니었다면 이러한 불신은 해소되었을지도 모른다. 고용주연합 내부에는 무력감이 퍼졌다. 많은 기업가가 학자 칼 유한 베스트홀름의 견해에 동의했다. 고용주연합과 가까웠던 베스트홀름은 몇 년 뒤 이렇게 말한다.

시장경제의 커다란 결함은 그것이 자동적으로 보호되지 않는다는 데 있다. 중앙에서 계획하는 사회의 힘은 일상의 문제를 결정하는 그 기구가 중앙 계획과 그 이데올로기를 체계적이고 지속적으로 보호하고 발전시키는 데 있다.

이 추론에는 심각한 오류가 있다. 시장경제는 특히 그것이 어떤 기회를 제공하는지 우리에게 알려주는 끝없는 광고의 홍수를 통해 스스로를 보호한다. 그러나 경제계가 스스로 힘이 없고 위험에 처했다고 이해했다는 사실이 중요하다. 그들은 사회의 주도권을 되찾기 위해 시장에 우호적인 반사회주의적 여론 형성에 막대한 자금을 투입했다. 1977년 스웨덴 고용주연합은 "자유로운 기업 활동—스웨덴에 좋다"라는 그다지 시원치 않은 주제로 전국적으로 대대적인 운동에 나섰다. 2년 뒤 광고 제작자들이 이 메시지를 더 다듬어 "자신에게 투자하라"라는 문구를 내놓았다. 유명 인사들을 모델로 고용한 이 선전전은 엄청난 성공을 거두었다. 임금노동자기금에 맞서 싸우는 것이 주된 목표였다. "사사로운 개인들이 노동조합총연맹과 사회민주당의 제안이 초래할 결과를 두려워하는 것"이 중요했다. 1976년에 고용주연합 의장이 된 쿠트 니콜린은 이른바 시장경제 '체제 수호'를 실천할 필요가 있다고 말했다. 스웨덴 고용주연합은 정보 수집자와 연구자를 고용했고, 학교에서 홍보 활동을 늘리고 자체적으로 출판 활동을 시작했다. 1978년 싱크탱크 팀브루가 설립되었다. 임무는 좌파와 스웨덴 복지국가를 비판적으로 검토하는 것이었다. 팀브루는 1980년대에 확실하게 존재를 알린다.

부르주아 연립정부의 붕괴

팔메에게 문제가 있었다면, 펠딘의 문제는 더욱 나빴다. 1977년 겨울 경제 위기는 기업의 파산과 첫 번째 평가절하, 부가가치세 인상으로 심각한 국면에 접어들었다. 산업에 대한 새 정부의 지원은 사회민주당이 비슷한 상황에서 했을 법한 것보다 결코 적지 않았음에도 박정하게 보였다. 정부는 특히 통신회사 LM에릭손이 국가의 투자 자금을 받은 블레킹에 공장을 폐쇄하지 못하게 압력을 행사하지 않았다는 이유로 거센 비판을 받았다. 페르 알마르크가 노동시장부 장관 자격으로 공장이 있는 울로프스트룀을 방문하여, 《아프톤블라데트》에 따르면 쾌활하게 LM에릭손의 노동자들에게 "행운을 빕니다!"라고 말했는데, 그 말은 신문의 헤드라인을 장식했고, 냉소에 대해 비난이 일었다.

1978년 초 펠딘은 기진맥진하여 사퇴를 거론했다. 이를 촉발한 것은 잔인한 풍자를 내보낸 《아프톤블라데트》의 일요일 판 부록이었다. 1971년 팔메를 향한 공격과 완전히 다르지는 않았다. 중앙당 지도부는 마음이 산란한 총리를 민간 병원에서 정신과 치료를 받게 했고, 그곳에서 그는 진정제를 맞았다. 그러나 펠딘은 무척 화가 났다. 그는 분별력을 잃고 그 석간신문을 고소하기로 결심했다. 10년 동안 비슷한 공격을 받아야 했던 팔메는 강인하게 버텼지만, 펠딘은 그러지 못했다. 동시에 신경질적이었으나 권력욕은 특별히 강하지 않았던 국민당 대표 페르 알마르크는 고작 2년간 대표를 지낸 뒤 사퇴하기로 결심했다. 다소 활기가 부족한 울라 울스텐이 후임자가 되었다. 정부와 관련된 소동은 사회민주당에 유리했다. 여론조사에서 지지율이 상승했다. 1978년 가을 팔메는 50퍼센트를 넘는 지지를 받았다.

선거까지 채 1년도 남지 않은 그때 부르주아 연립정부가 붕괴했다. 10월 5일 펠딘은 두 주간 핵발전소에 관하여 격한 불화를 겪고 난 뒤 사퇴했다. 상황은 끝없이 복잡해졌고 정치와 기술, 지질학(방사능폐기물을 최종적으로 스웨덴의 기반암 속에 처리하는 문제)을 관통했지만, 결국 문제는 2년 전에 바셰베크 원자로의 가동에 동의했던 펠딘이 이제는 포슈마르크 제1호 원자로의 가동을 거부한 것이었다. 이로써 사회민주당은 미묘한 입장에 놓였다. 원칙적으로 가능한 대안은 두 가지였다. 재선거 아니면 국민당 소수정부(사회민주당도 고려해볼 수 있는 유일한 형태의 부르주아 정부)였다. 재선거에 반대하는 논거로는 두 가지가 있었다. 첫째, 노동조합총연맹은 경제 사정을 볼 때 안정과 원활한 정부가 필요하다고 판단했다. 둘째, 여론상 사회민주당의 지지율이 기록적으로 높았기에 재선거의 요청은 서로 의견이 맞지 않는 부르주아 정당들을 단합시켰을 것이다. 사회민주당 지도부와 의원단의 많은 이가 부르주아 정당들을 곤경에서 구해주는 것에 반대했다. 국민당 소수정부가 들어서려면, 부르주아 정당들은 아무래도 땀깨나 흘려야 했다. 스텐 안데숀은 부르주아 정당들로 하여금 의회 표결에서 재선거를 막을 수밖에 없도록 함으로써 드라마를 쓸 필요가 있다고 말했다. 부르주아 정당들이 감히 팔메를 자유롭게 놔줄 수 없다는 것이 유권자에게 분명해지고 나서야 자유주의적인 소수정부는 너그럽게 수용되었다.

이는 아마도 가장 영리한 전술이었을 것이다. 그러나 이미 봄에 울라 울스텐은 비밀리에 국민당 소수정부에 대한 팔메의 생각을 타진했다. 두 정당의 대표는 의견이 일치했다. 팔메는 울스텐을 전임 국민당 대표 페르 알마르크와 달리 신뢰할 수 있는 좌파 자유주의자로 보았다. 비교적 평범한 배경을 지닌 울스텐이 사회민주당원이 아니라 국민당원이 된 것은 여러 점에서 우연이었다. 나중에 사회민주당원이 되는 그의 당 동료 칼 탐과 사회민주당의 스톡홀름 지역정치인 얄마르 메르가 연락을 맡았다. 울스텐도 팔메도 먼저 속내를 드러내 불리함을 떠안고 싶지는 않았기에 절차가 복잡했다. 그러나 메르는 아마란텐 호텔과 식당 오페라그릴렌에서 탐과 몇 차례 점심을 함께하며 사회민주당은 보수통합당이 참여하지 않는다는 조건이라면 국민당 정부에 반대하지 않는 것을 생각해 보겠다고 설명했다. 팔메에게 이는 한편으로는 보수통합당과 국민당을 떼어놓고 다른 한편으로는 향후 사회민주당과 자유주의 정당의 연립정부 수립 가능성을 창출할 역사적인 기회였다. 그는 정부의 안정적인 토대를 마련하려면 두 정당의 연립정부가 필수적이라고 보았다. 사회민주당 의원단이 결정을 내리기 전날 밤, 울스텐과 팔메가 군나르 헬렌의 집에서 위스키와 소다수를 앞에 두고 만났다. 이제 스톡홀름 주지사가 된 헬렌은 감라스탄의 왕궁 인근에 있는 테신 저택에 살았다.* 팔메는 울스텐과의 협상을 '지독한 모험'이라고 생각했다. 팔메는 당내에서 임금노동자기금에 대한 열의 부족과 "국민당과의 떳떳하지 못한 수작" 때문에 의심을 받고 있었다. 팔메의 생각은 이러했다. 사회민주당은 1979년 선거에서 1~2퍼센트 잃을 수 있지만 의회의 혼란을 피하기 위해서라면 기꺼이 감수할 준비가 되어 있었다. 팔메는 울스텐이 자신의 제안에 대해 어느 정도 부채 의식을 느껴야 한다는 것을, 그리고 조만간 신세를 갚아야 할 날이 올 것임을 분명히 하고 싶었다.

팔메는 사회민주당 의원단의 반대를 무릅쓰고 자신의 노선을 관철시켰다. 그는 스트렝으로부터 강력한 지지를 받았다. 스트렝은 그 일이 자유주의자들과 놀아나는 문제가 아니라고 강조했다. "우리가 지금 하는 일은 국민당과 마음을 나누는 것이 아니다. 그들로 하여금 집권해서 망하도록 하자." 그렇지만 정확히 그런 것이었다. 팔메는 미래를 위해 전략적으로 투자하려 했다. 1950년대에 엘란데르가 농민연합과 연립정부를 구성함으로써 사회민주당이 작은 유권자 집단에 대해 면역력을 얻도록 한 것과 정확히 동일한 전략이었다. 1978년 10월 12일 사회민주당 의원단은 어떻게 할지 일곱 시간 동안 토론했다. 그리고 마침내 표결에서 기권하고 국민당

---

* Tessinska palatset. 감라스탄에 있는 바로크 양식의 저택. 건축가이자 백작인 니코데무스 테신 덴 윙레Nicodemus Tessin den yngre의 설계로 1701년 에우루파 지구에 건축되었다.

정부를 허용하자는 데 합의했다. 저녁에 팔메는 애가 탄 울스텐에게 전화를 걸어 이렇게 말했다. "자, 이제 분명해졌다. 당신은 총리가 될 것이다." 의회의 표결은 약간 이상했다. 39명의 의원만 새 정부에 찬성했고, 66명은 반대했으며, 나머지는 기권했거나 참석하지 않았다. 그러나 스웨덴 헌법에 전체 의원의 과반수가 동의안에 반대해야 한다는 규정이 있기 때문에, 울스텐은 총리로 인정되었다.

노동운동의 반응은, 특히 스톡홀름 밖에서 매우 부정적이었다. 팔메와 당 지도부는 기권하여 국민당 정권이 들어설 길을 열어주었다고 호된 비판을 받았다. 스텐 안데숀이 옳았다. 출발점이 그러했다고 해도, 사회민주당은 울스텐에게 정중하게 문을 열어주느라 엉망이 되었다. 당에서 팔메는 신뢰에 큰 위기를 겪었다. 의미는 없었지만 일부는 그의 사퇴를 요구했다. 겨울에 여론조사에서 사회민주당의 지지율은 미끄러졌다. 먼저 2월에 3퍼센트, 이후 3월에 더 크게 하락했다. 다가오는 가을 선거의 승리는 더는 당연시되지 않았다. 팔메는 향후 자유주의와 사회민주주의의 안정적인 동맹을 구축하려던 노력을 후회했다.

1978년 팔메의 두 차례 내부적 실패는(임금노동자기금, 국민당과의 화해에 대한 불만) 당 대표로서의 그의 위치가 아무리 강력했을지언정 당은 한층 더 강력했음을 분명하게 상기시켰다. 팔메는 정치 이력 전체에서 팀 플레이어와 솔로 아티스트의 역할을 성공리에 결합했다. 그의 개성은 집단성의 촉진에 일조했지만, 그 자신이 집단성과 큰 조직에 의해 키워진 면도 있다. 이제 노동조합운동과 사회민주당 둘 다 잔뜩 힘을 주고 당 대표에게 지시를 내렸다. 팔메는 자신의 처지를 깨달아야 했다. 그는 실패로부터 교훈을 끌어냈고 내부의 의견에 더 순응했다. 이 전략으로 팔메와 사회민주당은 1980년대에 새롭게 성공을 거둔다. 그러나 팔메가 정치인으로서 갖는 독창성은 줄어들었다.

'미친 수요일'

그런데 1979년 봄 선거운동을 앞두고 팔메의 다른 큰 문제 하나가 놀랍게도 빠르게 해결되었다. 3월 27일 미국 펜실베이니아 주의 도시 해리스버그 외곽에 있는 스리마일 섬의 핵발전소 원자로 하나가 고장 났다. 처음에는 기술자들이 상황을 완전히 통제한 듯했지만, 3월 30일 금요일 방사능 가스 누출 사고가 났고, 당국은 노심 용융의 위험성이 있다고 밝혔다. 공포에 사로잡혀 도피하는 사람들과 남아 있는 사람들의 사진이 전 세계로 퍼졌다.

벨링뷔의 집에서 텔레비전을 보며 금요일 저녁을 보내던 팔메 가족도 그 장면을 보았다. 대다수 스웨덴 사람처럼 팔메 가족도 대재앙에 깊은 인상을 받았다. 오랫동안 잠에 들지 않고 토론을 했다. 리스베트는 핵발전소를 신뢰할 수 없음을 보여주는 사건이라고 말했다. 울로프에게는 그렇게 쉬운 문제는 아니었다. 여러 해 동안 팔메는 전문가들에 의지했다. 그들은 핵발전소 사고의 가능성은 없다고 그를 안심시켰다. 그러나 이제 그 불가능하다는 일이 일어났다. 토요일에 팔메는 결단을 내렸다. 사회민주당은 핵발전소 문제에 관하여 국민투표를 제안해야 했다. 타게 G. 페테숀과 전화로 열띤 논의를 거친 후 노동운동 최고 지도부에 메시지가 전달되었다. 일요일 오후 팔메는 봄메슈비크를 방문했고 엘란데르로부터 잘 해보라는 격려를 받았다. 4월 2일 화요일 사회민주당 집행위원회는 국민투표 요구를 지지했다. 군나르 스트렝을 비롯한 몇몇 인사는 해리스버그에서 일어난 일을 더 자세히 알 때까지 결정을 연기하자고 했다. 그러나 팔메는 단호했다. 선거운동이 곧 시작될 텐데 사회민주당이 다른 조사단의 구성을 기대한다면 핵발전소 문제에서 당의 단결은 어려울 것이었다. 국민투표라면 "다른 문제들을 해결할 기회를 얻도록" 상황을 정리할 것으로 생각되었다.

팔메가 이처럼 결연하게 나올 때에는 대개 그의 도덕적 확신과 전술적 판단이 조화를 이룬 경우였다. 한편으로 팔메는 분명히 해리스버그의 사고에, 특히 리스베트와 다른 측근의 주장에 영향을 받았다. 다른 한편으로 그는 다가올 선거운동에서 당의 단합을 위협한 문제를 제거할 좋은 기회가 생겼음을 재빨리 간파했다. 다른 계제에 팔메는 이렇게 표현했다. "우리가 인간으로서 또 집단으로서 행동에 나설 수 있으려면 종종 극적인 사건이 필요하다." 국민투표 제안으로써 사회민주당은 다시 핵발전소 문제에서 정치적 주도권을 되찾았다. 다른 정당들은, 보수통합당까지도 신속히 뒤를 따랐으며, 4월 3일 수요일 의회는 핵발전소 문제를 국민투표에 부친다는 원칙에 합의했다. 절차를 신속히 밟았기에(팔메가 더욱 빠르게 했다) 그날은 역사에 '미친 수요일'로 기록되었다. 이로써 복잡하고 중요한 문제 하나가 가을 의회 선거로부터 제거되었다.

16. 복귀

Olof Palme

10-34-8

성공이란 연이어 재난에 부딪쳐도 열정을 잃지 않는 능력이다.

— 윈스턴 처칠

마치 하이네의 시에 나오는 늙은 척탄병들과 함께 있는 것 같다.
말이 울어대고 대포가 으르렁거리면, 일어서서 전장으로 나갈 때가 온 것이다.

— 울로프 팔메

1979년 의회 선거 이틀 전인 9월 14일 팔메는 스톡홀름에서 몇 시간 거리인 쇠름란드 주 봄메슈비크의 사회민주당 청년연맹 수련 원에 있었다. 저녁에 그는 정당 대표들의 텔레비전 토론회에 참여 하기로 되어 있었다. 그러나 팔메는 쌀쌀한 9월 날씨에 산책할 기 회를 잡았다. 봄메슈비크의 평평한 농지를 지나던 순간 기자 디테 르 스트란드를 만났고, 그는 팔메에게 같이 가도 되겠냐고 물었다. 팔메는 대답했다. "조금 따라와도 괜찮습니다." 두 사람이 거센 바 람 속에서 윙엔 호숫가를 따라 거닐 때, 진으로 된 평상복을 입은 팔메가 선거운동 기간 마지막 주에 느낀 감정을 털어놓기 시작했 다. 잠을 못 이루어 수면제를 먹은 일, 사회민주당이 선거에서 패하리라는 확신 때문에 한밤중에 자주 잠에서 깬 일, 리스베트와 자신이 그 근심을 분석하려고 애를 쓴 일. 그 근심은 신경과민이었나? 아니면 더 깊은 직관이었나? 결론적으로 팔메는 이렇게 말했다. 만일 선거에서 비긴다면, 부르주아 정당들도 경제 상황을 고려하여 기꺼이 그러한 결과를 원할 수 있다고. 곧 치를 핵발전소에 관한 국민투표 때문에 새로운 선거가 치러질 것이고, 그때 사민당은 다시 집권을 시도할 것이었다. 그는 소리쳤다. "그때 우리는 심판을 받을 겁니다!"

떠들썩했다. 선거운동 내내 추측이 난무했다. 팔메가 선거에서 패하면 사퇴할 것이라거나 쉰두 살 된 사회민주당 대표에게 중요한 것은 "이기느냐 사라지느냐"였다는 등. 8월 중순 《다겐스 뉘헤테르》는 이렇게 기사 제목을 뽑았다. "팔메, 선거에서 패하면 사퇴한다." 이는 비록 스텐 안데숀의 거친 논평에서 나온 날조라고 해도, 사회민주당 핵심부에서 오랫동안 볼 수 있던 확신을 반영했다. 팔메의 연설 비서관 셸 라숀은(선거운동 중에 안데슈 페름을 대신하여 보좌관이 되었다) 불과 몇 주 전에 자신의 상관이 패배하면 그만둘 것이라고 믿는다고 스트란드에게 속내를 털어놓았다. 보수통합당의 청년들로 가득 찬 노르셰핑의 호텔 바에서 늦은 밤에 스트란드는 라숀에게 사민당이 패하면 어떤 일이 벌어질지 말해보라고 졸라댔다. 그 비서관은 마침내 이렇게 말했다. "그러면 울로프는 즉각 자리를 내놓을 것이다." 그런데 이제 팔메는 선거 결과가 어떻게 나오든 자리를 지킬 생각이라고 공개적으로 선언했다.

정상적인 상황이라면 스트란드는 즉시 《아프톤블라데트》에 전화를 걸어 자신이 1면 기사거리를 찾았다고 전했을 것이다. 그러나 그는 선거운동이 시작할 때 팔메와 엠바고를 맺었다. 스트란드는 선거가 끝나기 전에는 아무것도 밝히지 않는다는 조건으로 선거운동 중에 사민당 대표와 모든 내부 모임에 자유롭게 접근할 수 있었다. 이는 정치인과 기자 사이에 일반적이던 일종의 협정이었다. 예스타 부만의 선거운동 순회 버스에서는 기자들이 인터뷰를 직접 인용할 때에는 미리 주의를 준다는 조건으로 보수통합당 대표가 모든 종류의 질문에 공개적으로 답한다는 규정이 적용되었다.

그러나 디테르 스트란드는 스웨덴 기자로는 일반적이지 않았다. 한편으로는 그가 독특한 문체의 재능을 지녔기 때문이고, 또 다른 한편으로는 그가 기자로서 살피는 대상에 대해 유달리 깊은 감정을 품었기 때문이다(애정이라고까지는 말할 수 없겠다). 팔메처럼 스트란드도(1936년생이다) 모계를 통해 독일 문화에 유대감을 느꼈다. 스트란드는 일곱 살 때 스웨덴에 왔다. 1950년대에 룬드에서 학생 시절을 보낼 때는 사회민주당 당원이었다. 이후 그는《아프톤블라데트》에 정치부 기자로 들어갔다. 노먼 메일러와 지미 브레슬린, 톰 울프처럼 문학적 솜씨가 뛰어난 미국 기자들로부터 큰 영향을 받은 스트란드는 스웨덴 정치의 탐사 보도를 혁명적으로 바꿔놓았다. 스트란드가 팔메의 긍정적인 이미지를 매우 효과적으로 퍼트릴 수 있었던 것은 그가 팔메를 무턱대고 좋아하는 찬미자가 아니었다는 사실에 기인한다. 오히려 그 반대였다. 이는 특히 리스베트에게는 짜증스러운 일이었다. 스트란드는 때때로 팔메를 스웨덴 민중운동의 이상주의자라기보다 냉소적인 미국 정치인처럼 묘사했다. 부싯

돌처럼 단단하고 항상 호언장담하고 반대자를 박살내는 논평만 해 대고 배신하거나 실패한 협력자에게 미친 듯이 화를 내는 인물로 그렸다.

뒤이어 《아프톤블라데트》에 기사가 발표되고 이후 『다시 팔메?*Palme igen?*』라는 제목의 책이 나왔을 때, 팔메는 스트란드가 알바 뮈르달과 군나르 스트렝 등에 관한 자신의 욕설과 치밀하지 못한 논평을 그대로 실었다고 강력히 항의했다. 그러나 팔메는 스트란드만이 자신의 선거운동의 특징이었던 연대 의식과 열정을 드러낼 수 있음을 알았다. 어느 당 대표도 팔메처럼 몇몇 특정 시점을 잡아 체계적으로 선거운동을 수행하지 못했다. 6월 말의 알메달렌, 8월 남부 스웨덴의 대 집회, 8월에서 9월로 넘어갈 때 콜모덴의 동물원에서 열리는 가족 축제, 선거 전 마지막 일요일에 볼렝에와 예블레 인근의 푸루빅스파르겐 공원에서 열리는 대규모 집회, 그리고 마지막으로 예테보리의 예타플라첸 광장의 집회. 팔메는 돌아다니는 삶을 좋아했다. 다시 말해 스웨덴 소도시 유권자들과의 만남, 버스에서 벌어지는 기자들과 정치인들 간의 언쟁, 좁고 굽은 길을 지나는 야간 여정, 호텔 바에서의 늦은 야식, 호텔 방에서 양치용 컵으로 위스키 마시기, 찌그러진 담뱃갑, 집으로 전화하라는 전화 음성 녹음 메시지, 격렬한 투쟁과 뜨거운 권력욕에서만 나올 수 있는 격정을 좋아했다. 선거 전에 팔메는 자신이 하인리히 하이네의 시에 나오는 척탄병 같다고 말하곤 했다. "말이 울어대고 대포가 으르렁거리면, 일어서서 전장으로 나갈 때가 온 것이다." 완벽한 기록자인 스트란드는 그 말의 의미를 이해했다.

스트란드는 언뜻 보기에는 다른 어느 기자보다도 팔메와 가까웠다. 스트란드는 팔메가 선거운동 순회 중에 잠시 쉴 때면 벨링뷔의 타운하우스까지 따라가 그의 집에서 리스베트와 아이들과 함께 스파게티를 먹었다. 그러나 팔메는 그럴 때에도 거리를 유지했다. 그는 사생활을 보여주지 않았고 대화를 정치 이외의 다른 영역으로 끌고 가려는 기자의 시도를 거의 언제나 차단했다. 버스 여행 중에 스트란드는 팔메에게 유명한 재즈 음악가가 막 사망했다고 알렸다. 팔메는 잠시 청년 시절의 기억에 깊이 젖었으나 곧 자신이 기자들로 가득한 버스에 앉아 있음을 깨닫고는 최근 여론조사 결과로 이야기를 되돌렸다. 그렇지만 팔메는 바로 그렇게 다가갈 수 없는 존재였기에 스트란드에게, 그리고 동 세대의 많은 남자 사회민주당원에게 더욱 사랑스럽게 느껴졌던 것 같다. 속내를 드러내거나 눈물을 보이거나 한탄하지 않으려는 팔메의 의지는 남자들의 공감을 자아냈다. 셀 라숀은 외스테슌드의 경기장에서 연설하는 팔메를 보았을 때 느낀 감정을 스트란드에게 얘기했다.

나는 관중석 위쪽에 서 있었다. 그곳에서 아래쪽 연단에 있는 울로프를 오래 지켜보았다. 스투르셴 호수가 그려진 거대한 걸개그림 앞에. 나는 팔메가 너무 작게 보인다고 생각했다. 그는 많은 사람들 가운데 홀로 서 있었다. 나는 그가 연단에 오르는 것을 보았던 모든 순간에 대해 생각했다. 여러 해 동안 나라 곳곳에서. 나는 갑자기 그에게 우라질 놈의 정을 느꼈다.

패배가 가져온 활기

팔메의 육감은 옳았다. 사회민주당은 선거에서 패배했다. 또한 선거 결과가 아주 대등할 것이라는 점에서도 그의 판단은 옳았다. 부르주아 정당들은 175석을 얻었고, 사회민주당과 좌익공산당이 합해서 174석을 얻었다. 선거일 밤 첫 번째 집계는 사회주의 진영의 근소한 승리를 보여주었지만, 약 2만 표의 재외국민 표가 집계되지 않은 결과였다. 이 집단은 대체로 부르주아 정당에 투표하는 경향이 있었다. 《아프톤블라데트》는 이처럼 세련되게 표현했다. "탈세자들이 선거를 결정한다." 선거 후 며칠 지나 최종적으로 모든 표가 집계되었을 때, 부르주아 정당들이 약 5000표의 차이로 승리했음이 확인되었다. 특히 보수통합당이 놀라운 약진을 보였다. 울스텐 정부는 사퇴했고, 부르주아 정당들은 새로이 협상에 들어갔다. 세 정당의 새로운 연립정부가 들어서기까지는 3주가 걸렸다. 1979년 10월 11일 투르비엔 펠딘이 총리로 선출되었고, 이튿날 그가 장관 명부를 제시했을 때 예스타 부만은 경제부 장관 자리를 유지했지만 총리 자리에 남아 있기를 원한 울라 울스텐은 그다음으로 높은 직책인 외교부 장관이 되었다.

9월 18일 오전 팔메는 형식적으로나마 국회의장을 방문하여 정부 구성에 관한 사회민주당의 견해를 전달했다. 그의 의견은 부르주아 정당 중에서 가장 큰 보수통합당이 조각 임무를 떠맡아야 한다는 것이었다. 그다지 현실적이지 않았고, 그렇게 되는 것이 팔메의 의도도 아니었다. 1976년과 달리 팔메는 선거 패배를 쓰라리게 받아들였다. 그는 큰소리로 투덜거렸으며 3년 더 펠딘과 함께 하고 싶지 않다고 말했다. 그러나 팔메는 또한 궁지에 몰렸다는 점에서 일종의 실존적 즐거움을 발견하기도 했다. 팔메는 국회의장을 방문한 뒤 타게 G. 페테숀에 전화를 걸어 늦은 모닝커피를 마시자고 했다. 페테숀은 자신의 상관이 그토록 좋은 유머 감각을 가진 데 깜짝 놀랐다. 선거에 패한 뒤라서 적절한 것 같지 않았기 때문이다. "활기 넘치는 사회민주당 대표와 마주 앉아 커피를 마시는 내 모습을 보았다." 셜리 매클레인의 자서전에 나오는 정치인 제리는 여자 영화배우에게 이렇게 말했다. "나는 패배하면 이를 하나의 도전으로 느낀다. 패배는 내게 싸우고 싶은 욕구를 불러일으키며, 그래서 모든 것이 의미 있게 보인다." 여러 해가 지난 후 팔메는 뉴욕의 어느 응접실에서 노먼 메일러를 만났을 때 『벌거벗은 자와 죽은 자』의 한 구절을 인용하여 책의 저자를 깜짝 놀라게 했다. "상황이 완전한 파국으로 끝날 때 사람들은 즐거움을 느낀다."

패배의 한 가지 이유는 불확실한 경제 상황이었다. 1979년 초 마침내 전환점이 온 것 같았다. 많은 숫자가 위를 가리켰다. 스웨덴의 국민순생산은 4퍼센트로 알차게 증가했고 수출로 벌어들인 돈이 늘어났으며 투자가 확대되고 실업은 하향세를 유지했다. 그러나 3월 서구 세계는 이란 혁명으로 촉발된 새로운 석유 위기에 직면했다. 회복이 중단되었고, 가을에는 구조적 위기가 끝나지 않았음이 조금씩 분명해졌다. 사회민주당은 낙관론과 비관론 사이의 혼돈에 빠졌다. 사회민주당 선거 공약의 정책은 유권자를 열광하게 할 만큼 충분히 팽창주의적이지도 그들의 위기의식에 호소하기에 충분할 만큼 긴축적이지도 않았다. 이전 팔메 정부에서 상업부 장관을 지냈고 이제는 점차 군나르 스트렝의 후임을 노리는 셸울로프 펠트가 지적했듯이, 사회민주당의 경제정책에 안정성을 부여할 장기적인 프로그램이 필요했다.

1979년 여름 사회민주당의 주거 전문가가 제시한, 단독주택 대출 이자에 대한 세금 공제 축소 제안은 다소 전통적인 유형의 실수였다. 그 자체로는 건전한 생각이었다. 스웨덴 세제는 이상한 방향으로 발전했다. 한편으로 한계세율이 극단적으로 높았고, 다른 한편으로는 부동산을 구매할 때 세금 공제가 지극히 후했다. 부동산 구입이 이문이 많이 남는 일이었다는 뜻이다. 국가는 단독주택 소유자들의 이자 비용을 보상했고, 이들은 재산세를 내지 않았으며, 나아가 높은 인플레이션으로 대출금의 가치가 떨어졌기 때문에 분할상환으로 갚을 필요가 없었다. 결과적으로 단독주택 소유자는 거의 공짜로 사는 것과 마찬가지였다. 세금 공제가 고소득자에게만 이로웠다면 근심거리가 아니었을 것이다. 그러나 군나르 스트렝이 말했듯이 "단독주택 소유자는 우리 국민"이었다. 유리한 세금 공제와 높은 인플레이션 덕분에 한 세대의 노동자와 하층 사무직 전체가 자신의 집에서 산다는 꿈을 실현할 수 있었다. 그래서 소형 주택 건설이 엄청나게 늘어나고 다가구주택이 희생되었다.

호경기의 100만 호 공급 정책에서 새로 건축된 주택의 3분의 1만이 소형 주택이었다. 그러나 1976년에서 1985년 사이에 소형 주택은 모든 신축 주택의 3분의 2였다. 1970년대의 논쟁은 이데올로기적으로 사회주의적 성격이 두드러졌지만, 그 10년간의 진정한 사회적 변화는 노동계급의 대부분이 단독주택과 볼보자동차, 강아지를 가질 기회를 얻었다는 것이다. 대개 사회민주당원이었던 이 새로운 주택 소유자들은 세금 공제를 축소한다는 얘기에 크게 걱정했다. 주거 문제에 대한 인식이 부족했던 팔메는 텔레비전 공청회에서 엉망으로 대처함으로써 상황의 개선에 도움이 되지 못했다. 그는 사회민주당의 제안이 소수의 고소득자를 겨냥했으며 대다수 단독주택 소유자에게는 손해가 없을 것이라고 안심시켰다. 그러나 팔메는 또한 세금 공제의 절반 축소가 합리적이라는 뜻으로 말했다. 팔메는 스톡홀름에서 주택의 연간 이자 비용이 7만 3000크로나로 늘어났다는 말을 듣고는 솔직하면서도 고통스러운 반응을 보였다. "집값이 그렇게 비쌌나? 짐작도 못했다." 하세 알프레드손이 여러 정치인들이 "짐작도 못한" 사정에 관해 얘기를 듣는 장면을 스케치로 그림으로써 이 말의 두 번째 부분은 널리 퍼졌다.

그러나 사회민주당 선거 패배의 압도적인 원인이 있었다. 1978년 가을 팔메가 국민당 소수정부를 허용한 것이다. 그 결정은 사회민주당 선거운동에 돌이킬 수 없는 해를 끼쳤다. 마케 닐손은 《아프톤블라데트》에서 이렇게 표현했다. "1978년 10월 12일 오후 6시 11분 사회민주당 의원단이 갑자기 국민당 소수정부 얘기를 꺼냈을 때, 노동운동의 가장 강력한 주축 세력에서 의욕이 꺼지는 소리가 들렸다." 나라 전역의 많은 사회민주당원에게 팔메와 당 지도부가 국민당과 불장난을 하는 것은 이해할 수 없었다. 당내 분위기는 침울했다. 사무총장 스텐 안데슌에 따르면, "울로프 팔메는 내부에서 당 대표로서의 자격이 크게 의문시되었다. 투르크에서 열린 대의원회의에서 걱정스러울 정도로 불만이 터져 나왔고, 대의원들은 누가 울로프를 대신해야 하는지 은밀히 의논했다." 이들의 생각에 사회민주당이 부르주아 정당과 협력한다면 그것은 중앙당이어야 했다. 오랜 협력의 역사가 있었기 때문이다. 두 정당은 똑같이 민중운동에서 출발했고 보통의 노동자로 구성되었다. 반면 국민당원은 사무직, 특히 교원이었다. 이들은 사회에 필요한 직업 집단이었지만 종종 오만한 태도를 보였으며 자신들이 다른 집단보다 우월하다고 믿었다. 평당원이 보기에 팔메가 헬렌과 울스텐과 좋은 관계를 유지하는 것은 이해하기 어려웠다.

우파의 거센 바람

물론 실제로 총체적 파국은 결코 웃을 일이 아니다. 팔메가 페테숀과 커피를 마실 때 기분이 좋았던 이유는 상황이 처음에 생각했던 것처럼 절망적이지는 않다는 점을 깨달았기 때문이다. 냉정히 분석해보니 1979년 선거운동 중에 사회민주당을 괴롭힌 많은 문제는 일시적인 성격을 띠었거나 해결할 수 있는 문제였다. 그리고 다른 무엇보다도 팔메는 보수통합당의 성공이 역설적이게도 사회민주당과 자신에게 지극히 좋은 소식이었음을 알아보았다. 이데올로기적으로 명료하지 않은 핵발전소를 둘러싸고 펠딘과 10년간 진흙탕 싸움을 벌인 뒤에 이해할 수 있는 확실한 적이 모습을 드러내기 시작했다.

봄에 마거릿 대처가 영국 총리로 선출되었다. 그랜섬 출신의 이 식품점 집 딸(프랑스 대통령 미테랑에 따르면 "칼리굴라의 눈과 매릴린 먼로의 입"을 가졌다)이 총리에 선출된 것은 어느 면에서 철저히 영국적인 현상이었다. 스웨덴 사회민주당과 달리 영국 노동당은 나라를 현대화하는 데 실패했다. 영국 국가는 매력적이지만 비참할 정도로 비효율적인 지방 행정과 유서 깊은 특권, 전투적인 노동조합에 비해 지나치게 약했다. 1978년에서 1979년으로 넘어가는 겨울 나라의 공공 서비스가 대부분 붕괴하여 고통스러운 시간을 보낸 뒤, 영국인들은 질서를 원했다. 자유가 침해되리라는 우려가 있었음에도 대처와 보수당이 제대로 질서를 가져왔다. 대처는 노동조합을 짓밟았고 행정을 중앙화했으며 국가기구를 더욱 효율적으로 바꿔놓았다.

그러나 새로 선출된 영국 총리는 또한 강력한 신자유주의를 선포했다. 대처는 국민은 국가의 광범위한 보호망에 의존하지 말고 자립하는 법을 배워야 한다고 강조했다. 그녀는 사회민주주의 복지 정책뿐만 아니라 사회보수주의와 사회자유주의까지 공격했다. 다시 말해 기본적인 이데올로기가 무엇이든 상관없이 사회가 가족이 없는 사람들을 돌보아야 할 집단적 책임이 있다고 주장하는 모든 정치 노선을 공격했다. 두려움이 없고 비타협적이었던 대처는 제2차 세계대전 이래로 유럽에 확립된 사회정책적 합의를 허물었다. 돌연 복지국가의 근저에 놓인 도덕적 전제에 이의를 제기하는 것이 가능해졌다. 우파의 많은 사람에게 그것은 1968년의 이데올로기적 분위기가 좌파에 공감하는 사람들에게 주었던 해방감과 동일했다.

스웨덴 우파는 처음에는 꽤나 냉담했다. 대처와 연합하는 것은 동유럽 국가사회주의와 연합하는 것만큼이나 나빴다. 그러나 스웨덴 보수통합당은 전통적인 사회보수주의에서 벗어나 신자유주의에 더 가까운 쪽으로 이동하는 중이었다. 이는 특히 1970년대에 복지국가를 한층 더 강하게 비판한 보수통합당 청년연맹에 해당되는 얘기이다. 청년연맹 안에서 부만은 뚜렷한 자유주의를 표명했다는 이유로 인기가 매우 높았다. 1970년대 초부터 부만은 개인의 더 많은 책임과 복지국가의 일정한 후퇴가 동반된 "새로운 개인주의"를 설파했다. 1979년 봄 조각들이 맞춰졌다. 대처가 선거에서 승리했고, 노동시장의 스웨덴 모델은 붕괴했으며, 스웨덴 고용주연합은 새로이 이데올로기적 관심을 찾았고, 신자유주의적 싱크탱크 팀브루가 막 활동을 시작했다. 20.3퍼센트를 득표한 보수통합당은 이제 1958년 이후 처음으로 부르주아 정당으로 가장 큰 야당이 되었다. 그 득표율은 이전 선거에 비해 5퍼센트 증가한 것이며, 1970년 부만이 당 대표가 된 뒤 보수통합당에 투표한 사람이 두 배로 증가한 것이었다.

부만은 또한 부르주아 정치인으로는 팔메와 가장 비슷했다. 그는 자신감이 넘쳤고 대범하게도 기자들과 스스럼없이 지냈으며 이데올로기와 전술을 동시에 고려하는 능력을 갖추었다. 의회에서 서로 나란히 앉은 팔메와 부만은 사사롭게는 의기투합이 잘 되었다. 보수통합당의 대표는 옆자리에 앉은 이가 유쾌하고 유머가 있으며 매력적이고, 정치와 관련된 경우가 아니라면, 마음이 열린 사람이라고 말했다. 팔메는 부만을 온전히 긍정적으로만 보지는 않았지만, 다른 정적 특히 펠딘에 내린 평가에 비하면 보수통합당 대표를 존중한 것은 분명하다. 그렇다고 두 사람이 정치 토론에서 격하게 부딪히지 않은 것은 아니다.

1979년 선거운동 중에 부만은 그해에 스웨덴에 들어온 베트남 사람들 이른바 보트 난민에 무관심하다고 팔메를 거세게 몰아붙였다. 1975년 북베트남의 승리 후 이미 공산주의 정권의 가혹한 억압의 결과로 난민이 홍수를 이루었다. 대략 100만 명이 재판 없이 구금되었으며, 16만 5000명이 포로수용소에서 사망한 것으로 추정되었다. 그러나 1979년 베트남과 중국의 짧은 전쟁 이후 난민 숫자는 폭발적으로 증가했다. 특히 중국계 베트남인들이 민족적 박해를 피하고자 작고 위태로운 배에 올라 바다로 나왔다. 봄에 스웨덴 정부는 350명의 보트 난민을 받아들이기로 결정했는데, 그중 48명이 4월 초에 도착하여 스코네 북부의 페슈토르프에 마련된 거소에서 스웨덴어를 배우고 시장경제 교육을 받았다. 부만은 스웨덴의 베트남 논쟁에서 상대를 꼼짝 못하게 할 기회를 포착했고 이를 마다할 수 없었다. 그는 베트남 난민 시설을 방문하여 미국식으로 어린이를 품에 앉고 사진을 찍었다. 동시에 그는 북베트남을 지지했다고, 자국민에 대한 그 정권의 가혹한 정책에 침묵했다고 팔메를 거세게 공격했다.

당신은 의회에서 베트남에 더 많은 자금을 지원하자고 요청했다. 당신은 스웨덴이 수십 만 명의 추방난민 중 극히 일부를 받아들이는 데에도 반대했다. 당신은 정치인으로 사는 내내 세계 곳곳의 다른 어느 큰 사건들보다 그곳에서 일어난 일에 더 침묵했다.

사회민주당 신문은 공세적인 태도를 취하며 부만이 "난민 문제를 국내정책"으로 만들고 '인신공격'에 몰두한다고 주장했다.

그러나 부만의 도덕적 이점은 곧 사라졌다. 팔메처럼 그도 기회가 있을 때 주저 없이 거세게 치고 나갔지만, 가슴과 입 사이의 거리는 때때로 너무 짧았다. 생각 없이 말한 것이다. 선거 몇 주 전 《다겐스 인두스트리》와의 인터뷰에서 부만이 개발원조의 필요성이 과장된 이유에 관하여 한 발언은 유명하다. "햇볕이 밝게 내리쬐는 나라에 사는 사람들은 우리처럼 비싼 집이 필요 없다. 그곳 사람들은 함석집에 지내며 바나나를 따먹고 살 수 있다." 베트남 문제로 비판을 받아 짜증이 난 팔메는 당연히 그러한 어리석은 발언을 난도질했다. 부만으로 말하자면 팔메가 불합리하게 신중하지 못한 표현을 썼다고 생각했다. 그러나 팔메는 보수통합당 대표가 그 발언을 할 때 진실했다고 믿지 않았으며, 비열하게 이득을 취하려 했다고 의심했다.

팔메는 선거운동 중에 대체로 우파의 바람이 불고 있음을 알아챘다. 그는 대처와 서독의 보수적 정치인 프란츠 요제프 슈트라우스를 간판으로 하는 새로운 보수파 인터내셔널이 등장하고 있다고 말했다. 이는 오늘날 상상할 수 있는 것보다 더 큰 변화였다. 1970년대 거의 내내 노동운동의 주적은 중앙당이었지만, 이제 보수통합당이 가장 큰 위협으로 등장했다. 팔메가 선거 직전 봄메슈비크의 그 바람 불던 날에 디테르 스트란드에게 말했듯이, 그는 우파의 바람이 지닌 힘을 과소평가했을까? 팔메는 한 번 더 야당 대표를 지내며 그 실수를 되풀이하지 않으려 했다.

핵발전소 국민투표의 결과

그러나 다음 번 의회 선거에 대비하기 전에 팔메를 비롯한 당 지도부는 선거운동에서 제쳐두었던 핵발전소 문제를 처리해야 했다. 1979년 봄 해리스버그 사고 이후 팔메가 사회민주당의 견해를 180도 돌려놓은 것은 직관적인 반응이었다. 국민투표 결정은 '미친 수요일'에 신속하게 이루어졌다. 세세한 내용의 결정은 가을 선거 후로 미루어야 했다. 이제 때가 왔다. 스웨덴에서 1957년 국민추가연금에 관한 투표 이후 첫 번째 국민투표가 어떻게 이행될 것인지 많은 것이 불확실했다.

반대파는 일찍이 결집했다. 중앙당과 좌익공산당이 지지한 핵발전소·핵무기 반대 국민운동은 시민운동으로서 국제 반핵운동의 노란 바탕의 웃고 있는 태양을 상징으로 삼았다. 1979년 선거 몇 주 전에 1만여 명이 바세베크에서 대학도시 룬드까지 행진을 벌였다. 참여자의 다수는 스웨덴 핵발전소에 무슨 일이 생기면 코펜하겐이 영향을 받을 것이라고 걱정한 덴마크 시민이었다. 반면 찬성하는 쪽은 지리멸렬했다. 경제계는 단호했고 핵발전소의 긍정적인 인상을 퍼뜨리기 위해 막대한 자금을 쏟아부었다. 그러나 핵발전소에 우호적인 정당들은 공동의 노선에 합의하기 어려웠다. 11월 국민투표의 날짜가 1980년 3월 23일로 결정되었다. 12월 중순 다섯 개 원내 정당의 지도부는 몇 가지 방안을 확정하기 위해 협상을 벌였다. 국민투표의 문제는, 팔메가 아주 잘 알았듯이, 질문을 어떻게 정하는가에 있었다. '찬성'은 열한 기나 열세 기, 아니면 무제한의 발전소를 의미하는가? '반대'는 차후 발전소 건설의 중단을 의미하는가 아니면 기존의 발전소를 포함하여 전면적인 중단을 의미하는가?

바로 이 상황에서 팔메의 '특급 해결사' 잉바르 칼손이 무대에 등장한다. 칼손은 1976년 사회민주당이 야당으로 밀려났을 때부터 당의 에너지 정책을 담당했다. 팔메는 칼손을 거의 무한정 신뢰했다. 세월이 한참 지난 1985년 정부 내부의 파티에서 팔메는 익살스럽게 칼손을 스탈린의 가장 노련한 협력자 중 한 사람으로 "가장 힘들고 잔인한 임무"를 처리한 정치국원 라자르 카가노비치에 비교했다. 칼손이 얼마나 무지막지했는지는 판단하기 어렵지만, 그는 국민투표 결정으로 스웨덴 사회민주당이 완전히 새로운 역사적 상황에 놓였음을 간파했다. 많은 사람이 이를 1957년의 국민추가연금 국민투표와 비교했지만, 칼손은 이를 완전한 잘못이라고 보았다. 그때는 원내 정당들이 분명하게 서로 다른 방안을 지지했다. 사회민주당은 제1안, 농민연합은 제2안, 우익보수당과 국민당은 제3안을 지지했다. 그러나 이제 각 정당은, 특히 사회민주당이 구체적인 사실 관계에서 내부적으로 크게 의견이 갈렸다.

상황은 사실상 1971년 노르웨이에서 시행된 유럽공동체 가입 국민투표와 더 비슷했다. 칼손과 팔메는 심히 걱정스러웠다. 찬반 운동이 노르웨이 노동운동에 오랫동안 격한 대립을 가져왔기 때문이다. 가을에 칼손은 노르웨이로 건너가 찬반 양쪽의 사회민주당 지도자들을 면담했다. 결론은 명확했다. 유럽공동체 가입에 긍정적이었던 당 지도부는 일련의 치명적인 실수를 저질렀다. 특히 노르웨이 보수당과 공식적으로 협력함으로써 유럽공동체에 회의적인 노동운동 내부 기반 세력의 반감을 불러일으켰다. 스웨덴 사회민주당은 어떤 대가를 치르더라도 보수통합당과 투표용지를 공유하는 일은 피해야 했다.

12월 13일 목요일 세르겔 광장의 의사당에서 핵발전소 국민투표에 관한 논의가 시작되었을 때, 말보다 행동이 더 어려움이 증명된다. 첫날은 실무적인 문제를 다루었다. 금요일 오전 칼손이 노동조합총연맹으로부터 핵발전소 문제의 '임금노동자 방침'에 관한 제안을 받아 제시하면서 본격적으로 일정이 시작되었다. 그 제안에 따르면 스웨덴은 최대 25년간 열두 기의 원자로를 보유하게 된다. 기술적으로 안전한 가동 수명이 25년이었다. 여기까지는 사회민주당과 보수통합당 사이에 이견이 없었다. 그러나 노동조합총연맹은 몇 가지 의견을 덧붙였다. 특히 핵발전소뿐만 아니라 수력발전소도 '사회적 소유'로 넘겨야 한다는 점을 공식화했다. 부만으로서는 심히 받아들이기 어려우리라고 예상된 것이다. 그러나 부만은 자신의 목적만 충족된다면 융통성을 발휘할 수 있었다. 칼손과 팔메에게는 놀랍게도 보수통합당 대표는 핵발전소의 소유권을 사회에 넘긴다는 방침을 포함하여 노동조합총연맹의 제안을 그대로 수용했다. 반면 그는 수력발전소에 관해서는 동일한 요구의 수용에 주저했던 것 같다.

협상은 점심 때문에 잠시 중단되었다. 팔메와 칼손은 노동조합 총연맹 사람들과 의논했다. 부만이 순순히 응하는 데 모두가 걱정했다. 사회민주당이 핵발전소 국민투표에서 고용주들과 보수통합당과 협력한다면, 노동조합연맹의 많은 조합원이 길길이 날뛸 것이 뻔했다. 게다가 중앙당과 공산당이 찬성파를 경제계와 노동조합운동 간의 조합주의적 동맹으로 몰아갈 수 있었다. 팔메는 오후 논의가 시작되자 사회적 소유에 관한 제안은 노동운동으로서는 포기할 수 없는 중요한 원칙의 문제라고 선언했다. 그러나 이러한 시도도 도움이 되지 않았다. 부만은 노동조합총연맹의 제안을 온전히 수용할 준비가 된 것 같았다. 다만 한 가지 점에서, "큰 수력발전소의 소유권을 장기적으로 사회에 넘긴다"는 마지막 조건에 그는 확고하게 반대했다. 그러나 칼손은 사회민주당이 수력발전소에 관해 합의할 수 없다는 이유로 핵발전소에 관한 국민투표에서 보수통합당과 투표용지의 조건에 합의하기를 거부한다면 노동운동 전체가 조롱을 받을 것임을 알아보았다. 공동의 조건에 합의하는 것은 불가피해 보였다. 그런데 이제 부만이 갑자기 겁을 먹어 사회민주당이 안도했다. 부만은 노동조합운동의 제안을 당 의원단의 결정에 맡겨야 한다고 설명했다. 그날 협상은 중단되었고, 팔메는 브란트 위원회 회의에 참석하기 위해 런던으로 떠났다.

이튿날 협상 당사자들이 만났을 때(이제 토요일이다) 부만은 새로운 요구를 들고 나왔다. 핵발전소를 사회가 소유해야 한다는 표현은 '기본적으로'라는 어구를 삽입하여 완화해야 했다. 이는 사소한 것이었지만 칼손에게는 그로써 충분했다. 이제 부만과 합의했다고,

그가 자기 당의 비판을 무마하려 했다고 말할 수 있었다. 12월 17일 월요일 스웨덴 국민은 핵발전소 국민투표에 세 가지 방안이 있음을 알게 된다. 부만은 사회민주당에 상처를 낼 유일한 기회를 포기했다. 그러나 보상이 훨씬 더 컸다. 한편으로 노동조합총연맹의 에너지 사회주의를 지지하는 것은 새로이 이데올로기적 힘을 찾은 보수통합당에는 수치스러운 일이었다. 그렇지만 다른 한편으로 부만은, 정확히 팔메와 칼손과 똑같이, 보수통합당과 사회민주당의 공동의 조건으로 핵발전소에 찬성하기는 어렵다는 것을 깨달았다. 투표용지의 정확한 문구가 어떠했든 사회민주당은 이제 중도의 대안을, 즉 '찬성'과 '반대'라는 어렵고 까다로운 낱말 사이에서 타협안을 얻어냈고, 그것은 국민에게 적당히 매력적이었다. 분노한 비판자들이 지적했듯이, 사회민주당의 분열을 막는 것이 중요한 동기였음은 분명했다. 그러나 국민투표는 또한 의회의 상황을 불안정하게 할 위험성이 있었다. 유권자들의 과반수는 반대 의견을 지녔는데 의회에서는 찬성파가 우세했기 때문이다. 국민투표는 대의민주주의와 대체로 맞지 않았다. 결과에 책임을 져야 하는 것은 '국민'이 아니라 의회였기 때문이다. 울로프 팔메가 정치인으로 지내는 동안 거의 내내 원칙적으로 국민투표에 반대했던 이유도 바로 여기에 있다. 이러한 시각에서 보면 잉바르 칼손은 팔메가 해리스버그의 사고 이후 태도를 바꾸어 초래된 결과로부터 사회민주당뿐만 아니라 스웨덴도 구해냈다.*

---

* 제1안과 제2안은 '사회적 소유'를 제외하면 거의 동일했다.

제3안은 가장 적극적으로 저변을 훑는 운동을 벌였을 뿐만 아니라 다수의 저명한 문화계 인사로부터 지지를 받았다. 가장 논란이 컸던 것은 유일한 국립극장으로 가장 중요한 극장이었던 왕립극장이 핵발전소에 반대한 것이다. 그러나 국영 텔레비전 방송과 라디오 방송의 객관성과 중립성을 지킬 책임에 관해서도 뜨거운 논쟁이 있었다. 제1안은 열광적인 지지자들이 있었지만 대체로 기업 대표들과 핵발전소 기술자들이었다. 제2안이 가장 성공적이었다. 특히 노동조합총연맹과 사회민주당의 선거 조직을 쓸 수 있었던 것이 큰 도움이 되었다. 사회민주당에 봄의 투표 운동은 분명히 균형을 유지해야 했다. 제1안과 적당히 거리를 두어야 했기 때문이다. 노르웨이의 경험을 고려하여 제3안을 지지한 사회민주당원들과 공공연히 충돌하지 않으려 했다. 특히 여성들이 중요했다.

핵발전소에 관한 시각에서 젠더의 측면이 뚜렷이 부각되었다. 찬성파에는 남자가, 반대파에는 여자가 압도적이었다. 알바 뮈르달과 잉아 투숀, 마이 브리트 테오린 같은 사회민주당의 여성 지도자들은 일찍이 제3안에 투표하겠다고 선언했다. 팔메는 뮈르달이 공개적으로 의견을 밝힌 것에 특별히 비판적이었다. "알바는 언제나 대세를 따른다." 그러나 개표가 완료되었을 때, 제2안이 39.1퍼센트를 얻은 것으로 나왔다. 38.7퍼센트를 받은 제3안과 근소한 차이였다. 제1안은 18.9퍼센트밖에 얻지 못했다. 팔메는 스베아베겐의 사회민주당 당사에서 군나르 스트렝과 스텐 안데숀과 함께 텔레비전으로 투표 결과를 시청했다. 결과가 분명해지자 그는 안도의 한숨을 내쉬었다. 1979년 가을 칼손이 노련하게 움직인 덕분에 핵발전소 국민투표는 사회민주당에, 팔메 개인에게도 승리가 되었다. 이제 팔메는 1982년 선거를 앞두고 다시 주도권을 되찾을 때가 되었다.

국제무대의 중심에 다시 서다

이론상 팔메의 국제적인 능력은 사회민주당이 선거에서 쓸 수 있는 가장 강력한 수단의 하나였다. 그러나 야당 대표로 지내던 시절의 초기에 그는 그 영역의 이점을 쓸 기회가 많지 않았다. 1975년 베트남 전쟁이 종결된 뒤 스웨덴 외교정책에서는 대체로 합의가 있었다. 펠딘의 첫 번째 정부에서 외교부 장관이었던 중앙당의 카린 쇠데르는 1976년 가을 국제연합 총회에 참석하여 이렇게 설명했다. "동양이든 서양이든 부유한 나라들은 새로운 세계경제 질서의 기본적인 이념을 실현할 연대 책임이 있다." 국민당과 중앙당은 보수통합당이 외교부에 영향력을 행사하지 못하게 막았다. 표현의 수위를 낮추기는 했지만(특히 쿠바와 관련하여) 제3세계의 해방운동을 확고히 지지했다. 1979년 부르주아 정부는 스웨덴의 남아프리카 투자를 일반적으로 금지했다. 스웨덴이 이전에는 원칙적으로 국제연합 안전보장이사회가 재가한 보이콧에만 참여했기에, 이는 놀랍도록 과격한 조치였다. 펠딘의 두 번째 정부에서 외교부 장관이 된 울라 울스텐이 1979년 로디지아의 이언 스미스 백인 정권이 무너졌다고 논평했을 때는 마치 팔메를 보는 것 같았다. "나라의 지배자든 강국의 전략이든 인민의 자유의 열망을 억누를 수 없음이 다시 증명되었다."

그러나 1979~1980년에 팔메를 다시 사건의 중심에 올려놓은 두 가지 큰 변화가 일어난다. 첫째는 새로운 냉전이었다. 1979년 12월 초, 지미 카터와 레오니트 브레즈네프가 빈에서 군축협정인 전략무기제한협정에 서명한 지 겨우 다섯 달이 지났을 때, 북대서양조약기구는 이른바 '이중결정'을 내렸다. 572기의 새로운 순항미사일을 서유럽에 배치하는 동시에 소련과 모든 중거리 미사일 폐기에 관하여 협상을 시작하기로 한 것이다. 소련은 화가 치밀어 미국이 전략적 우위를 점하려 한다고 비난했다. 소련의 지적에 따르면, 미국의 핵무기는 북아메리카와 서유럽에서 공히 소련을 공격할 수 있지만, 소련은 대륙간 탄도미사일로만 공격할 수 있었다. 이러한 추론에 근거가 있다고 해도, 소련은 1979년 크리스마스이브에서 이틀이 지났을 때 아프가니스탄을 침공함으로써 곧 신뢰를 저버렸다. 카터는 1980년 여름 모스크바에서 개최될 예정인 올림픽에 참가하지 않겠다고 위협했다.

팔메는 초강국 간의 새롭게 싸늘해진 분위기에 재빨리 대응했다. 핵발전소 국민투표가 진행될 때 이미 그는 바셰베크와 오스카슈함보다 핵무기에 관해 더 많이 얘기했다. 팔메에게는 핵전쟁이 다시금 임박한 것 같이 상황이 위태로웠다. 1960년대 초와 달리 핵무기에 관한 그의 견해는 흔들림이 없었다. 스웨덴 전역에서 열린 집회에서 팔메는 핵전쟁의 귀결을 이렇게 묘사했다.

살아남은 자들은 심한 화상을 입고 시력을 잃으며 다른 심각한 상처를 입을 것이다. 많은 사람이 완전히 삶의 혼란을 겪을 것이다. 아주 많은 사람이 직접적인 의학적 치료를 받아야 할 것이다. 그들에게는 식량, 머리를 가릴 덮개, 의복, 식수가 필요할 것이다. 그러나 모든 것이 부족할 것이다. 그들이 그때까지 살아온 사회는 말 그대로 사라진다.

디테르 스트란드가 팔메의 더 비관적인 연설이 있은 후 제3차 세계대전이 정말로 임박했냐고 질문했을 때, 팔메는 "상황이 걱정스럽다"고 대답했다. 팔메에게서 들을 수 있는 것으로는 이례적으로 어두운 말이었다. 팔메는 인간의 희망을 끌어내면서 출세했기 때문이다. 그러나 팔메가 새로이 찾은 평화에 대한 관심은 변화한 세계정세의 결과만은 아니었다. 그는 야당 대표로 지내는 동안 사회주의 인터내셔널에서 활동하면서 빌리 브란트를 비롯한 북대서양조약기구 회원국의 다른 사회민주당 지도자들이 직면한 딜레마를 더욱 잘 인식하게 되었다. 서방 동맹의 회원국이 되면 군축을 주도적으로 시도하기가 어려웠다. 1977년 가을 팔메는 세르겔 광장의 임시 의사당에 있는 사무실에서 아흔 살의 영국 노동당 정치인 필립 노엘베이커의 방문을 받았다. 노엘베이커는 저명한 평화운동가로 국제연맹 설립에 관여했고 1959년 노벨평화상을 수상했다(1912년 스톡홀름 올림픽에 영국 대표로 참가하기도 했다). 노엘베이커는 잉아 투숀, 한스 달그렌, 피에르 쇼리 앞에서 팔메에게 평화를 위해 일하라고 촉구했다. 게다가 사회주의 인터내셔널은 1978년 4

월 헬싱키에서 군축회의를 마련하여 성공리에 마쳤다. 그 조직의
역사에서 처음으로 소련 공산당의 대표단이 참석한 회의였다. 사
회주의 인터내셔널은 이제 평화와 군축을 위해 일할 특별한 임무
를 띤 일종의 작은 국제연합으로 자처했다. 나침반의 바늘은 다시
금 팔메를 가리켰다. 스웨덴이 중립국이었기에 팔메는 주도적으로
나서기에 가장 적합한 인물이었다. 쇼리는 그의 상관이 "거절할 수
없는 제안"을 받았다고 말했다.

팔메는 핵발전소에 관한 국민투표가 종결되자 행동에 나섰다.
1980년 그는 군비 축소를 위한 국제적 활동 그룹을 만드는 데 착
수했다. 브란트 위원회처럼 팔메의 "군축 문제와 안보 문제를 위한
독립적인 위원회"도 문제를 분석하고 건설적인 제안을 내놓기 위
한 자율적인 싱크탱크를 지향했다. 비교적 무엇에든 구속받지 않는
주요 정치인을 모으려 했다. 팔메는 특히 미국 국방부 장관을 역임
한 로버트 맥나마라를 끌어들이려 했다. 그가 베트남 전쟁의 확전
을 이끌었지만 나중에 더 좋은 다른 생각을 갖게 되었기 때문이다.
맥나마라는 거부했으나, 대신 카터 정부의 국무부 장관이었던 사이
러스 밴스가 위원회에 들어왔다. 밴스의 참여는 소련의 북아메리카
전문가이자 소련 공산당 중앙위원회의 안보정책 고문인 게오르기
아르바토프로 균형을 맞추었다. 위원회의 일원이었던 영국 정치인
데이비드 오언은 이렇게 말했다. "울로프는 위원회의 성공이 국제
연합과 소련의 유력한 인사들을 데려올 수 있는가에 달려 있다고
확신했다." 이 점에서 팔메의 성공은 기대 이상이었다. 밴스가 한
층 더 공격적으로 변하는 미국 외교정책과 충돌한 것은 사실이지

만 그럼에도 여전히 미국 안보정책의 주류와 좋은 관계를 유지한 중량급 인사였다. 아르바토프의 참여는 정말로 행운이었다. 팔메와 쇼리는 아르바토프를 위원회에 참여할 수 있게 해달라고 러시아인들을 설득하기로 결심했을 때 이를 예상하지는 못했다.

소련 지도부와의 첫 번째 만남은 1980년 5월 모스크바에서 이루어졌다(핵발전소 국민투표 직후이다). 팔메와 쇼리는 나치에 승리한 전승기념일인 5월 8일 모스크바에 도착했다. 두 사람은 리무진을 타고 곧장 모스크바 중심부의 중앙위원회 사무실로 갔다. 차의 라디오에서는 라스푸틴에 관한 대중가요가 흘러나왔다. 도착하자 포노마료프라는 정치국의 원로는 "아르바토프는 괜찮다"고, 그렇지만 브레즈네프를 만날 수 없을 것이라고 말했다. 아르바토프는 1923년 흑해 연안에서 태어나 제2차 세계대전에 포병장교로 참전했고 이후 학자의 길을 걸었다. 그는 1970년대 초 긴장 완화 정책에 관여했으며 아프가니스탄 침공에 회의적이었다. 그러나 그는 곧 다시 주목을 받는다. 아르바토프는 국가보안위원회의 전임 수장으로 1982년 11월 소련공산당 서기장이 된 유리 안드로포프의 가까운 수하였다. 안드로포프는 권좌에 있던 짧은 기간 동안 정치국에서 자신의 고향 스타브로폴 출신의 전도유망한 젊은 동지 미하일 고르바초프를 후원했다. 1985년 소련공산당 서기장이 된 고르바초프는 아르바토프를 국제 문제 고문으로 물려받았다. 아르바토프는 생애 마지막 시절에 팔메 위원회에서 서방 정치인들과의 교류를 늘렸다.

위원회 열네 자리 중 나머지는 선진국과 개발도상국 간에 고르게 분배되었다. 인상적인 모임이었다. 서독에서는 빌리 브란트의 동방정책 기획자로 1970년대 초에 동독과 서독 간의 결정적인 협약을 이끌어낸 사회민주당의 에곤 바르가 참여했다. 팔메는 노르웨이에서는 사회민주당 정권의 마흔 살을 갓 넘긴 환경부 장관 그루할렘 브룬틀란을 데려왔다. 브룬틀란은 아직까지는 비교적 이름이 알려지지 않았지만 이후 노르웨이 총리가 되어 팔메만큼이나 국제적으로 성공적인 이력을 쌓는다. 노벨평화상 수상자 알폰소 가르시아 로블레스는 1960년대 라틴아메리카의 핵확산 금지를 협상으로써 이끌어냈고 멕시코의 국제연합 대사를 지낸 자로 군축 활동의 오랜 경험을 대표했다. 다른 중요한 인사는 젊지만 이미 영국 외교부 장관을 지낸 데이비드 오언으로 1990년대에 발칸 반도 전쟁에서 중재자로 중요한 역할을 하게 된다. 아프리카의 대표자로는 탄자니아의 살림 아흐메드 살림이 눈에 띈다. 국제연합 외교관이었던 그는 나중에 총리가 된다. 사무국은 빈에 자리를 잡았고 안데슈 페름이 간사를 맡았다.

위원회의 학술 전문가의 한 사람인 에마 로스차일드는 서른 살의 영국 경제사학자로 팔메와는 1976년 뉴욕의 스웨덴 외교관 롤프 에케우스의 집에서 처음 만났다. 그녀는 유명한 은행가 집안 출신으로 팔메처럼 비상한 재능을 지녔다. 열다섯 살에 여성으로는 최연소로 옥스퍼드 대학교에 입학했다. 1967년 그 유서 깊은 대학교를 졸업한 뒤에는 미국 동부 해안으로 날아가 매사추세츠 공과대학에서 경제학 공부를 이어갔다. 1970년대에 에마 로스차일드는 《뉴요커》와 《뉴욕 리뷰 오브 북스》 같은 잡지에 자유기고가로 글을 썼다. 그녀는 팔메뿐만 아니라 그의 가족과도 좋은 친구가 되었다. 1980년대에 에마 로스차일드는 스웨덴의 스톡홀름 국제평화연구소 이사가 되었다. 그녀는 감라스탄에 처소를 구했고 스웨덴어를 배웠다. 팔메 주변의 여러 인사들과 달리 리스베트가 그녀와 영어로 대화하기를 거부한 것이 큰 도움이 되었다. 팔메에게 에마 로스차일드는 중요한 대화 상대였다. 팔메는 그녀와 함께 하면서 지성의 활력을 유지할 수 있었고, 그녀가 알지 못하는 이름 모를 학술지에 실린 논문을 거론함으로써 종종 그녀를 놀라게 했다. 사무국에 페름이 있고 에마 로스차일드가 연구자로 있었기에 팔메는 위원회에서 필요한 지지를 확보했다.

1980년 9월부터 최종 보고서가 확정된 1982년 4월 사이에 위원회는 빈과 모스크바, 멕시코시티, 파리, 도쿄, 런던, 뉴욕, 스톡홀름 등 세계 곳곳의 대도시를 돌아다니며 열두 차례 회의를 했다. 역설적이게도 위원회에서 가장 까다로운 갈등은 서방 국가들 사이에서 드러났다. 위원들이 태도를 표명해야 할 중요한 안건 중 하나는 중부 유럽에 핵무기가 없는 지대를 세우자는 것이었다. 이 점에서 서독의 에곤 바르를 한편으로, 미국의 사이러스 밴스와 영국의 데이비드 오언을 다른 한편으로 의견이 갈렸다. 북대서양조약기구에 더 우호적인 밴스와 오언은 작은 회랑은 생각해볼 수 있었지만 북대서양조약기구가 재래식 전력에서 바르샤바조약기구와 대등한 수준을 유지해야 한다는 단서를 달았다(재래식 전력에서는 바르샤바조약기구가 절대적으로 우위에 있었다). 반면 바르는 재래식 무기의 전력 상태와 지나치게 연계하지 말고 핵무기 없는 지대를 크게 만들

자고 간절히 호소했다. 그는 1968년에 이미 중부 유럽에 두 독일 국가와 폴란드, 체코슬로바키아, 베네룩스 국가들을 포함하는 중립 지대의 설치를 제안한 바 있다. 바르에게 군축은 넓은 시각에서 바람직한 목표였을 뿐만 아니라 독일의 재통일로 나아가는 길이기도 했다.

팔메와 그의 동료들이 세계를 돌아다니며 협상을 벌이던 때에, 유럽의 평화운동도 부활했다. 1981년 여름 수천 명의 북유럽 여성이 '핵무기 없는 유럽'이라는 구호를 외치며 코펜하겐에서 파리까지 행진했다. 히로시마에 핵폭탄이 투하된 날인 8월 6일에 파리에서 행진하는 것이 목적이었다. 그러나 이들이 파리에 도착했을 때 프랑스 당국은 도시 진입을 막았다. 신임 대통령 프랑수아 미테랑을 방문 중이었던 울로프 팔메가 개입했고, 6000명으로 늘어난 시위대는 마침내 프랑스의 수도에서 항의 시위를 마칠 수 있었다. 이듬해 민스크를 향해서도 비슷한 행진이 준비되었는데, 서방 시위자들과 접촉하려 한 현지 평화활동가 두 명이 소련 당국에 체포되면서 끝났다.

가장 강력한 평화운동은 서독과 영국에서 등장했다. 1960년대에 영국의 핵무기 반대 운동을 이끈 '핵무기폐기운동'은 1970년대 말에 젊은 활동가들이 등장하면서 새로이 힘을 얻었다. 랭커셔의 광산노동자 집안에서 태어나 훗날 유럽연합의 외교안보정책 고위대표가 되는 캐서린 애슈턴은 청년 평화활동가의 매우 전형적인 인물이었다. 그녀는 대학교에 진학했고 노동당에 입당했으며 스물한 살에 '핵무기폐기운동'에 합류했다. 새로운 평화운동이 보여준 가장 눈부신 활동은 1981년 9월 런던 남부 버크셔 주에 있는 공군기지 그리넘 커먼 밖에 '여성 평화 캠프'를 친 것이다. 서독에서도 대대적인 반대가 나타났다. 1979년에 창당된 서독 환경 정당인 녹색당은 물론 사회민주당 좌파까지도 새로운 미사일을 거부했다. 독일 노동운동의 내부 분열은 1982년 헬무트 슈미트의 연방 총리 사퇴로 이어졌고, 기독교민주연합의 헬무트 콜에 길을 열어주었다. 1983년 10월 본에서 30만 명이 핵무기 반대 시위를 벌였다. 발언자 중에 빌리 브란트가 있었다. 새로운 순항미사일의 전개에 반대하는 서명부에 총 270만 명의 서독 주민이 이름을 올렸다.

1982년 6월 23일, 포클랜드 전쟁이 종결된 직후, 팔메는 국제연합 총회에 보고서 「공동 안보」를 제출했다. 군축을 위한 이 특별한 회의는 뉴욕 맨해튼 5번가를 따라 행진한 수십 만 명의 거대한 평화 시위대와 함께 장엄하게 시작되었다. 시위 참여자 중에는 노엘 베이커도 있었다. 그는 이제 5년 전 팔메와의 만남이 어떤 결과를 가져왔는지 볼 수 있었다. 그러나 한 달간의 결말 없는 협상 끝에 국제연합이 1978년의 앞선 군축회의에서 나온 입장에서 한 발짝도 벗어나지 못하리라는 것이 분명해졌다. 그럼에도 위원회의 최종 문서는 팔메의 가장 좋은 자질을 보여주는 빛나는 기록이었다. 유럽 핵전쟁의 결과를 냉정하게 설명하여 철저하게 교육적이었으며, 인간이 이성에 따를 수 있다는 확신을 감동적으로 표현했고, 제시한 여러 제안은 아주 구체적이었다. 머리말에서 팔메는 새로운 평화운동을 지원하는 것이 목적의 하나라고 분명하게 주장했다. 그는 "핵전쟁에 대한 전례 없는 국제적 우려 표명"인 "그 살아 있는 힘"에 희망을 걸었다.

보고서는 또한 관련 국가들과 국제연합에도 여러 조치를 제안했다. 그중 가장 과격한 것은 비록 수정이 가해지기는 했지만 1960년대 바르의 제안에 토대가 있었다. 서독과 동독·체코슬로바키아 사이의 경계 양편으로 폭 150킬로미터의 핵무기 없는 지대를 세우자는 것이었다. 팔메도 머리말에서 인정했듯이, 문제는 팔메 위원회가 활동한 2년 동안 정치적 발전은 정확히 그 반대를 향했다는 것이다. 1981년 1월 지미 카터의 후임으로 미국 대통령이 된 로널드 레이건은 '악의 제국'의 위협 앞에서 군비를 축소할 뜻은 조금도 없었다. 미국 국방비는 급격히 치솟았으며, 컨베이어 벨트에서 새로운 무기가 속속 쏟아져 나왔다. 1983년 봄 레이건은 소련의 기습 공격으로부터 미국을 확실하게 보호할 진보한 위성 방어 체계인 이른바 '우주전쟁' 계획을 제시했다. 많은 평자에게는 놀랍게도 로널드 레이건의 공격적인 무장은 1980년대 말 동유럽 공산주의 국가들이 무너지는 데 기여한 중요한 요인이었음이 밝혀진다. 그때 1970년대의 구조적 위기로 사회주의 경제가 완전히 붕괴되었다는 사실을 깨달은 소련 전문가는 거의 없었다. 헬무트 슈미트가 솔직하게 표현한 대로, 서방은 사실상 "핵무기를 가진 오트볼타"와 군비 경쟁을 벌이고 있었다.

팔메 위원회의 군축 호소가 방향을 잘못 잡았다는 뜻은 아니다. 레이건도 팔메도 1980년대 초에는 소련 경제가 얼마나 썩었는지 알지 못했다. 둘 다 철의 장막은 앞으로도 오래도록 유지되리라는 가정에서 출발했다. 소련을 상대하는 방식에 관한 서방의 시각이 그렇게 양면적이었던 것이 어쩌면 다행스러운 역사적 우연이었을 지도 모른다. 한편으로 미국의 군비 강화는 소련의 사회적, 경제적 붕괴를 촉진했고, 다른 한편으로 유럽의 평화운동은 소련 엘리트층에 서방으로부터의 공격 없이 사회주의의 개방이 완벽하게 가능하다는 신호를 주어 그들의 마음을 편하게 했다. 1986년 아일랜드에서 게오르기 아르바토프가 배석한 가운데 로널드 레이건과 미하일 고르바초프가 마주앉아 군축협상을 가졌을 때, 이들은 팔메 위원회에서 수행한 작업에 기댈 수 있었다.

한편 나중에야 알게 된 일이지만 다른 문제가 뚜렷해졌다. 공산주의 국가들에서 시민권을 위한 투쟁이 거세지는 것과 군축 활동 사이의 모순이었다. 체코슬로바키아의 77헌장 운동과 1979년 폴란드에서 설립된 노동자보호위원회 같은 단체는 새로운 유형의 반대파를 형성했다. 자유가 없고 민주주의가 부족했음에도, 보편적 인권이라는 관념은 동유럽의 여러 나라에 견고하게 닻을 내렸다. 그러한 관념은 기독교 전통에 내재했으며, 정권에 비판적인 자유주의적 인문학자들이 적극적으로 옹호했고, 아마도 이것이 가장 결정적이었을 텐데 공산주의 국가 헌법에서도 비록 말뿐이었겠지만 종종 인권을 인정했다. 정권들이 실제로는 인권을 완전히 무시했어도 새로운 인권운동을 이데올로기적으로 공격하기는 어려웠다. 반체제 운동의 신뢰성을 해치기 위해 파시즘과 서독의 보복주의를 일상적으로 비난했지만, 이제는 그것도 효과가 없었다. 노동자 국가인 폴란드에서 노동자들이 보호위원회가 필요하다고 판단했다는 사실은 현실을 효과적으로 비판하는 역설이었다. 이듬해인 1980년 한층 더 도발적인 조치가 뒤따랐다. 자유로운 노동조합 연대노조(솔리다르노시치)가 출범했다.

바츨라프 하벨이나 아담 미흐니크, 동유럽의 다른 시민권 운동가들도 핵전쟁을 원하지 않았다. 그러나 이들의 시각에서 보면 그리넘 커먼에 모인 여성들이 자유의 희망을 키워주지는 않았다. 울로프 팔메는 무관심하지 않았지만, 상황은 복잡했다. 이전에 팔메는 국제 정세의 안정보다 민족의 독립과 사회 변혁을 더 중요하게 여겼다. 이제 핵전쟁의 위협 앞에서 그는 집단안보가 다른 무엇보다도 중요하다고 보았다. 긴장이 완화되면 상호 신뢰가 증진되고 동서 간의 교류가 확대되리라는 생각이었다. 장기적으로 이는 민주화 과정에 이로울 것으로 생각되었다. 서구 사회 전역에서 사회민주주의자뿐만 아니라 자유주의자도 받아들인 이 전략은 1975년 미국과 소련, 거의 모든 유럽 국가가 서명한 헬싱키 선언을 토대로 삼았다. 그렇지만 이 협약에 모순이 내재했다는 문제가 있었다. 모든 서명국은 다른 국가의 내정에 일체 간섭할 수 없는 동시에 기본적인 인권을 존중해야 했다.

스웨덴 사회민주주의자들이 이 난제를 해결하는 방법은 연대노조를 순수한 노동조합으로 취급하는 것이었다. 1980~1981년에 스웨덴 노동조합총연맹은 폴란드의 연대노조에 100만 크로나가 넘는 자금을 지원했다. 자금은 주로 두 개의 큰 출판사를 세우는 데 들어갔다. 그러나 동시에 노동조합총연맹은 폴란드 노동자들이 모든 정치 활동과 사회 변혁 활동을 삼가야 한다고 보았다. 예를 들면 노동조합총연맹 간사 루네 몰린은 연대노조가 노동자보호위원회와 접촉하는 일은 없어야 한다고 했다. 노동자보호위원회는 정치적인 단체였기 때문에 "오해의 소지"가 있다는 것이었다. 1981년 가을 사회민주당 대회에서 팔메는 폴란드를 거론하며 "기본적인 노동조합의 권리와 정치적 권리를 위한 폴란드 국민의 투쟁"에 깊이 공감한다고 말했다. 그러나 이 발언을 빼면 그는 신중한 태도를 유지했으며 세계가 폴란드의 분쟁에 개입하지 않는 것이 중요하다고 강조했다. 1981년 12월 13일 군사 쿠데타가 일어난 뒤 팔메의 태도는 더 분명해졌다. 그는 감금된 노동자보호위원회 회원들의 석방을 요구했다.

연대노조를 두 독일의 결합을 저해하는 위협 요인으로 본 브란트와 크라이스키와 달리, 팔메는 폴란드 노동자들과 반체제 인사들을 지지했다. 몇 년 뒤인 1984년 폴란드 민주화 운동가들은 스웨덴 사회민주당원들과의 모임에서 스웨덴 총리에게 자신들을 위해 서독 사회민주당에 말을 잘 해달라고 간청했다. 그러나 서독 사회민주당은 폴란드의 정권 반대파와 어떤 형태로든 접촉하기를 거부했다. 그러나 팔메의 태도는 1960년대와 1970년대 베트남과 체코슬로바키아에 관여한 것에 비해 조심스러웠다. 팔메의 강점 중 하나는 매우 일관되게 두 초강국에 맞서 작은 나라들을 대변했다는 것이다. 1950년대 말 팔메는 스웨덴 국가의 주권을 지키고자 핵폭탄을 보유할 준비까지 되어 있었다. 이제 그의 태도는 동유럽 국가들에서 확산되는 저항운동을 지켜보는 것이었다. 한편으로는 그것이 군축을 위태롭게 했기 때문이고, 다른 한편으로는 브란트와 크라이스키와의 신의 때문이었다.

이란과 이라크의 평화 중재역

군축 활동은 팔메를 국제무대로 다시 이끈 두 개의 큰 과제 중 하나였을 뿐이다. 안데슈 페름이 빈에서 팔메 위원회 사무국을 세우고 있을 때인 1980년 11월 초에 중요한 요청이 왔다. 국제연합 사무총장 쿠르트 발트하임이 팔메에게 이란과 이라크의 평화 중재를 요청했다. 두 나라의 전쟁은 시작된 지 한 달이 약간 넘었다. 9월 22일 이라크 전투기가 이란의 공항을 공격하면서 전쟁이 발발했다. 1976년부터 다소 권위주의적으로 나라를 통치한 이라크의 민족주의적 독재자 사담 후세인은 이란이 이슬람혁명을 전파할까 두려웠다. 그는 또한 이라크의 바스라 주에 인접한 이란의 후제스탄 주를 차지하려는 영토상의 야심이 있었다. 그곳에 석유가 풍부했기 때문이다. 그러나 이란 군대가 침입을 격퇴했다. 분쟁은 고착된 전선, 참호, 가시철망, 겨자탄, 지뢰지대 등 제1차 세계대전을 연상시키는 섬뜩한 전쟁으로 비화했다. 바그다드의 바트 당 민족주의 정권이나 테헤란의 이슬람 통치체제도 전쟁을 종결해서 직접적으로 얻을 이익이 없었다. 전쟁은 애국적 분위기의 조성에 이로웠고 두 나라에서 공히 권력자의 통제력을 강화했기 때문이다. 그 결과로 전쟁은 8년으로 길게 연장되어 50만 명의 죽음을 초래했다.

팔메는 바로 얼마 전에 그 지역에 간 적이 있다. 1980년 5월 팔메는 오스트리아의 브루노 크라이스키와 에스파냐 사회노동당의 펠리페 곤살레스와 함께 사회주의 인터내셔널의 대표로서 이란을 방문했다. 스웨덴에 돌아온 팔메는 1년을 갓 넘긴 이슬람 혁명에 관하여 희망적인 보고서를 내놓았다. 팔메가 이란에 헌법에서 종교적 요소를 제거해야 한다고 요구한 것은 사실이지만, 그는 이란이 자유와 민주주의를 향해 나아가고 있다며 대체로 낙관적인 견해를 표명했다. 이 잘못된 기대는 한편으로는 이란 혁명이 처음에는 민주주의를 향한 세계적인 발전의 일부로 생각되었기 때문이다. 1979년은 놀라운 한 해였다. 미국 중앙정보국의 지원을 받은 이란의 샤 무함마드 리자 팔레비와 캄보디아의 국민 학살자 폴 포트, 우간다의 광포한 독재자 이디 아민, 로디지아의 인종주의자 이언 스미스, 니카라과의 부패한 대통령 소모사, 중앙아프리카 공화국의 피에 굶주린 잔인한 황제 보카사, 남한의 독재자 박정희 등 세계 최악의 독재자들이 차례로 무너졌다. 1970년대가 끝나면서 세계는 더욱 자유롭고 평화로운 10년을 맞이할 것이라는 희망으로 가득했다.

발트하임의 요청이 이란 혁명에 관한 팔메의 비교적 우호적인 평가와 관련이 있는지는 말하기 어렵다. 그렇지만 국제연합 사무총장에 따르면 팔메는 안전보장이사회의 모든 회원국이 수용할 수 있는 유일한 사람이었다. 그래서 주변의 여러 사람이 만류했는데도 팔메는 요청을 거부할 수 없었다. 임무는 다소 절망적으로 보였다. 안데슈 페름은 빈의 팔메 위원회 사무국에서 이렇게 말했다. "당신이 그 책임을 떠맡든 말든 국민은 개의치 않을 것이다. 중요한 것은 결과이다." 반면 사회민주당 집행위원회는 만장일치로 제안을 받아들이라고 권고했다. 집행위원회 위원들은 팔메가 당대의 큰 분쟁에서 국제연합이 신뢰하는 중재자로 활동하여 언론의 주목을 받는 것이 당에 전혀 해롭지 않다고 판단했다. 선거운동을 앞두고 많은 유권자를 끌어오는 데 보탬이 된다기보다는 지역 활동가들의 사기를 높이는 문제였다. 사회민주당 지도자들은 기간 당원들이 세계주의적 대표와 편협한 부르주아 정당 정치인들을 비교하면서 얼마나 마음이 뿌듯할지를 알았다. 그러나 그것은 또한 당연히 사회민주당 지도부의 팔메에 대한 충성의 표현이었다. 그가 자리를 비운 동안 당내 쿠데타는 없으리라는 약속이었던 것이다.

그렇지만 그 임무는 걱정한 자들이 예견했듯이 거의 불가능에 가까웠음이 드러났다. 공식적으로 팔메는 '중재자'가 아니라(이란에서 중재자라는 말은 부정적인 느낌을 주었다) '사무총장 특별 대표'였다. 팔메는 신속히 팀을 꾸렸다. 외교부에서는 예테보리의 노동자 지구에서 태어나 사회민주주의에 이끌린 유능한 청년 외교관 얀 엘리아손이 차출되었다. 엘리아손은 워싱턴에 파견되어 있었다. 두 사람은 나중에 장거리 비행 여행 중에 서로 미국 국내정책에 관한 지식을 자랑한다. 11월 중순 팔메는 뉴욕 이스트리버 강가에 있는 국제연합 본부에서 이 조력자를 만났다. 이후 팀 전체가 테헤란과 바그다드로 향했고 1980년 11월 20일에서 24일 사이에 첫 번째 협상을 갖기로 했다. 이란과 이라크 두 나라 정부는 팔메를 환영했다. 팔메는 전쟁 발발 이래로 페르시아 만에 갇혀 있던 유조선 예순세 척의 자유로운 통행을 보장받았다. 그러나 갑자기 협상이 중단되었다. 팔메는 이처럼 간단히 말했다. "이제 평화를 원하는 정치적 의지는 보이지 않는다." 팔메는 1981년과 1982년에 네 차례 더 그 지역을 찾았다. 어떤 때는 해결이 가까이 다가온 것처럼 생각되기도 했지만, 언제나 마지막 순간에 일이 틀어졌다. 한 편이 뒷걸음치거나 핵심 정치인이 실권하거나 죽었다. 1982년 가을부터 팔메는 사실상 중재 임무를 엘리아손에게 위임했다. 그러나 공식적으로 팔메는 1986년 2월 사망할 때까지 '사무총장 특별 대표'였다. 이 때문에 그가 살해된 이유를 중동에서 찾을 수 있다는 추측이 이어진 것이다.

1980년대 초 팔메가 맡은 두 가지 큰 국제적 임무가 완수하기 어려운 것으로 판명되었다는 사실은 암시하는 바가 있다. 1960년대 이후로 세계질서는 근본적으로 변했다. 당시의 주된 문제는 서구와 제3세계 해방운동 간의 갈등이었다. 이 대립은 확실히 라틴아메리카와 아프리카 남부에서, 어느 정도는 이란의 이슬람 혁명에서도 현재진행형이다. 그러나 다른 차원의 갈등이 추가되었다. 미국은 이제 더는 유일한 제국주의적 초강국으로 보이지 않았다. 새로운 냉전을 초래한 것이 누구든 간에, 소련이 더욱 공격적으로 나왔다는 것은 분명한 사실이다. 또한 제3세계에서 새로운 이데올로기적 경향들이 나타나 서로 충돌했다. 이라크와 이란의 전쟁에서는 이슬람 근본주의자들과 세속적인 권위주의적 민족주의자들이 대결했다. 두 집단은 인권뿐만 아니라 인간의 생명 자체도 경시했다는 점에서 똑같이 무자비했다.

그러나 팔메에게 그러한 국제적 임무는 실존적으로 불가피한 일이었다. 그는 매우 낯선 것과 매우 지역적인 것 사이의 현저한 차이에 깊은 인상을 받았다. 팔메의 전기를 처음 쓴 비엔 엘름브란트가 뛰어난 통찰력으로 표현했듯이, 그는 "그러한 모순이 있는 삶, 평범한 것과 멋진 것, 국제적인 것과 지역적인 것 사이의 삶"을 사랑했다. 그 삶은 양쪽을 다 향했다. 팔메에게는 파리나 모스크바에서 협상하다가 곧바로 노를란드 오지의 작은 사회민주당 지부로 가서 회의를 하고 세계 곳곳의 외진 곳에서 스웨덴으로 연락하는 것이 감격스러운 일이었다. 이란-이라크 전쟁의 중재자로서 팔메는 총성이 울리는 테헤란에서 조국으로 전화를 걸어 투르비엔 펠딘의 최근 조치에 관해 논의할 수 있었다.

스웨덴 영토에 좌초한 소련 잠수함

팔메의 국제정치적 임무는 국내에서 존중을 받았다. 그러나 무시나 공개적인 비판도 있었다. 1970년대 말 스웨덴은 주변 세계에 대해 소극적인 태도를 취했다. 한 가지 이유는 태도를 정하기가 이전처럼 쉽지 않았기 때문이다. 미국이 물러간 뒤 인도차이나의 사정은 당황스러웠다. 캄보디아에서는 사회주의의 이름으로 국민이 학살당했고, 베트남과 중국이 전쟁을 벌여 수많은 난민이 발생했다. 그러나 장기적인 위기는 스웨덴 사회에서도 대립이 심화되는 결과를 초래했다. 1980년 스웨덴 역사상 1909년 대파업 이래로 가장 큰 노사분규가 발생했다. 4월 초, 핵발전소 국민투표가 실시되고 한 주가 지났을 때이자 팔메가 모스크바에 있었던 때, 스웨덴 고용주연합은 노동조합총연맹 조합원 75만 명에 대해 직장폐쇄를 단행하겠다고 예고했다. 노동시장의 두 당사자 간에 깊은 간극이 있었다. 고용주들은 임금 인상이 불가능하다고 주장한 반면, 노동조합총연맹은 11.3퍼센트의 인상을 요구했다. 5월 2일 충돌이 일어났다. 대도시에서 대중교통이 멈추었고 공항이 폐쇄되었으며, 라디오와 텔레비전에서는 짧은 뉴스만 송출되었다. 분쟁은 열흘간 지속되며 스웨덴이 더는 축복받은 산업평화의 나라가 아니라는 사실을 확실하게 드러냈다.

노동운동 내부에서 사회민주당 대표가 밖에서 하는 일을 줄이고 국내에 더 머물러야 한다는 비판의 목소리가 들렸다. 팔메의 첫 번째 이란과 이라크 방문 뒤에, 몇몇 부르주아 신문은 많은 사회민주당원이 이전 사회민주당 정부에서 지방행정부 장관을 지낸 한스 구스타브손을 새로운 대표로 원한다고 주장했다. 이러한 견해는 사회민주당 내에서 사실상 지지받지 못했다. 팔메의 답변에 사람들은 입을 다물 수밖에 없었다. "부르주아 정당들이 한스를 무조레와로 만들다니 그에게 애석한 일이다." 연합감리교의 흑인 감독 아벨 무조레와는 로디지아의 백인 인종주의자들이 내세운 대통령 후보였는데, 그를 아는 스웨덴 사람은 거의 없었다. 그러나 부르주아 신문이 과장했다고 해도, 내부의 비판이 있었던 것은 분명하다. 언제나 팔메를 비난한 《달라-데모크라텐》은 그의 사퇴를 요구한 반면, 사회민주주의적인 다른 지역신문은 지휘권의 분할을 제안하는 선에서 그쳤다. 팔메는 비판자들에게 신랄하게 응수했다. "인간 간의, 국민 간의 연대와 협력에 의지가 없다면 정당이 무슨 의미가 있는가? 이념과 미래상이 없는 편협한 운동은 전 세계적 세력 투쟁에서 결국 이기주의와 국수주의의 편으로 빠질 수밖에 없다."

1981년 가을 스웨덴 사람들은 또한 스웨덴과 강국 간의 거리가 그렇게 멀지 않다는 사실을 깨달았다. 10월 28일 토요일 아침 블레킹에 군도의 밍크 농장주가 자신이 살고 있는 섬 인근의 만에서 좌초한 잠수함을 발견했다. 거센 바람에 소련 함대의 깃발이 나부꼈다. 그는 칼스크루나의 해군 부대에 연락했고, 부대는 미심쩍어 하면서도 장교 한 명을 보내 조사하게 했다. 블레킹에의 고세피에덴 만에 마치 떠밀려온 고래처럼 해변에 올라앉은 것이 정말로 소련 잠수함이라는 사실이 확인되자, 외교부 장관 울라 울스텐은 소련 대사를 초치하여 거칠게 항의했다. 1950년대 초 카탈리나 사건 이후로 가장 강력했을 것이다. 1980년부터 스웨덴 해역에서 "잠수함과 관련된 것이 분명한 여러 종류의 물체"가 목격되었다는 기사가 늘어났지만, 스웨덴 해군은 그때까지 정체를 밝히기는커녕 그것이 외국 잠수함이라는 명확한 증거도 찾지 못했다. 그러나 이제 러시아인들이 못된 짓을 하고 있었음이 밝혀졌다.

다음 주가 아주 볼 만했다. 블레킹에의 현장에 세계 각국의 언론이 집결했다. 가을바람이 싸늘하게 부는 가운데 스웨덴 특공대 병사들이 인접한 작은 섬들에서 훈련을 했고, 동시에 스웨덴 국경선 밖에서는 소련 구축함이 순찰했다. 한번은 소련 군함이 구출을 시도하여 스웨덴 영해로 들어오는 것 같기도 했다. 잠수함 문제를 신중히 다룬 총리 투르비엔 펠딘은 그런 얘기를 듣고는 엄중히 명령했다. "국경을 지켜라." 다행스럽게도 그런 시도는 없었다. 며칠 뒤 총리 투르비엔 펠딘이 기자회견에서 U-137 잠수함이 핵무기를 탑재했을지도 모른다고 말하자 상황은 더욱 심각해졌다. 소련은 스웨덴 전문가들의 탑승을 거부했지만 그러한 비난을 부정하지 않았다.

잠수함은 11월 6일 풀려나 칼리닌그라드를 향했다. 그러나 소련과 스웨덴은 계속해서 격한 문서를 주고받았다. 크리스마스 직전 소련 정부는 스웨덴으로부터 520만 크로나의 구조비용 청구서를 받았는데, 여기에는 스웨덴 군대 인사들의 여비와 수당까지 포함되었다. 어느 점에서 이는 제2차 세계대전 중에 제작된 국방 홍보 영화에서나 볼 수 있는 웃기는 얘기였다. 그 잠수함이 '위스키 급'이었기에 더욱 어처구니없었다. 그러나 북유럽에서 군사적 긴장이 증대했음을 일깨우는 심각한 사건이기도 했다.

소련의 영토 침범에 대한 반응은 강력했다. 소련 지도부는 U-137 잠수함이 스웨덴 영해에 들어간 것은 항해의 실수로 불운한 사고였다고 설명했지만, 이를 믿는 스웨덴 사람은 없었다. 펠딘처럼 팔메도 상황이 심각하니 국민이 단합해야 한다고 보고 독자적인 조치를 취하지 않았다. 소련 잠수함은 스웨덴 사회에서 오랫동안 단골 소재였다. 한편으로 비록 성과는 없었지만 스웨덴 해안선을 따라 늘 잠수함을 추적한 것에 관한 기사가 이어졌고, 다른 한편으로 소련이 영해를 침범했다는 추정에서 비롯한 정치적 소동이 잇달았다. 소련 잠수함에 대한 걱정은 부분적으로는 보수파에 이로웠다. 전통적인 러시아 적대감과 군비 확충의 열기가 부활했다. 불안한 스몰란드 주민들은 해군이 구축함을 보유할 수 있도록 모금을 시작했다. 그러나 U-137 잠수함의 좌초는 또한 발트 해가 유럽 변두리의 평화롭고 한적한 바다가 아니라 핵무기로 가득한 군사적 분쟁 지역임을 각인시켰다. 그러한 시각에서 보면 군축과 안보를 위한 울로프 팔메의 국제적인 활동은 새롭게 빛난다. 팔메는 다른 스웨덴 정치인들에 한참 앞서 전쟁의 위험이 크다는 사실을 간파하고 무엇인가 하려 했다. 팔메의 국제적 활동이 스웨덴의 상황과 무관하다고 말할 수 있는 사람은 이제 없다. 남은 질문은 이것이다. 얼마나 깊은 관계가 있는가?

흔들리는 복지국가

U-137 잠수함 함장은 사방으로 탁 트인 군도에 좌초했음을 알아채고는 분명히 악몽이라고 생각했을 것이다. 그러나 많은 스웨덴 사람에게 그곳은 더할 나위 없이 아름다운 자연의 풍광이었다. 작가이자 록 가수인 울프 룬델에게는 적어도 그러했다. 그는 대단한 인기를 끈 곡에서 이렇게 노래한다. "나는 탁 트인 풍광 속에서 가장 행복해. 바다 근처에서 살 거야.…" 〈광활한 풍경Öppna landskap〉은 소련 잠수함이 좌초하고 정확히 1년이 지난 1982년 가을에 발표되었다. 스웨덴 군도에 들어앉은 U-137 잠수함의 모습은 많은 사람에게 나라가 공격에 취약하다는 느낌을 불러일으켰는데, 아마도 룬델은 이로부터 영향을 받았을 것이다. "나는 평화와 자유 속에서 가장 행복해, 몸과 영혼에서 공히/ 가두고 훔치는 자는 내게 가까이 오지 않아.…"

룬델은 1980년대 초 스웨덴에 퍼진 신낭만주의적 분위기를 대표하는 인물이었다. 1960년대와 1970년대에 솟구친 정치적 요구는 점점 더 상상력이 없고 숨이 막힐 듯 짜증스러워 보였다. 젊은 문학평론가 마츠 겔레르펠트는 1980년 정기간행물《야콥스 스테게 (야곱의 사다리)》에서 스웨덴의 문화 논쟁에 악담을 퍼부었다. "언어적으로 환상적인 신비를 만들어내자. 『피네건의 경야』 같은 작품을 하나, 둘, 백 개를 내놓자. 겁쟁이가 되지 말자. 예술은 예술일 뿐임을 인정하라! 말은 말일 뿐임을 인정하라! 담대하게 시대와 삶과 죽음에 관해 이야기하자." 겔레르펠트와 조이스와 함께 하이모더니즘^{high modernism}의 전장에 뛰어들 준비가 된 사람은 거의 없었지만, 일찍이 자기주장을 확실하게 내세운 많은 작가가 이제는 내면에 관심을 가졌다. 그렇지만 작은 세계에 관해 글을 쓰는 것은 종종 "개인적인 것이 정치적인 것"이라는 표어로 정당화될 수 있었다. 1960년대 초부터 스벤 린드크비스트는 사회민주주의 좌파의 시각으로 스웨덴과 세계를 관찰했다. 그러나 1981년 그는 10대였을 때 쓴 편지와 기록을 바탕으로 자신을 드러내는 작품인 『어느 연인의 일기^{En älskares dagbok}』를 발표하여 대중을 깜짝 놀라게 했다. 이듬해 얀 뮈르달은 알바 뮈르달과 군나르 뮈르달의 사회민주주의적 모범 가정에서 그다지 즐겁지 않게 성장한 자신의 삶을 묘사하는 3부작에 착수했다. 뮈르달의 작품 세계는 언제나 자전적인 성격이 강했지만, 첫 권인 『유년 시절^{Barndom}』은 국제적으로 유명한 부모와 '국민의 집' 사회공학의 냉철한 이성과 비타협적으로 충돌하는 내용이었다. 다른 시각에서 보면 그것은 서로 너무 바빠서 정서적으로 자녀에게 소홀히 한 부부에 관한 심리극이었다.

어쨌거나 합리성과 준엄한 정치적 인식과의 충돌은 환상과 우화가 다시 사랑을 받았음을 의미했다. 1970년대 초에 아스트리드 린드그렌이『레온예타 형제』를 발표했을 때, 스웨덴의 몇몇 평론가는 줄거리 중에서 사후세계를 거의 종교적으로 묘사한 부분에 문제를 제기했다. 그러나 1981년 그녀의 마지막 작품『산적의 딸 로니아』는 대단한 찬사를 받았다. 빌드비트라와 그로드베리, 신화에 나올 법한 다른 생명체에 둘러싸인 숲속에서 자유롭고 활기차게 살아가는 로니아의 삶을 환상적으로 그린 소설에 모두가 열광했다.* 그 시절에 대중적으로 가장 많이 쓰인 낱말의 하나는 '스크뢰나^{skröna}'(황당한 이야기)였는데, 완전히 긍정적인 의미를 획득했다. 그렇지만 허구적 세계와 비현실적 존재에 대한 관심은 결코 스웨덴만의 특징은 아니었다. 같은 시기에 조지 루커스의 우주 서사시 〈스타워즈〉는 전 세계적으로 대성공을 거두었고, 문화 세계는 가브리엘 가르시아 마르케스를 비롯한 라틴아메리카의 "매력적인 사실주의 작가들"에게 찬사를 보냈다. 마르케스는 1982년에 노벨문학상을 수상했다.

그 시대의 다른 표지는 영원한 선악이라는 개념의 복귀였다. 이는 반드시 사회적 참여가 포기되었다는 뜻은 아니다. 그러나 사회적 갈등의 형태에는 이제 10년 전이라면 생각할 수 없었을 어느정도 형이상학적인 차원이 침투했다. 상층계급은 단지 자기이익을 단호하게 추구하는 데서 그치지 않았다. 그들은 더 깊은 의미에

---

* 빌트비트라^{viltvittra}는 날카로운 집게발을 가진 괴수로 피를 보려고 사람들을 공격한다. 그로드베리^{grådvärg}(회색난쟁이)는 종종 어둠 속에서 뛰쳐나와 두려움을 안기는 소름 끼치는 생물체이다. 키가 10미터나 되지만 소심한 룸프니스^{rumpniss}도 나온다.

서 사악했고 가학적이었다. 정보국 사건으로 널리 알려진 얀 기유가 먼저 치고 나왔다. 그는 1981년 기숙학교 환경의 괴롭힘을『악^{Ondskan}』이라는 노골적인 제목의 소설로 생생하게 묘사했다. 같은 해에 스벤 델블랑은 종교에 심취한 19세기 마을학교 교사를 다룬 소설『사무엘의 책^{Samules bok}』으로 새롭게 연작 소설을 발표하여 성공했다. 이듬해, 토리뉘 린드그렌의 출세작『바위에 오르는 뱀^{Ormens väg på hälleberget}』에서 양심의 가책도 없이 가난한 여자들을 이용하는 19세기 베스테르보텐의 상인부터 하세 알프레드손의 영화 〈어리석은 살인자^{Den enfaldige mördaren}〉에서 역시 양심의 가책도 없이 가난한 여자들을 이용하는 1930년대 스코네의 나치 공장주까지, 스웨덴 문화계에는 악한 인간들이 폭발적으로 출현했다. 종교적 관용이 좀 더 확산된 그러한 분위기에서 잉마르 베리만은 당당하게 돌아와 대작 영화 〈판니와 알렉산데르^{Fanny och Alexander}〉로 마침내 동포의 사랑을 얻어낼 수 있었다. 스웨덴 대중은 갑자기 종교적 숙고, 죄의 문제, 성적 좌절, 부르주아 가정의 갈등 같은 베리만의 소재에 민감해졌다. 베리만의 의도는 아니었겠지만, '판니와 알렉산데르의 크리스마스'라는 표현이 따뜻하고 안락한 가족 공동체와 동의어가 되었다는 사실이 아마도 이 점을 가장 잘 보여줄 것이다. 아니면 그가 스웨덴 가정생활을 다른 누구보다도 잘 이해한 것이리라.

그러나 악한 것이 상층계급만은 아니었다. 새로운 유형의 사회 비평가들은 사회민주주의 복지국가도 매정하고 냉혹하다고 주장했다. 사회공학과 관료적인 중앙계획의 열의를 신랄하게 비판하는 것은 앞서 보았듯이 얀 뮈르달과 페르 크리스티안 예실드, 라슈 구스타브손 같은 1960년대와 1970년대의 급진적 작가들에게 분명코 중요한 주제였다. 그러나 이러한 비판은 사회주의적 함의를 지녔다. 문제는 국가 자체가 아니라 국가가 자본주의 사회질서를 긍정한 데 있었다. 이제 보수층의 사상가들과 논객들은 시장경제가 복지국가의 비인간성을 대체할 인간적인 대안이라는 논지를 전개했다. 1980년 경제계의 출판사 라티오는 프랑스 경제학자이자 기자인 앙리 르파주의 『내일의 자본주의*Demain le Capitalisme*』를 출간했다. 그 책의 독창성은 좌파의 사회 비판 시각을 가져와 시장경제를 이상적인 대안으로 제시한 데 있었다.

몇 년 뒤 경제학 교수로 1979년부터 1981년까지 부르주아 정부에서 상업부 장관을 지낸 보수통합당의 스타판 부렌스탐 린데르는 논쟁적인 책『매정한 복지국가*Den hjärtlösa välfärdstaten*』를 발표했다. 그에 따르면 안전을 주겠다는 약속을 지키지 못한 것이 복지국가의 큰 잘못이었다.

> 사회적 안전을 위해 막대한 공적 자금을 쓰고 계획을 세운 복지국가의 한가운데에 사회적 빈곤이 발견된다. 늘어나는 범죄, 약물과 알코올 중독, 여성을 겨냥한 폭력, 가족의 해체, 익명성, 고독과 소외, 반달리즘과 무정함은 섬뜩한 일상이다.

이러한 목록은 허버트 마르쿠제의 『일차원적 인간』에서 가져왔다. 그러나 부렌스탐 린데르의 해법은 사회주의 혁명이 아니었다. '복지국가'와 대립되는, 시장경제와 시민의 자발적인 연대에 입각한 이른바 '복지사회'였다. 국가는 시민사회의 자선과 연대에 자리를 내주고 물러나야 했다. 그는 이렇게 설명했다. "시장경제는 선택의 자유와 자신의 삶의 조건에 영향을 미칠 실질적인 기회를 준다. 이는 정신의 안녕과 사회의 복지 그리고 자유에도 필요하다."『매정한 복지국가』는 레이건과 대처를 권좌에 앉힌 앵글로색슨 세계의 우경화가 스웨덴에도 당도했음을 보여주는 여러 징후 중 하나였다. 1978년 이후로 우파 성향의 싱크탱크 팀브루는 시장에 매우 친화적인 태도를 지닌 책과 조사 보고서, 심지어 소설까지 점점 더 많이 내놓았다. 때로 신선하고 도발적이라고 생각된 신자유주의 사상은 신문의 논쟁 지면과 의회의 토론에서도 한층 더 많은 공간과 시간을 차지했다. 시카고 대학교를 비롯한 북아메리카 대학교들에서 발전한 반反케인스주의 경제학이 특별히 장려되었다. 통화주의와 '공공선택론', 재산권 학파 같은 새로운 개념이 논쟁에 등장했다. 이렇게 활발한 지적 움직임은 게리 베커와 제임스 뷰캐넌, 로널드 코스 등의 연구자들이 노벨경제학상을 받는 결과를 낳았다.

그러나 스웨덴 복지국가를 향한 우파의 공격은 좌파의 공격만큼이나 효과가 없었다. 대다수 스웨덴 국민은 마약과 자살, 스트레스, 가정의 불화에 관하여 도덕적 판단을 내리지 않은 채 사회적 권리를 부여하는 비인격적이고 효율적인 국가를 원한다. 스웨덴 복지국가에 대한 지지는 전후 시대에 스웨덴 군주제에 대한 지지만큼이나 거의 일정했다. 1970년대 후반과 불경기, 부르주아 정부 시절에 복지국가에 대한 열의는 계속 커졌다. 1970년 "이 나라의 사회 개혁은 잘 진척되었으므로 앞으로 국가는 시민에 대한 보조와 지원을 늘리기보다 줄여야 한다"는 주장에 동의한 일부 스웨덴 국민은 답변에 응한 사람들의 약 40퍼센트로 소수였지만 무시할 수 없는 비율이었다. 스웨덴이 우경화에 휩쓸린 것 같았던 1980~1981년에 그 몫은 대략 20~25퍼센트로 감소했다. 사회정책의 여러 측면에 대한 지지는 압도적이었다. 1980년대 초 국민의 70퍼센트에서 90퍼센트 사이(지역에 따라 차이가 있다)가 국가와 기초자치단체는 연금과 의료, 교육의 지출을 줄이지 말아야 한다고 생각했다. 게다가 30퍼센트에서 60퍼센트에 이르는 국민은 노인 돌봄과 의료, 자녀가 있는 가정의 지원, 연구, 고용에 지출되는 자금을 늘려야 한다고 보았다. 삭감이 필요하다고 본 유일한 분야는 주택보조금과 사회부조처럼 자산 조사를 요하는 보조금(다시 말해 보편적 복지에 포함되지 않는 것)과 국가와 기초자치단체의 행정이었다. 스웨덴 사람들은 모든 국민에게 매우 관대한 조건을 제시하는 복지국가를, 그렇지만 사회에 부담을 지우는 관료들과 무능력자가 없는 복지국가를 원한다.

반면 새로운 이념은 지주와 외스테르말름의 부인들을 위한 정당이라는 이미지를 떨칠 수 없던 보수통합당에는 안성맞춤의 지적 주사액이었다. 새로운 우파 지식인들에게는 보편적인 임무가 있었다. 복지국가는 이제 경제적으로 비효율적이었을 뿐만 아니라 사회적으로도 결함이 있었다. 연이어 노벨경제학상을 받은 새로운 경제학 이론과 자본주의의 도덕적 우월성에 대한 확신이 결합하면서 보수통합당은 새로이 더욱 자랑스러운 태도를 얻게 되었다. 이는 부르주아 쪽으로 권력이 이동했음을 뜻했다. 국민당의 좌파 자유주의는 1970년대 대부분의 기간 동안 지속적으로 쇠락했으며, 1980년

3월 핵발전소 국민투표 이후 중앙당은 가장 매력적인 의제를 잃었다. 이제 보수통합당이 사회민주당의 주된 상대가 되었음이 분명했다. 그래서 역설적이게도 1970년대 내내 부르주아의 결속을 유지하기 위해 인내심을 갖고 계책을 꾸미는 데 전념했던 예스타 부만이 오만함에 젖었다.

사회민주당의 '멋진 밤'

핵발전소 국민투표 이후 펠딘의 두 번째 정부는 전망이 꽤나 좋아 보였다. 부르주아 정당들은 마침내 감세라는 공동의 큰 문제를 다룰 수 있게 되었다. 세금 인하는 스웨덴 정치에서 전형적인 좌우 간 대립의 문제였다. '자유'와 '평등'이라는 모호한 개념은 이 경우에서 구체적이고 명확한 의미를 얻었다. 사회주의적 정책은 높은 세금을, 부르주아 정책은 낮은 세금을 뜻했다. 1979년 선거운동에서는 특히 보수통합당과 국민당이 세금 인하를 약속했다. 실행하기는 어려웠다. 1979년 가을 이래로 경제는 기록적인 속도로 추락했다. 1980년에 펠딘은 국가 재정을 구하기 위해 80억 크로나라는 엄청난 액수의 세금을 부과할 수밖에 없었다. 그런데도 1981년 겨울 정부는 세금의 누진율을 낮추고 초과소득세(시민이 마지막으로 벌어들인 100크로나에 대해 납부하는 세금)를 줄여 보기로 결정했다. 부르주아 정당들은 12만 크로나(오늘날로 치면 32만 크로나)의 소득까지는 50퍼센트 이상을 초과소득세로 납부하는 사람이 없도록 상한선을 두려 했다.

그러나 부르주아 정당 간에 균열이 생겼다. 중도 정당들은 사회민주당까지 포함하는 합의를 원했다. 그렇지만 새로이 지도자의 역할을 차지하고 자신감에 눈을 뜬 보수통합당은 사회민주당과의 타협에 원칙적으로 무관심했다. 예스타 부만은 사회민주당이 "정부가 필수적이라고 여긴 조치들을 어렵게 만들거나 무력화하려고 마수"를 뻗었다고 의심했다. 그의 결론(내부적으로 선언했다)은 보수통합당은 결코, 심지어 견해가 같을 때에도 사회민주당과 합의하지 않겠다는 것이었다. 그러나 1982년 2월 초 정부가 한계세율 조정에 관한 계획을 제시했을 때, 부만은 사회민주당을 대화에 청한 펠딘과 울스텐에 반대할 수 없었다. 합리적인 조치였다. 타협해야 할 조건은 충분했다. 그 상황에서 사회민주당도 세금 제도의 적절한 검토가 필요하다고 보았다. 폼페리포사와 다른 곤란한 세금 사건 이후에 스트렝의 권위는 손상을 입었다.

경제 문제에서 차츰 사회민주당의 새로운 대변인으로 등장한 셸울로프 펠트는 실효 한계세율을 낮출 필요가 있음을 인식했다. 그는 부드러운 목소리를 지닌 작고 얌전한 사람으로, 노를란드에서 홀어머니 밑에서 어렵게 성장했지만 학업을 지속하여 고등학교를 졸업했다. 펠트는 1950년대 초 학업을 위해 웁살라에 왔을 때 정치에는 비교적 무관심했다. 그는 어쩌다가 별 생각 없이 대학교의 사회민주당 학생 동아리 라보레무스에 들어갔고 이후 재무부 공무원이 되었다. 1960년대 중반에 이미 정치평론가들은 그가 "팔메 정부의 재무부 장관이 될 것"이라고 예견했다. 셸울로프 펠트는 글이 날카로웠고 뛰어난 논객이었지만, 정치인으로서 특별히 열정적이지는 않았다. 엘란데르는 이렇게 평가했다. "개처럼 영리하다." 그는 이데올로기적 문제에 냉담했고 과장된 표현에 무관심했기에 팔메의 정반대 유형에 속했다. 그는 특히 경제학자로서 많은 당원이 국가가 아니라 기업이 복지를 창출한다는 사실을 이해하지 못하는 것에 우려했다.

그러나 사회민주당은 한계세율을 재고하고 있었지만 중도 정당들을 지나치게 우호적으로 대할 생각은 없었다. 당 지도부가 1978년 가을에 울스텐을 지지한 데 대한 내부의 불만은 여전히 가시지 않았다. 특히 팔메에 대한 불만이 컸다. 봄에 세르겔 광장의 의사당에 있는 정부 회의실에서 당사자들이 네 차례 만났으나 결론이 나지 않았다. 그러나 4월 24일 목요일 어떤 형태로든 타협이 가능할 것 같았다. 셀울로프 펠트와 국민당의 롤프 비텐에게 다음 날 아침까지 기본적인 내용을 확정하는 임무가 맡겨졌다. 집중적인 협상 끝에 펠트는 저녁에 비텐에게 마지막 제안을 전하고 나카의 집으로 돌아갔다. 한 시가 지난 직후 비텐이 전화를 걸어 몇 가지 작은 조정만 가한다면 사회민주당의 제안을 수용하겠다고 말했다. 펠트는 팔메에게 전화를 해서(그는 아직 잠자리에 들지 않았다) 부르주아 정당들이 "납작 엎드렸다"고 설명했다. 어쨌거나 비텐이 예스타 부만의 안을 지지했는지는 분명하지 않았다.

비텐은 확실히 부만의 안을 지지하지 않았다. 그가 협상의 결과를 보수통합당에 통보해야 하는지 펠딘에게 물은 것은 사실이지만, 총리는 필요 없다고 답했다. 부만은 금요일 아침 그 제안에 대해 들고는 분노를 토해냈다. 그는 비텐과 펠트의 타협안이 채택되면 보수통합당은 정부에서 빠지겠다고 선언했다. 펠딘은 이렇게 대응했다. "나도 제대로 이해하지 못했다." 그렇지만 아마도 그는 이해했을 것이다. 예스타 부만은 불분명한 사람이 아니었다. 열 시쯤 사회민주당과 협상이 재개되었다. 팔메는 초조했고(제네바의 군축 회의에 참석해야 했다), 펠딘은 타협이 너무도 절실하여 팔메에게 관용기를 쓰라고 내어주었다. 몇 차례 더 협상이 진행된 뒤 팔메와 펠딘, 울스텐이 합의했다. 부만은 지극히 불만이었지만 같이 정부를 세운 동지들에게 드러내놓고 맞서고 싶지는 않았다. '멋진 밤'이라고 부르게 되는 시간은 이렇게 끝났다. 이 표현은 비텐에게서 나온 것이다. 그는 그날 아침 어느 라디오 기자가 지난밤이 어땠냐고 질문하자 이렇게 답했다. "멋졌다!"

두 주간 혼란이 이어진 뒤 결과는 뚜렷해졌다. 초과소득세에 관한 타협은 유지되었고, 보수통합당은 분노하여 정부를 떠났다. 사회민주당의 엄청난 승리였다. 이는 어느 면에서는 과분했다. 팔메와 펠트는 부르주아 정부의 분열을 노리고 협상에 들어가지는 않았다. 그들이 스스로 무너졌다고 보는 것이 더 옳다. 그러나 장기적인 시각에서 보면 '멋진 밤'은 팔메가 1978년에 국민당에 꼬리를 흔든 결과였다. 그 덕분에 팔메는 한편으로 국민당의 신임을 얻어 이득을 취했고 다른 한편으로 보수통합당과 중도 정당들 간의 불화를 유발했다. 그 틈은 보수파가 1979년의 성공적인 선거 후 승리에 중독된 탓에 더욱 깊이 벌어졌다.

부르주아 정당에 등 돌린 유권자

1981년 5월 22일 펠딘은 예스타 부만의 소극적 지지를 받아 울라 울스텐과 함께 세 번째 정부를 수립했다. 국민당과 중앙당의 국무위원들이 보수통합당을 배제한 뒤에도 당당하기는 했지만, 1982년 가을 선거 때까지 새로운 중도 정당 정부의 길은 험난했다. 경제 사정은 급속히 나빠졌다. 1981년은 제2차 세계대전 이후 최악의 한 해였다. 성장률은 거의 제로에 가까웠고, 실업은 증가했으며, 다국적 은행들은 스웨덴의 신용에 서서히 의문을 표했다. 의회의 과반수를 차지한 부르주아 정당들은 재정 문제를 해결하고자 엄격한 긴축에 들어갔다. 건강보험에 지급유예기간을 도입했고(이전에는 아픈 날 당일부터 지급되었다), 실업수당이 축소되었으며, 인플레이션이 심했는데도 연금이 동결되었다. 여론에서 이 정책은 사회자유주의적 중도 정당들에 재앙이었다.

상황은 팔메에게 더없이 유리했다. 6년간의 정부 구성 위기와 경제 위기를 거친 뒤 유권자는 부르주아 정당들에 질렸다. 동시에 사회민주당은 마침내 효과적으로 반대하는 법을 찾아냈다. 선거 패배 후 팔메는 사회민주당이 기록적인 성장기의 성과를 토대로 한 정책을 들고 선거운동을 해서는 안 된다는 점을 깨달았다. 1979년 12월 팔메는 당의 경제정책을 전환하기 위해 잉바르 칼손과 셸울로프 펠트, 노동조합총연맹의 루네 몰린, 스톡홀름의 유능한 젊은 정치인 레니 비에르클룬드로 특별 위기대책반을 만들었다. 출발점은 노동운동이 경제 상황의 심각성을 과소평가했다는 것이었다. 특히 셸울로프 펠트는 노동운동이 이제는 "좋은 선물을 주는 정당"
일 수 없으며 스웨덴 경제의 구조적 문제에 맞서 싸워야 한다는 테
제를 내놓았다. 이는 다른 무엇보다도 '산업 활동'의 수익성이 개선
되어야 한다는 뜻이었다. 다시 말하자면 소유자에게 더 많은 이익
이 돌아가야 했다. 펠트가 지적했듯이, 임금노동자들의 희생을 바
란다면 '경제계náringslivet'보다는 '산업industri'을 얘기하는 것이 언제나
더 좋았다. 펠트는 1970년대에 국민생산에서 이윤이 차지하는 몫
이 30퍼센트에서 15퍼센트로 줄었다고 주장했다. 스웨덴은 "일하
고 저축하여 위기에서 벗어나야 한다"는 다소 가혹한 구호가 등장
했다.

위기대책반은 노동운동의 전체적인 응원을 받지 못했다. 사회민
주당 정부에서 국무위원을 지낸 어떤 이는 이를 스웨덴 고용주연
합의 정책이라고 했고, 노동조합총연맹 의장 군나르 닐손은 '어리
석은 짓'이라고 생각했다. 조언을 듣기 위해 당원들에게 노동시간
연장과 질병수당과 연금의 일시적인 삭감을 수용할 수 있냐고 물
었을 때, 싸늘한 반응이 돌아왔다. 펠트의 지역구 달라나의 제지 공
장에서 일하는 어느 노동자는 "5교대 근무가 어떤 것인지, 거기에
8시간을 추가로 일한다는 것이 무슨 뜻인지" 아느냐고 펠트에게
호통을 쳤다. 그는 명백히 가장 시장친화적인 제안들에서 물러날
수밖에 없었다. 그러나 1981년 가을 당 대회가 열렸을 때, 많은 당
원이 적극적인 개혁 작업을 재개하려면 경제의 조정이 필요하다는
생각을 받아들였다. 반면 "스웨덴의 미래"라는 제목으로 최종적인
계획이 제시되었을 때 위기대책반의 구체적인 긴축 제안은 사라졌

다. 펠트는 "경제 위기 대응 계획"이라는 더 엄중한 제목을 선택했지만, 이는 당 사무총장 스텐 안데숀에 의해 거부되었다.

위기 대책은 선거운동에서 효과가 있었다. 첫째, 부르주아 정부의 긴축을 공격한 사회민주당의 비판이 포퓰리즘으로 보이지 않았다. 사람들이 더 나은 경제 조치를 기대했기 때문이다. 둘째, 위기 대책은 곤란한 임금노동자기금을 중화할 방법이었다. 펠트에 따르면, 임금노동자기금은 1979년 9월에 위기대책반을 세운다는 발상을 떠올리게 된 원인의 하나였다. "우리가 스톡홀름으로 돌아온 뒤 나눈 대화에서 [팔메는] 임금노동자기금 문제를 거추장스러운 짐이 되도록 놔두지 말고 하나의 자원으로 전환할 전략과 수단을 모색했다." 이데올로기적으로 보면 위기 대책은 원래의 기금안과 전면적으로 충돌했다. 그러나 펠트는 기금이 사회주의적 목적이 없는 더 중립적인 투자기금으로 바뀌기를 원했다. 1981년 당 대회에서 팔메와 펠트는 기금이 우선 시장경제의 더 원활한 작동을 이끌어내는 방법이어야 한다고 호소했다. 그러나 일부 대의원은 여전히 기금을 공격적인 제안으로 보고자 했다. 스코네에서 온 어느 대의원은 이렇게 설명했다. "울로프 팔메는 라디오와 텔레비전에서 기자들로부터 기금에 관하여 질문을 받으면 겁먹은 생쥐 꼴이 된다." 그러나 대회는 결국 기금에 관하여 적당히 모호한 결정을 내렸다. 그 결정은 팔메와 당 지도부를 구속하지 않았으며 다른 당사자 즉 부르주아 정당들과의 대화를 열어놓았다.

이는 팔메의 선거운동 전술과도 완전히 일치했다. 1982년 팔메는 의도적으로 이전 선거운동에 비해 온건한 노선을 선택했고 대화와 합의를 이야기했다. 선거운동 막바지에 칼마르에서 팔메가 투르비엔 펠딘과 토론으로 맞붙었을 때 대중에게는 놀랍게도 역할이 뒤바뀌었다. 펠딘은 강경하고 공격적으로 보였고, 팔메는 저자세에 신중해 보였다. 팔메로서는 결코 성공적인 토론이 아니었다. 이후 사회민주당은 펠딘을 만화에 나오는 거구의 초록색 괴물인 '헐크'라고 불렀다. 스웨덴의 선거운동을 주시한 독일 작가 한스 마그누스 엔첸스베르거는 어색할 정도로 평화롭다고 생각했다. "선거 며칠 전부터 이미 나는 스웨덴 사람들이 선거운동을 치르며 보여준 전례 없는 평온함과 연사들의 절제 있는 정중함에 강한 인상을 받았다." 그러나 사회민주당의 시각에서 보면 그 전술은 효과적이었다. 팔메의 새로운 온건한 이미지는 페르 알빈 한손이 국민을 통합하여 스웨덴의 대공황 탈출을 이끈 1930년대 위기정책을 연상시켰다. 사회민주당은 1930년대 이후 처음으로 스웨덴 국기를 선거 포스터에 집어넣어 그러한 메시지를 강조했다. 거기에 팔메의 얼굴도 들어갔다. 1970년 이후로 처음이다. 당 대표 간의 텔레비전 토론에서 팔메는 마지막 반론으로 이렇게 말했다.

> 분명히 나는 민주사회주의자이다. 선거권을 관철시킨 브란팅처럼, 사회적 안전을 구축하고 국민추가연금을 도입한 엘란데르처럼. 문제는 인간 간의 배려와 연대이다.

그러나 많은 평자는 여전히 팔메를 국부가 될 만한 인물로 보지 않았다. 엔첸스베르거는 이렇게 말한다. "그는 국부의 자질을 타고

나지 못했다. 그는 사랑받기에는 지나치게 지적이고 쉽게 변하고 대도시적이었다."

임금노동자기금을 도입하기로 한 사회민주당 당 대회의 결정에 스웨덴 경제계가 1948년 계획경제 논쟁 이후로 가장 강력한 정치 투쟁에 나섰다는 사실도 선거운동에 영향을 미쳤다. 방식은 매우 통속적이었다. 스웨덴 고용주연합은 미국 광고대행사와 계약하여 신문 광고와 포스터, 소책자, 영화 광고를 통해 기금에 반대했다. 여름에 가벼운 옷차림의 청년들이 고용주연합의 의뢰를 받아 해변을 찾아서 기금에 반대하는 전단을 배포했다. 사회민주당 정부의 수립을 방해하는 것이 목적이었다면, 이는 실수였다. 유권자들은 부르주아 정당들의 분열에 지쳤고 실업과 복지 제도의 축소에 우려했다. 1980년대 내내 지속될 이 싸움은 장기적으로 보면 성공적이었다. 기금에 대한 반대 때문에 사회민주당 지도부(기금안에 전혀 각별한 열의를 보이지 않았다)는 기금 문제를 결정할 때 더욱 신중한 경향을 보였기 때문이다.

1982년 9월 19일 선거일에 사회민주당이 받은 표는 그다지 놀랍지 않았다. 45.6퍼센트였다. 그렇지만 두 진영 간의 격차는 1968년 이후로 가장 크게 벌어졌다. 중앙당뿐만 아니라 국민당도 후퇴했다. 보수통합당은 1981년 가을 일흔 살의 예스타 부만을 대신한 젊은 스톡홀름 정치인 울프 아델손의 지휘로 성공을 이어갔다. 팔메는 기뻐서 어쩔 줄 몰랐다. 선거일 밤 팔메는 스톡홀름 민중회관에 모여 승리에 취한 당원들에게 이렇게 외쳤다. "오늘 저녁 사회민주당원이서 뿌듯하다!" 팔메는 마침내 확실한 승리를 거머쥐었다.

1976년 이후 그는 늘 44년 만에 처음으로 선거에서 패배한 사회민주당 대표였다. 이제 그는 1932년 이후 처음으로 권력을 되찾은 사회민주당 대표가 되었다.

그러나 1976년에 팔메가 정부청사를 떠난 뒤로 스웨덴과 세계는 변했다. 그때 팔메는 정치인의 일생 대부분에서 우선시한 문제들을 다룰 수 있었다. 평등과 양성평등을 추진했고 초강국에 맞서 약소국을 지원했다. 이제 권좌에 복귀했을 때 해야 할 일은 바뀌었다. 국내정책에서는 확신이 없는 제안, 즉 임금노동자기금의 도입을 지지해야 했다. 외교정책에서는 자신의 계획보다 집단안보와 군축을 앞세워야 했다. 그가 이러한 일에 집중하고 있었다고 해도, 그것이 전적으로 그 자신의 문제는 아니었다. 이제 팔메는 서독 사회민주당과 함께 가야 했는데, 그들의 관심이 언제나 스웨덴 노동운동의 관심과 완전히 일치하지는 않았다.

17. 모차르트 형제

Olof Palme

그는 책 속에 나오는 가공의 인물이 아니다.
그는 그러한 모순을 전부 지닌 사람이다. 그렇지만 위대한 사람이다.

— 콘라트 페르디난트 마이어

나비처럼 날아서 벌처럼 쏴라.

— 무하마드 알리

1970년대에 태어난 스웨덴의 젊은 희극인 두 사람이 어린 시절에 보았던 풍광에 '독일민주공화국 – 스웨덴'이라는 이름을 붙였다. 공산국가 동독의 현실이 어떠했는지 생각하면 이는 심한 과장이다. 그렇지만 어떤 이들에게는 옳은 말이었다. 제2차 세계대전 종전 이후 1980년대까지 스웨덴은 높은 수준의 질서와 예측 가능성이 두드러진 사회였다. 1970년대와 1980년대 초에 오랜 기간을 스웨덴에서 보낸 영국인 앤드루 브라운은 이렇게 회상했다. "미래는 피할 수 없으며 동시에 대체로 이해할 수 있다는 팔메 시절의 느낌을 되살리기는 매우 어렵다." 한스 마그누스 엔첸스베르거는 1982년 선거를 목격하고 쓴 글에서 반쯤은 경탄하며 반쯤은 질색하며 이렇게 말한다. "마치 사회민주당이… 신정정치부터 볼셰비키 공산당까지 수많은 정권이 실패한 일, 즉 인간을 길들이는 일에 정말로 성공한 것 같다."

정당정치의 구조는 서구 세계에서 가장 변화가 느린 것 중 하나였다. 부분적으로 사람이 바뀌고 당 강령이 수정되기는 했지만, 1950년대 이래로 의회에 진출한 정당은 다섯 개로 변함이 없었다. 글리스트룹과 랑에가 이끈 노르웨이와 덴마크의 단일문제 정당은 1970년대 스웨덴에서 볼 수 없었다. 또한 경제계에도 세월이 흘러도 변치 않는 유사성이 보였다. 걱정스럽다고 말할 수는 없어도 놀라울 정도로 현저했다. 이케아를 제외하면 스웨덴에 새로운 대기업은 출현하지 않았다. 알파 라발과 LM에릭손, 볼보, 스웨덴 볼베어링주식회사, 스웨덴 전기주식회사 같은 기업이 여전히 경제를 지배했다. 두 개의 텔레비전 채널과 세 개의 전국 라디오 채널이 있었는데, 전부 국영 방송이었다. 조합의 나라 스웨덴은 더 번창했다. 몇몇 조직은(예를 들면 금주운동) 1950년대에 사라졌지만, 노동조합운동과 생활체육 운동 같은 조직은 오히려 더 강력하게 성장했다. 사회민주당 당원 숫자는 그 어느 때보다 더 많았다. 이는 노동조합 가입자가 대개 자동적으로 사회민주당원이 되었다는 사실에 기인한다. 이른바 단체가입이었다. 1982년 사회민주당이 권좌에 복귀할 때에도 여전히 정당과 대기업, 이익단체가 함께 견고한 삼총사가 되어 스웨덴을 운영했다.

조직이 굳건했다면, 사람은 바뀌었다. 1950년대 초부터 스웨덴은 이례적으로 평등하고 민주적이며 국제화한 나라로 탈바꿈했다. 기록적인 성장의 시기에 서구 세계 전체가 비슷하게 변화를 겪었다고 해도, 그 과정은 스웨덴에서 더욱 근본적이고 확실했다. 스웨덴은 울로프 팔메 시절에 위계가 뚜렷한 엄한 계급사회에서 세계에서 가장 평등한 나라로 개조되었다. 임금 격차는 억제되었다. 1980년대 초 스웨덴 사람들의 소득 격차는 세계 최저 수준이었다. 사회적 이동성도 다른 나라들에 비해 더 증가했다. 그 덕에 많은 사람이 쉽게 계급의 사다리를 올라갔다. 경제적 평등의 진전과 더불어 스웨덴은 지극히 비공식적인 사회가 되었다. 일반적인 수준을 벗어나는 모종의 기여나 봉사를 암시하는 거의 모든 외적 상징(메달, 훈장, 직함, 상장)은 폐지되었다. 잉바르 칼손은 1982년 선거 승리 후 부총리라는 새로운 직책을 맡은 것에 대해 인터뷰를 했는데 사람들 사이의 거리를 만들기 때문에 직함이라면 무엇이든 다 싫다고 말했다. 평등은 남녀 간 관계에도 적용되었고, 이는 스웨덴에서는 '옘스텔드헤트'*라는 특별한 용어를 얻었다. 다른 큰 변화도 있었다. 1950년대에 스웨덴은 가정주부가 140만 명이어서 페미니즘의 선구자라고 볼 수 없었다. 1985년 가정주부 숫자는 겨우 20만 명이었고, 스웨덴은 노동시장 인구에서 여성이 차지하는 비율이 가장 높은 나라였다. 어린이집은 스웨덴 사회에서 아주 당연한 요소였다. 가정 밖에서 사회화 과정을 겪는 것이 아이에게 좋은지 나쁜

---

* 일반적인 의미의 평등은 옘리크헤트jämlikhet라고 하고 양성평등은 옘스텔드헤트jämställdhet라고 한다. 군이 구분하자면 전자는 '서로 같음'을, 후자는 '서로 같은 위상에 있음'을 뜻한다.

지에 관한 논쟁은 시나브로 사라졌고, 대신 어린이집을 민영으로 해야 할지 공영으로 해야 할지가 뜨거운 논쟁거리가 되었다. 양성 평등의 가족정책을 토대로 한 새로운 스웨덴 모델이 등장했다.

나라의 물리적 환경도 폭넓게 현대화 과정을 거쳤다. 1980년대 초 대대적인 해체의 물결이 종결되었다. 스톡홀름 중심부는 도시를 관통하는 고속도로와 현대적 업무 단지를 갖추어 강철의 푸른 색으로 뒤덮인 새로운 도시가 되었다. 1970년대 말 유럽의 다른 대도시를 괴롭힌 도심의 슬럼화를 근본적인 수술로 막아냈다. 가난한 사람과 학생, 이민자가 저렴한 비용으로 지낼 수 있는 도심의 허름한 아파트는 이제 사라졌다. 그러한 곳은 대신 링케뷔와 텐스타, 알뷔 같은 100만 호 공급 정책의 주택지에 집중되었다. 유입 이민의 증가는 아마도 1950년대 '국민의 집' 시대와 가장 크게 다른 모습이었을 것이다. 당시 스웨덴에 외국에서 태어났거나 외국 시민인 사람은 대략 23만 명이었다. 1984년에 그 숫자는 50만 명이 늘어나 73만 명에 달했다. 숫자가 가장 많은 집단은 여전히 북유럽, 특히 핀란드 출신이었고, 유고슬라비아와 독일, 그리스, 폴란드 같은 유럽 국가 출신이 뒤를 이었다. 그렇지만 아시아인과 라틴아메리카인, 아프리카인도 있었다. 각각 7만 5000명, 2만 5000명, 1만 5000명이었다. 이민자들의 대도시 집중을 피하기 위해 1985년 '전全 스웨덴 원칙'이 세워졌다. 새로이 들어오는 난민을 나라 전역의 기초자치단체에 골고루 배치하기로 한 것이다. 이는 몇 년 안에 스코네의 작은 시골 군 셰부에서 이민에 적대적인 강력한 항의를 초래한다. 이 사건은 전국적으로 큰 주목을 받았다.

일상생활의 이 모든 변화는 결국 조직의 힘을 훼손하게 된다. 여전히 많은 스웨덴 국민이 세금으로 재원을 마련하는 공동의 복지라는 관념을 지지한 것은 사실이다. 그렇지만 점점 더 많은 사람이 공적 독점에 이의를 제기하고 선택의 자유를 확대하라고 요구했다. 오만한 당국에 대한 비판이 늘었다. 이러한 불만은 '푸다스의 상자'에서 결정적인 표현을 찾았다. 1983년 겨울 분노한 택시 운전사 폴케 푸다스가 싸늘한 날씨에 세르겔 광장에 합판으로 상자를 만들고 노르보텐의 아르마스예르비에서 외베르토네오 사이를 운행할 권리를 되찾으려고 단식투쟁을 벌였다. 동시에 뚜렷한 이유 없이 사회복지 당국의 돌봄을 받는 아동에 관하여 격한 논쟁이 벌어졌다. 스웨덴 언론과 외국 언론에서 똑같이 스웨덴에 '아동 굴라크'가 있다는 말이 돌았다. 이러한 부르주아 측의 비판은 언제나 있었으나 신자유주의 때문에 새롭게 풍부해졌다. 사회민주당 안에서도 '강한 사회'에 대한 회의가 커졌다. 많은 사람이 '강한 사회'가 '강한 국가'가 되었다고 생각했기 때문이다. 사회민주당 청년운동 안에서 민중운동이 대안으로 떠올랐다. 민중운동이라면 중앙 관료기구 없이 자발적인 협력과 연대에서 문제를 해결하고 필요를 충족시킬 수 있으리라고 생각한 것이다. 제2차 세계대전 중에 적극적으로 나치에 반대한 일흔 살의 자유주의적 기자 하랄드 비그포슈는 스웨덴이 무질서의 건강한 공기를 쐬었다고 보았다. "어디서나 걱정과 당국에 대한 불신, 풀뿌리운동, 시민의 발의, 불법 노동, 노동조합 내부의 저항, 정당 간의 대립… 등에 마주한다." 확대된 복지국가에 대한 이러한 비판을 다루는 것이 1980년대에 팔메와 사회민주당의 큰 과제였다.

새로운 세대의 동지들

1982년 10월 8일 금요일 사회민주당 정부가 들어섰다. 오전 10시 울로프 팔메는 의회에서 기조연설을 했다. 상황은 매우 극적이었다. 두 개의 큰 뉴스가 검은 글씨의 제목으로 스웨덴 신문의 벽보판을 도배했다. 스톡홀름 군도에서 정체불명의 잠수함을 추적했다는 것과 조만간 크로나의 평가절하를 단행하리라는 소문이었다. 기조연설은 우울했다. 팔메는 작금의 위기 상황에서 국민의 단합이 필요하다고 호소했다. 국무위원들은 국왕과 함께 점심을 하고 공동으로 기자회견을 연 뒤 각자 자신의 담당 부를 찾아갔다. 팔메는 클라라 지구에 있는 루셴바드의 새로운 사무실로 발걸음을 옮겼다.

그 전해에 펠딘 정부가 뮌트토리에트 광장의 오래된 회색 벽의 정부청사를 떠나 그 멋진 건물에 입주했다. 루셴바드는 약간 더 편안했다. 20세기 초에 이탈리아 르네상스 양식의 궁전을 모방하여 지은 것으로 클라라 지구의 재개발에서 살아남은 몇 안 되는 건물의 하나였다. 거리의 반대편에는 거대한 쉐라톤 호텔이 들어서 있었다. 모더니즘 양식의 거대한 상자 같은 호텔을 스톡홀름 시민은 거의 좋아하지 않았다. 약간 떨어진 곳에 주차 빌딩 엘레판텐이 있었다. 스톡홀름이 자동차 도시임을 보여주는 무지막지한 기념물이었다. 그러나 콘크리트 밑에는 기억이 숨어 있었다. 팔메의 새로운 사무실에서 돌 던지면 닿을 거리에 있는 카듀안스마카르가탄 11번지는 《스벤스카 다그블라데트》의 편집부가 있던 곳이다. 그곳에서 팔메는 제2차 세계대전이 끝났을 때 삼류 기자들과 보헤미안 속에서 처음으로 직업 전선에 뛰어들었다. 한때 루센바드 1층에 있던 식당에서는 거의 30년 전 어느 가을날 타게 엘란데르가 팔메를 초대하여 쾨티판나를 사준 적이 있다.

이제는 국가가 건물 전체를 인수했다. 새롭게 수리한, 사암으로 된 전면부는 점잖지 못하게 분홍색으로 빛났다. 모든 것이 우아하게 현대화했고, 리다르피에덴 만* 너머로 펼쳐진 전망이 장관이었다. 총리 집무실은 전에 비해 적어도 두 배는 커졌다. 기자들 앞에서 팔메는 이렇게 설명했다. "느낌이 좋다. 이제 여기에 들어앉아 있겠다." 그러나 팔메는 편하지 않았다. 그는 책상 위의 자작나무로 마감한 복잡한 전화기의 사용법에 전혀 익숙해지지 못했다. 그는 비서의 전화기로 중요한 대화를 했다. 팔메는 엘란데르와 대화할 때나 잠시 낮잠을 잘 때 자주 애용한 이전 정부청사의 소파를 아쉬워했다. 그 시절을 함께한 몇몇 동지도 비슷한 감정을 느꼈다. 그러나 많은 사람에게 그것은 지나간 황금기에 대한 감상적 태도였을 뿐이다. 이제 엘란데르 정부의 옛 국무위원들은 전부 내각에서 빠졌고(스트렝, 닐손, 안데숀), 이론의 여지없는 1인자였던 팔메를 새로운 세대의 동지들이 에워쌌다.

여름에 팔메는 노란 공책을 들고 돌아다니며 정부 수립을 예상

---

* 멜라렌 호수 동쪽 끝에 있는 만. 스톡홀름 도심 안에 있다.

하며 필요한 것을 기록했다. 그러나 누가 정부에 관하여 어떤 계획을 갖고 있냐고 물으면 우선 선거에서 승리해야 한다고만 말했다. 팔메가 마침내 발표한 새로운 내각은 신뢰하는 동지들과 노동운동의 정치적으로 균형 잡힌 인사들, 몇몇 과감한 인물들이 뒤섞인 것이었다. 잉바르 칼손이 부총리가 되었고, 셸울로프 펠트는 당연히 재무부 장관이 되었으며, 레나 엘름발렌과 안나그레타 레이온은 이제 각각 교육부와 노동시장부를 책임진 장관이 되었다. 팔메의 유능한 개인 비서였던 타게 G. 페테숀은 산업부 장관이 되었다. 당에서 차출된 인사로는 사회부 장관이 된 스텐 안데숀과 '뢰데 뵈리에' 안데숀이 있었다. 뵈리에 안데숀은 국민학교 교사 출신으로 노동자의 견고한 요새 같았던 달라나 주의 볼렝에를 오래 관리했기에 국방부 장관에 적합하다고 판단되었다. 노를란드 출신의 젊고 유망한 부 홀름베리는 큰 기대를 받았다. 지방분권화와 협동조합의 독립적인 운영을 열렬히 지지한 그가 지방행정부 장관으로서 중앙집권적 관료제에 대해 점증하는 불만을 해결하리라고 본 것이다. 1973년과 달리 팔메는 양성평등의 관점에서는 큰 조치를 취하지 않았지만, 세 명의 여성 국무위원을 추가로 임명했다. 특히 비르기타 달이 에너지부 장관이 되었다. 가장 큰 주목을 받은 것은 사회민주당원이 아니나 포뢰 섬에서 휴가를 같이 보낸 두 사람의 선발이었다. 체신청장 우베 라이네르는 법무부 장관이 되었고, 사무직중앙연맹 의장 렌나트 부드스트룀은 외교부 장관이 되어 왕궁 맞은편 아르브푸슈텐스 팔라츠의 멋진 사무실을 차지했다.

쉰다섯 살의 팔메는 여전히 여러 국무위원보다 어렸다. 그러나 국제정치는 물론 스웨덴 정치에서도 그에 필적할 만한 경험을 갖춘 사람은 없었다. 팔메의 기억은(비상하게 좋았다) 1950년대 초까지 생생했다. 국내정치에서 그는 울린과 알마숀 이후의 모든 부르주아 정치인과 맞서 싸웠으며, 1960년대 이래로 다수의 큰 개혁에 관여했다. 팔메는 24년간 국회의원이었고 13년간 정부에 있었으며 총리로 7년을 보냈다. 그는 1940년대 말부터 국제무대에서 활약했고, 처칠과 흐루쇼프를 만났으며, 케네디의 장례식에 참석했고, 닉슨과 키신저와 논쟁했다. 팔메는 빌리 브란트와 브루노 크라이스키의 좋은 친구였고, 에스파냐의 펠리페 곤살레스 같은 젊은 지도자의 우상이었으며, 인디라 간디와 줄리우스 니에레레 같은 제3세계 지도자로부터 존경을 받았다. 한국 전쟁부터 이란의 이슬람 혁명까지, 국민추가연금부터 임금노동자기금까지 팔메는 언제나 사건의 중심에 있었다.

경제 위기의 해법을 찾아서

새로이 들어선 정부의 가장 중요한 과제는 경제 위기의 해결이었다. 인플레이션과 실업, 기업 도산의 5년은 짙은 흔적을 남겼다. 경기 순환의 파동은 더욱 깊어졌고, 재정 적자는 놀라운 속도로 불어났다. 실업은 기록적인 수준에 도달했고, 임금은 인플레이션과 보조를 맞추기 어려웠다. 경제 문제는 전통적인 케인스주의의 경기 안정화 정책에서 분명하게 거리를 두는 조치를 요구했다. 노르웨이의 어느 기자는 다소 악의적으로 "이상적인 사회인 스웨덴이 다른 모든 나라와 똑같이 되고 있는 것"은 스웨덴 사람들에게 어색한 일이라고 말했다. 1930년대에 스웨덴이 자본주의와 사회주의 사이에서 중도를 취했다고 널리 알린 마쿼스 차일즈는 1970년대 말 다시 스웨덴을 이야기했다. 『스웨덴 ― 시험대에 오른 중도*Sweden ― The Middle Way on Trial*』(1980)에서 그는 스웨덴 사람은 정의와 평등을 아무리 좋아할지언정 높은 생활수준을 한층 더 소중히 생각한다고 결론 내렸다. 그는 스웨덴 사람들이 급진적 평등정책을 포기하고 중도로 되돌아갈 것이라고 예측했다.

나라 안에서도 좋은 시절이 저절로 돌아오지 않으리라는 인식이 커졌다. 문제는 해법이 무엇이냐는 것이었다. 미국과 영국에서는 낮은 세금과 규제 완화, 민영화, 광범위한 실업의 수용, 수요 자극보다 노동과 상품의 공급 증대의 강조 등 새로운 경제학이 지배했다. 스웨덴 사회민주당은 그 길을 가고 싶지 않았다. 그러나 동시에 그들은 전통적인 케인스주의가(1976~1982년의 부르주아 정부도 추구한 정책이다) 더는 작동하지 않는다는 사실을 깨달았다. 프랑스의 새로운 사회당 정부는(결코 스웨덴에 좋은 모범이 된다고 생각할 수 없는 나라이다) 팽창정책을 통해 위기를 탈출하려고 애쓰고 있었다. 그러한 진단은 믿음직하지 않았다.

팔메에게 이는 새로운 상황이었다. 생애 처음으로 그는 대대적인 개혁정책이 마련되어 있지 않았다. 그저 경제 위기를 억제해야 하는 임무만 있을 뿐이었다. 이제까지 팔메의 정치 행위는 성장을 기조로 삼았다. 그는 스웨덴 학생회연맹 의장이었을 때 이미 예산을 두 배로 늘리고 회비를 인상하여 동료들을 깜짝 놀라게 했다. 이후 팔메가 사회민주당 정치인이 되었을 때, 그의 주된 자산의 하나는 미래에 대한 낙관적 태도였다. 부르주아 정당들이 국가 재정을 염려한 반면, 팔메는 복지가 늘어나고 있지만 정치인들은 이를 시민에게 더 잘, 더 고르게 분배하는 문제에서 충분히 창의적이지 않다고 걱정했다. 이제 팔메와 정부는 우선순위를 정해야 하는 어려운 과제에 직면했다. 사회민주당이 대처와 레이건의 길을 따를 생각은 하지 않았지만, 특정 분야에 활력을 불어넣을 재원을 마련하려면 다른 여러 분야에서 삭감이 이루어져야 했다. 팔메는 시장경제가 원활히 작동해야 한다는 점을 전적으로 인정했다. 그것이 자신이 추진하고자 하는 평등정책의 전제조건임을 그는 알고 있었다. 팔메는 스무 살 대학생 시절에 프리드리히 하이에크의 『예종에 이르는 길』을 읽고는(이제 복지국가에 대한 새로운 공격에서 중요한 문헌이 되었다) 비판적 견해 중 하나에 밑줄을 긋고 가장자리의 여백에 동의한다는 듯이 '주의!' 표시를 했다. "현대 민주주의 체제는 불가피하게 생활수준을 낮추거나 경제 발전을 중단시켰다가는 반드시 무너지고 말 것이다."

새 정부가 들어서기까지 한 주가량 남았을 때인 9월 28일, 셸울로프 펠트와 울로프 팔메, 잉바르 칼손, 타게 G. 페테숀, 그리고 핵심 집단의 다른 두 명이 봄메슈비크에 모여 위기 대응책을 논의했다. 재무부 장관을 맡기로 한 펠트가 세 가지 대안을 제시했다. 첫째는 '팽창', 둘째는 '긴축'이었고, 셋째는 '빅뱅'이라는 극적인 이름을 달았다. 이 굉음이 뜻하는 바는 투자와 생산을 촉진하되 국내 수요를 억제한다는 것이었다. 펠트에 따르면, 그렇게 하기 위해서는 강력한 평가절하로써 스웨덴 경제에 충격을 가해야 했다. 펠트의 제 안이 수용되었다. 이후 며칠 동안 그의 협력자들은 크로나의 20퍼센 트 평가절하 이외에 전체적인 가격 동결과 추가 세금 인하, 평가절 하의 이익을 더 공정하게 분배하기 위한 임금노동자기금, '국산품 애용' 운동을 포함한 위기 대응책을 입안했다. 그러나 펠트가 10월 6일 아침 알란다 공항에서 북유럽의 재무부 장관들에게 계획을 제 시했을 때, 반응은 부정적이었다. 크로나 평가절하는 어느 정도까 지는 받아들일 수 있었지만, 20퍼센트 평가절하는 덴마크에는 "완 전한 대재앙"이었고 노르웨이의 판단에는 "북유럽 협력의 사상 최 악의 후퇴"였으며 핀란드 중앙은행장에 따르면 "스웨덴의 공격적 인 정책"이었다. 펠트는 16퍼센트로 물러났지만 다른 점에서는 겁 내지 않았다. 이는 모든 평가절하의 근원이어야 했다.

알란다 공항에서의 회합 이후 스웨덴이 크로나의 평가절하를 단 행한다는 정보가 퍼졌다. 오전에 스웨덴 은행들은 환전을 중단했 고, 이튿날 아침 정부 발표로 확실하게 고지되었다. 평가절하로 스 웨덴이 주변 세계에서 인기가 떨어졌지만, 계획은 펠트가 생각한 대로 효과를 냈다. 종종 그랬듯이 사회민주당은 운이 좋았다. 국제 경기가 1982년에 바닥을 치고 상승 국면에 접어들었다는 사실을 누구도 제대로 알아보지 못했다. 1983년 서구는 1960년대 이후 처 음으로 중단 없이 가장 길게 이어질 호경기에 진입한다. 그러나 회 복이 그토록 고통 없이 이루어진 것은 팔메 정부 초기에 정권에 대 한 스웨덴 국민의 신뢰가 컸기 때문이었다. 혼란스러운 부르주아 정부 시절을 보낸 뒤, 경제계는 사회민주당이 권좌에 복귀하는 편이 좋다고 생각했다. 이제 질서와 평온이 되돌아왔다. 펠트는 적어도 스트렝만큼은 유능하고 합리적이었다. 정부는 유리한 상황을 이용하여 긴축을 실행에 옮겼다. 이전이었다면 아우성을 초래했을 것이다. 처음 내린 결정 중 하나는 지난 시절 이익을 내지 못하는 기업에 세금을 쏟아부었던 '산업 긴급지원'을 중단한 것이다. 펠트는 또한 재정 지출 축소 작업도 시작했다. 수십 년간 지속적으로 예산이 증가한 상황에서 사회민주당 장관들에게 자기 부처의 지출을 축소해야 한다는 점을 인식시키기는 어려웠다. 그러나 대처의 영국처럼 국가의 전면적인 후퇴가 목적은 아니었다. 일부 지출의 증가는 허용되었다. 특히 안나그레타 레이온이 맡은 노동시장부는 청년 실업 퇴치를 위한 몫을 늘렸다. 스웨덴 사회민주당은 이를 '제3의 길'이라고 설명했다. 토니 블레어와 신노동당이 그 개념을 내놓기 15년 전이었다.

평화의 중재냐, 조국의 수호냐

1948년 청년 대학생 팔메는 케니언 칼리지 학생 신문《디 애드버케이트》에 소련이 스웨덴에 군사적 위협이 되느냐는 질문을 던졌다("체코슬로바키아는 가버렸다. 스웨덴은?"). 그때 그는 그렇지 않다고 답했다. 팔메의 견해는 공산주의 강국의 "관심은 다른 곳을 향했다"는 타게 엘란데르와 사회민주당 정부의 판단과 같았다. 그러나 단서가 있었다. 그는 이렇게 지적했다. "미국의 경기 침체가 심각해지거나 힘의 균형을 깨뜨리는 다른 사건이 일어난다면 상황은 완전히 달라질 수 있을 것이다." 1980년대에 힘의 균형을 깨뜨린 일이 일어나 소련이 스웨덴에 관심을 돌리기 시작한 것 같았다.

U-137 잠수함이 칼스크루나 외곽에 좌초한("위스키 온 더 록") 1981년 가을 이래로 스웨덴은 해저 침투에 대한 대비를 강화했다. 펠딘 정부가 팔메 정부로 교체되던 중인 1982년 10월 1일, 합동참모본부는 스톡홀름 군도 남쪽에서 잠수함의 징후를 찾았다고 발표했다. 며칠 뒤 해군은 스웨덴 해군 기지가 있는 무스크외 섬에 인접한 호슈피에덴 만에 정체불명의 선박이 갇혀 있다고 확신했다. 신문들은 두 면 전체에 걸쳐 승조원들이 숨 막혀 죽어가고 있다는 추측성 기사와 결국 체포될 해군 병사들을 가둬놓을 막사의 그림, 스웨덴 폭뢰 '말린Malin'과 '엘마Elma'의 단면도를 실어 잠수함 사냥에 몰두했다. 스톡홀름 시민은 잠수함 공포증에 사로잡혔고, 리딩외 섬 바깥 쪽 스톡홀름 강과 다른 중요한 수로에서 잠망경을 보았다. 10월 5일 펠딘 정부는 수상한 잠수함에 손상을 입힐 위험성을 무릅쓰고 폭뢰를 사용해야 한다는 점을 분명히 했다. 그 상황에서 소련 정부가 연락하여 스웨덴의 잠수함 추적은 소련에 위해를 가할 목적의 과도한 선전이라고 주장했다. 몇 주 뒤 모든 수색은 스웨덴 영해가 침범 당했다는 명확한 증거가 드러나지 않은 채 중단되었다.

1981년 가을 팔메는 투르비엔 펠딘을 공개리에 응원하지는 않았지만 중앙당 대표의 소련에 대한 단호한 대응을 조용히 지지했다. 스웨덴의 비동맹정책은 팔메의 국제적 활동에서 필수적인 전제

조건이었다. 그 점을 신뢰할 수 없다면, 만일 스웨덴이 "선을 지킬" 수 없다면, 국제무대에서 스웨덴의 독립적인 지위가 훼손되고 그 견해는 존중받을 수 없게 될 것이었다. 그러나 동시에 큰 문제가 있었다. 군축 노력에서 팔메가 수행한 두드러진 역할이었다. 팔메 위원회는 1982년 6월 최종 보고서를 제출했고, 가을에 사회민주당이 선거에서 승리한 뒤 냉전의 격화를 막으려는 노력이 계속되었다. 팔메에게 이는 이중의 과제였다. 한편으로 그는 스웨덴 총리로서 소련 지도부에 확고한 태도를 보여야 했고, 다른 한편으로 평화의 중재자로서 미국뿐만 아니라 소련도 협상 테이블로 끌어내야 했다. 팔메가 잠수함 좌초에 강력히 항의하면서 동시에 크렘린의 지도자들을 잘 구슬릴 수 있다고 믿은 사람은 많지 않았다.

문제는 거의 즉시 시작되었다. 1982년 12월 스웨덴 정부는 중부 유럽에 폭 300킬로미터의 핵무기 없는 지대를 설정하자는 국제적인 제안을 내놓았다. 이는 팔메 위원회 보고서에서 가져온 발상이었다. 서방 국가들은 냉담했지만 동유럽 진영은 긍정적이었다. 그렇지만 바르샤바조약기구는 구역을 두 배로 확대하기를 원했고, 이는 서독 전역에서 전술 핵무기 배치를 완전히 금지하자는 뜻이었다. 예스타 부만의 비서였고 조만간 그의 사위가 되는 보수통합당 의원 칼 빌트는 팔메를 거세게 공격했다. 그는 《다겐스 뉘헤테르》에 이렇게 썼다. "정부의 평화정책은 소련의 기본 방침을 적절한 근거 없이 조건도 달지 않고 수용하는 짓이다."

1983년 2월 《다겐스 뉘헤테르》는 서독 사회민주당의 에곤 바르가 서독의 군축 논쟁을 촉진하기 위해 팔메에게 계획보다 일찍 제안을 내놓으라고 부탁했다는 기사를 발표했다. 그렇지만 신문은 증거를 내놓지 못했다. 그렇지만 팔메에게 바르와의 긴밀한 협력은 여전히 곤란을 초래했다. 서독은 팔메 위원회에서 중부 유럽의 거대한, 거의 아무런 조건 없는 비핵지대를 설정하는 문제에서 가장 멀리 나아갔다. 미국의 사이러스 밴스와 영국의 데이비드 오언은 반대로 재래식 무기의 군축 요구와 짝을 이룬 작은 회랑의 설정에 찬성했다. 최종 문서는 힘든 타협의 결과물이었다. 그러나 이제, 스웨덴 정부가 제안을 내놓을 때, 바르가 중요한 부분을 작성했음이 밝혀졌다. 《다겐스 뉘헤테르》에 따르면, 동구권 재래식 무기의 감축 요구는 바르의 수정 이후 삭제되었다. 팔메는 기사가 제안을 이해하지 못했다고 말했다. 표현이 매우 모호해서 지금에 와서 누가 옳은지 판단하기는 어렵다. 그러나 스웨덴의 제안을 바르샤바조약기구는 수용하고 북대서양조약기구는 거부했다는 사실은 남는다. 이는 오언과 밴스보다는 바르의 영향이 더 컸음을 가리킨다. 그래서 서독이 팔메의 외교정책을 조정했다는 인상을 준다. 1981년 잠수함 사건 이후로 소련에 더욱 강경한 태도를 취하라고 요구한 보수통합당은 분노했다.

몇 주 뒤인 3월 중순 팔메는 반격에 나섰다. 의회의 외교정책 논의에서 그는 보수통합당이 북대서양조약기구에 휘둘리고 "스웨덴 안보정책에 위험한 일"을 한다고 비난했다. 1981년 가을 예스타 부만에 뒤이어 보수통합당 대표가 된 울프 아델손과 논쟁하는 것이 팔메의 의도였다. 아델손은 이전에 스톡홀름 시의 성공적인 재무위원이었다. 아델손은 시청에서 일할 때 정당의 경계를 넘어 꽤나 즐거웠던 분위기에 익숙했는데, 중앙정치에서 특히 팔메의 심한 타격에 충격을 받았다. 그는 아마도 보수통합당에서 가장 날카로운 칼은 아니었겠지만, 성실하고 책임감과 품위를 갖춘 정치인이었다. 그는 나중에 주지사로서 기여한 바로 스톡홀름 주민들로부터 높은 평가를 받는다.* 그러나 팔메는 아델손이 전임자 부만과는 완전히 다른 유형의 사람이었음을 알아볼 수 없었고 그럴 의지도 없었다. 어울리지 않는 대결에 토론은 궤도를 벗어났다. 1982년 12월 사회민주당이 의회에서 늦은 밤에 좌익공산당과의 힘든 싸움에 휘말렸을 때 이미 논쟁은 시작되었다(좌익공산당은 사회민주당 정부를 무너뜨리겠다고 위협했다). 아델손은 다소 방관자처럼 토론에 끼어들었다. 짜증이 난 팔메는 흥분했고 보수통합당 대표를 "낯선 새"라고 불렀다. 팔메의 비유는 재치가 넘쳤지만 때로는 이상하고 조악했다. 이 경우가 그랬다. 아델손은 19세기에 폴란드에서 이민한 유대인 가정 출신이었기에, 상당히 악의적인 공격은 반유대주의로 해석될 수 있었다. 아델손은 그렇게 생각하지는 않았다. 그렇지만 그는 팔메에게 매우 실망했다. 아델손은 일기에 이렇게 적었다. "팔메가 나를 증오하거나 경멸한다는 말이 있다. 아마 둘 다 맞는 말일 것이다. 나는 모르겠다. 그 사람은 실제로 불가해한 인물이다. 어쨌거나 오늘 그는 품위 없는 의원이었다."

---

* 아델손은 1976년부터 1979년까지 스톡홀름 시 재무위원, 1979년부터 1981년까지 교통통신부 장관, 1981년부터 1986년까지 보수통합당 대표, 1992년부터 2001년까지 스톡홀름 주지사를 지냈다.

몇 달 뒤 3월에 팔메가 아델손과 외교정책에 관해 토론하고 싶다는 뜻을 밝혔을 때, 아델손은 핀란드로 떠났다. 보수통합당은 대신 비교적 잘 알려지지 않은 칼 빌트를 내보냈다. 서른세 살의 이 의원은 당 대표와 달리 안보정책 문제에 정통했다. 그의 아버지는 군인이었고, 귀족인 빌트 가문은 총리와 스웨덴 학술원 회원, 장군을 배출했다. 빌트는 1949년 할름스타에서 태어났지만(그곳에서 다소 억센 할란드 사투리를 체득했다) 성장기의 대부분을 스톡홀름의 외스테르말름에서 보냈다. 팔메처럼 빌트도 지적으로 조숙했지만 취미 활동은 많지 않았다. 스포츠에는 관심이 없었고 비행기와 장난감 병정놀이에 빠졌다. 학생 시절에 빌트는 스웨덴 학생중앙조직*의 10대 간부였다. 외스트라 레알 고등학교를 졸업한 후에 스톡홀름 대학교에 입학하여 정치 동아리에서 활동했다. 빌트는 1968년 5월 학생회관에 있었고 안데슈 칼베리를 지도자 자리에서 몰아내려 했다. 기억에 남을 만한 일이었다. 빌트는 연단에 서서 다소 고전적인 학생 유머로써 진지한 혁명적 학생들을 공격했다. "당신들은 우리가 마르크스주의의 토대 위에 서 있다는 말을 아주 많이 한다. 그러나 나는 누가 나의 푸른 패딩 재킷을 밟고 서 있는지 알고 싶다." 빌트는 학생정치에서 보수통합당으로 넘어가 1970년대에 빠르게 출세했다.

1980년대 초 빌트는 정치에 관심이 없는 사람들 사이에서는 성급한 학생자치회 위원으로 알려져 있었다. 그러나 그는 1983년 3월

---

* SECO. 고등학교 학생들의 전국 조직.

16일 의회에서 두려움의 대상인 사회민주당 정권 총리와 맞붙어 정치적으로 성공했다. 이는 한편으로는 팔메가 아델손의 탈주로 기분이 좋지 않았기 때문이다. 총리는 보수통합당 대표가 토론에 나오지 않았다는 사실에 이상할 정도로 흥분했고 그가 '광대 짓'을 했다고 비난했다. 아델손이 몇 년 전 필리핀의 나이트클럽에 도롱이 치마 차림으로 나타나 스웨덴 석간신문들을 기쁘게 해준 일을 암시한 것이다. 팔메는 공격적이고 속 좁게 처신한 반면, 젊은 빌트는 침착했다. 그는 귀에 거슬리는 사투리로 총리를 질타했으며, 팔메가 더 조심스럽게 말해야 하고 동료 의원을 '위험인물'이라고 지칭해서는 안 된다고 말했다.

동시에 스웨덴이 잠수함 사건과 소련에 어떻게 대응해야 하는가의 문제도 남았다. 팔메가 총리로서 처음 취한 조치 중 하나는 잠수함 조사위원회를 세운 것이다. 사회민주당 위원이 세 명, 부르주아 정당 위원이 두 명이었다. 군사 문제에 사회민주당 위원들보다 더 정통했던 칼 빌트가 부르주아 정당 위원이었다는 사실이 결론에 영향을 미쳤을 것이다. 조사위원회는 1983년 4월 확실한 증거가 없었는데도 "바르샤바조약기구에 속한 잠수함, 다시 말해 사실상 소련 잠수함"일 것이라고 결론 내리고 이를 발표했다. 나중에 밝혀진 바에 따르면 정부 안에는 과연 소련 잠수함이었을지 의심하는 견해가 있었다. 특히 외교부 장관 렌나트 부드스트룀이 회의적이었고, 정부가 자체적으로 조사하기를 원했다.

잠수함 문제로 팔메는 곤혹스러운 딜레마에 빠졌다. 그가 국제적인 평화 중재자의 역할을 맡을 수 있었던 것은 스웨덴이 중립국가로서 냉전에서 벗어나 있었기 때문이다. 그러나 잠수한 조사위원회의 결론이 옳다면, 스웨덴은 소련을 거세게 비판하고 나아가 무장을 재개해야 했다. 게다가 국내정치에서는 보수통합당이, 특히 칼 빌트가 국방의 견고함이 부족하다는 징후를 낱낱이 들추어 낼 준비가 되어 있었다. 팔메는 1968년 베트남 외교관과 함께 시위에 나섰을 때처럼 정치적으로 중간은 있을 수 없음을 깨달았다. 팔메가 잠수함 조사위원회의 최종 결론에 불만이었던 것은 분명하다. 그는 결과가 발표되기 전에 영향력을 행사할 기회가 없었다는 사실을 특히 유감스럽게 생각했다. 그렇지만 팔메도 잠수함이 소련 것이라고 확신했다. 그는 나중에 당 집행부에 이렇게 설명했다. "소련 잠수함의 침범은 우리에게 제2차 세계대전 이후 가장 심각한 외교정책 상황일 것이다." 그래서 팔메는 강하게 대처하기로 했다. 그는 정부가 며칠 기다려 자체적으로 분석해야 한다는 부드스트룀의 제안을 거부했다. 연기해 보았자 잠수함 조사위원회를 인정하지 않는다는 인상만 줄 뿐이었다. 국방부 장관 안데슈 툰보리가 지극히 강력한 항의 서한을 작성하는 임무를 맡았다. 4월 26일 스톡홀름 주재 소련 대사 보리스 판킨이 루센바드의 팔메 집무실로 초치되었다. 보통의 경우라면 이러한 성격의 항의 서한은 외교부 장관이 전달했겠지만, 상황의 심각성을 보여주고자 총리가 그 일을 떠맡았다. 카탈리나 사건 이후로 처음이었다. 항의의 내용은 분명했다. "영해 침범은 심각한 국제법 규정 위반이다.… 이는 의도적으로 스웨덴 영해를 조사하려는 불법적인 시도로 해석될 수 있다."

이것 말고는 전부 정치적으로 미친 짓이었을 것이다. 싱거운 항의는 이중의 오류였을 것이다. 한편으로는 소련 정부에 아무런 영향도 주지 못했을 것이고, 다른 한편으로는 빌트에게 멍석을 깔아 주는 꼴이 되었을 것이다. 그러나 상황은 총리보다 보수통합당에 유리했다. 4월 중순 잠수함 조사위원회가 보고서를 제출한 직후, 빌트는 미국을 방문하여 국무부와 국방부의 주요 관료와 만났다. 5월 20일 외교상임위원회가 모였을 때, 팔메는 빌트의 '워싱턴 여행'에 불만을 토로했다. 이는 합당한 비판이었다. 잠수함 조사위원회 위원이 보고서의 "잉크가 마르기도" 전에 미국으로 건너가 스웨덴 안보정책에 관하여 의논한 것은 좋아 보이지 않았다. 팔메는 외교상임위원회와 이제는 서른일곱 살이 된 위원장 국왕 칼 16세 구스타브 앞에서 이렇게 설명했다. "나는 이 일을 법정으로 끌고 갈 생각은 없지만 정부가 잠수함 조사위원회 위원이었던 야당 대표에게 책임을 물어야 한다고 지적하는 바이다." 외교상임위원회는 외교정책 분야의 국민적 단합을 보여주고자 전통적으로 스톡홀름 왕궁에서 회의를 가졌다. 그렇게 끝날 수도 있었다. 그러나 팔메가 비난했다는 뉴스가 신문에 보도되자 빌트의 분노가 폭발했다. 그는 팔메가 "중세시대에나 볼 법한 복수심"을 품었다고, 그것은 "나를 겁주어 입을 막으려는 팔메의 잔인한 짓"이었다고 비난했다.

이제 팔메는 빌트가 선을 넘었다고 판단했다. 동지들 사이에 회의론이 퍼졌는데도 총리는 보수통합당 정치인의 자신에 대한 신랄한 인신공격을 비난하는 정부 성명서를 발표했다. 팔메의 생각에 그것이 사사로운 싸움이 아니라 원칙의 문제임을 보여주려면 정부의 뒷받침이 필요했다. 빌트가 '잔인한 짓'이나 '중세시대의 복수'

를 거론한 것은 확실히 현명하지 못했다. 게다가 기억력이 좋은 팔메는 1969년의 사건을 잊지 않았다. 그때 우익보수당 청년연맹의 스톡홀름 지부가 발행한 정기간행물이 팔메를 병들고 미친 사람처럼 보이도록 악의적으로 표현했다. 팔메는 빌트가 배후라고 생각했다. 그렇지만 팔메의 분노를 이해할 수 있다고 해도, 정부가 나서서 의원 한 명을 비난하는 것도 좋아 보이지는 않았다. 마치 빌트가 일종의 불경죄라도 저지른 것 같았다. 그래서 보수통합당의 지도부와 의원단은 비록 처음에는 빌트의 방자한 행동이 마음에 들지 않았지만 그를 지지했다. 사회민주당 정부 전체로부터 거센 공격을 받는 것은 보수통합당의 유망한 젊은 정치인에게 반드시 부담만은 아니었다. 사회민주당의 어느 의원은 이렇게 말했다. "[팔메의] 과격한 대응의 결과는 그렇지 않았을 때보다 빌트가 사회에서 더 빠르게 유명해졌다는 것이다."

성숙한 정치인이자 총리로서 빌트는 나중에 사회민주당의 전임자와는 상당히 다른 모습을 보여준다. 그러나 1983년에 그는 팔메의 젊은 우파 버전으로 이해되었다. 안데슈 페름은 이렇게 간결하게 정리했다. "학생정치에서 경력을 쌓은 외스테르말름의 젊은이로서 말싸움에 능하며 그만큼 세상에 대한 관심도 많고 자신만의 분석 방식을 갖추었다." 이러한 특성은 팔메가 빌트에 적대감을 갖게 되는 요인이었을 것이다. 그러나 기본적으로 그 갈등은 정치적이었다. 팔메는 평화의 중재자이자 스웨덴 국민의 수호자라는 이중의 임무를 유지하기 위해 애썼다. 문제는 팔메가 거센 인신공격으로 무엇인가 잃을 사람이 자신임을 이해하지 못한 것 같다는 데 있었다. 빌트는 조롱당해도 참을 수 있는 팔팔한 수컷 영계였지만, 대다수 스웨덴 국민은 총리가, 특히 시절이 수상할 적에 더 냉정하고 품위 있게 처신하기를 기대했다. 안데슈 페름은 상관이자 친구인 팔메를 진정시키려고 최선을 다했다. "당신은 바보다. 이러한 논쟁으로 힘을 뺄 필요가 없다. 그런 일은 다른 사람에게 맡겨라."

1983년 12월 《스벤스카 다그블라데트》에 스웨덴 정부가 봄에 소련의 영해 침범에 항의하면서 모순되게 행동했다고 주장하는 기사가 실리면서 잠수함 드라마의 마지막 장이 펼쳐졌다. 이제는 스웨덴의 국제연합 대사로 뉴욕에 파견된 안데슈 페름이 소련의 국제연합 외교관 두 명에게 스웨덴 정부는 잠수함 조사위원회의 결론을 신뢰하지 않는다고 말한 것이 증거였다. 실상을 말하자면, 페름은 팔메로부터 소련 공산당 지도부가 스웨덴의 항의를 확실하게 인지하도록 하라는 임무를 받았다. 그 기사는 큰 화제였다. 팔메의 대응은 예상치 못한 것이었다. 그는 텔레비전 생방송에서 페름이 러시아인들과 나눈 대화에 관하여 쓴 편지를 공개리에 낭독했다. 편지를 보면 팔메는 잠수함을 격침시키겠다고 위협하며 이런 말도 했다. "바다에 시체가 떠다니는 장면을 볼 수도 있다." 팔메가 편지 전체를 다 읽지 않았음이 밝혀지면서 논란은 한 차례 더 이어졌다. 그러나 문제가 낱낱이 파헤쳐졌을 때, 《스벤스카 다그블라데트》와 보수통합당이 사소한 일로 괜한 소동을 벌였음이 분명해졌다. 펠딘처럼 팔메도 "선을 지켰다."

정말로 소련 잠수함이 들어왔는지 아니면 스웨덴이 집단 히스테리의 제물이 되었는지는 오랫동안 면밀한 조사를 거치게 된다. 소런 잠수함이었다는 판단을 의심한 사람의 하나인 외교부 장관 렌나트 부드스트룀은 1985년 겨울《다겐스 뉘헤테르》의 기자 몇 명과 비공식적인 대화의 자리에서 그러한 속내를 밝힘으로써 고생을 자초했다. 야당은 격분했고 그가 마치 반역자라도 된 듯이 사퇴하라고 요구했다. 아델손의 말을 빌리자면, 부드스트룀은 "외국 군인들에 맞서 국경을 수호하려는 스웨덴 국방의 노력"을 조롱했다. 그러나 라이네르 사건* 이후로 고위직 임명을 다시금 철회해야 하는 일을 겪고 싶지 않았던 팔메는 전심으로 외교부 장관을 지지했다. 팔메는 부르주아 정당들이 이제 안보정책과 관련하여 돌아올 수 없는 다리를 건넜다고 말했다. "정권 교체는… 스웨덴의 평화에 심각한 위험을 초래할 것이다." 부드스트룀은 훗날 잠수함 조사위원회의 증거 자료가 결함이 많았음을 보여주는 조사 보고서가 여럿 나옴으로써 명예를 회복한다. 그러나 1982~1983년에는 팔메를 포함하여 다수의 주요 인사가 잠수함 조사위원회의 결론을 신뢰해야 한다고 확신했다.

임금노동자기금 수정안 채택

1980년대는 돈을 버는 기술에 열광한 시기였다. '이익'과 '이윤'

---

* 팔메의 제2기 정부에서 법무부 장관에 임명된 우베 라이네르가 세금 문제로 사퇴한 사건. 뒤에 설명이 나온다.

같은 낱말이 거의 숭배의 대상이 될 정도였다. 냉소적인 석유 부호 J. R. 유잉이 주인공으로 나오는 텔레비전 연속극 〈댈러스^{Dallas}〉는 1981년 1월 30일 스웨덴텔레비전에서 첫 방송을 시작했고 이듬해에 가장 인기 있는 연속극이 되었다. 젊은이들에게는 〈페임^{Fame}〉이 있었다. 1983년에 방송된 이 연속극은 연예계에서 출세하는 사람들의 이야기였다. 성공은 심지어 매우 종교적인 성격을 띠기도 했다. 1983년 멜로디페스티발렌에 선발되어 스웨덴을 떠들썩하게 만든 열여섯 살의 소녀 가수 카롤라 헥크비스트는 신이 하늘에서 자신의 성공을 돌보았음을 단 한순간도 의심하지 않았다.

스톡홀름 증권거래소의 주가는 하늘을 찔렀다. 경매가도 특히 안데슈 손의 벌거벗은 달라나 지방 여인 그림 같은 전형적인 예술 작품뿐만 아니라 개인이 소장한 대중문화 수집품에서도 크게 올랐다. 1984년 스웨덴에서 가장 많이 복제된 그림인 〈대문의 난투극 ^{Grindslanten}〉(적당히 통속적인 주제의 그림으로 이른바 사과도둑바지*를 입은 한 무리의 소년이 땅에 떨어진 동전을 차지하려고 싸우는 모습을 묘사했다)이 언론이 주시하는 가운데 100만 크로나가 넘는 가격에 팔렸다. 사업적인 사고방식은 새로운 영역에 침투했다. 1983년 새로 출범한 기업인 퓌슬링엔 유치원·학교 주식회사가 스톡홀름에 사립 유치원을 열기로 하면서 열띤 논쟁이 벌어졌다. 이보다 논란은 크지 않았지만 이듬해 민영 의료회사 시티아쿠텐이 문을 열었다. 스

---

* äppelknyckarbyxor. 헐렁해서 훔친 사과를 숨기기 좋다는 바지로 1930년대의 속어이다.

웨덴에 의료보험의 적용을 받지 않는 병원은 언제나 있었지만, 눈에 거슬릴 정도의 공격적인 마케팅은 처음이었다.

사회에 새로운 성격의 자본가가 등장했다. 이들은 여러 활동 사이를 신속히 오가는 큰 규모의 자금을 운용했다. 가장 두드러진 사람의 하나는 안데슈 발인데, 그는 1970년대에 콜 오크 콕스(석탄과 코크스)라는 평범한 이름의 비틀거리는 수입품회사를 성공적인 투자회사 베이에르인베스트로 바꿔놓았다. 안데슈 발은 긴장을 늦추지 않으려고 사무실에 플렉시 유리로 된 여성 토르소를 두고 돈을 가득 채워 넣었다. 긴 머리를 하고 다니는 마흔 살의 얀 스텐베크라는 사람은 사망한 아버지가 남긴 임업과 철강업 제국 신네비크를 누나들과의 거친 다툼 끝에 장악하여 스웨덴 최대의 미디어 기업으로 탈바꿈시켰다. 그러나 새로운 자본가 중에서 가장 눈부신 사례는 아마도 레파트 엘사예드일 것이다. 1960년대에 이집트에서 스웨덴으로 이주한 그는 웁살라의 울투나 지구에 있는 스웨덴 농업대학교에서 연구자의 길에 들어섰다. 1981년 새해 첫날 그는 스트렝네스의 파산 직전인 페니실린 공장 페르멘타를 매입하기에 충분한 돈을 모았다. 엘사예드는 페르멘타를 발판으로 삼아 일렉트로룩스에서 추가로 자금을 빌려 일련의 제약회사를 매입했다. 주가는 치솟았고, 엘사예드는 적어도 명목상으로는 백만장자가 되었다. 그때 보기에는 빈손으로 시작한 이민자의 놀라운 성공담이었다. 경제와 눈이 휘둥그레지는 사업에만 시선이 쏠리는 것을 비난하는 사람도 있었다. 카이엔이라는 필명으로 《스벤스카 다그블라데트》의 '오늘의 시' 난을 담당한 시인 카이 룬드그렌은 1983년에 이렇게 요약했다. "이제 내 눈에 보이는 것은 금융회사뿐/ 그리고 주식 매수와 펀드 추천/ 그리고 손실과 물타기."

이러한 시각에서 보면 당시의 스웨덴을 사회주의의 철옹성이 되고 있는 사회로 이해하기는 어렵다. 그러나 1983년 10월 4일 임금노동자기금에 항의하고자 스톡홀름 중심부에 모인 7만 5000명은 바로 그것을 우려했다. 스웨덴 역사상 최대 규모로 베트남 전쟁 반대 운동이 동원한 숫자를 압도한 강력한 시위대가 다소 습하고 따뜻한 가을 날씨에 훔레고덴 공원에서 의사당으로 행진했다. 스몰란드의 중소기업가들은 이렇게 적힌 팻말을 들고 있었다. "기금은 완전한 범죄이다." 노동조합의 어느 지도자는 침울하게 설명했다. "사장들이 소시민을 공격하려고 유급 휴가를 받아 모였다." 우습게도 메이드네르의 기금안은 이미 오래전에 폐기되었다. 6월에 사회민주당은 이를 대신하여 꽤나 무해한 기금안을 채택했다. 팔메는 마치 중고자동차 판매인처럼 이렇게 설명했다. "이것은 시장경제적인 제안으로 다섯 가지 대안을 포함하고 있다." 소용은 없었다. 기금은 여전히 부르주아 정당들이 유권자를 동원하고 사회민주당의 신뢰를 끌어내리는 중요한 수단이었다. 수많은 시위자 중에는 울로프의 형 클라스도 있었다. 그는 뮌트토리에트 광장의 시위대를 저지하는 철제 방벽 바로 앞에 서 있었다. 군중이 총리가 모습을 드러내지 않는다고 "비겁한 팔메! 비겁한 팔메!"를 외치는데도 태연해 보였다.

1983년 크리스마스이브 며칠 전 사회민주당은 대대적인 항의 시위를 뒤로 한 채 결국 임금노동자기금을 밀어붙였다. 네 번째 10월 시위처럼 그것도 역시 상징적인 정치적 행위였다. 그 국면에서 굴복한다면 노동운동은 한층 더 기가 꺾일 수밖에 없었다. 팔메와 펠트는 좋든 싫든 기금을 모종의 승리로 만들어야 했다. 재무부 장관은 의사당의 의자에 앉아 쓴 시에서 노동운동 내부의 분위기를 이렇게 요약했다. 시의 구절이 망원 렌즈에 잡혔다. "임금노동자기금은 쓸모없는 똥/ 그런데도 지금 우리는 그것을 여기에 소중히 모셨네." 그러나 이는 메이드네르가 처음에 내놓은 길드사회주의적 사고에서 한참 멀어진 것이다. 그럼에도 노동조합총연맹의 그 경제학자는 약간의 보상을 받았다. 1983년 축소된 기금안이 채택되기 몇 주 전 그는 정부에 의해 교수에 임명되었다.

팔메를 겨냥한 공격들

사회민주당 정부는 위기에 성공적으로 대응했는데도 불신에 처했다. 네 번째 10월 시위는 밀어닥친 불신의 일부였을 뿐이다. 1983~1984년에 팔메 정부는 여러 곳으로부터 거센 공격을 받았다. 스웨덴 사회의 갈등 수준이 전체적으로 높아졌다. 1960년대 말에는 표현이 아무리 혁명적이었어도 근저에는 안전과 호의의 강한 흐름이 있었다. 앞서 언급한 여러 극단적인 발언도 대다수 시민이 민주주의와 진보를 확고히 신뢰했기 때문에 가능했다. 그러나 1980년대 초에는 유토피아적인 미래상이 위축되었고, 미래에 대한 불안과 권력에 대한 의심이 더 강해졌다. 결과적으로 특히 권력자는 더욱 매섭게 검증을 받았다. 전후 시대 내내 온갖 유형의 '사건'이 스웨덴 정치의 상수였음은 사실이다. 그러나 기자들은 한층 더 독립적이게 바뀌었고 권위를 존중하지 않았다. 게다가 이들은 사냥감을 더욱 강하게 옥죄었고, 그래서 폭로 기사의 정치적 효과를 뽑아낼 가능성이 커졌다.

임금노동자기금 논쟁이 막바지에 접어든 1983년 가을 팔메는 이러한 사냥을 지극히 거칠게 경험해야 했다. 11월 1일 노동조합총연맹 소유인 《아프톤블라데트》는 법무부 장관 우베 라이네르가 세금 회피에 몰두했다고 폭로했다. 다시 말해 오로지 세금을 내지 않으려는 목적에서만 주식을 매매했다는 것이었다. 라이네르는 1년 만에 240만 크로나의 소득을 올렸는데 세금으로 10퍼센트밖에 납부하지 않았다. 그의 행위는 불법은 아니었지만 노동운동의 암묵적인 도덕관과 충돌했다. 사회민주당 정부의 각료라면 부자가 아닌 것이 바람직했으나, 부자라면 적어도 세금을 많이 내야 했다. 이 사건은 근심스러운 일이기는 했어도 결코 재앙은 아니었다.

이때 팔메의 구적 중 한 사람인 난시 에릭손이 불쑥 튀어나왔다. 그녀는 이제는 은퇴하여 연금으로 생활하고 있었으나 너무도 흥분한 나머지 《아프톤블라데트》에 논쟁적인 글을 기고했다. 에릭손에 따르면 라이네르의 세금 회피는 "우리의 이상을 조롱"한 짓이었다. 라이네르를 향한 압박은 점점 심해져 결국 그는 자리를 지키고 앉아 있을 수 없었다. 팔메로 말하자면 법무부 장관의 주식 거래를 대부분 잘 이해하지 못했고 상황 전체가 못마땅했다. 그는 고발이 부당하고 과장되었다고 생각했다. 그러한 비난으로부터 동지를 보호하는 것은, 예이에르 사건에서 보았듯이, 그에게는 명예가 걸린 일이었다. 게다가 라이네르는 사회민주당 당원이 아니었고 팔메가 직접 선발한 사람이었다. 일찍이 1978년에 팔메가 울라 울스텐에게 사회민주당이 국민당 정부를 허용할 것이라고 말했을 때, 그는 라이네르를 체신청장으로 생각하고 있으니 각료로 쓰지 말라고 알렸다. 팔메는 1983년 11월 9일 저녁 루센바드에서 언론을 마주하여 라이네르가 사퇴한다고 전해야 했다. 그러나 팔메는 기자들에게 "정직하고 명예로운 사람"인 법무부 장관에 대한 자신의 신임은 "변함이 없다"고 이례적으로 퉁명스럽게 강조했다. 그리고 보란 듯이 정부는 이튿날 라이네르를 대법원 판사에 임명했다. 그러나 한 주 뒤 라이네르의 세금 회피가 알려진 것보다 훨씬 더 광범위하고 의심스럽다는 사실이 드러났다. 그는 새로운 자리에서도 스스로 물러났다. 팔메는 넙죽 엎드려 라이네르를 신뢰한 것이 잘못이었음을 인정해야 했다. 그러나 팔메는 동시에 정치에서는 믿음이 필요하다고 말했다. "30년간 전선에 있어 보니 사람을 믿는 법을 배우게 되었다.… 나는 실망할 때마다 부단히 의심하는 상황에 몰리고 싶지는 않다." 사회민주당 계열의 일부 신문은 팔메가 라이네르를 그렇게 강력히 옹호하더니 이제는 그의 등에 칼을 찔렀다고 비판했다.

그러나 라이네르 사건이 전부는 아니었다. 홉스가 말한 만인 대 만인의 투쟁에 가까운 상황이 스웨덴에서 전개되었다. 좌익공산당은 오만했고 한번은 정부를 무너뜨리기 위해 부르주아 정당들과 연합했다. 국민당과 중앙당은 팔메와 펠트가 1981년 봄 '멋진 밤'에 합의한 대대적인 세제 개혁을 파기하자 배신당했다고 느꼈다.

노동운동 안에서는 이른바 정부청사의 우파와 갈수록 불만이 늘어가는 노동조합운동 사이에 '장미 전쟁'이 벌어졌다. 《엘우티드닝엔》의 사설은 물론 노동절의 연단에서도 정부는 우파 정책을 추진했다고 다소 분명한 어조로 공격을 받았다. 펠트의 위기정책을 전적으로 지지한 팔메에게도 불똥이 튀었다. 노동조합총연맹 의장 스티그 말름(막 군나르 닐손의 후임이 되었다)은 1984년 봄 총리가 볼보 자동차 사장 페르 윌렌함마르에게 지나치게 높은 임금 인상 요구에 반대하라고 권고함으로써 단체협약에 간섭했다고 호통을 쳤다. 말름은 이제 스웨덴에는 '사회민주주의 정부'가 필요하다고 말했는데, 이는 아마도 지나친 표현이었을 것이다. 팔메는 총리로서 보낸 마지막 시기에 긴축정책에 불만을 품은 노동자들과 점점 더 자주 부딪쳤다. 그러나 이는 페르 알빈 한손 시대 이래로 사회민주당 정부 총리의 업무 중 하나였다. 비판이 개인을 향한 적은 거의 없었고, 팔메는 대개 비판을 좋게 받아들였다.

그러나 증오로 가득한 인신공격은 참기 힘들었다. 그러한 공격은 주로 우파에서, 아니면 정치권의 좌파에서 우파로 넘어간 사람들에게서 왔다. 그들은 팔메에 대한 공격이 중심이 되도록 내버려두었다. 심히 불편한 단체인 유럽노동자당은 기본 정책이 있었는데도("동유럽에 트랙터 4만 대를 보내자") 팔메에게 집중했다. "스웨덴 국민은 정신 나간 미치광이가 통치하고 있다.…" 1985년 겨울 유럽노동자당은 스톡홀름 거리에서 두툼한 팸플릿을 배포했다. 책자는 팔메의 가족, 특히 크니림 가문의 독일인 친척을 다루었는데, 크니림 집안이 나치와 폭넓게 협력했다고 비난했다. 그중에서도 울로프의 외조부인 화학 교수 볼데마르 폰 크니림이 나치 이데올로그인 알프레트 로젠베르크를 학생으로 가르친 책임이 있다고 주장했다. 결론은 불합리했지만, 유럽노동자당이 좋은 정보를 많이 얻은 것은 분명하다. 아마도 비밀 정보팀을 꾸렸던 것 같다. 유럽노동자당은 스톡홀름 중심가에 자주 나타나 선전 활동을 벌였다. 팔메의 언론 비서관 셀 린드스트룀은 루센바드에 일찍 출근했는데, 유럽노동자당 사람들이 근처에 있으면 상관에게 전화를 걸어 다른 길로 오라고 미리 알리곤 했다.

알프 에네슈트룀이라는 의사와 그의 아내로 배우였던 이오 페트레는 일간지에 팔메를 공격하는 이상한 의견 광고를 반복적으로 실었다. 팔메를 광적으로 증오한 다른 사람은 개선의 여지가 없는 나치이자 악한인 칼 예란 에드크비스트였다. 그는 일찍이 1931년에 권총을 들고 공산당 신문《뉘 다그*Ny Dag*》의 편집부를 습격하여 이름을 알린 사람인데 전쟁 중에 친위대에 들어갔고 1960년대에는 스웨덴 극우파와 나치의 법률 대리인으로 활동했다. 1979년에 자기 비용으로 출간한 책 『네가 횡령한 나라*Land du förskingrade*』는 앞쪽에 팔메의 큰 사진을 실었는데, 그가 "지난 20년간 스웨덴 국민이 얼마나 아팠는지 보여주는 증상"이라는 설명이 붙었다. 울로프 팔메를 살해한 혐의로 지방법원에서 유죄 판결을 받았으나 상급심에서 석방된 알코올 중독자이자 범죄자인 크리스테르 페테숀의 집에도 에드크비스트의 책이 있었다. 1970년대 초 팔메에 대한 험담은 아무리 악의적이었어도 정신적으로 완전히 멀쩡해 보이는 사람들의 입에서 나왔다. 그러나 1980년대 초에는 마치 스웨덴에서 정치적으로 혼란에 빠지고 신체적으로 결함이 있는 사람이라면 누구나 팔메가 자신들이 불행하게 된 근본적인 원인이라고 생각하는 듯했다.

그렇지만 보통의 공적 대화에서도 팔메에 적대적인 시각이 널리 퍼졌다. 작가 라슈 구스타브손은 "지난 몇 년간 진정으로 울로프 팔메를 증오하기 시작했다"고 밝혔다. 반면 그의 친구 얀 뮈르달은 노골적으로 총리는 '악당'이라고 말했다. 국민당 대표를 지낸 페르 알마르크는 팔메가 "도덕적으로나 지적으로나 파산한 자"였다고 말했다. 부르주아 신문의 사설에서 팔메는 대체로 정책 때문에 공격을 받았지만, 종종 악의에 찬 인신공격도 있었다. 예를 들면 자유주의적 신문《순스발스 티드닝》의 문화부장 쿠트 블라드는 1982년 12월(팔메가 아델손을 '낯선 새'라고 부른 다음 날) 팔메가 젊었을 때는 스웨덴 정치의 새로운 바람이었다고 썼다. "과거에 울로프 팔메는 스웨덴 정치의 길잡이별이었다.… 오늘날 그는 비극이다." 팔메는 "권력 자체가 목적인 인간"이요 "왜곡된 정치인의 표상"이었고 "불쾌하고 역겨운 광대"였다. 반면 팔메가 세월이 흐르면서 변한 사람이 아니라고 본 비판자들도 있었다. 스웨덴계 핀란드인 작가 마리안 알로페우스는 자신의 책『스웨덴에 시달리다*Drabbad av Sverige*』(1983)에서 팔메는 "언제나 유치한 고등학생이었고… 동시에 돋보이는 학생이자 개구쟁이"였다고 썼다.

팔메의 일부 지지자와 동지는 그가 세월이 흐르면서 품위를 더 갖추고 국부 같은 면모를 보였어야 했다는 견해를 드러냈다. 악의 없는 아델손에 대한 인신공격과 젊은 빌트에게 쏟아낸 분노는 이제 정치 투쟁의 즐거움을 표현한 것이 아니라 반론에 부딪친 권력자가 기분이 나빠 심술을 부린 것으로 보였다. 그러나 팔메는 스타일을 바꿀 수 없었고 그럴 뜻도 없었다. 그가 이해한 대로 정치란 투쟁의 문제였다. 대립은 확실하게 드러나야 했고 명백하게 알 수 있어야 했다. 팔메의 친절하고 신중한 면만 알았던 오랜 친구들이 반대자들에게 왜 그렇게 심하게 하느냐고 물었을 때, 그는 대체로 사회민주당 지지자들이 자신에게 그것을 기대하기 때문이라고 답했다. 그러나 이제 예순 살을 바라보는 나이에 그 말이 진실이 아님은 분명했다. 팔메는 평생 동안 뚜렷한 적의 이미지에 의존하여 정치적 아드레날린을 얻었다. 그것은 투쟁의 일환이요 경쟁에 필수적으로 따르는 요소였다. 마치 권투선수 무하마드 알리가 욕설과 모욕적인 말로서 상대의 화를 돋울 때와 비슷했다.

그러나 길게 보면 그 전술은 값비싼 대가를 요구했다. 국민당 대표 군나르 헬렌 같은 몇몇 관대한 반대자는 공격을 받아도 금세 잊었다. 그러나 어떤 사람들의 경우에 그의 공격은 낚시 바늘처럼 찔러 평생토록 분노를 일으켰다. 팔메는 총리로 복귀하고 몇 년 지난 뒤 오랜 친구이자 논쟁 상대였던 베틸 외스테르그렌이 자신에 관한 책을 쓰려고 한다는 소식을 들었다. 팔메는 매우 비판적인 묘사를 예상했다. 팔메와 외스테르그렌은 일찍이 1950년대에 스웨덴 학생회연맹에서 맞붙은 적이 있으며, 1963년 학생복지조사단에서 완전히 사이가 틀어졌다. 그러나 팔메는 두 차례 외스테르그렌의 인터뷰에 응했을 뿐만 아니라, 자신이 1953년 엘란데르에 불려갈 때 사회민주당 당원이었음을 증명하려고 스톡홀름 대학교 사회민주당 학생 동아리 회원증을 아주 힘들게 찾아냈다. 팔메는 또한 외스테르그렌이 몇 년 뒤 병원에 누워 죽어가고 있을 때 병문안을 갔다. 리스베트와 아이들은 팔메가 자신에게 해를 끼치려고 애쓰는 사람을 왜 그렇게 도우려 했는지 궁금했다. 팔메는 그것이 명예가 걸린 문제라고 주장했다.

1984년 팀브루 출판사에서 『울로프 팔메는 누구인가?*Vem är Olof Palme?*』가 나왔을 때, 가장 부정적이었던 것은 외스테르그렌의 개인적인 판단이 아니라(그도 역시 대체로 비판적이기는 했다) 울로프 팔메가 기형적인 이중인격자요 투명하지 않은 사람이라는 일관된 암시였다. 팔메의 사망 이후로도 오랫동안 그의 비판자들로부터 반복적으로 메아리친 이 비난으로부터 그를 지키기는 불가능했다. 신실한 사람이라는 것을 어떻게 증명해야 하나? 팔메에 대한 사회적으로 수용할 만한 적대감과 극단적 무리와 불안정한 인간들의 노골적인 증오가 만나 이처럼 팔메를 짐승으로 여기는 경향이 탄생했다. 팔메의 정책을 향한 온당한 분노는 어느덧 인간 팔메의 완전한 거부로 바뀌었다. 그는 일반적인 공동체 밖에 있는 존재였고 악마 같이 섬뜩한 인물이었다. 이러한 증오가 실제로 어디에서 유래했는지는 지금도 스웨덴 사회심리학의 당혹스러운 문제로 남아 있다. 《티덴》에 외스테르그렌의 책에 대한 서평을 쓴 작가 페르 울로브 엥크비스트는 부르주아가 팔메를 이해하기가 왜 그렇게 어려웠는지 곱씹었다. "팔메가 원래 부르주아가 내내 꿈꾸었던 지도자, 그들이 그토록 오래 기다렸던 바로 그 지도자였지만 청년 시절에 다른 길을 선택해서 주적이 되었다는 사실에 비밀이 있지 않을까?" 그러나 과연 그렇게 깊은 원인이 있는지는 따져볼 문제이다. 팔메는 자신이 한 사람으로서 정치적 변화를 일으킬 수 있다고 확신했는데, 이는 많은 스웨덴 사람에게 실존적인 도발이었을 것이다.

동시에 사회민주당 안에는 팔메에 대한 모든 비판을 병리적 증오의 표출로 보는 경향도 발견되었다. 스톡홀름 노동운동 기록보존소도서관에는 정부청사에서 나온 흥미로운 기록이 있는데, 1983년 총리에 관한 일련의 평가를 모아놓은 것이 그중 하나다. 자료를 정리한 익명의 동료는 나라의 가장 강력한 정치인에 대한 인신공격과 정상적인 비판을 구분할 수 없었다. 외스테르그렌과 구스타브손, 알마르크, 뮈르달 같은 사람들의 신랄한 인신공격이 '대통령제'를 도입했다는 비난(권력 행사에 대한 적절한 비판적 논평이다)과 나란히 들어 있다. 이해하기 어려운 기괴한 팔메 증오가 보이는 것이 사실이지만, 팔메의 정책에 반대한 대부분의 비판은 증오에 차 있지 않았다.

착상과 영감의 원천

팔메에게는 의지할 만한 충성스러운 동료들과 친구들도 있었다. 정부 안에서는 특히 잉바르 칼손이 두드러진다. 그의 꺾이지 않는 침착함과 더할 나위 없는 자제력은 그가 팔메처럼 이데올로기의 정치인이자 유능한 전술가라는 사실을 가렸다. 이제 산업부 장관이 된 타게 G. 페테숀도 있다. 안데슈 페름은 1983년부터 국제연합대사를 맡았다. 이 임무로 그는 총리와 긴밀하게 연락했다. 피에르 쇼리는 외교부 차관이 되었고, 얀 칼손은 1982년부터 농업부 차관으로 일했으며, 연설 비서관 셸 라숀은 이제 사회민주당 홍보부에서 일했다. 하리 샤인은 여전히 팔메 주변에서 담배를 피우고 위스키를 마시며 빈정거렸다. 그리고 정기적으로 팔메와 테니스를 쳤다. 칼 리드붐은 파리 주재 스웨덴 대사로 부임하여 훌륭한 프랑스어를 자랑했고 전체적으로 삶을 즐긴 것 같았다. 페름과 얀 칼손 같은 오래된 동지 몇몇은 1970년대부터 '연금생활자'들이라고 부르는 모임을 만들어 즐겁게 어울렸고 팔메에게 특히 선거운동 중에 조언을 해주었다. 총리가 당 조직 밖에 사사로이 조언자의 모임을 갖고 있다는 사실은 결코 문제가 없지 않았다. 이들은 특히 스텐 안데숀의 의심을 받았다.

권좌에 복귀한 뒤로 팔메는 참모진을 교체했다. 1982년 루센바드에 들어올 때 야당 시절 언론 비서관으로 일한 한스 달그렌을 데려왔다. 울프 라숀과 오드 엥스트룀은 총리실 차관이 되었다. 1950년대 사회민주당 청년연맹 시절부터 팔메를 알았던 라숀은 한결같은 사람이었는데 타게 G. 페테숀의 '시종장' 자리를 넘겨받았다. 페테숀처럼 라숀도 팔메의 주변을 안정시키는 데 필요한 정직하고 유능한 사람이었지만 다소 따분한 유형에 속했다. 베름란드 사람인 엥스트룀은 좀 더 활발했고 이념 논쟁에 대한 관심도 더 많았다. 그는 노동계급 출신으로 사회민주당원이 되는 것에 이례적으로 관심이 컸다. 융의 심리분석에 들어맞는 사례이다. 팔메는 엥스트룀을 좋아했지만, 엥스트룀은 자신의 상관을 다소 관망하는 편이었다.

1983년 그는 울프 달스텐으로 교체되었다. 달스텐은 도시공학과 경영학의 석사학위를 취득한 뒤 산업부에서 근무했다. 달스텐은 팔메의 마지막 2년간 그의 곁에서 일한다. 달스텐의 주된 관심은 종종 팔메와 함께 다룬 문제로 스웨덴이 어떻게 탈산업사회로 성큼 진입할 수 있는가에 있었다. 팔메는 "그 문제를 진지하게 다룬 몇 안 되는 사람 중 하나"였다. 팔메는 이에 보답하듯 자신의 지도자 철학을 전해주었다. 특히 그는 달스텐에게 단 한 명의 조언자에만 의존해서는 안 된다고 강조했다. 닉슨의 잘못은 홀드먼에 전적으로 의지한 데 있었다.

남들이 보기는 어려웠지만 팔메에게는 정치 밖의 삶도 있었다. 1983년 겨울, 잠수함 위기가 한창일 때, 팔메와 리스베트, 열네 살 된 막내아들 마티아스, 스물한 살의 모텐은 벨링뷔의 타운하우스를 떠나 베스텔롱가탄의 복층 아파트로 이사했다. 스물네 살이 된 유아킴은 뢰브옹에슈가탄의 타운하우스로 이사했다. 첫째와 둘째는 스톡홀름 대학교에서 공부했다. 모텐은 통계학과 경제학을, 유아킴은 경제사와 사회학을 전공했다. 마티아스는 여전히 벨링뷔 학교의 상급반에 다니고 있었고, 중심가에서 통학했다. 1984년 마티아스는 쇠드라 라틴 고등학교에 입학했다(노라 라틴 학교는 1982년에 폐교했다). 팔메와 쇠데르말름의 사회복지과에서 근무한 리스베트는 장거리 출근을 하지 않게 되어 기뻤다. 팔메는 언젠가 벨링뷔로 이어지는 베리슬락스베겐 길 위의 자동차 안에서 버린 시간이 자기 인생에서 얼마나 되는지 따져본 적이 있다. 그는 여전히 밤늦게 퇴근했지만, 울로프와 리스베트, 마티아스 세 식구의 작은 가정(모텐은

1984년에 독립했다)은 함께 더 많은 시간을 보냈다. 저녁에는 카드놀이를 했고, 리스베트가 집에 없을 때면 울로프와 마티아스는 때로 함께 외출했다. 포뢰 섬의 여름 별장은 여전했지만, 1979년 선거 후 팔메 부부는 크레타의 작은 마을로 여행을 갔다. 그곳의 어느 열성적인 지역 사업가가 군사정부 시절 저항을 지지한 데 대한 감사의 표시로 팔메에게 주택을 주려고 했다. 스웨덴 총리는 선물을 받을 수 없었지만, 울로프와 리스베트는 1982년 선거 후 크레타를 다시 찾았다.

가족으로는 카롤린스카 병원에서 상담사로 근무하던 팔메의 네 살 위 누이 카린(카타리나)과 남편인 의사 오케 닐센도 있었다. 울로프와 카린은 어릴 때부터 서로 친밀했으며, 문학과 시에 관해 많은 대화를 나누었지만 정치 얘기는 전혀 하지 않았다. 팔메는 비록 누이의 경우처럼 자연스럽지는 않았지만 형의 가족과도 교류했다. 예순다섯 살의 클라스 팔메에게 동생이 사회민주당 대표라는 사실을 받아들이기는 결코 쉽지 않았다. 클라스 팔메는 유능한 변호사였지만, 1970년대 말 동료들이 몰래 움직여 그의 법률 사무소를 파산시켰을 때 큰 타격을 받았다. 동생처럼 그도 반골 기질이 있었고 상층계급의 오만함이 짜증스러웠다. 그러나 그것은 어디까지나 계급 안에 있는 자의 비판이었다. 클라스는 정치적으로 노동운동에 전혀 공감하지 않았다. 1981년 리스베트가 쉰 살 생일에 리딩외 섬의 볼품없는 모더니즘 양식의 뢴네베리아 회의장에서 잔치를 벌였을 때, 클라스는 참지 못하고 그녀가 좋은 집안에서 태어난 덕에 귀족 회관에서 잔치를 열 수 있는 것이라고 지적했다. 그러나 울로프와 클라스 둘 다 가족에 매우 성실했고, 위기 상황에서는 서로 도왔다. 1949년 팔메가 체코슬로바키아에서 구출하고자 결혼한 엘레나 세테슈트룀도 가족에 포함된다고 볼 수 있다. 그녀는 이제 리딩외 섬에서 가족과 함께 살고 있었다.* 1980년대에 이따금 스톡홀름에 머물렀던 에마 로스차일드도 팔메 가족과 가까이 지냈다. 그녀는 팔메 가족이 스키나 스케이트를 타러 갈 때 종종 동행했고, 유아킴은 미국에서 공부할 때 보스턴에 있는 그녀의 아파트에서 살았다.

가족의 영역은 공적인 생활에서 벗어난 장소로 중요했지만, 그것이 전부는 아니었다. 울로프 팔메는 가까운 사람들에게서 착상과 영감을 얻기도 했다. 특히 부인은 원칙적인 결정과 전략적인 선택의 문제에서 공히 중요한 조언자였다. 리스베트 팔메가 남편보다 더 급진적이었고 그를 왼쪽으로 끌고 가려 했다는 견해가 널리 퍼졌다. 그렇지만 그것은 주로 남녀 간의 변증법이었거나 어쩌면 직업 정치인의 시각과 전문 심리상담사의 시각 간의 변증법이었을 것이다. 리스베트는 핵무기와 핵발전소에 관한 견해에서 팔메에 영향을 미쳤다. 그 분야에서 팔메의 기술 낙관론은 미래 세대에 대한 리스베트의 염려에 밀려났다. 자녀 양육과 어린이집, 가족 문제와 관련하여 리스베트는 팔메의 평등을 위한 노력이 여성과 아동도 포함하도록 격려했다. 강력한 도덕심을 지닌 리스베트는 팔메가 윤리적으로 문제가 있는 결정에 직면했을 때 중요한 기준이 되었다. 1980년대 초 유아킴과 모텐은 성인이 되었다. 팔메도 자기 아버지

---

* 엘레나 레네로바는 1959년 의사 롤프 세테슈트룀Rolf Zetterström과 결혼했다.

처럼 말수가 적었고 남의 말을 잘 들어주었다. 그는 아이들에게 무엇이 옳고 그른지 가르칠 필요를 느끼지 못했다. 그러나 아이들의 학업 선택은 그의 학문적 관심과 가까웠다. 그 덕에 팔메는 정치인의 삶에서는 가능하지 않았던 조건 없는 토론을 즐길 수 있었다. 이는 에마 로스차일드에게도 해당되는 얘기다. 그녀는 경제사 연구자였고, 1980년대에 매사추세츠 공과대학교에서 조교수로 일했으며, 파리의 사회과학고등연구원에서도 가르쳤다.

찰떡궁합 펠트와의 갈등

1984년 1월 펠트는 7년 연속 국가 재정이 악화된 끝에 마침내 적자가 축소되기 시작했다고 자랑스럽게 알렸다. 그러나 과정은 고됐다. 견고한 재정 준칙에 여러 각료의 불만이 컸다. 재무부 장관과 성난 동료들 간의 대립은 이제 일상이었다. 안나그레타 레이온은 물론 타게 G. 페테숀도 때때로 펠트와 사이가 틀어졌고, 사퇴하겠다고 압박하거나 팔메에게 예산이 부족하다고 불평했다. 몇몇은 긴축정책이 원래 부르주아의 정책이라고 주장했다. 주택부 장관 한스 구스타브손은 이렇게 설명했다. "공적 지출의 삭감은 결코 사회민주당의 과제가 아니었다." 펠트도 한 성질 하는 사람이라 되받아쳤다. 그 시절 정부청사에서는 문을 걸어차는 소리가 수없이 들렸다. 펠트가 이 모든 갈등을 극복하는 데에는 울로프 팔메의 전폭적인 지지가 필요했다.

펠트는 지지를 얻어냈다. 팔메는 경제는 신경 쓰지 않아도 된다고 믿는 사회민주당원들을 참지 못했다. 예산 조정을 야당에 맡긴다는 것은 팔메로서는 생각조차 할 수 없었다. 팔메와 펠트는 찰떡궁합이었다. 두 사람 다 강인했으며 일에 몰두했고 준비가 철저했다. 그러나 유능한 사람이 다 그렇듯이 펠트도 뜻을 굽히기를 싫어했다. 펠트는 재무부에서 6년을 일했고("내 인생의 가장 행복했던 시절"), 예산 활동이 "정부 정책의 중심이며 일의 시작이자 끝"이라고 생각했다. 이는 특히 1980년대 초에는 결코 불합리한 태도가 아니었다. 펠트와 재무부의 젊은 동지들은 스웨덴을 위기에서 구하기 위해 밤낮으로 고생했다. 문제는 그가 자신에게 총리의 지지가 필요하지만 동시에 의존의 족쇄는 자존심에 상처를 내리라는 점을 알았다는 것이다. 팔메는 펠트가 스웨덴을 위기에서 건져내는 중대한 작업을 수행했기에 그에게 큰 인내심을 보여주었다. 그러나 한번은 너무 멀리 나가지 말라고 경고했다. 펠트가 팔메에게 "전체적인 경제적 목적에 관하여 재무부 장관과 총리의 긴밀한 협조"가 중요하다고 일깨웠을 때, 팔메는 차분하게 강조했다. 그는 이렇게 말했다. 총리로서 나의 의무는 당신을 95퍼센트 지지하는 것이고, 재무부 장관으로서 당신의 의무는 나를 100퍼센트 지지하는 것이라고. 그러나 펠트는 암묵적인 경고를 깨닫지 못했던 것 같다. 아니면 개의치 않았든가.

어느 경우였든, 1984년 6월 『펠트와의 대화』*Samtal med Feldt*가 출간되었을 때 갈등이 폭발했다. 약 여섯 달 전 펠트는 두 명의 기자에게 인터뷰를 허용했다. 그는 자신이 종래의 사회민주당 정책과 확실하게 충돌했음을 보여주었다. 그의 비판은 명백히 고전적인 자유주의 사상으로부터 영향을 받았다. 펠트는 또한 매우 구체적으로 이야기했고, 논란이 된 일련의 개혁안 특히 민영 어린이집을 옹호했다. 그렇지만 그는 자신이 하고 있는 일을 팔메에게 보고하지 않았다. 펠트는 자신의 행동이 불충임을 알고 있었다. "정부와 당 집행위원회의 일원으로서 공개적으로 논쟁을 유발하지 말아야 하는 의무가 있다.… 나는 직책과 지위가 내게 부여한 권위를 직접 이용하여 국민에게 알리고 싶다는 단순한 이유에서 고의로 그 규칙을 어겼다. 몇몇은 이 고약한 짓을 용서하지 않으리라는 것을 나는 알고 있다."

인터뷰를 기록한 책이 나온 다음 날 저녁 늦게 펠트는 총리와 전화 통화를 했다. 토요일이었고, 펠트는 나카의 집에 부인과 함께 있었다. 부인은 1979년부터 시작되어 해마다 스톡홀름 도심을 통과하는 마라톤 경주를 막 끝낸 참이었다. 그녀는 팔메와 시합에 관해 이야기를 나눈 뒤 남편에게 전화기를 넘겼다. 팔메는 지극히 정연하게 말했다. 펠트는 불충했고, 신뢰를 저버렸으며, 거짓말을 했고, 당에 해를 끼쳤으며, 다른 무엇보다 책이 출간되기 전에 자신이 먼저 원고를 읽을 수 있게 했어야 했다. 펠트는 포화를 받아낸 뒤 다음 날 보자고 제안했다. 그렇지만 그 일요일에 하리 샤인이 단데뤼드에서 연례 가든파티를 연 것이 문제였다. 펠트는 술을 곁들인 파티 이후에 총리와 대면하는 것이 다소 걱정스러웠지만, 두 사람은 오후에 루셀바르에서 보기로 했다. 팔메는 펠트를 피하기 위해 샤인의 파티에 가지 않았는데, 이로써 얼마나 화가 났는지 알 수 있었다. 일요일 오후 루센바드에 들어온 펠트는 변명을 했다. 펠트는 팔메가 미리 책을 읽었다면 그 내용에 대해 같이 책임을 져야 했을 것이라는 뜻으로 이야기했다. 그러지 않았기에 그 '우경화의 탈선' 에 책임이 없다고 맹세할 수 있다는 것이었다.

그러나 팔메가 화난 이유는 재무부 장관의 반항이 당의 분열을 유발할 위험이 있다고 믿었기 때문이다. 스웨덴은 그때까지 덴마크 와 노르웨이에 나타난 것과 같은 유형의 좌파 사회주의 정당을 피 할 수 있었다. 위험성이 실제로 얼마나 컸는지는 논의해 볼 문제였 지만, 팔메는 10~15퍼센트의 유권자로부터 공감을 얻고 노동조합 운동에서도 지지를 받는 새로운 좌파 정당의 등장이 임박했다고 보았다. 그는 총리로서 '당과 나라의 단합'을 유지해야 했다. 실제 로 팔메는 펠트의 시각에 상당 부분 동의했다. 그래서 더 분노했는 지도 모른다. 전체적으로 보아 앵글로색슨 세계의 우경화에 대한 그의 시각은 복잡했다. 팔메는 미국과 영국의 논쟁을 잘 이해했으 며, 대처와 레이건의 개혁을 세심하게 주시했다. 팔메는 학교와 간 호, 돌봄의 민영화 경향에 반대했다. 그가 펠트의 책에 그토록 심히 분노한 한 가지 이유는 펠트가 어린이집의 민영화 가능성을 열어 놓았기 때문이다. 팔메는 그러한 현상에 "켄터키 프라이드 칠드런 KFC"이라는 이름을 붙였다. 팔메는, 그의 적들이 즐겨 지적했듯이, 국가에 대한 믿음이 아주 강했다.

그러나 팔메는 또한 적절한 분야에 잘 적용한다면 자유로운 경 쟁이 발전과 복지에 필요하다고 보았다. 게다가 그의 사회관은 기 본적으로 개인주의적이었다. 강한 국가의 목적은 개인의 선택의 자유를 확대하고 삶의 기회를 더욱 평등하게 부여하는 것이었다. 만일 시장이 이를 더 효과적으로 수행할 수 있다면, 국가의 독점이 유리하다는 것은 자명하지 않았다. 팔메는 신자유주의에 맞서 싸우는 동시에 총리실 차관 울프 달스텐과 공공 부문의 경쟁 확대와 합리화, 선택의 자유에 관하여 더 열린 자세로 대화를 나누었다. 그러나 적어도 아직은 사회민주당 대표로서는 그런 것을 깊이 생각할 수 없었다. 펠트의 잘못은 팔메에게는 가능하지 않은 그런 자유를 행사한 데 있었다. 재무부 장관에 대한 그의 분노는 시간이 흐르며 사라졌지만, 두 사람 간의 신뢰는 결코 이전과 같지 않았다.

국민의 손에 쥐어진 미래?

팔메는 당 대표의 역할과 이념 논쟁에 뛰어들고 싶은 욕망 사이에서 균형을 찾는 데 어려움을 겪었는데, 이는 1984년 9월 사회민주당 대회에서 뚜렷하게 드러났다. 개회사(탄자니아 여행 중에 준비했다)는 성공적인 위기 대응을 요약하면서 시작했다. 팔메는 '석회석/시멘트 연설'을 좋아하지 않았고, 그래서 숫자를 늘어놓지 않았다. 그러나 그는 부르주아 정부 시절과 당시 상황에 드러난 차이를 충실하게 보여주는 말을 했다. "1984년은… 우리가 부르주아 정부 시절의 하락 이후 처음으로 1974년의 기록적인 산업생산고를 뛰어넘는 데 성공한 해이다." 당연하게도 팔메는 아직도 조치가 필요한 문제들을 길게 열거했다. 특히 중요했던 것은 청년 실업과 인플레이션이었다. 사회민주당은 편히 쉴 수 없었다. 곧다시 선거를 치러야 했고, 여론조사의 지지율은 성공적인 위기 대응책을 감안하면 좋아야 했지만 실상은 그렇지 않았다. 그러나 메시지는 분명하고 강력했다. "스웨덴은 올바른 길을 가고 있다." 이는 당 대회의 공식적인 표어였다.

이는 잠수함 위협에도 적용되었다. 스웨덴의 소련과의 관계는 스웨덴 영해 침범 때문에 긴장되었다. 대회 후반부에 팔메는 안보 정책을 다루면서 이렇게 설명했다. "우리는 그 사건에 주저 없이 항의했다. 우리는 국가의 주권과 국제법에 관한 문제에서는 굴복하지 않을 것이다. 우리는 강국에 굽실거리지 않을 것이다." 팔메는 남베트남 민족해방전선의 미국에 맞선 투쟁까지 거론했다. 스웨덴은 "미국이라는 강국이 작은 나라의 국민에 맞서 부당한 전쟁을 수행했을 때, 즉 베트남 문제"의 경우처럼 당당하게 "강국의 눈을 똑바로" 응시해야 한다.

그렇지만 1984년 당 대회의 매우 긴 개회사는 대부분이 신자유주의를 조목조목 비판하는 데 쓰였다. 그것은 대체로 1950년대 '강한 사회'의 밑바탕이었던 생각으로의 회귀였다. 국민의 진정한 선택의 자유를 보장하려면 국가 즉 공공 부문이 필요했다. 사회주의는 여전히 자유의 운동이었다. "우리 사회민주당이 추구하는 것은 모든 사람에게 인생의 계획을 실현할 기회를 주는 사회이다." 그러나 이제는 방어적이라고까지는 말할 수 없어도 과거를 성찰하는 시각이 표현에 스며들었다. 공공 부문은 잘 관리해야 할 공동의 재산이었다. "사회민주당의 정책에는 우리에게 큰 자산이 되는 견고함이 있다. 우리에게는 우리만의 정체성이 있고, 우리는 그것을 자랑스럽게 여긴다." 이는 이데올로기적 투쟁의 의지를 알리는 강력한 연설이었다. 그렇지만 1950년대와 1960년대의 연설과 달리 운동의 전진은 부족했다. 이미 확보한 자유를 지키는 것은 훌륭한 일이었겠지만, '자유의 운동'은 당연하게도 사람들에게 자기실현의 새로운 기회를 주어야 했다. 보수주의는 팔메의 기질에 맞지 않았다.

당 대회에서 폭력적 비디오테이프 영상물의 검열 제안이 나왔을 때 팔메가 예상 밖으로 강력하게 반대할 수밖에 없었던 이유는 아마도 바로 이 내적 갈등 때문이었을 것이다. 1911년 이래로 스웨덴에서는 국가가 영화를 검열했지만, 1980년대 초 비디오테이프 재생기가 거의 모든 가정에 보급되면서, 시청연령 제한과 금지는 무용지물이 되었다. 어느 대의원은 이렇게 말했다. "내가 속한 외스트함마르 사회민주당 지부와 여성 클럽, 사회민주당 지역 협회에서 비디오테이프의 폭력성을 논의했을 때, 놀랄 정도로 많은 사람이 자신이나 다른 이들의 10대 자녀, 몇몇 경우에는 더 어린 자녀들의 끔찍한 경험에 관해 이야기했다. 그런 영화를 없애야 한다는 데 의견이 일치했다." 이는 당 대회의 가장 중요한 문제는 아니었지만, 검열의 요구가 투표에 부쳐졌을 때 팔메는 분노하여 서류 가방을 들고 연단에서 내려왔다. 나중에 그는 당의 후보지명위원회에서 비디오테이프 검열 때문에 대표 자리를 내놓으려 한다고 발언하여 위원들을 경악시켰다. 셀울로프 펠트는 자신의 상관이 미친 것이 아닌지 의심했다. 결코 중요하다고 할 수 없는 문화의 문제였기 때문이다. 팔메의 반응은 분명히 지나쳤다. 그러나 비디오테이프 문제의 결정에 관한 그의 분노와 개회사에서 보여준 신자유주의에 대한 공격은 명백히 상관이 있었다. 그의 시각에서는 도덕주의적 검열 요구는 강한 국가가 개인의 자유를 옹호한다는 주장을 해칠 위험이 있었다. 팔메는 일찍이 1965년 『하지의 춤』을 둘러싼 논쟁에서 이렇게 지적했다. "우리 사회는 사람들의 요구와 기대 때문에 한층 더 집단주의적인 사회로 바뀔 것이다.… 따라서 어떻게 하면 개인의 자유의 한계를 확대할 수 있는지 논의하는 것이 중요하다."

잉바르 칼손이 사회민주당 대회에 제출하여 논란이 된 보고서 「국민의 손에 쥐어진 미래」를 보면 팔메의 문제는 더욱 뚜렷해진다. 팔메의 연설과 달리 그 보고서는 공격적이었다. 팔메처럼 칼손도 공공 부문의 목적이 시민의 선택의 자유를 확대하는 데 있다는 전제로부터 출발했다. 그러나 팔메와 달리 칼손은 당대의 스웨덴이 언제나 그렇지는 않다고 암시했다. "공공 부문의 영역 안에서 학교와 병원, 어린이집을 선택할 때 선택의 자유가 확대되어야 한다. 그러한 선택의 자유에 학교와 어린이집의 교육적인 방향이나 여타 방향과 관련하여 다양성의 확대가 동반되어야 한다." '시장의 힘과 이윤 동기'를 여전히 멀리해야 했지만, 공공 서비스의 다양화가 시작되어야 한다는 뜻은 분명했다. 게다가 칼손은 주장을 펼치면서 사회민주당에는 생소한 개념을 이용했다. 시민권이었다. 칼손에 따르면, 자본주의는 오로지 형식적인 권리만 있는 빈약한 시민권을 대변한 반면, 사회민주당은 "더욱 깊은 의미의 시민권"을 원했다. 칼손은 확실히 국가에 대한 과도한 믿음에 비판적이고 시민에게 더 큰 '권한'을 부여하기를 원한 사회민주당 청년연맹의 기조에 영향을 받았다. 그렇지만 대회가 강령 토론에 들어갔을 때, 그는 청년연맹의 두 지도자 즉 훗날 각각 외교부 장관과 당 대표가 되는 안나 린드와 모나 살린으로부터 지나치게 조심스럽다는 비판을 받았다.

그러나 많은 사람이 칼손에 비판적이었다. 여러 당원이 '시민권'을 부르주아적 관념으로 보았다. 어느 대의원의 표현은 이러했다. "부르주아의 회합 같았다." 사회민주당 정치인들은 팔메를 포함하여 좀처럼 시민권을 거론하지 않았다. '사람들'이나 '사회 속의 사람들' 같은 개념을 쓰거나 '광부'나 '사장'처럼 구체적인 표현을 썼다. '선택의 자유'도 팔메가 1950년대 이래로 사회민주당의 어법에 편입하려 했는데도 많은 당원은 부르주아적 표현이라고 생각했다. 그다지 놀랍지 않다. 어느 대의원은 잉바르 칼손이 "우파 세력에 굽실거린다"고 비난했다. "여기서 옹호된 선택의 자유는 강자의 선택의 자유, 우리가 공동으로 이룬 것을 가로챌 강자의 권리이다. 자신의 권리를, 자녀를 특정한 교육 방식을 취하는 특정 학교나 어린이집에 보낼 권리를 요구할 수 있는 부모가 몇이나 되나?" 팔메는 「국민의 손에 쥐어진 미래」에 관련하여 자세를 낮추었다. 쇄신이라는 발상을 내놓을 계제가 아니었다고 본 것이다. 유권자들의 분위기는 보수적이었고 변화에 적대적이었다. 1985년 선거운동에서 사회민주당은 현상 유지를 지지함으로써 승리하려 했다.

현상 유지로 나타난 표심

1985년 스웨덴 사회의 분위기에서 미래에 대한 낙관론은 두드러지지 않았다. 여론조사를 보면 시민들은 살기가 더 나빠졌다고 믿었다. 연금 조기수령자가 놀라운 속도로 늘어났다. 공동묘지 관리국은 종전 직후 조성된 큰 구릉지가 2000년대에 들어서 사라지면 매장지가 부족할 것이라고 보고했다. 에이즈에 걸린 스웨덴 사람은 소수에 불과했는데도, 자유주의적 조간신문《다겐스 뉘헤테르》의 사설은 유행병을 막기 위해 기본적인 시민의 자유와 권리를 제한해야 하는지를 논했다.

그러나 스웨덴 우파에서는 미래에 대한 믿음이 컸다. 1985년 겨울 보수통합당은 여론조사에서 30퍼센트가 넘는 기록적인 지지율을 보였다. 스웨덴이 양당 체제로 가고 있다고 추정할 수 있을 정도였다. 선거 여섯 달 전 아델손은 일기에 이렇게 적었다. "거의 모든 것이 우리를 가리키고 있다." 그는 이제 부르주아 측의 자명한 총리 후보였다. 중앙당과 그 대표에게서 이전의 모습은 찾아볼 수 없었다. 중앙당은 한때 가장 큰 부르주아 정당으로 25퍼센트에 가까운 득표율을 올렸으나 이제 10퍼센트에서 15퍼센트 사이로 추락했다. 게다가 펠딘은 위궤양으로 고생했고 선거운동 기간에 대체로 병가를 내 쉬었다. 일찍이 가장 강력한 야당이었던 국민당의 지지율은 여론조사에서 4~5퍼센트로 하락했다. 그러나 보수통합당의 높은 지지율 덕분에 부르주아 정당들은 사회민주당보다 크게 우세했다.

그렇지만 보수통합당은 자만에 빠졌다. 한때 마르크스주의적 좌파가 그랬듯이 이데올로기적 확신의 제물이 된 것이다. 모든 것이 같은 방향을 가리키는 듯했다. 전 세계의 학계에서 케인스주의는 사망하고 신자유주의 경제학이 승리했다. 노동조합운동은 후퇴했다. 대처는 영국 광부들과 싸워 이겼으며, 레이건은 미국 항공 관제사들을 무찔렀다. 팀브루 출판사와 라티오 출판사는 복지국가가 무게를 견디지 못하고 무너질 운명임을 입증하려는 책을 연이어 출간했다. 유권자들도 당연히 언젠가 사회민주주의 감시 사회의 흔적을 모조리 지울 때가 올 것임을 깨달을 것이었다. 점점 더 많은 보수통합당 당원이 승리를 확신하며 이렇게 선언했다. 이제 '체제 변화'가 이루어질 것이다. 그러나 1970년대 초 혁명을 선택한 스웨덴 국민이 많지 않았듯이 1980년대 중반에 정권 교체를 선택하려 한 국민도 많지 않았다. 높은 세금, 낮은 세금, 큰 국가, 작은 국가. 사람들은 이러한 문제를 논의할 수 있었다. 그렇지만 완전히 새로운 '체제'를 도입한다는 생각은 대처로부터 가져온 것이든 호네커의 동독에서 가져온 것이든 불안을 초래했다. 1985년 4월 중순 선거운동 초기의 일련의 토론에서 사회민주당과 보수통합당 후보가 맞붙었을 때, 사회민주당 후보는 짜임새 있게 공격에 나서 체제 변화가 정확히 무슨 뜻이냐고 보수통합당 후보를 밀어붙였다. 대다수는 이해할 만한 답변을 내놓지 못했다. 보수통합당은 수세에 몰렸고 여론조사에서 지지율도 하락했다.

상상력이 더 뛰어난 사람이 당 대표를 맡았더라면 발전을 기대할 수 있었을지도 모른다. 그러나 아델손은 공감 능력이 좋고 열의가 넘쳤지만 전혀 지적이지 않았다. 그는 선거운동 중에 당 집행부의 요구에 압박을 느꼈다. 선거가 끝난 다음 날 아델손은 일기에 반항하듯 이렇게 썼다. "이제 연출은 그만두련다. [에드먼드] 버크에 관한 연설도 그만두고 내 자신의 생각을 말하련다." 그러나 스톡홀름 정치인 아델손에게 잘 어울렸던 부드러운 태도는 전국 차원에서는 재앙이 되었다. 아델손은 연이어 실수를 저질렀다. 포슈마르크 핵발전소 방문 중에 원자로 냉각수에서 수영하자는 제안은 동석한 기자들로부터 높은 평가를 받았지만 보수통합당 대표가 '광대'라는 팔메의 비난을 더욱 그럴듯하게 했다. '남아프리카의 불쌍한 네게르(니그로)'에 관해 이야기하고(그는 분노하여 스웨덴에서 '네게르neger'라는 말을 쓰면 안 된다고 말했다) 트렐레보리*의 경찰서를 방문했을 때 더 엄격한 이민정책에 찬성하는 발언을 한 것은 더욱 심각했다. 그런 식의 발언은 좌파뿐만 아니라 중도 정당들에서도 강한 분노를 유발했다. 1983년 울라 울스텐의 후임으로 국민당의 대표가 된 벵트 베스테르베리는 아델손을 날카롭게 비판했다. 게다가 국민당 대표는 시장경제를 열렬히 옹호했는데도 체제 변화에 강력히 반대했다. 그 국민당 대표는 보통은 표현이 그다지 세련되지 못했지만 보수통합당이 "총을 들이대고 위협해도" 보편적 복지를 포기하지 않겠다고 말했다.

선거 결과는 정치라는 것이 돌고 돈다는 팔메의 믿음이 옳다는 것을 증명했다. 1985년 봄 팔메는 미국 역사가 아서 슐레진저와 역

---

* 스코네 주에 있는 스웨덴 최남단의 도시.

사의 파동에 관하여 서신을 교환했다. 막『미국사의 순환*The Cycles of American History*』이라는 제목으로 저술에 착수한 슐레진저는 역사를 보면 거의 15년 간격으로 급진파 시대와 보수파 시대가 교대한다고 말했다. 그러한 구도에 따라 급진주의가 정점에 달했던 1960년대는 보수적 물결의 1970년대로 넘어갔다. 그러나 팔메의 특별한 관심을 끌었던 것은 그 미국 역사가(존 F. 케네디의 가까운 조언자였다)가 1980년대 말에 다시 변화의 바람이 불 것이라고 예측했다는 사실이다. 이는 팔메의 판단과도 일치했다. 그는 울프 달스텐과 파동 이론에 관해 토론했다.

> 결론은 이미 나왔다. 1985년 선거운동은 진심으로 변화를 싫어하는 스웨덴에서 치러야 할 것이다. "우리가 조금이라도 변화를 가져올 수 있다면 그만큼 좋은 것도 없다"는 메시지의 정책으로 들쑤신다면 실패할 수밖에 없다.

그래서 공공 부문의 쇄신 이야기는 슐레진저의 구도에 따르면 급진적이고 변화를 바라는 성격을 띠게 될 1988년 선거로 모조리 미루어졌다. 1985년 선거운동에서 사회민주당은 대표가 당 대회 연설에서 제시한 노선에 따라 움직였다. 신자유주의에 맹공을 퍼붓고 복지국가를 조심스럽게 옹호하는 것이었다. 5월 총리실의 내부 분석은 이렇게 밝혔다. "체제 변화가 선거운동의 중심이 되게 할 수 있다면, 당연히 정권 연장을 가능하게 할 선거 결과를 얻어낼 것이다." 로이 안셰숀 감독은(안셰숀은 1970년대 초에 〈어느 사랑 이야기^{En kärlekshistoria})를 제작했고 이제는 스웨덴에서 가장 재치 있는 감독으로 널리 찬사를 받고 있었다) 영화관에서 상영된 선거 광고 영화들에서 인간적인 존중과 공감이 없는 미래 사회를 그렸다. 무시당하는 연금생활자들, 과밀한 병실의 침상에서 무심한 간병인에 의해 짐짝처럼 굴려지는 사람들. 정당의 이름이 언급되지는 않았지만, 체제 변화를 염두에 두었다는 것은 누구나 이해했다. 동시에 사람들은 새로운 흐름에 약간이나마 관심을 기울였다. 어느 선거 광고 포스터는 스포츠카에 달마티안 개를 태우고 수상스키를 실은 젊은이가 나라 경제의 안정을 바라기 때문에 사회민주당에 투표하겠다고 말하는 그림을 보여주어 각별히 주목을 받았다.

숨은 전략이 성공적이기는 했어도, 팔메는 개인적으로 그다지 좋은 선거운동을 하지 못했다. 1982년 비교적 조용히 활동한 뒤 다시금 더 많이 모습을 드러내고 모임에도 많이 참석한 것은 사실이다. 그러나 팔메는 질적으로 파악해야 할 것을 양적 확대로 대체하려 했다. 원칙적으로 그는 아델손과 소란스러운 일을 벌이지 말았어야 했다. 아델손은 부만의 날카로움도 펠딘의 서민적인 성격도 없었다. 그렇지만 8월 28일 팔메와 아델손이 베스테로스에서 열린 텔레비전 토론에서 만났을 때, 결과는 놀랍게도 대등했다. 그 직후 실시된 여론조사를 보면 많은 시청자가 두 정당 대표 모두 지나치게 공격적이고 현학적이었다고 생각했다. 팔메는 1982년 선거에서 보여준 다소 침착하고 국부 같은 스타일을 유지했다면 득이 많았을 것이다. 그때 그는 자제했으며 사회민주당이 "손을 내밀었고" 합의를 추구했다고 강조했다. 친근하지만 단호한 가장을 원하는 스웨덴 국민의 바람은 국경에 외국 잠수함이 나타나고 재정 적자가 급증한 지난 몇 년 동안에도 줄지 않았다.

그러나 팔메는 국부의 역할을 떠맡을 생각이 없었을 것이다. 그는 두 가지 이유에서 정치인이 되었다. 첫째는 이상주의적인 것으로, 팔메는 자신이 세상에 뛰어들어 사람을 위한 변화를 일으키고 그들의 삶을 개선할 수 있다고 느끼고 싶은 진정한 욕구를 지녔다. 두 번째 이유는 나르시시즘에 가까운 것으로, 팔메는 경쟁의 순간을 사랑했다. 토론과 투표, 선거, 전술적 책략에서 상대에 견주어 자신의 능력을 재보는 것을 언제나 즐겼다. 고결한 국부였다면 그러한 활동에 전념할 수 없었을 것이다. 그래서 팔메의 과제는 차라리 다른 사람으로 하여금 새로운 발상을 들고 나오게 하고 이어 그것으로 인해 초래된 갈등의 해결을 압박하는 것이었다. 팔메는 또한 국부의 역할 자체에서 부당한 면을 포착했을지도 모른다. 좋든 나쁘든 팔메의 투쟁심과 분노 폭발은 그가 감정에 좌우되는 사람임을 보여준다. 이 점에는 한 가지 역설의 극치가 숨어 있다. 팔메를 비판한 많은 사람은 그가 거짓되며 믿을 수 없는 사람이라고 생각했지만, 그는 어느 점에서 누구보다도 정직한 정치인이었다. 그렇지만 문제는 그러한 태도가 웅대한 정책을, 그 발의자의 인간적인 결점까지 용서할 수 있게 하는 미래 지향적 시각을 요구했다는 사실이다. 그러나 1985년 선거운동에서 팔메는 현상 유지를 옹호했다. 이후 그는 마음이 편치 않았다. 지나치게 수세적이었다고 생각했기 때문이다.

1985년 9월 20일 저녁 선거 결과가 집계되었을 때, 보수통합당은 약간 후퇴하여 21퍼센트에 못 미치는 득표율을 올렸고 의석 두 개를 잃었다. 사회민주당은 1982년에 비해 1퍼센트 하락한 45퍼센트를 얻었는데, 눈부신 성과는 아니었지만 권력을 유지할 수는 있었다. 중앙당이 얻은 10퍼센트는 재앙 같은 결과로 지지율로는 1950년대로 되돌아갔음을 의미했다. 선거의 최대 승자는 의학과 경제학의 학사 학위를 보유한 쇠데텔리에의 도료 판매상 아들 벵트 베스테르베리였다. 지난 몇 주간 그는 국민당의 지지율을 6퍼센트 언저리에서 14퍼센트로 끌어올렸다. 언론은 '베스테르베리 효과'라는 이름을 붙여주었다. 유권자는 그의 침착하고 논쟁적이지 않은 스타일을, 더불어 그가 시장경제와 복지국가 둘 다 옹호했다는 사실을 높이 평가했다.

옛 스승 엘란데르의 죽음

울로프 팔메가 김빠진 선거운동을 한 것은 한편으로는 그해 여름이 이례적으로 힘들었기 때문이었다. 1985년 6월 21일 타게 엘란데르가 스톡홀름의 후딩에 병원에서 여든네 살로 사망했다. 팔메가 막 회의를 마친 사회주의 인터내셔널의 인사말을 듣고 옛 스승을 방문한 다음 날이었다. 1985년 6월 30일 일요일 엘란데르의 장례 행렬이 스톡홀름을 지났다. 장지는 출생지인 베름란드의 란세테르로 이제 그는 그곳에서 영면하게 되었다. 장례 행렬은 아돌프 프레드릭스 쉬르카 교회 묘지에 있는 얄마르 브란팅의 묘에서 출발하여 불과 여섯 달 뒤에 나라의 총리가 총탄에 맞아 쓰러지게 될 곳을 지나 스베아베겐으로 나간 뒤 노라반토리에트 공원을 향해 쿵스가탄을 따라 내려가 민중회관에 도달했다. 장송곡은 연주되지 않았고 누구도 검은 옷을 입지 않았다. 전부 엘란데르의 지시에 따른 것이다. 민중회관에서 팔메가 연설을 했다. 안데슈 페름이 초고를 썼고, 팔메가 가족과 함께 여름에 포뢰 섬에 갔을 때 연락선 고틀란드 페리에서 정리했다. 마티아스 팔메에 따르면 아버지가 그렇게 슬프고 지쳐 보인 적은 없었다. 리스베트는 이렇게 말했다. "이제 당신은 홀로 남겨졌다." 엘란데르에 바치는 조사는 두 사람의 공동의 이데올로기를 요약한 것이요 가까운 친구에 대한 사사로운 존경의 표시로 팔메의 연설 중에서 가장 뛰어난 것에 속한다. "당신은 사람이 저마다의 약점을 피할 수 있도록 사회가 충분히 강해야 한다고 말했다. 당신에게 강한 사회는 결코 인간의 삶을 지도하는 감독이나 경제적 지배력의 표현이 아니었다.…"

1985년 여름 팔메는 또한 두 가지 새로운 사건으로 타격을 받았다. 하나는 스웨덴 무기회사인 부포슈 관련된 것으로 도덕적으로 큰 문제를 야기했지만, 팔메는 특별히 걱정하지 않았다. 19세기 이래로 대포는 칼스쿠가의 제철소에서 제작했는데, 알프레드 노벨이 이를 매입하여 현대화했다. 시장 상황은 오랫동안 좋았다. 제2차 세계대전에서 두 진영이 똑같이 많은 포격전에서 부포슈주식회사의 40밀리미터 자동 고사포를 썼다. 종전 후 그 회사는 스웨덴 안보정책에서 전략적으로 중요한 역할을 떠맡았다. 스웨덴이 비동맹 국가로서 신뢰를 유지하려면 강력한 군수산업을 보유할 필요가 있었다. 그러나 부포슈 회사가 이익을 내려면 스웨덴 군대에 무기를 판매하는 것만으로는 충분하지 않았다. 그래서 국가는 국제 시장에서 베름란드의 그 무기 공장을 돕기 위해 최선을 다했다. 타게 엘란데르가 일찍이 1950년대 말에 확정한 원칙에 따르면 수출에는 특별 허가가 필요했다. 우선 대외적 전쟁이나 내전을 치르고 있는 나라는 수입할 수 없었다. 그러나 이렇게 확실한 규정이 있었는데도 두 가지 문제가 남아 있었다. 하나는 무기란 어쨌거나 사용되기 마련이라는 것이었다. 이는 수출국의 도덕적 책임이라는 문제를 야기했다. 다른 하나는 국제 무기 산업이 세계에서 가장 부패한 분야였다는 사실이다. 다른 많은 무기회사처럼 부포슈도 많은 주문을 받기 위해 리베이트를 이용했다.

부포슈 사건은 1984년에 터졌다. 스웨덴 평화·중재연맹이 그 회사가 스웨덴 무기수출법을 위반하면서 바레인과 두바이 토후국 같은 그다지 민주적이지 않은 국가에 지대공 미사일을 판매했다고 고발한 것이다. 선거운동이 한창이었던 1985년 5월 말, 밀수를 폭로한 부포슈 사의 기술자가 공개석상에 나타났다. 동시에 부포슈는 인도에 대한 중포의 대량 판매를 완결하는 데 문제가 생겼다. 정부는 수출신용과 경제 지원을 약속함으로써 일이 잘 되도록 최선을 다했다. 더불어 팔메는 뉴델리에 있을 때 인도 총리 라지브 간디와 이 일을 논의했다. 이는 전적으로 정상적인 일로 여겨졌다. 스웨덴의 주요 정치인은 전부(좌익공산당 지도자들은 예외일 것이다) 외국에 나갔을 때 자국 무기 산업을 홍보했다. 아델손은 근자에 캐나다에 갔을 때 스웨덴 대포의 장점을 이야기했다. 나중에 팔메가 사망한 뒤 부포슈가 인도의 주문을 받기 위해 리베이트를 주었다는 사실이 밝혀졌다. 이는 인도에서 정치적으로 큰 문제가 되었고 1989년 라지브 간디와 인도 국민회의가 권력을 상실하는 결과를 초래했다. 팔메가 어떤 식으로든 지대공 미사일의 밀수출이나 뇌물을 승인하거나 조장했다는 증거는 없다.

그렇지만 1985년 여름 중동으로의 무기 밀수출은 팔메 위원회와 정부의 군축 노력에 어두운 그늘을 드리웠다. 팔메는 스웨덴의 핵 폭탄이 중요한 의제였던 1958년 사회민주당 청년연맹 대회에서 매우 능숙하게 제시한 현실정치적 도덕관을 되풀이할 수 있었을 것이다. 군비를 축소해야 할 나라는 초강국이지 평화를 사랑하는 작은 중립국이 아니라는 말이었다. 그러나 그렇게 하려면 현란한 말솜씨가 필요했다. 대부분의 사람은 무기를 팔면서 동시에 군축 운동을 벌이는 것이 이율배반임을 직관적으로 인식했다. 팔메는 복잡한 문제를 회피했고 대신 통상부 장관 마츠 헬스트룀을 파견했다. 헬스트룀은 역설적이게도 1970년대에 스웨덴의 무기 수출을 적극적으로 비판한 사람이었다. 총리는 당연히 선거를 앞두고 싸움을 선택해야만 했다. 그러나 외교부의 관련 공무원 중 한 사람인 칼 유한 오베리는 총리가 스웨덴 무기 수출을 더 적극적으로 옹호할 수 있었다고 보았다. 오베리에 따르면 팔메는 "취약한 처지의 나라들이 비동맹 국가인 스웨덴으로부터 무기를 구매할 기회를 얻는 것이 불평등한 정치적 의존과 구속을 초래할 수 있는 나라들로부터 구매하는 것보다 대체로 더 나은 이유"가 무엇인지 설명했어야 했다.

무기 수출에 비하면 하버드 사건은 하찮은 문제였다. 1984년 4월 팔메는 그 유명한 미국 대학교의 법학부에서 강연을 했다. 그는 노동법 연구를 진행하던 연구소의 초청을 받았다. 그 연구소는 미국 공무원 노동조합연맹으로부터 자금을 기부 받아 저명인사를 초청하여 연설을 들었다. 나중에 연설을 하는 사람 중에는 앨 고어도 있다. 팔메는 지금까지도 영어로 입수할 수 있는 것으로는 그의 사상을 가장 잘 요약한 훌륭한 강연을 했다. 그러나 먼저 얘기를 꺼낸 것이 팔메인지 하버드 대학교인지는 분명하지 않지만 강연료를 당시 스톡홀름 대학교에서 사회학 박사과정을 밟고 있던 스물다섯 살의 유아킴 팔메에게 장학금으로 바꿔 주자는 발상이 나왔다. 미국적인 시각으로 보면 전혀 이상한 생각이 아니었다. 미국의 사립 대학교는 재원이 넉넉하여 마음대로 학생과 장학생을 받아들일 수 있었다. 1984년 가을 유아킴은 유명한 연구기관인 하버드 케네디 스쿨에서 '방문 학생'으로 공부하고 있었다. 그는 1978년부터 하버드 대학교에서 가까운 매사추세츠 공과대학교에서 조교수로 근무한 에마 로스차일드의 집에 기거했다. 유아킴은 이후 학자로서 성공적인 이력을 쌓고 웁살라 대학교의 정치학 교수가 된다.

일견 이 일을 '사건'으로 만든 것은 팔메가 이듬해 5월 소득세 신고서를 제출할 때 하버드 대학교에서 받은 돈을 포함하지 않았다는 사실이었다. 이는 치명적인 실수로 드러난다. 팔메는 기자들이 자신의 신고서를 꼼꼼히 조사하리라는 것을 알았기에 1월에 세무사와 의논했다. 세무사는 장학금으로 전환된 강연료를 포함시킬 필요가 없다고 말했다. 이 조언은 큰 귀결을 낳는다. 정보국 사건으로 팔메를 결코 용서할 수 없었을 얀 기유는 유아킴의 장학금에 관한 소문을 듣고는 복수할 기회를 잡았음을 깨달았다. 한여름, 선거 운동이 시작되었을 때, 팔메의 언론 비서관 셀 린드스트룀은 스웨덴 라디오와 총리가 라디오 생방송 프로그램 〈나티나티Natti‐Natti(한밤중에)〉에 출연하여 '비밀 게스트'와 인터뷰를 한다는 데 합의했다. 6월 25일(이전에 팔메는 그날에 알메달렌 공원에서 연설을 한 적이 있다) 팔메가 비스뷔의 사회민주당 지부 사무실에서 스웨덴라디오에 연결되었을 때, 비밀 게스트가 기유라는 사실이 밝혀졌다. 몇 가지 무해한 질문 이후 그는 팔메에게 '탈세'한 일이 없냐고 물었고, 팔메는 부인했다. 그러자 기유는 곧바로 하버드 건을 꺼내 팔메가 그곳에서 강연을 했으며 유아킴이 장학금을 받았다고 확인했다. 팔메는 부정할 수 없었다. 그다음은 최후의 일격이었다. "그렇다면 당신은 강연료 대신 4000~5000달러의 이득을 얻은 것이 아닌가?" 팔메는 약간 파랗게 질려 대답했다. "그렇지 않다. 나는 이득을 얻은 것이 없다. 전혀 없다." 이는 형식적으로는 옳았지만 근본적인 법률적 문제를 회피한 것이다.

마티아스 팔메는 그날 비스뷔에 함께 있었고, 아버지가 언론 비서관과 함께 나올 때 사무실 밖에 있었다. 그의 아버지는 집에서 전혀 목소리를 높이지 않는 사람이었는데 이제 분노를 토해냈다. 하버드 사건은 향후 오랫동안 언론의 단골 메뉴가 된다. 세금 규정은 확실히 불분명했고, 팔메가 의도적으로 돈을 편취하려 했다고 의심한 사람은 거의 없었다. 그렇지만 세금에 질린 수많은 스웨덴 국민에게 그렇게 투명하지 못한 일처리는 세법이 손댈 수 없을 만큼 복잡하다는 표시였다. 그렇지만 그 사건은 또한 팔메 가족이 자녀를 미국의 명망 있는 대학교에 보내는 것 같은 다양한 형태의 혜택을 챙길 수 있도록 서로 돕는 국제적 엘리트에 속한다는 이미지를 널리 퍼뜨리는 계기였다. 《스벤스카 다그블라데트》는 이렇게 썼다. "지금처럼 세금을 내는 상황에서 자녀를 국제적으로 상당한 수준의 교육을 받도록 도우려면 재산이 많거나 좋은 연줄이 있어야 한다." 문화부 기자 비엔 닐손은 대체로 팔메를 긍정적으로 본 사람인데, 스웨덴 대학교의 산업화에 가장 큰 책임이 있는 정치인이 아들을 대학의 전통적인 이상을 유지하고 있는 하버드 대학교에 보낸 것이 눈에 거슬린다고 지적하여 대학 졸업자들 사이에 널리 퍼진 노여움을 전했다. 그러나 이러한 시각을 가진 사람은 많지 않다. 대다수 국민에게는 세금 문제가 핵심이었다. 세금은 스웨덴에서는 사랑과 성보다 더 큰 열정을 불러일으키는 영원한 주제였다. 팔메에게 가장 고통스러웠던 것은 역사가 자신의 가장 가까운 사람을 공격했다는 사실이었다. 언론이 매질을 해도 그는 잘 참았지만, 기유는 그의 가장 아픈 구석을 찔렀다. 가족을 지키지 못했다는 회한이었다.

가능성의 해, 1986년

팔메가 1985년 가을 당 대표직 사퇴를 고심했다는 얘기는 꽤나 널리 퍼졌다. 정치의 중심에서 여러 해를 보내며 모진 공격을 받은 영향이 있었다. 게다가 리스베트는 대가가 너무 커지고 있다고 느껐다. 감라스탄의 집 밖에서 유럽노동자당의 광포한 당원으로부터 괴롭힘을 당한 것이 최악이었다. 선거 전 텔레비전 최종 토론에서 스웨덴 국민은 우울하고 기운 빠진 총리를 볼 수 있었다. 집중력도 불쾌한 일을 가볍게 넘기는 힘도 사라진 듯했다. 동료와 대화를 하던 중에 그는 뜬금없이 하버드 사건에 관해 말했다. 팔메를 인터뷰한 기자들은 갑자기 다른 생각에 빠져 창문을 응시하는 그를 발견하곤 했다. 게다가 팔메는 그 전해에 국제연합 난민고등판무관 자리에 진지한 관심을 보였다. 1986년 1월 1일 덴마크의 포울 하틀링이 물러나면 공석이 되기 때문이었다. 난민 문제는 제1차 세계대전 중에 뮈지가 발트 해를 건넌 것부터 팔메 자신이 엘레나 레네로바를 체코슬로바키아에서 구출하기 위해 위장 결혼을 한 것까지 팔메 가족에게서 역사가 깊다.

그러나 팔메가 1985년 선거 후 앞으로의 일을 정확히 어떻게 생각했는지는 말하기 어렵다. 그가 사회민주당의 몇몇 지도자에게 다음 번 당 대회에서 '무조건' 사퇴하겠다고 통지했다는 얘기가 있다. 특별히 그럴듯하게 들리지는 않는데, 특히 정치가 얼마나 예측하기 어려운 것인지 고려할 때 그러한 약속은 현명하지 못한 처사였을 것이기 때문이다. 게다가 팔메는 다른 모든 분야에서 자신에 관해 극도로 말을 아꼈다. 그런 사람에게 그렇게 확실한 공언은 기대하기 어려웠다. 1984년 여름 팔메는 루센바드에서 펠트와 논쟁할 때 1985년 선거가 끝나면 사퇴할 생각이라고 불쑥 얘기를 꺼냈다. 그러나 그 말은 흥분한 상태에서 한 말이다. 타게 엘란데르도 종종 사퇴를 고심했지만 23년 동안 총리 자리를 지켰다. 팔메는 또한 1988

년 선거가 그의 순환적인 역사관에 부합하게 더욱 근본적인 개혁 정책을 실현할 좋은 기회가 되리라고 믿었다.

팔메에게 힘이 얼마나 남았는지에 관해서는 의견이 갈린다. 셸 울로프 펠트는 회고록 『그 모든 나날*Alla dessa dagar*』에서 팔메를 햄릿에 가까운 비극적인 이미지로 그려냈다. 이 전직 재무부 장관에 따르면 팔메의 행동은 거의 병적이었다. 언젠가 만났을 때 그는 갑자기 피리를 꺼내 부는 척했다. 또 다른 때에는(펠트가 큰 논란이 되었던 스웨덴 금융시장의 규제 완화 계획을 제시했을 때였다) 손을 내저으며 이렇게 말했다. "그래, 그래, 당신이 원하는 대로 해." 그러나 전거에는 확실히 문제가 있었다. 팔메가 펠트를 그렇게 건성으로 대한 것은 그가 재무부 장관이 지시를 따르지 않고 반항했다고 보았기 때문일 수 있다. 팔메는 확실히 전체적으로 지쳤지만, 재무부 장관이 규제 완화에 관한 계획을 기정사실처럼 들고 와서 더욱 괴로웠을 것이다.

다른 전거는 거의 전부 팔메의 마지막 시기를 그렇게 부정적으로 묘사하지 않는다. 1985년 9월에서 10월에 팔메가 피로했다는 데에는 대체로 이견이 없지만, 팔메가 신체적으로 무너지고 있다고 판단한 사람은 펠트와 그의 절친 클라스 에클룬드뿐이다. 팔메의 최측근에서 일한 울프 달스텐은 팔메의 우울함은 난민고등판무관이 되지 않기로 결정한 11월에 조금씩 가셨다고 말했다. 나아가 그는 팔메가 이념 문제에 지극히 관심이 많았고 공공 부문의 쇄신에 관하여 자신과 지속적으로 대화했다고 주장한다. 에마 로스차일드도 비슷하게 레이건과 대처, 신자유주의에 관하여 팔메와 활발히 토론했다고 전한다. 그녀는 팔메가 그 마지막 시기에 국제연합의 고위직에 가는 것보다 이념 논쟁에 전념하는 것에 더 큰 흥미를 느꼈다고 믿는다. 팔메가 보기에 정치의 전망은 그 어느 때보다도 분명했다. 핵발전소는 정치 의제에서 사라졌고, 임금노동자기금은 1970년대의 잔재로 여전히 기분을 울적하게 했지만 곧 무해한 것이 되고 만다. 팔메는 "당과 나라를 단합"시키느라 심히 지쳤다. 이제 그는 출발점으로 되돌아갔다. 케니언 칼리지에서 폴 타이터스의 세미나 시간에 토론한 국가와 시장, 개인의 문제로. 그때 팔메의 미국 친구들은 그가 학자가 될 것이라고, 필시 경제학 교수가 되리라고 믿었다.

팔메 안에는 정치인과 나란히 학자도 있었다. 이 호기심 많은 사람은 비행기나 기차를 타고 있을 때에도 쉬지 않고 책을 읽었고 사회과학의 최신 연구 성과를 놓치지 않았다. 슐레진저의 파동 이론이 옳다면, 1980년대 말은 지적 논쟁에 들어가기에 완벽한 시기가 될 수 있었다. 팔메가 일생 동안 생각보다 행동을 앞세웠다는 사실은 이러한 해석에 반한다. 팔메는 논설을 썼고 연설을 했으며 지적 논쟁에 참여했지만, 심지어는 야당 시절에도, 친구들과 동지들의 권고가 있었는데도, 자신의 사상을 책의 형태로 체계적으로 개관하지 않았다.

어쨌거나 팔메는 1986년 초 늪에서 빠져나오고 있던 것 같다. 1985년 11월 그의 첫째 손주 즉 유아킴의 딸 유안나가 태어나 팔메는 무척 기뻤다. 크리스마스에 팔메 가족은 감라스탄의 아파트에 모였고, 정초에 하르프순드로 갔다. 몇몇 방문객이 찾아왔는데, 타게 G. 페테숀은 팔메가 건강해 보인다고 생각했다. 펠트까지도 팔메가 신년 초에 돌아왔을 때 이전의 모습으로 돌아왔다고 인정했다. "우울함과 자기연민은 사라졌다.… 그는 이제 정치에 완전히 집중했다." 1986년의 시작은 크게 놀랍지 않았다. 소련과의 관계와 경제 위기가 여전히 논쟁을 지배했다. 팔메는 4월에 소련 공식 방문 계획이 있었고, 비판자들은 그가 감히 소련 지도부에 충분히 강경한 태도를 취하지 못할 것이라고 의심했다. 일단의 해군 장교들이 팔메 반대 운동에 나서 그를 반역죄로 고발했다. 영관급의 어느 해군 장교는 이렇게 주장했다. "스웨덴은 이제 더는 그 영토를 통제하지 못한다."

노동운동의 일부에서도 정부의 긴축정책에 일갈했다. 12월에 몇몇 노동조합이 정부 정책에 반대하는 이른바 '달라나의 호소'에 서명했다. 1월 초 사회민주당 의원단은 정부의 실업수당 삭감 법안을 중단시켰다. 1월 말 스몰란드의 옌셰핑 주에 있는 네셰의 사회민주당원 몇몇이 당 지도부에 대놓고 반항했다. 평소에 팔메는 공격이 최선의 방어라고 생각했다. 그는 스몰란드로 가서 불만을 품은 당원 동지들과 대면했다. 팔메는 그들의 불만을 경청했지만, 사퇴할 계획이 없다고 설명했다. 그는 이렇게 말했다. 10년 전에도 당신들은 나에게 사퇴하라고 요구했다. 그러나 지금도 나는 이렇게 버티고 있다. 그리고 이렇게 덧붙였다. 사퇴하면 아내가 기뻐할 줄 알면서도.

그러나 노동 현장의 불만의 물결은 일시적이었다. 1986년 초에 세상은 대체로 지난 오랜 시간보다 더 밝게 보였다. 경제에 구조적 문제가 있기는 했지만, 호황이 지속되었다. 소련에서는 새로운 지도자 미하일 고르바초프가 개방과 긴장 완화의 희망적인 신호를 보냈다. 팔메는 2월 28일 루센바드에서 《스타츠안스텔드(국가 공무원)》의 편집장 잉바르 위게만과의 인터뷰에서 이렇게 말했다. "1986년은 가능성의 해이다." 만족스러운 총리는 스웨덴 경제가 더 강해졌다고 주장했다. 인플레이션은 하향세를 보였고, 실질임금은 증가했고, 평등을 위한 개혁의 여지가 다시 생겼다. 국제적으로는 진정한 해빙이 일어나고 있었다. "국제적 전망이 밝아졌다. 의심은 봄날 아침 안개 걷히듯 사라진다.⋯"

쓸쓸한 퇴장

이 인터뷰가 끝나고 몇 시간 지나서 리스베트 팔메가 남편에게 전화를 걸어 저녁에 영화관에 가자고 제안했다. 이례적인 일이었다. 그렇지만 금요일이었고, 팔메는 주말에 공식적인 업무가 없었다. 게다가 스톡홀름은 겨울방학 중이어서 아들 마티아스는 프랑스로 스키 타러 갔다. 여섯 시가 지난 직후 총리는 루센바드의 집무실을 떠나 감라스탄의 집으로 걸어갔다. 기온이 영하였고 바람이 불었다. 팔메는 혼자였다. 보통은 그를 지켰던 경호원 두 명을 오후에 집으로 보냈기 때문이었다. 팔메 부부는 저녁을 먹은 뒤 지하철을 타고 스베아베겐에 있는 그란드 영화관으로 가서 모텐 팔메와 그의 여자 친구 잉리드를 만났다. 그들이 보기로 한 영화는 〈모차르트 형제(Bröderna Mozart)로 스웨덴 영화감독이자 연극연출가인 수산 오스텐의 작품이었다. 한 주 전에 개봉하여 좋은 평가를 받은 영화였다.

영화관에서 많은 사람이 팔메를 알아보았다. 어느 젊은 여성은 냅다 달려들어 문화정책에 관해 토론하려 했다. 팔메는 어물쩍 넘겨버렸다. 금요일 저녁이었고 팔메는 한가했다. 팔메는 기자이자 급진적인 밴드 '블로 토게트'의 일원인 레이프 뉠렌을 알아보았다. 두 사람은 몇 차례 만난 적이 있었다. 팔메는 다소 소심하게 고개를 끄덕였고, 뉠렌이 답례로 고개를 끄덕였다고 생각했지만 방해하고 싶은 생각은 없었다. 블로 토게트의 몇몇 노래가 팔메를 상당히 비꼬았기 때문이었을지도 모른다. 객석에 앉은 팔메는 사무직중앙연맹의 정력적인 의장 비엔 루센그렌과 대화를 나누었다. 두 사람은 영화가 시작하여 리스베트가 손가락을 입에 대며 조용히 하라고 할 때까지 공동 관심사에 관해 토론했다.

〈모차르트 형제〉는 예술 창작을 자극적으로 찬미하는 희극 영화였다. 영화는 피터 섀퍼의 〈아마데우스Amadeus〉로부터(1984년 밀로시 포르만[밀로스 포먼]이 영화로 제작했다) 영감을 받았지만 나름의 고집이 있었다. 주인공인 악마 같은 감독 발테르는 스톡홀름 오페라 극장에서 모차르트의 〈돈 후안〉을 종래의 틀을 벗어난 방식으로 공연하려 한다. 그는 처음에는 오케스트라와 무대 감독, 이기적인 인기배우 등 모두와 충돌했다. 저마다 노조의 원칙과 오페라의 전통, 억지에 가까운 지적 해석에 호소하며 자기 영역을 지키기에 여념이 없었다. 그러나 발테르는 공연에 활력과 열정을 불어넣기 위해 애쓴다. 그는 설득과 위협을 번갈아가며 고분고분하지 않은 공연단을 요리했고, 결국 모두 제자리를 찾는다. 그러나 성공이 분명해졌을 때, 관계자들은 그 힘이 발테르의 생각에 있었음을 잊는다. 어느 오페라 가수는 이렇게 말한다. "그는 대체로 괜찮은 조직자였다." 그리고 마지막 장면에서 감독은 복도로 쓸쓸히 사라진다.

영화가 끝난 후 루센그렌은 팔메 부부를 집까지 태워주겠다고 말할까 고민했다. 그러나 부인이 만류했고, 그들은 방해하지 않기로 했다. 울로프와 리스베트는 한동안 영화관에 머물며 모텐과 그의 여자 친구와 대화를 나누었다. 11시 15분이 지났을 때 이들은 지하철역으로 걸어갔다. 어쩐 일인지 극장과 같은 편에 지하철로 내려가는 길이 있었는데도 이들은 아돌프 프레드릭스 쉬르쿠가타에서 스베아베겐을 건넜다. 지하철 입구에서 몇 미터 떨어진 커다란 미술용품 전문점 바로 앞에 다다랐을 때 어떤 남자가 그들 뒤에 나타났다. 그는 두 발을 쏘았다. 한 발은 울로프 팔메의 등에 맞았다. 다른 한 발은 리스베트에 상처를 냈다. 살인자는 툰넬가탄을 따라서, 말름실나스가탄으로 이어지는 계단 위로 현장에서 사라졌다. 스웨덴에서 가장 국제적인 정치인은 평생을 살았던 도시의 한가운데에서 죽었다. 어릴 적 살았던 집에서 채 1킬로미터도 떨어지지 않았고 스베아베겐의 사회민주당 당사에서 겨우 100여 미터 떨어진 곳에서, 30년간 함께 산 여인 곁에서.

가계도

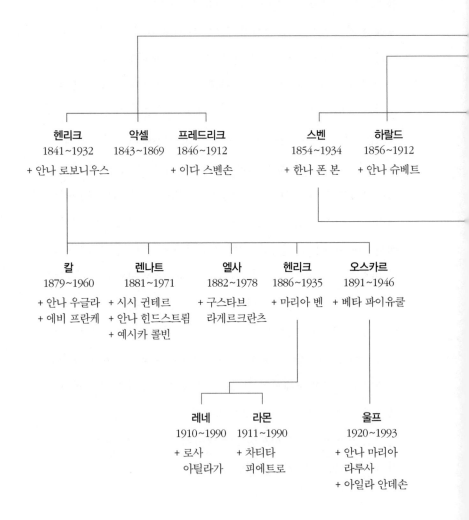

헨리크
1841~1932
+ 안나 로보니우스

악셀
1843~1869

프레드리크
1846~1912
+ 이다 스벤손

스벤
1854~1934
+ 한나 폰 본

하랄드
1856~1912
+ 안나 슈베트

칼
1879~1960
+ 안나 우글라
+ 에비 프란케

렌나트
1881~1971
+ 시시 귄테르
+ 안나 힌드스트룀
+ 예시카 콜빈

엘사
1882~1978
+ 구스타브
라게르크란츠

헨리크
1886~1935
+ 마리아 벤

오스카르
1891~1946
+ 베타 파이유쿨

레네
1910~1990
+ 로사
아틸라가

라몬
1911~1990
+ 차티타
피에트로

울프
1920~1993
+ 안나 마리아
라루사
+ 아일라 안데손

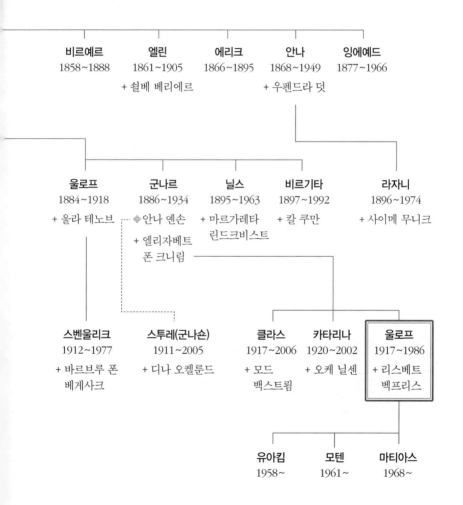

크리스티안 아돌프
1811~1889

+ 소피 노덴안카르

+ 아우구스타 하셀크비스트

+	혼인 관계
◈	혼외 관계
——	혼인 관계의 자녀
-------	혼외 관계의 자녀

비르예르
1858~1888

엘린
1861~1905
+ 쉴베 베리에르

에리크
1866~1895

안나
1868~1949
+ 우펜드라 덧

잉에예드
1877~1966

울로프
1884~1918
+ 울라 테노브

군나르
1886~1934
◈안나 옌손
+ 엘리자베트
폰 크니림

닐스
1895~1963
+ 마르가레타
린드크비스트

비르기타
1897~1992
+ 칼 쿠만

라자니
1896~1974
+ 사이메 무니크

스벤울리크
1912~1977
+ 바르브루 폰
베게사크

스투레(군나손)
1911~2005
+ 디나 오켈룬드

클라스
1917~2006
+ 모드
백스트룀

카타리나
1920~2002
+ 오케 닐센

울로프
1917~1986
+ 리스베트
벡프리스

유아킴
1958~

모텐
1961~

마티아스
1968~

참고 지도

스톡홀름 광역도

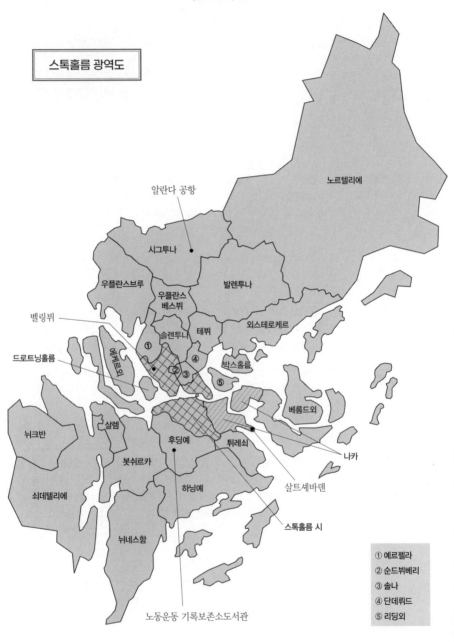

① 예르펠라
② 순드뷔베리
③ 솔나
④ 단데뤼드
⑤ 리딩외

스톡홀름 시

링케뷔

텐스타

벨링뷔

브롬마

하가파르켄 공원

스톡홀름 대학교

바사스타덴

노르말름

외스테르말름

쿵스홀멘

스톡홀름 시청

유르고덴

롱홀멘

감라스탄

그뢴달

쇠데르말름

뮌트토리에트 광장

릴리에홀멘

셰르홀멘

엘브셰

엔셰데−
오스타−
반퇴르

스카르프네크

파슈타

스톡홀름 중심부

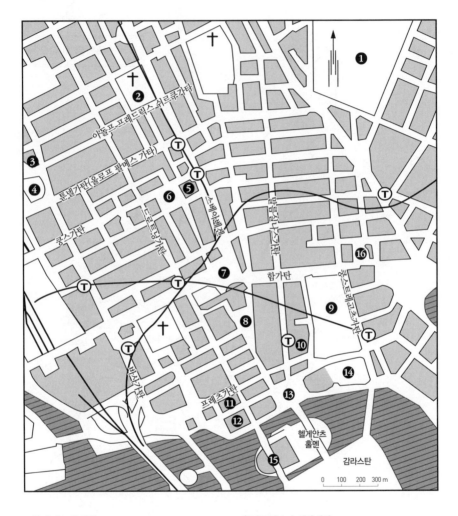

① 훔레고덴 공원
② 아돌프 프레드릭스 쉬르카 교회 묘지
③ 노동조합총연맹
④ 노라반토리에트 공원
⑤ 스톡홀름 음악당
⑥ 회토리에트 광장
⑦ 세르겔 광장
⑧ 브룽케베리스토리 광장
⑨ 쿵스트레고덴 공원
⑩ 스톡홀름 중앙역

⑪ 카롤린스카 의과대학
⑫ 루센바드
⑬ 구스타브 아돌프 광장
⑭ 왕립오페라극장
⑮ 의사당
⑯ 노르말름스토리 광장
✝ 교회
Ⓣ 역사(驛舍)

※ 지도의 서북쪽 바깥으로 스톡홀름 경제대학,
  우덴플란 광장, 스톡홀름 시립도서관, 카롤린
  스카 병원이 자리한다.

옮긴이의 말

스웨덴 사회민주주의와 울로프 팔메

　이 책은 울로프 팔메의 전기이지만 스웨덴 현대사와 스웨덴 사회민주당의 역사가 배경이 되기 때문에 사회민주당의 역사를 이데올로기적 전통을 중심으로 간략히 개관하는 것이 책을 이해하는 데 도움이 될 것이다.

　스웨덴에 초기사회주의가 침투하고 공산주의 협회가 출현한 것은 19세기 중반이지만, 사회주의 사상의 영향으로 스웨덴 노동운동이 출범하는 것은 약 30년 뒤인 1880년대의 일이다. 사회주의를 새롭게 소개한 이는 재봉사 직인으로 덴마크와 독일을 돌아다니다가 아우구스트 베벨과 페르디난트 라살의 영향을 받은 아우구스트 팔름이다. 팔름은 1881년 스웨덴으로 돌아와 말뫼에서 집회를 열고 "사회민주주의자는 무엇을 원하는가?"라는 제목으로 연설을 했는데, 이것이 스웨덴 최초의 사회주의 연설로 알려져 있다. 팔름의 주도로 당시 자유주의자들의 영향력이 강했던 노동운동을 사회주의

자들이 지배하게 된다.

1889년 스웨덴 사회민주주의 노동자당(사회민주당)이 창당했으나 20세기에 들어설 무렵까지 당은 여러 문제에서 명확한 태도를 갖지 못했다. 1910년대에 들어서 노선이 명확히 결정되는데, 이를 대표한 이는 얄마르 브란팅이다. 그는 보통선거제를 통해 국가 권력을 장악하여 민주적인 방식으로 사회를 개혁할 수 있다고 믿었다. 부르주아 국가가 개혁과 사회주의 실현에 적절한 수단이 될 수 있다고 생각한 것이다. 브란팅은 일찍이 1886년 예블레 연설에서 부르주아 국가를 도구로 이용하여 사회주의 사회를 건설한다는 생각을 분명하게 드러냈다. 그에게 사회주의에 이르는 길은 노동조합과 정당 두 가지였는데, 정당이 훨씬 더 중요했다. 권력을 장악하여 개혁을 실천하고 사회주의 사회로의 이행을 준비하는 것이 노동자 정당의 목적이었다. 브란팅은 혁명이냐 개혁이냐의 문제에서 태도를 명확히 했다. 사회주의는 원칙적으로 체제를 바꾸는 혁명적인 성격을 띠며 지배계급이 자발적으로 민중의 의지를 존중하지는 않을 것이기에 힘으로 압박할 필요가 있지만, 보통선거제를 도입할 수 있다면 평화로운 길을 취할 수 있다고 보았다. 자유주의자들과의 협력을 통해 보통선거제를 획득하면 개혁을 통해 자본가의 권력을 흔들고 부의 공평한 분배를 이룰 수 있으리라고 본 것이다.

사회민주당의 첫 번째 강령이 1897년의 네 번째 당 대회에서 채택되었다는 사실은 초기의 논의가 어려웠음을 반증한다. 창당 대회에서는 몇 가지 결의안이 채택되었다. 폭력에 관한 결의안에 따르면 혁명은 결코 인위적으로 만들어낼 수 없었다. 그럼에도 혁명이 일어나면 당은 혁명을 지지해야 하지만 민중의 불만이 힘을 갖추지 못한 채 폭력적으로 분출하지 않도록 막아야 했다. 이 문제는 전술과도 밀접한 관계가 있었다. 혁명과 폭력의 중요성이 줄어들수록 협력과 의회주의가 강조되기 때문이었다. 전술에 관한 결의안은 모호하게 균형을 잡았다. 스웨덴이 '후진적 상황'에 있으므로 당은 민주적인 부르주아와 선거와 참정권 운동에서 협력할 수 있다. 그러나 발전이 지속되면 그들은 반동적인 집단으로 변할 것이므로, 계급 간의 협력은 중단될 것이었다. 선거권에 관한 결의안은 보통선거제 도입에 따른 입법의 길로써 사회 문제를 해결한다는 브란팅의 노선을 반영했다.

브란팅 노선의 승리가 순탄하지만은 않았다. 1891년 대회는 아나키즘과 폭력, 총파업 수단을 거부했지만 조직적 폭력이 프롤레타리아의 최종적 구원자가 될 가능성을 열어놓았으며 의회 활동은 우선 선전의 의미가 강조되었다. 이 단계에서는 국민정당과 마르크스주의 혁명 정당의 성격이 혼재되었지만, 이후로 국민정당 노선이 힘을 얻었다. 1892년에는 창당 전후로 의회주의를 배격하고 혁명 노선을 고수했던 악셀 다니엘손이 기존 국가를 통해 사회주의에 이를 수 있다는 견해를 받아들였다. 보통선거제가 부르주아 국가를 프롤레타리아의 도구로 바꿔놓을 수 있음을 확신한 것이다. 1897년 당 대회에서 채택된 첫 강령은 독일의 에르푸르트 강령과 대체로 유사했다. 정권을 장악하고 사회의 민주적 통제로써 생산수단을 사회화하여 노동계급과 모든 압제 받는 계급을 자본주의로부터 해방한다는 목표가 분명했으나 이를 어떻게 달성할 것인지는 모호했다.

그렇지만 계급투쟁의 시각은 약해졌고 개혁주의자들이 당을 주도했다.

브란팅 노선의 승리는 정치적 발전을 배경으로 놓고 보아야 한다. 1866년 신분제 의회가 폐지되고 들어선 양원제 의회의 선거 제도는 민주적 대표성을 갖추지 못했지만, 1880년대 이후로 특히 관세를 둘러싼 싸움을 거치며 정부의 정책을 둘러싼 대립이 의회 내 파벌 형성으로 이어져 정당정치가 발달했고, 정부가 의회에서 정책에 대한 지지를 받지 못하면 사퇴하는 의회주의적 선례가 만들어졌다. 정부는 의회의 다수파에 맞서며 존속할 수 없었고, 정부 구성에서 의회의 영향력이 차츰 커졌다. 1905년 자유당의 칼 스타브 정권은 하원의 의석 분포에 따라 정부가 수립되었다는 점에서 의회주의의 승리를 보여주는 사건이었다. 또한 브란팅이 1896년 자유주의자들의 도움으로 하원 의원에 당선된 뒤, 사회민주당은 급격하게 성장했다. 특히 납세 규정이 남아 있기는 했지만 24살 이상의 남성에 대해 보통선거제를 도입한 1907년의 선거법 이후 두 번째 선거였던 1914년 총선거에서 이미 하원의 제1당이 되었다. 제한 규정이 폐지되고 여성까지 포함하는 보통선거제가 도입되고 상원 구성에 영향력을 미치는 지방선거의 불평등선거가 사라지면 즉 완전한 정치적 민주주의가 실현되면, 당이 집권하여 정책을 실현할 가능성이 보였던 것이다. 실제로 사회민주당에 의회는 단순한 선전의 도구가 아니라 실질적인 정책 활동의 장이었다. 그러므로 브란팅이 의회주의에 대한 당의 입장을 명확히 정할 것을 요구한 것은 당연했다. 1905년 당 대회부터 브란팅은 꾸준히 의회주의 문제를 적극적으로 제기했다. 이는 실상 자유당과 연합하여 보통선거제의 도입을 관철한다는 목표에 대한 찬반을 묻는 것이었다. 1908년 반대파인 힝케 베리에그렌이 출당되었으며, 1917년에는 세트 회글룬드를 비롯하여 의회주의에 반대하는 청년연맹의 일부가 탈당했다. 같은 해에 브란팅을 포함하여 네 명의 사회민주당 의원이 닐스 에덴의 자유당 정부에 입각했다. 1914년 국방을 옹호하는 이른바 '농민행진'에서 국왕이 시위자들을 맞이하여 정부와 의회를 부정하면서 자유당의 칼 스타브 정부가 사퇴했을 때 의회주의는 후퇴했지만, 1917년 선거 결과에 따라 자유당 정부가 수립되었고 이후 의회의 다수당이 정부를 수립한다는 의회주의는 원칙적으로 도전받지 않았다.

좌파(자유당과 사회민주당) 정부의 수립과 뒤이은 보통선거제 도입 과정에서 사회민주당의 의회주의에 대한 태도는 명확해진다. 좌파 정부 수립의 최우선 목표는 보통선거제 도입이었다. 전쟁으로 어려운 상황에 러시아에서는 볼셰비키 혁명이 발생했다. 과격파는 이를 환영했지만, 사회민주당의 개혁적 지도부는 볼셰비키 정권에 단호히 반대했다. 그들에게는 민주주의가 없으면 사회주의도 없었다. 이듬해 가을 독일에서 혁명이 일어나자 스웨덴에도 불안이 확산되었고, 브란팅의 의회주의 노선에 반대해 탈당한 인사들이 창당한 사회민주주의좌익당은 공공연히 혁명을 얘기했다. 당 내부에서도 보통선거제 도입은 물론 군주제와 상원을 폐지하고 대토지를 국유화하자는 주장까지 나왔다. 브란팅은 혁명에 단호히 반대했고 좌파 협력을 고려하여 과격한 요구를 자제해야 한다고 역설했다.

정부는 자유당과 사회민주당의 합의로 단일안을 만들어 우익보수당과 협상했고, 정부의 법안이 수용되면서 스웨덴에 남녀보통평등선거제가 도입되었다. 이로써 스웨덴의 민주화가 완성되었다.

사회민주당에는 이제부터가 문제였다. 1920년 3월 사회민주당은 단독으로 정부를 수립했고 사회화 문제를 본격적으로 다루어야 했다. 1920년의 당 강령에서 자본주의에 대한 분석은 명료했다. 자본주의 생산방식이 부의 불평등과 계급 간 대립 같은 사회의 결함을 초래한다고, 생산수단의 소유권이 사회에 넘어가 그 통제를 받아서 무계획적이고 비효율적인 생산이 사회의 진정한 필요에 부응하도록 바뀌어야만 착취가 중단되고 계급사회가 사라질 것이라고 주장했다.

그렇지만 당 강령은 추상적으로 생산수단의 사유권이 소멸하면 모든 문제가 해결되리라고 언급했을 뿐 경제를 어떻게 조직할 것인가의 문제는 구체적으로 다루지 않았다. 사회민주당 정부가 이 점에서 처음으로 취한 조치는 사회화위원회, 산업민주주의 조사단, 트러스트 통제 조사단의 세 개 입법조사단을 꾸린 것이다. 핵심은 사회화위원회였다. 그러나 당 강령이 전면적인 사회화를 천명한 반면 브란팅의 사회민주당 정부가 사회화위원회에 내린 지침은 사뭇 논조가 달랐다. 생산수단의 국유화보다는 생산에 대한 '사회'의 영향력 부족이 강조되었다. 또한 "자유로운 창의성에 충분한 여지를 줌으로써 달성할 수 있는 사회의 이익과, 사적 이익의 토대 위에서는 달성할 수 없는, 전체의 최선을 보장하는 확실성의 결합"이 필요했기에 생산의 조직 형태에 융통성이 요구되었다. 지침의 결론은 강령과는 전혀 다른 사고방식을 보여준다. "모든 생산수단의 체계적인 사회화는 여기서 개진한 사고방식에서, 스웨덴 사회민주당이 신봉하는 견해에서 멀다." 생산수단의 소유권이 사회로 이전되는 것보다 생산이 위축되지 않는 것이 더 중요했다. 게다가 당 강령에 첨부된 17개 정책은 대부분 실제적인 것이었다. 직접세와 누진세를 통한 '사회적 자본 형성', 8시간 노동제, 실업보험 등이다. 경제정책에서 사회민주당의 수단은 국민경제학의 화폐정책이었다.

1920년대에서 1930년대 초는 선언적인 당 강령 밑에서 사회민주당의 이데올로기가 구체화되는 시기였다. 한 가지 중요한 조건은 의회 상황이었다. 1918년 선거법 개정 전후로 우익보수당은 사회민주당이 의회를 지배하는 것은 시간문제라고 생각했다. 그러나 사회민주당은 보통선거제가 도입되더라도 사회민주당이 의회에서 과반수를 획득하기 어렵다고 분석했고, 이는 현실로 드러났다. 1920년 선거와 새로운 제도로 실시된 1921년 선거에서 우익보수당의 패배는 크지 않았다. 1921년 선거에서 사회민주당의 의석은 크게 늘었지만 전체 230석 중 93석이었다. 게다가 보통선거제라는 공동의 목표가 사라지면서 정치 전선이 변했다. 종전의 좌파 협력은 사라졌고, 자유당이 경제 문제에서 우익보수당과 견해를 같이하면서 사회주의 정당 대 부르주아 정당으로 전선이 재편되었다. 그렇지만 노동조합이 주된 지지기반인 사회민주당으로서는 조직 노동자들의 우선적인 요구를 충족시키는 데 힘을 쏟을 수밖에 없었다. 사회민주당은 1920년대에 세 차례 정부를 수립했지만 의회에서 과반수를 확보하지 못하여 최우선의 과제였던 실업보험의 도입에 실패한다. 이러한 현실을 극명하게 보여준 것은 1928년 선거였다. 사회민주당의 이데올로그요 이후 사회민주당 정부에서 오랫동안 경제부 장관으로 일하는 엔슈트 비그포슈가 급진적인 상속세 법안을 제출하자 부르주아 정당들은 사회민주당을 볼셰비키 공산당과 연결시키며 거세게 공격했다. 사회민주당은 선거에서 크게 패배했다. 곤란한 상황은 협력의 상대를 찾게 했다. 사회민주당이 새로운 지지기반으로 포섭하려 한 대상은 농업노동자였다. 1920년대 내내 농업은 위기를 겪었고, 이는 농업노동자들에게 큰 타격이었다. 그들은 사회민주당이 산업노동자의 이익만 배타적으로 대변한다고 믿었기에 고용주들과 한편에 서서 부르주아 정당에 투표했다. 브란팅에 뒤이어 당 대표가 된 페르 알빈 한손은 1928년 선거 패배 후 당 대회에서 사회민주당이 오래전부터 계급정당이 아니라 국민정당이었음을 강조하며 당의 이데올로기를 '국민의 집'으로 표현했다. 사회는 국민에게 집과 같은 곳으로 질병에 걸렸거나 노년이 된 국민을 돌볼 책임이 있다는 것이었다. '국민의 집' 이데올로기는 계급의 간극을 넘어 보편적인 연대를 구축해야 할 필요성을 표현했다.

1930년대 초의 경제 위기가 분수령이었다. 1920년대 내내 실업보험의 도입을 위해 노력한 것은 자본주의적 생산방식이 비효율적이라는 당 강령의 분석에 따른 것이다. 사회민주당은 부의 공평한 분배만으로는 인민의 복지가 충족되지 않는다고 보고 생산의 증대를 강조했다. 자본주의에서는 소수 자본가가 부를 독점할 뿐만 아니라 생산이 비효율적이었다. 이윤의 추구가 자본을 지배하고 있기 때문에 생산에서 사회적 필요는 고려되지 않으며 무계획적인 과잉 투자와 과잉 생산으로 자본이 낭비된다는 것이다. 사회민주당은 생산 증대를 위해서는 기술적 합리화가 필요하다고 보았다. 그런데 합리화 과정에는 불가피하게 노동자의 이직과 지역적 이동이 요구된다. 사회민주당은 1920년대 내내 높은 수준에서 유지된 실업을 이렇게 분석했다. 사회민주당은 이러한 합리화의 문제를 해결하기 위해 실업보험이 필요하다고 보았다. 실직한 노동자들이 새로운 일자리를 얻을 때까지 안정된 생활을 할 수 있게 지원해야 한다는 것이었다. 실업은 노동조합의 압력으로 임금이 높은 수준에서 유지되기 때문이라는 부르주아 정당들의 반대로 사회민주당은 계속 실업보험의 도입에 실패했다.

사회민주당은 경제 위기를 계기로 자본주의의 비효율성과 이를 시정하기 위한 국가 개입의 필요성을 강조하고 농민과의 협력을 모색했다. 사회민주당은 1930년과 1932년에 법률안을 제출하여 취로사업 성격이 강한 국가실업위원회의 실업자 지원책 대신에 시장임금을 지급하는 대규모 공공사업의 시행과 농업에 대한 지원 강화를 요구했다. 국가의 적극적인 개입을 통해 경제 위기를 해결한다는 발상은 엔슈트 비그포슈에게서 나왔다. 그는 1932년에 발표한 글에서 당시의 경제학 이론이 자본주의의 경기 순환 문제를 해결할 수 없다고 보고, 국가가 불경기에는 대규모 공공사업을 시행하여 산업의 팽창을 자극함으로써 경제를 활성화시킬 것이라고 주장했다. 비그포슈는 사회민주주의적인 사회 개조에는 농민의 연대가 필수적이며 따라서 노동자뿐만 아니라 농민도 지원하려는 노력을 계속해야 한다고 주장했다. 1932년 당 대회에서 페르 알빈 한손은 자본주의 체제의 결함 때문에 임금노동자만이 아니라 농민도 위협을 받으며 중간계급도 불안해져 변화를 원한다고 지적했다.

1932년 당 대회에서 당 강령에 제시된 사회화 요구는 묻혔다. 사회화 문제를 당 집행부에 일임하자는 제안이 비록 표 차이는 근소했지만 승인되었다. 이는 지도부가 사회화 문제를 중히 여기지 않는다는 증거였다. 이후 사회민주당 정부에서 오랫동안 사회부 장관을 맡게 되는 구스타브 묄레르는 기초자치단체이든 국가든, 협동조합이든 사회적 형태라고 볼 수 있는 것을 통한 사회적 소유의 확대는 무엇이든 다 사회화라고 그 의미를 폭넓게 규정했다. 비그포슈는 몇몇 회사를 국유화하거나 국영기업을 설립한다고 해서 시장경제와 그 혼돈이 사라지지는 않는다며 중요한 것은 계획경제라고 강조했다. 국유화가 아니라 산업과 생산에 대한 공적 통제가 핵심이었던 것이다. 사회민주당은 1932년 선거운동에서 노동자와 농민이 서로의 구매력에 의존한다면서 농민에 대한 선전을 강화했다. 노동자의 구매력이 커지면 농민도 이익을 볼 수 있다는 것이었다. 선거에서 승리한 사회민주당은 농민당과의 협상을 통해 실업보험과 농업 지원을 상호 수용함으로써 목표를 달성했다.

이렇게 1930년대 초가 되면 사회민주당 이데올로기의 주요 특징이 드러난다. 첫째는 민주주의이다. 사회민주당이 일찍이 프롤레타리아 독재나 아나키스트의 테러 전술을 배제한 것은 폭력이 아니라 민주적인 의사 결정 과정이 정치적 정당성을 보장한다고 확신했기 때문이다. 당연히 정치적 민주주의가 최우선의 목표였지만 모든 시민이 동등한 조건에서 사회 조직에 참여하는 질서가 추구되었다. 정치적 민주주의는 사회적, 경제적 민주주의로 확장되어야 했다. 민주주의는 계급의 지배가 아니라 모든 시민이 권력을 행사하는 것이었다. 사회민주당 지도자들은 폭넓은 여론에 기반을 둔 민주적 의사 결정을 강력히 지지했다. 브란팅은 1918년 보통선거제의 도입을 위해 자유주의자들과 협력을 추구하여 당 내부의 과격한 요구를 억제했다. 페르 알빈 한손은 부르주아 정당들과도 협력할 것을 주장했고, 비그포슈도 정당과 계급의 경계를 초월해야 한다고 주장했다.

민주주의는 '국민의 집'의 토대가 된다. 팔메는 '국민의 집'을 이렇게 정리했다. "가정의 기초는 소속감과 유대이다. 좋은 집에는 특혜를 받는 사람도 구박 받는 사람도 귀염둥이도 의붓자식도 없다. 그곳에서는 누구도 다른 사람을 무시하거나 다른 사람에게 해를 입혀 이득을 취하려 하지 않으며, 강자가 약자를 억압하거나 약탈하지 않는다. 좋은 집에는 평등과 배려, 협력, 도움이 있다. 국민과 시민의 가정으로 적용 범위를 넓히면, 이는 작금에 시민을 특권층과 취약층, 지배층과 종속층, 부자와 빈민, 유산자와 무산자, 약탈자 약탈당하는 자로 구분하는 모든 사회적, 경제적 경계의 제거를 의미한다." 이를 위해서는 상호 이해가 필요하고 당연히 민주주의가 그 기초를 이룬다. '국민의 집'이 이상적으로 그리는 공동체는 시민이 사회적 이익에 동등한 권리를 갖는 곳이다. 그것은 특권층의 호의가 아니라 민주적 결정의 결과물이었다.

사회민주당은 평등의 사회를 추구했지만 동시에 효율을 중시했다. 사회민주당은 보편적 복지와 누진세, 연대임금정책, 양성평등으로 드러난 평등이 효율적 생산을 방해하지 않는다고 주장했다. 사회민주주의의 평등과 경제의 효율은 상호 보완 관계에 있다는 것이다. 뮈르달 부부는 평등을 전제로 한 예방적 사회정책이 효율성을 촉진하리라고 보았다. 교육과 보건 등의 복지비용은 낭비가 아니라 투자였다. 노동조합총연맹의 1941년 보고서는 평등이 장기적인 성장과 효율에 긍정적인 효과를 낸다고 주장했다. 연대임금정책에서는 효율성이 높은 기업이 낮은 임금 수준 덕분에 초과 이익을 거둔다. 동일노동 동일임금이라는 원칙은 이러한 초과 이익을 노동자들과 협상하는 데 쓰기보다 기업의 효율성을 높이는 데 쓸 수 있게 했다.

사회민주당은 애초에 생산수단의 사회화, 즉 주요 산업과 운송수단, 금융기관 등의 국유화가 자본주의 생산양식의 모든 문제를 해결할 것이라고 보았으나, 정치적 여건과 경제의 어려움을 겪으면서 태도가 바뀌었다. 국유화가 아니라 사회적 통제에 방점이 찍혔다. 집단적 소유라는 발상이 완전히 사라지지는 않았지만 그런 경우에도 국가 소유보다는 협동조합이나 노동자 소유 기업이 강조되었다. 사회민주당은 일찍부터 농민의 프롤레타리아화라는 마르크스주의의 예측이 틀렸음을 인식했다. 산업노동자만이 아니라 농업노동자와 소농의 지지도 필요했기에 소농을 기반으로 하는 생산자협동조합을 수용할 수 있었다. 1920년과 1928년에 사회화 문제와 상속세 법안 때문에 선거에서 패하여 정치적으로 궁지에 몰리면서 이러한 생각은 더욱 굳어졌다. 더구나 노동조합도 국유화를 지지하지 않았다. 그래서 시장경제를 수용하되 이를 사회적으로 통제한다는 관념이 뚜렷하게 자리를 잡았다. 그렇게 나온 개념이 '계획경제'이다. 1930년에 비그포슈가 '계획경제'를 옹호했을 때, 이는 케인스의 경기안정정책과 유사한 것으로서 공공 부문을 통한 생산의 효율적 조직과 재분배를 겨냥했다. 1932년의 위기대응책은 경제에 대한 공적 개입의 정당성을 확보하는 데 중요했다. 비그포슈는 모든 상황에서 올바르고 적절한 단 하나의 경제 조직을 생각할 수 없으며 대안이 준비되어 있지 않으면 사기업 활동의 유리한 조건을 유지해야 한다고 밝혔다. 엘란데르에 따르면 사회는 필요한 경우에만 개입해야 했다. 1944년 '노동운동의 전후강령'은 바로 이 개념을 구체화했다. 이른바 사회주의적 시장경제는 스웨덴 사회민주당의 제3의 길이었다.

복지를 제공하는 사회민주당의 '강한 사회'는 개인의 자유와 권리를 침해하지 않는다. 사회적 통제를 받는 시장경제라는 개념은 공공 부문의 성장이 반드시 개인의 자유와 권리를 위험에 빠뜨리는 것을 의미하지 않았다. 오히려 그 반대였다. 사회민주당은 공공 부문의 확대가 복지를 증진하여 선택의 자유를 확대할 것이라고 일관되게 주장했다. 엘란데르는 인간이 서로 협력하여 공동으로 자유를 실현하기로 결정했다고 자유의 크기가 줄어드는 것은 아니라고 말했다. 사회민주당 정부에서 오랫동안 재무부 장관을 지낸 군나르 스트렝은 세금이 시민의 권리 침해가 아니라 공공 서비스의 비용이라는 점을 국민에게 성공적으로 납득시켰다.

비그포슈는 사회민주주의가 그리는 사회상을 '잠정적 유토피아' 라고 표현했는데, 이는 어떠한 독단론에도 빠지지 않고 자유와 평등 같은 보편적 가치관에 비추어 정책과 그 결과를 끊임없이 점검하는 사회민주당의 실용주의적 성격을 잘 드러낸다.

44년간 지속된 사회민주당 정부의 집권으로 사회민주주의가 이상적으로 그린 사회상이 스웨덴 사람들의 가치관과 문화에서도 지배적인 영향력을 행사했다. '사회민주주의의 헤게모니'라 할 만했다. 국민추가연금을 둘러싼 1960년 선거와 복지국가 전반에 대한 심판의 의미가 있었던 1985년의 선거 결과가 이를 보여준다. 사회민주당은 1976년부터 1982년까지 권력을 놓쳤지만 그동안 정책에 큰 변화가 없었다는 점은 사회민주주의 헤게모니를 보여주는 반증이다. 사회민주당이 장기간 집권하면서 구축한 사회 모델을 지키는 것은 부르주아 정부가 공개적으로 표명한 목표였다. 4년 동안 이전의 사회정책은 유지되었고, 1980년부터 부르주아 정당들이 변화를 모색하다가 선거에서 다시 패배했다. 1985년 선거에서 보수통합당은 다시 페르 알빈의 '국민의 집' 전통을 얘기했다. 1980년대 이후 복지에도 변화가 생겼고 사회민주주의 헤게모니도 약해지기는 했지만, 그 이데올로기가 스웨덴 국민의 국가관과 가치관에 깊은 영향을 미친 것은 부정할 수 없다. 2020년 가을 보수통합당이 강령의 개정을 위해 마련한 초안은 자유와 책임의 가치를 강조하는데, 그 책임에는 앞선 세대가 건설한 복지사회를 잘 관리하는 것도 포함된다.

민주주의, 복지, 평등, 자유, 연대, 효율, 경제의 사회적 통제는 서로 밀접하게 연결되어 사회민주주의 이데올로기를 이루었다. 얄마르 브란팅에서 시작되어 후속 세대의 사회민주주의자 페르 알빈 한손과 엔슈트 비그포슈, 닐스 칼레뷔, 구스타브 묄레르, 뮈르달 부부, 타게 엘란데르 등을 거치며 확립된 이 이데올로기는 장기적인 관점에서는 사회민주당 역사에서 일관성을 보인다.

울로프 팔메는 이러한 사회민주주의 전통 속에 있다. 그리고 이를 한 단계 더 높은 차원으로 끌어올렸다. 민주주의에 대한 신뢰는 딱히 말할 필요도 없다. 팔메는 1891년 노르셰핑에서 열린 당 대회의 결의안을 들어 당이 일찍부터 폭력과 아나키즘, 볼셰비키 공산주의에 반대하고 의회주의의 길을 선택했음을 언급했다. 복지의 확충은 시민의 선택의 자유를 넓히기 위한 팔메의 기본적인 목표였다. 팔메는 자신이 작성한 1956년 엘란데르의 의회 연설에서 교육과 주거 등 삶의 여러 분야에 나타난 요구는 사회 변화의 동력이자 평등을 확대하는 수단이 될 수 있다고 밝혔다. 국민추가연금의 도입은 새로운 성과였다. 경제적 평등이 자유를 해칠 것이라는 부르주아 정당들의 공격에 팔메는 복지가 국민의 자유를 확대했다고 반박했다. 1969년 당 대표에 선출된 팔메는 민주주의와 복지, 평등, 산업민주주의의 확대를 목표로 삼았다. 1970년대 초 일련의 노동관계법은 그 성과이다. 특히 1976년의 공동결정권법은 기본적인 노동3권 이외에 고용과 경영 등 기업 활동에 관한 결정에 노동자들이 단체협약을 통해 참여할 권리를 규정함으로써 산업민주주의를 크게 진척시켰다. 또한 기술의 발전과 합리화가 생산성의 증대를 가져와 시민의 자유를 확대하는 토대가 될 것이라는 믿음도 강력했다. 핵발전소를 둘러싼 논란은 팔메의 이러한 믿음을 보여주지만 동시에 그가 환경 문제를 새롭게 인식하는 계기가 되었다.

팔메는 사회민주주의 이데올로기의 중요한 요소인 연대의 차원을 높였다. 사회민주당이 대변한 이익은 노동계급을 넘어 농업노동자와 소농으로, 뒤이어 1950년대 이래로 산업노동자의 중요성이 감소하면서 사무직 노동자까지 확장되었다. 사회민주당은 '국민의 집'을 표방하며 국민정당으로서 계급의 간극을 뛰어넘는 모습을 보여주었다. '국민의 집'은 범위를 넓히면 세계적으로 확장될 가능성을 내포하고 있었고, 울로프 팔메는 이를 실천에 옮겼다. 그는 미국의 베트남 전쟁에 반대했으며 소련의 체코슬로바키아 침공을 비판했고 쿠데타로 정권과 목숨을 잃은 칠레 대통령 살바도르 아옌데를 추모했고 에스파냐의 파시스트들을 거세게 비난했다. 또한 그는 브란트 위원회와 사회주의 인터내셔널에서 남북문제를 다루었고 남아프리카공화국의 아파르트헤이트를 비난했고 제3세계 국가들이 미국과 소련의 간섭에서 벗어나 독자적인 길을 모색해야 한다고 주장했다. 또한 그는 팔메 위원회를 수립하여 군축운동과 평화운동에 진력하였다.

울로프 팔메는 사려 깊은 사람이었다. 타고난 것일까? 팔메가 어렸을 때 그의 집에서 일한 적이 있는 스베아 에릭손은 집에서 파티가 열렸을 때 형과 누나와 달리 부엌에서 심부름을 하던 울로프를 기억했다. 그는 또한 마음이 따뜻한 사람이었다. 울로프 팔메는 엘레나 레네로바를 구하기 위해 위장 결혼을 한 것이나 미국 여행 중에 콜롬비아 소녀를 도운 것에서 보듯이 인간적으로도 다른 사람의 곤경을 외면하지 못했다. 팔메는 정치인으로 지내는 동안 약 10만 통의 편지를 받았다. 거의 대부분 사사로운 개인이 보낸 편지로 다양한 문제에 관하여 그에게 질문을 던졌다. 팔메는 많은 질문에 구체적으로 답을 했고, 특히 어린이들이 보낸 편지를 중요하게 생각하고 답장을 보냈다. 그는 때로 독선적인 태도를 보이기는 했어도 다른 사람의 의견을 듣고 존중했다. 1968년 스톡홀름 대학교 학생들이 학생회관을 점거하고 팔메에게 전화를 걸어 나오라고 하자 그는 직접 찾아가 대화했다. 다른 나라들이 경찰력을 동원해 시위와 농성을 진압할 때였다. 그렇지만 정치인 팔메는 혹독한 비난을 받았다. 1960년대 부르주아 신문에서 그는 독선적인 권력의 화신이며 거만하고 신중하지 못한 인간으로 그려졌다. 임금노동자기금이 논란이었을 때 부르주아 신문에서 팔메는 오로지 권력 장악만이 목적인, 정치의 온갖 속임수와 비열한 책략에 통달한 인간으로 묘사되었다. 적은 국내에만 있지는 않았다. 팔메가 살해된 후 그 배후로 칠레의 군사정부부터 남아프리카공화국, 미국 중앙정보국까지 다양하게 거론된 것은 그의 정력적인 국제적 연대 활동을 반증한다.

인간 울로프 팔메는 세상의 평화로운 발전이 자연스러운 법칙이라고 믿을 수 없는 상황에서 인간의 가치를 확인하고 이를 실현하려고 노력했다. 그는 세상을 긍정적으로 바라보았다. 진보는 그것을 믿는 자에게만 있는 것이 아닌가. 팔메는 정치란 원하는 것을 성취하려는 의지라고 말했다. 그가 원한 것은 스웨덴 사회민주주의 전통으로 확립된 가치를 길잡이로 삼아 세상을 바꾸는 것이었다. 스웨덴 역사에서 울로프 팔메보다 더 훌륭한 정치인을 꼽는 것도 어렵지는 않을 것이다. 사회민주당의 역사만 보아도 브란팅이나 페르 알빈 한손 등 국부로 추앙받는 선배들이 이룬 업적은 결코 그 의미가 작지 않다. 그러나 팔메는 자기 시대의 가장 위대한 스웨덴 사람이었다. 전 세계의 대도시보다 가난한 마을들에서 더 유명한 정치인, 타인의 견해를 존중하고 설득의 힘을 믿은 민주주의자, 인류의 밝은 미래를 확신하고 이를 위해 노력한 진보주의자, 피아를 구분하지 않은 연대의 옹호자, 불공정과 계급사회에 맞서 싸운 투사, 전쟁에 반대한 평화의 전사였던 울로프 팔메는 우리에게 어떠한 질문을 던져주는가?

책의 번역을 권해준 이동기 교수와 기꺼이 출판을 맡아주신 아카넷 출판사의 김정호 대표님, 편집을 맡아 수고한 박수용 팀장에게 감사드린다. 그리고 스웨덴어 이해력의 부족함을 메워준 이유진 선생에게 특별히 감사의 말씀을 드린다. 보통의 역사책에서는 보지 못한 구문과 옮긴이가 갖고 있는 사전으로는 의미를 알 수 없는 단어, 그리고 스웨덴어 고유명사 발음 등 곤란한 문제를 해결하는 데 큰 도움을 주었다.

찾아보기

일러두기

1. 기본적으로 국립국어원의 외래어 표기법을 따랐으나 몇 가지 언급하고자 한다.

   - o의 음가는 '오'와 '우' 두 가지이므로 발음이 확인되는 경우 구분했다. 이 책의 주인공인 Olof Palme는 '울로프 팔메'이다.

   - rd, rt, rn, rs, rl에서 r의 음가는 탈락하고 뒤에 오는 자음이 권설음이 된다. 국립국어원의 표기법은 rl의 경우만 표기 용례에서 r의 음가가 탈락한다는 점을 암시하고 있으나 이 책에서는 다른 경우도 이 규칙을 적용했다. rs의 경우 권설음을 살려 표기한다.

   - e는 r 앞에서 '애'로 발음되나(예를 들면 Strindberg는 '스트린드배리'로 들린다) 일률적으로 '에'로 썼다.

   - u가 '유'로 발음되는 경우가 있으나 일률적으로 '우'로 썼다. ö가 [œ]로 발음될 경우 '어'로 들리지만 국립국어원의 표기법에 따라 '외'로 썼고(예: smörgås, 스뫼르고스) jö의 경우에도 '이어'로 들리나 국립국어원의 표기법에 따라 '이에'로 썼다(예: Thorbjörn, 투르비엔).

   - 덴마크와 노르웨이의 인명은 현지 발음대로 표기했다.

   - 국립국어원의 표기법을 그대로 따르지 않은 이유는 외국어는 원음에 따라 적는다는 그 원칙에 비추어 수정의 필요성이 있다고 보기 때문이다. 전문가들의 논의를 바란다.

2. 「참고 지도」에서 위치를 확인할 수 있는 지명 등의 색인어는 소괄호에 넣어 쪽수를 밝혔다.

인명

707
핵무기폐기운동Campaign for Nuclear Disarmament(CND) 405, 870
핵발전소 · 핵무기 반대 국민운동 Folkkampanjen mot kärnkraft och Kärnvapen(FMKK) 857
헌법개정위원회författningsutredning 512

헤임달 협회Föreningen Heimdal 66
《헤타Hertha》 682
《헬싱인 사노마트Helsingin Sanomat》 695
후딩에 병원Karolinska universitetssjukhuset Huddinge 958

지은이 | 헨리크 베리그렌(Henrik Berggren)

1957년생. 역사가이자 저널리스트. 버클리의 캘리포니아 대학교에서 역사학 석사학위를 받았고, 스톡홀름 대학교에서 박사학위를 받았다. 스웨덴 최대 일간지《다겐스 뉘헤테르》문화부장과 논설위원으로 일했다. 『다그 함마르셸드』(2016), 『68』(2018) 등 스웨덴 현대사와 인물에 관한 저술을 다수 집필했으며, 스페인 내전을 다룬 역사 스릴러 『붉은 유산』(2014)을 쓰기도 했다. 11개 문학상을 주관하는 '9인회'의 '욘 란드크비스트 상'(2011), 스웨덴 학술원의 '악셀 히슈 상'(2011)을 비롯하여 스웨덴의 주요 출판 및 문학 상을 수상했다.

옮긴이 | 조행복

서울대학교 서양사학과 박사과정 수료. 토니 주트, 티머시 스나이더, 브루스 커밍스, 존 키건, 애덤 투즈 등 걸출한 역사가들의 현대사 저술을 한국어로 옮겼다. 옮긴 책으로 『전후 유럽』, 『블랙 어스』, 『한국전쟁』, 『제1차 세계대전사』, 『대격변』 등이 있다.

울로프 팔메

우리 앞에 펼쳐진 멋진 나날

1판 1쇄 찍음   2021년 9월 17일
1판 1쇄 펴냄   2021년 10월 8일

지은이   헨리크 베리그렌
옮긴이   조행복
펴낸이   김정호

책임편집   박수용

펴 낸 곳   아카넷
출판등록   2000년 1월 24일(제406-2000-000012호)
주   소   10881 경기도 파주시 회동길 445-3
전   화   031-955-9511(편집) · 031-955-9514(주문)
팩시밀리   031-955-9519
www.acanet.co.kr

ⓒ 아카넷, 2021

Printed in Paju, Korea.

ISBN 978-89-5733-748-6 03990

이 책은 스웨덴 예술위원회(Swedish Arts Council)의 지원을 받아 번역되었습니다.
The cost of this translation was defrayed by a subsidy from the Swedish Arts Council,
gratefully acknowledged.